Revision der Grundlagen des Strafanwendungsrechts

Der Umfang der staatlichen Strafgewalt
im Lichte eines Bürgerstrafrechts

Inaugural-Dissertation
zur Erlangung des akademischen Grades
eines Doktors der Rechte
durch die Rechtswissenschaftliche Fakultät
der Albert-Ludwigs-Universität Freiburg

vorgelegt von
Cristián Irarrázaval Zaldívar

Dekanin: Prof. Dr. Katharina von Koppenfels-Spies
Erstgutachter: Prof. Dr. Dr. h.c. mult. Michael Pawlik
Zweitgutachter: Prof. Dr. Dr. h.c. Walter Perron
Ort der Dissertation: Freiburg im Breisgau
Tag der mündlichen Prüfung: 26. Juni 2023
Erscheinungsjahr der Dissertation: 2024

Grundfragen des Straf- und Sicherheitsrechts

herausgegeben von

Tatjana Hörnle und Ralf Poscher

2

Cristián Irarrázaval Zaldívar

Revision der Grundlagen des Strafanwendungsrechts

Der Umfang der staatlichen Strafgewalt
im Lichte eines Bürgerstrafrechts

Mohr Siebeck

Cristián Irarrázaval Zaldívar, geboren 1988; Studium der Rechtswissenschaften an der Universidad Católica de Chile; Strafverteidiger in Santiago; LL.M. und Promotion an der Universität Freiburg i. Br.; Rechtsanwalt bei der Behörde für Strafverteidigung und Privatdozent für Strafrecht an der Universidad Católica de Chile und der Universidad Diego Portales.
orcid.org/0000-0003-2627-5822

ISBN 978-3-16-163235-8 / eISBN 978-3-16-163236-5
DOI 10.1628/978-3-16-163236-5

ISSN 2942-6200 / eISSN 2942-6219 (Grundfragen des Straf- und Sicherheitsrechts)

Die Deutsche Nationalbibliothek verzeichnet diese Publikation in der Deutschen Nationalbibliographie; detaillierte bibliographische Daten sind im Internet über *https://dnb.dnb.de* abrufbar.

© 2024 Mohr Siebeck Tübingen. www.mohrsiebeck.com

Das Werk einschließlich aller seiner Teile ist urheberrechtlich geschützt. Jede Verwertung außerhalb der engen Grenzen des Urheberrechtsgesetzes ist ohne Zustimmung des Verlags unzulässig und strafbar. Das gilt insbesondere für die Verbreitung, Vervielfältigung, Übersetzung sowie die Einspeicherung und Verarbeitung in elektronischen Systemen.

Das Buch wurde von Gulde Druck in Tübingen gesetzt, auf alterungsbeständiges Werkdruckpapier gedruckt und gebunden.

Printed in Germany.

A Bernarda, María Pía, Cristián y Hugo

Vorwort

Die vorliegende Arbeit wurde von der Rechtswissenschaftlichen Fakultät der Albert-Ludwigs-Universität Freiburg im Sommersemester 2023 als Dissertation angenommen und für die Veröffentlichung nur geringfügig überarbeitet.

Zunächst möchte ich Herrn Prof. Dr. Dr. h. c. mult. Michael Pawlik für die vorzügliche Betreuung meines Promotionsvorhabens herzlich bedanken. Ohne seine konstruktiven Hinweise und kritischen Einwände sowie seine ständige Gesprächsbereitschaft wäre die vorliegende Arbeit nicht zustande gekommen. Ebenso bin ich Herrn Prof. Jun. Dr. Ivó Coca Vila zu großem Dank verpflichtet, der die gesamte Dissertation aufmerksam durchlas und sie mit wertvollen Anmerkungen inhaltlich wesentlich bereicherte. Mein Dank gilt auch Herrn Prof. Dr. Florian Jeßberger, der mir einen langfristigen Forschungsaufenthalt an seinem Lehrstuhl gewährte, welcher für meine Arbeit unerlässlich war, sowie Herrn Prof. Dr. Dr. h.c. Walter Perron für die zügige Erstellung des Zweitgutachtens.

Zu danken habe ich auch jenen Strafrechtlern, die mir Gelegenheit zum Vortrag dieser Dissertation eingeräumt haben, insbesondere Frau Prof. Dr. Tatjana Hörnle, Herrn Prof. Dr. Jesús María Silva Sánchez und Herrn Prof. Dr. Omar Palermo. Ein weiterer Dank geht an die Professoren Dr. Alex van Weezel und Dr. Enrique Cury, die mich in das Strafrecht eingeführt haben, sowie an Prof. Dr. Antony Duff für seine freundliche Bereitschaft, mir Feedback zur vorliegenden Arbeit mitzuteilen. Darüber hinaus bin ich der Wissenschaftlichen Gesellschaft in Freiburg im Breisgau für die Gewährung eines Druckkostenzuschusses sehr dankbar.

All meine Freunde und Kollegen, die mit ihren Kommentaren zum Endergebnis dieser Dissertation beitrugen, verdienen ebenfalls Anerkennung. Auch wenn ich sie nicht alle nennen kann, erlaube ich mir, zumindest einige von ihnen aufzulisten. Hierzu gehören, in alphabetischer Reihenfolge, Dr. Alejandra Castillo, Dr. Javier Cigüela, Dr. Ignacio Gómez, Alexandre Guisan, Maximilian Krones, Dr. Oriol Martinez, Dr. Hernán Orozco, Titus Rehm, Prof. Dr. José Milton Peralta und Dr. Inga Schuchmann.

Schließlich möchte ich meiner Mutter, meinen Geschwistern und vor allem meiner Frau, Dr. Bernarda Muñoz, besonders herzlich danken, denn sie hat mich nicht nur inhaltlich unterstützt, sondern auch dafür gesorgt, dass diese Jahre – neben der akademischen – auch eine Zeit des persönlichen Wachstums waren.

Santiago den 11. September 2023　　　　　　Cristián Irarrázaval Zaldívar

Inhaltsübersicht

Vorwort	VII
Inhaltsverzeichnis	XI

Einleitung 1

**Erster Teil: Deutscher Gesetzgeber für vietnamesische Bürger?
Die Unwirksamkeit der völkerrechtlichen Schranken** 13

A. Übersicht 15
B. Was ist unter „Strafanwendungsrecht" zu verstehen? 17
C. Allgemeine Aspekte der völkerrechtlichen Geltungsgrundsätze 33
D. Die wichtigsten völkerrechtlichen Prinzipien im Einzelnen 65
E. Zwischenergebnis 141

**Zweiter Teil: Die Bindung zwischen Staat und Betroffenem
als Begründung des *Ius Puniendi*** 147

A. Übersicht 149
B. Die auf Interessenschutz bezogenen Theorien zur Begründung
   des Strafrechts: Einseitigkeit als Geburtsfehler 151
C. Der Betroffene als Mittelpunkt der Legitimationsbemühungen 191
D. Eine auf der politischen Bindung basierende Begründung:
   das Bürgerstrafrecht 215

**Dritter Teil: Ein Vorschlag für ein Strafrecht und ein
Strafanwendungsrecht des Bürgers** 297

A. Übersicht 299
B. Staatsbürgerschaft als abstufbares, aus Rechten bestehendes
   politisches Band 303
C. Strafrechtliche Auswirkungen des vorgeschlagenen Begriffs der
   Staatsbürgerschaft: Teilbürger, Externe und nichtstaatliche Strafnormen . 357
D. Die Gestalt eines Strafanwendungsrechts des Bürgers 417

Zusammenfassung der Untersuchung 457

Literaturverzeichnis 477
Sachregister 507

Inhaltsverzeichnis

Vorwort VII
Inhaltsübersicht IX

Einleitung 1

Erster Teil: Deutscher Gesetzgeber für vietnamesische Bürger? Die Unwirksamkeit der völkerrechtlichen Schranken 13

A. Übersicht 15

B. Was ist unter „Strafanwendungsrecht" zu verstehen? 17
   I. Die Reichweite des nationalen Strafrechts: ein Feld von präzisierungsbedürftigen Begriffen 17
   II. „Strafanwendungsrecht" und „Internationales Strafrecht" 26

C. Allgemeine Aspekte der völkerrechtlichen Geltungsgrundsätze . . . 33
   I. Das Ob und Wie des Völkerrechts als Schranke des Strafanwendungsrechts 33
     1. Von „strafrechtlichen Theorien" hin zu „völkerrechtlichen Theorien" 33
     2. Die aktuell überwiegende Ansicht: die Konkretisierung des Nichteinmischungsgebots in einer „Lawine" völkerrechtlicher Prinzipien 36
   II. Der breite völkerrechtlich zulässige Freiheitsspielraum: auf dem Weg zum „Kosmopolitismus"? 47
     1. Abweichende Ausübung der Strafrechtsetzungsgewalt durch Staaten 47
     2. Fließender Übergang zwischen deutschem Strafrecht und kosmopolitischen Ansätzen 58

D. *Die wichtigsten völkerrechtlichen Prinzipien im Einzelnen* 65

I. Das Territorialitätsprinzip: der Tatort als manipulierbares soziales Konstrukt 65
  1. Territorialität und Ubiquität 65
  2. Das „effects principle" und die Einführung des Weltrechtsprinzips durch die Hintertür 70
II. Die Verbindung Staat-Täter: hin zu einem „materiellen" aktiven Personalitätsprinzip 75
  1. Begrifflichkeit und Begründungsstränge: Solidarität, Treuepflicht oder enge Verbindung? 75
  2. Die internationale Solidarität als untaugliche Grundlage 78
  3. Das deutsche Strafanwendungsrecht: eine von Misstrauen geprägte Rechtsordnung 82
  4. Hin zu einem materiellen aktiven Personalitätsprinzip 88
III. Der Schutz des Eigenen vor dem Fremden: das passive Personalitätsprinzip 93
  1. Begründung: wieder einmal Misstrauen 93
  2. Ein rechtsvergleichender Blick auf die Ausgestaltung des passiven Personalitätsprinzips in Deutschland 97
IV. Das Schutzprinzip: Selbstverteidigung oder maximaler Rechtsgüterschutz? 100
  1. Grundlage: eine notwehrähnliche Situation? 100
  2. Schutz (vit)aller Interessen? 104
  3. Internationaler Rauschgifthandel: der Verkauf eines Joints als universell verfolgbares Unrecht oder Bedrohung wesentlicher staatlicher Interessen 110
V. Das Weltrechtsprinzip und die vertragliche Vermehrung der Menschenfeinde 118
  1. Das Konzept: der Verzicht auf jegliche Bindung 118
  2. Grundlage: gemeinsame grundlegende Werte oder maximaler Rechtsgüterschutz? 122
  3. Die dem Universalitätsprinzip unterliegenden Straftaten: von Piraterie über Völkermord bis hin zur Verbreitung tierpornographischer Inhalte 126
VI. Derivative Strafgewalt: Prinzip der stellvertretenden Rechtspflege .. 134
  1. Stellvertretende Rechtspflege vs. Straflückenschließende Rechtspflege 134
  2. Stellvertretende Rechtspflege, Weltrechtsprinzip und aut dedere aut iudicare 138

E. *Zwischenergebnis* 141

Zweiter Teil: Die Bindung zwischen Staat und Betroffenem
als Begründung des *Ius Puniendi*   147

A. *Übersicht*   149

B. *Die auf Interessenschutz bezogenen Theorien zur Begründung
des Strafrechts: Einseitigkeit als Geburtsfehler*   151

    I. Das herrschende Modell: Rechtsgutslehre und *Harm principle*
       als zwei Seiten ein und derselben Medaille   151
       1. Staatstheorie und Aufgabe des Strafrechts als Bedingungsfaktoren
          jeglicher Straftheorie   151
       2. Gemeinsamkeiten der herrschenden Auffassungen zur Aufgabe
          des Strafrechts   155
    II. Schwachstellen bei den herrschenden Theorien: weder Begrenzung
       noch Begründung   159
       1. Systemkritisches Potenzial: Was ist ein Rechtsgut bzw. ein „Harm"?   159
       2. Der Normadressat als Gefahrenquelle: die Ausblendung der Frage
          nach seiner Zuständigkeit   167
       3. Völkerrechtliche Prinzipien und interessenschutzorientierte
          Strafrechtstheorien: zwei kaum einschränkende „Schranken" . . .   178

C. *Der Betroffene als Mittelpunkt der Legitimationsbemühungen* . . .   191

    I. Zur Frage, vor wem Strafnorm und Kriminalstrafe gerechtfertigt
       werden sollen   191
       1. Vorbemerkung: Die Auswirkungen einer uralten Debatte auf
          das Strafanwendungsrecht und die Verhängung von Strafen   191
       2. Gemeinsamkeit von Kriminalisierungs- und Straftheorien:
          die Begründung gegenüber dem jeweils Betroffenen   192
    II. Warum die Legitimation zur Bestrafung nicht *ex nihilo* aus der
       Tatbegehung entstehen kann   204

D. *Eine auf der politischen Bindung basierende Begründung:
das Bürgerstrafrecht*   215

    I. „Bürgerstrafrecht" oder „Bürgerstrafrechte": Begriff, Varianten
       und Vorteile   215
    II. Das deliberative Modell des Bürgerstrafrechts: eine auf politische
       Rechte verkürzte Staatsbürgerschaft   227
    III. Der Vorschlag von *Silva Sánchez*: ein „unechtes" Bürgerstrafrecht
       mit naturrechtlichen Spuren   232

1. Vorteile gegenüber dem deliberativen Modell: ein überzeugenderer Staatsbürgerschaftsbegriff ... 232
2. Einwände gegen diesen Vorschlag: von angeblichen „natürlichen Pflichten" zu Abwehrmaßnahmen ohne erkennbare Konturen ... 236

IV. Der Ansatz *Duffs*: Ein kommunitaristisches, aber letztendlich *urbi et orbi* geltendes Bürgerstrafrecht ... 247
1. Kommunitarismus als Daseinsberechtigung einer relationalen strafrechtlichen Verantwortlichkeit ... 247
2. Wer ist Bürger? Eine Ad-hoc-Lösung, die die Staatsbürgerschaft ihrer Wirkung im Strafrecht beraubt ... 254
3. Das Strafanwendungsrecht als Schwachpunkt des Duffschen Bürgerstrafrechts ... 259

V. Das auf Fairness basierende Begründungmodell *Pawliks*: ein binäres Bürgerstrafrecht samt einem umfassenden Kriminalpräventionsrecht . 266
1. Entstehung der „Mitwirkungspflicht" aufgrund des Genusses einer „Daseinsordnung von Freiheit": ein Synallagma ohne klare Gegenleistungen ... 266
2. Straftat als Verletzung der Mitwirkungspflicht und Strafduldungspflicht als umgewandelte Mitwirkungspflicht ... 271
3. Die völkerrechtlichen Prinzipien im Lichte der Theorie von Pawlik: das Reich der Zwangsmaßnahmen ... 277

VI. Hin zum eigenen Vorschlag: Ein inhaltsreicher und abstufbarer Begriff der Staatsbürgerschaft als Pfeiler des Bürgerstrafrechts ... 290

Dritter Teil: Ein Vorschlag für ein Strafrecht und ein Strafanwendungsrecht des Bürgers ... 297

A. Übersicht ... 299

B. Staatsbürgerschaft als abstufbares, aus Rechten bestehendes politisches Band ... 303

I. (Staats-)Bürgerschaft als eine über jeden formalen Status hinausgehende Bindung ... 303
1. Einige erforderliche terminologische Präzisierungen: (Staats-)Bürgerschaft, Staatsangehörigkeit und Nationalität ... 303
2. Ungeeignetheit einer formalen Staatsbürgerschaft als Eckpfeiler eines Bürgerstrafrechts ... 310

II. Ein rechtsbasierter Ansatz zur Staatsbürgerschaft: Bürger ist, wem ein Bündel von Rechten garantiert wird ... 317

Inhaltsverzeichnis XV

III. Die Ausgestaltung des Zustands der Freiheitlichkeit: die zur
Aufrechterhaltung realer Freiheit erforderlichen Rechte 326
IV. Die Staatsbürgerschaft als multidimensionales Kompositum
abstufbarer Eigenschaften 339
  1. Die unvermeidliche Graduierbarkeit einer rechtsbasierten
  Staatsbürgerschaft 339
  2. Die Staatsbürgerschaft als begriffliches Kontinuum zwischen
  den Idealtypen „Vollbürger" und „Minimalbürger" – Der Fall
  der Nichtbürger 343

C. *Strafrechtliche Auswirkungen des vorgeschlagenen Begriffs
der Staatsbürgerschaft: Teilbürger, Externe und nichtstaatliche
Strafnormen* 357

  I. Staatsbürgerschaft und ihre Bedeutung für Kriminalstrafen:
  Strafbemessung in einem „Strafrecht des Teilbürgers" 357
    1. Je schwächer die Staatsbürgerschaft, desto milder die Strafe:
    die politische Bindung als eigenständiger Strafzumessungsfaktor . 357
    2. Umwertung des Kontinuums Staatsbürgerschaft auf der
    kontinuierlichen Schwereskala des Strafrahmens 365
    3. Knappes Eingehen auf vorhersehbare Einwände und
    Rekapitulation der Vorteile 372
  II. Die Sanktionen gegen Externe als unumgängliche Ergänzung
  zum Bürgerstrafrecht 379
    1. Die Begründung von Präventivmaßnahmen gegen Externe
    als Ausfluss der staatlichen Pflicht zur Aufrechterhaltung
    der Freiheitsordnung 379
    2. Ein Versuch zur Begrenzung der Präventivmaßnahmen
    gegen Externe: das Erfordernis einer Anlasstat und die Einhaltung
    des Verhältnismäßigkeitsgrundsatzes 386
  III. Nichtstaatliches Bürgerstrafrecht: die Legitimität des Strafrechts
  von supra- und substaatlichen politischen Gemeinwesen 403

D. *Die Gestalt eines Strafanwendungsrechts des Bürgers* 417

  I. Strafen, Maßnahmen und derivative Sanktionsgewalt:
  ein allgemeiner Überblick 417
  II. Originäre Strafgewalt bezüglich (Teil-)Bürgern 423
    1. Territorium und Mitwirkungspflicht 423
    2. Ein materiell gefasstes aktives Personalitätsprinzip:
    die im Ausland agierenden Mitwirkungspflichtigen 426
  III. Originäre Maßnahmengewalt gegen Externe 434

IV. Derivative Sanktionsgewalt 440
   1. Die stellvertretende Sanktionsgewalt: Rechtshilfe gegenüber einem originär sanktionsberechtigten Staat 440
   2. Eine eingeschränkte staatliche Weltrechtspflege als Sonderfall derivativer Sanktionsgewalt 445

Zusammenfassung der Untersuchung 457

Literaturverzeichnis 477
Sachregister 507

Einleitung

Im Februar 2013 erließ das US-Bezirksgericht für den *District of Columbia* ein bahnbrechendes Urteil, das den unmissverständlichen Geist hinter der äußerst weitreichenden extraterritorialen Strafrechtsetzungsgewalt der USA bezüglich Betäubungsmitteldelikten zum Ausdruck brachte. Die Entscheidung beginnt mit folgendem Wortlaut, der wenig Zweifel daran lässt, ob sie eine Verurteilung vorsieht:

> This prosecution under the Maritime Drug Law Enforcement Act (MDLEA) is a product of the escalation of a battle. On one side are international drug traffickers, who constantly refine their methods for transporting illegal narcotics from country to country. On the other side is law enforcement, which must adapt its efforts to halt the illicit drug trade, a task made all the more difficult in an increasingly globalized world.[1]

Ähnliche Überlegungen liegen vielen Rechtsordnungen zugrunde, sodass sich die oft angesprochene Expansion des Strafrechts (Kriminalisierung neuer Handlungen, Verschärfung der Strafen, Vorverlagerung der Strafbarkeit usw.) seit langem auch in einer fortschreitenden Ausdehnung der staatlichen Strafgewalt auf Handlungen niedergeschlagen hat, die außerhalb des Staatsgebiets begangen werden (Auslandstaten) oder die eine bedeutsame Auslandsberührung haben.[2] Ein besonders auffälliges Beispiel hierfür stellt das deutsche Strafanwendungsrecht (§§ 3–7 StGB und § 9 StGB) dar. Kennzeichnend für diese extraterritoriale Erweiterung des Strafrechts – im Gegensatz zu seiner Expansion hinsichtlich „rein inlandsbezogener" Inlandstaten – ist, dass sie nicht selten von einer den Gedanken der universellen Gerechtigkeit und internationalen Zusammenarbeit

---

[1] United States v. Carvajal 924 F. Supp. 2d 219 (D.D.C. 2013), 224. Der erwähnte MDLEA wurde 1986 als Teil des *Anti-Drug Abuse Act* eingeführt, einem der bedeutendsten Meilensteine im „Krieg gegen die Drogen" in den Vereinigten Staaten. Ebenso beispielhaft für den (ziemlich naiven) Geist, der hinter dieser Gesetzgebung stand, ist die folgende Aussage des damaligen Senators Joe Biden im Rahmen des Gesetzgebungsverfahrens: „I believe that this bill will contribute significantly to our efforts to move this country toward our goal in this area: A drug-free America". Siehe dazu Congressional Record, vol. 132 (1986), S. 33248.

[2] Vgl. dazu statt aller *Silva Sanchez*, La Expansión, S. 110 f.; oder *Jeßberger*, Der transnationale Geltungsbereich, S. 4, wonach die Ausdehnung des Strafanwendungsrechts einen „weltweiten Trend" darstelle.

zugeneigten völkerstrafrechtlichen Literatur begrüßt wird,[3] während sie von der herkömmlichen Strafrechtsliteratur – die davor zurückschreckt, sich auf ein Gebiet einzulassen, das die Auseinandersetzung mit anderen Rechtsgebieten (Völker- und Staatsrecht) und ein Überdenken der Vorstellungen von der Aufgabe des Strafrechts und von den Straftheorien erfordert – weitgehend vernachlässigt wird.[4]

Doch lässt sich diese Expansion des Strafanwendungsrechts nicht weiter übersehen. Obwohl die Zahl von Strafprozessen bezüglich Auslandstaten in vielen Rechtsordnungen immer noch relativ gering sein mag, gibt es einen deutlichen Zuwachs an Strafverfahren, bei denen es um Taten mit Auslandsberührung geht (d. h. Täter[5], Opfer oder geschütztes Interesse sind ausländisch, oder ein Teil der tatbestandlichen Handlung bzw. des Erfolgs findet im Ausland statt), wobei davon auszugehen ist, dass dieses Phänomen in einer zunehmend vernetzten Welt stetig ansteigen wird.[6] Folglich können die Frage nach der Legitimität des Staates, seine Strafgewalt auf Sachverhalte mit überwiegendem Auslandsbezug auszudehnen, sowie die Ermittlung des idealen Umfangs des Strafanwendungsrechts nicht mehr auf ein paar Absätze in strafrechtlichen Handbüchern verbannt wer-

---

[3] Als Beispiel hierfür vgl. *Eser*, Aktuelle, S. 27 f., laut dem es für den Durchschnittsbürger unverständlich wäre, „wenn transnationaler Kriminalität nicht mit entsprechender transnationaler Strafbarkeit begegnet würde, weil die Strafverfolger unter Umständen an nationalen Grenzen halt machen müssen, die für die zu verfolgenden Kriminellen leicht zu überwinden sind". Für ein Beispiel in der entgegengesetzten Richtung, d. h. eine angemessene Beschränkung dieser Expansion auffordernd, siehe *Lagodny/Nill-Theobald*, JR 2000, S. 206.

[4] Ähnlich *Hirst*, Jurisdiction, S. 1 f.; und *Henrich*, Das passive Personalitätsprinzip, S. 3: „In der deutschen Strafrechtsliteratur scheint das Internationale Strafrecht immer mehr zur ‚Geheimwissenschaft' für wenige Spezialisten zu werden".

[5] Zur besseren Lesbarkeit wird in dieser Untersuchung das generische Maskulinum verwendet. Gemeint sind jedoch – sofern nicht anders angegeben – immer alle Geschlechter. Den Leser bitte ich um Verständnis, dass für mich als Nicht-Muttersprachler des Deutschen die Verwendung einer geschlechtergerechten Sprache eine erhebliche zusätzliche Erschwernis dargestellt hätte.

[6] In diesem Sinne *Perron*, ZStW 112 (2000), S. 204; *Satzger*, Internationales, § 1 Rn. 1 f.; *Hecker*, Europäisches Strafrecht, S. 18, der von einem „gravierenden Anstieg grenzüberschreitender Kriminalität" spricht. Ein illustratives Beispiel dafür im Falle Deutschlands ist, dass Jeßberger bei einer Juris-Recherche im April 2008 insgesamt 83 Entscheidungen fand, in denen die §§ 3 bis 7 und 9 StGB eine Rolle gespielt hätten (*Jeßberger*, Der transnationale Geltungsbereich, S. 2 f., Fn. 11). Bei derselben Juris-Recherche am 8. Januar 2023 stieß ich auf eine Gesamtzahl von 662 Urteilen, die sich wie folgt verteilen: 188 Mal § 3; 32 Mal § 4; 28 Mal § 5; 61 Mal § 6; 146 Mal § 7 und 207 Mal § 9; wobei einige Entscheidungen mehrere dieser Vorschriften betreffen. Zwar sollte der Wert dieser Zahlen nicht überschätzt werden, aber es ist dennoch erstaunlich, dass sie einen Anstieg von 697,59 % aufweisen.

den, zumindest nicht, wenn man ein zeitgemäßes Deutungsmodell des Strafrechts unterbreiten will.⁷

Andererseits gibt es triftige Gründe dafür, die Ausweitung des Strafanwendungsrechts nicht bloß zu bejubeln. Diese Gründe überschneiden sich teilweise mit denen, die für eine kritische Betrachtung der strafrechtlichen Expansion hinsichtlich Inlandstaten sprechen.⁸ Meist betreffen beide „Expansionen" dieselbe Art von Straftaten, seien es solche, die üblicherweise mit der organisierten Kriminalität in Verbindung gebracht werden (wie Drogen- oder Terrorismusdelikte), oder solche, die sich auf als moralisch verabscheuungswürdig erachtete Verhaltensweisen beziehen (wie etwa Sexualstraftaten an Minderjährigen), was – wie das oben zitierte US-Urteil zeigt – ein fruchtbarer Boden für die Einrichtung eines der individuellen Freiheit wenig verpflichteten Strafrechts ist. Im Hinblick auf das Strafanwendungsrecht führt dies zu einer größeren Laxheit gegenüber möglichen Bedenken über die Vorhersehbarkeit der Strafe oder die Schuld des Täters, was besonders beim Rückgriff auf bestimmte – die Erstreckung der Strafrechtsetzungsgewalt ermöglichende – völkerrechtliche Prinzipien deutlich wird, wie z. B. das passive Personalitätsprinzip, das Erfolgsortprinzip oder das Universalitätsprinzip. Im Übrigen taucht bei der Weltrechtspflege das gleiche Problem der Selektivität der Strafverfolgung auf wie bei der auf dem Territorialitätsprinzip beruhenden Strafgewalt, nur dass die potenziell Bestraften eher afrikanische Diktatoren oder Armeeoffiziere eines Entwicklungslandes statt sozial Ausgegrenzte sind.⁹

Dadurch stellt sich dringend die Frage, wie weit ein Staat sein Strafanwendungsrecht legitimerweise ausdehnen kann.¹⁰ Dazu müssen sowohl die vom Völkerrecht als auch die vom nationalen Recht (und insbesondere vom Strafrecht) vorgegebenen normativen Schranken in Betracht gezogen werden. Die entspre-

---

⁷ Zutreffend *Farmer*, University of Toronto Law Journal 63 (2013), S. 245 f.: „a theory of jurisdiction is a necessary part of any theory of criminalization"; ähnlich *Roxin/Greco*, AT I, § 3 Rn. 76.

⁸ In dieselbe Richtung *Gärditz*, Weltrechtspflege, S. 23 f.: „Individuelle Freiheit verlangt nach Begrenzung der Staatlichkeit. Nicht nur die Intensivierung staatlichen Zwangs ist danach suspekt, sondern auch seine Extensivierung".

⁹ Zum letzten Punkt siehe u. a. *Roxin/Greco*, AT I, § 3 Rn. 87.

¹⁰ Wird diese Frage ignoriert, wie schon *Böckenförde* (Staat, Nation, Europa, S. 7) warnte, verarmt die juristische Arbeit zu einer bloßen „Rechtstechnik", was im Falle des untersuchten Gebietes eine exklusive Ausrichtung auf die fortschreitende Schließung von als inakzeptabel wahrgenommenen Strafbarkeitslücken impliziert. Im selben Sinne *Farmer*, University of Toronto Law Journal 63 (2013), S. 229, wonach „jurisdiction is often viewed as either a purely technical matter – a procedural hurdle to be crossed before a court can hear a particular case – or as something linked pragmatically to the limits of enforcement of the law", was unzutreffend ist, da die Fragen nach der Ausweitung der Strafrechtspflege eigentlich die normative Macht und die Berechtigung des Strafrechts selbst berühren.

chende Analyse des völkerrechtlich zulässigen Rahmens – die in der Literatur üblicher ist und der der erste Teil dieser Arbeit gewidmet ist – lässt zweifellos darauf schließen, dass diese Rechtsordnung äußerst permissiv ist. Da es hier praktisch ausschließlich darum geht, Verletzungen eines recht schwammigen Nichteinmischungsgebots auszuschalten, beschränkt sich das Völkerrecht darauf, einen schwachen Nexus zwischen dem Strafgewaltstaat und der zu bestrafenden Handlung oder deren Täter zu verlangen,[11] bestehend aus der Anwendbarkeit eines oder mehrerer als legitimierende Anknüpfungspunkte der staatlichen Strafgewalt geltender „völkerrechtlicher Prinzipien", von denen einige (insbesondere der Universalitätsgrundsatz) eigentlich einen Verzicht auf das Nexus-Erfordernis implizieren.[12] Darüber hinaus lässt sich diese anspruchslose Voraussetzung – in den Fällen, in denen sie überhaupt wirksam ist – immer anhand des (gelegentlich zweifelhaft vorhandenen) Konsenses des angeblich in seiner Souveränität beeinträchtigten Staates überwinden.[13] Dies geschieht in der Regel durch multilaterale Verträge zur Bekämpfung bestimmter Kriminalitätsarten, die oft eine praktisch unbegrenzte Ausgestaltung der Strafrechtsetzungsgewalt der Vertragsstaaten gestatten (in der Regel mittels eines „bedingten Universalitätsprinzips") und gleichzeitig Strafgewalterstreckungspflichten vorschreiben.[14] Wie die Staaten von dem weiten Rahmen Gebrauch machen, den ihnen das Völkerrecht diesbezüglich einräumt, wird im ersten Teil dieser Arbeit anhand von positivrechtlichen Vorschriften einiger Länder dargestellt, vor allem aus dem deutschen Strafanwendungsrecht (das, wie oben erwähnt, auffällig weit gefasst ist) sowie aus dem US-amerikanischen (zur Veranschaulichung, wie eine relevante Rechtsordnung, die einem anderen Rechtskreis angehört, operiert) und aus dem chilenischen (dessen moderate Ausweitung der Strafrechtsetzungsgewalt mit denen der beiden vorherigen Länder stark kontrastiert).[15]

---

[11] Zu Recht beschreibt das BVerfG (Urteil v. 18.07.2005 – 2 BvR 2236/04, Rn. 88) dieses Nexus-Erfordernis als „einen geringfügigen Bezug der inkriminierten Handlung zum strafenden Staat".

[12] So auch *Gärditz*, Weltrechtspflege, S. 25 f., der das Universalitätsprinzip als „das radikalste Phänomen einer Entgrenzung staatlicher Strafgewalt" bezeichnet.

[13] Wie fragil der Konsens als einschränkender Faktor der staatlichen Strafgewalt ist, lässt sich am Extrembeispiel der breiten Anerkennung der Völkerrechtskonformität der Entführung einer Person durch einen Staat im Ausland zum Zwecke ihrer Strafverfolgung im Inland illustrieren. Vgl. z. B. *Cabranes*, The Yale Law Journal 118, 8 (2009), S. 1681: „Abduction provides another mechanism for obtaining personal jurisdiction over an alien for the purpose of prosecution for extraterritorial conduct. If an alien is abducted from his home country and that country either authorizes the abduction or does not object, there is no violation of international law and the abducting country's personal jurisdiction over the alien is secure".

[14] Siehe dazu statt aller *Farmer*, New Criminal Law Review 13, 2 (2010), S. 334. Auf diesen Punkt wird im Teil I D V 3 ausführlich eingegangen.

[15] Vgl. Teil I C II 1.

Möchte man also wirksame normative Schranken gegen eine exzessive Ausdehnung des Strafanwendungsrechts herausarbeiten, muss man sich dem inländischen Recht zuwenden, oder, genauer gesagt, den Theorien über die Aufgaben des Staates und dessen Strafrecht.[16] Diesem Anliegen ist der zweite Teil dieser Untersuchung gewidmet. Die herrschenden Begründungsmodelle über die Aufgabe des Strafrechts fokussieren sich jedoch in der Regel darauf, welche Interessen als legitime Gegenstände des strafrechtlichen Schutzes in Betracht kommen, wie man an der Rechtsgutslehre oder am Schädigungsprinzip erkennen kann. Selbstverständlich ist die Frage, welche Interessen strafrechtlichen Schutz verdienen, für das Strafrecht – und dementsprechend für das Strafanwendungsrecht – unverzichtbar. Eine relevantere Einschränkung der staatlichen Strafrechtsetzungsgewalt lässt sich jedoch ziehen, wenn man den Blick auf einen anderen Aspekt lenkt. Wenn das Strafrecht sich schon schwer damit tut, die in Strafnormen und in der Verhängung von Strafen liegende Beschränkung der Freiheit eines im Inland ansässigen Staatsangehörigen zu begründen, so verschärfen sich diese Probleme erheblich im Bereich des Strafanwendungsrechts, wo die Bindung zwischen dem Strafgewaltstaat und der Tat bzw. ihrem Täter im Regelfall viel schwächer ist. Damit wird die Frage, wer von wem abgeurteilt werden kann, nämlich warum ein Staat „S" die Berechtigung zur Aburteilung eines Individuums „I" besitzt, zur grundlegenden Frage für die Festlegung des idealen Umfangs des Strafanwendungsrechts.

Eine derartige relationale Konzipierung des Strafrechts ist keineswegs neu. Bereits *Locke* war sich bewusst, dass die Legitimität eines Staates „S", einem Individuum „I" Verhaltensnormen aufzuerlegen, nicht einfach vorausgesetzt werden konnte:

I doubt not but this will seem a very strange doctrine to some men: but, before they condemn it, I desire them to resolve me by what right any prince or state can put to death or punish an alien for any crime he commits in their country. It is certain their laws, by virtue of any sanction they receive from the promulgated will of the legislative, reach not a stranger: they speak not to him, nor, if they did, is he bound to hearken to them. The legislative authority, by which they are in force over the subjects of that commonwealth, hath no power over him. Those who have the supreme power of making laws in England, France, or Holland, are to an Indian but like the rest of the world, men without authority.[17]

Die Berechtigung von „S", „I" vor Gericht zu stellen, ergibt sich demnach daraus, dass „S" ihm die Verletzung einer Pflicht vorwerfen kann, nämlich sein Ver-

---

[16] Die im 19. Jahrhundert übliche, aber in den letzten Jahrzehnten vernachlässigte Berücksichtigung der strafrechtlichen Schranken des Strafanwendungsrechts hat in der jüngsten deutschen Literatur eine gewisse Wiederbelebung erfahren. Siehe z. B. *Pawlik*, FS-Schroeder, S. 358; und *Jeßberger*, Der transnationale Geltungsbereich, S. 140 ff.

[17] *Locke*, Second Treatise, § 9, S. 103 f.

halten an die Strafgesetze von „S" zu richten. Entscheidend ist hier, woher diese Pflicht stammt. Eine mögliche Antwort, wie sie z.B. *Locke* vorschlägt, ist die Berufung auf ein Naturrecht, das allen Menschen gemeinsam ist.[18] Eine solche Lösung ist jedoch mit einer Reihe von unüberwindlichen Problemen behaftet, wie in dieser Arbeit dargelegt wird.[19] Viel plausibler wirkt demgegenüber die Ansicht, eine solche Verpflichtung entstehe aus dem vor der Tatbegehung bereits bestehenden politischen Band zwischen dem politischen Gemeinwesen des Strafgewaltstaates und dem Einzelnen (Normadressat), welche üblicherweise als „materielle Staatsbürgerschaft" bezeichnet wird. Dieser Gedanke wird von einer Reihe von Deutungsmodellen des Strafrechts geteilt, die daher unter der Bezeichnung „Bürgerstrafrecht" subsumiert werden können, auch wenn sie – wie sich zeigen wird – jenseits der genannten Kernidee beträchtliche Unterschiede zwischen ihnen aufweisen.[20]

Diese verschiedenen Ansätze zum Bürgerstrafrecht unterstreichen demnach den Legitimationsverlust des Staates als verantwortungszuweisende Instanz, wenn die politische Bindung (Staatsbürgerschaft) zu dem Normadressaten bzw. dem zu Bestrafenden schwach oder gar nicht vorhanden ist. Dadurch bekräftigen diese Vorschläge die unlösbare Verknüpfung zwischen der Legitimität des Strafrechts und der politischen und sozialen Struktur der Gesellschaft, die das Recht auf Bestrafung beansprucht.[21] Besonderen Anklang haben diese Modelle (vor allem in der englischsprachigen Literatur) in Bezug auf jene Fälle gefunden, wo die Schwäche der politischen Bindung dem Staat anzulasten ist. Das Paradebeispiel hierfür stellen die sozial Ausgegrenzten dar, für die zumindest bei bestimmten Straftaten entweder eine Strafbefreiung oder (häufiger) eine Strafmilderung vorgeschlagen wird.[22] Indem das Bürgerstrafrecht die Legitimität von Strafnorm und Strafe an die (materielle) Staatsbürgerschaft knüpft, kann es jedoch ein noch

---

[18] *Locke*, Second Treatise, § 6 ff., S. 102 ff.

[19] Vgl. dazu Teil II D III 2.

[20] Für eine erschöpfende Darstellung der Autoren, deren Auffassungen einem Bürgerstrafrecht zugeordnet werden können, siehe Teil II D I.

[21] Vgl. exemplarisch *Duff*, Theoretical Criminology 14, 3 (2010), S. 300: „If we are to understand the criminal law, as a core institution of the State, we must begin with an account of the State's proper responsibilities and aims, and of its proper relationship to its citizens"; oder *Hörnle*, GA 2023, S. 1 ff. Somit lässt sich das Bürgerstrafrecht in seinen verschiedenen Ausprägungen als eine Ablehnung der von *Lepsius* (Relationen, S. 21) kritisierten Entschlackung des Strafrechts von seinen historischen, politischen und philosophischen Bezügen verstehen. Wer sich scheut, Fragen der politischen Theorie in das Strafrecht einzubringen, sei daran erinnert, dass Versuche, das Recht à la Kelsen von fremden Elementen zu reinigen, – wie die Geschichte lehrt – wenig bis gar nicht vor seiner Pervertierung schützen. Vgl. hierzu *Kaufmann*, Problemgeschichte, S. 109.

[22] So beispielsweise *Gargarella*, Criminal Law and Philosophy 5 (2010), S. 34; oder *Duff*, Oxford Journal of Legal Studies 18 (1998), S. 197.

stärkeres Begrenzungspotenzial in dem viel weniger erforschten Bereich des Strafanwendungsrechts entfalten, einem Kontext, in dem die erwähnte Bindung zwischen Strafgewaltsaat und Normadressat, falls überhaupt bestehend, meist sehr dünn ist, auch wenn dieses fehlende Band oftmals nicht dem Staat zuzuschreiben ist.

Anders ausgedrückt: Was ein Bürgerstrafrecht leisten kann, ist ein zusätzliches Erfordernis für die Legitimation von Strafnormen bzw. Strafen, was grundsätzlich zu einer Reduzierung des Kreises der strafbaren Personen führt, denn Nichtbürger (Externe) können nicht bestraft werden. Wie der Leser aber eventuell schon bemerkt hat, ergeben sich aus einem solchen Ansatz eine Reihe von Herausforderungen. Die erste und naheliegendste betrifft das Konzept der Staatsbürgerschaft selbst. Angesichts der Schlüsselrolle, die diesem Begriff zukommt, kann er nicht auf einen rein formalen Status (wie z.B. die Staatsangehörigkeit) reduziert werden, so wichtig er auch sein mag. So berufen sich alle Strömungen des Bürgerstrafrechts (im zweiten Teil dieser Arbeit als „deliberative", „unechte", „republikanische" und „auf dem Fairnessgedanken basierende" Varianten sortiert) auf einen *materiellen Begriff* der Staatsbürgerschaft. Aus der Untersuchung der verschiedenen bürgerstrafrechtlichen Varianten lassen sich zwei weitere Erkenntnisse ableiten. Erstens unterscheiden sich diese verschiedenen Stränge deutlich in dem von Ihnen zugrunde gelegten materiellen Staatsbürgerschaftskonzept. Zweitens gehen nur wenige von ihnen tiefer darauf ein, warum sie eine bestimmte Bedeutung von Staatsbürgerschaft annehmen.

Ein weiteres – mit dem vorherigen verbundenes – Problem liegt darin, dass viele Modelle des Bürgerstrafrechts (wenngleich nicht alle) dazu neigen, binär mit den Kategorien von Bürgern einerseits und Externen andererseits zu operieren. Das bringt sie auf Kollisionskurs mit einer Realität, wo sich die meisten Normadressaten unweigerlich in dazwischenliegenden Grauzonen wiederfinden, vor allem, wenn man von einem materiellen Konzept der Staatsbürgerschaft ausgeht.

Ein letzter heikler Aspekt ist der Umgang mit gefährlichen Externen. Zwar können sie (aufgrund der fehlenden politischen Bindung) nicht bestraft werden, doch wie kann der Staat in solchen Fällen reagieren? Die Befürworter des Bürgerstrafrechts schwanken hier zwischen der Vermeidung des Themas und der Anerkennung der Notwendigkeit, dass der Staat in solchen Fällen auf Sanktionen in Form von Präventivmaßnahmen zurückgreifen muss. In letzterem Fall wird allerdings oft vermieden, auf die Natur und Begrenzungen dieser Maßnahmen einzugehen. Das ist insofern riskant, als es zu einer Zunahme statt einer Verringerung des staatlichen Zwangs führen kann: anstelle von Strafen wären dann die Externen Präventivmaßnahmen mit diffusen Schranken ausgesetzt.

Der dritte und letzte Teil dieser Untersuchung unternimmt den Versuch, diese Herausforderungen zu bewältigen. In Anlehnung an die bedeutendsten Modelle des Bürgerstrafrechts in der spanischsprachigen (*Silva Sánchez*), englischsprachigen (*Duff*) und deutschsprachigen (*Pawlik*) Literatur[23] – wobei der Einfluss vieler anderer Autoren nicht zu unterschätzen ist – wird ein Vorschlag unterbreitet, der darauf abzielt, die Vorteile eines Bürgerstrafrechts beizubehalten und zugleich die oben genannten Schwierigkeiten zu entschärfen. Das vorzustellende Modell basiert auf drei Achsen, die den oben beschriebenen Herausforderungen an ein Bürgerstrafrecht entsprechen.

Eine erste Säule besteht aus einer gründlichen Ausarbeitung des Begriffs „Staatsbürgerschaft". Dazu reicht es nicht aus, andere Ansätze zum Bürgerstrafrecht bzw. das in anderen Rechtsgebieten zu diesem Thema Geschriebene zu analysieren. Angesichts der enormen Bedeutung, die der Staatsbürgerschaft hier beigemessen wird, bedarf es einer genaueren Betrachtung ihres Inhalts. Nach einer vergleichsweise detaillierten Erörterung der Debatten zum Konzept der Staatsbürgerschaft in der politischen Philosophie und der Soziologie – die dazu zwingen, sich (zumindest oberflächlich) mit dornigen Themen zu befassen, wie etwa der Frage nach der vom Staat zu gewährleistenden Freiheit – wird ein (weitgehend auf der Arbeit des britischen Soziologen *T. H. Marshall* fußendes) Konzept der Staatsbürgerschaft als „gewährleistete Rechte" bevorzugt.[24] Demnach gilt ein Individuum „I" als materieller Bürger des Staates „S" (und damit als legitimer Adressat der Strafnormen von „S"), wenn „S" ihm Rechte garantiert hat.[25] Dieses flexible Verständnis der Bürgerschaft hat den großen Vorteil, dass es einiger Gegebenheiten der heutigen globalisierten Welt besser Rechnung tragen kann, indem es zum Beispiel nicht exklusiv sein muss (eine Person kann materieller Bürger von zwei oder mehr Staaten sein) und weil es mit einiger Leichtigkeit auf andere Formen politischer Bindungen übertragbar ist, die ein Individuum haben kann, sei es mit supranationalen Organisationen oder mit subnationalen Gemeinschaften. Damit lässt sich das vorzulegende Modell auch auf die Prüfung der Legitimität zur Bestrafung durch supra- oder substaatliche Instanzen einsetzen.[26] Ein weiterer wichtiger Vorteil dieser Auffassung von Staatsbürger-

---

[23] Zu diesen Modellen siehe Teil II D II bis Teil II D V.

[24] Vgl. hierzu Teil III B II und Teil III B III.

[25] Der Gedanke, die Staatsgewalt (und damit die Strafgewalt) sei gegenüber einem Individuum aufgrund der ihm garantierten Rechte zu begründen, kommt in vielen Gerichtsentscheidungen vor, obwohl dies oft übersehen wird. Siehe zum Beispiel BVerfG, Urteil v. 18.07.2005 – 2 BvR 2236/04, Rn. 66: „Die Staatsangehörigkeit ist die rechtliche Voraussetzung für den gleichen staatsbürgerlichen Status, der einerseits gleiche Pflichten, zum anderen und vor allem aber auch die Rechte begründet, durch deren Gewährleistung die Staatsgewalt in der Demokratie legitimiert wird".

[26] Dieser Aspekt des hier vorgeschlagenen Modells ist äußerst relevant: Ein Bürgerstrafrecht kann nur dann die grundlegende Anforderung an jede Strafrechtstheorie genügen, ihrer Zeit angemessen zu sein (vgl. dazu *Pawlik*, Das Unrecht, S. 61), wenn es einen Begriff von

schaft liegt darin, dass sie eine deutliche Abgrenzung von anderen strafbeeinflussenden Faktoren wie Schuld oder Gefährlichkeit ermöglicht, so dass die Staatsbürgerschaft als autonomes Element mit klaren Konturen in das Strafrecht eingeführt werden kann.

Die zweite Achse des zu unterbreitenden Vorschlags leitet sich unmittelbar aus dem angenommenen Begriff der Staatsbürgerschaft ab: Besteht diese aus garantierten Rechten, dann ist die Stärke der politischen Bindung zwischen einem politischen Gemeinwesen und seinen Mitgliedern abstufbar, wobei die Staatsbürgerschaft ein begriffliches Kontinuum darstellt, das eine Palette möglicher Bindungen unterschiedlicher Intensität umfasst. Diese reichen vom Vollbürger, dem umfangreiche zivile, politische und soziale Rechte garantiert werden, bis zum Minimalbürger, dem nur ein Mindestmaß an persönlicher Sicherheit gewährleistet wird. In diesem Beitrag wird argumentiert, dass sich der Grad der Staatsbürgerschaft im Ausmaß der politischen Pflicht des Einzelnen gegenüber seinem Gemeinwesen widerspiegelt: Je schwächer die politische Bindung ist (je weniger Rechte von dem politischen Gemeinwesen garantiert werden), desto geringer fällt die politische Pflicht des Einzelnen aus.[27]

Dieses Fazit ist der sozialen Wahrnehmung der Pflicht gegenüber dem politischen Gemeinwesen nicht fremd. Man denke an das folgende Beispiel. Am 20. Januar 1961 formulierte *John F. Kennedy* bei seiner Antrittsrede den berühmten Satz: „And so, my fellow Americans: ask not what your country can do for you – ask what you can do for your country".[28] Diese bombastischen Worte stehen im krassen Gegensatz zu denen, die sein Landsmann Muhammad Ali ein paar Jahre später äußerte, als er seine Weigerung begründete, in den Vietnamkrieg eingezogen zu werden:

My enemy is the white people, not Viet Cong or Chinese or Japanese. You my opposer when I want freedom. You my opposer when I want justice. You my opposer when I want equality. You won't even stand up for me in America for my religious beliefs—and you want me to go somewhere and fight, but you won't even stand up for me here at home?[29]

Bürgerschaft annimmt, der mit der aktuellen Realität vereinbar ist. Zur Legitimität des Strafrechts von supra- und substaatlichen politischen Gemeinwesen im Rahmen des hiesigen Modells des Bürgerstrafrechts vgl. Teil III C III.

[27] Diesbezüglich vgl. Teil III B IV und Teil III C I. Diese Ansicht kommt in den Ansätzen zum Bürgerstrafrecht nur selten vor. Die vielleicht bemerkenswerteste Ausnahme – und bei weitem diejenige, die dem hiesigen Ansatz in diesem Punkt am ähnlichsten ist – ist der Vorschlag von Silva Sánchez, wenngleich es zwischen den beiden Modellen, wie in Teil II D III 2 gezeigt wird, wichtige Unterschiede gibt (vor allem, weil hier die Plausibilität von auf der Verletzung natürlicher Pflichten basierenden Verbrechen abgelehnt wird).

[28] Abrufbar unter: https://www.jfklibrary.org/learn/about-jfk/historic-speeches/inaugural-address, abgerufen: 09.10.2023.

[29] Ein Video von Alis berühmter „,Opposer'-Rede" ist unter dem folgenden Link verfügbar: https://www.youtube.com/watch?v=MnY_FsxAChg, abgerufen: 09.10.2023.

Es ist nachvollziehbar, dass Kennedy (weiß, Sohn eines Millionärs und Präsident) eine andere Auffassung von seiner Pflicht gegenüber seinem Land hatte als Ali (Afroamerikaner, von ärmlicher Herkunft und Profiboxer). Tatsächlich, so wird in dieser Arbeit argumentiert, waren die politischen Pflichten der beiden Männer gegenüber ihrer Gesellschaft unterschiedlich. Da die Grundlage des *ius puniendi* in einem Bürgerstrafrecht gerade in der politischen Pflicht liegt, muss sich deren Schwäche wiederum irgendwie in der Strafe niederschlagen. Diese Ansicht ist von mehreren Autoren vertreten worden, vor allem im angelsächsischen Raum.[30] Diese Arbeit entscheidet sich für eine Lösung im Bereich der Strafzumessung, nach der folgendes gilt: je niedriger der Wert der garantierten Rechte = umso schwächer die politische Pflicht = desto milder sollte die Strafe (*ceteris paribus*) ausfallen. Daraus folgt, dass das hiesige Modell des Bürgerstrafrechts auch im Hinblick auf die Bestrafung von rein inlandsbezogenen Inlandstaten relevante Auswirkungen aufweist, und nicht nur im Rahmen des Strafanwendungsrechts.

Die dritte Achse dieses Vorschlags besteht darin, das Problem der gefährlichen Externen (zumindest im Vergleich zu anderen bürgerstrafrechtlichen Ansätzen) eingehender zu behandeln. Will der Staat seiner Aufgabe (der Aufrechterhaltung eines Zustands der Freiheitlichkeit) gerecht werden, muss er zwangsläufig in irgendeiner Weise auf Angriffe von Externen reagieren können. Diese Reaktion, so wird in dieser Arbeit vertreten, stellt eine Sanktion in Gestalt einer Präventivmaßnahme zur Abwendung künftiger Gefahren dar, die nur gegenüber der Gesellschaft – nicht aber gegenüber dem von ihr betroffenen Externen –gerechtfertigt werden kann.[31] In dem hier vorgeschlagenen Modell gelten als „Externe" hinsichtlich eines politischen Gemeinwesens solche Personen, denen keine Rechte garantiert worden sind, und nicht jene, die aufgrund eines früheren Verhaltens oder aufgrund ihrer Gefährlichkeit zur Kategorie „Feind" degradiert werden. Demzufolge können diese Maßnahmen gegen Externe nicht als reine Prä-

---

[30] Es gibt zahlreiche Beispiele für Autoren, die in diese Richtung argumentieren, wie in Teil II und III dieser Arbeit dargestellt wird. Hier soll es genügen, einen der eloquentesten unter ihnen zu zitieren: „Consider one example: a man has been convicted of armed robbery. On investigation, we learn that he is an impoverished black whose whole life has been one of frustrating alienation from the prevailing socio-economic structure – no job, no transportation if he could get a job, substandard education for his children, terrible housing and inadequate health care for his whole family, condescending-tardy-inadequate welfare payments, harassment by the police but no real protection by them against the dangers in his community, and near total exclusion from the political process. Learning all this, would we still want to talk – as many do – of his suffering punishment under the rubric of ‚paying a debt to society'? Surely not. Debt for what?" [*Murphy*, Philosophy & Public Affairs, 2, 3 (1973), S. 242].

[31] Den Ausgangspunkt für die nachfolgende Analyse dieser Maßnahmen bildet der Beitrag von *Pawlik*, FS-Schoreder, S. 379 ff.

vention konzipiert werden, sondern müssen Einschränkungen unterliegen. Wichtige normative Schranken lassen sich vor allem aus der Literatur über die Sicherungsverwahrung und analoge Maßnahmen im vergleichenden Recht (*preventive detention*) entnehmen. Die beiden wichtigsten Grenzen dieser Maßnahmen sind demnach die Anlasstatgrenze und der verfassungsrechtliche Verhältnismäßigkeitsgrundsatz, die eine nicht unerhebliche Konturierung dieser Sanktionen ermöglichen. Noch bedeutender ist allerdings, dass diese Maßnahmen gegen Externe im Gegensatz zur Sicherungsverwahrung nicht zusätzlich, sondern anstelle von Strafen aufzuerlegen sind (da der Adressatenkreis beider Sanktionen unterschiedlich ist), sodass diese Maßnahmen für die Betroffenen viel weniger belastend sind.[32]

Dieses Werk schließt mit einer genaueren Untersuchung des Gebietes, auf dem das vorzulegende Modell des Bürgerstrafrechts seine wichtigsten Wirkungen entfaltet, nämlich dem Strafanwendungsrecht, wodurch eine Rückbindung an den Ausgangspunkt der Arbeit erfolgt. Hier wird unterschieden, nach welchen völkerrechtlichen Prinzipien (oder welchen Subvarianten davon) der Staat seine *originäre Strafgewalt* ausweiten kann (d.h., vereinfacht formuliert, das Territorialitätsprinzip und ein materielles aktives Personalitätsprinzip, letzteres aber nur in Kombination mit dem Schutz- oder dem passiven Personalitätsprinzip), subsidiär seine *originäre Maßnahmengewalt* erstrecken kann (nur möglich aufgrund eines begrenzten Schutzprinzips), und schließlich *Sanktionsgewalt im Namen eines anderen* Staates bzw. eines internationalen Gerichtshofs ausüben kann (hier wäre ein sehr begrenzter Rückgriff auf eine derivative staatliche Weltrechtspflege möglich).[33] Wie sich herausstellen wird, ist der Umfang eines solchen „Strafanwendungsrechts des Bürgers" wesentlich enger als jener, der der Strafrechtssetzungsgewalt in den positiven Rechtsordnungen üblicherweise verliehen wird, weshalb die Erörterung der Begründung des Strafrechts in der erwähnten politischen Bindung nicht als bloße akademische Schönrednerei abgetan werden kann. Darüber hinaus stützt sich diese Mäßigung des Strafanwendungsrechts nicht auf künstlich eingeführte äußere Schranken, die die Strafgewalt dort eindämmen wollen, wo es unerwünscht ausufert, sondern ergibt sich unmittelbar aus (bzw. ist inhärent in) dem unterstellten positiven Vorschlag für ein Bürgerstrafrecht.[34]

---

[32] Zu diesen Präventivmaßnahmen gegen die Externen vgl. Teil III C II.
[33] Zur idealen Ausgestaltung eines Strafanwendungsrechts des Bürgers vgl. Teil III D.
[34] Zu den Vorteilen eines „inhärent moderaten" Modells des Strafrechts verglichen mit einem, das zur Begrenzung der Strafgewalt sich auf äußere Werte berufen muss, siehe *Duff*, Theoretical Criminology 14, 3 (2010), S. 296 ff.

Erster Teil

Deutscher Gesetzgeber für vietnamesische Bürger? Die Unwirksamkeit der völkerrechtlichen Schranken

A. Übersicht

In diesem ersten Teil werden drei Ziele verfolgt. Erstens wird die Bedeutung bestimmter Begriffe präzisiert, deren Verdeutlichung zur Ermittlung der idealen räumlichen bzw. sachlichen Ausdehnung des nationalen Strafrechts unerlässlich ist. Hierbei werden insbesondere das derzeit in Deutschland vorherrschende Konzept des „Strafanwendungsrechts" sowie einige der entsprechenden Begriffe in ausländischen Rechtsordnungen (z.B. „prescriptive jurisdiction", „efectos de la ley en el espacio") dargestellt (Abschnitt B). Zweitens wird erörtert, ob und wie die völkerrechtlichen Grundsätze als Schranken für die staatliche Strafrechtsetzungsgewalt wirken, und es werden die starken Abweichungen bei der Erstreckung des Strafanwendungsrechts zwischen den Staaten beleuchtet. Das Hauptaugenmerk liegt dabei auf dem vergleichsweise übermäßigen extraterritorialen Umfang der deutschen Strafgewalt (Abschnitt C). Drittens wird ein Erklärungsversuch unternommen, anhand einer relativ ausführlichen Auseinandersetzung mit jedem der klassischen völkerrechtlichen Prinzipien, warum das Völkerrecht – eine Rechtsordnung, die in strafrechtlichen Angelegenheiten nur auf die Vereinbarkeit der Einhaltung des Nichteinmischungsgebots mit einer wirksamen Bekämpfung der grenzüberschreitenden Kriminalität ausgerichtet ist – eine inhärent schwache Schranke des staatlichen *ius puniendi* darstellt. Das beste Beispiel dafür ist die fortschreitende Ausweitung des völkerrechtlich zulässigen Rahmens für die Strafrechtsetzungsgewalt der Staaten anhand der Vermehrung multilateraler Verträge zur Verbrechensbekämpfung, die (bestenfalls) in sehr begrenztem Umfang die Interessen der davon Betroffenen berücksichtigen (Abschnitt D). Aus dem Vorstehenden ergibt sich die Notwendigkeit, das Strafanwendungsrecht nicht nur aus der Perspektive des Völkerrechts, sondern auch aus der Sicht des innerstaatlichen Rechts, insbesondere des Strafrechts, zu betrachten (Abschnitt E).

B. Was ist unter „Strafanwendungsrecht" zu verstehen?

I. Die Reichweite des nationalen Strafrechts: ein Feld von präzisierungsbedürftigen Begriffen

Wenn ein deutscher Staatsangehöriger „D" seinen Landsmann „L" in Deutschland tötet und er dann dort verhaftet und vor Gericht gestellt wird, hat die Tat keinerlei Berührung mit einer ausländischen Rechtsordnung (man kann diesbezüglich von einer rein „inlandsbezogenen" Tat sprechen)[1] und es ist sowohl klar, dass das anzuwendende materielle Recht das deutsche ist, als auch, dass die Strafgerichtbarkeit einem deutschen Gericht zusteht. Komplexer wird die Angelegenheit jedoch, sobald die Straftat irgendeinen Berührungspunkt zu einem fremden Staat aufweist. Dieser Bezug zum Ausland kann aus einem oder mehreren gemeinsam auftretenden Umständen bestehen, z. B. dass die Straftat im Ausland begangen wurde (die sogenannten „Auslandstaten"), oder dass der Täter oder das Opfer der Tat ein ausländischer Staatsangehöriger ist.[2] Damit tritt in den Vordergrund die Frage, wann und inwieweit das deutsche Recht „gültig" oder „anwendbar" sein soll.[3] Der Einstieg in diese Materie gelingt am besten, wenn

---

[1] In seinem berühmten Urteil von 18.07.2005 zum Europäischen Haftbefehl, in dem das BVerfG das (erste) Gesetz zum Europäischen Haftbefehl für nichtig erklärte, unterschied das Gericht zwischen solchen Taten mit „maßgeblichem Inlandsbezug", denen mit „maßgeblichem Auslandsbezug" und Zwischenfällen. Eine Straftat der ersten Kategorie liegt vor, wenn „wesentliche Teile des Handlungs- und Erfolgsortes auf deutschem Staatsgebiet liegen". In diesem Fall sei der Strafvorwurf „bei tatverdächtigen deutschen Staatsangehörigen prinzipiell im Inland durch deutsche Strafermittlungsbehörden aufzuklären". Siehe BVerfG Urteil v. 18.07. 2005 – 2 BvR 2236/04, Rn. 84 f.

[2] Zum Begriff „Straftat mit Auslandsberührung" vgl. *Jeßberger*, Der transnationale Geltungsbereich, S. 19 ff. Englischsprachige Autoren verwenden den entsprechenden Begriff „matters/ claims containing a foreign element", vgl. dazu *Colangelo*, Cornell Law Review 99, 6 (2014), S. 1314; *García-Mora*, University of Pittsburgh Law Review 19, 3 (1958), S. 583 f.; *Feller*, Israel Law Review 16, 1 (1981), S. 40. Siehe auch *Bueno Arús, F./De Miguel Zaragoza, J.*, Manual de Derecho Penal Internacional, S. 127 ff: „Derecho penal nacional con elementos extranjeros". Der Begriff „Sachverhalte mit Auslandsberührung" ist auch in anderen Rechtsgebieten zu finden. Siehe exemplarisch *Herdegen*, Internationales Wirtschaftsrecht, § 3, Rn. 58.

[3] Hierbei können die von *Jennings/Watts*, Oppenheim's⁹, § 136, S. 457, so bezeichnete „in-

man, in Anlehnung an *Schroeder*, mit einem kurzen Überblick über die Unterscheidung zwischen primären und sekundären Strafnormen beginnt,[4] welche ein tieferes Verständnis der Kontroversen über den Umfang des staatlichen *ius puniendi* ermöglicht.

Binding, der renommierteste Verfechter eines traditionellen dualistischen Normkonzepts,[5] vertrat eine sehr enge Auffassung des Begriffes „Norm".[6] Ihm zufolge sind Normen „Verbote oder Gebote von Handlungen"[7] und als solche unterscheiden sie sich von Strafgesetzen: während die Norm auf Gehorsam abziele, begründe das Strafgesetz das Recht des Staates auf Strafe.[8] Diese von *Binding* vorgenommene Differenzierung zwischen primären, an den einzelnen Bürger gerichteten Verhaltensnormen („du sollst nicht töten!") und sekundären, an den Staat gerichteten Sanktionsnormen (wenn jemand dennoch tötet, so sollen die dazu Berufenen die angedrohte Strafe über ihn verhängen),[9] ist nicht nur in vielen deutschen und spanischen Strafrechtslehrbüchern bis in die Gegenwart beibehalten worden,[10] sondern ist auch in der angelsächsischen Rechtsphilosophie zu finden.[11]

---

ternational problems of jurisdiction" entstehen. Es sei hier darauf hingewiesen, dass im Gegensatz zum Privatrecht, wo die Parteien einen breiten Spielraum zur Vereinbarung des anwendbaren Rechts haben, Täter und Opfer (aufgrund des öffentlichen Charakters des strafrechtlichen Delikts) weder das anwendbare Recht noch den zuständigen Gerichtsstand vereinbaren können.

[4] Siehe *Schroeder*, GA 1968, S. 353–356.

[5] Die Auffassung, das Recht als einen „Komplex von Normen" zu begreifen, geht u. a. auf die Arbeiten von *Thon* (Rechtsnorm) und *Bierling* (Zur Kritik der juristischen Grundbegriffe) zurück. Dazu siehe *Affolter*, Archiv des öffentlichen Rechts 23 (1908), S. 362. Der bedeutendste Vertreter der sogenannten „Normentheorie" auf dem Gebiet des deutschen Strafrechts ist jedoch Binding. Vgl. hierzu *Renzikowski*, ARSP 87 (2001), S. 111: „Der Ausdruck ‚Normentheorie' ist für jeden Strafrechtswissenschaftler untrennbar mit dem Namen Bindings verbunden". Kritisch zu diesem Dualismus der Rechtsnormen, *Hoyer*, Strafrechtsdogmatik.

[6] Vgl. *Affolter*, Archiv des öffentlichen Rechts 23 (1908), S. 361.

[7] *Binding*, Handbuch des Strafrechts, S. 156.

[8] *Binding*, Handbuch des Strafrechts, S. 162. *Thon*, Rechtsnorm, S. 9, Fn. 26, zeigt sich in dieser Hinsicht mit Binding einverstanden und beschreibt die Strafgesetze als „Strafandrohung im Fall einer Normübertretung".

[9] Die Beispiele stammen aus *Nawiasky*, Allgemeine Rechtslehre, S. 14. Siehe auch hierzu *Binding*, Die Normen und ihre Übertretung, S. 28 ff.

[10] So versteht beispielsweise *Freund* (AT, § 1 Rn. 9 ff.) das Strafrecht als sekundäre Normenordnung und die primären Normen als dem Strafrecht vorgelagerte Ver- und Gebote; siehe auch *Kindhäuser/Zimmermann*, AT, § 2, Rn. 2 ff., nach denen die Legitimation der Verhaltensnormen auf dem Schutz von Rechtsgütern beruht, während die Frage nach der Straflegitimation die grundlegende des Strafrechts ist. In dieselbe Richtung in Spanien vgl. z. B. *Mir Puig*, PG[10], S. 67 ff.; *Robles Planas*, InDret 1 (2019), S. 1 ff.

[11] So bezeichnet *Hart*, The Concept of Law, S. 97 f., die Gerichtsbarkeit bestimmende Nor-

Die Bedeutung dieser Unterscheidung hinsichtlich der räumlichen Ausdehnung des nationalen Strafrechts liegt in dem (eventuell) abweichenden Anwendungsbereich beider Arten von Normen. Das war den deutschen Autoren des 19. Jahrhunderts, die sich mit dem damals so genannten „internationalen Strafrecht" beschäftigten, durchaus klar. So schrieb *von Rohland*, dass sich das Geltungsgebiet der (Verhaltens-)Normen überall dorthin erstreckt, „wo Personen, an welche sich die Normen richten, sich aufhalten", während sich die Strafgesetze nur dorthin erstrecken, wo sich die staatlichen Rechtsprechungsorgane befinden.[12] Dennoch stimmt der Geltungsbereich von Primär- und Sekundärnormen in der Regel überein. Anders als z. B. im Bereich des internationalen Privatrechts beschränken sich die nationalen Strafgerichte prinzipiell auf die Anwendung von nationalem Recht. Der Grund dafür sei in der „engen Verknüpfung zwischen Strafrecht und Souveränität" zu finden[13], aus welchem sich ableiten lasse, dass „die deutschen Gerichte zur Durchsetzung des deutschen Strafanspruchs berufen (sind), nicht aber zur Wahrung fremder Rechtsordnungen".[14] Diese Denkweise liegt selbstverständlich nicht nur dem deutschen Strafrecht zugrunde. Zum selben Schluss gelangt der einflussreiche Bericht „Extraterritorial Criminal Jurisdiction", der von einem Expertenausschuss auf Antrag des „European Committee on Crime Problems" ausgearbeitet wurde, dem zufolge „The national courts apply, in principle, their own national criminal law, even with respect to offences which may have been committed outside national territory. In this respect, criminal law differs essentially from private law…".[15] Deshalb unterscheiden die meisten zeitgenössischen deutschen Strafrechtler zwar noch zwischen „Strafberechtigung" (also der Frage danach, ob ein Sachverhalt der eigenen Strafgewalt unterliegt) und dem anwendbaren materiellen Strafrecht (das theoretisch auch

---

men als „secondary rules of adjudication". Eingehend dazu *Renzikowski*, ARSP 87 (2001), S. 112.

[12] *von Rohland*, Das internationale Strafrecht, S. 66; vgl. auch *Binding*, Handbuch des Strafrechts, S. 163; *Harburger*, ZStW 20 (1990), S. 610; *Schroeder*, NJW 3 (1969), S. 81 und 83.

[13] Dazu vgl. statt aller *Satzger*, Jura 32 (2010), S. 109.

[14] *Satzger*, Jura 32 (2010), S. 109; *ders.*, Internationales, § 3 Rn. 3; so auch *Ambos*, Internationales Strafrecht, § 1, Rn. 5; *Werle/Jeßberger*, LK[13], Vor § 3, Rn. 8. Kategorisch *Beling,* Die Lehre vom Verbrechen, S. 96: „das ausländische Strafrecht existiert für den deutschen Rechtsanwender nicht".

[15] *European Committee*, Extraterritorial Criminal Jurisdiction, S. 458. Dieser Ansatz ist in anderen Rechtsordnungen weit verbreitet, vgl. z. B die berühmte Entscheidung der USSC The Antelope, 23 U.S. (10 Wheat.) 66, 123 (1825); im Schriftum *Akehurst*, British Year Book of International Law 46 (1972–1973), S. 179; *Farmer*, University of Toronto Law Journal 63 (2013), S. 230, Fn. 14; *Hirst*, Jurisdiction, S. 9 f.; *Pin*, Droit pénal général, S. 138; etwas nuancierter *Shaw*, International Law, S. 487: „in practice it is rare for one state to enforce the penal or tax laws of another state".

fremdes Recht sein kann), weisen aber zugleich darauf hin, dass in der Praxis beide Aspekte deckungsgleich sind.[16]

Ausnahmsweise ist es jedoch möglich, dass entweder nur die primäre Norm gilt (ein ausländischer Richter wendet nationales Recht an) oder bloß die sekundäre (d.h. die Anwendung von ausländischem Recht durch den inländischen Richter).[17] Ein Beispiel für den zweiten beschriebenen Fall ist es, wenn sich deutsche Gerichte bei der Prüfung der Voraussetzung des § 7 StGB hinsichtlich der Tatortrechtsstrafbarkeit mit ausländischem Recht befassen müssen.[18] Diese (zumindest indirekte) Anwendung ausländischen Rechts durch nationale Gerichte ist zudem keineswegs außergewöhnlich und in anderen Rechtsordnungen sogar häufiger anzutreffen. So müssen z.B. spanische und chilenische Gerichte – im Gegensatz zum deutschen Recht – bei einem eingehenden Auslieferungsersuchen zur Verfolgung überprüfen, ob die Straftat laut dem Recht des ersuchenden

---

[16] Vgl. hierzu *Ambos*, MüKo-StGB[4], Vor § 3, Rn. 2; und *Werle/Jeßberger*, LK[13], Vor § 3, Rn. 8, die dieser Unterscheidung eine „geringe Bedeutung" zuschreiben. Vgl. hingegen *Satzger*, Internationales, § 3 Rn. 5, der die Auffassung dieser Autoren im Lichte der fortschreitenden europäischen Integration für archaisch hält.

[17] *Schroeder*, GA 1968, S. 354. Andere Autoren nehmen in dieser Hinsicht feinere Unterscheidungen vor. Ein Beispiel hierfür ist *Jeßberger*, Der transnationale Geltungsbereich, S. 12–16, der zwischen „Bewertungseinzugsbereich" (d.h. der Umfang der vom Staat tatsächlich in Anspruch genommenen Strafgewalt, nämlich das „Ob" der Bewertung eines Sachverhalts), „Anwendungsbereich" (anwendbares materielles Recht, d.h. das „Wie" der Bewertung) und „Zuständigkeitsbereich" (zuständiges Gericht) differenziert.

[18] Vgl. in diesem Sinne *Pawlik,* FS-Schroeder, S. 379, Fn. 111; für weitere Beispiele im deutschen Recht siehe *Satzger*, Internationales, § 3 Rn. 6. Allerdings findet sich in der Literatur häufig die folgende Behauptung, hier in Worten des britischen Völkerrechtlers *Akehurst*, British Year Book of International Law 46 (1972–1973), S. 179: „States do not apply foreign criminal law; even in those few cases where criminality under the lex loci is made a condition precedent for the extraterritorial application of the criminal law of the forum, the accused is acquitted or convicted of an offence under the lex fori. If the court has jurisdiction, it applies its own law; if the lex fori applies, then the court has jurisdiction"; ähnlich *Wegner*, FG-Frank, S. 130f. Dies ist jedoch eine sinnlose Debatte. Offensichtlich kann ein Gericht kein ausländisches Strafrecht anwenden, ohne dass dies durch nationales Recht erlaubt ist (in diesem Sinne hat Akehurst Recht). Aber selbst wenn ausländisches Recht lediglich durch Verweis angewandt wird, bedeutet dies die Anwendung der von der ausländischen Rechtsordnung festgelegten Normen und Werte, weil der nationale Gesetzgeber dies in einer Fallkonstellation für angemessen hält. Es wird also eine Verhaltensnorm angewendet, die sowohl in ihrem Ursprung als auch in ihrem Wesen fremd ist. Genau aus diesem Grund greift die Literatur auf den Begriff der *ordre public* als Schranke für die Anwendbarkeit ausländischen Rechts in diesen Fällen zurück. Zum Begriff des internationalen *ordre public* in dieser Hinsicht vgl. *Satzger*, Jura 32 (2010), S. 193; umfassend und detailreich zu diesem Konzept *Ohler*, Ordre public, § 238, S. 453 ff.; und *Penkuhn*, Der *ordre-public*-Vorbehalt.

I. Die Reichweite des nationalen Strafrechts

Staates mit einer Freiheitsstrafe von mindestens einem Jahr (Spanien) oder höher als ein Jahr (Chile) belegt ist.[19]

Doch diese Unterscheidung zwischen primären und sekundären Normen wird nicht herangezogen, um diese mehr oder weniger verbreiteten Ausnahmen zu erklären. Vielmehr geht es hier darum, dass diese Differenzierung Bedeutung erlangt, wenn eine Rechtsordnung entweder die primäre oder die sekundäre Natur der Normen zur Erstreckung des nationalen Strafrechts betont. So bezieht sich das deutsche Strafgesetzbuch (StGB) nur ungenau auf die Gültigkeit des deutschen Rechts (das Gesetz benutzt den Ausdruck „Das deutsche Strafrecht gilt").[20] Daran anknüpfend wird oft die Auffassung vertreten, die §§ 3 ff. StGB bildeten einen konstitutiven Teil der primären Strafrechtsnormen, „indem sie den Bereich beschreiben, für den sich das deutsche Strafrecht einen Bewertungsanspruch zuerkennt"[21], wenngleich dies dadurch relativiert wird, dass viele dieser Autoren diese Normen als objektive Bedingungen der Strafbarkeit begreifen.[22] Nur eine Minderheitsauffassung geht noch einen Schritt weiter und plädiert dafür, die §§ 3 ff. StGB seien als Tatbestandmerkmale zu verstehen, sodass z. B. ein

---

[19] Während das deutsche Gesetz über die internationale Rechtshilfe in Strafsachen regelt, dass die Auslieferung zur Verfolgung nur zulässig ist, wenn die Tat *nach deutschem Recht* im Höchstmaß mit Freiheitsstrafe von mindestens einem Jahr bedroht ist (§ 3 Abs. 2 IRG), verlangt das spanisches Recht dieselbe Mindeststrafe, aber nicht nur nach spanischem Recht, sondern auch nach dem Recht des ersuchenden Staates (Ley 4/1985, de 21 de marzo, de Extradición Pasiva, Art. 2, Abs. 1). Seinerseits sieht das chilenische Recht eine dem deutschen Recht umgekehrte Regelung vor: eine Auslieferung an das Ausland soll nur erfolgen, wenn die Person, um deren Auslieferung ersucht wird, wegen einer Straftat im ersuchenden Staat angeklagt ist, die mit mehr als einem Jahr bestraft werden kann [Art. 440 des „Código Procesal Penal" (chilenische Strafprozessordnung)]. Ein weiteres, in der deutschen Literatur häufig genanntes Beispiel für die Anwendung ausländischen Rechts durch nationale Gerichte ist die frühere Fassung des Art. 5 Abs. 1 des schweizerischen StGB, wonach im Fall einer Strafgewalterstreckung aufgrund des passiven Personalitätsprinzips der Strafrahmen des Tatortrechts zu berücksichtigen war, wenn dieser für den Täter milder war (vgl. *Satzger*, Internationales, § 3 Rn. 3).

[20] Siehe §§ 3 ff. StGB.

[21] So *Ambos*, Internationales Strafrecht, § 1, Rn. 9; *ders.*, MüKo-StGB[4], Vor § 3, Rn. 3; und *Eser/Weißer*, S/S[30], Vor §§ 3–9, Rn. 6. Andere Autoren hingegen betonen den sekundären Charakter dieser Normen, denn sie regelten „nicht in erster Linie den Anwendungsbereich des eigenen materiellen Strafrechts, sondern das dieser Frage noch vorgelagerte Problem des Umfangs der staatlichen Strafgewalt", da auch die nationale Strafgewalt ein fremdes materielles Strafrecht anwenden kann (vgl. *Jescheck*, FS-Maurach, S. 580; *Jescheck/Weigend*, AT[5], § 18 I 1).

[22] In diesem Sinne *Ambos*, Internationales Strafrecht, § 1 Rn. 9f., der diese Auffassung befürwortet, denn der Geltungsbereich des Strafrechts könne nicht „vom Vorstellungsbild des Täters abhängig sein"; auch in diese Richtung *Beling*, Die Lehre vom Verbrechen, S. 102 ff.; ebenso *Satzger*, Jura 32 (2010), S. 111. Vgl. auch BGH, Urt. v. 20.10.1976, 3 StR 298/76 (LG Kleve), NJW 1977, 507 Rn. 2, beck-online: „Ein Irrtum über den Umfang der deutschen Gerichtsbarkeit wäre unbeachtlich".

Irrtum über den Tatort einen vorsatzausschließenden Tatbestandsirrtum begründen könnte.[23]

Im Gegensatz dazu sind die Regeln bezüglich der Ausdehnung des nationalen *ius puniendi* in Spanien und Chile in Gesetzen enthalten, die im Wesentlichen dem deutschen Gerichtsverfassungsgesetz entsprechen und denen daher hauptsächlich eine verfahrensrechtliche Natur zugesprochen wird.[24] Diese Gesetze unterstreichen den sekundären Charakter dieser Normen weiter, indem sie auf Formulierungen wie „die spanische Gerichtsbarkeit wird Kenntnis nehmen"[25] oder „die folgenden Auslandstaten unterliegen der chilenischen Gerichtsbarkeit" zurückgreifen.[26] Da diese Regeln vom Gesetz selbst eindeutig als prozessuale „Jurisdiktionsnormen" konzipiert werden, wird die Auffassung, wonach diese Regeln als Teil der Primärnorm zu verstehen sind (ganz zu schweigen von derjenigen, die sie als Tatbestandmerkmale begreift), offensichtlich erschwert, wenn nicht gar ausgeschlossen.[27]

Andere Rechtsordnungen scheinen Zwischenpositionen zu beziehen. So nimmt das französische Recht eine eklektische Haltung ein, denn einige allge-

---

[23] In diesem Sinne *Pawlik*, FS-Schroeder, S. 373, Fn. 85; ähnlich *Werle/Jeßberger*, LK [13], Vor § 3, Rn. 471–475, die ihre bisherige Position, diese Regeln als objektive Bedingungen der Strafbarkeit zu betrachten, aufgegeben haben, aber nur bezüglich derjenigen Regeln, die einen originären Strafanspruch schaffen. In dieselbe Richtung auch *Jakobs*, AT, 5/12, obwohl zurückhaltender hinsichtlich der Möglichkeit eines vorsatzausschließenden Irrtums. *Pawlik* widerlegt überzeugend die mehrheitliche Auffassung dieser Regeln als objektive Strafbarkeitsbedingungen (ebd., S. 361), indem er darlegt, dass diese Ansicht die Bejahung einer universellen Geltung des deutschen Strafrechts bedeutet, denn objektive Strafbarkeitsbedingungen setzten bereits Tatbestandsmäßigkeit, Rechtswidrigkeit und Schuldfähigkeit des Verhaltens voraus. *Altenhain* (FS-Puppe, 359 f.) und ihm folgend auch *Roxin/Greco*, AT I, § 12 Rn. 149a–149c, teilen Pawliks Einwand, postulieren aber, dass – angesichts der unerwünschten Auswirkungen der Anerkennung eines vorsatzausschließenden Tatbestandirrtums – die Regeln von §§ 3 ff. als „Vorbedingungen der Tatbestandsmäßigkeit" zu betrachten sind.

[24] Die einschlägigen Vorschriften sind Art. 23 des spanischen Ley Orgánica 6/1985, de 1 de julio, del Poder Judicial (im Folgenden kurz als „LOPJ" bezeichnet) und Artikel 6 des chilenischen Código Orgánico de Tribunales (im Folgenden kurz als „COT" bezeichnet).

[25] Art. 23 Nr. 2 LOPJ.

[26] Art. 6 Abs. 1 COT. Im Fall von Chile ist außerdem zu beachten, dass sowohl der Art. 4 des neuen Entwurfs eines Strafgesetzbuchs, der seit 2014 in der Verfassungskommission des Senats bearbeitet wird (Boletín 9274–07), als auch der Art. 4 des Vorentwurfs eines neuen Strafgesetzbuchs, dessen Erstellung das Justizministerium leitet, eine ähnliche Formel beinhalten. Der Entwurf ist unter https://www.camara.cl/pley/pley_detalle.aspx?prmID=9686&prm Boletin=9274-07 abrufbar; der Vorentwurf unter http://www.minjusticia.gob.cl/anteproyecto-para-nuevo-codigo-penal/, jeweils abgerufen: 09.10.2023.

[27] Vgl. *Bascuñán* (La jurisdicción, S. 7 f.), der nicht nur verneint, dass diese Regeln Tatbestandsmerkmale sein können, sondern auch darauf hinweist, dass die Wirkungen des Legalitätsprinzips auf sie nicht anwendbar sind.

meine Regeln finden sich im *Code pénal* unter dem Titel „De l'application de la loi pénale dans l'espace" (räumliche Geltung des Strafgesetzes),[28] während andere Vorschriften, die meist die extraterritoriale Bestrafung bestimmter Arten von Straftaten regeln, wie z. B. Terrorismus (Art. 689–3) oder Folter (Art. 689–2), unter der Überschrift „De la compétence des juridictions françaises" im *Code de procédure pénale* zu finden sind.[29]

Im Rechtskreis des *Common Law* wird üblicherweise zwischen *jurisdiction to prescribe* (hoheitliche Rechtsetzung), *jurisdiction to adjudicate* (staatliche Hoheitsbefugnis zur Aburteilung) und *jurisdiction to enforce* (Durchsetzung der Gesetze bzw. Vollstreckung der Urteile) unterschieden. Diese Einteilung der *jurisdiction* in drei Kategorien ist in § 401 der äußerst einflussreichen *Restatement (Fourth) of the Foreign Relations Law of the United States* enthalten,[30] und sie ist auch häufig in Dokumenten anzutreffen, die von internationalen Organisationen erstellt werden.[31] In der deutschen Literatur ist hervorgehoben worden, dass dieser dreigleisige Ansatz zum einen der doppelten materiell-prozessualen Natur des Strafanwendungsrechts Rechnung trägt[32] und zum anderen einen höheren Grad an Präzision aufweist.[33] Die Zweckdienlichkeit dieser Klassifizierung ist jedoch zweifelhaft, da sich diese Kategorien oft überschneiden, was darauf zurückzuführen ist, dass ihre Grenzen sehr unscharf sind.[34] Diese Unge-

---

[28] Siehe Livre Ier, Titre Ier, Chapitre III, Art. 113–1 bis 113–14 des französischen *Code pénal*.

[29] Vgl. Livre IV, Titre IX, Chapitre Ier, Art. 689 à 689–7 des *Code de procédure pénale*.

[30] Die „Restatements of the law" werden vom *American-Law-Institute* (ALI) herausgegeben, einer Nichtregierungsorganisation mit der Aufgabe, „das amerikanische Recht zu klären und zu vereinfachen". Die *Restatements* sind ihr wichtigstes Produkt, und obwohl sie für Gerichte nicht bindend sind, üben sie großen Einfluss aus. Obwohl das *Fourth Restatement of Foreign Relations Law* erst kürzlich (2018) veröffentlicht wurde, ist anzumerken, dass diese Dreiteilung der *jurisdiction* bereits im *Third Restatement* von 1987 vorhanden war, allerdings nicht im zweiten *Restatement* (von 1965), das nur zwischen der *jurisdiction to prescribe* und *jurisdiction to enforce* unterschied. Dazu *Dodge*, Chinese Journal of International Law (2020), S. 103 und 107. Zu dieser Klassifizierung siehe auch *Gallant*, Villanova Law Review 48, 3 (2003), S. 769 f.; *Ryngaert*, Jurisdiction in International Law, S. 9 f.

[31] Siehe den oben erwähnten Bericht „Extraterritorial Criminal Jurisdiction", S. 444 f., der zwischen *legislative or prescriptive jurisdiction*, *judicial jurisdiction (jurisdiction to apply legislation)* und *executive jurisdiction (jurisdiction to enforce)* unterscheidet.

[32] *Ambos*, Internationales Strafrecht, § 1, Rn. 4–5; *Reinbacher*, Das Strafrechtssystem der USA, S. 91.

[33] *Gärditz*, Weltrechtspflege, S. 28. Eine völlig gegenteilige Auffassung vertrat *Kohler*, Internationales Strafrecht, S. 2, im 19. Jahrhundert, der bereits klar zwischen „Weite der Gesetzesgewalt" und „gerichtliche Fernwirkung" unterschied und monierte, dass „die ausländischen ‚sogenannten' wissenschaftlichen Bücher des internationalen Privatrechts hier alles durcheinanderwerfen"!

[34] Vgl. hierzu *Mills*, British Yearbook of International Law 84, 1 (2014), S. 194 f. Zu den

nauigkeit wird in der leicht abgewandelten Version dieser Kategorisierung deutlich, die die *jurisdiction* in *legislative* (statt *jurisdiction to prescribe*), *judicial* (statt *jurisdiction to adjudicate*) und *executive* (statt *jurisdiction to enforce*) einteilt.[35] Die Rechtsetzung kann sich jedoch nicht nur aus Gesetzen des Kongresses, sondern auch aus der Rechtsprechung (im *Common Law*) ergeben, ebenso wie die Vollstreckung eines Urteils nicht nur von der Exekutive abhängt (z. B. wenn der Richter die Festnahme einer verurteilten Person anordnet).[36]

Ungeachtet dessen lässt sich aus der soeben erwähnten Klassifizierung Folgendes ableiten. Der Umfang der legitimen territorialen Ausdehnung der nationalen Strafgewalt[37] hängt prinzipiell davon ab, ob ihre Ausübung die unmittelbare Anwendung von Zwangsmaßnahmen beinhaltet. Bejahendenfalls wäre die Strafgewalt im Prinzip streng territorial, wie im Falle der *jurisdiction to enforce* oder bei der konkreten Aburteilung einer bestimmten Straftat. In der umgekehrten Hypothese (d. h. bei der *jurisdiction to prescribe* und der i. d. R. daraus folgenden Zuständigkeit eines nationalen Gerichts) hängt die legitime Erstreckung der Strafgewalt auf Sachverhalte mit Auslandsbezug vom Vorhandensein eines echten Zusammenhangs (*genuine connection*) zwischen Straftat und Verfolgerstaat ab.[38] Diese echte Verbindung wird durch das Auftreten eines oder mehrerer der bereits in der Einleitung erwähnten völkerrechtlichen Grundsätze konstitu-

---

Unklarheiten, die durch die differenzierte Behandlung von *jurisdiction to prescribe* und *jurisdiction to adjudicate* bezüglich extraterritorialer Strafgewalt in der US-Rechtsprechung entstehen, siehe *Colangelo*, Cornell Law Review 99, 6 (2014), S. 1329–1332.

[35] Siehe *Akehurst,* British Year Book of International Law 46 (1972–1973), S. 145; *Jennings/Watts*, Oppenheim's[9], § 136, S. 456.

[36] Zutreffend *Mills*, British Year Book of International Law 84, 1 (2014), S. 195; vgl. auch *Colangelo*, Cornell Law Review 99, 6 (2014), S. 1310 f. Daher gibt es weiterhin Stimmen in der Literatur, die, wie *Shaw* (International Law, S. 483), lediglich zwischen der *jurisdiction to prescribe* (verstanden als die „capacity to make law", sei es durch legislatives, exekutives oder gerichtliches Handeln) und der *jurisdiction to enforce* (d. h. Rechtsdurchsetzung, sei es durch exekutives oder gerichtliches Handeln) unterscheiden.

[37] Sowohl *Jeßberger* (Der transnationale Geltungsbereich, S. 8) als auch *Gärditz* (Weltrechtspflege, S. 28) sind sich einig, dass die passendste Übersetzung des englischen Konzeptes „criminal jurisdiction" ins Deutsche „Strafgewalt" ist. Zur Vermeidung von Unklarheiten wird bei der Erörterung der Bedeutung des Begriffs „jurisdiction" im *Common Law*-Kontext gelegentlich das englische Wort anstelle der deutschen Übersetzung verwendet.

[38] Ähnlich *Eser/Weißer*, S/S[30], Vor §§ 3–9, Rn. 11; und *Epping*, in: Ipsen, Völkerrecht[6], § 5 Rn. 69 f., der zwischen einem streng auf das Staatsgebiet beschränkten „räumlichen Geltungsbereich" und dem gegebenenfalls extraterritorialen „sachlichen Anwendungsbereich" (Erstreckung der Strafnormen) unterscheidet. Siehe auch *Colangelo*, Cornell Law Review 99, 6 (2014), S. 1311 f.; *Dodge*, Chinese Journal of International Law (2020), S. 106 f.; *Gärditz*, Weltrechtspflege, S. 28 f. *Dodge* (einer der Redaktoren des oben erwähnten *Fourth Restatement*) hat gemeinsam mit seinen Mitverfassern geschrieben, dass diese Lösung bereits im Lotus-Urteil (S. 18 f. der Entscheidung) vorhanden war. Siehe hierzu *Dodge*, Jurisdiction to

iert, die in den folgenden Abschnitten „C" und „D" dieses ersten Teils ausführlich behandelt werden.

In der angelsächsischen Welt wird im Hinblick auf die *jurisdiction* außerdem zwischen „ambit" und „venue" unterschieden. Allgemein ausgedrückt geht es beim *ambit* um die Frage, ob das materielle Recht auf ein bestimmtes Verhalten anwendbar ist, während *venue* die Zuständigkeit eines bestimmten Gerichts betrifft.[39] Der Begriff *ambit* soll verdeutlichen, dass die *jurisdiction* nicht nur eine rein technisch-verfahrensrechtliche Angelegenheit ist, sondern sich auf den Geltungsbereich des Strafrechts im weiteren Sinne bezieht, d. h. auf die normativen (i. S. v. idealen) Grenzen des Strafrechts, die im Mittelpunkt der neueren Debatte um Überkriminalisierung stehen.[40] Dass eine nationale Rechtsordnung gegenüber Auslandstaten, die sie nicht betreffen, schweigt (statt sie als Verbrechen zu bewerten), ist also eine *ambit*-Frage.[41] Versteht man die Unrechtsmäßigkeit einer Handlung als ein kontextabhängiges Phänomen, das nur in einem konkreten Raum-Zeit-Zusammenhang sinnvoll behauptet werden kann,[42] dann können sowohl der Begehungsort als auch die Staatsangehörigkeit des Täters relevante Elemente des *actus reus* darstellen anstatt nur Faktoren bei der Bestimmung des zuständigen Gerichts.[43] Damit soll freilich nicht der Eindruck erweckt werden, dass die Frage nach der Legitimität der Erstreckung von Verhaltensnormen auf Auslandstaten im angelsächsischen Rechtsraum deutlich ernster genommen wird. Dass dies nicht der Fall ist, wird durch das in der Praxis wohl wichtigste

---

Adjudicate Under Customary International Law, abrufbar unter: http://opiniojuris.org/2018/09/11/33646/, abgerufen: 09.10.2023.

[39] Vgl. *Farmer*, University of Toronto Law Journal 63 (2013), S. 230 f. Diese Differenzierung ist bereits im Werk von *Williams*, Law Quarterly Review 81 (1965), S. 276 ff. vorhanden. Diese Unterscheidung ähnelt zwar der zwischen primären und sekundären Strafnormen, doch muss der Versuchung widerstanden werden, beide Begriffspaare gleichzusetzen. So besteht z. B. die *venue* eher in der Zuständigkeit eines bestimmten Gerichts für einen bestimmten Sachverhalt und nicht in den an den Staatsorganen gerichteten Sanktionsnormen. Zu den vielfältigen möglichen Verwendungen des Begriffs *jurisdiction*, die weit über die hier gegebene kurze Erläuterung hinausgehen, siehe *Colangelo*, Cornell Law Review 99, 6 (2014), S. 1303 f.; und *Liivoja*, No Foundations 7 (2010), S. 25–28, der mindestens fünf gängige unterschiedliche Bedeutungen konstatiert.

[40] In diesem Sinne *Farmer*, University of Toronto Law Journal 63 (2013), S. 229 und 245; und *Hirst*, Jurisdiction, S. 2 und S. 9.

[41] So z. B. *Duff*, Minnesota Legal Studies Research Paper No. 14–04 (2014), S. 3: „Ruritanian law should not declare a theft committed in Sylvania by Jones to be a crime. That is not to say that it should declare it to be non-criminal; it should be silent about it".

[42] So z. B. *Farmer*, New Criminal Law Review 13, 2 (2010), S. 338–343.

[43] Siehe dazu *Hirst*, Jurisdiction, S. 2: „issues that criminal lawyers generally classify as 'matters of jurisdiction' and look up in their reference works by turning to chapters on procedure, as if they were merely concerned with the powers or competence of the court, should properly be considered as elements relating to the actus reus itself".

Statut für die Kriminalisierung von extraterritorialen Auslandstaten – nämlich den bereits erwähnten US-amerikanische *Maritime Drug Law Enforcement Act* (im Folgenden kurz als „MDLEA" bezeichnet) – belegt, der ebenfalls von der universellen Gültigkeit seiner Verhaltensnormen ausgeht, indem es ausdrücklich feststellt, dass seine strafanwendungsrechtlichen Bestimmungen keine Tatbestandsmerkmale darstellen.[44]

Nach diesen kurzen terminologischen Klarstellungen lässt sich das Anliegen dieses ersten Teils der Arbeit näher bestimmen: Es soll vor allem untersucht werden, welche Schranken das Völkerrecht (und seine Grundsätze) dem staatlichen *ius puniendi* im Sinne von Strafrechtsetzungsgewalt (*jurisdiction to prescribe/ ambit*) auferlegt. Wie sich zeigen wird, sind diese Grenzen äußerst schwach. Dies macht es erforderlich, sich mit dem staatlichen Recht (insbesondere dem nationalen Strafrecht) zu befassen, um die Frage zu klären, ob es für einen Staat legitim ist, sein Strafrecht ohne weiteres auf ein Individuum auszudehnen (und dieses gegebenenfalls zu bestrafen), das im Ausland eine Straftat begangen hat.

II. „Strafanwendungsrecht" und „Internationales Strafrecht"

Die Überlegung, ob es sich bei den Vorschriften über die räumliche Erstreckung der nationalen Strafgewalt um primäre oder sekundäre Normen handelt, wirkt sich auch auf weitere wichtige Aspekte aus.[45] So wird auch die Debatte um die Bezeichnung dieses Rechtsgebietes davon beeinflusst. In jenen Rechtsordnungen, in denen der sekundäre Charakter der inhaltlich den §§ 3–7 und 9 StGB entsprechenden Vorschriften betont wird, überwiegt in der Lehre der Ausdruck „räumliche Auswirkungen (oder räumlicher Geltungsbereich) der Strafgesetze".[46] Im Gegensatz dazu wurde diese Bezeichnung bereits in der deutschen Li-

---

[44] Vgl. 46 U.S. Code § 70504 Buchst. (a): „Jurisdiction of the United States with respect to a vessel subject to this chapter is not an element of an offense".

[45] Ein Beispiel hierzu ist die die Anwendbarkeit des Grundsatzes *nullum crimen sine lege* im Falle einer Änderung der Regeln der §§ 3 ff. StGB nach der Tat. Siehe hierzu BVerfG Beschl. v. 19.12.2002 – 2 BvR 666/02, BeckRS 2003, 21388 Rn. 28, beck-online, die unter Bezugnahme auf § 370 Abs. 7 AO a. F. Folgendes feststellte: „Diese Rechtsanwendungsregel ist zugleich Geltungsvoraussetzung und Bestandteil des materiellen deutschen Strafrechts und bestimmt damit im Sinne des Art. 103 Abs. 2 GG die Strafbarkeit der darin genannten Taten". Dagegen zu Unrecht *Zimmermann*, Strafgewaltkonflikte, S. 153, der argumentiert, dass der Richter in einem solchen Fall genau das zur Tatzeit geltende Gesetz anwendet und dass das Eintreten der tatsächlichen Voraussetzungen einer Bestrafung sowieso ein gewisses Zufallselement beinhaltet. Dieser Gedanke ist doch unannehmbar, denn dann wäre der *Nullum-Crimen*-Grundsatz seines Sinns entleert.

[46] Vgl. in Chile *Bustos/Hormazábal*, Lecciones, S. 118 ff.; *Cury*, PG[11], S. 258; *Politoff* et al.,

teratur des 19. Jahrhunderts heftig beanstandet, und dies sowohl von Autoren, die das Territorialitätsprinzip rundweg ablehnten,[47] als auch von jenen, die dieses Prinzip zwar grundsätzlich anerkannten, es aber nur als eines der die Anwendung des nationalen Strafrechts legitimierenden völkerrechtlichen Grundsätze betrachteten. Für den erwähnten Ausdruck spreche jedoch die Tatsache, dass das Territorialitätsprinzip weiterhin das wichtigste ist, zumal eine überwiegende Mehrheit der strafrechtlich relevanten Sachverhalte rein inlandsbezogene Taten sind. *Schroeder* zufolge beruht dieser „Namensstreit" auf einem Missverständnis, indem beiden Positionen (nämlich Ablehnung und Bejahung des Konzepts von „räumlichen Auswirkungen der Strafgesetze") ein unterschiedlicher Begriff des „Geltens" zugrunde liegt. Während die ablehnende Position sich auf die primären Normen stützt (und deshalb die erwähnte Bezeichnung für unzureichend oder inkorrekt hält, da die Reichweite dieser Normen oft nicht nur vom Begehungsort abhängt), bezieht sich die zweite (zustimmende) Auffassung auf sekundäre Normen (räumlicher Geltungsbereich der Gerichtsbarkeit).[48]

Ungeachtet des Vorstehenden gibt es eine zweite wichtige Diskrepanz hinsichtlich der Natur der Normen, die die Ausdehnung der staatlichen Strafgewalt in Bezug auf Taten mit Auslandsbezug regeln, welche sich auch auf die Bezeichnung dieser Regeln auswirkt. Gehören diese Normen zum nationalen Recht, zum internationalen Recht oder zu beiden? Im 19. Jahrhundert und bis in die Zwischenkriegszeit hinein war die vorherrschende Bezeichnung dafür in Deutschland „Internationales Strafrecht".[49] Zu beachten ist hierbei, dass sowohl einige

---

PG², S. 115. In Spanien vgl. z. B. *Bacigalupo*, PG², S. 176 ff.; leicht unterschiedlich *Mir Puig*, PG¹⁰, S. 57 ff: „räumliche Grenzen des Strafrechts". Zu anderen Bezeichnungen siehe *Bueno Arús/De Miguel Zaragoza*, Manual de Derecho Penal Internacional, S. 127 ff: „nationales Strafrecht mit ausländischen Elementen"; oder *Quintano Ripollés*, Tratado. In Frankreich wird die oben zitierte Bezeichnung ebenfalls verwendet (vgl. *Pin*, Droit pénal général, S. 137 ff: „L'application de la loi pénale dans l'espace"), obwohl traditionell zwischen „droit international pénal" (Völkerstrafrecht), und „droit pénal international" (nationale Vorschriften über die räumliche Geltung von Strafgesetzen) unterschieden wird. Siehe hierzu *Gardocki*, ZStW 98 (1986), S. 709.

[47] Exemplarisch hierzu *Binding*, Handbuch des Strafrechts, S. 370 f., demzufolge der Anwendungsbereich der Strafgesetze sachlich – und niemals territorial – zu bestimmen ist. So schreibt *Binding*: „Nennt man diese Begrenzung die Lehre vom örtlichen Geltungsgebiete der Strafgesetze, so überträgt man fälschlich die territoriale Grenze der inländischen Strafgerichte auf die jeder territorialen Begrenzung spottenden Strafgesetze".

[48] Siehe *Schroeder*, GA 1968, S. 353 f.

[49] So berichtet *Gardocki*, ZStW 98 (1986), S. 704 f. Siehe z. B *Von Rohland*, Das internationale Strafrecht, S. 1, der der Ansicht war, dass diese Regeln sowohl zum nationalen Strafrecht als auch zum Internationalen Recht gehören. *Kohler*, Internationales Strafrecht, S. 1–6, hielt diese Regeln für dem Völkerrecht zugehörig, da sie die „rechtlichen Machtsphären" der Staaten abgrenzen. Obwohl Kohler oft als einer der Befürworter der Bezeichnung „Internationales

Befürworter als auch manche Gegner dieser Bezeichnung eine territoriale Begrenzung des nationalen Strafrechts bestritten. Vielmehr, wie *von Rohland* argumentierte, erhält eine rechtswidrige Handlung eine juristische Bedeutung erst durch zwei „bestimmende Momente", nämlich durch den Täter und das Rechtsgut, gegen welches die Tat gerichtet ist.[50] Daher hat das Territorium an sich keine eigenständige begrenzende Funktion und deshalb bezeichnet *Binding* diese Regeln als „sachlichen" anstatt „räumlichen" Geltungsbereich.[51] Diese Ansicht weist eine wichtige Gemeinsamkeit mit dem im zweiten Teil dieser Arbeit zu erörternden Bürgerstrafrecht auf, denn letzteres geht nicht einfach davon aus, dass ein Staat aufgrund des Tatorts *per se* zur Beanspruchung von Strafgewalt legitimiert ist.[52]

Jedenfalls war der Begriff „Internationales Strafrecht" auch stets umstritten, was sich sogar im Titel einiger damaliger Werke widerspiegelt.[53] Die Anwendung dieser Bezeichnung auf die Vorschriften zur Bestimmung des Geltungsbereichs des nationalen Strafrechts wird in der gegenwärtigen deutschen Literatur aus zwei Gründen mehrheitlich abgelehnt. Erstens seien diese Normen – anders als das Völkerrecht – keine originären internationalen oder zwischenstaatlichen Normen. Und zweitens erwecke diese Bezeichnung den Eindruck, dass dieser Bereich dem internationalen Privatrecht ähnelt, obwohl es sich hier, im Gegen-

---

Strafrecht" angesehen wird, verwendet er diese Bezeichnung nur partiell für die Erstreckung des nationalen *ius puniendi* auf Straftaten mit Auslandsbezug (er schließt aus diesem Bereich die Inlandstaten aus, die sich gegen ausländische Staaten richten), umfasst aber unter dieser Bezeichnung auch das Rechtshilferecht (z. B, das Auslieferungsrecht) und verwendet damit den Begriff „Internationales Strafrecht" eher in der heutigen Art und Weise, die unten beschrieben wird. Gegen den Ausdruck „Internationales Strafrecht", *Binding*, Handbuch des Strafrechts, S. 371.

[50] *Von Rohland*, Das internationale Strafrecht, S. 3.

[51] *Binding*, Handbuch des Strafrechts, S. 370 und S. 381, wonach „den örtlichen Grenzen kommt neben den persönlichen und den sachlichen eine selbständige Bedeutung nicht zu; denn entweder bedeutet das örtlich umschriebene Verbot: die an jenem Orte befindlichen Menschen sollten sich der verbotenen Handlung enthalten; dann schlägt die örtliche wieder in eine persönliche Beschränkung um; oder: die innerhalb jenes Ortes befindlichen Rechtsgüter dürften nicht angegriffen werden; dann ist die örtliche in Wahrheit eine sachliche Schranke". Ähnlich *Jeßberger*, Der transnationale Geltungsbereich, S. 20, Fn. 57.

[52] Bei einem Bürgerstrafrecht stellt der Umstand, dass die Tat im Inland begangen wird, ein starkes, aber nicht immer hinreichendes Indiz für das Vorliegen einer die Strafgewalt legitimierenden politischen Bindung (materielle Staatsbürgerschaft) dar. Vertiefend dazu Teil III D II 1.

[53] Vgl. beispielsweise *Harburger*, ZStW 20 (1900), S. 588; *Schultz*, FS-von Weber, S. 305. Vgl. auch *Nawiasky*, Allgemeine Rechtslehre, S. 88, der zwar den Ausdruck „Internationales Strafrecht" verwendet, aber klarstellt, dass es sich dabei eigentlich um nationale Regelungen handelt, die auf internationale Beziehungen Bezug nehmen. Aktuelle Autoren wie *Jakobs,* AT, 5/1, haben dieses Rechtsgebiet auch als „sogenanntes internationales Strafrecht" bezeichnet.

satz zu Letzterem, um die einseitige Festlegung des innerstaatlichen Strafanspruchs handelt (ohne Berücksichtigung von ausländischen Rechtsordnungen) und somit keine echten Kollisionsnormen zur Auflösung bestehender Strafgewaltkonflikte vorliegen.[54]

Infolgedessen wird der Begriff „Internationales Strafrecht" seit Mitte des letzten Jahrhunderts üblicherweise als Oberbegriff oder Funktionszusammenhang verwendet,[55] „dem alle strafrechtlichen Rechtsbildungen zugeordnet werden, bei denen das Verhältnis des Staates zum Ausland eine Rolle spielt".[56] Welche kon-

---

[54] Zu beiden Kritikpunkten, siehe *Ambos*, Internationales Strafrecht, § 1, Rn. 2; *ders.*, MüKo-StGB⁴, Vor § 3, Rn. 1; *Eser/Weißer*, S/S³⁰, Vor §§ 3–9, Rn. 5; *Pawlik*, FS-Schroeder, S. 357, Fn. 1; *Satzger*, Jura 3 (2010), S. 109; *Schiemann*, JR 7 (2017), S. 339; *Werle/Jeßberger*, LK¹³, Vor § 3, Rn. 2. Zum zweiten Kritikpunkt ist anzumerken, dass gerade die mangelnde Beachtung ausländischer Rechtsordnungen zu einer Vervielfachung der Sachverhalte führt, auf die die Strafgesetze mehrerer Länder parallel Anwendung finden. Selbst wenn alle Staaten ihr *ius puniendi* auf ein striktes Territorialitätsprinzip (ohne Ausnahmen) beschränkten, könnten jedenfalls aufgrund des Ubiquitätsprinzips immer noch mehrere nationale Strafgesetze auf dieselbe Tat anwendbar sein. Vgl. dazu; *American Law Institute*, Restatement (Fourth), § 407 comment d: „*[c]oncurrent prescriptive jurisdiction is common under international law*". Einige Autoren, die für eine weitere extraterritoriale Expansion des Strafrechts zur Bekämpfung der Straflosigkeit plädieren, halten diese Überschneidung der nationalen Strafgesetze nicht nur für unvermeidlich, sondern auch für wünschenswert. Vgl. dazu *Feller*, Israel Law Review 16, 1 (1981), S. 42–44; oder *Jennings/Watts*, Oppenheim's⁹, § 136, S. 457: „usually the coexistence of overlapping jurisdiction is acceptable and convenient". Diese Strafgewaltkonflikte erzeugen jedoch (unter anderen Problemen) Vorhersehbarkeitsdefizite. Deswegen schreibt *Gropp*, das Prinzip „nullum crimen sine lege" sei in der Praxis in „nulla prosecutio transnationalis sine lege" umgewandelt worden (*Gropp*, Kollision, S. 41 ff.) Außerdem führen überlappende extraterritoriale Regelungsansprüche immer wieder zu internationalen Spannungen (vgl. dazu *Volz*, Extraterritoriale Terrorismusbekämpfung, S. 76 und S. 127).

Zum anderen hoben die deutschen Autoren des 19. Jahrhunderts auf allzu idealistische Weise und unter Berufung auf Savigny hervor, dass dieser Gesetzeskonflikt nicht notwendig auftreten musste. Vgl. dazu *von Bar*, Das Internationale Privat- und Strafrecht, S. 6–7; *von Rohland*, Das internationale Strafrecht, S. 1, Fn. 1. *Kohler*, Internationales Strafrecht, S. 1 f., ging noch weiter: „Wäre das Völkerrecht vollständig entwickelt, so gäbe es für alle Staaten nur eine Lösung: die Lösung würde sich eben nach der „Demarkationslinie" der betreffenden Rechtsmachtbefugnisse richten; die feste Linie würde besagen, wie weit die auf das Rechtsleben sich beziehende Gewalt eines jeden Staates reicht".

[55] Vgl. dazu *Gardocki*, ZStW 98 (1986), S. 713 f. Es gibt aber natürlich immer noch Autoren, die – trotz Anerkennung der beiden genannten Einwände – immer noch den Begriff „Internationales Strafrecht" in Bezug auf die Normen verwenden, die die Ausdehnung des nationalen Strafrechts regeln, wie z. B *Henrich*, Das passive Personalitätsprinzip, S. 19 ff.; *Ipsen*, in: ders., Völkerrecht⁶, § 31 Rn. 6 oder *Kindhäuser/Hilgendorf*, NK-StGB, Vor §§ 3–7, Rn. 1. Wie *Pastor* zu Recht feststellt (El poder penal internacional, S. 28 f.), ist die begriffliche Uneinheitlichkeit in diesem Bereich auf den weiterhin rückständigen Zustand dieses Rechtsgebiets zurückzuführen.

[56] So *Jescheck*, FS Maurach, S. 579; ähnlich *Werle/Jeßberger*, LK¹³, Vor § 3, Rn. 2.

kreten Bedeutungen diesem mehrdeutigen Begriff zugeschrieben werden können, variiert leicht je nach Autor, aber im Allgemeinen wird davon ausgegangen, dass die folgenden Bereiche unter diesen weit gefassten Begriff fallen: i) das Rechtshilferecht (z. B. Auslieferungsrecht, Hilfe bei Untersuchungshandlungen, Beweisaufnahme oder Vollstreckung); ii) das Völkerstrafrecht (d. h., das aus dem Völkervertrags- und Völkergewohnheitsrecht abgeleitete materielle und prozessuale Strafrecht, das „der gesamten Menschheit gehörende Rechtsgüter" schütze, wie etwa die Völkerrechtsverbrechen des Römischen Statuts des Internationalen Strafgerichtshofs);[57] iii) Supranationales/Europäisches Strafrecht, sei es entweder im engen Sinne (der Tatbestand ergibt sich unmittelbar aus der supranationalen Rechtsordnung und ist direkt anwendbar) oder im weiteren Sinne (z. B. der Erlass von EU Richtlinien zur Festlegung strafbarer Verhaltensweisen in Bereich organisierter Kriminalität gemäß Art. 83 AEUV oder das Gebot unionrechtskonformer Auslegung gemäß Art. 4 III EUV); iv) und schließlich die früher als „internationales Strafrecht" und heute überwiegend als „Strafanwendungsrecht" bezeichneten Regeln, die den Hauptgegenstand dieses ersten Teils der Untersuchung bilden.[58]

Vereinfacht ausgedrückt regelt das Strafanwendungsrecht, wann das (eigene) nationale Strafrecht auf eine konkrete Tat anwendbar ist.[59] Selbstverständlich gewinnt die Frage an Bedeutung, wenn die Straftat einen Auslandsbezug hat.

---

[57] Es wird oft darauf hingewiesen, dass die Besonderheit des Völkerstrafrechts darin besteht, dass es eine unmittelbare Verantwortung von natürlichen Personen begründet. In diesem Sinne *Ipsen*, in: ders., Völkerrecht[6], § 31 Rn. 1; *Werle/Jeßberger*, LK[13], Vor § 3, Rn. 16. Dennoch setzt diese „Unmittelbarkeit" nach einiger Autoren immer den Erlass eines entsprechenden nationalen Umsetzungsgesetzes oder Anwendungsbefehls voraus. Dazu *Ipsen*, in: ders., Völkerrecht[6], § 31 Rn. 8.

[58] Für diese Auffassung des Internationalen Strafrechts als Oberbegriff mit den beschriebenen Sinnbezügen, siehe u. a. *Jescheck*, FS Maurach, S. 579 f.; *Oehler*, Internationales Strafrecht, Rn. 1–7; *Satzger*, Internationales, § 2 Rn. 1–5; *Werle/Jeßberger*, LK[13], Vor § 3, Rn. 13–17. In der spanischsprachigen Welt hat diese Terminologie ein gewisses Echo gefunden (siehe z. B *Pastor*, El poder penal internacional, S. 29), obwohl anstelle von „Völkerrecht" der Begriff „internationales Strafrecht im engeren Sinne" (*derecho penal internacional en sentido estricto*) verwendet wird und der Begriff „Strafanwendungsrecht" nur eine begrenzte Rezeption erfahren hat (dazu Bascuñán, La jurisdicción, S. 6).

[59] So *Ambos*, Internationales Strafrecht, § 1, Rn. 1; *Satzger* Internationales, § 2 Rn. 4. *Jeßberger* (Der transnationale Geltungsbereich, S. 17 und S. 23) bevorzugt den Begriff „Geltungsbereichsrecht" anstelle von „Strafanwendungsrecht": er versteht den Ausdruck „Geltungsbereich" als einen Oberbegriff, der die Ausdrücke „Bewertungseinzugsbereich", „Anwendungsbereich" und „Zuständigkeitsbereich" einschließt; auch *Scholten* (NStZ 1994, S. 270) spricht von „Geltungsbereichsrecht". Der BGH hat sich gelegentlich für den Ausdruck „Strafrechtsanwendungsrecht" entschieden, da diese Regeln die Anwendung des Strafrechts als solches und nicht nur von der Strafe bestimmen (BGH, Urt. v. 28.10.1954, 1 StR 379/54 (LG Stuttgart), NJW 1955, 271, beck-online). Im spanischsprachigen Raum verwenden einige Autoren auch

Allerdings muss sie im Hinblick auf jede angebliche Straftat gestellt werden, einschließlich der Inlandstaten, die von Inländern gegen Inländer begangen werden.[60] Deshalb lehnt *Oehler* zu Recht den Begriff „extraterritorial criminal jurisdiction" ab, der in der englischsprachigen Welt oft als Synonym für das Strafanwendungsrecht verwendet wird, da dadurch das Territorialitätsprinzip ausgeklammert wird.[61] Da das Territorialitätsprinzip gegenwärtig nahezu einhellig als primäre Grundlage der staatlichen Strafgewalt angesehen wird, während die anderen völkerrechtlichen Prinzipien es nur arrondieren würden, bildet dieser Grundsatz notwendigerweise den Ausgangspunkt für die Legitimitätsprüfung aller Prinzipien des Strafanwendungsrechts.[62] Sein (aktuell) unbestrittener Charakter soll jedoch nicht zum Ausschluss der Prüfung seiner Legitimationsgrundlage führen. Die vorliegende Arbeit beschränkt sich daher nicht darauf, die Straflegitimation nur für solche Fälle zu prüfen, die einen gewissen Auslandsbezug aufweisen (was *Jeßberger* als „transnationalen Geltungsbereich" bezeichnet),[63] sondern analysiert auch jene rein inlandsbezogenen Taten, bei denen das deutsche Strafrecht nach § 3 StGB gilt. Anders ausgedrückt: Die Untersuchung der Grundlagen des Strafanwendungsrechts kann nicht künstlich von der Analyse der Fundamente des Strafrechts entkoppelt werden.

Andererseits bleibt der oben erwähnte Oberbegriff des Internationalen Strafrechts aufgrund der vielfältigen Berührungspunkte zwischen seinen Teilbereichen für jegliche Analyse des Strafanwendungsrechts weiterhin relevant. So führt das Universalitätsprinzip zu Überschneidungen zwischen dem Strafanwendungsrecht und dem Völkerstrafrecht, während das Unionsschutzprinzip ein Ausfluss des Europäischen Strafrechts ist und die stellvertretende Rechtspflege eine Verkörperung des Rechtshilferechts darstellt.[64] Nicht zuletzt aus diesen Gründen lässt sich das Strafanwendungsrecht nicht einfach als reiner Bestandteil

---

den letztgenannten Begriff („derecho de aplicación del derecho penal"), vgl. z.B. *Pastor*, El poder penal internacional, S. 33 f.

[60] Zutreffend *Jeßberger*, Der transnationale Geltungsbereich, S. 1, der die Feststellung der Geltung/Anwendbarkeit des nationalen Strafrechts als eine „stets zu prüfende Vorfrage" beschreibt.

[61] *Oehler*, Internationales Strafrecht, Rn. 1, Fn. 2. Aus gleichem Grund empfehlen *Eser/ Weißer*, S/S[30], Vor §§ 3–9, Rn. 7, die §§ 3–9 als „territoriales und transnationales Strafanwendungsrecht" zu bezeichnen. Eingehend zu den verschiedenen möglichen Bedeutungen des Begriffs „extraterritorial" *Colangelo*, Cornell Law Review 99, 6 (2014), S. 1312 ff.

[62] In diese Richtung vgl. z. B *Ambos*, Internationales Strafrecht, § 3, Rn. 4; *Gärditz*, Weltrechtspflege, S. 29 f.

[63] *Jeßberger*, Der transnationale Geltungsbereich, S. 19–21.

[64] *Werle/Jeßberger*, LK[13], Vor § 3, Rn. 18; *Jeßberger*, Der transnationale Geltungsbereich, S. 26–27. *Satzger*, Internationales, § 2 Rn. 5, weist auf die unvermeidliche enge Beziehung zwischen Strafanwendungsrecht und Rechtshilferecht angesichts der häufig breiten Ausgestaltung des Ersteren hin.

des nationalen Rechts begreifen. Wie im nächsten Abschnitt näher zu erläutern ist, wird nicht nur sein maximaler, sondern auch (und vor allem!) sein minimaler Anwendungsbereich zunehmend durch das Völkerrecht detailliert festgelegt. Die steigende Bedeutung des Völkerrechts in dieser Hinsicht ist insbesondere an der wachsenden praktischen Bedeutung blankettartiger Verweisungen wie § 6 Nr. 9 StGB sichtbar.[65] Daher handelt es sich beim Strafanwendungsrecht um einen Schnittstellenbereich zwischen Völkerrecht und nationalem Recht.

Nach dem vorstehenden Überblick über den Begriff „Strafanwendungsrecht" und die Natur seiner Regeln wird im nächsten Abschnitt analysiert, welche Schranken das Völkerrecht der Erstreckung des nationalen Strafrechts – im Sinne von *jurisdiction to prescribe/ambit* – auferlegt. Dies setzt eine Auseinandersetzung mit den wichtigsten sogenannten „völkerrechtlichen Geltungsprinzipien" sowie deren Grundlagen und Konturen voraus.

---

[65] So auch *Henrich*, Das passive Personalitätsprinzip, S. 3: „Die Vorschriften des Internationalen Strafrechts stehen ja geradezu im Schnittpunkt von Völkerrecht und Strafrecht"; ähnlich *Satzger*, Internationales, § 4 Rn. 2a; *Shaw*, International Law, S. 485; und *Zimmermann*, Strafgewaltkonflikte, S. 155 ff., der auch den Einfluss des Unionsrechts auf die Regeln des Strafanwendungsrechts hervorhebt.

C. Allgemeine Aspekte
der völkerrechtlichen Geltungsgrundsätze

I. Das Ob und Wie des Völkerrechts als Schranke des Strafanwendungsrechts

1. Von „strafrechtlichen Theorien" hin zu „völkerrechtlichen Theorien"

Die Frage, *ob* und *wie* das Strafanwendungsrecht durch das Völkerrecht begrenzt wird (oder begrenzt werden soll), ist sehr unterschiedlich beantwortet worden. Für die Zwecke dieser Arbeit reicht es aus, grob zwischen vier Gruppen von Standpunkten zu unterscheiden: i) das Völkerrecht kann den staatlichen Strafanspruch überhaupt nicht beschränken (der Staat kann sein Strafanwendungsrecht souverän nach eigenen Interessen gestalten); ii) das Völkerrecht erlaubt es den Staaten, ihre Strafrechtsetzungsgewalt frei auszuweiten, es sei denn, es besteht ein ausdrückliches völkerrechtliches Verbot; iii) Durchbrechungen des Territorialitätsprinzips sind nur insoweit zulässig, als ein legitimierendes völkerrechtliches Prinzip vorhanden ist (dies ist die derzeit herrschende Ansicht); und iv) verschiedene kosmopolitisch bzw. naturrechtlich geprägte Auffassungen, die eine universelle Strafgewalt des Staates hinsichtlich aller oder mehrerer Deliktgruppen befürworten oder sie sogar für geboten halten. Im Laufe dieses Abschnitts werden diese verschiedenen Ansätze kurz erläutert, wobei auch ein Überblick über die wichtigsten Prinzipien des Völkerrechts und ihre Rolle gegeben wird.

Die erstgenannte, im 19. Jahrhundert verbreitete Position verneinte, dass das Völkerrecht dem staatlichen *ius puniendi* überhaupt Grenzen setzen könnte. Daher stand es jedem Staat frei, seinen Strafanspruch so weit auszudehnen, wie er es wollte. Dies ist bekanntlich die Ansicht von *Binding* – der von einer „Kompetenz-Kompetenz" des Staates ausging – und hatte auch Fürsprecher in der englischsprachigen Welt.[1] Diese Auffassung führte doch nicht zwangsläufig zu der

---

[1] Vgl. *Binding*, Handbuch des Strafrechts, S. 374, der mit Nachdruck Folgendes behauptete: „Den Umfang seiner Strafrechte bestimmt jeder souveräne Staat souverän". Bindings Ansicht beeinflusste möglicherweise die englischsprachige Welt durch seinen Schüler *Lassa Oppenheim*, der sich in England niederließ und 1905 die erste Auflage seines berühmten *International*

Bejahung einer unbeschränkten staatlichen Strafgewalt.[2] Vielmehr strebten ihre Anhänger danach, die Begründung (und daher die Beschränkungen) des Strafanwendungsrechts im nationalen Strafrecht – statt im Völkerrecht – zu finden, weshalb sie sich als „strafrechtliche Theorien" bezeichnen lassen.[3] Diese Ansicht wurde im 20. Jahrhundert weitgehend aufgegeben, da sie mit der Weiterentwicklung des Völkerrechts unvereinbar wurde.[4]

Jedenfalls hatten einige Rechtsgelehrte des 19. Jahrhunderts bereits die Verbindlichkeit internationaler Grundsätze zur Festlegung der Reichweite des *ius puniendi* unterstrichen,[5] und es gab schon damals einige sorgfältige Analysen der Fälle, in denen das Völkerrecht die Ausdehnung des Strafrechts auf Auslandstaten erlaubte.[6] Dann kam ein vermeintlicher Meilenstein, dem im Schrifttum oft hohe Bedeutung beigemessen wird: die Lotus-Entscheidung des Ständigen Internationalen Gerichtshofes. Obwohl dieses mehrdeutige Urteil widersprüchliche Auslegungen zulässt, behauptet es – bei richtiger Lesart – die Freiheit der Staaten zur Ausweitung ihres *ius puniendi* auf Auslandstaten, sofern kein ausdrückliches völkerrechtliches Verbot besteht. Zum Völkerrecht wird in der Entscheidung Folgendes festgestellt:

Law veröffentlichte, worin er eine ähnliche Position wie Binding zu vertreten scheint, indem er schreibt „States possessing independence and territorial as well as personal supremacy can naturally extend or restrict their jurisdiction as far as they like". Vgl. dazu *Oppenheim's*[1], International Law, § 143. Allerdings wird dieser Autor fälschlicherweise neben *Binding* zitiert (siehe z. B. *Ambos*, Internationales Strafrecht, § 2 Rn. 2, Fn. 2), da er kurz darauf bestreitet (ebd., § 147), dass die Staaten ihre Strafgewalt in Bezug auf von Ausländern begangene Auslandtaten ausüben können, weil zum Zeitpunkt der Tatbegehung der Täter weder unter territorialer noch unter persönlicher Hoheitsgewalt des Verfolgerstaates stand.

[2] So analysiert *Binding*, Handbuch des Strafrechts, auf S. 377 ff. die sachlichen Grenzen, die das nationale Recht dem Strafanwendungsrecht auferlegt, und wendet sich – wie unten dargestellt wird – entschieden gegen ein absolutes Weltrechtsprinzip, wonach jeder Staat jede Straftat legitim bestrafen kann. Zur Gegenmeinung hinsichtlich der Folgen dieser Ansicht vgl. *Volkmann*, Die Strafverfolgung des Völkermordes, S. 65.

[3] Neben dem bereits erwähnten Binding, siehe auch *von Bar*, Das Internationale Privat- und Strafrecht, S. 523 ff.; *Mendelssohn-Bartholdy*, Das räumliche Herrschaftsgebiet, S. 164. Zur Bezeichnung „strafrechtliche Theorien" siehe *Jeßberger*, Der transnationale Geltungsbereich, S. 94–96.

[4] So *Ambos*, Internationales Strafrecht, § 2 Rn. 4; *Beyer*, Personelle Strafgewalt, S. 397. Vgl. aber *Drost*, The Crime of State, Leijde, 1959, II, S. 130 oder *Miele*, Principi di Diritto Internazionale, S. 181, die Mitte des 20. Jahrhunderts die Sichtweise *Bindings* im Kern immer noch teilten.

[5] Vgl. z. B. *von Rohland*, Das internationale Strafrecht, S. 15, wonach das Weltrechtsprinzip den Grundsatz der souveränen Gleichheit der Staaten verletzt.

[6] Vgl. z. B die *Règles relatives aux conflits des lois pénales en matière de compétence* des *Institut de Droit International* von 1883, abrufbar unter: https://www.idi-iil.org/app/uploads/2017/06/1883_mun_04_fr.pdf, abgerufen: 09.10.2023.

I. Das Ob und Wie des Völkerrechts als Schranke des Strafanwendungsrechts 35

Far from laying down a general prohibition to the effect that States may not extend the application of their laws and the jurisdiction of their courts to persons, property and acts outside their territory, it leaves them in this respect a wide measure of discretion, which is only limited in certain cases by prohibitive rules; as regards other cases, every State remains free to adopt the principles which it regards as best and most suitable.[7]

Prinzipiell stellt also die Lösung der Lotus-Entscheidung einen Mittelweg zwischen *Bindings* Leugnung des Völkerrechts als Schranke und dem derzeit herrschenden Ansatz dar, der auf einem generellen Verbot der Ausdehnung der Strafgewalt beruht, es sei denn, ein völkerrechtliches Prinzip erlaubt dies.[8] Ungeachtet dessen sind die Auswirkungen dieses fraglichen Urteils, wonach die Beweislast der Völkerrechtsmäßigkeit bzw. -widrigkeit der Rechtsetzungsgewalt nicht beim verfolgenden Staat liegt, sondern auf den Staat fällt, der eine Verletzung seiner Souveränität behauptet, weiterhin zu spüren.[9] Besonders bemerkenswert ist die

---

[7] Vgl. S.S. Lotus (Fr. v. Turk.), 1927 P.C.I.J. (ser. A) nro. 10 (Sept. 7), S. 18–19, abrufbar unter: http://www.worldcourts.com/pcij/eng/decisions/1927.09.07_lotus.htm, abgerufen: 09.10. 2023. Zwar scheint der unmittelbar vorangehende Absatz in die entgegengesetzte Richtung zu weisen, indem er feststellt: „Now the first and foremost restriction imposed by international law upon a State is that – failing the existence of a permissive rule to the contrary – it may not exercise its power in any form in the territory of another State. In this sense jurisdiction is certainly territorial; it cannot be exercised by a State outside its territory [p19] except by virtue of a permissive rule derived from international custom or from a convention". Dies liegt jedoch daran, dass sich das Gericht in diesem Absatz auf die *jurisdiction to enforce* bezieht. Der Beweis dafür ist, dass der folgende Absatz genau mit dem Hinweis beginnt: „It does not, however, follow that international law prohibits a State from exercising jurisdiction in its own territory, in respect of any case which relates to acts which have taken place abroad, and in which it cannot rely on some permissive rule of international law".

[8] Im gleichen Sinne, den Unterschied zwischen der aktuellen herrschenden Ansicht und der Entscheidung im Lotus-Fall hervorhebend, siehe *Dodge*, Jurisdiction to Adjudicate Under Customary International Law, abrufbar unter: http://opiniojuris.org/2018/09/11/33646/, abgerufen: 09.10.2023.; *Gärditz*, Weltrechtspflege, S. 100–102, der die Analyse der Entscheidung von der Literatur als „erstaunlich unkritisch" beschreibt; *Mills*, British Yearbook of International Law 84, 1 (2014), S. 190–200, der die Haltung des Gerichts als „infamous" bezeichnete. Zur Gegenauffassung, die die Lotus-Entscheidung mit der aktuell herrschenden Ansicht unkritisch identifiziert, siehe z. B *Ambos*, Internationales Strafrecht, § 2, Rn. 2; *Jennings/Watts*, Oppenheim's[9], § 137, S. 458; und *Schiemann*, JR 7 (2017), S. 339: „Einig ist man sich seit der Lotus-Entscheidung des StIGH aus dem Jahre 1927, dass die Strafgewalt grundsätzlich territorial eingeschränkt ist und nur innerhalb der Grenzen des Völkerrechts überschritten werden darf". Seinerseits vertritt *Epping*, in: Ipsen, Völkerrecht[6], § 5 Rn. 69 ff., nach wie vor eine grundsätzliche Freiheit des Staates zum Erlass von Hoheitsakten mit Auslandswirkung. Allerdings relativiert er diese Ausgangsprämisse derart, dass er zu Lösungen kommt, die mit der aktuellen Mehrheitsmeinung identisch sind.

[9] Tatsächlich halten weiterhin viele Autoren an diesem Gedanken fest. Vgl. z. B. *Henrich*, Das passive Personalitätsprinzip, S. 186: „Der Nachweis, daß ein Anknüpfungspunkt sinnvoll ist, darf für die Zulässigkeit der Anknüpfung nicht verlangt werden. Im Gegenteil muß derjenige, der die Berechtigung eines Prinzips des Internationalen Strafrechts bestreitet, ein entgegen-

Inanspruchnahme der Lotus-Entscheidung durch die US-Regierung zur Rechtfertigung von Entführungen von Ausländern im Ausland aufgrund der vermutlichen Begehung einer Auslandstat, um sie in den Vereinigten Staaten vor Gericht zu stellen (die so genannte „extraordinary rendition").[10]

Immerhin ist der Ansicht der Lotus-Entscheidung und dem aktuell herrschenden Ansatz ein wichtiges Element gemeinsam, nämlich die Abkehr von der Auffassung einer Kompetenz-Kompetenz der Staaten hin zu einer Kompetenz-Kompetenz des Völkerrechts.[11] Dieser Übergang von den „strafrechtlichen Theorien" des 19. Jahrhunderts zu den „völkerrechtlichen Theorien" des 20. Jahrhunderts hat dazu geführt, dass die völkerrechtlichen Prinzipien immer mehr in den Vordergrund getreten sind, zum Nachteil der (aktuell kaum wahrgenommenen) nationalen Schranken.[12] Dies hat zur Folge, dass, wenn das Völkerrecht die Expansion des Strafanwendungsrechts nicht aufhalten kann, es auch keine subsidiäre Handbremse dafür gibt. Deshalb fordern einige Stimmen im Schrifttum eine Korrektur der daraufffolgenden „stiefmütterlichen" Behandlung des Strafanwendungsrechts seitens der Strafrechtler,[13] was zu erreichen ist, indem die Aufmerksamkeit wieder auch auf innerstaatrechtliche Begrenzungen des *ius puniendi* gelenkt wird, wie z. B. das Schuldprinzip, das Gesetzlichkeitsprinzip, oder – für diesen Beitrag besonders wichtig – die Stärke der (politischen) Verbindung zwischen dem Strafgewaltstaat und dem Beschuldigten.[14]

2. Die aktuell überwiegende Ansicht: die Konkretisierung des Nichteinmischungsgebots in einer „Lawine" völkerrechtlicher Prinzipien

Zurückkommend auf die derzeitige herrschende Auffassung hinsichtlich der Begrenzung des Strafanwendungsrechts wurde bereits darauf hingewiesen, dass diese die Erstreckung der nationalen Strafrechtsetzungsgewalt auf eine Tat nur

---

stehendes Völkerrecht nachweisen"; siehe auch *Martin*, Strafbarkeit grenzüberschreitender Umweltbeeinträchtigungen, S. 141.

[10] Hierzu siehe *Satterthwaite*, George Washington Law Review, 75 (2007), S. 1351, Fn. 114; vgl. auch *Cabranes*, Yale Law Journal 118, 8 (2009), S. 1673 f., m.w.N. Hingegen messen *Eser/Weißer*, S/S^{30}, Vor §§ 3–9, Rn. 14; und *Werle/Jeßberger*, LK^{13}, Vor § 3, Rn. 26, dem Unterschied zwischen der herrschenden Auffassung und der Lotus-Lösung eine „sehr geringe" Bedeutung bei.

[11] *Ambos*, Internationales Strafrecht, § 2 Rn. 4.

[12] Vgl. *Jeßberger*, Der transnationale Geltungsbereich, S. 94–96; *Pawlik,* FS-Schroeder, S. 379.

[13] Nachdrücklich in diesem Sinne bereits *Schröder*, ZStW 60 (1941), S. 59; jüngst *Henrich*, Das passive Personalitätsprinzip, S. 3, Fn. 10.

[14] Zu den ersten beiden Prinzipien in diesem Kontext siehe z.B. *Jeßberger*, Der transnationale Geltungsbereich, S. 140–164. Zum letzten Punkt, der in dieser Untersuchung ausführlich erörtert wird, vgl. auch den Aufsatz von *Pawlik*, FS-Schroeder.

insoweit als zulässig erachtet, als dies mit dem Völkerrecht in Einklang steht.[15] Doch was bedeutet das konkret? In der Praxis wird dies in der diffusen Anforderung umgesetzt, das staatliche Strafanwendungsrecht dürfe nicht gegen das völkerrechtliche Nichteinmischungsgebot verstoßen.[16] Dieses Gebot ist – hinsichtlich zwischenstaatlicher Beziehungen – in Art. 2 Nr. 4 der Charta der Vereinten Nationen geregelt, wonach alle Mitglieder in ihren internationalen Beziehungen „jede gegen die territoriale Unversehrtheit oder die politische Unabhängigkeit eines Staates gerichtete oder sonst mit den Zielen der Vereinten Nationen unvereinbare Androhung oder Anwendung von Gewalt" unterlassen müssen, und leitet sich wiederum vom Grundsatz der souveränen Gleichheit aller Staaten ab, der in Art. 2 Nr. 1 der Charta niedergelegt ist. Dieses Gebot ist unbestreitbar eine allgemeine Regel des Völkerrechts im Sinne von Art. 25 GG.[17] Da sich hieraus die grundsätzliche Beschränkung der Staatsgewalt auf das eigene Territorium ergibt, soll auch die Strafgewalt – als Ausdruck der Staatsgewalt – prinzipiell territorial sein.[18] Diesbezüglich ist anzumerken, dass nicht nur Hoheitsakte Auswirkungen auf das Territorium eines fremden Staates entfalten, sondern auch primäre Normen, soweit sie der Erzwingung eines bestimmten Verhaltens abzielen.[19]

---

[15] Siehe statt aller *García-Mora*, University of Pittsburgh Law Review 19, 3 (1958), S. 567 f.; *Jescheck/Weigend*, AT[5], § 18/I/2; *Werle/Jeßberger*, LK[13], Vor § 3, Rn. 11.

[16] Siehe beispielsweise *Ambos*, Internationales Strafrecht, § 2, Rn. 2–5, demzufolge: „Über die allgemeine Grenze des Nichteinmischungsgrundsatzes hinaus enthält das Völkerrecht allerdings keine konkreten Regeln zur Bestimmung der Grenzen nationaler Strafgewalt"; vgl. auch *Werle/Jeßberger*, LK[13], Vor § 3, Rn. 21; eingehend dazu *Kunig*, JuS 1978, 594.

[17] Vgl. z.B. BVerfG 63, 343 (373). Hierbei ist der Unterscheidung zwischen den „allgemeinen Regeln des Völkerrechtes" und den „allgemeinen Rechtsgrundsätzen" aus Art. 38 Abs. 1 lit. C des IGH-Statuts Beachtung zu schenken. Erstere haben ihren Ursprung im Völkergewohnheitsrecht und entstehen aus der Praxis der Staaten in den internationalen Beziehungen (wie das Nichteinmischungsgebot), Letztere hingegen stellen eine davon zu unterscheidende Völkerrechtsquelle dar, und bestehen aus Prinzipien, die mehreren nationalen Systemen gemeinsam sind (ihr Ursprung ist dem Völkerrecht fremd), wie zum Beispiel die ungerechtfertigte Bereicherung. Vgl. hierzu *Epping*, in: Ipsen, Völkerrecht[6], § 4 Rn. 1–4. Dies ist deshalb wichtig, weil es Auswirkungen auf die Vorgehensweise zur Ermittlung des konkreten Inhalts des Nichteinmischungsgebots – und damit auf die Bestimmung des Gehaltes der völkerrechtlichen Prinzipien – hat.

[18] Vgl. exemplarisch *Ipsen*, in: ders., Völkerrecht[6], § 2 Rn. 59. Zur Strafgewalt als Ausdruck der Staatsgewalt vgl. *Colangelo*, Cornell Law Review 99, 6 (2014), S. 1310: „The word ‚jurisdiction' is basically a legal term for power, literally the power to ‚speak[ ] the law'"; siehe auch *García-Mora*, University of Pittsburgh Law Review 19, 3 (1958), S. 586; *Mills*, British Yearbook of International Law 84, 1 (2014), S. 199; *Shaw*, International Law, S. 483: „Jurisdiction is a central feature of state sovereignty".

[19] *Beyer*, Personelle Strafgewalt, S. 398: „Die Freiheitsrechte der Normunterworfenen werden durch die Anordnung der Geltung deutschen Strafrechts beschränkt. Diese Beschränkung bedarf einer Rechtfertigung nach Maßgabe des verfassungsrechtlichen Verhältnismäßigkeits-

Ausgehend von diesem Schema ist die Konzipierung der übrigen – die Bestrafung von Auslandstaten legitimierenden – völkerrechtlichen Geltungsprinzipien als „Ausnahmen vom Territorialitätsprinzip" nicht überraschend.[20] Dieser Denkansatz tritt in vielen Rechtsordnungen dominierend hervor,[21] auch in Deutschland.[22] Gelegentlich (wie im Falle Spaniens oder Chiles) legt sogar das Gesetz selbst den „Ausnahmecharakter" dieser Prinzipien deutlich fest.[23] Diese Sichtweise ist im *Common Law* noch stärker verwurzelt. So schrieb *Hirst* bezüglich des englischen Strafrechts im Jahr 2003: „The general rule at common law is relatively simple, however. The criminal law of England extends over the realm

---

grundsatzes"; eingehend dazu *Schroeder*, GA 1968, S. 356; *ders.*, NJW 3 (1969), S. 81, der zu Recht darauf hinweist, dass dieses Problem bei Normenidentität zwischen Strafgewaltstaat und dem Tatortstaat fortbesteht, da es für ein Land nicht dasselbe ist, sein materielles Recht von den eigenen Gerichten anwenden zu lassen wie von den Gerichten eines fremden Landes. Hingegen vertrat der kosmopolitische Autor *Harburger*, ZStW 20 (1900), S. 611, die Auffassung, der Tatortstaat könne sich nur wünschen, dass sich mehr Staaten bereit zur Bestrafung der Inlandstat erklären würden.

[20] Im Rahmen dieser Denkweise sind diese Prinzipien nur in dem Sinne „Ausnahmen", indem die Territorialität die Hauptregel ist. Unbeschadet dessen, und wie die Lotus-Entscheidung hervorhob: „Though it is true that in all systems of law the principle of the territorial character of criminal law is fundamental, it is equally true that all or nearly all these systems of law extend their action to offences committed outside the territory of the State which adopts them". Vgl. S.S. Lotus (Fr. v. Turk.), 1927 P.C.I.J. (ser. A) nro. 10 (Sept. 7), S. 20.

[21] Siehe exemplarisch *European Committee*, Extraterritorial Criminal Jurisdiction, S. 458 f., der folgendes gemeinsames Merkmal der europäischen Rechtssysteme beschreibt: „Making a distinction between the principle of territoriality, on the one hand, and other principles of jurisdiction, on the other, is in itself of significance, since it implies that other principles of jurisdiction are seen as exceptions or complements to the principle of territoriality and are therefore in need of justification and special regulation".

[22] Vgl. hierzu statt aller *Oehler*, Internationales Strafrecht, Rn. 153: das Territorium sei „logisch zum Ausgangspunkt für die Anknüpfung des Geltungsbereichs des staatlichen Strafrechts zu machen"; jüngst *Schiemann*, JR 7 (2017), S. 339.

[23] So schreibt z. B der Art. 8.1 des spanischen Zivilgesetzbuches vor: „Die Strafgesetze [...] verpflichten alle, die sich auf spanischem Gebiet befinden". Ein Beispiel dieser Einstellung ist auch in den folgenden Worten von *Mir Puig*, PG[10], S. 58, deutlich zu erkennen: „Neben dem Territorialitätsprinzip sind auch andere Prinzipien zu nennen, die in bestimmten Fällen die Anwendung des spanischen Strafrechts auf Taten erlauben, die außerhalb des spanischen Territoriums begangen werden (Extraterritorialität)". Entsprechend sieht Artikel 5 des chilenischen COT vor, dass „die chilenischen Gerichte Kenntnis von allen Rechtsangelegenheiten nehmen sollen, die im Hoheitsgebiet der Republik auftreten, unabhängig von ihrer Art oder der Qualität der an ihnen beteiligten Personen". Der chilenische Gesetzgeber bleibt jedoch nicht dabei stehen, wenn es darum geht, den Ausnahmecharakter der Extraterritorialität des Strafrechts hervorzuheben. In Art. 6 des chilenischen StGB (Código Penal, von nun an CP genannt) steht Folgendes: „Die Verbrechen oder Vergehen, die von Chilenen oder Ausländern außerhalb des Territoriums der Republik begangen werden, werden in Chile nicht bestraft, *abgesehen von* den gesetzlich vorgesehenen Fällen".

of England and Wales and over all persons who are within the realm, but does not generally extend to things done outside it, even when done by British citizens".[24] Anhand des folgenden Beispiels lässt sich der traditionelle Vorrang des Territorialitätsprinzips im Common Law weiter verdeutlichen. Gemäß dem englischen Rechtsgelehrten des 17. Jahrhunderts *Coke* in seinen berühmten *Institutes of the Laws of England* liegt ein „murder" nur dann vor, wenn die Tat „within any county of the realm" begangen wurde.[25] Wie unten näher dargelegt wird, bringt dieser Gedanke einer nur ausnahmsweise bestehenden extraterritorialen Strafgewalt weitreichende Auswirkungen mit sich.

Noch in einem weiteren Punkt sind sich die meisten Rechtsordnungen einigermaßen einig, nämlich in der Frage, welche völkerrechtlichen Geltungsprinzipien die Ausdehnung des Strafrechts auf Auslandstaten (im Sinne von *jurisdiction to prescribe*) erlauben, wenngleich die Inhalte und Konturen der einzelnen Grundsätze und deren Niederschlag im innerstaatlichen Recht erheblich voneinander abweichen.[26] Diese Prinzipien werden als „Konkretisierung" des Nichteinmischungsgebots aufgefasst, indem sie bestimmen, auf welche Auslandstaten die staatliche Strafgewalt *völkerrechtsmäßig (*d.h. nichteinmischungsgebotsmäßig) erstreckt werden darf. Jedes dieser Prinzipien bildet (aus einer völkerrechtlichen Perspektive) eine ausreichende Verbindung bzw. „genuine connection" zwischen dem die Strafnorm erlassenden Staat und dem betreffenden Sachverhalt.[27] Zu den häufig anerkannten Prinzipien[28] (in der Sprache der *Restatement,* „traditional bases for jurisdiction to prescribe") gehören – abgesehen von gewissen terminologischen Abweichungen – die folgenden: Schutzprinzip (jeder Staat darf solche Auslandstaten unter Strafe stellen, die sich unmittelbar gegen eigene, wichtige

---

[24] *Hirst*, Jurisdiction, S. 3 f. Gleichwohl wies *Hirst* schon damals auf eine deutliche Zunahme dieser Ausnahmen hin. Vgl. auch *Farmer*, University of Toronto Law Journal 63 (2013), S. 232; *García-Mora*, University of Pittsburgh Law Review 19, 3 (1958), S. 569: „The territorial principle of criminal jurisdiction was erected into a legal absolute by Anglo-American law".

[25] *Coke*, Institutes of the Laws of England, Bd. III, S. 47.

[26] Zu pauschal (und, wie sich zeigen wird, unzutreffend) BGHSt 2, 160: „Der räumliche Geltungsbereich des Strafrechts lässt sich in mehrfacher Weise abgrenzen. Die dabei üblichen und brauchbaren Grundsätze sind für alle Staaten dieselben".

[27] Vgl. hierzu stellvertretend *Ambos*, Internationales Strafrecht, § 2 Rn. 6; *American Law Institute*, Restatement (Fourth), § 407: „a genuine connection between the subject of the regulation and the state seeking to regulate"; laut *Eser/Weißer*, S/S[30], Vor §§ 3–9, Rn. 11, gibt es nur dann ein berechtigtes Strafverfolgungsinteresse, wenn ein „genuine link" vorliegt; *Roegele*, Deutscher Strafrechtsimperialismus, S. 221 f.

[28] Hierbei ist zu berücksichtigen, dass die Würdigung eines Prinzips als Völkergewohnheitsrecht nicht seine einstimmige Anerkennung durch alle Staaten erfordert, sondern eine verbreitete, repräsentative und konsistente Akzeptanz. Vgl. dazu *Dörr*, in: Ipsen, Völkerrecht[7], § 19 Rn. 11.

staatliche Belange richten); aktives Personalitätsprinzip (jedem Staat steht es frei, seine Strafgewalt auf Auslandstaten eigener Staatsangehöriger auszudehnen); passives Personalitätsprinzip (Befugnis zur Erstreckung der Staatsgewalt auf Auslandstaten gegen Inländer); das Weltrechtsprinzip[29] (jeder Staat darf seine Strafgewalt auf Straftaten gegen „universell geschützte Güter" ausweiten) sowie das Prinzip der stellvertretenden Strafrechtspflege (die nationale Strafgewalt tritt hier nur anstelle einer ausländischen Strafrechtsordnung ein, die wiederum aufgrund eines der oben genannten Grundsätze zur Rechtsetzung berechtigt ist).[30]

Zwar werden oft noch weitere Prinzipien angeführt, doch haben die meisten von ihnen entweder dieselbe bzw. eine ähnliche Grundlage wie einer der bereits genannten Grundsätze oder sie sind einfach unmittelbarer Ausdruck der (weitgehend) konsensualen Natur des Völkerrechts.[31] Letzteres ist der Fall sowohl beim in der Praxis äußerst wichtigen Vertragsprinzip (die Befugnis zur Strafgewalt ergibt sich aus bi- oder multilateralen Übereinkommen) als auch beim Kompetenzverteilungsprinzip (vertragliche Vermeidung von Jurisdiktionskonflikten), da es sich bei ihnen nicht um eine einseitige Ausweitung der nationalen Strafgewalt handelt.[32] Zu den Grundsätzen, deren Begründung ähnlich wie bei einigen der bereits erwähnten Prinzipien ist, gehören unter anderen das Flaggenprinzip (das wie das Territorialitätsprinzip auf dem Tatort beruht), das aktive Domizilprinzip und das aktive Hoheitsträgerprinzip (die sich wie das aktive Personalitätsprinzip auf die Beziehung zwischen dem Staat und dem mutmaßlichen Täter beziehen), das Auswirkungsprinzip (das je nach Autor separat betrachtet oder

---

[29] Auch „Universalitätsprinzip" gennant.

[30] Zu diesen Grundsätzen, siehe BVerfG NJW 2001 1848, 1852; aus dem Schrifttum exemplarisch *European Committee,* Extraterritorial Criminal Jurisdiction, S. 447 ff.; in England *Akehurst,* British Year Book of International Law 46 (1972–1973), S. 156 ff.; in Deutschland *Ambos,* Internationales Strafrecht, § 2 Rn. 7 ff.; *Hilgendorf* NJW 29 (1997), S. 1873 ff.; und *Werle/Jeßberger,* LK[13], Vor § 3, Rn. 235 ff.; in den USA *American Law Institute,* Restatement (Fourth), § 409–413; *ASIL,* Concerns § II.A, S. 2 ff.; in Spanien *Bacigalupo,* PG[2], S. 181 ff.; in Chile *Cury,* PG[11], S. 257 ff.; *Politoff* et al., PG[2], S. 119–125. Im *Common Law* stehen jedoch viele Autoren der normativen Natur dieser Prinzipien skeptisch gegenüber. Vgl. exemplarisch *Jennings/Watts,* Oppenheim's[9], § 136, S. 457: „Although it is usual to consider the exercise of jurisdiction under one or other of more or less widely accepted categories, this is more matter of convenience than of substance. There is, however, some tendency now to regard these various categories as part of a single broad principle according to which the right to exercise jurisdiction depend on their being between the subject matter and the state exercising jurisdiction a sufficiently close connection to justify that state in regulating the matter".

[31] Zur wesentlichen (wenngleich zunehmend umstrittenen) Natur des Völkerrechts als „Konsensrecht" vgl. *Ipsen,* in: ders., Völkerrecht[6], § 1 Rn. 43–50; etwas gemäßigter, die Rolle des Konsenses bei – nicht unter das *ius cogens* fallenden – völkerrechtlichen Normen hervorhebend *Lister,* Chicago Journal of International Law 11, 2 (2011).

[32] Vgl. *Satzger* (Internationales, § 4 Rn. 17) hinsichtlich des zweiten erwähnten Prinzips.

dem Territorialitäts- oder dem Schutzprinzip zugeordnet werden kann), und das Unionsschutzprinzip (das eine Erweiterung des Schutzprinzips darstellt).[33]

Allerdings fehlt dieser Lawine von Prinzipien eindeutig eine einzige gemeinsame Grundlage, denn die Feststellung, wann eine „echte Verbindung" vorliegt, ist ziemlich undurchsichtig.[34] Ein besonders auffälliges Beispiel für den Verzicht auf eine konsistente Rechtfertigung dieser Grundsätze liefern *Jescheck* und *Weigend*, wonach diese Prinzipien aus den folgenden Grundgedanken entstünden:

> Die Wahrung der innerstaatlichen öffentlichen Ordnung, die Bindung der eigenen Staatsangehörigen im Ausland an die heimische Rechtsordnung, den Schutz der inländischen Rechtsgüterwelt, die Solidarität in der Verbrechensbekämpfung als gemeinsame Kulturaufgabe der Menschheit, die Lückenlosigkeit der staatlichen Strafgewalt diesseits und jenseits der Grenzen, die größtmögliche Gerechtigkeit in der Behandlung des Einzelfalls.[35]

Es gibt jedoch einige Autoren, die sich mit einem Systematisierungsversuch dieser Prinzipien befasst haben. Der wohl einflussreichste Vorschlag hierzu ist derjenige von *Oehler*, wonach diese Prinzipien auf zwei Leitgedanken zurückgehen: erstens auf den Selbstschutz des Staates (d. h., den Schutz von Personen und Rechtsgütern, die er für schützenswert hält), wie im Falle des Territorialitäts-, des Schutz- oder des passiven Personalitätsprinzips; und zweitens auf die zwischenstaatliche Solidarität, die die Grundlage für so heterogene Prinzipien wie die der Universalität, der aktiven Personalität, der stellvertretenden Rechtspflege und des Schutzes von Gemeinschaftsgütern bilden würde.[36] Diese Systematisierung, die auf einem Rechtsgüterschutzmodell beruht, wird jedoch von einigen Autoren zu Recht beanstandet, da u. a. die Solidarität als Grundlage einiger der angegebenen Prinzipien nicht taugt,[37] wie sich bei der Untersuchung der Fundamente der einzelnen Prinzipien ergibt.[38]

---

[33] Zu den Grundlagen der o. g. Prinzipien, siehe *Jeßberger*, Der transnationale Geltungsbereich, S. 225, 239 und 252, der diese Grundlage als „Geltungsmomente" bezeichnet.

[34] In diese Richtung auch *Mann*, Studies in International Law, S. 70.

[35] *Jescheck/Weigend*, AT⁵, § 18 I 5. Kritisch zu dieser fehlenden Systematisierung äußert sich *Pawlik*, FS-Schroeder, S. 357 f., der diesen Präzisionsmangel auf die bereits erwähnte Wende von den strafrechtlichen Theorien zu den völkerrechtlichen Theorien zurückführt. Pawliks Vorwurf stützt sich wiederum auf *Bremer*, GS 17 (1865), S. 420, der schon im neunzehnten Jahrhundert vor diesem „nebeneinanderstellen mehrerer unter sich gar nicht vermittelter sogenannter Prinzipien" warnte.

[36] *Oehler*, Internationales Strafrecht, Rn. 120 ff.; ähnlich *European Committee*, Extraterritorial Criminal Jurisdiction, S. 463 f.

[37] Dazu *Pawlik*, FS-Schroeder, S. 363 ff. Für andere Systematisierungsansätze siehe z. B. *Jeßberger*, Der transnationale Geltungsbereich, Siebter Teil (S. 220 ff), der in erster Linie zwischen originärer, derivativer und zwischenstaatlich vereinbarter Strafgewalt unterscheidet; oder *Pawlik*, FS-Schroeder, S. 369 ff.; dessen Modell unten ausführlich behandelt wird.

[38] Siehe unten Teil I D II und Teil I D V.

Die Schwierigkeiten bei der Begründung der Prinzipien hängen wiederum mit zwei anderen Punkten zusammen. Erstens, mit der fehlenden Hierarchie unter den Prinzipien,[39] was zu den oben erwähnten unvermeidbaren Strafgewaltkonflikten führt.[40] Zwar machen die Auslandstaten, die tatsächlich in einem Staat abgeurteilt werden – trotz der Vielzahl von völkerrechtlichen Grundsätzen – in der Praxis immer noch einen geringen Anteil an der Gesamtzahl der Strafverfahren aus.[41] Es gibt jedoch zahlreiche Taten mit Auslandsberührung (Tendenz steigend),[42] die tatsächlich nicht nur zu abstrakten, sondern auch zu konkreten Strafgewaltkonflikten Anlass geben können.[43] Gäbe es eine völkerrechtliche Regel, die es den Staaten erlaube, ihre Strafgewalt nur in denjenigen Fällen auszuüben, in denen sie die stärkste Verbindung zum Sachverhalt haben (d.h. stärkere als andere potenziell strafverfolgende Staaten), würde die Überausweitung des Geltungsbereichs des nationalen Strafrechts zum Teil vermieden.[44] Trotz

---

[39] Diese fehlende Hierarchie der Prinzipien besteht auf der Ebene des Völkerrechts. Die einzelnen Rechtsordnungen können hingegen den Vorrang eines Prinzips vor einem anderen (wie im Fall von § 7 Abs. 1 gegenüber § 7 Abs. 2 StGB) oder eine Prüfungsreihenfolge der Anknüpfungspunkte zur Feststellung der Anwendbarkeit des Rechts vorsehen. Zur Übersicht der Gesetzessystematik im deutschen Recht, vgl. *Jeßberger*, Der transnationale Geltungsbereich, S. 38–41; *Satzger*, Internationales, § 5, Rn. 4–6.

[40] Zur Unvermeidbarkeit dieser Konflikte angesichts der konkurrierenden Interessen verschiedener Staaten vgl. BHG NJW 1998, 2610.

[41] Vgl. z. B *European Committee*, Extraterritorial Criminal Jurisdiction, S. 447 f.: „the number of prosecutions based on principles of extraterritorial jurisdiction was very small, so that the fact that many member states have established in some cases far-reaching forms of extraterritorial jurisdiction does not necessarily imply that they are widely used"; im gleichen Sinne *Casey*, Fordham International Law Journal 25, 3 (2001).

[42] So hat sich z.B. aufgrund der Zunahme der ausländischen Bevölkerung in Deutschland der Anteil der ausländischen Verurteilten von 10,56% im Jahr 1976 auf 35,1% im Jahr 2019 erhöht. Diese Angaben stammen aus Statistisches Bundesamt (Destatis), Rechtspflege, Strafverfolgung, 2020, S. 452–454. Abrufbar unter: https://www.destatis.de/DE/Themen/Staat/Justiz-Rechtspflege/Publikationen/Downloads-Strafverfolgung-Strafvollzug/strafverfolgung-2100300197004.pdf?__blob=publicationFile, abgerufen: 09.10.2023.

[43] Unter konkretem Strafgewaltkonflikt verstehe ich in Anlehnung an *Zimmermann* (Strafgewaltkonflikte, S. 138), jene Fälle, in denen mehr als ein Staat willens und in der Lage ist, den Sachverhalt abzuurteilen.

[44] Ein interessanter Vorschlag zur Lösung von Strafgewaltkonflikten auf europäischer Ebene liefert *Zimmermann*, Strafgewaltkonflikte, S. 320 ff. Ausgehend u.a. von der Zielrichtung, Vorhersehbarkeitsdefizite für die Beschuldigten zu minimieren, schlägt Zimmermann ein „flexibilisiertes Hierarchiemodell" vor, das sich rechtlich auf Art. 82 Abs. 1 UAbs. 2 lit. b AEUV stützten könne und die Ausübung der staatlichen Strafgewalt grundsätzlich auf solche Sachverhalte beschränkt, zu denen der Mitgliedstaat einen intensiveren Bezug aufweist. Sein Modell ähnelt jedoch nicht dem Vorschlag, der in dieser Arbeit vorgelegt wird, denn trotz des privilegierten Stellenwerts, den es dem aktiven Personalitätsprinzip zum Schutz des Angeklagten einzuräumen vorgibt, räumt es im Endeffekt dem staatlichen Interesse an der Bestrafung gegen-

einiger gegenteiliger Ansichten lässt sich eine solche Regel im Völkergewohnheitsrecht jedoch nicht nachweisen.[45]

Zweitens spiegelt sich die Unschärfe bei der Begründung der Prinzipien auch im unklaren Verhältnis der Begriffe „völkerrechtliches Prinzip" und „völkerrechtlicher Anknüpfungspunkt" wider. Obwohl beide Konzepte – und die entsprechenden Bezeichnungen im Ausland – weitgehend als Synonyme angesehen werden,[46] wird gelegentlich eine Unterscheidung zwischen den beiden Begriffen vorgenommen. So besteht nach *Ambos* der Anknüpfungspunkt im „realen Link" zwischen dem Staat und dem Sachverhalt, der den staatlichen Anspruch auf Strafgewalt ermöglicht.[47] Laut diesem Autor sei diese genuine Verbindung nur hinsichtlich einiger völkerrechtlicher Prinzipien vorhanden (Territorialitäts- und Flaggenprinzip, aktives und passives Personalitätsprinzip sowie Schutzprinzip), während in anderen Prinzipien jedoch ein Anknüpfungspunkt fehle (dies sei der Fall bei der stellvertretenden Rechtspflege und dem Weltrechtprinzip). Dieser Unterschied ist aber im Rahmen von *Ambos'* Konzeption irrelevant, da seiner Auffassung nach in letzteren Fällen einer Anknüpfungspunkt überflüssig ist, weil

---

über dem eingangs angegebenen Ziel einen deutlichen Vorrang ein. Beleg dafür ist – wie *Schramm*, [ZIS 2 (2017), S. 152] richtig bemerkt – der geringe Rang des aktiven Personalitätsprinzips im Vergleich zum Erfolgsortprinzip. Darüber hinaus führt *Zimmermann* (ebd., S. 392 ff.) eine „Flexibilisierungsklausel" ein, wodurch die von ihm vorgeschlagene Hierarchie von Prinzipien wirkungslos bleiben kann, wenn in einem bestimmten Fall eine für einen Staat nicht zufriedenstellende Lösung erreicht wird, was den Wert seines Modells beeinträchtigt. Ein weiteres Lösungsmodell für Jurisdiktionskonflikte auf europäischer Ebene wird von *Thorhauer* (Jurisdiktionskonflikte, S. 800–802) vorgeschlagen. Ausgehend von dem begrüßenswerten Ziel, die Interessen des Betroffenen durch die Beseitigung von Vorhersehbarkeitsdefiziten zu berücksichtigen, schlägt diese Autorin ein Drei-Stufen-Modell vor, bei dem sie dem Territorialitätsprinzip und einem eingeschränkten (moderaten) Schutzprinzip den Vorzug gibt. Allerdings weist dieses Modell auch wenig Ähnlichkeit mit dem hiesigen Ansatz auf, insbesondere da es das aktive Personalitätsprinzip (wesentlich für ein Bürgerstrafrecht) ablehnt.

[45] So auch *Mills*, British Yearbook of International Law 84, 1 (2014), S. 199 f. Gerade aus diesem Grund, und wie unten im Detail erläutert wird, hat das „principle of reasonableness" im US-amerikanischen Recht in der jüngeren Zeit einen Bedeutungswandel erfahren und wird nicht mehr als eine Regel verstanden, wonach nur der Staat mit der stärksten Bindung oder dem überwiegenden Interesse seine *jurisdiction to prescribe* ausüben darf.

[46] Vgl. BVerfG, NStZ 2001, 240, 243: „Für das Strafrecht bildet neben Territorialitäts-, Schutz-, aktivem und passivem Personalitäts- sowie dem Prinzip der stellvertretenden Strafrechtspflege das Universalitäts- oder Weltrechtsprinzip einen solchen sinnvollen Anknüpfungspunkt"; oder *Werle/Jeßberger*, LK[13], Vor § 3, Rn. 235, wonach die legitimierenden Anknüpfungspunkte in den Prinzipien vertypt sind. In spanischsprachigen Handbüchern ist das Konzept „factor de conexión", der mit „Anknüpfungspunkt" gleichzusetzen ist, oft gar nicht vorhanden (vgl. exemplarisch *Cury*, PG[11], S. 258 ff.; *Mir Puig*, PG[10], S. 57 ff). Laut dem Restatement (Fourth), § 407 des *American Law Institute* bilden die Prinzipien die traditionellen Grundlagen der *jurisdiction to prescribe*, wodurch eine *genuine connection* festgestellt werden kann.

[47] *Ambos*, Internationales Strafrecht, § 2 Rn. 6.

beide Prinzipien aufgrund ihrer Begründung (d.h. Einverständnis des vertretenen Staates bzw. Schutz höchstwertiger Rechtsgüter) dem Nichteinmischungsgebot genügen würden.⁴⁸ In ähnlicher Weise wird von der US-Rechtsprechung das Universalitätsprinzips oft als Ausnahme vom Erfordernis eines Anknüpfungspunktes (*nexus requirement*) begriffen, ohne dass die Legitimität des Prinzips dadurch beeinträchtigt wird.⁴⁹ Folglich ist es keineswegs klar, dass alle völkerrechtlichen Prinzipien eine echte Verbindung zwischen Strafgewaltstaat und dem zu bestrafenden Verhalten verkörpern. Dessen ungeachtet werden die Begriffe „Anknüpfungspunkt" und „Prinzip" – mangels praktischer Konsequenzen der Unterscheidung im Schrifttum – nachfolgend als Synonyme verwendet, sofern nicht anders angegeben.

Ein wichtiger Unterschied besteht hingegen zwischen *völkerrechtlichen* Prinzipien bzw. Anknüpfungspunkten einerseits und Grundsätzen bzw. Anknüpfungspunkten des *nationalen* Strafanwendungsrechts andererseits. Letztere „bezeichnen Grund und Umfang der Geltung der staatlichen Strafgesetze und sind Teil der jeweiligen staatlichen Rechtsordnung, nicht des Völkerrechts".⁵⁰ Die Bedeutung dieser Unterscheidung ist offensichtlich: als allgemeine Regel des Völkerrechts gehen die völkerrechtlichen Prinzipien den nationalen Gesetzen vor (Art. 25 GG). Überschreitet also das nationale Recht die durch diese Prinzipien gesetzten Grenzen, liegt ein Völkerrechtsverstoß vor,⁵¹ und daher, im Falle

---

⁴⁸ *Ambos*, Internationales Strafrecht, § 2, Rn. 7. Andere Autoren unterscheiden ebenfalls zwischen Prinzipien, die auf einem Anknüpfungspunkt beruhen, und solchen die das nicht tun, sind sich aber nicht einig darüber, was letztere sind, und der Unterschied ist ebenfalls bedeutungslos. Vgl. z.B. *Satzger*, Internationales, § 4 Rn. 3 f., wonach ein Anknüpfungspunkt beim Universalitätsprinzip vorliege, nicht aber bei der stellvertretenden Rechtspflege; oder *Volz*, Extraterritoriale Terrorismusbekämpfung, S. 125–127, wonach bei dem Vertrags- und dem Universalitätsprinzip kein Anknüpfungspunkt vorhanden ist.

⁴⁹ Siehe *Colangelo*, Cornell Law Review 99, 6 (2014), S. 1326, Fn. 120.

⁵⁰ *Werle/Jeßberger*, LK¹³, Vor § 3, Rn. 238. Vgl. auch *Jennings/Watts*, Oppenheim's⁹, § 136, S. 456 f.: „Jurisdiction concerns both international law and the internal law of each state. The former determines the permissible limits of a state's jurisdiction in the various forms it may take, while the latter prescribes the extent to which, and manner in which, the state in fact asserts its jurisdiction".

⁵¹ Vgl. hierzu u.a. *Ambos*, Internationales Strafrecht, § 2 Rn. 5; *Gärditz*, Weltrechtspflege, S. 314; *Werle/Jeßberger*, LK¹³, Vor § 3, Rn. 239 f. Ein Beispiel hierfür ist das übermäßige Ausmaß von § 5 Nr. 12 StGB, welches die Geltung des deutschen Rechts für Auslandstaten vorschreibt, „die ein deutscher Amtsträger oder für den öffentlichen Dienst besonders Verpflichteter während eines dienstlichen Aufenthalts oder in Beziehung auf den Dienst begeht". In den Fällen von „während des dienstlichen Aufenthalts" begangenen Straftaten (anders als dienstbezogene Straftaten), stelle das Schutzprinzip keinen legitimen Anknüpfungspunkt dar (weil keine Rechtsgüter des bestrafenden Staates gefährdet werden), und das auf ausländische Amtsträger erweiterte aktive Personalitätsprinzip sei auch ein unzureichender Anknüpfungspunkt, wenn die Tat nach dem Tatortrecht straflos ist (falls man annimmt – wie die herrschende Mei-

der Unmöglichkeit einer völkerrechtskonformen Auslegung, soll der Anwendungsbereich der nationalen Norm entsprechend verkürzt werden.[52]

Diese in kontinentaleuropäischen Rechtsordnungen unbestreitbare Schlussfolgerung lässt sich jedoch nicht ohne weiteres auf andere Rechtssysteme übertragen, wie der Fall der USA beweist. In diesem Land werden die völkerrechtlichen Prinzipien zwar oft als Schranken der *jurisdiction to prescribe* betrachtet. Ihnen wird jedoch häufig keine eigene Kraft (nämlich als äußere Begrenzung der staatlichen Strafgewalt) zuerkannt. Dies zeigt sich deutlich sowohl in der Rechtsprechung („There is, of course, no doubt the Congress may override international law by clearly expressing its intent to do so"[53]) als auch in einigen Rechtsvorschriften (so sieht z.B. MDLEA ausdrücklich vor, dass sich der Beschuldigte nicht auf einen Verstoß gegen das Völkerrecht berufen kann).[54] Vielmehr werden die Grundsätze des Völkerrechts nur als Kriterien für die Prüfung der Vereinbarkeit der Inanspruchnahme extraterritorialer Strafgewalt mit der US-Verfassung erwogen. Die US-Verfassung setzt dem Gesetzgeber bei der Ausdehnung der Strafrechtsetzungsgewalt zwei Arten möglicher Schranken. Die erste Gruppe (etwas schärfere, aber im Endeffekt auch schwache) besteht in den strukturellen Schranken der Befugnisse des Kongresses (*power limitations*), die die Verfassung dem Gesetzgeber in Art. I, § 8 auferlegt.[55] Der zweite ist das Recht der vor Gericht zu stellenden Person auf ein ordnungsgemäßes Verfahren, das im fünften

---

nung behauptet – dieses Prinzip beruhe auf der Solidarität). Daher wäre der erwähnte Teil von § 5 Nr. 12 völkerrechtswidrig. Das Beispiel stammt aus *Jakobs,* AT, 5/16.

[52] *Jeßberger,* Der transnationale Geltungsbereich, S. 215; *Roegele,* Deutscher Strafrechtsimperialismus, S. 225.

[53] United States v. Martinez-Hidalgo, 993 F.2d 1052, 1056 (3d Cir. 1993), abrufbar unter: https://casetext.com/case/us-v-martinez-hidalgo, abgerufen: 09.10.2023.; vgl. auch United States v. Bin Laden, 92 F. Supp. 2d 189, 214 (S.D.N.Y. 2000): „It is well-established that Congress has the power to override international law"; U.S. v. Thomas, 893 F.2d 1066, 1069 (9th Cir. 1990): „Although Congress is not bound by international law in enacting statutes…out of respect for other nations, courts should not unnecessarily construe a congressional statute in a way that violates international law". Ähnlich *Bradley,* The University of Chicago Legal Forum (2001), S. 333; *Doyle,* Extraterritorial Application of American Criminal Law, S. 10: „International law supports, rather than dictates, decisions in the area of the overseas application of American law. Neither Congress nor the courts are bound to the dictates of international law when enacting or interpreting statutes with extraterritorial application".

[54] 46 U.S.C. § 70505: „A person charged with violating section 70503 of this title, or against whom a civil enforcement proceeding is brought under section 70508, does not have standing to raise a claim of failure to comply with international law as a basis for a defense. A claim of failure to comply with international law in the enforcement of this chapter may be made only by a foreign nation. A failure to comply with international law does not divest a court of jurisdiction and is not a defense to a proceeding under this chapter".

[55] Zu den drei diesbezüglich einschlägigen Klauseln von Art. I, § 8 der USA-Verfassung siehe unten Teil I C II 1.

Zusatzartikel der Verfassung verankert ist (Bestandteil der *Bill of Rights*) und aus dem das Erfordernis der Vorhersehbarkeit (*fair notice*) der Anwendbarkeit des *lex fori* auf das Verhalten am Ort und zur Zeit der Tatbegehung hervorgeht (*rights limitations*).[56] Wie unten bei der Erörterung des US-Strafanwendungsrechts ausführlicher dargelegt wird, spielen die völkerrechtlichen Prinzipien bei beiden Formen verfassungsrechtlicher Beschränkungen nur eine indirekte (und daher untergeordnete) Rolle.[57] Zur Verdeutlichung dieses Punktes sei hier kurz auf die zweite verfassungsrechtliche Beschränkung verwiesen. Dienen die völkerrechtlichen Prinzipien nur zur Sicherstellung der Vorhersehbarkeit der Strafbarkeit und lässt sich diese *fair notice* anderweitig begründen, dann erübrigt sich die Frage nach dem Vorliegen eines Anknüpfungspunktes im konkreten Fall. Wenn kein völkerrechtlicher Anknüpfungspunkt besteht, das Gericht aber der Ansicht ist, dass der Angeklagte die Strafbarkeit seines Verhaltens hätte kennen müssen, wird folgendermaßen argumentiert: „Our duty is to enforce the Constitution, laws, and treaties of the United States, not to conform the law of the land to norms of customary international law".[58]

Vor dem Hintergrund der obigen Ausführungen, nicht nur in Bezug auf die US-amerikanische sondern auch auf die kontinentaleuropäischen Rechtsordnungen, lässt sich bereits erkennen, dass die These, völkerrechtliche Prinzipien besäßen ein gesetzgebungsbeschränkendes Potential, stark nuanciert werden muss.

Sofern nichts in die entgegengesetzte Richtung weist, werden sich in dieser Arbeit die Begriffe „Anknüpfungspunkt" und „Prinzip" auf die des Völkerrechts (und nicht die des nationalen Strafanwendungsrechts) beziehen.

---

[56] Demnach wäre das Ziel der Prüfung des Vorliegens der völkerrechtlichen Prinzipien lediglich die Vermeidung einer willkürlichen oder grundsätzlich ungerechten Bestrafung. Dazu *Colangelo*, Cornell Law Review 99, 6 (2014), S. 1325 f. Siehe auch U.S. v. Thomas, 893 F.2d 1066, 1068 (9th Cir. 1990): „Congress may apply its penal statutes to extraterritorial acts unless such application would violate due process".

[57] Für eine besonders anschauliche Erläuterung der Rolle der völkerrechtlichen Prinzipien in Bezug auf das *jurisdiction to prescribe* in den USA vgl. *Colangelo*, Cornell Law Review 99, 6 (2014), S. 1315 und 1323–1329; und *Aquila*, Fordham Law Review 86, 6 (2018), S. 2972. Auf die vergleichsweise noch größere Schwäche des Nexus-Erfordernisses hinweisend, wenn es als eine „due process" Frage betrachtet wird, *Kontorovich*, Minnesota Law Review 93 (2009), S. 1204 f.

[58] United States v. Ali, 718 F.3d 929, 945 (D.C. Cir. 2013), abrufbar unter: https://cite.case.law/f3d/718/929/4050544/, abgerufen: 09.10.2023.; ähnlich, US v. Yunis, 924 F.2d 1086 (1091) (District of Columbia Circuit 1991).

II. Der breite völkerrechtlich zulässige Freiheitsspielraum: auf dem Weg zum „Kosmopolitismus"?

1. Abweichende Ausübung der Strafrechtsetzungsgewalt durch Staaten

Selbstverständlich kann jeder Staat innerhalb des völkerrechtlich zulässigen Rahmens sein Strafanwendungsrecht nach eigenem Ermessen erstrecken.[59] Deswegen weisen Länder mit relativ ähnlichen Rechtsordnungen aufgrund historischer oder politischer Gründe ganz unterschiedliche Strafanwendungsregeln auf.[60] Zur Veranschaulichung dieses Punktes wird nachfolgend ein grober Vergleich des Strafanwendungsrechts dreier Staaten, nämlich Deutschlands, Chiles und der Vereinigten Staaten, angestellt. Die Auswahl dieser drei Länder ist nicht zufällig. Es versteht sich von selbst, dass sich diese Untersuchung, weil in Deutschland durchgeführt, in erster Linie auf das deutsche Recht bezieht, das zudem den Vorteil bietet, ein Beispiel für ein besonders ausgedehntes Strafanwendungsrecht darzustellen. Die Wahl Chiles (meines Herkunftslandes) hängt nicht nur mit meiner Vertrautheit mit dieser Rechtsordnung zusammen, sondern gestattet auch einen scharfen Kontrast zu Deutschland: Obwohl beide Rechtsordnungen in der gleichen kontinentaleuropäischen Tradition stehen und das deutsche Strafrecht einen starken Einfluss auf das chilenische ausübt, ähnelt sich das Strafanwendungsrecht in beiden Ländern kaum, da die chilenische Strafrechtsetzungsgewalt ausgesprochen zurückhaltend ist, was die Erfassung von Auslandstaten angeht. Schließlich beruht die Berücksichtigung der Vereinigten Staaten auf zwei Gründen: (i) der Rechtsvergleich wird durch die Hinzufügung einer zu einem anderen Rechtssystem gehörenden Rechtsordnung bereichert, da diese von notorisch abweichenden Prämissen und Grundsätzen ausgeht, und (ii) das offensichtliche geopolitische Gewicht dieses Landes und die daraus resultierende praktische Bedeutung seiner Rechtsordnung. Ein wichtiger, im Laufe des Vergleichs hervorzuhebender Aspekt ist die Tatsache, dass die drei zu untersuchenden Rechtsordnungen unter erheblichen internen Inkonsistenzen leiden, indem

---

[59] Vgl. Dazu z. B die Entscheidung vom *United States Court of Appeals, Ninth Circuit*, in dem berühmten Fall US vs King, 552 F.d. 833, 851 (9th Cir. 1976): „From the body of international law, the Congress may pick and choose whatever recognized principle of international jurisdiction is necessary to accomplish the purpose sought by the legislation. The mere fact that, in the past, Congress may not have seen fit to embody in legislation the full scope of its authorized powers is not a basis for now finding that those powers are lacking". Abrufbar unter https://casetext.com/case/us-v-king-17, abgerufen: 09.10.2023. Siehe auch stellvertretend *Jescheck/Weigend*, AT⁵, § 18/I/2, die diese Befugnis als „pouvoir discrétionnaire" des Staates bezeichneten; und *Werle/Jeßberger*, LK¹³, Vor § 3, Rn. 11.

[60] Zum Vorliegen signifikanter Unterschiede zwischen den europäischen Ländern in diesem Bereich, siehe *European Committee*, Extraterritorial Criminal Jurisdiction, S. 447 f.

ihre Strafgewalt (ohne systematisierbare Gründe) bei einigen Taten zu umfangreich ist, bei anderen hingegen nicht.

Am sinnvollsten erscheint es, mit dem Vergleich der beiden zum kontinentalen Rechtsraum gehörenden Rechtsordnungen anzufangen. Wie bereits angedeutet, gibt es trotz des Einflusses des deutschen Schrifttums auf das chilenische (z. B. plädiert die h. M. in beiden Ländern für eine schuldbegrenzte Prävention als Straftheorie, während dem Strafrecht überwiegend die Aufgabe des subsidiären Rechtsgüterschutzes zugeschrieben wird),[61] eklatante Differenzen im Bereich des Strafanwendungsrechts. Die unten aufgeführte Tabelle Nr. 1 bietet einen Überblick über die von beiden Rechtsordnungen beanspruchte Rechtsetzungsgewalt gemäß den jeweiligen völkerrechtlichen Prinzipien:

Tabelle Nr. 1

Völkerrechtliches Prinzip	Strafanwendungsrecht in Deutschland	Strafanwendungsrecht in Chile
Territorialitätsprinzip	Geregelt in § 3 i. V. m. § 9 StGB (umfassendes Ubiquitätsprinzip)	Geregelt in Art. 5 COT.[62] Regelung zur Bestimmung des Begehungsorts (und daher Anwendbarkeit des Ubiquitätsprinzips) ist uneindeutig.
Aktives Personalitätsprinzip	Grundregel in § 7 Abs. 2 Nr. 1 StGB: Prinzipiell gilt es für alle Straftaten, insofern die Tat am Tatort mit Strafe bedroht ist.	Grundregel in Art. 6 Nr. 6 COT: *Kombination* aus *aktivem und passivem Personalitätsprinzip* (weitgehend beschränkter als das deutsche Strafanwendungsrecht: Sowohl der Täter als auch das Opfer müssen Chilenen sein.).
Passives Personalitätsprinzip	Grundregel in § 7 Abs. 1 StGB: Prinzipiell gilt es für alle Straftaten, insofern die Tat am Tatort mit Strafe bedroht ist.	
Schutzprinzip: Grundsätzlich ähnlich in beiden Ländern, aber in Chile lässt sich öfter eine Kombination mit dem	Weite Strafanwendung: Gelegentlich in Kombination mit dem APP, sogar bei Straftaten die sich gegen	Begrenzte Strafanwendung: Überwiegend in Kombination mit dem APP oder vorherige Staat-Täter-

---

[61] Vgl. hierzu stellvertretend für das deutsche Schrifttum *Roxin/Greco*, AT I, § 3/59–62 zum Zweck der Strafe als schuldbegrenzte Prävention und § 2/1 zum subsidiären Rechtsgüterschutz als Aufgabe des Strafrechts. Für die chilenische Literatur, siehe statt aller *Politoff* et al., PG², S. 67 zum Rechtsgüterschutz als Funktion des Strafrechts und *Cury*, PG¹¹, S. 66–79 zu einer schuldbegrenzten präventiven Straftheorie.

[62] COT ist die spanische Abkürzung für „Código Orgánico de Tribunales" (das chilenische Gerichtsverfassungsgesetz).

II. Der breite völkerrechtlich zulässige Freiheitsspielraum

Völkerrechtliches Prinzip	Strafanwendungsrecht in Deutschland	Strafanwendungsrecht in Chile
aktiven Personalitätsprinzip (APP) oder die Anforderung einer vorherigen Bindung zwischen dem Staat und dem Täter beobachten. Deshalb hat auch dieses Prinzip in Chile eine beschränkende Anwendung.	vitale Interessen des Staates richten, z. B. Straftaten gegen den demokratischen Staat (§ 5 Nr. 3a StGB) und die Landesverteidigung (§ 5. Nr. 5b StGB).	Bindung ist erforderlich, sogar bei Straftaten, die sich gegen vitale Interessen des Staates richten, z. B. Art. 6 Nr. 3 und 6 Nr. 9 COT (Straftaten gegen die äußere bzw. innere Sicherheit).
	Bestimmte Auslandstaten gegen die nationale Rechtspflege (§ 5 Nr. 10 StGB) und gegen die Umwelt (§ 5 Nr. 11 und Nr. 11a StGB) sind aufgrund dieses Prinzips strafbar.	Keine Ausnahme vom Territorialitätsprinzip im Fall von Straftaten gegen die nationale Rechtspflege oder Umweltstraftaten.
Weltrechtsprinzip: viel breitere Inanspruchnahme seitens Deutschlands. Zahlreiche Straftaten, die in Chile entweder nur dem Schutzprinzip (Drogendelikte oder Geldfälschung) oder dem Territorialitätsprinzip unterliegen (Subventionsbetrug), unterliegen in Deutschland dagegen dem Weltrechtsprinzip. Beispiele: — Angriff auf den Luft- und Seeverkehr	§ 6 Nr. 3 StGB: Weltrechtsprinzip.	Art. 6 Nr. 7 COT: Weltrechtsprinzip.[63]
— Unbefugter Vertrieb von Betäubungsmitteln	§ 6 Nr. 5 StGB: Weltrechtsprinzip.	Art. 65 Ley 20.000 (Betäubungsmittelgesetz) i. V. m. Art. 6 Nr. 3 COT: Schutzprinzip (Gefährdung der „chilenischen Volksgesundheit" erforderlich).
— Geldfälschung	Die Fälschung sowohl nationalen als auch ausländischen Geldes im Ausland (§ 6 Nr. 7 StGB) unterliegen dem deutschen Recht: Weltrechtsprinzip.	Nur die Fälschung nationalen (und nicht ausländischen) Geldes im Ausland wird bestraft (Art. 6 Nr. 5 COT): Schutzprinzip.
— Subventionsbetrug	§ 6 Nr. 8 StGB: Weltrechtsprinzip	Für jegliche Art von Betrug gilt nur das Territorialitätsprinzip.
— Verbreitung gewalt- oder tierpornographischer Schriften[64]	§ 6 Nr. 6 StGB i. V. m. § 184a StGB: Weltrechtsprinzip.	Straflos

---

[63] Der COT sieht das Weltrechtsprinzip nur im Fall von Piraterie strictu *sensu*, d. h. Angriff auf den Seeverkehr, vor.

[64] Für diesen Vergleich werden nur Straftaten dieser Art berücksichtigt, an denen keine Minderjährigen beteiligt sind.

Völkerrechtliches Prinzip	Strafanwendungsrecht in Deutschland	Strafanwendungsrecht in Chile
Prinzip der stellvertretenden Rechtspflege	Geregelt in § 7 Abs. 2 Nr. 2 StGB.	Das nationale Recht enthält keine ausdrückliche Regel, aber das Prinzip wird in völkerrechtlichen Verträgen vorgeschrieben.

Aus der Tabelle lässt sich deutlich erkennen, dass das chilenische Recht eine wesentlich eingeschränktere Strafgewalt aufgrund des aktiven und passiven Personalitätsprinzips sowie des Universalitätsprinzips beansprucht.[65] Dennoch ist das Bestehen „blankettartiger Verweisungen" in beiden Rechtsordnungen im Auge zu behalten,[66] welche die Erweiterung der Strafgewalt auf in zwischenstaatlichen Übereinkommen vorgesehene Auslandstaten zulässt.[67] Aufgrund der zunehmenden Anzahl von internationalen Abkommen zur Bekämpfung der Straflosigkeit bestimmter Gruppen von Sachverhalten[68] wäre es naheliegend, von einer Verringerung der Unterschiede zwischen beider Rechtsordnungen auszugehen. Dies ist jedoch nicht der Fall: Da die meisten dieser Verträge, wie unten

---

[65] Natürlich enthält diese Tabelle nicht alle Fälle von Auslandstaten, die in beiden Rechtsordnungen unter Strafe gestellt werden, denn ein erschöpfender Rechtsvergleich würde den Rahmen dieser Arbeit sprengen. Die Einfügung dieser Tabelle dient allein dem Zweck, dem Leser einen Überblick darüber zu geben, wie umfangreich das deutsche Strafanwendungsrecht im Vergleich zu anderen Rechtsordnungen wirken kann. Zu weiteren Vorschriften, die im Falle Chiles die staatliche Strafgewalt auf Auslandssachverhalte ausdehnen, siehe *Bascuñán*, La jurisdicción, S. 7.

[66] Vgl. § 6 Nr. 9 StGB: „Das deutsche Strafrecht gilt weiter, unabhängig vom Recht des Tatorts, für folgende Taten, die im Ausland begangen werden: Taten, die auf Grund eines für die Bundesrepublik Deutschland verbindlichen zwischenstaatlichen Abkommens auch dann zu verfolgen sind, wenn sie im Ausland begangen werden". In chilenischem Recht schreibt Art. 6 Nr. 8 COT als Ausnahme des Territorialitätsprinzips vor: „Solche [im Ausland begangenen Straftaten], die in völkerrechtlichen Verträgen einbezogen sind".

[67] Siehe *Ambos*, Internationales Strafrecht, S. 75, der behauptet, laut § 6 Nr. 9 StGB müsse das Abkommen eine Verfolgungspflicht enthalten (eine bloße Befugnis zur Erstreckung der Strafgewalt würde nicht ausreichen). Deswegen sei das deutsche Strafanwendungsrecht in diesem Punkt etwas beschränkter als das chilenische Recht, das eine derartige Schranke nicht kennt. Im selben Sinne vgl. *Schiemann*, JR 7 (2017), S. 342, nach der „Da § 6 Nr. 9 StGB eine blankettartige Verweisung darstellt, muss er sich in besonderem Maße an dem Bestimmtheitsgebot messen lassen. Daher muss sich die völkerrechtliche Strafverfolgungspflicht im konkreten Einzelfall feststellen lassen, d. h. sich eindeutig aus dem Völkervertragsrecht ergeben".

[68] Für einen detaillierten Überblick über die wichtigsten dieser von Deutschland ratifizierten Abkommen, vgl. *Werle/Jeßberger*, LK[13], Vor § 3, Rn. 52 ff. Die meisten dieser multilateralen Verträge sind auch von Chile ratifiziert worden, außer jenen, die auf den europäischen Raum beschränkt sind. Zu einer Übersicht der von Chile ratifizierten Übereinkommen siehe *Bascuñán*, La jurisdicción, S. 3.

II. Der breite völkerrechtlich zulässige Freiheitsspielraum 51

näher ausgeführt wird, den Vertragsstaaten noch einen beträchtlichen Ermessensspielraum hinsichtlich der konkreten Erstreckung ihrer Strafgewalt lassen, haben sich Deutschland und Chile sehr unterschiedliche Regelungen zu den von diesen Übereinkommen erfassten Sachverhalten gegeben. Tatsächlich ist eher eine wachsende Kluft zwischen den beiden Rechtsordnungen im Laufe der Zeit zu beobachten. Während die geltenden Regeln des Strafanwendungsrechts in Deutschland – die auf E1962 (in Kraft seit 1975) beruhen – zahlreiche Änderungen erfahren haben, die Ausdehnungen auf neue Auslandstaten vorsehen[69], ist das chilenische Strafanwendungsrecht in derselben Zeitspanne nur behutsam erweitert worden.[70]

Als mögliche Erklärungen für die unterschiedliche Reichweite beider Rechtsordnungen kommen vor allem drei Gründe in Betracht. Erstens definiert jede Gesellschaft nach ihrer eigenen Werteskala, welche Belange ihr so wichtig sind, dass sie strafrechtlichen Schutz verdienen.[71] Da zwischen beiden Rechtsordnungen Unterschiede in den Wertvorstellungen bestehen, spiegelt sich dies nicht nur in den zu schützenden Interessen und dem Ausmaß ihres Schutzes wider,[72] sondern auch in der Frage, welche Auslandstaten von der nationalen Rechtssetzungsgewalt erfasst werden sollen.[73] Zweitens hängt der Umfang des Strafanwendungsrechts weitgehend von den praktischen Bedürfnissen der einzelnen Staaten ab. Wenn eine Straftat in einem Land häufiger vorkommt oder schwer-

---

[69] Siehe hierzu statt aller *Ambos*, MüKo-StGB⁴, Historie der § 5, § 6 und § 7.

[70] 1943 trat das chilenische Gerichtsverfassungsgesetz (COT) in Kraft, das im Wesentlichen die gleichen Ausnahmen zum Territorialitätsprinzip wie der aktuell geltende Gesetzestext enthält. Von jenem Zeitpunkt bis heute sind nur drei neue (wenn auch in der Praxis wichtige) Ausnahmen hinzugefügt worden, nämlich die Straftaten gegen die interne Sicherheit (Art. 6 Nr. 9 COT), Sexualstraftaten (Art. 6 Nr. 10 COT) und unlauterer Wettbewerb (Art. 6 Nr. 11 COT). Darüber hinaus wurden die Normen von Art. 6 Nr. 2 COT und Art. 6 Nr. 3 COT modifiziert, um den Tatbestand der Bestechung ausländischer Beamter bzw. die Straftaten gegen die Volksgesundheit (einschließlich der Straftaten nach dem Betäubungsmittelgesetz) hinzuzufügen.

[71] Vgl. z. B *Marx/Engels,* Die Todesstrafe, S. 508, wonach die Strafe sei „nichts anderes als ein Verteidigungsmittel der Gesellschaft gegen die Verletzung ihrer Lebensbedingungen, *was auch immer deren Inhalt sein mag*" (Hervorhebung hinzugefügt); ähnlich *Fiolka*, Das Rechtsgut, S. 45.

[72] Ein Beispiel hierfür ist die Tötung auf Verlangen, die in Deutschland (§ 216 StGB) mit einer privilegierten Strafe bedroht wird (maximal fünf Jahre). In Chile dagegen wird dieser Sachverhalt mangels eines entsprechenden privilegierten Tatbestandes prinzipiell als Totschlag betrachtet (Art. 391 Nr. 2 CP), so dass die Mindeststrafe – ohne Berücksichtigung der wahrscheinlich vorhandenen strafmildernden Umstände – zehn Jahre beträgt.

[73] So unterliegen mehrere Umweltstraftaten der deutschen Strafgewalt, wenn sie im Bereich der deutschen ausschließlichen Wirtschaftszone begangen werden (§ 5 Nr. 11 StGB), oder auch unabhängig vom Tatort (wie im § 6 Nr. 2 StGB, der das Weltrechtsprinzip vorschreibt), während im chilenischen Recht alle diese Sachverhalte entweder straflos sind oder lediglich dem Territorialitätsprinzip unterliegen.

wiegendere Auswirkungen hat als in einem anderen, wird dies wahrscheinlich zu einer härteren Behandlung führen.[74] Ein dritter Grund ist das (fehlende) Vertrauen in die Durchführbarkeit der Strafandrohung. Der chilenischen Literatur zufolge spielen die zu erwartenden praktischen Schwierigkeiten bei der Verfolgung von Auslandstaten eine wichtige Rolle bei der moderaten Ausweitung des chilenischen Strafanwendungsrechts.[75]

Der Vergleich mit dem US-Recht erweist sich naturgemäß als weitaus komplexer. Es gibt zwar zahlreiche Autoren, die die Reichweite des Strafanwendungsrechts in den USA und Deutschland eingehend verglichen haben.[76] Aufgrund erheblicher Schwankungen in der Rechtsprechung erfuhr die einschlägige Regelung in den USA in letzter Zeit jedoch derartige Veränderungen,[77] dass man sich für einen sachgerechten Vergleich fast ausschließlich auf die jüngste Rechtsprechung und Literatur stützen sollte. Vor diesem Hintergrund wird im Folgenden grob skizziert, wie sich feststellen lässt, ob die Anwendung eines US-Bundesgesetzes (*federal statute*) auch extraterritorial erfolgt.

Auf die hervorragendere Bedeutung des Territorialitätsprinzips im *Common Law* wurde bereits hingewiesen.[78] Daraus ergibt sich eine „Vermutung gegen

---

[74] So war z. B. im späten 18. Jahrhundert die Geldfälschung ein weitverbreitetes Phänomen, vor allem in den reichsten Nationen. Zu dieser Zeit gab es in England 40 bis 50 Falschgeldfabriken, die ständig arbeiteten (so *Foucault*, Überwachen, S. 108–110), was sich erheblich auf die Wirtschaft auswirkte. Daraus lässt sich vielleicht erklären, warum die Geldfälschung in den Gesetzbüchern entwickelter Länder (wie z. B. Deutschland) dem Universalitätsprinzip unterliegt, anders als in Ländern, die möglicherweise diesem Problem nicht so stark ausgesetzt waren (wie z. B. Chile). Im ähnlichen Sinne *Perron*, ZStW 109 (1997), S. 289.

[75] Vgl. *Cury*, PG^{11}, S. 269; *Politoff* et al., PG^2, S. 120. Insofern ist es nicht unlogisch anzunehmen, dass das begrenzte politische Gewicht Chiles auf der internationalen Bühne (das nicht mit dem Deutschlands vergleichbar ist) bisher die Existenz eines „chilenischen" Strafrechtsimperialismus (nach deutschem Vorbild) verhindert hat.

[76] Siehe z. B. *Oehler*, Internationales Strafrecht, der im Laufe dieses Werks einen sehr detaillierten Vergleich bei jedem Prinzip vornahm; oder *Ziegenhain*, Extraterritoriale Rechtsanwendung, S. 55–80. Für Vergleiche in Bezug auf spezifische Straftaten, siehe z. B *Hoven*, Auslandsbestechung, S. 112 ff.; *Paramonova*, Internationales Strafrecht im Cyberspace; *Volz*, Extraterritoriale Terrorismusbekämpfung.

[77] Prominentes Beispiel hierfür ist das *Fourth Restatement*, das vom *Third Restatement* in einem wesentlichen Aspekt abweicht: Während letzteres das „principle of reasonableness" als einen die Strafgewalt beschränkenden Grundsatz des Völkerrechts ansah (§ 403), betrachtet das neue *Restatement* diesen Grundsatz als Teil des nationalen Rechts, der die *jurisdiction to prescribe* über die Grenzen des Völkerrechts hinaus beschränken würde. Vgl. dazu *Dodge*, Questions of International Law 62 (2019), S. 18.

[78] Der Fall des Vereinigten Königreichs ist in dieser Hinsicht besonders auffällig. Nicht nur beschränkte sich diese Rechtsordnung traditionell auf die Anerkennung von zwei Prinzipien (Territorialität und aktives Personalitätsprinzip, vgl. dazu *Oehler*, Internationales Strafrecht, Rn. 112 f.), sondern machte vom aktiven Personalitätsprinzip zumindest bis in die 1990er Jahre nur selten Gebrauch (*Jennings/Watts*, Oppenheim's^9, § 138, S. 463).

II. Der breite völkerrechtlich zulässige Freiheitsspielraum 53

Extraterritorialität", die vom USSC derzeit in zwei Stufen angewendet wird.[79] Die erste Regel besteht darin, dass ein Gesetz mangels eindeutiger gegenteiliger Hinweise (*clear indication of congressional intent to the contrary*) im Prinzip nur für im Inland stattgefundene Taten gilt.[80] Aber wie auch in Deutschland, hat der US-Gesetzgeber viele Sachverhalte ausdrücklich irgendeiner Form extraterritorialer Strafgewalt unterstellt,[81] was den praktischen Wert dieser Vermutung erheblich schmälert. Diese zur extraterritorialen Strafgewalt berechtigenden Vorschriften sind außerdem extrem kasuistisch (von *statute* zu *statute* sehr variabel)[82] und manchmal sehr unbestimmt, was ihren Umfang betrifft.[83] Zusätzlich dazu unterliegt die Befugnis des Kongresses zur Erstreckung der nationalen Rechtsetzungsgewalt auf Auslandstaten, angesichts der bereits erwähnten sekundären Rolle der völkerrechtlichen Prinzipien in den USA, prinzipiell nur den durch die Verfassung gesetzten Schranken, die aber ziemlich schwach sind.[84] Im vorangegangenen Abschnitt wurde bereits gezeigt, warum die *issues of rights* bzw. *rights limitations* eine kraftlose Begrenzung für die Strafrechtsetzungsgewalt darstellen.[85] Auf die zweite Schranke, nämlich die *issues of power*, wird nachfolgend kurz eingegangen.

Die *power limitations* für die extraterritoriale Ausdehnung der *jurisdiction to prescribe* bestehen hauptsächlich in drei Klauseln des Art. I, § 8 der US-Verfassung, wonach „The Congress shall have power to": cl. 3 („regulate commerce with foreign nations"); cl. 10 („define and punish piracies and felonies committed

---

[79] Ein Meilenstein in dieser Hinsicht ist die Entscheidung der USSC in RJR Nabisco, Inc. v. European Cmty., 136 S. Ct. 2090, 195 L. Ed. 2d 476 (2016), abrufbar unter: https://casetext.com/case/rjr-nabisco-inc-v-european-cmty, abgerufen: 09.10.2023.

[80] Vgl. *American Law Institute*, Restatement (Fourth), § 404; und USSC in Morrison v. National Australia Bank Ltd., 561 U.S. 247 (2010) „[w]hen a statute gives no clear indication of extraterritorial application, it has none".

[81] Für eine ausführliche Beschreibung der (explizit) extraterritorial geltenden *federal statutes* vgl. *Doyle*, Extraterritorial Application of American Criminal Law, S. 15–18 und Anhänge, S. 42 ff.

[82] Betrachtet man nur einige *statutes*, die irgendeine Art von *Homicide* beinhalten (je nach Opferidentität, Begehungsart oder Begehungsort), kann man mehr als 30 *statutes* unterscheiden, die jeweils ihre eigenen *jurisdictional factors* (Anknüpfungspunkte) regeln.

[83] Vgl. z.B. 18 U.S. Code § 1512 (h) dem zufolge: „There is extraterritorial Federal jurisdiction over an offense under this section", wobei der Straftatbestand „Witness tampering" (Drohung/Anstiftung zur Falschaussage) ist. Der vage Wortlaut des Gesetzes verhindert hier Klarheit über den Umfang seines extraterritorialen Geltungsbereichs.

[84] Im diesem Sinne *Bradley*, The University of Chicago Legal Forum (2001), S. 334 ff.; und *Doyle*, Extraterritorial Application of American Criminal Law, S. 8: „the courts fairly uniformly have held that questions of extraterritoriality are almost exclusively within the discretion of Congress".

[85] Vgl. Teil I C I 2.

on the high seas, and offenses against the law of nations"); sowie die „Necessary and Proper Clause" von cl. 18, auf die sich die völkerrechtsvertragliche Strafgewalterweiterung üblicherweise stützt und die den bereits erwähnten blankettartigen Verweisungen in den deutschen und chilenischen Rechtsordnungen entspricht. Die Rolle des Völkerrechts bestehe hier lediglich darin, die Bedeutung einiger Begriffe dieser Klauseln zu konkretisieren, wie zum Beispiel „offenses against the law of nations" oder „high seas". Obwohl die Gerichte gelegentlich auf diese Klauseln zurückgegriffen haben, um die extraterritoriale Strafgewalt zu begrenzen,[86] stellt ihre offenkundige übermäßige Unbestimmtheit in der Regel keine bedeutsame Einschränkung des staatlichen *ius puniendi* dar. Auch hier mag MDLEA als Beispiel dienen. Da dieses Gesetz den Drogenhandel auf dem Seeweg betrifft, erfolgt die Prüfung seiner Verfassungsmäßigkeit normalerweise (aber nicht immer) im Lichte des erwähnten Art. I, § 8 cl. 10.[87] Diese Klausel wird oft so ausgelegt, dass der Kongress Handlungen auf hoher See nur unter Strafe stellen kann, ohne gegen die Verfassung zu verstoßen, wenn das Völkerrecht dies zulässt.[88] Letztendlich gelingt es den Gerichten jedoch immer wieder, die Verfassungsmäßigkeit von MDLEA zu begründen. Manchmal wird einfach behauptet, dass es sich bei Drogendelikten um „offences against the law of nations" handelt und daher das Universalitätsprinzip gelten soll.[89] In anderen Fällen wird eingeräumt, dass dies nicht der Fall ist, aber es wird die Auffassung vertreten, dass der Drogenhandel auf dem Seeweg überall dort bestraft werden kann, wo er stattfindet, und zwar auf der Grundlage der abstrakten Gefahr, die dieser Handel für die USA darstellt (ein Musterbeispiel für den Missbrauch, für den das Schutzprinzip anfällig ist).[90] Aus demselben Grund wird auch die Legitimität der Bestrafung von vollständig auf dem Landweg begangenen Drogendelikten bejaht, wenn die „Möglichkeit" eines Handels auf dem Seeweg besteht.[91] Schließlich weisen auch

---

[86] Vgl. exemplarisch die Entscheidung in United States v. Bellaizac-Hurtado, 700 F.3d 1245, 1258 (11th Cir. 2012). Da der Drogenhandel nicht als „offence against the Law of Nations" angesehen werden kann, so das Gericht, könne der Kongress den in den Hoheitsgewässern eines anderen Landes begangenen Drogenhandel (die also nicht auf hoher See begangen wird) nicht extraterritorial bestrafen, indem er sich auf cl. 10 beruft. Ähnlich United States v. Cardales-Luna, 632 F.3d 731 (1st Cir. 2011).

[87] Mit Verweis auf zahlreiche Gerichtsurteile zur Stützung von MDLEA auf diese Klausel *Kontorovich*, Minnesota Law Review 93 (2009), S. 1201. Zu anderen Klauseln von Art. I § 8, auf denen MDLEA möglicherweise basieren könnte, siehe *Colangelo*, Cornell Law Review 99, 6 (2014), S. 1316.

[88] Dazu siehe *Kontorovich*, Minnesota Law Review 93 (2009), S. 1217 ff.: „Einbeziehung des Völkerrechts durch Verweis".

[89] Vgl. z. B. United States v. Marino-Garcia, 679 F.2d 1373, 1384 n. 19 (11th Cir. 1982).

[90] Siehe United States v. Gonzalez, 776 F.2d 931, 939 (11th Cir. 1985); oder United States v. Robinson, 843 F.2d 1, 3 (1st Cir. 1988).

[91] Vgl. United States v. Carvajal 924 F. Supp. 2d 219 (D.D.C. 2013), 240.

diejenigen Autoren, die die Vereinbarkeit von MDLEA mit Art. I, § 8 cl. 10 teilweise als problematisch erachten, darauf hin, dass diese Schwierigkeiten leicht durch die Ratifizierung neuer internationaler Verträge behoben werden könnten,[92] oder durch den Rückgriff auf Art. I, § 8 cl. 18 (wonach der Kongress Gesetze erlassen kann, die notwendig und zweckmäßig sind, um die von der Verfassung verliehenen Befugnisse zu verwirklichen) in Verbindung mit der Befugnis zur Unterzeichnung von Verträgen aus Art. II, § 2, cl. 2 der Verfassung.[93]

Nun, bei fehlendem eindeutigem Hinweis auf eine extraterritoriale Geltung eines *statute*, wird die zweite Stufe der „Vermutung gegen Extraterritorialität" relevant: Zur Ermittlung, ob die Vermutung noch widerlegbar ist, muss festgestellt werden, ob der „Schwerpunkt" des Verhaltens (*conduct relevant to the statute's focus*) in den USA oder im Ausland liegt. Im ersten Fall (der Schwerpunkt liegt auf den USA) handele es sich um eine zulässige inländische Rechtsanwendung, obwohl es um Auslandstaten geht.[94] Nur im zweiten Fall (wenn der *focus* im Ausland ist) wäre die Ausdehnung der *jurisdiction to prescribe* unzulässig.[95] Mit anderen Worten: Es ist als könnten deutsche Gerichte einen Tatbestand des StGB auf Auslandstaten anwenden, obwohl dies in §§ 3 ff. StGB nicht ausdrücklich vorgesehen ist, wenn sie der Ansicht wären, der Schwerpunkt des Verhaltens liege in Deutschland. Diese zweite Möglichkeit zur Überwindung der Vermutung gegen Extraterritorialität läuft auf die Bestimmung des Umfangs einer Vorschrift nach ihrem mutmaßlichen Zweck (*focus*) hinaus.[96] Vom „tief verwurzelten strengen Territorialitätsprinzip" ist also im US-Recht, gelinde gesagt, wenig übriggeblieben.

Überdies haben die innerstaatlichen Beschränkungen der US-Rechtsetzungsgewalt aufgrund des Bedeutungswandels, den das „principle of reasonableness" erfahren hat, einen starken Schlag erlitten. Beim *Third Restatement* spielte dieses Prinzip eine wesentliche Rolle zur Beschränkung der Strafgewalt, selbst wenn ein völkerrechtlicher Anknüpfungspunkt vorhanden war. So durfte der Staat kei-

---

[92] So z. B. *Kontorovich*, Minnesota Law Review 93 (2009), S. 1252.
[93] Dazu vgl. *Aquila*, Fordham Law Review 86, 6 (2018), S. 2990 f.
[94] RJR Nabisco, Inc. v. European Cmty., 136 S. Ct. 2090, 2100 (2016); *Dodge*, Questions of International Law 62 (2019), S. 14. Ein deutliches Beispiel hierzu liefert US v. Kassar, 660 F.3d 108, 118 (2d Cir. 2011): „Although the conspiracy to kill U.S. officers or employees count, id. §§ 1114, 1117, contains no explicit extraterritoriality provision, the nature of the offense—protecting U.S. personnel from harm when acting in their official capacity—implies an intent that it apply outside of the United States".
[95] Für ein Beispiel hierfür vgl. United States v. Hoskins, 902 F.3d 69 (2d Cir. 2018). In der Berufungsinstanz stellte die *Court of Appeals for the Second Circuit* fest, dass die klar abgegrenzte extraterritoriale Anwendung der Anti-Korruptionsbestimmungen des *Foreign Corrupt Practices Act* sich nicht auf eine Person wie Hoskins erstreckte, da er ein ausländischer Staatsangehöriger war, der während der mutmaßlichen Bestechungstat nie einen Fuß in die Vereinigten Staaten gesetzt oder für ein amerikanisches Unternehmen gearbeitet hat.
[96] So auch *Dodge*, Questions of International Law 62 (2019), S. 14.

ne Strafgewalt in Bezug auf eine Person oder Tätigkeit ausüben, die eine stärkere Verbindung zu einem anderen Staat hatte, wobei eine Reihe von Kriterien in dieser Hinsicht, wie z. B. Staatsangehörigkeit, Wohnsitz oder Ort der wirtschaftlichen Tätigkeit, vorgesehen waren.[97] Daher war dieser Grundsatz eine echte Kollisionsnorm zur Auflösung von Strafgewaltkonflikten.[98] Das *Fourth Restatement* (die Änderungen in der Rechtsprechung widerspiegelnd) wandelt die Bedeutung dieses Prinzips um und stellt fest, dass es derzeit zwei Dimensionen hat: Erstens wird es im Bereich des internationalen Rechts mit dem Erfordernis einer echten Verbindung (Anknüpfungspunkt) identifiziert,[99] und zweitens stellt sie auf dem Gebiet des innerstaatlichen Rechts einen zweiten Auslegungsgrundsatz dar, der die Vermutung gegen die Extraterritorialität ergänzt und es den Gerichten im Sinne einer „prescriptive comity" erlaubt, im Rahmen der Gesetzesauslegung weitere Einschränkungen ihrer Anwendbarkeit vorzusehen, um unangemessene Eingriffe in die Hoheitsgewalt anderer Staaten zu vermeiden.[100] Die neue einschränkende Wirkung des *principle of reasonableness* im Hinblick auf das nationale *ius puniendi* ist daher offensichtlich geringer und eher mit dem in § 153c StPO vorgesehenen Opportunitätsprinzip (Absehen von der Strafverfolgung bei ausländischen Straftaten) vergleichbar.[101]

Zum Abschluss dieses kurzen rechtsvergleichenden Überblicks sei auf die bereits angekündigten internen Inkonsistenzen des Strafanwendungsrechts in den drei analysierten Rechtsordnungen anhand von drei Beispielen hingewiesen. Während ein Mord oder eine Freiheitsberaubung, die von einem Chilenen im Ausland begangen werden, prinzipiell dem nationalen Recht nicht unterliegen, ist das Gegenteil der Fall bei der Bestechung eines ausländischen Beamten, die

---

[97] Vgl. *American Law Institute*, Restatement (Third), § 403.

[98] Vgl. *American Law Institute*, Restatement (Third), § 403, Abs. 3, S. 2: „When it would not be unreasonable for each of two states to exercise jurisdiction... a state should defer to the other state if that state's interest is clearly greater".

[99] *American Law Institute*, Restatement (Fourth), § 407 reporters' note 3.

[100] *American Law Institute*, Restatement (Fourth), § 405. *Dodge* [Questions of International Law 62 (2019), S. 13] erklärt die Bedeutungsänderung wie folgt: „The Restatement (Fourth) does not include any second-level principles of customary international law to choose among competing claims of jurisdiction because no such principles exist". Zum Begriff „Comity" vgl. *Dodge*, Columbia Law Review 115, 8 (2015), S. 2071 ff.; und *European Committee*, Extraterritorial Criminal Jurisdiction, S. 447 f.

[101] Sollte diese Darstellung des US-Rechts unübersichtlich wirken, ersuche ich den Leser mit folgenden Worten von *Colangelo* [Cornell Law Review 99, 6 (2014), S. 1335] um Entschuldigung: „The Supreme Court ... has had a long, storied, and incredibly messy legacy construing statutes to gauge extraterritorial application—a legacy that saunters circuitously up to the present day. And the Court's most recent decisions, despite their lip service to cleaning up the mess and supplying stability and predictability to the law, promise only to generate more confusion". Zu § 153c StPO vgl. *Roegele*, Deutscher Strafrechtsimperialismus, S. 226.

II. Der breite völkerrechtlich zulässige Freiheitsspielraum 57

von einem Chilenen im Ausland begangen wird.[102] Ihrerseits erstreckt sich die deutsche Strafgewalt auf den von einem Deutschen im Iran begangenen Organhandel, aber es ist zweifelhaft, ob sie sich auf denselben Täter erstreckt, wenn er seine Frau in jenem Land ermordet, weil er sie beim Ehebruch ertappt.[103] In den Vereinigten Staaten erfordert das *genocide statute* gewisse Anknüpfungspunkte (vgl. 18 U.S.C. § 1091, wonach entweder das Territorialitätsprinzip, das aktive Domizil- bzw. Staatsangehörigkeitsprinzip oder das Ergreifungsortsprinzip vorliegen muss), so dass dieses Statut vom Anwendungsbereich her dem der Entführung eines Diplomaten ähnelt (18 U.S.C. § 1201 e), aber viel enger ist als das Piraterie-Statut (18 U.S.C § 1651), welches das Universalitätsprinzip vorsieht.

Wie man sieht, nutzt jeder Staat den völkerrechtlich eingeräumten Ermessensspielraum willkürlich und kasuistisch aus, wobei erhebliche Unterschiede zwischen den Rechtsordnungen entstehen. Selbst wenn die Gesetzesbestimmungen ähnlich wären (man denke an zwei Länder, die aufgrund eines von ihnen unterzeichneten Vertrags eine ähnliche Ausweitung ihrer Strafgewalt in Bezug auf eine Kriminalitätsart festlegen können),[104] kann die Rechtsprechung diese Nor-

---

[102] Vgl. Art. 6 Nr. 2 COT.

[103] Dies liegt daran, dass der von einem Deutschen im Ausland begangene Organhandel unabhängig vom Tatortrecht in Deutschland strafbar ist (§ 5 Nr. 17 StGB), während der von einem Deutschen im Ausland begangene Mord der allgemeinen Vorschrift des § 7 Abs. 2 Nr. 1 unterliegt, wobei die Geltung des deutschen Rechts von der Strafbarkeit der Tat nach dem Tatortrecht abhängig ist. Da der Ehrenmord im Iran in diesem Fall straffrei wäre, könnte Deutschland das Individuum des Beispiels prinzipiell nicht bestrafen. Siehe hier eine inoffizielle Übersetzung von Artikel 630 des Strafgesetzbuches von Iran ins Englische: „When a man sees her wife committing zina with another man, provided that he is certain that his wife is willing [to have sex], he can kill both of them in the same position; however if he knows that his wife acts under coercion, he may only kill the man [i. e. her rapist]". Abrufbar unter: https://iranhrdc.org/islamic-penal-code-of-the-islamic-republic-of-iran-book-five/, abgerufen: 09.10.2023. Allerdings würden wahrscheinlich die meisten Autoren hier die Ansicht vertreten, dass das deutsche Recht aufgrund des Ordre-public-Vorbehalts anwendbar sei, wodurch das iranische Recht in diesem Punkt außer Acht gelassen werden kann. Vgl. dazu Teil I D II 3.

[104] So haben z. B. Deutschland, Chile und die Vereinigten Staaten die OECD *Convention on Combating Bribery of Foreign Public Officials in International Business Transactions* ratifiziert, der in seinem Art. 4 als zwingende Anknüpfungspunkte der nationalen Strafgewalt das Territorialitäts- sowie das aktive Personalitätsprinzip vorsieht. Die genannten Länder stützen sich also zumindest auf die bereits erwähnten Prinzipien zur Anwendung ihrer Strafgewalt im Falle von sogenannter Auslandsbestechung. Vgl. hierzu § 335a Abs. 1 Nr. 2 lit. A i. V.m. § 5 Nr. 15 StGB; Art. 6 Nr. 2 COT und *Foreign Corrupt Practices Act* (15 U.S.C. § 78dd–1, et seq.). Aber auch in Fällen, in denen Staaten Vertragsparteien desselben Abkommens sind, kann der Umfang der Strafgewalt sehr unterschiedlich ausfallen. Man nehme den Fall des Völkermordes, bei dem die Reichweite der Strafgewalt, wie bereits erwähnt, in den Vereinigten Staaten relativ eng ist, während dieses Verbrechen in Deutschland dem Universalitätsprinzip unterliegt (§ 6 i. V.m. § 1 VStGB).

men sehr unterschiedlich auslegen, wodurch ein zusätzlicher Differenzierungsfaktor hinzukommt.[105]

2. Fließender Übergang zwischen deutschem Strafrecht und kosmopolitischen Ansätzen

Ungeachtet dessen, was über die extraterritoriale US-Strafgewalt dargelegt wurde, ist die deutsche Strafrechtsetzungsgewalt immer noch wesentlich umfangreicher als die der beiden anderen betrachteten Länder.[106] Das vielleicht wichtigste Beispiel sind die Betäubungsmitteldelikte (die in Deutschland ohne weiteres dem Universalitätsprinzip unterliegen)[107] aber dies zeigt sich auch in den strafanwendungsrechtlichen Vorschriften für viele andere Sachverhalte. Einige Beispiele hierfür sind die Normen bezüglich Mordes bzw. Totschlags und Geldfälschung, wie in Tabelle Nr. 2 dargestellt:

Tabelle Nr. 2

	Vergleich der Erstreckung der Strafrechtsetzungsgewalt auf Auslandstaten:		
Straftat	Deutschland	USA	Chile
Mord/ Totschlag	§ 7 StGB: a) Entweder das Opfer *oder* der Täter ist Staatsangehöriger; und b) die Tat ist am Tatort mit Strafe bedroht.	18 U.S.C. § 1119: a) Opfer *und* Täter sind Staatsangehörige; b) keine bestehende ausländische Strafverfolgung; und c) der Beschuldigte hält sich nicht mehr im Tatortstaat auf, und diesem Staat fehlt die Fähigkeit, seine Rückkehr rechtmäßig sicherzustellen.	Art. 6 Nr. 6 COT: a) Opfer *und* Täter sind Staatsangehörige; und b) der Täter ist im Tatortstaat nicht vor Gericht gestellt worden.

---

[105] Überzeugend *Jennings/Watts*, Oppenheim's⁹, § 136, S. 457: „Since courts naturally tend to see the problems which arise primarily from the point of view of the interests of their own state, the influence of national judicial decisions has contributed to the uncertainty which surrounds many matters of jurisdiction and has made more difficult the development of a coherent body of jurisdictional principles". Darauf hinweisend, dass bei Rechtsvergleichung nicht nur die Gesetzesvorschriften, sondern auch die Gerechtigkeitsvorstellungen der Rechtsanwender berücksichtigt werden müssen (die einen entscheidenden Einfluss auf die praktischen Ergebnisse des Rechtssystems haben), *Perron*, ZStW 109 (1997), S. 290–296. Skeptisch gegenüber der Interpretationsfähigkeit von Richtern bezüglich der völkerrechtlichen Prinzipien, *Kontorovich*, Minnesota Law Review 93 (2009), S. 1222, Fn. 218.

[106] Vgl. hierzu *Werle/Jeßberger*, LK¹³, Vor § 3, Rn. 285: „In der Gesamtschau reicht der heutige Geltungsbereich des deutschen Strafrechts – auch im internationalen Vergleich – äußerst weit".

[107] Näheres dazu unten in Teil I D IV 3.

	Vergleich der Erstreckung der Strafrechtsetzungsgewalt auf Auslandstaten:		
Straftat	Deutschland	USA	Chile
Geldfälschung	§ 6 Nr. 7 StGB: Die Fälschung sowohl nationalen als *auch ausländischen* Geldes im Ausland unterliegt dem deutschen Recht.	18 U.S.C. § 470: Nur die Fälschung nationalen Geldes im Ausland (und nicht ausländischen) wird bestraft.	Art. 6 Nr. 5 COT: a) Nur die Fälschung nationalen (und nicht ausländischen) Geldes im Ausland wird bestraft; und b) der Täter muss entweder Staatsangehöriger oder ein sich zum Zeitpunkt der Strafverfolgung in Chile aufhaltender Ausländer sein.

Die vom deutschen Gesetzgeber festgelegte Ausdehnung des Strafanwendungsrechts ist im Schrifttum oft kritisiert worden. Wie *Ambos* betont, ist der vermeintliche Vorrang des Territorialitätsprinzips aufgrund der zahlreichen Durchbrechungen somit ein bloßes Lippenbekenntnis.[108] Die meisten Autoren, die sich mit dem deutschen Strafanwendungsrecht befassen, konstatieren eine Vielzahl von Regeln, die sogar die schwachen Grenzen des völkerrechtlich Zulässigen überschreiten können, wobei sie sich nicht immer einigen, welche diese Vorschriften eigentlich sind. Hierbei handelt es sich i.d.R. um verschiedene in § 5 und § 6 StGB enthaltene Normen, die jeweils auf dem Schutzprinzip (entweder allein oder in Kombination mit anderen Prinzipien) und auf dem Universalitätsprinzip beruhen.[109] Dazu gehören Regeln von großer praktischer Bedeutung, vor allem der unbefugte Vertrieb von Betäubungsmitteln (§ 6 Nr. 5 StGB). Dies ist durchaus bemerkenswert, denn gerade durch Änderungen dieser Paragraphen wurde die deutsche Strafgewalt in den letzten Jahrzehnten erheblich ausgeweitet.[110]

Die Ergebnisse dieses Strebens nach Ausdehnung des Strafanwendungsrechts nähern sich zunehmend den Ansprüchen verschiedener kosmopolitischer Anschauungen an, die irgendeine Art (zumindest quasi-)weltweiter Strafgewalt befürworten. Die Forderung nach einer universellen Strafrechtspflege, sei es in ihrer absoluten Variante (jeder Staat kann jede Straftat bestrafen) oder (viel häufi-

---

[108] *Ambos*, Internationales Strafrecht, S. 32. Ähnlich *Lagodny/Nill-Theobald*, JR 5 (2000), S. 206: „Pro forma steht das Territorialitätsprinzip in § 3 StGB an der Spitze. Dies erweckt den Anschein, als habe man es bei §§ 5–7 und 9 StGB mit Ausnahmen zu tun. Bei Lichte betrachtet steckt in diesen Vorschriften jedoch das Potential für eine einseitig-nationale und weltumfassende Auslandsstrafgewalt der Bundesrepublik bei nahezu jedwedem Delikt".

[109] Vgl. exemplarisch *Ambos*, Internationales Strafrecht, S. 51 ff., 59 ff. und 68 ff.; *Gärditz*, Weltrechtspflege, S. 294 ff.; *Jeßberger*, Der transnationale Geltungsbereich, S. 291 ff.; *Roegele*, Deutscher Strafrechtsimperialismus, S. 225.

[110] Dazu *Jeßberger*, Der transnationale Geltungsbereich, S. 85; *Lagodny/Nill-Theobald*, JR 5 (2000), S. 206.

ger) beschränkt auf eine bestimmte Klasse bzw. einen mehr oder weniger breiten Katalog von Straftaten, ist kein Novum. Besondere Kraft erlangte die Idee mit der Entstehung der kosmopolitischen Auffassungen des neunzehnten Jahrhunderts.[111] Einer der radikalsten Verfechter eines moralistisch geprägten, absoluten Universalitätsprinzips war *von Mohl*. Dieser Autor, der ein Weltbürgerrecht à la *Kant* verteidigte,[112] zog die kosmopolitische Position ihrem Gegenpol – den er eindeutig als „selbstsüchtige Auffassung" bezeichnete – vor,[113] denn im Rahmen der letzteren sei „die ganze Auffassung des menschlichen Lebens und seiner wichtigsten Gestaltung, des Staates, [...] hier eine enge und kleinliche. Weder anerkennt man die Aufgabe des Menschengeschlechtes, durch eine Ausbildung der Gemeinschaft immer mehr zu allgemeiner Gesittigung vorzuschreiten; noch wird überhaupt ein das starre Recht überragendes Gebot der Sittlichkeit als eine Regel des Völkerverkehres erklärt".[114] Demnach sollte das Weltrechtsprinzip sogar auf Straftaten wie Kassendiebstahl oder Fälschung anwendbar sein.[115]

Eine nicht allzu unterschiedliche Position vertraten die Befürworter der Theorie des „natürlichen Verbrechens", obwohl sie bekräftigten, die universelle Strafgewalt dürfe nur auf die *mala in se* oder natürliche Verbrechen angewandt werden,[116] also auf solche Taten, deren Kerngehalt überall als Unrecht anerkannt ist.[117] Dabei stellt sich sofort das Problem, was unter *mala in se* zu verstehen ist.[118] Wie bei der Analyse des Modells von *Silva Sánchez* – in dessen Rahmen dieses Konzept entscheidend ist – ausführlich dargelegt werden wird, ist dieser Begriff äußerst unbestimmt.[119] Unter diese Kategorie sollen nicht nur Straftaten wie Diebstahl oder Raub fallen, sondern all jene, die sich gegen „Leben, Freiheit,

---

[111] Für eine anschauliche Zusammenfassung der wichtigsten deutschen Autoren und Ideen, die mit dieser Konzeption verbunden sind, siehe *Gärditz*, Weltrechtspflege, S. 78–85, auf dessen Arbeit die vorliegende Untersuchung in diesem Punkt aufbaut.

[112] *von Mohl*, Die völkerrechtliche Lehre vom Asyle, S. 684 ff.; *Gärditz*, Weltrechtspflege, S. 79, Fn. 329.

[113] *von Mohl*, Die völkerrechtliche Lehre vom Asyle, S. 700.

[114] *von Mohl*, Die völkerrechtliche Lehre vom Asyle, S. 706.

[115] *von Mohl*, Die völkerrechtliche Lehre vom Asyle, S. 712 f.

[116] Zur *mala in se* als von der ganzen („zivilisierten"!) Menschheit anerkannte rechtswidrige Taten, siehe *Harburger*, ZStW 20 (1900), S. 610; zum analogen Begriff der „natürlichen Verbrechen", vgl. *Schmid*, Die Herrschaft der Gesetze, S. 162 ff.

[117] Die Unterscheidung zwischen natürlichen und iuspositiven Verbrechen ist bereits in der Spätscholastik und im rationalistischen Iusnaturalismus vorhanden. Vgl. hierzu *Allen*, Journal of Comparative Legislation and International Law 13, 1 (1931), S. 15 ff.; und *Renzikowski*, FS-Krey, S. 411 ff. Mein Dank gilt hier Ivó Coca Vila, der mich auf diese Tatsache hingewiesen hat.

[118] Auch skeptisch gegenüber der Möglichkeit, ein Naturrecht zu entdecken und allgemeinverbindlich zu erklären *Perron*, ZStW 109 (1997), S. 283.

[119] Vgl. unten Teil II D III 2.

II. Der breite völkerrechtlich zulässige Freiheitsspielraum

Vermögen und die sonstigen Interessen der friedliebenden Bürger" richten,[120] sowie die von den Römern als „delicta juris gentium" bezeichneten Verbrechen, wie Betrug, Brandstiftung und ähnliche allgemein als strafwürdig anerkannte Taten, die „mit einer sittlich-rechtlichen Ordnung in der menschlichen Gesellschaft in Widerspruch stehen".[121] Die Unschärfe dieses Begriffs ist umso wichtiger, wenn man bedenkt, dass einige Autoren sogar der Ansicht waren, dass der Staat in diesen Fällen nicht nur nach dem Universalitätsprinzip bestrafen könnte, sondern dies auch tun müsste.[122] Der Vorschlag, das Universalitätsprinzip auf alle in den verschiedenen Rechtsordnungen anerkannten Verbrechen anzuwenden, unabhängig von ihrer Schwere, hat heute noch Anhänger.[123] Dieser Gedanke kommt auch in einigen US-Gerichtsurteilen deutlich zum Ausdruck, indem sie das oben erwähnte Erfordernis der *fair notice* über die Anwendbarkeit der *lex fori* umgehen und lediglich die Kenntnis des Beschuldigten über eine mögliche strafrechtliche Verfolgung seines Verhaltens *irgendwo* voraussetzen.[124] Im zweiten Teil dieser Arbeit wird diese Idee einer „Strafbarkeit als solche" erörtert und widerlegt.[125] Vorerst genügt es, sich die folgende Bemerkung von *Gärditz* vor Augen zu halten, die den Nagel auf den Kopf trifft: „Die internationale Anerkennung bestimmter Schutzgüter enthält gerade keine Aussage darüber, welcher Staat die Kompetenz dazu haben soll, Schutzgutsbeeinträchtigungen strafrechtlich zu verfolgen".[126]

Abschließend ist Folgendes hervorzuheben. Unter den Autoren, die sich mit dem Strafanwendungsrecht befassen, ist die Ansicht verbreitet, der Paradigmenwechsel im Völkerrecht von einer Koordinations- hin zu einer Kooperationsordnung spiegele sich wiederum in der Überleitung von einer ursprünglichen Freiheit der Staaten zur Ausdehnung ihrer Strafgewalt, begrenzt nur durch spezielle Verbotsregeln (Lotus-Entscheidung), hin zu einem allgemeinen Verbot, die nur im Falle des Vorliegens eines völkerrechtlichen Anknüpfungspunktes durchbrochen werden kann (aktuell herrschende Auffassung). Daraus schließen sie, dass die Freiheit der Staaten, ihre Rechtssetzungsgewalt nach Belieben auszuweiten,

---

[120] *Harburger*, ZStW 20 (1900), S. 590 und 610.
[121] Vgl. hierzu *Schmid*, Die Herrschaft der Gesetze, S. 165.
[122] Siehe exemplarisch *Harburger*, ZStW 20 (1900), S. 590; *Schauberg*, ZSchwR 16 (1896), 171 f.
[123] Vgl. etwa *Höffe*, Interkulturelles Strafrecht?, S. 27 f.
[124] Vgl. US v. al Kassar, 660 F.3d 108, 119 (2d Cir. 2011): „Fair warning does not require that the defendants understand that they could be subject to criminal prosecution in the United States so long as they would reasonably understand that their conduct was criminal and would subject them to prosecution somewhere". Ähnlich US v. Ahmed, 10 CR. 131 (PKC), 5 (S.D.N.Y. Oct. 20, 2011).
[125] Vgl. Teil II B II 3.
[126] *Gärditz*, Weltrechtspflege, S. 143; im selben Sinne *Keller*, FS-Lüderssen, S. 430.

durch den wachsenden Einfluss des Völkerrechts auf das Strafanwendungsrecht beschnitten wurde.[127] Diese Schlussfolgerung ist jedoch voreilig. Zwar sind die völkerrechtlichen Grundsätze – trotz ihrer unscharfen Konturen – dazu dienlich, bestimmte Fälle einer regelrecht überzogenen Erstreckung der Strafrechtsetzungsgewalt zu beleuchten. Vor allem das deutsche Strafanwendungsrecht liefert hierfür, wie bereits angedeutet und wie im Verlauf dieses ersten Teils noch ausführlicher darzustellen sein wird, mehrere Beispiele, da es zunehmend auf Auslandstaten ohne Rücksicht auf das Tatortrecht ausgedehnt worden ist und dabei teilweise sogar die weichen Grenzen des Völkervertrags- und Völkergewohnheitsrechts überschreitet. Doch ein erheblicher Teil der heutigen Ausdehnung des nationalen Strafanwendungsrechts beruht nicht auf einseitigen Jurisdiktionsansprüchen, sondern auf multilateralen Verträgen zur Bekämpfung bestimmter Arten von Straftaten, die (in der Regel) transnationaler Natur sind (Vertragsprinzip). Diese Verträge verkörpern demnach einen Kosmopolitismus schwächerer Fassung, die das Weltrechtsprinzip (oder zumindest ein sehr breites Strafanwendungsrecht) weniger auf einen moralischen Imperativ als auf die Notwendigkeit der zwischenstaatlichen Kooperation stützt, um einen wirksamen Schutz von Rechtsgütern bzw. Interessen zu erreichen und „untragbare" Straflücken zu schließen.[128] Der Ausweitung der Strafgewalt, die eine solche Koordinierung mit sich bringt, wird nur wenig Beachtung geschenkt (außer vielleicht Beifall), denn genau das ist ja aus völkerrechtlicher Sicht erwünscht: Straflosigkeitsbekämpfung ohne Verletzung des Nichteinmischungsgebots![129]

Fügt man der Ohnmacht der völkerrechtlichen Schranken die geringe Begrenzung hinzu, die auf der Ebene des Strafrechts durch die auf Interessenschutz ausgerichteten Strafrechtstheorien (wie die Rechtsgutstheorie oder das *Harm principle*) geboten wird, kommt man zu einer kaum zu begrenzenden Auswei-

---

[127] In diesem Sinne siehe *Friedmann*, The changing structure, S. 60 ff., und ihm folgend *Beyer*, Personelle Strafgewalt, S. 22–25; oder *Jeßberger*, Der transnationale Geltungsbereich, S. 207–209.

[128] Dazu *Heinze*, FG-Friedrich von Baden, S. 321 ff.; *von Martitz*, Internationale Rechtshilfe, S. 57 f. Offensichtliche Beispiele hierfür sind die Bekämpfung des internationalen Terrorismus, des Drogen- und Waffenhandels und der Korruption sowie der Schutz der Menschenrechte und der Umwelt. Dazu siehe Teil I D V unten.

[129] Selbst einige Autoren, die sich der Probleme einer übermäßigen Expansion der Strafgewalt bewusst sind und entsprechende Vorschläge zur Entschärfung von Jurisdiktionskonflikten unterbreiten, wagen es nicht, eine direkte Beschneidung der Strafrechtsetzungsgewalt vorzuschlagen. Ein Beispiel hierfür ist *Thorhauer*, Jurisdiktionskonflikte, S. 801, die nach der Darstellung ihres Lösungsmodells Folgendes behauptet: „Um keine Straflücken bei Tatbegehungen in Drittstaaten zu provozieren, lässt der Verordnungsvorschlag das nationale Strafanwendungsrecht unangetastet und beschränkt sich auf eine Koordination mitgliedstaatlicher Befugnis zur Ausübung von Strafgewalt".

II. Der breite völkerrechtlich zulässige Freiheitsspielraum

tung des Strafanwendungsrechts.[130] Dies ist gerade das Ergebnis, das – wie bereits ausgeführt – im StGB verankert ist. Im Folgenden wird anhand einer Analyse der einzelnen klassischen völkerrechtlichen Prinzipien erläutert, warum diese Grundsätze (selbst ohne Berücksichtigung des angesprochenen Vertragsprinzips, das erst im Rahmen der Behandlung des Universalitätsprinzips erörtert wird[131]) der staatlichen Strafrechtsetzungsgewalt kaum Schranken setzen.

---

[130] Eingehend dazu Teil II B II 3.
[131] Vgl. Teil I D V 3.

D. Die wichtigsten völkerrechtlichen Prinzipien im Einzelnen

I. Das Territorialitätsprinzip: der Tatort als manipulierbares soziales Konstrukt

1. Territorialität und Ubiquität

Fragt man einen Laien danach, welchen Umfang die nationale Strafgewalt haben soll, so wird er wahrscheinlich intuitiv antworten, dass sie sich zumindest auf die im Staatsgebiet begangenen Taten erstrecken muss. *Si fueris Romae, Romano vivito more!* Diese Einschätzung ist prinzipiell zutreffend. Wenn die Grundsätze des Völkerrechts die Materialisierung des Nichteinmischungsprinzips ausmachen, dann ist die völkerrechtliche Legitimität des Territorialitätsprinzips selbstverständlich. In der heutigen Weltordnung, die immer noch hauptsächlich aus Staaten besteht, wird die Herrschaftsgewalt eines Staates über sein Territorium als ein unabdingbares Element der Staatseigenschaft verstanden.[1] Die Strafgewalt über Inlandstaten ist zudem nur eine logische Ableitung daraus, da die Behörden eines Staates für die Aufrechterhaltung der öffentlichen Ordnung innerhalb des Staatsgebiets verantwortlich sind. Außerdem ist die Anwendung dieses Grundsatzes praktisch, denn normalerweise befinden sich sowohl die Beweismittel als auch der Täter vor Ort.[2] Aus diesen Gründen ist es nicht verwunderlich, dass das Territorialitätsprinzip die am häufigsten vorkommende Grundlage für die Strafgewaltausübung darstellt.[3] Als offensichtliche Verkörperung der Beachtung des Nichteinmischungsgebots wird die Anwendung des nationalen Rechts auf Inlandstaten – unabhängig davon, wer sie begangen hat und gegen welches Rechtsgut sie sich richten – als Hauptprinzip angesehen, das eine privilegiertere

---

[1] Vgl. *Epping*, in: Ipsen, Völkerrecht⁶, § 5 Rn. 1; *Jellinek*, Allgemeine Staatslehre, S. 394 ff.

[2] So *Hirst*, Jurisdiction, S. 45; *Mir Puig*, PG¹⁰, S. 58; *Shaw*, International Law, S. 489.

[3] Vgl. stellvertretend *Akehurst,* British Year Book of International Law 46 (1972–1973), S. 152: „One of the main functions of a State is to maintain order within its own territory, so it is not surprising that the territorial principle is the most frequently invoked ground for criminal jurisdiction"; vgl. auch *Casey*, Fordham International Law Journal 25, 3 (2001), S. 855.

Stellung einnimmt.⁴ Dieser Grundsatz genießt also eine breite, heute ja sogar unbestrittene Anerkennung.⁵ Auf die Bedeutung, die diesem Prinzip sowohl im Common Law⁶ als auch im kontinentaleuropäischen Rechtsraum⁷ traditionell beigemessen wird, wurde bereits hingewiesen.

Angesichts der wahrgenommenen Selbstverständlichkeit dieses Grundsatzes wird oft keine Anstrengung zu seiner Begründung unternommen.⁸ Dabei wird jedoch vergessen, dass das Strafanwendungsrecht nicht nur eine völkerrechtliche, sondern auch eine strafrechtliche Seite aufweist.⁹ Und aus strafrechtlicher Sicht ist der Begründungsbedarf des Territorialitätsprinzips nicht zu übersehen. An dieser Stelle ist anzumerken, dass die Anerkennung dieses Prinzips nicht immer einstimmig gewesen ist. Hier sei z. B. an *Bindings* energische Kritik erinnert, wonach die Grundlage dieses Prinzips eine falsche *petitio principi* bilde und sich damit „der falsche Gedanke [verbindet], es sei der Fremde im Inlande zeitweili-

---

⁴ Siehe *Ambos*, Internationales Strafrecht, S. 30, Rn. 4, wonach das Territorialitätsprinzip „seit jeher den Ausgangspunkt des Strafanwendungsrechts" bildet; *Jescheck/Weigend*, AT⁵, § 18/II/1 beschreiben es als „grundlegender Anknüpfungspunkt"; laut *Werle/Jeßberger*, LK¹³, § 3, Rn. 3, stehe das Territorialitätsprinzip im deutschen Strafanwendungsrecht an der Spitze.

⁵ Siehe beispielsweise *European Committee*, Extraterritorial Criminal Jurisdiction, S. 446: „The authority of a state to establish jurisdiction over acts that take place in its own territory is uncontested. This legal principle, which is accepted everywhere as the most substantial basis for claiming criminal jurisdiction, derives from the sovereign powers exercised by a state within its own territory". Vgl. auch Art. 3 des vom *Harvard Law School* verfassten „Draft Convention on Jurisdiction with Respect to Crime", das als Vorlage für eine Konferenz zur Kodifizierung des Völkerrechts verfasst wurde (dazu *Jeßberger*, Der transnationale Geltungsbereich, S. 5, Fn. 22).

⁶ So hat das USSC in der wegweisenden Entscheidung American Banana Co. v. United Fruit Co., 213 U.S. 347, 356 (1909), Folgendes festgestellt: „the general and almost universal rule is that the character of an act as lawful or unlawful must be determined wholly by the law of the country where the act is done". Seinerseits beteuert *Farmer*, University of Toronto Law Journal 63 (2013), S. 232, zum englischen Recht: „it is normally argued, there were no extraterritorial offences at common law and extraterritorial application depended on statutory extensions of the law".

⁷ Demnach ist der Primat dieses Prinzips im deutschen Recht (§ 3 StGB) ebenso anerkannt wie im französischen (Art. 113–2 Code pénal), spanischen (Art. 23 Nr. 1 LOPJ), oder chilenischen Recht (Art. 5 COT). Besonders bemerkenswert ist der Fall vom Gesetzbuch des Internationalen Privatrechts (besser bekannt als „Código Bustamante"), ein völkerrechtlicher Vertrag, der darauf abzielt, eine für den amerikanischen Kontinent gemeinsame Regelung des internationalen Privatrechts zu schaffen. Dieser Vertrag etabliert nicht nur das Territorialitätsprinzip als Hauptanknüpfungspunkt in Strafsachen (Art. 340), sondern verleiht ihm auch ausdrücklichen Vorrang gegenüber anderen Prinzipien in Fällen von Jurisdiktionskonflikten aufgrund des Vorhandenseins mehrerer Anknüpfungspunkte verschiedener Staaten (Art. 347).

⁸ Siehe z. B. *Werle/Jeßberger*, LK¹³, § 3, Rn. 4.

⁹ *Wegner*, FG-Frank, S. 102.

ger Untertan".[10] Andererseits ist ein Primat des Territorialitätsprinzips im Rahmen einer radikal kosmopolitischen Sichtweise sinnlos.[11] Dementsprechend hängt die Legitimität dieses Prinzips aus strafrechtlicher Perspektive davon ab, welche Aufgabe dem Strafrecht zugeschrieben und welcher Zweck der Strafe zugewiesen wird, was im Teil II dieser Arbeit untersucht wird. Dazu ein paar Beispiele. Während seines Aufenthalts in Deutschland betrügt ein russischer Tourist einen in Uruguay aufhältigen Uruguayer, wobei die Täuschung über den Computer des Täters in Deutschland erfolgt und die Vermögensverfügung in einer Überweisung von einem uruguayischen auf ein russisches Konto besteht. Besteht hier ein berechtigtes Interesse Deutschlands an einer Bestrafung, das über die bloße Tabuisierung deliktischen Verhaltens hinausgeht?[12] Ein weiteres Beispiel: ein vom Dritten Reich ausgebürgerter deutscher Jude begeht 1942 in Berlin einen Diebstahl. Könnte ein NS-Gericht diese Tat legitimerweise bestrafen? An diesen Beispielen erkennt man die Erforderlichkeit, die Legitimität des Staates zur Bestrafung von Inlandstaten zu prüfen, wenn man den idealen Umfang der staatlichen Strafgewalt untersuchen will.[13] Damit wird nur auf das Offensichtliche hingewiesen, nämlich dass jede Theorie des Strafanwendungsrechts eine Theorie des Strafrechts und eine Theorie der Strafe voraussetzt.

Dies ist umso notwendiger, als die Trennlinie zwischen Inlands- und Auslandstaten nicht so scharf ist, wie es auf den ersten Blick erscheinen mag.[14] Was also aus der Sicht einer Rechtsordnung als „Inlandstat" gilt, entspricht nicht nur einem rein deskriptiv-geographischen Begriff von „Territorium". Im Gegenteil, die Bestimmung des Tatorts ist eine stark normativ (i. S. v. wertausfüllungsbedürftig) geprägte Angelegenheit und wird oft je nach den Interessen des Staates festge-

---

[10] *Binding*, Handbuch des Strafrechts, S. 382. 1859 schrieb *Bekker*, Theorie des heutigen deutschen Strafrechts, S. 177, dass so wie er die meisten „Strafrechte" es ablehnten, dass „Nichtunterthanen" von inländischen Gerichten für Inlandstaten bestraft werden konnten.

[11] Dies gilt natürlich unbeschadet praktischer Überlegungen, weswegen das Territorium normalerweise irgendeine Rolle spielen muss, wenn auch nur im Nachhinein. So räumte z. B. *von Mohl* selbst ein (Die völkerrechtliche Lehre vom Asyle, S. 751), dass sich der Staat in der Praxis darauf beschränken würde, diejenigen Täter zu bestrafen, welche sich ihm „selbst in die Hände geben, und zu deren Überführung ihm voraussichtlich die Beweismittel zur Verfügung stehen".

[12] Vgl. *Pawlik* (FS-Schroeder, S. 376, Fn. 92), wonach der Tatortstaat in solchen Fällen eine legitime Strafe nicht verhängen könne.

[13] Ähnlich *Chehtman*, Argentinische Perspektiven, S. 48, wonach „jede Rechtfertigung des Rechts zur extraterritorialen Bestrafung zunächst dieses Grundprinzip überzeugend erklären muss"; vgl. auch *ders.* The Philosophical Foundations, S. 57.

[14] So auch *Hirst*, Jurisdiction, S. 45: „Although the predominance of the territorial principle is now firmly established throughout the world, issues may still arise concerning the proper limits or extent of territorial jurisdiction".

legt.[15] In der Praxis versuchen die meisten Staaten, ihre Strafgewalt unter dem Deckmantel des völkerrechtlich unbestreitbaren Territorialitätsprinzips so weit wie möglich auszudehnen.[16] Ein deutliches Spiegelbild davon findet sich in § 9 StGB, der einen weit gefassten (und völkerrechtlich unbestreitbaren) Ubiquitätsgrundsatz vorschreibt.[17] Gemäß diesem Prinzip gilt eine Handlung als im Inland begangen, wenn entweder der Handlungsort oder der Ort des Eintretens des tatbestandlichen Erfolgs im Staatsgebiet liegt.[18] So reicht es für die Annahme einer Tatbegehung im Inland nach dieser Vorschrift u. a. aus, wenn: der Erfolg nach dem Vorsatz des Täters in Deutschland hätte eintreten sollen (§ 9 Abs. 1 Var. 4); der Aufenthaltsort des Täters eines Unterlassungsdelikts in Inland liegt (§ 9 Abs. 1 Var. 2); es sich um eine inländische Teilnahmehandlung an einer nach dem Tatortrecht straflosen Auslands-Haupttat handelt (§ 9 Abs. 2 S. 2) oder auch wenn eine bloße ausländische Teilnahmehandlung an einer Tat vorliegt, bei der nur einer von mehreren Mittätern in Deutschland gehandelt hat (§ 9 Abs. 2 S. 1).[19]

Das Ubiquitätsprinzip ist in den Rechtsordnungen mehrerer Länder verankert, wenn auch nicht unbedingt im Gesetzestext, sondern gelegentlich im Schrifttum und in der Rechtsprechung.[20] Der Grundgedanke dahinter ist jedoch immer der-

---

[15] Ähnlich *Colangelo*, Cornell Law Review 99, 6 (2014), S. 1314: „like other legal concepts, territorial and extraterritorial are variable and open to interpretation" und S. 1327: „legislative powers in the Constitution do not purport to draw sharp, context-neutral geographic lines...The presence of a U.S. nexus expands U.S. extraterritorial regulatory power while the absence of a U.S. nexus contracts it. In sum, ‚territorial' and ‚extraterritorial' are fluid constructs subject to conceptual manipulation"); *Farmer*, University of Toronto Law Journal 63 (2013), S. 225: „the idea of territory is treated as though it were natural and self-evident, without acknowledgement of the way that it is shaped by particular legal and political institutions". Der normative Charakter des Begriffs „Inlandstat" ist manchmal sogar im Gesetzestext selbst explizit: So schreibt Art. 113– 2 Abs. 2 des französischen Code pénal vor: „L'infraction est réputée commise sur le territoire de la République dès lors qu'un de ses faits constitutifs a eu lieu sur ce territoire". Dieses Phänomen ist natürlich nicht nur im Strafrecht zu beobachten, sondern zieht sich durch alle Rechtsgebiete. Für ein Beispiel dazu siehe *Cremona/Scott,* EU law beyond EU.
[16] Manchmal kann jedoch auch der umgekehrte Fall eintreten, d. h. ein Staat kann versuchen, die Ausdehnung des Begriffs „Inlandstat" künstlich einzuschränken, um zu vermeiden, dass bestimmte Sachverhalte der Zuständigkeit seiner Gerichte unterworfen werden. Ein schändliches Beispiel hierzu ist der Fall der Gefangenen auf der US-Militärbasis in Guantánamo. Vgl. dazu *Shaw*, International Law, S. 493.
[17] Zur Völkerrechtmäßigkeit des Ubiquitätsprinzips siehe exemplarisch *Ambos*, Internationales Strafrecht, S. 31; *Eser/Weißer*, S/S[30], § 9, Rn. 3; *Hilgendorf* NJW 29 (1997), S. 1873; *Roegele*, Deutscher Strafrechtsimperialismus, S. 66.
[18] Vgl. statt aller *Werle/Jeßberger*, LK[13], § 9, Rn. 3.
[19] Eingehend zur Vielzahl möglicher Fallkonstellationen von „Inlandstaten" in Deutschland *Rotsch*, ZIS 3 (2010); siehe auch *Eser/Weißer*, S/S[30], § 9, Rn. 4–11; *Satzger*, Jura 32 (2010), S. 112–116.
[20] Dies ist zum Beispiel in Spanien (vgl. *Mir Puig*, PG[10], S. 231) und Frankreich [siehe

selbe: die Schließung von „absurden" Strafbarkeitslücken[21] zum Erreichen eines optimalen Schutzes von „internen" Rechtsgütern.[22] Eine einfache Anpassung des Straftatbestandes (oder eine neue Auslegung durch die Rechtsprechung) kann ausreichen, um eine Auslandstat in eine Inlandstat umzuwandeln.[23] Diese künstliche Ausdehnung des Begriffes „inländischer Tatort" ist in einigen Rechtsordnungen sogar extremer als in Deutschland. So hat die Rechtsprechung in Frankreich die nationale Strafgewalt auf der Basis des Territorialitätsprinzips auf Fälle ausgedehnt, in denen eine Auslandstat „un lien d'indivisibilité" mit einer in Frankreich stattgefundene Tat aufweist, d.h., wenn es eine „gemeinsame Ursache" oder einen „gemeinsamen Zweck" zwischen den beiden gibt. So würde die Bildung einer kriminellen Vereinigung in Indien zum Zwecke der Begehung von Banküberfällen in Frankreich – wie auch die eventuellen Banküberfälle in Indien im umgekehrten Fall – der französischen Strafgewalt aufgrund des „Territorialitätsprinzips" unterliegen.[24] In ähnlicher Weise ist im *Common Law* auf den Gedanken der „continuing offence" (nicht unbedingt identisch mit dem entspre-

---

Rontchevsky, Revue internationale de droit économique 2 t. XVI (2022), S. 523 ff.] der Fall. Dagegen ist das Ubiquitätsprinzip im chinesischen Strafgesetzbuch ausdrücklich vorgesehen. Vgl. Art. 6 Abs. 3 des „Criminal Law of the People's Republic of China": „When either the act or consequence of a crime takes place within PRC territory, a crime is deemed to have been committed within PRC territory". In Chile wiederum ist die Anwendbarkeit des Ubiquitätsprinzips zweifelhaft. Zwar hat sich der chilenische Gesetzgeber für einen „Handlungsgrundsatz" entschieden. Laut Art. 157 Abs. 1 COT hängt die strafrechtliche Zuständigkeit des Gerichts vom Begehungsort ab, der in Art. 157 Abs. 3 COT als der Ort der Verwirklichung des ersten Handlungsakts definiert wird. Aber diese Regel ist grundsätzlich zur Verteilung innerstaatlicher Gerichtszuständigkeit gedacht (so auch *Bascuñán*, La jurisdicción, S. 11). Zudem gilt in Chile der „Código de Bustamante", der in Art. 302 eine Variante des Ubiquitätsprinzips vorschreibt. Die herrschende Meinung in Chile plädiert für die Anwendbarkeit des Ubiquitätsprinzips (vgl. z. B. *Politoff* et al., PG², S. 118 f.) und sowohl der Entwurf als auch der Vorentwurf eines neuen Strafgesetzbuches in Chile schreiben eine ähnliche Regel wie § 9 StGB vor.

[21] Wörtlich, *Mir Puig*, PG¹⁰, S. 231.
[22] Ganz eindeutig *Eser/Weißer*, S/S³⁰, § 9, Rn. 1: „§ 9 regelt den Ort, an dem eine Tat als begangen gilt. Damit soll die Anwendung deutschen Strafrechts sichergestellt werden, und zwar auch bei Vornahme der Tathandlung ausschließlich im Ausland, wenn es im Inland zu Schädigungen oder Gefährdungen von Rechtsgütern kommt, deren Vermeidung Zweck des betreffenden Straftatbestandes ist".
[23] Vgl. United States v. Pizzarusso, 388 F.2d 8, 11 (2d Cir. 1968), wonach das Gericht in Bezug auf 18 U.S.C. § 1546 (das u. a. die falschen Angaben gegenüber einem amerikanischen Konsulat im Ausland bestraft, um ein Visum zu erhalten) Folgendes entschied: „Were the statute re-drafted and entry made a part of the crime we would then be presented with a clear case of jurisdiction under the objective territorial principle".
[24] Hierzu vgl. *Pin*, Droit pénal général, S. 145 f.: „il a été jugé, en ce sens, que la loi pénale française est applicable à une infraction commise à l'étranger, par un étranger et à l'encontre d'un étranger uniquement lorsque cette infraction est ,indivisible' d'une infraction commise en France".

chenden Begriff von „Fortsetzungszusammenhang" im deutschen Recht) zurückgegriffen worden, sodass eine Diebin „D", die im Staat „S" Waren stiehlt und diese in den Staat „B" bringt, sowohl in „B" als auch in „S" einen Diebstahl begangen hat, denn Diebstahl sei im englischen Recht ein „fortgesetztes Delikt".[25]

2. Das „effects principle" und die Einführung des Weltrechtsprinzips durch die Hintertür

Die wichtigste Ressource für die Ausweitung der Strafgewalt im Zusammenhang mit dem Territorialitätsprinzip ist jedoch das sogenannte „effects principle". Hier ist eine terminologische Präzisierung angebracht. Die im Englischen üblichen Begriffe „subjective territoriality" und „objective territoriality" entsprechen in der Praxis weitgehend dem Handlungsort bzw. dem Ort des tatbestandlichen Erfolgs und bilden damit die beiden vom Ubiquitätsprinzip erfassten Alternativen.[26] Wie bereits ausgeführt, ist die Erstreckung der Strafgewalt auf der Grundlage jeder dieser Hypothesen völkerrechtlich nicht zu beanstanden. Die *objective territoriality*, die einen „tatbestandlichen Auswirkungsgrundsatz" darstellt, muss jedoch von einem „rein faktischen Auswirkungsgrundsatz" (dem bereits erwähnten „effects principle") unterschieden werden: „The effects principle is easily confused with objective territoriality. However, it differs from objective territoriality in that no constituent element of the offence takes place within the territory of the asserting state".[27] In der Praxis kann dieser Unterschied wichtige Konsequenzen hervorrufen, wie anhand des folgenden Rechtsfalls leicht zu erkennen

---

[25] Vgl. im Schrifttum *Akehurst*, British Year Book of International Law 46 (1972–1973), S. 153; in der Rechtsprechung Commonwealth v. White (1970), American Journal of International Law, 65 (1971), S. 614.

[26] Vgl. hierzu *Jennings/Watts*, Oppenheim's⁹, § 137, S. 459 f.; präziser *Colangelo*, Cornell Law Review 99, 6 (2014), S. 1314; *Hirst*, Jurisdiction, S. 46; oder *Mills*, British Yearbook of International Law 84, 1 (2014), S. 196, Fn. 34: „‚subjective' territorial jurisdiction, which is based on the location of the ‚subject' of an act (the actor), and ‚objective' territorial jurisdiction, which is based on the location of the ‚object' of the act".

[27] Hierzu *Piper*, Utrecht Law Review 9, 4 (2013), S. 78. Vgl. auch *Hirst*, Jurisdiction, S. 47: „The controversial 'doctrine of effects' which has long been associated most closely with US anti-trust law, is closely related to the principle of objective territorial jurisdiction, but is more flexible and more open to abuse"; und *Vagias,* The Territorial Jurisdiction of the ICC, S. 24: „The notion of ‚effects', however, is to be differentiated from the ‚constituent elements' approach. Effects, in this context, are understood as ‚economic repercussions or consequences', which may or may not be physically readily identifiable, but do not form part of the criminal description of the offence". Andere Autoren [vgl. z. B. *Cabranes*, Yale Law Journal 118, 8 (2009), S. 1678 f.] differenzieren jedoch nicht zwischen *objective territoriality* und *effects principle*.

ist. Der Beschuldigte erlangte in Polen Hehlerware (namentlich hochwertige Navigationsgeräte aus Kraftfahrzeugen) und verkaufte sie dann in Deutschland. Das Kammergericht hielt das deutsche Recht für unanwendbar: da die Hehlerei ein schlichtes Tätigkeitsdelikt ist, begründet die erneute Verletzung der Vermögensinteressen des von der Vortat betroffenen Eigentümers (d. h., der Verkauf in Deutschland) keinen (zusätzlichen) Erfolgsort i. S. des § 9 Abs. 1 Var. 3 StGB.[28] Hätte das Gericht die rein faktischen Auswirkungen der Straftat berücksichtigt, wäre es zum gegenteiligen Ergebnis gekommen (das deutsche Recht wäre anwendbar gewesen).

Wie sich zeigt, sind die Folgen eines rein faktischen Verständnisses des Auswirkungsprinzips immens. Niemand hat dies so treffend dargestellt wie *Akehurst*:

> Once we abandon the ‚constituent elements' approach in favour of the ‚effects' approach, we embark on a slippery slope which leads away from the territorial principle towards universal jurisdiction. If, for instance, a man commits arson against a factory and the company owning the factory becomes insolvent as a result, the effects may be felt all over the world... Clearly the line must be drawn somewhere. But where?[29]

Trotzdem (oder eher gerade deswegen) ist dieses Prinzip (auch *doctrine of effects* genannt) in vielen Rechtsordnungen weithin verwendet.[30] So wird dieses Prinzip z. B. im *Restatement (Fourth)* als traditionelle Grundlage für die Rechtssetzungsgewalt anerkannt (§ 409), obschon es als eigenständiges Prinzip gegenüber dem (in § 408 geregelten) Territorialitätsgrundsatz behandelt wird.[31]

---

[28] KG, NStZ-RR 2007, 16, beck-online. Ferner war das deutsche Strafrecht gem. § 7 Abs. 1 StGB (passives Personalitätsprinzip) nicht anwendbar, denn die Geschädigten waren entweder juristische Personen oder ausländische Staatsangehöriger.

[29] *Akehurst*, British Year Book of International Law 46 (1972–1973), S. 154.

[30] Auch in Deutschland ist dieses Prinzip angewendet worden. Dies wird am folgenden bemerkenswerten Beispiel deutlich: Im Jahre 1889 rief Herr B., ein Milchmann aus Oberelsass, vom grenznahen französischen Territorium aus „Vive la France", was von verschiedenen Personen auf dem deutschen Gebiet gehört wurde. Deshalb wurde er vom Gericht in Mülhausen verurteilt (die Verurteilung wurde vom Reichsgericht bestätigt), weil sein Schrei die öffentliche Ruhe in Deutschland gestört und damit „direkte und unmittelbare Auswirkungen" auf das Reichsgebiet gehabt habe. Der Gedanke, der dem Urteil zugrunde lag, war nicht der Erfolgsort, sondern ein rein faktisches Auswirkungsprinzip: „pour les délits, dont les effets matériels embrassent un certain rayon, c'est ce rayon, plus ou moins grand, qu'il importe de considérer comme le locus delicti commissi" (Tribunal de l'Empire, 1° Ch. crim., 23 décembre 1889, in: Journal du Droit International Prive et de la Jurisprudence Comparee 17, 5–6 (1890) S. 498 f.

[31] *American Law Institute*, Restatement (Fourth), § 409; aus der Rspr. vgl. die Entscheidung der USSC in Strassheim v. Daily, 221 U.S. 280, 285, 31 S.Ct. 558, 560, 55 L.Ed. 735 (1911): „Acts done outside a jurisdiction, but intended to produce and producing detrimental effects within it, justify a State in punishing the cause of the harm as if he had been present at the effect, if the State should succeed in getting him within its power". Prominent ist auch der Fall von Argentinien, wo das *effects principle* in Art. 1 Abs. 1 des StGB ausdrückliche Anerkennung

Gleichwohl werden die Unterschiede zwischen dem Erfordernis eines tatbestandlichen Erfolgs (wie in § 9 StGB eindeutig vorgesehen) und dem *effects principle* durch zwei Faktoren deutlich verringert. Der erste ist das Bestreben im *Common Law* zur Begrenzung dieses Prinzips, z. B. indem nur der Staat, bei dem die Tatfolgen am unmittelbarsten oder wesentlichsten sind, Strafgewalt ausüben darf.[32] Der zweite Faktor ist der Schub eines Teils der deutschen Literatur und Rechtsprechung genau in die entgegengesetzte Richtung, nämlich § 9 StGB so zu interpretieren, als ob er lediglich eine faktische Auswirkung erfordere.[33] Somit sind auch Länder, die das *effects principle* nicht ausdrücklich anerkennen, nicht vor dem ihm zugrunde liegenden Gedanken gefeit. Nimmt man noch die zunehmende Akzeptanz vom „effects principle" im Völkerrecht hinzu,[34] dann liegt die von *Akehurst* angekündigte Konsequenz auf der Hand: Die Ausübung der Rechtsetzungsgewalt auf der Grundlage des Territorialitätsprinzips rückt damit notorisch näher an seinen vermeintlichen Gegenpol, das Universalitätsprinzip.[35] Dies hat verheerende Folgen sowohl für das Schuldprinzip und die Vorhersehbarkeit der Strafe für den Bestraften als auch hinsichtlich der erhöhten Gefahr von Strafgewaltkonflikten.[36] Von dem alten römischen Spruch *Si fueris*

---

findet. Dieses Beispiel ist durchaus auffällig, weil es zeigt, dass dieses Konstrukt nicht nur von *Common Law*-Staaten verwendet wird. Demnach lässt sich der Rückgriff auf das „effects principle" nicht immer durch einen verstärkten Vorrang des Territorialitätsprinzips erklären.

[32] Siehe *Akehurst*, British Year Book of International Law 46 (1972–1973), S. 154–156; *American Law Institute*, Restatement (Fourth), § 409 (der ein „substantial effect" verlangt); *Vagias*, The Territorial Jurisdiction of the ICC, S. 24 ff., der die Bemühungen der US-Rechtsprechung in diese Richtung beschreibt.

[33] In diesen Sinne *Sieber*, NJW 29 (1999), S. 2072: „Der ‚Erfolg' i. S. von § 9 StGB ist vielmehr – wie auch in anderen Bestimmungen des Strafgesetzbuchs – eigenständig und unabhängig vom Erfolgsbegriff im Sinne der allgemeinen Tatbestandslehre zu bestimmen". Ebenso hat der BGH (Urteil vom 12.12.2000 in NJW 2001, 624, beck-online), lediglich eine „enge Beziehung" zwischen Straftatbestand und Erfolg verlangt.

[34] Laut *Vagias*, The Territorial Jurisdiction of the ICC, S. 31, stellt dieses Prinzip schön im Kartellrecht eine „weltweit übliche Praxis" dar, und in der neueren Literatur und Rechtsprechung finden sich Versuche, ihre Umsetzung im Hinblick auf das Strafrecht zu erweitern. Siehe auch *European Committee*, Extraterritorial Criminal Jurisdiction, S. 446: „According to one form of the doctrine of ubiquity, an offence may be considered to have been committed in the place where the consequences or effects of the offence become manifest. This doctrine of effects is accepted in several member states". Demgegenüber kann sich die völkerrechtliche Zulässigkeit dieses Prinzips nach *Ambos*, MüKo-StGB[4], Vor § 3, Rn. 24 und *Roegele*, Deutscher Strafrechtsimperialismus, S. 67 f. mangels einheitlicher Staatenpraxis nicht auf Völkergewohnheitsrecht stützen, obgleich der erste Autor nicht ausschließt, dass seine völkerrechtliche Legitimität auf Art. 38 Abs. 1c IGH-Statut (allgemeine Rechtsgrundsätze) beruhen könne.

[35] Vgl. *Steiner*, Theoretical Inquiries in Law 5 (2004), S. 204: „Universal jurisdiction is the other pole of the spectrum from the territorial principle".

[36] Diese Probleme treten freilich auch im Falle des § 9 StGB auf, dazu *Böse*, NK[5]-StGB, vor

Romae, Romano vivito more!, auf dem das Territorialitätsprinzip fußen soll, wäre somit wenig bis nichts übriggeblieben.[37]

Wie bereits erwähnt, ermöglicht § 9 StGB – selbst bei Ablehnung des *effects principle* – eine Überdehnung der Strafgewalt,[38] insbesondere wenn die Vorschrift auf abstrakte Gefährdungsdelikte angewendet wird. Hierdurch wird faktisch das Weltrechtsprinzip durch die Hintertür eingeführt,[39] denn der Erfolg kann als überall eingetreten aufgefasst werden. Obwohl man argumentieren kann, dass abstrakte Gefährdungsdelikte eigentlich keinen tatbestandlichen Erfolg aufweisen,[40] hat der BGH zur Erstreckung des Strafanwendungsrechts auf diese Delikte lediglich das Vorliegen einer konkreten Gefahr für ein deutsches Rechtsgut gefordert.[41] Damit könnten viele über das Internet begangene Strafta-

---

§ 3, Rn. 16. *Von Bar* (Das Internationale Privat- und Strafrecht, S. 527 f.) vertrat – zu Recht – die Auffassung, dass die mögliche Verletzung des Schuldprinzips ein gemeinsames Problem aller völkerrechtlichen Prinzipien ist, die lediglich auf die schädlichen Auswirkungen der Tat beruhen. Ein Schuldvorwurf sei demnach nur möglich, wenn es einen entsprechenden Tatbestand im Tatortrecht (i. S. v. Handlungsortrecht), in der Heimatsrechtsordnung des Täters oder im Völkergewohnheitsrecht gibt, nach dem der Täter sein Verhalten richten könnte. Dazu auch *Jeßberger*, Der transnationale Geltungsbereich, S. 147–164.

[37] Zum gleichen Schluss kommt *Roegele*, Deutscher Strafrechtsimperialismus, S. 68 f., der darauf hinweist, dass die Annahme vom *effects principle* eine Rückkehr des Strafanwendungsrechts zur Lotus-Doktrin bedeuten würde (d.h. die Freiheit zur Ausweitung der Rechtssetzungsgewalt auf Auslandstaten nach Belieben, sofern es kein ausdrückliches völkerrechtliches Verbot vorliegt), was die Tür zu einer (fast) grenzenlosen Strafgewalt eröffne.

[38] Dazu anschaulich *Lagodny/Nill-Theobald*, JR 5 (2000), S. 207: „Auch die beinahe uferlose Weite von § 9 mit dem Ubiquitätsprinzip verwandelt reine Auslandstaten zu scheinbaren Inlandstaten; und dies sogar ohne Erfordernis der identischen Tatortnorm. Nur als Beispiel hierfür sei erwähnt, dass § 9 Abs. 1 StGB zu einer sehr weiten Auslandsstrafgewalt bei Unterlassungsdelikten führt. Der Ort, an dem der Täter hätte handeln müssen, ist nicht nur der Aufenthaltsort zur Tatzeit, sondern z.B. auch der Oft, zu dem sich der Täter hätte begeben müssen, um den Erfolg abzuwenden".

[39] So *Hilgendorf* NJW 29 (1997), S. 1878.

[40] So *Satzger*, Jura 32 (2010), S. 113, wonach diese Straftaten „die Gefährlichkeit lediglich als Attribut der gesetzlichen Handlung in sich tragen". In ähnlichem Sinne, *Hilgendorf*, NJW 29 (1997), S. 1875 und *Jakobs*, AT, 5/21, denen zufolge bei abstrakten Gefährdungsdelikten (wie auch bei schlichte Tätigkeitsdelikten) der Tatort dort liegt, wo der Täter gehandelt hat, es sei denn, es tritt ein tatbestandlicher Zwischenerfolg ein.

[41] Bei der Anwendung des § 9 Abs. 1 Var. 3 auf Gefährdungsdelikte ist die Sache eigentlich komplexer. So wird oft unterschieden zwischen rein abstrakten Gefährdungsdelikten (wie § 316 StGB), konkreten Gefährdungsdelikten (z. B. § 315c StGB) und einer Zwischenkategorie von abstrakt-konkreten Gefährdungsdelikten (auch „potentiellen Gefährdungsdelikten" genannt), bestehend aus solchen Straftaten, bei denen eine generelle Gefährlichkeit von Handlung zum Tatbestand gehört, nicht jedoch der Eintritt einer konkreten Gefahr, wie § 130 StGB. Nicht verwunderlich finden sich die Meinungsverschiedenheiten vor allem bezüglich der letztgenannten Kategorie, da sie manchmal mit abstrakten Gefährdungsdelikten [z.B., *Hilgendorf*, NJW 29 (1997), S. 1875] und manchmal mit konkreten Gefährdungsdelikte gleichgesetzt wer-

ten als Inlandstaten eingestuft werden[42] – wie etwa die Leugnung des Holocausts im Iran durch einen lokalen Politiker auf seinem Twitter-Account – insofern das Gericht eine „konkludente Eignung zur Friedensstörung" im Inland feststellt.[43] Dies schafft neben den bereits erwähnten Schwierigkeiten unter dem Gesichtspunkt der Vorhersehbarkeit und der Strafgewaltkonflikte – und im Gegensatz zur Erstreckung der Strafgewalt auf Auslandstaten – ein zusätzliches Problem, indem es Deutschland nicht nur erlaubt, sondern auch verpflichtet, diese Straftaten nach dem Legalitätsprinzip zu verfolgen.[44]

Aus diesen Ausführungen ergibt sich die Frage, ob das Erfolgsortprinzip – sowie das *effects principle* – eher als Durchbrechung des Territorialitätsprinzips und nicht als dessen Unterfall anzusehen sein sollte. So setzen einige Autoren diesen Grundsatz mit dem Schutzprinzip gleich.[45] Ungeachtet des Ausgangs

---

den (z. B., BGH in NJW 2001, 624, 627, beck-online). Unabhängig von der Lösung, unterscheidet sich diese flexible Zwischenkategorie kaum von dem erwähnten Gedanken, der dem *effects principle* zugrunde liegt.

[42] *Hilgendorf* NJW 29 (1997), S. 1874.

[43] In diesem Sinne BGH in NJW 2001, 624, beck-online. Ein ähnlicher Missbrauch des „objektiven Territorialitätsprinzips" in Bezug auf Internetkriminalität ist in der englischen Rechtsprechung zu beobachten (vgl. *Hirst*, Jurisdiction, S. 48).

[44] Da es sich in diesen Fällen um „Inlandstaten" handelt, gilt das Legalitätsprinzip, unbeschadet der begrenzten Ausnahme von § 153c Abs. 3. Vgl. dazu *Hilgendorf*, NJW 29 (1997), S. 1874. Allgemein zur Herausforderung, die „deterritorialisierte" Kommunikationstechnologien, insbesondere das Internet, für den Begriff der Territorialität im Bereich der Strafgewalt darstellen, siehe *Mills*, The Confluence, 244 ff.; *Johnson/Post*, Stanford Law Review 48, 5 (1996), S. 1367 ff.

[45] In diesem Sinne *Pawlik,* FS-Schroeder, S. 376: Liegt nur der Erfolgsort im Territorium, ist der Anknüpfungspunkt nicht das Territorialitätsprinzip „sondern das Schutzprinzip bzw. ein erweitertes passives Personalitätsprinzip". In seinem Begründungsmodell ist das wichtig, denn anders als das Territorialitätsprinzip bilden das Schutz- und das passive Personalitätsprinzip keine Grundlage zur Verhängung einer legitimen Strafe. Vgl. dazu Teil II D V 3. In dieselbe Richtung *Jakobs*, AT, 5/21; ähnlich *Jeßberger*, Der transnationale Geltungsbereich, S. 157: „Unter dem Gesichtspunkt des Schuldgrundsatzes ist diese Konstellation als Fall extraterritorialer Strafrechtsgeltung zu behandeln". Vgl. hingegen *Ambos*, Internationales Strafrecht, § 3, Rn. 6, wonach der Auswirkungsgrundsatz als Unterfall des Territorialitätsprinzips zu verstehen ist. Es ist anzumerken, dass beide Prinzipien (Schutz und Erfolgsort) zwar in ihrer Begründung ähnlich sind, aber unterschiedliche Fälle abdecken. Während das Schutzprinzip die tatsächliche oder potenzielle Beeinträchtigung bestimmter wesentlicher Staatsinteressen erfasst, wobei die Tat nicht unbedingt eine direkte Auswirkung auf das Territorium haben muss (z. B. ein terroristischer Angriff auf eine Botschaft im Ausland), erfordert das Erfolgsortprinzip keinen bestimmten schwerwiegenden Erfolg, sondern vielmehr, dass dieser in das Territorium eintreten muss. Vgl. dazu United States v. Pizzarusso, 388 F.2d 8, 11 (2d Cir. 1968); *Volz*, Extraterritoriale Terrorismusbekämpfung, S. 126; *Ryngaert*, Jurisdiction in International Law, S. 114: „For the operation of the protective principle, actual harm need not have resulted from these acts. This distinguishes it from the objective territorial principle (or effects doctrine)".

dieser Debatte⁴⁶ wurde hier bereits ein Überblick darüber vermittelt, welche Reichweite der nationalen Strafgewalt allein auf der Grundlage des Territorialitätsprinzips (ergänzt durch das Ubiquitätsprinzip und gegebenenfalls durch das *effects principle*) eingeräumt werden kann.⁴⁷ Hinzu kommt der Anspruch auf Strafgewalt bezüglich Auslandstaten aufgrund der anderen völkerrechtlichen Prinzipien. Bei der Analyse dieser Grundsätze wird mit einem begonnen, das in dieser Untersuchung eine entscheidende Rolle spielt, nämlich dem aktiven Personalitätsprinzip.

II. Die Verbindung Staat-Täter: hin zu einem „materiellen" aktiven Personalitätsprinzip

1. Begrifflichkeit und Begründungsstränge: Solidarität, Treuepflicht oder enge Verbindung?

Im kontinentaleuropäischen Rechtskreis bezeichnet der Begriff „aktives Personalitätsprinzip" jenen völkerrechtlichen Grundsatz, der den Staat dazu berechtigt, Auslandstaten seiner eigenen Staatsangehörigen unter Strafe zu stellen.⁴⁸ Das Genuine-Link-Erfordernis, das die Ausdehnung der Strafgewalt auf außerhalb des Territoriums begangene Taten rechtfertigt, liegt also in diesem Fall in der Personalhoheit über den Täter aufgrund seines Status, wobei es sich um einen formal-rechtlichen Status handelt (Staatsangehörigkeit). Besteht aber die strafbegründende Verbindung in der Staatsangehörigkeit des Täters, so erscheint die im *Common Law* übliche Bezeichnung „nationality principle" angebrachter.⁴⁹ Viele

---

⁴⁶ Vgl. Dazu Teil III D II 1.

⁴⁷ Im gleichen Sinne *European Committee*, Extraterritorial Criminal Jurisdiction, S. 462: „It goes without saying that a wide application of the ubiquity and effects doctrines may in fact be tantamount to an extraterritorial application of criminal laws under the guise of the principle of territoriality". Natürlich begrüßen kosmopolitische Autoren diese Möglichkeit. So argumentiert *Kappel*, Das Ubiquitätsprinzip im Internet, S. 219–251, dass die im Internet entstandene „Weltgesellschaft" eine globale Lösung in Form eines Weltstrafrechts erfordert: „Mehr als je zuvor sind die Staaten aufgefordert, Kosmopoliten zu sein". Ähnlich *Sieber*, NJW 29 (1999), S. 2073.

⁴⁸ Siehe exemplarisch *Ambos*, MüKo-StGB⁴, Vor § 3, Rn. 28; *Eser/Weißer*, S/S³⁰, Vor §§ 3– 9, Rn. 20; *Pin*, Droit pénal général, S. 153 (*compétence personnelle active*); *Mir Puig*, PG¹⁰, S. 58 f. (*principio de personalidad*).

⁴⁹ Diese Schlussfolgerung wird von *Beyer*, Personelle Strafgewalt, S. 33 f. und *Jeßberger*, Der transnationale Geltungsbereich, S. 240 f. geteilt. Zur Verwendung des Begriffs „nationality principle" im *Common Law* vgl. z. B. *Akehurst*, British Year Book of International Law 46 (1972–1973), S. 156 f. und *Shaw*, International Law, S. 493 ff. Dies schließt natürlich nicht aus, dass beide Begriffe (d. h. *nationality principle* und aktives Personalitätsprinzip) von einigen

Staaten stützen jedoch ihre Rechtsetzungsgewalt auf eine Bindung zum Täter, die nicht in seiner Staatsangehörigkeit, sondern z.B. in seiner Tätigkeit oder seinem Wohnsitz besteht.[50] Es ist daher sinnvoller, die Bezeichnung „aktives Personalitätsprinzip" als Oberbegriff für die auf dem Staat-Täter-Verhältnis beruhende Strafgewalt zu verwenden, von dem das „aktive Staatsangehörigkeitsprinzip" nur ein möglicher Unterfall ist (zusammen mit dem aktiven Domizilprinzip und dem aktiven Hoheitsträgerprinzip). Nachfolgend wird zunächst das aktive Staatsangehörigkeitsprinzip betrachtet, bevor ein Blick auf das übergeordnete Konzept geworfen wird.

Die Völkerrechtsmäßigkeit des aktiven Staatsangehörigkeitsprinzips ist unumstritten,[51] und es wird sogar oft als zweitwichtigstes Prinzip nach dem Territorialitätsprinzip angesehen.[52] Dies ist zum einen auf historische Gründe zurückzuführen[53] und zum anderen auf einige implizite Vorteile dieses Prinzips, wie etwa den, dass der Täter in der Regel mit dem Recht seines Heimatlandes vertrauter sein wird und sich daher leichter danach richten kann und dass es ihm möglicherweise fairer erscheinen mag, von seinem eigenen politischen Gemein-

---

Autoren in beiden Rechtskreisen austauschbar verwendet werden können. Als Beispiele hierzu siehe *American Law Institute*, Restatement (Fourth), § 410; in Chile *Cury*, PG[11], S. 267.

[50] Für eine umfassende und aktualisierte Analyse der Regelung des Domizilprinzips in mehreren Staaten (sowohl aktiv als auch passiv, d.h. in Bezug auf Auslandstaten, die von Personen mit Domizil im Inland oder gegen sie begangen werden) siehe *Beyer*, Personelle Strafgewalt, S. 191–255.

[51] Dazu u.a. Art. 5 Harvard Draft Convention on Jurisdiction with Respect to Crime; *European Committee*, Extraterritorial Criminal Jurisdiction, S. 448; *Werle/Jeßberger*, LK[13], Vor § 3, Rn. 251. Dieses Prinzip wird in den meisten internationalen Verträgen anerkannt: vgl. u.a. Übereinkommen der Vereinten Nationen gegen den unerlaubten Verkehr mit Suchtstoffen und psychotropen Stoffen vom 20.12.1988 (Art. 4 Abs. 1 Buchst. b Ziff. I); Internationales Übereinkommen zur Bekämpfung terroristischer Bombenanschläge vom 15.12.1997 (Art. 6 Abs. 1 Buchst. c); Internationales Übereinkommen gegen Geiselnahme vom 18.12.1979 (Art. 5 Abs. 1 Buchst. B); oder Übereinkommen der Vereinten Nationen gegen die grenzüberschreitende organisierte Kriminalität vom 15.11.2000 – besser bekannt als Übereinkommen von Palermo – (Art. 15 Abs. 2 Buchst. B).

[52] Vgl. z.B *American Law Institute*, Restatement (Third), Part IV, Ch. 1, A; siehe auch *Berner*, Wirkungskreis des Strafgesetzes, S. 126f.; *Beyer*, Personelle Strafgewalt, S. 35; *Jeßberger*, Der transnationale Geltungsbereich, S. 241 m.w.N.

[53] Zu den Wurzeln dieses Prinzips im Recht der germanischen Stämme und seiner Vorherrschaft bis ins 18. Jahrhundert vgl. *Oehler*, Internationales Strafrecht, Rn. 48 ff.; *Jeßberger*, Der transnationale Geltungsbereich, S. 42 ff.; *Jescheck/Weigend*, AT[5], § 18/II/3; und *Kohler*, Internationales Strafrecht, S. 25 ff., der den Vorrang des aktiven Personalitätsprinzips auch im Recht der italienischen Städte erläuterte: als zugespitzte Ausprägung dieses übergeordneten Heimatprinzips, sahen die Statuten mehrerer dieser Städte sogar die Bestrafung jener Einheimischen vor, die andere Einheimische vor fremde Gerichte zogen!

wesen nach seinem eigenen Recht abgeurteilt zu werden.⁵⁴ Darüber hinaus verfügt dieser Anknüpfungspunkt über ein breiteres Einschränkungspotenzial als andere Prinzipien,⁵⁵ wie das Schutzprinzip (dessen Grenzen besonders diffus sind) oder das Universalitätsprinzip (das den Verzicht auf Schranken verkörpert). Das diesem Prinzip beigemessene Gewicht variiert jedoch je nach Rechtsordnung erheblich. Nicht nur ist der Rückgriff auf das *nationality principle* im *Common Law* traditionell begrenzter gewesen,⁵⁶ sondern es bestehen diesbezüglich auch erhebliche Differenzen zwischen den kontinentalen Rechtsordnungen.⁵⁷

Wie beim Territorialitätsprinzip (und eigentlich bei allen völkerrechtlichen Prinzipien) sind auch die Konturen dieses Prinzips strittig. Die Diskussion hat sich (vor allem in Deutschland) darauf konzentriert, ob ein uneingeschränktes aktives Staatsangehörigkeitsprinzip (d. h. ohne Rücksicht auf die Tatortstrafbarkeit) völkerrechtskonform ist, oder ob nur ein – durch Berücksichtigung des *lex loci*-Erfordernisses – eingeschränktes Prinzip der Maßgabe des Völkerrechts entspricht. Diese Debatte steht in direktem Zusammenhang mit der Begründung, die dem Prinzip zugeschrieben wird. Die beiden gegensätzlichen und üblichen Wege, dieses Prinzip zu begründen, werden im Bericht „Extraterritorial Criminal Jurisdiction" klar dargestellt:

„Some point out that, since their own nationals cannot be extradited, having the power to prosecute them for offences committed abroad means that such offences do not remain unprosecuted. Solidarity is the principal motivating force in such cases. Others underline the importance of subjecting their own nationals to certain national norms and the protection of fundamental interests from attacks by a state's own nationals from abroad. This rationale is underpinned by an appeal to loyalty and a droit de regard of the national government".⁵⁸

---

⁵⁴ Ähnlich *Jeßberger*, Der transnationale Geltungsbereich, S. 240.
⁵⁵ Vgl. dazu *Zimmermann*, Strafgewaltkonflikte, S. 380, der eher halbherzig schreibt: „Daneben hätte dieser Anknüpfungspunkt wenigstens auf den ersten Blick ein ausgesprochen hohes Restriktionspotenzial".
⁵⁶ Vgl. *Akehurst*, British Year Book of International Law 46 (1972–1973), S. 157; *European Committee,* Extraterritorial Criminal Jurisdiction, S. 448; *Hirst*, Jurisdiction, S. 49: „As previously noted, states whose legal systems derive from English common law tend to rely much less on this principle than states whose legal systems are based on civilian traditions, and English law has tended, historically, to use it very sparingly indeed, but this does not mean that the United Kingdom questions or objects to its wider use by other states"; *Mills*, British Yearbook of International Law 84, 1 (2014), S. 198 und *Shaw*, International Law, S. 496, liefern Beispiele für die wenigen Fälle von schweren Straftaten, in denen das Vereinigte Königreich auf dieses Prinzip zurückgreift (z. B. Terrorismus, bestimmte Sexual- oder Korruptionsdelikte, Mord usw.).
⁵⁷ Ein Beispiel dafür ist der Unterschied zwischen der deutschen und der chilenischen Rechtsordnung: Während erstere im Prinzip alle von Deutschen begangenen Auslandstaten unter Strafe stellt, bestraft letztere nur von Chilenen begangene Auslandstaten, wenn das Opfer ebenfalls Chilene ist. Siehe hierzu die Tabelle Nr. 1 oben (Teil I C II 1).
⁵⁸ *European Committee,* Extraterritorial Criminal Jurisdiction, S. 448.

78 D. Die wichtigsten völkerrechtlichen Prinzipien im Einzelnen

Neben diesen beiden üblichen Alternativen – Solidarität des Heimatstaats mit dem Tatortstaat und Treupflicht des Staatsangehörigen gegenüber seinem Land – gibt es eine dritte (mit der zweiten verwandte) Alternative, die in dem Erfordernis einer vorherigen engen Verbindung zwischen Staat und Täter besteht, was nichts anderes als eine Konkretisierung des Kriteriums der *genuine connection* ist.[59] Dies ist die in dieser Abhandlung befürwortete Begründung dieses Prinzips, denn sie entspricht dem Kerngedanken des unten vertretenen Bürgerstrafrechts. Im Folgenden wird zunächst auf den in Deutschland dominierenden Begründungsansatz (die internationale Solidarität) eingegangen sowie auf die mit dieser Alternative verbundenen Schwierigkeiten, aufgrund derer sich diese als ungeeignet erweist.

2. Die internationale Solidarität als untaugliche Grundlage

In Deutschland wird die Begründung des aktiven Staatsangehörigkeitsprinzips in einer Treuepflicht häufig mit dem Gedanken assoziiert, diesen Grundsatz als vorrangiges Prinzip des Strafanwendungsrechts zu betrachten, sowie mit einer uneingeschränkten Fassung desselben (d. h. mit der Anwendung des Prinzips ohne Rücksicht auf die Strafbarkeit des Verhaltens nach dem Tatortrecht). Diese Begründung wird daher unter Verweis darauf zurückgewiesen, dass die Nichtberücksichtigung der *lex loci* eine Verletzung des Nichteinmischungsgebots bedeute,[60] zumindest dann, wenn dies nicht durch einen völkerrechtlichen Vertrag gestützt wird.[61] Außerdem wird die erwähnte Begründung oft als mit autoritären Staatsvorstellungen zusammenhängend abqualifiziert.[62] Daher befürwortet die h. M. in Deutschland stattdessen ein solidaritätsbasiertes aktives Staatsangehörigkeitsprinzip, welches frei von Autoritarismusverdacht sei und nur als Ergänzung zum Territorialitätsprinzip fungiere. Dieser Gedanke der „internationalen Solidarität" als Grundlage dieses Prinzips umfasst weiterhin mindestens drei „Varianten", die allesamt zu unbefriedigenden Ergebnissen führen.

---

[59] Natürlich sind auch andere Begründungsmöglichkeiten denkbar, z. B. die Gefährlichkeit des Täters, der aufgrund seiner Staatsangehörigkeit jederzeit in den Staat zurückkehren kann. Da aber eine staatliche Reaktion, die lediglich auf der Gefährlichkeit des Täters (und nicht auf seinen Taten) beruht, höchstens eine Maßnahme zur Bekämpfung zukünftiger Gefahren und keine Strafe darstellen könnte (wie im Teil III C II dieser Arbeit argumentiert wird), wird diese Begründungsalternative vorerst beiseitegelassen. Auch diese Begründung ablehnend *Oehler*, Internationales Strafrecht, Rn. 729.
[60] Vgl. *Ambos*, MüKo-StGB[4], Vor § 3, Rn. 29 f.; *Eser/Weißer*, S/S[30], Vor §§ 3–9, Rn. 20
[61] *Ambos*, Internationales Strafrecht, § 5, Rn. 57.
[62] Siehe exemplarisch *Ambos*, MüKo-StGB[4], Vor § 3, Rn. 29 f.; *Eser/Weißer*, S/S[30], Vor §§ 3–9, Rn. 20; *Werle/Jeßberger*, LK[13], Vor § 3, Rn. 252 f.

Die erste (traditionelle) Variante einer solidaritätsbasierten Begründung schreibt diesem Grundsatz allein den Zweck zu, die durch das Auslieferungsverbot eigener Staatsangehöriger entstandenen Strafbarkeitslücken zu beseitigen und damit zu verhindern, dass das Gebiet des Heimatstaates zum Asyl für seine im Ausland straffällig gewordenen Staatsangehörigen wird. Ferner würde dies zur Entlastung der Strafjustiz des Tatortstaats beitragen.[63] Diese Ansicht kommt natürlich besonders in Ländern zum Tragen, die – wie Deutschland (Art. 16 Abs. 2 GG) – die Auslieferung ihrer Staatsangehörigen grundsätzlich verbieten. Das Verständnis des aktiven Staatsangehörigkeitsprinzips als Kehrseite dieses Auslieferungsverbots wirft eine Reihe von Problemen auf. Das erste und offensichtlichste ist, dass einige Rechtsordnungen ein solches Verbot nicht kennen. So erlauben beispielsweise Italien und die Vereinigten Staaten die Auslieferung ihrer Staatsangehörigen, wenn dies in völkerrechtlichen Verträgen vorgesehen ist,[64] und Chile differenziert nicht zwischen der Auslieferung von Inländern und Ausländern.[65] Darüber hinaus ist diese Begründung für solche Rechtsordnungen problematisch geworden, die – wie Deutschland – Ausnahmen vom Auslieferungsverbot von Staatsangehörigen zugelassen haben. Damit wäre es im Hinblick auf die Aufhebung des Auslieferungsverbots an EU-Mitgliedstaaten (vgl.

---

[63] Vgl. exemplarisch *Ambos*, Internationales Strafrecht, § 3 Rn. 39–41; *Eser/Weißer*, S/S³⁰, § 7, Rn. 12; *Jescheck/Weigend*, AT⁵, § 18/II/3; *Politoff* et al., PG², S. 120; *Satzger*, Internationales, § 4 Rn. 7 f.

[64] Siehe *Costituzione della Repubblica Italiana*, Art. 26 Abs. 1: „L'estradizione del cittadino puo` essere consentita soltanto ove sia espressamente prevista dalle convenzioni internazionali"; 18 U.S.C., Chapter 209, § 3196: „If the applicable treaty or convention does not obligate the United States to extradite its citizens to a foreign country, the Secretary of State may, nevertheless, order the surrender to that country of a United States citizen whose extradition has been requested by that country if the other requirements of that treaty or convention are met". Diesbezüglich ist zu beachten, dass die USA mehr als 100 Auslieferungsverträge mit anderen Staaten abgeschlossen haben [dazu *Cabranes*, Yale Law Journal 118, 8 (2009), S. 1680].

[65] Siehe Art. 440 Código Procesal Penal. Zudem liefert die chilenische Justiz in der Praxis häufig Staatsangehörige aus. In einer emblematischen Entscheidung vom 5. September 1944 ließ das chilenische Oberste Gericht (Corte Suprema) die Auslieferung eines Chilenen zu, „um die Justiz nicht mit der Straflosigkeit von Kriminellen zu unterminieren und die von der internationalen Rechtsgemeinschaft auferlegten Rechte zu befriedigen" (vgl. hierzu *Cárdenas*, La Extradición Pasiva, S. 37). Diese Rechtsprechung ist bis heute aufrechterhalten worden, was sich in mehreren aktuellen Urteilen desselben Gerichts widerspiegelt, darunter SCS Rol N°39.598–2020; SCS Rol N°19567–2020; SCS Rol N°4109–2018; SCS Rol N° 1858–2010). Laut *Politoff et al.* [PG², S. 121] habe das aktive Staatsangehörigkeitsprinzip eine geringere Bedeutung in der chilenischen Rechtsordnung gerade wegen des Fehlens eines solchen Auslieferungsverbots. Für einen Überblick über die Auslieferung von eigenen Staatsangehörigen in mehreren Ländern siehe https://ihl-databases.icrc.org/customary-ihl/eng/docs/v2_cou, abgerufen: 09.10.2023, unter Punkt 161 (*International Cooperation in Criminal Proceedings*), Section B (*Extradition*).

Art. 16 Abs. 2 Satz 2 GG) für Deutschland grundsätzlich nicht mehr zulässig, einen Deutschen für eine in Spanien begangene Hehlerei zu bestrafen.[66]

Angesichts der Probleme, die sich aus der Verknüpfung des aktiven Staatsangehörigkeitsprinzips mit dem Auslieferungsverbot ergeben, schlägt *Oehler* eine sozusagen „zweite Variante" eines auf Solidarität beruhenden aktiven Staatsangehörigkeitsprinzips vor. Obwohl die Absätze, die *Oehler* seinem Begründungsvorschlag widmet, sehr undurchsichtig sind, lässt sich ein Versuch erkennen, so viel wie möglich von der traditionellen Variante zu bewahren und gleichzeitig das lästige Erfordernis des Bestehens eines Auslieferungsverbots zu beseitigen.[67] Seine Argumente sind jedoch widersprüchlich: Die auf diesem Prinzip beruhende Strafgewalt wäre originär, aber gleichzeitig subsidiär (d. h. nur für den Fall, dass die Tat nicht schon abgeurteilt wurde); und sie wäre unsachgemäß, wenn die Tat nach der *lex loci* straflos ist. *Oehlers* folgende Worte spiegeln deutlich das Bestreben wider, das Interesse an der Schließung von Straflücken hinter einer angeblich „abstrakten" Solidarität zu verstecken: „Die Solidarität wird für die Begründung des eingeschränkten Personalitätsprinzips abstrahiert, d. h. sie ist nicht in jedem Falle neu zur Begründung der Ausdehnung des Strafrechts auf eigene Staatsangehörige, die im Ausland delinquieren, heranzuziehen. Es sollte deshalb im Einzelfall nicht nötig sein, daß ein Antrag oder das Einverständnis des Tatortstaats vorliegt. Es muß sogar gegen den Willen des Tatortstaats möglich sein, die Verfolgung durchzuführen".[68]

Dieser Etikettenschwindel, bei dem das Ziel von Straflückenfüllung als „abstrakte Solidarität" getarnt wird, mag wegen des Erfordernisses zur Beachtung der *lex loci* weniger offensichtlich erscheinen. Wie *Oehler* jedoch selbst einräumt, ist diese Anforderung in der heutigen Welt nicht sehr anspruchsvoll, da schwere Verbrechen, wie Raub oder Mord, in den meisten Rechtsordnungen als solche anerkannt werden.[69] Das Problem liegt in jenen Fällen – wie Sexualdelikte oder

---

[66] Siehe insbesondere *Lagodny/Nill-Theobald*, JR 5 (2000), S. 207, der im Jahr 2000 schrieb: „§ 7 Abs. 2 Nr. 1 als Ausprägung des aktiven Personalitätsprinzips dürfte im Verhältnis zu EU-Staaten bald einer traditionellen Begründung entkleidet werden: Bislang wird die Notwendigkeit dieser Vorschrift vor allem mit der Nichtauslieferung eigener Staatsangehöriger begründet". Seine Prophezeiung hat sich erfüllt, und deshalb versucht die jüngere Literatur (z. B. *Beyer*, Personelle Strafgewalt, S. 366), nach anderen Grundlagen zu suchen. Die fortschreitende europäische Integration erschwert es freilich auch, dieses Prinzip auf den Schutz von eigenen Staatsangehörigen zu stützen. Vgl. dazu *Zimmermann*, Strafgewaltkonflikte, S. 380 f.

[67] *Oehler*, Internationales Strafrecht, Rn. 733–742.

[68] *Oehler*, Internationales Strafrecht, Rn. 737. Natürlich ist diese Denkweise nicht allein auf Deutschland beschränkt. In der chilenischen Literatur etwa herrscht die Ansicht vor, die Grundlage dieses Prinzips sei der bloße Kampf gegen die Straflosigkeit (siehe *Cury*, PG[11], S. 267 f. m. w. N.).

[69] Allerdings kann die konkrete Ausgestaltung dieser Straftaten in den positiven Rechtsord-

II. Die Verbindung Staat-Täter: hin zu einem „materiellen" aktiven Personalitätsprinzip

Abtreibung –, in denen die Rechtsordnungen größere Divergenzen aufweisen und man sich nicht auf die in der *lex loci* abgedruckten Werte verlassen kann. Hier gibt *Oehler* mangels Alternativen schließlich den Etikettenschwindel auf und räumt ausdrücklich ein:

> Die wenigen Fälle, in denen der Staat auf die *lex loci* in keinem Fall Rücksicht nehmen will und kann, sind nicht mehr aus der Solidarität der Staaten untereinander zu erklären, sondern aus gewissen Sonderpflichten, die der Staat seinen Staatsbürgern im Ausland auferlegt...Es sind alles Fälle, in denen der Staat auf die Aufrechterhaltung des *ordre public* nicht verzichten kann wegen der Rückwirkung der Tat auf die sozialethische Überzeugung des Volkes im Inland.[70]

Merkwürdig daran ist nicht nur die Verwendung des Begriffs „Sonderpflicht" (der der in Verruf geratenen Begründung in einer Treuepflicht sehr nahe kommt), sondern auch das Beispiel, das er für ein Delikt gibt, das aufgrund seiner „Schwere" den Rückgriff auf ein uneingeschränktes aktives Staatsangehörigkeitsprinzip erfordere: die Bigamie![71] Insgesamt ermöglicht die von *Oehler* vorgeschlagene Begründung eine weitgehende Rechtsetzungsgewalt des Staates hinsichtlich Auslandstaten, und zwar unter dem Deckmantel eines – angeblich auf Solidarität beruhenden – aktiven Staatsangehörigkeitsprinzips, das aber alle Ausnahmen zur Berücksichtigung der *lex loci* zulässt, die man für zweckmäßig hält. Dies ist, wie man sehen wird, durchaus vergleichbar mit der Verankerung dieses Prinzips im StGB.

Ein weiteres, den beiden erörterten Varianten gemeinsames Problem ist die Frage, wodurch sich ein auf Solidarität beruhendes aktives Staatsangehörigkeitsprinzip vom Prinzip der stellvertretenden Rechtspflege unterscheidet, d.h. jenem Prinzip, wonach die nationale Strafgewalt nur anstelle einer ausländischen Strafrechtsordnung eintritt. Wenn die Grundlage beider Prinzipien genau die gleiche ist (internationale Solidarität), warum sollte das aktive Staatsangehörigkeitsprinzip ein eigenständiges Prinzip darstellen, das die Ausübung einer breiteren (originären und nicht nur derivativen) Strafgewalt ermöglicht? Wenn das Ziel wirklich darin besteht, den Beschuldigten abzuurteilen, da er nicht ausgeliefert werden kann (traditionelle Variante), oder weil die Tat nicht bereits im Ausland abgeurteilt wurde (*Oehlers* Vorschlag), dann könnte jeder Staat – und nicht nur der Heimatstaat des Täters – den Täter einer Auslandstat, über die noch nicht rechtskräftig entschieden wurde, bestrafen.[72] Wenn Deutschland einen Deutschen wegen Bandendiebstahls in Japan nur aufgrund von Solidarität mit Japan

---

nungen (Tatbestandsmerkmale, anwendbare Rechtfertigungsgründe, strafschärfende und -mildernde Umstände usw.) erheblich voneinander abweichen, weshalb dem Potenzial des Gedankens von „*mala in se* Straftaten" mit Skepsis zu begegnen ist. Siehe dazu Teil II D III 2.

[70] *Oehler*, Internationales Strafrecht, Rn. 742.
[71] *Oehler*, Internationales Strafrecht, Rn. 742.
[72] Ähnlich *Chehtman*, Argentinische Perspektiven, S. 54.

legitimerweise vor Gericht stellen könnte, dann sollte Deutschland auch zur Aburteilung seines chinesischen Mittäters berechtigt sein, der sich ebenfalls in Deutschland aufhält und aus irgendeinem Grund nicht an Japan oder andere Länder ausgeliefert werden kann. Dies ist aber genau die Hypothese, die in § 7 Abs. 2 Nr. 2 StGB vorgesehen ist. Dadurch würde das aktive Staatsangehörigkeitsprinzip zu einer bloßen Subhypothese des Prinzips der stellvertretenden Rechtspflege und wäre folglich überflüssig.[73]

Gerade als Lösungsansatz zur Überwindung dieser Schwierigkeiten (und zur Rettung des Prinzips) entsteht eine dritte auf Solidarität gestützte Begründungsalternative. Diese besteht darin, den Solidaritätsgedanken durch die enge Verbindung zwischen dem Täter und seinem Heimatland zu ergänzen.[74] Auf diese Weise würde das aktive Staatsangehörigkeitsprinzip zweifellos die Ausübung originärer Strafgewalt zulassen und wäre unabhängig von den Vorschriften über die Auslieferung von Staatsangehörigen oder der Beachtung der *lex loci*. Doch in diesem Fall fällt die Last der Aufgabe, das Prinzip zu begründen, auf die enge Verbindung zwischen Staat und Täter, und nicht auf die „internationale Solidarität", die so gut wie keine Rolle mehr spielt. Außerdem: Wenn die Grundlage des Prinzips in der engen Bindung zwischen Staat und Täter liegt, dann ist die originäre Strafgewalt des Staates bei Auslandstaten nicht nur dann gerechtfertigt, wenn der Täter Staatsangehöriger ist, sondern immer dann, wenn eine solche Verbindung nachweisbar ist (z. B. aktives Domizil- oder Hoheitsträgerprinzip). Bevor auf diese Begründung (Näheverhältnis) eingegangen wird, soll kurz dargestellt werden, wie das aktive Staatsangehörigkeitsprinzip im StGB verankert ist.

3. Das deutsche Strafanwendungsrecht: eine von Misstrauen geprägte Rechtsordnung

Eine summarische Betrachtung einiger einschlägiger Normen der deutschen Rechtsordnung legt nahe, dass internationale Solidarität für sie eigentlich kein relevanter Wert ist. Dies zeigt sich zum einen daran, dass die Berücksichtigung der *lex loci* im Rahmen des aktiven Personalitätsprinzips auf ein Minimum reduziert wird (z. B. kommen nur materielle Straffreistellungsgründe in Betracht), zum anderen daran, dass der Gesetzgeber bei zahlreichen Straftaten sogar vollständig auf dieses Erfordernis verzichtet (wenn der Verdacht besteht, der ausländische Gesetzgeber könnte von anderen Wertvorstellungen inspiriert sein) und schließlich auch an der im Vergleich zu anderen Rechtsordnungen geringen Be-

---

[73] In diese Richtung *Böse/Meyer*, ZIS 5 (2011), S. 342; *Pawlik*, FS-Schroeder, S. 364.
[74] *Jeßberger*, Der transnationale Geltungsbereich, S. 244–247.

II. Die Verbindung Staat-Täter: hin zu einem „materiellen" aktiven Personalitätsprinzip

deutung, der ausländischen Gerichtsentscheidungen beigemessen wird. Auf diese drei Aspekte soll im Folgenden kurz hingewiesen werden.

In § 7 Abs. 2 Nr. 1 StGB ist eine allgemeine Regel enthalten, die das aktive Staatsangehörigkeitsprinzip auf alle Auslandstaten ausdehnt, aber dafür die Beachtung der *lex loci* verlangt.[75] Ausgenommen vom Erfordernis, das Tatortrecht zu berücksichtigen, ist eine Reihe von in § 5 StGB geregelten Straftaten sowie Taten, die an einem Ort begangen werden, der keiner Strafgewalt unterliegt.[76] Dementsprechend wird in Deutschland üblicherweise die Auffassung vertreten, nur ein eingeschränktes aktives Staatsangehörigkeitsprinzip, wie es das StGB vorsehe, sei völkerrechtsmäßig,[77] es sei denn, dieses Prinzip steht in Kombination mit anderen völkerrechtlichen Grundsätzen (wie etwa mit dem Schutzprinzip, wie im Fall von einer Gefährdung des demokratischen Rechtsstaates nach § 5 Nr. 3a StGB). Die Anforderung zur Berücksichtigung des Tatortrechts solle eine Doppelfunktion erfüllen: Einerseits werde die Souveränität des Tatortstaats geschützt, andererseits werde die Bestrafung von Tätern vermieden, die mit dem deutschen Recht nicht vertraut sind.[78] Ferner kann sich dieses Prinzip, wie bereits dargelegt, nur dann ernsthaft auf den Gedanken der internationalen Solidarität berufen, wenn diese Voraussetzung gefordert wird.[79]

Aber was bedeutet es überhaupt, das Tatortrecht zu berücksichtigen? § 7 Abs. 2 Nr. 1 StGB schreibt lediglich vage vor, das deutsche Recht gelte für Auslandstaten von Deutschen, „wenn die Tat am Tatort mit Strafe bedroht ist". Wie bereits angedeutet, ist diese Anforderung sehr leicht zu erfüllen. Nicht nur, weil gängige Straftaten, wie z. B. Körperverletzung, Bedrohung oder Raub in den al-

---

[75] § 7 Abs. 2 Nr. 1 StGB: „Für andere Taten, die im Ausland begangen werden, gilt das deutsche Strafrecht, wenn die Tat am Tatort mit Strafe bedroht ist oder der Tatort keiner Strafgewalt unterliegt und wenn der Täter zur Zeit der Tat Deutscher war oder es nach der Tat geworden ist".

[76] *Ambos*, Internationales Strafrecht, § 3, Rn. 45. Die letztere Hypothese – heutzutage in der Praxis grundsätzlich unbedeutend – zeigt deutlich, dass das Hauptbedenken des Gesetzgebers bei der Ausdehnung seiner Strafgewalt auf externe Sachverhalte (wenn überhaupt!) eine mögliche Verletzung des Völkerrechts ist, nicht aber die Überschreitung der vom nationalen Recht gesetzten Grenzen, wie etwa das Schuldprinzip.

[77] *Beyer* (Personelle Strafgewalt, S. 35 f., Fn. 139) verweist auf einen vermeintlichen Unterschied zwischen Deutschland und anderen Rechtsordnungen in diesem Punkt. Diese Behauptung ist jedoch fragwürdig, da das Gebot der Beachtung des Tatortstrafrechts in mehreren Rechtsordnungen des kontinentalen Rechtskreises zu finden ist. Beispiele dafür sind Frankreich (Art. 113–6 Abs. 2 Code pénal) und Spanien (Art. 23 Nr. 2 Buchst. a LOPJ).

[78] So z. B. *Werle/Jeßberger*, LK[13], Vor § 7, Rn. 18–20.

[79] Vgl. hierzu *Ambos*, Internationales Strafrecht, § 3 Rn. 41; laut *Satzger* [Jura 32 (2010), S. 110] setzt die Begründung dieses Prinzips auf dem Gedanken der internationalen Solidarität „natürlich voraus, dass das Verhalten auch nach dem Recht des Begehungsortes (*lex loci*) strafbar ist".

lermeisten Rechtsordnungen strafbar sind, sondern auch wegen der Deutung, die dieser Voraussetzung im Schrifttum und Rechtsprechung oft verliehen wird. So brauche der ausländische Tatbestand „sich mit dem zur Anwendung kommenden deutschen Straftatbestand nicht zu decken",[80] bzw. bedürfe es nicht einmal einer ähnlichen Schutzrichtung.[81] Dementsprechend schrieb ein Richter des BGH: „Ein einziger, auf das Täterverhalten zutreffender Straftatbestand des Tatortrechts eröffnet – einem Schlüssel vergleichbar – die Tür zur umfassenden Geltung aller Vorschriften des deutschen Strafrechts".[82] Darüber hinaus (noch wichtiger in Bezug auf die schwache Schranke, die das Erfordernis der Berücksichtigung der *lex loci* darstellt) sollen der herrschenden Auffassung nach lediglich die materiellen Straffreistellungsgründe (z. B. Rechtfertigungs- und Entschuldigungsgründe) des Tatortrechts beachtet werden, und dies auch nur insoweit, als sie nicht gegen den internationalen *ordre public* – d. h. international anerkannte Rechtsgrundsätze – verstoßen.[83] Hingegen betrachtet die h. M. die prozessualen Verfolgungshindernisse des Tatortrechts (und sogar die Verjährung) als irrelevant. Dennoch ist die Nichtbeachtung sowohl von prozessualen Hindernissen als auch von faktischer Nichtverfolgung offensichtlich widersprüchlich, wenn das aktive Staatsangehörigkeitsprinzip auf die internationale Solidarität gestützt wird.

Darüber hinaus wird dieses anspruchslose Erfordernis zur Beachtung der *lex loci* durch zahlreiche Ausnahmen durchbrochen. Dies gilt in erster Linie für Straftaten, die vitale Interessen Deutschlands angreifen (beispielsweise § 5 Nr. 3a, § 5 Nr. 5b, § 5 Nr. 11a und § 5 Nr. 12 StGB, deren Grundlage in der Kombination aus dem aktiven Personalitätsprinzip und dem Schutzprinzip zu finden ist),[84] da das Tatortrecht regelmäßig seine eigenen Institutionen schützt, nicht aber jene von anderen Staaten.[85] Diese – in den genannten Fällen nachvollzieh-

---

[80] Dazu *Werle/Jeßberger*, LK[13], Vor § 7, Rn. 29 f.

[81] *Satzger*, Internationales, § 5 Rn. 89 m. w. N. Hingegen behauptet *Jeßberger* [Der transnationale Geltungsbereich, S. 163 f.], dass eine „Unrechtsidentität" zwischen *lex fori* und *lex loci* vorliegen muss.

[82] *Niemöller*, NStZ 1993, S. 172.

[83] In diese Richtung z. B *Eser/Weißer*, S/S[30], § 7, Rn. 5 f.; *Werle/Jeßberger*, LK[13], Vor § 7, Rn. 37–50. Kritisch dazu *Pawlik,* FS-Schroeder, S. 379; *Satzger,* Jura 32 (2010), S. 193 f., der aufgrund der Schwierigkeit zur Differenzierung zwischen beiden Kategorien in ausländischen Rechtsordnungen für eine Gleichbehandlung materieller und prozessualer Straffreistellungsgründe plädiert.

[84] In den erwähnten Normen werden bestimmte Straftaten bezüglich der Gefährdung des demokratischen Rechtsstaates, der Landesverteidigung, unerlaubter Umgang mit radioaktiven Stoffen sowie Straftaten im Amt geregelt. Im Fall von § 5 Nr. 12 StGB handelt es sich, präziser formuliert, um eine Kombination zwischen dem Hoheitsträgerprinzip und dem Schutzprinzip.

[85] So schützt beispielsweise das chilenische Recht (Art. 106 CP) die äußere Sicherheit des chilenischen – nicht aber die des deutschen – Staates.

II. Die Verbindung Staat-Täter: hin zu einem „materiellen" aktiven Personalitätsprinzip 85

bare – Nichtberücksichtigung des Tatortrechts findet sich allerdings auch bei anderen Deliktsarten, wie z. B.:
- Straftaten, die häufig grenzüberschreitender Natur sind (z. B. Verbreitung, Erwerb und Besitz kinder- und jugendpornographischer Schriften, die nach § 6 Nr. 6 StGB dem Weltrechtsprinzip unterliegen);
- Einige mittelschwere bis schwere Sexualdelikte, die in § 5 Nr. 8 StGB geregelt sind (Missbrauch von Kindern und Jugendlichen, sexuelle Nötigung, Vergewaltigung);
- Straftaten, die in anderen Rechtsordnungen straflos sein können, wie Schwangerschaftsabbruch (§ 5 Nr. 9 StGB).

Die beiden letztgenannten Vorschriften, die sich auf ein uneingeschränktes aktives Staatsangehörigkeitsprinzip stützen[86], bei denen es darum geht, Sextourismus bzw. ein Reichenprivileg für Abtreibungen zu vermeiden, finden ihre endgültige Grundlage im Misstrauen der deutschen Rechtsordnung gegenüber der Tatortrechtsordnung: Der deutsche Gesetzgeber will nicht, dass die Strafbarkeit von Deutschen hinsichtlich bestimmter Auslandstaten vom Tatortrecht abhängt.[87] Diese (inzwischen zahlreich gewordenen) Ausnahmen von der Berücksichtigung der *lex loci* liefern ein weiteres Argument gegen die Solidarität als Grundlage des aktiven Staatsangehörigkeitsprinzips im geltenden deutschen Recht.[88]

Somit beruht die eigentliche Verankerung dieses Prinzips im StGB – ebenso wie in *Oehlers* Vorschlag – auf der Wahrung des staatlichen Interesses an der Straflückenfüllung und damit auf dem Misstrauen, dass ausländische Rechtsordnungen bei dieser Aufgabe mitwirken werden. Nur so ist die untergeordnete Rolle zu erklären, dass die Schwere der Tat (bzw. der Wert des geschützten Rechtsgutes) bei der Bestimmung der Durchbrechungen des *lex loci*-Erfordernisses spielt: aus diesem Grund unterliegt der Schwangerschaftsabbruch – im Gegensatz zum Mord! – nicht dem Erfordernis der Beachtung der *lex loci*. Und deshalb unterliegen alle strafrechtlich relevanten Handlungen in Bezug auf kinder- und

---

[86] Im Falle von § 5 Nr. 9b i. V. m. § 218 StGB – Abtreibung ohne Gefahr für das Leben der Mutter – muss der Täter nicht nur Deutscher sein, sondern auch seine Lebensgrundlage im Inland haben.

[87] In diesem Sinne *Ambos*, Internationales Strafrecht, § 5, Rn. 56–63; ders, MüKo-StGB[4], § 5, Rn. 9: „Schon nach dem Wortlaut von § 5 soll es auf das Tatortrecht nicht ankommen. Darin kommt ein nicht geringes Misstrauen gegenüber der Tatortrechtsordnung zum Ausdruck. Es lässt sich damit erklären, dass der deutsche Gesetzgeber mit § 5 bestimmten nationalen Interessen einen besonderen Schutz zukommen lassen und dessen Durchsetzung nicht von einer ausländischen Rechtsordnung abhängig machen will".

[88] In diesem Zusammenhang ist daran zu erinnern, dass nach der h. M. ein uneingeschränktes aktives Personalitätsprinzip nur aufgrund einer Treupflicht gegenüber dem Heimatstaat begründet sein kann. So z. B. *Ambos*, Internationales Strafrecht, § 3, Rn. 40.

jugendpornographische Schriften (Verbreitung, Herstellung, Erwerb und Besitz) dem deutschen Strafanwendungsrecht ohne Rücksicht weder auf das Tatortrecht noch auf die Staatsangehörigkeit des Täters oder des Opfers (§ 6 Nr. 6 StGB sieht diesbezüglich das Weltrechtsprinzip vor). So gilt das deutsche Recht, wenn ein Kasache pornografische Bilder von einem mexikanischen Kind in Australien auf seinen Computer herunterlädt.[89] Hingegen erstreckt sich das deutsche Recht auf eine Vergewaltigung im Ausland nur auf der Grundlage des aktiven Staatsangehörigkeitsprinzips (ohne Beachtung des *lex loci*-Erfordernisses, aufgrund von § 5 Nr. 8 StGB) oder des passiven Staatsangehörigkeitsprinzips (mit dem erwähnten Erfordernis, nach der allgemeinen Regel des § 7 Abs. 1 StGB).[90] Zusammenfassend lässt sich sagen, dass die gesamte Regelung des deutschen Strafanwendungsrechts von einer misstrauischen Wahrung der eigenen Interessen geprägt ist.[91]

Zudem wirkt das deutsche Recht im Vergleich zu anderen Rechtsordnungen nicht besonders solidarisch, sondern eher im Gegenteil. Man denke z.B. an das bereits erwähnte verfassungsrechtliche Auslieferungsverbot von Staatsangehörigen.[92] Ein weiteres anschauliches Beispiel ist die begrenzte Anerkennung ausländischer Gerichtsurteile. In Deutschland werden ausländische Verurteilungen nur im Rahmen der Strafzumessung berücksichtigt („Anrechnungsprinzip"), während ein ausländischer Freispruch prinzipiell keine Wirkung entfaltet.[93] Mit anderen Worten: Der Grundsatz *ne bis in idem* findet auf ausländische Urteile

---

[89] Kritisch zu dieser Regel *Meyer*, Harvard International Law Journal 31, 1 (1990), S. 115, der sie als „overzealous" beschreibt.

[90] Kritisch gegenüber dieser „befremdlichen Rechgsgüterschutz-Disparität", *Lagodny/Nill-Theobald*, JR 5 (2000), S. 206.

[91] Das internationale Misstrauen als Grundlage der Ausübung nationaler Strafgewalt wird besonders deutlich beim passiven Personalitätsprinzip, das auf der Idee beruht, dass ausländische Staaten Taten gegen fremde Staatsangehörige nicht hinreichend bestrafen. Dazu *Böse/Meyer*, ZIS 5 (2011), S. 342; *Jeßberger*, Der transnationale Geltungsbereich, S. 361.

[92] Im Jahr 2000 erfolgt die Einschränkung des bisher absoluten Auslieferungsverbotes durch die Möglichkeit, Deutsche entweder an EU-Mitgliedstaaten oder an internationale Gerichtshöfe auszuliefern. Zum Auslieferungsverbot des Art. 16 Abs. 2 GG und seinen Ausnahmen siehe *Becker*, v. Mangoldt u.a.GG[7], Rn. 58 ff.; *Wittreck*, Grundgesetz[3], Rn. 31 ff.

[93] Siehe § 51 Abs. 3 S. 1 StGB: „Ist der Verurteilte wegen derselben Tat im Ausland bestraft worden, so wird auf die neue Strafe die ausländische angerechnet, soweit sie vollstreckt ist". Diese Regel wird zwar etwas abgemildert durch die der Staatsanwaltschaft verliehene Befugnis zum Absehen von der Verfolgung einer Auslandstat im Falle eines ausländischen Freispruchs oder bei einer geringen zu erwartenden inländischen Verurteilung nach Anrechnung der ausländischen Strafe (§ 153c Abs. 2 StPO). Ferner gibt es eine Ausnahme auf europäischer Ebene, die in Artikel 54 des Schengener Durchführungsübereinkommens (SDÜ) vorgesehen ist: „Wer durch eine Vertragspartei rechtskräftig abgeurteilt worden ist, darf durch eine andere Vertragspartei wegen derselben Tat nicht verfolgt werden, vorausgesetzt, daß im Fall einer Verurteilung die Sanktion bereits vollstreckt worden ist, gerade vollstreckt wird oder nach dem Recht des

II. Die Verbindung Staat-Täter: hin zu einem „materiellen" aktiven Personalitätsprinzip

keine Anwendung.[94] Zwar ist die deutsche Rechtsordnung in dieser Hinsicht nicht allein.[95] Soweit ersichtlich, erkennen jedoch die meisten Rechtsordnungen im Falle eines rechtskräftigen ausländischen Urteils den Grundsatz *ne bis in idem* an.[96] Die Geringschätzung ausländischer Urteile zeigt, dass die Verfolgung von im Ausland begangenen Taten eigener Staatsangehöriger nicht von internationaler Solidarität, sondern von Eigeninteresse geleitet wird.

Zum Abschluss dieses Punktes sei das folgende Beispiel angeführt. Eine deutsche Frau begeht in Málaga einen Schwangerschaftsabbruch. Deutschland kann sie nach dem aktiven Personalitätsprinzip bestrafen (§ 5 Nr. 9 Buchst. b i. V. m. § 218 Abs. 3 StGB), selbst wenn sie an Spanien ausgeliefert werden kann (Art. 16 Abs. 2 S. 2 GG) und selbst wenn die Tat in Spanien straflos oder verjährt wäre oder wenn Spanien erkennbar kein Interesse an der Strafverfolgung hätte. Hätte sie den Schwangerschaftsabbruch in Argentinien begangen, könnte sie auch dann bestraft werden, wenn sie dort bereits rechtskräftig freigesprochen oder verurteilt wurde. Kurzum: Der Gedanke der „internationalen Solidarität" ist die denkbar ungeeignetste Grundlage für das aktive Staatsangehörigkeitsprinzip im deutschen Recht.[97]

Urteilsstaats nicht mehr vollstreckt werden kann". Trotz dieser Nuancen bleibt der Wert ausländischer Urteile im Vergleich zu anderen Rechtsordnungen gering, wie sich zeigen wird.

[94] Siehe *Jescheck/Weigend*, AT⁵, § 18 III 7 oder *Jeßberger*, Der transnationale Geltungsbereich, S. 137, für eine summarische Behandlung dieses Punkts.

[95] Eine ähnliche Ablehnung eines internationalen *ne bis in idem* ist in den USA zu beobachten, wo es nicht einmal ein *ne bis in idem* zwischen der Bundesjustiz- und der Justiz der einzelnen Bundesstaaten gibt. Siehe diesbezüglich *Principato*, Cornell International Law Journal 47, 3 (2014), S. 773 ff. Es gibt jedoch in den USA bestimmte *statutes*, in denen eine Art *ne bis in idem* vorgesehen ist, wie z.B. das oben erwähnte 18 U.S.C. § 1119. Andere Länder, die einen internationalen *ne bis in idem* nicht anerkennen, sind Italien (der Grundsatz wurde jüngst von der *Corte di Cassazione* verworfen, siehe Cass., sez. I, 24 luglio 2019, n. 33564) oder China (siehe Art. 10 der Criminal Law of the People's Republic of China).

[96] Vgl. z.B. Article 113–9 des französischen Code pénal: „Dans les cas prévus aux articles 113–6 *[Anm.: d. h. aktives Personalitätsprinzip]*... aucune poursuite ne peut être exercée contre une personne justifiant qu'elle a été jugée définitivement à l'étranger pour les mêmes faits et, en cas de condamnation, que la peine a été subie ou prescrite"; ähnlich Art. 23 Nr. 2 Buchst. c der spanischen LOPJ, der aber auch den Fall einer ausländischen Begnadigung berücksichtigt; und Art. 13 des chilenischen CPP, der aber ausnahmsweise (z. B im Fall Mangelnde Verfahrensgarantien im ausländischen Prozess) eine ähnliche Regel wie das Anrechnungsprinzip von § 51 Abs. 3 S. 1 StGB vorsieht. In ähnlichem Sinne, u.a.: Art. 68 des niederländischen StGB; Art. 65 Abs. 4 des österreichischen StGB oder Art. 14b Nr. 3 des israelischen StGB. Außerdem wird der Grundsatz *ne bis in dem* hinsichtlich ausländischer Entscheidungen sowohl vom Römischen Statut des Internationalen Strafgerichtshofs (Art. 20) als auch vom Harvard Draft Convention on Jurisdiction with Respect to Crime (Art. 13) anerkannt.

[97] Ähnlich *Pawlik*, FS-Schroeder, S. 364. Gerade wegen der Schwierigkeiten, dieses Prinzip im europäischen Kontext (wo es einen europäischen Haftbefehl und gemeinsame Werte

Die Ausgestaltung des aktiven Staatsangehörigkeitsprinzips im StGB ist aber auch unvereinbar mit seiner Begründung durch eine Treuepflicht oder durch die Bindung des Täters zum Staat. Dies liegt nicht nur daran, dass dann die Verpflichtung zur Beachtung der *lex loci* in den Fällen von § 7 Abs. 2 Nr. 1 Var. 1 ggf. an Bedeutung verlieren würde, sondern vor allem an der Neubürgerklausel von § 7 Abs. 2 Nr. 1 Var. 2 (der Täter wird nur nach der Tat Deutscher). Hierbei ist es möglich, dass zur Tatzeit überhaupt keine Verbindung zwischen dem Staat und dem Täter bestand. Zwar sieht ein beträchtlicher Teil der Literatur diese Hypothese als ein Unterfall des Prinzips der stellvertretenden Rechtspflege statt des aktiven Staatsangehörigkeitsprinzips.[98] Dadurch wird aber das Begründungsproblem nur verschoben, da die Neubürgerklausel (wie sie derzeit im StGB geregelt ist) auch nicht unter ein auf strikte Solidarität gestütztes Prinzip der stellvertretenden Rechtspflege fällt. Vielmehr geht es dem Gesetzgeber hier allein um die Schließung von Strafbarkeitslücken: Nur so lässt sich die Regelung des aktiven Staatsangehörigkeitsprinzips im geltenden deutschen Recht erklären.

4. Hin zu einem materiellen aktiven Personalitätsprinzip

Wenn aber ein Staat sich nicht auf eine angebliche „internationale Solidarität" berufen kann, um die Erstreckung seiner Strafgewalt auf Auslandstaten seiner Staatsangehörigen zu rechtfertigen, worauf beruht dann dieser Grundsatz? Die völkerrechtliche Legitimität dieses Grundsatzes steht hier nicht in Frage. Vielmehr erscheint das aktive Staatsangehörigkeitsprinzip als selbstverständlicher Ausdruck der Legitimationsbedingung der völkerrechtlichen Grundsätze schlechthin, d. h. des Erfordernisses einer *genuine connection*. Obwohl, wie angemerkt, der Begriff „echte Verbindung" unscharf ist, und obgleich die *connection* zwischen Forumsstaat und Tat (d. h. nicht unbedingt zwischen Staat und Täter) vorliegen muss,[99] ist diese Anforderung durch das aktive Staatsangehörig-

---

gibt) auf Solidarität zu stützen, entscheidet sich *Zimmermann* dafür, in seinem Modell dem Territorialitätsprinzip den Vorzug vor dem aktiven Personalitätsprinzip zu geben (ebd., Strafgewaltkonflikte, S. 380 f.).

[98] Vgl. dazu *Satzger*, Jura 32 (2010), S. 191; *Eser/Weißer*, S/S[30], § 7, Rn. 13; *Jescheck/Weigend*, AT[5], § 18 III 5. *Werle/Jeßberger* (LK[13], Vor § 3, Rn. 8) behaupten (zu) pragmatisch, dass sich die Ausübung der Strafgewalt hierbei neben dem aktiven Personalitätsprinzip auch auf den Gedanken stellvertretender Strafrechtspflege stützen kann. Die Völkerrechtsmäßigkeit der Neubürgerklausel ist umstritten. Vgl. dazu *European Committee*, Extraterritorial Criminal Jurisdiction, S. 449: „Finally, there are considerable differences of opinion concerning the question of whether proceedings may be instituted on the basis of this principle against persons who acquired the nationality of the prosecuting state or who lost it after the commission of the offence".

[99] *Beyer*, Personelle Strafgewalt, S. 90. Die *American Law Institute*, Restatement (Third),

II. Die Verbindung Staat-Täter: hin zu einem „materiellen" aktiven Personalitätsprinzip

keitsprinzip zweifellos erfüllt. Ohne weiter darauf einzugehen, wird der Ursprung des Erfordernisses einer echten Verbindung häufig mit der berühmten Entscheidung des IGH in der Rechtssache Nottebohm assoziiert,[100] wobei das Gericht gerade eben zu bestimmen hatte, wann ein Staat seinen eigenen Staatsangehörigen diplomatischen Schutz gewähren konnte und somit wann jemand – aus einer völkerrechtlichen Perspektive – als Staatsangehöriger eines bestimmten Staates eingestuft werden konnte. Nach dieser Entscheidung kann zwar jeder Staat die Regeln für die Verleihung der eigenen Staatsangehörigkeit frei festlegen, doch kann kein Staat beanspruchen, dass die von ihm festgelegten Regeln von einem anderen Staat anerkannt werden, es sei denn, er hat in Übereinstimmung mit dem allgemeinen Kriterium gehandelt, „of making the legal bond of nationality accord with the individual's genuine connection with the State".[101] So besteht *nationality* – als juristische Umsetzung der Verbindung zwischen einem Staat und einem Individuum – in „a legal bond having as its basis a social fact of attachment, a genuine connection of existence, interests and sentiments, together with the existence of reciprocal rights and duties".[102] Somit stellte das Gericht fest, dass die Staatsangehörigkeit nicht nur eine formelle Dimension, sondern auch eine materielle (*social fact of attachment*) aufweist.[103] Daher ist die Finanzeinbürgerung einer Person nicht ohne weiteres gegenüber anderen Staaten geltend zu machen.[104]

Aber selbst wenn man die Staatsangehörigkeit rein formal versteht, dehnen viele Staaten ihre Rechtsetzungsgewalt auf Taten aus, die von Personen begangen werden, die zwar nicht ihre Staatsangehörigen sind, jedoch ein anderes faktisches Näheverhältnis zu ihnen haben. Dies gilt sowohl für das aktive Domizil-

---

§ 407, erfordert „eine ‚genuine connection' between the subject of the regulation and the state seeking to regulate", wobei mit „subject of the regulation" das betroffene Verhalten gemeint ist, nicht der Täter. Deshalb sprechen einige Autoren lieber von „subject-matter of jurisdiction" (vgl. z. B. *Crawford*, Brownlie's Principles[8], S. 457).

[100] Siehe aber *Crawford*, Brownlie's Principles[8], S. 513 f.: „Seen in its proper perspective, the decision in Nottebohm is a reflection of a fundamental concept long present in the materials concerning nationality on the international plane. The doctrine of the effective link had already been recognized for some time in continental literature and the decisions of some national courts".

[101] Nottebohm Case (second phase), Judgment of April 6th, 1955: I.C.J. Reports (1955), S. 23; im selben Sinne Art. 1 der 1930 *Hague Convention on the Conflict of Nationality Laws*.

[102] Nottebohm Case (second phase), Judgment of April 6th, 1955: I.C.J. Reports (1955), S. 23.

[103] *Beyer*, Personelle Strafgewalt, S. 91–93.

[104] Die Praxis der Finanzeinbürgerung (Ausländer gegen die Entrichtung einer hohen Geldsumme einzubürgern), üblich in Liechtenstein zwischen 1919 und 1955 (dazu https://historisches-lexikon.li/Finanzeinb%C3%BCrgerung, abgerufen: 09.10.2023.), wird heute wieder in großem Umfang von mehreren Staaten ausgeübt.

prinzip als auch für das aktive Hoheitsträgerprinzip[105], die in mehreren Rechtsordnungen Anwendung finden[106] und im Schrifttum häufig mit dem aktiven Staatsangehörigkeitsprinzip gleichgesetzt werden.[107] Daher kann der Begriff „aktives Personalitätsprinzip" als ein Oberbegriff verwendet werden, der alle diese „Unterprinzipien" umfasst, die die Ausdehnung der Strafgewalt auf die Verbindung zwischen Staat und Täter stützen.[108] Dies verdeutlicht außerdem, worauf das aktive Staatsangehörigkeitsprinzip eigentlich beruht: es darf nicht außer Acht gelassen werden, dass die mit ihm verwandten Grundsätze (das aktive Domizil- und Hoheitsträgerprinzip) nicht auf internationaler Solidarität beruhen können,[109] außer vielleicht in Ausnahmefällen, in denen Immunitätsschutz besteht.

---

[105] Das heißt, die von Trägern staatlicher Gewalt begangenen Auslandstaten. Vgl. hierzu *Jeßberger*, Der transnationale Geltungsbereich, S. 251. Im deutschen Recht ist dieser Grundsatz in § 5 Nr. 13 StGB verankert.

[106] Zur erweiterten Verbreitung des aktiven Domizilprinzips in Rechtsordnungen unterschiedlicher Traditionen und seine daraus folgende Völkerrechtsmäßigkeit, siehe die umfassende Monografie von *Beyer*, Personelle Strafgewalt, S. 191–255 und S. 286 f. Auch *Mills* [British Yearbook of International Law 84, 1 (2014), S. 198] und früher *Akehurst* [British Year Book of International Law 46 (1972–1973), S. 156 f.] haben auf das in vielen Ländern vorhandene aktive Domizilprinzip und aktive Hoheitsträgerprinzip verwiesen. Jedenfalls, wenn das aktive Domizilprinzip kumulativ mit dem aktiven Staatsangehörigkeitsprinzip vorgeschrieben ist (z. B. § 5 Nr. 9b StGB) ist seine Völkerrechtsmäßigkeit selbstverständlich. Nur wenn das aktive Domizilprinzip alternativ zum aktiven Staatsangehörigkeitsprinzip (wie in § 5 Nr. 3a StGB) oder anstelle desselben vorgesehen ist, mag die Frage nach seiner Völkerrechtskonformität sinnvoll sein. Dazu *Ambos*, Internationales Strafrecht, § 3, Rn. 42.

[107] Vgl. Art. 6a Harvard Draft Convention on Jurisdiction with Respect to Crime: „A State has jurisdiction with respect to any crime committed outside its territory…by an alien in connection with the discharge of a public function which he was engaged to perform for that State". Siehe auch *Zimmermann*, Strafgewaltkonflikte, S. 382 f., der in seinem Modell eine Gleichrangigkeit des aktiven Staatsangehörigkeitsprinzips und des aktiven Domizilprinzips vorschlägt. *Farmer*, University of Toronto Law Journal 63 (2013), S. 236 f., berichtet über die traditionsreiche Geschichte des Hoheitsträgerprinzips im englischen Recht. *Jeßberger* (Der transnationale Geltungsbereich, S. 39) schreibt, das Hoheitsträgerprinzip lasse sich als Ausprägung des aktiven Staatsangehörigkeitsprinzips begreifen. *Jescheck/Weigend* (AT⁵, § 18 II 3) beschreiben das aktive Domizilprinzip als völkerrechtlich bedenkenfrei.

[108] In dieselbe Richtung *Dodge*, Yearbook of Private International Law, 18 (2016/2017), S. 154, laut dem „The Fourth Restatement notes that a number of countries exercise both active and passive personality jurisdiction based not only on nationality but also on domicile or residence. It is for this reason that the Fourth Restatement uses the phrase ,active personality jurisdiction' in place of the more common ,nationality jurisdiction'"; ähnlich *Beyer*, Personelle Strafgewalt, S. 401; *Jeßberger*, Der transnationale Geltungsbereich, S. 239 ff.

[109] Man denke etwa an einen nach Deutschland geflohenen Chilenen, der Schulleiter einer deutschen Schule in Chile (und Beamter Deutschlands) ist, und in Chile einen Diebstahl be-

II. Die Verbindung Staat-Täter: hin zu einem „materiellen" aktiven Personalitätsprinzip

Beim aktiven Hoheitsträgerprinzip geht der Amtsträger durch die Annahme des Amtes eine spezielle Bindung mit dem arbeitgebenden Staat ein, die als Konsequenz sowohl den Erwerb von Rechten (wie den Schutz durch die deutsche Rechtsordnung)[110] als auch von Pflichten –insbesondere „eine Pflicht zur Respektierung der deutschen Rechtsordnung auch im Ausland" – nach sich zieht.[111] Analog dazu (und trotz der Unterschiede zwischen den beiden Konstellationen) hat auch der Staatsangehörige Pflichten gegenüber seiner Gesellschaft.[112] So wird *nationality* im Völkerrecht häufig als eine synallagmatische Beziehung verstanden, in der die Parteien gegenseitige Rechte und Pflichten haben. Zum Beispiel schreibt *Shaw*: „The concept of nationality is important since it determines the benefits to which persons may be entitled and the obligations (such as conscription) which they must perform".[113] Ebenso hat das BVerfG Folgendes festgestellt: „Art. 116 II GG versteht die deutsche Staatsangehörigkeit als ein umfassendes Rechtsverhältnis, aus dem Rechte und Pflichten erwachsen".[114] Es ist daher nicht verwunderlich, dass viele Strafrechtler bzw. Rechtsphilosophen die Legitimität der Strafnorm und der Kriminalstrafe aus der politischen Pflicht des Bürgers gegenüber seiner politischen Gemeinschaft bzw. seinen Mitbürgern ableiten, worauf im zweiten Teil dieser Arbeit ausführlich eingegangen wird.[115]

---

ging: prinzipiell kann er problemlos (ohne Rücksicht auf das Auslieferungsverbot von Art. 16 GG) an Chile ausgeliefert werden.

[110] Siehe z. B. § 5 Nr. 14 StGB

[111] *Werle/Jeßberger*, LK[13], § 5, Rn. 199.

[112] Das Verständnis, der Staatsangehörige habe eine Pflicht gegenüber seiner Gesellschaft, ist nicht unbedingt mit einem autoritären Gesichtspunkt verbunden, wie im Laufe dieser Untersuchung deutlich wird. Die Idee einer „Treupflicht" (deren Klang sich jedenfalls von der Vorstellung einer Pflicht des Bürgers zur äußerlichen Einhaltung des Gesetzes unterscheidet) wurde zwar von nationalsozialistischen Autoren ausgiebig verwendet (siehe z. B. *Mezger*, DR 1940, S. 1077). Aber der Gedanke ist nicht originär nationalsozialistisch, und überdies sollte die berechtigte Abneigung gegen einige Verfechter dieses Gedankens nicht zur Zensur desselben führen. Ansonsten müsste man ebenso auf den Begriff des Rechtsgutes verzichten, der auch von NS-Autoren missbraucht wurde (siehe dazu Teil II B II 1).

[113] *Shaw*, International Law, S. 494.

[114] BVerfG, NJW, 1980, 2797, 2798. Bei anderen Gelegenheiten hat das Gericht die Staatsangehörigkeit eher als einen Status betrachtet (BVerfG, NJW, 1974, 1609). Zu den Unterschieden zwischen der Auffassung der Staatsangehörigkeit als Rechtsverhältnis oder als Status, siehe *Hailbronner et al.*, Staatsangehörigkeitsrecht[6], Teil I, B, Rn. 1–4), die sich für Ersteres aussprechen.

[115] Zu den Autoren, die diesbezüglich genannt werden können, gehören u. a. *Duff*, P.C.C., S. 181; *Hoskins*, Criminal Law and Philosophy 5 (2011), S. 53 ff.; *Dagger*, Playing Fair; oder *Pawlik*, Das Unrecht, S. 90 ff. Für einen detaillierten Überblick der Autoren, die ein Strafrecht des Bürgers befürworten, siehe unten Teil II D.

Heutzutage, wie *Beyer* schreibt, „in Zeiten grenzüberschreitender Migration, in denen sich Personen nicht nur kurzfristig, sondern immer häufiger auch dauerhaft außerhalb ihres Staatsangehörigkeitsstaates niederlassen, ist die Staatsangehörigkeit als Indikator einer sozialen Verbundenheit aber ungeeignet."[116] Stattdessen scheint der flexible Begriff des „Domizils" angemessener zu sein. Gerade der Vorteil dieses Konzepts, nämlich dessen Flexibilität, bringt jedoch auch einen Nachteil mit sich, und zwar die Unsicherheit darüber, welches „Domizil" die staatliche Rechtsetzungsgewalt ausreichend legitimieren könnte. Wie *Mills* betont, greifen verschiedene Rechtsordnungen in dieser Hinsicht auf ähnliche, aber unterschiedliche, Begriffe zurück, wie z. B. *„being domiciled', ,resident', or ,at home' in the territory"*.[117] Ob ein Staat seine Strafgewalt allein aufgrund eines „einfachen Wohnsitzes" ausdehnen kann oder ob dafür ein bestimmter „qualifizierter" Wohnsitz erforderlich ist, ist völkerrechtlich umstritten.[118] Wichtig für diese Arbeit ist aber zudem, einen Überblick zu gewinnen, mit welcher Form von Domizil die Strafrechtsetzungsgewalt *aus strafrechtstheoretischen Überlegungen* heraus operieren soll, was im dritten Teil dieser Arbeit angestrebt wird.[119] Dabei darf man aber nicht vergessen, dass auch der Begriff *nationality* nicht ganz unproblematisch ist.[120] Ein zweites Problem bei der Ausdehnung der Strafgewalt auf der Grundlage des aktiven Domizilprinzips (anstelle des aktiven Staatsangehörigkeitsprinzips) besteht darin, dass dies auf den ersten Blick etwas unberechtigt erscheinen mag: Eine Person mit einer vorübergehenden Aufenthaltserlaubnis in einem Land mag eine ganz andere Bindung zu diesem Land haben als ein

---

[116] *Beyer*, Personelle Strafgewalt, S. 400. Daraus schlägt Beyer (S. 142–144) *de lege ferenda* die Ersetzung des Staatsangehörigkeitsprinzips durch das Domizilprinzip und damit verbunden – zur Vermeidung von Strafbarkeitslücken – die Abschaffung des Auslieferungsverbots für Staatsangehörige vor, das er als „ein Relikt nationalistischen Denkens" bezeichnet.

[117] Vgl. *Mills*, British Yearbook of International Law 84, 1 (2014), S. 204–207, demzufolge: „jurisdiction may be based on a flexible combination of both territorial and personal connecting factors – connections between a person and a place which do not depend on nationality, such as domicile or habitual residence".

[118] Einige Autoren bezweifeln immer noch, dass das Völkerrecht den Rückgriff auf den Grundsatz des aktiven Domizils überhaupt zulässt. Mit vielen Literaturhinweisen für und gegen diese These *Beyer*, Personelle Strafgewalt, S. 291, Fn. 664. Dennoch hält Beyer die völkerrechtliche Erlaubnis, auf dieses Prinzip zurückzugreifen, für hinreichend begründet und er spricht sich (ebd, S. 154–163) für das Erfordernis eines gewöhnlichen (nicht nur vorübergehenden) Aufenthalts oder eines qualifizierten Wohnsitzes aus, sei es in tatsächlicher (Mindestaufenthaltsdauer) oder rechtlicher (Daueraufenthaltserlaubnis) Hinsicht. Vgl. dazu Teil III D II 2.

[119] Vgl. hier auch Teil III D II 2.

[120] *Shaw*, International Law, S. 494: „The problem is that there is no coherent, accepted definition of nationality in international law and only conflicting descriptions under the different municipal laws of states. Not only that, but the rights and duties attendant upon nationality vary from state to state".

Staatsangehöriger; was sich in schwächeren Rechten äußern kann.[121] Wird hierdurch nicht die Legitimität des Staates beeinträchtigt, seine Strafgewalt auf der Grundlage des aktiven Domizilprinzips zu erstrecken? Auch diese Frage (eine der wichtigsten für ein Bürgerstrafrecht) kann erst in Teil III dieser Arbeit beantwortet werden.[122]

Wenn aber die richtige Grundlage für alle Varianten des aktiven Personalitätsprinzips (Staatsangehörigkeits-, Domizil- und Hoheitsträgerprinzip) die enge Bindung zwischen Strafgewaltstaat und Täter ist, so kann sich die Neubürgerklausel des StGB nicht auf dieses Prinzip stützen. Ebenso wenig ist die Berücksichtigung der *lex loci* per se unerlässlich, auch wenn sie aus diplomatischen Gründen oder zur Vermeidung eventueller Verletzungen des Schuldprinzips wünschenswert sein mag.[123]

Nachfolgend wird das passive Personalitätsprinzip erörtert, das einige Problemfelder mit dem aktiven Personalitätsprinzip teilt (z. B. die Frage nach der Berücksichtigung der *lex loci* oder das Entscheidungsdilemma zwischen dem Rückgriff auf den Wohnsitz oder die Staatsangehörigkeit), bei dem aber eine Verbindung zwischen Forumsstaat und Täter (die Grundlage des aktiven Personalitätsprinzips) nicht besteht.

III. Der Schutz des Eigenen vor dem Fremden: das passive Personalitätsprinzip

1. Begründung: wieder einmal Misstrauen

Das passive Personalitätsprinzip (oder, genauer gesagt, das passive Staatsangehörigkeitsprinzip) erlaubt es einem Staat, seine Strafgewalt auf Auslandstaten gegen seine Staatsangehörigen auszudehnen.[124] Das Prinzip beruht also auf der

---

[121] Dessen ist sich auch *Oehler* (Internationales Strafrecht, Rn. 137) bewusst: „Die Gleichstellungen von eigenen Staatsangehörigen und Wohnsitzinhabern empfiehlt sich meines Erachtens generell im Strafgesetz nicht, weil beide mit den gleichen Pflichten belastet werden, naturgemäß ohne daß sie die gleichen Rechte haben".

[122] Gelöst wird diese Schwierigkeit teilweise durch den in Teil III B angenommenen abstufbaren Begriff der Staatsbürgerschaft und durch die Berücksichtigung dieser Abstufbarkeit bei der Strafzumessung (siehe dazu Teil III C 1).

[123] Vgl. diesbezüglich *American Law Institute*, Restatement (Fourth), § 410 comment d: „These limitations appear to be motivated by international comity rather than required under international law".

[124] Vgl. statt aller *Henrich*, Das passive Personalitätsprinzip, S. 1. Der herrschenden Meinung nach gilt eine Auslandstat als gegen einen Staatsangehörigen begangen, wenn die Tat unmittelbar gegen ein individuales Rechtsgut eines bestimmten Staatsangehörigen gerichtet ist

Beziehung zwischen Strafgewaltstaat und Opfer, oder genauer gesagt, auf einer vermeintlichen Pflicht des Staates, seine eigenen Staatsangehörigen weltweit zu schützen.[125] Aufgrund seiner Verwandtschaft mit dem Staatsschutzprinzip wird es in der Literatur auch als „Individualschutzprinzip" bezeichnet.[126] Historisch gesehen ist dieses Prinzip eines der umstrittensten – wenn nicht sogar das kontroverseste – völkerrechtliche Prinzip gewesen. Demgemäß ist es der einzige hier behandelte völkerrechtliche Anknüpfungspunkt, der in den einschlägigen internationalen Instrumenten zum Strafanwendungsrecht (wie etwa dem *Draft Convention on Jurisdiction with Respect to Crime*) nicht enthalten ist und es ist zudem als das schwächste[127], aggressivste[128], schlechteste[129] Prinzip oder schlicht als „Degeneration des Realprinzips"[130] bezeichnet worden.

Die Vorbehalte gegen das Prinzip sind wenig überraschend. Anders als bei dem Staatsschutzprinzip geht es hier nicht um einen Angriff gegen die wichtigen Institutionen des Strafgewalt beanspruchenden Staates, weshalb das Verfolgungsinteresse schwächer ist.[131] Und obwohl es die Kehrseite der Medaille des aktiven Personalitätsprinzips darstellt, sind die beiden Prinzipien wesentlich unterschiedlich. Da der Normadressat hier ein Ausländer im Ausland ist, besteht zwischen Forumsstaat und Täter keine Verbindung vor der Tatbegehung. Dies bedeutet wiederum, dass der Staat sein Strafrecht auf ausländische Täter erstreckt, „die oftmals nicht wissen, dass sie einen Ausländer angegriffen haben und deshalb dem Heimatsrecht dieses Ausländers unterworfen werden, noch mit

---

[dazu *Satzger*, Jura 32 (2010), S. 191]. Noch strenger *Oehler* Internationales Strafrecht, Rn. 677, der die Anwesenheit des Opfers am Tatort verlangt. Vgl. hingegen in Chile *Politoff* et al., PG², S. 121, demzufolge die Tat auch gegen kollektive Rechtsgüter sich richten kann, weil das Gesetz keine Begrenzung in dieser Hinsicht vorsieht.

[125] *Henrich*, Das passive Personalitätsprinzip, S. 1; *McCarthy*, Fordham International Law Journal 13, 3 (1989), S. 301; *Werle/Jeßberger*, LK[13], Vor § 3, Rn. 247.

[126] Vgl. z. B *Jescheck/Weigend*, AT⁵, § 18 II 4; *Werle/Jeßberger*, LK[13], Vor § 3, Rn. 247.

[127] *Böse/Meyer*, ZIS 5 (2011), S. 341: „Unter den anerkannten Prinzipien präsentiert es den schwächsten genuine link und wird daher auch in vielen Staaten nicht als Grundlage für extraterritoriale Strafgewalt herangezogen"; *Crawford*, Brownlie's Principles⁸, S. 461: „This is considerably more controversial, as a general principle, than the territorial and nationality principles"; *McCarthy*, Fordham International Law Journal 13, 3 (1989), S. 301: „The passive personality principle is the most controversial of the five accepted bases of jurisdiction in international law".

[128] *Cafritz/Tene*, Columbia Journal of Transnational Law 41 (2003), S. 598 f.; vgl. auch *Mann*, Recueil des Cours de L'Académie de Droit International 111 (1964 I), S. 92, der dieses Prinzip als „an excess of jurisdiction" bewertet.

[129] Siehe dazu *Oehler*, FS-Engisch, S. 302; etwas nuancierter *ders.*, Internationales Strafrecht, Rn. 657.

[130] So *Wegner*, FG-Frank, S. 154.

[131] *Ambos*, Internationales Strafrecht, § 3, Rn. 73.

diesem Recht vertraut sind".[132] Die wahre Triebfeder hinter der Einführung dieses Prinzips ist schlicht das mangelnde Vertrauen des Strafgewaltstaates, dass ausländische Rechtsordnungen willens oder in der Lage sind, seine Staatsangehörigen adäquat zu schützen.[133]

Ungeachtet dessen steht dieser Grundsatz im Einklang mit dem Völkerrecht.[134] Dies liegt nicht nur an seiner wachsenden Bedeutung in der staatlichen Praxis,[135] sondern auch daran, dass er die einzige Voraussetzung des Völkerrechts anscheinend erfüllt, nämlich das Vorliegen einer diffusen *genuine connection* zwischen Strafgewaltstaat und Straftat. In den Worten von *Henrich*: „Es gibt keinen einleuchtenden Grund, die völkerrechtliche Lage anders zu beurteilen, wenn ein Staat nicht an die Staatsangehörigkeit des Täters, sondern des Opfers anknüpft. Denn die Nähebeziehung muß zur Straftat, nicht zu der zu bestrafenden Person bestehen".[136] Die Übereinstimmung dieses Grundsatzes mit dem Völkerrecht bedeutet jedoch nicht, dass seine Anwendung aus (bürger-)strafrechtlicher Sicht legitim ist. Wie in diesem ersten Teil immer wieder betont wird, interessiert sich das Völkerrecht nur für die Einhaltung des Nichteinmischungsgebots und den Kampf gegen Straflosigkeit.[137] Das Strafrecht hingegen muss notwendigerweise die Rechtfertigung von Strafnorm und Strafe gegenüber dem Täter berücksichtigen.[138] Und diese Berechtigung kann nicht bloß auf dem erwähnten Misstrauen

---

[132] So *Ambos*, Internationales Strafrecht, § 3, Rn. 73. Ähnlich *Greig*, International Law, S. 307: „It would seem illogical to make jurisdiction depend on the purely fortuitous fact of the victim's nationality"; siehe auch *Ryngaert*, Jurisdiction in International Law, S. 110.

[133] Dazu *Böse/Meyer*, ZIS 5 (2011), S. 342; *Henrich*, Das passive Personalitätsprinzip, S. 60; *Jeßberger*, Der transnationale Geltungsbereich, S. 361; *Oehler*, Internationales Strafrecht, Rn. 657.

[134] Dies ist die überwältigende Mehrheitsmeinung sowohl in Deutschland (vgl. *Henrich*, Das passive Personalitätsprinzip, S. 188 f., m.w.N. in Fn. 14; *Verdross/Simma*, Universelles Völkerrecht³, § 1184) als auch im Ausland [siehe statt aller *McCarthy*, Fordham International Law Journal 13, 3 (1989), S. 299 f.].

[135] Ausführlich zur breiten (aber keineswegs einhelligen) Anerkennung dieses Prinzips in verschiedenen Rechtsordnungen *Henrich*, Das passive Personalitätsprinzip, S. 198 ff.; zur Verwirklichung dieses Prinzips in mehreren internationalen Verträgen *Werle/Jeßberger*, LK[13], Vor § 3, Rn. 248; zur zunehmenden Akzeptanz dieses Prinzips auf internationaler Ebene und insbesondere in der US-Rechtsprechung *McCarthy*, Fordham International Law Journal 13, 3 (1989), S. 307–312; vgl. dazu auch *Jeßberger*, Der transnationale Geltungsbereich, S. 258–261.

[136] *Henrich*, Das passive Personalitätsprinzip, S. 188 f.

[137] Ein sehr anschauliches Beispiel dafür ist das von *Ryngaert*, Jurisdiction in International Law, S. 230 f., vorgeschlagene internationale Jurisdiktionszuweisungssystem, das darauf abzielt, beide Interessen (Beachtung der Souveränität und Kampf gegen Straflosigkeit) zu verbinden.

[138] Ähnlich *Henrich*, Das passive Personalitätsprinzip, S. 3: „So wird schon im Aufbau verdeutlicht, daß eine Norm des Internationalen Strafrechts nicht allein daran gemessen werden kann, inwieweit sie aus der Sicht des Staates und seiner Strafverfolgungsorgane sinnvoll und

des Strafgewaltstaates beruhen: Welche Legitimation hat ein deutsches Gericht oder das deutsche Recht in den Augen eines Chilenen, der beschuldigt wird, einen Deutschen in Chile betrogen zu haben, dessen Staatsangehörigkeit ihm nicht einmal bekannt war?

Tatsächlich wirft das Prinzip eine Reihe zusätzlicher Probleme unter dem Gesichtspunkt der Straflegitimation auf. Besonders deutlich wird dies in *Henrichs* Monografie dargestellt. Ihm zufolge leidet das Prinzip an mindestens zwei großen Mängeln.[139] Erstens ist das angebliche Ziel, Staatsangehörige im Ausland zu schützen, ein reines Lippenbekenntnis: Der Täter – der die Staatsangehörigkeit des Opfers möglicherweise gar nicht kennt – wird von der in der Norm enthaltenen Bedrohung nicht einmal erreicht,[140] und die Chance, dass er tatsächlich (vom Heimatstaat des Opfers) verfolgt wird, ist sehr gering. Die Folge ist die Desillusionierung über den angebotenen Scheinschutz, „denn Täuschungen schaffen Enttäuschungen und somit möglicherweise einen Verlust an Vertrauen in die Wirksamkeit des Rechts".[141] Zweitens muss der Täter in den Fällen, in denen er auf der Grundlage dieses Prinzips tatsächlich verfolgt wird, eine Reihe zusätzlicher Härten im Vergleich zum inländischen Täter erleiden, wie z. B. Sprachschwierigkeiten, Trennung von Angehörigen, eine erhöhte Gefahr von Doppelbestrafung usw. Zwar wird versucht, diese Härten durch verfahrensrechtliche Ausgleichsmöglichkeiten zu beheben, die teilweise darin bestehen, den Rückgriff auf das Prinzip zu vermeiden.[142] Sinnvoller wäre es aber, wie *Henrich* vorschlägt, auf dieses Prinzip ganz zu verzichten,[143] es sei denn, es wird davon ausgegangen, der Staat sei verpflichtet, Angriffe auf Rechtsgüter seiner eigenen Staatsangehörigen zu bestrafen. Ungeachtet dieser Schlussfolgerung (d. h. des wünschenswerten Verzichts auf diesen Grundsatz) soll im Folgenden nur ganz

---

effektiv ist. Wenn es, wie im Bereich des § 7 Abs. 1 StGB, um Auslandstaten von Ausländern geht, so besteht Grund genug, die hier gewonnenen Ergebnisse aus der Perspektive des Täters zu überprüfen". Im ähnlichen Sinne *Pawlik*, FS-Schroeder, S. 358.

[139] In der internationalen Literatur werden die von *Donnedieu de Vabres* (Les principes modernes, S. 170) skizzierten Kritikpunkte an diesem Prinzip häufig angeführt: i) das Prinzip schließt in der Praxis keine Strafbarkeitslücke; ii) es fehlt ihm ein klares Strafziel; und iii) es basiert lediglich auf dem Egoismus der Staaten, wodurch Jurisdiktionskonflikte zwischen ihnen verschärft werden.

[140] Ähnlich *Ryngaert*, Jurisdiction in International Law, S. 111: „Since individuals will be surprised about the applicable law if jurisdiction is exercised under the passive personality principle, the principle will not have major deterrent effect".

[141] Vgl. *Henrich*, Das passive Personalitätsprinzip, S. 149–165.

[142] Über diese Härten und die unzureichende prozessuale Ausgleichsmöglichkeiten, siehe *Henrich*, Das passive Personalitätsprinzip, S. 166–182.

[143] So *Henrich*, Das passive Personalitätsprinzip, S. 6; diesem Gedankengang zustimmend *Lagodny/Nill-Theobald*, JR 5 (2000), S. 206; *Beyer*, Personelle Strafgewalt, S. 365; und *Jeßberger*, Der transnationale Geltungsbereich, S. 261 f.

kurz auf die Verankerung dieses Prinzips im deutschen Strafanwendungsrecht eingegangen werden, einzig und allein mit dem Ziel, noch einmal die vergleichsweise übermäßige deutsche Strafrechtsetzungsgewalt aufzuzeigen.

2. Ein rechtsvergleichender Blick auf die Ausgestaltung des passiven Personalitätsprinzips in Deutschland

Ebenso wie das aktive Personalitätsprinzip ist auch das passive Personalitätsprinzip in der staatlichen Praxis in sehr unterschiedlichen Erscheinungsformen zu finden. So kann es an die Staatsangehörigkeit, den Wohnsitz oder den gewöhnlichen Aufenthalt des Opfers anknüpfen; ein *lex loci*-Vorbehalt mag bestehen oder nicht; gelegentlich ist ein Antrag des Opfers oder einer Tatortbehörde erforderlich, um Strafgewalt auf der Grundlage dieses Prinzips auszuüben; darüber hinaus kann dieser Grundsatz nur in Bezug auf bestimmte Straftaten (deliktspezifisch) oder deliktsunabhängig vorgesehen sein; in einigen Rechtsordnungen gilt dieses Prinzip für alle Straftaten ab einer bestimmten Schwere, etc.[144] Nachfolgend wird ein Blick darauf geworfen, wie die Umsetzung dieses Grundsatzes im StGB im Vergleich zu anderen Ländern aussieht.

Erstens ist festzustellen, dass einige Rechtsordnungen diesen Grundsatz einfach nicht kennen[145] oder ihn prinzipiell nur in Kombination mit anderen Grundsätzen vorsehen, wobei die Straflegitimation auch aus dem anderen Prinzip abgeleitet werden kann. Letzteres ist der Fall in Chile oder Österreich, wo das passive Personalitätsprinzip als allgemeine Regel nur in Kombination mit dem aktiven Personalitätsprinzip vorgeschrieben wird.[146] Zwar greifen die beiden genannten Länder in spezifischen Fällen auf eine selbstständige Anwendung des passiven Personalitätsprinzips (d. h. ohne Erfordernis des Vorhandenseins anderer Prinzi-

---

[144] Vgl. *McCarthy*, Fordham International Law Journal 13, 3 (1989), S. 312 ff., der sieben mögliche „Anwendungsmethoden" des Prinzips beschreibt. Für eine vertiefte rechtsvergleichende Analyse des passiven Personalitätsprinzips bzw. des passiven Domizilprinzips siehe *Henrich*, Das passive Personalitätsprinzip, S. 195–209; oder *Beyer*, Personelle Strafgewalt, S. 191–258.

[145] Hierbei ist der Fall Indiens hervorzuheben. Diesbezüglich siehe *Tripathi/Parkhani*, International Journal For Legal Developments & Allied Issues 1, 2 (2019), S. 148 ff.

[146] Vgl. Art. 6 des chilenischen COT: „Die folgenden aufgeführten, außerhalb des Territoriums der Republik begangenen Verbrechen und Vergehen unterliegen der chilenischen Gerichtsbarkeit: (Nr. 6) Von Chilenen gegen Chilenen begangenen Straftaten, wenn der Täter nach Chile zurückkehrt, ohne von der Tatortsbehörde vor Gericht gestellt worden zu sein"; und § 64 Abs. 1 Nr. 7 des österreichischen StGB: „Die österreichischen Strafgesetze gelten unabhängig von den Strafgesetzen des Tatorts für folgende im Ausland begangene Taten: (Nr. 7) strafbare Handlungen, die ein Österreicher gegen einen Österreicher begeht, wenn beide ihren Wohnsitz oder gewöhnlichen Aufenthalt im Inland haben".

pien) zurück,[147] doch handelt es sich dabei oft um Fälle, die in Deutschland schlicht und einfach dem Universalitätsprinzip unterliegen,[148] so dass Deutschland immer noch eine wesentlich weitergehende Strafgewalt beansprucht. Ähnliches gilt für die USA, wo die sehr seltenen *statutes*, die ausschließlich auf dem passiven Personalitätsprinzip beruhen, sich auf besonders gefährliche Verhaltensweisen beschränken, wie z. B. schwere Terrorismusdelikte,[149] Biowaffendelikte,[150] schwere Gewalttaten auf Flughäfen[151] oder die Gefährdung einer Seeschifffahrt[152]. Hinzu kommt ein etwas gewöhnlicheres, aber ebenfalls schwerwiegendes Delikt, nämlich die Geiselnahme.[153]

Ferner ist in einigen Rechtsordnungen, die das passive Personalitätsprinzip nicht an bestimmte Straftaten knüpfen, sondern es „allgemein" vorsehen, die Anwendung dieses Grundsatzes häufig auf Straftaten ab einer bestimmten Schwere beschränkt, wie im Fall Chinas[154] oder Italiens[155]. In anderen Ländern wird der Anwendungsbereich dieses Grundsatzes dadurch eingeschränkt, dass ihm eine eher subsidiäre Rolle zugeschrieben wird, indem der Tatortstrafgewalt Vorzug gegeben wird, sei es, weil eine bereits im Ausland verfolgte Straftat

---

[147] Beispiele dafür in Chile sind die Herstellung kinder- und jugendporno-graphischer Schriften (Art. 6 Nr. 10 COT i. V. m. Art. 366 quinquies CP) sowie deren Handel und Verbreitung (Art. 6 Nr. 10 COT i. V. m. Art. 374 bis Abs. 1 CP) und die Förderung oder Erleichterung sexueller Handlungen Minderjähriger (Art. 6 Nr. 10 COT i. V. m. Art. 367 CP). Beispiele hierzu in Österreich sind die in § 64 Abs. 1 Nr. 4 Buchst. a des österreichischen StGB aufgelisteten Delikte, die vor allem sehr schwere Straftaten (wie Menschenhandel) oder Sexualdelikte (wie geschlechtliche Nötigung, sexueller Missbrauch von Unmündigen, oder pornographische Darstellungen Minderjähriger) darstellen.

[148] Beispiele hierfür sind die Vorschriften des § 6 Nr. 6 StGB und § 6 Nr. 4 StGB, die das Universalitätsprinzip für die Verbreitung, Herstellung, Erwerb und Besitz kinder- und jugendpornographischer bzw. den Menschenhandel vorsehen.

[149] Vgl. 18 U.S.C. § 2332 Buchst. a (*Use of weapons of mass destruction*); 2332 Buchst. f (*Bombings of places of public use, government facilities, public transportation systems and infrastructure facilities*); 2332 Buchst. h (*Radiological dispersal devices*); und 2332 Buchst. i (*Acts of nuclear terrorism*).

[150] Siehe 18 U.S.C. § 175 und § 175 Buchst. c.

[151] 18 U.S.C. § 37.

[152] 18 U.S.C. § 2280.

[153] 18 U.S.C. § 1203.

[154] Art. 8 des Criminal Law of the People's Republic of China: „This law may be applicable to foreigners, who outside PRC territory, commit crimes against the PRC state or against its citizens, provided that this law stipulates a minimum sentence of not less than a three-year fixed term of imprisonment for such crimes; but an exception is to be made if a crime is not punishable according to the law of the place where it was committed".

[155] Nach Art. 10 Abs. 1 des italienischen StGB ist eine Freiheitsstrafe von nicht weniger als einem Jahr erforderlich.

III. Der Schutz des Eigenen vor dem Fremden: das passive Personalitätsprinzip 99

nicht erneut verfolgt werden kann,[156] sei es, weil der Auslieferung Vorrang eingeräumt wird.[157]

Das deutsche StGB hingegen sieht keine derartigen Einschränkungen vor und entscheidet sich für eine breite Ausgestaltung des passiven Personalitätsprinzips, so dass es auf alle Straftaten, unabhängig von ihrer Schwere, anwendbar ist. Gemäß § 7 Abs. 1 StGB gilt das deutsche Strafrecht „für Taten, die im Ausland gegen einen Deutschen begangen werden, wenn die Tat am Tatort mit Strafe bedroht ist oder der Tatort keiner Strafgewalt unterliegt". Zwar enthält diese Vorschrift zumindest einen *lex loci*-Vorbehalt, wodurch die Gefahr, die die Erstreckung der Rechtsetzungsgewalt nach diesem Anknüpfungspunkt für das Nichteinmischungsgebot und vor allem für das Schuldprinzip mit sich bringt, etwas gemildert wird. Diese Schranke wird häufig im deutschen Schrifttum begrüßt, da ein Rückgriff auf das passive Personalitätsprinzip ohne diesen Vorbehalt als völkerrechtswidrig angesehen wird.[158] Allerdings unterliegt dieser Vorbehalt, wie beim aktiven Personalitätsprinzip, einigen Ausnahmen, die in § 5 und § 6 StGB geregelt sind und die keine Rücksicht auf das Tatortrecht nehmen.[159] Einige dieser Ausnahmen, die in internationalen Verträgen keine Stütze finden, gehen so weit, dass sogar ihre Völkerrechtsmäßigkeit angefochten worden ist.[160] Hinzu kommt, dass die praktische Bedeutung des *lex loci*-Vorbehalts – wie bereits bei der Erörterung des aktiven Personalitätsprinzips in der deutschen Rechtsordnung dargelegt – durch seine Auslegung in Deutschland erheblich geschmälert wird.[161]

---

[156] Ein deutliches Beispiel hierfür ist der schon erwähnte Art. 6 Nr. 6 des chilenischen COT, der eine sehr breite Anerkennung ausländischer Entscheidungen enthält, da er sich nicht nur auf ausländische Freisprüche und Verurteilungen bezieht, sondern auch eine Einstellung berücksichtigt (sofern der Täter vor das ausländische Gericht gestellt worden ist).

[157] Vgl. z. B. Art. 5 Abs. 1 Buchst. e des portugiesischen StGB.

[158] In diesem Sinne vgl. u. a. *Ambos*, Internationales Strafrecht, § 3 Rn. 73 f.; *Jescheck/Weigend*, AT⁵, § 18 II 4; *Oehler*, Internationales Strafrecht, Rn. 127 f.; diff. *Henrich*, Das passive Personalitätsprinzip S. 189–194.

[159] Beispiele hierzu sind § 5 Nr. 6 Buchst. b i. V. m. § 235 Abs. 2 Nr. 2 StGB (Vorenthaltung eines entziehenden Minderjährigen im Ausland), der an das Domizil des Opfers anknüpft; § 5 Nr. 6 Buchst. a i. V. m. § 234 Buchst. a StGB (Verschleppung) und § 241 Buchst. a StGB (Politische Verdächtigung), die kumulativ an Staatsangehörigkeit und Domizil des Opfers anknüpfen; sowie § 5 Nr. 6 Buchst. c i. V. m. § 237 StGB (Zwangsheirat) und § 5 Nr. 9a Buchst. b i. V. m. § 226 Buchst. a StGB (Verstümmelung weiblicher Genitalien), die alternativ an die Staatangehörigkeit des Täters oder das Domizil des Opfers anknüpfen.

[160] Dies wäre z. B. nach *Ambos* (Internationales Strafrecht, § 3, Rn. 84) der Fall bei der Erstreckung der Strafgewalt auf die Verschleppung (§ 5 Nr. 6 Buchst. a i. V. m. § 234 Buchst. a StGB).

[161] Vgl. dazu oben Teil I D II 3

Daraus lässt sich schließen, dass Deutschland seine Rechtsetzungsgewalt anhand des passiven Personalitätsprinzips viel weiter ausdehnt als jede andere in diesem Abschnitt genannte Rechtsordnung.[162] Obwohl Frankreich oft als Beispiel für das Land mit dem umfangreichsten Einsatz dieses Prinzips angeführt wird, da dort kein *lex loci*-Vorbehalt vorgesehen ist,[163] wird dabei außer Acht gelassen, dass Frankreich (anders als Deutschland) für die Anwendung dieses Grundsatzes einen vorherigen Antrag des Opfers bzw. seiner Angehörigen oder von der Behörde des Tatortstaates verlangt,[164] eine Anforderung, die gewiss anspruchsvoller ist als der *lex loci*-Vorbehalt.

Die beschriebene Überdehnung der deutschen Strafgewalt auf der Basis des passiven Personalitätsprinzips ist für diese Untersuchung von großer Bedeutung, da dieser Grundsatz, wie zu sehen sein wird, aus Sicht eines Bürgerstrafrechts nicht zu rechtfertigen ist.[165] Im Folgenden wird das eng mit dem passiven Personalitätsprinzip verwandte – und daher vom Standpunkt eines Bürgerstrafrechts ebenfalls problematische – Schutzprinzip untersucht. Gestützt auf dieses völkerrechtlich unstrittige Prinzip beansprucht der deutsche Gesetzgeber ebenfalls eine vergleichsweise weitgehende Strafrechtsetzungsgewalt.

IV. Das Schutzprinzip: Selbstverteidigung oder maximaler Rechtsgüterschutz?

1. Grundlage: eine notwehrähnliche Situation?

Gemäß dem völkerrechtlich unumstrittenen Schutzprinzip – gelegentlich auch Staatsschutzprinzip oder Realprinzip benannt, um es vom passiven Personalitäts-

---

[162] Siehe diesbezüglich *Henrich*, Das passive Personalitätsprinzip S. 207 f.: „Mit Ausnahme von Finnland ist keine nationale Ausgestaltung des Prinzips ähnlich weitgehend wie § 7 Abs. 1 StGB, der nur die schwächste externe Einschränkung kennt, nämlich das Erfordernis der doppelten Strafbarkeit". Jedoch scheint das ungarische Strafgesetzbuch [Section 3 (1) Buchst. c] von diesem Grundsatz noch umfassender Gebrauch zu machen: Jede Straftat, die gegen ungarische Staatsangehörige begangen wird, unterliegt der ungarischen Strafgewalt, unabhängig vom *lex loci*-Erfordernis.

[163] Art. 113–7 Code pénal: „La loi pénale française est applicable à tout crime, ainsi qu'à tout délit puni d'emprisonnement, commis par un Français ou par un étranger hors du territoire de la République lorsque la victime est de nationalité française au moment de l'infraction". Der übermäßigen Ausdehnung dieser Norm gegenüber ablehnend *Cafritz/Tene*, Columbia Journal of Transnational Law 41 (2003), S. 598 f.; im selben Sinne *McCarthy*, Fordham International Law Journal 13, 3 (1989), S. 314.

[164] Siehe Article 113–8 Code pénal.

[165] Vgl. Teil III D, wonach eine Rechtfertigung sowohl der Straf- als auch der Maßnahmengewalt des Staates aufgrund dieses Prinzips ausscheidet.

IV. Das Schutzprinzip: Selbstverteidigung oder maximaler Rechtsgüterschutz? 101

prinzip (Individualschutzprinzip) abzugrenzen –[166] kann der Staat seine Strafgewalt auf von Ausländern begangene Auslandstaten erstrecken, wenn diese sich gegen vitale staatliche Interessen bzw. Rechtsgüter richten.[167] Zu den wesentlichen staatlichen Interessen gehören zweifellos die innere und äußere Sicherheit sowie die territoriale Integrität und die politische Unabhängigkeit des Staates (Kernbereich des Schutzprinzips).[168] Offensichtlich ist aber die Frage, was unter „wesentlichem Interesse" zu verstehen ist, nicht eindeutig zu beantworten.[169] Soll beispielsweise auch die nationale Rechtspflege gegen Auslandstaten von Ausländern geschützt werden, wie es bei § 5 Nr. 10 StGB der Fall ist? Oder ist diese Vorschrift völkerrechtlich bedenklich? Eine Antwort hierauf erfordert eine Analyse der Grundlagen des Schutzprinzips.

Die übliche Begründung, die diesem Grundsatz im kontinentaleuropäischen Rechtskreis zugeordnet wird, trägt jedoch wenig dazu bei, seine Konturen festzulegen: das Schutzprinzip komme nach der überwiegenden Ansicht einer notwehrähnlichen Situation gleich.[170] Demnach hätte der Täter durch die bloße Tat-

---

[166] Zur Bezeichnung und Völkerrechtsmäßigkeit dieses Prinzips vgl. exemplarisch *Ambos*, Internationales Strafrecht, § 3, Rn. 70 f.; *Jescheck/Weigend*, AT[5], § 18 II 4 (Staatsschutzprinzip); *Oehler*, Internationales Strafrecht, Rn. 542 ff. (Schutz- oder Realprinzip); *Werle/Jeßberger*, LK[13], Vor § 3, Rn. 244 (Staatsschutzprinzip). In der englischsprachigen Literatur ist der Begriff „protective principle" gebräuchlich [vgl. *American Law Institute*, Restatement (Fourth), § 412; *Ryngaert*, Jurisdiction in International Law, S. 114]; im spanischsprachigen Schrifttum werden alternativ die Begriffe „principio real" und „principio de protección" verwendet (siehe *Cury*, PG[11], S. 260; *Mir Puig*, PG[10], S. 59; *Politoff* et al., PG[2], S. 120).

[167] Vgl. American Law Institute, Restatement (Fourth), § 412, wonach „Under the protective principle, a state has jurisdiction to prescribe law with respect to certain conduct outside its territory by persons who are not its nationals that is directed against the security of the state or other fundamental state interests"; *Shaw*, International Law, S. 499: „The principle is justifiable on the basis of protection of a state's vital interests".

[168] Vgl. z.B. Art. 7 Harvard Draft Convention on Jurisdiction with Respect to Crime: „A State has jurisdiction with respect to any crime committed outside its territory by an alien against the security, territorial integrity or political independence of that State, provided that the act or omission which constitutes the crime was not committed in exercise of a liberty guaranteed the alien by the law of the place where it was committed"; ähnlich *Cabranes*, Yale Law Journal 118, 8 (2009), S. 1676 f.; BGH in NStZ 1995, 383, 384, beck-online: „Darüber hinaus räumt das völkerrechtlich allgemein anerkannte Schutzprinzip den Staaten die Befugnis ein, im Ausland von In- oder Ausländern begangene Delikte zu bestrafen, welche die Existenz oder andere wichtige Rechtsgüter des Staates bedrohen".

[169] In diesem Sinne Akehurst, British Year Book of International Law 46 (1972–1973), S. 158: „The principle is well established, but the range of acts covered by the principle is not free from controversy"; *European Committee*, Extraterritorial Criminal Jurisdiction, S. 451: „…it is generally stated that the application of the principle of protection can only be justified by the need to protect certain ‚essential' interests from external attack. There seems to be no consensus, however, as to which interests should be defined as essential."

[170] Vgl. exemplarisch *Ambos*, MüKo-StGB [4], Vor § 3, Rn. 36 f.; *Jeßberger*, Der transnatio-

begehung (indem er den Strafgewaltstaat angegriffen hat) selbst die völkerrechtlich erforderliche echte Verbindung zum Forumsstaat hergestellt, und das Erfordernis eines *lex loci*-Vorbehalts scheidet aus, da zum einen der Staat zur Verteidigung seiner Integrität nicht vom Willen eines anderen Staates abhängig sein kann, und zum anderen für den Täter vorhersehbar ist, wenn er grundlegende Einrichtungen eines Staates angreift, dass dieser Staat daraufhin reagieren wird.[171] So ist nach diesem Grundsatz jede Bindung zwischen dem Täter und dem Staat vor der Tatbegehung unerheblich: die Tat selbst (oder präziser: ihre Natur) reicht als Anknüpfungspunkt für die Ausdehnung der Strafgewalt aus.

Im *Common Law* wird diese Begründung des Prinzips (*Self-Defense Theory*) mitunter aus drei Gründen als falsch erachtet. Erstens liegt hier keine „notwehrähnliche Situation" vor, da kein gegenwärtiger Angriff vorliegt (die Aggression ist schon ein *fait accompli*). Zweitens erschwert der Rückgriff auf den Ausdruck „Notwehr" die Gewährleistung eines fairen Verfahrens zugunsten des Täters, da dieser eher als Aggressor (Feind) behandelt wird. Und drittens, da jeder Staat für sich selbst definiert, was er unter „staatlicher Souveränität und politischer Unabhängigkeit" versteht, besteht ein unverkennbares Missbrauchspotenzial des Schutzprinzips seitens der Staaten. Dementsprechend wurden im *Common Law* die Straftaten gegen die Staatssicherheit (die den Kern des Schutzprinzips ausmachen) traditionell nur dann bestraft, wenn der Täter eine vor der Tatbegehung entstandene Treuepflicht verletzt hatte (*Duty of allegiance theory*).[172] So spiele das Schutzprinzip im *Common Law* prinzipiell eine bescheide-

---

nale Geltungsbereich, S. 254: „Der Schutz der eigenen Interessen gegen Angriffe ist in einem untechnischen Sinne Selbstverteidigung"; *Zimmermann*, Strafgewaltkonflikte, S. 378, demzufolge die unbestrittene völkerrechtliche Legitimität des Prinzips in seinem Kern darauf beruht, dass „es keinem Staat untersagt werden kann, Selbstverteidigung zu üben". Ähnlich *Schroeder*, NJW 3 (1969), S. 84, der das Prinzip eher als „Ausgestaltung des Notstands" versteht. In der spanischsprachigen Literatur wird dieses Prinzip sogar gelegentlich als „Verteidigungsprinzip" bezeichnet (*Bacigalupo*, PG², S. 181 f.; *Politoff* et al., PG², S. 122 f.). Im selben Sinne in Frankreich *Donnedieu de Vabres*, Les principes modernes, S. 87.

[171] So *Jescheck/Weigend*, AT⁵, § 18 II 4: „Handelt es sich dabei um den Schutz der Rechtsgüter des eigenen Staates (z. B Hoch- und Landesverrat, Straftaten gegen die Landesverteidigung oder die öffentliche Ordnung), so ist das Schutzprinzip dadurch ohne weiteres gerechtfertigt, daß der Täter selbst durch die Richtung seines Angriffs die Beziehung zu der Strafgewalt des betroffenen Staates hergestellt hat"; im selben Sinne *Ambos*, Internationales Strafrecht, § 3, Rn. 70; *Oehler*, Internationales Strafrecht, Rn. 587; *Roegele*, Deutscher Strafrechtsimperialismus, S. 82 f.; *Satzger*, Jura 32 (2010), S. 110.

[172] Zu beiden möglichen Begründungsalternativen des Schutzprinzips und zur Kritik an der Analogie zur Notwehr siehe den Aufsatz von *García-Mora*, University of Pittsburgh Law Review 19, 3 (1958); und ihm folgend *Ryngaert*, Jurisdiction in International Law, S. 114 f. Zum Missbrauchspotenzial des Schutzprinzips siehe auch *Shaw*, International Law, S. 499: „However, it is clear that it is a principle that can easily be abused, although usually centred upon

nere Rolle, denn es trete meist nur in Kombination mit dem aktiven Personalitätsprinzip auf. Da in diesen Fällen die Ausdehnung der Strafgewalt durch das Vorhandensein einer vorherigen Loyalitätspflicht gerechtfertigt ist, vertritt *Hirst* sogar die Auffassung, das Schutzprinzip komme im englischen Recht nirgends zur Anwendung: „It is not, however, relied upon anywhere in English law, even in respect of activities, such as the counterfeiting of British currency, that are obviously capable of damaging vital British interests".[173]

Die Unterschiede zu einigen kontinentalen Rechtsordnungen, die das Schutzprinzip ausgiebig einsetzen (wie z.B. Deutschland), werden jedoch durch die bereits erwähnte Ausdehnung des *effects principle* im *Common Law* und durch die Tatsache, dass einige *Common-Law*-Rechtsordnungen in der Praxis häufig vom Schutzprinzip Gebrauch machen,[174] verringert. So schreibt *Ryngaert*, nachdem er die Unbestimmtheit des Prinzips scharf kritisiert hat, dass es zum Glück (auch von den USA) meist nur auf sehr „unstrittige Fälle" angewandt wird:

Moreover, the protective principle is often invoked under not very dramatic circumstances, e.g. forgery or the counterfeiting of foreign currency, making false statements to consular officials abroad in order to obtain a visa, or drug smuggling. In such cases, the exercise of protective jurisdiction is as uncontroversial as the exercise of active personality-based jurisdiction.[175]

Die angeführten Beispiele sind wichtig, weil es sich um Sachverhalte handelt, für welche die Staaten oft das Schutzprinzip vorsehen. Diese Straftaten mögen zwar staatliche Belange verletzen, aber handelt es sich in all diesen Fällen wirklich um *wesentliche* bzw. *vitale* staatliche Interessen? Dies erscheint, wie im Folgenden erörtert wird, zumindest zweifelhaft.

Zuvor ist jedoch zu bemerken, dass einige kontinentale Rechtsordnungen für die Ausdehnung ihrer Strafgewalt auf bestimmte Auslandstaten gegen staatliche Interessen ebenfalls das Bestehen einer vorherigen Verbindung zum Täter voraussetzen. Beispiele dafür im StGB sind u.a. bestimmte Straftaten gegen den demokratischen Rechtsstaat (§ 5 Nr. 3 Buchst. a, b und c), gegen die Landesverteidigung (§ 5 Nr. 5 Buchst. b) oder gegen die Umwelt (§ 5 N°11 Buchst. a). So ist eine im Ausland begangene „verfassungsfeindliche Verunglimpfung von Verfassungsorganen" nur dann strafbar, wenn der Täter die deutsche Staatsangehörigkeit besitzt oder seine Lebensgrundlage im Inland hat (§ 5 Nr. 3 Buchst. c i.V.m. § 90 Buchst. b StGB): nur diese Personen sollen an dem geschützten Rechtsgut ein Interesse haben und folglich dafür zuständig sein. Dies ist aber

---

immigration and various economic offences, since far from protecting important state functions it could easily be manipulated to subvert foreign governments".

[173] *Hirst*, Jurisdiction, S. 48 f.
[174] Zum seit den 1930er Jahren zunehmenden Rückgriff auf diesen Grundsatz in den USA siehe *Cabranes*, Yale Law Journal 118, 8 (2009), S. 1677, Fn. 64.
[175] *Ryngaert*, Jurisdiction in International Law, S. 116 f.

keine Besonderheit des deutschen Strafanwendungsrechts unter den kontinentalen Rechtsordnungen. So stützt sich z. B. Chile oftmals auf eine Kombination von Schutz- und aktivem Personalitätsprinzip,[176] weitet aber seine Strafgewalt ausschließlich aufgrund des Schutzprinzips nur ganz ausnahmsweise aus.[177] Dadurch wird die Abgrenzung zwischen einem auf dem Gedanken der Selbstverteidigung beruhenden Schutzprinzip des kontinentalen Rechtskreises und einem (zusätzlich) auf einer Treuepflichtverletzung basierenden Schutzprinzip des *Common Law* weiter aufgeweicht. Gleichwohl gelingt es dem deutschen Recht – wie unten dargestellt –, für die üblicherweise unter diesen Grundsatz fallenden Delikte eine im Vergleich umfassendere Strafrechtsetzungsgewalt zu beanspruchen. Zunächst wird jedoch die Hauptfrage bezüglich des Schutzprinzips behandelt, d. h. welche Interessen als hinreichend vital erachtet werden, um die Erstreckung der Strafgewalt anhand dieses Prinzips zu rechtfertigen.

2. Schutz (vit)aller Interessen?

In diesem Abschnitt wird nicht versucht, die herkömmlichen Kriterien für die Bestimmung des Begriffs „gegen vitale Interessen" näher zu konkretisieren, und es wird auch nicht angestrebt, eine erschöpfende Darstellung der Vielzahl verschiedener Verhaltensweisen zu geben, die nach Auffassung der einzelnen Staaten diese Anforderung erfüllen. Das Ziel ist hier viel bescheidener, nämlich einen Überblick über die Missbräuche zu vermitteln, zu denen sich dieses Prinzip in der Praxis eignet, wodurch erste Hinweise auf einige diesem Prinzip zu setzende Schranken gewonnen werden können.

Zu den klassischen Beispielen dieses Missbrauchs gehören u. a. der Fall eines jüdischen Ausländers, der in der Tschechoslowakei Geschlechtsverkehr mit einer deutschen Frau hatte und deshalb von einem deutschen Gericht nach dem Schutzprinzip verurteilt wurde, weil seine Tat die „rassische Reinheit" des deutschen Volkes bedrohte; sowie die von französischen und belgischen Gerichten ausge-

---

[176] Beispiele dafür sind die Straftaten gegen die äußere Sicherheit (Art. 6 Nr. 3 COT und Art. 1 des Gesetzes Nr. 5.478), die nur insofern der chilenischen Justiz unterliegen, als sie von Chilenen begangen werden, und die Straftaten gegen die innere Sicherheit, die laut Art. 6 Nr. 9 COT der chilenischen Strafgewalt nur insoweit unterliegen, als sie entweder von Chilenen oder von ausländischen Beamten Chiles begangen werden. Andererseits sehen sowohl Art. 6 Nr. 1 COT (dienstbezügliche Straftaten von diplomatischem oder konsularischem Vertreter der Republik) als auch Art. 6 Nr. 2 S. 1 COT (bestimmte Straftaten im Amt, die von Beamten des chilenischen Staats begangen werden) eine Kombination aus dem Schutz- und dem aktiven Hoheitsträgerprinzip vor.

[177] Soweit ersichtlich, sind die einzigen relevanten Fälle hierzu die Straftaten gegen die öffentliche Gesundheit (einschließlich Betäubungsmitteldelikte, siehe Art. 6 Nr. 3 COT i. V. m. Art. 65 des Gesetz Nr. 20.000) und die Straftaten gegen den Wettbewerb (Art. 6 Nr. 11 COT).

sprochenen Verurteilungen gegen Ausländer aus neutralen Ländern, die Deutschland während der beiden Weltkriege im Ausland „geholfen" hatten; oder das Strafgesetzbuch des kommunistischen Ungarns, das nach dem Schutzprinzip alle Straftaten bestrafte, die gegen „ein grundlegendes Interesse im Zusammenhang mit der demokratischen, politischen und wirtschaftlichen Ordnung der Ungarischen Volksrepublik" begangen wurden.[178]

Diese Beispiele mögen wie Extremfälle aus einer fernen Vergangenheit erscheinen, aber auch heutzutage lassen sich mehrere Fälle finden, in denen dieses Prinzip bis an seine Grenzen getrieben wird. Ein deutliches Beispiel dafür ist das umstrittene „Gesetz der Volksrepublik China zur Wahrung der nationalen Sicherheit in der Sonderverwaltungsregion Hongkong".[179] Dieses Gesetz sieht das Schutzprinzip in Bezug auf alle Straftaten vor, die von ihm erfasst werden,[180] einschließlich unbestimmter Tatbestände wie die „Befürwortung von Terrorismus" (Art. 27) sowie anderer Tatbestände, die die Souveränität ausländischer Behörden einschränken können, wie etwa die Verhängung einer Blockade oder Sanktionen gegen Hongkong (Art. 29 Nr. 4). Angesichts der Tatsache, dass die Strafe in beiden genannten Fällen bis zu 10 Jahre betragen kann und die Verurteilungsquote in China bei ca. 99,9 % liegt,[181] ist die Androhung nicht auf die leichte Schulter zu nehmen. Man könnte zwar eventuell argumentieren, dass diese Regel völkerrechtswidrig ist, denn, wie *Akehurst* feststellt: „The protective principle of jurisdiction loses all validity when it is used, not to safeguard the political independence of the State claiming jurisdiction, but to undermine the political independence of other countries".[182] Allerdings ließe sich auch die Völkerrechtskonformität dieses Gesetzes vertreten, da es die innere Sicherheit Chinas zum Gegenstand habe.[183] Auch hier zeigt sich die schwache Schranke, die das Völkerrecht der Ausdehnung der Rechtsetzungsgewalt auf Auslandstaten setzt.

---

[178] Zu diesen Beispielen siehe *Akehurst*, British Year Book of International Law 46 (1972–1973), S. 158; *García-Mora*, University of Pittsburgh Law Review 19, 3 (1958), S. 584; *Jessup*, Transnational Law, S. 50.

[179] Die englische Fassung dieses Gesetzes ist abrufbar unter: https://www.gld.gov.hk/egazette/pdf/20202448e/egn2020244872.pdf, abgerufen: 09.10.2023.

[180] Vgl. Art. 38 des Gesetzes: „This Law shall apply to offences under this Law committed against the Hong Kong Special Administrative Region from outside the Region by a person who is not a permanent resident of the Region".

[181] So *Strittmatter*, Die Neuerfindung der Diktatur, S. 44: „In Strafprozessen hat China eine Verurteilungsrate von über 99,9 % Prozent: Wer festgenommen und angeklagt wird, ist praktisch schon schuldig gesprochen".

[182] Siehe *Akehurst*, British Year Book of International Law 46 (1972–1973), S. 159.

[183] So bejaht der diesbezügliche Bericht der Wissenschaftlichen Dienste des Deutschen Bundestages (Aktenzeichen WD 2 – 3000 – 067/20, S. 10–11) die Völkerrechtsmäßigkeit der erwähnten Normen. Abrufbar unter: https://www.bundestag.de/resource/blob/801724/212778d13bb68a51108f3a63c47700d9/WD-2-067-20-pdf-data.pdf, abgerufen: 09.10.2023.

Es ist aber nicht notwendig, auf diktatorische Regime zu verweisen, um denkbare Missbräuche zu finden. Denn es besteht ein gravierender Widerspruch zwischen der Staatenpraxis und der Behauptung, dieser Grundsatz beziehe sich nur auf den Schutz vitaler Interessen: Diese sind inzwischen so weit umdefiniert, dass sie auch den Schutz der *foi publique*, des Kapitalmarktes, der Umwelt oder sogar von Betriebsgeheimnissen umfassen. Natürlich schließen sich nicht alle Länder dieser extensiven Ausdehnung des Begriffs „wesentliches Interesse" an,[184] aber in Deutschland ist dies sicherlich der Fall: Das deutsche Recht erstreckt sich auf Auslandstaten gegen die deutsche Rechtspflege, wie die falsche uneidliche Aussage oder der Meineid vor einem ausländischen Gericht, wenn die Falschaussage im Zusammenhang mit einem deutschen Verfahren steht (§ 5 Nr. 10 StGB);[185] auf mehrere Umweltstraftaten, wenn sie im Bereich der deutschen ausschließlichen Wirtschaftszone begangen werden (§ 5 Nr. 11 StGB) oder auch unabhängig vom Tatort (wie im § 6 Nr. 2 StGB, der das Weltrechtsprinzip vorschreibt); und sogar auf die Verletzung von Geschäftsgeheimnissen eines Unternehmens mit Sitz im Ausland, das von einem Unternehmen mit Sitz im Inland abhängig ist und mit diesem einen Konzern bildet (§ 5 Nr. 7 StGB).

Natürlich gefährdet ein Verstoß gegen Geschäftsgeheimnisse in der Regel nicht die Unabhängigkeit des Staates oder die Erfüllung seiner Grundfunktionen. Aber gerade wegen der chronischen Unbestimmtheit, unter der der Schutzgrundsatz leidet (indem er auf einen so schwachen Anknüpfungspunkt wie die Natur der Straftat zurückgreift,[186] die sehr viel deutungsoffener ist als die Beziehung des Staates zum Opfer oder zum Täter), ist es den Staaten möglich, dieses Prinzip zu instrumentalisieren, um ihre Strafgewalt in Fällen wie dem vorliegenden auszuweiten. Dies spiegelt sich auch in der Rechtsprechung der US-Gerichte wider. So ließ der USSC in *Pasquantino* sogar die Tür für die Bestrafung von Auslandstaten offen, die sich gegen einen ausländischen Staat richten.[187] Besonders er-

---

[184] Vgl. dazu *European Committee*, Extraterritorial Criminal Jurisdiction, S. 451, wonach „There seems to be a tendency in some countries to stretch the concept of ‚essential' interests to include such interests as the capital market, national shipping and aviation, the environment and certain industrial and commercial interests, for instance, industrial secrets, though this is not a general trend".

[185] Siehe dazu *Ambos*, MüKo-StGB⁴, § 5, Rn. 31.

[186] Vgl. *Blakesley*, Journal of Criminal Law and Criminology 73, 3 (1982), S. 1137: „The focus of this theory or principle of jurisdiction, therefore, is the nature of the interest that may be injured".

[187] Vgl. Pasquantino v. United States, 544 U.S. 349 (2005). In diesem Fall schmuggelten die Beschuldigten große Mengen an Alkohol aus den Vereinigten Staaten nach Kanada, indem sie den importierten Alkohol routinemäßig vor kanadischen Beamten verheimlichten und diese Waren nicht auf Zollformularen deklarierten. Dafür wurden sie wegen Verstoßes gegen 18 U.S.C. § 1343 (*fraud by wire*) verurteilt. Nachdem das Gericht bejaht hatte, dass es sich um

wähnenswert ist die US-Rechtsprechung, die den Schutzgrundsatz auf Ausländer anwendet, die gegenüber US-Konsularbeamten im Ausland falsche Angaben machen, um ein US-Visum zu erhalten. Ein paradigmatischer Fall in dieser Hinsicht ist der von *Pizzarusso*. In diesem Fall log die angeklagte Kanadierin in ihrem Antrag auf ein Visum beim amerikanischen Konsulat in Montreal unter anderem darüber, an welchen Orten sie vorher lebte; sie schwor fälschlicherweise, dass sie sich nur für kurze Besuche zum Vergnügen in den Vereinigten Staaten aufgehalten hatte; und sie schwor fälschlicherweise, dass sie nie verhaftet worden war, wobei jede dieser Aussagen gegen 18 U.S.C. § 1546 (*Fraud and misuse of visas, permits, and other documents*) verstößt. Die Vermutung gegen Extraterritorialität war nach dem *Court of Appeals* hier widerlegt, denn „In the ordinary course of events we would naturally expect false statements in visa applications to be made outside the territorial limits of the United States".[188] Da es sich hier um eine Auslandstat einer ausländischen Staatsangehörigen handelte, setzte die Völkerrechtsmäßigkeit der Strafgewaltausübung aber voraus, dass die Tat vitale Interessen des Staates betraf. Das Gericht hielt das Schutzprinzip hier für anwendbar und führte Folgendes aus: „The utterance by an alien of a ‚false statement with respect to a material fact' in a visa application constitutes an affront to the very sovereignty of the United States. These false statements must be said to have a deleterious influence on valid governmental interests".[189]

Diese Argumentation ist trügerisch. Dass ein staatliches Interesse „valid" ist, bedeutet nicht, dass es „vital" ist. Und eine Falschaussage in einem Visumverfahren kann kaum ernsthaft als „Affront gegen die ‚very sovereignty'" eines Staates dargestellt werden. Zwar könnte es die US-Einwanderungspolitik beeinträchtigen, wenn Hunderttausende von Menschen bei ihren Visumanträgen lögen. Aber das bedeutet nicht, dass *Pizzarussos* Lügen für sich genommen als schwere Beeinträchtigung eines „wesentlichen Interesses" der Vereinigten Staaten gewertet werden können.[190] Andernfalls könnte jede geringfügige Straftat als

---

eine Inlandstat handelte, weil der Plan innerhalb der Vereinigten Staaten ausgeführt wurde, stellte es Folgendes fest: „In any event, the wire fraud statute punishes frauds executed ‚in interstate or foreign commerce', so this is surely not a statute in which Congress had only domestic concerns in mind". Damit wäre es möglich, dieses Statut auf betrügerische Schemata anzuwenden, die im Ausland gegen die Interessen ausländischer Staaten durchgeführt werden.

[188] United States v. Pizzarusso, 388 F.2d 8, 9 (2d Cir. 1968).

[189] United States v. Pizzarusso, 388 F.2d 8, 9–10 (2d Cir. 1968); im selben Sinne United States v Rodriguez, 182 F Supp 479 (SD Cal 1960); und United States v Khalje, 658 F 2d 90 (2nd Cir 1981). Die einzige Entscheidung in die entgegengesetzte Richtung (soweit ersichtlich) ist United States v. Baker, 136 F. Supp. 546 (S.D.N.Y. 1955).

[190] Vgl. *American Law Institute*, Restatement (Third), § 402 comment f, wonach Straftaten wie Urkundenfälschung oder die Verschwörung zur Verletzung der Einwanderungs- und Zollgesetze den Rückgriff auf das Schutzprinzip rechtfertigen.

Beeinträchtigung der Sicherheit und des Bestands des Staates verstanden werden: Selbst die Sachbeschädigung, die durch eine Person verursacht wird, die einen Stein auf die US-Botschaft in Pakistan wirft, könnte dem Schutzprinzip unterliegen, denn wenn es Tausende von Menschen gäbe, die das Gleiche tun, wären die USA nicht in der Lage, ihre Außenpolitik ordnungsgemäß durchzuführen. Zur Vermeidung dieser widersinnigen Konsequenz sollte das Schutzprinzip auf Taten beschränkt werden, die für sich allein (und nicht im Zusammenspiel mit anderen möglichen zukünftigen Taten Dritter) einen gewissen Schweregrad überschreiten.[191] Auch wenn es zwar fraglich ist, ob es sich dabei um „vitale Interessen" im engeren Sinne des Wortes handelt, scheint dieses Erfordernis der Schwere bei zwei anderen Gruppen von Straftaten gegeben zu sein, die in der Staatenpraxis üblicherweise dem Schutzprinzip unterliegen, nämlich bei Geldfälschungs- und Drogendelikten.

Die Ausdehnung der Strafgewalt auf die Fälschung nationaler Währung im Ausland ist eine der klassischsten Hypothesen des Schutzprinzips,[192] zusammen mit den erwähnten, den Kernbereich des Prinzips bildenden Straftaten. Zwar ist es unwahrscheinlich, dass Geldfälschungen, sofern sie nicht besonders massiv sind, den Bestand des Staates gefährden, doch handelt es sich zumindest um schwere Straftaten, die potenziell die Funktionsfähigkeit des Staates beeinträchtigen können. Die von den Staaten hierzu beanspruchte Strafgewalt schwankt erheblich: Großbritannien bestraft die Fälschung von Pfundnoten im Ausland nicht;[193] wohingegen Chile, Spanien und die Vereinigten Staaten die von Ausländern im Ausland begangene Geldfälschung unter Strafe stellen, aber nur dann, wenn es sich um ihre eigene Währung handelt.[194] In Deutschland hingegen unterliegt die Geldfälschung sowohl von deutscher als auch von ausländischer Wäh-

---

[191] Auf dieses Argument wird in Teil III D III näher eingegangen. Dies bedeutet nicht, dass die USA in Fällen wie dem von *Pizzarusso* nichts unternehmen können: Sie können Sanktionen wie ein zukünftiges Einreiseverbot, Geldbußen usw. anwenden, aber auf keinen Fall eine Kriminalstrafe oder eine freiheitsentziehende Maßnahme verhängen.

[192] Siehe z.B. Art. 8 Harvard Draft Convention on Jurisdiction with Respect to Crime: „PROTECTION-COUNTERFEITING A State has jurisdiction with respect to any crime committed outside its territory by an alien which consists of a falsification or counterfeiting, or an uttering of falsified copies or counterfeits, of the seals, currency, instruments of credit, stamps, passports, or public documents, issued by that State or under its authority".

[193] *Hirst*, Jurisdiction, S. 48, Fn. 69: „Counterfeiting is likely to be punishable as an offence under English law if any element of that offence occurs within England and Wales (see Pt I of the Criminal Justice Act 1993), but it is not and never has been an extraterritorial offence under that law".

[194] Siehe jeweils in Chile Art. 6 Nr. 5 COT (der als zusätzliche Einschränkung vorschreibt, dass der Täter entweder Chilene oder ein zum Zeitpunkt der Strafverfolgung im Chile aufhaltender Ausländer sein muss); in Spanien Art. 23 Nr. 3 Buchst. e LOPJ; und in den USA 18 U.S.C. § 470.

rung dem Weltrechtprinzip (§ 6 Nr. 6 i. V. m. § 146 und § 152 StGB). So gilt das deutsche Recht prinzipiell auch für den Fall, dass ein Peruaner in Paraguay argentinisches Geld fälscht. Trotz der Nullbeziehung, die zwischen einer solchen Auslandstat und der deutschen Rechtsordnung besteht, ist diese Norm aufgrund des Abkommens zur Bekämpfung der Falschmünzerei von 1929 (dessen Ziel die „Unterscheidung von Inlandstat und Auslandstat, von inländischen und ausländischen Tätern und von Taten gegen inländische und gegen ausländische Währungen aufzuheben" war[195]) völkerrechtsmäßig.

Zur Eindämmung möglicher Missbräuche des Schutzprinzips haben einige Autoren zusätzliche Kriterien hinsichtlich seiner Anwendung entwickelt. So verlangt *Akehurst*, dass das Hauptziel der Tat darin bestehen muss, den Strafgewaltstaat anzugreifen.[196] Nach Ansicht *Oehlers* soll die Bestrafung für den Täter vorhersehbar sein.[197] *Jeßberger* fügt hinzu, dass sich zudem aus der Staatenpraxis ableiten lässt, dass der Grundsatz nur auf Angriffe gegen eigene hochrangige Interessen anwendbar ist, die normalerweise nicht durch andere Rechtsordnungen geschützt werden.[198] Durch die kombinierte Anwendung all dieser Kriterien (oder einiger von ihnen) gelingt es sicherlich, den Anwendungsbereich des Prinzips zu mäßigen. Dennoch können sie das zentrale Problem nicht lösen, nämlich die Unklarheit darüber, was als wesentliches Interesse der bestrafenden politischen Gemeinschaft zu bewerten ist.[199] Diese Unbestimmtheit wird in der Dis-

---

[195] *Werle/Jeßberger*, LK[13], § 6, Rn. 89–94; siehe auch *Ambos*, Internationales Strafrechts, § 3, Rn. 109

[196] Akehurst, British Year Book of International Law 46 (1972–1973), S. 159: „In addition, the protective principle needs to be limited in the same way as the 'effects' doctrine – a State can claim jurisdiction only if the primary effect of the accused's action was to threaten that State. If this were not so, a State would be able to punish the editors of all the newspapers in the world for criticizing its government".

[197] *Oehler*, Internationales Strafrecht, Rn. 592. Dieses Kriterium ist weniger anspruchsvoll als das von *Akehurst*: Hier genügt die Kenntnis des Täters, dass das von ihm angegriffene Rechtsgut irgendwie mit dem Forumsstaat verbunden ist. Daher ist dieses Kriterium – wenn es nicht mit anderen kombiniert wird – nicht ausreichend, um Missbräuche wie im Fall Pizzarusso zu vermeiden.

[198] Siehe *Jeßberger*, Der transnationale Geltungsbereich, S. 257; *Werle/Jeßberger*, LK[13], Vor § 3, Rn. 246; zustimmend *Ambos*, MüKo-StGB[4], Vor § 3, Rn. 37, der diese Kriterien als „überzeugend" beschreibt.

[199] Im Teil III D III wird versucht, dem Schutzprinzip (das im Rahmen des hier verteidigten Modells des Bürgerstrafrechts nur als Grundlage für die Anwendung von Präventivmaßnahmen, nicht aber von Strafen dienen kann) Grenzen zu setzen, und zwar sowohl auf der Basis der oben erwähnten, von der Lehre entwickelten Kriterien als auch anhand der in Teil III C II entwickelten Anforderungen an die Auferlegung von Präventivmaßnahmen. Zentrales einschränkendes Kriterium ist hierzu nicht mehr der Angriff auf ein „wesentliches Interesse", sondern der Angriff auf eigene gewichtige Interessen des Forumsstaates, die zudem für die Funktionsfähigkeit der Freiheitsordnung unverzichtbar sind.

kussion über die Einsetzbarkeit des Schutzprinzips bei Drogendelikten deutlich. So argumentieren *Jennings* und *Watts*, dieses Prinzip gelte nicht für bloße „policies of the State", halten es aber für plausibel, es auf Drogendelikte (zum Schutz der öffentlichen Gesundheit) anzuwenden.[200] Hingegen halten andere Autoren, die sich auf dasselbe Argument berufen, die Anwendung dieses Prinzips auf Drogendelikte für völkerrechtswidrig.[201] Daraus folgt, dass das Erfordernis der Erheblichkeit des Interesses sowohl durch das Streben nach Optimierung des Interessenschutzes[202] als auch durch die ideologisch-politischen Befindlichkeiten der Staaten[203] unterminiert werden kann.[204] Nachfolgend wird kurz auf die Strafrechtsetzungsgewalt bei Drogendelikten eingegangen, die in anderen Rechtsordnungen, anders als in Deutschland, oft auf der Basis des Schutzprinzips erfolgt.

3. Internationaler Rauschgifthandel: der Verkauf eines Joints als universell verfolgbares Unrecht oder Bedrohung wesentlicher staatlicher Interessen

Die Rechtsetzungsgewalt hinsichtlich Drogendelikten verdient aus mehreren Gründen besondere Aufmerksamkeit. Erstens, weil diese Straftaten einen der wichtigsten Fälle darstellen, in denen Staaten Auslandstaten tatsächlich verfolgen und bestrafen.[205] Zweitens, denn dadurch wird noch ersichtlicher, wie schwach die völkerrechtlichen Schranken für die Ausweitung der nationalen Strafgewalt sind. Und drittens, da es einem die Weite des deutschen Strafanwendungsrechts im Vergleich zu anderen Rechtsordnungen wieder einmal vor Augen führt.

Wie weit können die Staaten ihre Strafgewalt in diesem Bereich aus völkerrechtlicher Sicht ausdehnen? Erlaubt das Völkerrecht hierzu den Rückgriff auf

---

[200] *Jennings/Watts*, Oppenheim's⁹, § 139, S. 471.

[201] Bemerkenswert ist hier der Fall von *Ambos*, MüKo-StGB⁴, Vor § 3, Rn. 37, der Jennings und Watts zur Unterstützung seiner Position zitiert, aber zum gegenteiligen Ergebnis kommt: „es ist allgemein anerkannt, dass Angriffe gegen bestimmte staatliche Politiken (,policies'), etwa im Drogenbereich, nicht dem Realprinzip unterfallen"; ähnlich *Jeßberger,* Der transnationale Geltungsbereich, S. 257, Fn. 217: „Zu weit wäre es auch, ,Angriffe' gegen bestimmte (kriminal-) politische Vorstellungen des Strafgewaltstaates – etwa in Form einer repressiven Drogenpolitik – dem Staatsschutzgrundsatz zuzuweisen".

[202] Ähnlich *García-Mora*, University of Pittsburgh Law Review 19, 3 (1958), S. 569: „the primacy of security interests exhibited in this field accounts in no small measure for the high degree of flexibility with which the protective principle has been practically applied".

[203] In diesem Sinne auch *Roegele*, Deutscher Strafrechtsimperialismus, S. 224; *Zimmermann*, Strafgewaltkonflikte, S. 378.

[204] Deshalb beschreibt *García-Mora*, University of Pittsburgh Law Review 19, 3 (1958), S. 568, dieses Prinzip als „mischievous".

[205] Laut *Schiemann* [JR 7 (2017), S. 340] beziehen sich fast alle auf dem Weltrechtsprinzip beruhenden Gerichtsentscheidungen in Deutschland auf Drogendelikte.

den Schutzgrundsatz oder gar auf das Universalitätsprinzip? Da das Völkergewohnheitsrecht den Universalitätsgrundsatz in Bezug auf Betäubungsmitteldelikte nicht vorsieht, könnte die Anwendung dieses Prinzips auf diese Straftaten nur durch einen völkerrechtlichen Vertrag begründet werden.[206] Der jüngste einschlägige völkerrechtliche Vertrag ist das „Übereinkommen der Vereinten Nationen gegen den unerlaubten Verkehr mit Betäubungsmitteln und psychotropen Stoffen" vom 20. Dezember 1988,[207] der in seinem Art. 4 die Anknüpfungspunkte zur Erstreckung der Strafgewalt auf Auslandstaten regelt. In Art. 4 Nr. 3 schreibt der Vertrag vor: „Dieses Übereinkommen schließt die Ausübung einer Strafgerichtsbarkeit, die von einer Vertragspartei nach innerstaatlichem Recht begründet ist, nicht aus". Diese Klausel, die, wie man sehen wird, häufig in Verträgen zur „Bekämpfung" bestimmter Arten von Straftaten vorkommt, lässt sich so auslegen, als ob das Erfordernis einer *genuine connection* entfällt und der nationale Gesetzgeber frei gelassen wird, seine Strafgewalt nach Belieben auszuweiten (begrenzt nur durch sein eigenes innerstaatliches Recht). Zwar schreibt der Vertrag das Universalitätsprinzip nicht zwingend vor, woraus einige Autoren zu dem fraglichen Schluss kommen, dem Gesetzgeber sei nicht gestattet, auf dieses Prinzip zurückzugreifen.[208] Viel plausibler wirkt jedoch die Schlussfolgerung, dass diese „treaty-based jurisdiction" die Staaten ermächtigt (ohne sie zu zwingen), sich auf eine unbeschränkte Rechtsetzungsgewalt gegen alle Vertragsstaaten zu berufen,[209] was im Falle des genannten Vertrags 191 der 193 Mitgliedsstaaten der Vereinten Nationen sind.[210] Wer daran zweifelt, kann die Prä-

---

[206] In diesem Sinne United States v. Bellaizac-Hurtado, 700 F.3d 1245, 1253–54 (11th Cir. 2012); *Kontorovich*, Minnesota Law Review 93 (2009), S. 1224 m.w.N.; auch *Ambos*, Internationales Strafrecht, § 3, Rn. 98. Anders *Ipsen*, in: ders., Völkerrecht⁶, § 31 Rn. 4.

[207] Weitere anwendbare Verträge sind u.a. das Einheitsabkommen über Betäubungsmittel von 1961, die Konvention über psychotrope Substanzen von 1971, und das Seerechtsübereinkommen der Vereinten Nationen (SRÜ) von 1982.

[208] Vgl. z. B *Gärditz*, Weltrechtspflege, S. 306: „Selbst die Befürworter einer universellen Verfolgung des Betäubungsmittelhandels gehen freilich davon aus, dass völkerrechtlich die Einführung des Weltrechtsprinzips in keiner der einschlägigen Konventionen positiv zugelassen wird". Ebenso darauf hinweisend, dass diese Art von Klauseln keine Weltrechtspflege begründeten *Jeßberger*, Der transnationale Geltungsbereich, S. 280.

[209] In diesem Sinne BGHSt 27, 30 (33): „Die Bekämpfung der Rauschgiftkriminalität hat der deutsche Gesetzgeber in § 6 Nr. 5 StGB dem Weltrechtsprinzip unterstellt. Diese Entscheidung war, wie der Revision zuzugeben ist, nicht zwingend"; und *Ambos*, Internationales Strafrecht, § 3, Rn. 107, der allerdings in MüKo-StGB⁴, Vor § 3, Rn. 56, seine Meinung teilweise geändert zu haben scheint, in dem er schreibt, es würde „wohl zu weit gehen, jegliche von den internationalen Abkommen erfasste Tathandlung – vom bloßen Besitz über den lokal begrenzten Vertrieb bis zum grenzüberschreitenden Großhandel – dem Weltrechtsgrundsatz zu unterstellen".

[210] Dazu siehe https://treaties.un.org/Pages/ViewDetails.aspx?src=TREATY&mtdsg_no=-VI-19&chapter=6&clang=_en, abgerufen: 09.10.2023.

ambel dieses Vertrags lesen, der – ähnlich wie frühere Übereinkommen zu diesen Straftaten – den Drogenhandel als eine „Gefahr von unübersehbarer Tragweite" bezeichnet, die nicht nur die Sicherheit, sondern sogar die „Souveränität der Staaten" gefährdet und „deren Bekämpfung dringende Aufmerksamkeit und höchsten Vorrang erfordert", wobei die Strafverfolgung dieser Straftaten als ein Kampf verstanden wird, der nur durch die Zusammenarbeit der Staaten (sprich: das Schließen von Strafbarkeitslücken) gewonnen werden kann.[211]

Das Übereinkommen von 1988 begnügt sich jedoch nicht damit, keine Obergrenze für das *ius puniendi* festzulegen, sondern sieht auch eine Untergrenze dafür vor: Wie viele andere gleichartige Verträge (wie bereits oben angekündigt und im Teil II D V 3 näher erläutert) sieht dieses Übereinkommen Strafgewalterstreckungspflichten bei Vorliegen bestimmter Anknüpfungspunkte vor.[212] Diese Mindestanforderungen an die Kriminalisierung bestimmter Verhaltensweisen erklären zumindest teilweise den Umstand, dass drogenbezogene Tatbestände in reichen Konsumentenländern (wie Deutschland) und sich entwickelnden Produzentenländern (wie Peru) ähnlich sind, obwohl die Bedürfnisse und Werte beider Länder durchaus unterschiedlich sind.[213]

Trotz dieser weitreichenden völkerrechtlichen Ermächtigung zur Ausdehnung der Strafgewalt ist Deutschland (soweit ersichtlich) das einzige Land, das für diese Delikte ausdrücklich den Weltrechtsgrundsatz im engeren Sinne vorsieht.[214] Laut § 6 Nr. 5 StGB unterliegt der „unbefugte Vertrieb von Betäubungsmitteln" ohne weiteres dem Universalitätsprinzip.[215] Ungeachtet einiger vergeb-

---

[211] Vgl. die Erwägungen 2.°, 3.° , 4.° der Präambel. Ähnlich hat sich BGHSt 27, 30 (33) zu den Verträgen von 1961 und 1974 geäußert: „Aus dem Übereinkommen ergibt sich mit einer jeden Zweifel ausschließenden Eindeutigkeit, daß die Unterzeichnerstaaten, zu denen auch die Niederlande gehören, im Interesse der Gesundheit und des Wohles der Menschheit eine weltweite internationale Zusammenarbeit bei der Bekämpfung der Rauschgiftkriminalität für erforderlich halten".

[212] So müssen die Staaten nach dem erwähnten Übereinkommen von 1988 sowohl im Hinblick auf das Territorialitäts- und das Flaggenprinzip (Art. 4 Nr. 1 a) als auch in einigen Fällen auf den Grundsatz des *aut dedere aut iudicare* (Art. 4 Nr. 2a) ihre Rechtsetzungsgewalt auf den vom Vertrag erfassten Sachverhalten ausdehnen.

[213] In diesem Sinne *Perron*, ZStW 109 (1997), S. 289 f.

[214] Siehe *Gärditz*, Weltrechtspflege, S. 306, Fn. 845: „Die Anwendung des Weltrechtsprinzips ist selbst innerhalb der europäischen Staatenfamilie eine deutsche Ausnahme geblieben"; oder *Kontorovich*, Minnesota Law Review 93 (2009), S. 1231, der in seiner Kritik am Umfang der US-Strafgewalt in diesem Bereich behauptet: „indeed, only one other Western nation casts its jurisdiction over drug crimes so broadly". Dieses Land ist – wenig überraschend – Deutschland.

[215] Zu beachten ist hierbei, dass laut BGH, NStZ 1986, 320, beck-online, der Erwerb von Betäubungsmitteln zum Eigenverbrauch kein Vertrieb darstellt (und daher nicht dem Universalitätsprinzip unterliegt).

licher Bemühungen im Schrifttum, den Umfang der Regel auf eine vernünftige Reichweite zu reduzieren,[216] scheint sich der BGH jüngst entschlossen zu haben, die Vorschrift nach ihrem Wortlaut auszulegen und die Forderung nach zusätzlichen Anknüpfungspunkten zu verwerfen:

> Aus dem Sinn und Zweck der Norm lässt sich eine über den Wortlaut hinausgehende Einschränkung nicht ableiten. § 6 Nr. 5 StGB verfolgt den Zweck, dem Betäubungsmittelhandel, der wegen seiner grenzüberschreitenden Gefährlichkeit grundsätzlich auch Inlandsinteressen berührt, durch Anwendung des deutschen Strafrechts auf den Händler entgegenzuwirken, gleich welcher Staatsangehörigkeit er ist und wo er die Tat begangen hat…Eine Verfolgungsbeschränkung auf Taten mit einem spezifischen Inlandsbezug schränkte die Verfolgung des Schutzzwecks sogar ein.[217]

Aus diesem Grund kann die Verfolgung von im Ausland begangenen Drogendelikten, bei denen die Bejahung eines Interesses Deutschlands unplausibel wirkt, nur aufgrund von § 153c StPO (Absehen von der Verfolgung bei Auslandstaten) vermieden werden. So kann (muss aber selbstverständlich nicht) Deutschland einen Österreicher bestrafen, der in Indien Heroinzubereitung kauft und die Droge in die Schweiz bringt.[218] Von Vorhersehbarkeit und Berechenbarkeit der Bestrafung durch Deutschland kann somit keine Rede sein.

Im Gegensatz dazu verzichten die meisten Staaten auf das im Übereinkommen von 1988 zugelassene *unechte* (weil „nur" zwischen den 191 Vertragsstaaten anwendbare) Universalitätsprinzip und greifen entweder auf ein auf Ereignisse auf See beschränktes Universalitätsprinzip oder ein mehr oder weniger weit gefasstes Schutzprinzip zurück. Ein interessantes Beispiel hierfür sind die USA, die ebenfalls über eine umfassende Rechtsetzungsgewalt für Drogendelikte verfügen. Die einschlägigen Vorschriften finden sich in 46 U.S.C. *Chapter 705* [der bereits angesprochene *Maritime Drug Law Enforcement Act* (MDLEA)],[219] der

---

[216] Exemplarisch *Ambos*, MüKo-StGB⁴, Vor § 3, Rn. 56, der eine Anwendung des Universalitätsprinzips nur auf den internationalen Rauschgifthandel andeutet; oder *Jeßberger*, Der transnationale Geltungsbereich, S. 292: „§ 6 Nr. 5 riskiert es, die der Ausübung staatlicher Strafgewalt vom Völkerrecht gezogenen Grenzen zu überschreiten. Nur wenn der Täter Deutscher ist oder in Deutschland ergriffen und nicht ausgeliefert wird, handelt es sich bei der Ausübung deutscher Strafgewalt auf Grundlage des § 6 Nr. 5 nicht um eine – völkerrechtlich unzulässige – ‚autonome Vindikation uferloser Strafgewalt'".

[217] BGH, Urt. v. 7.11.2016 – 2 StR 96/14, Rn. 11; im selben Sinne BGH, NStZ 2012, 335; BGH, NStZ 1986, 320. Für einen Überblick über die Entwicklung der Rechtsprechung zur Reichweite des § 6 Nr. 5 StGB und die Völkerrechtskonformität dieser Vorschrift, siehe *Schiemann*, JR 7 (2017), S. 340–342.

[218] In einem Fall, der mit dem Beispiel identisch war, verhängte das LG Konstanz eine Freiheitsstrafe von 3 Jahren und 6 Monaten, die vom BGH nur deshalb aufgehoben wurde, weil der Beschuldigte das Rauschgift teilweise für Eigenbedarf gekauft hatte. Vgl. BGH, NStZ 1986, 320, beck-online.

[219] Vgl. 46 U.S.C. §§ 70501 bis 70508, abrufbar unter: https://www.law.cornell.edu/uscode/

1986 als Teil des *Anti-Drug Abuse Act* eingeführt wurde, einer der bis heute bedeutendsten Rechtsvorschriften im „Krieg gegen die Drogen".[220] Der MDLEA, der von diesem Kampfgeist beseelt ist, legt eine Reihe von Regeln fest, die den Vereinigten Staaten letztlich eine (fast) universelle Strafgewalt gegen den Drogenhandel (nicht nur auf See) verleihen.[221] Zunächst hebt es ausdrücklich die traditionelle *Common Law* Vermutung gegen Extraterritorialität auf.[222] Anschließend erklärt sich der MDLEA nicht nur für „Schiffe der Vereinigten Staaten" (was annähernd dem Flaggenprinzip entspricht) oder für jeden Staatsangehörigen der USA bzw. jeden in den USA ansässigen Ausländer, ungeachtet der Flagge des Schiffes (was dem aktiven Staatsangehörigkeits- bzw. aktiven Domizilprinzip entspricht), für anwendbar, sondern auch für „der Jurisdiktion der USA unterliegende Schiffe" („vessels subject to the jurisdiction of the United States").[223] Die letztgenannte Kategorie umfasst alle Schiffe ohne Staatszugehörigkeit (die häufig für den Drogenhandel eingesetzt werden), unabhängig davon, wo sie abgefangen werden,[224] sowie alle unter einer Flagge fahrenden Schiffe, die auf hoher See fahren (oder zu einem bestimmten Zeitpunkt der Reise gefahren sind), wenn der Flaggenstaat der Anwendung des MDLEA zustimmt, und sogar alle Schiffe, die in den Hoheitsgewässern eines anderen Staates fahren, wenn dieser Staat der Anwendung der MDLEA-Vorschriften zustimmt.[225] Wie man

---

text/46/subtitle-VII/chapter-705, abgerufen: 09.10.2023. Für eine ausführlichere Übersicht über die Exzesse des MDLEA siehe *Irarrázaval, LH- Reyes Echandía*, S. 334 ff.

[220] Der wohl bekannteste und folgenreichste Aspekt dieser Gesetzgebung besteht darin, dass sie für viele Straftaten im Zusammenhang mit Drogenbesitz oder -handel verbindliche Mindeststrafen vorsieht. Dazu vgl. *Saxe Walker/Mezuk*, BMC International Health and Human Rights 43 (2018), S. 2.

[221] Zum MDLEA als „Waffe" gegen Drogenhändler siehe *Sheehy*, Connecticut Law Review 43, 5 (2011), S. 1677. Zum Geist, der den MDLEA durchdringt, siehe United States v. Ledesma-Cuesta, 347 F.3d 527, 531: „Congress enacted the MDLEA to strengthen the United States' drug laws…specifically by removing geographical barriers which had impeded efforts to combat the drug trade"; oder die bereits in der Einleitung zitierte Entscheidung United States v. Carvajal 924 F. Supp. 2d 219 (D.D.C. 2013). Wie in Teil II B II 3 zu sehen sein wird, erstreckt sich MDLEA manchmal sogar auf an Land begangene Drogendelikte.

[222] 46 U.S.C. § 70503, Buchst. b: „Subsection (a) applies even though the act is committed outside the territorial jurisdiction of the United States".

[223] 46 U.S. Code § 70503, Buchst. e.

[224] Vgl. hierzu United States v. Marino-Garcia, 679 F.2d 1373, 1382 (11th Cir. 1982).

[225] 46 U.S.C. § 70502, Buchst. c. Nach Auffassung von *Volz*, Extraterritoriale Terrorismusbekämpfung, S. 319 ff., handelt es sich bei der Strafrechtsetzungsgewalt, die im Falle von Schiffen in den Hoheitsgewässern anderer Staaten ausgeübt wird, um „derivative Jurisdiktion", da die Zustimmung des Tatortstaats erforderlich ist. Diese Bezeichnung ist unzutreffend, da die Vereinigten Staaten in diesen Fällen die Strafgewalt nicht im Namen des Tatortstaats ausüben: Tatsächlich geht es darum, die Interessen der USA (Schutzprinzip) oder die der internationalen Gemeinschaft (Universalitätsprinzip) zu schützen, nicht aber die des Tatortstaates. Der einzige

sieht, besteht das Haupthindernis für die Ausweitung der Strafgewalt der USA in dieser Angelegenheit darin, die Zustimmung des Flaggenstaats oder des Hoheitsgewässerstaats einzuholen. Dies ist jedoch kein echtes Hindernis, da gemäß MDLEA eine solche Zustimmung auch auf informellem Wege (wie etwa durch einen Telefonanruf) eingeholt werden kann,[226] und nach der Rechtsprechung lässt sich diese Einwilligung sogar nach der Einleitung eines Strafverfahrens einholen,[227] wobei oft die Genehmigung eines Beamten niedrigen Ranges ausreicht.[228] Schließlich wird dem Beschuldigten ausdrücklich die Möglichkeit genommen, sich darauf zu berufen, dass seine Strafverfolgung gegen das Völkerrecht verstößt.[229]

Diese Erstreckung der Strafgewalt schließt jeden Bedarf an einem Nexus zu den Vereinigten Staaten aus. Wenn also ein unter argentinischer Flagge fahrendes Schiff durch guatemaltekische Hoheitsgewässer Drogen transportiert, reicht die argentinische oder guatemaltekische Zustimmung aus, damit das Schiff (samt all seiner nicht US-amerikanischen Insassen) dem MDLEA unterliegt, ohne dass nachgewiesen werden muss, dass das Zielland die USA sind.[230] Dadurch ist der MDLEA in der Praxis zum wichtigsten Gesetz zur Einführung einer quasiuniversellen Strafgewalt geworden, da es zu langen Haftstrafen für Personen geführt hat, die gar keine Verbindung zu den USA hatten und nicht einmal beabsichtigten, Drogen in die USA einzuführen.[231] Dennoch wird in der US-Rechtsprechung, wie bereits oben dargelegt, sowohl die Verfassungsmäßigkeit der Vorschriften des MDLEA nach der *Piracies and Felonies Clause* (art. I, § 8, cl. 10

Zweck des Erfordernisses der Zustimmung des Tatortstaats besteht hier darin, einen möglichen Verstoß gegen das Nichteinmischungsprinzip zu vermeiden.

[226] 46 U.S.C. § 70502 (c) (2).

[227] Laut U.S. v. Greer, 285 F.3d 158, 175 (2d Cir. 2000), kann die Zustimmung jederzeit vor der Hauptverhandlung eingeholt werden.

[228] *Kontorovich*, Minnesota Law Review 93 (2009), S. 1241.

[229] Siehe den bereits oben wiedergegebenen 46 U.S.C. § 70505.

[230] So *Kontorovich*, Minnesota Law Review 93 (2009), S. 1200: „Because these vessels are classified as vessels subject to the jurisdiction of the United States, no conspiracy to import need be proven".

[231] Diesbezüglich sehr illustrativ *Kontorovich*, Minnesota Law Review 93 (2009), S. 1203 f.: „The MDLEA has quietly become the largest font of universal jurisdiction in U.S. courts, dwarfing the more high-profile Alien Tort Statute litigation. Indeed, the MDLEA appears to be the only statute under which the United States asserts universal criminal jurisdiction. The practical consequences are significant. Prosecutions under the MDLEA often involve a vessel's entire crew. Given the large quantities of drugs on these vessels, these foreigners, captured on foreign vessels in international waters, can face decades in federal prison. This is despite the fact that these individuals potentially never have set foot in, or directed their activities towards, the United States".

der US-Verfassung)²³² als auch ihre Völkerrechtskonformität normalerweise ohne große Überlegungen hingenommen.²³³ Nach Ansicht vieler Gerichte sind die Bestimmungen des MDLEA auf der Grundlage des Schutzprinzips gerechtfertigt.²³⁴ Der MDLEA lässt sich jedoch nicht auf dieses Prinzip stützen, nicht nur weil es fraglich ist, dass jeder einzelne Drogenhandel ein vitales Staatsinteresse berührt, sondern auch weil dieses Gesetz das Erfordernis einer konkreten Gefahr durch eine bloß abstrakte Gefahr für US-Interessen ersetzt.²³⁵ Einige wenige Urteile haben diesen Irrtum erkannt, wobei die Entscheidung von *United States Court of Appeals, Ninth Circuit* in U.S. v. Perlaza besonders berüchtigt ist: dort verneinte das Gericht die Anwendbarkeit des Schutz- und Universalitätsprinzips im Fall von zwei Booten, die vor der Küste Kolumbiens segelten und im Verdacht standen, Kokain nach Mexiko zu transportieren:

> The notion that Peterson's ‚protective principle' can be applied to ‚prohibiting foreigners on foreign ships 500 miles offshore from possessing drugs that… might be bound for Canada, South America, or Zanzibar' – as suggested by the Government here – has been repeatedly called into question by our Court and others²³⁶…The Government also argues that the district court properly found that it had jurisdiction over the Go-Fast defendants under the ‚universal jurisdiction' to prevent piracy, slave trade, and universally condemned activity. This argument is simply a weaker version of the Government's ‚protective principle' argument.²³⁷

---

²³² Vgl. *Kontorovich*, Minnesota Law Review 93 (2009), S. 1205 f. Siehe aber United States v. Bellaizac-Hurtado, 700 F.3d 1245 (11th Cir. 2012), wo das Gericht eine MDLEA-Verurteilung aufhob, weil der MDLEA die Befugnisse des Kongresses nach der erwähnten Verfassungsklausel überschritt.

²³³ Vgl. oben Teil I C II 1.

²³⁴ Siehe z.B. das unpräzise Urteil des *Court of Appeals, First Circuit* [U.S. v. Gonzalez, 311 F.3d 440, 446 (1st Cir. 2002)], welche die Grundsätze der Universalität und des Schutzes vermengt.: „Congress invoked the protective principle in the MDLEA, finding that trafficking in controlled substances aboard vessels is a serious international problem and is universally condemned [and]… presents a specific threat to the security of the United States. Because of this authority, the MDLEA does not require a jurisdictional statement to place it within Congress's regulatory power". Für weitere Urteile in diesem Sinne siehe *Kontorovich*, Minnesota Law Review 93 (2009), S. 1229, Fn. 260.

²³⁵ Siehe United States v. Gonzalez, 776 F.2d 931, 939 (11th Cir. 1985): „The protective principle does not require that there be proof of an actual or intended effect inside the United States. The conduct may be forbidden if it has a potentially adverse effect and is generally recognized as a crime by nations that have reasonably developed legal systems".

²³⁶ U.S. v. Perlaza, 439 F.3d 1149, 1162 (9th Cir. 2006).

²³⁷ U.S. v. Perlaza, 439 F.3d 1149, 1163 (9th Cir. 2006). *Farbiarz*, Michigan Law Review 114, 4 (2016), S. 517, verweist auf diesen Fall als den einzigen, in dem ein amerikanisches Gericht eine Strafverfolgung wegen Nichteinhaltung des Nexus-Erfordernisses verworfen hat. Unabhängig davon, ob diese Behauptung zutrifft, zeigt schon ihre bloße Formulierung wie gering die Bedeutung der völkerrechtlichen Grundsätze im US-amerikanischen Recht ist. Hinzu kommt, dass diese Entscheidung von den Befürwortern eines Feindstrafrechts hinsichtlich der Drogenkriminalität heftig kritisiert worden ist. Siehe z.B. *Fritch*, Washington University

Aber selbst wenn man davon ausgeht, es sei unmöglich bei Drogendelikten auf das Universalitäts- oder das Schutzprinzip zurückzugreifen, kann man sich auf jeden Fall auf das Vertragsprinzip (und insbesondere auf Art. 4 Nr. 3 des Übereinkommens der Vereinten Nationen vom 20. Dezember 1988) berufen, so dass die breite Rechtsetzungsgewalt, die von den USA in dieser Angelegenheit beansprucht wird, letztlich auf die eine oder andere Weise mit dem Völkerrecht in Einklang steht.[238]

Vom Umfang her vergleichbar mit der US-Regelung (zumindest, wenn man lediglich den Gesetzeswortlaut betrachtet) und damit etwas begrenzter als in Deutschland ist die Erstreckung der spanischen Strafrechtsetzungsgewalt in Bezug auf Betäubungsmitteldelikte. Art. 23 Nr. 4 LOPJ enthält zwei wichtige Jurisdiktionsregeln für Drogendelikte: nach Buchst. d kann Spanien seine Strafgewalt auf Straftaten ausdehnen, die in internationalen Gewässern begangen werden, wenn ein internationaler Vertrag dies zulässt; und nach Buchst. i auf Straftaten, die außerhalb des Hoheitsgebiets begangen werden (und ebenfalls außerhalb internationaler Gewässer, da in diesem Fall Buchst. d Anwendung findet), basierend auf dem aktiven Personalitätsprinzip oder dem Schutzprinzip. So hat der *Tribunal Supremo* das spanische Strafrecht unter Buchts. d) für anwendbar gehalten auf ein unter der Flagge Sierra Leones fahrendes Schiff, das in internationalen Gewässern 15.300 Kilogramm Haschisch an Bord hatte, wobei die Besatzung des Schiffes aus syrischen Staatsangehörigen bestand und die Aufbringung durch ein spanisches Patrouillenschiff mit Genehmigung des Flaggenstaates erfolgte, da der spanische Gesetzgeber nach Art. 17 (Rauschgifthandel auf See) und Art. 4 des genannten Übereinkommens von 1988 zur Ausdehnung der Strafgewalt befugt war.[239]

Als letztes Beispiel zur Verdeutlichung des Übermaßes des § 6 Nr. 5 StGB auf internationaler Ebene sei der Fall Chile genannt. Dieses Land beansprucht eine begrenztere Strafgewalt als Spanien oder die USA in diesem Bereich und beruft sich lediglich auf das Schutzprinzip, ohne besondere Regeln für den Drogenhandel auf dem Seeweg ins Auge zu fassen. Nach Art. 6 Nr. 3 COT S. 2 i. V. m. Art. 65 des Gesetzes Nr. 20.000 (das den unbefugten Vertrieb von Betäubungsmitteln und psychotropen Stoffen unter Strafe stellt) unterliegen der chilenischen Gerichtsbarkeit nur solche im Ausland begangenen Betäubungsmitteldelikte, die die Gesundheit der Einwohner der Republik gefährden. Daher interessiert sich das chilenische Recht weder für den Handel von Heroin in Peru, wenn das „Ziel-

---

School of Law 8, 4 (2009), S. 721, wonach diese Entscheidung ein „misguided attempt to extend Constitutional protection to those engaged in a universally condemned act" sei.

[238] Zu diesem Punkt siehe oben Teil I C II 1.
[239] Siehe STS 592/2014, 24 de Julio de 2014, FJ 5°; *Huesa*, Revista electrónica de estudios internacionales 31, 4 (2016), S. 1 ff.

land" der Veräußerung nicht Chile ist (anders als § 6 Nr. 5 StGB) noch für das sierra-leonische Schiff mit syrischer Besatzung auf See, es sei denn, es ist klar, dass die Verteilung der Drogen in Chile beabsichtigt ist.[240]

V. Das Weltrechtsprinzip und die vertragliche Vermehrung der Menschenfeinde

1. Das Konzept: der Verzicht auf jegliche Bindung

Das Weltrechtsprinzip – auch Universalitätsprinzip genannt –[241], stellt „das radikalste Phänomen einer Entgrenzung staatlicher Strafgewalt" dar:[242] ihm entsprechend ist die Strafgewalt eines Staates „auf Taten anzuwenden, die von Ausländern gegen Ausländer im Ausland verübt werden und auch keine sonstige Verbindung zum Verfolgungsstaat aufweisen".[243] Gleichgültig, ob man nun davon ausgeht, dass bei diesem Grundsatz kein Anknüpfungspunkt zwischen Straftat und Strafgewaltstaat besteht,[244] oder ob man bejaht, dass eine echte Bindung aufgrund der Natur des angegriffenen Rechtsguts entsteht,[245] wird die Legitimität

---

[240] Trotzdem behaupten einige richterliche Entscheidungen, dass aufgrund der genannten völkerrechtlichen Betäubungsmittelübereinkommen (deren Ziel darin besteht, die öffentliche Gesundheit auch über die nationalen Grenzen hinaus zu schützen) das chilenische Strafrecht auch anwendbar sei, „wenn sich alle Empfänger der Drogen außerhalb unseres Landes befinden". Vgl. in diesem Sinne die Entscheidung des 3° Tribunal Oral en lo Penal de Santiago, 20 de Octubre de 2008, RIT 125–2008, Considerando noveno, S. 206. Diese Ansicht ist jedoch eindeutig falsch, nicht nur, weil ihre Auslegung von Art. 6 Nr. 3 COT *contra legem* ist, sondern auch, weil der Vertrag von 1988 (wie auch die anderen genannten Verträge in diesem Bereich) die Feststellung des Universalitätsprinzips als Anknüpfungspunkt nur zulässt (aber nicht verlangt).

[241] Siehe exemplarisch *Jakobs*, AT, 5/9 und *Satzger*, Jura 32 (2010), S. 110, die es „Weltrechtsprinzip" nennen; *Werle/Jeßberger*, LK[13], Vor § 3, Rn. 256 ff. bezeichnen es als „Universalitätsprinzip"; *Hirst* (Jurisdiction, S. 54) und Bradley [The University of Chicago Legal Forum (2001)] als „Universal Jurisdiction"; *Cury*, PG[11], S. 270 und *Mir Puig*, PG[10], S. 59 als „Principio de Universalidad" bzw. „Principio de derecho universal".

[242] So *Gärditz*, Weltrechtspflege, S. 25 f.; *Steiner*, Theoretical Inquiries in Law 5 (2004), S. 211: „universal jurisdiction can be imagined as part of the larger process of globalization and erosion of state boundaries".

[243] *Satzger*, Jura 32 (2010), S. 110; ähnlich *Steiner*, Theoretical Inquiries in Law 5 (2004), S. 200: „universal jurisdiction involves the application by a state judiciary of that state's criminal law to a prosecution bearing no significant relationship to the state's territory, citizens, or security".

[244] In diesem Sinne *Ambos*, Internationales Strafrecht, § 2, Rn. 7; *Gärditz*, Weltrechtspflege, S. 30: „von konkreten Anknüpfungspunkten verabsolutierte Weltrechtsprinzip"; *Steiner*, Theoretical Inquiries in Law 5 (2004), S. 204; *Volz*, Extraterritoriale Terrorismusbekämpfung, S. 125.

[245] So *Satzger*, Internationales, § 4 Rn. 3; *ders.*, Teil 1, S. 110; Princeton Principles on Uni-

dieses Prinzips an sich – angesichts der Schwere der Verbrechen, mit denen es üblicherweise in Verbindung gebracht wird – meist ohne größere Bedenken akzeptiert.[246] Anders ausgedrückt: ein Verstoß gegen den Nichteinmischungsgrundsatz liege hier nicht vor, da die von diesem Grundsatz erfassten Straftaten „*per definitionem* Angelegenheit der Völkergemeinschaft" seien.[247]

An dieser Stelle ist es sinnvoll, zwei kurze Begriffsabgrenzungen vorzunehmen. Zum einen muss zwischen den von allen (oder den meisten) Staaten kriminalisierten Verhaltensweisen und den „internationalen Verbrechen" unterschieden werden: „Murder and rape, and indeed, most malum in se offenses, are also universally condemned, and all fall outside of international law. Presumably Congress cannot legislate the punishment of purely foreign rapes despite it being ‚universally recognized criminal behavior'".[248] Selbst wenn es eine „universelle Moral" gäbe, folgt daraus unmittelbar weder eine Pflicht noch ein Recht der einzelnen Staaten, zum Schutz dieser Werte Weltrechtspflege zu betreiben.[249] Als „international geschützte Rechtsgüter" würden nur solche zählen, deren strafrechtliche Schutzwürdigkeit durch das Universalitätsprinzip im Völkergewohnheitsrecht oder in multilateralen völkerrechtlichen Übereinkommen festgelegt ist. Die Delikte gegen diese Rechtsgüter machen das sogenannte „internationale

---

versal Jurisdiction, Principle 1 Nr. 1: „universal jurisdiction is criminal jurisdiction based solely on the nature of the crime, without regard to where the crime was committed, the nationality of the alleged or convicted perpetrator, the nationality of the victim, or any other connection to the state exercising such jurisdiction".

[246] Die Völkerrechtskonformität des Prinzips selbst ist in der Regel nicht strittig, sondern nur seine Konturen (vgl. *Werle/Jeßberger*, LK[13], Vor § 3, Rn. 258). Bedauernd über die wohlgefällige Behandlung dieses Prinzips im Schrifttum äußert sich *Gärditz*, Weltrechtspflege, S. 28: „Die Frage nach der Rationalität und den Risiken einer dezentralisierten Völkerrechtsdurchsetzung, wie sie die Weltrechtspflege in Anspruch nimmt, wurde ganz überwiegend erst gar nicht gestellt". Zu den skeptischen Autoren gegenüber dem Gedanken eines Universalitätsprinzips an sich gehören u. a. *Kissinger*, Foreign Affairs 80, 4 (2001); und *Goldsmith/Krasner*, Daedalus 132, 1 (2003).

[247] *Ambos*, MüKo-StGB[4], Vor § 3, Rn. 46. Nach *Cabranes*, Yale Law Journal 118, 8 (2009), S. 1673, das Universalitätsprinzip „does not turn on a connection between the state and the circumstances of the offence; rather, the universality principle assumes that every state has a sufficient interest in exercising jurisdiction to combat egregious offenses that states universally have condemned".

[248] *Kontorovich*, Minnesota Law Review 93 (2009), S. 1226. Ähnlich *Bassiounis*, Virginia Journal of International Law 42, 1 (2001), S. 152, der entsprechend zwischen „universality of condemnation" und „universal reach of national jurisdiction" unterscheidet und auf drei weitere mögliche Verständnisse des Begriffs „universality" verweist; vgl. auch *Steiner*, Theoretical Inquiries in Law 5 (2004), S. 208; *Werle/Jeßberger*, LK[13], Vor § 3, Rn. 257.

[249] So auch *von Bar*, Das Internationale Privat- und Strafrecht, S. 519. Dieser Punkt wird im Teil II D III 2 dieser Untersuchung näher ausgeführt.

Verbrechen" aus.²⁵⁰ Die Bezeichnung „Völkerrechtsverbrechen" oder „international crimes" ist jedoch üblicherweise nur den im Römischen Statut vorgesehenen Straftatbeständen (d. h. Völkermord, Verbrechen gegen die Menschlichkeit, Kriegsverbrechen und Aggression) vorbehalten, was auch in dieser Arbeit zum besseren Verständnis des Lesers übernommen wird.²⁵¹

Zum anderen soll das materielle Völkerstrafrecht nicht mit dem Universalitätsprinzip verwechselt werden. Ersteres weist darauf hin, wann eine Person aus völkerrechtlicher Perspektive unmittelbar strafrechtlich verantwortlich ist,²⁵² während Letzteres angibt, wann ein bestimmter Staat seine Rechtsetzungsgewalt auf konkrete Verhaltensweisen gegen international geschützte Rechtsgüter erstrecken kann. Daher überschneiden sich die beiden Institute nicht immer:²⁵³ Eine Völkerstraftat kann von einem internationalen Gerichtshof (anstelle eines bestimmten Staates) abgeurteilt werden oder ein Staat kann seine Strafgewalt auf Völkerstraftaten auf Grundlage eines anderen (begrenzteren) Grundsatzes als dem Universalitätsprinzip erstrecken.²⁵⁴ Darüber hinaus unterstellen viele Staaten selbst minder schwere Straftaten völkerrechtswidrig dem Universalitätsprinzip. Genau das tut Deutschland, wenn es z. B. den Subventionsbetrug dem Weltrechtsgrundsatz unterordnet (§ 6 Nr. 8 StGB).²⁵⁵

Sinn und Zweck des Weltrechtsprinzips ist es demnach, die Staaten zu ermächtigen (ggf. zu verpflichten), ihre Rechtsetzungsgewalt auf Sachverhalte auszudehnen, bei denen zwar keine Verbindung zum Forumsstaat besteht, die aber die internationale Gemeinschaft als Ganzes beträfen, indem sie gegen international geschützte Rechtsgüter verstießen.²⁵⁶ Somit ist dieses Prinzip zwar ebenso wie das Schutzprinzip in der Natur der Straftat begründet, unterscheidet sich aber von diesem wie folgt: während bei Letzterem der Täter durch die Tat-

---

[250] *Ambos*, MüKo-StGB⁴, Vor § 3, Rn. 52; *Ipsen*, in: ders., Völkerrecht⁶, § 31 Rn. 1–7.

[251] Siehe exemplarisch *Hiéramente*, GoJIL 3, 2 (2011), S. 553; *Werle/Jeßberger*, LK¹³, Vor § 3, Rn. 263.

[252] Vgl. *Werle/Jeßberger*, Kansai University review of law and politics 26 (2005), S. 18; ähnlich *Roxin/Greco*, AT I, § 4/52; *Kreß*, ZStW 114 (2002), S. 829. Das unbestrittenste Beispiel davon sind die erwähnten Verbrechen des Römischen Statuts.

[253] Allerdings gehen die beiden Institute oft Hand in Hand. Vgl. hierzu *Gärditz*, Weltrechtspflege, S. 219.

[254] Vgl. z. B. § 1 i. V. m. § 13 des deutschen VStGB, die das aktive Personalitätsprinzip und das Schutzprinzip als alternativ anwendbare Prinzipien hinsichtlich der Völkerstraftat der Aggression vorsieht. Siehe auch das *genocide statute* von 18 U.S.C. § 1091, wonach die Strafgewalt alternativ auf dem Territorialitätsprinzip, dem aktiven Domizil- bzw. Personalitätsprinzip oder dem Ergreifungsortprinzip beruht.

[255] Zur offensichtlichen Völkerrechtswidrigkeit der Anwendung dieser Vorschrift auf außerhalb des Gebiets der EU begangene Handlungen siehe *Ambos*, Internationales Strafrecht, § 3, Rn. 110.

[256] *Eser/Weißer*, S/S³⁰, Vor §§ 3–9, Rn. 25; *Schiemann*, JR 7 (2017), S. 340.

begehung eine hinreichende Beziehung (nur) zu dem Strafgewaltstaat herstelle, schaffe er beim Universalitätsprinzip eine Verbindung zu allen Staaten (genauer: zur internationalen Staatengemeinschaft).[257] Ebenso unterscheide sich das Universalitätsprinzip vom solidaritätsbasierten Prinzip der stellvertretenden Rechtspflege, da beim Weltrechtsprinzip der Staat originäre Strafgewalt beanspruche, um angebliche universelle Werte zu schützen. Es liegt auf der Hand, dass der Universalitätsgrundsatz nicht auf „Solidarität" mit dem Tatortstaat – oder einem anderen Staat – beruhen kann: oft wird er ja aus Misstrauen gegenüber diesem Staat in Anspruch genommen! Basiert das Universalitätsprinzip hingegen – wie zuweilen argumentiert wird – auf der Solidarität mit der internationalen Gemeinschaft,[258] dann wird dieses Prinzip lediglich zu einer Variante der stellvertretenden Rechtspflege und damit zu einem Fall von derivativer Strafgewalt.[259] Dies ist jedoch unvereinbar mit der Art und Weise, wie viele Rechtsordnungen das Universalitätsprinzip umsetzen, nämlich so, als ob sie bei der Anwendung des Prinzips kraft ihrer eigenen Verantwortung handeln, die sich aus ihrer Rolle „als Treuhänder der gesamten Menschheit" ergibt.[260] Noch eklatanter versagt die Solidarität als Grundlage der Strafgewalt bei vertragsgestützten Delikten (die, wie unten gezeigt wird, ebenfalls eine Art „bedingtes Universalitätsprinzip" darstellen können): wenn Frankreich einen Terroristen bestraft (klassisches Beispiel einer sogenannten *treaty-based* Straftat), der einen Anschlag in Griechenland verübte (und weder der Täter noch die Opfer französische Staatsangehöriger sind), dann wahrscheinlich nicht aus vermeintlicher „Solidarität" mit Griechenland oder den Heimatstaaten der Opfer[261] sondern um eine mögliche (wenn auch niedrige) zukünftige Gefahr für Frankreich zu neutralisieren.[262]

---

[257] *Satzger*, Jura 32 (2010), S. 110.
[258] *Eser/Weißer*, S/S[30], Vor §§ 3–9, Rn. 25: „Der verfolgende Staat handelt im Interesse und als Stellvertreter oder Treuhänder der Staatengemeinschaft insgesamt"; ähnlich *Ambos*, MüKo-StGB[4], Vor § 3, Rn. 46; Köhler, JRE 11 (2003), S. 440.
[259] Gerade in diesem Sinne (die Berufung eines Staates auf das Universalitätsprinzip ist nur als Ausübung derivativer Sanktionsgewalt legitim) wird unten in Teil III D IV 2 argumentiert.
[260] So *Pawlik*, FS-Schroeder, S. 365. Beruht das Prinzip hingegen auf einer kaum einschränkbaren Solidarität mit den Opfern, dann liegt ihm letztlich ein „moralischer Kosmopolitismus" zugrunde, was unten im Teil I D V 2 analysiert wird.
[261] So argumentiert aber *Ambos*, MüKo-StGB[4], Vor § 3, Rn. 55.
[262] Wie aus dem Aphorismus „One man's terrorist is another man's freedom fighter" hervorgeht, ist die Feststellung, wer als Terrorist gilt, historisch eher von staatlichen Interessen als von internationaler Solidarität geprägt. Eines (von unzähligen) Beispielen dafür ist der Fall von vier RAF-Mitgliedern, die 1978 in Zagreb verhaftet wurden: Die jugoslawische Regierung verlangte von der BRD-Regierung als Gegenleistung die Auslieferung von acht im Exil lebenden Kroaten, was die BRD jedoch ablehnte. So erlaubten die jugoslawischen Behörden den RAF-Mitgliedern die Ausreise in den Südjemen. Siehe hierzu https://www.tagesschau.de/jahresrueckblick/meldung220024.html, abgerufen: 09.10.2023.

Angesichts der Tatsache, dass sich internationale Gerichte – insbesondere der IStGH – bei der Aburteilung schwerer Verbrechen als nicht sonderlich effektiv erwiesen haben,[263] besteht natürlich die Versuchung, den Rückgriff auf den Universalitätsgrundsatz auszuweiten, der ein weitaus wirksameres Mittel zur Gewährleistung der Integrität internationaler Rechtsgüter darstellt.[264] Dadurch übt der Staat jedoch den am stärksten in die Rechte des Einzelnen eingreifenden Aspekt der Staatsgewalt (d. h. das *ius puniendi*) aus, obwohl er keinerlei Verbindung zu der Tat oder dem Täter hat. Daraus ergeben sich Schwierigkeiten bei der Legitimation von Strafnorm und Kriminalstrafe, wie unten ersichtlich wird.

2. Grundlage: gemeinsame grundlegende Werte oder maximaler Rechtsgüterschutz?

Im Großen und Ganzen kann sich ein Staat aus zwei verschiedenen Gründen auf das Universalitätsprinzip berufen: entweder weil er bestimmten Interessen den größtmöglichen Schutz zukommen lassen will (präventionsbasiertes Universalitätsprinzip), oder weil die jeweilige Straftat nach seiner Auffassung ein für die gesamte Menschheit hochrelevantes Rechtsgut bedroht (kosmopolitisch geprägtes Weltrechtsprinzip).[265] Je nachdem, welche Grundlage ihm zugeschrieben

---

[263] Seit dem Inkrafttreten des Römischen Statuts des Internationalen Strafgerichtshofs im Jahr 2002 hat das Gericht (in 20 Jahren) nur zehn Verurteilungen und vier Freisprüche ausgesprochen. Siehe dazu: https://www.icc-cpi.int/about, abgerufen: 09.10.2023. Von den zehn Verurteilungen beziehen sich nur vier auf Völkerstraftaten nach Art. 5 des Statuts, die übrigen Verurteilungen betreffen nur Straftaten gegen die Rechtspflege des Gerichts selbst (gemäß Art. 70 des Statuts). Dazu: https://www.justiceinfo.net/en/41532-welcome-to-the-icc-facts-and-figures.html, abgerufen: 09.10.2023.

[264] Im selben Sinne *Gärditz*, Weltrechtspflege, S. 292; *Steiner*, Theoretical Inquiries in Law 5 (2004), S. 208.

[265] Zu diesen beiden möglichen Grundlagen schrieb bereits *von Bar*, Das Internationale Privat- und Strafrecht, S. 518 f.; ähnlich *Wegner*, FG-Frank, S. 150, der hierzu von „Sicherheitsgedanke" und „Schuldgedanke" spricht; und *Ambos*, MüKo-StGB[4], Vor § 3, Rn. 46, der die erste Begründung als „realpolitische" und die zweite als „normative" bezeichnet. *Ambos* weist aber darauf hin, im ersten Fall strebe der Staat nicht danach, seine eigenen Interessen zu schützen, sondern die gemeinsamen Sicherheitsinteressen aller Staaten. So gelinge es ihm, diese Begründung des Universalitätsprinzips mit der Solidarität zu verbinden und eine Verwechslung mit dem Schutzprinzip zu vermeiden. Hierzu ist festzustellen, dass es sich bei dieser Hypothese um nichts anderes als ein verstärktes Schutzprinzip handelt, bei dem die Optimierung des Rechtsgüterschutzes zu ihren letzten Konsequenzen geführt wird. *Henzelin*, Le principe de l'universalité, S. 2 f., macht seinerseits eine feinere Unterscheidung zwischen „principe de l'universalité unilatérale", „de l'universalité déléguée" und „de l'universalité absolue": im ersten Fall legt der Staat das Universalitätsprinzip einseitig fest (wie es Binding vorschlägt); im zweiten Fall beruht das Prinzip auf dem Konsens mit anderen Staaten, während es im dritten Fall auf einer ius-naturalistischen Vorstellung von gemeinsamen Gütern der Menschheit beruht.

wird, sind die Straftaten, auf die es sich erstreckt, eventuell unterschiedlich: Die erste Begründung ermöglicht die Anwendung des Grundsatzes auf Straftaten, die tendenziell grenzüberschreitend sind und ein (mutmaßlich) hohes Gefährdungsniveau aufweisen, wie z. B. Piraterie oder Terrorismus. Die zweite bezieht sich auf besonders schwerwiegende Delikte, wie die bereits erwähnten Völkerrechtsverbrechen.[266]

Zuweilen ist versucht worden, das Weltrechtsprinzip ausschließlich auf eine dieser Grundlagen zu stützen und die alternative Begründung zu verwerfen. Ein paradigmatisches Beispiel in diesem Sinne ist *Binding*. Ihm zufolge ist die Idee eines „natürlichen Verbrechens" (die gewöhnlich auf die eine oder andere Weise moralistisch-kosmopolitischen Positionen zugrunde liegt) ein „ganz unbrauchbarer Begriff" und ein weites Universalitätsprinzip (jeder Staat kann jede Straftat bestrafen) ein – die geopolitische Realität seiner Zeit verkennendes – „Unding".[267] Andererseits argumentiert jedoch *Binding* – wie oben gesehen –, dass der Umfang, den ein Staat seinen Strafnormen einräumt, „sich allein nach seiner Auffassung von dem Umfang seiner Schutzpflicht [bemisst]".[268] Damit erteilt er dem Staat eine Blankovollmacht zur Erstreckung seiner Strafgewalt nach Belieben. Mit seinen eigenen Worten:

Untersagt der Gesetzgeber jede Verletzung und Gefährdung bestimmter Rechtsgüter, gleichgiltig von wem und von wo sie vorgenommen werden, und stellt er alle verbrecherischen Angriffe auf sie unter Strafe, so gewährt er diesen Gütern den vollsten Rechtsschutz, den er durch Gesetz überhaupt zu gewähren im Stande ist, und füllt so die unerträglichen Lücken richtig aus, die Territorial- und Subditionsprincip[269] in dem Systeme des unmittelbaren Rechtsschutzes gelassen haben...Nun sollte kein Staat zweifeln, dass er allen inländischen Rechtsgütern diesen absoluten Rechtsschutz schuldet. Niemand hat näheren Beruf, niemand eine heiligere Pflicht dazu als er.[270]

Da das, was unter „inländischem Rechtsgut" zu verstehen ist, vom Gesetzgeber selbst bestimmt wird,[271] mag dieser von *Binding* befürwortete „breite Schutz-

---

[266] *Ambos*, MüKo-StGB⁴, Vor § 3, Rn. 46. Vgl. IStGH-Statut, Präambel, Abs. 4: „Die Vertragsstaaten dieses Statut... bekräftigend, dass die schwersten Verbrechen, welche die internationale Gemeinschaft als Ganzes berühren, nicht unbestraft bleiben dürfen". Siehe auch *Joyner*, Law and Contemporary Problems 59, 4 (1996), S. 165: „The only basis for prosecuting perpetrators of war crimes or crimes against humanity by other governments is the discovered presence of the criminals in some state and the moral obligation of that government to bring them to justice on behalf of the international community. Universal jurisdiction furnishes the legal basis for exercising that moral obligation".

[267] *Binding*, Handbuch des Strafrechts, S. 378 f.

[268] *Binding*, Handbuch des Strafrechts, S. 375.

[269] Hier wird das aktive Personalitätsprinzip gemeint.

[270] *Binding*, Handbuch des Strafrechts, S. 386–388.

[271] Ausdrücklich in diesem Sinne *Werle/Jeßberger*, LK¹², § 5, Rn. 5 f. Eingehend dazu unten in Teil II B II 3.

grundsatz" sogar noch weiter gefasst sein als ein Universalitätsprinzip, das auf die Sicherung besonders wertvoller Rechtsgüter abzielt. Genau das ist bei der Rechtsetzungsgewalt hinsichtlich Drogendelikten geschehen,[272] und falls irgendein Zweifel bestehen sollte, braucht man sich nur die Fälle anzuschauen, in denen *Binding* es für legitim hielt, sich auf die Weltrechtspflege zu berufen: Der Staat dürfe dies nicht nur im Rahmen eines „Vernichtungskrieges gegen die geschworenen Feinde aller Rechtsordnung" tun (als Menschenfeinde stuft er die Täter anarchistischer Gewalt, Piraterie, Sklavenhandel oder Verbreitung von Seuchen ein), sondern auch bei Rechtsgütern, die der gesamten Menschheit zugutekommen und eines gemeinsamen Schutzes durch die Staaten bedürfen (hier werden Krankenhäuser und Telegraphen erwähnt!) oder sogar bei Rechtsgütern, die einem Staat gehören, an deren Schutz aber alle Staaten gleichermaßen interessiert sind (Beispiel hierfür wäre die Echtheit der Münzen).[273] Damit unterscheidet sich der Vorschlag von *Binding* bezüglich des Universalitätsgrundsatzes nicht wesentlich von der Regelung des heutigen § 6 StGB.

Daraus ist zu schließen, dass ein Universalitätsprinzip, das auf „universellen Werten" beruht, zwar schwer abzugrenzen ist[274] (und letzlich auf alle angeblichen *mala in se* übergreifen kann, wie unten gezeigt wird)[275], dass aber das Ziel, den Rechtsgüterschutz zu optimieren, zu einem noch schwieriger einzuschränkenden Strafanwendungsrecht führen kann: die Geldfälschung oder der Angriff auf eine Unterwassertelegrafenleitung können nicht so leicht mit dem Hinweis auf die Verletzung universeller Werte dem Universalitätsprinzip unterworfen werden. Aber alles ist möglich, wenn es um die Wahrung von eigenen Interessen geht, denn diese werden von den betroffenen Staaten selbst definiert. Das Problem verschärft sich noch, wenn man bedenkt, dass die Rechtsordnungen in der Praxis regelmäßig (mehr oder weniger stark) auf beide Begründungsalternativen

---

[272] Wie *Kontorovich*, Minnesota Law Review 93 (2009), S. 1231 warnt: „Treating drug crimes within protective jurisdiction would eliminate any difference between protective jurisdiction and universal jurisdiction. Indeed, protective jurisdiction would sweep more broadly than even UJ by allowing states to punish relatively minor crimes".

[273] *Binding*, Handbuch des Strafrechts, S. 379 f.

[274] Wie *Gärditz*, Weltrechtspflege, S. 26, darlegt, wird durch die Inanspruchnahme des Weltrechtsprinzips der Staat als rationaler Herrschaftsverband durch den humanitär-proaktiven Interventionsstaat des globalisierten Zeitalters ersetzt, dessen Aufgaben kaum abgrenzbar sind.

[275] So schrieb *Locke*, Second Treatise, § 11, S. 104: „a criminal who having renounced reason, the common rule and measure God hath given to mankind, hath, by the unjust violence and slaughter he hath committed upon one, declared war against all mankind". Diese Gefahr ist besonders groß, wenn jede normative Schranke bei der Bestrafung von schweren Menschenrechtsverletzungen als bloßer „inakzeptabler Relativismus" verhöhnt wird. Für ein Beispiel in diesem Sinne siehe *Naucke*, Strafjuristische Priviligierung, S. 41.

für die Anwendung des Weltrechtsprinzips zurückgreifen, wie dies bei § 6 StGB der Fall ist. Nichtdestotrotz ist die Diskussion über das Bestehen eines moralischen Universalismus, und, bejahendenfalls, welche Werte universell sind und überdies den breiten Schutz verdienen, den das Universalitätsprinzip theoretisch bietet, offensichtlich grundlegd für die Abgrenzung des staatlichen *ius puniendi*. Ohne auf die ausgiebige Debatte zwischen universalistischen und partikularistischen Positionen bezüglich der globalen Gerechtigkeit einzugehen,[276] sei hier Folgendes angemerkt. Das Völkerrecht ist durchdrungen von (den internationalen Beziehungen innewohnenden) Machtverhältnissen,[277] die sich historisch in einem starken „Strafgewaltimperialismus" niedergeschlagen haben,[278] was zu einer Vermengung des Schutzes universeller Werte mit dem Eigeninteresse eines mächtigen Forumsstaates führen kann.[279] Von einer föderal-subsidiären Weltrepublik à la *Höffe*[280] sind wir immer noch weit entfernt: in der gegenwärtigen internationalen Ordnung können einige Länder mühelos ihre Interessen über das Völkerrecht stellen.[281] Dies sollte zusätzliche Zweifel an der Zweckmäßigkeit

---

[276] Zu dieser Debatte vgl. *Broszies/Hahn* (Hrsg.), „Globale Gerechtigkeit. Schlüsseltexte zur Debatte zwischen Partikularismus und Kosmopolitismus", die nicht nur einige der einflussreichsten zu diesem Thema veröffentlichten Aufsätze zusammenstellt, sondern auch eine erhellende Einführung in die Debatte beinhaltet. Wie *Shaw*, International Law, S. 213, anmerkt, ist der zentrale Diskussionspunkt „the tension between the universalism of human rights and the relativism of cultural traditions. This has led to arguments by some adherents of the latter tendency that human rights can only be approached within the context of particular cultural or religious traditions, thus criticising the view that human rights are universal or transcultural". Die chinesischen Behörden argumentieren oft nach diesem Muster: „To arbitrarily impose a fixed set of human rights rules, regardless of the differences in the specific environment and reality, will not serve the interests of the people of any country" [siehe UN General Assembly, 12th plenary meeting, UN Doc. A/55/PV.12 (2000), p. 7].

[277] So auch *Habermas*, Konstitutionalisierung, S. 378.

[278] Ein Paradebeispiel dafür ist die UK-*Murders Abroad Act* von 1817, wonach der Rechtsetzungsgewalt hinsichtlich Mordes auf so genannte „unzivilisierte Gebiete" (d.h. alle, die nicht von Großbritannien, anderen europäischen Mächten oder den Vereinigten Staaten kontrolliert waren) ausgedehnt wurde, mit der einzigen Voraussetzung, dass der Täter irgendwann auf einem britischen Schiff gesegelt war. Bereits das römische Strafrecht erhob den Anspruch, ein Weltrecht zu sein. Siehe dazu *Wegner*, FG-Frank, S. 108.

[279] Schon warnend vor der Übereinstimmung zwischen Pazifisten und Imperialisten bei dem Versuch, die Normen eines bestimmten Staates auf die ganze Welt auszudehnen, *Wegner*, FG-Frank, Band I, S. 100 ff.; ähnlich *Pastor*, El poder penal internacional, S. 25; oder Köhler, JRE 11 (2003), S. 451, der den raschen Übergang hervorhebt, der zwischen einem teleologischen Objektivismus und der imperialen Aufdrängung einer partikularen Identität bestehen kann.

[280] Vgl. *Höffe*, Demokratie im Zeitalter der Globalisierung, Teil II.

[281] Zum Beispiel hat keines der drei Länder mit der größten Militärmacht (d.h. die Vereinigten Staaten, Russland und China, dazu vgl. https://www.globalfirepower.com/countries-listing.

einer Ausweitung der der staatlichen Weltrechtspflege unterliegenden Hypothesen aufkommen lassen. Andernfalls könnte den mächtigsten Staaten im Namen des Schutzes grundlegender Menschenrechte ein Werkzeug zur Verfügung gestellt werden, mit dem sie ihre Strafgewalt noch leichter auf all jene ausweiten können, die sie als ihre Feinde wahrnehmen.²⁸²

3. Die dem Universalitätsprinzip unterliegenden Straftaten: von Piraterie über Völkermord bis hin zur Verbreitung tierpornographischer Inhalte

In seinen berühmten *Commentaries on the Laws of England* schrieb Blackstone im 18. Jahrhundert, dass der Pirat „has renounced all the benefits of society and government, and has reduced himself afresh to the savage state of nature, by declaring war against all mankind, all mankind must declare war against him".²⁸³ Traditionell verkörperte für das Völkerrecht der Seeräuber – und in geringerem Maße der Sklavenhändler –²⁸⁴ den *hostis humanis generis* (Feind der Mensch-

---

php, abgerufen: 09.10.2023) das Römische Statut ratifiziert. Dennoch können diese Länder als Mitglieder des Sicherheitsrats dem Ankläger eine Situation zur Untersuchung unterbreiten (Art. 13 Buchst. b des IStGH-Statuts) oder sogar Ermittlungen aufschieben, wenn ihnen diese unbequem werden können (Art. 16 des Statuts). Ein weiterer merkwürdiger Punkt ist, dass die USA mit mindestens 76 Staaten Verträge unterzeichnet haben, die jede Auslieferung von US-Staatsangehörigen an den IStGH untersagen, und dass sie mindestens 21 Staaten, die sich der Unterzeichnung solcher Abkommen widersetzt haben, die Bereitstellung von Militärhilfe verwehrt haben (siehe *Hoyer*, GA 2004, S. 321). Es verwundert also kaum, dass die IStGH-Anklagevertretung nur in Bezug auf Staatsangehörige einiger afrikanischer Länder, Georgien und Myanmar offizielle Ermittlungen geführt hat. In dieselbe Richtung, wenn auch in seiner Kritik deutlich weiter gehend, argumentiert *Pastor*, El poder penal internacional, S. 89 ff. und S. 195 f., der den IStGH als eine von reichen Ländern geschaffene Institution bezeichnet, die in armen Ländern begangene Verbrechen aburteilt und so „ihr schlechtes Gewissen" (aufgrund des von ihnen aus der bestehenden internationalen Ordnung gezogenen Vorteils) beruhigt.

²⁸² In dieser Hinsicht bereits warnend vor einem Universalitätsprinzip *in absentia* President Guillaume, Separate Opinion, IGH, Urt. v. 14 2. 2002, Democratic Republic of the Congo v. Belgium, ILM 41 (2002), 558 (562 f.): „It would also be to encourage the arbitrary for the benefit of the powerful, purportedly acting as agent for an ill defined ‚international community'". In dieselbe Richtung *Gärditz*, Weltrechtspflege, S. 423.

²⁸³ *Blackstone*, Commentaries, Bd. 4, Chapter 5, III, S. 71, abrufbar unter: https://avalon.law.yale.edu/18th_century/blackstone_bk4ch5.asp, abgerufen: 09.10.2023. Ähnlich im 19. Jahrhundert *James Fitzjames Stephen*, A History, Bd. 2, S. 27: „a pirate, as the old writers say, is an enemy of the human race". Auch das vermutlich erste völkerrechtliche Übereinkommen zur „Bekämpfung" irgendeiner Art von Verbrechen, war ein bilateraler angloamerikanischer Vertrag von 1794 gegen die Piraterie, bekannt als „The Jay Treaty" [dazu *Ambos*, JRE 26 (2018), S. 271, Fn. 16].

²⁸⁴ Angelsächsische Autoren vertreten meist die Auffassung, der Menschenhandel unterliege nach dem Völkergewohnheitsrecht dem Universalitätsprinzip. Vgl. in diesem Sinne *Cabra-*

heit) schlechthin und daher ist die Piraterie historisch gesehen der Anwendungsfall des Universalitätsprinzips *par excellence* gewesen,[285] was sich bis heute in einer Vielzahl nationaler Gesetzgebungen widerspiegelt.[286] Es versteht sich jedoch von selbst, dass die Piraterie nicht einmal annähernd an die Abscheulichkeit vom Völkermord oder einiger Verbrechen gegen die Menschlichkeit heranreicht, sondern eher mit einem schweren Raub vergleichbar ist.[287] Der Grund dafür, dass Piraterie zum Synonym für „internationales Verbrechen" wurde, lag also an anderen Faktoren und nicht an der Ernsthaftigkeit der Straftat: da dieses Verbrechen in der Regel auf hoher See begangen wurde, kam das Territorialitätsprinzip nicht zur Anwendung, und zugleich war die Nationalität der Piraten oft unbekannt.[288] Hinzu kamen die Bedeutung des Seehandels und die damalige Häufigkeit von Piratenangriffen. Der beste Beleg dafür, dass die Anwendung des Universalitätsprinzips auf die Piraterie nichts mit der Natur des Verbrechens zu tun hat(te), sondern lediglich auf der Wahrung eigener Interessen beruht(e), war die unterschiedliche Behandlung von Freibeutern und Piraten, obwohl sie genau das gleiche Handeln (Raub ziviler Schiffe) vornahmen.[289]

Seit dem Zweiten Weltkrieg jedoch – entsprechend der Entwicklung des Völkerrechts von einer Koordinationsordnung zu einer entstehenden Rechtsordnung, die zunehmend die vorher der Souveränität der Staaten überlassenen Angelegenheiten betrifft – ist das Universalitätsprinzip zuallererst auf Völkerrechtsstraftaten ausgedehnt worden, die auf dem Gebiet eines Staates begangen werden, was ein erhöhtes politisches Konfliktpotenzial mit sich bringt.[290] Insbesondere seit dem Inkrafttreten des Römischen Statuts stellen die darin vorgesehenen Völ-

---

nes, Yale Law Journal 118, 8 (2009), S. 1674; und *Orentlicher*, Georgetown Law Journal 92, 6 (2004), S. 1063; ablehnend *Eser/Weißer*, S/S[30], § 6, Rn. 5; und *Gärditz*, Weltrechtspflege, S. 298 f.

[285] Siehe beispielsweise *Brown*, New England Law Review 35, 2 (2001), S. 383: „Universal jurisdiction is a special exception to this rule, applicable only to those, such as pirates, whose criminal acts render them hostes humani generis, the enemies of all humankind"; ähnlich *Kontorovich*, Minnesota Law Review 93 (2009), S. 1194; *Luban*, Yale Journal of International Law 29 (2004), S. 90. Die Tradition, die Piraterie dem Universalitätsprinzip zu unterwerfen, ähnelt derjenigen, Geldfälschungen dem Schutzprinzip zu unterstellen. Siehe z. B. Art. 9 bzw. Art. 8 vom Harvard Draft Convention on Jurisdiction with Respect to Crime.

[286] So unterliegt z. B. die Piraterie u. a. in den USA (18 U.S.C § 1651), Deutschland (§ 6 Nr. 3 StGB) und Chile (Art. 6 Nr. 7 COT) dem Universalitätsprinzip.

[287] In diesem Sinne auch *Hiéramente*, GoJIL 3, 2 (2011), S. 578; *Kreß*, Journal of International Criminal Justice 4 (2006), S. 569.

[288] *Kreß*, Journal of International Criminal Justice 4 (2006), S. 569.

[289] Ausführlich zu diesem unwiderlegbaren Argument *Kontorovich*, Harvard International Law Journal 45, 1 (2004), S. 210 ff.

[290] So *Orentlicher*, Georgetown Law Journal 92, 6 (2004), S. 1063; *Steiner*, Theoretical Inquiries in Law 5 (2004), S. 201.

kerrechtsverbrechen den neuen (nahezu unumstrittenen) Prototyp für die Anwendung des Universalitätsprinzips dar.[291] Diese Straftaten stellen das beste Beispiel eines Universalitätsgrundsatzes dar, der eher den Schutz universeller Werte als staatlicher Sicherheitsinteressen anstrebt. Allerdings ist die Unterstellung dieser Verbrechen unter das Universalitätsprinzip nicht völlig unproblematisch.

Erstens weist die Einführung einer staatlichen Weltrechtspflege, auch in Bezug auf Völkerrechtsverbrechen, zwangsläufig eine eindeutige geopolitische Konnotation auf, die die Legitimität dieses Grundsatzes etwas beeinträchtigen kann. Ein im Schrifttum oft zitiertes Beispiel ist die diplomatische Sackgasse zwischen Belgien und den USA aufgrund der Klagen, die Angehörige der Opfer amerikanischer Bombardierungen im Irak während des zweiten Golfkriegs gegen hochrangige US-Beamte (einschließlich des ehemaligen Präsidenten Bush) vor der belgischen Justiz eingereicht hatten, da die belgische Rechtsordnung das Universalitätsprinzip hinsichtlich Kriegsverbrechen vorsah. Die Folge war – wie erwartet – die Abweisung des Verfahrens und sogar zwei Änderungen der Vorschriften, auf denen die Klagen beruhten, um die amerikanischen Verbündeten zu besänftigen und ähnliche Vorfälle in der Zukunft zu vermeiden.[292] Die Effektivität einer dezentralisierten (staatlichen) Weltrechtspflege hängt also von der Macht und den Beziehungen des Strafgewaltstaates und des Täters ab.[293] Daraufhin sind Vorschläge entwickelt worden, die – unter Anerkennung der geopolitischen Tragweite des Prinzips – danach streben, seine Legitimität zu bewahren.

---

[291] Siehe hierzu *Gärditz*, Weltrechtspflege, S. 297; *Steiner*, Theoretical Inquiries in Law 5 (2004), S. 205; *Werle/Jeßberger*, LK[13], Vor § 3, Rn. 263, wonach das Universalitätsprinzip „derzeit nur für die Völkerrechtsverbrechen zweifelsfrei gilt". Dennoch gibt es vereinzelte Stimmen in Deutschland, die der universellen Strafgewalt hinsichtlich sogenannter Völkerstraftaten die Völkerrechtsmäßigkeit absprechen. Siehe z. B. *Keller*, FS-Lüderssen, S. 431 ff., der die Nicht-Ratifizierung des Rom-Statuts durch die mächtigsten und bevölkerungsreichsten Länder (China, USA, Indien, etc.) als ein deutliches Zeichen dafür ansieht, dass es keine Staatenpraxis gibt, die eine solche Annahme untermauert; ähnlich Köhler, JRE 11 (2003), S. 444. Das übliche Gegenargument zu diesem Einwand (siehe *Werle/Jeßberger*, Völkerstrafrecht[5], Rn. 262) lautet, diese Staaten lehnten das Universalitätsprinzip nicht ab, sondern behielten sich lediglich die Strafverfolgung ihrer Staatsangehörigen, die solcher Verbrechen beschuldigt werden, selbst vor und weigerten sich, dies dem Internationalen Strafgerichtshof zu überlassen. Dieses Gegenargument ist nicht zu überzeugend, da einige dieser Staaten in ihren nationalen Rechtsvorschriften bei bestimmten im Römischen Statut vorgesehenen Verbrechen kein echtes Universalitätsprinzip (d. h. ohne Anwesenheitserfordernis) vorsehen (es sei hier an den *genocide statute* von 18 U.S.C. § 1091 in den Vereinigten Staaten erinnert).

[292] Dazu siehe *Orentlicher*, Georgetown Law Journal 92, 6 (2004), S. 1062; *Steiner*, Theoretical Inquiries in Law 5 (2004), S. 225 f.

[293] So hatte beispielsweise die belgische Justiz im Jahr 2001 – nur zwei Jahre vor dem erwähnten diplomatischen Konflikt – problemlos zwei ausländische Nonnen wegen ihrer Beteiligung am ruandischen Völkermord verurteilt. Vgl. dazu *Orentlicher*, Georgetown Law Journal 92, 6 (2004), S. 1059.

So unterscheidet z. B. *Steiner* zwei Kategorien von Fällen: einerseits solche, in denen die Anwendung des Universalitätsprinzips gerechtfertigt ist, weil es eine relativ homogene Meinung in der internationalen Gemeinschaft gibt, dass der Täter es verdient, strafrechtlich verfolgt zu werden, und andererseits solche Fälle, in denen ein Rückgriff auf das Prinzip vermieden werden sollte, weil es droht, seine Legitimität zu untergraben; denn das Gericht wird aufgrund der geteilten Meinung über die Handlungen des Täters als eine politische Partei angesehen werden.[294] Der Vorschlag *Steiners* birgt das Problem, dass die Idee einer „not divided opinion" der internationalen Gemeinschaft wiederum sehr stark von politischen Überlegungen geprägt ist, wie gerade die von ihm angeführten Beispiele zeigen.[295] Demnach bleibt dieses übermäßige Eindringen geopolitischer Machtverhältnisse in die Anwendung des Universalitätsprinzips, das auf die Unterscheidung zwischen Freibeutern und Piraten zurückgeht, ein schwer zu überwindendes Problem, auch wenn es durch die Schwere des betreffenden Verbrechens abgemildert werden kann.[296]

Zweitens ist es fragwürdig, warum die Täter von Völkerrechtsverbrechen – und nicht andere Straftäter – zum neuen Paradigma des *hostis humanis generis* geworden sind. Gibt es ein gemeinsames Element bei diesen Verbrechen, das sie von anderen Delikten qualitativ unterscheidet? Es ist keineswegs offensichtlich, dass diese Straftaten ein bestimmtes Rechtsgut betreffen oder durch einen bestimmten Tathintergrund oder eine bestimmte Angriffsquelle gekennzeichnet sind.[297] Das folgende Beispiel veranschaulicht die obigen Ausführungen. Ein Of-

---

[294] Vgl. *Steiner*, Theoretical Inquiries in Law 5 (2004), S. 227–233.

[295] *Steiner*, Theoretical Inquiries in Law 5 (2004), S. 228–233, behauptet, dass anhand seiner These das Universalitätsprinzip im Fall von Pinochet eindeutig anwendbar sei, während er die Anwendbarkeit des Prinzips in Bezug auf Fidel Castro bestreitet. In diesem Zusammenhang sollte man bedenken, dass die einstimmige Auffassung über Pinochets Diktatur (die diesen Unterschied zu Castro rechtfertige) weniger mit der unbestreitbaren Schwere der Verbrechen seines Regimes zu tun hatte als mit der Tatsache, dass er einen Terroranschlag in der Hauptstadt seines wichtigsten Verbündeten und Schirmherrn (der USA) angeordnet hatte. Dazu siehe https://nsarchive.gwu.edu/briefing-book/chile/2016-09-23/cia-pinochet-personally-ordered-letelier-bombing, abgerufen: 09.10.2023.

[296] Siehe *Hiéramente*, GoJIL 3, 2 (2011), S. 588: „it is no secret that international criminal law is deeply affected by world politics and vice versa".

[297] *Hiéramente* argumentiert überzeugend [GoJIL 3, 2 (2011), S. 564–576], dass es kein gemeinsames Rechtsgut für diese Tatbestände gibt: Weder die Menschenwürde (man denke an den Tatbestand der missbräuchlichen Verwendung einer Parlamentärflagge von § 10 Abs. 2 VStGB), noch die Menschheit als Kollektiv (man denke an den Fall einer vereinzelten Folterhandlung in einem militärischen Konflikt), noch ein ungenauer Begriff der „Friedensbedrohung" können diese Aufgaben ausfüllen. Außerdem sind die Verbrechenshintergründe radikal anders, wenn man Kriegsverbrechen (die nur das Vorhandensein einer kriegerischen Auseinandersetzung erfordern) mit Verbrechen gegen die Menschlichkeit (die einen ausgedehnten oder

fizier der afghanischen Armee wurde vor kurzem in Deutschland für zwei Taten verurteilt, die er in den Jahren 2013 und 2014 beging.[298] Dabei handelte es sich um Schläge von geringer bis mittlerer Intensität auf zwei Gefangene während einer vierminütigen Befragung und um eine Leichenschändung eines hochrangigen Talibankommandeurs. Der BGH stellte fest, dass es sich bei der ersten Tat um Folter im Rahmen von Kriegsverbrechen (§ 8 Abs. 1 Nr. 3 VStGB) handelte und somit nach dem in § 1 VStGB vorgesehenen Universalitätsprinzip das deutsche Recht galt. Der Verweis des Gerichts auf die Schwere der Völkerrechtsverbrechen[299] mag notwendig erscheinen, um zu begründen, dass diese Taten die vom Tatbestand geforderte Erheblichkeit überschreiten, wirkt hier aber künstlich. Es geht hier nicht darum, die Ernsthaftigkeit der erwähnten Taten zu leugnen; aber ist es wirklich sinnvoll, diese Taten als „die internationale Gemeinschaft als Ganzes berührend"[300] zu qualifizieren und sie deshalb dem Universalitätsprinzip zu unterwerfen? Sind diese Taten abstoßender oder qualitativ ganz anders als Mord, Vergewaltigung oder Verschleppung?

Daraus lässt sich schließen, dass, ebenso wie es bei der Piraterie der Fall war, immer noch der internationale Konsens – und nicht die objektive Schwere des Verbrechens – ausschlaggebend dafür ist, wann eine Straftat dem Universalitätsprinzip unterliegt.[301] Heute wird üblicherweise zwischen einem „echten" Universalitätsprinzip (d.h. wenn die Tat unmittelbar nach universellem Völkergewohn-

---

systematischen Angriff gegen die Zivilbevölkerung voraussetzen) vergleicht. Ebenso wenig ist die „source of the threat" kennzeichnend, da Völkerrechtsverbrechen nicht unbedingt eine direkte Beteiligung des Staates erfordern (man denke an die Verurteilungen von Mitgliedern der Rundfunkstation *Milles Collines*). Im ähnlichen Sinne *Vajda*, International Criminal Law Review 10, 3 (2010), S. 334. Die h.M. geht selbstverständlich in die entgegengesetzte Richtung. Siehe bspw. *Werle/Jeßberger*, LK[13], Vor § 3, Rn. 259: „Straftaten, die sich gegen den Weltfrieden und die internationale Sicherheit richten, unterliegen dem Weltrechtsprinzip. Erfasst sind damit die Völkerrechtsverbrechen…".

[298] Vgl. BGH Urteil v. 28.01.2021 – 3 StR 564/19.
[299] Nach BGH Urteil v. 28.01.2021 – 3 StR 564/19, Rn. 70, seien die Verbrechen des VStGB die „schwersten Verbrechen, welche die internationale Gemeinschaft als Ganzes berühren", was „ihre besondere Bedeutung im Vergleich zu nationalstaatlich geregelten Taten" heraushebt.
[300] Dies sind exakt die Vokabeln, die im IStGH-Statut (Präambel, Abs. 4) zur Beschreibung dieser Verbrechen verwendet werden. Für nähere Erläuterungen hierzu siehe Teil III D IV 2.
[301] In den Worten von *Hiéramente*, GoJIL 3, 2 (2011), S. 578 „once consensus is established even minor crimes could theoretically be prosecuted universally…It appears also clear that such consensus should not be replaced by vague and ambiguous reference to the grave nature of the crime". In eine ähnliche Richtung weist die Kritik von *Safferling* am Staatsschutzsenat beim Bundesgerichtshof, der im oben zitierten Fall des afghanischen Offiziers diskutieren wollte, ob der Angeklagte funktionelle Immunität genieße: „Natürlich ist der vorliegende Fall nicht zu vergleichen mit den systematischen Verbrechen der Diktatoren der Welt […]. Aber das ist eine Frage der juristischen Bewertung des Einzelfalls. Die Frage der Immunität kann nicht von der Größe oder Qualität der Straftat abhängen, sofern es sich denn um eine Tat aus dem Katalog

heitsrecht strafbar ist, wie es bei den Völkerrechtsverbrechen der Fall sei) und einem „unechten" oder „bedingten" Universalitätsprinzip unterschieden. Mit letzterem ist die aus multilateralen Verträgen abgeleitete *jurisdiction to prescribe* gemeint, die faktisch eine „quasi-universelle" Rechtsetzungsgewalt begründet, denn die vom Abkommen erfassten Taten können der Strafgewalt eines Vertragsstaates unterliegen, auch wenn sie von Ausländern im Ausland begangen werden und die Tat keinen Bezug zum Forumsstaat hat. Dieses „unechte" Universalitätsprinzip wird jedoch durch einige Bedingungen eingeschränkt: erstens ist es (natürlich) nur gegenüber Vertragsstaaten gültig, und zweitens wird üblicherweise – z. B. in Übereinkommen, die eine Verpflichtung zur eigenen Strafverfolgung oder Auslieferung vorsehen („aut dedere aut iudicare") – der Aufenthalt des Täters im Forumsstaat verlangt.[302] Außerdem hat sich dieses bedingte Universalitätsprinzip herkömmlicherweise in einer Strafgewalterstreckungspflicht des Ergreifungsortstaates manifestiert.[303]

Dieses auf Verträgen basierende Universalitätsprinzip weist große praktische Relevanz auf, zumal derartige Übereinkommen immer wieder unterzeichnet werden[304] und oft eine große Zahl von Unterzeichnerstaaten einbeziehen, was es nahezu irrelevant macht, dass der in ihnen vorgesehene Universalitätsgrundsatz nur *inter partes* gilt.[305] Wie bereits bei der Behandlung des internationalen Rauschgifthandels festgestellt, wird dieser „unechte" Universalitätsgrundsatz nicht nur durch vertragliche „aut dedere aut iudicare"-Klauseln erweitert,[306] son-

---

des Völkerstrafrechts handelt". Vgl. dazu https://www.faz.net/einspruch/vor-bgh-urteil-das-voelkerstrafrecht-auf-der-kippe-17149505.html?premium, abgerufen: 09.10.2023.

[302] Vgl. im selben Sinne *Werle/Jeßberger*, LK[13], Vor § 3, Rn. 260–266; oder *Ambos*, MüKo-StGB[4], Vor § 3, Rn. 50, der die Unterscheidung etwas anders formuliert: für ihn kann ein „echtes" Universalitätsprinzip auch in Verträgen verankert werden, sofern diese keine zusätzlichen Anforderungen für die Erstreckung der Rechtsetzungsgewalt enthalten; wenn die Übereinkommen jedoch weitere Voraussetzungen festlegen, handelt es sich um ein „bedingtes" Universalitätsprinzip. Ähnliche Unterscheidungen werden oft in der englischsprachigen Literatur getroffen. Siehe z. B. *Cassese*, European Journal of International Law 13 (2002), S. 856, der die Formulierung „conditional universal jurisdiction" verwendet; *Kreß*, Journal of International Criminal Justice 4 (2006), S. 566 f.; oder *Shaw*, International Law, S. 504, der das „bedingte Universalitätsprinzip" als „quasi-universal jurisdiction" bezeichnet.

[303] Laut *Kohler*, Internationales Strafrecht, S. 58, sei dies mindestens seit dem 17. Jahrhundert der Fall gewesen.

[304] *Steiner*, Theoretical Inquiries in Law 5 (2004), S. 208: „There is no reason to think that the process of creating new international crimes and absorbing such crimes into state legislation based on universal jurisdiction has ended or even slowed down".

[305] Man denke an das oben erwähnte „Übereinkommen der Vereinten Nationen gegen den unerlaubten Verkehr mit Betäubungsmitteln und psychotropen Stoffen" vom 20. Dezember 1988, dem nur zwei Mitgliedsländer der Vereinten Nationen nicht beigetreten sind!

[306] Vgl. z. B Art. 4 Nr. 2 Buchst. b. des vorgenannten Übereinkommens von 1988.

dern außerdem durch Blankoermächtigungen, die den Staaten eine unbegrenzte Ausübung ihrer nationalen Strafrechtsetzungsgewalt (insoweit sie nach innerstaatlichem Recht begründet ist) erlauben.[307] Dieser Verzicht auf eine Obergrenze staatlicher Strafgewalt wird zudem ergänzt durch die Auferlegung eines Mindestmaßes an staatlicher Strafgewalt (nämlich Strafgewalterstreckungspflichten bei Vorliegen bestimmter Anknüpfungspunkte).[308] Unschwer erkennbar ist hierbei, wie diese Verträge der Optimierung des Rechtsgüterschutzes (oder anders ausgedrückt: der Bekämpfung bestimmter Formen von Kriminalität) Vorrang vor jeglichen Erwägungen zur Strafbegründung gegenüber dem Täter einräumen, was sich nicht gerade in einer Mäßigung des staatlichen *ius puniendi* niederschlägt.

Zahlreiche Straftaten sind Gegenstand solcher Verträge geworden, die eher auf den Schutz der kollektiven Sicherheitsinteressen der Staaten als auf den Schutz universeller Werte abzielen.[309] Zu diesen *treaty-based crimes* gehören u. a. verschiedene Arten terroristischer Handlungen (wie Geiselnahme, Flugzeugentführung oder Terrorismusfinanzierung), Betäubungsmitteldelikte, Menschenhandel, Folter (als Einzeldelikt), oder die Fälschung von Geld oder Wertpapieren.[310] Selbstverständlich wird es hier immer schwieriger, an einen *hostis humanis generis* zu denken: Weder der Russe, der 100 Euro fälscht, noch der Chilene, der 50 Gramm Cannabis in seinem Land verkauft, können vernünftigerweise als solche konzipiert werden.[311]

Dies hat zur Folge, dass jeder Staat innerhalb des durch diese internationalen Übereinkommen geschaffenen breiten Rahmens den Umfang seiner eigenen Strafgewalt nach Belieben festlegt.[312] Ein deutliches Beispiel dafür bildet die von einigen Staaten festgelegte Strafrechtsetzungsgewalt hinsichtlich des Menschenhandels. Der anwendbare völkerrechtliche Vertrag in diesem Bereich ist

---

[307] Siehe z. B. den bereits in Teil I D IV 3 wiedergegebenen Art. 4 Nr. 3 des vorgenannten Übereinkommens von 1988.

[308] Es sei hier nochmals an den oben genannten Fall des Übereinkommens von 1988 erinnert (Art. 4 Nr. 1a und Art. 4 Nr. 2a). Für eine Übersicht der völkerrechtlichen Verträge, die Strafgewalterstreckungspflichten vorsehen, siehe *Werle/Jeßberger*, LK[13], Vor § 3, Rn. 33–38.

[309] Siehe statt aller *Kreß*, Journal of International Criminal Justice 4 (2006), S. 566 f.

[310] Vgl. hierzu *Ambos*, MüKo-StGB[4], Vor § 3, Rn. 53–56; *ders.*, Internationales Strafrecht, § 3, Rn. 98; *Eser/Weißer*, S/S[30], § 6, Rn. 11; *Kreß*, Journal of International Criminal Justice 4 (2006), S. 566; *Werle/Jeßberger*, LK[13], Vor § 3, Rn. 263–266.

[311] Es mag unnötig sein, die folgende Klarstellung vorzunehmen, aber es sei daran erinnert, dass der Universalitätsgrundsatz immer noch eng mit dem Gedanken eines Menschenfeindes verbunden ist. Als Beispiel vgl. Demjanjuk v. Petrovsky, et al., 776 F.2d 571 (6th Cir. 1985), S. 581: „This ‚universality principle' is based on the assumption that some crimes are so universally condemned that the perpetrators are the enemies of all people".

[312] *Gärditz*, Weltrechtspflege, S. 292 f.

das UNO-Zusatzprotokoll gegen Menschenhandel, das sich bezüglich der völkerrechtlichen Anknüpfungspunkte auf das „Übereinkommen der Vereinten Nationen gegen die grenzüberschreitende organisierte Kriminalität" bezieht. Ebenso wie der bereits analysierte Vertrag über Betäubungsmittel schreibt Art. 15 dieses Übereinkommens neben bestimmten Verpflichtungen und Erlaubnissen zur Ausübung der Rechtsetzungsgewalt eine Blankoermächtigung vor.[313] Obgleich sowohl das Übereinkommen als auch das Zusatzprotokoll von Deutschland und Chile ratifiziert worden sind,[314] beanspruchen beide Länder auf diesem Gebiet eine ganz verschiedenartige Reichweite der Strafgewalt: Während in Deutschland der Menschenhandel dem Weltrechtsprinzip unterliegt (§ 6 Nr. 4 StGB), stützt sich das chilenische Strafrecht ausschließlich auf das Territorialitäts- bzw. Ubiquitätsprinzip.[315]

Wenngleich die konkreten Sachverhalte, die jedes Land dem Universalitätsprinzip unterstellt, sehr unterschiedlich sein können (so ist in den USA der Universalitätsgrundsatz sogar auf Zivilprozesse – insbesondere bei *punitive damages* – angewandt worden),[316] sticht Deutschland zweifellos als einer der Staaten hervor, die eine sehr umfassende Strafrechtsetzungsgewalt auf der Grundlage des Universalitätsprinzips beanspruchen. Die heterogene Sammlung der in § 6 StGB aufgelisteten Anwendungsfälle des Universalitätsprinzips geht so weit, dass selbst nach der h. M. in mehreren dieser Fälle der Rückgriff auf das Universalitätsprinzip – mangels einer notwendigen vertraglichen Blankoermächtigung – völkerrechtswidrig wäre, wie z. B. bei § 6 Nr. 2 (Kernenergie-, Sprengstoff- und Strahlungsverbrechen, soweit es sich nicht um terroristische Handlungen handelt); § 6 Nr. 8 (Subventionsbetrug, soweit es sich nicht um EU-Subventionen handelt); und § 6 Nr. 6 (Verbreitung und Herstellung „harter" Pornographie, einschließlich Tierpornographie).[317]

---

[313] Vgl. Art. 15 Nr. 6 des Übereinkommens der Vereinten Nationen gegen die grenzüberschreitende organisierte Kriminalität: „Unbeschadet der Regeln des allgemeinen Völkerrechts schließt dieses Übereinkommen die Ausübung einer Strafgerichtsbarkeit, die von einem Vertragsstaat nach innerstaatlichem Recht begründet ist, nicht aus".

[314] Siehe https://treaties.un.org/pages/ViewDetails.aspx?src=TREATY&mtdsg_no=XVIII-12&chapter=18&clang=_en; sowie: https://treaties.un.org/Pages/ViewDetails.aspx?src=TREATY&mtdsg_no=XVIII-12-a&chapter=18&clang=_en, jeweils abgerufen: 09.10.2023.

[315] Gemäß des – nach Inkrafttreten des erwähnten Übereinkommens modifizierten – Art. 411 ter des chilenischen CP wird derjenige bestraft, der „den Ein- oder Austritt des Landes von Menschen fördert oder erleichtert, so dass sie im Inland oder im Ausland Prostitution ausüben".

[316] Vgl. dazu *Gärditz*, Weltrechtspflege, S. 30 f.; *Volz*, Extraterritoriale Terrorismusbekämpfung, S. 127.

[317] Siehe *Ambos*, Internationales Strafrecht, § 3, Rn. 99–111; *Eser/Weißer*, S/S[30], § 6, Rn. 3–10; oder *Roegele*, Deutscher Strafrechtsimperialismus, S. 186–208, wonach der Umstand, dass die in § 6 StGB genannten Taten völkervertraglich geächtet sind, begründet *per se* keine An-

Diese einseitige und völkerrechtswidrige Ausweitung des Universalitätsprinzips auf Delikte wie Tierpornographie, die nicht einmal eine Bedrohung für einen bestimmten Staat (geschweige denn für die internationale Gemeinschaft) darstellen, entspricht dem, was *Henzelin* als „unilaterales Weltrechtsprinzip" bezeichnete.[318] Um diesen möglichen Verstoß gegen das Völkerrecht für die Zukunft zu beheben, reicht es jedoch aus, dass der nächste multilaterale Vertrag zur Verbrechensbekämpfung sich mit diesem Thema befasst und die Tierpornografie zu einem die gesamte internationale Gemeinschaft betreffenden Verbrechen erklärt. Jedenfalls ist die Möglichkeit der Inanspruchnahme eines völkerrechtskonformen, vertragsbasierten Universalitätsgrundsatzes, der den Strafgewaltstaat von der Notwendigkeit jeglicher vorheriger Bindung zum Täter und seiner Tat entbindet, bereits großzügig genug, und zwar nicht nur bei (angeblich) äußerst schweren Verbrechen, sondern bei jeder Art von Straftaten, auf die sich die Staaten geeinigt haben.

VI. Derivative Strafgewalt: Prinzip der stellvertretenden Rechtspflege

1. Stellvertretende Rechtspflege vs. Straflückenschließende Rechtspflege

Kurz gesagt ist das Prinzip der stellvertretenden Rechtspflege (im Folgenden „s. R.") nichts anderes als die Ausübung von Strafgewalt durch den Forumsstaat (Vertreterstaat) im Namen eines anderen Staates, der seinerseits originäre Strafgewalt gemäß einem der bereits genannten völkerrechtlichen Grundsätze beanspruchen kann.[319] Daher weist dieses Prinzip eine ganz unterschiedliche Natur auf als die anderen Anknüpfungspunkte: es handelt sich lediglich um Kooperation mit der Strafgewalt anderer Staaten.[320] Insofern ist es fraglich, ob es sich überhaupt um einen völkerrechtlichen Grundsatz handelt, oder eher um Rechtshilferecht.[321]

---

wendbarkeit des Weltrechtspflegeprinzips, da nicht alle Länder diesen Verträgen beigetreten sind. Wie bereits erwähnt, wird die Bedeutung dieses Punktes jedoch durch die Tatsache abgeschwächt, dass es sich oft um multilaterale Verträge mit vielen ratifizierenden Ländern handelt. Darüber hinaus ist die Reichweite von § 6 StGB im Ausland nicht unbemerkt geblieben. Wenn z. B. *Ryngaert*, Jurisdiction in International Law, S. 120 f., die Fälle aufzählt, in denen Staaten auf ein „einseitiges Universalitätsprinzip" zurückgegriffen haben, stammen praktisch alle seine Beispiele aus dieser Vorschrift.

[318] *Henzeling*, Le principe de' l'universalité, S. 123 ff.
[319] Siehe statt aller *Ambos*, MüKo-StGB⁴, Vor § 3, Rn. 57; *European Committee*, Extraterritorial Criminal Jurisdiction, S. 452; *Gärditz*, Weltrechtspflege, S. 156.
[320] In diesem Sinne *Jescheck/Weigend*, AT⁵, § 18 II 6.
[321] Siehe dazu *Pappas*, Stellvertretende Strafrechtspflege, S. 101 f.; ähnlich *Binding*, Handbuch des Strafrechts, S. 373; und *Gärditz*, Weltrechtspflege, S. 156.

Darüber hinaus wird von einigen Autoren bestritten, dass die s. R. eine ausreichende völkerrechtliche Unterstützung genießt[322] oder dogmatisch begründbar ist.[323] Demzufolge ist dieser Grundsatz in einigen Rechtsordnungen entweder unbekannt oder wird eklatant vernachlässigt.[324] In diesem Abschnitt geht es jedoch nicht um die Aufklärung dieser Fragen, sondern um die Präzisierung, welche zwei unterschiedlichen Begriffe gemeint sein können, wenn man von s. R. spricht: nämlich entweder eine schlichte Vertretung der Interessen eines anderen Staates oder ein Instrument zur Schließung von Strafbarkeitslücken.

Wenn die s. R. der Bedeutung ihres Namens und ihrer daraus folgenden „derivativen Struktur" gerecht werden soll, dann muss ihre Anwendung einer Reihe von Voraussetzungen genügen. In erster Linie ist die Einholung des Einverständnisses des vertretenen Staates zur Strafverfolgung erforderlich, sei es durch eine Erklärung seiner Zustimmung oder zumindest durch ein vorheriges Auslieferungsersuchen an den Vertreterstaat.[325] Außerdem sollte die Rechtsordnung des vertretenen Landes so weitgehend wie möglich Berücksichtigung finden: nicht nur die materiellen Straffreistellungsgründe, sondern auch die prozessualen Verfolgungshindernisse und sogar das tatsächlich praktizierte Recht (z. B. die faktische Straflosigkeit) des vertretenen Staates sind idealerweise zu beachten.[326] Wird die Auffassung vertreten, das deutsche Recht kenne die Anwendung ausländischen Rechts nicht, dann soll zumindest keine höhere Strafe auferlegt werden als die, die die vertretene Rechtsordnung verhängen würde (*lex mitior*) und es

---

[322] So jüngst *Volz*, Extraterritoriale Terrorismusbekämpfung, S. 127.

[323] Vgl. (am Ende des 19. Jahrhunderts) *Heinze*, FG-Friedrich von Baden, S. 324 ff.

[324] So glänzt das Prinzip sowohl in *American Law Institute*, Restatement (Fourth) als auch in spanischsprachigen Strafrechtshandbüchern durch Abwesenheit (siehe z. B. *Mir Puig*, PG[10]). Deswegen auch der Titel von *Meyers* Aufsatz [Harvard International Law Journal 31, 1 (1990)] „The Vicarious Administration of Justice: An overlooked Basis of Jurisdiction", wo er Folgendes behauptet: „It is thus regrettable that vicarious administration of justice, with a few exceptions, has not yet gained acceptance in Anglo-American law". In Art. 10 des Harvard Draft Convention on Jurisdiction with Respect to Crime wird die s. R. mit dem Weltrechtsprinzip zusammen behandelt, unter dem Namen „universality". Laut *Oehler*, Internationales Strafrecht, Rn. 143, ist die s. R. „in Asien gar nicht, in Afrika selten und in Mittel- und Südamerika selten zu finden...".

[325] So beteuern *Pappas*, Stellvertretende Strafrechtspflege, S. 102 f.; *Pawlik*, FS-Schroeder, S. 378 f.; und auch *Ambos*, Internationales Strafrecht, § 3, Rn. 118. In gleiche Richtung *Gärditz*, Weltrechtspflege, S. 157: „Ohne völkerrechtlichen Akt, der den Forumsstaat erst zur punitiven Stellvertretung ermächtigt, kann es stellvertretende Strafrechtspflege nicht geben". Näheres zur Frage, wann ein (erfolgloses) Auslieferungsersuchen die Ausübung derivativer Strafgewalt begründet, ist in Teil III D IV 1 zu finden.

[326] In diesem Sinne *Pawlik*, FS-Schroeder, S. 378; und *Roegele*, Deutscher Strafrechtsimperialismus, S. 226. Ähnlich – aber in Bezug auf die Einschränkungen, die Art. 103 Abs. 2 GG auf die legitime Bestrafung von Auslandstaten auferlegt – siehe *Gärditz*, Weltrechtspflege, S. 421.

müssen auch die Verfahrensentscheidungen dieses Staates in Bezug auf die jeweilige Tat berücksichtigt werden.[327] Eine derart ausgestaltete s. R. (vorausgesetzt, dass außerdem der vertretene Staat der Strafverfolgung zustimmt) wäre vereinbar mit der Grundlage, die diesem Prinzip überwiegend zugeschrieben wird, nämlich der Solidarität des Forumsstaates mit dem vertretenen Staat.[328]

In deutlichem Gegensatz zu dieser solidaritätsfundierten s. R. verweisen viele Autoren darauf, das Ziel dieses Prinzips sei die Schließung von Strafbarkeitslücken,[329] anscheinend ohne den sich daraus ergebenden Widerspruch zu bemerken.[330] Die Vertretung eines anderen Staates und die Straflückenerfüllung sind keine deckungsgleichen Grundlagen. Beispielsweise mag Italien kein Interesse daran haben, einen italienischen Dieb wegen eines alten – aber nicht verjährten – Diebstahls in Italien vor Gericht zu stellen, auch wenn er seit langem eine „kriminelle Karriere" in Ostasien betreibt und dafür in Südkorea verhaftet worden ist. Ist die Grundlage der s. R. die Solidarität, sollte Südkorea, wenn es diese Person wegen der dort begangenen Straftaten vor Gericht stellt, sie nicht auch wegen des Diebstahls in Italien aburteilen, es sei denn, Italien stellt ein ausdrückliches Ersuchen (oder erklärt zumindest seine Zustimmung) dazu. Sieht man hingegen die Begründung der s. R. in der Schließung von Strafbarkeitslücken, so würde das Vorliegen eines völkerrechtlichen Vertrags, der eine *aut dedere aut iudicare* Verpflichtung vorsieht, zur Ausübung einer „derivativen" Strafgewalt Südkoreas hinsichtlich der in Italien begangenen Tat ausreichend sein, selbst wenn Italien sich ausdrücklich gegen die Strafverfolgung in Südkorea aussprechen würde.[331]

Wie kam es zu diesem sinnlosen Konstrukt einer (angeblich) solidaritätsbasierten s. R., deren Hauptziel aber in der Schließung von für den Forumsstaat unerträglichen Straflücken besteht? Verantwortlich dafür ist *Oehler*: Nach der

---

[327] So *Pappas*, Stellvertretende Strafrechtspflege, S. 10 f.; *Ambos*, MüKo-StGB[4], Vor § 3, Rn. 59; *Jeßberger*, Der transnationale Geltungsbereich, S. 17–18; und *Zieher*, Das sogenannte internationale Strafrecht, S. 86.

[328] Vgl. exemplarisch *Pappas*, Stellvertretende Strafrechtspflege, S. 11.

[329] So wird z. B. Folgendes von *Ambos* (MüKo-StGB[4], Vor § 3, Rn. 57) behauptet: „Hierdurch sollen in erster Linie Verfolgungslücken geschlossen werden". Laut *Jescheck/Weigend*, AT[5], § 18 II 6, stellt die s. R. sicher, „daß kein flüchtiger Verbrecher im Zufluchtsstaat straflos bleiben muß, weil es an einem Anknüpfungspunkt für dessen Strafgewalt fehlt". Ähnlich *Satzger*, Jura 32 (2010), S. 110.

[330] Die Ausnahme hiervon ist *Ambos*, MüKo-StGB[4], Vor § 3, Rn. 58, der sich deshalb auf den Begriff „stellvertretende Strafrechtspflege im engeren Sinne" beruft, um auf die „wahre stellvertretende Rechtspflege" zu verweisen.

[331] Dies liegt daran, dass es sich in diesem Fall um eine für alle im Vertrag erfassten Fallkonstellationen antizipierte Zustimmung ohne Bezug auf den konkreten Fall handelt. Siehe dazu *Pappas*, Stellvertretende Strafrechtspflege, S. 154; *Werle/Jeßberger*, LK[13], Vor § 3, Rn. 268.

Auffassung dieses einflussreichen Strafrechtlers ist die Solidarität im Falle der s. R. zu „abstrahieren" und bedarf daher keiner Begründung im Einzelfall.[332] Diese „abstrahierte Solidarität", losgelöst vom realen Einverständnis des vertretenen Staates, hat sich teilweise im Schrifttum niedergeschlagen, mit dem Hinweis auf die praktischen Schwierigkeiten, die mit der Feststellung einer solchen Zustimmung verbunden seien.[333] Gegen diese Überlegung lassen sich gute Argumente anführen. Erstens kommt es für die Feststellung des Vorliegens des konkreten Bestrafungswillens des vertretenen Staates auf einen konkreten, leicht überprüfbaren Akt an (wie etwa die Stellung eines Ersuchens). Zweitens sollte der Forumsstaat (zur Vermeidung einer Verletzung des Nichteinmischungsgebots) im Falle von Schwierigkeiten bei der Ermittlung des Verfolgungswillens des „vertretenen Staates" seine Strafgewalt schlicht und einfach nicht ausüben. Drittens sind die mit der Anwendung ausländischen Rechts verbundenen Schwierigkeiten unvermeidbar, denn niemand bestreitet, dass der Richter des Stellvertreterstaates zumindest die Strafbarkeit der Tat nach dem Recht des vertretenen Staates prüfen muss.[334]

Die Logik hinter *Oehlers* „Abstrahierung" der Solidarität liegt also nicht in den mit der Anwendung ausländischen Rechts oft assoziierten Schwierigkeiten. *Oehler* selbst macht seinen eigentlichen Grund dafür deutlich: „Wäre ein Verfolgungsersuchen von seiten des Tatortstaates o. ä. notwendig, würden große Lücken in der Strafverfolgung entstehen, weil sehr häufig dieses Ersuchen gar nicht gestellt wird".[335] Auf diese Weise wird jedoch die s. R. von ihrer wahren Grundlage (Solidarität mit dem vertretenen Staat) vollständig entwurzelt: es geht hier nicht mehr um die Kollaboration bei der Interessenwahrung eines anderen Staates, sondern um die Durchsetzung eigener Interessen des Forumsstaates.[336]

---

[332] *Oehler*, Internationales Strafrecht, Rn. 143. Der aufmerksame Leser wird sich erinnern, dass dieser Autor ein analoges Argument in Bezug auf die Begründung des aktiven Personalitätsprinzips verwendet (vgl. oben Teil I D II 2).

[333] Ein anschauliches Beispiel dafür ist bei *Werle/Jeßberger*, LK[13], Vor § 3, Rn. 268 zu finden: „Die Ermittlung eines auf die fragliche Sache konzentrierten Verfolgungswillens im Einzelfall, die im Schrifttum teilweise befürwortet wird, führt zur Rechtsunsicherheit und zu kaum lösbaren praktischen Problemen". Vgl. auch *European Committee*, Extraterritorial Criminal Jurisdiction, S. 452: „some of the states which have adopted the principle seem to be content with examining only whether the act or omission is a criminal offence under the laws of the other state. This is to some extent a departure from the concept of ‚representation' in the pure sense".

[334] Dieser letzte Punkt stammt aus *Pawlik*, FS-Schroeder, S. 379, Fn. 111.

[335] *Oehler*, Internationales Strafrecht, Rn. 143; in dieselbe Richtung *Scholten*, NStZ 1994, S. 271.

[336] Ähnlich wie hier *Pappas*, Stellvertretende Strafrechtspflege, S. 12 und S. 237, wonach das Interesse des Strafgewaltstaates darin besteht, nicht zum Aufenthaltsort von Straftätern zu werden.

Wenig überraschend (in Anbetracht dessen, was zu den oben erörterten Prinzipien festgestellt worden ist) ist es dieses Ziel der Straflosigkeitsbekämpfung – und nicht eine vermeintliche Solidarität mit anderen Staaten – welches sich in § 7 Abs. 2 N. 2 StGB widerspiegelt.[337] Denn weder der Wortlaut der Vorschrift (insbesondere, soweit sie die Anwendbarkeit deutschen Rechts vorsieht, wenn der angeblich vertretene Staat nicht einmal um die Auslieferung oder ein Verfahren gegen den Täter ersucht hat) noch ihre Entstehungsgeschichte[338] noch die Rechtsprechung zu dieser Norm erlauben es, in diesem Paragraphen das Zurückgreifen auf eine solidaritätsbasierte s. R. zu erkennen.[339] Mit anderen Worten: diese Vorschrift sieht nicht eine stellvertretende Rechtspflege vor, sondern eine straflückenschließende Rechtspflege.[340]

2. Stellvertretende Rechtspflege, Weltrechtsprinzip und *aut dedere aut iudicare*

Schließlich ist noch auf die *aut dedere aut iudicare*-Formel einzugehen, die in mehreren völkerrechtlichen Verträgen anzutreffen ist.[341] Diese Formel steht in einem komplexen Verhältnis zur s. R.und zum Universalitätsprinzip. Zu ihrem Verständnis muss zuerst nochmal der Unterschied zwischen s. R. und Weltrechtsprinzip zur Sprache gebracht werden. Dieser bestehe darin, dass das Universalitätsprinzip auf originärer Strafgewalt beruhe, während sich die s. R. nur auf eine derivative stütze. Eine Abgrenzung zwischen den beiden Prinzipien wird freilich unmöglich, wenn die s. R. zu einem Instrument zum Schließen von Straf-

---

[337] Dieser Vorschrift nach gilt das deutsche Strafrecht für Auslandstaten, wenn die Tat nach dem Tatortrecht strafbar ist und der Täter „zur Zeit der Tat Ausländer war, im Inland betroffen und, obwohl das Auslieferungsgesetz seine Auslieferung nach der Art der Tat zuließe, nicht ausgeliefert wird, weil ein Auslieferungsersuchen innerhalb angemessener Frist nicht gestellt oder abgelehnt wird oder die Auslieferung nicht ausführbar ist."

[338] Dieser Punkt geht ganz klar aus der Begründung hervor, die für diese Vorschrift gegeben wurde, als sie als Entwurf im zuständigen Reichstagsausschuss vorlag: „Es handele sich hier um die Ausfüllung einer wichtigen Lücke. Man stelle sich vor, daß ein Ausländer im benachbarten Ausland schwerste strafbare Handlungen begangen habe, die nicht unter den § 6 fielen; er habe sich über die Grenze auf deutsches Staatsgebiet geflüchtet, halte sich bei uns auf und könne unangefochten in einem vornehmen Hotel ein flottes Leben führen". Das Zitat stammt aus *Wegner*, FG-Frank, S. 155.

[339] So argumentiert überzeugend *Pappas*, Stellvertretende Strafrechtspflege, S. 233 f.

[340] Deshalb hält *Pappas* (Stellvertretende Strafrechtspflege, S. 5) die Bezeichnung des Inhalts dieser Norm als s. R. für einen Etikettenschwindel. Im selben Sinne begreifen *Lagodny/Nill-Theobald* [JR 5 (2000), S. 206 f.] § 7 Abs. 2 Nr. 2 StGB als eine Art „Generalschlüssel" des deutschen Strafanwendungsrechts, anwendbar auf diejenigen Sachverhalte, die nicht unter §§ 3 ff. (d. h. die anderen Anknüpfungspunkte) fallen.

[341] Dazu siehe *European Committee*, Extraterritorial Criminal Jurisdiction, S. 453.

barkeitslücken verformt wird, denn dann ist sie völlig mit einem präventionsbasierten Universalitätsprinzip gleichzusetzen.[342]

Ihrerseits entspricht die Formel *aut dedere aut iudicare* je nach ihrer Gestaltung entweder dem Universalitätsprinzip oder der s. R. Ist die Pflicht entweder auszuliefern oder selbst abzuurteilen als alternativ zu erfüllen vorgesehen (d.h. der Forumsstaat darf entscheiden, was er bevorzugt), wie es bei den meisten völkerrechtlichen Verträgen der Fall sei,[343] dann stellt diese Regel einen Standardfall von vertragsbasiertem, bedingtem Universalitätsprinzip dar[344] und nicht von s. R., weil hier die Strafgewalt keineswegs „derivativ" ist: tatsächlich könnte der Forumsstaat hierbei sogar gegen den ausdrücklichen Willen des originär berechtigten Staates die Tat verfolgen, wie auch bei § 7 Abs. 2 Nr. 2 StGB der Fall ist.[345]

Deshalb passt die *aut dedere aut iudicare*-Regel zu einer solidaritätsbasierten s. R. nur insoweit, als die Auslieferungs- und Aburteilungspflichten in einem Stufenverhältnis stehen, in dem die Auslieferung Vorrang hat oder wenn die ausdrückliche Zustimmung des vertretenen Staates zur Einleitung des Verfahrens im Vertreterstaat erforderlich ist. Hingegen ist eine *aut dedere aut iudicare*-Formel, wo die Verpflichtungen auf selber Stufe (alternativ) zueinander stehen, mit der fehlerhaften Konzeption verbunden, die der s. R. die Funktion der Bekämpfung der Straflosigkeit zuschreibt.[346] Dabei wird die s. R., die darin besteht, dem Ver-

---

[342] Vgl. z. B. *Kreß* [Journal of International Criminal Justice 4 (2006), S. 565], wonach „the distinction between jurisdiction by representation and universal jurisdiction is traditionally unclear"; oder *Heinze*, FG-Friedrich von Baden, S. 331.

[343] So behauptet *Ambos*, MüKo-StGB⁴, Vor § 3, Rn. 60.

[344] Die Formel entspricht einem „bedingten" Universalitätsprinzip, da der Aufenthalt des Verdächtigen im Strafgewaltstaat normalerweise vorausgesetzt wird.

[345] Hierzu ist die „allgemeine Zustimmung", die in einem *aut dedere aut iudicare*-Vertrag zum Ausdruck komme, nicht ausreichend, um von s. R. zu sprechen, denn der vertretene Staat (der einzige, die originäre Strafgewalt beanspruchen kann) könnte eventuell nicht willens oder nicht daran interessiert sein, einen bestimmten Fall vor Gericht zu bringen. Anders ausgedrückt: eine wirklich solidaritätsbasierte *aut dedere aut iudicare*-Formel soll im Prinzip nur dem „Vertreterstaat" Verpflichtungen zugunsten des „vertretenen Staates" auferlegen. Letzterer kann zwar auch verpflichtet sein, eine Straftat aufgrund eines anderen völkerrechtlichen Anknüpfungspunktes zu verfolgen, muss aber nicht dulden, dass ein anderer Staat gegen seinen Willen eine Strafverfolgung in seinem Namen vornimmt.

[346] Die Fassung dieser Formel als alternative Pflichten ist jedenfalls kein neues Phänomen. Die Formel *aut dedere aut iudicare* stamme aus dem klassischen Werk von *Grotius* (De Jure Belli, book II, chapter XXI, section IV, S. 527), wo sie wie folgt formuliert wurde: „When appealed to, a State should either punish the guilty person as he deserves, or it should entrust him to the discretion of the party making the appeal" („aut dedere aut punire"). Diese traditionelle Formulierung des *aut dedere* macht deutlich, dass sein ursprüngliches Hauptziel in der Straflosigkeitsbekämpfung bestand. Nicht umsonst gilt Grotius als einer der ersten und wichtigsten Verfechter der Idee einer Weltrechtspflege (siehe dazu *Wegner*, FG-Frank, S. 124).

treterstaat eine Kooperationspflicht mit den Interessen des vertretenen Staates aufzuerlegen, missbraucht, um sie in das Gegenteil zu verkehren, nämlich in einen neuen Anknüpfungspunkt zur Sicherung der Interessen des Forumsstaates, ggf. sogar auf Kosten (gegen den ausdrücklichen Willen) des „vertretenen Staates".[347]

---

[347] Hierzu ist, wie *Pawlik* zu Recht schreibt (FS-Schroeder, S. 378), Folgendes festzustellen: „Wer sich über eine ihm pervertiert erscheinende fremde Strafrechtsordnung hinwegsetzen will, sollte dies nicht unter Berufung auf deren von ihm zuvor bereinigten Inhalt tun; er sollte sich vielmehr offen dazu bekennen, daß er eine andere, bessere Ordnung an ihre Stelle gesetzt habe".

E. Zwischenergebnis

Im Lichte der vorstehenden Ausführungen zu den völkerrechtlichen Grundsätzen stellt sich die Frage, inwieweit diese Prinzipien eine ernstzunehmende Schranke der staatlichen Strafrechtsetzungsgewalt darstellen. Es gibt zwar eine nicht unwesentliche Übereinstimmung darüber, welche Prinzipien es einem Staat erlaubten, Strafgewalt zu beanspruchen.[1] Letztendlich ist aber die begrenzende Kraft dieser Grundsätze quasi bedeutungslos, selbst wenn man diejenigen Rechtsordnungen außer Acht lässt, in denen das Völkerrecht nicht einmal als selbständige (externe) Begrenzung wahrgenommen wird.[2] Zum einen wird die Etablierung eines weit gefassten Strafanwendungsrechts durch den Rückgriff auf Kombinationen verschiedener Prinzipien ermöglicht.[3] Zum anderen herrscht eine gewaltige Unklarheit über die Konturen dieser Grundsätze, weshalb sie in der Praxis kaum einschränkend wirken. Diese Unschärfe rührt in erster Linie von den unterschiedlichen Auffassungen über die Grundlagen dieser Prinzipien her. Man denke hierzu an den Fall eines aktiven Personalitätsprinzips, das auf vermeintlicher Solidarität basiert, im Vergleich zu einem, das auf der Bindung Staat-Täter beruht, wobei dieses Problem bei den meisten Prinzipien auftritt.

Darüber hinaus ist die schwammige Reichweite dieser Prinzipien weitgehend ein „Entstehungsmangel": da diese Grundsätze Völkergewohnheitsrecht sind, erfordert ihr Zustandekommen eine dauerhafte, einheitliche und weit verbreitete Staatenpraxis plus *opinio iuris*.[4] Die Praktiken der Staaten variieren jedoch stark. So legt jeder Gesetzgeber fest, welche extraterritorialen Sachverhalte er seiner Strafgewalt unterwirft (und auf welche Weise), vor allem um dem nachzukommen, was er zum jeweiligen Zeitpunkt als praktische Notwendigkeit ansieht

---

[1] Diese Feststellung ist aber zu relativieren. So betrachtete *Mills* noch 2014 [British Yearbook of International Law 84, 1 (2014), S. 196] nur das Territorialitäts- und das aktive Staatsangehörigkeitsprinzip als unstrittige völkerrechtliche Anknüpfungspunkte der nationalen *jurisdiction to prescribe*.

[2] Siehe den Fall der USA oben in Teil I C I 2.

[3] Vgl. dazu *Jakobs*, AT, 5/6; *Jescheck/Weigend*, AT[5], § 18 II.

[4] Vgl. statt aller *Heintschel von Heinegg*, in: Ipsen, Völkerrecht[6], § 17 Rn. 2–15. Siehe aber *Guzman*, Michigan Journal of International Law 27 (2005), S. 149 f., der die Bestrebungen zur Abschaffung der Staatenpraxis als Erfordernis beschreibt (und unterstützt), wobei die *opinio iuris* ausreichen sollte.

(nämlich die Straflosigkeit bestimmter Straftaten zu bekämpfen).[5] Einigen sich mehrere Staaten auf ein solches praktisches Bedürfnis und dehnen ihre Strafgewalt unter bestimmten Umständen auf eine gewisse Art von Auslandstaten aus, kann diese „Staatenpraxis" ein völkerrechtliches Prinzip erzeugen.[6] Daraus ergibt sich die traditionelle Unterstellung der Piraterie unter den Universalitätsgrundsatz oder der Geldfälschung unter das Schutzprinzip. Zu den unvermeidbaren Unterschieden in der Gesetzgebung kommen noch die Abweichungen hinzu, die sich aus der divergierenden Rechtsprechung in den verschiedenen Ländern ergeben,[7] wodurch die Erkennung einer eindeutigen staatlichen Praxis – also ein Prinzip mit klaren Konturen – erschwert wird.[8]

Die überzogene Ausdehnung bereits bestehender völkerrechtlicher Prinzipien zur Befriedigung neuer Kriminalisierungsbedürfnisse der Staaten (z. B. die Umwandlung des Territorialitätsprinzips in ein Ubiquitätsprinzip à la § 9 StGB; die Anwendung des Schutzprinzips auf Verletzungen von Geschäftsgeheimnissen einer ausländischen Tochtergesellschaft eines inländischen Unternehmens; oder die Ausdehnung des Universalitätsprinzips auf Tierpornographie oder Subventionsbetrug) hat zur Folge, dass sie fast jeder noch verbliebenen begrenzenden Kraft beraubt werden.[9] Somit unterscheidet sich die zurzeit überwiegende Auffassung (der Staat darf seine Strafrechtsetzungsgewalt nur dann ausweiten, wenn ein legitimierendes völkerrechtliches Prinzip vorhanden ist) in ihren Konsequenzen kaum von der Ansicht des Ständigen Internationalen Gerichtshofes im Lotus-Fall (die Staaten sind frei, den Umfang ihrer Strafgewalt zu bestimmen, es sei denn, es besteht ein völkerrechtliches Verbot).[10]

Außerdem ist für das Völkerrecht die Strafbegründung gegenüber dem Beschuldigten, wie etwa durch das Erfordernis der Vorhersehbarkeit der Sanktion, kein relevantes Anliegen.[11] Von zentralem Interesse für das Völkerrecht ist hin-

---

[5] Dies erklärt, warum die Bigamie eines der ersten extraterritorial zu bestrafenden Delikte in Großbritannien war. Siehe dazu *Farmer*, University of Toronto Law Journal 63 (2013), S. 243.

[6] Vgl. *Cameron*, The Protective Principle, S. 566; *Jeßberger*, Der transnationale Geltungsbereich, S. 36 f.

[7] *Jennings/Watts*, Oppenheim's⁹, § 136, S. 457.

[8] Ähnlich *Schroeder*, NJW 3 (1969), S. 82: „Insbesondere ist die Prüfung der Zulässigkeit der verschiedenen ‚Prinzipien' des internationalen Strafrechts unbefriedigend, da die Grenzlinien gerade mitten durch diese Prinzipien laufen dürften. So muß es gerade darum gehen, die zulässigen Objekte des Schutzprinzips einzuengen…".

[9] Ähnlich *Zieher*, Das sogenannte internationale Strafrecht, S. 95.

[10] Dies mag die folgende Feststellung des BGH (NStZ 1995, 383, 384, beck online) verdeutlichen: „Grundsätzlich sind die Staaten von Völkerrechts wegen in der Gestaltung ihres Strafrechts frei".

[11] Wie *Zimmermann* (Strafgewaltkonflikte, S. 149) argumentiert, lassen sich aus dem Völkerrecht keine Einschränkungen zur Vermeidung von Vorhersehbarkeitsdefiziten ableiten (ins-

E. Zwischenergebnis 143

gegen die Wahrung des Nichteinmischungsgebots, das in den beschriebenen schwammigen „völkerrechtlichen Prinzipien" zum Ausdruck kommt. Die Anspruchslosigkeit dieser Anforderung wird in zwei verwandten Situationen besonders sichtbar. Erstens wird in manchen Fällen einfach davon ausgegangen, dass die Ausdehnung des Strafanwendungsrechts auf eine Auslandstat (vermeintlich wegen ihrer Schwere) niemals gegen das Nichteinmischungsgebot verstößt oder diesem übergeordnet ist (Universalitätsprinzip).[12] Zweitens, und noch wichtiger, sichert jedes Abkommen zwischen Staaten über die Bestrafung von Auslandstaten (Vertragsprinzip) die Einhaltung dieses Gebots und damit die Völkerrechtsmäßigkeit der einschlägigen strafanwendungsrechtlichen Vorschriften des nationalen Rechts.

Dieses „Vertragsprinzip" ist aus völkerrechtlicher Sicht optimal, weil es die beiden zentralen Anliegen des Völkerrechts im Bereich des Strafrechts – nämlich die Bekämpfung der Straflosigkeit und die Achtung der Souveränität der Staaten – in Einklang zu bringen vermag.[13] Dementsprechend stellen internationale Instrumente oft fest, dass ihre eigenen Regeln den Staat nicht daran hindern, Strafgewalt anhand anderer Verträge geltend zu machen.[14] Weiterhin sehen viele Übereinkommen ein Mindestmaß an staatlicher Strafgewalt vor (Strafgewalterstreckungspflichten), aber keine Obergrenze, indem sie häufig eine Blankoermächtigung enthalten, die den Rückgriff auf ein bedingtes Universalitätsprinzip ermöglicht. Das Resultat ist, wie *Feller* schonungslos feststellt:

As a rule, international law allows every state total freedom to augment the criminal jurisdiction which it establishes – a fact which can only increase the effectiveness of the war against crime…international law lays down only the required minimum by which the states must abide in the matter of criminal jurisdiction over certain offences, but it does not limit the rights of

---

besondere aufgrund überraschender – d.h. für den Bestraften nicht vorhersehbarer – Anknüpfungspunkte, wie z.B. des passiven Personalitätsprinzips oder des *effects principle*).

[12] Vgl. Teil I D V 1 oben. Siehe beispielsweise *Ambos*, NStZ 1999, S. 226 f.: „Die vom BGH aufgrund des völkerrechtlichen Grundsatzes der Nichteinmischung erhobene Forderung nach legitimierenden Anknüpfungspunkten kann bei schweren internationalen Verbrechen, wie Völkermord, Folter, extralegale Hinrichtungen und ‚Verschwindenlassen' nicht Voraussetzung deutscher Strafgewalt sein".

[13] Dazu siehe *Ryngaert*, Jurisdiction in International Law, S. 230 f.; vgl. auch *Henrich*, Das passive Personalitätsprinzip, S. 202: „…denn das Erfordernis des sinnvollen Anknüpfungspunktes soll nicht die völkerrechtliche Vertragsfreiheit, die auch die Freiheit der Einzelstaaten zur Übertragung ihrer Strafgewalt meint, beschränken".

[14] Siehe z.B. Art. 2 Harvard Draft Convention on Jurisdiction with Respect to Crime: „A State's jurisdiction with respect to crime is defined and limited by this Convention; but nothing in its provisions shall preclude any of the parties to this Convention from entering into other agreements, or from giving effect to other agreements now in force, concerning competence to prosecute and punish for crime, which affect only the parties to such other agreements".

states to augment and to extend the scope of such jurisdiction. And it is arguable that the overlapping of jurisdiction should be viewed as a positive phenomenon.[15]

Wie ersichtlich, verliert hier *Feller* – ebenso wie viele andere Autoren – kein einziges Wort über das Chaos, das durch die Konkurrenz mehrerer Gerichtsbarkeiten und die daraus resultierende Gefahr von Forum-*Shopping* entsteht.

Daraus lässt sich ableiten, dass der zunehmende Einfluss des Völkerrechts auf das Strafanwendungsrecht[16] in vielen Rechtsordnungen nicht zu dessen Einschränkung, sondern zu einer deutlichen Ausweitung desselben geführt hat.[17] Natürlich lässt sich diese Schlussfolgerung entdramatisieren, indem man – wie es im Schrifttum oft vorkommt – darauf hinweist, dass Staaten nicht auf eine zu weite Strafgewalt zurückgreifen, weil sie oft kein Interesse an der Auslandstat haben (man denke etwa an das Beispiel eines deutschen Staatsanwalts, der eine Anzeige erhält, dass ein Kasache in Australien tierpornografische Bilder auf seinen Computer heruntergeladen hat).[18] Aber eine derartige „realpolitische Schranke" (die jedenfalls radikalen plötzlichen Wandlungen unterworfen ist) soll die Prüfung der normativen Grenzen der staatlichen Strafgewalt nicht ersetzen. Dass das Völkerrecht den Staaten einen übermäßig weiten Spielraum zur Strafrechtsetzungsgewalt zugesteht, bedeutet nicht, dass die Staaten diese Möglichkeit vollständig ausnutzen dürfen oder sollen.[19] Tatsächlich sind die rechtsstaatlichen (verfassungs- und strafrechtlichen) Schranken zumeist viel restriktiver als die völkerrechtlichen.[20] Daraus ergibt sich die Notwendigkeit, sich wieder auf die möglichen nationalen, rechtsstaatlichen Schranken des Strafanwendungsrechts zu konzentrieren, „die sich aus dem Verhältnis der Staatsgewalt zum Indi-

---

[15] *Feller*, Israel Law Review 16, 1 (1981), S. 74. Natürlich ist dieser Gedanke nicht neu, schon *Carpzow* ging im 17 Jahrhundert in die gleiche Richtung (siehe hierzu *Wegner*, FG-Frank, S. 123). Der Unterschied besteht darin, dass Carpzows Ansatz darauf abzielte, langwierige Auslieferungsprozesse zwischen den damaligen zersplitterten deutschen Staaten zu vermeiden, während Feller diese Argumentation auf die ganze Welt mit ihren 193 Staaten mit notorisch unterschiedlichen Rechts- und Wertetraditionen anwenden will.

[16] Dazu vgl. *Satzger*, Internationales, § 4 Rn. 2a; *Shaw*, International Law, S. 485 f.

[17] Im ähnlichen Sinne *Hirst*, Jurisdiction, S. 6. *Mills* [British Yearbook of International Law 84, 1 (2014), S. 187] schreibt über die: „growing recognition that in a range of circumstances the exercise of national jurisdiction may, under international law, be a question of duty or obligation rather than right".

[18] In diesem Sinne argumentieren z.B. *Werle/Jeßberger*, Völkerstrafrecht[5], Rn. 267, um die in § 1 VStGB vorgesehene Option zu verteidigen, den Universalitätsgrundsatz nicht auf die Anwesenheit des Täters im Hoheitsgebiet zu beschränken.

[19] Vgl. dazu *Gärditz*, Weltrechtspflege, S. 315.

[20] Siehe z.B. *Dodge*, Chinese Journal of International Law (2020), S. 111: „…customary international law permits a great deal of extraterritorial regulation and because other principles like the presumption against extraterritoriality limit the geographic scope of federal law beyond what international law requires".

viduum ergeben".²¹ Wie im zweiten Teil ersichtlich wird, liegt es an diesen Schranken (und nicht am Völkerrecht), dass Deutschland einen Vietnamesen, der 50 Gramm Cannabis an seinen Landsmann in Vietnam verkauft, nicht bestrafen darf.

Die Überprüfung der verfassungs- und strafrechtlichen Schranken des Strafanwendungsrechts ist natürlich nichts Neues: sie wurde von den sogenannten „strafrechtlichen Theorien" des 19. Jahrhunderts herangezogen²² und wird von vielen zeitgenössischen Autoren immer noch vorgenommen.²³ Es geht hier darum, zwischen der Legitimität des Staates zur Bestrafung in den Augen seiner Mitspieler in der internationalen Arena auf der einen Seite und seiner diesbezüglichen Legitimität gegenüber seinen eigenen Bürgern oder Untertanen auf der anderen Seite zu unterscheiden.²⁴ Angesichts des bisher Ausgeführten ist es erforderlich, die Aufmerksamkeit auf diesen zweiten Gesichtspunkt (interne Legitimität der staatlichen Strafgewalt) zu lenken, der im Bereich des Strafanwendungsrechts durch den ersten Aspekt verdrängt worden ist. Im zweiten Teil dieser Untersuchung wird daher analysiert, welche Grenzlinien für das Strafanwendungsrecht gezogen werden können, wenn man die Aufgabe des Strafrechts und den Strafzweck (bzw. die Strafzwecke) in Betracht zieht. Insbesondere wird untersucht, warum Strafrechtstheorien, die die Bedeutung des politischen Verhältnisses zwischen Staat und Täter hervorheben („Modell des Bürgerstrafrechts"), ein weitaus größeres Potenzial zur Einschränkung der staatlichen Strafgewalt im Allgemeinen (und in Bezug auf Auslandstaten im Besonderen) aufweisen als jene Theorien, die die Aufgabe des Strafrechts primär als Rechtsgüterschutz oder Schädigungsverhinderung konzipieren.

---

²¹ *Schroeder*, NJW 3 (1969), S. 81 f.
²² Siehe Teil I C I 1 oben.
²³ So z. B. *Pawlik*, FS-Schroeder, S. 358: „Die Vereinbarkeit einer nationalen Normenordnung mit dem Völkerrecht legitimiert den betreffenden Normenkomplex zwar gegenüber den Souveränitätsansprüchen anderer Staaten – aber wie verhält es sich im Hinblick auf den Beschuldigten, für den die Ausübung von staatlicher Strafgewalt ‚primär und unmittelbar spürbar ist?'"; ähnlich *Thorhauer*, Jurisdiktionskonflikte, S. 799 f.: „Die Befugnis eines Staates zur Ausübung seiner Strafgewalt bei Auslandssachverhalten folgt nicht ohne weiteres daraus, dass völkerrechtlich legitime Anknüpfungspunkte ihm diese Strafgewaltausdehnung erlauben. Vielmehr verlangen grundlegende, in den Verfassungen der Mitgliedstaaten sowie im europäischen Recht verankerte rechtsstaatliche Prinzipien nach einer tiefergehenden Legitimationsbegründung". In dieselbe Richtung *Gärditz*, Weltrechtspflege, S. 314–435; *Jeßberger*, Der transnationale Geltungsbereich, S. 140–164; *Schroeder*, NJW 3 (1969), S. 83–85; *Keller*, FS-Lüderssen, S. 425 ff.; und *Beyer*, Personelle Strafgewalt, S. 97 ff. und S. 292 ff.; und *Ambos*, FS-Wolter, S. 1286.
²⁴ Vgl. hierzu statt aller *Shelby*, Dark Ghettos, S. 229.

Zweiter Teil

Die Bindung zwischen Staat und Betroffenem als Begründung des *Ius Puniendi*

A. Übersicht

Nicht zuletzt angesichts der über die Aufgabe des Strafrechts und die Straftheorien vergossenen Tintenströme wäre es vermessen, diese unerschöpflichen Streitfragen hier klären zu wollen.[1] Das hier verfolgte Ziel ist viel bescheidener. Zunächst gilt es festzuhalten, dass – wie mehrere Strafrechtler erkannt haben – die dominierenden Modelle über die Aufgabe des Strafrechts im kontinentalen Rechtsraum (Rechtsgutslehre) und im *Common Law* (*Harm Principle*) eine wichtige Gemeinsamkeit aufweisen, nämlich die Schwerpunktsetzung auf den Schutz von „Interessen" (i. w. S.) als Hauptaspekt bei der Begründung (und Begrenzung) des Strafrechts (Abschnitt B. I). Zweitens werden zwei gängige Einwände gegen diese Modelle vorgebracht, nämlich die Schwäche ihres systemkritischen Potenzials zur Begrenzung des Strafrechtsumfangs sowie ihr Versagen, die Strafnorm bzw. Kriminalstrafe gegenüber dem Hauptbetroffenen (also dem Normadressaten bzw. demjenigen, dem das Strafübel zugefügt wird) ausreichend zu rechtfertigen. Zur Verdeutlichung dieser Bedenken wird das Hauptaugenmerk auf die Auswirkungen der Rechtsgutstheorie auf das Strafanwendungsrecht gelegt (Abschnitt B. II). Anschließend wird erläutert, warum die Strafnorm bzw. die Kriminalstrafe in erster Linie gegenüber dem betroffenen Individuum gerechtfertigt werden sollen (Abschnitt C. I) und warum das Schuldprinzip bzw. die bloße Tatbegehung als Begründungsdiskurse hierfür unzureichend sind (Abschnitt C. II). Daraufhin werden die gemeinsamen Merkmale einer Reihe von Vorschlägen analysiert, die – etwas salopp – unter dem Oberbegriff „Bürgerstrafrecht" zusammengebracht werden können, da sie die Legitimation der Bestrafung gegenüber dem Betroffenen zumindest teilweise auf der Tatbegehung vorausgehende Umstände stützen, welche sich unter dem Begriff „Staatsbürgerschaft" subsumieren lassen (Abschnitt D. I). Unter diesen Ansätzen, die das politische Verhältnis zwischen Staat und Täter als einen wesentlichen Aspekt der Strafrechtslegitimation hervorheben, lassen sich vier Hauptströmungen ausmachen, die mehr oder weniger ausführlich untersucht werden: die deliberative Va-

---

[1] Der Aufschwung der Literatur zur Straftheorien ist seit der zweiten Hälfte des 20. Jahrhunderts [was *Davis*, The Journal of Ethics 13, 1 (2009), als das „goldene Zeitalter" der Straftheorien bezeichnete] so gewaltig geworden, dass sich jede Abhandlung zu diesem Thema nur auf bestimmte Autoren und Ideen beziehen kann.

riante (bei der die Staatsbürgerschaft im Wesentlichen mit politischen Rechten gleichgesetzt wird, vgl. Abschnitt D. II); die unechte Variante (hier so genannt, weil die dazu gehörenden Autoren zusätzlich zur Staatsbürgerschaft auch auf die Idee von natürlichen Pflichten zurückgreifen, wie an dem in Abschnitt D. III dargestellten Modell von *Silva Sánchez* ersichtlich wird); die republikanisch-kommunitaristische Strömung (deren Hauptvertreter und damit der hier in Abschnitt D. IV zu untersuchende Autor *Duff* ist); und schließlich die – mit der vorhergehenden verwandte – auf dem Fair-Play-Gedanken beruhende Variante (die hier in Abschnitt D.V anhand des Modells ihres Spitzenvertreters in Deutschland, *Pawlik*, untersucht werden soll). Die Fokussierung auf die Modelle bestimmter Autoren ermöglicht eine genauere Analyse der Folgen dieser Ansätze im Hinblick auf das Strafanwendungsrecht, dem im Verlauf dieser Überlegungen besondere Aufmerksamkeit gewidmet werden soll. Da die von diesen verschiedenen Modellen entwickelten Lösungen als nicht völlig zufriedenstellend bewertet werden, wendet sich der letzte Abschnitt (D. VI) der Skizzierung der Grundlagen eines etwas abweichenden Vorschlags für ein Bürgerstrafrecht zu. Dieser Ansatz operiert mit einem eigenen, differenzierten Begriff der Staatsbürgerschaft, was wichtige, unterschiedliche Auswirkungen sowohl auf das Strafanwendungsrecht als auch auf die Strafzumessung nach sich zieht. Diesem Entwurf soll im dritten und letzten Teil dieser Untersuchung nachgegangen werden.

B. Die auf Interessenschutz bezogenen Theorien zur Begründung des Strafrechts: Einseitigkeit als Geburtsfehler

I. Das herrschende Modell: Rechtsgutslehre und Harm principle als zwei Seiten ein und derselben Medaille

1. Staatstheorie und Aufgabe des Strafrechts als Bedingungsfaktoren jeglicher Straftheorie

Die Bestimmung des idealen Umfangs des Strafanwendungsrechts aus einer strafrechtlichen Perspektive ist eine schwierige Aufgabe, denn es gibt nicht nur eine reichhaltige Diskussion darüber, warum eine Gesellschaft bestrafen sollte (normative Strafbegründungsmodelle) sondern auch darüber, weshalb sie tatsächlich bestraft (sozialtheoretische oder empirische Erklärungsmodelle der Strafe).[1] Als „komplexe soziale Institution" kann die staatliche Strafe bzw. Kriminalstrafe[2] aus verschiedenen Blickwinkeln betrachtet werden[3] und es gibt so-

---

[1] Zur Unterscheidung zwischen normativen Strafbegründungsdiskursen und sozialtheoretischen-empirischen Erklärungen der Strafe, siehe *Canton*, Theories of Punishment, S. 5 ff.; *Dübgen*, Theorien der Strafe, S. 60; *Silva Sánchez*, Aproximación, S. 313–316; *Pérez Barberá*, InDret 4 (2014), S. 16; *Dagger*, Republicanism and Crime, S. 152; oder *Hörnle*, Straftheorien, S. 1 f., die zwischen deskriptiven und normativen Ansätzen unterscheidet. Selbstverständlich ist diese Abgrenzung unscharf, denn in der Praxis enthalten viele Straftheorien sowohl normative als auch empirische Ansprüche (zumindest bis zu einem gewissen Grad). Ein deutliches Beispiel dafür ist die positive Generalprävention. Vgl. dazu *Pawlik*, Das Unrecht, S. 65 und S. 198, der diese Theorie als „pseudo-empirisch" bezeichnet. Siehe auch *Amelung*, Rechtsgüterschutz und Schutz der Gesellschaft, S. 384: „Ziel der hier vorgelegten Konzeption ist also nur, die Kooperation zwischen Soziologie und empirischer Sozialbetrachtung zu fördern". *Moore* (Placing Blame, S. 4–9) differenziert etwas feiner zwischen *explanatory*, *descriptive* und *evaluative theories*.

[2] Zur Abgrenzung der staatlichen Strafe von anderen Straftypen (soziale und religiöse) siehe *Hoerster*, Muss Strafe sein?, S. 14–21.

[3] In diesem Sinne *Garland*, The Culture of Control, *passim*; *ders.*, Punishment and Modern Society, *passim*; *Hart*, Punishment and Responsibility, S. 3 f.; *Duff*, Oxford Journal of Legal Studies 18 (1998), S. 193; *Nietzsche*, Genealogie, S. 73, wonach der Begriff „Strafe" so mehr-

gar keine (vollständige) Übereinstimmung darüber, was eine Strafe eigentlich ist.[4] Selbst ihre womöglich kennzeichnendsten Merkmale (Übelzufügung[5] und Unwerturteil[6]) sind mitunter in Frage gestellt worden.[7] Ohnehin lassen sich die Fragen, was eine Strafe ist, einerseits und ihre Legitimitätsvoraussetzungen andererseits, teilweise getrennt voneinander behandeln. Beleg dafür ist, dass man von „legitimen" und „illegitimen" Strafen sprechen kann.[8] In Anbetracht des Vorstehenden wird sich dieser Teil der Arbeit darauf beschränken, die Vorzüge einiger normativer Strafbegründungsdiskurse gegenüber anderen zu untersuchen, wobei auch ihre praktischen Konsequenzen berücksichtigt werden, um ein realitätsfernes Modell zu vermeiden.[9]

---

deutig geworden ist („eine ganze Synthesis von Sinnen"), dass „es heute unmöglich [ist], bestimmt zu sagen, warum eigentlich bestraft wird".

[4] Für eine überzeugende Kritik an den klassischen von *H.L.A. Hart* (Punishment and Responsibility, S. 4f.) vorgeschlagenen fünf Kriterien, die ein Akt erfüllen muss, um als Strafe zu gelten, siehe *Fassin*, Der Wille zum Strafen, S. 45–63. *Zedner* [Theoretical Criminology 20, 1 (2016), S. 4f.] bezeichnet die Strafe als ein „essentially contested concept". Für eine a.A. vgl. *Weigend*, LK[13], Einl., Rn. 62: „Über den Begriff der Strafe herrscht weitgehend Einigkeit: Sie ist ein Nachteil, der in einem formalisierten Verfahren gegen den Täter wegen der von ihm begangenen Straftat verhängt wird und die Missbilligung der Rechtsgemeinschaft zum Ausdruck bringen soll"; ähnlich *Pawlik*, Das Unrecht, S. 59, wonach es heute allgemein anerkannt wird, dass die Kriminalstrafe an eine vorangegangene rechtswidrige Tat des Bestraften anknüpft; in dieselbe Richtung *Jakobs*, AT, 1/2.

[5] Zweifel an der Übelzufügung als Wesensmerkmal der Strafe äußern u.a. *Nietzsche*, Genealogie, S. 53 ff.; und *Fassin*, Der Wille zum Strafen, S. 62–84. Man denke auch an Foucaults „Regel der Nebenwirkungen": die – von einer ökonomischen Perspektive – ideale Strafe „ist minimal für den, der sie erleidet..., und sie ist maximal für den, der sie sich vorgestellt" (*Foucault*, Überwachen, S. 121).

[6] Vgl. hierzu *Roxin/Greco*, AT I, § 2 Rn. 1e, m.w.N., die eine Konzipierung der Strafe als Unwerturteil für problematisch halten, sowohl weil sie eine Moralisierung der Strafe bedeute als auch weil sie die Tatsache aus den Augen verliere, dass die Schwere der Strafe in ihrer Vollstreckung und nicht in ihrer Verkündung besteht.

[7] Eine besonders heikle Herausforderung für diese traditionell mit der Strafe verbundenen Merkmale ist die zunehmende Bedeutung der Geldstrafen in vielen Rechtsordnungen. Zu einer Analyse der Frage, ob die Geldstrafe tatsächlich Strafübel bzw. Tadel vermittelt (insbesondere unter Berücksichtigung der Möglichkeit, dass ihre Bezahlung auf Dritte übertragen wird), siehe *Coca Vila*, Criminal Law and Philosophy 16 (2022), S. 395 ff.

[8] Vgl. in diesem Sinne *Pawlik*, Das Unrecht, S. 58 f.: „Illegitime Strafen sind aber nur denkbar, wenn das Fehlen einer Legitimationsbedingung nicht sogleich dazu führt, daß man der betreffenden sozialen Praxis die Bezeichnung als Strafe verweigert"; ähnlich *Roxin/Greco*, AT I, § 3 Rn. 1a; *Weigend*, LK[13], Einl., Rn. 62; *Pérez Barberá*, InDret 4 (2014), S. 4.

[9] Dabei sollte man immer im Auge behalten, dass – wie *Murphy*, Philosophy & Public Affairs, 2, 3 (1973), S. 233, zu Recht behauptet – „no monolithic theory of anything so diverse as criminal behavior could be the whole story".

I. Das herrschende Modell

Es ist bekannt, dass die Kernfrage nach dem Zweck bzw. der Begründung[10] der Strafe (Vergeltungs-, Präventions-, Vereinigungs-, oder expressive Straftheorien in allen denkbaren Varianten) von bestimmten Vorüberlegungen abhängt. Insbesondere wird die bevorzugte Straftheorie durch die dem Strafrecht zugeschriebene Aufgabe bedingt.[11] Weiterhin ist die Aufgabe des Strafrechts von einer bereits vorhandenen Staatstheorie abhängig, die ihrerseits eine bestimmte Gesellschaftstheorie voraussetzt.[12] Demgemäß sollen diese verschiedenen Ebenen kohärent miteinander bleiben, was eine Art geistige „Legitimationskette" der Strafe bildet. Ein Musterbeispiel dieser Kohärenz ist die Zuschreibung einer Rechtsgüterschutzfunktion an das Strafrecht und die anschließende Auffassung der Strafe als Mittel zur Vermeidung künftiger Rechtsgutverletzungen.[13]

Wenn nun die meisten zeitgenössischen Autoren in der „westlichen Welt" den Anspruch erheben, ihr Verständnis des Strafrechts auf die Prinzipien eines mo-

---

[10] Zum eventuellen Unterschied zwischen „Strafzweck" und „Strafbegründung", der in dieser Arbeit nicht thematisiert wird, siehe *Canton*, Theories of Punishment, S. 10. Es ist hinzuzufügen, dass einige Autoren den Begriff „Funktion" in einem deskriptiven Sinne verwenden, während sie den Begriff „Zweck/Ziel" für normative Aspekte vorbehalten (siehe z. B. *Silva Sánchez*, Aproximación, S. 293 und 472 ff.). In dieser Arbeit werden die Begriffe „Zweck" oder „Aufgabe" – sei es des Strafrechts oder der Strafe – immer in einem normativen Sinne (d. h. als Synonyme) verwendet.

[11] Vgl. exemplarisch *Roxin/Greco*, AT I, § 3 Rn. 1: „Von der Aufgabe des Strafrechts ist der Zweck der Strafe zu unterscheiden... die Lehre vom Zweck der Strafe, der freilich – was oft nicht genügend beachtet wird – immer auf den dahinter stehenden Zweck des Strafrechts bezogen bleiben muss"; siehe auch *Kindhäuser/Hilgendorf*, NK-StGB, Vor § 1, Rn. 10–16; *Jakobs*, AT, 1/1. Allen teleologischen Systemkonstruktionen (d. h. an den kriminalpolitischen Zielen des Systems orientiert, im Gegensatz zu deduktiv-axiomatischen Systemen) ist zudem gemeinsam, dass die mit dem Strafrecht zu erreichenden Ziele unmittelbare Auswirkungen auf die Kategorien der Verbrechenslehre und damit auf die konkrete Lösung von Fällen haben. Vgl. hierzu *Silva Sanchez*, Aproximación, S. 293 und. S. 597–602.

[12] Eindeutig in diesem Sinne *Duff*, P.C.C., S. 35: „A normative Theory of Punishment must include a conception of crime as that which is to be punished. Such a conception of crime presupposes a conception of criminal law – of its proper aims and content, of its claims to the citizen. Such a conception of the criminal law presupposes a conception of the state – of its proper role and functions, of its relation to its citizens. Such a conception of the state must also include a conception of society and of the relation between state and society". Vgl. auch *Ashworth/Zedner*, Preventive Justice, S. 10: „we cannot properly understand what obligations citizens owe to each other and to the state until we establish what the role of the state itself entails". Ähnlich *Albrecht*, KritV 69 (1986), S. 58; *Bustos/Hormazábal*, Revista de Sociología 13 (1980), S. 97 und 116 ff.; *Freund*, Erfolgsdelikt, S. 53 f.; und *Garland*, The Culture of Control, S. 5 f. und S. 24, der jedoch den indirekten Charakter des Einflusses sozialer Phänomene auf strafrechtliche Institutionen betont.

[13] So *Pawlik*, Das Unrecht, S. 64 f. *Kindhäuser* [ZStW 107 (1995), S. 709] behauptet seinerseits, dass eine Verknüpfung zwischen dem Kommunitarismus als Gesellschaftstheorie und der diskursiven Variante des Bürgerstrafrechts bestehe (siehe dazu unten Teil II D II).

dernen liberalen Staates zu stützen, warum dann die erheblich abweichenden Auffassungen über seine Aufgabe? Das ist offenbar (zumindest teilweise) auf die Mehrdeutigkeit des Begriffs „Liberalismus" zurückzuführen.[14] Selbst Autoren, die dem Strafrecht nominell die gleiche Aufgabe zuweisen, können zu sehr unterschiedlichen Schlussfolgerungen hinsichtlich der kriminalisierungswürdigen Verhaltensweisen kommen, je nachdem, auf welchen Begriff des Liberalismus sie sich stützen.[15] Obschon es dieser Arbeit fern liegt, sich eingehend mit Staats- oder Gesellschaftstheorien zu befassen, ist es unvermeidlich (wie sich bei der Untersuchung der Modelle des Bürgerstrafrechts zeigen wird), bestimmte staatstheoretische Ausgangspunkte anzunehmen, wenn man ernsthaft für eine gewisse Aufgabe des Strafrechts und Strafbegründungsdiskurs plädieren will.[16]

---

[14] So argumentiert *Dubber*, Introduction, S. 2.

[15] Man vergleiche z. B. die Ansicht der Verfechter der Rechtsgutstheorie *Roxin/Greco*, AT I, § 2 Rn. 7–8a, die einen streng negativen Freiheitsbegriff vertreten und vorschnell die folgende, radikale Behauptung aufstellen: „Positive Freiheitsbegriffe verwenden zwar bei vordergründiger Betrachtung die Sprache des Liberalismus, lassen sich jedoch nicht in dessen Tradition einordnen"; mit der Auffassung des Befürworters derselben Rechtsgutslehre *Hefendehl* (Kollektive Rechtsgüter, S. 121 f.), der das Bestehen von Widersprüchen zwischen Liberalismus und Kommunitarismus ablehnt, denn es kann auch „im langfristigen Eigeninteresse eines Individuums liegen, moralische Dispositionen und Tugenden zu erwerben und damit auch die Bereitschaft, zu öffentlichen Gütern beizutragen und sie zu sichern".

[16] Dies ist bereits von zahlreichen Autoren deutlich zum Ausdruck gebracht worden, wie sich bei der Analyse des Gedankens eines Bürgerstrafrechts zeigen wird (vgl. unten Teil II D). Als Musterbeispiel hierfür siehe *Lacey*, State Punishment, xi: „Punishment can only satisfactorily be addressed within the context of an integrated political philosophy: in other words, that the best possible arguments for punishment can only be developed and defended through an examination of other major questions of political philosophy".

2. Gemeinsamkeiten der herrschenden Auffassungen zur Aufgabe des Strafrechts

Was die Funktion des Strafrechts betrifft, nehmen die Rechtsgutstheorie[17] und das Schädigungsprinzip[18] in kontinentalen bzw. angelsächsischen Rechtsordnungen unbestreitbar eine herrschende Rolle ein. Ihre Vorherrschaft ist derart, dass einige ihrer Anhänger es wagen zu behaupten, dass ein liberales (oder mehr noch: wissenschaftliches!) Strafrecht sich nur an diesen Lehren ausrichten kann.[19] Die Verwandtschaft beider Theorien beschränkt sich nicht nur auf ihren zeitgeschichtlichen Ursprung.[20] Beide gehen vom Gedanken aus, dass ein libera-

---

[17] Zu den prominentesten zeitgenössischen Vertretern der Rechtsgutslehre in Deutschland gehören u.a. *Hassemer*, Theorie und Soziologie, 1973, S. 19 ff.; *ders.*, Straftaten, S. 57 ff.; *Hefendehl*, Kollektive Rechtsgüter, S. 5–8; und *Roxin/Greco*, AT I, § 2, Rn. 1. Nach *Pawlik* (Das Unrecht, S. 63 m.w.N.) genießt die Rechtsgutstheorie in Deutschland eine „fast einhellige Anerkennung"; auch diese Theorie als die herrschende bezeichnend *von Hirsch*, Rechtsgutsbegriff, S. 13; und *Ambos*, FS-Wolter, S. 1289. Zudem haben sowohl das BVerfG als auch der BGH in zahlreichen Entscheidungen den Rechtsgüterschutz als Aufgabe des Strafrechts bezeichnet (vgl. diesbezüglich *Schneider*, LK[13], Vor §§ 46, Rn. 34–37). Zur Vorherrschaft der Rechtsgutstheorie in Lateinamerika sowie in einigen ostasiatischen und südeuropäischen Ländern siehe *Roxin/Greco*, AT I, § 2, Rn. 121a.

[18] Vgl. exemplarisch *American Law Institute*, Model Penal Code, Section 1.02: „(1) The general purposes of the provisions governing the definition of offenses are: (a) to forbid and prevent conduct that unjustifiably and inexcusably inflicts or threatens substantial harm to individual or public interests…"; *Feinberg*, Harm to Others, S. 11 ff. (der das *harm principle* durch das *offense principle* ergänzt); *Harcourt*, The Journal of Criminology and Criminology 90, 1 (1973), S. 138.

[19] Zu den eindeutigen Beispielen von Autoren, die den liberalen (oder gar wissenschaftlichen) Gehalt alternativer Auffassungen über die Funktion des Strafrechts leugnen, gehören in Deutschland u.a. *Roxin/Greco*, AT I, § 2, Rn. 121a: „Die von Kritikern geforderte Preisgabe dieser Lehre wäre nicht zuletzt deshalb zum großen Teil eine Preisgabe dieses segensreichen wissenschaftlichen Selbstverständnisses"; und *Wittig*, Rechtsgutstheorie, S. 243: „Da aber die hier skizzierte Lehre von den Verantwortungsbereichen nicht an funktionalistische Konzepte normativer Zuständigkeit, sondern an ein die Freiheits- und Güterinteressen einbeziehendes Abwägungskonzept anknüpft, bleibt sie einem liberalen Strafrechtsverständnis verhaftet". Im englischsprachigen Raum vgl. *Morris*, Arizona Law Review 37, 1 (1995), S. 95: „A liberal believes that the only legitimate function of criminal law is to prevent private and public harms"; in Chile siehe *Politoff et al.*, PG², S. 67, wonach eine liberale Sichtweise des Strafrechts ihm keine andere Aufgabe zuschreiben kann, als bestimmte Rechtsgüter durch die Zwangskräfte des Staates zu schützen.

[20] Der Gedanke, das Strafrecht diene dem Rechtsgüterschutz, soll zum ersten Mal in einem 1834 erschienenen Werk von *Birnbaum* im Archiv des Criminalrechts mit dem Titel „Über das Erfordernis einer Rechtsverletzung zum Begriffe des Verbrechens" aufgetaucht sein. Nur 25 Jahre später schlug *Mill* in On Liberty die Originalfassung des „harm principle" vor. Zur ähnlichen historischen Entwicklung beider Theorien vgl. *Dubber*, Introduction, S. 11 ff. Zu den deutlichen inhaltlichen Übereinstimmungen beider Lehren, siehe *Peršak*, Criminalising,

ler Staat zu einem so aggressiven Eingriff in die Freiheit des Individuums wie der Strafe nur als *ultima ratio* greifen darf, und zwar zum Schutz von „Etwas", das hinter der Verhaltensnorm selbst steht. Dieses „Etwas" verfügt über einen eigenständigen, von der Normgültigkeit unabhängigen gesellschaftlichen Wert, wodurch diese Theorien nicht nur eine „systemimmanente" Funktion (Auslegung des Anwendungsbereichs des Straftatbestands), sondern auch eine „systemkritische" Funktion (was soll bzw. was darf nicht durch das Strafrecht geschützt werden) leisten könnten.[21] Der große Vorzug dieser Lehren bestünde also darin, dass sie der Kriminalisierungsmacht des Gesetzgebers Grenzen setzten, wobei das bloße moralische Unrecht, das weder als schützenswertes Rechtsgut noch als mit den Mitteln des Strafrechts zu vermeidende Schäden Dritter verstanden werden könnte, notorisch aus dieser Macht ausgeklammert würde.[22]

Die Ähnlichkeit zwischen beiden Lehren wird deutlicher, sobald man sich vor Augen führt, wie ihre wichtigsten historischen Vertreter auf den Begriff des „Interesses" zurückgegriffen haben.[23] Für *Binding* ist Rechtsgut alles, „an dessen unveränderter und ungestörter Erhaltung das positive Recht nach seiner Ansicht

---

S. 104 ff.; *Roxin/Greco*, AT I, § 2, Rn. 125a; *Sachs*, Moral, Tadel, Buße, S. 94; *von Hirsch*, Rechtsgutsbegriff, S. 17.

[21] Dazu siehe *Hassemer*, Theorie und Soziologie, S. 19 ff.; *Engländer*, ZStW 127 (2015), S. 616 ff.; *Roxin/Greco*, AT I, § 2, Rn. 2–12 c; *von Hirsch*, Rechtsgutsbegriff, S. 13–17; *Vogel*, ZStW 128 (2016), S. 151; *Weigend*, LK[13], Einl, Rn. 4 f.; *Kim*, ZStW 124 (2012), S. 593 f. Dieses Denken steht demjenigen von *Jakobs* (AT, 2/1–7) diametral entgegen, für den die Normgeltung selbst das einzige Strafrechtsgut ist. Dabei ist zu beachten, dass für Jakobs – wie auch in dieser Arbeit – die Möglichkeit einer erfolgreichen Einschränkung des Strafrechts nicht in der Ermittlung der legitim zu schützenden Interessen liegt (Strafnormen haben keinen genuinen Inhalt), sondern vielmehr darin, ob der vermutliche Täter für eine ihm zuzurechnende Tat zuständig ist.

[22] Ein klassisches Beispiel hierzu ist die berühmte Debatte zwischen Hart (Befürworter des *harm principle*) und dem Rechtsmoralisten Devlin. Siehe diesbezüglich *Harcourt*, The Journal of Criminal Law and Criminology 90, 1 (1973), S. 118 ff. Der Leitgedanke (siehe hierzu *Simester/von Hirsch*, Crimes, S. 35) ist Folgender: „the state is justified in intervening coercively to regulate conduct only when that conduct causes or risks harm to others. Conduct that merely harms oneself, or which is thought to be immoral but otherwise harmless, is on this account ineligible for prohibition". Vgl. auch *Roxin/Greco*, AT I, § 2, Rn. 17, wonach die Abschaffung der Strafbarkeit der Homosexualität der größte Sieg war, den das Rechtsgutskonzept in der Schlussphase der deutschen Strafrechtsreform errungen hat. Skeptisch hinsichtlich einer solchen Leistung der Rechtsgutslehre, *Jakobs*, AT, 2/13.

[23] Das tun auch seine heutigen Befürworter. Ohne weiter darauf einzugehen, lautet der erste Satz des Leipziger Kommentars (*Weigend*, LK[13], Einl, Rn. 1) wie folgt: „Das Strafrecht dient dem Schutz von Interessen, die der Rechtsgemeinschaft wichtig sind. Dies sind Güter, die dem Individuum zustehen (z. B Leben, Gesundheit, Ehre), aber auch gemeinsame Interessen aller Bürger (z. B Bestand des demokratischen Rechtsstaats, Funktionsfähigkeit der Rechtspflege)"; ähnlich *Freund*, Erfolgsdelikt, S. 54; etwas anders *Stratenwerth*, FS-Lenckner, S. 380, demzufolge das Rechtsgut der Gegenstand eines Interesses – aber nicht dieses selbst – ist.

ein Interesse hat"[24] und *von Liszt* definierte Rechtsgut als „rechtlich geschütztes Interesse".[25] Laut Herbert *Wechsler*, dem Hauptverfasser des US-amerikanischen *Model Penal Code* „All would agree, I think, that there is no defensible foundation for declaring conduct criminal unless it injures or threatens to injure an important human interest".[26] Ebenso wiederholte *Mill*, nur eine Seite nach seinem berühmten Satz, in dem er das *harm principle* einführte, dieselbe Idee unter Rückgriff auf den Begriff des Interesses.[27] Außerdem definierte *Feinberg* die „Schäden" als „wrongs that are setbacks to interest".[28]

Dass beide Prinzipien eher zwei verschiedene Perspektiven sind, um etwas sehr Ähnliches zu behaupten (nämlich, dass das Strafrecht nur subsidiär relevante Interessen schützen soll), wird vielleicht am besten durch *von Hirsch* erläutert. „Schaden" bedeute die Beeinträchtigung eines Interesses, und mit Interesse sei nichts anderes gemeint als eine Ressource, auf deren Erhaltung eine Person Anspruch hat. Dieser Anspruch sei nur vorhanden, wenn die Ressource wertvoll für die menschliche Lebensqualität ist, d. h. wenn sie dem entspricht, was im kontinentalen Recht üblicherweise als „Rechtsgut" bezeichnet wird.[29] Somit liegt der Unterschied hauptsächlich in der Blickrichtung: Während sich die Rechtsgutstheorie auf das zu schützende Interesse fokussiert (Rechtsgut = Schädigungsgegenstand), steht beim *harm principle* das zu vermeidende Ergebnis (Verletzung bzw. Gefährdung von Rechtsgütern) im Vordergrund.[30]

Andererseits, vom Standpunkt des Erkenntnisinteresses dieser Abhandlung aus betrachtet, weisen die betrachteten Theorien Gemeinsamkeiten mit anderen auf, die auf den ersten Blick radikal unterschiedlich erscheinen. So wird auch in der marxistischen Lehre *Pashukanis'*[31] oder im auf Sozialschädlichkeit beru-

---

[24] *Binding*, Die Normen und ihre Übertretung, Erster Band, S. 193.
[25] *von Liszt*, Der Zweckgedanke im Strafrecht, S. 147.
[26] *Wechsler*, Journal of Criminal Law and Criminology 45, 5 (1955), S. 524 f.
[27] Vgl. *Mill*, On Liberty, S. 80, für den Satz, in dem er das Schädigungsprinzip formulierte: „That the only purpose for which power can be rightfully exercised over any member of a civilized community, against his will, is to prevent harm to others. His own good, either physical or moral, is not a sufficient warrant". In S. 81 schrieb er „Those interests, I contend, authorize the subjection of individual spontaneity to external control, only in respect to those actions of each, which concern the interest of other people".
[28] *Feinberg*, Harm to Others, S. 36.
[29] *von Hirsch*, Rechtsgutsbegriff, S. 16–18.
[30] So *Ambos*, FS-Wolter, S. 1302, der das *harm principle* als „negative Kehrseite des Rechtsgutskonzepts" beschreibt. Ebenfalls die Gemeinsamkeiten zwischen Rechtsgutslehre und *harm principle* hervorhebend, im Gegensatz zu ihren Unterschieden mit einem Funktionalismus à la Jakobs, vgl. *Wittig*, Rechtsgutstheorie, S. 239.
[31] *Pashukanis*, Selected Writings, S. 360: „Soviet socialist law must protect the conquests of the revolution, the security of our socialist state and socialist public system, public socialist property, discipline, personal property rights and the consolidation of the socialist family".

henden Vorschlag *Amelungs*[32] die Schutzfunktion des Strafrechts unterstrichen.[33] Die Grundprämisse lautet „La loi n'a le droit de défendre que les actions nuisibles à la société".[34] Dies soll freilich nicht heißen, dass andere Modelle, die in dieser Arbeit unter dem Label „Bürgerstrafrecht" analysiert werden, den (offensichtlich legitimen) Schutzzweck des Strafrechts leugnen oder vernachlässigen.[35] Gemeint ist damit lediglich, dass die oben erwähnten Theorien, indem sie das Strafrecht im Wesentlichen als Schutzrecht konzipieren,[36] Gefahr laufen,

[32] *Amelung* (Rechtsgüterschutz und Schutz der Gesellschaft, S. 70) zufolge besteht die Aufgabe des Strafrechts darin, die Bedingungen menschlicher Koexistenz zu sichern. Zwar lehnt es dieser Autor rundweg ab, dass das Strafrecht Interessen schützt, indem er Folgendes argumentiert: „Auch wer Triebmörder daran hindert, Kinder umzubringen, verletzt Interessen, die Interessen von Mördern am Morden. Sozial störend kann nicht einfach sein, was Interessen zuwiderläuft, sondern nur, was das Nebeneinanderbestehen vieler verschiedener individueller Interessen unmöglich macht". So umstritten diese Formulierung auch sein mag, für die hier maßgeblichen Zwecke verankert auch Amelung den Schutz als Hauptanliegen des Strafrechts, wenngleich sein Bezugspunkt für die Feststellung der Sozialschädlichkeit eines Verhaltens nicht mehr die Verletzung eines konkreten oder individuellen „Interesses", sondern die „Schädigung" der Gesamtgesellschaft ist (vgl. ebd., S. 387). Erwähnenswert ist, dass *Roxin/Greco* (AT I, § 2, Rn. 116) die von Amelung erzielten Ergebnisse als ähnlich zur Rechtsgutstheorie ansehen. Allerdings sollte die Ähnlichkeit beider Standpunkte auch nicht überbetont werden. *Amelung* selbst (ebd., S. 264) bezeichnet sehr deutlich das Hauptproblem der Rechtsgutstheorie und setzt darauf, es zu überwinden: „Notwendig ist vor allem, erst einmal den Blick darauf zu lenken, daß die Herstellung und Sicherung der Bedingungen menschlichen Zusammenlebens keine Frage des Schutzes einer abzählbaren Menge wertvoller Objekte, sondern ein organisatorisches Problem ist. Roxins Postulat enthält deshalb keine Lösung". Zu den Problemen, die *Amelungs* funktionalistisches Postulat der Sozialschädlichkeit aufwirft (z.B., dass der strafrechtliche Schutz moralischer Werte auch als funktional betrachtet werden kann, sowie das reaktionäre Potenzial seines Vorschlags), siehe *Silva Sánchez*, Aproximación, S. 427–429.

[33] Die Rechtsgutslehre und das Schädigungsprinzip können auch als „folgenorientierte strafrechtliche Legitimationstheorien" bezeichnet werden (siehe z.B. *Wittig*, Rechtsgutstheorie, S. 241), indem der Schwerpunkt hauptsächlich auf den Erfolgsunwert (*harm*) gelegt wird (dazu *Günther*, Paradigmawechsel, S. 457f.). Eine gegenteilige Position vertritt *Silva Sánchez*, Aproximación, S. 621–624, wonach sich die Rechtsgutstheorie mit der Verortung des Schwerpunkts des Unrechts in dem Handlungsunwert vereinbaren lasse.

[34] Art. 5 der Erklärung der Menschenrechte von 1789, zitiert von *Amelung*, Rechtsgüterschutz und Schutz der Gesellschaft, S. 20.

[35] Vgl. z. B *Duff*, Theoretical Criminology 14, 3 (2010), S. 296: „Of course it is a proper task for the State to reduce the harms that crime causes, or to protect security"; für *Pawlik*, Das Unrecht, S. 101, besteht die Aufgabe des Strafrechts in der Aufrechterhaltung einer Freiheitsdaseinsordnung, d.h. in der Sicherstellung, dass jeder Bürger sein Leben nach seinen eigenen Plänen führen kann; vgl. auch *Jakobs*, AT, 5/8 und 2/25: „Im Ergebnis ist also ohne einen Filter der Sozialschädlichkeit nicht auszukommen". Seinerseits betrachtet *Silva Sánchez* (Aproximación, S. 339f.) das utilitaristische Kriterium der Reduzierung (oder zumindest der Nichtsteigerung) des gesellschaftlichen Gewaltniveaus als Ausgangspunkt (aber nicht einziger zu berücksichtigender Aspekt) zur Erörterung der Aufgaben des Strafrechts.

[36] Vgl. *Pawlik*, Das Unrecht, S. 63, Fn. 299, der mehrere Entscheidungen des Bundesver-

die Tatsache aus den Augen zu verlieren, dass es sich bei dem Unrecht um eine „Störung der Beziehung zwischen Rechtspersonen" handelt.[37] Die einseitige Fokussierung auf das zu schützende Interesse schwächt also den Zusammenhang zwischen den subjektiven Freiheitsrechten des Normadressaten und seiner Pflicht zur Einhaltung der Normen bzw. zur Achtung der Güter Anderer,[38] was zwei gravierende Probleme erzeugt. Zum einen gelingt es diesen Ansätzen angesichts der unbegrenzten Abstraktionsmöglichkeiten der Begriffe „Rechtsgut" und „Schaden" kaum, das zu erreichen, was sie anstreben, nämlich ernstzunehmende normative Kriterien für die Kriminalisierung zu formulieren. Zweitens neigt die Strafe in diesen Theorien dazu, eine vorwiegend präventive Färbung anzunehmen (je mehr Schutz und je früher, desto besser), wodurch die Interessen des von der konkreten Strafe hauptsächlich Betroffenen, d. h. des Verurteilten, aus dem Blickfeld geraten können.[39] Der folgende Abschnitt ist einer kurzen Infragestellung dieser herrschenden Theorien (oder besser: Perspektiven) gewidmet.

II. Schwachstellen bei den herrschenden Theorien: weder Begrenzung noch Begründung

1. Systemkritisches Potenzial: Was ist ein Rechtsgut bzw. ein „Harm"?

„Objekte", „Zustände", „Potentiale", „Sachverhalte", „Gegebenheiten" „Lebensgüter", „Funktionen", „Beziehungen" oder „Werte" sind nur einige der Substantive, die zur Definition des Begriffs „Rechtsgut" verwendet worden sind.[40] Die Antwort auf die Frage, was ein Rechtsgut ist, hat sich als eines der schwierigsten Grundlagenprobleme des Strafrechts erwiesen.[41] Nicht anders verhält es sich mit

---

fassungsgerichts anführt, wonach dieses Gericht das Strafrecht als Schutzrecht versteht; im selben Sinne *Otto*, Jura 38 (2016), 361 ff., demzufolge Strafrechtsnormen dazu bestimmt sind, „dem Schutz anderer oder der Allgemeinheit" zu dienen. Zu den Entscheidungen des Bundesverfassungsgerichts, die die Pflicht des Staates zum Schutz der im Grundgesetz verankerten Grundrechte feststellen, siehe *Günther*, Responsibility, S. 87, Fn. 57. Einige Autoren begreifen nicht nur das Strafrecht, sondern auch das Recht als solches im Kern als eine Schutzeinrichtung. Vgl. z. B. *Jellinek*, System, S. 43: „Der ganze Zweck des Rechts besteht in dem Schutz von Gütern oder Interessen".

[37] *Pawlik*, Das Unrecht, S. 240, Fn. 519.
[38] *Günther*, Paradigmawechsel, S. 452.
[39] Man könnte sogar argumentieren, ein solcher Mangel sei bei allen Theorien zu beobachten, die unpersönlich (nicht-relational) sind. Zu „relationals" und „impersonal" Theorien vgl. *Edwards*, Theories of Criminal Law, 3.
[40] *Koriath*, GA 1999, S. 565. Eine weitere, mindestens ebenso lange und vielfältige Auflistung von Definitionen liefert *Stratenwerth*, FS-Lenckner, S. 378.
[41] *Koriath*, GA 1999, S. 561; *Li*, Die Prinzipien, S. 195, der dieses Konzept als „fast unde-

der Frage, was mit dem „Schädigungsprinzip" gemeint ist. Aufschlussreich in diesem Sinne ist der Beitrag von *Tomlin*, der vier sehr unterschiedliche Varianten des Schädigungsprinzips identifiziert, beginnend mit *Mills* ursprünglichem utilitaristischen Vorschlag, über *Feinbergs* eher deontologische Version (die den Fokus auf die *wrongfulness* des Verhaltens legt) bis hin zu dem Vorschlag von *Gardner* und *Shute*, wonach sogar harmlose Taten kriminalisiert werden können, falls ihre Nichtkriminalisierung schädlich sein kann.[42] Der inhaltsleere Begriff des Schadens ist so instrumentalisiert worden, dass er keine Grenze für die Kriminalisierung von Verhalten darstellt: So dreht sich die Diskussion heute nicht um die Frage, ob eine Tat schädlich ist (je nach Perspektive können sie es alle sein), sondern um die Art oder das Ausmaß des Schadens, der für eine legitime Unterstrafestellung eines Verhaltens ausreichend ist. Zu diesen Fragen bietet das *harm principle* jedoch keine Antwort.[43] Daher halten einige Autoren dieses Prinzip für noch unbestimmter als den Begriff „Rechtsgut".[44]

Dabei ist zu beachten, dass die Rechtsgutstheorie in ihrem Ursprung kein kritisches Potenzial beanspruchte. *Birnbaum* tadelte *Feuerbach* gerade wegen dessen Eintreten für eine normative Theorie der Grenzen staatlicher Strafgewalt, und *Birmbaums* Vorschlag, das Verständnis des Verbrechens von einer Rechtsverletzung zur Rechtsgutsverletzung zu verschieben, zielte genau darauf ab, den strafrechtlichen Schutz moralischer oder religiöser Normen zu ermöglichen.[45] Ebenfalls zweifelhaft war das kritische Potenzial des Schädigungsprinzips in seinen Anfängen. Obwohl *Mill* die Kriminalisierung unmoralischen, aber harm-

---

finierbar" beschreibt; *Weigend*, LK[13], Einl, Rn. 4, wonach dieser Begriff mehr Verwirrung als Klarheit bringt.

[42] *Tomlin*, Ethics 124, 2 (2014), S. 279–283; *Gardner/Shute*, The Wrongness of Rape, S. 39–42; vgl. auch *Ambos*, FS-Wolter, S. 1298.

[43] Vgl. hierzu exemplarisch *Harcourt*, The Journal of Criminal Law and Criminology 90, 1 (1973), S. 181–183.

[44] Dazu m.w.N. *Ambos*, FS-Wolter, S. 1303; diff. *von Hirsch*, Rechtsgutsbegriff, S. 18 ff., der eine Verknüpfung beider Ansätze als vorteilhaft erachtet; für eine gegenteilige Meinung (das *harm principle* als besserer Ansatz) siehe z.B. *Swoboda*, ZStW 122 (2010), S. 39.

[45] So *Amelung*, Rechtsgüterschutz und Schutz der Gesellschaft, S. 237; *Dubber*, Introduction, S. 12; *Günther*, Paradigmawechsel, S. 453. Vgl. auch *Sina*, Die Dogmengeschichte, S. 25, wonach der Begriff des Rechtsgutes eine Ausweitung der möglich zu kriminalisierenden Verhaltensweisen gegenüber dem Begriff des subjektiven Rechts erlaubt. *Vormbaum* (Einführung, S. 270) beschreibt, wie der nach dem Zweiten Weltkrieg wiederbelebte Rechtsgüterschutzgedanke dazu benutzt wurde, Entkriminalisierungen im Bereich der Sexualdelikte zu legitimieren (was angesichts der Ausweitung solcher Delikte in der NS-Zeit nicht schwerfiel), und zwar paradoxerweise in einem Bereich, dessen Kriminalisierung im 19. Jahrhundert gerade einer der Gründe für die „Erfindung" dieser Lehre gewesen war. Ebenso wenig hat *Binding*, einer der größten Fürsprecher dieser Lehre, ihr ein kritisches Potential zugewiesen [vgl. dazu *Pawlik*, InDret 2 (2016), S. 3], während *von Liszt* (Lehrbuch, S. 347) sogar das „sittliche Empfinden des Individuums" als ein strafrechtlich schützenswertes Interesse ansah.

losen Verhaltens strikt ablehnte, befürwortete er die Bestrafung einiger – in der Öffentlichkeit begangener – „unanständiger Verhaltensweisen", wie Trunkenheit (wenn die Person wegen Gewalttätigkeiten unter Alkoholeinfluss vorbestraft war), Faulheit (wenn jemand seinen gesetzlichen Pflichten gegenüber anderen, wie z.B. der Versorgung seiner Kinder, nicht nachkam) oder sogar die Ehe zwischen einkommensschwachen Menschen (wenn sie nicht über die Mittel zur Unterhaltung einer Familie verfügten).[46]

Zwar sind diese Theorien gelegentlich von den Gerichten herangezogen worden, zumindest um eine zu weite Auslegung einiger Straftatbestände zu vermeiden. Erwähnenswerte Beispiele hierfür finden sich in der jüngsten chilenischen Rechtsprechung zu Waffen-[47] und Drogendelikten[48], wo die Justiz eine übermäßige Strafrechtsexpansion partiell eingedämmt hat, indem sie eine konkrete Gefahr für das angeblich durch den Tatbestand geschützte Rechtsgut verlangt hat. Dieses vermeintliche kritische Potential der Rechtsgutstheorie, dem Expansionsdrang des Gesetzgebers Einhalt zu gebieten, ist jedoch eine Illusion oder bestenfalls bloße Kontingenz. Denn die unbestimmten Begriffe „Rechtsgut" und „Schädigung" erhalten ihren materiellen Inhalt erst durch die ihnen vorausgehenden und zugrunde liegenden gesellschaftlichen (politischen) Werte, anhand derer bestimmt wird, welche Interessen strafrechtlichen Schutz verdienen.[49] Da-

---

[46] Vgl. *Mill*, On Liberty, S. 159–169.

[47] Obwohl das chilenische Waffenkontrollgesetz (Ley Nr. 17.798) ausdrücklich den unerlaubten Besitz und das Tragen von Munition unter eine hohe Strafe stellt (Art. 2c i. V.m. Art. 9 Abs. 2 dieses Gesetzes), hat die Rechtsprechung oft in Fällen von Munitionsträgern ohne die entsprechende Waffe den Beschuldigten freigesprochen, aufgrund der mangelnden Gefahr für das Rechtsgut „öffentliche Sicherheit". Beispiel dafür ist die Entscheidung vom Corte de Apelaciones de San Miguel, Rol 881–2016.

[48] In Bezug auf die Betäubungsmitteldelikte hat die Corte Suprema mehrmals darauf hingewiesen, dass das angeblich geschützte Rechtsgut (die Volksgesundheit) nur verletzt wird, falls eine unkontrollierte Verbreitung der Betäubungsmittel, die auf die Verwendung von Dritten abzielt, feststellbar ist. So ist nach der Rechtsprechung dieses Gerichts der Anbau von Cannabis von einer Freundesgruppe straflos, weil es nicht auf die Verwendung von Dritten abzielt (Siehe Entscheidung Rol 4949–2015, Considerando Quinto, S. 6ff. sowie Entscheidung Rol 10.201–2015). Diese Auslegung ist doch wohl *contra legem*. Nach dem Gesetz Nr. 20.000 gelten sowohl der Anbau als auch das Mitführen von Cannabis unbestreitbar als Straftaten. Nur der für die nahe Zukunft vorgesehene Eigenverbrauch bildet eine Ausnahme.

[49] In diesem Sinne argumentieren *Pawlik*, Das Unrecht, S. 130; *Fiolka*, Das Rechtsgut, S. 146; *Ambos*, FS-Wolter, S. 1289f.; *Gómez Benítez*, Revista de la Facultad de Derecho de la Universidad Complutense 69 (1983), S. 86f.; oder *Harcourt*, The Journal of Criminal Law and Criminology 90, 1 (1973), S. 139ff., der der Ansicht ist, dass sich beim *harm principle* ein ideologischer Wandel von seinen progressiven Ursprüngen hin zu konservativen Auffassungen vollzogen hat. Daraus lässt sich auch erklären, wie der Rechtsgutbegriff die NS-Zeit überlebte, denn er wurde von den Juristen der Magdeburger Schule *Schwinge* und *Zimmerl* einfach kollektivistisch und rassistisch umformuliert, wobei das „oberste" Rechtsgut die „Blutgemein-

her sind die genannten Entscheidungen der chilenischen Justiz – oder analoge Beispiele, die gewiss in anderen Rechtsordnungen zu finden sind – kein Beweis eines begrenzenden Potenzials der Rechtsgutstheorie. Vielmehr sind sie lediglich der Ausdruck der aktuellen Auslegung einiger höherer Gerichte zum Inhalt und zur spezifischen Kontur der Rechtsgüter „Volksgesundheit" und „öffentliche Sicherheit", was wiederum von den sozial-politischen Überzeugungen der Richter abhängt.[50]

Mit anderen Worten: Indem diese Theorien das Strafrecht im Wesentlichen als Schutzrecht begreifen, machen sie die Legitimität der Strafnorm vor allem davon abhängig, ob sie ein als schutzwürdig angesehenes Interesse wahrt. Hierin liegt, wie *Pawlik* argumentiert, aus zwei Gründen ein Geburtsfehler. Der erste Grund, auf den in diesem Abschnitt eingegangen wird, ist die Schwierigkeit, die Interessen zu bestimmen, welche eine Gesellschaft als durch das Strafrecht schützenswert erachten sollte,[51] wodurch die „normative Ebene" dieser Lehren untergraben wird. Der zweite Grund liegt darin, dass dieser Ansatz, wie im nächsten Abschnitt gezeigt wird, wenig Raum für die Berücksichtigung der Interessen des von der Strafnorm Hauptbetroffenen zulässt.[52]

Nun zum ersten Manko, das mit dem schwer zu vermeidenden Abstraktionsprozess des Grundbegriffs (Rechtsgut oder *harm*) bis zu seiner Bedeutungslosigkeit zusammenhängt. Da das Strafrecht unbestreitbar bestimmte Interessen schützen muss, die nicht physisch wahrnehmbar sind (sonst wäre z. B. der Schutz der Willensfreiheit ausgeschlossen), ist ein gewisser Grad an Abstraktion des Begriffs „Rechtsgut" erforderlich. Einmal in Gang gesetzt, kennt aber dieser Prozess keine klaren Grenzen mehr.[53] Beispiele dafür sind die Anerkennung kollektiver Rechtsgüter wie „freier Wettbewerb" oder „öffentlicher Frieden", wobei die Normbegründung ein Zirkelschluss ist, denn das Rechtsgut ist ausdrücklich der Gegenstand des in der Norm enthaltenen Verbots – und nicht „Etwas", das ihr zugrunde liegt.[54] Auch das *harm principle* lässt die Kriminalisierung diffuser

---

schaft des deutschen Volkes" war. Vgl. hierzu *Pawlik*, Das Unrecht, S. 98 f. und S. 130 f.; *Dubber*, Introduction, S. 13; *Jakobs*, AT, 2/18, Fn. 32; *Silva Sánchez*, Aproximación, S. 426 f.

[50] Wäre die Zusammensetzung des Gerichts konservativer gewesen, hätte es möglicherweise auch den Anbau von Cannabis, der nur vom erzeugenden Freundeskreis konsumiert wird, als „Gefahr für die Volksgesundheit" eingestuft.

[51] Im selben Sinne auch *Appel*, KritV 82 (1999), S. 305.

[52] So *Pawlik*, Das Unrecht, S. 137 f.; ähnlich *Jakobs*, AT, 2/22 ff.

[53] *Stratenwerth*, FS-Lenckner, S. 380 f.; ähnlich *Weigend*, LK[13], Einl, Rn. 5; und *Günther*, Paradigmawechsel, S. 452: „Schließlich eröffnet der Begriff des Gutes die Möglichkeit, Gemeinschaftswerte aller Art sowie teleologische und funktionale Gesichtspunkte des Schutzes der Gemeinschaft unter das Strafrecht zu fassen".

[54] *von Hirsch*, Rechtsgutsbegriff, S. 22; *Pawlik*, Das Unrecht, S. 136 f., demzufolge jene vermeintlichen „Rechtsgüter" wie das Rechtsvertrauen – die die Funktion der Rechtsordnung

II. Schwachstellen bei den herrschenden Theorien 163

kollektiver Interessen zu, soweit diese „im Normalfall irgendwie direkt oder indirekt dem Schutz der Lebensqualität von Menschen" dienen.[55] Eine sehr anspruchsvolle Bedingung ist dies sicherlich nicht.

Angesichts der „chamäleonhaften Wandelbarkeit" der Begriffe „Rechtsgut"[56] und „Schaden" kann in komplexen Gesellschaften wie der heutigen jede Abstraktion in die Kategorie eines Rechtsgutes oder eines „strafrechtlich zu vermeidenden Schadens" erhoben werden,[57] wie es in bestehenden positiven Rechtsordnungen durchaus erkennbar ist.[58] Zumal in einer Risikogesellschaft selbst

---

als Ganzes wiedergeben – die Gefahr bergen „dem Gesetzgeber ein Passepartout für die Inkriminierung jeglichen unerwünschten Verhaltens in die Hand zu geben". Aus diesem Grund sind die Befürworter der Rechtsgutslehre gezwungen zu betonen, dass nur Verletzungen oder konkrete Gefährdungen von „echten" Rechtsgütern unter Strafe gestellt werden sollen. Siehe dazu *Silva Sánchez*, Aproximación, S. 462.

[55] So *von Hirsch*, Rechtsgutsbegriff, S. 22. Dafür gibt es unzählige Beispiele, aber hier reicht es, nur eines zu analysieren. Bei dem Versuch, das Konzept „public order" zu klären – um zu argumentieren, warum sie ein strafrechtlich schützenswertes Interesse ist –, kommt *Guo* [Legal Studies 41 (2021), S. 415 ff.] zu dem Schluss, dass die *public order* aus drei Elementen besteht, nämlich *life convenience, comfort and peace*. Daraus folgt, dass zu den legitimen Straftaten gegen die öffentliche Ordnung u.a. folgende gehören: (i) crimes against the public enjoyment of general environmental conditions, such as emitting a noise that may disrupt public meetings; (ii) crimes against public external peace, such as the creation of stubborn ‚pop up' internet advertisements; (iii) crimes against public inner peace, such as involvement in public indecencies or issuing insults.

[56] So *Jakobs*, Rechtsgüterschutz?, S. 16. Vgl. auch *Welzel* [ZStW 58 (1939), S. 509]: „Das Rechtsgut ist zu einem wahren Proteus geworden, der sich unter den Händen, die ihn festzuhalten glauben, sofort in etwas anderes verwandelt".

[57] Im selben Sinne *Pawlik*, Das Unrecht, S. 137 f.; *Jakobs*, AT, 2/11; *Ramsay*, Democratic Limits, S. 219 f.; kritisch gegenüber dem Gedanken eines Rechtsguts „Vertrauen in die Funktionsfähigkeit der Märkte" *Beckemper*, ZIS 5 (2011), S. 318 ff. Siehe zudem die folgende Bemerkung von *Roxin/Greco*, AT I, § 2, Rn. 64: „Auch Arbeitsbereiche, die durch den wissenschaftlichen Fortschritt entstanden sind, wie die Gentechnologie, die Transplantationsmedizin oder die Datenverarbeitung, wirken auf das menschliche Zusammenleben ein, schaffen neue Rechtsgüter und führen dadurch zu neuen Straftatbeständen". Zu der Gefahr, dass die Betrachtung des Staates als Interessensubjekt zu einem blanken Etatismus führen kann, siehe *Amelung*, Rechtsgüterschutz und Schutz der Gesellschaft, S. 109.

[58] Vgl. dazu *Hefendehl*, ZIS 10 (2012), S. 509 f., der einen hohen Prozentsatz von Straftatbeständen zum Schutz kollektiver Rechtsgüter in den Strafgesetzbüchern Deutschlands (37 % der Tatbestände), Chiles (47 %) und Spaniens (51 %) verzeichnet, neben einer Vielzahl von Straftaten zum Schutz „obskurer Rechtsgüter" (wie z.B. der Inzesttatbestand) und ein besorgniserregender Prozentsatz von Tatbeständen, die dem Schutz von „Scheinrechtsgütern" dienen (wie z.B. dem öffentlichen Frieden oder der Verkehrssicherheit), die jeweils ein Viertel (Spanien), ein Drittel (Deutschland) bzw. mehr als 40 % (Chile) der den Schutz kollektiver Rechtsgüter bezweckenden Tatbestände ausmachen. Der Begriff „Scheinrechtsgut" war bereits bei *Binding*, Die Normen und ihre Übertretung, S. 196–198, vorhanden, der u.a. die öffentliche Ordnung, die Sittlichkeit oder die Religion als solche einstufte (wobei er aber in der „Freude an

die Handlungsfreiheit des Einzelnen an sich als abstrakte Gefahr aufgefasst werden kann – wenn sie nicht mit der entsprechenden allgemeinen Sorgfaltspflicht (Gefahrenabwendungspflicht) ausgeübt wird –[59] verwundert es nicht, dass im Rahmen dieser Lehren die Kriminalisierung von Verhaltensweisen befürwortet wird, deren Einstufung als schädlich fragwürdig erscheint: so wird gelegentlich bei exhibitionistischen Handlungen eine Beeinträchtigung des Rechtsguts „psychischer Integrität" des Beobachters für gegeben gehalten.[60] Im Bestreben nach Schutzoptimierung gehen viele noch weiter, indem sie die Begriffe „Schaden" oder „Rechtsgut" durch zusätzliche Kriminalisierungskriterien ergänzen, was jedes denkbare verbleibende systemkritische Potenzial dieser Theorien ausschließt: im gleichen Beispiel würden die Beleidigung des Opfers (*offense Principle*) oder die Respektlosigkeit ihm gegenüber legitime Kriminalisierungsgründe darstellen, selbst wenn keinerlei Schaden oder Rechtsgutsverletzung vorlägen.[61]

Deshalb können diese Theorien bei der Einschränkung des Expansionsdrangs des Strafrechts keine bedeutende Rolle spielen, wie am aktuellen Kriminalisierungstrend ersichtlich wird.[62] Wenn schon das Konzept „Rechtsgut" unbestimmt

---

Singvögeln" ein straflegitimierendes Rechtsgut angesehen hätte, dazu *Jakobs*, Rechtsgüterschutz?, S. 14).

[59] Vgl. *Günther*, Paradigmawechsel, S. 458.

[60] Siehe z. B *Weigend*, LK[13], Einl, Rn. 8 m. w. N.; und *Jakobs*, AT, 2/19, wonach die Harmonisierung dieser Delikte mit der Rechtsgutstheorie durch ihre Deutung als extrem-abstrakte Gefährdungsdelikte erfolgt. So schreibt er ironisch: „Selbst die Pönalisierung der Verletzung von Tischsitten könnte als abstrakter Schutz vor Barbarei ‚erklärt' werden".

[61] Vgl. hierzu *von Hirsch*, Rechtsgutsbegriff, S. 22 f., der eine „grob respektlose Behandlung des Opfers" (wie im Fall des Beispiels) als legitimes Strafbarkeitskriterium verteidigt. Zum „offense principle" als legitimes Kriminalisierungskriterium mit gewissen Nuancen, siehe *Feinberg*, Offense to Others. Zu Recht skeptisch gegenüber der Möglichkeit, zwischen „offensive" und unmoralischem Verhalten zu unterscheiden, *Ambos*, FS-Wolter, S. 1297. Auch *Roxin/Greco*, AT I, § 2, Rn. 51–59 unterstützen die Kriminalisierung einiger Verhaltensweisen, die Interessen verletzen können, die sich nicht als „Rechtsgüter" bezeichnen ließen, wie etwa menschliche Embryonen oder Pflanzen und Tiere ohne gesellschaftlichen Nutzen. Zur Entstehung dieser „extending principles" (der Kriminalisierung) im Allgemeinen siehe *Silva Sánchez*, Aproximación, S. 503.

[62] Diese Diagnose wird von vielen Autoren geteilt. Siehe exemplarisch zu beiden Prinzipien *Ambos*, FS-Wolter, S. 1303; zur Rechtsgutstheorie *Appel*, KritV 82 (1999), S. 285; *Günther*, Paradigmawechsel, S. 451 f.; *Silva Sánchez*, Aproximación, S. 501 f.; *Stratenwerth*, FS-Lenckner, S. 380–383; *von Hirsch*, Rechtsgutsbegriff, S. 25; und *Weigend*, LK[13], Einl, Rn. 4 f.; zum Schädigungsprinzip *Harcourt*, The Journal of Criminal Law and Criminology 90, 1 (1973), S. 113; oder *Smith*, American Journal of Jurisprudence 51 (2006), S. 1 ff. Einige dieser Autoren – darunter Harcourt und Silva Sánchez – scheinen diesen Theorien keinen Entstehungsdefekt zuzuschreiben, sondern sind eher der Ansicht, dass ihr Verlust an kritischem Potential zum Teil auf ihren eigenen Erfolg zurückzuführen ist, d. h. auf die vielfältigen Auffassungen, die angesichts der herrschenden Stellung dieser Lehren darüber entstanden sind, was „Rechtsgut" oder „harm" ist.

und dynamisch ist[63], dann sind die Konturen jedes einzelnen Rechtsgutes ggf. noch vager.[64] Deshalb ist der Begriff „Rechtsgut" in wichtigen aktuellen strafrechtlichen Debatten – etwa über Euthanasie oder Schwangerschaftsabbruch – nahezu unbrauchbar.[65] Der „Dschungel von Streitfragen" den die Rechtsgutstheorie zur Ausstattung des Strafrechts mit einer klaren Aufgabe durchqueren musste,[66] bleibt so undurchdringlich wie eh und je. Das Problem liegt nicht so sehr darin, dass unabhängig davon, ob die Rechtsgüter durch das Recht bloß anerkannt (wie bei *von Liszt*) oder von ihm erzeugt werden (wie bei *Binding*), in beiden Fällen eine vorübergehende Mehrheit von Gesetzgebern (ggf. Richtern) darüber entscheidet, welche Interessen in welchem Umfang strafrechtlichen Schutz verdienen.[67] Weit problematischer ist jedoch, dass die Überbetonung der Schutzfunktion des Strafrechts logischerweise eher zu einer Strafbarkeitserweiterung (Untermaßverbot bei der Erfüllung von Schutzpflichten) als zu einer Mäßigung des Anwendungsbereichs des Strafrechts führt.[68]

In Anbetracht der obigen Ausführungen ist es also zumindest zweifelhaft, ob die Rechtsgutslehre und das *harm principle* ein Begrenzungspotential des *ius puniendi* aufweisen, welches über den für alle staatlichen Eingriffe geltenden verfassungsrechtlichen Verhältnismäßigkeitsgrundsatz[69] hinausgeht.[70] Die entgegengesetzte Ansicht scheint sogar vertretbarer zu sein. Denn die in Rede ste-

---

[63] Zur Wandelbarkeit des Rechtsgutsbegriffs vgl. *Roxin/Greco*, AT I, § 2, Rn. 63–64a; *Silva Sánchez*, Aproximación, S. 458. *Pawlik*, Das Unrecht, S. 134 f. liefert einige interessante Beispiele der historischen Entwicklungsdynamik der als sozial schützenswert angesehenen Interessen (z.B. hielt Christian Wolff 1736 das Versäumnis des Gottesdienstes für ein strafwürdiges Verhalten).

[64] So *Koriath*, GA 1999, S. 566.

[65] Vgl. *Koriath*, GA 1999, S. 579.

[66] Vor diesem „Dschungel der Streitfragen" warnend *Roxin/Greco*, AT I, § 2, Rn. 1, wenngleich sie diese Schwierigkeiten für überwindbar halten.

[67] Dies gilt dem Misstrauen gegenüber dem Gesetzgeber zum Trotz. Dazu *Appel*, KritV 82 (1999), S. 286. Vgl. auch Jakobs, Rechtsgüterschutz?, S. 14 f.; *ders.*, AT 2/12; *Pawlik*, InDret 2 (2016), S. 5; *Weigend*, LK[13], Einl, Rn. 2. Die wünschenswerte Natur der demokratischen Entscheidung über die kriminalisierungswürdigen Verhaltensweisen unterstreichend *Gärditz*, JZ 71 (2016), S. 649 f.

[68] In diesem Sinne *Engländer*, ZStW 127 (2015), S. 618. Zur Rechtsfigur des Untermaßverbots siehe *Störring*, Das Untermaßverbot. Vgl. auch *Levine*, The Supreme Court Law Review 24 (2004), S. 209, die beschreibt, wie das *harm principle* in der kanadischen Rechtsprechung eher zur Einführung neuer Straftatbestände bzw. die Abschaffung von *defenses* beigetragen hat (z.B. die Abschaffung des elterlichen Züchtigungsrechts im sogenannten „Spanking Case") als zur Entkriminalisierung von Verhaltensweisen, die für Dritte zweifelhaft schädlich sind, wie etwa der Besitz von Marihuana.

[69] Zur Verbindlichkeit dieses Prinzips für sämtliche hoheitliche Gewalt vgl. BVerfGE 19, 348 f.; 61, 134.

[70] Im selben Sinne *Frisch*, NStZ 2016, S. 22 f.; *Rössner*, HK-GS[5], Vor §§ 1 ff., Rn. 16–18.

henden Theorien beschäftigen sich anscheinend mit der gleichen Frage wie die erste Stufe der Verhältnismäßigkeitsprüfung, nämlich ob ein legitimer Zweck (strafrechtlich schutzwürdiges Interesse) besteht. Sie mögen zwar auch Hinweise auf die Erforderlichkeit eines strafrechtlichen Schutzes enthalten (etwa, ob keine geeignete, weniger belastende Maßnahme als das Strafrecht zum Schutz dieses Interesses vorliegt, was ungefähr dem strafrechtlichen *Ultima-ratio*-Prinzip entspricht[71]), liefern jedoch nur wenige oder gar keine Anhaltspunkte dafür, wie ein Gleichgewicht zwischen dem Ausmaß des Schutzes und der Rücksicht der Handlungsfreiheit der von der Strafnorm bzw. der Strafe betroffenen Person herzustellen ist.[72] So ist es nicht verwunderlich, dass mehrere Obergerichte (notorisch, aber nicht nur, das BVerfG) sich geweigert haben, diese Theorien als Grenzen der Kriminalisierungsbefugnis des Gesetzgebers zu betrachten und sie stattdessen (eventuell) nur als Kriterien im Rahmen der Verhältnismäßigkeitsprüfung herangezogen haben.[73]

---

[71] Vgl. im gleichen Sinne *Jakobs*, AT, 2/27: „Das Subsidiaritätsprinzip ist die strafrechtliche Variante des verfassungsrechtlichen Grundsatzes der Verhältnismäßigkeit, nach dem ein strafender Eingriff nicht erlaubt ist, wenn der Effekt auch durch eine weniger einschneidende Maßnahme erzielt werden kann". Siehe aber *Frisch*, NStZ 2016, S. 24, der den Ultima-Ratio-Satz als eine äußerst unflexible (und damit unerwünschte) Variante des Erforderlichkeitsprinzips betrachtet.

[72] In dieser Hinsicht sehr überzeugend *Weigend*, LK[13], Einl, Rn. 6–8; siehe auch *Appel*, KritV 82 (1999), S. 301–305. *Silva Sanchez* (La Expansión, S. 114) behauptet sogar, eine Überprüfung der Legitimität einer Strafnorm aus der Perspektive des Rechtsgutsprinzips sei unmöglich, bestenfalls wäre es aus der des Verhältnismäßigkeitsprinzips möglich. Unbeschadet der obigen Ausführungen ist zu beachten, dass einige Versionen des Schädigungsprinzips dem Verhältnismäßigkeitsprinzip durchaus ähneln. Bemerkenswert in diesem Sinne ist der Vorschlag *Benthams*, An Introduction, Chapter XIII, § 1, der das *harm principle* mit den gleichen Prüfungspunkten bestückt wie das Verhältnismäßigkeitsprinzip, obwohl er sie anders nennt. Etwas Ähnliches lässt sich auch in der von *Freund* (Erfolgsdelikt, S. 52 ff.) vorgeschlagenen Version der Rechtsgutstheorie erkennen.

[73] Zur Bedeutungslosigkeit der Rechtsgutslehre in der Rechtsprechung des BVerfG siehe *Appel*, KritV 82 (1999), S. 305; diff. *Pawlik*, Das Unrecht, S. 65, Fn. 312, demzufolge sich die Rechtsgutslehre negativ auf die Rechtsprechung des BVerfG ausgewirkt hat, indem die Anforderungen an das Strafrecht paradoxerweise niedriger sind als die an staatliche Eingriffe in anderen Bereichen nach dem Verhältnismäßigkeitsgrundsatz. Der kanadische Supreme Court hat seinerseits in einer Meilensteinentscheidung (R. v. Malmo-Levine; R. v. Caine) das Schädigungsprinzip als verfassungsrechtliche Begrenzung der Strafbefugnis des Gesetzgebers abgelehnt und es als nur eine – wenn auch wichtige – Leitlinie im Rahmen einer Prüfung nach dem Verhältnismäßigkeitsprinzip aufgefasst (dazu *Dubber*, Introduction, S. 13). Nicht so unterschiedlich im Ergebnis BVerfG 39,1 (Schwangerschaftsabbruch I), Rn. 159: „Allerdings muß der Gesetzgeber den hierbei entstehenden Konflikt durch eine Abwägung der beiden einander gegenüberstehenden Grundwerte oder Freiheitsbereiche nach Maßgabe der grundgesetzlichen Wertordnung und unter Beachtung des rechtsstaatlichen Verhältnismäßigkeitsgrundsatzes lösen[…]. Dem Wert des von Vernichtung bedrohten Rechtsgutes entspricht der Ernst der für die

2. Der Normadressat als Gefahrenquelle: die Ausblendung der Frage nach seiner Zuständigkeit

Wird die interessenschützende Funktion des Strafrechts in den Vordergrund gestellt, so ist die Annahme einer vorwiegend präventiven Straftheorie eine schlüssige, ja womöglich erforderliche Folge.[74] Geht es hauptsächlich um den Rechtsgüterschutz oder die Vermeidung zukünftiger Schäden, so soll das Axiom „je mehr Schutz, desto besser" lauten, was die Ausgestaltung des Strafrechts als „Magna Carta" des Normadressaten (als potenziell Beschuldigtem) verwässert.[75] Die Bevorzugung des Schutzes des Normadressaten als potentiellem Opfer gegenüber der Berücksichtigung der Interessen des Normadressaten als mit Handlungsfreiheit ausgestatteter Person[76] drückt sich nicht nur in der im vorigen Abschnitt gesehenen Möglichkeit aus, jede Abstraktion in ein strafrechtlich schützenswertes Interesse umzuwandeln, sondern auch in der ständigen Vorverlagerung

---

Vernichtung angedrohten Sanktion, dem elementaren Wert des Menschenlebens die strafrechtliche Ahndung seiner Vernichtung".

[74] Zur Verbindung zwischen der Rechtgüterschutzlehre und der Präventionstheorie, siehe *Pawlik*, FS-Schroeder, S. 370; *Silva Sánchez*, Aproximación, S. 321; *Cigüela*, DOXA 42 (2019), S. 395. Der Gedanke einer „begrenzten" Präventionstheorie, entweder durch das Schuldprinzip (Vgl BVerfG 21, 403 f.; *Jescheck/Weigend*, AT[5], § 8 V; *Roxin/Greco*, AT I, § 3, Rn. 59; *Muñoz Conde/García Arán*, PG[10], S. 46 f.); durch liberale moralische Prinzipien (*Papageorgiou*, Schaden und Strafe, S. 288) oder durch das Tatproportionalitätsprinzip (*von Hirsch/Jaresborg*, Strafmaß und Strafgerechtigkeit, S. 35 ff.) ist in den kontinentalen Rechtsordnungen vorherrschend. Oft werden Elemente der Vereinigungstheorien an einzelne Aspekte des Strafrechts geknüpft. Demnach soll z. B. die Strafandrohung generalpräventiv abschreckend, die Strafverhängung retributiv (schuldangemessen) und der Strafvollzug spezialpräventiv wirken (dazu *Kindhäuser/Zimmermann*, AT, § 2 Rn. 17). Selbstverständlich gilt diese Korrelation zwischen Rechtsgutslehre und Prävention nicht zwangsläufig in umgekehrter Richtung, da viele Autoren, die der Rechtsgutstheorie kritisch gegenüberstehen, irgendeine Art präventiver Straftheorie vertreten. So zum Beispiel *Jakobs*, AT, 1/15, der eine positive Generalprävention durch „Einübung in Normanerkennung" vertritt.

[75] Dazu vgl. *Silva Sánchez*, Aproximación, S. 305; *ders.*, La Expansión, S. 53: „Damit tritt die Konzeption des Strafrechts als ‚Magna Charta' des Opfers neben die klassische ‚Magna Charta' des Täters; wenn letztere nicht gegenüber ersterer in den Hintergrund tritt"; ähnlich *van Weezel*, Tiempos difíciles, S. 53. Eine ausführliche Darstellung der üblichen Kritikpunkte an den Präventionstheorien würde den Rahmen dieser Arbeit eindeutig sprengen. Hierzu ist lediglich festzustellen, dass die meisten dieser Einwände an die klassische kantische Kritik anknüpfen, wonach diese Lehren den Verurteilten als einen Gegenstand des Sachenrechts verstünden (vgl. *Kant*, AA. VI, S. 331).

[76] Oder, präziser ausgedrückt, die Vernachlässigung der Pflicht zum Schutz des handelnden Bürgers (sowohl durch die Festlegung klarer Regeln, anhand derer er das Risiko einer Bestrafung einschätzen kann, als auch durch die Zusicherung, dass er nur bestraft wird, wenn er zuständig und verantwortlich ist) zugunsten der Pflicht gegenüber dem Bürger, der den Schutz des Gesetzes vor potenziellen Verbrechern fordert. Vgl. dazu *Günther*, Responsibility, S. 82; *Garland*, The Culture of Control, S. 12; *Pettit*, Utilitas 9, 1 (1997), S. 74.

der Strafbarkeit.[77] Dies geschieht durch eine Reihe von Normen bzw. Straftatbeständen, bei denen die Vorbeugung als Strafgrund deutlich überwiegt, darunter abstrakte Gefährdungsdelikte[78], Besitzdelikte[79] oder Mitgliedschaftsdelikte.[80]

Verstärkt wird dieses Faktum durch die – in der Literatur ausgiebig thematisierte – präventive Wende, die das Strafrecht in den letzten Jahrzehnten genommen hätte.[81] Das Aufkommen eines (im weiten Sinne) „Präventionsstrafrechts"[82] wird oft mit der Entstehung des Wohlfahrtsstaates in Verbindung gebracht: Da der

---

[77] Ähnlich *Bröckling*, Behemoth. A Journal on Civilisation 1 (2008), S. 42: „Vorbeugen kann man nie genug und nie früh genug"; *Pawlik*, Das Unrecht, S. 82 m.w.N.; *Jakobs*, ZStW 97 (1985), S. 752 ff.; *van Weezel*, Tiempos difíciles, S. 69; *Nakamichi*, ZStW 129 (2017), S. 544. *Stenson*, Journal of International Law & Policy 1 (2004), S. 2, stellt fest, dass die Kriminalisierung von *inchoated offences* in den nationalen Rechtsordnungen so weit geht, dass sie zur Etablierung einer internationalen Gewohnheitspraxis ausreicht, und betont ebenfalls, dass deutsche *inchoated offences* tatsächlich eine strengere Verantwortlichkeit vorsehen können als ihre anglo-amerikanischen Äquivalente (ebd., S. 9).

[78] Zur fragwürdigen Legitimität dieser Straftatbestände vgl. *Graul*, Abstrakte Gefährdungsdelikte; *Kindhäuser*, Gefährdung, S. 225 ff.

[79] Zum deutlichen Aufwärtstrend bei der Einführung von Besitzdelikten im deutschen Recht seit dem Ende der sechziger Jahre vgl. *Eckstein*, Besitz als Straftat, S. 33–35.

[80] Die Prävalenz dieser Art von Straftaten in der neueren Strafgesetzgebung hervorhebend (die er als „purely preventive offences" bezeichnet) *Ramsay*, Democratic Limits, S. 214. Anschaulich ist diesbezüglich der Beitrag von *Ashworth/Zedner*, Preventive Justice, S. 95–102, die insgesamt neun „Strafrechtskategorien" unterscheiden, von denen nur eine vorwiegend retributiv ist (d.h. traditionelle Verbrechen wie Raub oder Mord, die sie als „harm plus culpability model" bezeichnen) während alle anderen vorwiegend präventiv ausgerichtet sind, darunter *general inchoated offences* (wie z.B. Anstiftung oder sogar Versuch der Beteiligung), *substantive offences defined in the inchoate mode* (z.B. § 332 Abs. 1 StGB, wenn ein Amtsträger einen Vorteil für sich oder einen Dritten als Gegenleistung sich versprechen lässt), *pre-inchoate offences* (strafbare Vorbereitungshandlungen) oder die Nichtanzeige geplanter Straftaten (vgl. z. B § 138 StGB), zusätzlich zu den bereits erwähnten Gefährdungs-, Besitz- und Mitgliedschaftsdelikten.

[81] Vgl. dazu u.a. *Albrecht*, KritV 69 (1986); *Brunhöber*, Die präventive Wende, S. 13 ff.; *Carvalho*, The Preventive Turn; *O'Malley*, Risk. Vgl. dagegen *Pawlik* (Das Unrecht, S. 19), der im Einklang mit den nachstehenden Ausführungen erklärt, dass derzeit kein Paradigmenwechsel (nämlich von einer ontologisierenden zu einer konsequentialistischen Verbrechenslehre) stattfindet, sondern lediglich ein Vertiefungsprozess des bestehenden folgenorientierten Paradigmas. Seinerseits weist *Silva Sánchez* (Aproximación, S. 307–309) ohne Umschweife darauf hin, dass Prävention eine Konstante in der Gesamtgeschichte des strafrechtlichen Unrechts gewesen ist, wogegen das Garantieprinzip als eigenständiges Ziel des Strafrechts erst mit der Aufklärung aufkam.

[82] Hiermit ist „Präventionsstrafrecht" im gleichen Sinne wie bei *Albrecht* [KritV 69 (1986), S. 55] gemeint: „Der Begriff der Prävention wird im folgenden nicht im engeren juristischen Sinne, also nicht nur im dort geläufigen spezialpräventiven oder generalpräventiven Bedeutungszusammenhang verwendet, sondern gemeint ist Prävention als umfassende offensive sozialtechnologische Kontrollstrategie, die weit über das traditionelle strafrechtliche Entscheidungsprogramm hinausgreift".

Sozialstaat darauf abzielt, seinen Bürgern die faktischen Bedingungen zur Ausübung „realer Freiheit" zu gewährleisten,[83] wird der Schutz von Rechten *durch* staatliche Maßnahmen ebenso relevant wie der Schutz von Rechten *vor* staatlichen Eingriffen. Zwischen einem Staat mit größeren Eingriffsbefugnissen zum Schutz von Rechten und einem Strafrecht, das im Wesentlichen auf den Schutz gesellschaftlich geschätzter Interessen fokussiert ist, bestehe ein offensichtlicher Sinnzusammenhang.[84] Dennoch ist das Präventionsstrafrecht nicht mit dem (angeblichen) Abbau des Wohlfahrtsstaates[85] untergegangen, sondern ganz im Gegenteil. Zwar sind das Paradigma des „penal-welfarism" und das Resozialisierungsideal weitgehend aufgegeben worden, aber mit dem Übergang vom Sozial- zum Steuerungsstaat ist ein Interventionsstaat erhalten geblieben, was zum Entstehen eines sich ständig ausweitenden Sicherheitsstrafrechts geführt hat, das auf einen breiten Schutz (durch Prävention) gegen alle Arten von Risiken ausgerichtet ist.[86] Zu den Ursachen für diese Ausweitung gehören u.a. das effektive Auftreten neuer Risiken, ein konstantes und wachsendes Unsicherheitsgefühl und die Identifikation der Mehrheit der Bürger mit dem Opfer.[87] Insbesondere der

---

[83] Zu diesem Freiheitsbegriff in der politischen Philosophie (egalitärer Liberalismus) siehe unten Teil III B III.

[84] Dazu vgl. *Albrecht*, KritV 69 (1986), S. 58–60; *Braum*, KritV 86 (2003), S. 22: „Das Präventionsstrafrecht ist das Modellstrafrecht des sozialen Interventionsstaates"; *Günther*, Responsibility, S. 85 f.; *Ramsay*, The Modern Law Review 69, 1 (2006), S. 49 f.; *Silva Sánchez*, La Expansión, S. 52 f.

[85] Es ist anzumerken, dass viele Ökonomen, im Hinblick auf den ständigen Anstieg der Sozialausgaben in den entwickelten Ländern nach dem Zweiten Weltkrieg, diesen Abbau für einen Mythos halten. In diesem Sinne *Pickety* (Das Kapital, S. 634): „Das Gewicht des Staates war nie so groß wie heute". Besonders deutlich wird dies in Deutschland, wo der Anteil der Sozialausgaben im Verhältnis zum Bruttoinlandsprodukt im Jahr 2020 sein historisches Maximum nach dem Zweiten Weltkrieg erreicht hat (33,6 %), was vor allem auf die Alterung der Bevölkerung zurückzuführen sei, die höhere Ausgaben für Renten- und Krankenversicherungen erzwinge. Dazu https://www.faz.net/aktuell/wirtschaft/arm-und-reich/sozialstaat-waechst-immer-staerker-17415640.html, abgerufen: 09.10.2023.

[86] Hierzu vgl. *Pawlik*, Das Unrecht, S. 61–63; auch *Garland*, The Culture of Control, S. 12: „Today, there is a new and urgent emphasis upon the need for security, the containment of danger, the identification and management of any kind of risk. Protecting the public has become the dominant theme of penal policy"; *Ramsay*, Pashukanis and Public Protection, S. 215: „Where the classical liberal legal order sought to protect abstract individual freedom notwithstanding its effects on vulnerable others, the contemporary order seeks to protect vulnerability notwithstanding its effects on others´ individual freedom". Etwas diff. *Braum*, KritV 86 (2003), der das gegenwärtige Strafrecht für „nach-präventiv" mit totalitären Zügen hält, gekennzeichnet durch ein „Kontrollstrafrecht um der Kontrolle willen", losgelöst von anderen Zielen.

[87] Allgemein zu diesen und anderen Ursachen der Strafrechtsexpansion siehe *Silva Sanchez*, La Expansión, S. 25–79. Zur Entstehung neuer Risiken durch die technologische Entwicklung vgl. *Farmer*, New Criminal Law Review 13, 2 (2010), S. 335; *Günther*, Paradigmawechsel, S. 457 f.; *Beck*, Risikogesellschaft, passim.

170 B. Die auf Interessenschutz bezogenen Theorien zur Begründung des Strafrechts

letztgenannte Faktor spielt eine wichtige Rolle bei der Verstärkung der Schutzfunktion des Strafrechts auf Kosten der Aufrechterhaltung individueller Freiheitsrechte vis-à-vis dem Staat, da die Interessen des Opfers (gute Bürger – „wir") als absolut entgegengesetzt zu (und vorrangig vor) denen des Täters (schlechte oder zumindest andersartige Bürger – „sie") verstanden werden.[88]

Jedenfalls ist seit längerem eine Wende von einer Entkriminalisierungs- zu einer fortschreitenden Kriminalisierungstendenz festzustellen. Vor diesem faktischen Hintergrund vermag die Rechtsgutslehre bzw. das Schädigungsprinzip keine einschränkende Rolle zu spielen.[89] Die Übergewichtung der Schutzfunktion des Strafrechts steht dem Gleichgewicht entgegen, das die Strafrechtspflege zwischen der Erfüllung der staatlichen Schutzpflicht und der zugleich gebotenen Wahrung einer Freiheitssphäre des Individuums als autonomes Subjekt herstellen muss.[90] Dass dieses Ziel bei vorwiegend auf Interessenschutz orientierten Theorien schwer zu erreichen ist, zeigt sich besonders deutlich an den utilitaristischen Ursprüngen des *harm principle*. Zwar verteidigte *Mill* nachdrücklich die Unantastbarkeit individueller Selbstbestimmungsrechte gegen staatliche Eingrif-

---

[88] Siehe hierzu *Garland*, The Culture of Control, S. 180: „The interests of victim and offender are assumed to be diametrically opposed: the rights of one competing with those of the other in the form of a zero sum game. Expressions of concern for the offender and his needs signal a disregard for the victim and her suffering"; vgl. auch *Günther*, Responsibility, S. 70 und 89 f.; *Duff*, Offenders as Citizens, S. 26; *Matravers,* On Preventive Justice, S. 235. Ein besonders anschauliches Beispiel hierzu liefert *Dee Cook*, Rich law, poor law, wenn sie den diametralen Unterschied in der herrschenden sozialen Auffassung von Steuerhinterziehern (Menschen wie „wir") und Sozialversicherungsbetrügern (Kriminellen) aufzeigt, obwohl beide Verbrechen das Staatsvermögen beeinträchtigen. Es sei jedoch darauf hingewiesen, dass diese radikale Unterscheidung zwischen „uns, den Guten" und „ihnen, den Bösen" selbstverständlich nicht Neues ist. Dies beweisen französische Texte aus dem 19. Jahrhundert (siehe *Foucault*, Überwachen, S. 325) wie der folgende Brief, den eine Gilde an einen Minister richtete, weil dieser Gefängnisarbeit eingeführt hatte (was für sie Konkurrenz bedeutete): „Ihnen obliegt die Entscheidung zwischen den Verworfenen, die mit Recht von Gesetz getroffen wurden, einerseits und den Bürgern andererseits, die in Selbstverleugnung und Rechtschaffenheit ihre Tage ebenso der Existenz ihrer Familien wie dem Reichtum ihres Vaterlandes opfern" (ebd., S. 310).

[89] In diesem Sinne *Silva Sánchez*, Aproximación, S. 7 und 501 f.

[90] Ähnlich argumentiert *Silva Sánchez*, Aproximación, S. 300–304. Über die genannte wünschenswerte Ausgewogenheit siehe exemplarisch *Ashworth/Zedner*, Preventive Justice, S. 6; *Perron*, Das Beweisantragsrecht, S. 50 ff.; *Rössner*, HK-GS[5], Vor §§ 1 ff., Rn. 1 f.; oder *Günther*, Responsibility, S. 82, der zur Aufgabe des Strafrechts Folgendes schreibt: „It shall protect all those citizens who demand protection of the law against others who attempt to violate the law (and their rights as far as they are protected by the law). But it shall also protect those citizens who are uncertain whether their intentions and actions turn out to be a violation of the rights of others, or whether they are legally permissible, by offering them a determinate rule according to which they could calculate the risk of being punished. And, finally, it should protect citizens with a system in which only responsible subjects can be punished".

fe.⁹¹ Aber diese Unantastbarkeit war instrumental zur Maximierung des Gesamtnutzens.⁹² Falls also in einer Gesellschaft (z.B. aufgrund ihres rückständigen Entwicklungsstandes) die individuellen Freiheitsrechte diesem Ziel nicht dienen, können sie beiseitegelegt werden. In *Mills* eigenen Worten:

> Despotism is a legitimate mode of government in dealing with barbarians, provided the end be their improvement, and the means justified by actually effecting that end. Liberty, as a principle, has no application to any state of things anterior to the time when mankind have become capable of being improved by free and equal discussion.⁹³

Das Kernproblem des Utilitarismus, weshalb *Rawls* seine kontraktualistische Alternative vorschlägt, besteht gerade darin, dass dieser nicht daran interessiert ist, ob die Nutzenverteilung gerecht ist, was die Opferung der Freiheit einiger zur Verfolgung des allgemeinen Nutzens ermöglicht.⁹⁴ So werden z.B. besonders belastende präventive Maßnahmen wie die „restraining orders"⁹⁵ mit dem Hinweis auf eine „Umverteilung" der Freiheit vom Betroffenen zum Geschützten weitgehend von Einwänden befreit.⁹⁶ Insofern ist die Überlegung nicht übertrie-

---

⁹¹ *Mill*, On Liberty, S. 81: „In the part which merely concerns himself, his independence is, of right, absolute. Over himself, over his own body and mind, the individual is sovereign".

⁹² Vgl. hierzu *Rawls*, A Theory of Justice, S. 26; *Celikates/Gosepath*, Politische Philosophie, S. 91.

⁹³ *Mill*, On Liberty, S. 81.

⁹⁴ Siehe *Rawls*, A Theory of Justice, S. 23: „The striking feature of the utilitarian view of justice is that it does not matter, except indirectly, how this sum of satisfactions is distributed among individuals any more than it matters, except indirectly, how one man distributes his satisfactions over time. The correct distribution in either case is that which yields the maximum fulfilment". Dieser Einwand findet sich bereits bei *Ortega y Gasset*, La rebelión, S. 105, der Mill deshalb „sozialisierende Grausamkeit" vorwarf. Ähnlich *von der Pfordten*, Normative Ethik, S. 192–201, der auf zusätzliche Probleme im Zusammenhang mit dem Maximierungsprinzip bei Bentham hinweist, wie z.B. die individuelle Überforderung, die Missachtung persönlicher Bindungen usw. Ebenfalls kritisch zum Utilitarismus *Dworking*, Taking Rights Seriously, S. xi–xv und Kap. 4, für den aus dem grundlegenden „Naturrecht auf gleiche Rücksicht und Achtung" die individuellen Rechte abgeleitet werden, die im Konfliktfall kollektive Zielsetzungen ausstechen. Für *Kindhäuser*, ZStW 107 (1995), S. 703 f., enthält der Utilitarismus, indem er einen allgemeinen Nützlichkeitsmaßstab anstrebt, einen „Keim des Tugendterrors" in sich. Anders wäre das Ergebnis, wenn man von einem individuellen Nutzenkalkül ausgeht, wonach es im Interesse jedes Einzelnen liegt, dass das Schuldprinzip vorherrscht, um nicht zu Unrecht verurteilt zu werden (in diesem Sinne *Baurmann*, Strafe, S. 145 ff). Diese Argumentation, die in dem so genannten Regelutilitarismus (anstelle des klassischen Handlungsutilitarismus: siehe dazu *Newen*, Analytische Philosophie, S. 148 f.) verankert ist, steht aber dem egalitären Liberalismus von Rawls näher (das Schuldprinzip könnte hinter dem Schleier des Nichtwissens angenommen werden) als dem klassischen Utilitarismus von Mill.

⁹⁵ Diese bestehen aus Kontaktverboten mit dem Opfer, z.B. bei Sexualdelikten oder häuslicher Gewalt.

⁹⁶ Vgl. *Nickel*, Restraining Orders, S. 177: „when ROs are efficacious they redistribute freedom from the restrainee to the protectee(s) in ways that can increase freedom overall".

ben, ob in einem derart auf Prävention bzw. Schutz ausgerichteten Deutungsmodell des Strafrechts auch das Schuldprinzip – das in diesem Rahmen lediglich als „äußerliche" Begrenzung, nicht aber als Grundlage der Bestrafung dient – geopfert werden kann, wenn z. B. die Schuld des Bestraften glaubhaft (aber nicht echt) ist oder die Strafverhängung (trotz fehlender Schuld) eindeutig zur gesellschaftlichen Nutzenmaximierung (hier angeblich i. S. v. Sicherheitsoptimierung) beiträgt.[97] Unter dystopischen Umständen ist ein ähnliches Schicksal sogar für das Tatprinzip denkbar.[98]

Nicht grundlegend anders als das Schädigungsprinzip verfährt die Rechtsgutstheorie: da der Normadressat hauptsächlich als eine Gefahrenquelle für Rechtsgüter aufgefasst wird, wird ihm keine kontrollfreie Sphäre eingeräumt, soweit dies gefährlich zu werden vermag, was zu einer übermäßigen Verschärfung der Gefahrenabwendungspflicht zu Lasten des individuellen Freiheitsraumes führen kann. Beispiele gibt es viele, sowohl im materiellen[99] als auch im

---

[97] In diese Richtung auch *Murphy*, Philosophy & Public Affairs, 2, 3 (1973), S. 218 f.; *Sachs*, Moral, Tadel, Buße, S. 174–175; *Duff*, Theoretical Criminology 14, 3 (2010), S. 297 f., wonach bei einer präventiven Auffassung des Strafrechts die Vorbeugung (als Hauptziel) im Konfliktfall tendenziell die Oberhand über jede „non consequentialist side-constraint" hat; und *Fletcher*, ZStW 101 (1989), S. 807. Siehe zudem *Braum*, KritV 86 (2003), S. 28: „Die präventive Notwendigkeit der Strafe verdrängt die begrenzende Funktion des Schuldgrundsatzes". Selbst hartnäckige Befürworter der Prävention geben zu, dass in manchen Konstellationen die Bestrafung von Unschuldigen nützlich sein kann, dies aber „völlig unvereinbar mit unseren entsprechenden Moralvorstellungen" sei (*Hoerster*, Muss Strafe sein?, S. 76). Doch Moralvorstellungen können sich abrupt ändern, wie die Geschichte lehrt. Eine a. A. vertritt *Rawls* [The Philosophical Review 64, 1 (1955), S. 1–3], der eine utilitaristische Rechtfertigung der Strafe für unproblematisch hält, solange sie sich nur auf die Strafe als Praxis, aber nicht auf die Verhängung einer konkreten Strafe bezieht (dazu unten Teil II C I 2). Ein Beispiel für die Bevorzugung von Präventionsbedürfnissen gegenüber dem Schuldprinzip ist der „laxe Umgang" des IStGH-Statuts mit dem *nulla poena* Grundsatz. Laut *Pawlik* (FS-Schroeder, S. 385 f., Fn. 148) enthält das Statut lediglich „einige sehr allgemeine Vorschriften über die Strafbemessung", aber „den einzelnen Tatbeständen sind keine konkreten Strafdrohungen zugeordnet". Dies kann daran liegen, dass der Angeklagte in diesen Fällen als ein „hostis humani generis" angesehen ist. Zum Verhältnis von Schuldprinzip und Bestimmtheitsgebot (wobei Ersteres weder mit absoluten Strafandrohungen noch mit dem Verzicht auf Strafrahmen, die eine gewisse Verhältnismäßigkeit gewährleisten, vereinbar ist) siehe BVerfG, NJW 2002, 1779, 1880.

[98] In diese Richtung *Morris*, The Monist 52, 4 (1968), S. 484. Man denke z. B. an Steven Spielbergs berühmten Film *Minority Report*. Dem dystopischen System des Films – das die Bestrafung von *Precrimes* ermöglicht – liegt der Gedanke des absoluten Vorrangs der Sicherheit vor der Freiheit zugrunde, wobei sich Letztere völlig aus Ersterer ableite: „what keeps us safe will also keep us free" (Minority Report, 15:40). Vgl. dazu und zur Unerreichbarkeit einer vollständigen Prävention *Bröckling*, Behemoth. A Journal on Civilisation 1 (2008), S. 42. In diesem Werk werden *Precrime*-Maßnahmen gegen Externe (Nichtbürger) abgelehnt (siehe dazu Teil III C II 2).

[99] Ein gutes Beispiel dafür ist der bereits erwähnte – dem Universalitätsprinzip unterliegen-

formellen[100] deutschen Recht. Durch die Fokussierung auf die Optimierung des Rechtsgüterschutzes anstelle der Aufrechterhaltung von Freiheitssphären wird jeder Normadressat – soweit er in der Zukunft Rechtsgüter beeinträchtigen kann – zu einem (etwas überspitzt formuliert) potenziellen Feind, den es effizient zu bekämpfen gilt, um eine solche Beeinträchtigung zu vermeiden.[101] Indem also die Interessen des Adressaten der Verbotsnorm („schlechtes Individuum") an (der Nicht-Einschränkung) seiner Handlungsfreiheit zugunsten der Interessen des potenziellen Opfers (guter Bürger) vernachlässigt werden, übersieht man einen Punkt, der eine viel wirksamere Begrenzung der staatlichen Strafgewalt ermöglicht als die Diskussion darüber, welche Interessen schützenswert sind, nämlich die Frage, warum und inwieweit eine Person für die Integrität eines Rechtsgutes bzw. Interesses Dritter zuständig sein soll, so dass sie dafür legitimerweise strafrechtlich verantwortlich gemacht werden kann.[102]

Zwar lassen sich zu diesen auf den Erfolgsunwert (Straftatauswirkungen) ausgerichteten Theorien Korrektive einführen, wodurch eine Überbelastung des Verantwortungsbereichs des Normadressaten zugunsten einer erhöhten Absicherung der Interessen Anderer bis zu einem gewissen Grad vermieden werden kann. Besonders wichtig für das Gelingen eines „interaktionistischen" (nicht einseitig auf den Schutz von Interessen ausgerichteten) Strafrechts sei die Lehre von den Verantwortungsbereichen bzw. Garantenstellungen.[103] Da diese Lehre aber nur als bloße Ergänzung zu einem im Kern ergebnisorientierten Strafrecht einge-

---

de – Straftatbestand des Subventionsbetrugs (§ 264 Abs. 4, Abs. 1 Nr. 2 StGB): diese Vorschrift setzt denjenigen unter Strafe, der die Subvention fahrlässig für andere als die vorgesehenen Zwecke verwendet, was das Erfordernis einer erheblich zugespitzten Sorgfaltspflicht implizieren kann. In diesem Sinne *Braum*, JZ 55 (2000), 493 ff.; *ders.*, KritV 86 (2003), S. 25–27, der als weiteres Beispiel § 81g StPO erwähnt, der eine DNA-Identitätsfeststellung für Beschuldigte bestimmter schwerer Verbrechen vorsieht: „Der Bürger entpuppt sich als Risiko, das es weitgehend zu beherrschen gilt".

[100] Siehe hierzu insbesondere das vom Deutschen Bundestag am 10. Juni 2021 verabschiedete Gesetz zur Anpassung des Verfassungsschutzrechts, das besonders invasiv ist, indem es den Einsatz von Staatstrojanern zur Quellen-Telekommunikationsüberwachung erlaubt, zudem die diesbezügliche Kooperationspflicht der Anbieter von Telekommunikationsdiensten verschärft und diese Regelungen auch auf Einzelpersonen (nicht nur Banden) erstreckt, alles mit dem ausdrücklichen Ziel (siehe Gesetzentwurf von 27.11.2020, S. 15) Universalrechtsgüter nach Artikel 73 Abs. 1 Nr. 10 Buchs. b GG (Verfassungsschutz) früher und besser zu schützen. Vgl. auch hierzu die kritische Stellungnahme vom Verein „Digitale Gesellschaft", verfügbar in: https://digitalegesellschaft.de/2021/06/stellungnahme-zur-geplanten-aenderung-des-verfassungsschutzrechts/, abgerufen: 09.10.2023.

[101] Paradigmatisch *Jakobs*, ZStW 97 (1985), S. 752–756; ähnlich *Albrecht*, KritV 69 (1986), S. 82, der eine Tendenz zur präventiven Kontrolloptimierung feststellt.

[102] Vgl. statt aller *Pawlik*, Das Unrecht, S. 127 und S. 138.

[103] In diese Richtung z. B. *Wittig*, Rechtsgutstheorie, S. 240.

führt wird, weicht ihr restriktives Potenzial bei Fällen, in denen ein ausgeprägter gesellschaftlicher Nutzen festgestellt wird, häufig auf.[104] Außerdem wird ihr oft nur ein begrenzter Anwendungsbereich zugestanden. Unbestrittene Anwendung findet diese Lehre nur bei unechten Unterlassungsdelikten,[105] wenngleich die breite Akzeptanz der so genannten „Pflichtdelikte" durch das Schrifttum[106] eine offensichtliche Abschwächung der Unterscheidung zwischen Handlungs- und Unterlassungsdelikten mit sich bringt,[107] was auch den Vorschlag verwischt, die Garantenstellung nur im Falle der Letzteren zu prüfen. Mitunter wird dafür plädiert, den Anwendungsbereich der Lehre der Garantenstellungen auf Deliktsstrukturen auszudehnen, an denen das Opfer oder mehrere Täter bzw. Teilnehmer beteiligt sind.[108] Jedenfalls gelte nach der h.A. diese Lehre nicht für den Einzeltäter einer Begehungsstraftat, an der keine Beteiligung des Opfers vorliegt. Auch die Lehre von der objektiven Zurechnung – zumindest so, wie sie von der h.M. konzipiert ist, d.h. als bloßes Korrektiv zur Lehre vom Kausalzusammenhang – ist kein ausreichender Korrekturfaktor, da sie nicht auf alle Arten von Straftaten anwendbar ist, was die Frage nach dem „Warum" der Zuständigkeit wenigstens in jene Hypothesen ausblendet.[109]

---

[104] Ein auffälliges Beispiel hierfür ist, dass einige Autoren (z.B. Gallas und Seelmann), denen es nicht gelingt, die Garantenstellung der Eltern in ihr jeweiliges allgemeines theoretisches Schema der Garantenstellungen einzupassen, sie schließlich als Ausnahme aufgrund der „Abhängigkeit des Kindes" bzw. des „sozialen Nutzens" rechtfertigen. Vgl. diesbezüglich die Kritik an beiden genannten Autoren von *Muñoz*, La responsabilidad penal en la relación materno y paternofilial, S. 64–69.

[105] Siehe exemplarisch *Bosch*, S/S[30], § 13, Rn. 7: „Tatbestandsmerkmal aller unechten Unterlassungsdelikte ist die Stellung als Garant, dh eine Summe von Voraussetzungen, aus denen sich die Pflicht ergibt, gegen Rechtsgutsgefährdungen einzuschreiten"; *Arzt*, Zur Garantenstellung beim unechten Unterlassungsdelikt, JA 1980, S. 553 ff.; *Jescheck/Weigend*, § 59 IV. Vgl. aber *Freund*, MüKo-StGB[4], § 13, Rn. 76–91, der die Auffassung vertritt, dass die Sonderverantwortlichkeit (wie er die Garantenstellungen nennt) nicht nur in Bezug auf Unterlassungsdelikte, sondern auch bei Begehungsdelikten zu prüfen ist.

[106] Zu Roxins einflussreicher Unterscheidung zwischen Pflicht- und Herrschaftsdelikten, vgl. *Roxin*, Täterschaft, § 34; *ders.*, AT II, § 25 Rn. 267 ff.

[107] Dazu *Jakobs*, Die strafrechtliche Zurechnung, S. 35 f.: „Damit steht fest, daß diese Scheidung überhaupt... nur die Technik betrifft, mit der ein Verpflichteter seinen Pflichten nachzukommen hat, also Fragen von durchaus sekundärer Bedeutung". *Pawlik*, Das Unrecht, S. 161, weist darauf hin, dass dies besonders bei automatisierten technischen Prozessen zu beobachten ist, bei denen der Mensch nur Steuerungs- und Überwachungsfunktionen ausübt. Zur Schwierigkeit der Unterscheidung zwischen Begehungs- und Unterlassungsdelikten in mehreren Fallkonstellationen, siehe auch *Weigend*, LK[13], § 13, Rn. 5 ff.

[108] So z.B. *Wittig*, Rechtsgutstheorie, S. 241–243.

[109] So schreiben *Roxin/Greco*, AT I, § 11 Rn. 1: „Die Zurechnung zum objektiven Tatbestand ist nur dort ein Problem des Allgemeinen Teils, wo der Tatbestand einen vom Handlungsakt des Täters nach Raum und Zeit abgetrennten Außenwelterfolg verlangt", was natürlich die

Diese Einseitigkeit eines auf präventiven Schutz ausgerichteten Strafrechts wird auch nicht überwunden, indem man darauf hinweist, die Verhaltensnorm sei legitim, wenn das zu schützende Interesse aufgrund seines gesellschaftlichen Nutzens bei objektiver Beurteilung Vorrang vor der allgemeinen Handlungsfreiheit des Normadressaten hat.[110] In diesem Fall wird eventuell die Übereinstimmung der Strafnorm mit dem Verhältnismäßigkeitsgrundsatz belegt, nicht aber ihre Rechtfertigung gegenüber dem Betroffenen, dem dieser vermeintlich „objektive Beurteilungsmaßstab" heteronom ist.[111] Hier bleibt die Antwort auf die Frage des von der Strafnorm Betroffenen („Warum wird das Rechtsgut eines anderen Menschen auf Kosten meiner Handlungsfreiheit geschützt?") defizitär. Im Fall der konkret zu verhängenden Strafe verschärft sich dieses Manko: „Warum wird ein Interesse eines Anderen auf Kosten meiner Freizügigkeit bzw. meines Vermögens abgesichert?"[112]

Die etwas forcierte Einführung externer Ergänzungsprinzipien löst also nicht das Grundproblem, nämlich dass die Begründung der Strafnorm – die wegen ihres besonders intrusiven Charakters einem größeren Legitimationsdruck ausgesetzt ist als andere Rechtsnormen[113] – gegenüber dem Betroffenen nicht primär in ihrem (angeblichen) gesellschaftlichen Nutzen verankert werden kann. Die Verwechslung der Nützlichkeit der Strafnorm (d. h. ihrer – häufig empirisch nicht nachgewiesenen – präventiven Wirkung) mit der politischen Legitimation des Staates zur Umsetzung von Strafrechtsnormen[114] führt zu einer Verwischung der

---

Notwendigkeit einer Überprüfung der objektiven Zurechnung bei reinen Tätigkeitsdelikten ausschließt. Viel weiter gehen *Jescheck/Weigend* § 59 IV 1, die es für nicht notwendig halten, die objektive Zurechnung bei Begehungsdelikten zu untersuchen: „Bei den Begehungsdelikten beruht die objektive Zurechnung auf der Verursachung des tatbestandsmäßigen Erfolgs. Bei den unechten Unterlassungsdelikten reicht dagegen die Tatsache, daß eine mögliche Handlung den Erfolg verhindert hätte, nicht aus…".

[110] Dies ist eine etwas grobe Kurzfassung der Stellung von *Freund*, Erfolgsdelikt, S. 52–69. Ähnlich *Nino* [Doctrina Penal 12 (1989), S. 37f.], für den es darauf ankommt, dass die Strafnorm und ihre Anwendung zu einem Nettozuwachs an Autonomie für die soziale Gruppe führt.

[111] Vgl. dazu *Kindhäuser*, ZStW 107 (1995), S. 718: „Legitimität kann daher nur abgeleitet werden aus der Autonomie der am Prozeß der sozialen Integration Beteiligten. Damit ist zugleich vorausgesetzt, daß der einzelne nicht als Mittel zur Durchsetzung heteronomer Zwecke – etwa dem Willen Dritter, einer objektivierten Gemeinwohlorientierung oder Systemnützlichkeit – untergeordnet werden darf".

[112] Ähnlich *Pawlik*, InDret 2 (2016), S. 8.

[113] Zum besonders hohen Legitimationsdruck, unter dem das Strafrecht deswegen steht, vgl. exemplarisch *Kindhäuser/Zimmermann*, AT, § 2 Rn. 5 ff.; *Ramsay*, The Modern Law Review 69, 1 (2006), S. 38.

[114] Zur erforderlichen Unterscheidung zwischen dem Verdienst der Strafe, dem präventiven Nutzen der Strafe und der politischen Legitimität ihrer Verhängung, siehe *Murphy*, Philosophy & Public Affairs, 2, 3 (1973), S. 220; und *Cigüela*, DOXA 42 (2019), S. 396 f. Zu den – aus empirischer Sicht – zweifelhaft nachweisbaren generalpräventiven Wirkungen von Strafen

Abgrenzung zwischen dem Strafrecht und anderen polizeilichen Reaktionsinstrumenten, die ebenfalls primär auf die Abwendung künftiger Gefahren abstellen.[115]

Aus dem oben Gesagten folgt nicht, dass die Begriffe „Rechtsgut" oder „harm" unbedingt aus dem Strafrecht verschwinden müssen. Sie können beibehalten werden, um auf die als strafrechtlich schützenswert erachteten Interessen hinzuweisen.[116] Zu beachten ist jedoch, dass das Strafrecht nicht die Güter an sich schützt, sondern nur die Rechte, die eine Person an einem Gut hat, und zwar gegen gewisse Angriffsformen (von einer bestimmten Mindestschwere)[117], die wiederum von einer Person ausgehen, die im Einzelfall zuständig für die Erhaltung

---

siehe *Bagaric*, A Utilitarian Theory of Punishment, S. 71: „As we have seen, the current state of knowledge suggests that most traditional utilitarian objectives of punishment are largely unattainable, either in their entirety or in relation to certain cohorts of offenders or types of offenders"; ähnlich *Pawlik*; Das Unrecht, S. 65 m. w. N.; *Paul*, Poder y Control 0 (1986), S. 64 f.; für eine a. A. vgl. *Hörnle*, Straftheorien, S. 26 m. w. N.

[115] So *Günther*, Responsibility S. 86; und *Pawlik*, Das Unrecht, S. 59 f. Ähnlich auch *Gärditz*, Staat, S. 32 f. und S. 46–48, der aber dieses Phänomen begrüßt. Auf Gärditz entgegnen *Roxin/Greco*, AT I, § 2 Rn. 1g–1h zu Recht, dass die Leugnung des qualitativen Unterschieds zwischen Strafrecht und anderen Rechtsgebieten nicht nur falsch ist (da die Einweisung einer Person ins Gefängnis eine qualitativ andersgeartete Rechtsfolge ist), sondern auch zu einer Lockerung der Legitimationsvoraussetzungen der Strafe führen kann. Ohne hier näher auf die Diskussion einzugehen, ob sich das Strafrecht qualitativ von anderen Rechtsgebieten unterscheidet (was den Rahmen dieser Untersuchung deutlich sprengen würde), liegt es zumindest auf der Hand – wie unten argumentiert wird –, dass jeder staatliche Akt, der zu einem Entzug der Bewegungsfreiheit von gewisser Dauer führen kann (sei es eine Strafe, eine Präventivmaßnahme oder die Verhaltensnormen, deren Verletzung zu diesen Sanktionen führt), besonders belastend ist und daher einer intensiveren Legitimationsprüfung unterzogen werden sollte, wie sie etwa das Bürgerstrafrecht vornimmt. Mein Dank gilt hier Ivó Coca Vila, der mich auf die Notwendigkeit einer Erwähnung dieser Diskussion aufmerksam gemacht hat.

[116] Siehe z. B. *Kindhäuser*, ZStW 107 (1995), S. 727 f., der die Rechtsgutslehre an sein Konzept der materialen Schuld – bestehend aus einem Defizit an Loyalität gegenüber der kommunikativen Autonomie anderer – anpasst. Auch *Silva Sánchez*, Aproximación, S. 424–472, unterstreicht den Beitrag der Rechtsgutslehre. Seiner Meinung nach besteht die Besonderheit des Strafrechts jedoch nicht in der Reaktion auf den Angriff auf ein „Rechtsgut" (was auch bei zivil- oder verwaltungsrechtlichen Delikten der Fall ist), sondern in dem Erfordernis, dass es sich bei dem verletzten Interesse um ein individuelles (und nicht um ein diffuses) handelt, sowie in einer eigenen (differenzierten) Auffassung von Verhältnismäßigkeit (angesichts der größeren Schwere der Rechtsfolgen). So betont *Silva Sánchez*, wie wichtig es ist, eine Theorie des „strafrechtlich geschützten Rechtsgutes" zu entwickeln, die es ermöglicht, die fortschreitende Kriminalisierung von zivil- oder verwaltungsrechtlichen Delikten einzudämmen, wofür er auf ergänzende Grundsätze wie den des Mindesteingriffs oder den der „Schutzfähigkeit" und „Schutzwürdigkeit" zurückgreift. Meines Erachtens unterscheidet sich dieser Vorschlag nicht wesentlich von der Aufnahme der Stufen des Verhältnismäßigkeitsgrundsatzes (Geeignetheit, Erforderlichkeit und Angemessenheit) in die Rechtsgutstheorie.

[117] Dies wird in der Lehre oft als „fragmentarischer Charakter des Strafrechts" bezeichnet,

dieses Gutes war. Ob eine so gestaltete Rechtsgutslehre (bzw. Schädigungsprinzip) etwas über das verfassungsrechtliche Verhältnismäßigkeitsprinzip hinaus leistet, ist, wie bereits angemerkt, zweifelhaft. Hingegen lässt sich feststellen, dass die Kritik an der Einseitigkeit der herrschenden Theorien eine solide Grundlage hat, die den Bedarf an alternativen Konzeptionen des Strafrechts offenbart. In den Worten von *Harcourt*:

> The collapse of the harm principle may ultimately be beneficial. It may help us realize that there is probably harm in most human activities and, in most cases, on both sides of the equation – on the side of the persons harmed by the purported moral offense, but also on the side of the actor whose conduct is restricted by the legal enforcement of morality.[118]

Kurzum: Das Verständnis des Strafrechts als Rechtsgüterschutz bzw. Schädigungsvermeidung und die daraus folgende Zuweisung eines überwiegend präventiven Zwecks an die Strafe fördert nicht gerade eine Mäßigung des *ius puniendi*. Dies spiegelt sich in verschiedenen strafrechtlichen Problemen wider, von der Behandlung der Sonderkenntnisse des Täters[119] bis hin zu dem, was hier am meisten interessiert, nämlich die dem nationalen Strafanwendungsrecht zugeschriebene Ausdehnung.[120] Bevor auf alternative Vorschläge zur Konzipierung des Strafrechts eingegangen wird, die sich unter dem Etikett „Bürgerstrafrecht" zusammenfassen lassen, soll daher kurz analysiert werden, welche Auswirkungen die Rechtsgutslehre und das Schädigungsprinzip in Verbindung mit den bereits dargestellten weichen völkerrechtlichen Schranken auf die Ausgestaltung des nationalen Strafanwendungsrechts entfalten.

---

siehe dazu *Kulhanek*, ZIS 13 (2014); *Silva Sánchez*, Aproximación, S. 459 ff.; *Kindhäuser*, ZStW 107 (1995), S. 728; *Rössner*, HK-GS⁵, Vor §§ 1 ff., Rn. 2.

[118] *Harcourt*, The Journal of Criminal Law and Criminology 90, 1 (1973), S. 193.

[119] Siehe in diesem Sinne die scharfe Kritik von *Pawlik* (Das Unrecht, S. 343 f., Fn. 528) an Greco, die daraus besteht, dass der letztgenannte Autor den Hinweis auf Zuständigkeitserwägungen in diesem Bereich völlig ausblendet, da er mit dem Ziel des maximalen Rechtsgüterschutzes alle Hilfsfähigen zu jedem möglichen Rettungsverhalten verpflichtet. Tatsächlich schreibt *Greco* [ZStW 117 (2005), S. 542]: „Wer mehr weiß, kann auch mehr – und deswegen soll er auch mehr". Diese höhere Anforderung an denjenigen, der über Sonderkenntnisse verfügt, wäre nach *Greco* (ebd., S. 550) keine „Diskriminierung des Sonderwissenden, sondern im Gegenteil eine Gleichbehandlung *aller, die tun sollen, was sie können, um Rechtsgutsbeeinträchtigungen zu vermeiden*" (Hervorhebung hinzugefügt).

[120] Bereits im 19. Jahrhundert warnte *Abegg* (Über die Bestrafung, S. 33 f.) vor der engen Verknüpfung zwischen einer präventiven Straftheorie und einem expansiven Strafanwendungsrecht.

3. Völkerrechtliche Prinzipien und interessenschutzorientierte Strafrechtstheorien: zwei kaum einschränkende „Schranken"

Der erste Teil dieser Untersuchung kam zum Schluss, dass die völkerrechtlichen Grundsätze keine ernsthafte Schranke für die Ausweitung der nationalen Strafrechtsetzungsgewalt darstellen. Dementsprechend haben viele Staaten extrem weitreichende Strafanwendungsregeln erlassen, die – wie ihre bisher im Vergleich dazu moderate Inanspruchnahme in der gerichtlichen Praxis zeigt – weit über den tatsächlichen Bedarf hinausgehen.[121] Diese (extraterritoriale) Ausdehnung des Strafrechts ist ein paralleles und komplementäres Phänomen zu ihrer Vorverlagerung: Staaten erweitern ihre Strafgewalt nicht nur hinsichtlich des Inhalts und des Deliktsstadiums, sondern auch im Raum. Zur Eindämmung einer teilweise unnötigen und jedenfalls mit massiven Legitimationsproblemen behafteten Strafanwendungsrechtsausweitung,[122] ist eine Erörterung der möglichen Grenzen, die das nationale Recht – und insbesondere das Strafrecht – diesem Rechtsgebiet setzen kann, durchaus sinnvoll, „denn nichts würde es rechtfertigen, dass ein nigerianisches Strafgericht einen Chinesen, der in Polen ein Kfz gestohlen hat, das einem Mexikaner gehört, nach seinem Strafrecht aburteilt".[123] Aus der herrschenden Rechtsgutstheorie bzw. dem Schädigungsprinzip ergeben sich jedoch – wie oben angedeutet – kaum Hindernisse für eine Expansion des Strafrechts, was sich entsprechend im Strafanwendungsrecht niederschlägt. Dieser Abschnitt, der sich aus Platzgründen stärker als die vorangegangenen auf die Rechtsgutslehre (und weniger auf das Schädigungsprinzip) fokussiert, soll an einigen Beispielen die mangelhafte Leistungsfähigkeit des Rechtsgutsbegriffs im Bereich des Strafanwendungsrechts aufzeigen, und zwar sowohl wegen seiner oben angesprochenen Schwächen als auch wegen des Primats, das der Schutzfunktion auf Kosten des Nichteinmischungsgebots eingeräumt wird.

---

[121] In diesem Sinne *European Committee on Crime Problems,* Extraterritorial Criminal Jurisdiction, S. 447 f.

[122] Diese Erweiterung führt zum Phänomen, das die angelsächsischen Autoren als „exorbitant prescriptive jurisdiction" bezeichnen, bestehend aus der Ausübung von Jurisdiktion, die zwar mit dem innerstaatlichen Recht in Einklang stehen mag, aber aufgrund der fehlenden Verbindung zwischen dem Täter (und seiner Tat) und dem bestrafenden Staat unfair ist [Vgl. dazu *Clermont/Palmer,* Maine Law Review 58, 2 (2006), S. 474]. Zur *exorbitant jurisdiction* in Bezug auf das Universalitätsprinzip siehe *O'Keefe,* Journal of International Criminal Justice 2, 3 (2004), S. 741 und 759. Warnend vor der zu beobachtenden Überkriminalisierung bei transnationalen Straftaten und im Völkerstrafrecht *Farmer,* New Criminal Law Review 13, 2 (2010), S. 335. Expliziter über die exzessive Ausweitung des Strafanwendungsrechts *Roegele,* der zur Bezeichnung „Strafrechtsimperialismus" greift (vgl. sein bereits zitiertes gleichnamiges Buch).

[123] So *Satzger,* Internationales, § 4, Rn. 12.

II. Schwachstellen bei den herrschenden Theorien

Zunächst ist auf die kaum spürbare Einschränkung der staatlichen Strafgewalt durch das Begriffspaar inländisches/ausländisches Rechtsgut hinzuweisen. So werden alle Individualrechtsgüter (wie z. B. Eigentum) immer als „inländisch" betrachtet, unabhängig von der Staatsangehörigkeit des Rechtsgutsinhabers oder der Belegenheit des Rechtsguts.[124] Im obigen Beispiel könnte also Nigeria einen in Polen von einem Chinesen an einem Mexikaner begangenen Diebstahl prinzipiell bestrafen. Was hingegen die „staatlichen Interessen" angeht, so solle der Staat grundsätzlich nur seine eigenen Interessen durch das Strafrecht schützen. Hiervon gibt es jedoch zahlreiche Ausnahmen, entweder weil der Staat völkerrechtlich dazu verpflichtet ist (z. B. im Fall bestimmter EU-Interessen)[125] oder weil er das betreffende ausländische staatliche Interesse für schützenswert hält (wie bei § 129b StGB).[126] Demnach hindern die Mindestverpflichtungen, die der Staat zum Schutz bestimmter ausländischer Interessen eingegangen ist, ihn nicht daran, einen noch umfassenderen strafrechtlichen Schutz weiterer ausländischer Interessen zu beschließen.[127] Letztlich wird also jedes ausländische Rechtsgut „inländisch", indem der Gesetzgeber es für schutzbedürftig hält, was das geringe normative Potenzial dieses Begriffspaars offenlegt.[128]

Zudem kann – worauf bereits oben hingewiesen wurde – jedes Interesse, wie abstrakt und diffus es auch sein mag, als ein Rechtsgut oder als Gegenstand eines zu vermeidenden Schadens eingestuft werden.[129] Diese Feststellung nimmt neue Ausmaße außerhalb der Sphäre der rein inlandsbezogenen Taten an. So gelingt es Spitzenvertretern der Rechtsgutstheorie, aus einem Mischmasch wie der „grenzüberschreitenden Kriminalität" (i. S. v. Art. 83 AEUV) einen angeblichen Angriff auf das Rechtsgut „europäische Freizügigkeit" zu rekonstruieren. Doch was ist die Begründung? Diese Kriminalitätsart verkörpere eine Verkehrung des Sinns dieser Freiheit, „die nicht dazu missbraucht werden sollte, überall in Europa Straftaten zu begehen".[130] Nun sei angenommen, die Eskalation der grenzüber-

---

[124] Siehe hierzu *Werle/Jeßberger*, LK[13], Vor § 3, Rn. 293; ausführlicher dazu *Obermüller*, Der Schutz.

[125] *Werle/Jeßberger*, LK[13], Vor § 3, Rn. 300 ff.

[126] *Werle/Jeßberger*, LK[13], Vor § 3, Rn. 297.

[127] *Werle/Jeßberger*, LK[13], Vor § 3, Rn. 306–309.

[128] Aufschlussreich dazu *Werle/Jeßberger*, LK[12], § 5, Rn. 5 f.: „‚Inländisch' sind die durch die Straftatbestände, deren Geltung § 5 anordnet, geschützten Rechtsgüter allenfalls in dem Sinne, dass der deutsche Gesetzgeber ihre Verletzung oder Gefährdung für strafwürdig und strafbedürftig hält und sie in den Strafrechtsschutz einbezieht". Es ist darauf hinzuweisen, dass dieser Satz in der neuen (13.) Auflage des LK-StGB, die von denselben Autoren verfasst wurde, nicht zu finden ist. Ähnlich *Hoyer*, SK-StGB[9], § 9 Rn. 3; *Oehler*, JR 12 (1980), S. 485–487.

[129] Vgl. Teil II B II 1 oben.

[130] So argumentieren *Roxin/Greco*, AT I, § 3 Rn. 78. Hierzu ist zu bemerken, dass unbeschadet des (ohnehin schon sehr weiten) Katalogs der in Art. 83 Abs. 1 UA 2 AEUV als „grenzüber-

schreitenden Kriminalität könnte dazu führen, dass die Freizügigkeit in einigen Grenzgebieten eingeschränkt oder beeinträchtigt wird (z. B. durch stichprobenartige Fahrzeugkontrollen oder intensivere Kontrollen an Flughäfen). Immerhin bleibt der in Rede stehende „Angriff" auf die Freizügigkeit nur eine indirekte, von den Mitgliedern der kriminellen Gruppe selbst nicht einmal gewollte Folge, von der sie selbst betroffen wären. Dieser Denkweise zufolge würde dieses Rechtsgut dann auch von irregulären Einwanderern verletzt, oder eventuell auch durch Reisende, die sich nicht an die Vorschriften zur Bekämpfung der Covid-Pandemie halten.

In ähnlicher Weise begründen viele Verfechter der Rechtsgutslehre eine Erweiterung des Universalitätsprinzips mit dem Gedanken von „völkerrechtlichen bzw. internationalen Rechtsgütern".[131] Äußerst unbestimmt und anpassungsfähig sind die vermutlich der internationalen Gemeinschaft als Ganzes zustehenden – durch die im IStGH-Statut vorgesehenen Straftatbestände geschützten – Rechtsgüter: sie seien „supraindividuelle, kollektive oder komplexe Rechtsgüter, nämlich Frieden, Sicherheit und Wohl der Welt".[132] Dieses „Wohl der Welt" klingt eher nach einer Phrase, die man bei einem Schönheitswettbewerb hören könnte, als nach einem Interesse mit klaren Konturen, das strafrechtlichen Schutz genießen sollte. Entsprechend vage ist die Begründung des (im ersten Teil dieser Arbeit referierte) US-amerikanischen MDLEA für die Einführung des Universalitätsprinzips für jeglichen Drogenhandel auf dem Seeweg: Dieser laufe immer dem „well-being of the United States" zuwider,[133] selbst wenn es eindeutige Hin-

---

schreitend" definierten Kriminalitätsbereiche (der Gegenstand der Argumentation der genannten Autoren ist), der Art. 83 Abs. 1 UA 3 AEUV dem Rat (nach Zustimmung des Europäischen Parlaments) die Möglichkeit einräumt, diesen Katalog entsprechend den aktuellen kriminologischen Erfordernissen weiter auszudehnen. Angesichts dessen und der Tatsache, dass der oben genannte Katalog so unterschiedliche Delikte wie Terrorismus oder Drogenhandel umfasst, sucht man vergeblich nach einem „gemeinsamen Rechtsgut".

[131] Siehe z. B *Ambos*, MüKo-StGB⁴, § 6, Rn. 3; *Kraus*, Die Friedens-Warte 28 (1928), S. 354 ff.; *Lagodny*, ZStW 113 (2001), S. 803; *Satzger*, Internationales, § 4 Rn. 12 f.; *Roxin/ Greco*, AT I, § 3 Rn. 79–81, denen zufolge eine andere Rechtfertigung des Universalitätsprinzips als durch diese völkerrechtlichen Rechtsgüter nur schwer zu finden wäre; a. A. *Gärditz*, Weltrechtspflege, S. 142 f., m.w.N., wonach die Rechtsgutslehre keine kohärente Grundlage für das Universalitätsprinzip bietet.

[132] Vgl. hierzu IStGH-Statut, Präambel, Abs. 3; und *Ambos*, Internationales Strafrecht, § 5, Rn. 3; *ders.*, FS-Wolter, S. 1306 m.w.N. Dessen ungeachtet liefern die folgenden Absätze der Präambel des Statuts (siehe Abs. 4 und 9) sowie der Art. 5 ein akzeptableres Kriterium, indem sie von „schwersten Verbrechen, welche die internationale Gemeinschaft als Ganzes berühren" sprechen (eingehend dazu unten Teil III D IV 2).

[133] Siehe 46 U.S.C. § 70501: „Congress finds and declares that (1) trafficking in controlled substances aboard vessels is a serious international problem, is universally condemned, and presents a specific threat to the security and societal well-being of the United States...".

II. Schwachstellen bei den herrschenden Theorien

weise darauf gibt, dass die Lieferung nicht aus diesem Land kommt oder dorthin geht und keine US-Bürger involviert sind.[134]

Insofern ist es wenig verwunderlich, dass der MDLEA eines der besten Beispiele für die bemerkenswerte Expansion der Strafrechtsetzungsgewalt auf transnationale Straftaten sowie für die zunehmende Verfolgung dieser Verbrechen in der Praxis darstellt.[135] In seinem Eifer zur Wirkungsoptimierung (Schutz vor Drogeneinfuhr) hat der MDLEA nicht nur zum Einsatz der *US-Coast Guard* in allen internationalen Gewässern geführt,[136] sondern dient auch als Rechtsgrundlage zur Verurteilung von nicht einmal an Bord eines Schiffes befindlichen Personen wegen „Verschwörung" vom Land aus, um Drogen auf dem Seeweg zu versenden.[137] Dadurch rückt der MDLEA von einem „Universalitätsprinzip auf See" zu einem (wenn der Leser die Redundanz zulässt) „wirklich universellen Universalitätsprinzip", das dem des § 6 Nr. 5 StGB näher kommt. Um eine solche breite Anwendung des MDLEA zu rechtfertigen, hat die jüngste Rechtsprechung – neben dogmatischen Argumenten (wie z.B. der akzessorischen Natur der Verschwörung) – auf zwei zentrale Begründungen zurückgegriffen. Zunächst wird vorgebracht, dass eine Auslegung der Verschwörungsbestimmung im MDLEA, die nur Personen an Bord eines Schiffes erfasse, die *Wirksamkeit des Gesetzes* untergraben würde.[138] Zweitens wird behauptet, dass, solange eine Person mit der Strafbarkeit ihres Verhaltens *irgendwo* rechnen kann, es unerheblich sei, ob diese Person sich der Möglichkeit einer Strafverfolgung in den Vereinigten Staaten bewusst ist.[139] Auf diese beiden Argumente wird im Folgenden näher eingegangen, da sie die Gründe dafür sind, dass die Kombination von völker-

---

[134] Diesbezüglich siehe oben Teil I D IV 3.

[135] Zum Konzept der transnational organisierten Kriminalität (TOK) vgl. *Hecker*, ZIS 7 (2016), S. 467 ff.

[136] Vgl. hierzu *Kontorovich*, Minnesota Law Review 93 (2009), S. 1197; siehe auch die Website der *US-Coast Guard* in https://www.uscg.mil/Home/, abgerufen: 09.10.2023; zu ihren Einsätzen in weit entfernten Gebieten wie etwa im Südchinesischen Meer vgl. http://www.scspi.org/en/dtfx/legal-boundaries-us-coast-guard-operations-south-china-sea, abgerufen: 09.10.2023.

[137] Vgl. 46 U.S.C. § 70506 (b) in Verbindung mit 70503(a)(1).

[138] So wies das *United States District Court for the District of Columbia* in der Rechtssache United States v. Carvajal 924 F. Supp. 2d 219 (D.D.C. 2013), 245, das Argument der Verteidigung zurück, dass die Verschwörungsvorschrift nur auf Personen anwendbar sei, die sich an Bord eines Schiffes befänden, denn „The Defendants' reading of the statute is also contrary to Congress's intent to expand drug interdiction efforts through MDLEA".

[139] Dies führt zur Verurteilung von Individuen wie Daniel Alarcón Sánchez, einem kolumbianischen Drogenhändler, der sich mit anderen in Kolumbien verschworen hatte, um Kokain von seinem Land nach Australien zu transportieren. Siehe dazu United States v. Alarcon Sanchez, No. 18–671 (2d Cir. 2020). Wie *Aquila* [Fordham Law Review 86, 6 (2018), S. 2965–2967] erläutert: „The boat sets sail for Australia but is stopped, and the drugs are seized. The drug trafficker, who was in Colombia the entire time, is now sitting in a New York federal pri-

rechtlichen Prinzipien und interessenschutzorientierten Theorien keine relevante Schranke der staatlichen Strafgewalt darstellt. Nicht zufällig entsprechen diese beiden Gedanken (die Optimierung der Wirksamkeit des Strafgesetzes bzw. eine „Strafbarkeit als solche") den bereits angeführten möglichen Grundlagen des Universalitätsprinzips (maximaler Rechtsgüterschutz bzw. gemeinsame Grundwerte).[140]

Zunächst kurz zur Idee einer „Strafbarkeit als solcher", d. h. zu einem selbständigen Unrecht, welches unabhängig davon entsteht, *wem gegenüber* man verantwortlich ist (Strafe ohne Souverän).[141] Dieser Gedanke ist tief in der h. L. verwurzelt. Beweis dafür ist die verbreitete Ablehnung der Konzipierung strafanwendungsrechtlicher Normen als Tatbestandsmerkmale: Indem man sie als bloße Gerichtsbarkeitsregeln oder objektive Bedingungen der Strafbarkeit betrachtet,[142] wird der Verhaltensregel ein (prinzipiell) universeller Bewertungsanspruch zugesprochen.[143] So bildeten die Regeln des Strafanwendungsrechts lediglich eine mehr oder weniger beliebig, durch den Gesetzgeber selbst auferlegte Obergrenze der Strafgewalt, ein bloßes Verfolgungshindernis. Dies kommt sehr deutlich in der Unterscheidung zum Ausdruck, die *Ambos* zwischen der Anwendung einer bestimmten Strafrechtsordnung auf ein konkretes Verhalten und der „materiellen Strafbarkeit dieses Verhaltens" vornimmt: „Begeht der Täter eine universell anerkannte Straftat, etwa ein Totschlagsdelikt, so mag das anwendbare Strafrecht fraglich sein, die Strafbarkeit als solche ist es nicht".[144] So wird zwar

---

son. That individual would probably ask, How did I wind up here?'. It is not surprising that he is in prison but rather that he is in the United States".

[140] Dazu oben Teil I D V 2.

[141] Zu diesem Begriff siehe auch *Ambos*, JRE 26 (2018), S. 267 ff.; *Gless*, ZStrR 125 (2007), S. 24 ff.; oder *Roxin/Greco*, AT I, § 3 Rn. 82. Für eine kritische Beschreibung dieses Gedankens siehe *Bruns*, ZaöRV 1 (1929), S. 54: „Wollte man annehmen, daß der Gesetzgeber eines Staates befugt sei, Rechtssätze für nicht zu seiner Rechtsgemeinschaft gehörige Personen zu schaffen, so setzte man dabei voraus, daß jedes Gesetz grundsätzlich Weltgeltung habe und es nur vom Belieben des einzelstaatlichen Gesetzgebers abhänge, ob er die Geltung auf den eigenen Rechtskreis beschränken wolle oder nicht".

[142] Wie der Leser sich erinnern wird, stellt der MDLEA hier ebenfalls ein gutes Beispiel dar, da er ausdrücklich die Berücksichtigung seiner Regeln als Tatbestandsmerkmale ausschließt. Vgl. 46 U.S.C. § 70504 (a).

[143] Dazu oben Teil I B I. Dabei ist zu berücksichtigen, dass *Henrich* – der diese Regeln als (unechte) objektive Bedingungen der Strafbarkeit ansieht – eine Bewertung durch das deutsche Recht von Verhaltensweisen, die außerhalb ihres Geltungsbereiches liegen, verneint. Jedoch behauptet er (Das passive Personalitätsprinzip, S. 156) auch Folgendes: „Das Maß des vom Täter begangenen Unrechts ist jedoch von dieser Zurückhaltung des deutschen Strafrechts ganz unabhängig", was der von Ambos vertretenen Idee einer Strafbarkeit als solcher durchaus ähnelt.

[144] *Ambos*, Internationales Strafrecht, § 1, Rn. 11 f. Aus demselben Grund plädiert *Ambos* (ebd.) für eine sehr begrenzte Anerkennung des *Nullum crimen*-Grundsatzes hinsichtlich der

II. Schwachstellen bei den herrschenden Theorien 183

der Gedanke einer universellen Gültigkeit des vom deutschen Recht gesetzten Verhaltensstandards meist nicht mehr offen vertreten,[145] aber die dahinter stehende Idee eines „universellen Unrechts" (selbstredend aus der Wertperspektive des deutschen Rechts definiert[146]) ist nach wie vor präsent.[147] Dieser Gedanke passt sehr gut zu der bereits kritisierten Einseitigkeit der Rechtsgutstheorie: wenn es schon unerheblich ist, *wem gegenüber* man verantwortlich ist (wer mich für ein Verhalten zur Rechenschaft ziehen soll), dann ist es erst recht vernachlässigbar, *warum* gerade derjenige, der mich für ein schuldhaftes Unrecht tatsächlich zur Rechenschaft zieht, die Legitimation dazu hat. Geht man nur einen Schritt weiter, kommt man zu *Lubans* Idee, dass die von Vigilanten gegen die Menschenfeinde ausgeübte Gerechtigkeit legitim ist, solange sie einen Verfahrensstandard respektieren, der „natural justice" gewährt.[148]

---

strafanwendungsrechtlichen Normen sowie für die Nichtanerkennung des Bestimmtheitsgrundsatzes und des Rückwirkungsverbots bei vermeintlich „universellen Straftaten". Wie aus dem Gerichtsurteil United States v. Alarcon Sanchez hervorgeht, kommt dieser Gedanke auch in der angelsächsischen Welt relativ häufig vor. Ein eindeutiges und radikales Beispiel dafür findet sich in *Asp*, Extraterritorial Ambit, S. 40: „If it is considered seriously wrong to kill, does it really matter whether the perpetrator is Swedish or British, whether the victim is Swedish or British or whether the offence is committed in Sweden or in the UK? I suggest that it does not matter, and that the default position must be that offences should be applicable worldwide, unless we find reasons for taking a different position in relation to a specific offence. Although some might consider this to be an extreme position, I do not think that is the case".

[145] Es sei daran erinnert, dass diese universelle Gültigkeit früher offen vertreten wurde. Ein bemerkenswertes Beispiel hierfür ist *Radbruch*, Grundzüge, S. 189: „Der Wille jeder einzelnen Rechtsordnung umfaßt den gesamten Erdball".

[146] Oder zumindest aus „westlicher" Sicht, was durch die in der deutschen Literatur weit verbreitete Formel veranschaulicht wird, wonach das Universalitätsprinzip für Taten gelte, „die gegen in allen *Kulturstaaten* anerkannte Rechtsgüter verstoßen". Vgl. exemplarisch *Eser*, FS-Trechsel, S. 229. Ob ein Land wie Chile (oder ein anderes lateinamerikanisches Land) als „Kulturstaat" gilt, würde wahrscheinlich davon abhängen, wie weit das betreffende Land in Bezug auf das in Frage stehende Verhalten von den deutschen Werten abweicht.

[147] So argumentiert *Pawlik*, FS-Schroeder, S. 361; vgl. auch *Roegele*, Deutscher Strafrechtsimperialismus, S. 224, der vor dem Risiko eines Werteimperialismus warnt: „Das nationale Strafrecht ist Ausdruck der Wertevorstellungen der jeweiligen Gesellschaft...Die Geltung des nationalen Strafrechts bei Taten mit Auslandsbezug exportiert diese Wertevorstellungen". Als Beispiel hierfür vgl. *Zimmermann*, Strafgewaltkonflikte, S. 382, der die Legitimität des aktiven Personalitäts- und Domizilprinzips vor allem davon abhängig macht, dass die Auslandtat „in besonders eklatantem Widerspruch zur heimischen Rechtsordnung steht".

[148] Für *Luban*, Yale Journal of International Law 29 (2004), S. 137–146, liegt das Problem des Vigilantismus einzig in der fehlenden Gewissheit über die Schuld des Verurteilten. Das Problem wird jedoch gelöst, wenn die Grundprinzipien eines ordnungsgemäßen Verfahrens eingehalten werden, weshalb die Strafe legitim sei, wenn sie beachtet werden. Wie man sieht, ist diese Position nichts anderes als eine radikale Leugnung des relationalen Charakters der strafrechtlichen Verantwortlichkeit.

Diese Argumentation lässt sich noch weiterführen. Wenn das Ziel darin besteht, ein „universelles Unrecht" zu bestrafen, kann sogar die Vorhersehbarkeit der Strafe nebensächlich werden. So argumentiert z. B. *Farbiarz*, dass die Konsequenz einer bedeutsamen Diskrepanz zwischen dem anzuwendenden Recht und dem Recht, dessen Anwendung für den Täter bei der Tatbegehung vorhersehbar war, nur das zusätzliche Erfordernis eines Anknüpfungspunktes (Nexus) nach sich ziehen sollte (in Ermangelung einer solchen Diskrepanz sollte ein Nexus nicht einmal erforderlich sein).[149] Was steckt dahinter? Der Rückgriff auf die Idee eines universellen Unrechts, um einen Kreuzzug gegen jene Straftaten zu rechtfertigen, die als gefährlich für die Interessen des bestrafenden Staates wahrgenommen werden:

But it is not just the moral temperature of extraterritorial prosecutions that sets them apart. It is also that such prosecutions are tools of U.S. national security policy, devices used to project American power abroad. U.S. foreign policy, for example, has long focused on helping to shore up stable and legitimate government in Africa...through extraterritorial prosecutions.[150]

Dies knüpft an das andere von der US-Rechtsprechung vorgebrachte Argument bezüglich der Verschwörungsvorschrift im MDLEA an: die Wirksamkeit des Rechts. So wie die auf Interessenschutz ausgerichteten Theorien auf die Optimierung dieser Funktion auf Kosten der Aufrechterhaltung von Freiheitssphären drängen, spiegelt sich die Übertragung dieser Theorien auf den Bereich des Internationalen Strafrechts (Strafanwendungsrecht und Völkerstrafrecht) in einer Verstärkung der sogenannten „Responsibility to protect" auf Kosten des Nichteinmischungsgebots wider. Genauso wie in den Risikogesellschaften die „war on crime" und das Präventionsstrafrecht zur Volksagenda gehören, ist auf internationaler Ebene die Schutzverantwortung vor Menschenrechtsverletzungen zu einem eigenen Menschenrecht geworden.[151] Die Risiken dieser Umstrukturierung der Menschenrechte vom Schutz vor dem Staat hin zu einem verstärkten

---

[149] *Farbiarz*, Michigan Law Review 114, 4 (2016), S. 510.

[150] *Farbiarz*, Michigan Law Review 114, 4 (2016), S. 512 f. Eigentlich geht *Farbiarz* sogar noch weiter, denn er setzt die Interessen der Vereinigten Staaten mit denen der „globalen Gemeinschaft" gleich: „Forcing the United States to forego major extraterritorial prosecutions harms global public safety" (ebd., S. 509). Daher sollte man skeptisch gegenüber Aussagen wie der von *Cabranes* [Yale Law Journal 118, 8 (2009), S. 1662 f.] sein, wonach die USA – im Gegensatz zu anderen Ländern, die bei der Festlegung ihrer Strafrechtsetzungsgewalt rohe Macht im eigenen Interesse ausüben würden – bei der Ausweitung ihrer extraterritorialen Gerichtsbarkeit auf die Schranken der Rechtsstaatlichkeit achteten.

[151] Zu einer klaren Auffassung und Beschreibung der „Responsibility to protect", seinem Verhältnis zum Präventionsstrafrecht sowie zu seinen Vorteilen und Risiken siehe *Günther*, Responsibility, insbesondere S. 70– 72. Hinsichtlich der völkerrechtlichen Kernverbrechen schreibt *Ambos*, FS-Wolter, S. 1308: „Deshalb ist der entsprechende Rechtsgüterschutz nicht moralisch, sondern *rechtlich* gefordert".

präventiven Schutz durch den Staat bleiben jedoch nicht unbemerkt. Wird die Schutzfunktion zu stark übertrieben, können die Menschenrechte der Angeklagten verletzt werden.[152] Die Forderung nach Ausgewogenheit ist im Falle des Völkerstrafrechts besonders wichtig, denn hier droht die Annahme, alle unter diese Bezeichnung fallenden Verbrechen seien äußerst schwerwiegend,[153] jegliche Überlegung zu den Schranken des *ius puniendi* zu untergraben.[154]

Diese Schlussfolgerung (nämlich die schwache Leistung der am Interessenschutz ausgerichteten Deutungsmodelle des Strafrechts bei der Begrenzung des – völkerrechtlich nahezu schrankenlosen – staatlichen Strafanwendungsrechts) lässt sich bei gesonderter Betrachtung der einzelnen völkerrechtlichen Prinzipien bekräftigen. Besonders deutlich wird dies bei denjenigen Grundsätzen, die nach der h. A. ihre Grundlage unmittelbar in der staatlichen Schutzfunktion haben (Territorialitäts-, Schutz-, und passives Personalitätsprinzip).[155]

So ist beispielsweise das Territorialitätsprinzip – nicht zuletzt wegen seiner Selbstverständlichkeit – oft durch einen extrem weit gefassten Tatortbegriff (Ubiquitätsprinzip) überdehnt worden. Dem Ubiquitätsprinzip liegen oft äußerst diffuse Interessen zugrunde. Befindet sich z. B. nur der Handlungsort im Inland (der Erfolg besteht aber in der Verletzung eines Rechtsguts im Ausland), dann solle die Strafe in manchen Fällen nur verhindern, dass das „Bewusstsein inländischer Bürger für den Wert des verletzten Rechtsguts insgesamt" schwindet.[156]

---

[152] Davor warnen *Günther*, Responsibility, S. 88–90 und *May*, Crimes Against Humanity, S. 4 f., 254–256; der unter Hinweis auf das enorme Missbrauchspotenzial internationaler Strafgerichte einen „moralischen Minimalismus" als philosophische Begründung für diese Gerichte vorschlägt und damit die ihrer Gerichtsbarkeit unterliegenden Menschenrechtsverletzungen begrenzt und die Notwendigkeit betont, den Rechten der Angeklagten ebenso viel Aufmerksamkeit zu schenken wie denen der Opfer.

[153] Zum offensichtlichen Zusammenhang zwischen der Beschreibung von Tätern völkerstrafrechtlicher Verbrechen als *hostis humani generis* und der Anwendung eines Feindstrafrechts, siehe *Gärditz*, Weltrechtspflege, S. 439. Es sei hier daran erinnert, dass jene Straftaten, wie bereits oben (Teil I D V 3) dargelegt, auch solche Handlungen wie die missbräuchliche Verwendung einer Parlamentärflagge nach § 10 Abs. 2 VStGB umfassen.

[154] Siehe hierzu etwa die folgende aufschlussreiche Bemerkung von *Ambos*, FS-Wolter, S. 1306: „Wenn wir uns nun einer möglichen Übertragung dieser Überlegungen auf die völkerstrafrechtliche Ebene zuwenden, so scheinen zunächst die aus der nationalen Diskussion bekannten rechtsstaatlichen Bedenken hinsichtlich einer Überkriminalisierung nicht relevant zu sein, weil das Völkerstrafrecht *a limine* auf den Schutz fundamentaler Rechtsgüter und die Verhinderung tatsächlicher Verletzungen dieser Rechtsgüter gerichtet ist".

[155] Zu den beiden möglichen Grundlagen, die gewöhnlich für die völkerrechtlichen Grundsätze vorgeschlagen werden (Selbstschutz und internationale Solidarität), siehe *Oehler*, Internationales Strafrecht, Rn. 120 ff. und oben Teil I C 2.

[156] Vgl. *Hoyer*, SK-StGB⁹, § 9 Rn. 3. Dessen ungeachtet gibt es gute Gründe für die Annahme, dass die Verhängung von Strafen nach dem Handlungsortsprinzip legitim ist. Siehe diesbezüglich Teil II D V 3 und Teil III D II 1.

Diese fragwürdigen Interessen überlagern zudem alle anderen Erwägungen.[157] Vor dem Hintergrund einer Theorie über die Aufgabe des Strafrechts, bei der der Interessenschutz eine derart überragende Rolle spielt, kommt dem Territorialitätsprinzip letztlich nur eine umstandsbedingte Bedeutung zu, indem es die Wahrung des Souveränitätsprinzips ermöglicht und die Beweisaufnahme erleichtert.[158] Da beide Anforderungen in der Praxis bei Auslandstaten immer leichter zu erfüllen sind (man denke an die steigende Bedeutung des Vertragsprinzips bzw. an Zeugenaussagen per Videokonferenz), wird dieser Grundsatz (oder zumindest sein traditioneller Vorrang) zunehmend entbehrlich.[159]

Hingegen funktioniert im Rahmen einer auf den Interessenschutz ausgerichteten Strafrechtstheorie das Schutzprinzip – wie sein Name schon verrät – reibungslos.[160] Tatsächlich bejahen selbst Autoren, die den Rechtsgüterschutz als Hauptaufgabe des Strafrechts eindeutig ablehnen, die Unumgänglichkeit dieses (angeblich) „notwehrähnlichen" Prinzips „wegen des allgemeinen nationalen Zuschnitts" der unter dieses Prinzip fallenden Straftaten: hier sei Notwehr die einzige mögliche Antwort.[161] Doch Wörter wie „Schutz" und „Notwehr" bergen die Gefahr, eine unkontrollierte Ausweitung der Strafgewalt zu rechtfertigen. Das zeigt sich schon im innerstaatlichen Strafrecht, insbesondere in den Bereichen, in denen das Verteidigungsbedürfnis angesichts der (realen oder mutmaßlichen) Gefährlichkeit des Täters deutlicher wird. So stellt *Jakobs* fest, dass die Übereinstimmung der Bereiche vorverlagerter Strafbarkeit mit den Bereichen verdeckter polizeilicher Aktivität keine Koinzidenz ist, und nennt als Beispiele dafür die Rausch-, Staatsschutz- und Geldfälschungsdelikte.[162] Wenig verwunderlich ist es daher, dass gerade bei diesen Straftatkategorien auch das Strafanwendungsrecht (und insbesondere das Deutsche) äußerst breit ist. Wenn es aber hauptsächlich darum geht, die Notwehrfähigkeit zu verbessern, dann wäre es

---

[157] Zu diesen Erwägungen gehört zum Beispiel die Vorhersehbarkeit der Strafbarkeit. Siehe z. B. *Jakobs*, AT, 5/22: „Bei täterschaftlicher Handlung im Inland und Erfolg im Ausland *(Distanzdelikt)* oder Teilnahmehandlung im Inland bei ansonsten im Ausland stattfindender Tat (Distanzteilnahme) sind die Ergebnisse einer wörtlichen Anwendung des § 9 StGB dann unbefriedigend, wenn die Erfolgsherbeiführung am Ort des Erfolgs oder der Haupttat aus plausiblen Gründen straffrei ist".

[158] Nach Ansicht von *Eser/Weißer* (S/S³⁰, Vor §§ 3–9, Rn. 17 f.), sind diese die Gründe, die eine Verankerung des Territorialitätsprinzips als Ausgangspunkt für das deutsche Strafanwendungsrecht rechtfertigen würden.

[159] Ein Beispiel dafür ist, dass jüngere Auslieferungsverträge – im Gegensatz zu früheren internationalen Übereinkommen – dem Tatortstaat bei mehreren Auslieferungsersuchen keinen Vorrang einräumen. Vgl. hierzu *Cárdenas*, La Extradición Pasiva, S. 39 f.

[160] Vgl. hierzu auch *Pawlik*, FS-Schroeder, S. 360, Fn. 12 m. w. N.

[161] So z. B. *Jakobs*, AT, 5/8.

[162] *Jakobs*, ZStW 97 (1985), S. 752.

II. Schwachstellen bei den herrschenden Theorien

sinnvoller, überhaupt keine Verbindung zwischen Straftat und Verfolgungsstaat zu fordern. Genau dies tut der deutsche Gesetzgeber, indem er das Universalitätsprinzip sowohl für Drogendelikte (§ 6 Nr. 5 StGB) als auch für Geldfälschung (§ 6 Nr. 7 StGB) vorsieht. Der Übergang vom Schutzprinzip zum Universalitätsprinzip (das wahre „Prinzip der Prinzipien" im Rahmen einer interessenschutzorientierten Strafrechtstheorie) ist daher sehr verlockend.

Das ebenfalls auf dem Rechtsgüterschutzgedanken beruhende passive Personalitätsprinzip kann seinerseits nur vertreten werden, wenn man von einer allgemeinen Verpflichtung des Staates ausgeht, Angriffe auf Rechtsgüter seiner Bürger im Ausland zu ahnden.[163] Auch wenn sich die Dominanz der Rechtsgutstheorie in einer Rechtsordnung nicht immer in einem breiten Rückgriff auf das passive Personalitätsprinzip manifestiert,[164] stellt diese Theorie keine Hemmung (sondern eher einen Anreiz) für die Anwendung dieses Prinzips dar. Dies mag vielleicht erklären, warum das deutsche Recht dem Grundsatz der passiven Personalität gegenüber dem der aktiven Personalität ausdrücklichen Vorrang einräumt,[165] denn letzteres ist aus der Sicht der Rechtsgüterschutzlehre schwieriger zu begründen.

In der Tat ist es so, wie *Pawlik* hervorhebt: „Mit dem *aktiven Personalitätsprinzip* tut die dem Rechtsgüterschutzdenken verpflichtete Strafrechtswissenschaft sich besonders schwer".[166] Es wurde bereits ausführlich dargelegt, warum die internationale Solidarität – entgegen der h. M. in Deutschland – als Grundlage für dieses Prinzip jämmerlich versagt (hätte sie Erfolg, dann wäre dieses Prinzip als bloßer Unterfall des Prinzips der stellvertretenden Rechtspflege jedenfalls überflüssig). Da die h.A. eine Begründung dieses Grundsatzes im faktischen Näheverhältnis zwischen Strafgewaltstaat und Täter ablehnt, bleibt als mögliche Grundlage hierfür nur die Schließung von Strafbarkeitslücken (d.h. die Optimierung des Rechtsgüterschutzes).[167] Für diesen Zweck ist jedoch das Uni-

---

[163] Vgl. Teil I D III 1.

[164] So enthält z. B. die spanische Rechtsordnung keine allgemeine Vorschrift, die das passive Personalitätsprinzip vorsieht, sondern wendet dieses Prinzip nur ausnahmsweise bei wenigen Straftaten an, die in Deutschland oft dem Universalitätsprinzip unterliegen, wie etwa dem Menschenhandel. Vgl. Art. 23 Nr. 4 Buchst. m 4° LOPJ und *Molina,* Vigencia, S. 147. Andererseits ist das passive Personalitätsprinzip in Chile, wie bereits in Teil I C II 1 erwähnt, prinzipiell nur in Kombination mit dem aktiven Personalitätsprinzip vorgesehen.

[165] § 7 Abs. 1 StGB (der das passive Personalitätsprinzip regelt) geht § 7 Abs. 2 (der das aktive vorsieht) vor, denn Abs. 2 gilt nur „für andere Taten" (als die des Absatzes 1). Vgl. hierzu statt aller *Werle/Jeßberger,* LK[13], § 7, Rn. 54. So werden die im Ausland von Deutschen gegen Deutsche begangenen Straftaten hauptsächlich von § 7 Abs. 1 erfasst.

[166] *Pawlik,* FS-Schroeder, S. 363.

[167] Vgl. Teil I D II 2 oben.

versalitätsprinzip viel besser geeignet, wobei das aktive Personalitätsprinzip auch unter dieser Annahme entbehrlich wird.

Ähnliches gilt für das Prinzip der stellvertretenden Rechtspflege, das die internationale Solidarität schlechthin verkörpern soll. Die Umsetzung dieses Grundsatzes in mehreren Rechtsordnungen – die weder die Zustimmung des (angeblich) vertretenen Staates verlangen noch dessen Rechtsordnung ernsthaft berücksichtigen – und die Art und Weise, wie die *aut dedere*-Formel in internationalen Verträgen üblicherweise ausgestaltet wird – die Pflichten zur Auslieferung oder Aburteilung werden in der Regel als alternativ (statt gestuft) vorgesehen –, verwandeln diese legitime Ausübung derivativer Strafgewalt in ein neues, mehr oder weniger verdecktes Mittel zur Bekämpfung der Straflosigkeit.[168] Auf diese Weise verliert das Prinzip seine Identität und Sinnhaftigkeit: Wenn es darum geht, Strafbarkeitslücken um jeden Preis zu schließen, dann stellt ein umfassendes Universalitätsprinzip die beste Alternative dar.

Alle Wege führen daher zum Universalitätsprinzip.[169] Die Kombination dieses Prinzips mit einer am Schutz von Interessen ausgerichteten Strafrechtstheorie ermöglicht eine brisante Ausweitung des nationalen Strafrechts auf Auslandstaten. Erstens ist das Völkerrecht, das sich nur für die Einhaltung des Nichteinmischungsgebots einsetzt, nicht daran interessiert, das *ius puniendi* von Staaten außerhalb dieses Rahmens einzuschränken, was die Ausdehnung eines bedingten Universalitätsprinzips durch Verträge (*treaty-based crimes*) begünstigt. Zweitens stützt sich der breite (und manchmal missbräuchliche) Rückgriff auf diesen Grundsatz, wie bereits mehrfach angedeutet, auf zwei Gründe, die konjunktiv oder disjunktiv vorgebracht werden können: die Optimierung des Interessenschutzes und die Umsetzung eines ethischen Projekts zur Erreichung eines moralischen Mindeststandards. Die gängige gleichzeitige Geltendmachung beider Begründungen durch verschiedene Rechtsordnungen birgt aufgrund der Unbestimmtheit dieser Zielvorgaben ein enormes Potenzial für die Ausweitung des Strafanwendungsrechts.[170] Schließlich gibt es noch das Problem, dass das Universalitätsprinzip die Vorstellung des „Feindes" hervorruft. Das liegt nicht nur daran, dass sein historischer Ursprung in der Bekämpfung derjenigen liegt, die

---

[168] Zu der von der h.M. vorgenommenen Umwandlung von der „stellvertretenden Rechtspflege" in eine „straflückenschließende Rechtspflege" siehe Teil I D VI 1.

[169] Im selben Sinne *Pawlik*, FS-Schroeder, S. 360 f.: „Ein konsequent an der Aufgabe des Rechtsgüterschutzes orientiertes Strafrecht kann danach im Grunde nur ein international-strafrechtliches Prinzip anerkennen: ein umfassend verstandenes Weltrechtsprinzip". Die gleiche Schlussfolgerung gilt natürlich auch für das Schädigungsprinzip, wie einige Befürworter dieser Theorie offen zugeben. Ein klares Beispiel dafür ist *Jaresborgs* „Radical Crime Conception". Vgl. dazu *Jaresborgs*, Scraps, S. 85.

[170] Zu den beiden oben genannten Punkten siehe Teil I D V 2.

als Feinde der Menschheit galten (Piraten und Sklavenhändler).[171] Ferner ist dieser Grundsatz eng mit dem Völkerstrafrecht assoziiert, d.h. einem Rechtssystem, das sich durch eine starke Abweichung von klassischen strafrechtlichen Grundsätzen bzw. Institutionen (wie z.B. dem *nullum crimen*-Grundsatz, der Verjährung oder der Anerkennung von Amnestien und Begnadigungen) auszeichnet, alles im Hinblick auf eine effizientere Bekämpfung der Straflosigkeit.[172] Mit anderen Worten: Das Universalitätsprinzip ist häufig mit einer extremen Missachtung der Interessen des Täters (und daher auch mit der Ausblendung von Zuständigkeitserwägungen) gekoppelt. Mit der Ausweitung dieses Prinzips (vor allem über Verträge) besteht also eine Kontaminierungsgefahr für das übrige Strafrecht. Etwas übertrieben ausgedrückt, werden neue Feinde erzeugt, die bekämpft werden müssen.[173]

Da die überwiegend auf Interessenschutz ausgerichteten Deutungsmodelle des Strafrechts diesem Gedankengang (zu) wenig entgegensetzen, besteht der Bedarf an der Untersuchung von Alternativen. Denn die Reichweite der legitimen staatlichen Strafgewalt wird durch zwei Faktoren bestimmt. Der eine ist fraglos die Ermittlung der legitim zu schützenden Interessen, der andere aber ist, wie sich zeigen wird, die Bindung zwischen dem die Strafgewalt beanspruchenden Staat und dem Normadressaten. Der letztere Aspekt sollte nicht zugunsten des Ersteren völlig vernachlässigt werden.[174] Andernfalls droht das so gern gepriesene „Weltbürgerrecht"[175] zu einem bloßen Vorwand für die Erstreckung nationaler

---

[171] Siehe oben Teil I D V 3.

[172] Zur Rechtfertigung dieser Unterschiede aufgrund der Schwere der Völkerstraftaten siehe beispielsweise *Aguilar*, Centro de Estudios Constitucionales de Chile 4, 1 (2006), S. 350f. Kritisch zur geringen Bedeutung des Grundsatzes des *nullum crimen* im IStGH-Statut (der dem Gerichtshof in Art. 21 Nr. 1 Buchst. b und c erlaubt, bei der Definition des Tatbestandes die Grundsätze des Völkerrechts und sogar der nationalen Rechtsordnungen zu berücksichtigen) *Pastor*, El poder penal internacional, S. 111 f. Zum bereits erwähnten fragwürdigen „laxen Umgang" des IStGH-Statutes mit dem *nulla poena*-Prinzip siehe *Pawlik*, FS-Schroeder, S. 385 f., Fn. 148.

[173] Daher stellt es keine Überraschung dar, dass Verträge, die die Erstreckung des Universalitätsprinzips auf „unechte" internationale Straftaten zulassen, das Wort „Bekämpfung" in ihren Namen enthalten. Zur Verwandtschaft zwischen der Verwendung des Wortes „Bekämpfung" und einem Feindstrafrecht warnt *Jakobs*, HRRS 3 (2004), S. 92. Laut *Jakobs* (ebd., S. 95): „Ein klar umrissenes Feindstrafrecht ist rechtsstaatlich weniger gefährlich als eine Durchmischung *allen* Strafrechts mit Einsprengseln feindstrafrechtlicher Regelungen". Für eine a. A. vgl. *Hörnle*, FS-Merkel, S. 516: „Nicht überzeugend ist es etwa, ein Abrücken vom Bürgerstrafrecht schon in Gesetzesüberschriften zu sehen, die auf eine ‚Bekämpfung' bestimmter Delikte verweisen". Ähnlich wie hier *Pastor*, El poder penal internacional, S. 176–179, der diese Kontaminierungsgefahr als „Metastaseneffekt" bezeichnet.

[174] In diesem Sinne *Wegner*, FG-Frank, S. 128f.

[175] Vgl. *Ambos*, JRE 26 (2018), S. 297; *Hammacher*, Rechtliches Verhalten, S. 584–586.

strafrechtlicher Verhaltensnormen auf die ganze Welt zu werden. Das mag übertrieben klingen, ist aber bereits Realität im Rahmen des deutschen Strafanwendungsrechts, wonach sowohl der Vertrieb geringer Drogenmengen von einem Chilenen in Peru als auch die Fälschung argentinischen Geldes von einem Kolumbianer in Paraguay oder die Herstellung tierpornographischer Bilder durch einen Bolivianer in Brasilien der deutschen Strafgewalt unterliegen können.

C. Der Betroffene als Mittelpunkt der Legitimationsbemühungen

I. Zur Frage, vor wem Strafnorm und Kriminalstrafe gerechtfertigt werden sollen

1. Vorbemerkung: Die Auswirkungen einer uralten Debatte auf das Strafanwendungsrecht und die Verhängung von Strafen

Hält sich ein Staat zum Schutze bestimmter Rechtsgüter für absolut verpflichtet, so muss er ihre Verletzung Allen verbieten, die fähig sind solche vorzunehmen, ganz gleichgültig, welchem Staatsverbande sie angehören. Nichts ist unrichtiger und wird durch das positive Recht strikter widerlegt als die Behauptung, ein Staat könne nur seine Untertanen verpflichten.[1]

Mit diesem Text wollte *Binding* seine strikte Ablehnung gegenüber der Ansicht seines Zeitgenossen *von Bar* zum Ausdruck bringen. Laut *von Bar* war das Vorliegen eines rechtlichen Bands zwischen schuldhaftem Willen des Einzelnen und dem Staat eine Voraussetzung für dessen strafrechtliches Einschreiten. Dieses rechtliche Band würde wiederum nur im Falle des Bestehens eines moralischen Verhältnisses zwischen dem Staat und dem Individuum vorhanden sein, was seiner Auffassung nach nur in den Fällen des Territorialitätsprinzips und des aktiven Personalitätsprinzips vorlag. Würde man die Strafgewalt auf ein anderes (völkerrechtliches) Prinzip stützen, heiße das, „den Grund des Strafrechts in der äusseren Rechtsstörung (zu) suchen, während das charakteristische Kennzeichen des Strafrechts gerade in der Beziehung auf den Willen der Person besteht".[2]

Wie ersichtlich, bezieht sich der Unterschied zwischen den beiden Rechtsgelehrten auf die Forderung nach einem Band bzw. einer Bindung zwischen gesetzgebendem Staat und Individuum im Rahmen des Legitimierungsdiskurses der staatlichen Strafgewalt. Wird diese Bindung als Voraussetzung bejaht, so wird der Kreis der potenziellen Strafadressaten (und damit die staatliche Strafgewalt) zweifellos eingeschränkt. Die obige Kontroverse betrifft jedoch eher den Legitimationsdiskurs der Strafnorm und nicht den über die Strafe selbst. Dies ist umso

---

[1] *Binding*, Handbuch des Strafrechts, S. 375.
[2] *Von Bar*, Das Internationale Privat- und Strafrecht, S. 526–528

sinnvoller, wenn man bedenkt, dass im Strafanwendungsrecht – dem Bereich, in dem die oben erwähnte Debatte stattfindet – vor allem darüber gestritten wird, inwieweit der Staat seine Strafrechtsetzungsgewalt auf Auslandstaten ausdehnen soll. Anders ausgedrückt: Im Strafanwendungsrecht ist die Bindung zwischen Staat und Individuum oft so schwach, dass sogar die Legitimation des Staates zur Setzung einer Strafnorm, die die Handlungsfreiheit dieses Individuums einschränkt, in Frage gestellt werden kann.

Die Frage nach dem Erfordernis einer Bindung stellt sich jedoch nicht nur auf der Ebene der Strafnorm (im Hinblick auf das Verhältnis zwischen normsetzendem Staat und Normadressat), sondern auch auf der Ebene der zu verhängenden Kriminalstrafe (zwischen bestrafendem Staat und Bestraftem). Beide Fragen stimmen zumindest zum Teil überein.[3] In der Domäne der Verhängung von Strafen kommt es jedoch zu einem schwerwiegenderen Eingriff in die Rechte des Einzelnen (Geld- und insbesondere Freiheitsentzug plus gesteigertes Unwerturteil anstelle bloßer Handlungsfreiheitsbeschränkung), der daher einen vergleichsweise verstärkten Legitimationsdiskurs erfordert.[4] Zur Ermittlung des Erfordernisses einer Staat-Individuum-Bindung bei der Untersuchung der Legitimation des „Strafrechts" ist es daher angebracht, zunächst auf denkbare Unterschiede und Gemeinsamkeiten zwischen dem Begründungsdiskurs der Strafnorm und dem der zu verhängenden Strafe einzugehen. Diesem Thema widmet sich der folgende Abschnitt.

2. Gemeinsamkeit von Kriminalisierungs- und Straftheorien: die Begründung gegenüber dem jeweils Betroffenen

In einem modernen, der Freiheit verpflichteten Rechtsstaat steht die Notwendigkeit der Begründbarkeit jedes staatlichen Handelns außer Frage.[5] Dazu gehört nicht nur die Feststellung seiner formalen Rechtmäßigkeit, sondern auch seiner

---

[3] So leitet von Bar der Einschränkung des strafrechtlichen Einschreitens des Staates auf das Territorialitäts- und aktive Personalitätsprinzip letztlich aus dem Erfordernis der „sittlichen Schuld" des Individuums ab. Vgl. *Von Bar*, Das Internationale Privat- und Strafrecht, S. 526–528. Für einen zeitgenössischen Autor in einer ähnlichen Richtung siehe *Wringe* [Journal of Applied Philosophy 38, 3 (2021), S. 385], der in Bezug auf die Kriminalisierungs- und Straftheorien bemerkt, dass „the two parts of a theory of criminal law cannot be separated from one another entirely".

[4] Im selben Sinne auch *Pawlik*, Das Unrecht, S. 68; *Silva Sánchez*, Aproximación, S. 619 f.; *Gardner*, Introduction, S. xiv; *Pérez Barberá*, InDret 4 (2014), S. 15; *Greco*, Lebendiges, S. 287 f.; und *Wringe*, Journal of Applied Philosophy 38, 3 (2021), S. 386.

[5] Vgl. statt aller *Lücke*, Begründungszwang, S. 96 ff.; *Culp*, Freiheit, I. Philosophisch, abrufbar unter: https://www.staatslexikon-online.de/Lexikon/Freiheit, abgerufen: 09.10.2023.

I. Zur Frage, vor wem Strafnorm und Kriminalstrafe gerechtfertigt werden sollen

normativen Legitimität.⁶ Gerade dieser Anspruch auf normative Verbindlichkeit sei es, was eine legitime politische Ordnung von der bloßen Ausübung von Macht unterscheide.⁷ Dies gilt offensichtlich ebenso – und erst recht – für Strafvorschriften und Kriminalstrafen, die als besonders eingreifende Rechtsakte in höherem Maße rechtfertigungsbedürftig sind, da sie das Problem aufwerfen, wie Freiheit bzw. Autonomie und gezielte Übelzufügung miteinander in Einklang gebracht werden können.⁸ Jede ernsthafte Auseinandersetzung mit dieser Problematik drängt daher zu einer Reflexion über die Legitimität des Staates an sich und seiner Aufgaben,⁹ d. h. darüber, inwiefern der Staat die „Kompetenz zur Setzung verbindlicher Normen" besitzt.¹⁰ Einer der relevanten Aspekte im Zusammenhang mit der Frage nach der Legitimität staatlichen Handelns ist die Erkundung, „vor wem" Rechtsakte gerechtfertigt werden sollen. Auf diesen Punkt wird in diesem Abschnitt eingegangen.

Warum die letzte Legitimationsinstanz jedweden Rechtaktes beim jedweder von ihm betroffenen *Individuum* liegen muss, ist in der Literatur überzeugend

---

⁶ Zu den Unterschieden zwischen normativer Legitimation (d. h. Billigungswürdigkeit der Staatsgewalt), soziologischer Legitimation (d. h. faktischer Zustimmung zu einer Ordnung) und formaler Legalität, siehe *Zippelius* Allgemeine Staatslehre¹⁷, § 16, S. 100–104; ähnlich *Habermas* (Diskursethik, S. 54), der die normative Legitimation als „Anerkennungswürdigkeit" der Norm versteht. Siehe auch *Schmelzle*, Leviathan, 40. Jg., Sonderband 27 (2012), S. 419 ff.; oder *Kindhäuser*, R ZStW 107 (1995), S. 716–718.

⁷ *Schmelzle*, Leviathan, 40. Jg., Sonderband 27 (2012), S. 428; im gleichen Sinne *Duff*, Current Legal Problems 51, 1 (1998), S. 248 f. Siehe auch *Forst*, Transnationale Gerechtigkeit, S. 451 f., der das „Recht auf Rechtfertigung" (nämlich das Recht, „als Gründe gebende und Gründe verdienende Person behandelt zu werden") als das elementarste Recht bezeichnet.

⁸ Siehe dazu *Canton*, Theories of Punishment, S. 10: „The reason why punishment needs justification is because it involves – and on most definitions necessarily involves – a deliberate imposition of pain or deprivations or constraints upon freedom. The state normally defends its citizens and other members of its communities against such intrusions. Philosophers have therefore investigated ‚the justifications of punishment' to see how it is that a state may – or even must – impose such hardships when criminal offences have taken place"; ähnlich bereits *Hobbes*, Leviathan, S. 259; *Perron*, Das Beweisantragsrecht, S. 65; *Hörnle*, Straftheorien, S. 18; *Gargarella*, Criminal Law and Philosophy 5 (2010), S. 31; *Pawlik*, Das Unrecht, S. 26; *Hoerster*, Muss Strafe sein?, S. 21 f.; *Murphy*, Philosophy & Public Affairs, 2, 3 (1973), S. 223; *Greco*, Lebendiges, S. 287; *Markel*, Virginia Journal of Criminal Law 1, 1 (2012), S. 7 f.

⁹ Ähnlich *Pawlik*, Das Unrecht, S. 27 f. Zu den am häufigsten genannten Quellen der Legitimität des Staates an sich (Sicherheit, grundrechtliche Freiheitsidee und eventuell demokratische Freiheitsidee), die als Parameter für die Beurteilung der Legitimität staatlichen Handelns dienen, siehe *Starck*, Freiheitsidee, § 33, Rn. 1–3.

¹⁰ Zur politischen Legitimität als Kompetenz zur Veränderung von Rechten und Pflichten vgl. *Schmelzle*, Leviathan, 40. Jg., Sonderband 27 (2012), S. 431 ff. Zum höchst theoretischen bzw. vagen Charakter des Begriffs „Legitimität" vgl. *Schmidtchen*, Zeitschrift für Parlamentsfragen 8 (1977), S. 232 ff.

herausgearbeitet worden.[11] Es gibt in der Tat eine Reihe von Gründen, warum Kollektive – einschließlich der Gesellschaft – diese Rolle nicht übernehmen können. Im Gegensatz zu Individuen sind diese auflösbar und ersetzbar. Außerdem berücksichtigt ein Kollektiv nicht notwendigerweise die Interessen jedes seiner Mitglieder als Einzelpersonen, oder zumindest sind die Belange des Kollektivs nicht unbedingt deckungsgleich mit denen der einzelnen Mitglieder.[12] Innerhalb eines Kollektivs hindert nichts daran, Entscheidungen zu treffen, bei denen die Belange einiger Individuen (aus denen sich das Kollektiv zusammensetzt) außer Acht gelassen werden, um die Interessen des Kollektivs durchzusetzen.[13]

Welche Probleme auftreten, wenn das Kollektiv als ultimative Legitimationsinstanz betrachtet wird, lassen sich im Hinblick auf die Kriminalstrafe deutlich beobachten. Fungiert das Kollektiv als letzte Legitimationsinstanz, so kann der Bestrafte zum Wohle der Allgemeinheit geopfert werden. Diesbezüglich warnt *Zaczyk* zu Recht: „Die Befugnis zur Strafe muss mit der Freiheit der Person selbst verbunden und vereinbar sein, sie kann nicht heteronom aus fremden Zwecken oder aus Werten einer Gemeinschaft allein abgeleitet werden".[14] Die Folgen der Betrachtung des Kollektivs als entscheidendste Legitimationsinstanz wären auch auf der Ebene der Strafnorm sichtbar. Einzig das Völkerrecht setzt dem Staat (Kollektiv) äußere Grenzen. Richtet sich die Strafgewalt innerhalb des völkerrechtlich zulässigen Rahmens an kollektiven Interessen aus, so kann der Optimierung des Rechtsgüterschutzes hohe Priorität eingeräumt werden, auch wenn dies die berechtigen Interessen[15] von Einzelpersonen an der Wahrung ih-

---

[11] Selbstverständlich ist dieser Gedanke kein Novum und im Kern bereits bei *Hobbes* (vgl. hierzu *Celikates/Gosepath*, Politische Philosophie, S. 59) und *Kant* zu finden, wie zum Beispiel in seinem berühmten, bereits oben zitierten Fragment zur Verhandlung des Verurteilten als ein Gegenstand des Sachenrechts (vgl. *Kant*, AA. VI, S. 331). Die folgenden Überlegungen stützen sich vor allem auf die drei Teilprinzipien des „normativen Individualismus", d.h. das erste Prinzip von *von der Pfordtens* Vorschlag für eine normative Ethik, das zur Veranschaulichung dieses Punktes dient. Vgl. dazu *von der Pfordten*, Normative Ethik, S. 23–49. Vgl. ebenfalls die von *Hoerster* (Muss Strafe sein?, S. 81–112) vorgeschlagene „intersubjektive Begründung" der Strafe, die sich bemüht, die Belange des Täters als Mitbürger zu berücksichtigen.

[12] *von der Pfordten*, Normative Ethik, S. 40–42; *Nino*, Los límites, S. 219.

[13] *von der Pfordten*, Normative Ethik, S. 39: „Innerhalb eines einzigen, normativ letztentscheidenden Kollektivs mit ausschließlich internen Relationen kann es gute Gründe der Klugheit geben, einzelne widerstreitende Handlungsgesichtspunkte zu bevorzugen oder zu benachteiligen".

[14] *Zaczyk*, ZStW 123 (2011), S. 701. Demnach besteht ein proportional umgekehrter Zusammenhang zwischen Heteronomie und der Legitimität des Rechtsakts gegenüber dem Betroffenen. Analog dazu postuliert *Coca Vila* (La colisión, S. 284 f.) eine inverse Beziehung zwischen Heteronomie und dem Grad der Bindung an strafrechtliche Pflichten.

[15] *Hoerster* (Muss Strafe sein?, S. 84) verwendet den Begriff „aufgeklärte Interessen" zur Bezeichnung derjenigen Belange, die berücksichtigungswürdig sind, da sie „einen gewissen

rer Handlungsfreiheit erheblich untergräbt.[16] Damit wird die Legitimität des Staates zur Beschränkung der Handlungsfreiheit des Einzelnen zwecks Erreichung seiner Ziele einfach vorausgesetzt, sodass die Strafgewalt in bestmöglicher (kluger) Weise eingesetzt werden kann, was mit einem freiheitsbegründeten Strafrecht nicht ohne weiteres zu vereinbaren ist.[17]

Steht nun fest, dass sowohl Strafvorschriften als auch Strafen letztendlich hinsichtlich jedes der von ihnen betroffenen Individuen gerechtfertigt werden müssen, stellt sich die Frage, wer als „Betroffener" gilt. Der Hauptbetroffene (wenn auch nicht der einzige Betroffene)[18] eines Rechtsakts ist derjenige, der dadurch

---

Rationalitätstest bestanden haben"; ähnlich *Brettschneider*, Political Theory 35, 2 (2007), S. 186. Ebenfalls dieser Idee zugeneigt, sich aber auch der damit verbundenen Gefahren bewusst *Murphy*, Philosophy & Public Affairs, 2, 3 (1973), S. 229–231.

[16] Ein anschauliches Beispiel hierfür findet sich in BVerfG, Beschluss der 2. Kammer des Ersten Senats vom 21. Dezember 2004 – 1 BvR 2652/03, Rn. 1–34. Die Verfassungsbeschwerde betraf ein Ordnungswidrigkeitenverfahren nach § 24a Abs. 2 des Straßenverkehrsgesetzes (StVG). Der Beschwerdeführer, der um 21.30 Uhr einen Joint geraucht hatte und am nächsten Tag um 13.30 Uhr Auto fuhr, wurde gemäß dieser Vorschrift – die eine Nullwertgrenze hinsichtlich des Konsums von Drogen (außer Alkohol) am Steuer vorsieht – verurteilt. Obwohl das BVerfG die angefochtenen Entscheidungen wegen Verletzung des Art. 2 Abs. 1 GG letztlich aufhob, wurde im Urteil Folgendes in Bezug auf die Verfassungsmäßigkeit der erwähnten Vorschrift festgestellt: „24a Abs. 2 Satz 1 und 2 StVG dient, wie ausgeführt, der Erhöhung der Sicherheit im Straßenverkehr und damit dem Schutz insbesondere von Leib, Leben und Eigentum der Verkehrsteilnehmer. Das sind besonders wichtige, auch verfassungsrechtlich geschützte (vgl. Art. 2 Abs. 2 Satz 1, Art. 14 GG) Rechtsgüter. Dem steht auf Seiten der von der Sanktionsnorm Betroffenen ‚nur' die allgemeine Handlungsfreiheit des Art. 2 Abs. 1 GG gegenüber. Dem Bundesverkehrsministerium ist zu folgen, wenn es in seiner Stellungnahme ausführt, dass diesem Recht im Verhältnis zu dem durch jene Rechtsgüter repräsentierten Allgemeinwohl tendenziell weniger Gewicht zukommt". So weist diese Argumentation der Handlungsfreiheit – im Rahmen der abstrakten Gewichtung der Grundrechte – einen nachrangigen Wert zu (dazu *Cornils*, Handlungsfreiheit § 168, Rn. 102).

[17] Vgl. in diesem Sinne *Zaczyk*, ZStW 123 (2011), S. 702 f.; oder *Murphy*, Philosophy & Public Affairs, 2, 3 (1973), S. 223, der darauf hinweist, dass dies der Fall bei einer utilitaristischen Perspektive ist, aufgrund der Nichtbeachtung folgender Frage: „Even if punishment has wonderful social consequences, what gives anyone the right to inflict it on me?".

[18] Vgl. z. B. *von der Pfordten* (Normative Ethik, S. 25), der eine umfassende Definition der Betroffenheit festlegt. Diese sei „eine Relation zwischen der fraglichen Handlung und den moralisch relevanten Individuen. Diese Relation besteht darin, dass diese Handlung den moralisch relevanten Individuen mit ihren moralisch entscheidenden Eigenschaften im konkreten Einzelfall entweder entsprechen oder widersprechen kann, und zwar in praktischer, nicht nur logischer Form". Aus dieser Definition ergibt sich, dass auch das Opfer nicht nur durch die Strafnorm, sondern auch durch die Kriminalstrafe betroffen ist, was eigentlich unbestreitbar scheint. In dieser Abhandlung wird aber nicht auf die Debatte eingegangen werden, ob beide erwähnten Ebenen des *ius puniendi* auch gegenüber dem Opfer legitimiert werden sollen. Zur Diskussion über die Begründung der Kriminalstrafe gegenüber dem Opfer siehe *Hörnle*, Straftheorien, S. 36–42. Wie im Teil III C I 3 gezeigt wird, bleibt das in dieser Untersuchung vorge-

eine tatsächliche Beeinträchtigung seiner Rechte erfährt.[19] Demnach ist im Falle der Strafnorm der Hauptbetroffene nicht der Bürger als Normbegünstigter (Facette der Norm als Erwartungssicherung), sondern derselbe Bürger als potentieller Täter (Facette der Norm als Pflichtquelle),[20] der in seiner Handlungsfreiheit eingeschränkt wird.[21] Im Falle einer Verurteilung ist der Hauptbetroffene offensichtlich der Bestrafte, der sowohl die Übelzufügung[22] als auch den Tadel[23] erdulden muss. Damit ist nicht gemeint, dass das Opfer und die Gesellschaft nicht „betroffen" sind und die Strafnorm oder die Kriminalstrafe ihnen gegenüber nicht gerechtfertigt sein muss, sondern nur, dass diese Rechtsakte erst dann als zulässig erachtet werden können, wenn sie vor dem Hauptbetroffenen begründbar sind.[24]

Daraus folgt, dass bei der Auseinandersetzung mit der Legitimation staatlicher Strafgewalt unterschiedliche Akzente gesetzt werden können, je nachdem, welcher Aspekt der staatlichen Strafgewalt (d. h. die Strafrechtspflege als solche oder die Verhängung einer Kriminalstrafe) im Mittelpunkt der Legitimationsbemühungen steht. Während also einige Autoren den Schwerpunkt auf die Strafnorm bzw. die Strafe als Praxis legen,[25] gehen andere den umgekehrten Weg und

---

schlagene Modell des Bürgerstrafrechts vom Ergebnis dieser Diskussion weitgehend unberührt.

[19] Vgl. *Coca Vila*, La colisión, S. 284 f.: „Pflichten müssen zunächst gegenüber denjenigen legitimiert werden, die ihre Kosten tragen"; ähnlich *Pérez Barberá*, InDret 4 (2014), S. 15.

[20] Zu diesen beiden Facetten der Verhaltensnorm vgl. *Silva Sánchez*, Aproximación, S. 586.

[21] Dass rechtliche Imperative einen Eingriff in die Handlungsfreiheit darstellen, steht außer Zweifel. Vgl. hierzu *Cornils*, Handlungsfreiheit § 168, Rn. 74; ähnlich *Pawlik*, Das Unrecht, S. 99 f.; *Nino*, Doctrina Penal 12 (1989), S. 37 f.; *Silva Sánchez*, Aproximación, S. 436. Selbst wenn man den Imperativcharakter der Strafnorm leugnet (und sie als Appell zum normgemäßen Verhalten ansieht), bleibt unbestreitbar, dass die Sanktionsnorm verhaltensleitend wirkt. Vgl. dazu *Hörnle*, Straftheorien, S. 10 f. Dies gilt unbeschadet der Tatsache, dass Verhaltensnormen keinesfalls die Freiheit aller ihrer formalen Adressaten gleichermaßen einschränken, sondern sie richten sich häufig an ein bestimmtes Bevölkerungssegment. So betrifft in der Praxis der Tatbestand von § 249 StGB (Raub) so wenig die Handlungsfreiheit eines reichen Unternehmers, wie die Vorschriften des UWG (Gesetz gegen den unlauteren Wettbewerb) eine auf der Straße lebende Person betreffen.

[22] Nämlich das in der Entziehung bzw. Beeinträchtigung der Grundrechte auf Freiheit und Eigentum zum Ausdruck kommende Strafleid. Dazu vgl. *Pawlik*, Das Unrecht, S. 117.

[23] Siehe *Greco*, Lebendiges, S. 297: „Schon die staatliche Feststellung, dass man eine Straftat begangen hat, ist ein rechtfertigungsbedürftiger Eingriff in die Sphäre des Bürgers".

[24] Vor der Gefahr warnend, wegen der Fokussierung auf die Rechtfertigung gegenüber dem Täter die notwendige Begründung des Strafrechtssystems gegenüber der Gesellschaft zu vergessen, *Hörnle*, GA 2023, S. 8 f.

[25] Mir ist bewusst, dass die Bedeutung des Begriffs „Strafe als Praxis oder Institution" nicht deckungsgleich ist mit der von Strafnorm oder Kriminalisierungstheorie. Dennoch habe ich einen triftigen Grund, sie in diesem Zusammenhang so zu verwenden, als wären sie gleichwertig. Ein Blick in die Literatur zeigt Folgendes: Trotz der äußerst uneinheitlich verwendeten

I. Zur Frage, vor wem Strafnorm und Kriminalstrafe gerechtfertigt werden sollen 197

fokussieren sich auf die Legitimität der zu verhängenden Strafe[26]. Eine dritte Gruppe von Autoren ist der Ansicht, dass auf beiden Ebenen differenzierte Begründungen geliefert werden sollten, ist sich aber uneins darüber, wem gegenüber Normen und Kriminalstrafen gerechtfertigt sein sollten. Im Folgenden werden diese verschiedenen Auffassungen kurz skizziert, da sie mit der Frage in Verbindung stehen, *vor wem* und daher *wie* die Strafgewalt legitimiert werden sollte.

Historisch gesehen ist die Zuweisung einer zentralen Rolle an die in der Strafnorm enthaltene Androhung eng mit dem Liberalismus und der Kodifizierung des 19. Jahrhunderts verbunden. Bis zu diesem Zeitpunkt stand die Verhängung – und vor allem die Vollstreckung – der Strafe im Zentrum der Aufmerksamkeit und damit auch der Legitimationsbemühungen.[27] Mit der Kodifizierung wurde die Bestrafung lediglich zu einem weiteren Verfahrensakt, dessen Vollstreckung vom Verwaltungsapparat übernommen wurde.[28] Dies hätte zwei wichtige Folgen nach sich gezogen: Zum einen würde das körperliche Leiden nicht mehr als das wesentliche Element der Strafe angesehen,[29] und zum anderen würde der Täter bei dem Kalkül der Strafe (i.S.v. Strafform und Strafzumessung) weniger wichtig als die anderen Normadressaten, die zur Vorbeugung künftiger Straftaten in ihrem Verhalten beeinflusst werden sollten.[30]

Terminologie überwiegt die Ansicht, dass die relevante Unterscheidung im Hinblick auf die Legitimation des *ius puniendi* zwischen einem der genannten Konzepte einerseits und der Verhängung einer Kriminalstrafe andererseits besteht. So unterscheidet *Hörnle* (Straftheorien, S. 5 f.) zwischen Strafnormen und der Verhängung einer Strafe; *Silva Sánchez* (Aproximación, S. 506) zwischen Verhaltens- und Sanktionsnormen; und *Rawls* [The Philosophical Review 64, 1 (1955), S. 5] zwischen Strafe als Praxis und die Begründung eines bestimmten Akts dieser Praxis. *Rawls* (ebd., S. 6) setzt die Strafnorm sogar vollständig mit der Strafe als Praxis gleich, wie es in diesem Abschnitt getan wird.

[26] Wenn hier auf die Legitimation der Kriminalstrafe oder der „zu verhängenden Strafe" Bezug genommen wird, so ist dies so zu verstehen, dass es sowohl die Verhängung als auch die Vollstreckung der Strafe betrifft.

[27] So behauptete z.B. *Bruneau* (ein damaliger französischer Autor): „Der schwierigste Punkt in einem Strafverfahren ist die Vollstreckung der Strafe: sie ist Zweck und Ende des gesamten Verfahrens und bei guter Arbeit ist sie durch Exempel und Terror die einzige Frucht des Verfahrens" (Das Zitat stammt von *Foucault*, Überwachen, S. 75, Fn. 43). Vgl. auch *Silva Sánchez*, Aproximación, S. 318, wonach Verhaltensnormen kaum relevant waren, sowohl aufgrund einer übermäßigen bzw. unverständlichen Regelung als auch wegen der Existenz von parallelen Gerichtsbarkeiten sowie eines praktisch unbegrenzten gerichtlichen Ermessensspielraums.

[28] *Foucault*, Überwachen, S. 15–17. Der Geist der Aufklärung zeigt sich deutlich in *Montesquieus* klassischer Phrase: „Mais les juges de la nation ne sont, comme nous avons dit, que la bouche qui prononce les paroles de la loi" (ebd., De L'Esprit des Lois, Livre XI, Chapitre VI).

[29] *Foucault*, Überwachen, S. 18 f.

[30] Vgl. *Foucault*, Überwachen, S. 121, der dieses Paradox als „Regel der Nebenwirkungen" bezeichnet.

Ein überzeugter moderner Verfechter dieser Schwerpunktsetzung auf die Strafnorm ist der spanische Strafrechtler *Silva Sánchez*. Ihm zufolge besteht die grundlegende kriminalpolitische Entscheidung – und damit die richtige Perspektive für die Erörterung der Legitimität des Strafrechts – darin, ob ein Verhalten unter Strafandrohung zu verbieten ist, wohingegen die Verhängung der Strafe eine zweitrangige Bedeutung zukommt.[31] Um zu dieser Schlussfolgerung zu gelangen, führt er mehrere Argumente an, wobei er u. a. den rationalen Dialog zwischen der Vorschrift und ihren Adressaten sowie die präventive Wirkung der Norm und die in ihr zum Ausdruck kommenden Garantieelemente hervorhebt.[32] Dessen ungeachtet geht *Silva Sanchez* bei der Würdigung der Legitimität der staatlichen Strafgewalt von einem utilitaristischen Ansatz aus: sie sei nur dann legitim, wenn sie dazu beiträgt, das Ausmaß sozialer Gewalt zu verringern. Dazu müsse der Staat aber nicht nur die von Dritten ausgehende Gewalt reduzieren (nach einem utilitaristischen Präventionsprinzip), sondern auch seine eigene Gewaltanwendung verringern, was anhand des utilitaristischen Prinzips der Minimalintervention sowie nicht utilitaristischer individueller „Garantieprinzipien" (wie z. B. Humanität, Verhältnismäßigkeit, Resozialisierung usw.) erfolge.[33] Es bestehe also eine Antinomie zwischen diesen „Teilprinzipien", die zur Erreichung des Ziels der Gewaltreduzierung erforderlich sind, was eine Synthese derselben erfordert (die er als „gerechte Prävention" bezeichnet).[34] Damit berücksichtigt *Silva Sánchez* auf der Ebene der Strafnorm nicht nur die Interessen des Opfers und der Gesellschaft, sondern auch die des potenziellen Täters an seiner Freiheit,[35] indem er die Garantiefunktion des Strafrechts als Institution unterstreicht.[36] Dabei hat *Silva Sánchez* – wie unten dargestellt – eines der bestentwickelten Modelle eines „Bürgerstrafrechts" vorgelegt.[37]

Die von *Silva Sánchez* gewählte Vorgehensweise birgt jedoch ein potenzielles Problem. Wie er selbst einräumt, sollte jeder realistische Strafrechtsansatz auch dem Strafleid Rechnung tragen.[38] Schließlich ist das Strafübel nicht nur aus der Sicht der idealen Kommunikation unerklärlich, sondern erfordert einen – im Ver-

---

[31] *Silva Sánchez*, Aproximación, S. 293, 612 f., 659.
[32] Vgl. dazu *Silva Sánchez*, Aproximación, S. 314–319.
[33] *Silva Sánchez*, Aproximación, S. 340 f., 387.
[34] Vgl. *Silva Sánchez*, Aproximación, S. 442–447, 471 f., 492.
[35] Vgl. *Silva Sánchez*, Aproximación, S. 303–305.
[36] Vgl. *Silva Sánchez*, Aproximación, S. 338 f. Dies steht in deutlichem Gegensatz zu Vereinigungstheorien wie denen von Hart oder Rawls, die die Begründung der Strafnorm (im Gegensatz zur Kriminalstrafe) als rein utilitaristisch begreifen. Siehe hierzu unten in diesem Abschnitt.
[37] Siehe insbesondere *Silva Sánchez*, Presupuestos, S. 715–725; *ders.*, *Malum*, S. 61–110; oder unten Teil II D III.
[38] Vgl. *Silva Sánchez*, Aproximación, S. 497 f. Er behauptet sogar, dass keine Strafrechts-

I. Zur Frage, vor wem Strafnorm und Kriminalstrafe gerechtfertigt werden sollen

gleich zur Verhaltensnorm – verstärkten Legitimationsdiskurs, da es eine stärkere Freiheitsbeschränkung (Grad an Betroffenheit) bewirkt. Genau aus diesem Grund – wie *Silva Sánchez* selbst betont – ist der Umfang des strafrechtlich Verbotenen weiter gefasst als das, was tatsächlich bestraft wird.[39] Insofern lässt sich bei der Untersuchung der Legitimität der staatlichen Strafgewalt die Verhängung der Kriminalstrafe nicht als zweitrangiges Phänomen behandeln: das wäre nicht anders, als den Kopf in den Sand zu stecken. Deshalb schlägt *Pawlik* genau den entgegengesetzten Weg ein wie der spanische Autor: Dreh- und Angelpunkt jeglicher Überlegungen zum Strafrecht kann nur das in der Zwangsausübung ausgedrückte Ärgernis der Strafe sein.[40] Dabei vertritt *Pawlik* ein deontologisches Verständnis der Strafe, wonach sowohl ihr Realgrund als auch ihr Rechtsgrund in der begangenen Straftat und nicht in präventiven Erwägungen liegt.[41] Wie aber versucht *Pawlik*, das Strafrecht von jeder utilitaristisch-präventiven Färbung zu befreien?

Der Eckpfeiler von *Pawliks* Modell ist der Gedanke der Freiheit des Bürgers. Seiner Theorie zufolge – auf die unten näher eingegangen wird –[42] konvergieren Aufgabe des Strafrechts (Aufrechterhaltung einer Daseinsordnung von Freiheit) und Begründung der Strafe (Umwandlung der für die Aufrechterhaltung der Freiheitsordnung unabdingbaren Mitwirkungspflicht des Bürgers in eine Duldungspflicht der Strafe bei Nichterfüllung).[43] So sieht *Pawlik* auch keinen Sinn darin, zwischen der Begründung der Strafe als Institution und der Begründung der Verhängung einer konkreten Strafe zu unterscheiden: Die Legitimität jeder konkreten Bestrafung wäre „geliehen", d. h. sie würde von der Legitimität der

---

theorie auf ein „Vergeltungsmoment" bei der Bestrafung verzichten kann, auch wenn er hinzufügt, dass „dies offensichtlich nicht das legitime Ziel der Intervention ist" (ebd., S. 319, Fn. 64).

[39] Vgl. *Silva Sánchez*, Aproximación, S. 619 f., S. 656.

[40] *Pawlik*, FS-Schroeder, S. 385: „Dies aber – der Vollzug des Strafzwanges – muß aus der Sicht einer dem Freiheitsgedanken verpflichteten Straftheorie als das eigentliche Ärgernis der Strafe und damit auch als der wahre Gegenstand aller Legitimationsbemühungen gelten"; ders., Das Unrecht, S. 25 f. und S. 58, wonach bereits *Feuerbach* diesen Ansatz vertreten habe. Ähnlich *Greco* (Lebendiges, S. 288 ff.) mittels seines Prinzips des „methodischen Pessimismus": Dieser Grundsatz artikuliere „nur die Intuition, dass gerade dasjenige, was problematisch erscheint, auch zu problematisieren, dasjenige, was fragwürdig erscheint, auch zu hinterfragen ist. Es verbietet deshalb das billige, aber leider immer wieder praktizierte Kehren des Staubes unter den Teppich, das wir schon als das Grundprinzip aller Etikettenschwindeleien ausgearbeitet haben". Für eine a.A. siehe *Duff*, The Realm, S. 6, für den die Kriminalstrafe nur eine zum materiellen Strafrecht und Strafprozessrecht gleichrangige Rolle spielt.

[41] *Pawlik*, Das Unrecht, S. 59 f.

[42] Siehe Teil II D V.

[43] Vgl. *Pawlik*, Das Unrecht, S. 116: „Die Freiheit des einzelnen ist der Grund des Rechts und nicht lediglich ein disponibler Reflex von Allgemeininteressen"; und S. 107: „Ihren Legitimationsgrund aber findet die strafbewehrte Mitwirkungspflicht in der Freiheit der Bürger".

Institution selbst abhängen. Und die Institution der Strafrechtpflege wäre insofern legitim, als sie „unverzichtbar für den Bestand einer freiheitlichen Lebensform ist" und natürlich selbst „freiheitskonform ausgestaltet" ist.[44] Seinerseits sei das Strafübel nicht anders als die (glaubwürdige) Demonstration der unauflöslichen Bindung zwischen Freiheitsgenuss und Mitwirkungspflichterfüllung.[45]

Neben dem Verdienst, Strafnorm und Kriminalstrafe gegenüber dem Hauptbetroffenen ausreichend zu rechtfertigen, weist diese Theorie auch eine Reihe von Vorteilen auf, insbesondere – was diese Arbeit angeht – eine kohärente Übertragung auf das Strafanwendungsrecht.[46] Die Konsistenz des Modells von *Pawlik* wird jedoch zu einem nicht geringen Preis erreicht. Wie er selbst betont, enthält sein Modell eine Straftheorie, aber keine Kriminalisierungstheorie, denn „die Grenzen zulässiger Kriminalisierung näher zu bestimmen ist eine bedeutsame verfassungsrechtliche Aufgabe, aber sie wirft überwiegend andere Fragen auf als die unter dem Titel der Straftheorie zu erörternde Problematik".[47] Zudem vertritt *Pawlik* eine nicht zweckgelöste Vergeltungstheorie (was häufig abwertend als „verdeckt-relative Straftheorie" bezeichnet wird):[48] es geht nicht darum, um der Strafe willen zu bestrafen, sondern – wie bei konsequentialistischen Theorien – zur Erhaltung der sozialen Ordnung.[49] Deshalb ist *Pawlik* der Ansicht, dass bei der Nichteinhaltung der Mitwirkungspflicht der Staat zwar bestrafen kann, aber nicht dazu verpflichtet ist (d.h. seine Konzeption entspricht einer Strafermöglichungstheorie, nicht einer Straferzwingungstheorie).[50] Damit verbannt *Pawlik*

---

[44] Vgl. dazu *Pawlik*, Das Unrecht, S. 26f., Fn. 10 und S. 71, Fn. 345.

[45] *Pawlik*, Das Unrecht, S. 116f. Zu den Schwächen einer rein verbalen Botschaft (d.h. einer Strafe, die nur aus einem Unwerturteil – ohne Strafübel – besteht), siehe *Hörnle*, Straftheorien, S. 44f.

[46] Diesbezüglich siehe unten Teil II D V 3.

[47] *Pawlik*, Das Unrecht, S. 108. In diesem Sinne verläuft er also diametral entgegengesetzt zu *Silva Sánchez* (Aproximación, S. 293), der die Untersuchung der Ziele des Strafrechts – obwohl dieses Thema normalerweise der politischen Philosophie überlassen wird – für unerlässlich hält.

[48] So z.B. *Frommel*, Präventionsmodelle, S. 104ff.; ähnlich *Gallas*, Beiträge zur Verbrechenslehre, VI, S. 4: „Vorbeugung durch Vergeltung"; *Hart*, Punishment and Responsibility, S. 9: „disguised forms of Utilitarianism"; gerade hinsichtlich Pawlik, *Pérez Barberá*, InDret 4 (2014), S. 11: „closet consequencialism"; mit einer unterstützenden Einstellung hingegen *Berman*, Two Kinds of Retributivism, S. 434: „retributivist consequentialism"; im deskriptiven Sinne *Schneider*, LK[13], Vor §§ 46, Rn. 29: „relative Vergeltungstheorie".

[49] Es gehe nicht anders, denn wie *Gärditz* (Weltrechtspflege, S. 326 m.w.N.) zu Recht anmerkt: „Absolut begründete Strafe im Sinne echter Zweckfreiheit verbietet sich daher verfassungsrechtlich von vornherein"; ähnlich *Schneider*, LK[13], Vor §§ 46, Rn. 30.

[50] *Pawlik*, Das Unrecht, S. 109. In dieser Hinsicht ähnelt Pawliks Vorschlag dem Gedanken eines „negative Retributivism" aus der angelsächsischen Literatur. Zu diesem Konzept siehe *Duff*, P.C.C., S. 12. *Duff* selbst behauptet, dass ein Leitprinzip der Kriminalisierung höchstens

die konsequentialistischen Elemente aus seinem Modell (nämlich, die Prüfung, ob die Strafe zur Sicherung der gesellschaftlichen Ordnung beiträgt), indem er sie auf eine von ihm nicht thematisierte Kriminalisierungstheorie verschiebt.[51] Das daraus entstehende Problem wird in jenen Fällen deutlich, in denen die Verhängung einer konkreten Strafe angesichts der Verletzung der Mitwirkungspflicht offensichtlich unvereinbar mit der Aufrechterhaltung der Freiheitsdaseinsordnung ist. Ein Beispiel hierfür wäre ein Strafjustizsystem, das aufgrund der hohen Anzahl von Strafverfahren wegen Bagatelldelikten am Rande des Zusammenbruchs steht, so dass die Verfolgung dieser Delikte sozial schädlicher ist als ihre Straflosigkeit, denn andernfalls würde die Justiz bei der Verfolgung schwererer Delikte zunehmend ineffizient.[52] Dies wiederum untergräbt die Freiheitsordnung, die gerade der Grund für Strafnorm und Kriminalstrafe ist. Hier sei eine Verfolgung und anschließende Bestrafung ein Unsinn: Es geht also hier nicht darum, dass der Staat von der Strafe absehen *kann* (wie *Pawlik* betont), sondern dass er absehen *muss*. Ein umfassendes Bild von der Legitimität der Ausübung staatlicher Strafgewalt setzt daher auch die Berücksichtigung einer Kriminalisierungstheorie und der ihr quasi inhärenten auf Sozialnützlichkeit ausgerichteten Überlegungen voraus.[53]

Gerade zur Überwindung der genannten Schwierigkeiten, die sich bei einer Fokussierung auf die Strafnorm oder die Kriminalstrafe bei der Prüfung der Legitimation der Strafgewalt ergeben, entstehen jene Auffassungen, die streng zwischen der Begründung der Strafnorm bzw. der Strafe als Institution/Praxis einerseits und der konkret zu verhängenden Strafe andererseits unterscheiden.[54] Bei

---

eine Erklärung dafür liefern kann, was ein triftiger Grund für eine Kriminalisierung ist, nicht aber dafür, was man überhaupt unter Strafe stellen sollte (*ders.*, The Realm, S. 8, Fn. 28).

[51] Deswegen kann *Pawlik* (vgl. Das Unrecht, S. 80) die Lehre von der positiven Generalprävention als Strafrechtstheorie hinnehmen, nicht aber als Straftheorie. Und deswegen schreibt er auch Folgendes (vgl. Das Unrecht, S. 117): „Je sicherer eine Gesellschaft ihrer selbst ist, desto eher nimmt sie das Verbrechen als ein ‚Unfestes und Isoliertes' wahr und desto milder können dann auch die Strafen ausfallen".

[52] Ähnlich *Goldman*, Law and Philosophy 1 (1982), S. 60f.

[53] Vgl. auch *Gärditz*, Weltrechtspflege, S. 326, Fn. 59: „Weder bedeutet das Erfordernis eines Gemeinwohlzwecks, dass beliebige Zwecke verfolgbar wären, noch dass eine Zweckerreichung um jeden Preis zulässig wäre. Vielmehr erlangt man erst durch die Definition legitimer Zwecke systemimmanente Begrenzungen staatlichen Strafens, an denen der Mitteleinsatz verfassungsrechtlich gemessen werden kann". Insofern ist auch bei *Kant* – wie *Scheid* [ARSP 72 (1986), S. 228] zu Recht feststellt – eine konsequentialistische Rechtfertigung der Strafe als Institution vorhanden, da der Rechtsstaat (mit seinem System von Gesetzen und Strafen) gegenüber dem Naturzustand als bestes Mittel zur Sicherung der individuellen Freiheit eines jeden gerechtfertigt wird.

[54] Dass diese Konzeptionen sich nicht „fast ausschließlich" auf einen Aspekt fokussieren, bedeutet nicht, dass sie nicht einem Aspekt „Vorzug" einräumen. Siehe zum Beispiel *Rawls*,

diesen Konzeptionen gibt es nun mindestens zwei Stränge.⁵⁵ Ein erster, vereinfachender Strang, der von einer Vielzahl von Autoren – darunter *Hart*, *Rawls* und *Nino* – propagiert wird, schreibt der Strafnorm bzw. die Strafe als Institution eine ausschließlich utilitaristisch-präventive Begründung zu, nicht aber jedem konkreten Akt der Bestrafung, deren Rechtfertigung auf deontologischen Erwägungen beruhe.⁵⁶ Diese Vorstellungen genügen jedoch nicht einmal der oben genannten Anforderung, die Strafnorm (als rechtsbeschränkender Rechtsakt) gegenüber dem maßgebend betroffenen Individuum (dem Normadressaten in seiner Facette als potentieller Täter) zu begründen.⁵⁷ Daher schlägt eine zweite Variante eine vierfache Unterscheidung vor: Sowohl Strafnorm als auch jede Verhängung einer Kriminalstrafe sollten sich sowohl gegenüber der Gesellschaft als auch gegenüber dem betroffenen Individuum rechtfertigen lassen, wobei gegenüber dem betroffenen Individuum (auf beiden Ebenen) nur deontologische Erwägungen als Begründung zulässig sind.⁵⁸ Auf die Plausibilität derartiger Begründungsdiskurse und die ihnen gegenüber potentiell zu formulierenden Einwände kann hier nicht eingegangen werden.⁵⁹ Es dürfte aber genügen, auf Folgendes hinzuweisen: Indem diese zum zweiten Strang gehörenden Konzeptionen am

---

The Philosophical Review 64, 1 (1955), S. 6: „One might say, however, that the utilitarian view is more fundamental since it applies to a more fundamental office, for the judge carries out the legislator's will so far as he can determine it".

⁵⁵ Für andere mögliche Varianten siehe z. B. *Scheid*, ARSP 72 (1986), S. 229 f.

⁵⁶ Vgl. *Rawls*, The Philosophical Review 64, 1 (1955), S. 6: „One can say, then, that the judge and the legislator stand in different positions and look in different directions: one to the past, the other to the future. The justification of what the judge does, qua judge, sounds like the retributive view; the justification of what the (ideal) legislator does, qua legislator, sounds like the utilitarian view"; ähnlich *Hart*, Punishment and Responsibility, S. 8 ff., der zwischen „general justifying aim" (hier, die Strafrechtspflege) und „issues of distribution" (hier: Verteilung oder Zuerkennung von Strafen an bestimmte Individuen) unterscheidet; *Fletcher*, ZStW 101 (1989), S. 813 f.; und *Nino*, Los límites, S. 209 ff. Eine gleichartige Entkopplung von Begründungen wurde bereits von Feuerbach vorgeschlagen (dazu *Pawlik*, Das Unrecht, S. 70; *Silva Sánchez*, Aproximación, S. 337 f., Fn. 127).

⁵⁷ Hinzu kommt die übliche Kritik an diesen Theorien wegen ihrer axiologischen Inkohärenz. Zu den erwähnten Kritikpunkten siehe u. a. *Pawlik*, S. 26 f., Fn. 10 und S. 85 f., Fn. 448; *Silva Sánchez*, Aproximación, S. 326 und 338 f.; *Pérez Barberá*, InDret 4 (2014), S. 15.

⁵⁸ So z. B. *Pérez Barberá*, InDret 4 (2014), S. 8 f.; oder *Ten*, Fairness, in: Oxford Studies in Philosophy of Law, vol. 2, S. 209 ff., demzufolge nicht nur das Ziel der Verbrechensbekämpfung, sondern auch die Fairness in das, was Hart als *General Justifying Aim* bezeichnet, einbezogen werden sollte; etwas anders *Hörnle*, Straftheorien, S. 3–7, die die Strafnorm gegenüber dem Betroffenen mit dem Hinweis auf die Wahrung von Rechten Dritter (im Hinblick auf die Verhaltensnorm) und die bloße moralische Ansprechbarkeit und Klugheit des Normadressaten (im Hinblick auf die Sanktionsnorm) rechtfertigt (vgl. dazu *Hörnle*, ebd., S. 13–15).

⁵⁹ Dazu vgl. z. B. *Pawlik* (Das Unrecht, S. 85 f., Fn. 448), der an *Hörnle* dieselbe Kritik (d. h. axiologische Inkohärenz) übt, wie an der ersten Variante von *Hart* bzw. *Rawls*.

I. Zur Frage, vor wem Strafnorm und Kriminalstrafe gerechtfertigt werden sollen 203

Grundsatz festhalten, das Individuum als unausweichliche Legitimationsinstanz nicht nur in Bezug auf die Kriminalstrafe, sondern auch in Bezug auf die Strafnorm zu betrachten, greifen sie im Endeffekt – wie *Pawlik* oder *Silva Sánchez* – auf eine *relationale Auffassung* der Legitimität der Strafgewalt zurück, die in vielen (wenn auch nicht allen) Fällen auf dem politischen Verhältnis der Staatsbürgerschaft beruht,[60] wobei diese (wie unten ausführlich zu sehen sein wird) in einem materiellen Sinne und nicht als Staatsangehörigkeit zu verstehen ist.

Es bleibt nun zu klären, warum die oben genannten Überlegungen in die Forderung nach einem Bürgerstrafrecht einfließen. Obwohl die Antwort im folgenden Abschnitt deutlicher werden sollte, ist hier eine kurze Erläuterung angebracht. Jene Autoren, nach denen nur die Verhängung einer Strafe gegenüber dem betroffenen Individuum (in diesem Fall dem Täter) deontologisch zu rechtfertigen ist, nicht aber die Strafnorm bzw. die Strafe als Institution (die nur gegenüber der Gesellschaft konsequentialistisch zu rechtfertigen wäre), halten die Legitimität der Kriminalstrafe in der Regel für ausreichend begründet, wenn bestimmte, auf die Tatbegehung bezogene Umstände vorliegen (insbesondere eine schuldhafte Begehung bzw. eine mutmaßliche „Einwilligung in der Strafe durch die Straftat"). Geht man hingegen davon aus, dass die Strafnorm auch gegenüber dem Normadressaten in seiner Facette als potentieller Täter begründet sein muss (d.h., dass die Norm nicht nur zur Ergebnisoptimierung eingesetzt werden kann), dann hängt die Legitimität der Norm – und folglich die der auf ihr basierenden Kriminalstrafe – gegenüber diesem Individuum auch von vor der Tatbegehung geschehenen Umständen ab: anders kann es nicht sein, denn die Normeinhaltungspflicht soll der Straftat (Normverletzung) vorausgehen. In diesem letzten Fundierungsansatz sind alle Theorien zum „Bürgerstrafrecht" angesiedelt. Im folgenden Abschnitt (Teil II C II) werden kurz die Nachteile skizziert, die sich aus einem ausschließlich auf tatbezogene Umstände beruhenden Modell zur Straflegitimation ergeben, bevor die Modelle des Bürgerstrafrechts näher untersucht werden (erst in Teil II D).

---

[60] So hält beispielsweise *Hörnle* – trotz einiger Einwände – die Fairnesstheorie von *Pawlik* für die überzeugendste Begründung der Strafe gegenüber dem Betroffenen (Straftheorien, S. 56–59), während *Pérez Barberá* [InDret 4 (2014), S. 29 ff.] sich für eine Diskurstheorie (vgl. dazu Teil II D II) entscheidet.

II. Warum die Legitimation zur Bestrafung nicht ex nihilo aus der Tatbegehung entstehen kann

Es ist weitgehend unbestritten, dass die Kriminalstrafe gegenüber dem Täter gerechtfertigt werden muss.[61] Jetzt stellt sich die Frage, *wie* diese Begründung erfolgen soll. Wie im vorigen Abschnitt ausgeführt, gibt es in groben Zügen zwei Arten von Strafbegründungsdiskursen gegenüber dem Täter: 1) diejenigen, die sich auf die *bloße Tatbegehung* und ihre Umstände beziehen, und 2) diejenigen, die *auch auf vor der Tatbegehung* geschehene Umstände achten.[62] Etwas vereinfacht lässt sich dazu Folgendes festhalten. Für die erste Rechtfertigungsart soll nur die Kriminalstrafe gegenüber dem Täter begründet werden, wobei es ausreicht, dass die Straftat als eine autonome Handlung des Täters angesehen werden kann. Andere institutionelle Erwägungen (die nichts unmittelbar mit der Autonomie des Täters in Verbindung stehen) sind somit im Prinzip unerheblich. Für die zweite Begründungsart ist hingegen auch eine deontologische Rechtfertigung der Strafe als Institution gegenüber dem Normadressaten unabdingbar. Dazu reicht die Feststellung eines autonomen Handelns des Täters nicht aus, obwohl dies natürlich erforderlich ist. Zudem müssen aber auch institutionelle Erwägungen berücksichtigt werden, die (zumindest teilweise) außerhalb des Verantwortungsbereichs des Täters liegen.[63]

Wie bereits erläutert, ist der Bedarf an Rechtfertigung der Kriminalstrafe gegenüber dem Verurteilten aufgrund seines hohen Grads an Betroffenheit offensichtlich. Die Strafe ist primär ein Eingriff in die Rechte des Verurteilten,[64] auch wenn sie zusätzlich eine Warnung an Dritte darstellen kann. Daraus ergibt sich die nahezu unwiderlegbare Erkenntnis, dass nur eine vom Täter „verdiente" Strafe legitim ist.[65] So müssen auch jene Autoren, die das Strafrecht (angeblich) ausschließlich auf Vorbeugung ausrichten und jedes vergeltende Element strikt

---

[61] *Hörnle* (Straftheorien, S. 48 f.) bemüht sich, einige Beispiele für Autoren zu finden, die diese Grundvoraussetzung verkennen, doch einer der zitierten Autoren behauptet – vielleicht ein Beleg dafür, wie schwierig eine solche Position zu vertreten ist –, Hörnle habe ihn missverstanden (siehe *Frister*, AT⁹, S. 25, Fn. 31).

[62] Vgl. *Hörnle*, Straftheorien, S. 49 f.

[63] Ähnlich *Silva Sánchez*, FS-Kindhäuser, S. 476; *ders.*, Presupuestos, S. 715 f., demzufolge die Pflicht zur Normerfüllung (und die daraus resultierende staatliche Legitimität zur Bestrafung bei Nichteinhaltung) je nach Standpunkt entweder aus einem „organisatorischen" (d. h. auf der Autonomie des Handelnden beruhenden) Band oder aus einer institutionellen Bindung (d. h. der Staatsbürgerschaft) erwachsen kann.

[64] Ähnlich *Hörnle*, Straftheorien, S. 48.

[65] Vgl. statt aller *Canton*, Theories of Punishment, S. 12: „At the heart of this connection between crime and punishment is the idea of desert – the persuasive and widespread notion that people should be punished because and just to the extent that they deserve. It is precisely this

II. Warum die Legitimation zur Bestrafung nicht ex nihilo entstehen kann 205

ablehnen,[66] zugeben, dass die Prävention nur dann legitim ist, wenn sie durch bestimmte Gerechtigkeitsanforderungen[67] und insbesondere durch das Schuldprinzip (wie auch immer dieses verstanden wird)[68] begrenzt ist. So hielt bereits *Hobbes*, ein überzeugter Verfechter der Abschreckung als Strafzweck, die Bestrafung eines unschuldigen Bürgers nicht für eine legitime Strafe, sondern lediglich für eine (den natürlichen Gesetzen widerstreitende) „feindselige Handlung".[69] Ebenso integrieren *Roxin* und *Greco* – nur wenige Seiten nach ihrer „strikten Ablehnung" der Vergeltung als Strafzweck – das Schuldprinzip (das sie selbst als „entscheidendes Element der Vergeltungslehre" bezeichnen) in ihre Vereinigungstheorie[70], so dass bei Nichtvorliegen von Schuld nicht von einer „Strafe", sondern nur von einer „Maßnahme" die Rede sein kann.[71] Diese Vereinigungstheorien, die die Generalprävention als Ausgangpunkt nehmen, aber dann äußerliche (nicht präventive) Gedanken einfügen („Side-Constrained Consequentialism" bzw. „Closet Retributivism")[72], sind derzeit möglicherweise die am weitesten verbreitete Art von Straftheorien.[73]

Zwar lässt sich die Unerlässlichkeit des Schuldprinzips für die Behauptung der Legitimität der Strafe nicht bestreiten.[74] Doch die sich hier aufdrängende

---

that warrants the claim that we have a system of criminal justice as opposed to a system of crime management".

[66] Paradigmatisch *Roxin/Greco*, AT I, § 3, Rn. 44: „Dagegen kann die Vergeltung in einer recht verstandenen Vereinigungstheorie auch als ein neben der Prävention zu berücksichtigender Strafzweck nicht in Betracht kommen".

[67] Vgl. z.B. *Hoerster*, Muss Strafe sein, S. 102; und *Neumann*, Normative Kritik, S. 150f. Eines dieser Gerechtigkeitserfordernisse wäre zum Beispiel der Verhältnismäßigkeitsgrundsatz (vgl. dazu *Baurmann*, Strafe, S. 145 ff.).

[68] Vgl. hierzu *Roxin/Greco*, AT I, § 19, Rn. 18 ff., die mindestens acht konkurrierende Auffassungen von einem materiellen Schuldbegriff aus einer normativen Sicht identifizieren.

[69] *Hobbes*, Leviathan, S. 261–264.

[70] *Roxin/Greco*, AT I, § 3, Rn. 51.

[71] Vgl. *Roxin/Greco*, AT I, § 3, Rn. 61: „Andererseits können rein präventive Zwecke die Strafe auch nicht legitimieren. Denn da die Strafe einen persönlichen Vorwurf (einen sozialethischen Tadel) gegen den Täter enthält (sonst wäre sie keine Strafe, sondern allenfalls eine Maßnahme), kann sie diesem gegenüber nicht mit ihrer präventiven Zweckmäßigkeit allein gerechtfertigt werden, sondern muss von ihm auch als verdient verstanden werden können. Dies ist aber nur dann der Fall, wenn sie gerecht ist, d.h. an die Schuld des Täters anknüpft und durch deren Maß begrenzt wird".

[72] Diese Bezeichnungen stammen jeweils von *Duff*, P.C.C, S. 11 und *Moore*, Placing Blame, S. 83 ff.

[73] Vgl. dazu *Silva Sánchez*, Aproximación, S. 326.

[74] Zum Verfassungsrang dieses Grundsatzes in Deutschland siehe *Pawlik*, Das Unrecht, S. 75, Fn. 378, der zahlreiche Entscheidungen des BVerfG in diesem Sinne zitiert; und *Kindhäuser/Hilgendorf*, NK-StGB, Vor §§ 19–21, Rn. 2. Es sollte jedoch nicht übersehen werden, dass dies eine relativ moderne Sichtweise wäre. Wie *Nietzsche* (Genealogie, S. 53 f.) schrieb,

Diskussion dreht sich nicht um die offensichtliche Notwendigkeit dieses Prinzips, sondern, ob es zur Straflegitimation gegenüber dem Täter ausreicht.[75] Im Folgenden wird argumentiert, warum dieses Prinzip hierfür nicht genügt. Dabei ist zunächst zu berücksichtigen, dass der materielle Schuldbegriff durch die Anpassung an präventive Strafrechtskonzeptionen eine bedeutsame inhaltliche Verzerrung erfahren kann, was zu einer Schwächung seiner Garantiefunktion führt.[76] Im Bereich des Strafanwendungsrechts kann sich diese Schwächung in

---

wurde die Strafe für den Großteil der Menschheitsgeschichte nicht als verdient erachtet, weil der Täter anders hätte handeln können, sondern eher als Zorn über den erlittenen Schaden.

[75] Ebenso argumentiert *Hörnle*, Straftheorien, S. 52 f.: „Eine autonome Entscheidung des Täters kann allenfalls eine *notwendige*, aber *keine hinreichende* Bedingung für die Legitimation der Bestrafung sein"; ähnlich *Lorca*, Law, Culture and the Humanities 18, 2 (2022), S. 426: „Both individual responsibility and authority [of the State] are necessary factors for punishment to be justified".

[76] Man denke z. B an *Köhlers* Gedanke einer „habituellen Schuld", wodurch sich sogar die Maßregeln gegenüber dem Betroffenen anhand des Schuldprinzips begründen ließen (vgl. *Köhler*, FS-Jakobs, S. 282 ff.). Ein weiteres, sehr anschauliches Beispiel in diesem Sinne ist die Ansicht von *Jakobs*, Schuld und Prävention, der in Übereinstimmung mit dem positiven generalpräventiven Zweck, die er der Strafe zuschreibt (oder, wenn man es vorzieht, mit seiner „normorientierten expressiven Straftheorie", vgl. dazu *Hörnle*, Straftheorien, S. 32–34), Folgendes behauptet: „Der Zweck (d.h. die Generalprävention), der in die Schuld eingeht, kann durch Schuld nicht limitiert werden" (ebd., S. 32) und so gehe es bei dem Schuldvorwurf „nicht um das, was der Delinquent nach allgemeiner Meinung „verdient" hat, sondern um das zur Erhaltung des Vertrauens Notwendige" (ebd., S. 33). In eine ähnliche (wenn auch gemäßigte) Richtung *Silva Sánchez* (Aproximación, S. 659–666), insofern er den Inhalt der Schuld als eine Kombination von Präventionsbedürfnissen und Garantiekriterien (im Sinne von Fairnessgründen) versteht. Laut *Stratenwerth* (Die Zukunft, S. 10 ff.) bestimmen kriminalpolitische Ziele seit jeher den Schuldbegriff mit. Andere Befürworter einer auf Prävention ausgerichteten Strafe sind sich der Gefahren der Position von Jakobs bewusst und kritisieren sie scharf, wie etwa *Roxin/Greco*, AT I, § 19 Rn. 33–35c. Ob die Position der letztgenannten Autoren (wonach die Schuld eine empirisch-psychologische Feststellung der Selbststeuerung sowie die daraus folgende normative Zuschreibung des rechtskonformen Handelns umfasst, vgl. dazu ebd., § 19 Rn. 46–48) die Selbständigkeit des Schuldprinzips zu wahren vermag, ist jedoch zweifelhaft. In der Tat betrachten diese Autoren den Schuldvorwurf als eine Art „Unterkategorie" der Bewertung der Verantwortlichkeit des Täters, zusammen mit der Berücksichtigung der präventiven Notwendigkeit der Strafe. Obgleich Letzteres angeblich den Täter begünstigt (Vermeidung einer unnötigen Bestrafung bei Vorliegen der Schuld), zeigen die von ihnen angeführten Beispiele, wie die Schuld mit präventiven Aspekten verwechselt werden kann: so behaupten sie, dass bei dem Notwehrexzess von § 33 StGB der Täter zwar schuldig ist, aber – aus präventiven Gründen! – nicht zur Verantwortung gezogen werden kann (vgl. hierzu ebd., § 19 Rn. 1–3, 15). Wenn sich also die sozialen Bedürfnisse ändern (etwa in einer gewalttätigeren Gesellschaft), könnte der Notwehrexzess bestraft werden, obwohl die in § 33 StGB vorgesehenen Fälle eigentlich – genauso wie die anderen Entschuldigungsgründe, wie die h.A. im Schrifttum (dazu *Zieschang*, LK[13], § 33, Rn. 1) anerkennt – auf der Abnormität der Handlungssituation beruht. Ebenso skeptisch gegenüber der Stellung von Roxin/Greco *Günther*, Schuld, S. 2 f. Somit be-

der Annahme bestimmter Ausgestaltungen einiger völkerrechtlichen Prinzipien niederschlagen (z. B. faktischer Auswirkungsgrundsatz bzw. passives Personalitätsprinzip ohne *lex-loci*-Vorbehalt)[77], bei denen das Unrechtsbewusstsein des Täters häufig fehlen wird.

Ein weitaus grundsätzlicheres Problem bei der Betrachtung des Schuldprinzips als hinreichende Grundlage für die Legitimation der Strafe ergibt sich aus der Überlegung, warum jemand (in diesem Fall ein Staat) zuständig ist, einem anderen ein bestimmtes Verhalten vorzuwerfen.[78] Zur Klärung dieses Punktes ist eine kurze Analyse des Begriffs „Schuld" nützlich. Wie man unschwer erkennen kann, kann der Begriff „Schuld" im Deutschen zumindest zwei sehr unterschiedliche und doch aufeinander bezogene Bedeutungen haben: i) als Schuld zu etwas gegenüber jemandem (z. B. ich schulde dem Verkäufer die Bezahlung des Fahrrads, das ich gerade bei ihm gekauft habe), d. h. *Schuld als Pflicht*; und ii) als Schuld wegen Nichterfüllung einer Pflicht (ich habe mich gegenüber dem Verkäufer schuldig gemacht, weil ich das Fahrrad nicht fristgerecht bezahlt habe), d. h. *Schuld als Verantwortung für eine Pflichtwidrigkeit*.[79] Dieser Unterschied ist hilfreich zur Veranschaulichung einer Binsenweisheit: Man kann nur dann für eine Nichterfüllung von Etwas gegenüber einem anderen haften, wenn man zuvor diesem anderen gegenüber zur Erfüllung verpflichtet war. Mit anderen Worten: Schuld als Vorwerfbarkeit setzt das Bestehen einer Pflicht voraus.[80]

Diese Erkenntnis ist zentral für alle Modelle des Bürgerstrafrechts: Nur wer von vornherein zur Normbefolgung gegenüber einem Staat „S" verpflichtet ist, kann von diesem Staat „S" einem legitimen strafrechtlichen Vorwurf ausgesetzt werden. Das heißt, die strafrechtliche Verantwortlichkeit – ebenso wie jede andere Art von Verantwortlichkeit – ist strikt relational: Genauso wie ein Individuum „I" für seinen Ehebruch nur gegenüber seinem Partner oder eventuell seiner Fa-

---

steht im Rahmen eines stark präventionsorientierten Modells (wie *Pawlik*, Das Unrecht, S. 83–85, betont) die Gefahr, dass die Schuld zu einer bloßen Hilfskategorie präventiver Ziele wird.

[77] Vgl. dazu Teil I D I und Teil I D III.

[78] Vgl. hierzu *Duff*, Authority, S. 591: „A defendant's challenge ‚By what right do you try me?' must be answered if the trial is to be legitimate"; ähnlich *Brettschneider*, Political Theory 35, 2 (2007), S. 185; *Boonin*, The problem of punishment, S. 1; und *Lacey*, State Punishment, S. 19–22.

[79] Zu beiden Bedeutungen und ihrem Verhältnis zueinander siehe *von der Pfordten*, Normative Ethik, S. 352–355. Auf die Relevanz beider Schuldbegriffe für die Strafbegründung wies bereits *Nietzsche*, Genealogie, S. 61 f. hin.

[80] Andere Sprachen hingegen verwenden verschiedene Wörter für die beiden oben angegebenen Bedeutungen. Man denke z. B. an Englisch (*debt* und *guilt*) oder Spanisch (*deuda* und *culpa* bzw. *culpabilidad*). Dies hindert viele angelsächsische Autoren nicht daran, das Verbrechen als das Aufnehmen einer Schuld und die Strafe als die Begleichung derselben zu betrachten [siehe z. B. *Morris*, The Monist 52, 4 (1968), S. 483].

milie haftet, nicht aber gegenüber seinen Arbeitskollegen, kann „I" nur gegenüber einem Staat strafrechtlich verantwortlich sein, der ihm gegenüber einen Anspruch auf Normerfüllung hat.[81] So weist *Duff* darauf hin, dass die Legitimität des Gerichts, den Beschuldigten zur Rechenschaft zu ziehen, weder von der Feststellung seiner Schuld noch von der Einhaltung eines ordnungsgemäßen Verfahrens abhängt. Selbst wenn diese beiden letzten Elemente einwandfrei vorhanden sind, kann das Fehlen einer Pflicht zur Normeinhaltung nicht ausgeglichen werden, denn die Frage des Angeklagten „Mit welchem Recht verurteilst du mich?" würde unbeantwortet bleiben.[82] Auch für *Pawlik* handelt es sich um differenzierte Fragen: stellt die Straftat die Verletzung einer Mitwirkungspflicht dar, ist zunächst zu erörtern, ob der Täter zur Aufrechterhaltung der Daseinsordnung von Freiheit in dieser Gesellschaft verpflichtet ist. Erst dann kann überprüft werden, ob der Täter in der konkreten Lage verpflichtet (zuständig) ist[83], und schließlich, ob das Verhalten ihm zuzurechnen ist.[84] In gewisser Weise noch radikaler ist das deliberative Modell des Bürgerstrafrechts (zumindest in *Günthers* Fassung), für den es ohne Staatsbürgerschaft (nämlich ohne die Möglichkeit, an demokratischen Verfahren teilzunehmen), „keine Normbefolgungspflicht: und auch keine Schuld im Falle einer Normverletzung" gebe.[85]

Natürlich könnte man den Standpunkt vertreten, die Pflicht zur Normbefolgung ergebe sich nicht aus der Bindung der Staatsbürgerschaft, sondern aus einem moralischen Kodex, einer unpersönlichen Forderung nach Gerechtigkeit,[86] einem göttlichen Gebot[87] oder jeder anderen denkbaren ähnlichen Quelle, aber dies wirft – angesichts des Bestehens vernünftiger Meinungsverschiedenheiten

---

[81] Besonders deutlich in dieser Hinsicht *Duff*, der das obige Beispiel des Ehebruchs in Authority, S. 591 f. anführt. Für weitere ähnliche Beispiele vgl. *ders.*, Oxford Journal of Legal Studies 18 (1998), S. 195; *Tadros*, The Journal of Value Inquiry 43 (2009), S. 394.

[82] *Duff*, Authority, S. 591 f., S. 598.

[83] Dies entspricht der Ermittlung der Garantenstellungen im Sprachgebrauch der h. M.

[84] Siehe *Pawlik*, Das Unrecht, S. 23.

[85] Vgl. z. B *Günther*, Schuld, S. 255 f. Zum Verständnis der Staatsbürgerschaft als Möglichkeit zur Teilnahme am demokratischen Prozess im deliberativen Modell des Bürgerstrafrechts siehe Teil II D II unten. Gelegentlich vertritt auch die Rechtsprechung eine ähnliche Ansicht. Siehe z. B. BVerfG Urteil v. 18.07.2005 – 2 BvR 2236/04, Rn. 85: „Für den Verfolgten bedeutet die Überstellung in eine andere, auch in eine durch die europäische Integration näher gerückte, mitgliedstaatliche Rechtsordnung nicht nur eine verfahrensrechtliche Schlechterstellung, die in Sprachhindernissen, kulturellen Unterschieden sowie andersartigem Prozessrecht und Verteidigungsmöglichkeiten liegen kann. Sie bindet ihn auch im Ergebnis an ein materielles Strafrecht, das er demokratisch mitzugestalten nicht in der Lage war…".

[86] Vgl. beispielsweise *Shelby*, Philosophy & Public Affairs 32, 2 (2007), S. 154 f.

[87] Siehe z. B. *Locke*, Second Treatise, § 8, S. 103: „In transgressing the law of nature, the offender declares himself to live by another rule than that of reason and common equity, which is that measure God has set to the actions of men for their mutual security".

II. Warum die Legitimation zur Bestrafung nicht ex nihilo entstehen kann

in pluralistischen Gesellschaften – ernsthafte Probleme für die Behauptung einer „Rechtsschuld" in einem modernen Rechtsstaat auf.[88] Vorerst reicht es jedoch aus, das Offensichtliche festzustellen: Die Legitimation zum Schuldvorwurf (d. h. zur Bestrafung) kann sich nicht *ex nihilo* aus dem bloßen freien (autonomen) Normbruch ergeben, sondern es muss vorher begründet werden, warum der Normadressat zur Normeinhaltung verpflichtet war. Ohne Pflicht gegenüber „S", keine Pflichtwidrigkeit gegenüber „S"![89]

Wenn die Rechtfertigung der Bestrafung gegenüber dem Täter allein von seiner autonomen Entscheidung für die Tat oder von der Einhaltung eines rechtsstaatlichen Verfahrens abhängt,[90] sind insbesondere die Folgen für das Strafanwendungsrecht beträchtlich: man könnte ohne Bedenken auf das Schutz- und Universalitätsprinzip in Bezug auf geringfügige Straftaten zurückgreifen.[91] Zur Veranschaulichung lässt sich das folgende Beispiel heranziehen. Ein Uruguayer verkauft geringe Mengen an Cannabis in Peru, ohne entdeckt zu werden. Später fliegt er nach Deutschland, wo er mit einer noch geringeren Menge an Cannabis

---

[88] Die erwähnten Begründungen sind in einem modernen Rechtsstaat kaum haltbar, denn „Das Recht des Verfassungsstaates leitet Inhalt wie Geltung nicht mehr aus der Übereinstimmung mit Höherem, zeitlos Gültigem – und das heißt: Anderem – ab, sondern es ruht in sich selbst" (vgl. *Jestaedt*, Grundrechtsentfaltung, S. 288). Siehe auch *Rawls*, Political Liberalism, S. 58: „Religious and philosophical doctrines express views of the world and of our life with one another, severally and collectively, as a whole. Our individual and associative points of view, intellectual affinities and affective attachments, are too diverse, especially in a free society, to enable those doctrines to serve as the basis of lasting and reasoned political agreement". Ähnlich *Günther*, Schuld, S. 2. Mitunter werden solche Begründungen aber auch zusätzlich zur Staatsbürgerschaft herangezogen, wie im Fall der „unechten Variante" des Bürgerstrafrechts, das auf die Idee von „natürlichen Pflichten" zurückgreift, um die Bestrafung bestimmter Arten von Straftaten zu rechtfertigen. Siehe dazu unten Teil II D I. Als paradigmatisches Beispiel für diese Variante siehe den Vorschlag von *Silva Sánchez*, wonach die Legitimität der Bestrafung von „gewalttätigen *mala in se*" auf die angebliche Verletzung natürlicher Pflichten zu stützen ist. Vgl. dazu Teil II D III.

[89] Im ähnlichen (aber nicht gleichen) Sinne *Gärditz*, Weltrechtspflege, S. 391: „Das Schuldprinzip ist daher letztlich akzessorisch zur normativen Begründung einer Sonderverantwortlichkeit… Die Prüfung der Vorwerfbarkeit setzt eine Rechtsgeltung also apriorisch voraus".

[90] Beispiele für Autoren, die in diese Richtung argumentieren, sind *Luban*, Fairness, S. 579: „the legitimacy of international tribunals comes not from the shaky political authority that creates them, but from the manifested fairness of their procedures and punishments"; und *Chehtman*, The Philosophical Foundations, S. 5: „the authority of any given court…depend ultimately on the defendant receiving a fair trial and the veredict being credibly based on reliable evidence". Aber selbst die meisten positiven Rechtsordnungen verlangen offenbar mehr zur Feststellung der Legitimität des Prozesses, wie die verfahrensrechtlichen Folgen von Verstößen gegen die Zuständigkeitsregeln der Gerichte zeigen.

[91] Vgl. diesbezüglich Teil I D IV und Teil I D V. Darum muss man zwischen der *Kenntnis* der Norm seitens des Täters und der *Legitimität* der Norm gegenüber dem Täter unterscheiden. Siehe hierzu *Keller*, FS-Lüderssen, S. 430.

(für persönlichen Konsum) entdeckt wird. Er gesteht der Polizei, dass er in Peru Cannabis verkauft hat, und aus diesem Grund wird er vor Gericht gestellt. Hier mag klar sein, dass sein Verhalten in Peru schuldhaft war (der Cannabisverkauf ist ihm zuzurechnen), und vielleicht sind die Beweise auch für eine ordnungsmäßige Verurteilung ausreichend. Warum jedoch der Uruguayer sich gegenüber Deutschland für eine in Peru begangene Straftat verantworten muss, wenn er zuvor keinerlei Verbindung zu Deutschland hatte, bleibt offen. Wie schon erwähnt, ist in diesem Fall das deutsche Strafrecht aufgrund von § 6 Nr. 5 StGB anwendbar. Wäre der Täter hingegen im gleichen Fall nach Chile statt nach Deutschland geflogen, wäre seine Tat in Peru im Ankunftsland nicht strafbar.

Eine weitere, auffälligere Konsequenz davon – die die Unzulänglichkeiten von Konzeptionen unterstreicht, die die Bindung zwischen Staat und Täter für die Legitimität der Bestrafung außer Acht lassen – ist die weit verbreitete Anerkennung der Legitimität eines Staates zur Strafverfolgung von Personen, die von seinen Agenten im Ausland vorher entführt wurden.[92] Aus der Sicht des Völkerrechts handelt es sich um ein reines Souveränitätsproblem, das mit der nachträglichen Zustimmung des betroffenen Staates (d. h. des Staates, auf dessen Hoheitsgebiet die Entführung stattgefunden hat) behoben werden kann.[93] Verschiedene Rechtsordnungen haben ihrerseits, gestützt auf eine wohlwollende Haltung der Literatur[94], von dieser „Option auf Entführung" nicht nur in schweren Fällen Gebrauch gemacht.[95] So gelangt der USSC zum Schluss, die Entführung eines

---

[92] In dieselbe Richtung argumentiert *Duff*, Theoretical Criminology 14, 3 (2010), S. 299.

[93] Vgl. hierzu Art. 16 Harvard Draft Convention on Jurisdiction with Respect to Crime: „no State shall prosecute or punish any person who has been brought within its territory or a place subject to its authority by recourse to measures in violation of international law or international convention without first obtaining the consent of the State or States whose rights have been violated by such measures"; und *Verdross/Simma*, Universelles Völkerrecht³, § 1184: „Es ist jedoch strittig, ob eine Person, die eine solche Tat begangen hat, auch bestraft werden kann, wenn sie in völkerrechtswidriger Weise aus dem Staate des Tatortes entführt wurde. Unseres Erachtens ist diese Frage zu bejahen, wenn sich der letztere Staat mit einer anderen Genugtuung als der Rückstellung einer solchen Person begnügt, da die Völkerrechtsverletzung ja nur gegenüber diesem Staat besteht".

[94] Zugunsten der Legitimität des Staates zur Bestrafung von Personen, die von staatlichen Agenten ins Ausland entführt wurden, siehe z. B. *Shaw*, International Law, S. 509: „It would appear that unlawful apprehension of a suspect by state agents acting in the territory of another state is not a bar to the exercise of jurisdiction"; und *Chehtman*, The Philosophical Foundations, S. 167–172 m. w. N.; a. A. *Wilske/Schiller*, The University of Chicago Law School Roundtable 5, 1 (1998), S. 240: „States do not want other states to enjoy the fruits of illegal conduct"; *Duff*, Theoretical Criminology 14, 3 (2010), S. 299.

[95] Als schwerwiegender Fall kommt einem sofort der Fall Eichmann in den Sinn, dessen Verurteilung durch ein israelisches Gericht oft als legitim angesehen wird (vgl. z. B *Jescheck/ Weigend*, AT⁵, § 18 I 4), obwohl er zuvor in Argentinien verschleppt worden war.

ausländischen Bürgers im Ausland, um ihn aufgrund einer Auslandstat gegen einen Inländer vor ein US-amerikanisches Gericht zu bringen, stelle kein Hindernis für die Zuständigkeit des Gerichtes oder die Gültigkeit des Prozesses dar.[96] Wenig überraschend machen auch autoritäre Staaten von dieser „Möglichkeit" Gebrauch: So entführte China in Thailand einen Buchhändler aus Hongkong, der Bücher über hochrangige Parteifunktionäre veröffentlicht hatte, und verurteilte ihn zu zehn Jahren Gefängnis, weil er Informationen an das Ausland geliefert habe.[97]

Eng verwandt mit den Theorien, die die Bestrafung gegenüber dem Täter (lediglich) aufgrund seiner Schuld rechtfertigen, sind jene Ansätze, die die Ausübung von Zwang gegenüber dem Täter ebenfalls durch den Verweis auf seine Autonomie begründen, allerdings in einer eher allgemeineren Form, nämlich als Einwilligung durch die Tat in die (eigene) Strafe.[98] Diese Einwilligungsargumentation, die in diversen Ausprägungen bei mehreren klassischen Autoren zu finden ist,[99] ist im Prinzip ein Schritt in die richtige Richtung im Vergleich zu kollektivistisch-utilitaristischen Theorien, da zumindest eine Anstrengung zur Rechtfertigung gegenüber dem Täter unternommen wird.[100] Dennoch ist dieser Begründungsdiskurs in überzeugender Weise mehreren Kritiken ausgesetzt, die

---

[96] Das USSC hat diesbezüglich sogar eine ständige Rechtsprechung, die als „Ker-Frisbie-Doctrine" bekannt ist. Im Fall United States v. Alvarez-Machain, 504 U.S. 655 (1992) stellte das USSC Folgendes fest: „Respondent and his amici may be correct that respondent's abduction was ‚shocking' and that it may be in violation of general international law principles. Mexico has protested the abduction of respondent through diplomatic notes, App. 33–38, and the decision of whether respondent should be returned to Mexico, as a matter outside of the Treaty, is a matter for the Executive Branch. We conclude, however, that respondent's abduction was not in violation of the Extradition Treaty between the United States and Mexico, and therefore the rule of Ker v. Illinois is fully applicable to this case. The fact of respondent's forcible abduction does not therefore prohibit his trial in a court in the United States for violations of the criminal laws of the United States".

[97] Zu diesem Fall (Entführung von Gui Minhai) siehe https://www.bbc.com/news/world-asia-china-51624433, abgerufen: 09.10.2023.

[98] Zu dieser Verwandtschaft siehe *Sachs*, Moral, Tadel, Buße, S. 187 f.; oder *Hörnle*, Straftheorien, S. 49 f.

[99] So schrieb *Feuerbach*, Anti-Hobbes, S. 222 f.: „Da der Bedrohte das Uebel weiß, das ich auf die Begehung der That gesetzt habe, so willigt er durch seine Beleidigung in die Zufügung des Uebels…". Ähnlich *Hegel*, Grundlinien, § 100, S. 192: „Was Beccaria verlangt, daß der Mensch nämlich seine Einwilligung zur Bestrafung geben müsse, ist ganz richtig, aber der Verbrecher erteilt sie schon durch seine Tat". Vgl. jedoch *Seelmann*, JRE 1 (1993), S. 318 ff., wonach Hegel den Kontraktualismus sowohl als Staatstheorie als auch als Strafbegründung ablehnt und stattdessen zwei alternative Strafbegründungen vorschlägt, nämlich das Gesetz- und das Anerkennungsargument. Der hier zitierte Satz von Hegel wäre also eher ein Fauxpas (vgl. ebd., S. 321).

[100] So auch *Murphy*, Philosophy & Public Affairs, 2, 3 (1973), S. 222–224.

vor allem mit seiner mangelnden Plausibilität zusammenhängen.[101] Und obwohl manche Autoren, die diesen Diskurs vertreten, die Einwilligung nicht so verstehen, dass der Täter die Strafe *will*, sondern einfach, dass er in dem *Wissen* handelt, dass die Strafe die notwendige normative Folge der Straftat ist,[102] bleibt das zugrunde liegende Fundamentdefizit bestehen.

In der Tat verwechselt dieser Begründungsdiskurs das Wissen mit dem Wollen. Die Konsequenzen einer Handlung zu kennen (egal ob faktische oder normative), bedeutet nicht, dass sie gewollt sind. Der Täter mag die Folgen seines vorsätzlichen Diebstahls wissen („ich riskiere ins Gefängnis zu kommen"), aber das bedeutet nicht, dass er ihnen zustimmt, sondern lediglich, dass er die ungewollte Möglichkeit, festgenommen zu werden, in Kauf nimmt.[103] Es widerspricht daher der Erfahrung, dass der Täter seiner eigenen Bestrafung im Voraus zustimmt. Aus Klugheitsgründen wäre es besser für ihn, „wenn lediglich die Normbrüche der übrigen Gesellschaftsmitglieder bestraft würden, während er selbst ungeschoren davonkäme"[104]. Deshalb ist nur die Behauptung möglich, „dass er vernünftigerweise hätte zustimmen müssen"[105]. Dieser Standpunkt impliziert jedoch, dass man sich auf eine im Voraus gegebene hypothetische Einwilligung bzw. auf Gesellschaftsvertragstheorien stützt, und erfordert daher auch die Be-

---

[101] Diesbezügliche Kritiken sind in der Regel Umformulierungen von *Pufendorfs* Behauptung, der Täter wolle natürlich, dass sein Verbrechen nicht entdeckt wird [vgl. hierzu *Seelmann*, JRE 1 (1993), S. 316]; siehe auch *Greco*, Lebendiges, S. 485 ff.; und *Pérez Barberá*, InDret 4 (2014), S. 28.

[102] Paradigmatisch in diesem Sinne *Nino*, Los límites, S. 234.

[103] Ein anschauliches Beispiel hierfür liefert *Sachs*, Moral, Tadel, Buße, S. 190: „Stellt man sich etwa ein Raubopfer vor, dem der Räuber für den Fall von Gegenwehr mit dem Tode droht, wird man schwerlich von einer Einwilligung des Opfers in die Konsequenz des Sterbens sprechen können, wenn es sich trotz Wissens um die Möglichkeit dieser Konsequenz zur Wehr setzt".

[104] So *Pawlik*, FS-Rudolphi, S. 216; *ders.*, Das Unrecht, S. 68 f.; ähnlich hinsichtlich des Beschuldigten im Strafverfahren *Perron*, Das Beweisantragsrecht, S. 53 f. Zur inneren Tendenz eines vernunftbegabten Wesens, sich selbst von der Befolgung von Regeln auszunehmen, selbst wenn diese für ihn vorteilhaft sind, siehe *Kant*, AA. VIII, S. 366. Siehe auch *Simmons*, Philosophy & Public Affairs 8, 4 (1979), S. 334 f., wonach viele Bürger die Vorteile, die sie aus der Mitgliedschaft im politischen Gemeinwesen ziehen, nicht würdigen oder unterschätzen würden und daher nicht bereit wären, die damit verbundenen Bürden auf sich zu nehmen. Dieser Einwand gegen die Einwilligungsargumentation wirkt plausibel: man höre sich nur die Beschwerden der Steuerzahler an, selbst unter den Nettoempfängern. Es sei darauf hingewiesen, dass Simmons aus hier nicht näher zu erörternden Gründen der Ansicht ist, dieses Argument betreffe auch die Fairplay-Theorien.

[105] So *Hörnle*, Straftheorien, S. 50 f.; und *Brettschneider*, Political Theory 35, 2 (2007), S. 177. *Duff* (P.C.C., S. 37–39) verwirft die Einwilligungsargumentation rasch und widmet sich stattdessen der Kritik an einer kontraktualistischen (oder auf hypothetischer Einwilligung beruhenden) Strafbegründung.

rücksichtigung der vor der Tatbegehung geschehenen Umstände.[106] In diesem Fall bewegt man sich jedoch bereits im Rahmen eines „Bürgerstrafrechts", denn die Strafe wird durch die vorherige politische Verbindung zwischen dem politischen Gemeinwesen und dem Täter gerechtfertigt, wie aus *Murphys* Vorschlag – der auf die Nomenklatur der hypothetischen Zustimmung zurückgreift – hervorgeht.[107]

Ebenso wenig überzeugend wirkt es, die Strafe auf das Vorhandensein einer stillschweigenden oder impliziten Einwilligung zu stützen, die sich aus dem Genießen der Vorteile eines Lebens unter staatlichem Schutz ergibt. In dieser Hinsicht bleibt die berühmte Kritik von Hume unüberwindbar:

> Can we seriously say, that a poor peasant or artizan has a free choice to leave his country, when he knows no foreign language or manners, and lives from day to day, by the small wages which he acquires? We may as well assert, that a man, by remaining in a vessel, freely consents to the dominion of the master; though he was carried on board while asleep, and must leap into the ocean, and perish, the moment he leaves her.[108]

Eine anschauliche Manifestation dieses Einwilligungsgedankens im Strafanwendungsrecht ist die herkömmliche Begründung des Schutzprinzips als eine vom Täter selbst (durch seine Tat) hergestellte Beziehung zur Strafgewalt des betroffenen Staates.[109] Hier ist deutlich zu erkennen, dass dieser Rechtfertigungsdiskurs (ebenso wie die ausschließlich auf dem Schuldprinzip basierende Rechtfertigung) der staatlichen Strafgewalt Legitimität verleiht, ohne in der Praxis viel mehr zu fordern als jene Theorien, die sich vorwiegend auf die Optimierung des Interessenschutzes fokussieren.

---

[106] So argumentiert auch *Lacey*, State Punishment, S. 23.
[107] Vgl. insbesondere *Murphy*, Philosophy & Public Affairs, 2, 3 (1973), S. 222 ff
[108] *Hume*, Of the Original Contract, S. 215.
[109] Vgl. in diesem Sinne *Werle/Jeßberger*, LK[13], Vor § 3, Rn. 244; *Satzger*, Jura 32 (2010), S. 110; oder oben Teil I D IV 1.

D. Eine auf der politischen Bindung basierende Begründung: das Bürgerstrafrecht

I. „Bürgerstrafrecht" oder „Bürgerstrafrechte": Begriff, Varianten und Vorteile

Bevor von „Bürgerstrafrecht" die Rede ist, muss zunächst geklärt werden, was unter diesem Etikett zu verstehen ist – und was nicht. In dieser Arbeit wird dieses Label zur Bezeichnung all jener Auffassungen verwendet, die einer *vor der Tatbegehung bestehenden politischen Bindung* zwischen dem Strafgewaltstaat und dem Individuum eine gewisse Rolle bei der Legitimation der Strafe gegenüber dem Letzterem zusprechen.[1] Da diese Bindung in der Regel die Form der Staatsbürgerschaft annimmt (wie bereits angedeutet und wie noch näher erläutert wird: in einem materiellen und nicht nur formalen Sinne), daher die entsprechende Bezeichnung. Sowohl im *Common Law* als auch im kontinentalen Rechtskreis gibt es zahlreiche Autoren, die verschiedene Varianten dieses Standpunktes vertreten.[2] All diese Ansätze (die untereinander große Unterschiede aufweisen können) haben also einen kleinsten gemeinsamen Nenner: sie stellen eine direkte Korrelation her zwischen einer übernommenen und vorbestehenden Pflicht des

---

[1] Eine spannende, aber separate Frage (die hier nicht untersucht werden kann) ist, ob die Entstehung einer politischen Bindung nach der Tatbegehung auch die Bestrafung legitimieren könnte. Siehe hierzu *Grosse-Wilde*, Just Punishment, S. 14 f. und Teil III C I 1.

[2] Zu einigen der Hauptvertreter eines Strafrechts des Bürgers (und unbeschadet weiterer Beispiele, die für jede der Varianten angeführt werden) siehe die englischsprachigen Autoren *Duff*, Theoretical Criminology 14, 3 (2010), S. 300–304; *ders.*, The Realm, S. 102–145; *ders.* P.C.C., S. 181–184; *Dagger*, Playing Fair; *Gallant*, Ratio Juris 32, 3 (2019), S. 256 ff.; *Garvey*, Cornell Law Faculty Publications 7 (2013), S. 185 ff.; *Gilman*, University of Richmond Law Review 47, 2 (2013); *Hudson*, Punishing the Poor, S. 192 f.; *Ramsay*, The Modern Law Review 69, 1 (2006); *Thorburn*, Punishment, S. 7 ff.; *Yaffe*, Criminal Law and Philosophy 14, 3 (2020), S. 347 ff. Für kontinentaleuropäische Autoren siehe z. B *Günther*, Schuld, S. 245–258; *Hörnle*, FS-Merkel; *Pawlik*, Normbestätigung, S. 47–57; *ders.*, Das Unrecht, S. 120–127; *Silva Sánchez*, FS-Kindhäuser, S. 475 ff.; *ders.*, Malum, S. 67–112; *Coca Vila/Irarrázaval*, Journal of Applied Philosophy 39, 1 (2022), S. 56 f.; *Cigüela*, DOXA 42 (2019); *ders.*, Crimen y Castigo; *Muñoz*, La responsabilidad penal en la relación materno y paternofilial, S. 77 ff.; *Lorca*, Law, Culture and the Humanities 18, 2 (2022), S. 424 ff.

Bürgers gegenüber seinem politischen Gemeinwesen[3] (die vor allem darin besteht, die Gesetze zu befolgen) und der Legitimität dieses Gemeinwesens, ihn im Falle bestimmter schwerer Verletzungen dieser Pflicht zu bestrafen.[4] Dadurch wird eine relationale Natur der strafrechtlichen Verantwortlichkeit behauptet:[5] man muss sich nicht nur fragen, „wer" verantwortlich ist und „wofür", sondern auch „vor wem".[6] Damit unterscheiden sich diese Konzeptionen von jenen, die Strafen in erster Linie aufgrund ihrer angeblichen Wirkungen legitimieren (d. h. den auf Interessenschutz ausgerichteten Theorien) sowie von jenen, die Strafen nur aufgrund der Verletzung natürlicher Pflichten oder aus prudentiellen (nämlich auf Klugheit beruhenden) Gründen rechtfertigen.[7] Mit anderen Worten: Der Täter wird *qua* Bürger (nämlich *qua* Mitglied der strafenden Gemeinschaft) be-

---

[3] Wie *Dagger* (Playing Fair, S. 9 f.) zu Recht darauf hinweist, besteht die politische Pflicht des Bürgers eigentlich gegenüber seinem *polity* (seinen Mitbürgern, den anderen Mitgliedern des „body politic") und nicht gegenüber dem Staat (der der Hauptorgan im Dienste des politischen Gemeinwesens ist, vgl. dazu *Durkheim*, Leçons de sociologie, S. 53 f.) oder gegenüber der „Gemeinschaft", einem Begriff, der gewöhnlich mit gemeinsamen Vorstellungen vom Guten und mehr oder weniger engen persönlichen Beziehungen verbunden ist. Ein funktionales Äquivalent wäre der Begriff „civil society", der sich auf das seit der Französischen Revolution etablierte Ordnungsmodell bezieht, welches u. a. durch die „relative Trennung von Staat und Gesellschaft" gekennzeichnet ist (vgl. hierzu *Böckenförde*, Staat, Nation, Europa, S. 20 ff.). Wenn im hiesigen Vorschlag von politischer Pflicht gegenüber dem „Staat" oder der „Gemeinschaft" die Rede ist, muss dies daher immer im Sinne einer politischen Pflicht gegenüber dem *polity* oder der *civil society* verstanden werden, in deren Namen der Staat Strafen verhängt.

[4] Vgl. statt aller *Dagger*, Playing Fair, S. 1; *Duus-Otterström*, Criminal Law and Philosophy 11 (2017), S. 483.

[5] Dieser relationale Charakter ergibt sich dann aus dem Verständnis des Unrechts als Verletzung eines institutionellen Rechtsverhältnisses. An dieser Stelle sei darauf hingewiesen, dass jene Theorien, die das Unrecht als Verstoß gegen ein intersubjektives Rechtsverhältnis verstehen, nicht zum Bürgerstrafrecht im oben genannten Sinne gehören. Für ein Beispiel eines solchen Vorschlags siehe *Hirsch*, Das Verbrechen als Rechtsverletzung.

[6] Besonders deutlich in diesem Sinne *Duff*, Proceedings of the Aristotelian Society 106 (2006), S. 87; *Silva Sánchez*, Malum, S. 109 f.; *Köhler*, JRE 11 (2003), S. 463; *Tadros*, The Journal of Value Inquiry 43 (2009), S. 395; und *Brettschneider*, Political Theory 35, 2 (2007), S. 175: „Much of this literature is concerned with the rightness or wrongness of punishment from the perspective of utilitarian or retributive moral theory considered in isolation from the political question of legitimacy. However, the problem with a moral as opposed to a distinctly political inquiry about punishment is that it addresses only the punishment deserved by criminals and ignores the particular context involved when the state is doing the punishing".

[7] Prudentielle und moralische Gründe können als Grundlage eines Legitimitätsbegriffs dienen, der auf die Idee einer politischen Autorität oder politischen Pflicht verzichtet. Vgl. hierzu *Celikates/Gosepath*, Politische Philosophie, S. 47 f.; *Schmelzle*, Leviathan, 40. Jg., Sonderband 27 (2012), S. 430 f.; *Thorburn*, Punishment, S. 10 ff.; *Cigüela*, DOXA 42 (2019), S. 398. Daraus folgt freilich nicht, dass die Institution der Strafe im Rahmen eines Bürgerstrafrechts auf prudentielle oder moralische Gründe zur Erreichung von Normkonformität verzichten sollte. Vgl. dazu *Hoskins*, Criminal Law and Philosophy 5 (2011), S. 61.

straft, nicht (oder zumindest nicht nur) *qua* Rechtsgutsverletzer, *qua* moralischer Akteur oder *qua* Mitglied einer globalen Gemeinschaft.⁸

Hingegen wird der Begriff „Bürgerstrafrecht" hier nicht in dem spezifischen Sinne verwendet, wie er in der deutschen Literatur üblicherweise verstanden wird: nämlich nur als Idealtypus, der – dem Ansatz von *Jakobs* entsprechend – den Gegenpol zum Feindstrafrecht verkörpert.⁹ Zwar gibt *Jakobs* gelegentlich Hinweise darauf, den Grundgedanken eines Bürgerstrafrechts im oben erwähnten Sinne zu teilen (so dass seine Ansichten diesem Label zugeschrieben werden könnten),¹⁰ doch weist sein Ansatz auch wichtige Divergenzen zu vielen der nachfolgend zu untersuchenden Strömungen eines Bürgerstrafrechts sowie zu dem im dritten Teil dieser Untersuchung vorzustellenden Vorschlag auf. Vorerst genügt es, Folgendes anzumerken. Erstens misst *Jakobs* dem Begriff der Staatsbürgerschaft in seinem Modell wenig Bedeutung bei. Für ihn gehe es lediglich darum, zwei Idealtypen strafrechtlicher Tendenzen zu beschreiben (nämlich Bürger- und Feindstrafrecht), wobei der Einzelne (je nach seinem eigenen Verhalten, d. h. seiner Lebensgeschichte) vom Bürger zum Feind werden kann.¹¹ In den

---

⁸ Vgl. hierzu *Brettschneider*, Political Theory 35, 2 (2007); *Pawlik*, Normbestätigung, S. 38 f.; *Matravers*, The victim, S. 13; *Duff*, Answering for Crime, S. 47–56; oder *Lorca*, Law, Culture and the Humanities 18, 2 (2022), S. 430: „If punishment aspires to be an expression of what a civil order rightfully requires, then there must be a social and political context already in place".

⁹ Vgl. hierzu *Jakobs*, HRRS 3 (2004), S. 88. Zur überwiegenden Assoziation des Begriffs „Bürgerstrafrecht" mit dem Denken von *Jakobs* in dem bereits angedeuteten Sinne siehe *Hörnle*, FS-Merkel, S. 511.

¹⁰ Gemeint ist damit die Annahme des folgenden (im Kern auf *Hobbes* zurückgehenden) Leitgedankens, den *Jakobs* [ZStW 118 (2016), S. 846] wie folgt formuliert: „Die Rechtstreue steht im Synallagma zur Freiheit, zum Schutz und zur Partizipationschance, eben als deren ‚Preis'. Wer nichts erhält, von dem kann auch kein ‚Preis' verlangt werden". Im Ergebnis verleiht *Jakobs* dieser Prämisse jedoch kaum Wirksamkeit, was dadurch deutlich wird, dass er nur eine Seite später behauptet, für die Bejahung der staatlichen Legitimation zur Bestrafung eines Individuums reiche es aus, dass dieses „für eine knappe halbe Stunde, den räumlichen Bereich der hiesigen Ordnung betreten hat, etwa auf der Straße gereist ist" (ebd., S. 847). Zwar wird auch in dieser Untersuchung die Auffassung vertreten, dass die Anwesenheit auf dem Staatsgebiet diesen in der Regel zur Bestrafung berechtigt, doch wird hier ein wichtiger Unterschied zwischen dem Individuum aus Jakobs Beispiel und etwa einem Staatsangehörigen mit vollen Rechten gemacht. Vgl. hierzu Teil III C I.

¹¹ Siehe *Jakobs*, HRRS 8–9 (2006), S. 293: „Wer sein Leben zurechenbar und einigermaßen dauerhaft an kriminellen Strukturen ausrichtet, für den bricht zwar nicht rundum, aber doch bereichsweise die Präsumtion rechtstreuen Verhaltens und damit eine Bedingung seines Status als Person im Recht zusammen". Die Idee, dass ehemalige, zu Feinden gewordene Bürger nicht dem Strafrecht unterliegen, sondern dass gegen sie Krieg geführt wird, wird u. a. bereits von *Hobbes* (Leviathan, S. 261 f.) und – noch radikaler – von *Fichte* (Grundlage, Zweiter Theil, § 20, S. 95 ff.) vertreten.

hier unter dem Etikett des Bürgerstrafrechts zu untersuchenden Konzeptionen spielt dagegen die Staatsbürgerschaft eine zentrale Rolle für die politische Legitimation der Strafe als Institution gegenüber dem Bestraften,[12] und der Status des Bürgers kann durch sein eigenes Handeln nicht (bzw. nicht so leicht) verloren gehen.[13] Darüber hinaus bedienen sich viele der hier analysierten Varianten nicht der Bipolarität Bürger/Feind[14], sondern vielmehr dem Begriffspaar Bürger/Nichtbürger. Dies ist sinnvoll: Das Gegenteil eines Begriffs „A" heißt nicht unbedingt „B", sondern einfach „nicht A". Der Nichtbürger (oder „Externe" bzw. „outsider" wenn man so will[15]) ist nicht unbedingt ein Feind und muss nicht als solcher behandelt werden.[16] Ganz im Gegenteil, wie unten argumentiert wird, bewegt sich hier der Staat – angesichts der Schwäche des Legitimationsdiskurses der Strafe gegenüber Externen – auf schwankendem Boden und sollte seine Zwangsgewalt (wenn überhaupt) sehr zurückhaltend ausüben.[17]

---

[12] Vgl. z.B. *Pawlik*, Das Unrecht, S. 59 f. und 99 ff.; *Duff*, Theoretical Criminology 14, 3 (2010), S. 300.

[13] Siehe z.B. in der alten Literatur *von Bar*, Das Internationale Privat- und Strafrecht, S. 514 (der die Bedeutung des Nexus Staat-Täter für die Straflegitimation hervorhob), wonach ein Bürger aufgrund der Straftat seinen Status nicht verlieren könnte. Siehe auch *Duff*, Theoretical Criminology 14, 3 (2010), S. 301: „Another aspect of republican citizenship is that it is inclusive and not easily lost. One who commits a crime does not thereby lose his civic status; he remains a citizen – albeit one whose wrongdoing his fellows must address". In die gleiche Richtung *Brettschneider*, Political Theory 35, 2 (2007), S. 176, der den Unterschied seines Ansatzes zu dem von Hobbes in diesem Punkt hervorhebt; *ders.* University of Toronto Law Journal 70 (2020), S. 141: „punishment cannot undercut its own rationale, meaning that if citizenship is the basis for legal punishment, then punishment cannot strip those subject to it of the rights necessary to the kind of citizenship fundamental in a democracy"; ähnlich *Du Bois-Pedain*, Punishment, S. 210. Für eine eingehendere Behandlung dieses Punktes siehe *Coca Vila*, Criminal Law and Philosophy 14, 2 (2019), S. 158–161, der die Ausbürgerung eines Terroristen *qua* Feind ablehnt.

[14] Zwar versucht *Jakobs* [ZStW 118 (2016), S. 844 und 847], diesen Gegensatz zu relativieren, indem er behauptet, der Externe (Nichtbürger) sei „hostis" und nicht „inimicus", doch ist dies angesichts der fehlenden Präzisierung der Differenz zwischen beiden Begriffen nicht überzeugend.

[15] Dies ist z.B. die von *Pawlik*, Das Unrecht, S. 120 bzw. von *Silva Sánchez*, Malum, S. 83–85, verwendete Terminologie. Der Begriff „Nichtbürger" bezieht sich in dieser Arbeit auf Individuen, die keine materiellen Bürger des Staates sind, dessen Legitimität zur Bestrafung auf dem Spiel steht, und nicht auf Individuen, die keine Staatsangehörigen irgendeines Staates sind (staatenlose Personen).

[16] Wie hier *Böckenförde*, Staat, Nation, Europa, S. 111; *Coca Vila*, Criminal Law and Philosophy 14, 2 (2019), S. 152; *Duff*, Offenders as Citizens, S. 27. Die Ansicht von *Jakobs* zu diesem Punkt geht ebenfalls auf *Hobbes* zurück, der jedoch eine dritte Möglichkeit in Betracht zog: „denn alle Menschen sind entweder Bürger oder Feinde oder auch vermöge eines Vertrages zwischen den Staaten Freunde" (Leviathan, S. 264).

[17] Eine diametral entgegengesetzte Ansicht vertritt *Zedner*, Is the Criminal Law Only for

I. „Bürgerstrafrecht" oder „Bürgerstrafrechte"

Zurück zu den hier unter dem Stichwort „Bürgerstrafrecht" referierten Ansätzen: Im Zentrum all dieser Konzeptionen steht natürlich die Frage, was unter Staatsbürgerschaft zu verstehen ist bzw. wie sich diese politische Bindung zwischen Staat und Individuum herausbildet.[18] Zur Feststellung, ob der Einzelne *qua* Bürger politisch an das Staatswesen gebunden ist (Pflicht zum Rechtsgehorsam) und ob er von diesem legitim bestraft werden kann, müssen zunächst die Legitimationsbedingungen politischer Herrschaft ermittelt werden:[19] „The central focus of ‚true criminal law' is the very authority of the state itself…".[20] Gerade in dieser grundsätzlichen Frage, die eigentlich nicht nur zur politischen Philosophie gehört, sondern den Kern derselben ausmacht,[21] kommen die starken Meinungsverschiedenheiten zwischen den diversen Ansätzen zum Bürgerstrafrecht zum Ausdruck. Insofern stellen diese Theorien eine Politisierung der Strafrechts- und Straftheorie dar,[22] oder genauer gesagt, eine Offenlegung der unauflöslichen Verbindung zwischen Politik und Strafrecht.[23] Allen diesen Varianten gemeinsam ist die Annahme, die Pflicht des Einzelnen gegenüber dem Staat sei eine übernommene Pflicht (im Gegensatz zu einer natürlichen Pflicht),[24]

Citizens?, S. 42, wonach der Vorschlag von Jakobs eine notwendige Folge jedes Bürgerstrafrechts sei: „The possibility of positing a separate, less favourable ‚law for enemies' derives directly from the fact that the criminal law is predicated upon citizenship, since it is this that opens the way to differential, less favourable treatment of non-citizens". Diese Behauptung gilt es im Teil III C II dieser Untersuchung zu widerlegen.

[18] Als Beispiel vgl. *Duff*, Current Legal Problems 51, 1 (1998), S. 265: „Any adequate answers to these questions would require, among other things, an account of the conditions of citizenship… It would also require a normative account of the sufficient conditions of legal obligation and responsibility".

[19] Vgl. dazu *Celikates/Gosepath*, Politische Philosophie, S. 39 f.

[20] So *Thorburn*, Punishment, S. 9; ähnlich *Tadros*, The Journal of Value Inquiry 43 (2009), S. 394: „a political theory with citizenship at ist core sits in the background of the normative theory of crime".

[21] Vgl. statt aller *Berlin*, Dtsch. Z. Philos. 41 (1993), S. 743; *Grayling*, The History of Philosophy, S. 457 f.; *Rawls*, Gerechtigkeit als Fairneß, S. 19–24; *Celikates/Gosepath*, Politische Philosophie, S. 37: „Seit Beginn der Neuzeit gilt die Frage der Rechtfertigung politischer Ordnung bzw. der Legitimität politischer Herrschaft als die erste und wichtigste Frage der politischen Philosophie".

[22] So *Cigüela*, DOXA 42 (2019), S. 398; *Brettschneider*, Political Theory 35, 2 (2007), S. 175 f.; *Dagger*, Playing Fair, S. 1: „After all, political obligation and punishment do seem to pose closely related problems"; *Lorca*, Law, Culture and the Humanities 18, 2 (2022), S. 432 f. m.w.N.

[23] Diesbezüglich vgl. *Hoskins*, Analysis 77, 3 (2017), S. 619 ff. m.w.N.; *Pastor*, El poder penal internacional, S. 103 ff.

[24] Wie *Duff et al.* (The Trial³, S. 140, Fn. 27) im Hinblick auf die Idee eines Bürgerstrafrechts zu Recht feststellen: „Of course someone who believes that there is no such thing as political obligation will not be persuaded by our argument in any case". Wie sich unten zeigen

welche sich aus der besonderen Bindung zwischen beiden ergibt, so dass die Pflicht zum Rechtsgehorsam entweder aus einer (hypothetischen) Einwilligung oder aus den durch Zugehörigkeit zum Gemeinwesen erhaltenen Vorteilen (den gewährleisteten Rechten) erwächst.[25] Folglich haben alle diese Auffassungen eine offensichtliche Affinität zu Gesellschaftsvertragstheorien[26] (wenn diese in einem weiten – nicht reinen – Sinne verstanden werden)[27] da sie die politische Pflicht (und dementsprechend die Strafe) *quasi* analog zu einem synallagmatischen Vertrag zwischen dem Staat und dem Täter rechtfertigen.[28] Dennoch messen viele der Autoren, die für eine Art „Bürgerstrafrecht" plädieren, dem Ver-

wird (vgl. Teil II D V 1), unternimmt *Pawlik* einen stärkeren Versuch, diese politische Pflicht zu begründen, anstatt sie einfach anzunehmen.

[25] Zu diesen beiden möglichen philosophischen Begründungen dessen, was man dem Staat schuldet („theories of acquired obligation" und „theories of natural duty"), sowie zu den Argumenten der Einwilligung und des Fair Play im Falle der ersten Theoriegruppe, siehe *Waldron*, Philosophy & Public Affairs 22, 1 (1993), S. 3.

[26] Vgl. exemplarisch *Günther*, Responsibility, S. 81: „The primary act of political autonomy is the mutual agreement on a public authority to punish. That is what the narrative of the social contract is all about".

[27] An dieser Stelle ist darauf hinzuweisen, dass die Theorien des „Bürgerstrafrechts" eine Art kontraktualistische Begründung des Strafrechts selbst darstellen, aber nicht notwendigerweise den Gedanken des Gesellschaftsvertrags zur Begründung von Herrschaft in seiner reinsten, an Hobbes angelehnten Form übernehmen. So beziehen sich beispielsweise Autoren, die Fairness-Theorien vertreten (eine der zu untersuchenden Varianten eines Bürgerstrafrechts), häufig auf eine kantische Gesellschaftsvertragstheorie und lehnen die Hobbessche Version ab. Ein Beispiel hierfür ist *Brettschneider* [Political Theory 35, 2 (2007), S. 176], der auf die Unterscheidung zwischen jenen Autoren verweist, die den hypothetischen Gesellschaftsvertrag als mit bestimmten moralischen Ansprüchen verbunden verstehen (wie Kant oder Rawls), und jenen, die dies nicht tun (wie Hobbes), und seine Argumentation auf erstere stützt. Zu dieser Unterscheidung siehe auch *Stark*, The Journal of Philosophy 97, 6 (2000), S. 314 f.; oder *Kindhäuser* [ZStW 107 (1995), S. 704], der zwischen Zweckrational- und Vernunftliberalismus unterscheidet. Ähnlich unterscheidet *Pawlik* (Betrug, S. 19–24) zwischen Selbstgesetzgebungstheorien, die davon ausgehen, dass das praktische Subjekt sich unabhängig von seiner Umwelt konstituiert (abstrakter Begriff der Selbstgesetzgebung bzw. reine Gesellschaftsvertragstheorie à la Hobbes) und Selbstgesetzgebungstheorien, in denen das praktische Subjekt „als Anderes seiner sozialen Umwelt und damit in einem (auch) positiven Bezug auf sie" erscheint (konkreter Begriff von Selbstgesetzgebung à la Kant). Erstere lehnt er u. a. wegen ihres offensichtlichen Widerspruchs zur empirischen Erfahrung ab, während er seine Lehre auf der Basis der letzteren aufbaut.

[28] Paradigmatisch in diesen Sinne *Pawlik*, Das Unrecht, S. 120 f.: „Ebensowenig wie eine Person, die nicht Partei eines Kaufvertrags ist, die Pflichten eines Käufers verletzen kann, vermag jemand, der nicht Adressat der Pflicht zur Mitwirkung an dem gemeinsamen Freiheitsprojekt einer Rechtsgemeinschaft ist, dieser Pflicht zuwiderzuhandeln". Der Ausdruck „quasi" kommt daher, dass einige Autoren diese synallagmatische Logik ausdrücklich ablehnen, aber im Endeffekt die Strafe auch aufgrund bestimmter vom Staat gewährter Rechte rechtfertigen (vgl. z. B *Günther*, Schuld, S. 60–63). Auch *Murphy* [Philosophy & Public Affairs, 2, 3 (1973),

tragsgedanken oder der Idee einer hypothetischen Einwilligung entweder keine Bedeutung bei oder lehnen diese rundweg ab.[29] Gleichwohl teilen sie aber die Ansicht, ein Staat könne nur dann den Gehorsam eines Individuums einfordern, wenn es eine vorherige politische Bindung zwischen den beiden gibt. Wie sollte diese Bindung idealerweise gestaltet sein, damit die entsprechende Gehorsamspflicht entsteht?[30] Mit anderen Worten: Wer sei Bürger und könnte als solcher bestraft werden?

Ohne Anspruch auf Vollständigkeit erheben zu wollen, lassen sich diesbezüglich vier Denkrichtungen unterscheiden,[31] die im Folgenden kurz beschrieben und in den nächsten Abschnitten ausführlicher betrachtet werden. Eine erste, weit verbreitete Variante des Bürgerstrafrechts geht von einer einfachen Grundprämisse aus: Bürger ist derjenige, der an der Gestaltung der Normen in einer Gesellschaft mitwirken kann. Dadurch wird die Staatsbürgerschaft weitgehend

---

S. 228] verweist auf eine „quasi-contractual" Begründung der politischen Plicht; ähnlich *Duff*, Principle, S. 195.

[29] Der Idee der Selbstgesetzgebung als Strafbegründung entgegenstehend *Silva Sánchez*, Malum, S. 72–77; *ders.*, Presupuestos, S. 716–719; darauf hinweisend, dass die Bindung der Staatsbürgerschaft nicht auf Einwilligung beruht *Duff*, Policy Futures in Education 1, 4 (2003), S. 703 f.; kritisch gegenüber der Rechtfertigung des Bürgerschaftsstatus aus dem Synallagma „Freiheitsrecht gegen Rechtsgehorsam" *Günther*, Schuld, S. 60 f., der auf die Notwendigkeit von „außervertraglichen Vertragsvoraussetzungen" in der Tradition von Hegel bis Durkheim verweist; aus ähnlichen Gründen auch die Idee des Gesellschaftsvertrags als Begründung ablehnend *Hörnle*, Straftheorien, S. 54 f.; nicht den (hypothetischen) Einwilligungsgedanken an sich kritisierend, sondern nur seine „silly factual presuppositions" in realen Gesellschaften, *Murphy*, Philosophy & Public Affairs, 2, 3 (1973), S. 240 f. Dem Gedanken der Einwilligung wohlwollend gegenüber steht jedoch *Morris*, The Monist 52, 4 (1968), S. 479.

[30] Zur idealen Bindung Staat-Individuum als Legitimationsparameter der Bestrafung, vgl. z.B. *Günther*, Responsibility, S. 85; *Dagger*, Playing Fair, S. 3; *Duff/Marshall*, Civic Punishment, S. 54 f.

[31] Für ähnliche, alternative Klassifizierungen dieser Varianten siehe *Cigüela*, DOXA 42 (2019), S. 398–401; und *Coca Vila/Irarrázaval*, Journal of Applied Philosophy 39, 1 (2022), S. 56 f., die zwischen deliberativem, republikanischem und liberal-kontraktualistischem Modell des Bürgerstrafrechts unterscheiden. Diff. *Silva Sánchez*, Presupuestos, der zwischen Staatsbürgerschaft als Selbstgesetzgebung (deliberatives Modell) und Staatsbürgerschaft als gleichem Schutz durch das Recht unterscheidet, wobei es gemischte Modelle gebe (Duff oder eigentlich alle „Republikaner"), und dieser Schutz entweder eher formell (wie Pawlik) oder materiell (wie Silva Sánchez selbst) verstanden werden könnte. Vgl. auch *Hörnle*, Straftheorien, S. 50, die drei auf Umstände vor der Tat beruhende Rechtfertigungsmodelle der Kriminalstrafe gegenüber dem Bestraften unterscheidet: (i) solche, die auf einem hypothetischen Gesellschaftsvertrag beruhen, (ii) demokratietheoretische Erwägungen (d. h. das deliberative Modell), und (iii) Überlegungen, die auf Loyalitätspflichten und erhaltenen Vorteilen beruhen (d. h. das liberale Modell). Aus einer etwas anderen, aber verwandten Perspektive (Ansätze zur Legitimation materieller Schuld) unterscheidet *Kindhäuser* [ZStW 107 (1995), S. 703 ff.] zwischen Vernunftliberalismus, der These von Jakobs und kommunitaristischen Positionen.

mit der Innehabung politischer Rechte gleichgesetzt oder, genauer gesagt, mit dem Recht auf aktives und passives Wahlrecht. Diese Variante wird häufig als „deliberatives Modell" bezeichnet, da mehrere seiner Befürworter sich mehr oder weniger auf die Idee einer Doppelrolle einer „deliberativen Person" stützen:[32] Nur wer als Staatsbürger eine wirksame, ablehnende Stellungnahme zur Norm geltend machen kann, sei als Rechtsperson zur Befolgung der Strafnorm verpflichtet.[33] Diese Variante unterscheidet sich von allen anderen im Folgenden zu besprechenden dadurch, dass sie die Legitimität des Strafrechts im Wesentlichen von seinem Entstehungsprozess (*Input*) und nicht von seinem *Output* abhängig macht.[34]

Eine zweite, ebenfalls weit verbreitete Variante lässt sich als „unechtes Bürgerstrafrecht" charakterisieren. In diesem Modell beruht nur die Legitimation der Bestrafung einiger Straftaten auf der vorherigen Verbindung zwischen Staat und Täter, während bei anderen Delikten (in der Regel bei allen oder einigen *mala in se*) diese Legitimation aus der Verletzung natürlicher Pflichten abgeleitet wird.[35] Es handelt sich also um Mischtheorien, denn sie stützen die Rechtgehor-

---

[32] Die Wurzeln dieses Modells in der zeitgenössischen politischen Philosophie liegen bei Habermas (Faktizität und Geltung) und Elster (Deliberative democracy). Vgl. dazu *Gargarella*, Criminal Law and Philosophy 5 (2010), S. 25.

[33] In diesem Sinne vgl. die kontinentaleuropäischen Autoren *Günther*, Schuld, S. 252–256; *ders.*, Möglichkeiten, S. 205 ff.; *Kindhäuser*, Biomedical Law & Ethics 7, 1 (2013), S. 718–733; *Mañalich*, Revista de Estudios de la Justicia 6 (2005), S. 64–69; *Zabel*, Schuldtypisierung; *Pérez Barberá*, InDret 4 (2014), S. 27 ff.; und *Gómez-Jara*, New Criminal Law Review 14, 1 (2011), S. 92 f. Zu diesem Modell bekennen sich zumindest ansatzweise die englischsprechenden Autoren *Yaffe*, Criminal Law and Philosophy 14, 3 (2020), S. 347 ff.; oder *Markel*, Virginia Journal of Criminal Law 1, 1 (2012), S. 1 ff. Es ist vorzuziehen, diese Variante als „deliberatives Modell" statt als „demokratisches Modell" zu bezeichnen, denn obwohl dieses Modell durch die Gleichsetzung der Staatsbürgerschaft mit den politischen Rechten gekennzeichnet ist, legen auch andere Varianten des Bürgerstrafrechts (insbesondere die Republikanische) großen Wert auf das demokratische Element in ihrer Auffassung von Staatsbürgerschaft.

[34] So argumentiert zu Recht *Silva Sánchez*, Presupuestos, S. 719 f.

[35] In diesem Sinne, *Silva Sánchez*, FS-Kindhäuser, S. 475 ff.; und *ders.*, Malum, S. 68–71, hinsichtlich der „gewalttätigen mala in se"; ähnlich *Duus-Otterström/Kelly*, Philosophy Compass 14, 2 (2019), S. 1 ff., wonach der Staat in Ermangelung einer politischen Legitimation die „unmittelbar durch die Moral begründete Straftaten" ebenso bestrafen kann, sofern die strafrechtliche Schuld in einem gerechten Verfahren festgestellt wird; siehe auch *Shelby*, Dark Guettos, S. 229: „A state may have the right to enforce laws against, say, murder and rape simply because these are serious wrongs that violate basic moral rights"; *Garvey*, Guilty Acts, S. 16 f., wonach jeder Staat die Legitimation zur Bestrafung von „core crimes" besitzt; *Cigüela*, InDret 2 (2017), S. 26–28, der zwischen Straftaten, die in der Verletzung von aus der Staatsbürgerschaft abgeleiteten Pflichten bestehen, und Straftaten, die in der Verletzung der „Menschenwürde" bestünden, unterscheidet, wobei Letztere weitgehend mit der *mala in se* übereinstimmten; ähnlich *Renzo*, Law and Philosophy 31, 4 (2012), S. 443 ff.; und *Howard*, Criminal Law and Philosophy 7 (2013), S. 121 ff. Seinerseits befreit *Green* [University of Chicago Legal Fo-

I. „Bürgerstrafrecht" oder „Bürgerstrafrechte"

samspflicht zum Teil auf naturrechtliche bzw. moralische Argumente und nur teilweise auf assoziative oder transaktionsbasierte Argumente.[36] Bezüglich der Straftaten, die sie als Verletzung politischer Pflichten ansehen, konvergieren diese Theorien weitgehend mit einer der beiden nachfolgend zu erwähnenden Varianten des Bürgerstrafrechts.

Diese letzten beiden Varianten, die man als „echte" bürgerstrafrechtliche Modelle mit Schwerpunkt auf dem *Output* bezeichnen könnte, überschneiden sich teilweise und haben keine festen Konturen. Die dritte Variante zeichnet sich dadurch aus, dass sie die Legitimität der Strafe davon abhängig macht, dass der Einzelne das Recht in einer etwas anspruchsvolleren Weise als „sein eigenes" betrachten kann als bei dem deliberativen Modell, nämlich nicht nur als in einem institutionell-demokratischen Prozess geschaffene Regelung, sondern auch als Ausdruck einer von den Gemeinschaftsmitgliedern geteilten Werteordnung.[37] Dies sei nur dann möglich, wenn der Staat seinen Bürgern „reale Freiheit" – verstanden im neorepublikanischen oder kommunitaristischen Sinne, d.h. nicht lediglich als *non interference* (Abwesenheit äußerer Hindernisse) – sicherstellt, so dass das Recht nicht von einer Gruppe einer anderen aufgezwungen wird.[38] In dieser Variante kommt also zu der auf der Demokratie basierenden Argumentationslinie (dem oben erwähnten *deliberativen Modell*) eine auf anderen (nicht nur politischen) Rechten basierende Argumentationslinie hinzu.[39] Die diesem

---

rum 1 (2010), S. 59 ff.] in einigen Fällen die Beurteilung der Legitimität der Strafe von der Notwendigkeit einer vorherigen politischen Bindung je nach dem Zusammenspiel von drei Variablen: (1) das Ausmaß der ungerechtfertigten sozialen Deprivation des Täters, (2) das Ausmaß der ungerechtfertigten Bevorzugung oder Benachteiligung des Opfers und (3) die Art der begangenen Straftat (z.B. ist Mord nicht dasselbe wie Diebstahl).

[36] Zu den naturrechtlichen, assoziativen und transaktionsbezogenen Argumenten als den drei möglichen Begründungen der Gehorsamspflicht siehe *Celikates/Gosepath*, Politische Philosophie, S. 45 ff. Einige bedeutende Vertreter der Idee von natürlichen Pflichten sind *Waldron*, Philosophy & Public Affairs 22, 1 (1993); und *Christiano*, The Constitution of Equality.

[37] Vgl. z.B. *Duff*, Answering for Crime, S. 49 f.; oder *Duff/Marshall*, Civic Punishment, S. 35; vgl. auch die „community conception" von *Lacey*, State Punishment, S. 176 ff.

[38] Vgl. z.B. *Braithwaite/Pettit*, Not Just Deserts; *Pettit*, Utilitas 9, 1 (1997); *Kleinfeld*, Northwestern University Law Review 111, 6 (2017), S. 1465 ff.; *Marti*, The Republican Democratization; auch *Marshall/Duff*, Canadian Journal of Law and Jurisprudence 11, 1 (1998), S. 21: „The political theory to which we would appeal, and on which the idea of community involved in our argument depends, is some version of the ‚civic republicanism' sketched by Charles Taylor". Auch *Dagger*, Republicanism and Crime, S. 153 ff. und *Cigüela*, DOXA 42 (2019), S. 399, beschreiben Duffs Standpunkt als „republikanisch" im weitesten Sinne. Das soll nicht heißen, dass es keine bedeutenden Unterschiede zwischen z.B. Duff und Pettit gibt. Siehe hierzu als Beispiel die Kritik von *Duff* an *Pettit* in P.C.C., S. 9 f. Zu den wichtigen Unterschieden zwischen dem klassisch-liberalen, republikanischen und kommunitaristischen Modell von Freiheit und Staatsbürgerschaft siehe *Skinner*, Tijdschrift voor Filosofie 55, 3 (1993), S. 403 ff.

[39] Vgl. *Gargarella*, Criminal Law and Philosophy 5 (2010), S. 23–26.

„republikanischen Modell" zuzuordnenden Autoren betonen also gewöhnlich die Legitimationsprobleme des Staates bei der Bestrafung von Armen oder sozial Ausgegrenzten, von denen man kaum sagen kann, dass sie Freiheit als Nichtbeherrschung genießen oder das Recht als ihr eigenes begreifen können.[40]

Eine vierte und letzte hier zu erwähnende Variante besteht in Ansätzen, die im Wesentlichen auf den Fair Play- bzw. den Fairnessgedanken als Begründung für die politische Bindung und damit für die Bestrafung zurückgreifen. Dieser Gedanke wird oft anhand einer Formel von *Hart* erläutert: „when a number of persons conduct any joint enterprise according to rules and thus restrict their liberty, those who have submitted to these restrictions when required have a right to a similar submission from those who have benefited by their submission".[41] Übertragen auf die Strafbegründung besteht das wesentliche Merkmal der auf dem Fairnessgedanken basierenden Vorschläge darin, dass sie den synallagmatischen Charakter der strafrechtlichen Verantwortlichkeit im Sinne von Vorteilen bzw. Rechten und Pflichten betonen: Weil ich von dem profitiere, was die Gesellschaft mir zur Verfügung stellt, kann diese von mir ein bestimmtes Verhalten verlangen und mich im Falle von Nichteinhaltung bestrafen.[42] Wie ersichtlich, setzt dieser

---

[40] Zur sozialen Gerechtigkeit als „precondition of criminal liability" siehe u. a. *Pettit*, Indigence, S. 240 ff.; *Gargarella*, Criminal Law and Philosophy 5 (2010), S. 34; oder *Duff*, Oxford Journal of Legal Studies 18 (1998), S. 197; *ders.*, Current Legal Problems 51, 1 (1998), S. 264 f.; *ders.*, P.C.C., S. 193–201.

[41] *Hart*, The Philosophical Review 64, 2 (1955), S. 185; vgl. auch; *Rawls*, Gerechtigkeit als Fairneß, S. 24 ff., der die Gesellschaft als ein faires „System der Kooperation" versteht.

[42] Mehr oder weniger ähnliche Versionen dieses Ansatzes sind bei den folgenden angelsächsischen Autoren zu finden: *Morris*, The Monist 52, 4 (1968), S. 477 f.: „mutuality of benefit and burden"; *Murphy*, Philosophy & Public Affairs, 2, 3 (1973), S. 228 ff., wonach auch Kant seine Straftheorie auf den Fairnessgedanken stützte; *Hoskins*, Criminal Law and Philosophy 5 (2011), S. 58 ff.: „punishment is permissible because the practice is among the rules of the cooperative system to which general compliance yields certain benefits – benefits that offenders, like everyone else, enjoy"; *Dagger*, Playing Fair, S. 8 f.; *Matravers*, The victim, S. 13; *Finnis*, American Journal of Jurisprudence, 44 (1999), S. 91 ff.; *Goldman*, Law and Philosophy 1 (1982), S. 57 ff. Auch der deutschen Literatur ist der Gedanke nicht fremd. Bereits im 19. Jahrhundert und sogar auch auf das Strafanwendungsrecht bezogen *Berner*, Wirkungskreis, S. 81; zur modernen Literatur siehe insbesondere *Pawlik*, Das Unrecht, S. 105–107 m. w. N.; ihm folgend *Kubiciel*, Die Wissenschaft, S. 172: „Die strafrechtlichen Pflichten müssen die Kehrseite von Rechten sein, die den Bürgern dieser Gesellschaft reale Freiheit sichern"; und *Dold*, Rücktritt, S. 34 ff.; teilweise ähnlich *Hörnle*, Straftheorien, 56–59; *dies.*, FS-Merkel, S. 527 f.; *Rössner*, HK-GS[5], Vor §§ 1 ff., Rn. 9 f.; etwas anders *Neumann*, in FS-Jakobs, S. 449 f., wonach die Strafe die Chancenanmaßung auf Kosten der Interessen Dritter neutralisieren soll. Wie bei allen vorangegangenen Varianten gibt es auch zwischen den Vorschlägen, die sich in dieses Fairnessmodell einordnen lassen, wichtige Unterschiede. Ein gutes Beispiel hierfür ist der Alternativvorschlag von *Hoskins* im Vergleich zur Standard-Fairplay-Variante von *Morris*. Laut *Hoskins* [Criminal Law and Philosophy 5 (2011), S. 55–64] beseitigt die Bestrafung nicht einen Vorteil, den der

Fairnessgedanke auch eine republikanische Auffassung von Freiheit und damit von Staatsbürgerschaft voraus: Im Gegensatz zum klassischen Liberalismus, der die Freiheit durch ein Minimum an staatlicher Einmischung zu maximieren glaubt – was sich nur schwer mit der Idee von Pflichten gegenüber dem politischen Gemeinwesen vereinbaren lässt –, versteht der Republikanismus, dass die Freiheit erst durch das Gesetz entsteht, indem es die Erfüllung der Bürgerpflichten erzwingt („law as a liberating agency").[43] Unbeschadet der daher unscharfen Abgrenzung zwischen den beiden letztgenannten Varianten,[44] unterscheiden sich die auf dem Fairnessgedanken beruhenden Ansichten von der dritten Variante (hier als „republikanisch" bezeichnet), indem sie stärker betonen, dass sich die Pflicht des Individuums unmittelbar aus den ihm garantierten Rechten bzw. Vorteilen ableitet.[45]

Welche Variante auch immer vertreten wird, weist die Einführung des Begriffs der Staatsbürgerschaft in die Überlegungen zur Legitimation von Strafrecht und Strafen mindestens zwei wichtige Vorteile auf. Zum einen stellen diese Denkansätze zu Recht das Individuum, das die Strafe zu tragen hat (d.h. derjenige, der sowohl Tadel als auch Strafleid erfährt) in den Mittelpunkt der Diskussion um

---

Täter im Vergleich zum Gesetzestreuen zu Unrecht erlangt hat. Vielmehr sei die Bestrafung legitim, weil die Regel, die die Bestrafung als Reaktion auf Straftaten vorsieht, selbst zu denen gehört, bei denen der Täter, der von der allgemeinen Befolgung dieser Regel profitiert, eine Fair-Play-Pflicht zur Einhaltung hat. Vgl. auch *Duus-Otterström* [Criminal Law and Philosophy 11 (2017), S. 487 ff.] wonach das „unfairness" in der ungerechten Benachteiligung des Opfers oder Dritter bestehe. Deswegen ist die Kritik, dieses Modell tauge nur für die Beschreibung von Straftaten wie Steuerhinterziehung, bei denen der Täter eindeutig als Trittbrettfahrer auftritt, nicht aber für andere Delikte wie Mord (s. *Roxin/Greco*, AT I, § 2, Rn. 115c; und *Duff*, P.C.C., S. 22), nicht immer zutreffend. Dieser Einwand mag auf den Vorschlag von Morris zutreffen, aber nicht unbedingt auf den von Pawlik oder Hoskins. Wie hier auch *Hörnle*, Straftheorien, S. 58 f.

[43] Vgl. hierzu statt aller *Skinner*, Tijdschrift voor Filosofie 55, 3 (1993), S. 417 f. Zur schwierigen Versöhnung zwischen der Freiheitskonzeption des klassischen Liberalismus und der Idee einer Pflicht gegenüber einer überindividuellen politischen Einheit siehe *Pawlik* (Normbestätigung, S. 43–45), der genau deshalb die republikanischen Wurzeln seines Modells deutlich macht.

[44] Wie ähnlich sich die beiden Varianten sind, zeigt sich z.B. daran, dass *Pawlik* (Normbestätigung, S. 34) seine Konzeption als Antwort auf Duffs Forderung nach einem „genuinen bürgerstrafrechtlichen Modell" versteht.

[45] Ein Beleg für die Einzigartigkeit der auf Fairness basierenden Ansätze ist vielleicht die harsche Kritik, die Duff (einer der führenden Vertreter einer republikanisch-kommunitaristischen Ansicht) an ihnen übt. Duffs Kritik richtet sich jedoch auf den umstrittensten Aspekt dieser Auffassungen, der nur bei einigen ihrer Autoren vorkommt – d.h. die Strafe als Beseitigung eines ungerechten Vorteils – und greift sie deshalb kaum in ihrem Kern an. Vgl. hierzu *Duff*, P.C.C., S. 21–27.

deren Legitimität.⁴⁶ Zum anderen vermag die Vorstellung eines „Bürgerstrafrechts" den Anwendungsbereich des Strafrechts in einer Weise einzuschränken, die bei einer auf Interessenschutz ausgerichteten Strafrechtstheorie völlig fehlt.⁴⁷ Denn es geht nicht nur darum, welche Interessen zu welchem Preis schützenswert sind – das ist nur ein Teil der Gleichung –, sondern auch darum, von wem der Staat die Beachtung der zu schützenden Interessen verlangen kann, warum und in welchem Umfang. Indem der Staat nicht jeden bestrafen darf, der ein angebliches (Rechts-)Interesse des von ihm vertretenen politischen Gemeinwesens verletzt hat, sondern nur diejenigen, die Mitglieder dieser Gemeinschaft sind, verringert sich der Kreis der möglich zu bestrafenden Personen zumindest teilweise (wenn nicht sogar erheblich, je nachdem, wie man die politische Bindung begreift, die für eine Bestrafung ausreichend ist). So leisten Bürgerstrafrechtstheorien einen großen Dienst, indem sie die enormen Legitimitätsprobleme bei der Bestrafung verschiedener Personengruppen aufzeigen, darunter Menschen, die in sozialer Ausgrenzung leben;⁴⁸ Ausländer, die Auslandstaten außerhalb des Hoheitsgebiets des Strafgewaltstaates begehen;⁴⁹ oder sogar Minderjährige, die

---

⁴⁶ Vgl. statt aller *Pawlik*, FS-Schroeder, S. 358; oder *Murphy*, Philosophy & Public Affairs, 2, 3 (1973), S. 220.

⁴⁷ Im Hinblick auf die ideale Ausdehnung des Strafanwendungsrechts wird dies gelegentlich von Vertretern eines ausschließlich auf Interessenschutz gestützten Strafrechts anerkannt. Siehe z. B. *Chehtman*, The Philosophical Foundations, S. 114–139; oder *Asp*, Extraterritorial Ambit, S. 39 f., wonach die Rechtsgutstheorie die Annahme einer universellen Strafrechtsetzungsgewalt bezüglich Taten unterstützt, die gegen (unsere) strafrechtlich geschützten Interessen oder Werte verstoßen.

⁴⁸ Vgl. z. B. *Gargarella*, Criminal Law and Philosophy 5 (2010), S. 21 ff.; oder *Silva Sánchez*, Malum, S. 67–112.

⁴⁹ Zu den zeitgenössischen Autoren in Deutschland, die betonen, dass der Staat nicht zur Ausübung einer universellen Strafgewalt berufen ist, sondern dass die Funktion des Staates (und damit seine Strafrechtsetzungsgewalt) territorial und funktional begrenzt sein sollte, gehören zum Beispiel *Pawlik*, FS-Schroeder; oder *Gärditz*, Weltrechtspflege. Damit knüpfen diese Autoren an eine lange Tradition in Deutschland an, bestehend in einer kritischen Infragestellung der staatlichen Legitimation zur Bestrafung von Auslandstaten, zu denen der Staat keinen hinreichenden Bezug hat. Beispiele davon sind Autoren des 19. Jahrhunderts wie *Abegg*, Über die Bestrafung, § 14, S. 17 und § 28, S. 32, der sich für eine strikte Beschränkung des Strafrechts auf Inlandstaten aussprach; *Tittmann*, Die Strafrechtspflege, S. 23 ff., wonach der Staat bei Auslandstaten von Ausländern nur Sicherungsmaßnahmen ergreifen (aber nicht Strafen verhängen) könnte, und zwar nur dann, wenn sich diese Auslandstaten gegen inländische Rechtsgüter richten; oder *Bekker*, Theorie des heutigen deutschen Strafrechts, S. 193 f., dessen Vorschlag, wie sich zeigen wird, beträchtliche Ähnlichkeiten mit demjenigen von Pawlik aufweist. Andererseits war eine restriktive Anwendung des staatlichen *ius puniendi* in Bezug auf Auslandstaten seit jeher herrschend im Common Law. Vielleicht mag diese starke Tradition erklären, warum (trotz der in Teil I C II 1 erörterten jüngsten expansionistischen Entwicklung des Strafanwendungsrechts) viele englischsprachige Autoren noch heute dafür eintreten, dass die Rechtsordnung das Individuum nicht *qua* moralischen Akteur oder Mitglied einer globalen

trotz ihrer eventuell mit einem Durchschnittsbürger vergleichbaren kognitiven Fähigkeiten nicht wählen können.[50]

In den folgenden Abschnitten werden die Vorschläge einiger Autoren näher untersucht, die für die oben genannten vier Varianten des Bürgerstrafrechts repräsentativ sind. Nach einer kurzen Betrachtung des deliberativen Ansatzes (II) werden das Modell eines unechten Bürgerstrafrechts von *Silva Sánchez* (III), das republikanisch-kommunitaristische Modell von *Duff* (IV) und das auf dem Fairnessgedanken basierende Modell von *Pawlik* (V) analysiert, wobei der Schwerpunkt auf den Konsequenzen dieser Modelle für das Strafanwendungsrecht liegt. Schließlich werden einige gemeinsame Probleme oder Nachteile dieser Modelle aufgezeigt (VI), die den Anstoß für den im dritten Teil dieser Arbeit entwickelten Ansatz geben.

II. Das deliberative Modell des Bürgerstrafrechts: eine auf politische Rechte verkürzte Staatsbürgerschaft

Sind Strafnorm und Kriminalstrafe in erster Linie gegenüber dem von ihnen betroffenen Individuum zu rechtfertigen, so erscheint der Rückgriff auf dessen Einwilligung als eine naheliegende Alternative.[51] Da eine ausdrückliche Zustimmung nicht in Frage kommt, wird häufig auf eine hypothetische Einwilligung verwiesen.[52] Und diese hypothetische Einwilligung kann kaum deutlicher bejaht werden als durch den Rekurs auf die Idee der Selbstgesetzgebung. Nicht umsonst ist dieser Gedanke das Legitimationsparadigma schlechthin in den Freiheitstheorien der modernen Rechtsphilosophie.[53] Folglich lässt sich ein enger Zusammenhang zwischen Staatsbürgerschaft und Selbstgesetzgebungsparadigma annehmen. Tatsächlich schreibt Habermas: „Das Konzept der Staatsbürgerschaft entwickelt sich aus dem Rousseauschen Begriff der Selbstbestimmung".[54] Aus-

---

Gemeinschaft bestrafen sollte, sondern vielmehr *qua* Bürger einer bestimmten politischen Gemeinschaft.

[50] Eingehend dazu *Yaffe*, The Age of Culpability.

[51] So auch *Pawlik*, Betrug, S. 16: „Normative Forderungen müssen also auf den – vernünftigen – freien Willen als ihren Geltungsgrund zurückführbar sein".

[52] Hierzu siehe oben Teil II C II.

[53] So behauptet auch *Pawlik*, Betrug, S. 15; *ders.*, Der Staat 38 (1999), S. 22 f. Vgl. auch *Kant*, AA. VI, S. 314: „Die zur Gesetzgebung vereinigten Glieder einer solchen Gesellschaft (societas civilis), d. i. eines Staats, heißen Staatsbürger (cives), und die rechtlichen, von ihrem Wesen (als solchem) unabtrennlichen Attribute derselben sind gesetzliche Freiheit, keinem anderen Gesetz zu gehorchen, als zu welchem er seine Beistimmung gegeben hat"; *Rousseau*, Du contrat social, Livre 1, Chapitre 1.8: „l'obéissance à la loi qu'on s'est prescrite est liberté"; ähnlich *Hege*l, Grundlinien, § 258, S. 400–403.

[54] *Habermas*, Faktizität und Geltung, S. 637.

gehend von diesen Prämissen wirkt auch die Kernthese des deliberativen Modells recht plausibel: Nur wer die Fähigkeit zur kritischen Stellungnahme zu Normen beanspruchen kann, darf bei deren Nichteinhaltung zur Rechenschaft gezogen werden.[55] Mit anderen Worten: Die Normlegitimation hängt im Wesentlichen von ihrer inneren Verknüpfung mit der Autonomie des Normadressaten ab und nicht von anderen Aspekten, wie etwa gewährleisteten Rechten.[56] Jede andere Begründung der Strafnorm bedeute eine Instrumentalisierung des Täters.[57]

In Anbetracht der obigen Ausführungen und auch wegen der Schwierigkeiten, die ein Legitimationsversuch strafrechtlicher Normen durch ihren Inhalt in pluralistischen Gesellschaften mit sich bringt,[58] plädieren die deliberativen Theorien für eine prozedurale Rechtfertigung der Strafnorm gegenüber ihrem Normadressaten: Die Normlegitimität hänge nur von der Möglichkeit des Betroffenen zur Mitgestaltung der Norm ab, d. h. von seinen politischen Rechten zur Teilnahme an institutionalisierten Verfahren.[59] Die Idee einer Regierung „durch das Volk" kommt damit voll zum Ausdruck: *No criminalization without representation!*[60] Dennoch – und das räumt z. B. *Günther* klar ein – kann ein ernsthafter Diskurs zur Begründung der Strafnorm nicht rein formalistisch sein. Neben der Existenz eines demokratischen Willensbildungsprozesses (oder besser gesagt, als Voraussetzung für dieses) soll der Normadressat wirklich die Fähigkeit besitzen, ihr Autor zu sein (was *Günther* eine „deliberative Person" nennt).[61]

Entscheidend für die Bejahung der Legitimität der Strafnorm ist also die Frage, unter welchen Bedingungen der Normadressat als (zumindest möglicher) Mitgestalter derselben verstanden werden kann. Diese Umstände würden nicht vollständig mit dem Wahlrecht übereinstimmen. Einerseits wäre die Anforde-

---

[55] Siehe hierzu z. B. *Kindhäuser*, Biomedical Law & Ethics 7, 1 (2013), S. 126 f.
[56] Vgl. hierzu *Kindhäuser*, ZStW 107 (1995), S. 709: „Rechtstreue ist keine Gegenleistung zu staatlicher Fürsorge, sondern muß aus der Autonomie begründet werden, an der Verständigung über Normen teilzuhaben".
[57] So *Pérez Barberá*, InDret 4 (2014), S. 22.
[58] Vgl. hierzu *Kindhäuser*, ZStW 107 (1995), S. 706.
[59] Oder, in den Worten *Günthers* (Schuld, S. 248), von seinem subjektiven Recht „auf politische Teilnahme an rechtlich institutionalisierten Prozeduren der öffentlichen Meinungs- und Willensbildung".
[60] Tatsächlich entspricht die obige Auffassung in groben Zügen dem Leitgedanken, die der berühmten Parole des US-Unabhängigkeitskriegs „No taxation without representation" zugrunde lag. Ich möchte Ivó Coca Vila dafür danken, dass er mich auf diesen Punkt hingewiesen hat.
[61] Vgl. *Günther*, Schuld, S. 251: „Die der deliberativen Person zugeschriebene Fähigkeit zur kritischen Stellungnahme und das gleiche subjektive Recht auf wirksame Ausübung dieser Fähigkeit in rechtlich institutionalisierten demokratischen Verfahren *zusammen* begründen also den Verbindlichkeitsanspruch des positiven Rechts"; und ebd., Schuld, S. 248: „Demokratische Verfahren setzen eine deliberative Person voraus".

rung des Wahlrechts zur Legitimierung der Strafe gegenüber dem Normadressaten zu anspruchsvoll: Damit würden nicht nur jahrhundertelange Strafpraxis als illegitim eingestuft,[62] sondern es entstünden auch Schwierigkeiten bei der Strafbegründung gegenüber verschiedenen Personenkreisen in den heutigen Gesellschaften (die Strafe wäre z. B. im Falle von ansässigen Ausländern, Touristen, Minderjährigen, Staatsangehörigen, denen das Wahlrecht entzogen wurde usw. nicht legitim). In Anbetracht dessen argumentieren die Befürworter des deliberativen Modells, dass die Möglichkeit der Teilnahme am demokratischen Prozess nicht mit dem bloßen Wahlrecht verwechselt werden darf. Diese Teilnahme könnte auch durch die Ausübung anderer Rechte erfolgen, wie „ihre Meinung frei zu äußern, zu demonstrieren, Vereine und Interessengruppen zu bilden, in Presse und Rundfunk ihre Belange zu artikulieren, sich in Parteien und Gewerkschaften zu organisieren und viele weitere Möglichkeiten, im öffentlichen Meinungs- und Willensbildungsprozess Stellung zu nehmen".[63] Zuweilen wird die Legitimität der Norm sogar auf den besuchenden Ausländer ausgedehnt, indem auf seine freiwillige Einreise angespielt wird.[64] All diese „gekünstelt wirkenden Unterwerfungsfiktionen" erfassen jedoch nicht alle Problemfälle[65] und offenbaren zudem die Schwäche dieser (teilweise) prozeduralen Rechtfertigung.[66]

Andererseits scheint das Wahlrecht jedoch unzureichend zur Rechtfertigung strafrechtlicher Normen gegenüber dem Normadressaten zu sein. Problematisch ist nicht nur, dass die bestehenden demokratischen Prozesse keineswegs einwandfrei sind,[67] oder dass man den Absichten oder Fähigkeiten der Wähler nicht

---

[62] Zu diesem Kritikpunkt vgl. *Pawlik*, Das Unrecht, S. 108, Fn. 594; *ders.*, Ciudadanía y Derecho Penal, S. 39; *Silva Sánchez*, FS-Kindhäuser, S. 476.

[63] So *Kindhäuser*, Biomedical Law & Ethics 7, 1 (2013), S. 122; ähnlich *Gómez*-Jara, New Criminal Law Review 14, 1 (2011), S. 93: „what matters according to this model is not the right to vote but rather the right to free speech"; *Mañalich*, Revista de Estudios de la Justicia 6 (2005), S. 68 f.; *ders.*, Estudios Públicos 108 (2007), S. 191; oder *Zabel*, Schuldtypisierung, S. 171, der zwischen „Rechtspflege im engeren und weiteren Sinne" unterscheidet, wobei diese letztere Demonstrations-, Wahl-, Petitions- oder Klagerechte umfasst.

[64] So z. B. Yaffe, The Age of Culpability, S. 190: „Say over the law is not the crucial source of the strength of the legal reasons that visitors have to refrain from crime; there is an alternative source relevant in the case of visitors. The alternative source is a commitment, essential to being a visitor, not to disavow the applicability of the law to oneself"; ähnlich *Arndt*, NJW 28 (1995), S. 1803 ff.

[65] Vgl. dazu z. B. *Gärditz*, Weltrechtspflege, S. 342, der das Beispiel eines gegen seinen Willen ins Land gebrachten Ausländers anführt.

[66] Kritisch zum daraus resultierenden „äußerst schwachen Konzept der Selbstgesetzgebung" *Silva Sánchez*, Malum, S. 74; siehe auch *Gärditz*, Weltrechtspflege, S. 342–345.

[67] Siehe z. B. *Silva Sánchez* (Presupuestos, S. 717) der den partitokratischen, populistischen und technokratischen Charakter dieser Prozesse hervorhebt, die vom idealen Dialog, den die deliberative Variante anstrebt, weit entfernt sind.

völlig trauen sollte.⁶⁸ Das Problem liegt vielmehr darin, dass es in fast allen Gesellschaften Individuen gibt, denen nicht einmal die grundlegenden Rechte in ausreichendem Maße gewährleistet werden. Wie könnte man ernsthaft behaupten, dass ein von Geburt an in Elend lebender Mensch ein Mitverfasser der Normen ist, weil er das Wahlrecht hat?⁶⁹ Daher erkennen die Vertreter dieser deliberativen Variante die Notwendigkeit an, auf einen materiellen Begriff der Staatsbürgerschaft zurückzugreifen:⁷⁰ Nur wer frei und gleichberechtigt am Prozess der Willensbildung teilnehmen darf, kann legitim *qua* Bürger bestraft werden.⁷¹ Hierfür sind jedoch weitreichendere Voraussetzungen erforderlich: Die Gewährung politischer Rechte nützt wenig, wenn sie nicht mit der Wahrnehmung anderer Rechte einhergeht, angefangen bei der individuellen Sicherheit (deren Schutz eine vorrangige Aufgabe des Staates ist)⁷² und der Gewährleistung der anderen, die Rechtsstaatlichkeit ausmachenden Grundfreiheiten.⁷³ Darüber hinaus sind auch bestimmte soziale Rechte, insbesondere das Recht auf eine gewisse Bildungsqualität, eine unabdingbare Voraussetzung für eine wirksame Teilnahme

---

⁶⁸ Vgl. hierzu *Kleinfeld* [Northwestern University Law Review 111, 6 (2017), S. 1398] der eine Reihe von Straftheoretikern auflistet, die den durchschnittlichen US-amerikanischen Wähler als gewalttätig, rassistisch oder einfach dumm ansehen.

⁶⁹ Hierzu trifft *Pawlik* [ZIS 8–9 (2011), S. 762] den Nagel auf den Kopf: „Einem jungen Mann ohne Schulabschluss und mit ausgiebiger Gefängnis- und Drogenerfahrung zu erklären, er sei Mitautor des Gesetzes, nach dem er nunmehr gerichtet werde, hat geradezu etwas Zynisches".

⁷⁰ Vgl. *Günther*, Schuld, S. 116, Fn. 267: „Dem Rekonstruktionsvorschlag liegt ein materieller, kein formeller Staatsbürgerbegriff zugrunde, der an die nationalstaatlich definierte Staatsangehörigkeit anknüpft"; *Habermas*, Faktizität und Geltung, S. 639: „Heute werden freilich die Ausdrücke Staatsbürgerschaft oder ‚citizenship' nicht nur für die staatliche Organisationsmitgliedschaft, sondern auch für den Status verwendet, der durch die staatsbürgerlichen Rechte und Pflichten inhaltlich definiert wird".

⁷¹ So *Kindhäuser*, ZStW 107 (1995), S. 719; *Günther*, Schuld, S. 256; und *Habermas*, Faktizität und Geltung, S. 638.

⁷² Vgl. dazu bereits *Mill*, Utilitarianism, S. 98, wonach Sicherheit – nach der Ernährung – das unentbehrlichste aller Notwendigkeiten ist: „…but security no human being can possibly do without". Vgl. auch *Pawlik*, Das Unrecht, S. 108, Fn. 594: „Auch ein demokratischer Staat muß zunächst einmal Staat sein. Er muß mithin die Leistungen erbringen, welche von einem Staat erwartet werden – in erster Linie die Garantie des Friedens"; ähnlich *Silva Sánchez*, Malum, S. 75.

⁷³ Siehe hierzu *Starck*, Freiheitsidee, § 33, Rn. 8–13: „Die Betrachtung der historischen Entwicklung und der theoretischen Zusammenhänge der beiden Freiheitsideen zeigt, daß die grundrechtliche ohne die demokratische, nicht aber die demokratische ohne die grundrechtliche Freiheitsidee realisierbar ist. Zuerst muß sich die grundrechtliche Freiheitsidee durchsetzen, die das unersetzbare Fundament für die Demokratie ist". Dies wird von den Befürwortern einer deliberativen Variante normalerweise nicht in Frage gestellt. Siehe z.B. *Kindhäuser*, ZStW 107 (1995), S. 722–725: „Hierbei interpretiere ich Demokratie nicht nur als Volkssouveränität, sondern auch und gerade als Herrschaft des Rechts".

II. Das deliberative Modell des Bürgerstrafrechts 231

am demokratischen Prozess.[74] *Robespierre* selbst hätte davor gewarnt, politische Rechte vor grundlegendere Fragen zu stellen: „La République? La Monarquie? Je ne connais que la question sociale"[75]

Vertritt man jedoch die Auffassung, dass die Legitimität der Strafnorm gegenüber ihrem Adressaten davon abhängt, dass der Staat ihm all diese Rechte bis zu einem gewissen Grad gewährleistet hat, dann verlässt man den Bereich der deliberativen Variante zugunsten des republikanischen bzw. des Fairplay-Modells.[76] Anders ausgedrückt: das Erfordernis einer Ergänzung der demokratischen Argumentationslinie durch eine rechtsbasierte Argumentationslinie wird explizit anerkannt.[77] Auf diese Weise wird die Strafnorm nicht mehr vorrangig prozedural (durch ihren Input), sondern vor allem instrumentell (durch ihren Output) legitimiert,[78] wodurch die deliberativen Theorien (wie bereits angesprochen) den Fairness- und republikanischen Varianten sehr nahe kommen.[79] Eine Rechtsetzung „durch das Volk" reicht zur Behauptung ihrer Legitimität daher nicht aus, vielmehr sei auch eine Rechtsetzung „für das Volk" erforderlich.[80] In Anbetracht dieser Überlegungen ist es unplausibel, die vor der Tatbegehung bestehende Bindung zwischen Staat und Täter, die die Strafnorm und die Verhängung der Strafe rechtfertigen soll, auf die Partizipationsmöglichkeiten des Individuums am de-

---

[74] In diese Richtung *T.H. Marshall*, Bürgerrechte und soziale Klassen, S. 51; *Ramsay*, Democratic Limits, S. 227–231.

[75] Dieser Satz wird von *Arendt* (Die Freiheit, S. 31) zitiert, um ihre eigene Position (vgl. ebd., S. 26) zu untermauern.

[76] Ein deutliches Beispiel dafür findet sich bei *Markel*, Virginia Journal of Criminal Law 1, 1 (2012), S. 7. Nachdem er darauf hingewiesen hat, dass seine Bemühungen sich auf die Rechtfertigung staatlicher Strafen in einer liberalen Demokratie beziehen, präzisiert er, dass er damit keine „fancy or elaborated account of democracy" meint. Wie sähe nun sein *nicht fancy* Demokratieverständnis aus?: „I simply mean a regime marked by the presence of free and fair elections, reasonably powerful legislatures, independent judiciaries, and a legal and political culture that respects the fundamental individual rights of procedural due process, free speech, free association and petition, free exercise of religion, freedom of movement, substantial privacy, equal protection, and the right to a substantial degree of sexual and reproductive autonomy". Ähnlich *Tadeu*, ZIS 1 (2022), S. 1 ff., wenn er anstelle der Diskurstheorie *Günthers* eine „materielle Anerkennungsethik" als normative Voraussetzung der Schuld vorschlägt.

[77] Beispielhaft sei hier auf *Peralta* [ZIS 10 (2008), S. 509–511] verwiesen, der neben der prozeduralen Begründung auf die Koordinationsfunktion der Norm hinweist.

[78] Zur prozeduralen und instrumentellen Rechtfertigung von Normen vgl. *Schmelzle*, Leviathan, 40. Jg., Sonderband 27 (2012), S. 433.

[79] Als Beispiel sei die folgende Argumentation von *Kindhäuser* [ZStW 107 (1995), S. 722] herangezogen, die dem Fairnessgedanken ähnlich ist: „Zum einen ist die Normbefolgung aller notwendige Bedingung der Akzeptabilität der Norm. Es ist dies die allgemeine Rationalitätsbedingung von Normen; nur unter der Voraussetzung, daß Ego und Alter die Norm auch befolgen, können Ego und Alter der Norm jeweils zustimmen".

[80] So auch *Pawlik*, Das Unrecht, S. 61 f.

mokratischen Prozess (auf seine politischen Rechte) zu reduzieren. Diese Voraussetzung ist zugleich zu anspruchsvoll (sie stößt auf Rechtfertigungsschwierigkeiten bei Personen, die von der politischen Partizipation ausgeschlossen sind, aber eventuell eine starke Bindung zum Gemeinwesen haben, wie z. B. manche Minderjährige oder aufenthaltsberechtigte Ausländer) und zu anspruchslos (es fehlt ein Rahmen für die Berücksichtigung von Personen, die zwar theoretisch teilnahmefähig sind, aber faktisch eine äußerst schwache Bindung zum Staat haben, wie z. B. sozial Ausgegrenzte). Dies macht die Auseinandersetzung mit den verbleibenden Varianten des Bürgerstrafrechts erforderlich.

III. Der Vorschlag von Silva Sánchez: ein „unechtes" Bürgerstrafrecht mit naturrechtlichen Spuren

1. Vorteile gegenüber dem deliberativen Modell: ein überzeugenderer Staatsbürgerschaftsbegriff

Der Vorschlag von *Silva Sánchez* hat mindestens zwei große Vorteile gegenüber dem oben betrachteten deliberativen Modell. Erstens bemüht er sich, die staatliche Legitimation zur Einforderung von Normkonformität (und damit zur Bestrafung) von der Schuld *stricto sensu* zu unterscheiden (wenngleich er, wie sich herausstellen wird, letztlich keine scharfe Trennung vornimmt). Zweitens – und viel wichtiger – operiert er mit einem deutlich überzeugenderen Staatsbürgerschaftsbegriff als die deliberative Variante. Auf diese beiden Punkte wird im Folgenden eingegangen.

Im Rahmen des deliberativen Modells wird die Autonomie des Einzelnen (die einzige Legitimitätsquelle des Rechts ihm gegenüber) mit seiner Fähigkeit gleichgesetzt, eine begründete Stellungnahme zu den Normen einzunehmen.[81] Diese Möglichkeit einer kritischen Teilhabe am demokratischen Prozess setzt natürlich voraus, dass der Einzelne generell in der Lage ist, eine kritische Position zu eigenen und fremden Aussagen und Handlungen zu beziehen.[82] Da jedoch auf der doppelten Rolle des Einzelnen als Autor und Adressat der Norm bestanden wird, drohen diese beiden „Stellungnahmen" (als Bürger gegenüber der Norm und als Rechtsperson im Allgemeinen) verwechselt zu werden. Infolgedessen können zwei verwandte, aber unterschiedliche Fragen (d. h. die politische Legitimität des Staates zur Bestrafung eines Individuums und die Schuld dieses Individuums) völlig durcheinandergebracht werden. Ein einschlägiges Beispiel hierzu ist die Argumentation des chilenischen Autors *Mañalich*, der die gestei-

---

[81] Vgl. statt aller *Kindhäuser*, Biomedical Law & Ethics 7, 1 (2013), S. 126 f.
[82] So *Günther*, Schuld, S. 254 f.

gerte Plausibilität der Anerkennung eines unvermeidlichen Verbotsirrtums bei Ausländern zu erläutern versucht, indem er behauptet, dies bedeute nichts anderes als die Anerkennung der Unzulässigkeit eines Vorwurfs wegen mangelnder Rechtstreue angesichts des heteronomen Charakters der Norm gegenüber dem Betroffenen.[83] Diese Ansicht ist jedoch unzutreffend: Begeht ein Deutscher in Paraguay einen Diebstahl oder eine Trunkenheitsfahrt, kommt die Anerkennung eines Verbotsirrtums mangels Teilnahmemöglichkeit kaum in Betracht.[84] In den meisten derartigen Fällen wird der Täter in der Lage sein, den Inhalt der Verhaltensregel zu erkennen und sie zu beachten, da das Verhalten auch in seinem Herkunftsland tatbestandsmäßig und rechtswidrig sein wird. Dies heißt jedoch noch lange nicht, dass die Legitimation Paraguays, von dem Betroffenen die Normeinhaltung einzufordern und ihn gegebenenfalls einem Schuldvorwurf auszusetzen, eine Selbstverständlichkeit ist.

Dementsprechend unterscheidet *Silva Sánchez* ausdrücklich zwischen Schuld und Legitimation des Staates zur Bestrafung anhand der politischen Bindung.[85] Er stellt nämlich beide Aspekte als zwei verschiedene Lösungen für das Problem der sozialen Exklusion dar: Diese lässt sich einerseits

als ein – normativ verstandenes – physisches bzw. sozial-psychologisches Merkmal des Handelns eines Subjekts betrachten, das bei dem rechtfertigenden Notstand, der Zurechnungsunfähigkeit, dem Verbotsirrtum sowie dem entschuldigenden Notstand von Bedeutung sein kann. Andererseits darf sie als Spiegelbild der von dem Staat unterlassenen Leistung des positiven Schutzes der betroffenen Subjekte verstanden werden.[86]

Bei dieser zweiten Perspektive handelt es sich also um nichts Geringeres als ein „rechtspolitisches Urteil über den Anspruch des Staates, vom Betroffenen ein anderes Verhalten zu verlangen", das auch dann negativ ausfallen könne, wenn

---

[83] Vgl. *Mañalich*, Revista de Estudios de la Justicia 6 (2005), S. 68 f.

[84] Ebenfalls kritisch zu diesem Gedanken von Mañalich äußert sich *Silva Sánchez*, Presupuestos, S. 723 f. Damit wird selbstverständlich nicht bestritten, dass es in bestimmten Fällen erheblich abweichende kulturelle Wertvorstellungen bestehen können, auf denen ein Verbotsirrtum beruhen kann. Vgl. hierzu stellvertretend die Arbeit von *Castillo*, Normbefolgungsunfähigkeit, S. 70 ff.

[85] Die in diesem Absatz darzustellende Argumentationslinie von *Silva Sanchez* findet sich zusammengefasst auf Deutsch in *ders.*, FS-Kindhäuser, S. 475 ff.; ausführlicher auf Spanisch in *ders.*, Malums, S. 86–112; *ders.*, Presupuestos, S. 715 ff.

[86] *Silva Sánchez*, FS-Kindhäuser, S. 480 f.; *ders.*, Presupuestos, S. 721. Ähnlich *Lorca*, Law, Culture and the Humanities 18, 2 (2022), S. 425: „Regarding the legitimacy of punishing the extreme poor, criminal law theory and political philosophers have provided two sets of answers. According to the first of these, punishing the poor makes us uneasy because poverty undermines the conditions of individual responsibility thus making punishment unfair. The second set of answers considers that the central problem of punishing the poor has to do with the state's lack of authority or standing to do so".

das Individuum im herkömmlichen Sinne schuldig ist.[87] Laut *Silva Sánchez* würde diese politische Annäherung an die Problematik der Bestrafung der Armen (im Gegensatz zum klassischen Ansatz der Zumutbarkeit der Forderung nach Normerfüllung) eine bessere Berücksichtigung des strukturellen Problems der sozialen Ausgrenzung ermöglichen.[88] Denn die relationale Legitimität des Staates zur Bestrafung ist bei sozial Ausgegrenzten geschmälert, sowohl weil die Strafgewaltausübung heuchlerisch wäre (wer ein Unrecht verursacht hat, kann einem anderen keine Vorwürfe wegen eines ähnlichen Übels machen) als auch wegen des eigenen Beitrags des Staates zur Tatbegehung (man denke z. B. an die kognitiven Defizite, die sich aus der Verteilungsungerechtigkeit ergeben).[89] Demnach könnte jeder von einem sozial Ausgegrenzten begangene Diebstahl (und nicht nur ein *furtum famelicum*) entweder von der Bestrafung ausgenommen oder mit einer geringeren Strafe belegt werden, wie unten näher erläutert wird.[90] Damit reiht sich *Silva Sánchez* in eine lange Liste von Autoren ein, die – vor allem im angelsächsischen Raum – einen Verantwortungsausschluss oder eine Strafmilderung aufgrund von Armut oder sozialer Ausgrenzung *per se* vorschlagen.[91] Wie unten gezeigt wird, schließt sich *Silva Sánchez* dieser Argumentation jedoch nur in Bezug auf einige Deliktarten an (nämlich solche, die er nicht als „gewalttätige ‚mala in se'" erachtet).

---

[87] *Silva Sánchez*, Malum, S. 110. Ausführlich dazu *Cigüela*, DOXA 42 (2019), S. 405–407, der diesen Ansatz als eine „Unzumutbarkeit aufgrund der verantwortungszuschreibenden Instanz" versteht. Im selben Sinne *Tadros* [The Journal of Value Inquiry 43 (2009), S. 394]: „It is one thing to say about a person that she is responsible for the action that she performs. It is another thing to say that we are entitled to hold her responsible for her actions".

[88] So *Silva Sánchez*, FS-Kindhäuser, S. 481 f.; im selben Sinne *Gilman*, University of Richmond Law Review 47, 2 (2013), S. 499. Dies ist nicht überraschend, denn wie *Cigüela* [DOXA 42 (2019), S. 392] überzeugend darlegt, ergibt sich die Notwendigkeit, die politische Legitimität der Strafe von der Schuld getrennt zu behandeln, teilweise daraus, dass die „klassische retributive Perspektive" den Fokus auf die inneren psychologischen Bedingungen des Individuums richtete und die sozialstrukturellen Faktoren, die seine Freiheit einschränken, vernachlässigte.

[89] Zu diesen beiden klassischen Argumenten siehe *Silva Sánchez*, FS-Kindhäuser, S. 482 f., der sie seinerseits von *Tadros* [The Journal of Value Inquiry 43 (2009), S. 393] übernimmt.

[90] So *Silva Sánchez*, FS-Kindhäuser, S. 484 f.

[91] Neben den bereits erwähnten Werken von *Tadros* [The Journal of Value Inquiry 43 (2009), S. 391 ff.] und *Gilman* [University of Richmond Law Review 47, 2 (2013), S. 495 ff.] vgl. u. a. die klassischen Texte zum Thema von *Delgado* [Minnesota Journal of Law & Inequality 3 (1985), S. 9 ff.] und *Bazelon* [Journal of Criminal Law and Criminology 72, 4 (1981)] sowie die Beiträge von *Pettit*, Indigence, S. 230 ff.; *Green*, University of Chicago Legal Forum 1 (2010), S. 43 ff.; *Sadurski*, Oxford Journal of Legal Studies 5, 1 (1985); *Cigüela*, DOXA 42 (2019); *Coca Vila/Irarrázaval*, Journal of Applied Philosophy 39, 1 (2022), S. 56 ff.; und *Lorca*, Law, Culture and the Humanities 18, 2 (2022), S. 424 ff.

III. Der Vorschlag von Silva Sánchez

Nun gilt es, den zweiten und großen Vorteil der Theorie von *Silva Sánchez* anzusprechen, nämlich seine Konzeption der Staatsbürgerschaft. Dieser Autor geht von einem materiellen Begriff der Staatsbürgerschaft aus: Bürger ist nicht derjenige, der ein Ausweisdokument besitzt, das seine Zugehörigkeit zu einer politischen Gemeinschaft dokumentiert, sondern jemand, der eine reale Bindung zu dem Gemeinwesen hat. Sein materielles Staatsbürgerschaftskonzept basiert auf einer Variante des egalitären Liberalismus, der die Rolle des Staates in einer eminent subsidiären Weise auffasst.[92] Dies kommt darin zum Ausdruck, dass er drei Elemente (die hier nicht nach ihrer Bedeutung aufgelistet sind) berücksichtigt, um die Bindung der Staatsbürgerschaft zwischen Staat und Individuum zu bewerten: (i) den Grad der möglichen Beteiligung am demokratischen Prozess; (ii) die Gewährleistung negativen Schutzes (Schutz vor Angriffen Dritter, sodass die Aufrechterhaltung einer Sphäre von Gestaltungsfreiheit möglich ist); und (iii) den (subsidiär) garantierten positiven Schutz (Mindestmaß an sozialen Rechten). Je nach den möglichen Kombinationen, in denen diese verschiedenen Elemente vorhanden sind, unterscheidet *Silva Sánchez* sechs Personenkategorien. Sie reichen von dem aus dem Ausland handelnden Ausländer, bei dem keines der oben genannten Elemente in irgendeinem Maße vorhanden ist (der Externe im engeren Sinne), bis zum Individuum, das nicht nur am demokratischen Prozess teilnehmen kann und angemessenen positiven und negativen Schutz genießt (der nicht arme, volljährige Staatsangehörige), sondern auch durch einen institutionellen Nexus mit dem Staat verbunden ist (der Amtsträger).

Auf diese Weise sieht der Vorschlag von *Silva Sánchez* nicht nur eine realistischere und umfassendere Auffassung von Staatsbürgerschaft vor, die sich nicht auf den Genuss politischer Rechte beschränkt, sondern alle Arten von Rechten einschließt, die – wie noch zu zeigen ist – mit der Staatsbürgerschaft verbunden sein sollen.[93] Darüber hinaus würdigt dieser Autor ausdrücklich die abstufbare Natur der Staatsbürgerschaftsbindung und verleiht ihr eine kohärente Wirkung bei der Bestrafung: Das Strafmaß hängt (neben anderen Faktoren) von der Intensität der Bindung des Bestraften zum Staat ab, bis ein Tiefpunkt erreicht ist, ab dem nicht mehr bestraft werden kann. Diese Intensität wird durch eine gemein-

---

[92] Die Ansicht von *Silva Sánchez*, der seine Position als eine gemäßigte Variante des Egalitarismus versteht (vgl. dazu Malum, S. 87 f.), indem er dafür plädiert, dass positiver staatlicher Schutz subsidiär sein sollte, scheint mit dem von Kersting vertretenen „Sans-Phrase"-Liberalismus vereinbar zu sein, der einen Mittelweg zwischen libertären und egalitären Positionen darstellen soll. Zu den zentralen Elementen von Kerstings Vorschlag siehe *Kersting*, Einleitung, insbesondere S. 50–53, und S. 65, wo er die „vier Säulen" seiner Position darlegt. Für eine kritische Haltung zu Kerstings Ansatz siehe *Große Kracht*, Politische Vierteljahresschrift 45 (2004), S. 395 ff.

[93] Vgl. hierzu unten Teil III B III und Teil III B IV.

same Analyse der drei genannten Elemente bestimmt und ist tendenziell geringer, je schwächer diese Elemente vorhanden sind, d. h., je weiter man sich von einer idealen Verbindung (der oben erwähnten Kategorie des volljährigen, nicht armen, verbeamteten Staatsangehörigen) entfernt.[94]

Das im dritten Teil dieser Arbeit vorzustellende Modell des Bürgerstrafrechts lehnt sich in einigen Aspekten an das beschriebene Schema von *Silva Sánchez* an. Es gibt jedoch auch wichtige Unterschiede zum Ansatz des spanischen Autors, insbesondere in dreierlei Hinsicht. Erstens, weil er die obige Argumentation nicht auf alle Straftaten anwendet: er schließt die „gewalttätigen ‚mala in se'" aus, bei der die Legitimation zur Bestrafung auf der Verletzung mutmaßlicher natürlicher Pflichten beruhe. Ein zweiter Unterschied, der mit dem Vorhergehenden zusammenhängt, besteht darin, dass *Silva Sánchez* in einigen Fällen der sozialen Ausgrenzung bei der Bestrafung nur dann eine Wirkung zuschreibt, wenn diese Ausgrenzung in direktem Zusammenhang mit der Begehung der Straftat steht, was wiederum eine Vermischung der Ebenen der Schuld und der politischen Legitimität zur Bestrafung impliziert. Drittens schlägt dieser Autor den Einsatz von Abwehrmaßnahmen gegen Externe vor (wenn diese nicht bestraft werden können), ohne jedoch diese Maßnahmen eingehend zu beschreiben oder ihnen klare Konturen zu verleihen. Der nächste Abschnitt befasst sich mit diesen drei Kritikpunkten.

2. Einwände gegen diesen Vorschlag: von angeblichen „natürlichen Pflichten" zu Abwehrmaßnahmen ohne erkennbare Konturen

Ausgehend von der Vorteilhaftigkeit eines auf der politischen Bindung basierenden Deutungsmodells des Strafrechts besteht der erste Nachteil des Ansatzes von *Silva Sánchez* darin, dass sein Vorschlag, wie bereits angedeutet, nur unvollkommen der Grundprämisse des Bürgerstrafrechts entspricht. Denn dieser Autor vertritt die Auffassung, die Pflicht des Einzelnen zur Einhaltung der Strafnorm ergebe sich nur in einigen Fällen aus übernommenen Pflichten, in anderen aber aus natürlichen Pflichten,[95] wobei letztere dadurch gekennzeichnet sind, dass ihre

---

[94] Zum beschriebenen Begriff der Staatsbürgerschaft bei Silva Sánchez und seinen Auswirkungen auf die Bestrafung siehe *Silva Sánchez*, Malum, S. 67–86 (insbesondere S. 82–86); *ders.*, FS-Kindhäuser, S. 474–476.

[95] Diese Einteilung der Strafnormen in zwei Klassen weist große Ähnlichkeiten mit Heinzes Vorschlag einer Zweinormentheorie aus dem 19. Jahrhundert auf. Obwohl dieser Autor die Idee eines Naturrechts ablehnt, schreibt *Heinze*, FG-Friedrich von Baden, S. 337 f. Folgendes: „Es gibt Normen, die seit Jahrtausenden bestehen und für die ganze civilisierte Welt gelten, z. B. die Normen, die die Unantastbarkeit des menschlichen Lebens, des Eigentums verbürgen. Ihnen gegenüber stehen Normen, die viel neueren Datums sind, die vielleicht erst gestern geschaffen wurden und deren Geltung beschränkt bleibt und beschränkt bleiben soll auf den ein-

Entstehung völlig unabhängig von dieser politischen Bindung ist.[96] Zur Bestimmung, welche Straftaten Verstöße gegen natürliche Pflichten darstellten, bei denen die Bindung der Staatsbürgerschaft für die Straflegitimation irrelevant würde, greift *Silva Sánchez* auf die herkömmliche Unterscheidung zwischen *mala in se* und *mala quia prohibita* zurück. Um die Bedeutung beider Begriffe zu präzisieren, beruft er sich auf eine Entscheidung eines US-Gerichts, demzufolge „a malum in se offense is naturally evil as adjudged by the sense of a civilized community whereas a malum prohibitum offense is wrong only because a statue makes it so"[97]. Auf dieser Unterscheidung aufbauend vertritt er dann die Ansicht, *nur* der „Kern der ‚mala in se'" – den er als Gewalt- oder Drohungstaten gegen andere auffasst – seien Verletzungen von natürlichen Pflichten.[98] Bei diesen Straftaten würde der Strafgewaltstaat ein „stellvertretendes Urteil im Namen der gesamten menschlichen Gemeinschaft" fällen.[99]

Wie jedoch im ersten Teil bereits geschildert, ist der Begriff von *mala in se* zutiefst undefiniert und oft benutzt worden, um universelle Strafrechtsetzungsgewalt selbst für weniger schwerwiegende Straftaten wie Betrug, Diebstahl oder jedes andere, die mit irgendeiner sittlich-rechtlichen Ordnung in Widerspruch stehen mag, zu rechtfertigen.[100] Die Folgen des Ansatzes von *Silva Sánchez* scheinen sich davon nicht wesentlich zu unterscheiden. Seiner Ansicht nach könnten Straftaten, die auf natürlichen Pflichten beruhen, ohne Begründungsprobleme dem Universalitätsprinzip unterliegen: ein weltweites Strafverfolgungssystem bei diesen Straftaten wäre nur aus praktischen Gründen untauglich, nicht aber mangels ausreichender Begründung.[101] Vielleicht gerade um ein überspitztes Universalitätsprinzip zu vermeiden, beschränkt er – ohne nähere Erläuterungen dazu vorzunehmen – diese naturrechtliche Begründung nur auf den Kern der *mala in se* und schließt damit gewaltlose Straftaten wie Diebstahl aus, sodass die Bestrafung von nicht gewalttätigen *mala in se* – ebenso wie die von *mala quia prohibita* – weiterhin auf der politischen Bindung beruht. Dennoch umfasst sein

---

zelnen Staat und dessen Angehörige. Jene Normen sind von universeller, diese von partikulärer Geltung". Zur gleichen Epoche vertrat *Rudolph* (de poena delictorum, § 8 f.) eine ähnliche Auffassung, wonach der Staat ein angeborenes Recht hatte, bestimmte von Ausländern im Ausland begangene Verbrechen zu bestrafen (*jus puniendi connatum*).

[96] Vgl. *Waldron*, Philosophy & Public Affairs 22, 1 (1993), S. 3.
[97] *Silva Sánchez*, Malum, S. 63.
[98] Näheres zu der von diesem Autor getroffenen Abgrenzung zwischen Straftaten, die in der Verletzung natürlicher Pflichten bestehen (gewalttätige *mala in se*) und solchen, die aus der Verletzung erworbener Pflichten resultieren (nicht gewalttätige *mala in se* und alle *mala quia prohibita*) vgl. *Silva Sánchez*, Malum, S. 67–71; ders., FS-Kindhäuser, S. 475 f.
[99] *Silva Sánchez*, Malum, S. 111 f.
[100] Vgl. dazu Teil I C II 2.
[101] So *Silva Sánchez*, Malum, S. 68, Fn. 150.

Begriff des „Kerns der ‚mala in se'" weiterhin nicht besonders schwere Straftaten wie Nötigungen oder leichte Körperverletzungen.[102]

Die Konsequenzen dieses Ansatzes auf das Strafanwendungsrecht sind nicht sehr ansprechend, wie die folgenden Beispiele zeigen. Nach dieser These wäre eine von Spanien verhängte Strafe gegen einen Chilenen, der in Kolumbien eine Nötigung (gewalttätiges *malum in se*) an einem Argentinier beging, ein stellvertretendes Urteil, das Spanien im Namen der gesamten Menschheit ausführe, was nicht sehr überzeugend wirkt. Noch weniger plausibel erscheint dieses Ergebnis, wenn man bedenkt, dass im Lichte dieses Modells, wenn derselbe Täter anstelle von Nötigung am selben Ort einen Betrug (nicht gewalttätiges *malum in se*) begangen hätte, dieses Mal aber gegen einen spanischen Staatsangehörigen, Spanien keine Strafe verhängen könnte, weil der Täter keine politischen Bindungen zu Spanien hatte. Indem der Vorschlag von *Silva Sánchez* – wie im ersten Beispiel ersichtlich – in einigen Fällen die Bestrafung lediglich aufgrund der Natur der Straftat rechtfertigt, geht ein großer Vorteil des Bürgerstrafrechts verloren, nämlich die Straflegitimation nicht ausschließlich auf die Umstände der Tatbegehung selbst zu stützen, anders als die oben examinierten dominierenden Ansätze, die sich auf den Schutz von Interessen fokussieren. In der Tat ähnelt *Silvas* Begriff des „Kerns der ‚mala in se'" den von *Ambos* propagierten „universell anerkannten Straftaten", bei denen die Frage nach der Legitimität der verantwortungszuweisenden Instanz irrelevant wäre.[103]

Hinter dieser Aufteilung zwischen aus übernommenen und aus natürlichen Pflichten abgeleiteten Straftaten steckt – trotz der von *Silva Sánchez* angestrebten Trennung zwischen Schuld und politischer Legitimität der Strafe – eine Verwischung dieser beiden Aspekte. Dies wird dadurch ersichtlich, dass dieser Autor die angebrachte staatliche Reaktion auf eine Straftat nicht nur davon abhängig macht, ob die Tat einen Verstoß gegen natürliche oder politische Pflichten

---

[102] Siehe hierzu *Silva Sánchez*, Malum, S. 68; *ders.*, FS-Kindhäuser, S. 475. Interessanterweise wird ein ähnlicher Standpunkt auch von *Jakobs* vertreten. Obwohl er Günthers Konzept der Staatsbürgerschaft als Ausgangspunkt nimmt (d.h. die deliberative Variante, die Silva Sánchez explizit ablehnt), schließt Jakobs bestimmte Straftaten vom Erfordernis der deliberativen Staatsbürgerschaft aus, z.B. solche gegen das Leben, die Freiheit oder das durch Arbeit erworbene Eigentum. Vgl. hierzu *Jakobs*, ZStW 118 (2016), S. 845, Rn. 54, der zur Bekräftigung seiner These auf folgendes Beispiel zurückgreift: „Ein Deutscher, der in einem extrem undemokratisch regierten Land irgendeinen Allerweltsbasar plündert, hat Schuld!". Dabei treffen sowohl die an den deliberativen Varianten geäußerten Vorwürfe als auch die hier gegen Silva Sánchez erhobene Einwände auf Jakobs zu.

[103] Vgl. dazu oben Teil II B II 3. Eine ähnliche Kritik übt *Pastor* (El poder penal internacional, S. 102 f.) gegen den Rückgriff auf das *ius cogens* zur Rechtfertigung von Kriminalisierungspflichten im Völkerstrafrecht. Zu Recht weist er darauf hin, dass hinter diesem Vorschlag der Gedanke „In delictis atrocissimis jura trasgredi licet" steht.

darstellte, sondern auch davon, ob die Straftat in direktem Zusammenhang mit dem Armutskontext des Täters stehe oder nicht.[104] Die folgende Tabelle Nr. 3 soll den diesbezüglichen Vorschlag von *Silva Sánchez* zusammenfassen und verdeutlichen:

Tabelle Nr. 3

Deliktsart	Verbindung Tatbegehung – strukturelle Armut	Rechtsfolgen bei einer von einem sozial Ausgegrenzten begangenen Straftat	Rechtsfolgen bei einer von einem Externen i.e.S. begangenen Straftat
Gegen übernommene Pflichten	Ja	Nur symbolischer Schuldvorwurf (keine Strafe)	(-)[105]
	Nein	Maßnahmen analog zu denen gegen Strafunmündige	Abwehrmaßnahmen
Gegen natürliche Pflichten	Ja	Gemäßigte, auf die Gefahreneindämmung ausgerichtete Strafe	(-)
	Nein	Normale Strafe	Strafe „im Namen der Menschheit"

Der in dieser Tabelle präsentierte Ansatz beinhaltet einige Problempunkte, von denen der ernsthafteste der bereits erwähnte Begriff der „mala in se" ist, auf den erst am Ende dieses Abschnitts näher eingegangen werden soll. An dieser Stelle soll nun ein zweiter fraglicher Aspekt untersucht werden, nämlich die Unterscheidung zwischen Straftaten, die mit dem Armutskontext des Täters zusammenhingen, und solchen, bei denen das nicht der Fall wäre.[106] Aus der Perspektive eines Bürgerstrafrechts sollte die politische Straflegitimation des Staates davon abhängen, ob dieser seine Funktion erfüllt hat (in diesem Fall, in der Terminologie von *Silva Sánchez*, indem er im Rahmen seiner Möglichkeiten positiven Schutz gewährt hat, damit der Beschuldigte die Armut überwindet oder nicht in Armut gerät), und nicht davon, wie die soziale Ausgrenzung die konkreten Möglichkeiten des Einzelnen zu einem alternativen Verhalten beeinflusst hat (was nur bei der Feststellung der Schuld zu prüfen sein soll). Hinzu kommt, dass

---

[104] Für den in Tabelle Nr. 3 wiedergegebenen Vorschlag von *Silva Sánchez* siehe *ders.*, Malum, S. 110–112; *ders.*, FS-Kindhäuser, S. 483–486.

[105] Das Symbol (-) in dieser Tabelle bedeutet „nicht anwendbar", denn die Armut des Externen ist für die Legitimation des Strafgewaltstaates zur Bestrafung irrelevant (es ist nicht seine Aufgabe, die Rechte von im Ausland lebenden Ausländern zu gewährleisten).

[106] Auch andere Autoren schreiben dem Zusammenhang zwischen sozialer Ausgrenzung und begangener Straftat einen ähnlichen Effekt zu. Ein deutliches Beispiel hierzu ist *Cigüela*, DOXA 42 (2019), S. 405 f.

diese Differenzierung an sich sehr schwammig erscheint und sowieso mehr von den konkreten Tatumständen bzw. dem Täter als von der Art der Straftat abhängt: Ist der Verkauf von Drogen in kleinen Mengen, um über die Runden zu kommen, weniger armutsbezogen als der Diebstahl von Lebensmitteln? Lässt sich nicht auch denken, dass der Sexualstraftäter, der in seiner prekären Kindheit ebenfalls sexuell missbraucht wurde und dafür nie eine angemessene Therapie erhalten hat, ebenfalls armutsbedingt handeln könnte?[107]

Ein weiterer Schwachpunkt, der eng mit dem Vorangegangenen zusammenhängt, besteht in den Rechtsfolgen, die *Silva Sánchez* für Straftaten gegen übernommene Pflichten vorsieht.[108] In diesen Fällen könnte der säumige Staat (wie aus Tabelle Nr. 3 hervorgeht) bei von sozial Ausgegrenzten begangenen Straftaten keine legitimen Strafen verhängen, sondern nur Maßnahmen zur Abwendung künftiger Gefahren ergreifen, es sei denn, die Tatbegehung ist mit der Armut des Täters verbunden. Hier könnte der säumige Staat dem Täter seine Schuld nur symbolisch vorwerfen, da dieser eigentlich nur kontextuell und aufgrund eines staatlichen Versagens gefährlich geworden ist (d. h. in dieser Hypothese kann der Staat weder mit einer Strafe noch mit einer Maßnahme reagieren). Um zu dieser Schlussfolgerung zu gelangen, geht *Silva Sánchez* davon aus, dass Straftaten gegen erworbene Verpflichtungen nicht schwerwiegend sind.[109] Dies ist jedoch unzutreffend, denn seiner Auffassung zufolge sollten auch Straftaten wie Drogen- oder Waffenhandel eigentlich in diese Kategorie gehören.[110] Überzeugend ist

---

[107] Auch ablehnend *Gargarella*, Criminal Law and Philosophy 5 (2010), S. 35: „Extreme social injustice is an essential condition that leads desperate individuals to participate in equally extreme and violent activities in which they assume risks that they would otherwise avoid: people living in desperate conditions often feel they have nothing left to lose. Professing to limit the scope of our proposal to crimes committed for ‚strictly social' reasons, then, would involve an arbitrary choice." Diff. *Cigüela* (Exclusión social), der die Schwachstellen des Arguments anerkennt, aber der Meinung ist, dass sich verschiedene Grade erkennen lassen, auf denen Straftaten auf eine kriminalitätsfördernde staatliche Politik zurückgeführt werden können. Jedenfalls gibt *Silva Sánchez* selbst einen Hinweis auf das Defizit dieser These, wenn er Folgendes schreibt: „Denn die Straftaten der Exkludierten umfassen nicht nur diejenigen, die sich auf die Linderung ihrer unmittelbaren Bedürfnisse beziehen, sondern auch expressive Straftaten, darunter Vandalismus (Sachbeschädigung) und andere nicht schwere aus Empörung begangene Straftaten" (siehe *Silva Sánchez*, FS-Kindhäuser, S. 485).

[108] Die folgende kritische Analyse der von *Silva Sánchez* vorgeschlagenen staatlichen Reaktion auf diese Art von Straftaten stützt sich hauptsächlich auf seine Ausführungen in *Silva Sánchez*, Malum. In *Silva Sánchez*, FS-Kindhäuser, sind diese Überlegungen nur kurz skizziert.

[109] So ausdrücklich *Silva Sánchez*, Malum, S. 111.

[110] Dies gesteht *Silva Sánchez* (FS-Kindhäuser, S. 485) in Bezug auf den Drogenhandel im kleinen Stil ein. Es gibt aber keinen Anhaltspunkt dafür, dass der Drogenhandel in kleinen Mengen gegen übernommene Pflichten, in großen Mengen aber gegen natürliche Pflichten verstößt!

dagegen die von *Silva Sánchez* vorgeschlagene Differenzierung zwischen Maßnahmen zur Gefahrenabwehr gegen sozial Ausgegrenzte bei nicht armutsbedingten Straftaten (ähnlich wie bei Maßnahmen gegen Strafunmündige)[111] und Maßnahmen gegen Externe im engeren Sinne (Abwehrmaßnahmen)[112], die im Teil III dieser Untersuchung partiell übernommen wird.[113]

Zu hinterfragen ist auch, dass *Silva Sánchez* sein aus drei Elementen (demokratische Beteiligung, negativer und positiver Schutz) und sechs Personengruppen gebildetes Schema aufgibt, sobald er merkt, dass trotz des fehlenden politischen Nexus der Einzelne auch anders hätte handeln können. Beleg dafür ist seine Behauptung, bei einem sich auf dem Strafgewaltstaatsgebiet aufhaltenden Ausländer, der nicht sozial ausgegrenzt ist (man denke z. B. an einen Touristen), bestehe kein Straflegitimationsdefizit, solange eine doppelte Strafbarkeit vorliegt (d. h. die von ihm begangene Tat ist sowohl in seinem Herkunftsland als auch im Forumsstaat strafbar), da dadurch „das deliberative Defizit" seiner fehlenden politischen Teilhabe im Forumsstaat ausgeglichen würde.[114] Diese Ad-hoc-Lösung ist jedoch im Rahmen eines Bürgerstrafrechts fehl am Platz: dass der Täter sich der Strafbarkeit seines Verhaltens bewusst gewesen sein mag, sollte die Schwäche bzw. das Nichtbestehen der politischen Bindung nicht aufheben. Das heißt nicht, dass der Tourist nicht bestraft werden kann, aber die Bestrafung basiert hier (wie im dritten Teil zu sehen sein wird) auf dem Bestehen eines schwachen politischen Bandes (einer „Teilbürgerschaft") und nicht bloß auf der Abschaffung des Erfordernisses einer Bindung zwischen Staat und Bestraftem.[115]

Darüber hinaus befasst sich *Silva Sánchez* nicht ausführlich mit der Behandlung des „Externen im engeren Sinne", d. h. des „an der demokratischen Diskussion nicht teilnehmende[n] Subjekt, das weder negativ noch positiv von dem Staat geschützt wird und aus dem Ausland agiert".[116] Wie *Hobbes* betrachtet er den Externen ausdrücklich als Feind.[117] Zudem sagt er wenig über die Konturen und Voraussetzungen dieser Abwehrmaßnahmen gegen Externe, sodass diese einer weitaus schlechteren Situation ausgesetzt sind als diejenigen, denen eine Strafe droht.[118] Sofern diesen Maßnahmen keine Schranken gesetzt werden, ist es schwer zu erkennen, worin der Vorteil eines Bürgerstrafrechts bestehen soll,

---

[111] *Silva Sánchez*, Malum, S. 111.
[112] *Silva Sánchez*, Malum, S. 85.
[113] Siehe Teil III C II 2.
[114] *Silva Sánchez*, Malum, p. 85 f.
[115] Siehe unten Teil III B IV 2.
[116] *Silva Sánchez*, FS-Kindhäuser, S. 479.
[117] Vgl. dazu *Silva Sánchez*, Malum, S. 85.
[118] Wie aus Tabelle Nr. 3 hervorgeht, liegt ein weiteres Paradox darin, dass der Externe, der eine Straftat gegen natürliche Pflichten (z. B. Raub) begeht und im Namen der Menschheit stellvertretend bestraft wird, sich in einer besseren Lage befinden könnte als der Externe, der

wenn es den Kreis der von staatlichem Zwang betroffenen Personen nicht einschränkt, ihn vielmehr beibehält und es zudem dem Staat ermöglicht, mit noch höherem Zwang und weniger Einschränkungen zu reagieren.[119]

Zum Abschluss der Erörterung des Ansatzes des spanischen Autors ist es nun angebracht, auf die durch die Abgrenzung zwischen *mala in se* und *mala quia prohibita* aufgeworfenen Schwierigkeiten zurückzukommen. Zunächst einmal ist die Existenz eines weltweiten moralischen Mindeststandards, woraus zwangsläufig die *mala in se* abgeleitet werden müssten, keineswegs eine philosophische Binsenweisheit.[120] Und selbst wenn ein derartiger Standard existierte, ist dessen allgemeine Erkennbarkeit jedenfalls anzuzweifeln. Ein Indiz dafür sind die riesigen Abweichungen bei Moralvorstellungen zwischen den verschiedenen Rechts-

---

eine Straftat gegen übernommene Pflichten (z. B. Diebstahl) begeht, auf den *nur* eine Abwehrmaßnahme angewendet werden kann.

[119] Insbesondere zu dieser Kritik (aber auch zu einigen der vorhergehenden) am Modell des spanischen Autors ist anzumerken, dass er vor allem die mangelnde Straflegitimation des Staates gegenüber den sozial Ausgegrenzten thematisieren will und die Frage der Externen nur am Rande behandelt. Dasselbe gilt für andere Befürworter eines Bürgerstrafrechts wie Cigüela. Nicht zuletzt aus diesem Grund kommen sie in mancher Hinsicht zu ganz anderen Lösungen als die hiesigen, bei denen es vor allem um die anzustrebende Reichweite des Strafanwendungsrechts geht.

[120] Die Diskussion über das Bestehen eines globalen moralischen Mindeststandards und dessen Grundlagen (z. B. die Existenz einer menschlichen Natur) geht natürlich weit über den Rahmen dieser Arbeit hinaus, da es sich um ein bereits unter den griechischen Philosophen des 5. Jahrhunderts v. Chr. heftig diskutiertes Thema handelt (so *Grayling*, History of Philosophy, S. 53 f.). Zur Veranschaulichung der obigen Bemerkung genügt es hier, an die Existenz philosophischer Strömungen wie des atheistischen Existentialismus (Sartre, Heidegger) zu erinnern, wonach es keine menschliche Natur geben kann (aus der sich der genannte Mindeststandard ableiten würde), da es keinen Gott gibt, der sie erdacht haben könnte. Vgl. hierzu *Sartre*, L'existentialisme, S. 29 f. Sartres Bezug auf einen Gott ist kein Zufall: Für Kant war es unmöglich, eine universelle Moral zu rechtfertigen, ohne sich auf metaphysische Gedanken an eine Gottheit und die Unsterblichkeit der Seele zu berufen (siehe dazu *Grayling*, History of Philosophy, S. 266 f.). Tatsächlich knüpft der Anspruch auf allgemeingültige moralische Normen oft immer noch an eine Religion an (siehe diesbezüglich *Gärditz*, Weltrechtspflege, S. 437). Ebenso haben mehrere angelsächsische Autoren Ansätze des moralischen Skeptizismus verteidigt, von *Hume* (in Traktat über die menschliche Natur) bis zu analytischen Philosophen des 20. Jahrhunderts (wie *Joyce*, The Myth of Morality; oder *Mackie*, Ethics). Zusätzlich dazu ist zu bedenken, dass selbst Autoren wie *Waldron*, die sich als Kosmopoliten verstehen (im Sinne von nicht Relativisten, da sie die Existenz bestimmter universeller Menschenrechtsstandards bejahen), der Ansicht sind, dass im gegenwärtigen Zustand der internationalen Gemeinschaft, in dem viele Debatten nur durch westliche Werte beeinflusst werden und andere Kulturen ausklammern, die oft als „universell" proklamierten Werte eher auf einem „moralischen Imperialismus" als auf einem universellen moralischen Standard beruhen [vgl. *Waldron*, Columbia Human Rights Law Review 30 (1999), S. 313 f.]. Aus ähnlichen Gründen hält *Pastor* (El poder penal internacional, S. 117) zu Recht fest, die Behauptung, es gebe ein „multikulturelles internationales Strafrecht", sei ein Fall von Tatsachenblindheit.

systemen. Zur Feststellung dieser Diskrepanzen bedarf es keiner Beispiele für abscheuliche Bräuche wie Ehrenmorde oder weibliche Genitalverstümmelung, sondern es lassen sich auch erhebliche Unterschiede bei den elementarsten Werten zwischen Ländern mit ähnlichen Rechtstraditionen konstatieren. Beispielhaft dafür ist die Uneinigkeit darüber, wann das Leben beginnt (was sich auf die Regelung des Schwangerschaftsabbruchs auswirkt), oder über das Recht, über das eigene Leben zu verfügen (man denke an die unterschiedlichen Regelungen zur Euthanasie oder Tötung auf Verlangen).[121]

Selbst wenn ein gewisser moralischer Standard erkennbar sein sollte, bringt dies wenig, wenn seine Umrisse höchst umstritten sind. So plädiert *Waldron* für einen universellen moralischen Standard, indem er darauf hinweist, der iranische *Mullah*, der die Zensur von Pornografie im Internet befürwortet, verweigere nicht die Meinungsfreiheit an sich (die Teil eines solchen Mindeststandards wäre), sondern weiche lediglich in seiner Auslegung davon ab (d. h., diese Freiheit umfasse keine Pornografie). Die Konturen dieses Standards ließen sich dann in einer Art „interkultureller Debatte" bestimmen.[122] Dieses Argument ist jedoch schwach, denn der *Mullah* könnte auch behaupten, die Meinungsfreiheit decke keine Handlungen ab, die ein anderes überlegenes Gut (nämlich das Überleben des theokratischen Regimes) gefährden, wie etwa jegliche Kritik an der Regierung. Diese Position würde aber der Meinungsfreiheit aus „westlicher" Perspektive jeden Wert nehmen.[123] Die Konturen der moralischen Grundsätze (zumin-

---

[121] Vgl. statt aller *Sachs*, Moral, Tadel, Buße, S. 120, Fn. 338; und *Pawlik*, FS-Schroeder, S. 363, Fn. 32, der umfangreiche Literatur zu den Unterschieden zwischen Rechtssystemen hinsichtlich verschiedener Bereiche des besonderen Teils des Strafrechts zitiert.

[122] *Waldron*, Columbia Human Rights Law Review 30 (1999), S. 311–313. Ähnlich *Kindhäuser*, ZStW 107 (1995), S. 722, Fn. 76, wonach in der abendländischen Rechtsentwicklung die Moralprinzipien selbst weitgehend konstant seien und „Änderungen ergeben sich daraus, daß die jeweils relevante Tatsachenbasis sich wandelnden Beurteilungen unterliegt; vor allem ändert sich die Einschätzung dessen, was gleich und was ungleich ist".

[123] Auch die Behauptung Kindhäusers, moralische Grundsätze seien im Westen konstant geblieben und Änderungen lägen nur in der Bewertung der Tatsachenbasis, ist nicht überzeugend. So schreibt er Folgendes: „So sind etwa die revidierten Anschauungen der letzten Jahrzehnte über Homosexualität, die gesellschaftliche Rolle von Frauen und Kindererziehung nicht auf eine Veränderung der Moralprinzipien, sondern auf eine Revision von Tatsachenannahmen zurückzuführen, beispielsweise auf die Erkenntnis des Irrtums, Kinder durch körperliche Züchtigung zu anständigen Menschen machen zu können" [*ders.*, ZStW 107 (1995), S. 722, Fn. 76]. Diese Behauptung erscheint unplausibel. Die zunehmende Anerkennung von Rechten für Frauen oder sexuellen Minderheiten hat weniger mit einer plötzlichen Anerkennung biologischer Tatsachen zu tun (z. B. dass Frauen die gleichen intellektuellen Fähigkeiten haben wie Männer oder dass Homosexualität keine Pathologie ist) als vielmehr mit einem normativen Prozess der Offenheit, der nur für fortgeschrittenere und vielfältigere Gesellschaften kennzeichnend ist, d. h. mit einem echten Wandel der moralischen Grundsätze.

dest auf globaler Ebene) leiden oft unter einem solchen Grad an Unbestimmtheit, dass eine bedeutende Relativität der moralischen Werte in Zeit und Raum nur schwer zu leugnen ist.[124]

Die Schwierigkeit, ein erkennbares moralisches Minimum festzustellen, ist problematisch bei der Bestimmung der als *mala in se* einzustufenden Straftaten. Selbst Autoren, die Wert auf die Unterscheidung zwischen *mala in se* und *mala prohibita* legen – wie etwa *Duff* – räumen ein, dass der Gesetzgeber die Konturen der *mala in se* konkretisieren muss (z.B., ob eine Frau abtreiben darf bzw. unter welchen Voraussetzungen). Aber nicht alle Mitglieder der politischen Gemeinschaft werden mit einer solchen „Konkretisierung" einverstanden sein, wobei die Rechtfertigung der Norm ihnen gegenüber ähnlich wie bei einem *malum prohibitum* erfolgt.[125] So beruhe die Legitimität der Norm, die einen Schwangerschaftsabbruch nach der zwölften Woche verbietet, gegenüber einer Normadressatin, die den Fetus in diesem Stadium noch nicht als menschliches Wesen ansieht, nicht mehr auf einer allgemein anerkannten natürlichen Pflicht, sondern allein auf der Autorität des Gesetzes, das (kritisch) respektiert werden muss.[126] Derartige Meinungsverschiedenheiten zu den meisten Themen sind in jeder pluralistischen Gesellschaft zu erwarten, was die Begründung der Normlegitimität auf moralische bzw. natürliche Pflichten schwierig, wenn nicht gar unmöglich

---

[124] Vgl. dazu *Ball/Friedman*, Stanford Law Review 17, 2 (1965), S. 207 ff.; *Green*, Emory Law Journal 46, 4 (1997), S. 1555; *Farmer*, New Criminal Law Review 13, 2 (2010), S. 342. Wie hier ersichtlich, bezieht sich die Kritik, die in dieser Arbeit immer wieder an der Idee eines „Naturrechts" geübt wird, auf die bereits von Kant widerlegte rationalistisch-absolutistische Version desselben (d. h. als ein zu allen Zeiten und unter allen Umständen gültiges Recht) und nicht auf den Gedanken des Naturrechts als ein „kontextuell richtiges Recht", das eine Analyse der Legitimität des positiven Rechts ermöglicht. Vgl. dazu *Kaufmann*, Problemgeschichte, S. 62. Jedenfalls scheint es ratsam, der Versuchung zu widerstehen, jede Lehre als Naturrecht zu bezeichnen, die dem Staat die Freiheit abspricht, das Recht nach seinem Belieben zu gestalten, denn sonst würde jede Überlegung über die Legitimität des Rechts (einschließlich dieser Untersuchung) zum „Naturrecht", wodurch der Begriff sinnentleert würde.

[125] *Duff* erkennt das Problem an, bietet aber keine zusätzlichen Abgrenzungskriterien an. Vgl. *Duff*, The Realm, S. 299 ff.; *ders.*, P.C.C., S. 64–66, wo er Folgendes über die *mala in se* schreibt: „Though the law does not create these wrongs as wrongs…it identifies them as public wrongs and thus imposes on the citizens a duty to answer for their alleged commissions of such wrongs through the criminal process. This is a duty that they could not have were there no system of criminal law". Für eine Kritik an der Unterscheidung zwischen den beiden Deliktsarten in *Duff*, siehe *Mañalich,* Discusiones XVII (2016).

[126] Ähnlich *Duff*, P.C.C., S. 122. Im Fall von jemandem, der seinen sterbenskranken Freund tötet, schreibt er „The law still says to her, as it says to all citizens, that such killing is wrong, and her punishment still aims to bring her to see and accept that it was wrong. But it now portrays that wrongfulness to her as more like a malum prohibitum than a straightforward malum in se".

macht.[127] Jedenfalls ist die Unterscheidung zwischen beiden Arten von Straftaten (*mala in se* und *mala prohibita*), sofern überhaupt praktikabel, notwendigerweise graduell, wobei alle – oder zumindest ein großer Teil der Delikte – eine heterogene Natur aufweisen würden, die nicht diesen Idealtypen entspricht.[128] Dies wird noch deutlicher, wenn, wie einige Autoren vertreten, ein wechselseitiger Einfluss zwischen Kriminalisierung und öffentlicher Moral besteht:[129] dann würden (zumindest einige) *mala prohibita* irgendwann *mala in se* werden.

Aus den oben genannten Gründen (zweifelhafte Existenz oder zumindest dubiose Erkennbarkeit eines moralischen Mindeststandards; Unbestimmtheit moralischer Prinzipien; Diskrepanzen über den Inhalt und Konturen natürlicher Pflichten in pluralistischen Gesellschaften) empfiehlt es sich, jeden Vorschlag zur Begründung des Strafrechts, der dem Begriff „mala in se" oder gleichwertigen Konzepten Wert beimisst,[130] mit einer gewissen Skepsis zu betrachten.[131] Mit anderen Worten: Vielleicht lag *Binding* nicht falsch, als er schrieb, dass das Konzept der natürlichen Verbrechen ein „ganz unbrauchbarer Begriff" ist.[132] Es sei jedoch darauf hingewiesen, dass die Begreifung bestimmter Straftaten als Verstöße gegen natürliche Pflichten nicht notwendigerweise ausschließt, dass die politische Bindung (die Staatsbürgerschaft) bei der Rechtfertigung der Bestrafung solcher Taten eine Rolle spielt. So unterscheiden wichtige Anhänger von Theorien der natürlichen Pflichten mit aller Klarheit zwischen Rechtsverletzungen von *insiders* (bei denen eine vorherige Verbindung zwischen dem Täter und

---

[127] In diesem Sinne auch *Schmelzle*, Leviathan, 40. Jg., Sonderband 27 (2012), S. 430 f.

[128] Für den graduellen Charakter dieser Unterscheidung plädieren auch *Green*, Dialogue 55, 1 (2016), S. 33 ff.; und *Duff*, The Realm, S. 321 f. Ein deutliches Beispiel für diesen Mischcharakter sind Sexualstraftaten gegen unmündige Minderjährige. Zwar würde kaum jemand behaupten, die Vornahme sexueller Handlungen mit einem unmündigen Minderjährigen sei kein *malum in se*. Doch wenn der Tatbestand ein Mindestalter für die sexuelle Selbstbestimmung festlegt, so geschieht dies zwangsläufig auf der Grundlage der herrschenden gesellschaftlichen Werte, die von einigen Mitgliedern der Gemeinschaft ggf. nicht geteilt werden.

[129] So z. B. *Green*, Emory Law Journal 46, 4 (1997), S. 1554–1556 m. w. N.; auch *Silva Sánchez* selbst (*ders.*, Aproximación, S. 476 f., Fn. 492).

[130] Ein extremes Beispiel hierfür findet sich bei *Fabre*, Cosmopolitan Peace, 2016, S. 208 f., Nr. 43, der vorschlägt, alle „reinen *mala in se*" dem Universalitätsprinzip zu unterwerfen; dieselbe Lösung schlägt *Renzo*, Law and Philosophy 31, 4 (2012), S. 458 ff., für alle Straftaten vor, die „dem Opfer seinen Status als Mensch absprechen".

[131] Zutreffend *Stahn*, Introduction, S. 20, der die Schwächen des Gedankens von *mala in se* präzise beschreibt: „the concept of malum is inherently subjective and subject to abuse. It tends to downplay the power structures that underlie branding of crimes. What is wrong or evil depends on the speaker or agent. The theory suffers from an arbiter problem. It fails to determine who has the final say over what constitutes an international crime. It also lacks clear demarcation lines…".

[132] Vgl. *Binding*, Handbuch des Strafrechts, S. 378.

dem Staat besteht) und *outsiders* (keine vorherige Bindung).[133] *Waldron* schreibt den von *insiders* und *outsiders* begangenen Verstößen sogar eine qualitativ unterschiedliche Natur zu: „When C (outsider) upsets the distribution between A and B (beide insiders), the result is injustice even though C's action is not itself a violation of PI (Institution) the way that a greedy encroachment by A would be. C's act is wrong because of its consequences".[134] *Silva Sánchez* seinerseits scheint die Staatsbürgerschaft als „zusätzliche" Legitimationsquelle bei der die natürlichen Pflichten verletzenden Straftaten anzuerkennen. So rechtfertigt er – wie aus Tabelle Nr. 3 *supra* hervorgeht – eine Mäßigung der Strafe für Straftaten gegen natürliche Pflichten, wenn diese von sozial Ausgegrenzten begangen werden und die Begehung mit der Armut des Täters zusammenhängt.[135]

Es bleibt jedoch ein grundlegender Unterschied zwischen einem „echten Bürgerstrafrecht" und der von *Silva Sánchez* vertretenen „unechten" Version davon. Nimmt man den Gedanken ernst, dass strafrechtliche Verantwortlichkeit immer relational ist, dann kann bei der Begründung von Strafnorm und Strafe auf das politische Band zwischen Strafgewaltstaat und Betroffenem nicht verzichtet werden. Ein seinen Mitgliedern reale Freiheit garantierendes politisches Gemeinwesen kann nicht durch eine (vermeintlich) universale moralische Gemeinschaft ersetzt werden, die nichts bzw. kaum etwas garantiert. Etwas anders ausgedrückt, die Abwesenheit eines politischen Bands kann nicht durch die Natur der begangenen Tat kompensiert werden: die Schwere des Verbrechens macht aus dem Externen keinen *insider* bzw. Bürger. Wenn die Legitimation zur Bestrafung nur davon abhängt, wie verwerflich das begangene Verbrechen empfunden wird, dann bleibt *Hegels* Einwand gegen die Vergeltung als Sequenz von sinnlosen Übeln unberührt.[136] Selbst wenn es also einen universellen, klar definierten und

---

[133] Zum Konzept von „insider" und „outsider" in diesem Sinne siehe *Waldron*, Philosophy & Public Affairs 22, 1 (1993), S. 16: „a person is an insider in relation to an institution if and only if it is part of the point of that institution to do justice to some claim of his among all the claims with which it deals. So, for example, a New Zealand resident is an insider in relation to the fiscal and welfare institutions of New Zealand".

[134] *Waldron*, Philosophy & Public Affairs 22, 1 (1993), S. 18 (Klammern hinzugefügt). Ähnlich plädiert der US-amerikanische Philosoph *Nagel* (Das Problem globaler Gerechtigkeit, S. 125–129) für die Existenz einer mehrstufigen Moral mit intensiveren Verpflichtungen gegenüber den Mitbürgern.

[135] Vgl. dazu *Silva Sánchez*, Malum, S. 84, Fn. 210; *ders.*, FS-Kindhäuser, S. 482. Ähnliche Ansätze finden sich auch bei anderen Autoren, die die Idee von „natürlichen Pflichten" befürworten. Paradigmatisch *Rawls*, A Theory of Justice, S. 100, der ausdrücklich die Idee einer natürlichen Pflicht als Grundverpflichtung und das Fairnessprinzip als Quelle einer zusätzlichen, stärkeren Pflicht im Falle von Amtsträgern (nicht zufällig das Beispiel der Staatsbürgerschaftsbindung schlechthin bei Silva Sánchez) oder Individuen, die mehr von ihrer politischen Gemeinschaft profitiert haben, vertritt. Ähnlich *Brettschneider*, Political Theory 35, 2 (2007), S. 182.

[136] So argumentiert *Pawlik*, FS-Schroeder, S. 384 f.: „Einem Delinquenten das *malum* der

erkennbaren moralischen Mindeststandard gäbe, würde dies einen bestimmten Staat nicht automatisch dazu legitimieren, die Freiheit eines Individuums einzuschränken, wenn es gegen diesen Standard verstößt.[137] Kurz gefasst: Die Einführung des Begriffs der Staatsbürgerschaft in das Strafrecht ist sinnvoller, wenn dieses Element getrennt bzw. unabhängig bleibt, als Ausdruck der konkreten, vor der Tatbegehung vorliegenden Bindung zwischen Staat und Normadressat, ohne mit der Art der begangenen Straftat oder der Schuld ausgeglichen oder vermischt zu werden.

In den folgenden Abschnitten werden zwei weitere Begründungsmodelle des Strafrechts (*Duffs* und *Pawliks*) daraufhin analysiert, ob sie dieser Prämisse gerecht werden. Nach einer kurzen Betrachtung ihrer wichtigsten Postulate (d. h., welche Aufgabe dem Strafrecht zugeschrieben wird; welcher Verbrechensbegriff zugrunde gelegt wird und welcher Zweck der Strafe in diesen Theorien zugewiesen wird) werden die Konsequenzen dieser Modelle für das Strafanwendungsrecht sowie für die Bestrafung von sozial Ausgegrenzten untersucht.

IV. Der Ansatz Duffs: Ein kommunitaristisches, aber letztendlich urbi et orbi geltendes Bürgerstrafrecht

1. Kommunitarismus als Daseinsberechtigung einer relationalen strafrechtlichen Verantwortlichkeit

Ein zentraler, in nahezu sämtlichen Werken *Duffs* auftauchender Punkt ist der Gedanke, das Strafverfahren bestehe darin, dass die Gemeinschaft eines ihrer Mitglieder für seine Handlungen zur Rechenschaft zieht, was zu einer Betonung des relationalen Charakters der strafrechtlichen Verantwortlichkeit führt, d. h. zur Relevanz der Frage, wem gegenüber man verantwortlich ist.[138] Im Folgenden wird skizziert, wie *Duff* auf diese These kommt. Bei dem Versuch zur Rechtfertigung der Strafe muss er zunächst (grob) umreißen, was er rechtfertigen will, also was unter „Strafe" verstanden werden kann. Ihm zufolge sei die Strafe etwas Belastendes oder Schmerzhaftes, das zugleich Tadel ausdrückt, und die einem (mutmaßlichen) Täter für eine (vermeintliche) Straftat von jemandem auferlegt

---

Strafe nur deswegen aufzuerlegen, weil er seinerseits ein *malum* verschuldet hat, liefe auf eine unvernünftige Sequenz zweier Übel und damit auf jene Version der Vergeltungstheorie hinaus, [...] die bereits seit Hegel als diskreditiert gelten kann".

[137] Ähnlich schon *von Bar*, Das Internationale Privat- und Strafrecht, S. 519, der darauf hinweist, dass die Existenz einer universellen Moral das Universalitätsprinzip nicht rechtfertigt.

[138] Vgl. u. a. *Duff et al.*, Introduction, *passim*; *Duff*, Current Legal Problems 51, 1 (1998), *passim*; The Realm, S. 98 f.; *ders.*, Oxford Journal of Legal Studies 18 (1998), S. 195–197.

248 D. Eine auf der politischen Bindung basierende Begründung

wird, der (angeblich) die Befugnis dazu besitzt.[139] Folglich müssen zur Begründung der Strafe drei Hauptfragen gelöst werden, nämlich i) wer ist verantwortlich?, ii) wofür? und iii) wem gegenüber?[140]. Zur Beantwortung dieser Fragen (und, was diese Arbeit betrifft, vor allem der ersten und der letzten) muss *Duff* zunächst klären, auf welche Gesellschafts- bzw. Staatstheorie er sich stützt. Denn die Legitimation zur Bestrafung – als staatlicher Akt – erfordert natürlich eine Prüfung der staatlichen Befugnisse.

Obgleich die politische Konzeption, die *Duffs* Deutungsmodell des Strafrechts zugrunde liegt, den Eindruck einer *Catch-All* Gesellschaftstheorie erwecken mag (er hat sich selbst sogar als liberal-republikanisch-kommunitaristisch bezeichnet)[141] und ungeachtet der obigen Zuordnung seines Vorschlags zur (im weitesten Sinne) republikanischen Variante eines Bürgerstrafrechts,[142] überwiegen in seiner Auffassung eindeutig kommunitaristische Züge. Dies wird offenbar in einer der Analogien, die *Duff* am häufigsten verwendet, um seine Gesellschaftstheorie zu erläutern, nämlich am Beispiel einer akademischen Gemeinschaft. Solche Gemeinschaften weisen nicht nur gemeinsame Werte auf, sondern auch einen gegenseitigen Respekt unter ihren Mitgliedern, der die wechselseitige Ausbeutung verbietet. Fehlt dieser Respekt (wird ein Individuum nicht als Mitglied behandelt), dann – und das ist ein grundlegender Punkt – kann er nicht als an die Werte der Gemeinschaft gebunden angesehen werden. Im Fall von Diskrepanzen haben solche Gemeinschaften auch eine Autoritätsstruktur, die es ihnen ermöglicht, diese Diskrepanzen durch eine Entscheidung zu lösen, die auch von den dissentierenden Mitgliedern als ihre eigene (*our rule*) gesehen werden kann.[143] Selbstverständlich ist sich *Duff* bewusst, dass eine akademische Gemeinschaft

---

[139] Siehe hierzu *Duff*, P.C.C., S. xiv–xv.

[140] Vgl. u. a. *Duff*, Ohio State Journal Of Criminal Law 2 (2005), S. 441 ff.; *ders.*, Answering for Crime, S. 15 ff.: „Many criminal law theorists probably share the view with which Markus Dubber begins his book on the Model Penal Code: ‚[t]he criminal law … comes down to a single, basic question: who is liable for what?'. My focus, however, is on a logically prior question: who is (or should be) criminally responsible for what—and to whom? ".

[141] So *Duff*, Answering for Crime, S. 50, Fn. 36. Siehe auch *ders.*, Proceedings of the Aristotelian Society 84 (2010), S. 5, wo er für einen kommunitaristisch geprägten Republikanismus eintritt (im Gegensatz zu einem eher liberal ausgerichteten Republikanismus); *ders.*, P.C.C., wo er seine Auffassung als „liberal-kommunitaristisch" bezeichnet; *ders.*, Current Legal Problems 51, 1 (1998), S. 256, wo er Folgendes schreibt: „It is obviously a communitarian conception, in some sense of that by now broad and ill-defined term, in that it appeals to the idea of a community whose shared values are expressed through the law"; oder *Duff/Marshall*, Civic Punishment, S. 35., wo er seine Konzeption als „republikanisch-demokratisch" beschreibt. Wie man sieht, scheint sich *Duff* mit keinem Label für seine Auffassung von politischer Freiheit besonders wohlzufühlen.

[142] Vgl. oben Teil II D I.

[143] Zu dieser Analogie zwischen der politischen Gemeinschaft und einer akademischen Ge-

wichtige Unterschiede zu einer politischen Gemeinschaft aufweist, angefangen bei der Tatsache, dass in ersterer die Mitgliedschaft freiwillig ist. Aber die Analogie dient immer noch dazu, die politische Pflicht des Einzelnen gegenüber seiner politischen Gemeinschaft zu erklären. Denn die entscheidende Frage ist nicht, wie einige Strömungen des Liberalismus behaupten, „warum *ich* mit anderen in eine Gemeinschaft eintreten soll", sondern „wie *wir* zusammenleben sollen": Ein solcher Ausgangspunkt ist am geeignetsten, das Wesen einer politischen Gemeinschaft zu erklären, in der der Bürger normalerweise geboren ist.[144]

Diese kommunitaristische Ansicht hat einen direkten Einfluss auf *Duffs* Auffassung des Strafrechts. Für *Duff* ist das Strafrecht nur dann legitim, sofern der Betroffene es als „sein eigenes Recht" begreifen kann (in diesem Sinne spricht *Duff* von „common law"), indem es eine Reihe gemeinsamer Werte widerspiegelt, die die politische Gemeinschaft als kollektives Projekt ihrer Bürger definieren: das Recht muss zum Normadressat mit „seiner eigenen Stimme" sprechen.[145] Die kommunitaristischen Wurzeln von *Duffs* Vorschlag bedeuten jedoch nicht, dass er zentrale normative Grundsätze des Liberalismus (wie etwa die Autonomie) nicht als wichtig für die Rechtfertigung von Strafen ansieht. *Duff* räumt ein, dass einige politische Gemeinschaften illiberal oder ausgrenzend sein können und grundlegende liberale Prinzipien ablehnen. Sein Punkt ist aber nicht, dass das Recht, wenn es die Werte der Gemeinschaft (unabhängig von ihrem Inhalt) widerspiegelt, gegenüber ihren Mitgliedern *ausreichend* legitimiert ist, sondern nur, dass diese Widerspiegelung immer eine *notwendige* Bedingung seiner Legitimität ist.[146]

---

meinschaft siehe *Duff*, P.C.C., S. 42–46; *ders.*, The Realm, S. 80 ff.; *ders.*, Answering for Crime, S. 142.

[144] Dies bedeutet nicht, die Gemeinschaft anstelle des Einzelnen als Ausgangspunkt für die Rechtfertigung der Strafnorm zu nehmen. So schreibt *Duff* (P.C.C., S. 52) Folgendes dazu: „That is not to say that for communitarians we must begin (metaphysically or morally) with communities rather than with individuals, as if individuals were subordinate to the communities to which they belong – which might imply that their interests may be readily sacrificed to the interests of the community. It is to say that we must begin with individuals in community, with individuals who already recognize themselves as living in community with others". Zur Vereinbarkeit von Kommunitarismus und normativem Individualismus siehe *von der Pfordten*, Rechtsethik, S. 287 ff.

[145] Vgl. dazu *Duff*, The Realm, S. 117 ff.; *ders.*, Oxford Journal of Legal Studies 18 (1998), S. 203; *ders.*, Answering for Crime, S. 45 f.; *ders.*, P.C.C., S. 59 ff.; *ders.*, Current Legal Problems 51, 1 (1998), S. 253–256; *Duff/Marshall*, Civic Punishment, S. 35.

[146] Deutlich hierzu *Duff*, Current Legal Problems 51, 1 (1998), S. 257. Sein Vorschlag kann somit als ein „weicher Kommunitarismus" verstanden werden, bei dem die individuelle Freiheit ein zentrales Prinzip ist [vgl. in dieser Hinsicht *ders.*, Theoretical Criminology 14, 3 (2010), S. 301]. Dennoch bleibt die Anwendbarkeit seiner anspruchsvollen Auffassung von Staatsbürgerschaft auf die modernen, zunehmend heterogenen westlichen Gesellschaften weiterhin frag-

Das Strafrecht untermauert die bürgerliche Ordnung (*civic order*), d.h. die normative Ordnung des öffentlichen Raums (*public realm*), und ist zugleich Teil dieser Ordnung. Das Strafrecht ist folglich ein Mittel, um nur auf „öffentliche Unrechte" (*public wrongs*) zu reagieren, welche die zentralen Normen der bürgerlichen Ordnung verletzen und auf die es keine geeignetere Antwort gibt.[147] Die erste Funktion des Strafrechts besteht nach *Duff* also darin, die zentralen Normen dieser bürgerlichen Ordnung zu bestimmen, indem es eine Reihe von *public wrongs* festlegt und definiert.[148] In Bezug auf diese erste Funktion würde das Strafrecht daher dem Ethikkodex eines bestimmten Berufsstandes ähneln: So wie dieser nur Tätigkeiten regeln sollte, die mit der Ausübung des entsprechenden Berufs verbunden sind (und nicht andere), sollte das Strafrecht nicht alle Dimensionen des Lebens der Gemeindemitglieder regeln (d.h. alle moralischen Unrechte), sondern es soll sich nur mit öffentlichen Unrechten befassen, d.h. mit solchen, die „alle Mitglieder des Gemeinwesens" betreffen,[149] weil sie gegen die Werte verstoßen, die das Gemeinwesen ausmachen.[150] Unabhängig davon, ob der Gedanke „man solle nur solche Handlungen unter Strafe stellen, die ein öffentliches Unrecht bilden" ein äußerst dünnes Leitprinzip der Kriminalisierung ist[151] oder ob er nicht einmal als materielles Kriminalisierungsprinzip angesehen werden kann,[152] ist *Duff* der Ansicht, dass dieser Gedanke – der einem republikanischen Strafrecht inhärent wäre – eine Mäßigung des Anwendungsbereichs des Strafrechts bewirken kann.[153]

---

würdig. Ähnliche Kritiken in dieser Hinsicht äußern auch *Pawlik*, FS-Sancinetti, S. 149 f. und *Hörnle*, FS-Merkel, S. 521–526.

[147] Eine grobe Zusammenfassung der obigen Ausführungen findet sich in *Duff*, The Realm, S. 6–9; ausführlicher in Kapiteln 4 und 5 desselben Werks.

[148] *Duff*, International Journal of Constitutional Law 16, 4 (2018), S. 1251 f.

[149] Das bedeutet nicht, dass die Straftat sich gegen die Gemeinschaft selbst richten muss, sondern nur, dass die Gemeinschaft ein Interesse an dem Verhalten hat. Der Unrechtscharakter einer Straftat ergebe sich aus ihrer Begehung gegen das Opfer und nicht aus dem Verstoß gegen eine Norm (vgl. dazu auch *Sachs*, Moral, Tadel, Buße, S. 96). Falls das Opfer Mitglied oder Gast einer Gesellschaft ist, dann betreffe diese Verletzung die Gesellschaft, da diese sich mit dem Opfer solidarisieren soll [so *Duff/Marshall*, Canadian Journal of Law and Jurisprudence 11, 1 (1998), S. 7].

[150] So *Duff*, The Realm, S. 143–145; ders., Theoretical Criminology 14, 3 (2010), S. 209–303.

[151] So *Duff* in The Realm, S. 8: „This master principle is extremely thin".

[152] Pessimistischer scheint *Duff* in Theoretical Criminology 14, 3 (2010), S. 303: „I fear, however, that the search for a set of master principles is doomed to failure…Criminalization requires a more piecemeal process of public deliberation: what will limit the law's scope is not some master principle(s), but the spirit in which such deliberation is conducted".

[153] *Duff*, Theoretical Criminology 14, 3 (2010), S. 303.

IV. Der Ansatz Duffs

Die Prüfung von *Duffs* Vorschlag in dieser Hinsicht (welche Verhaltensweisen kriminalisiert werden dürfen) ist für diese Untersuchung nicht von unmittelbarem Interesse, da es hier um die Analyse des relationalen Aspekts seines Ansatzes geht (nämlich wer kann einem anderen einen strafrechtlichen Vorwurf machen). Dennoch ist Folgendes anzumerken. Wie unten gezeigt wird, ist es zweifelhaft, ob es *Duffs* Modell gelingt, eine überzeugende Antwort auf die drei Fragen zu geben, die den Ausgangspunkt seiner Theorie bilden, d. h., wer im Strafrecht, wem gegenüber und wofür verantwortlich ist. In Bezug auf das *wofür* stößt seine Theorie auf dieselben unüberwindlichen Hindernisse wie jeder Versuch zur Festlegung von bestrafungswürdigen Handlungen.[154] *Duff* ist sogar kritisiert worden, dass, indem er auf die Suche nach einem materiellen Verbrechensbegriff verzichtet, die von ihm vorgeschlagene Arznei eventuell schlimmer als die Krankheit ist:[155] im besten Fall wäre das mögliche Beschränkungspotenzial des Konzepts „public wrong" äquivalent mit dem des Rechtsgutes,[156] aber seine Leistung ist eventuell noch geringer,[157] was angesichts der gegenwärtigen Situation des ständigen Expansionsdrangs des Strafrechts nicht besonders begrüßenswert ist.

Es wurde darauf hingewiesen, dass für *Duff* das Strafrecht gegenüber dem Betroffenen nur dann legitim ist, wenn er dieses als sein eigenes Recht ansehen kann, wozu er Mitglied der bestrafenden Gemeinschaft sein muss: Dies ist eine notwendige (aber nicht hinreichende) Voraussetzung für die Entstehung einer Pflicht des Normadressaten zur Normbefolgung.[158] So besteht *Duff* darauf, der Adressat und „Eigentümer" des Strafrechts in einer liberalen Demokratie sei (in erster Linie) der Bürger,[159] dem er die Figuren des Untertanen (dem die Strafnorm als eine externe Auferlegung erscheint) und des moralischen Akteurs gegenüberstellt.[160] Zum letztgenannten Fall ist eine kurze Bemerkung angebracht,

---

[154] Dies bezieht sich insbesondere auf das geringe kritische Potenzial der Kriminalisierungskriterien angesichts ihrer unvermeidlichen Pauschalisierung, wie oben in Teil II B II 1 erläutert.

[155] So *Coca Vila*, InDret 2 (2019), S. 15; auch skeptisch gegenüber Duffs Vorschlag in diesem Punkt *Ramsay*, Democratic Limits, S. 223.

[156] In diesem Sinne *Sachs*, Moral, Tadel, Buße, S. 105, der behauptet „Die Ergebnisse der Duff'schen Theorie stimmen mit denen der Rechtsgutstheorie also weitgehend überein".

[157] Ein Gericht kann – auf der Grundlage der Rechtstradition – auf die Rechtsgutslehre zurückgreifen, um einen Freispruch zu erteilen, wenn der Gesetzgeber zu weit gegangen ist (man denke zum Beispiel an die in Teil II B II 1 erwähnten Fälle von Drogen- und Waffendelikten in Chile.). Schwieriger erscheint es, dass die Gerichte zu derselben Lösung gelangen, wenn sie sich auf ein Konzept ohne Rechtstradition wie das des „öffentlichen Unrechts" stützen, das dem äußerst deutungsoffenen Begriff des „öffentlichen Interesses" ähnelt.

[158] Siehe *Duff*, Current Legal Problems 51, 1 (1998), S. 241; *ders.*, Oxford Journal of Legal Studies 18 (1998), S. 199.

[159] *Duff*, The Realm, S. 121.

[160] Zu Duffs Argumenten für die Ablehnung des Untertanen und des moralischen Akteurs

da angesichts des Umstands, dass Duff ein bekennender Verfechter des Rechtsmoralismus ist,[161] Verwirrung entstehen kann. So unterscheidet er das Strafrecht von anderen Rechtsgebieten gerade durch seine moralische Komponente und betont, dass jedes öffentliche Unrecht auch (vorerst) ein moralisches Unrecht sein muss.[162] Darüber hinaus wäre die Verhängung und Vollstreckung der Strafe ein „Prozess der rationalen moralischen Überzeugung",[163] und die Strafe selbst sei im Wesentlichen ein moralischer Tadel,[164] den die Gesellschaft dem Täter in Anerkennung seiner Eigenschaft als moralischer Akteur „schulde".[165] Dennoch vertritt *Duff* – anders als *Silva Sánchez* – die Auffassung, dass ein Staat „S" einen Ausländer, der im Ausland ein *malum in se* begeht, grundsätzlich nicht bestrafen kann, da für ihn (wie für *Pawlik*) die Begehung einer Straftat die Verletzung einer Bürgerpflicht („civic duty") darstellt, wobei er die „Übernahme der Strafe" sogar als Novation dieser ursprünglichen Bürgerpflicht versteht.[166] Diese Konzeption

---

als Adressaten des Strafrechts siehe *Duff*, Answering for Crime, S. 43–49; ders., Theoretical Criminology 14, 3 (2010), S. 301 f.

[161] Siehe diesbezüglich *Duff*, Criminal Law and Philosophy 8 (2014), S. 217 ff.

[162] Vgl. hierzu Answering for Crime, S. 82: „Criminal convictions and punishments do not merely penalise; they condemn".

[163] So *Duff*, P.C.C., S. 81.

[164] Zwar erhebt *Duff* den Anspruch, eine Vereinigungstheorie vorzulegen, in der sich vergeltende und präventive Elemente nicht widersprechen, wie es seiner Meinung nach bei anderen Vereinigungstheorien der Fall wäre. Diese Behauptung von *Duff*, sein Modell überwinde die erwähnte traditionelle Dichotomie [ein Bestreben, das mehrere englischsprachige Autoren teilen: Man denke z. B. an das „punishment as rectification" in *Pettit*, Utilitas 9, 1 (1997)] ist jedoch zweifelhaft. Die von Duff vorgeschlagenen zukunftsorientierten Zwecke der Strafe [d. h. die „3 R" (auf Englisch): Reue, Reform, Versöhnung] hängen letztlich vom Willen des Bestraften ab (vgl. dazu *Duff*, P.C.C., S. 113) und sind daher keine wesentlichen Elemente der Strafe. Das einzige Element, das nach seiner Theorie ein erforderliches (immer vorhandenes) Attribut der Strafe ist, ist der Tadel (*censure*). Dies lässt sich vor allem in *Duff*, Offenders as Citizens, S. 29–32, deutlich erkennen. Für eine Kritik an der in Duffs Werk bestehenden Zusammenhang zwischen der Ausübung von Zwang (Strafe) und der moralischen Verbesserung des Täters, siehe *Hörnle*, Straftheorien, S. 35 f. Vgl. auch *Canton*, Theories of Punishment, S. 13, wonach die Vorstellung von Strafe als Kommunikation von Tadel dadurch vereitelt werden kann, dass sie eher Ressentiments oder Trotz hervorruft als Kommunikation.

[165] *Duff*, P.C.C., S. 123. Hier wird die idealistische Dimension von Duffs Modell wahrnehmbar. Nicht umsonst ist dieser Autor als „der schottische Hegel" bezeichnet worden, siehe z. B. *Sachs*, Moral, Tadel, Buße, S. 219, Fn. 637.

[166] Vgl. dazu insbesondere *Duff*, Offenders as Citizens, S. 28 ff.; *Duff/Marshall*, Civic Punishment, S. 39–46. Allerdings ist die Position von Duff weitaus idealistischer als die von Pawlik: Für Duff erschöpft sich die Pflicht des Verurteilten nicht in einer „Duldung der Strafe" wie bei dem deutschen Autor, sondern in ihrer „Übernahme" („punishments must be undertaken, not simply undergone"), was eine Reihe von (sehr!) unpraktischen Konsequenzen mit sich bringt, die hier aus Platzgründen nicht zur Diskussion stehen. Dieser Standpunkt Duffs ist Ausdruck seines kommunitaristischen Ansatzes, der, wie *Kindhäuser* [ZStW 107 (1995), S. 711]

der Strafe impliziert logischerweise, dass ihre Verhängung nicht ausgrenzend oder erniedrigend sein darf, was eine zusätzliche Schranke für das *ius puniendi* des Staates bildet.[167]

Unmittelbar aus dem kommunitaristischen Charakter seines Ansatzes ergibt sich auch die zweite Funktion, die *Duff* dem Strafrecht zuschreibt, nämlich die bereits erwähnte Reaktion auf öffentliche Unrechtstaten durch den Strafprozess, in dem der mutmaßliche Täter zur öffentlichen Rechenschaft gezogen wird.[168] Für diesen Autor ist die strafrechtliche Verantwortlichkeit eine Rechenschaftspflicht (*answerability*), die nur von bestimmten Gerichten (Gemeinschaften) gefordert werden kann.[169] Zur Klärung dieses Punktes unterscheidet *Duff* zwischen „conditions of criminal responsability" (er nennt sie auch „preconditions of criminal liability") und „conditions of criminal liability". Erstere sind die Bedingungen für die Legitimität des Strafverfahrens (*criminal trial*): Hier muss geprüft werden, ob das Gericht die Berechtigung hat, den Täter zur Rechenschaft zu ziehen, d. h. ob die Rechtsordnung, gegen die der Täter verstoßen haben soll, ihn tatsächlich bindet, indem sie ihn in der „ersten Person" anspricht.[170] Auf dieser Ebene kommt die Staatsbürgerschaft in *Duffs* Schema zum Tragen: Wenn der Einzelne kein Mitglied der Gemeinschaft ist, darf er nicht einmal zur Rechenschaft gezogen werden. Im Gegenteil, die verschiedenen *defences* (Rechtfertigungsgründe wie Notwehr oder Entschuldigungsgründe wie *duress*) schließen nur die *criminal liability*, nicht aber die *criminal responsability* aus.[171] Dadurch wird im Prinzip der Unterschied zwischen der Rolle der Staatsbürgerschaft (bei der geprüft wird, ob die verantwortungszuweisende Instanz, d. h. der Staat bzw. die politische Gemeinschaft, die zu bestrafende Person als Mitglied einbezogen hat oder nicht) und der Rolle der Schuld (bei der das Verhalten des zur Rechenschaft gezogenen Individuums im Mittelpunkt steht) im Strafrecht hervorgeho-

---

argumentiert, die Gefahr berge, das Neutralitätsgebot des Rechts zu leugnen, indem er die Befolgung der Norm aufgrund bürgerlicher Tugendhaftigkeit verlangt.

[167] So *Duff/Marshall*, Civic Punishment, S. 48.

[168] *Duff*, International Journal of Constitutional Law 16, 4 (2018), S. 1251 f.

[169] Vgl. z. B. *Duff*, Ohio State Journal Of Criminal Law 2 (2005), S. 442: „Responsibility is answerability; to be responsible is to be liable to be called to answer for something by and to somebody"; vgl. auch *Duff*, The Realm, S. 110.

[170] *Duff* behauptet, er „vermute", die Fragen der politischen Pflicht eines Bürgers zur Gesetzesbefolgung und der moralischen Autorität seiner Mitbürger, ihn zur Rechenschaft zu ziehen, seien identisch, obwohl er sich nicht sicher ist. Vgl. dazu *Duff*, Principle, S. 189.

[171] Zu dieser Unterscheidung zwischen *criminal liability* und *criminal responsability* siehe *Duff*, Answering for Crime, S. 19–23; *ders.*, Oxford Journal of Legal Studies 18 (1998), S. 192–197. Eine sehr ähnliche Argumentation zur Gemeinschaftsmitgliedschaft als Voraussetzung für die strafrechtliche Verantwortlichkeit findet sich bei *Farmer*, New Criminal Law Review 13, 2 (2010), S. 339 f.

ben.¹⁷² Diese Differenzierung scheint jedoch abgeschwächt zu werden, wenn *Duff* auch die Schuldfähigkeit des Täters als eine *condition of criminal responsability* betrachtet.¹⁷³

Nach der Analyse von *Duffs* kommunitaristischer Gesellschaftstheorie und der Art und Weise, wie dieser Ansatz seine Auffassung von einem relationalen Strafrecht prägt, sowie nach der groben Betrachtung der Rolle, die die Staatsbürgerschaft in seinem Modell spielen würde, ist es nun angebracht, zwei weitere Punkte anzusprechen. Erstens stellt sich die Frage, was *Duff* unter „Staatsbürgerschaft" versteht, d. h. wen er als Bürger eines bestimmten Gemeinwesens einstuft. Die zweite, sich aus der ersten ergebende Frage betrifft die Lösung, die er für diejenigen vorschlägt, die nicht als Bürger betrachtet werden könnten, d. h. ob und inwieweit der Staat gegebenenfalls Externe bestrafen bzw. eine Art Präventivmaßnahme gegen sie ergreifen kann.

2. Wer ist Bürger? Eine Ad-hoc-Lösung, die die Staatsbürgerschaft ihrer Wirkung im Strafrecht beraubt

Duff versteht die Staatsbürgerschaft in einem Gemeinwesen als ein Netz von Verantwortlichkeiten, Pflichten und Rechten, die die Beziehungen zwischen den Bürgern sowie zwischen den Bürgern und dem Gemeinwesen strukturieren und die von den Institutionen des Gemeinwesens verwirklicht und durchgesetzt werden.¹⁷⁴ So geht dieser Autor auch von einem materiellen Begriff der Staatsbürgerschaft aus, wobei die bloße Staatsangehörigkeit (oder ein sonstiger formeller Status) nicht unbedingt ausreicht, um den Einzelnen als Mitglied der Gesellschaft zu betrachten, und umgekehrt kann eine Person ohne formellen Mitgliedsstatus ein „Bürger im materiellen Sinne" sein.¹⁷⁵ Dabei stellt sich die Frage, wer als „substanzieller Bürger" gilt.

---

¹⁷² Besonders deutlich dazu äußert sich *Duff,* in Principle, S. 197: „As far as the courts`, or ‚our', moral standing to judge defendants is concerned, I suggested that the question is not whether from some detached standpoint their actions are justifiable or excusable. Nor is the question whether we can be sure that we would not act as this defendant acted had we been in her situation...Nor is it relevant (even if it is true) that others, no less disadvantaged than this defendant, resisted the temptation to break the law. Rather, the question is who, if anyone, has the moral standing to make such a judgement on her: Do we have the kind of relationship to her, within the political and legal structures under we live, that allows us (or the courts that speaks for us) to judge her?".

¹⁷³ Vgl. dazu *Duff,* Oxford Journal of Legal Studies 18 (1998), S. 195. Dies sei aber in *Duffs* Schema sinnvoll, da der Bürger, der das Recht als sein eigenes betrachten kann, muss zunächst ein „responsible agent" sein.

¹⁷⁴ So *Duff et al.*, The Trial³, S. 140; *Duff,* Offenders as Citizens, S. 28.

¹⁷⁵ Vgl. *Duff,* The Realm, S. 121, wonach „we should distinguish the formal, legal status of

Natürlich fällt eine Antwort darauf nicht leicht (wie im weiteren Verlauf dieser Untersuchung deutlich wird), aber die von *Duff* vorgelegte Lösung – ebenso wie die der meisten Entwürfe für ein Bürgerstrafrecht – lässt einiges zu wünschen übrig. Trotz der zentralen Rolle, die das Konzept in seinem Schema einnimmt, vermeidet es *Duff* grundsätzlich zu präzisieren, was er unter Staatsbürgerschaft versteht. Immerhin bietet er in manchen seiner Werke einige Richtlinien in dieser Hinsicht an. So hat *Duff* beispielsweise darauf hingewiesen, dass die Frage nach der Entstehung der Pflicht zur Normeinhaltung (nämlich, wer ein Bürger ist) entweder einer minimalistischen oder einer anspruchsvolleren Sichtweise entsprechen kann. Im ersten Fall würde die Pflicht schon entstehen, wenn die Gesellschaft (ihre Rechtsordnung) dem Individuum mehr Vorteile als Nachteile bringt, d. h., wenn das Individuum unter dem Gesetz besser dran ist als ohne es. Offensichtlich erscheint diese Bedingung für moderne westliche Gesellschaften nicht sehr herausfordernd, zumindest wenn man sich einen Hobbesschen Naturzustand vorstellt. So plädiert *Duff* für eine anspruchsvollere Lesart, wonach nur diejenigen, die als „vollwertige und geachtete Teilnehmer an unserem gemeinsamen Leben" behandelt werden, die Pflicht zur Normbefolgung haben. Inwieweit jedoch mehr als das erwähnte Hobbessche Mindestmaß verlangt werden kann, sei eine Sache der „persönlichen Meinung", wobei das Verhältnis zwischen den erzielten Vorteilen und den erlittenen Ungerechtigkeiten zu berücksichtigen sei.[176]

An anderer Stelle ist *Duff* etwas konkreter und verweist auf vier verschiedene Inklusionskriterien zur Bestimmung der Mitgliedschaft einer Person in einer politischen Gesellschaft. Diese Kriterien sind: i) politische Inklusion (die Person muss eine Rolle bei politischen Entscheidungen spielen), ii) materielle Inklusion (Zugang zu den Ressourcen und Gütern, die für ein menschenwürdiges Leben notwendig sind), iii) normative Inklusion (Betrachtung als Inhaber der wesentlichen Werte für die Gemeinschaft – z. B. Autonomie – und wiederum als jemand, der diese Werte respektieren kann) und iv) sprachliche Inklusion.[177] So sei ein Mindestmaß an Inklusion nach den oben genannten Kriterien eine notwendige Voraussetzung für die strafrechtliche Verantwortlichkeit gegenüber einer Gesellschaft.[178] Wie umfangreich dieses Mindestmaß sein soll, ist ein normatives Anliegen, das

---

citizen from a more substantive normative status: many who are not legally citizens are substantively members of the community, who have made their lives there and should be recognized formally as citizens". Ausführlich dazu auch *Sachs*, Moral, Tadel, Buße, S. 85.

[176] Vgl. hierzu *Duff*, Principle, S. 196–198. Für eine angebliche Verfechtung einer minimalistischen Sichtweise des Bürgerstrafrechts im beschriebenen Sinne, siehe *Hörnle*, Straftheorien, S. 58.
[177] Siehe *Duff*, P.C.C., S. 75–77.
[178] *Duff*, P.C.C., S. 179–181.

davon abhängt, welche Aufgaben dem Staat zugewiesen werden.[179] In dieser Hinsicht wagt es *Duff* nur, auf das Offensichtliche hinzuweisen, nämlich, dass wer vom Forumsstaat systematisch ausgegrenzt wird – sei es durch Handeln oder Unterlassen – nicht als Bürger angesehen werden kann:[180] in diesem Fall wirke das Recht wie eine fremde Auferlegung, weshalb er – ebenso wie *Silva Sánchez* – zum Schluss kommt, eine Rechenschaftsziehung sei hier heuchlerisch.[181]

Duffs Auffassung der Staatsbürgerschaft ist in zweierlei Hinsicht problematisch. Erstens kommt es, wie im Fall von *Silva Sánchez*, zu einer partiellen Verwechslung von Staatsbürgerschaft und Schuld. Das zweite, schwerwiegendere Problem, auf das im folgenden Unterabschnitt näher eingegangen wird, besteht in seiner *Ad-hoc*-Anpassung des Begriffs der Staatsbürgerschaft, wodurch er wenig relevante Auswirkungen auf das Strafrecht entfaltet.

Beginnend mit dem ersten Makel ist Folgendes zu beachten. Zwar hat *Duff* geschrieben, dass die fehlende moralische Autorität der Gemeinschaft, die systematisch Ausgegrenzten oder Benachteiligten zur Rechenschaft zu ziehen, für alle Straftatarten zutrifft, einschließlich der schwersten *mala in se*,[182] was einen entscheidenden Unterschied zu *Silva Sanchez'* Denken darstelle. Anderswo hingegen – und in offenem Widerspruch zu dem soeben dargelegten Standpunkt – betrachtet *Duff* die Inklusion in der Gemeinschaft (Staatsbürgerschaft) als Voraussetzung für die strafrechtliche Verantwortlichkeit nur hinsichtlich einiger Deliktarten, die weniger schwerwiegend sind und eng mit der sozialen Ausgrenzung des Täters zusammenhängen.[183] Schließlich identifiziert *Duff* sogar die Tatsache, dass das Recht den Adressaten „mit seiner eigenen Stimme" (als Mitglied der selbstgesetzgebenden Gemeinschaft) anspricht, mit einer vernünftigen normativen Erwartung, dass der Adressat rechtskonform handeln kann.[184] In diesem Fall ergibt es jedoch keinen Sinn, den Begriff der Staatsbürgerschaft in das Straf-

---

[179] So *Duff*, Policy Futures in Education 1, 4 (2003), S. 699 ff.; *ders.*, Current Legal Problems 51, 1 (1998), S. 242 f.

[180] Vgl. *Duff*, Policy Futures in Education 1, 4 (2003), S. 709 f.; *ders.*, Offenders as Citizens, S. 33; *ders.*, Oxford Journal of Legal Studies 18 (1998), S. 203; *ders.*, P.C.C., S. 195 f.: „Sufficiently persistent, systematic, and unrecognized or uncorrected failures to treat individuals or groups as members of the polity who share in its goods undermine the claim that they are bound by its laws. They can be bound only as citizens, but such failures implicitly deny their citizenship by denying them the respect and concern due to citizens".

[181] Vgl. *Duff*, Current Legal Problems 51, 1 (1998), S. 262 f.; *ders.*, Trials and punishments, S. 289. Zu diesem Argument in *Silva Sánchez* siehe oben Teil II D III 1.

[182] Siehe Duff, P.C.C., S. 184: „But if the law lacks the standing to call the unjustly excluded to account, it lacks that standing in relation to all crimes, including the most serious mala in se".

[183] Vgl. z. B. *Duff*, Principle, S. 198; *ders.*, Oxford Journal of Legal Studies 18 (1998), S. 197 und S. 206, wo er zwischen Straftaten wie Ladendiebstahl oder Sozialversicherungsbetrug auf der einen Seite und Mord oder Vergewaltigung auf der anderen Seite unterscheidet.

[184] Vgl. dazu *Duff*, Oxford Journal of Legal Studies 18 (1998), S. 204 f.

IV. Der Ansatz Duffs

recht einzuführen: ein hinreichend normativisierter Schuldbegriff reiche dazu aus. Darüber hinaus ist *Duff* – obwohl er ein „inklusives" (i. S. v. weit gefasstes) Konzept der Staatsbürgerschaft befürwortet – wie *Jakobs* der Ansicht, dass ein Bürger seinen Status (d. h. seine Mitgliedschaft in der Gesellschaft) verlieren kann bzw. soll, wenn er eine kriminelle Karriere hinter sich hat, in der er bestimmte schwere Verbrechen begangen hat.[185] Und auch wenn *Duff* darauf besteht, dass dieses zum Nichtbürger gewordene Individuum mit Respekt für seinen Status als moralischer Akteur und menschliches Wesen behandelt werden sollte,[186] lässt sich sein Vorschlag hier – in Ermangelung weiterer Informationen über diese Behandlung – nur schwer von *Jakobs'* viel kritisiertem Feindstrafrecht abgrenzen. Indem er die Staatsbürgerschaft von dem früheren Verhalten des Individuums abhängig macht, wird die Mitgliedschaft in der Gesellschaft eher zu einer Frage der Lebensführungsschuld[187] als zu einer Frage der politischen Bindung vor der Tatbegehung.[188]

Das zweite Problem mit *Duffs* Theorie ist jedem Postulat eines „Bürgerstrafrechts" inhärent und bezieht sich auf den Umgang mit Externen. Ein wesentlicher Vorzug des Bürgerstrafrechts (wenn man das *ius puniendi* in den Griff bekommen will) besteht darin, dass es auf die Bestrafung aller nicht gefährlichen Externen verzichtet. Dabei stellt sich jedoch das Problem, was mit gefährlichen Externen zu tun ist. Einige Autoren plädieren in diesem Fall für die Anwendung von Maßnahmen zur Gefahrenbekämpfung, wobei diese entweder nicht klar umrissen werden (*Silva Sánchez*) oder einer dem Verhältnismäßigkeitsprinzip ähnlichen Prüfung unterzogen werden (*Pawlik*).[189] Hingegen zeigt sich *Duff* – so-

---

[185] Siehe hierzu *Duff*, Offenders as Citizens, S. 27; *Duff/Marshall*, Civic Punishment, S. 53. Nach *Duff* ist der Terrorist der paradigmatische – aber nicht der einzige – Fall eines Individuums, das vom Bürger zum Externen werden kann.

[186] So *Duff/Marshall*, Civic Punishment, S. 53.

[187] Zum Verhältnis zwischen Tatschuld und Lebensführungsschuld siehe *Jakobs*, AT, 17/34–38; *Roxin/Greco*, AT I, § 19 Rn. 62 f.

[188] In der Tat bezeichnet *Duff* (The Realm, S. 141, Fn. 170) den einheimischen Terroristen explizit als Feind, obwohl er sagt, dieser sei kein „outlaw", sondern seine Behandlung unterliege dem Kriegsrecht. Aber, wie schon erklärt, weist das internationale Strafrecht viele Unterschiede zum nationalen Strafrecht auf (Schwächung des *nullum crimen*-Grundsatzes, keine Verjährung, usw.), die schließlich auf die Idee eines *hostis humani generis* zurückgreifen. Daher ist die Behauptung *Duffs*, dass jemanden vor ein ausländisches bzw. internationales Gericht (einschließlich vor den IStGH) zu stellen, bedeute, ihn als Mitglied einer normativen Gemeinschaft anzusprechen (vgl. *ders.*, The Realm, S. 140), fehl am Platz. Sollte man damit nicht einverstanden sein, so sei auf die in der Präambel des IStGH- Statuts formulierten Ziele verwiesen, darunter „entschlossen, der Straflosigkeit der Täter ein Ende zu setzen…welche die internationale Gemeinschaft als Ganzes berühren".

[189] Zum Modell von *Silva Sanchez* siehe oben Teil II D III, zum Modell von *Pawlik* Teil II D V 3 unten.

weit ersichtlich – hinsichtlich der Legitimität solcher Maßnahmen skeptisch.[190] Zudem verweist er explizit auf die Gefahr einer Abkehr vom Strafrecht hin zu einem Kriminalpräventionsrecht ohne klare Konturen.[191] Um das Ergebnis zu verhindern, dass der Staat im Fall von gefährlichen Nichtbürgern nicht reagieren darf, erweitert *Duff* den Begriff der Staatsbürgerschaft auf Situationen, die kaum mit diesem Konzept in Einklang zu bringen sind. So hat *Duff* beispielsweise vorgeschlagen, bei sozial Ausgegrenzten nicht auf ein System von Präventivmaßnahmen zurückzugreifen, sondern ein Strafrecht anzuwenden, das auf die „künftige Umstrukturierung der sozialen Ordnung" abzielt.[192] Die Rechtfertigung für die Bestrafung liegt in diesen Fällen also nicht mehr in einer *gegenwärtigen*, sondern in einer *zukünftigen* (und damit eventuellen) sozialen Inklusion. Dies löse Auswirkungen auf die Strafe aus: Die Anerkennung einer Pflichtverletzung des Staates könne sich eventuell in einer „Verteidigungslinie der sozialen Benachteiligung" („social disadvantage defense") niederschlagen, die zu einer Strafmilderung oder sogar Strafbefreiung führt.[193]

Dabei liegt das Problem nicht so sehr darin, dass der Begriff der Staatsbürgerschaft *ad hoc* erweitert wird. Schließlich tendieren fast alle bürgerstrafrechtlichen Ansätze (einschließlich des vorliegenden Beitrags)[194] dazu, sich für einen

---

[190] Vgl. hierzu *Duff et al.*, The Trial³, S. 292 f. zur *preventive detention*: „We still have grave doubts about whether the state should engage in such pre-emptive action against its citizens… What the procedure does is, then, to deny the detainee's status as a responsible agent who is capable of acting for the right reasons". Laut *Sachs* (Moral, Tadel, Buße, S. 183 f.) äußert sich Duff dazu nicht ausdrücklich, und es folge aus dem idealistischen Charakter seines Vorschlags, dass er Maßnahmen nach dem Muster der Sicherungsverwahrung von § 61 Nr. 3, 66 ff. StGB ablehne.

[191] Siehe insbesondere *Duff*, Theoretical Criminology 14, 3 (2010), S. 295 f.: „one way to ‚decriminalize' conduct is to subject it to non-criminal regulation that is as burdensome as the criminal law, but lacks the protection that criminal law gives defendants. One example is the use of ‚preventive orders' to control supposedly dangerous individuals without convicting them: given that alternative, we should prefer criminalization". Er fügt Folgendes hinzu: „we might prefer criminal punishment to other kinds of ‚measure'; we might do better to try to reform criminal law and punishment, rather than replacing them by other techniques of control or prevention".

[192] So schreibt *Duff* (P.C.C., S. 199), dass die Anwendung eines Systems von Präventivmaßnahmen gegen Externe „might just seem to make the problem worse". Gleich danach schreibt er Folgendes: „Offenders are treated unjustly if they are called to answer for their crimes by a political community that lacks the standing to call them to account, but victims are treated unjustly if the community refuses to call those who wronged them to account. However, and third, perhaps a way forward lies in recognizing that punishment itself, as an exercise in moral communication, can contribute to that social and political restructuring that is needed if punishment is to be justified; that while its justification would remain radically imperfect and morally tainted until that restructuring is achieved, it might still be justified as the best we can do in our morally problematic situation".

[193] Vgl. *Duff*, P.C.C., S. 200.

[194] Vgl. Teil III B IV.

umfassenden Begriff der Staatsbürgerschaft zu entscheiden, um einen übermäßigen Anwendungsbereich von Maßnahmen präventiver Natur zu vermeiden. Das diesbezügliche Manko von *Duffs* Modell besteht vielmehr darin, dass es diese Begriffserweiterung auf die Spitze treibt (wie sein Rekurs auf eine derzeit nicht existierende voraussichtliche künftige Gesellschaftsordnung zeigt) sowie dass es – anders als beispielsweise *Silva Sánchez* – der Stärke der politischen Verbindung (z. B. ob eine Person Staatsbürger oder Gast ist) so gut wie keine strafrechtliche Relevanz beimisst und dass es – im Vergleich beispielsweise zu *Pawlik* – bei der Anwendung seines Modells auf den Bereich des Strafanwendungsrechts inkonsistenter ist, wie im nächsten Unterabschnitt gezeigt wird.

3. Das Strafanwendungsrecht als Schwachpunkt des Duffschen Bürgerstrafrechts

Die Plausibilität von *Duffs* Modell des Bürgerstrafrechts wird durch die Art und Weise seiner Umsetzung auf der Ebene des Strafanwendungsrechts ein Stück weit erschüttert. In seinem Bestreben, einerseits Strafbarkeitslücken zu vermeiden (bezüglich Externer, die nicht legitim bestraft werden können) und andererseits die Anwendung von Maßnahmen präventiver Art zu reduzieren, dehnt *Duff* den Begriff der Staatsbürgerschaft übermäßig aus, wobei er im Ergebnis der Stärke der politischen Bindung bei der Bestrafung eine geringe Bedeutung beimisst. Im Endeffekt verteidigt *Duff* die Legitimität von völkerrechtlichen Prinzipien, die aus der Sicht des Grundgedankens des Bürgerstrafrechts nur schwer zu begründen sind, wie das passive Personalitätsprinzip und – als Krönung – ein umfassendes Universalitätsprinzip. Wie gezeigt wird, verlagert dieser Autor in einigen Fällen die Quelle der politischen Pflicht des Individuums gegenüber dem Staat auf andere Gründe als die Staatsbürgerschaft. Im Folgenden soll kurz untersucht werden, wie die Legitimität, die *Duff* bestimmten völkerrechtlichen Grundsätzen zuschreibt, seiner Theorie ihr Begrenzungspotential entzieht.

In Anbetracht der wichtigsten Prämisse von *Duffs* Modell (nämlich der Staatsbürgerschaft als Begründung der staatlichen Legitimation zur Bestrafung) sollten weder der Tatort noch die Straftatart prinzipiell von Bedeutung sein, was den legitimen Umfang des nationalen Strafanwendungsrechts angeht.[195] Gemäß den obigen Ausführungen zur Lehre von *Duff* bilde der paradigmatische Fall für die Anwendung des Strafrechts die von einem materiellen Bürger des Forumsstaates begangene Tat, die sich zugleich gegen die zentralen Normen der bürgerlichen Ordnung desselben Staates richtet.[196] Folglich sollte *Duff*, im Gegensatz zu vie-

---

[195] Im selben Sinne *Sachs*, Moral, Tadel, Buße, S. 116.
[196] Dass diese Vorstellung nicht unrealistisch ist, zeigt sich daran, dass diese Konstellation

len Verfechtern eines im Wesentlichen auf den Schutz von Interessen ausgerichteten Strafrechts, nicht ohne weiteres von einer unbestrittenen Legitimität des Territorialitätsprinzips ausgehen. Es ist keinesfalls offensichtlich, dass Touristen, neue Einwanderer oder allgemein alle sich kurzzeitig im Inland aufhaltenden Personen die vier oben genannten Inklusionskriterien in einem Maße erfüllen, das ihre Einordnung als materielle Bürger zulässt. Wie begründet also *Duff* die Legitimität des Tatortstaates, derartige Personen zur Verantwortung zu ziehen?

Duff unterscheidet verschiedene Kategorien von Adressaten des Strafrechts, insbesondere zwischen den Hauptadressaten bzw. Eigentümern des Rechts (nämlich die *citizens*) und anderen Adressaten (*non-citizens*).[197] Unter Nichtbürgern und der Gemeinschaft – sowie zwischen Bürgern und der Gemeinschaft – gibt es auch gegenseitige Verpflichtungen. Doch in diesem Fall geht es nicht mehr um das Netz von Pflichten und Rechten, das die Staatsbürgerschaft ausmacht, sondern lediglich um „Respekt" (Verpflichtung des Nichtbürgers) als Gegenleistung für „Gastfreundschaft" (Verpflichtung der Gesellschaft).[198] Auffällig ist also, dass die Pflicht der Gesellschaft gegenüber Nichtbürgern wesentlich schwächer ist als gegenüber Bürgern, während andererseits die Pflicht des Nichtbürgers gegenüber der Gesellschaft im Wesentlichen dieselbe ist wie die des Bürgers (Einhaltung der Gesetze).[199] *Duff* scheint sich des Problems bewusst zu sein, da er Notlösungen vorschlägt, wie etwa, dass bestimmte Straftaten nur von Staatsbürgern begangen werden können; oder dass bei geringfügigen Straftaten, die von vorübergehenden Besuchern begangen werden, auf eine Bestrafung zugunsten einer Ausweisung aus dem Land verzichtet werden kann; oder indem er die Idee befürwortet, von Besuchern begangene Straftaten eventuell als „nicht schuldhaft" zu betrachten.[200]

---

in einigen Rechtsordnungen die Haupthypothese für die Bestrafung von Auslandstaten ist. Dies trifft, wie bereits festgestellt, annähernd auf die chilenische Rechtsordnung zu, welche in Art. 6 Nr. 6 COT eine Kombination aus aktivem und passivem Personalitätsprinzip vorsieht (vgl. Teil I C II 1).

[197] Vgl. *Duff*, The Realm, S. 120.

[198] *Duff*, The Realm, S. 122. An anderer Stelle bezeichnet *Duff* den Besucher als „einen vorläufigen Bürger". Siehe beispielsweise *ders.*, Current Legal Problems 51, 1 (1998), S. 257, Fn. 17: „Of course, visitors as well as citizens are bound by the law: but one could portray them as temporary citizens". Diese Idee eines „subditi temporarii" findet sich bereits bei deutschen Autoren des 19. Jahrhunderts, wie im nächsten Unterabschnitt zu sehen sein wird.

[199] Dieses Leistungsungleichgewicht ist in der Literatur nicht unbemerkt geblieben. Vgl. z.B. *Wringe*, Journal of Applied Philosophy 38, 3 (2021), S. 394 ff., demzufolge *Duffs* Rechtfertigung der Bestrafung von Besuchern und zeitweiligen Ansässigen als „Gäste" eventuell eine Kriminalisierungstheorie oder sogar eine Rechenschaftspflicht mittels des Strafverfahrens rechtfertigen könnte, aber schwerlich die Zufügung von Strafleid, das einen zusätzlichen Rechtfertigungsaufwand erfordert.

[200] Zu diesen drei „Lösungen" siehe *Duff*, The Realm, S. 121 und 125. Zu beachten ist die Ähnlichkeit des letzten Punktes (Betrachtung des Unrechts als nicht schuldhaft) mit der bei der

IV. Der Ansatz Duffs 261

Es gibt außerdem Fälle, in denen der Staat nicht einmal eine Pflicht zur „Gastfreundschaft" gegenüber der auf seinem Gebiet befindlichen Person hat. Dies wäre beispielsweise der Fall bei irregulären Einwanderern (*trespassers*) oder, noch deutlicher, bei Individuen, die zudem zwecks einer kriminellen Tätigkeit in den Tatortstaat einreisen (*burglars*). Aber hier zieht *Duff* ein neues Ass aus dem Ärmel, um die Strafe zu rechtfertigen, nämlich das klassische Argument des freiwilligen Eintritts (ebenso wie die Autoren, die eine deliberative Variante befürworten).[201] Für den Fall, dass auch das vorstehende Argument scheitert (d.h. wenn jemand gegen seinen Willen in das Staatsgebiet gebracht wurde), stellt *Duff* nochmals einen subsidiären Rettungsanker für die staatliche Straflegitimation zur Verfügung, nämlich den traditionellen Rückgriff auf den vom Staat gewährten Schutz: die erwähnten Individuen „have entered the polity's home, and thereby subject themselves (like it or not) to its law. They are also protected by it".[202] An dieser Stelle soll nicht die Stichhaltigkeit beider Argumente untersucht werden, aber eines ist klar: Beide scheinen auf den ersten Blick im Widerspruch zu einem Strafrecht *für Bürger* zu stehen, und *Duff* bemüht sich wenig, dieses Dilemma zu überwinden. Wenn der Staat bei einer freiwillig in sein Gebiet eingereisten Person oder bei einer mit einem Mindestmaß an Schutz ausgestatteten Person *die gleiche* Legitimation zur Bestrafung beanspruchen kann wie bei einem unter den vier oben genannten Kriterien weitgehend inkludierten Bürger, was bleibt dann von der starken Betonung der Staatsbürgerschaft übrig? Es wäre sinnvoller, einfach auf die alte Hobbessche-Formel des Gehorsams als Gegenleistung für Schutz zurückzugreifen,[203] ohne von einem Bürgerstrafrecht zu sprechen.[204]

Analyse der deliberativen Variante des Bürgerstrafrechts beanstandeten Vorstellung einer erhöhten Plausibilität eines Verbotsirrtums allein deshalb, weil der Täter Ausländer ist (vgl. Teil II D I).

[201] Siehe ebenso Teil II D I.
[202] *Duff*, The Realm, S. 126.
[203] Vgl. dazu *Hobbes*, Leviathan, S. 197: „Die Verpflichtung der Bürger gegen den Oberherrn kann nur so lange dauern, als diese imstande ist, die Bürger zu schützen...Der Zweck des Gehorsams ist Schutz". Derselbe Gedanke kommt in einer Entscheidung des USSC von 1874 zum Ausdruck, wonach Frauen Bürgerinnen waren (wenn auch ohne Wahlrecht): „The very idea of a political community such as a nation is implies an association of persons for the promotion of their general welfare. Each one of the persons associated becomes a member of the nation formed by the association. He owes it allegiance and is entitled to its protection. Allegiance and protection are in this connection reciprocal obligations. The one is a compensation for the other; allegiance for protection and protection for allegiance" (siehe Minor v. Happersett, 88 U.S. 162, 166). Dieser Ansatz ist bei zeitgenössischen Autoren immer noch verbreitet (vgl. z.B. *Böckenförde*, Staat, Nation, Europa, S. 118 f.).
[204] Es ist daher nicht verwunderlich, dass dieser Punkt von Duffs Vorschlag auf viel Kritik gestoßen ist. So schreibt z.B. *Sachs* (Moral, Tadel, Buße, S. 118), dass wenn *Duff* die Gleichbehandlung von Bürgern und Nichtbürgern fordert, „unterhöhlt er seine eigene Argumentation.

Hinter diesen Argumenten verbirgt sich eine Rechtfertigung des Territorialitätsprinzips nach dem Motto, „jede Straftat, die auf unserem Staatsgebiet begangen wird, gehe uns an" (is „our business").[205] Auf diese Weise greift *Duff* auf einen ähnlichen Gedankengang zurück wie Theorien, die sich auf den Schutz von Interessen stützen. In der Tat leidet dieser „our business"-Gedanke unter denselben Schwierigkeiten wie die Ermittlung dessen, was zur Abwehr von Schäden oder zum Schutz von Rechtsgütern kriminalisiert werden soll, wobei verkannt wird, dass das Vorliegen eines staatlichen Interesses als Legitimation der Bestrafung gegenüber dem Täter nicht ausreicht. Damit ließe sich klären, warum der schottische Autor zwar den qualitativen Unterschied zwischen Bürgern und Gästen als Adressaten des Strafrechts anerkennt, diesem Umstand aber keine relevanten Auswirkungen auf die Strafe zuschreibt. Eine solche Überlegung begründet zudem, warum *Duff* das passive Personalitätsprinzip für vereinbar mit einem Bürgerstrafrecht hält: Ein Angriff auf ein Mitglied unserer politischen Gemeinschaft im Ausland sei auch „unsere Sache": „we could believe that what is done by, or to, one of us is our business, just as much as what is done in our civic home".[206] Durch diesen Rückgriff auf den Interessenschutz als treibende Kraft für die Legitimität des Strafrechts hält *Duff* also das aktive Personalitätsprinzip (das prinzipiell sehr gut zum Grundpostulat eines Bürgerstrafrechts passt) und das passive Personalitätsprinzip (das mit diesem Postulat kaum vereinbar ist) für gleichermaßen legitim.[207] Seine Akzeptanz des passiven Personalitätsprinzips steht jedoch in manifestem Widerspruch zu den Prämissen seines Modells: Wenn ein Einheimischer in Kolumbien einen Diebstahl an einem peruanischen Staatsbürger begeht, könnte man (mit viel Vorstellungskraft!) argumentieren, diese Straftat sei ein „öffentliches Unrecht" für die peruanische Rechtsordnung, aber keineswegs kann das peruanische Strafrecht von diesem Täter, der gar keine Bindung zu Peru hat (er hat nicht einmal einen Fuß in dieses Land gesetzt), als „sein

---

Es liegt vielmehr der Verdacht nahe, dass es sich dabei um eine Konzession an vergeltendes oder präventives Gedankengut handelt". Seinerseits wendet *Chehtman* (The Philosophical Foundations, S. 83) ein, durch den Rückgriff auf diese Argumente werde ein großer Teil von Duffs Theorie inhaltsleer: „If all we need for someone to be accountable to state S is that she receives certain rights and protections from S, the notion of citizenship, that is, that she belongs to that political community, ceases to do any justificatory work".

[205] Siehe *Duff*, The Realm, S. 126: „…it is still our business to deal with, to respond to, such wrongs when they are committed in our territory".

[206] *Duff*, The Realm, S. 118. Diesbezüglich sei daran erinnert, dass nach *Duff* (vgl. P.C.C., S. 63) die gegen ein Mitglied der Gemeinschaft begangenen Straftaten auch gegen diese als ganze begangen werden.

[207] Vgl. *Duff*, The Realm, S. 118, der klarzustellen versucht, er „empfehle" die beiden Prinzipien nicht, sondern meine lediglich, sie seien aus der Perspektive eines Bürgerstrafrechts „sinnvoll" („we can make good sense of them").

eigenes Recht" angesehen werden. Hier zeigt sich deutlich, wie sehr sich *Duff* von seiner Idee eines „Strafrechts für Bürger" entfernt und die Grundlage seines Modells untergräbt.

Wenn *Duff* seinen Prämissen treu bliebe, könnte der Staat, wie oben ausgeführt, Auslandstaten prinzipiell nur insoweit legitim bestrafen, als sie von seinen (materiellen) Bürgern begangen werden und sich (zugleich) gegen die bürgerliche Ordnung dieses Staates richten, so dass sie zu „seiner Angelegenheit" werden. Das heißt, der Staat könnte nur dann die Legitimität zur Bestrafung von Auslandstaten beanspruchen, wenn eine Kombination aus dem aktiven Personalitätsprinzip im weiten Sinne (der Täter muss ein *materielles* Mitglied der Gemeinschaft sein, die ihn zur Rechenschaft zieht) und entweder dem Schutzprinzip (die Strafgewalt beanspruchende Gemeinschaft ist vom zu bestrafenden Verbrechen erheblich betroffen) oder dem passiven Personalitätsprinzip (eventuell, wenn die Straftat gravierend genug ist, um als „unsere Angelegenheit" betrachtet zu werden) besteht. *Duff* scheint sich gelegentlich der Dringlichkeit dieser Schlussfolgerung bewusst zu sein. So weist er beispielsweise darauf hin, ein von einem Engländer in Brasilien begangener Diebstahl sei keine Angelegenheit des Vereinigten Königreichs, welches diesen Engländer nur im Namen Brasiliens bestrafen könnte (d.h. auf der Grundlage des Prinzips der stellvertretenden Rechtspflege), aber nicht *originär* auf der Basis seiner bloßen Staatsangehörigkeit.[208] Wie bereits erläutert, gibt *Duff* die erwähnte Schlussfolgerung jedoch auf, wenn er das passive Personalitätsprinzip für legitim hält.

Die Abkehr von der Grundidee eines Bürgerstrafrechts erreicht jedoch ihren Höhepunkt, wenn *Duff* alles daransetzt, die Legitimität des Universalitätsprinzips zu behaupten. Da er es rundweg ablehnt, die Strafe lediglich durch die Bekämpfung der Straflosigkeit oder die Natur des begangenen Verbrechens zu legitimieren, und stattdessen auf einer auf der Staatsbürgerschaft begründeten Strafe besteht,[209] bereitet ihm die Rechtfertigung dieses völkerrechtlichen Grundsatzes Kopfzerbrechen. Welcher Gemeinschaft könnte die Befugnis zugesprochen werden, Auslandstaten zu bestrafen, die von Ausländern gegen Ausländer begangen werden? Im Laufe der Zeit hat *Duff* verschiedene Alternativen von „Gemeinschaften" herangezogen, um das Weltrechtsprinzip zu rechtfertigen.

In früheren Schriften behauptete er, die Menschheit – nicht als politische, sondern als moralische Gemeinschaft – könne diese Aufgabe erfüllen. Er begründete die Existenz dieser „moralischen Gemeinschaft" damit, dass wir alle allein aufgrund unseres gemeinsamen Menschseins gegenseitige Ansprüche auf Respekt und Sorge haben. Ebenso wie andere Phänomene, die die gesamte Mensch-

---

[208] Siehe *Duff*, The Realm, S. 115 f.
[209] Vgl. diesbezüglich *Duff*, International Journal of Constitutional Law 16, 4 (2018), S. 1.254.

heit betreffen (z. B. Katastrophen in verschiedenen Teilen der Welt oder die Sorge um die Umwelt), würden auch bestimmte Verbrechen uns alle allein aufgrund unseres gemeinsamen Menschseins betreffen.[210] Diese Argumentationslinie wirft mehrere Probleme auf. Erstens definierte *Duff* nicht, welche Straftaten die gesamte Menschheit betreffen, und lieferte auch keine Kriterien in dieser Hinsicht. Zweitens, anders als bei humanitärer Hilfe oder bei der gemeinsamen Beseitigung von Umweltkatastrophen, wo es darum geht, ein gefährdetes Gut zu retten, ist im Falle des Universalitätsprinzips das Gut bereits angegriffen worden und es geht vielmehr darum, (eventuelle) zukünftige Gefahren zu verhindern, weshalb eine andere (strengere) Begründung erforderlich ist.[211] Drittens verliert der Begriff des öffentlichen Unrechts durch *Duffs* Rückgriff auf eine rein moralische Gemeinschaft jede Relevanz, denn der moralische Charakter des Delikts wird dadurch ausreichend. Somit vertrat *Duff* heimlich die gleiche Position wie *Silva Sánchez*, indem er das Bürgerstrafrecht aufgab und die Legitimität der Bestrafung in einigen Fällen allein auf die Natur der Straftat stützte. Vor allem aber liegt das Problem bei dieser Lösung darin, dass diese „universelle moralische Gemeinschaft" wenig oder nichts von den oben genannten vier Inklusionskriterien bietet, während sie gleichzeitig eine Ausweitung der Strafgewalt bestimmter Staaten (derjenigen, die dafür mächtig genug sind) rechtfertigt. Somit entsteht das Paradoxon, dass alles, was einige geopolitisch mächtige Staaten Externen zu bieten haben, eine Strafe ist (man denke etwa an den MDLEA oder an § 6 StGB).[212]

Später veränderte *Duff* seine Begründung des Universalitätsprinzips und schlug zwei alternative Gemeinschaftsarten vor, auf die es sich stützen könnte.[213] Die erste Möglichkeit besteht darin, sich der Menschheit zuzuwenden, aber nicht als moralische oder aktuelle politische Gemeinschaft, sondern als *pro-*

---

[210] Vgl. *Duff*, Authority, S. 600 f.: „Once we recognise that a community, in the sense relevant here, need not involve close ties or deep structures of richly shared interests, we will see that we can talk of the human community without espousing any radical, and controversial, form of cosmopolitanism. We recognise others (or, sometimes, recognise that we should recognise others) as fellow human beings— which is to recognise that they have a claim on our respect and concern simply in virtue of our shared humanity: that recognition is displayed, for instance, in responses to disasters and desperate need in distant parts of the world, as well as to the kinds of atrocity that motivate calls for universal criminal jurisdiction".

[211] So auch *Gärditz*, Weltrechtspflege, S. 442. Hinzu kommt, dass selbst kosmopolitische Autoren (vgl. z. B. *Beitz*, Gerechtigkeit, S. 175 ff.) scharf zwischen bloßen Humanitätspflichten und Gerechtigkeitspflichten unterscheiden: letztere sind anspruchsvoller und bedürfen daher einer stärkeren Begründung.

[212] Vor einer solchen Konsequenz hat bereits *Jakobs* (Norm, S. 117) gewarnt: „Die Definitionsmacht der Gruppe über ihre Mitglieder führt also nur dann zu einer normativen Ordnung, wenn die Mitglieder nach der Ordnung leben und nicht lediglich bestraft werden".

[213] Vgl. hierzu *Duff*, International Journal of Constitutional Law 16, 4 (2018), S. 1.251–1.257. Er äußert sich unschlüssig darüber, welche der beiden Alternativen angebrachter ist.

spektive politische Gemeinschaft.[214] Diese Lösung – analog zu der, die er für die sozial Ausgegrenzten vorschlägt (eine zukünftige soziale Inklusion) – verträgt sich jedoch nicht mit seinem Begründungsmodell des Strafrechts, da diese noch nicht existierende oder sich noch im Aufbau befindliche Gesellschaft dem Betroffenen nichts oder nur sehr wenig bietet (keine Inklusion bzw. keinen Schutz). Die zweite von *Duff* vorgeschlagene Begründungsalternative greift auf die Idee einer „Staatengemeinschaft" zurück: wenn der Tatortstaat oder der am schwersten betroffene Staat nicht reagieren kann bzw. will, dann können andere Staaten den Täter im Namen der „verratenen" Opfer zur Rechenschaft ziehen. *Duff* räumt jedoch ein, dass dies keine „ideale" Lösung ist, weil diese dritten Staaten keine vorherige Bindung mit dem Täter aufweisen. Trotzdem schließt er diese Begründung nicht aus, weil „it could be argued to be better than nothing".[215] „Nothing" bedeutet hier die für *Duff* unannehmbare Konsequenz, dass die Möglichkeit der Straflosigkeit zunimmt.[216]

Zusammenfassend lässt sich festhalten, dass *Duffs* Begründungsmodell des Strafrechts im Prinzip vielversprechend scheint, um das *ius puniendi* des Staates auf die Fälle zu beschränken, in denen tatsächlich eine vorherige Bindung zwischen dem (Strafgewalt beanspruchenden) Staat und dem Betroffenen besteht. Bei näherer Betrachtung zeigt sich jedoch, dass sein Vorschlag einige Unzulänglichkeiten aufweist. Dazu gehören vor allem die *Ad-hoc*-Anpassungen (Bedeutungserweiterungen) der Begriffe „Staatsbürgerschaft" und „Gemeinschaft", um unerwünschte Folgen wie Straflosigkeit oder die Anwendung von Präventivmaßnahmen zu vermeiden. Der Höhepunkt in dieser Hinsicht wird erreicht, wenn er sogar die prospektive politische Gemeinschaft „Menschheit" als zur Rechenschaftsziehung legitimiert ansieht. Ein weiteres Defizit besteht darin, dass – trotz seiner Anerkennung des qualitativen Unterschieds zwischen Bürgern und Gästen im Hinblick auf die Stärke ihrer politischen Bindung zum Tatortstaat – er sich dafür entscheidet, diese andersgearteten Situationen strafrechtlich gleich zu behandeln, ohne dafür eine überzeugende Begründung zu liefern. Schließlich zögert er zwar, die Legitimität eines mit diffusen Konturen versehenen präventiven

---

[214] Siehe *Duff*, International Journal of Constitutional Law 16, 4 (2018), S. 1.255: „we should realize that criminal law can also help to create, to structure, the civil order that it then sustains. So, too, we could say that international criminal law can help to create the international civil order, the polity of humanity, that it will then also help sustain".

[215] *Duff*, International Journal of Constitutional Law 16, 4 (2018), S. 1.256.

[216] Eingehend hierzu *Irarrázaval Zaldívar*, InDret 1 (2021), S. 245 ff. Dabei ist zu bedenken, dass die Verneinung der Legitimität des Universalitätsprinzips nicht bedeutet, dass *niemand* ein bestimmtes Verbrechen bestrafen kann: es wird meistens einen oder mehrere Staaten geben, die aufgrund anderer Prinzipien (Territorialität, aktive Personalität usw.) zur Bestrafung legitimiert sind, zusätzlich zu der eventuellen Legitimität, die internationale Gerichte besitzen können. Dazu vgl. unten Teil III D.

Maßnahmenrechts anzuerkennen, ist aber trotzdem der Ansicht, dass der Bürger (durch sein eigenes Verhalten) zu einem Externen werden kann, gegen den das „Kriegsrecht" gilt. Aus diesen Gründen bedarf es der Überprüfung eines weiteren Deutungsmodells des Bürgerstrafrechts, welches seine zentrale Prämisse kohärenter auf das Strafanwendungsrecht überträgt.

V. Das auf Fairness basierende Begründungmodell Pawliks: ein binäres Bürgerstrafrecht samt einem umfassenden Kriminalpräventionsrecht

1. Entstehung der „Mitwirkungspflicht" aufgrund des Genusses einer „Daseinsordnung von Freiheit": ein Synallagma ohne klare Gegenleistungen

Einige Grundzüge des Theorieansatzes von *Pawlik* wurden bereits oben dargestellt.[217] Im Folgenden soll sein Vorschlag für ein Bürgerstrafrecht näher beleuchtet werden, wobei besonderes Augenmerk auf zwei Begriffe, denen *Pawlik* eine Schlüsselrolle in seiner Theorie zuweist (nämlich „Mitwirkungspflicht" und „Daseinsordnung von Freiheit") sowie auf das Verhältnis zwischen beiden gelegt wird.[218] Wie auch andere Autoren, die sich für ein Bürgerstrafrecht einsetzen, verknüpft *Pawlik* die Frage nach der Straflegitimation unmittelbar mit der politischen Philosophie. Ausgehend von der Annahme, der Zweck des Staates sei die Wahrung von Freiheit, begreift *Pawlik* sein Deutungsmodell als ein „freiheitstheoretisch reflektiertes" Modell des Strafrechts, das im Gegensatz zu kollektivistischen Ansätzen steht.[219] Auf *Kant* aufbauend versteht *Pawlik* zudem, dass die Freiheit von vornherein durch die Freiheit anderer bedingt ist.[220] Dies ist ein wichtiger Aspekt seiner Theorie, denn (in seinen eigenen Worten):

eine freiheitstheoretisch reflektierte Konzeption muß demnach von vornherein die Freiheitsansprüche aller von einer strafrechtlichen Regelung Betroffenen in gleicher Weise berücksichtigen – also nicht nur die Belange des potentiell Geschädigten, sondern auch die Positionen derjenigen Personen, deren Handlungsoptionen durch das in Rede stehende Verbot eingeschränkt werden.[221]

---

[217] Vgl. Teil II C I 2.

[218] Die folgenden Erläuterungen und Überlegungen stützen sich hauptsächlich auf das erste Kapitel von *Pawlik*, Das Unrecht (S. 25–156), der sich nach eigener Angabe wiederum auf die Werke von *Hälschner* stützt (ebd., S. 92 und S. 110 ff.).

[219] Siehe dazu *Pawlik*, Das Unrecht, S. 92.

[220] Diese Ansicht wird auch von vielen zeitgenössischen deutschen Autoren vertreten. Siehe statt aller *Böckenförde*, Staat, Nation, Europa, S. 24.

[221] *Pawlik*, Das Unrecht, S. 144 f.; *ders.*, Voraussetzungen und Grenzen des Bürgerstrafrechts, S. 9.

Damit wird – anders als bei vorrangig am Schutz von Interessen orientierten Strafrechtstheorien – der Rechtfertigungsbedarf der Strafnorm (bzw. der Strafe) gegenüber dem Betroffenen nicht von vornherein aus den Augen verloren.[222]

Dementsprechend bestünde die Hauptaufgabe des Strafrechts in der Aufrechterhaltung einer (bereits existierenden) „Daseinsordnung von Freiheit"[223], die in der Sicherstellung der Selbstbestimmung („jedermann soll sein Leben nach eigener Einsicht führen können") besteht.[224] Was das Recht also gewährleisten soll, ist nicht eine bloße abstrakte Normenordnung, sondern *real-konkrete Freiheit*.[225] Bürger ist demnach (nur) derjenige, der von dieser staatlich zugesicherten Freiheit profitiert (materielle Auffassung der Bürgerschaft).[226] Eine erfolgreiche Aufrechterhaltung eines freiheitlichen Zustands ist wiederum nur möglich, wenn eine gewisse Reziprozität gefordert wird, d. h. dass der durch diese „Daseinsordnung von Freiheit" begünstigte Bürger die Freiheit Dritter respektiert. Denn aufgrund ihrer begrenzten Handlungsfähigkeit reicht die Tätigkeit staatlicher Institutionen allein nicht aus, um den oben genannten Zustand der Freiheitlichkeit (zumindest dauerhaft) zu gewährleisten.[227] Deshalb muss jeder einzelne Bürger auch an der Erhaltung dieser Ordnung mitwirken.[228] Anders ausgedrückt ent-

---

[222] Deshalb bezeichnet *Pawlik* (Das Unrecht, S. 140) die Rechtsgutslehre als „eindimensional", da sie sich ausschließlich auf das zu verhindernde Ergebnis konzentriert. Diese Bezeichnung gilt auch für das Schädigungsprinzip, wie oben erläutert.

[223] Andere von *Pawlik* verwendete Bezeichnungen für die vom Staat zu gewährleistende Freiheit sind „Zustand rechtlich verfaßter Freiheitlichkeit" (*ders.,* Das Unrecht, S. 25) oder einfach „Zustand der Freiheitlichkeit" (*ders.,* FS-Schroeder, S. 372). Übereinstimmend damit, dass das Strafrecht den Bestand einer bereits konstituierten Rechtsordnung voraussetzt, *Gärditz,* Weltrechtspflege, S. 321 f. m. w. N.

[224] *Pawlik,* Das Unrecht, S. 101. Ähnlich BVerfG Urteil v. 18.07.2005 – 2 BvR 2236/04, Rn. 83: „Die Verlässlichkeit der Rechtsordnung ist wesentliche Voraussetzung für Freiheit, das heißt für die Selbstbestimmung über den eigenen Lebensentwurf und seine Umsetzung".

[225] *Pawlik,* FS-Schroeder, S. 372.

[226] *Pawlik,* FS-Sancinetti, S. 150 f.

[227] Ähnlich *Gärditz,* Weltrechtspflege, S. 327: „Gesellschaft, und auch gerade eine Gesellschaft, die Freiheitsrechte des Einzelnen zum zentralen Thema ihrer Verfassung macht, ist auf Dauer nicht möglich, wenn man seine Mitbürger nur aus Angst vor Strafe nicht erschlägt, beraubt oder vergewaltigt".

[228] Vgl. *Pawlik,* Das Unrecht, S. 105 f.; zur Notwendigkeit der Kooperation der Bürger vgl. auch *ders.,* FS-Sancinetti, S. 146. Zwar mag die Behauptung einer „Mitwirkungspflicht der Bürger" auf den ersten Blick als illiberal erscheinen. Diese Verpflichtung soll jedoch im Gegenteil zur Erweiterung der personalen Freiheitssphäre beitragen: Wenn die Bürger mit dem Staat nicht kooperieren sollten, müssen die staatlichen Institutionen mit ausreichender Überwachungsmacht zur Aufrechterhaltung der Daseinsordnung ausgestattet werden, was letztendlich zu einer Verringerung der persönlichen Freiheit führen könnte. So *Pawlik,* Ciudadanía y Derecho Penal, S. 75. Dieser für Pawliks Werk zentrale Gedanke findet sich sowohl in der Rechtsprechung des BVerfG (vgl. z. B. BVerfG 113, 273, 294, wo das Ausweisungs- und Ausliefe-

sprechen die Freiheitsordnung und die Mitwirkungspflicht den gegenseitigen Verpflichtungen eines bilateralen Vertrags: Aus der Erfüllung der Pflicht des Staates „S", dem Bürger „B" einen Zustand der Freiheitlichkeit zu verschaffen, ergibt sich die Pflicht des davon profitierenden „B", mit „S" bei der Erhaltung dieses Zustands zu kooperieren.[229] Somit kommt der Fairnessgedanke in der Beziehung zwischen beiden „Gegenleistungen" zum Ausdruck und wird zum Grundpfeiler von *Pawliks* Theorie.[230] Bevor die Implikationen dieser Konzepte für *Pawliks* Auffassung des Strafrechts dargelegt werden (die grundlegend sind, da der Staat nur diejenigen legitim bestrafen kann, die zuvor zur Kooperation verpflichtet waren), muss präzisiert werden, was dieser Autor unter „Daseinsordnung von Freiheit" und „Mitwirkungspflicht" versteht. Denn je nachdem, wie man beide Begriffe fasst, kann es z.B. viele zur Kooperation verpflichtete Individuen geben (wenn man die erwähnte Daseinsordnung minimalistisch versteht) oder eher wenige (wenn man sie in einer eher umfassenderen Weise begreift).

Pawlik erörtert den möglichen Inhalt der Daseinsordnung von Freiheit nicht ausführlich, wenngleich er etwas präziser als *Duff* auf das Minimum eingeht, das für das Entstehen einer strafbegründenden Mitwirkungspflicht erforderlich ist. Ihm zufolge bedeutet Freiheitsdaseinsordnung in erster Linie, dass der Staat für seine Bürger ein Leben in Sicherheit (als *conditio sine qua non* realer Freiheit) sicherstellen kann.[231] Das heißt, die Hobbessche Sicherheit ist der unfehlbare

---

rungsverbot des Art. 16 GG auf die „besondere Verbindung der Bürger zu der von ihnen getragenen freiheitlichen Rechtsordnung" gestützt wird) als auch in den Werken verschiedener liberaler Rechtswissenschaftler und Philosophen deutlich wieder. Einige Beispiele dafür sind *Böckenförde*, Staat, Nation, Europa, S. 110 f.; *Nussbaum*, Jenseits des Gesellschaftsvertrags, S. 233; und *Ortega y Gasset*, La rebelión, der den Staat als Kooperationsprojekt begreift (S. 329) und immer wieder auf die Notwendigkeit hinweist, bei der Aufrechterhaltung der „Zivilisation" zusammenzuarbeiten, wenn man weiterhin von ihren Vorteilen profitieren will (S. 231 f.)

[229] Vgl. hierzu *Pawlik*, Das Unrecht, S. 120 f. Im Kern lässt sich dieser Gedanke bereits bei *Nietzsche* (Genealogie, S. 63) erkennen, der Folgendes schreibt: „So steht auch das Gemeinwesen zu seinen Gliedern in jenem wichtigen Grundverhältnisse, dem des Gläubigers zu seinen Schuldnern. Man lebt in einem Gemeinwesen, man geniesst die Vorteile eines Gemeinwesens (oh was für Vortheile! wir unterschätzen es heute mitunter), man wohnt geschützt, geschont, im Frieden und Vertrauen…". Zudem beschreibt er den Täter als Vertragsbrecher, „ein Schuldner, der die ihm erwiesenen Vortheile und Vorschüsse nicht nur nicht zurückzahlt, sondern sich sogar an seinem Gläubiger vergreift". Ähnlich *Otto*, ZStW 87 (1975), S. 563; *Jakobs*, Das Schuldprinzip, S. 35.

[230] Siehe hierzu *Pawlik*, Das Unrecht, S. 106: „Eine Mitverantwortung für die Aufrechterhaltung eines Zustandes der Freiheitlichkeit trifft deshalb auch jeden einzelnen Bürger. Diese Mitverantwortung anzuerkennen ist letztlich ein Gebot der Fairneß"; sehr ähnlich *Murphy*, Philosophy & Public Affairs, 2, 3 (1973), S. 228.

[231] *Pawlik*, FS-Schroeder, S. 374. Vgl. auch *Pawlik*, Das Unrecht, S. 104, der feststellt: „Nur wenn der einzelne Bürger von dem Zwang entlastet ist, beständig die existentiellen Risiken seines Verhaltens zu kalkulieren, vermag er sich anderen, ‚höheren' Aufgaben zuzuwenden".

Kern dieser Daseinsordnung: Fehlt sie, kann keine Mitwirkungspflicht entstehen. Nun stellt sich die Frage, ob diese Ordnung mehr verlangt als eine Sicherheit gewährleistende Staatsgewalt. Eine eindeutige Antwort darauf lässt sich in *Pawliks* Werk eigentlich nicht finden. Teilweise liegt dies an der von *Pawlik* zu Recht vertretenen Auffassung, der von einem Staat im Idealfall zu gewährleistende Mindestumfang an Freiheit könne nicht weltweit und zeitlos festgelegt werden, sondern hänge von den konkreten Umständen einer Gesellschaft ab.[232] Dies vermag jedoch die inhaltliche Unbestimmtheit der Daseinsordnung von Freiheit in *Pawliks* Vorschlag nicht vollständig zu erklären.

So scheint dieser Autor an einigen Stellen die zu gewährleistende Freiheit vollständig mit dem bloßen Hobbesschen Schutz gleichzusetzen.[233] Dieser Gedanke kommt deutlich zum Ausdruck, wenn er den Grad der sozialen Ausgrenzung erläutert, der zur Unterminierung der staatlichen Straflegitimation erforderlich ist: Es handelt sich um Individuen, denen selbst die grundlegendsten zivilen Rechte fehlen, wie etwa Zugang zu Verträgen oder gerichtlichem Rechtsschutz. Solche problematischen Fälle würden daher in Ländern wie Deutschland nicht einmal auftreten (es sei in diesem Gesellschaftskontext ein Problem von „lediglich theoretischem Interesse").[234] Wird aber die Vermittlung eines Freiheitsdaseins mit der einer Daseinssicherheit gleichgestellt, riskiert sein Legitimationsmodell einen erheblichen Relevanzverlust, da es dann mit der bereits erwähnten Formel von *Hobbes* (Schutz-Gehorsam-Austausch) genügen könnte, was den Rückgriff auf Begriffe wie „Daseinsordnung von Freiheit" oder „Mitwirkungspflicht" überflüssig machte.[235] Außerdem ginge es in diesem Fall eher um ein „Untertanenstrafrecht" als um ein „Bürgerstrafrecht".

---

[232] *Pawlik*, Ciudadanía y Derecho Penal, S. 65 f.; *ders.*, Voraussetzungen und Grenzen des Bürgerstrafrechts, S. 3.

[233] Eindeutig in diesem Sinne in *Pawlik*, Das Unrecht, S. 121: „Wer aber besitzt den Status als Mitwirkungspflichtiger? Hobbes hat diese Frage in einer für säkulare Rechtsordnungen bis heute maßgebenden Weise beantwortet... Weil und sofern die Rechtsgemeinschaft ihren Bürgern Daseinssicherheit vermittelt, darf sie diesen demnach die Verpflichtung zur Wahrung fremder Daseinssicherheit auferlegen".

[234] Vgl. dazu *Pawlik*, FS-Sancinetti, S. 150 f.

[235] Zwar ist die Verbindung zwischen Gehorsam und Schutz bei *Hobbes* etwas anders, denn sie beruht auf einer klugen Kosten-Nutzen-Kalkulation. So schreibt *Pawlik* (FS-Schroeder, S. 375, Fn. 89), dass nach *Hobbes* „Ein auf die Förderung seines Eigeninteresses bedachter Einzelner wird Gehorsam nur gegenüber einer Instanz leisten, die ihm Schutz gewährt. Ein Oberherr, der das Sicherheitsverlangen seiner Untertanen enttäuscht, verletzt dadurch keine Verpflichtung; ihm droht lediglich das politische Scheitern". Obwohl *Hobbes'* Schutz-Gehorsam-Formel keine Verpflichtungen im strengen Sinne enthält, fungieren ihre Elemente dennoch als gegenseitige Quasi-Verpflichtungen: Nur der Souverän, der Sicherheit bietet, kann Gehorsam verlangen; nur wer Schutz erhält, soll gehorchen; nur wenn der Staat diesen Gehorsam tatsächlich erlangt, kann er überleben und weiterhin Sicherheit garantieren.

Hingegen unterstreicht *Pawlik* in anderen Passagen, die Hauptfunktion des Rechts bestehe darin, den Bürgern ein selbstbestimmtes Leben zu ermöglichen. *Pawlik* selbst räumt ein, dass diese Anforderung äußerst anspruchsvoll ist. Bei der Begründung der Ermöglichungszuständigkeiten (d. h. positiven „Pflichten zur Gewährleistung grundlegender Realbedingungen personaler Existenz") stellt er sogar fest, dass ein selbstbestimmtes Leben nicht nur ein gewisses Maß an materiellem Wohlstand voraussetzt, sondern auch einen nicht geringen Wissensstand, der die Konstruktion und Verwirklichung von Präferenzen ermöglicht.[236] Sollte der Staat dann diese Bedingungen nicht in einem Mindestmaß sicherstellen, wenn der Bürger zur Normeinhaltung verpflichtet werden soll? Dies gehe aber zweifellos weit über einen Hobbesschen Staat hinaus und nähert sich dem Ideal der modernen europäischen Sozialdemokratien an.[237] Schließlich lehnt *Pawlik* zwar mehrfach strikt ab, ein Staat solle, um legitim zu strafen, unbedingt demokratisch sein (womit er sich prinzipiell auf die Antipoden der deliberativen Variante eines Bürgerstrafrechts stellt),[238] hat aber gelegentlich angedeutet, die Daseinsordnung solle nicht nur eine negative Freiheit (Schutz vor Dritten), sondern auch eine positive (im Sinne von Recht auf Teilnahme als Bürger) beinhalten.[239]

Angesichts dieser relativen Unschärfe darüber, was das Minimum der vom Staat zu gewährleistenden „Freiheitsordnung" ist, bleibt wiederum teilweise offen, wer als Bürger, d. h. als Mitwirkungspflichtiger, gilt. Diese Frage wird unten bei der Übertragung von *Pawliks* Theorie auf das Strafanwendungsrecht näher

---

[236] Vgl. dazu *Pawlik*, Das Unrecht, S. 186: „Eine selbstbestimmte Lebensführung ist ein höchst voraussetzungsreiches Projekt. Neben stabilen äußeren Verhältnissen, die eine Verfolgung langfristig angelegter Planungen überhaupt erst zulassen, erfordert sie eine gewisse Grundausstattung mit materiellen Gütern und nicht zuletzt einen beträchtlichen Wissensstand sowie die Fähigkeit zur rationalen Bildung von Präferenzen und deren geordneter Verwirklichung. Ohne physische, psychische und moralische Handlungs- und Selbstmächtigkeit und nicht zuletzt ohne eine gewisse ökonomische Basissicherheit können die klassischen Bürgerrechte in den Worten Kerstings ‚nicht die Bedeutung gewinnen, die sie nach der Vorstellung des Liberalismus für die Gestaltung autonomer Lebensführung und individueller Selbstwertbildung besitzen'".

[237] In Pawliks jüngeren Schriften lässt sich eine wichtige Wende in diese Richtung beobachten. Siehe zum Beispiel *Pawlik*, Voraussetzungen und Grenzen des Bürgerstrafrechts, S. 10.

[238] Sein Hauptargument in dieser Hinsicht findet sich u. a. in *Pawlik*, FS-Schroeder, S. 374, Fn. 86: „Von ungleich größerer Freiheitsrelevanz als das Recht, alle vier Jahre ein Kreuz auf einem Wahlzettel machen zu dürfen, ist für den einzelnen die Aussicht, im Alltag zwischen den Wahlterminen sicher und in Frieden leben zu können".

[239] Siehe *Pawlik*, Ciudadanía y Derecho Penal, S. 65 ff.; *ders.*, Voraussetzungen und Grenzen des Bürgerstrafrechts, S. 9 f.; und *ders.*, Das Unrecht, S. 102–104, wo er sogar geschrieben hat: „Der institutionelle Bezug eines freiheitlichen Strafrechts zum demokratischen System wird von der Strafrechtswissenschaft notorisch unterschätzt".

untersucht. Zum Gehalt der Mitwirkungspflicht sei hier nur Folgendes angemerkt. Diese Pflicht impliziert keinesfalls eine „Verantwortlichkeit für das gesamte Gemeinwohl", sondern beschränkt sich auf konkrete Aufgaben, die sich aus der sozialen Rolle des Verpflichteten ergeben.[240] So konkretisiert sich ihr Inhalt in verschiedenen „Zuständigkeitstatbeständen".[241] Außerdem darf die auferlegte Zuständigkeit die Selbstbestimmung nicht beeinträchtigen, da die Zuständigkeitsbegründung sich gerade aus der Aufgabe des Strafrechts ableitet.[242] Nachfolgend wird die Bedeutung dieses Synallagmas „Zustand der Freiheitlichkeit-Mitwirkungspflicht" für *Pawliks* Bürgerstrafrecht näher erläutert.

2. Straftat als Verletzung der Mitwirkungspflicht und Strafduldungspflicht als umgewandelte Mitwirkungspflicht

Für *Pawlik* besteht das Verbrechen in der zurechenbaren Verletzung einer Mitwirkungspflicht.[243] Da nur der Bürger (d.h. der Profiteur der Daseinsordnung von Freiheit) diese Verpflichtung hat, ist das Verbrechen immer ein „Unrecht des Bürgers". Es geht *Pawlik* dabei nicht darum, einen detaillierten materiellen Begriff des Verbrechens zu formulieren. Vielmehr weist er lediglich darauf hin, dass der Gesetzgeber nur auf „Unrechte von erheblichem Gewicht" mit einer Strafe reagieren könnte, was an *Duffs* Konzept des „öffentlichen Unrechts" erinnert. Und wie im Fall von *Duff* stellt er fest, dass eine Gesellschaft nicht jedes „Unrecht des Bürgers" (bei *Duff* jedes *public wrong*) unter Strafe stellen müsste.

---

[240] Vgl. *Pawlik*, Das Unrecht, S. 106.

[241] Für das System der Zuständigkeiten in *Pawlik*, siehe *ders.*, Das Unrecht, 2.Kapitel, Abschnitt A, S. 158–192. Grob gesagt, unterscheidet Pawlik zwischen den „Respektierungszuständigkeiten" (d.h. negativen Pflichten zum Ausgleich der verursachten Schutzdefizite, die sich aus dem Abwehrrecht des Opfers ergeben, wie das Verbot von aktiven Eingriffen bzw. je nach Fall Ingerenz oder tatsächliche Übernahme) und den schon erwähnten „Ermöglichungszuständigkeiten", nämlich positiven Pflichten zur Verbesserung einer bestehenden Rechtsposition, die entweder aus frei übernommenen Rollen (Amtsträger, Eltern-Kind Verhältnis, Ehe), aus nicht gewählten sozialen Positionen (Wehr- oder Zivildienst) oder aus der besonderen Leistungsfähigkeit des betreffenden Rechtsinstituts (Beistandspflicht von § 323c StGB) stammen.

[242] Vgl. *Pawlik*, Das Unrecht, S. 175 und S. 116: „Die der Rechtsgemeinschaft geschuldete Mitwirkungspflicht soll der Selbstbestimmung der Bürger dienen und darf deshalb nicht gegen diese ausgespielt werden. Die Freiheit des einzelnen ist der Grund des Rechts und nicht lediglich ein disponibler Reflex von Allgemeininteressen". Deshalb sollte der Staat die Auferlegung umfassender, die Autonomie des Einzelnen zu sehr einschränkender Solidaritätspflichten vermeiden. Vgl. dazu auch *Van Weezel*, Política criminal 13, 26 (2018), S. 1076.

[243] Siehe *Pawlik*, Das Unrecht, S. 106f. und S. 281; *ders.*, Normbestätigung, S. 35–39. Die Konzipierung der Straftat als Pflichtverletzung sollte nicht zu der Annahme verleiten, der Erfolgsunwert sei für die Schwere des Unrechts unerheblich. Siehe hierzu *Pawlik*, Das Unrecht, S. 112f.

Daher stellt *Pawliks* Vorschlag, wie bereits angedeutet, eine „Strafermöglichungstheorie" und keine „Straferzwingungstheorie" dar.[244]

Der Begriff der Strafe steht seinerseits in einem logischen Zusammenhang mit dem des Verbrechens.[245] Das Erfordernis einer plausiblen Vermittlung der notwendigen Verbindung zwischen Mitwirkungspflichterfüllung und Freiheitsgenuss rechtfertigt das Strafübel.[246] Aus Sicht des straffälligen Bürgers wäre dies nichts anderes als die Umwandlung der verletzten primären Mitwirkungspflicht in eine sekundäre „Strafduldungspflicht".[247] Da der Bürger durch die Tatbegehung seine eigene Daseinsordnung von Freiheit angegriffen bzw. beeinträchtigt hat, soll er eine Reduktion seines Handlungsspielraums dulden.

Indem *Pawlik* seinen Verbrechensbegriff unmittelbar aus der Bindung zwischen Täter und bestrafendem Staat ableitet (und nicht nur aus den unerwünschten Tatfolgen, wie es z.B. in der Rechtsgüterschutzlehre der Fall ist), gelingt es seiner Konzeption, den Bereich echten strafrechtlichen Unrechts (und damit der Verhängung legitimer Kriminalstrafen) in zweierlei Hinsicht zu begrenzen: i) Nur wem der Staat reale Freiheit vermittelt (d.h. dem Bürger), kann diesem gegenüber verpflichtet sein; und ii) Der Bürger verstößt nur dann gegen seine Mitwirkungspflicht, wenn er sich gegen den Zustand der Freiheitlichkeit *seiner*

---

[244] *Pawlik*, Das Unrecht, S. 108f. Zu *Pawliks* Verzicht auf eine Kriminalisierungstheorie sowie zu den Gründen und Folgen dieser Entscheidung siehe oben Teil II C I 2.

[245] Eigentlich geht für *Pawlik* (Das Unrecht, S. 57) die Auffassung über den Strafzweck dem Verbrechensbegriff voraus und bestimmt ihn. Die umgekehrte Reihenfolge, in der die Begriffe „Verbrechen" und „Strafe" hier aufgeführt werden, dient lediglich zur einfacheren Erläuterung dieses Ansatzes für den Leser, zumal zur Strafbegründung bei Pawlik bereits einiges ausgeführt worden ist.

[246] Vgl. *Pawlik*, Das Unrecht, S. 117; ähnlich *Coca Vila*, Criminal Law and Philosophy 14, 2 (2019), S. 156.

[247] *Pawlik*, Das Unrecht, S. 116. Man beachte hier die Ähnlichkeit mit dem Vorschlag von *Duff*, Offenders as Citizens, S. 33, der ebenfalls die Strafduldung (*to undertake punishment*) als Bürgerpflicht des Täters betrachtet. Ebenfalls ähnlich wie Pawlik (obwohl er auf den Gedanken der Einwilligung zurückgreift) ist der Ansatz von *Murphy*, Philosophy & Public Affairs, 2, 3 (1973), S. 228, der bezüglich des Täters Folgendes schreibt: „If he chooses not to sacrifice by exercising self-restraint and obedience, this is tantamount to his choosing to sacrifice in another way-namely, by paying the prescribed penalty". Generell lässt sich sagen, dass die Konzipierung des Ertragens der Strafe als sekundäre Pflicht bei *Common Law*-Autoren recht verbreitet ist. Vgl. dazu *Edwards*, Theories of Criminal Law. Der Gedanke scheint auch in Deutschland eine gewisse Vorgeschichte zu haben, denn auch *Binding* stellt einen Zusammenhang zwischen Gehorsams- und Strafduldungspflicht her, ohne dass dies jedoch eine Einordnung seiner Theorie als Bürgerstrafrecht zulässt, da sie in entscheidenden Aspekten davon abweicht (siehe z.B. Teil I D V 2 oder Teil II B II 1). Vgl. hierzu *Binding*, Handbuch des Strafrechts, S. 236: „die Straferduldungspflicht wird prinzipiell begründet durch das Delikt". Zum Ursprung dieser Idee in Binding siehe *Robles Planas*, Coacción, S. 995ff.

eigenen politischen Gemeinschaft vergangen hat.[248] Damit knüpft *Pawlik* an die Denkweise jener Autoren an, die die legitime Erstreckung der staatlichen Strafgewalt von zwei komplementären Faktoren abhängig gemacht haben: dem Interessenschutz und der Bindung Staat-Täter.[249] Gegen Nichtbürger (Externe) dürfen grundsätzlich nur Maßnahmen zur Gefahrenbekämpfung (aber keine Kriminalstrafen!) ergriffen werden, sofern die unten genannten Voraussetzungen erfüllt sind.[250] Bei Angriffen, die sich nicht gegen die staatliche Rechtsordnung richten, können im Prinzip weder Strafen (keine Verletzung der Mitwirkungspflicht) noch Maßnahmen (keine Gefahr für den Forumsstaat) verhängt bzw. angeordnet werden, es sei denn, die Sanktion erfolgt in Vertretung eines anderen Staates (d. h. im Falle stellvertretender Rechtspflege).

Neben den beiden erwähnten Einschränkungen des staatlichen *ius puniendi* (die den Kern der Übertragung von *Pawliks* Theorie auf das Strafanwendungsrecht bilden, wie im folgenden Unterabschnitt erläutert wird) sollte sich der Gedanke der Duldungspflicht als umgewandelte Mitwirkungspflicht unmittelbar auf die Strafzumessung auswirken.[251] Wie bereits erwähnt, plädiert *Pawlik* für einen nicht zweckgelösten Retributionismus als Straftheorie,[252] wobei die Abschreckung lediglich eine erwünschte Nebenwirkung – aber kein Legitimationsgrund – der Strafe sein kann.[253] Dadurch verringert sich das Risiko der Einführung von Optimierungstechniken bei der Bestrafung.[254] Im Rahmen dieser Vergeltungstheorie ist dann das Strafmaß notwendigerweise nach der Schwere der Mitwirkungspflichtverletzung zu bestimmen, was für *Pawlik* wiederum von zwei parallelen Faktoren abhängt. Ein erster Faktor wäre der „Umfang der Freiheitsbeeinträchtigung", der sowohl den tatsächlich zugefügten Schaden (ein Totschlag ist eine größere Beeinträchtigung als ein Raub) als auch den vom Täter in „seinen Vorsatz aufgenommenen" Schaden umfasst. Der zweite, für die vorliegende Untersuchung interessantere Faktor – da er den Begriff der Staatsbürger-

---

[248] Zu diesen beiden Begrenzungen vgl. *Pawlik*, FS-Schroeder, S. 374.

[249] Neben dem oben bereits in diesem Sinne zitierten *Wegner* (FG-Frank, S. 128) siehe *Hegler*, Prinzipien, S. 34, die beide Faktoren als eine „Ellipse mit zwei Brennpunkten" versteht, im Gegensatz zu einer ausschließlich auf den Interessenschutz fokussierten Auffassung, die „einem Kreis mit Einem Zentrum" entspräche.

[250] Siehe hierzu *Pawlik*, Das Unrecht, S. 123; *ders.*, FS-Schroeder, S. 359.

[251] So auch *Pawlik*, Das Unrecht, S. 117 f., der sich auf die Literatur stützt, die eine Anbindung des Strafzumessungsrechts an die Kategorien der Strafbegründung befürwortet. Vgl. dazu insbesondere *Frisch*, FS-Müller-Dietz, S. 237 f.

[252] *Pawlik*, Das Unrecht, S. 109; *ders.*, Ciudadanía y Derecho Penal, S. 63; vgl. auch oben Teil II C I 2. Diese Straftheorie scheint vielen auf dem *Fair-Play*-Gedanken basierenden Theorien gemeinsam zu sein. Vgl. dazu *Dagger*, Playing Fair, S. 7.

[253] Vgl. *Pawlik*, Das Unrecht, S. 72

[254] So *Pawlik*, Das Unrecht, S. 110.

schaft greifbarer machen könnte – ist „der *Grad der Illoyalität* des Täters gegenüber dem Projekt der Freiheitsordnung, der sich insbesondere danach bemisst, *in welchem Ausmaß er seine Obliegenheit zur Rechtstreue verletzt hat*".[255] Im Folgenden wird analysiert, wie *Pawlik* dieses Element des „Illoyalitätsgrades" inhaltlich ausfüllt.

Anhand einiger Beispiele erläutert er, wie sich der Grad der Illoyalität auf das Strafmaß auswirken sollte. Zu den Fällen erhöhter Illoyalität – die sich in einer vergleichsweise härteren Strafe niederschlagen sollten – zählt *Pawlik* den Rückfall oder wenn der Täter eine in ihrer Geltung (d. h. in ihrer Beachtung durch andere Normadressaten) bereits geschwächte Norm verletzt. Eine geringere Illoyalität (welche eine mildere Strafe erfordert) liege hingegen z. B. vor, wenn besondere Umstände die Erfüllung der Mitwirkungspflicht außerordentlich erschweren (z. B. ein provozierendes Vorverhalten des Opfers), wenn der Täter den entstandenen Schaden nachträglich wiedergutmacht oder wenn die allgemeine soziale Schädlichkeit der Tat geringer ausfällt, weil die übertretene Norm weitgehend befolgt wird.[256] Diese Beispiele haben jedoch wenig mit dem Status der Täter als Staatsbürger zu tun, d. h. mit der Frage, ob er von der vom Staat aufrechterhaltenen Freiheitsdaseinsordnung profitiert oder nicht. Vielmehr weisen die Beispiele auf andere Aspekte hin, wie etwa die Prognose der künftigen Gefährlichkeit des Täters (wie im Falle des Rückfalls);[257] auf Faktoren, die sowohl die Schuld als auch die Gefährlichkeit beträfen (wie im Fall des nachträglichen Verhaltens des Täters);[258] auf Aspekte, die eher mit der subjektiven Zurechnung i. w. S. zusammenhängen (wie im Fall des provozierenden Vorverhaltens des Opfers); oder sogar auf Fragen, die eher mit dem Umfang der Beeinträchtigung der Freiheitsordnung im Allgemeinen zusammenhängen (wie bei den Beispielen, die sich darauf beziehen, wie gefestigt die Befolgung einer bestimmten Norm im Verhalten der Mitbürger ist).[259]

---

[255] So *Pawlik*, Das Unrecht, S. 118.

[256] Zu diesen Beispielen siehe *Pawlik*, Das Unrecht, S. 118 f.

[257] Als Beispiel für einen Autor, den den Rückfall als paradigmatischen Fall der Einführung von Präventivzwecken in die Strafe bezeichnet, siehe *Harcourt*, Punitive Preventive Justice, S. 258; vgl. auch *Marshall*, Auckland University Law Review 13 (2007), S. 125. Es gibt jedoch weitere Autoren die – wie *Pawlik* – der Ansicht sind, der *Fair-play*-Grundsatz rechtfertige härtere Strafen für Rückfällige (vgl. z. B. *Dagger*, Playing Fair, S. 8).

[258] Aus der Wiedergutmachung der Tatfolgen durch den Täter lassen sich laut dem BGH sowohl Schlüsse auf den Grad der Schuld als auch auf die Gefährlichkeit des Täters ziehen (vgl. dazu *Brauns*, Die Wiedergutmachung, S. 125 f.).

[259] Dieser letztgenannte Aspekt ist viel enger mit dem ersten von Pawlik genannten Faktor (der Beeinträchtigung der Freiheitsordnung) verbunden, auch wenn es sich in diesem Fall, wie Pawlik selbst betont, um eine Beeinträchtigung aus „gesamtgesellschaftlicher Perspektive" und

Abgesehen von diesen Beispielen steht jedenfalls fest, dass wenn *Pawlik* die variable Schwere der Mitwirkungspflichtverletzung je nach dem Grad des Defizits an Rechtstreue behandelt, er dies im Rahmen dessen tut, was er als „Zurechnungsprüfung" bezeichnet, die einer subjektiven Zurechnung in einem weiten Sinne entspricht. Auf dieser Ebene unterscheidet er nämlich zwischen rechtsfeindlichem Verhalten (das als Vorsatz einzustufen wäre) und solchen Handlungen, die lediglich einen Mangel an Freundschaft gegen das Recht zum Ausdruck bringen (fahrlässige Taten).[260] Wie man also sieht, hat dieser zweite Faktor (Grad der Illoyalität), der die Intensität des Unrechts des Bürgers bestimmen würde, wenig damit zu tun, wie die Mitwirkungspflicht zustande kommt. Allerdings ergibt sich die Mitwirkungspflicht – wie bereits erwähnt – unmittelbar aus der Daseinsordnung von Freiheit, die der Staat aufrechterhält und wovon der Bürger profitiert. Folglich sollte die Stärke dieser Pflicht logischerweise von dem Ausmaß abhängen, in dem der Einzelne von diesem Zustand der Freiheitlichkeit profitiert hat. Mit anderen Worten: Wenn ein Individuum „I" deutlich mehr als ein anderes Individuum „J" von dem von einer bestimmten politischen Gemeinschaft aufrechterhaltenen Zustand der Freiheitlichkeit profitiert hat, solle seine Kooperationspflicht mit dieser Gemeinschaft – und, als notwendige Folge davon, seine entsprechende sekundäre Duldungspflicht im Falle einer Pflichtverletzung – stärker sein. Das bedeutet, dass die Strafe, die gegen „I" für eine bestimmte Straftat verhängt wird, *ceteris paribus* (d.h. unter sonst gleichen Bedingungen) höher sein sollte als jene gegen „J".[261]

Damit ist nicht gemeint, dass die von *Pawlik* genannten Faktoren bei der Strafzumessung keine Rolle spielen sollten, sondern lediglich, dass eine konsequente Legitimation des Strafrechts anhand der Staatsbürgerschaft eine unmittelbare Berücksichtigung des Näheverhältnisses zwischen Normadressaten und der betreffenden Rechtsordnung bei der Strafzumessung erfordert.[262] Kurzum: Der von

---

nicht um eine konkrete Beeinträchtigung der Rechte des Opfers handelt. Auf jeden Fall hat dieser Punkt nur sehr indirekt etwas mit der (Il-)Loyalität des Täters zu tun.

[260] *Pawlik* zufolge ist einem Einzelnen eine Pflichtverletzung dann zuzurechnen, wenn er die in einem Zuständigkeitstatbestand konkretisierte Mitwirkungspflicht unerfüllt lässt, „obgleich er sie hätte erfüllen können, wenn er jenes Maß an Bemühung an den Tag gelegt hätte, welches die Rechtsgemeinschaft von ihren Mitgliedern erwartet". Zur Zurechnung der Mitwirkungspflichtverletzung bei *Pawlik* vgl. Das Unrecht, S. 255–415; zu den diversen Graden, die die Verletzung dieser Pflicht haben kann, siehe insbesondere ebd., S. 362 ff.

[261] Eingehend dazu unten Teil III C I 1 und Teil III C I 2.

[262] Dieses Postulat wird von *Pawlik* jedenfalls nicht abgelehnt. In „Das Unrecht" geht er einfach nicht auf die Möglichkeit einer graduellen Abstufung der Mitwirkungspflicht ein. Anderswo hat er eingeräumt, dass die Sozialisierungsmöglichkeiten einer Person bei der Strafzumessung eine Rolle spielen sollten (vgl. dazu *Pawlik*, Ciudadanía y Derecho Penal, S. 69 f.). In jüngster Zeit hat Pawlik auch die Existenz verschiedener Stufen der sozialen Inklusion betont

Pawlik vorgeschlagene Faktor des „Grades der Illoyalität" ist nicht geeignet, die Staatsbürgerschaft in die Strafzumessung angemessen einzubeziehen, da er eher auf andere Aspekte hinweist, wie etwa die subjektive Zurechnung, die Schuld[263] oder ggf. die Gefährlichkeit des Täters.[264] Ein weiterer Beleg für die Überschneidung zwischen Staatsbürgerschaft (als politische Verbindung Staat-Täter) und Gefährlichkeit des Täters in *Pawliks* Modell findet sich in der zweideutigen Position, die er in zwei Punkten hinsichtlich der Externen einnimmt: erstens in Bezug auf die Möglichkeit, dass der Bürger aufgrund seines eigenen Verhaltens zum Externen wird[265] (wie es z. B. auch bei *Duff* der Fall ist) und zweitens in Bezug auf die Behandlung bestimmter Externer (nämlich der „Bandenchefs") als Feinde.[266]

Die Konsequenz aus den obigen Überlegungen lautet also, dass der von *Pawlik* der Duldungspflicht zugeschriebene Inhalt (d. h. die Faktoren, die ihre Intensität bestimmen) ihre politiktheoretische Begründung nicht ganz adäquat reflektiert. Anschließend wird untersucht, wie *Pawlik* seine Vorstellung eines Unrechts des Bürgers auf das Strafanwendungsrecht überträgt sowie die Natur und Konturen der Maßnahmen zur Gefahrenbekämpfung gegen Nichtbürger (nachstehend als „Zwangsmaßnahmen" oder „Präventivmaßnahmen" bezeichnet), die in seinem Modell eine zentrale Rolle spielen.

---

und darauf hingewiesen, dass einer der Hauptvorteile eines Bürgerstrafrechts gegenüber der Rechtsgutstheorie in der Möglichkeit besteht, die Handlungen von sozial Inkludierten und sozial Ausgeschlossenen unterschiedlich zu behandeln (vgl. hierzu *Pawlik*, FS-Sancinetti, S. 151). Nichtsdestotrotz bleibt sein Vorschlag im Wesentlichen einer binären Logik treu, die zwischen Bürgern und Nichtbürgern unterscheidet (mit einigen geringfügigen Nuancen, wie gezeigt werden wird, in Bezug auf die Externen). So hat er den graduellen Charakter der Pflichten von Kooperation und Duldung nicht ausdrücklich anerkannt.

[263] In diesem Sinne auch *Kindhäuser* [ZStW 107 (1995), S. 727] der die strafrechtliche Schuld als „Defizit an kommunikativer Loyalität" auffasst.

[264] Einige Kritiken an *Pawliks* Theorie haben sich gerade auf seine Verwendung des Begriffs „Loyalität" konzentriert. Siehe z. B. *Dubber*, New Criminal Law Review 13, 2 (2010), S. 212–214. Dies mag vielleicht erklären, warum sich *Pawlik* von einer ausgiebigen Verwendung dieses Begriffs (siehe z. B. *ders.*, Person, *passim*) hin zu einem Verzicht auf ihn in seinen neueren Werken (vgl. *ders.*, Normbestätigung) bewegt hat.

[265] Obwohl er schrieb, dass die Straftat den Status des Straftäters als Bürger nicht betrifft (siehe *Pawlik*, Das Unrecht, S. 116), hat er auch festgestellt, dass der Insider seinen Teilnehmerstatus durch sein Verhalten verspielen kann, beispielsweise, wenn er Teil einer quasi-institutionellen organisierten kriminellen Gegenwelt ist. Hier kann der Täter „– obwohl an sich ein Intraneus – von der Rechtsgemeinschaft nach Art eines Extraneus behandelt wird; das Bürgerstrafrecht wandelt sich zum Feindstrafrecht". (Vgl. *Pawlik*, FS-Schroeder, S. 381, Fn. 122).

[266] Wenngleich die allgemeine Maxime für ihn lautet, dass sozial Ausgegrenzte nicht als Feinde behandelt werden sollten, werden kriminelle Bandenführer von diesem Grundsatz ausdrücklich ausgenommen. Siehe hierzu *Pawlik*, FS-Sancinetti, S. 152–155.

3. Die völkerrechtlichen Prinzipien im Lichte der Theorie von Pawlik: das Reich der Zwangsmaßnahmen

Einer der bedeutendsten Vorteile von *Pawliks* Modell des Bürgerstrafrechts gegenüber konkurrierenden Ansätzen ist – wie bereits hervorgehoben – dessen wesentlich kohärentere Umsetzung in das Strafanwendungsrecht.[267] Zum leichteren Nachvollziehen seiner Lösungsvorschläge in diesem Bereich sind zwei kurze Klarstellungen angebracht. Zunächst sei daran erinnert, dass gemäß *Pawlik* ein Staat nur dann eine legitime Strafe verhängen kann, wenn zwei Voraussetzungen erfüllt sind, und zwar i) dass der Täter als Bürger erachtet werden kann (d. h. er hat vom Zustand der Freiheitlichkeit profitiert), und ii) dass die Tat als Angriff auf die Rechtsordnung des Forumsstaates gewertet werden kann.[268] Diese Anforderungen werden, wie noch zu zeigen ist, in einigen Fallkonstellationen der Prinzipien der Territorialität und der aktiven Personalität erfüllt.[269] Fehlt die erste der oben genannten Voraussetzungen (d. h. der Täter ist kein Bürger, wie es bei dem Universalitäts-, Schutz- und passiven Personalitätsprinzip der Fall ist), soll der Staat keine Kriminalstrafe verhängen. Das heißt nicht, dass sich der Staat unbedingt einer Reaktion enthalten muss, wenn seine Rechtsordnung angegriffen wird. Notfalls darf er auf eine alternative Form staatlichen Zwangs zurückgreifen, nämlich die bereits angesprochenen Zwangsmaßnahmen, deren Vorbedingungen im Rahmen des Modells von *Pawlik* in diesem Unterabschnitt untersucht werden. Wenn die zweite Voraussetzung nicht vorliegt (d. h., wenn die Straftat sich nicht gegen die Rechtsordnung des Forumsstaates richtet), ist es im Prinzip nicht einmal angebracht, eine Zwangsmaßnahme anzuwenden, da das Bestehen eines staatlichen Interesses, das den Zwangsakt rechtfertigt, nicht vorhanden oder äußerst fragwürdig ist. Die zweite, hier anzubringende Anmerkung ist, dass der Leser im Laufe dieses Abschnitts immer Folgendes im Hinterkopf behalten sollte: Wenn behauptet wird, ein bestimmter Staat könne weder eine Strafe verhängen noch eine Zwangsmaßnahme anwenden, bedeutet dies nicht, die betref-

---

[267] Die folgende Analyse der Folgen des Modells von *Pawlik* für das Strafanwendungsrecht stützt sich vor allem auf *Pawlik*, FS-Schroeder, S. 357–386; in zusammengefasster Form behandelt *Pawlik* das Thema auch in *ders.*, Das Unrecht, S. 120–127.

[268] Da also die Normen des Strafanwendungsrechts (§§ 3–7 StGB) bestimmen würden, wer an das Strafrecht gebunden ist (wer Mitwirkungspflichtiger ist), betrachtet *Pawlik* diese Regeln als konstitutiven Teil der Verhaltensnorm (vgl. *ders.*, FS-Schroeder, S. 373).

[269] Zu diesen von *Pawlik* als legitim erachteten völkerrechtlichen Grundsätzen siehe *Pawlik*, FS-Schroeder, S. 359. Im Grunde genommen deckt sich seine Position also mit der bereits erwähnten Ansicht *Von Bars* (Das Internationale Privat- und Strafrecht, S. 526–528). Zudem erkennt *Pawlik* auch das Prinzip der stellvertretenden Rechtspflege unter bestimmten, sehr strengen Bedingungen als legitim an, aber in diesem Fall verlagert sich die Analyse der Legitimität der Bestrafung großenteils auf den vertretenen Staat (anstelle des Forumsstaates).

fende Straftat bleibe straflos. Es wird in der Regel mindestens einen anderen Staat geben (oder – in besonderen Fällen – ein internationales Gericht), der legitimerweise Sanktionsgewalt (sei es in Form von Strafen oder Maßnahmen) beanspruchen kann, üblicherweise zumindest der Tatortstaat.

Wie auf den ersten Blick schon erkennbar sein sollte, weichen die Schlussfolgerungen, zu denen *Pawlik* im Bereich des Strafanwendungsrechts gelangt, radikal von denen der anderen oben untersuchten Deutungsmodelle ab: nicht nur verglichen mit der Rechtsgutslehre, sondern auch im Vergleich zu den bürgerstrafrechtlichen Varianten von *Silva Sánchez* und *Duff*, da diese aus unterschiedlichen Gründen im Ergebnis so gut wie alle völkerrechtlichen Prinzipien – oder zumindest eine breite Anwendung des umfangreichsten von ihnen, nämlich des Weltrechtsprinzips – rechtfertigen. Nachfolgend wird eine detailliertere Analyse des Ansatzes des deutschen Strafrechtlers vorgenommen, indem seine Auswirkungen auf die einzelnen völkerrechtlichen Grundsätze untersucht werden.

Pawlik zufolge werden die Anforderungen seiner Theorie durch das Territorialitätsprinzip reibungslos erfüllt. Dies mag zunächst überraschen, da in einem Modell des Bürgerstrafrechts die Straflegitimation gegenüber dem Betroffenen nicht unmittelbar aus der staatlichen Souveränität oder dem Wert der geschützten Interessen abgeleitet werden kann.[270] Nun argumentiert *Pawlik*, die meisten Bewohner eines Landes profitierten ja mehr oder weniger von dem staatlich aufrechterhaltenen Zustand der Freiheitlichkeit. Demnach gelten die im Inland befindlichen Personen als Verpflichtete, wodurch Inlandstaaten legitimerweise bestraft werden können. Dennoch gibt es schwierige Fälle: Was ist mit dem Touristen, dem Transitreisenden oder anderen Personen, die sich nur für kurze Zeit im Lande aufhalten? Hier scheint es etwas gekünstelt, die Entstehung einer Mitwirkungspflicht zu behaupten, weil sie von der Daseinsordnung von Freiheit profitiert haben. Ähnlich wie andere Autoren (man denke etwa an *Duff* oder *Jakobs*)[271] begegnet *Pawlik* dem Problem, indem er auf einen minimalistischen Begriff des „Bürgers" oder der Freiheitsordnung zurückgreift: Die Individuen

---

[270] Mit *Pawliks* eigenen Worten: (FS-Schroeder, S. 358 f., Fn. 10): „Nicht die staatliche Souveränität als solche, sondern das, was der souveräne Staat leistet – Aufbau und Erhaltung einer personale Freiheit ermöglichenden gesellschaftlichen Struktur – verleiht dem Staat die gesuchte Legitimation gegenüber den seiner Gewalt unterworfenen Personen"; ähnlich *Kubiciel*, ZStW 131 (2019), S. 1115 f. Vgl. auch *Bekker*, Theorie des heutigen deutschen Strafrechts, S. 174 f., wonach, wenn das Verbrechen in einer Pflichtverletzung besteht, die Aufgabe des Strafrechts nicht in der Erhaltung eines verbrechensfreien Territoriums liegen kann.

[271] Bei *Duff* sei an seine Behandlung der „Gäste" erinnert (siehe oben Teil II D IV 3). Was *Jakobs* betrifft, so sei an seine pragmatische Behauptung erinnert, dass eine halbe Stunde Aufenthalt im Land ausreicht, um die staatliche Legitimation zur Bestrafung zu rechtfertigen [*ders.*, ZStW 118 (2016), S. 847].

der angeführten Fälle erhalten zumindest Schutz während ihres kurzen Aufenthalts, ergo sind sie zur Kooperation verpflichtet.[272]

Zweifelsohne kommt der Fairnessgedanke, verstanden als Reziprozitätsprinzip (Grundlage der Theorie von *Pawlik*), auch in den beschriebenen Fällen zur Anwendung.[273] Diese Beispiele legen jedoch den Finger auf eine der Wunden eines jeden Modells des Bürgerstrafrechts, einschließlich desjenigen von *Pawlik*: Ab welcher Schwelle kann man jemanden als Bürger bezeichnen? Welche Mindeststärke muss die Bindung zwischen Individuum und Staat dafür haben? Wie im dritten Teil dieser Abhandlung dargelegt wird, ist eine minimalistische Perspektive (eine „bloße" Daseinssicherheit) zur Begründung der Mitwirkungspflicht durchaus vertretbar. Fragwürdig an den Modellen von *Pawlik* und *Duff* – im Gegensatz zu dem von *Silva Sánchez* – ist jedoch die fehlende Unterscheidung zwischen der Pflicht eines „Vollbürgers" und der eines Touristen oder eines Transitreisenden. Ebenso wie die Gewährung von negativem Schutz durch den Staat für ein paar Tage nicht damit vergleichbar ist, zeitlebens umfassende zivile, politische und soziale Rechte in dem Staat genossen zu haben, dessen Staatsangehöriger man ist,[274] genauso wenig kann die Mitwirkungspflicht in beiden Fällen dieselbe Intensität aufweisen, zumindest wenn man glaubhaft vertreten will, dass diese Pflicht aus dem Genuss von der Freiheitsdaseinsordnung resultiert.[275]

---

[272] Siehe hierzu *Pawlik*, FS-Schroeder, S. 374 f.; oder *ders.*, FS-Sancinetti, S. 150, wo er sogar behauptet, dass die von *Duff* vorgeschlagene Gleichbehandlung von Bürgern und Gästen „verdient Zustimmung; sie lässt sich mit einem schlichten Fairnessargument begründen".

[273] Nach allgemeiner Auffassung kann ein *Fair-Play*-Ansatz die Verpflichtung eines kurzfristig Aufenthaltsberechtigten gegenüber dem Staat, in dem er sich befindet, begründen. Als Beispiel siehe *Waldron*, Philosophy & Public Affairs 22, 1 (1993), S. 9: „the principle of fair play can explain the tourist's obligation. Sojourning in France, he enjoys the benefits of its social, legal, and economic arrangements, and so for the time being he ought to cooperate in the production of those benefits".

[274] Beispielsweise wird in vielen Rechtsordnungen ausdrücklich zwischen Grundrechten, die allen Menschen zustehen (Menschenrechte), und solchen, die nur den Staatsangehörigen vorbehalten sind (Bürgerrechte), unterschieden. Im Fall von Deutschland gehören zu der letztgenannten Kategorie u. a. die folgenden Rechte: Versammlungsfreiheit (Art. 8 GG); Vereinigungsfreiheit und Koalitionsfreiheit (Art. 9 GG); Recht auf Freizügigkeit im gesamten Bundesgebiet (Art. 11 GG); Recht auf freie Wahl von Beruf, Arbeitsplatz und Ausbildungsstätte (Art. 12 GG); Schutz vor Auslieferung (Art. 16 GG), usw. Selbst in jenen Rechtsordnungen, die im Gegensatz zu Deutschland fast alle Grundrechte als Menschenrechte konzipieren (wie z. B. Chile), haben Ausländer aufgrund mehrerer Gesetze einen eingeschränkten Rechtsstatus. Um nur ein auffälliges Beispiel zu nennen, können in Chile Staatsangehörige der Nachbarländer keine Grundstücke in chilenischen Grenzgebieten besitzen bzw. erwerben. Siehe Artikel 7 des Gesetzes (Decreto Ley) Nr. 1939.

[275] *Pawlik* scheint dies zumindest im Hinblick auf Auslandstaten anzuerkennen. So schreibt er, dass „der deutsche Staatsangehörige *ceteris paribus* eine schärfere Sanktionierung seines Tuns verdient als der Ausländer" (FS-Schroeder, S. 377, Fn. 98). Genau aus diesem Grund

280 D. Eine auf der politischen Bindung basierende Begründung

Damit wiederholt sich das bereits bei der Behandlung des Inhalts der Mitwirkungspflicht thematisierte Problem, dass *Pawlik* bei der Bestimmung ihrer Intensität keinen Faktor in Betracht zieht, der das Näheverhältnis zwischen Staat und Normadressat explizit einbezieht.

Andererseits weist *Pawlik* ausdrücklich darauf hin, dass in solchen Fällen des Ubiquitätsprinzips, in denen der Täter von außerhalb des Staatsgebiets handelt und nur der tatbestandliche Erfolg innerhalb des Territoriums eintritt, der Fairnessgedanke nicht zur Rechtfertigung der Strafe taugt: Wenn der aus dem Ausland agierende Täter sich nicht einmal im Forumsstaat aufgehalten hat (und daher auch keinen Schutz genossen hat), kann man nicht von einer Mitwirkungspflicht des Täters sprechen. In diesem Fall fehlt die erste von *Pawlik* verlangte Voraussetzung, weshalb der Staat eventuell eine Zwangsmaßnahme anwenden, aber keine Strafe verhängen kann.[276] Dieser Folgerung ist zuzustimmen, denn sie steht im Einklang mit den von *Pawlik* vertretenen Prämissen. Im umgekehrten Fall (d.h., wenn der Täter im Inland handelt und der Erfolg im Ausland eintritt) sei laut *Pawlik* ebenfalls keine Strafe zu verhängen, da in diesem Fall die zweite von ihm geforderte Voraussetzung fehle (die Straftat soll sich gegen die Rechtsordnung des Forumsstaates richten).[277] Diese These ist jedoch fragwürdig. Wenn ein Peruaner von Lima aus einen Computerbetrug gegen einen in Argentinien lebenden Argentinier begeht, liegt die Vermutung nahe, dass auch die peruanische Freiheitsordnung betroffen ist. Will der Staat eine wirksame Freiheitsordnung auf seinem Hoheitsgebiet aufrechterhalten, muss er dafür sorgen, dass dieses nicht als Plattform für die Begehung von Auslandstaten missbraucht wird. Außerdem könnte der Opferstaat bei Straftaten, die seine Freiheitsordnung als solche nicht gefährden – wie dies hier der Fall ist –, auch nicht mit einer Präventivmaßnahme reagieren, wie unten ausgeführt wird. Jedenfalls erscheint es

---

unterschied *Bekker* drei Kategorien von Personen je nach dem Ausmaß ihrer Verpflichtung gegenüber dem Staat: *subditi perpetui* (stärkere Verpflichtung), *subditi temporarii* (leichtere Verpflichtung) und Nichtunterthanen (keine Verpflichtung). Nach diesem Autor durften die von Nichtunterthanen begangen Inlandstaten nicht einmal bestraft werden (allerdings konnte ggf. eine Maßnahme anwendbar sein), während die *subditi temporarii* nicht für alle Straftaten bestraft werden durften. Vgl. *Bekker*, Theorie des heutigen deutschen Strafrechts, S. 181 f. Auch *Berner*, Wirkungskreis, S. 81, greift auf den Begriff des *subditus temporarius* zurück.

[276] Vgl. *Pawlik*, FS-Schroeder, S. 375 f.

[277] So *Pawlik*, FS-Schroeder, S. 376, Fn. 92. Ähnlich *Berner*, Wirkungskreis, S. 86, der die Verantwortung des Handlungsortsstaates zur Strafverfolgung nur als derivative Sanktionsgewalt konzipiert (d.h. der betroffene Staat muss die Strafverfolgung ersuchen). Hier sei angemerkt, der Begriff „Erfolg" solle in diesem Zusammenhang nicht im engeren Sinne der Kategorie der „Erfolgsdelikte" verstanden werden, sondern als tatsächlicher Schaden oder Gefahr, die von der Straftat ausgeht. Wie *Roxin/Greco* (AT I, § 10 Rn. 104) feststellen, hat jedes Delikt einen Erfolg, und „bei schlichten Tätigkeiten liegt der Erfolg in der Täterhandlung selbst, die sich als Tatbestandserfüllung darstellt".

nicht überschießend, die Mitwirkungspflicht der Bürger des Handlungsortstaates auf die Unterbindung der Begehung von Handlungen im Inland auszudehnen, die im Ausland Folgen haben.[278]

Als Nächstes ist zu prüfen, auf welche weiteren völkerrechtlichen Grundsätze ein Staat seine Strafrechtsetzungsgewalt legitim stützen kann. Wie es sich für jedes Modell des Bürgerstrafrechts gehört, hält *Pawlik* den Rückgriff auf das aktive Personalitätsprinzip für grundsätzlich legitim.[279] Im Gegensatz zu anderen Autoren, die die Straftat als Pflichtverletzung begreifen, schließt er aber aus, dass dieses Prinzip auf die konsularische Unterstützung des Staates für seine im Ausland lebenden Bürger gestützt werden kann.[280] Diese Betreuung könnte keineswegs als „stabile Infrastruktur von Freiheitlichkeit" eingestuft werden. Vielmehr sei das aktive Personalitätsprinzip auf das Rückkehrrecht eines jeden im Ausland befindlichen Staatsangehörigen zu begründen:[281] entweder, weil der Bürger bereits in der Vergangenheit vom Zustand der Freiheitlichkeit profitiert hat, oder weil er dank dieses Rechts die Möglichkeit hat, in Zukunft von der Daseinsordnung von Freiheit zu profitieren, „ohne sich den mehr oder weniger restriktiven Kautelen des Ausländerrechts unterwerfen zu müssen".[282] Daraus ergebe sich eine entsprechende Mitwirkungspflicht des Bürgers, deren Inhalt darin bestehe, „den eigenen Staat nicht in seiner (rechtlichen, territorialen oder symbolisch vermittelten) Integrität [zu] schmälern".[283]

Prinzipiell ist die Argumentation einwandfrei. Dem aufmerksamen Leser wird jedoch nicht entgangen sein, dass diese Überlegung nur für die Begründung eines „aktiven Staatsangehörigkeitsprinzips" ausreicht, nicht aber für die Rechtfertigung eines „materiellen aktiven Personalitätsprinzips", das sich auf Personen erstreckt, die ihren Wohnsitz im Forumsstaat haben oder in einem Arbeitsverhältnis zu ihm stehen (aktives Domizilprinzip bzw. aktives Hoheitsträgerprinzip).[284] Entsteht jedoch die Kooperationspflicht infolge der Wahrnehmung der Daseinsordnung von Freiheit, sollte auch der Aufenthaltsberechtigte als verpflichtet gelten. Hingegen ist es nicht selbstverständlich (wenn auch vertretbar), dass Perso-

---

[278] Aus demselben Grund könnte Deutschland denjenigen bestrafen, der von einem Computer in Berlin aus einen Informatikvirus in das Internet einschleust, welcher nur auf die Beschädigung eines Computers eines japanischen Staatsangehörigen in Tokio abzielt.

[279] Zu Pawliks Argumentation in Bezug auf das aktive Personalitätsprinzip, die im Folgenden dargelegt wird, siehe *ders.*, FS-Schroeder, S. 376–378.

[280] Für ein Beispiel eines Autors, der das aktive Personalitätsprinzip hinsichtlich der Bürger, die sich vorübergehend im Ausland aufhalten, teilweise auf die ihnen gewährte konsularische Unterstützung basiert, siehe *Berner*, Wirkungskreis, S. 131 f.

[281] Im Falle Deutschlands, ausdrücklich anerkannt in Art. 11 Abs. 1 GG.

[282] *Pawlik*, FS-Schroeder, S. 377.

[283] *Pawlik*, FS-Schroeder, S. 377.

[284] Diesbezüglich siehe oben Teil I D II 4.

nen, die nur auf dem „Papier" Staatsangehörige sind,[285] tatsächlich als verpflichtet angesehen werden können. Dieser Punkt wird im dritten Teil dieser Arbeit erneut erörtert.[286]

Um herauszufinden, in welchen Fällen der Staat aufgrund des aktiven Personalitätsprinzips legitimerweise bestrafen kann, muss jedoch auch die zweite von *Pawlik* aufgestellte Voraussetzung für die Feststellung einer Pflichtverletzung berücksichtigt werden, nämlich dass sich die Straftat gegen die Rechtsordnung des bestrafenden Staates richtet. Die Erfüllung dieses Erfordernisses scheint in Fällen einer Kombination aus aktivem Personalitätsprinzip und Schutzprinzip auf der Hand zu liegen: verfälscht ein Deutscher Euros im Ausland, gefährdet er eine wichtige staatliche Funktion (den nationalen Geldverkehr), was wohl als eine Verletzung seiner Mitwirkungspflicht gegenüber Deutschland angesehen werden kann. Demgegenüber liegt bei Straftaten, die von Staatsangehörigen im Ausland begangen werden und sich nur gegen „ausländische Rechtsgüter" richten, eindeutig kein Pflichtverstoß vor.[287] So sollte Deutschland (anders als bei § 7 Abs. 2 Nr. 1 StGB) einen von einem Deutschen gegen einen Ausländer in Paraguay begangenen Diebstahl – oder sogar schwerere Straftaten wie einen Mord – nicht bestrafen, es sei denn, dass die (viel restriktiveren) Voraussetzungen der stellvertretenden Rechtspflege gegeben sind.[288]

Ob sich die Straftat gegen die Rechtsordnung des Forumsstaates richtet, lässt sich bei Hypothesen, die zwischen den beiden oben genannten Extremfällen liegen, nicht so leicht feststellen. Als Beispiel sei der Fall einer Kombination aus aktivem und passivem Personalitätsprinzip betrachtet. Hierzu richtet sich die Tat gegen ein „inländisches Rechtsgut", aber sie schmälert nicht notwendigerweise die „staatliche Integrität", was das von *Pawlik* vorgeschlagene Kriterium zur Bestimmung des Inhalts der Mitwirkungspflicht des Staatsangehörigen im Ausland bildet. Daher sei die Legitimation zur Verhängung einer Strafe in diesem Fall anfänglich zu verneinen. Jedoch schreibt auch *Pawlik*, dass der Täter seine Daseinsordnung angreift, nicht nur wenn er sich gegen ihre Institutionen richtet, sondern auch, wenn er „Integritätsinteressen von Personen beeinträchtigt, die mit der Rechtsgemeinschaft des Täters in der gleichen, spezifisch engen Weise ver-

---

[285] Man denke hier an diejenigen, die im Ausland geboren wurden und dort ihr ganzes Leben verbracht haben, ohne jemals von der Freiheitsdaseinsordnung des Forumsstaates profitiert zu haben, wie dies bei vielen Nachkommen europäischer Einwanderer in amerikanischen Ländern der Fall ist.

[286] Vgl. Teil III D II 2.

[287] Es sei denn, es handelt sich um supranationale Rechtsgüter (wie im Fall der Europäischen Union), die den Forumsstaat unmittelbar angehen (das obige Beispiel der Fälschung von Euros ist diesem Beispiel ähnlich).

[288] Vgl. *Pawlik*, FS-Schroeder, S. 377.

bunden sind wie dieser selbst".²⁸⁹ Dies würde bei jeder Auslandstat geschehen, die ein Inländer gegen einen seiner Landsleute begeht. Demnach sei aber der Inhalt der Mitwirkungspflicht eines Inländers im Ausland, nicht nur die staatliche Integrität seiner Gemeinschaft nicht zu schmälern, sondern vielmehr gar kein inländisches Interesse (bzw. Rechtsgut) zu verletzen. Wenn das so wäre, dürfe der Staat eine Strafe auf eine Kombination zwischen aktivem und passivem Personalitätsprinzip stützen.²⁹⁰ Diese Schlussfolgerung sollte in Erinnerung bleiben, denn sie passt nicht reibungslos zu dem, was *Pawlik* über das passive Personalitätsprinzip schreibt, wie unten gezeigt wird.

Der letzte völkerrechtliche Grundsatz, auf dessen Grundlage der Staat nach *Pawlik* berechtigterweise bestrafen könnte, ist die stellvertretende Rechtspflege, allerdings nur dann, wenn ihr derivativer Charakter wirklich respektiert und sie nicht als Instrument zum Schließen von Strafbarkeitslücken missbraucht wird. Weil hier eine Rechtsgemeinschaft den Täter aufgrund der Verletzung seiner Mitwirkungspflicht gegenüber einem anderen Gemeinwesen bestraft, muss sich die Verhaltensbeurteilung hauptsächlich nach dem Recht der betroffenen (vertretenen) Daseinsordnung richten. Daher stellt *Pawlik* fest, dass nicht nur materielle Straffreistellungsgründe, sondern auch prozessuale Verfolgungshindernisse, das tatsächlich praktizierte Recht und der konkrete Bestrafungswillen des vertretenen Staates beachtet werden müssen. Keine von diesen Anforderungen (mit Teilausnahme der ersten) werden vom deutschen Recht erfüllt.²⁹¹

Was die übrigen völkerrechtlichen Prinzipien (d.h. das Schutz-, das Universalitäts- und das passive Personalitätsprinzip) angeht, lehnt *Pawlik* die Verhängung einer Strafe auf deren Grundlage entschieden ab. Hier kommt der Hauptunterschied zwischen *Pawlik* und *Duff* zum Ausdruck, nämlich die bereits erwähnte konsequente Anwendung des Bürgerstrafrechts auf der Ebene des Strafanwendungsrechts. So verweist der deutsche Autor darauf, dass bei diesen Prinzipien der Täter „die Rechtsordnung nicht als *Bürger* angreift" und deshalb „kein *Unrecht des Bürgers* verwirklichen" kann.²⁹² Bei all diesen Hypothesen stellt sich also die Frage, ob der Staat legitimerweise Zwangsmaßnahmen ergreifen darf oder ob er nicht auf die betreffende Tat reagieren sollte. Daraus ergibt sich die Wichtigkeit der Festlegung der Voraussetzungen und Begrenzungen solcher Maßnahmen im Rahmen des Modells von *Pawlik*.

Was nun Wesen und Anwendungsbereich dieser Maßnahmen betrifft, so schließt sich *Pawlik* voll und ganz der Position des deutschen Rechtswissen-

---

²⁸⁹ Vgl. *Pawlik*, FS-Schroeder, S. 374.
²⁹⁰ Diese Hypothese entspricht, wie erwähnt, der Hauptregel des chilenischen Strafanwendungsrechts für Auslandstaten. Vgl. hierzu oben Teil I C II 1.
²⁹¹ Siehe dazu *Pawlik*, FS-Schroeder, S. 378f.; und oben Teil I D VI 1.
²⁹² Vgl. *Pawlik*, FS-Schroeder, S. 379.

schaftlers des 19. Jahrhunderts *Ernst Immanuel Bekker* an.[293] *Bekker* zufolge bestehe ein radikaler qualitativer Unterschied zwischen Strafen und solchen auf Taten von Ausländern anwendbaren Zwangsmaßnahmen, so dass zum einen die Regeln des materiellen Strafrechts (wie etwa die Zurechnungsregeln) nicht unmittelbar auf dieses Sonderrecht (das er als „Schutzstrafrecht" bezeichnet) anwendbar seien und zum anderen das rechtspflegende Organ in beiden Fällen unterschiedlich sein solle.[294] Da die Legitimation der staatlichen Strafgewalt für *Bekker* auf der aus dem Untertanenverhältnis abgeleiteten Gehorsamspflicht beruht,[295] plädiert dieser Autor folgerichtig für einen sehr begrenzten Anwendungsbereich der erwähnten Maßnahmen.[296] Dementsprechend würden die Voraussetzungen für die Auferlegung einer Maßnahme in etwa den Stufen der Prüfung des verfassungsrechtlichen Verhältnismäßigkeitsgrundsatzes entsprechen: i) die Straftat muss wirklich ein Interesse des Forumsstaates gefährden (vergleichbar mit dem Vorhandensein eines legitimen Zwecks); ii) der Staat muss der Gefahr nicht in anderer Weise besser begegnen können (dieses Erfordernis scheint eine etwas ungenaue Verschmelzung der Stufen der Erforderlichkeit und der Angemessenheit darzustellen); und iii) die Maßnahme muss ähnliche zukünftige Gefahren verhindern können (was ungefähr der Geeignetheit entspricht).[297]

Ein erster problematischer Aspekt dieser Ansicht liegt darin, dass dieses Sonderrecht zahlreiche feindstrafrechtliche Züge aufweisen kann, wenn schon nicht in *Bekkers* Vorschlag, so doch zumindest in *Pawliks* Interpretation desselben. So weist *Bekker* selbst darauf hin, dass dieses Schutzrecht eigene Rechtsprechungsorgane und materielle Regeln braucht, um nicht mit dem normalen („Unterthanen"-)Strafrecht vermischt zu werden.[298] Außerdem plädiert *Pawlik* für eine restriktivere Auslegung des § 17 S. 2 StGB im Bereich der Zwangsmaßnahmen (wodurch die Möglichkeit der Annahme der Vermeidbarkeit eines Verbotsirrtums eingeschränkt wird). Darüber hinaus sieht *Pawlik* als Adressat dieses Kriminalpräventionsrechts nicht nur den Externen im engeren Sinne (der keine Verbindung zum politischen Gemeinwesen hat), sondern auch diejenigen, die zwar Staatsbürger sind, aber mittlerweile eine kriminelle Laufbahn eingeschlagen haben, die eine dauerhafte Abwendung von der politischen Gemeinschaft erkennen lässt.[299] Ferner billigt *Pawlik* in Bezug auf völkerrechtliche Verbrechen, auf die er diese Maßnahmen für anwendbar hält, „gewisse Abstriche von den recht-

---

[293] Siehe dazu *Pawlik*, FS-Schroeder, S. 380–382.
[294] Vgl. hierzu *Bekker*, Theorie des heutigen deutschen Strafrechts, S. 192–194.
[295] *Bekker*, Theorie des heutigen deutschen Strafrechts, S. 177 f.
[296] Siehe *Bekker*, Theorie des heutigen deutschen Strafrechts, S. 193.
[297] *Bekker*, Theorie des heutigen deutschen Strafrechts, S. 193.
[298] Zu diesem Kontaminierungsrisiko, siehe *Pawlik*, FS-Schroeder, S. 381.
[299] *Pawlik*, FS-Schroeder, S. 381.

staatlichen Standards, die für das herkömmliche deutsche ‚Normalstrafrecht' gelten".[300]

Ebenfalls problematisch ist, dass die Ausführungen von *Bekker* kaum über das oben Beschriebene hinausgehen, um die Konturen dieser Maßnahmen zu verdeutlichen. Obwohl diese Abhandlung – wie im Teil III C II 2 zu sehen sein wird – ebenfalls von *Bekkers* (und *Pawliks*) Standpunkt ausgeht, werden zusätzliche Anstrengungen unternommen, um die Anwendungsvoraussetzungen und Schranken dieser Maßnahmen herauszuarbeiten. *Pawlik* und *Bekker* deuten lediglich an, dass der Realgrund dieser Maßnahmen (wie bei den Strafen) in der begangenen Tat liegt (d.h. sie können nicht ohne Anlasstat auferlegt werden). Der Unterschied zwischen ihnen und Strafen besteht darin, dass ihre Rechtsgrundlage präventiv ausgerichtet ist anstatt deontologisch. Ferner implizieren sie, dass diese Maßnahmen aufgrund ihres präventiven Charakters in einem angemessenen Verhältnis zur Gefährlichkeit des Täters und nicht zur Schwere der Tat stehen sollten. *Pawlik* macht sich jedoch nicht die Kriterien zunutze, die beispielsweise in Deutschland für die Sicherungsverwahrung oder im angelsächsischen Raum für die *preventive detention* entwickelt worden sind, obwohl beide – als Präventivmaßnahmen gegen Schuldfähige – einige ähnliche Merkmale aufweisen wie die von ihm thematisierten Maßnahmen gegen Externe. Solche Kriterien tragen in erheblichem (wenngleich natürlich bei weitem nicht ausreichendem) Maße zur Klärung der Frage bei, was unter der „Gefährlichkeit" einer Person zu verstehen ist, die wiederum der Bezugspunkt für die Prüfung ist, ob die aufzuerlegende Maßnahme mit dem verfassungsrechtlichen Verhältnismäßigkeitsprinzip in Einklang steht. Indem *Pawlik* den Vorschlag von *Bekker* vollständig übernimmt, ohne die Entwicklung der genannten Kriterien zu beachten, schafft er mit diesen Maßnahmen ein Instrument ohne klare Schranken. Dies unterminiert das Ziel seines Vorschlags, die Ausweitung der staatlichen Zwangsgewalt durch den Rückgriff auf das Bürgerstrafrecht einzudämmen. Einigermaßen wird diese Problematik bei der Prüfung der Zulässigkeit dieser Zwangsmaßnahmen im Rahmen seines Modells nach den Grundsätzen des Schutzes, der Universalität und der passiven Personalität deutlich.

Offensichtlich besteht kein Zweifel an der legitimen Anwendung dieses Schutzrechts im Falle des Schutzprinzips, denn dies ist der paradigmatische Anwendungsfall dieser Schutzmaßnahmen.[301] Heikel ist hierbei die – bereits im ersten Teil dieser Arbeit angesprochene – große Unbestimmtheit der Hypothese, auf die der Schutzgrundsatz zutrifft,[302] was durch die Formel von *Bekker* (die Straftat

---

[300] *Pawlik*, FS-Schroeder, S. 385.
[301] Siehe auch *Wegner*, FG-Frank, S. 149 f., wonach beim Schutzprinzip „es sich nicht um Strafrecht im echten Sinne" handelt.
[302] Vgl. Teil I D IV 2.

muss *wirklich* die Interessen des Forumsstaates berühren) wenig behoben wird. Solange also kein ernsthaftes Bemühen unternommen wird, die anhand des Schutzprinzips zu verteidigenden Interessen zumindest grob abzugrenzen (eine Aufgabe, die zugegebenermaßen ebenso schwierig ist wie die Bestimmung, welche Rechtsgüter zu schützen oder welche Schäden mittels des Strafrechts zu vermeiden sind), besteht eine latente Gefahr, dass die staatliche Zwangsgewalt durch die Hinnahme dieser Präventivmaßnahmen für Externe im Rahmen eines Bürgerstrafrechts sogar noch ausgeweitet wird.

Der Fall des Universalitätsprinzips ist etwas zweifelhafter: Wie bereits erwähnt, kann *Pawlik* die Legitimität der Verhängung von Strafen nach diesem Prinzip nur verneinen,[303] aber unter Berufung auf ein Argument von *Keller* ist er der Ansicht, der Staat könne in diesem Fall legitimerweise Präventivmaßnahmen ergreifen, sofern sie dem „Schutz des Völkerrechts" dienen, da diese Konstellation analog zu dem des Schutzprinzips sei.[304] Diese Überlegung ist fraglich. Die objektiv gewaltige Relevanz des Völkerrechts (insbesondere im Bereich des Menschenrechtsschutzes) bedeutet nicht, dass die Legitimität des Universalitätsprinzips automatisch aus der des Schutzprinzips abgeleitet werden kann, gemäß der Maxime „qui potest plus, potest minus": Wenn der Staat in leichteren Fällen Maßnahmen ergreifen darf (Schutzprinzip), dann darf er dies auch in schwereren Fällen tun (Universalitätsprinzip).[305] Dies hieße, die bereits erörterte unterschiedliche Begründung beider Prinzipien zu missachten: Dass Deutschland auf

---

[303] Es sei in diesem Zusammenhang daran erinnert, dass sich die Legitimität des Strafrechts für *Pawlik* aus der Stabilisierung eines bestehenden Zustands der Freiheitlichkeit ableitet und nicht aus der Schaffung eines zukünftigen Zustands, wie dies bei der internationalen Gemeinschaft und damit dem Völkerstrafrecht der Fall wäre (vgl. dazu *Pawlik*, Das Unrecht, S. 124f.; *ders.*, FS-Schroeder, S. 382–386). Selbst leidenschaftliche Vertreter der Legitimation des Universalitätsprinzips bezeichnen das Völkerstrafrecht als ein „ethisches Projekt", dessen Legitimation auf dem moralischen Inhalt seiner Normen beruht, und nicht auf dem Vorhandensein einer universellen Gemeinschaft. So z.B. *Ambos*, JRE 26 (2018), insbesondere S. 274: „Die internationale Gemeinschaft befindet sich heute dort, wo der Nationalstaat zu Beginn seiner Entstehung stand: beim Aufbau und der Konsolidierung eines Gewaltmonopols, d.h. bestenfalls im Stadium des Entstehens einer staatsähnlichen Ordnung". Selbst diese Einschätzung mag aber zu optimistisch sein. Mehr dazu in Teil III C III.

[304] Vgl. *Keller*, FS-Lüderssen, S. 433–435, wonach das Universalitätsprinzip dann in den Fällen legitim wäre, in denen die universelle Strafgewalt historisch anerkannt worden ist (z.B. Piraterie) oder in Fällen von Angriffen auf den Kernbereich der Menschenrechte, aber nicht in den anderen in § 6 StGB vorgesehenen Fällen (insbesondere jenen der Nr. 5 bis 8).

[305] Dies scheint *Pawlik* (FS-Schroeder, S. 385) zu meinen, wenn er Folgendes schreibt: „Dürfen Ausländer, die im Ausland handelnd inländische deutsche Rechtsgüter schädigen, massiven Sanktionen unterworfen werden, so kann eine Lockerung der Anforderungen an das reguläre Bürgerstrafrecht auch für den internationalen Schutz des Kernbereichs der Menschenrechte akzeptiert werden".

direkte Angriffe auf seine Institutionen (z. B. Computersabotage zum Diebstahl von Staatsgeheimnissen) reagieren darf, bedeutet noch lange nicht, dass die Ausübung einer Zwangsmaßnahme auf einen Fall von Folter in Afghanistan – bei dem sowohl Täter als auch Opfer aus deutscher Sicht Externe sind – ebenfalls legitim ist.

Demgegenüber lehnt *Pawlik* die Anwendung von Zwangsmaßnahmen auf der Grundlage des passiven Personalitätsprinzips entschieden ab, da hier die von *Bekker* kumulativ zu erfüllenden Voraussetzungen nicht vorlägen.[306] Grundsätzlich erscheint diese Argumentation zutreffend, da zumindest einige der genannten Erfordernisse kaum erfüllbar sein dürften: Bei einem in Liverpool von einem Engländer gegen einen Deutschen begangenen Raub wäre der Gefahr, die von dem Täter für Deutschland ausgeht, mitunter durch mildere Mittel (wie etwa die Auslieferung an den Tatortstaat) zu begegnen. Vor allem ist aber das Vorbeugungspotenzial (und damit die Geeignetheit) einer solchen Zwangsmaßnahme dubios, denn wahrscheinlich wusste weder der zu bestrafende Räuber, dass das Opfer Deutscher war (und deshalb deutsches Recht auf ihn anwendbar ist), noch werden zukünftige Räuber, die abgeschreckt werden sollen, dies wissen.[307] *Pawlik* gibt jedoch nicht ausdrücklich an, welche der Anforderungen von *Bekker* die Anwendung von Präventivmaßnahmen aufgrund des passiven Personalitätsprinzips ausschließen. Eine nähere Betrachtung lässt Zweifel aufkommen, ob dieser Grundsatz nicht das erste (und anspruchsvollste) von *Bekker* geforderte Kriterium erfüllen kann, d. h. ob die Straftat tatsächlich ein „wirkliches Interesse des Strafgewaltstaates" gefährdet.

Eigentlich hängt die Antwort davon ab, welcher Standard hierfür angenommen wird. So hält es *Pawlik*, wie oben erwähnt, für legitim, dass der Staat eine Strafe anhand einer Kombination aus aktivem und passivem Personalitätsprinzip verhängt. Dabei geht er davon aus, dass ein Bürger, der die Interessen seiner Mitbürger verletzt (indem er zum Beispiel einen Mitbürger im Ausland bestiehlt), die Rechtsordnung angreift (und damit seine Mitwirkungspflicht verletzt). Wenn *Pawlik* gleichzeitig die Auferlegung von Maßnahmen auf Basis des passiven Personalitätsprinzips ablehnt, modifiziert er damit den Maßstab, wann eine Auslandstat den Zustand der Freiheitlichkeit beeinträchtigt: in diesem Fall verneint er (implizit) die Zulässigkeit der Maßnahme, weil die Tat die Integrität

---

[306] *Pawlik*, FS-Schroeder, S. 381 f.

[307] Soweit ersichtlich fragen Straßenräuber vor einem Raubüberfall normalerweise nicht nach dem Ausweis oder ermitteln anderweitig die Staatsangehörigkeit des Opfers. Angenommen, es spielt keine Rolle, welcher Staat reagiert (es kommt nur darauf an, dass einer reagiert), dann mag das passive Personalitätsprinzip – als Ergänzung zur Strafgewalt des Tatortstaats – zur Abschreckung künftiger Straftaten etwas beitragen. Geht man jedoch von dieser Prämisse aus, wird natürlich ein Strafrecht des Bürgers *per se* abgelehnt.

des Staates nicht schmälere. Dies deutet auf die Annahme zweier unterschiedlicher Standards in dieser Hinsicht hin, je nachdem, ob es sich bei dem Täter um einen Staatsangehörigen oder einen Externen handelt. Dies erscheint prinzipiell kontraintuitiv, denn, wenn man davon ausgeht, dass ein Raubüberfall eines Deutschen auf einen Deutschen in Russland den Zustand der Freiheitlichkeit in Deutschland beeinträchtigt, so scheint es, dass dieser Zustand ebenfalls beeinträchtigt wird, wenn im selben Beispiel der Täter ein Russe ist. Der Unterschied bestünde darin, dass im zweiten Beispiel – im Gegensatz zum ersten – aufgrund der fehlenden Mitwirkungspflicht des Täters gegenüber Deutschland nur eine Maßnahme (statt einer Strafe) ergriffen werden könnte. Wie im dritten Teil dargelegt wird, ist diese Abänderung des in Rede stehenden Standards durchaus vertretbar,[308] aber *Pawlik* liefert keine Begründung hierfür. Jedenfalls beleuchten die Schwierigkeiten, die mit der Festlegung dieses Standards verbunden sind, die Willkür, die den Begriff des „wirklichen bzw. relevanten staatlichen Interesses" oft umgibt (ein vergleichbares Problem wie bei den auf den Schutz von Interessen ausgerichteten Strafrechtstheorien, die zu deren Ablehnung führt). Daher auch die gelegentliche Schwierigkeit, zwischen Schutz- und passivem Personalitätsprinzip zu unterscheiden, und die Gefahr eines indirekten Rückgriffs auf Letzteres durch eine weite Auslegung des Ersteren.[309]

Schließlich gibt es Hypothesen, bei denen zwar das Territorialitäts- oder das aktive Personalitätsprinzip (beide grundsätzlich geeignet zur Rechtfertigung einer Strafe) anwendbar sind, aber keine Mitwirkungspflichtverletzung vorliege, weil sich die Straftat nicht gegen die Rechtsordnung des Forumsstaates richte.[310] Dies gelte sowohl für viele im Inland begangene Handlungen, deren Erfolg im Ausland eintritt (Unterfall des Territorialitätsprinzips), als auch für von Bürgern des Forumsstaates begangene Auslandstaten, die sich ausschließlich gegen ausländische Rechtsgüter richten (Unterfall des aktiven Personalitätsprinzips). Zu diesen Fällen stellt *Pawlik* nur ausdrücklich fest, dass sie die Verhängung einer Strafe nicht zulassen, ohne sich über die Legitimität der Auferlegung einer Maßnahme zu äußern.[311] Folgt man jedoch den Prämissen seines Modells, so kann man zum Schluss kommen, die Anwendung einer Präventivmaßnahme sei in die-

---

[308] Siehe Teil III D II 2 und Teil III D III.

[309] Der zu diesem Punkt in Teil III D III unterbreitete Vorschlag (der vereinfacht formuliert die Legitimität des Staates zur Berufung auf das Schutzprinzip zur Erstreckung seiner Maßnahmengewalt – nicht aber seiner Strafgewalt – befürwortet, aber die Möglichkeit ablehnt, solche Maßnahmen auf das passive Personalitätsprinzip zu stützen) bemüht sich, diese Gefahr einigermaßen einzudämmen.

[310] Mit anderen Worten: Der Täter ist zwar ein Mitwirkungspflichtiger, hat aber seine Pflicht gegenüber dem Forumsstaat nicht verletzt.

[311] Vgl. hierzu *Pawlik*, FS-Schroeder, S. 376 (zum erwähnten Unterfall des Territorialitätsprinzips) und S. 377 f. (zum Unterfall des aktiven Personalitätsprinzips).

sen Fällen grundsätzlich auch illegitim, da die erste von *Bekker* geforderte Bedingung (d. h. das Vorliegen eines staatlichen Interesses an der Straftat) ausscheidet.[312] Dies liegt daran, dass, wie bereits festgestellt wurde, die zweite Voraussetzung für die Verhängung einer Strafe nach *Pawlik* (dass die Handlung gegen die Rechtsordnung des Strafgewaltstaates gerichtet ist) weitgehend mit dieser ersten Voraussetzung der Maßnahmen übereinstimmt, so dass bei einer fehlenden Beeinträchtigung der Freiheitsordnung des Forumsstaates weder eine Strafe noch eine Maßnahme in Betracht kommt, es sei denn, es handelt sich nur um stellvertretende Rechtspflege.

Zusammenfassend lässt sich zu *Pawliks* Vorschlag und dessen Übertragung auf das Strafanwendungsrecht Folgendes behaupten. Sein Ansatz weist relevante Vorteile gegenüber den untersuchten konkurrierenden Varianten auf. Vor allem verändert er – anders als *Silva Sánchez* oder *Duff* – nicht die Quelle der Pflicht des Bürgers, auf der die Strafe beruht (indem er sich auf natürliche Pflichten beruft, wie der spanische Autor, oder auf eine prospektive politische Gemeinschaft, wie der schottische Strafrechtler), um unerwünschte Ergebnisse zu vermeiden. Allerdings hält sein Vorschlag, wie auch der von *Duff* oder die deliberativen Varianten, an einer binären Unterscheidung zwischen Bürgern und Externen fest, wobei der Grad der Intensität des Verhältnisses zwischen Staat und Täter bei der Strafzumessung weitgehend unberücksichtigt bleibt. Dies passt nicht ganz zu der Bedeutung, die er zu Recht der politischen Bindung bei der Rechtfertigung des Strafrechts beimisst. Außerdem wird durch die Beschneidung der völkerrechtlichen Grundsätze, nach denen Strafen legitim verhängt werden können, zwangsläufig der Spielraum erweitert, in dem der Rückgriff auf Präventivmaßnahmen denkbar ist. Da Umfang und Konturen dieser Maßnahmen in seiner Theorie relativ diffus bleiben, besteht die Gefahr, dass die Zwangsgewalt des Staates letztlich nicht gemäßigt wird: In vielen Fällen wäre einfach ein Zwangsakt (Strafe) durch einen anderen, in seinen Konturen unschärferen (eine Präventivmaßnahme) ersetzt. Im nächsten und letzten Unterabschnitt dieses zweiten Teils wird eine knappe Gesamtbewertung der examinierten Ansätze zu einem Bürgerstrafrecht vorgenommen. Aufbauend auf der Analyse der Vor- und Nachteile der analysierten Modelle werden die Säulen eines eigenen Vorschlags für ein Bürgerstrafrecht vorgestellt, der im dritten Teil dieser Untersuchung entwickelt wird.

---

[312] Tatsächlich war *Bekker* bezüglich des angeführten Unterfalls des aktiven Personalitätsprinzips der Ansicht, der Staat sollte nicht reagieren (vgl. *Bekker*, Theorie des heutigen deutschen Strafrechts, S. 186). Hier sei noch einmal daran erinnert, dass dies keinesfalls die Straflosigkeit der Tat bedeutet, denn andere Staaten werden zur Bestrafung bzw. zur Anwendung einer Präventivmaßnahme berechtigt sein.

VI. Hin zum eigenen Vorschlag: Ein inhaltsreicher und abstufbarer Begriff der Staatsbürgerschaft als Pfeiler des Bürgerstrafrechts

Zu den beiden Kernvorteilen des Gedankens eines Bürgerstrafrechts (d. h. einerseits der Fokussierung der Legitimationsbemühungen auf die von der Strafnorm bzw. der Strafe Hauptbetroffenen und andererseits der Begrenzung des Kreises der bestrafbaren Personen) ist bereits genug gesagt worden.[313] Beide Vorteile kommen vor allem im Bereich des Strafanwendungsrechts zum Tragen, wo die Legitimität staatlichen Handelns gegenüber dem Betroffenen (angesichts der üblich schwächeren Verbindung zwischen Täter bzw. Tat und Forumsstaat) am deutlichsten zu hinterfragen ist.[314] Hinsichtlich der traditionellen Bedenken gegen die Idee eines Bürgerstrafrechts an sich ist anzumerken, dass viele von ihnen dazu neigen, sich auf bestimmte Autoren zu konzentrieren und dann aus den angeblichen Mängeln des jeweiligen kritisierten Vorschlags zu schließen, der Begriff der Staatsbürgerschaft sei im Strafrecht irrelevant, weil der Täter eigentlich als Person und nicht als Bürger zu bestrafen sei.[315] Es ist hier nicht der Platz, auf diese Art von Kritik einzugehen, die in der Regel mit einer *Petitio principii* beginnt, nämlich dass, weil die Staatsbürgerschaft ein ausschließender (*exclusionary*) Begriff ist (eine unbestreitbare Tatsache, wenn damit gemeint ist, dass wenn nur einige Menschen Staatsbürger sind, andere Nichtbürger sein sollen),[316] ein Bürgerstrafrecht ebenfalls ausschließend wirken muss.[317] Aus den oben geprüften Vorschlägen geht hingegen klar hervor, dass das zentrale Anliegen des Bürgerstrafrechts gerade darin besteht, diese unbestrittene Tatsache (d. h. dass nicht alle Personen ein gleichwertiges politisches Verhältnis zum Staat haben) in den Mittelpunkt zu stellen, was sich in einer Schwächung bzw. Auflösung der Legiti-

---

[313] Siehe oben Teil II D I.

[314] Vgl. *Gärditz*, Weltrechtspflege, S. 322, der die verschiedenen Formen extraterritorialer Strafrechtspflege als „komplexe Randerscheinungen des Strafrechts" bezeichnet, bei denen die herkömmlichen Strafbegründungen an Plausibilität verlieren.

[315] Beispiele hierfür finden sich bei *Greco*, FS-Sancinetti, S. 105 ff., der das Modell von *Pawlik* kritisiert; oder bei *Dubber*, New Criminal Law Review 13, 2 (2010), S. 190 ff., der zwar vorgibt, alle auf die Staatsbürgerschaft ausgerichteten Legitimationsbemühungen zu kritisieren, am Ende aber (fast) ausschließlich den Ansatz von *Jakobs* moniert.

[316] Abgesehen von dieser Binsenweisheit (dass das Konzept der Staatsbürgerschaft die Existenz von Nichtbürgern impliziert) plädieren viele Autoren für den inklusiven Charakter dieses Begriffs in dem Sinne, dass es sich um eine politische Beziehung handelt, die nicht durch den bloßen Willen einer der Parteien beendet werden kann und die zur Identität des einzelnen Staatsbürgers gehört. In diesem Sinne z.B. *Coca Vila*, Criminal Law and Philosophy 14, 2 (2019), S. 159–161; *Lacey*, State Punishment, S. 171–173.

[317] Besonders nachdrücklich wird diese These von *Dubber* [New Criminal Law Review 13, 2 (2010), S. 197] und *Zedner* (Is the Criminal Law Only for Citizens?, S. 48 f.) vertreten.

mation der staatlichen Strafgewalt gegenüber Personen niederschlagen sollte, die keine (mehr oder weniger) relevante Bindung zum Staat haben (Nichtbürger).

Dies soll aber nicht heißen, dass die Idee eines Bürgerstrafrechts nicht mit schwer zu überwindenden Einwänden zu kämpfen hat. Aus der Prüfung der oben erörterten bürgerstrafrechtlichen Modelle ergibt sich, dass die Vorteile eines Bürgerstrafrechts bei näherer Betrachtung bis zum Verschwinden verwässert werden können. Das erste grundlegende Problem, das sich bei allen untersuchten Modellen zeigt, besteht darin, dass sie – abgesehen von ein paar Verweisen – nicht näher erläutern, was sie unter „Staatsbürgerschaft" verstehen. Es liegt auf der Hand, dass dies eine unmittelbare Erschwernis für ein Deutungsmodell des Strafrechts darstellt, das seine normative Grundlage in der Staatsbürgerschaft zu suchen vorgibt. Wenn es nicht einmal deutlich ist, was Staatsbürgerschaft eigentlich bedeutet, dann ist es ebenso unklar, wer als Bürger gilt und somit legitimerweise bestraft werden kann. Diese begriffliche Unschärfe ist wahrscheinlich auch die Ursache für die verwirrende Rolle, die die Staatsbürgerschaft in diesen Modellen mitunter spielt. Gemeint ist damit die Verwechslung von der Staatsbürgerschaft mit Fragen der Schuld (man denke hier nicht nur an die Autoren der deliberativen Variante, die Staatsbürgerschaft und Schuld offen identifizieren, sondern auch z. B. daran, wie *Silva Sánchez* oder *Duff* bei bestimmten Arten von schweren Straftaten auf eine auf der Staatsbürgerschaft basierende Begründung verzichten) oder mit der Problematik der Gefährlichkeit (man denke etwa an *Pawliks* oder *Duffs* zweideutige Position zur möglichen Betrachtung eines Bürgers als Externer aufgrund seines eigenen früheren Fehlverhaltens).

Ein zweiter ernstzunehmender Einwand gegen die bürgerstrafrechtlichen Deutungsmodelle des Strafrechts ist der Mangel an Realismus, der darin besteht, das Spektrum möglicher politischer Verhältnisse zwischen einem Staat und einem Individuum als „Staatsbürgerschaft" auf der einen und „Nicht-Staatsbürgerschaft" auf der anderen Seite einzuordnen. Zweifellos geht es den Befürwortern eines Bürgerstrafrechts um die Entwicklung einer zeitgemäßen Strafrechtstheorie.[318] Dieses Ziel scheint jedoch in einer globalisierten Welt, in der es viele Touristen, ansässige Ausländer und Flüchtlinge gibt und in der die Bürger in der Praxis (wenn nicht schon per Gesetz) über sehr unterschiedliche gewährleistete Rechte verfügen, mit einem solchen kategorial-binären Denken kaum erreichbar.[319] Zwar akzeptieren die meisten Verfechter irgendeiner Variante des Bürgerstrafrechts eine gewisse Nuancierung dieser starren Unterscheidung (man denke etwa an den Begriff des „Gasts" bei *Duff*), allerdings – mit Ausnahme von *Silva*

---

[318] So äußern z. B. *Pawlik* (Das Unrecht, S. 61) und *Duff* (The Realm, S. 3–5) ausdrücklich diesen Willen.

[319] Im selben Sinne wie hier *Hörnle*, Straftheorien, S. 56 f.; und *Wringe*, Journal of Applied Philosophy 38, 3 (2021), S. 398.

Sánchez –[320] ohne diesen Nuancen auf die Strafbegründung bzw. die Strafzumessung nennenswerte Wirkung zu verleihen.[321] Diese Lösung reicht jedoch nicht aus: Wenn schon eine formelle Auffassung der Staatsbürgerschaft keine binäre Perspektive zulässt, da es in der Realität mehrere rechtliche Zwischenstufen zwischen Staatsbürger und Nichtstaatsbürger gibt, dann ist diese binäre Denkweise vollkommen unplausibel, wenn man eine materielle Konzeption der Staatsbürgerschaft annimmt (wie diejenige, auf die sich alle oben analysierten Autoren zu Recht berufen), da das politische Band zwischen Staat und Individuum mehrere (wenn nicht gar unzählige) Intensitätsstufen aufweisen kann.[322]

Diese „Entweder-oder"-Annäherung an die Staatsbürgerschaft führt die untersuchten Modelle des Bürgerstrafrechts in ein Dilemma, welches nur durch zwei entgegengesetzte Extremlösungen überwindbar scheint. Eine erste, in ihren Folgen zu kostspielige Alternative ist die Annahme eines strengen (in *Duffs* Worten „anspruchsvollen") Konzepts der Staatsbürgerschaft oder Inklusion, wodurch nur (sehr) wenige der üblicherweise von der staatlichen Strafgewalt betroffenen Personen legitim bestraft werden könnten und fast das gesamte Strafrecht, wie man es kennt, illegitim würde.[323] Eine radikale Version dieser Position wird von *Murphy* vertreten. Dieser Autor verteidigt eine Version dessen, was hier als Strafrecht des Bürgers bezeichnet wird, die im Wesentlichen derjenigen von *Pawlik* ähnelt, interpretiert aber, was der deutsche Autor als „Daseinsordnung von Freiheit" bezeichnet – die der Staat dem Individuum sicherstellen muss – auf eine umfassendere Weise, was ihn zur Verneinung der Legitimität eines Großteils des Strafrechts führt. *Murphy* zufolge vermag eine auf dem Fairnessprinzip basierende Vergeltungstheorie die Bestrafung bestimmter Arten von Straftätern zu erklären, wie

business executives guilty of tax fraud...But to think that it applies to the typical criminal, from the poorer classes, is to live in a world of social and political fantasy. Criminals typically are

---

[320] Es sei daran erinnert, dass der spanische Autor sechs Kategorien von Personen je nach der Stärke ihrer Verbindungen zum Forumsstaat unterscheidet (siehe Teil II D III 1). Obwohl der Ansatz von *Silva Sánchez* in dieser Hinsicht dem im dritten Teil dieser Arbeit vorzustellenden Vorschlag vergleichsweise näherkommt als andere Modelle des Bürgerstrafrechts, gibt es immer noch bedeutende Unterschiede zwischen beiden Vorschlägen, von denen der wichtigste in seiner Begründung der Straflegitimation bezüglich der gewalttätigen *mala in se* in natürlichen Pflichten besteht.

[321] So wird Duffs künstliche Gleichsetzung von Bürger und Gast in Bezug auf strafrechtliche Konsequenzen u. a. von Autoren wie *Gallant* [Ratio Juris 32, 3 (2019), S. 260] und *Chehtman* [New Criminal Law Review 13, 2 (2010), S. 433] kritisiert.

[322] Vgl. hierzu zusammenfassend *Coca Vila/Irarrázaval*, Journal of Applied Philosophy 39, 1 (2022), S. 56 ff.; ausführlicher Teil III B dieser Untersuchung.

[323] Warnend zum Abstand zwischen dem idealisierten Bürger und dem realen Bürger, u. a. in Bezug auf seine Bereitschaft zur Normeinhaltung *Hörnle*, FS-Merkel, S. 512–519.

not members of a shared community of values with their jailers; they suffer from what Marx calls alienation.[324]

Weitere Autoren, die aus ähnlichen Gründen für die Abschaffung des Strafrechts plädieren, schlagen dessen Ersatz durch andere Formen staatlicher Reaktionen vor.[325] In gewisser – aber viel gemäßigterer – Weise ist dies auch die Alternative, für die sich *Pawlik* entscheidet, nur eben in Bezug auf Auslandstaten und nicht auf von sozial Ausgegrenzten begangene Verbrechen. Gleichwohl bleibt hier, wie erwähnt, der zu zahlende Preis hoch, denn in Ermangelung einer Legitimation zur Bestrafung wird entweder behauptet, dass der Staat auf Angriffe von Nichtbürgern einfach nicht reagieren kann (was die Aufrechterhaltung der Freiheitsordnung stark gefährden könnte) oder es wird Tür und Tor für die Anwendung von Zwangsmaßnahmen zur Abwehr künftiger Gefahren geöffnet, deren Konturen und Grenzen unklar sein können.[326]

In Anbetracht dessen entscheiden sich die meisten Autoren für eine zweite Option zur Überwindung dieses Dilemmas. Diese zweite Alternative, die aufgrund ihrer praktischen Auswirkungen viel attraktiver ist, besteht in einer *Ad-hoc*-Anpassung des Begriffs der Staatsbürgerschaft, wobei seine Bedeutung bis zum Äußersten ausgedehnt wird. Man denke hier nur an die oben untersuchten Modelle: Die deliberative Bürgerschaft wird zu einer beliebigen Instanz politischer Partizipation wie dem Demonstrationsrecht herabgestuft; die von *Duff* vorgeschlagene Wertegemeinschaft mit vier Inklusionskriterien wird schlicht und einfach durch eine prospektive (d. h. nicht existierende!) politische Gemeinschaft ersetzt; und *Pawliks* Zustand der Freiheitlichkeit lässt sich zuweilen auf eine Daseinssicherheit verkürzen. Darüber hinaus wird dort, wo eine solche Bedeutungserweiterung nicht mehr glaubwürdig wirkt, zuweilen die Strafbegründung verlagert, so dass Nichtbürger so bestraft werden, als wären sie Bürger. Ein bemerkenswertes Beispiel hierzu wird von *Duff* geliefert, der auf die Begründung „our business" zurückgreift und sich damit kaum von den auf den Interessen-

---

[324] Vgl. *Murphy*, Philosophy & Public Affairs, 2, 3 (1973), S. 240; vgl. auch *Morris*, The Monist 52, 4 (1968), S. 492: „To the extent that the rules are thought to be to the advantages of only some or to the extent there is a maldistribution of benefits and burdens, the difference between coercion and law disappears".

[325] Ein sehr interessantes Beispiel dafür ist der Vorschlag von *Boonin*, The Problem of Punishment, S. 218 ff., der die Ersetzung der Strafe durch eine „theory of pure restitution" vorschlägt.

[326] Die erste Alternative ist jedoch aus offensichtlichen Gründen in Bezug auf Inlandstaten sehr schwer zu vertreten. Für ein zaghaftes Argument in diesem Sinne siehe z. B. *Lorca*, Law, Culture and the Humanities 18, 2 (2022), S. 441 f., wonach in Fällen extremer Armut (in denen der Staat nicht bestrafen kann) „wahrscheinlich" auch keine Zwangsmaßnahmen (die sie in Anlehnung an Hobbes als Akt der Feindseligkeit bezeichnet) ergriffen werden könnten.

schutz ausgerichteten Deutungsmodellen des Strafrechts unterscheidet.[327] Fügt man noch hinzu, dass der Stärke der politischen Bindung nicht ausdrücklich eine unmittelbare Auswirkung auf die Strafzumessung zuerkannt wird, verliert der Gedanke eines Bürgerstrafrechts jeden verbleibenden Restwert: Warum sollte man auf das Konzept der Staatsbürgerschaft als Grundlage des Strafrechts zurückgreifen, wenn letztlich – wenn die Einführung dieses Begriffes zu unerwünschten Konsequenzen führen könnte – alternative Rechtfertigungsgründe herangezogen werden und zudem die Staatsbürgerschaft jeglicher praktischen, für die Bestrafung relevanten Konsequenzen beraubt wird?

Trotz der oben genannten Schwierigkeiten bleiben die Vorzüge des Bürgerstrafrechts (insbesondere im Vergleich zu den auf den Interessenschutz fokussierten Begründungsmodellen des Strafrechts) nach wie vor ansprechend. Die Herausforderung besteht also darin, einen Entwurf für ein Bürgerstrafrecht zu erarbeiten, der die genannten Vorteile optimiert und gleichzeitig die Tragweite der angegebenen Nachteile verringert. Dieses Ziel strebt der im dritten und letzten Teil dieser Untersuchung vorzulegende Vorschlag an. Zu diesem Zweck stützt sich das vorzustellende Modell auf einige der wichtigsten Prämissen der oben untersuchten Ansätze: insbesondere auf die Idee einer sich aus dem Genuss einer Daseinsordnung von Freiheit ergebenden Mitwirkungspflicht von *Pawlik*, aber auch auf die Idee der Staatsbürgerschaft als Vorbedingung der strafrechtlichen Verantwortlichkeit (in klarer Abgrenzung zur Schuld) von *Duff* oder auf die Anerkennung der verschiedenen Grade, die die politische Bindung annehmen kann, von *Silva Sánchez*. Im Großen und Ganzen beruht der zu unterbreitende Vorschlag auf den folgenden drei zentralen Säulen.

Ein erster Grundpfeiler besteht in einer vertieften Auseinandersetzung mit dem Begriff der Staatsbürgerschaft, dessen Bedeutung – da sie bisher in der Literatur zum Strafrecht vergleichsweise unerforscht bleibt – aus der politischen Philosophie und der Soziologie hergeleitet werden soll. Dies ist nur ein logischer Schritt, wenn man bedenkt, dass das Bürgerstrafrecht gerade den inneren Zusammenhang zwischen Straflegitimation und den zentralen Fragen der politischen Philosophie beleuchtet.[328] Den Begriff „Staatsbürgerschaft" mit einer gewissen

---

[327] Siehe *Duff*, The Realm, S. 123: „Criminal wrongs committed within the polity are indeed its business, and our business as its citizens, whether they are committed by a citizen or by a non- citizen"; ähnlich *Yaffe*, The Age of Culpability, S. 190, indem er ausdrücklich postuliert, die Quelle der Verpflichtung des Besuchers sei eine andere als die des Bürgers. Diesen Autoren kann man unter Berufung auf *Wegner* (FG-Frank, S. 129) Folgendes entgegnen: „Die Gedanken vom Recht als Rechtsgüterschutz vermögen die verlorene Gemeinschaft nicht wiederherzustellen".

[328] Mit *Pawliks* eigenen Worten (Das Unrecht, S. 92): „Legitimationsfragen bilden, wie gesehen, die Domäne der praktischen, und zwar, weil es um die Legitimation von Zwangsakten geht, der politischen Philosophie".

VI. Hin zum eigenen Vorschlag

inhaltlichen Schärfe zu versehen, ist von entscheidender Bedeutung, da dies zum einen den Gendanken eines Bürgerstrafrechts *per se* stärkt und zum anderen eine sinnvollere Einführung dieses Begriffs in das Strafrecht ermöglicht. Durch die Entscheidung für ein materielles Konzept der Staatsbürgerschaft, das auf gewährleisteten Rechten beruht (und nicht auf Aspekten wie Identität, dem Willen des Staates oder den Vorstrafen des Bürgers), erlangt dieses Konzept Autonomie und grenzt sich deutlicher von anderen Faktoren ab, die der Rechtfertigung oder dem Ausmaß der Strafe zugrunde liegen können, wie Schuld oder Gefährlichkeit. Darüber hinaus ist das angenommene Konzept der Staatsbürgerschaft – wie gezeigt wird – funktional für eine moderne Welt, in welcher der Nationalstaat einige seiner Aufgaben sowohl auf supra- als auch auf subnationale Organisationen bzw. Gemeinschaften übertragen hat.

Doch so sehr man sich auch bemüht, den Begriff der Staatsbürgerschaft zu präzisieren, wird die Bedeutung dieses Konzepts immer vage und mit verschwommenen Rändern bleiben. Dies ist keineswegs ein fataler Einwand gegen ein Bürgerstrafrecht. Die Staatsbürgerschaft (im materiellen Sinne) soll die politische Bindung zwischen einem Gemeinwesen und einem Individuum widerspiegeln. Wenn dieses Band – wie im dritten Teil vertreten wird – aus gewährleisteten Rechten besteht, dann wird es in jeder realen Gesellschaft von Person zu Person stark variieren und kaum kategorisierbar sein, weder in einer binären Weise (Bürger vs. Nichtbürger), noch in sechs Gruppen von Menschen (wie *Silva Sánchez* es darstellt), noch in jeglicher Anzahl von Kategorien. An dieser Stelle lässt sich in Anlehnung an *Wittgenstein* fragen, ob es nicht gerade das Unscharfe ist, was man zur Erfassung dieser Realität braucht.[329] Der zweite Eckpfeiler des im dritten Teil dieser Arbeit darzulegenden Ansatzes besteht also darin, die Staatsbürgerschaft als ein „begriffliches Kontinuum" zu konzipieren, welches alle denkbaren Intensitäten eines politischen Verhältnisses zwischen Staat und Individuum umfasst, von einer perfekten Bindung (d. h. einem „Vollbürger" mit umfassenden Rechten) bis hin zur schwächsten vorstellbaren Bindung (einem „Minimalbürger", der nur ein elementares Recht auf persönliche Sicherheit genießt). Diese Auffassung von Staatsbürgerschaft erspart das oben erwähnte Dilemma: die abstufbare Stärke des politischen Verhältnisses bleibt nicht wirkungslos, sondern spiegelt sich wiederum unmittelbar in einer abstufbaren Intensität der Mitwirkungs- und Duldungspflicht (und daher in der Strafe) wider.

Die dritte Säule des zu entwickelnden Vorschlags befasst sich mit dem am schwierigsten zu lösenden Problem, an dem jedes Bürgerstrafrecht leidet, näm-

---

[329] *Wittgenstein*, PU, Teil 1, 71: „Man kann sagen, der Begriff ›Spiel‹ ist ein Begriff mit verschwommenen Rändern. – „Aber ist ein verschwommener Begriff überhaupt ein Begriff?" …Ist das unscharfe nicht oft gerade das, was wir brauchen?".

lich der Frage, was mit dem gefährlichen Externen zu tun ist. Da die Staatsbürgerschaft als zugesicherte Rechte konzipiert wird, gilt als Externer (Nichtbürger) nur derjenige, dem die politische Gemeinschaft (gar) keine Rechte gewährleistet hat. Diese Konstellation wird zwar selten bei Inlandstaten eintreten, disqualifiziert aber – wie *Pawlik* argumentiert – eine staatliche Bestrafung auf der Basis mehrerer völkerrechtlicher Grundsätze. Nun ist aber der Externe (nach obiger Definition) keinesfalls ein Feind bzw. jemand, der durch sein eigenes Verhalten seinen Status als Bürger verwirkt hat. Dementsprechend kann er nicht als solcher behandelt werden. Daraus folgt, dass die Ergreifung von Zwangsmaßnahmen gegen Externe durch den Staat auf ein Minimum reduziert und mit möglichst klaren Konturen bzw. Beschränkungen ausgestattet werden muss. Ob der dritte Teil dieser Abhandlung den hier skizzierten Zielen einigermaßen gerecht wird, bleibt dem Leser überlassen.

Dritter Teil

Ein Vorschlag für ein Strafrecht und ein Strafanwendungsrecht des Bürgers

A. Übersicht

In diesem Teil der Untersuchung wird dargestellt, wie die Bevorzugung einer strafrechtlichen (im Gegensatz zu einer völkerrechtlichen) Perspektive und insbesondere einer bürgerstrafrechtlichen (im Gegensatz zu interessenschutzorientierten Strafrechtstheorien) zu einer zurückhaltenderen Ausgestaltung des Strafanwendungsrechts führt und zugleich einen erheblichen Einfluss auf die Mäßigung der staatlichen Reaktion auf Inlandstaten auslösen kann. In diesem Zusammenhang wird der Versuch unternommen, einen Vorschlag für ein Bürgerstrafrecht zu unterbreiten, der einige der Probleme entschärft, die die oben untersuchten Ansätze zur Legitimation des Strafrechts anhand der politischen Bindung zwischen Strafgewaltstaat und Normadressat betreffen.

Dazu bedarf es zunächst einer eingehenden Untersuchung des Begriffs der Staatsbürgerschaft sowie der Begründung der Entscheidung zugunsten einer bestimmten Auffassung dieses Konzepts (Abschnitt B). Dabei wird vorerst kurz erläutert, weshalb die Staatsangehörigkeit oder jeglicher formeller Status (z. B. eine unbefristete Aufenthaltsgenehmigung) zwar ein wichtiger Bestandteil der politischen Bindung sind, aber dennoch keine ausreichende Grundlage für die Straflegitimation darstellen (Abschnitt B. I). Anschließend folgt eine kurze Beleuchtung des hier vorzuziehenden materiellen Konzepts der Staatsbürgerschaft, nämlich des klassischen liberalen Begriffs der Staatsbürgerschaft, der sie mit den von ihr gewährleisteten Rechten identifiziert. Dadurch wird eine Abgrenzung zu anderen Ansätzen zur Staatsbürgerschaft vorgenommen, die auf identitätsbezogene Aspekte anspielen oder der Vorstellung des Bürgers als politischem Akteur Vorrang einräumen (Abschnitt B. II). Welche Rechte (z. B. zivile, politische und soziale) und in welchem Umfang der Staat sie idealerweise gewährleisten sollte, hängt jedoch davon ab, was unter dem von ihm aufrecht zu erhaltenden Zustand der Freiheitlichkeit zu verstehen ist. Die Klärung dieser Frage erfordert eine Auseinandersetzung mit zentralen Fragen der politischen Philosophie, die wichtige praktische Implikationen haben: Je nachdem, ob man von einem engen oder einem weiten Begriff der relevanten Freiheitshindernisse ausgeht, zu deren Überwindung der Staat beitragen soll, lässt sich der erwähnte Zustand ganz unterschiedlich gestalten (Abschnitt B. III). Aus diesem rechtsbasierten Ansatz zur Staatsbürgerschaft ergibt sich – noch deutlicher, wenn man sich wie in dieser

Arbeit für ein weit gefasstes Konzept der Freiheitshindernisse entscheidet – ihr notwendigerweise abstufbares Wesen und folglich die Aussichtslosigkeit jeglicher Kategorisierung der Bürger nach der Stärke ihrer politischen Bindung zum Staat, geschweige denn einer strikten und binären Trennung zwischen Bürgern und Nichtbürgern. Demnach wird argumentiert, dass das unscharfe Konzept der Staatsbürgerschaft nur als ein begriffliches Kontinuum verstanden werden kann, dessen Extreme durch die Idealtypen des Vollbürgers (Individuum mit umfassenden Rechten in den verschiedenen Gruppen von Rechten) und des Minimalbürgers (dem der Staat nur ein Mindestmaß an persönlicher Sicherheit garantiert) verkörpert werden. Außerhalb dieses Kontinuums steht nur der Externe oder „Nichtbürger", d. h. die Person, zu der der Staat gar keine Bindung hat bzw. nicht einmal persönliche Sicherheit gewährleistet hat (Abschnitt B. IV).

In Abschnitt C werden einige der wichtigsten Auswirkungen der beschriebenen Auffassung von Staatsbürgerschaft analysiert. Eine erste ins Auge springende Konsequenz betrifft die Strafzumessung. Wenn die Grundlage der Legitimation zur Bestrafung zumindest teilweise in der politischen Bindung zwischen dem bestrafenden Staat und dem Betroffenen liegt, dann sollte sich deren Stärke in der Strafhöhe widerspiegeln: Je schwächer die Bindung (d.h. je weniger Rechte der Staat dem Einzelnen gewährt hat), desto milder soll die Strafe *ceteris paribus* ausfallen (Abschnitt C. I). Im Anschluss daran wird der wohl heikelste Aspekt angesprochen, den jedes Bürgerstrafrecht zu lösen hat, nämlich die Behandlung von Externen. Zwar ist der Kreis derer, die als Externe gelten können, bei dem hier verwendeten Begriff der Staatsbürgerschaft nicht groß. Dennoch bleibt die Figur des Externen vor allem im Hinblick auf Auslandstaten – und damit insbesondere für das Strafanwendungsrecht – von Bedeutung. Da Externe nicht bestraft werden können, zugleich aber der Staat bei bestimmten schweren Angriffen nicht untätig bleiben darf, können gegen Externe ausnahmsweise Maßnahmen zur Verhinderung künftiger Gefahren ergriffen werden. In Abschnitt C. II werden Begründung, Rechtsnatur und vor allem die strengen Kriterien zur Auferlegung dieser Präventivmaßnahmen erörtert. Bis zu diesem Punkt wird sich die Untersuchung fast ausschließlich auf die *staatliche* Legitimation zur Bestrafung fokussieren. Es liegt jedoch auf der Hand, dass, wenn die materielle Staatsbürgerschaft aus einem aus tatsächlich gewährleisteten Rechten gebildeten politischen Nexus besteht, dieser nicht nur auf staatlicher Ebene, sondern auch auf substaatlicher oder suprastaatlicher Ebene entstehen kann. In Abschnitt C. III wird daher kurz analysiert, ob bestimmte substaatliche Gemeinschaften oder supranationale Institutionen – bei ihrem gegenwärtigen Entwicklungsstand – im Lichte des oben dargestellten Begriffs der Staatsbürgerschaft Strafen verhängen können und wie die von ihnen gewährte Daseinsordnung von

A. Übersicht

Freiheit mit dem vom Staat aufrechterhaltenen Zustand der Freiheitlichkeit interagieren könnte.

Schließlich befasst sich Abschnitt D mit der wohl folgenreichsten Konsequenz des hier vorgelegten Modells des Bürgerstrafrechts, nämlich dem idealen Umfang des Strafanwendungsrechts, womit zum Ausgangspunkt dieser Arbeit zurückgekehrt wird. Dabei wird erörtert, nach welchen völkerrechtlichen Grundsätzen (bzw. nach welchen Varianten davon) der Staat legitimerweise Sanktionen, seien es Strafen oder Präventivmaßnahmen, auferlegen darf. Zunächst wird ein Überblick über die Ausgestaltung des Strafanwendungsrechts des Bürgers vermittelt (Abschnitt D. I). Grundsätzlich wird hier eine Rangfolge zwischen den Hauptformen der Sanktionsgewalt formuliert: Die originäre Strafgewalt hat Vorrang vor der originären Maßnahmengewalt, und beide gehen jeder derivativen Sanktionsgewalt vor. Dieses Schema bestimmt die Reihenfolge der Analyse der völkerrechtlichen Prinzipien. Zum Abschluss dieser Übersicht wird noch auf einen weiteren wichtigen Aspekt hingewiesen: Der Maßstab dessen, was als Beeinträchtigung der Freiheitsordnung verstanden wird, ist bei Externen (Maßnahmen) anders – anspruchsvoller – als bei Bürgern (Strafen). Sodann wird geprüft, auf welche Konstellationen der Staat seine originäre Strafgewalt erstrecken kann (Abschnitt D. II). Dies wird hinsichtlich des Territorialitätsprinzips im engeren Sinne und des Handlungsortsprinzips bejaht, nicht aber hinsichtlich des Erfolgsortprinzips. Inwieweit die originäre Strafgewalt anhand des aktiven Personalitätsprinzips ausgedehnt werden kann, hängt wesentlich von zwei Fragen ab: Wer gilt als Mitwirkungspflichtiger und was gilt als Pflichtverletzung? Zur Lösung der ersten Frage werden die steuerrechtlichen Begriffe des Wohnsitzes bzw. des gewöhnlichen Aufenthalts herangezogen, zur Beantwortung der zweiten Frage wird der für Bürger anwendbare schwache Maßstab der Beeinträchtigung der Freiheitsordnung angesetzt, sodass das aktive Personalitätsprinzip nicht nur in Kombination mit dem Schutzprinzip, sondern auch mit dem passiven Personalitätsprinzip originäre Strafgewalt begründen kann, nicht aber, wenn es isoliert vorliegt. Nachfolgend wird analysiert, unter welchen Voraussetzungen der Staat seine originäre Maßnahmenrechtsetzungsgewalt erstrecken kann (Abschnitt D. III). Es wird für die Anwendung solcher Maßnahmen gemäß dem Schutzprinzip plädiert, sofern drei Voraussetzungen eingehalten werden: (i) dass die Straftat einen Angriff auf die eigene Freiheitsordnung des Forumsstaates darstellt, (ii) dass dieser Angriff zudem die Funktionsfähigkeit dieser Ordnung ernst gefährdet und schließlich, (iii) dass die Anlasstat an sich schwerwiegend ist. Aus diesen Voraussetzungen ergibt sich, dass der Staat seine originäre Maßnahmengewalt nicht nach den Grundsätzen der Universalität oder der passiven Personalität ausweiten kann. Schließlich wird in Abschnitt D. IV die Ausübung derivativer Sanktionsgewalt behandelt. Dabei werden drei zu erfüllende Bedingungen angegeben, damit diese mit dem Bürgerstrafrecht vereinbar sein kann: (i) der originär sanktionsberechtigte Staat soll nicht in der Lage sein, seine Sanktionsgewalt auszuüben; (ii) der Forumsstaat handelt wirklich im Interesse des vertretenen Staates; und (iii) der Wille des von der Sanktion Betroffenen in Bezug auf den von ihm bevorzugten Aburteilungsstaat wird berücksichtigt. Die staatliche Weltrechtspflege stellt ihrerseits nur einen besonderen Unterfall derivativer Sanktionsgewalt dar, denn der Staat könnte hier nur in Vertretung eines mit originärer Maßnahmengewalt ausgestatteten internationalen Gerichtshofes (derzeit der IStGH) eine Maßnahme auferlegen, und dies auch nur in Bezug auf (einige) der im Römischen Statut vorgesehenen Verbrechen, nämlich solche, die eindeutig als die internationale Gemeinschaft als Ganzes betreffend und gefährdend aufgefasst werden können.

B. Staatsbürgerschaft als abstufbares, aus Rechten bestehendes politisches Band

I. (Staats-)Bürgerschaft als eine über jeden formalen Status hinausgehende Bindung

1. Einige erforderliche terminologische Präzisierungen: (Staats-)Bürgerschaft, Staatsangehörigkeit und Nationalität

1956 formulierte der schottische Philosoph *W. B. Gallie* die Idee von „essentially contested concepts", die er als „Begriffe, deren ordnungsgemäße Verwendung unweigerlich endlose Streitigkeiten über ihre korrekte Verwendung seitens ihrer Benutzer nach sich zieht" bezeichnete.[1] Dies ist deshalb wichtig, weil „citizenship" von Sozialwissenschaftlern vielfach als ein solches Konzept beschrieben worden ist, da die tiefgreifenden Diskrepanzen über seine Bedeutung nicht durch den bloßen Rückgriff auf empirische Belege oder den Sprachgebrauch ausgeräumt werden können.[2] Dies ergibt sich aus der Geschichte dieses Begriffs, dessen Inhalt von Volk zu Volk und von Epoche zu Epoche stark variiert hat und der sich sowohl auf die griechische Polis als auch auf den Nationalstaat oder auf bestimmte sub- oder supranationale Strukturen beziehen kann.[3] Durch den allzu weiten Gebrauch dieses Begriffs riskiert er, zu einem sinnentleerten „‚catch all'-Konzept" zu werden.[4]

---

[1] *Gallie*, Proceedings of the Aristotelian Society 56 (1955–1956), S. 169.

[2] In diese Richtung *Shachar et al.*, Introduction, S. 5; *Bosniak*, Indiana Journal of Global Legal Studies 7, 2 (2000), S. 450 f.; *Ferracioli*, Philosophy Compass 12, 12 (2017), S. 2; *Mackert*, Staatsbürgerschaft, S. 6.

[3] Vgl. in diesem Sinne die Beiträge von *Diener*, Re-Scaling, S. 36 ff.; und *Mackert/Müller*, Der soziologische Gehalt, S. 12 ff.; den Dynamismus des Begriffs betonend *Dahrendorf*, Zu viel des Guten, S. 133. Ein deutliches Beispiel dafür ist, dass die Vorstellung des Bürgers als einer mit einem Ausweis ausgestatteten, politisch aktiven Person relativ neu ist und (im sog. „Westen") auf die Französische Revolution zurückgeht (dazu *Fahrmeir*, Citizenship, S. 27; *Mackert*, Staatsbürgerschaft, S. 17). Zur nichtstaatlichen Staatsbürgerschaft und ihren Auswirkungen auf das Bürgerstrafrecht siehe unten Teil III C III.

[4] *Mackert/Müller*, Der soziologische Gehalt, S. 9–12.

Dennoch besteht ein breiter Konsens zumindest darüber, dass *citizenship* ein mehrdimensionales Konzept ist, das sich grundsätzlich aus drei Hauptelementen oder Dimensionen zusammensetze: i) Rechtsstatus (einschließlich der damit einhergehenden Rechte und Pflichten), ii) aktive politische Beteiligung und iii) ein Identitäts- bzw. Zugehörigkeitsgefühl zu einer Gemeinschaft.[5] Welche Dimension von *citizenship* hervorgehoben wird (d. h. welche konkrete Bedeutung dem Wort zugewiesen wird), hängt weitgehend von der sie untersuchenden Sozialwissenschaft ab: So betonten Soziologen in der Regel die sozialen Rechte, während Politikwissenschaftler den Schwerpunkt eher auf das Wahlrecht oder die multikulturelle Staatsbürgerschaft legten.[6] Auch die verwendete Sprache mag eine wichtige Rolle dabei spielen. So verweist das englische Wort „citizenship" stärker auf aktive politische Teilnahme, während sein deutsches Pendant „Staatsbürgerschaft" eher auf passive Mitgliedschaft in einem Staat hinweist.[7]

Darüber hinaus zeichnet sich die *citizenship* dadurch aus, dass sie zwangsläufig (unabhängig davon, welche Dimension des Konzepts betont wird) den Gedanken der Mitgliedschaft in einer politischen Gemeinschaft impliziert.[8] Da in der heutigen Welt – trotz gegenteiliger Wirkungskräfte – die wichtigste politische Gemeinschaft (sowie Inhaber des Strafmonopols) immer noch der Staat ist,[9] wird im Folgenden von *Staats*bürgerschaft gesprochen, unbeschadet der unten zu untersuchenden Möglichkeit von sub- und supranationaler Bürgerschaft als Grundlage für ein legitimes Strafrecht.[10] Bedeutet die Staatsbürgerschaft

---

[5] Zu diesen Elementen von *citizenship* siehe u. a. *Leydet*, Citizenship; *Honohan*, Conceptions, S. 91; *Walker*, Territory, S. 555. Dementsprechend stellt auch die Nichtstaatsbürgerschaft (Nichtsmitgliedschaft) ein multidimensionales Phänomen dar. Dazu *Stichweh*, Inklusion und Exklusion, S. 223.

[6] Diese Beispiele stammen von *Cohen*, Semi-Citizenship, S. 18; in ähnlichem Sinne *Shachar et al.*, Introduction, S. 5.

[7] Siehe hierzu die Erläuterung von Rieger (Übersetzer von *Marshalls* Bürgerrechte und soziale Klassen, Vorwort, S. 33), wo er erklärt, dass er aus diesem Grund *citizenship* mit „Staatsbürgerrechte" oder „Staatsbürgerstatus" statt mit „Staatsbürgerschaft" zu übersetzen bevorzugt; ähnlich *Grünendahl et al*, Einleitung, S. 2. Ungeachtet dieser Unterschiede und um unnötige Verwirrung zu vermeiden, wird im Folgenden der Begriff „Staatsbürgerschaft" als Übersetzung bzw. Synonym von „citizenship" verwendet, so wie es in der zeitgenössischen deutschen Literatur üblich ist (vgl. z. B. *Mackert/Müller*, Der soziologische Gehalt, Vorwort, S. 7).

[8] Eindeutig *Bauböck*, Political Membership, S. 65: „Citizenship is a membership-based concept. It means many other things too, but all interpretations of citizenship need to rely (explicitly or implicitly) on its conceptual core, which is membership in a political community"; im selben Sinne *Parsons*, Daedalus 94, 4 (1965), S. 1009 f.; *Leydet*, Citizenship.

[9] Beispiele für derartige Kräfte sind u. a., wie *Böckenförde* (Staat, Nation, Europa, S. 103–105) zutreffend darlegt, die Tendenzen zur Globalisierung, Europäisierung oder Individualisierung.

[10] Vgl. unten Teil III C III.

also Mitgliedschaft, so beinhaltet sie – sofern sie nicht global ist – auch die Unterscheidung zwischen „Insidern" und „Externen" sowie die Exklusivität gewisser Rechte und Pflichten, die sich aus dieser Mitgliedschaft ergeben.[11] Deshalb wirkt sie einerseits inklusiv (im Prinzip bietet sie allen Bürgern Gleichheit)[12] und andererseits exklusiv (Nichtbürger haben prinzipiell einen minderwertigen Status).[13] Ob eine solche Diskriminierung[14] willkürlich ist oder nicht, ist Gegenstand der Debatte zwischen Partikularisten und Kosmopoliten, deren Behandlung den Rahmen dieser Untersuchung sprengen würde.[15] Jedenfalls steht eine kosmopolitische Einstellung in dieser Hinsicht nicht unbedingt im Widerspruch zu dem hier unterbreiteten Vorschlag eines Bürgerstrafrechts, der sich darauf beschränkt, eine Ausweitung des staatlichen *ius puniendi* dort abzulehnen, wo das bestrafungswillige politische Gemeinwesen keine Freiheit gewährleistet hat. Gelänge die Schaffung einer globalen Gemeinschaft, die tatsächlich allen Menschen einen Zustand der Freiheitlichkeit gewährleistet, stünde – aus

---

[11] Bei einer „globalen politischen Gemeinschaft" hingegen – in der die Gewährleistung von Rechten lediglich aufgrund der Stellung als Person erfolge – würde der Begriff der Bürgerschaft keine Rolle mehr spielen. Ähnlich *Isin*, Performative Citizenship, S. 508, wonach die Bürgerschaft eine ausgesprochen differenzierende Institution ist und die Positionen von „Bürger" und „Nichtbürger" relativ sind; vgl. auch *Cohen*, Semi-Citizenship, S. 33, laut der das gemeinsame Element aller Begriffe der Bürgerschaft darin besteht, dass sie Gruppen von Menschen kategorisieren und somit zwischen ihnen unterscheiden; ähnlich *Böckenförde*, Staat, Nation, Europa, S. 42; und *Diener*, Re-Scaling, S. 40.

[12] Man denke z. B. an Art. 33 Abs. 1 GG: „Jeder Deutsche hat in jedem Lande die gleichen staatsbürgerlichen Rechte und Pflichten".

[13] Vgl. dazu *Bosniak*, The Citizen, S. 99: „citizenship is hard on the outside and soft on the inside: whereas citizenship embodies a universalist ethic within the community, it is exclusionary at the community's edges". Dies wird in der Literatur zur Staatsbürgerschaft einhellig anerkannt. Zu den inklusiven und exklusiven Dimensionen der Staatsbürgerschaft siehe auch *Bellamy*, Citizenship, S. 52 ff.; *Brubaker*, Citizenship and Nationhood, S. 21; oder *Diener*, Re-Scaling, S. 52. Zum Spannungsverhältnis zwischen integrativen und exklusiven Elementen der Staatsbürgerschaft vgl. *Cohen*, International Sociology 14, 3 (1999), S. 249–255; und *Bader*, Political Theory 23, 2 (1995), S. 212.

[14] Zur Staatsbürgerschaft als Diskriminierungsfaktor bei der Zuordnung von Rechten und Pflichten, siehe *Vink*, Comparing Citizenship Regimes, S. 221 f.; oder *Grünendahl et al.*, Einleitung, S. 3.

[15] Für eine Zusammenfassung der wichtigsten kosmopolitischen Argumente für die Abschaffung der ausgrenzenden Wirkung der Staatsbürgerschaft siehe *Bader*, Political Theory 23, 2 (1995), S. 214; oder *Carens*, The Review of Politics 49, 2 (1987), S. 252–262, demzufolge die Kriterien für die Verleihung der Staatsbürgerschaft gleichzusetzen sind mit der Gewährung von Privilegien aus anderen Gründen, die man für beliebig halten würde (wie ethnische Zugehörigkeit, Religion oder sexuelle Orientierung). So plädiert Carens dafür, den Rawlsschen Urzustand universal zu verstehen, sodass auch das Individuum hinter dem Schleier der Unwissenheit nicht weiß, in welche politische Gemeinschaft es hineingeboren wird. Für eine Verteidigung der gegenteiligen partikularistischen These siehe *Miller*, Parteilichkeit, S. 146 ff.

der hier vertretenen Perspektive – der legitimen Bestrafung aller durch diese Gemeinschaft nichts im Wege. Allerdings entspricht dies bei weitem nicht der heutigen Realität.[16]

Unbeschadet dieses inhaltlichen Kernstücks führt die Mehrdimensionalität des Konzepts der Staatsbürgerschaft zu Überschneidungen mit verwandten Begriffen, die ebenfalls darauf abzielen, zwischen Mitgliedern und Externen zu unterscheiden, wie etwa „Staatsangehörigkeit" und „Nationalität". Die Abgrenzung zwischen den Begriffen Staatsangehörigkeit und Staatsbürgerschaft hängt weitgehend von der jeweiligen Sprache und Rechtsordnung ab. So hat der Begriff Staatsbürgerschaft in einigen Rechtsordnungen eine konkrete rechtliche Bedeutung, die sich von der Staatsangehörigkeit unterscheidet.[17] Dies ist auf Bundesebene in Deutschland nicht der Fall,[18] wo nur die Staatsangehörigkeit – nicht aber die Staatsbürgerschaft – ein gesetzlich definierter formaler Status ist. Dies erleichtert einen flexibleren Einsatz des Begriffs der Staatsbürgerschaft, indem eine materielle Auffassung derselben artikuliert wird, d. h. sie wird nicht auf einen rein formalen Status mit festgelegten Rechtsfolgen reduziert (wie im Falle der Staatsangehörigkeit, der unbefristeten Aufenthaltsgenehmigung, eines befristeten Visums usw.), sondern sie lässt sich unter dem Blickwinkel jeder der oben genannten Dimensionen analysieren.[19]

Die häufig auftretende Kluft zwischen Staatsangehörigkeit (bzw. jeglichem formalen Mitgliedschaftsstatus) und der real existierenden Bindung eines Indivi-

---

[16] Dazu hat *Michael Walzer* (Spheres of Justice, S. 29) bereits alles Nötige gesagt: „The only plausible alternative to the political community is humanity itself, the society of nations, the entire globe. But where we to take the globes as our setting, we would have to imagine what does not yet exist: a community that included all men and women everywhere".

[17] Nicht selten wird der Staatsbürger als ein Staatsangehöriger mit Wahlrecht definiert. Diese Betonung der Dimension der Staatsbürgerschaft als politische Teilnahme geht maßgeblich auf die Französische Revolution zurück (dazu *Grawert*, Staatsvolk, S. 135). So unterschied das französische Zivilgesetzbuch von 1803 in seinem ursprünglichen Wortlaut (vgl. hierzu *Fahrmeir*, Citizenship, S. 41) zwischen Staatsangehörigen (alle Franzosen) und Bürgern (nur wahlberechtigte Staatsangehörige). Diese Unterscheidung wird in einigen Rechtsordnungen bis heute beibehalten. Ein Beispiel dafür ist die chilenische Verfassung, deren Art. 13 vorschreibt, dass Staatsbürger über das aktive und passive Wahlrecht verfügen, wobei als Bürger nur volljährige chilenische Staatsangehörige gelten, die nicht zu einer Freiheitsstrafe von mehr als drei Jahren und einem Tag verurteilt worden sind.

[18] Dennoch, wie *Grawert* anmerkt (Staatsvolk, S. 135), definieren einige Landesverfassungen den Staatsbürger auch als Staatsangehörigen mit politischen Rechten. Vgl. z. B. Art. 7 der Verfassung Bayerns.

[19] Als Beispiele für eine solche Vorgehensweise siehe *Habermas*, Faktizität und Geltung, S. 638; oder *Grünendahl et al*, Einleitung, S. 5. Zur verbreiteten Unterscheidung zwischen formeller und substanzieller Staatsbürgerschaft bei vielen Autoren vgl. *Isin*, Theorizing, S. 17; *Bauder*, Domizilprinzip, S. 34.

duums zu einer politischen Gemeinschaft gehört zu den zentralen Anliegen der Untersuchungen zur Staatsbürgerschaft.[20] Zur Eindämmung dieser Entkopplung zwischen Staatsangehörigkeit und materieller Bindung werden häufig verschiedene Varianten des „jus nexis"-Prinzips angeführt, die auf dem – in der Entscheidung des Internationalen Gerichtshofs zum Fall „Nottebohm" formulierten – Gedanken einer echten Verbindung beruhen[21] und darin bestehen, all jenen (bzw. nur jenen) die Staatsangehörigkeit zu verleihen, die eine echte und dauerhafte Bindung zu der politischen Gemeinschaft aufweisen.[22] Ungeachtet dieser theoretischen Ansätze bleibt diese Schere in den meisten Gesellschaften bestehen, weshalb die Stützung eines Bürgerstrafrechts in der Staatsangehörigkeit unangebracht ist, wie im folgenden Abschnitt näher erläutert wird.

Andererseits steht eine der Dimensionen der Staatsbürgerschaft (als Zugehörigkeitsgefühl) wiederum dem Konzept von Nationalität sehr nahe, das auf Elemente gemeinsamer kultureller Identität verweist (u. a. Sprache, Bräuche, Literatur, Religion usw.).[23] Zwar kommt dieser Dimension der Staatsbürgerschaft als

---

[20] Als Beispiel für einen Beitrag über die Kluft zwischen Staatsangehörigkeit und politischen Rechten vgl. *Arrighi/Bauböck*, European Journal of Political Research 56, 3 (2017), S. 619 ff.

[21] Siehe dazu Teil I D II 4.

[22] Zur Idee des *jus nexis*-Prinzips zur Lösung der Probleme der Supra- und Sub-Inklusion im Zusammenhang mit der Staatsangehörigkeit siehe *Shachar*, Yale Journal of Law & the Humanities 23, 1 (2011), S. 110 ff. Für einen Überblick über die verschiedenen Varianten dieses Ansatzes siehe *Smith*, Duties toward Quasi-Citizens, S. 820–826; *Bauböck*, Political Membership, S. 62–64. Einige dieser Varianten, von der weitesten bis zur restriktivsten, was den Zugang zur Staatsangehörigkeit betrifft, sind: i) „all affected interests", wonach alle von den Entscheidungen eines Staates Betroffenen Staatsangehörige werden sollen; (ii) „social membership", die den Zugang zur Staatsangehörigkeit von der sozialen Verwurzelung abhängig macht; iii) „Stakeholder principle" [siehe hierzu *Bauböck*, Citizenship Studies 13, 5 (2009), S. 479 ff.], wonach Staatsangehöriger sein soll, wer für den Schutz seiner Grundrechte langfristig auf den Staat angewiesen ist (Abhängigkeitskriterium) oder wer für einen erheblichen Zeitraum der Autorität des Staates unterliegt (biographisches Subjektionskriterium); iv) „all subjected persons", wonach das zweite von Bauböck formulierte Kriterium als einziger Parameter befürwortet wird: nur die dem Zwang des Staates unterworfenen Individuen sind dazu berechtigt, Staatsangehörige zu werden (eine Art Kehrseite der Theorien zum Bürgerstrafrecht, die das Bestehen der Bürgerpflicht davon abhängig machen, ob das Individuum vom Staat Freiheit erhalten hat); und v) „Principle of coercively constituted identities", das dem erwähnten Subjektionskriterium ähnelt, aber auf Maßnahmen beschränkt ist, die die Identität oder die Interessen einer Person wesentlich beeinträchtigen und daher untrennbar mit einem langfristigen Aufenthalt verbunden sind. Für eine skeptische Haltung gegenüber diesen Kriterien aufgrund ihrer Unbestimmtheit und ihres vermeintlich zu umfassenden Charakters, siehe *Ferracioli*, Philosophy Compass 12, 12 (2017), S. 1 ff.

[23] Zur englischen Terminologie siehe *Gans*, Citizenship and Nationhood, S. 107 f., der auf eine Differenzierung von drei Begriffen hinweist: „citizenship" bedeutete Mitgliedschaft in einem Staat, „nationhood" Mitgliedschaft in einer Nation, und „nationality" wäre ein irreführ-

Grundlage für das hier vorgeschlagene Bürgerstrafrecht keine unmittelbare Bedeutung zu,²⁴ aber dieses Element steht in enger Wechselwirkung mit den anderen Dimensionen der Staatsbürgerschaft.²⁵ Ein Beispiel dafür ist die umfassende Diskussion über das Mindestmaß an kultureller, wertebezogener oder ethnischer Homogenität, das für einen ausreichenden sozialen Zusammenhalt – und damit für den Erfolg der politischen Gemeinschaft bei der Erreichung ihrer Ziele (die Aufrechterhaltung einer Daseinsordnung von Freiheit) – erforderlich ist.²⁶ Es liegt die Vermutung nahe, eine übermäßige soziale Fragmentierung erschwere das Erreichen einer genügenden Einhaltung der Mitwirkungspflicht zur Sicherstellung der Freiheitsordnung, was die Praktikabilität der Idee eines Bürgerstrafrechts gefährden könnte.²⁷ Ferner wirkt sich diese Debatte wiederum unmittel-

---

render Begriff, der als Synonym für beide Vorgänger verwendet werden könnte. Zur Zweideutigkeit der Begriffe „nationality" und „nationalité" im Englischen bzw. Französischen im Vergleich zur Unterscheidung zwischen „Staatsangehörigkeit" und „Nationalität" im Deutschen siehe *Brubaker*, Citizenship and Nationhood, S. 50.

²⁴ Die Gründe dafür werden unten in Teil III B II erklärt.

²⁵ Vgl. diesbezüglich *Bauder*, Domizilprinzip, S. 36: „Die Konstruktion von kulturellen Unterschieden sowie die Vorstellung, dass viele Zuwanderer nicht zur nationalen Gemeinschaft gehören und deshalb auch keinen Anspruch auf gesellschaftliche Ressourcen haben, trägt dazu bei, Privilegien und Ungleichheit auf dem Arbeitsmarkt zu reproduzieren".

²⁶ Die Standpunkte zu dieser Frage schwanken von wenig anspruchsvollen Ansichten, wonach ein dünneres Band zwischen den Bürgern ausreicht [wie der Verfassungspatriotismus von *Habermas* (Faktizität und Geltung, S. 642 f.), für den bestimmte gemeinsame Grundprinzipien genügen], über Zwischenpositionen [vgl. die Forderung von *Böckenförde* (Staat, Nation, Europa, S. 111–114) nach einer „relativen Homogenität", die vom Ergebnis des Zusammenspiels einer Reihe von Kräften wie etwa Religion, Volksbewusstsein, Nationalbewusstsein und Kulturerbe abhängt; die Vorstellung einer „starken Demokratie" von *Bader*, Political Theory 23, 2 (1995), S. 228 f.; die Position von *Gans* (Citizenship and Nationhood, S. 124 f.), für den eine gemeinsame Sprache eine Mindestvoraussetzung darstellt; oder ganz allgemein all jene Positionen, die üblich unter dem Etikett des „liberalen Nationalismus" zusammengefasst werden und die die Existenz einer gemeinsamen Nationalität oder Sprache als unabdingbare Voraussetzung für ein funktionierendes liberales politisches Gemeinwesen betrachten (vgl. dazu *Tan*, Cosmopolitan Citizenship, S. 699 ff.; *Broszies/Hahn*, Die Kosmopolitismus-Partikularismus-Debatte, S. 31)], bis hin zu Auffassungen, die eine dichtere Bindung fordern, wie etwa. *Mill* (On Representative Government, S. 286), demzufolge: „Free institutions are next to impossible in a country made up of different nationalities". Wenngleich es für die Zwecke dieser Arbeit einer Stellungnahme zu diesem Punkt nicht bedarf, erscheint eine Distanzierung von den extremen Auffassungen ratsam: Natürlich mag eine gemeinsame Sprache oder Kultur zumindest teilweise die Bildung eines politischen Gemeinwesens und eines notwendigen Wir-Bewusstseins erleichtern, doch gleichzeitig gibt es viele Beispiele von sehr homogenen, aber gescheiterten Gesellschaften (z. B. Somalia) und von vergleichsweise erfolgreichen mehrsprachigen (Schweiz) oder multiethnischen (Kanada) Staaten.

²⁷ In diese Richtung *Hörnle*, FS-Merkel, S. 514, deren Hauptpunkt lautet: „Stabile Verhaltensmuster entstehen nicht durch rationales Nachdenken über die Vorzüge der Demokratie, sondern durch langjährige, durch kulturelle Rahmenbedingungen geprägte Sozialisationspro-

bar auf die Kriterien aus, die ein Staat zur Bestimmung des Zugangs zu einem bestimmten formalen Status (insbesondere zur Staatsangehörigkeit) festlegt.[28] Obwohl praktisch alle Rechtsordnungen auf eine Kombination der traditionellen Prinzipien für den Erwerb der Staatsangehörigkeit zurückgreifen – die sich in askriptive (*ius solis* und *ius sanguinis*) und freiwillige (Einbürgerung) unterteilen lassen –,[29] zeigen sowohl die Festlegung des vorwiegenden askriptiven Kriteriums als auch die Anforderungen an das Einbürgerungsverfahren, wohin sich die oben erwähnte Debatte in einer Gesellschaft entwickelt.[30] Deshalb kann die gesetzliche Regelung des Zugangs zur Staatsangehörigkeit auch ein wichtiger Hinweis darauf sein, wer Bürger eines Staates im materiellen – und nicht nur im formellen Sinne – werden kann.[31]

Nach diesen terminologischen Klärungen, die hoffentlich einen Anhaltspunkt darüber vermitteln, was in den Sozialwissenschaften unter Staatsbürgerschaft aufzufassen ist, soll nun etwas näher auf die – bereits im zweiten Teil aufgeworfene – Problematik eingegangen werden, warum eine formale Staatsbürgerschaft (verstanden als Staatsangehörigkeit oder ein sonstiger Rechtsstatus von geringerer Stärke) nicht als Begründung für das Strafrecht dienen kann.

---

zesse". Gleichwohl – und trotz der zunehmenden sozialen Fragmentierung in Deutschland – ist sie der Meinung, der Gedanke eines Bürgerstrafrechts bleibe ein erstrebenswertes normatives Ideal (ebd., S. 526–528).

[28] In diese Richtung auch *Brubaker*, Citizenship and Nationhood, S. 182: „Proposals to redefine the legal criteria of citizenship raise large and ideologically charged questions of nationhood and national belonging. Debates about citizenship in France and Germany are debates about what it means to belong to the nation-state".

[29] Dazu *Shachar*, Citizenship, S. 1002 ff.

[30] Zur Regelung des Erwerbs der Staatsangehörigkeit als Ausdruck der Werte und Interessen einer Gesellschaft vgl. *Averbukh*, Das administrative Konzept von Ethnizität, S. 197 ff.; *Gärditz*, VVDStRL 72 (2013), S. 155 f., Fn. 358; *Orgad*, Naturalization, S. 337 ff.; *Turner*, Citizenship Studies 1, 1 (1997), S. 7. Dies würde die weltweit uneinheitliche Regelung des Zugangs zur Staatsangehörigkeit erklären [dazu *Ferracioli*, Philosophy Compass 12, 12 (2017), S. 2]. Darauf hinweisend, dass in diesem Zusammenhang nicht nur die Rechtsvorschriften von Bedeutung sind, sondern auch die tatsächliche Politik bei der Verleihung der Staatsangehörigkeit *Cohen*, Semi-Citizenship, S. 37 f.

[31] Mit anderen Worten: Die Tatsache, dass im Deutschland des frühen 20. Jahrhunderts Einbürgerungsanträge von Juden und Polen systematisch abgelehnt wurden, es sei denn, sie waren besonders wohlhabend oder sozial nützlich [dazu *Fahrmeir*, Citizenship, S. 92; *Gosewinkel*, GG 21 (1995), S. 548], wirkte sich auf die „Qualität" oder den Inhalt der materiellen Staatsbürgerschaft derjenigen Antragsteller dieser Ethnien aus, denen es tatsächlich gelang, die Staatsangehörigkeit zu erwerben.

2. Ungeeignetheit einer formalen Staatsbürgerschaft als Eckpfeiler eines Bürgerstrafrechts

Auf den ersten Blick mag es unnötig erscheinen, auf die Unzulänglichkeit eines formalen Status als Basisbegriff einer normativen Strafrechtstheorie auf der Grundlage der politischen Bindung einzugehen. Schließlich tendieren – wie im zweiten Teil dieser Arbeit dargelegt – die bestehenden Ansätze zum Bürgerstrafrecht dazu, mit einem materiellen Begriff der Staatsbürgerschaft zu arbeiten.[32] Warum also tiefer in dieses Thema eintauchen? Dies ist deshalb wünschenswert, da der Rückgriff auf die formale Staatsbürgerschaft einen entscheidenden Vorteil aufweist, so dass seine Ablehnung zumindest einige Bemerkungen wert ist. Dieser Vorzug liegt auf der Hand: Wenn, wie gesagt, die dem Begriff der Staatsbürgerschaft zugeschriebene Bedeutung je nach dem spezifischen sozialwissenschaftlichen Blickwinkel, aus dem er betrachtet wird, variiert, dann wird der Rechtswissenschaftler versuchen, die Staatsbürgerschaft mit einem präzisen Inhalt auszustatten, der sie für das Recht einsatzfähig macht. Dies gelingt am besten, wenn die Staatsbürgerschaft als Rechtsbegriff mit klaren Konturen und Konsequenzen definiert wird, wie z. B. die Staatsangehörigkeit oder eine Aufenthaltsgenehmigung.[33] Wer könnte bezweifeln, dass ein Bürgerstrafrecht mehr Rechtssicherheit bieten würde, wenn es mit einem Begriff des Bürgers als Inhaber eines bestimmten rechtlich definierten Status operierte? Deshalb ist es kein Zufall, dass z. B. *Pawlik* bei der Analyse der Straflegitimation hinsichtlich Auslandstaten auf die Staatsangehörigkeit abstellt und nicht darauf eingeht, ob das zu bestrafende Individuum tatsächlich ein Begünstigter des Zustands der Freiheitlichkeit ist.[34]

---

[32] Beispiele hierfür sind die verschiedenen Modelle, die im Teil II D behandelt wurden.

[33] Deswegen wird der Begriff Staatsbürgerschaft, der in Deutschland nicht rechtlich definiert ist, von deutschen Rechtswissenschaftlern nicht selten mit Argwohn betrachtet. Ein sehr deutliches Beispiel dafür ist die folgende Behauptung von Hailbronner: „Die ‚Staatsbürgerschaft' ist in ihren rechtlichen Strukturen unscharf und daher mangels eines einheitlichen Begriffsverständnisses für Probleme der staatsrechtlichen und vr [völkerrechtlichen] Zuordnung unbrauchbar[…]. Als Rechtsbegriff erlaubt dagegen der Begriff der Staatsbürgerschaft keine Aussagen darüber, welche Rechte und Pflichten jenseits der StAng und der daran anknüpfenden gesetzl. Regelungen er beinhaltet" (Vgl. *Hailbronner*, Staatsangehörigkeitsrecht⁶, Teil I. B. Rn. 5). Die neue, siebte Ausgabe desselben Kommentars ist zwar etwas nuancierter, geht aber in die gleiche Richtung und hebt den Vorteil des Konzepts der Staatsangehörigkeit gegenüber der Staatsbürgerschaft hervor: „Dieser Vorteil greift auch gegenüber einer Präferenz für die wohlklingendere, aber gerade interdisziplinär breit genutzte ‚Staatsbürgerschaft'…Mit StAng lässt sich die argumentative Anbindung im rechtlichen System am präzisesten mitteilen" (Siehe *Weber*, Staatsangehörigkeitsrecht⁷, Teil I, B. Rn. 129).

[34] Vgl. dazu Teil II D V 3.

I. (Staats-)Bürgerschaft als eine über jeden formalen Status hinausgehende Bindung

Angesichts der durch den formalen Status gebotenen Rechtssicherheit, warum sollte man sich auf ein materielles Konzept der Staatsbürgerschaft verlassen? Zur Beantwortung dieser Frage ist zunächst eine Analyse des formalen Status *par excellence*, d.h. der Staatsangehörigkeit, erforderlich, die sowohl im Völkerrecht als auch im innerstaatlichen Recht – und damit im Strafanwendungsrecht – eine wesentliche Rolle spielt.[35] Abgesehen von der müßigen Debatte darüber, ob die Rechtsnatur der Staatsangehörigkeit einem „Status" oder eher einem „Rechtsverhältnis" entspricht,[36] liegt ihre Relevanz darin, dass sie (theoretisch) Rechte und Pflichten oder – wenn man es vorzieht – gegenseitig einklagbare Rechte mit sich bringt: daher die erwähnte offensichtliche Affinität der Staatsbürgerschaft (und folglich des Bürgerstrafrechts) zu vertragstheoretischen Ansätzen.[37] Mehr noch: die Staatsangehörigkeit sei der Ausdruck der Zugehörigkeit zur staatlichen Gemeinschaft.[38] Genau darauf bezog sich *Arendt* mit ihrem – in allen Werken zur Staatsbürgerschaft fast unfehlbar zitierten – Satz, in dem sie die Staatsangehörigkeit als „das Recht, Rechte zu haben" begreift: Die Staatsangehörigkeit sei wichtiger als jedes einzelne Recht, weil ihre Existenz den Zugang zu allen anderen Rechten erst ermögliche.[39]

Betrachtet man jedoch den Inhalt der Staatsangehörigkeit aus der Perspektive des Völkerrechts, so ergibt sich ein ganz anderes Bild ihres Wertes für den Einzelnen. Um die Wichtigkeit der Staatsangehörigkeit auf völkerrechtlicher Ebene hervorzuheben, wird in der Literatur oft auf die Problematik der Staatenlosen hingewiesen[40] (die von „jeglicher" Staatsangehörigkeit völlig ausgeschlossen sind)[41], oder auch auf solche Personen, die aufgrund des Fehlens der Staatsan-

---

[35] Zur „Schlüsselfunktion" der Staatsangehörigkeit auf diesen beiden Ebenen siehe *Grawert*, Der Staat 23 (1984), S. 182 ff.

[36] Zur Bedeutungslosigkeit dieser Diskussion siehe *Weber*, Staatsangehörigkeitsrecht⁷, Teil I. B., Rn. 125–128; oder *Grawert*, Staatsvolk, S. 127.

[37] Zur Staatsangehörigkeit als Quelle von Rechten und Pflichten siehe die Entscheidungen des BVerfG in NJW 1980, 2797, 2798 und NJW 1988, 1313, 1315. Zum Vertragscharakter der Staatsbürgerschaft *Mackert*, Staatsbürgerschaft, S. 18.

[38] Vgl. BVerfG Beschl. v. 21.05.1974 – 1 BvL 21/72, BeckRS 1974, 104426 Rn. 72, beck-online.

[39] Vgl. hierzu *Arendt*, The Origins of Totalitarism, p. 296 f.; für die hier dargestellte Auslegung dieses Zitats siehe *Owen*, Citizenship and Human Rights, S. 264; für ein Beispiel der Rezeption dieses Gedankens in der Rechtsprechung siehe die Entscheidung des *US Supreme Court* in Trop v. Dulles, 356 U.S. 86 (1958).

[40] So z.B. *Grawert*, Der Staat 23 (1984), S. 184 f.

[41] Berücksichtigt man nicht nur die Staatenlosen *de jure*, die nur einen winzigen Prozentsatz der Weltbevölkerung ausmachen (etwa 10 Millionen Menschen laut des Hohen Flüchtlingskommissars der Vereinten Nationen, vgl. dazu https://www.unhcr.org/ibelong/statelessness-around-the-world/, abgerufen: 09.10.2023), sondern auch die Staatenlosen *de facto* (d.h. diejenigen Personen, die zwar die „Papiere" eines bestimmten Staates besitzen, aber systematisch

gehörigkeit ihres Wohnsitzstaates „relativ ausgeschlossen" sind.[42] Dieser Hinweis mag überzeugend wirken, wenn man die japanische Staatsangehörigkeit vor Augen hat, aber seine Überzeugungskraft sinkt rapide, wenn man an die afghanische Staatsangehörigkeit denkt.[43] Dies liegt daran, dass die völkerrechtlich mit der Staatsangehörigkeit *per se* (und nicht mit einer bestimmten Staatsangehörigkeit wie der japanischen) verbundenen Rechte sich auf das Recht auf Aufenthalt im Hoheitsgebiet (das das Recht, nicht ausgewiesen zu werden sowie das Recht auf Rückkehr einschließt) und das Recht auf ein gewisses Maß an diplomatischem Schutz beschränken.[44] Und selbst diese „strinkingly short list"[45] ist möglicherweise noch kürzer, da der diplomatische Schutz – als Ausfluss des Souveränitätsprinzips – eher eine Regelung der zwischenstaatlichen Ordnung als ein Individualrecht darstellte.[46]

Dies schmälert jedoch nicht wesentlich die reale Bedeutung der Staatsangehörigkeit, die für den Zugang zu Rechten auf nationaler Ebene in der Regel nach wie vor wichtig ist.[47] Man denke nur an die Deutschenrechte des Grundgeset-

---

von dessen Schutz und Unterstützung ausgeschlossen sind), wird die Staatenlosigkeit nicht mehr zu einem belanglosen Phänomen. Zur faktischen Staatenlosigkeit siehe *Lori*, Statelessness, S. 754 f.

[42] Vgl. *Bosniak*, Status, S. 324 f., die diese Menschen als „relative non-citizens" bezeichnet.

[43] Ein sehr greifbares Beispiel dafür ist, wie viele Länder man mit dem Pass dieser Staaten ohne Visum bereisen kann: Während man mit einem japanischen Pass 192 Länder ohne Visum besuchen kann, sind es mit einem afghanischen Pass nur 26. Vgl. dazu https://www.henleypassportindex.com/passport, abgerufen: 09.10.2023.

[44] Über dieses Minimum hinaus räumt das Völkerrecht den Staaten einen weiten Handlungsspielraum in Bezug auf die Voraussetzungen und Folgen der Staatsangehörigkeit ein. Vgl. dazu *Grawert*, Der Staat 23 (1984), S. 186, wonach deshalb die Ausformung der Staatsangehörigkeit prinzipiell eine Angelegenheit innerstaatlichen Rechts ist.

[45] Zu dieser Bezeichnung vgl. *Bosniak*, Status, S. 326 f. Hinzu kommt, dass selbst diese wenigen Rechte in der Praxis oft missachtet werden. Beispiele gibt es zuhauf: von gesetzlich verankerten Verstößen [wie im Fall der *British Overseas Citizens*, die ohne Visum nicht in das Vereinigte Königreich einreisen können, dazu *Bauböck*, Citizenship Studies 13, 5 (2009), S. 487] bis hin zu von Regierungen begangenen Verstößen, wie der Abschiebung ihrer Staatsangehörigen [zu dieser Praxis in den Vereinigten Staaten siehe *Stevens*, Virginia Journal of Social Policy & the Law 18, 3 (2011), S. 606 ff.] oder ihnen *de facto* die Beschaffung von Reisepässen vorenthalten (wie im Fall von Venezuela, vgl. dazu https://www.bbc.com/mundo/noticias-america-latina-45292923, abgerufen: 09.10.2023).

[46] So *Weber*, Staatsangehörigkeitsrecht', Teil I. B., Rn. 126, der deshalb Folgendes behauptet: „Ob überhaupt (oder bloß ‚faktisch') Rechte – und welche – aus oder auf Grundlage der StAng gewährleistet werden, folgt aus ihrer bloßen Einrichtung ersichtlich nicht".

[47] Im selben Sinne *Brubaker*, Citizenship and Nationhood, S. 23: „The neglect of formal citizenship is unfortunate. For citizenship is not simply a legal formula; it is an increasingly salient social and cultural fact"; *Lori*, Statelessness, S. 746: „Citizenship status is critical because ‚precarious legal status ... goes hand-inhand with precarious employment and livelihood'"; ähnlich *Ataç/Rosenberger*, Inklusion/Exklusion, S. 39; *Ferracioli*, Philosophy Compass 12, 12

I. (Staats-)Bürgerschaft als eine über jeden formalen Status hinausgehende Bindung 313

zes.⁴⁸ Gleichwohl bleibt ein grundsätzliches Problem bestehen, wenn die Staatsangehörigkeit als Grundlage für das Bürgerstrafrecht herangezogen werden soll. Im Gegensatz zu dem, was die herkömmliche Aufgliederung der Staatsbürgerschaft in die drei oben genannten Dimensionen vermuten lässt, unterscheidet sich der Status oft stark von den Rechten und Pflichten, die dem Einzelnen tatsächlich zugewiesen werden.⁴⁹ Das ist im Übrigen historisch gesehen schon immer der Fall bei der Staatsangehörigkeit gewesen.⁵⁰ Oftmals fehlen den Staatsangehörigen nicht nur soziale⁵¹ oder politische Rechte⁵², sondern sogar die elementarsten zivilen Rechte, nämlich Abwehrrechte gegen den Staat und Dritte.⁵³ Es kommt häufig vor, dass ganzen Gemeinschaften von Staatsangehörigen wichtige Rechte vorenthalten werden, die ihren Landsleuten zustehen.⁵⁴

(2017), S. 2. Beweise dafür sind z.B. das enorme Interesse an „goldenen Pässen" (d.h. dem Verkauf der Staatsangehörigkeit, vgl. dazu *Shachar*, Citizenship for sale?, S. 789 ff.) als auch die Tatsache, dass die überwiegende Mehrheit der Befragten in Umfragen in verschiedenen Ländern die Staatsangehörigkeit nach wie vor als wichtig erachtet (siehe *Bloemraad*, Does Citizenship Matter?, S. 541 f.).

⁴⁸ Zu diesen Rechten (z.B. Art. 12 Abs. 1 oder Art. 16 Abs. 2 S. 1) vgl. das Buch von *Siehr*, Die Deutschenrechte.

⁴⁹ So auch *Vink*, Comparing Citizenship Regimes, S. 223: „it is important not only to look at both status and rights, but also at the nexus between them, as status and rights often go together, but not necessarily so". Aus diesem Grund sprechen einige Autoren nicht von drei, sondern von vier Facetten der Staatsbürgerschaft, indem sie ausdrücklich zwischen Status und Rechten unterscheiden (wobei zu beachten ist, dass niemand die Überlappung zwischen allen diesen Dimensionen bestreitet). Für Beispiele hierzu siehe *Bloemraad*, Does Citizenship Matter?, S. 525; oder *Grünendahl et al*, Einleitung, S. 6.

⁵⁰ Laut *Fahrmeir* (Citizenship, S. 228) haben sich die Grenzen der Staatsangehörigkeit historisch nicht mit denen der politischen, sozialen oder wirtschaftlichen Staatsbürgerschaft gedeckt. Nach *Gibney* (Denationalization, S. 376) ist die Staatsangehörigkeit seit jeher durch formelle und informelle Ungleichheiten gekennzeichnet.

⁵¹ Eine Studie der Stiftungen Paz Ciudadana und San Carlos de Maipo über das Ausmaß der sozialen Ausgrenzung von Gefangenen in Chile aus dem Jahr 2015 ergab, dass 86 % der Strafgefangenen nicht einmal einen Schulabschluss haben (im Vergleich zu 45,7 % der Gesamtbevölkerung). Das spricht Bände über die Stärke der Bindung zwischen dem chilenischen Staat und diesen Staatsangehörigen.

⁵² So konnten beispielsweise im Jahr 2000 33 % der Afroamerikaner in Florida und Alabama nicht wählen (*Fahrmeir*, Citizenship, S. 214).

⁵³ Ein deutliches Beispiel dafür sind die Favela-Bewohner in Brasilien, die nicht nur einem hohen Risiko ausgesetzt sind, von Dritten getötet zu werden, sondern auch durch staatliche oder parastaatliche Akteure ums Leben zu kommen. Zwischen 2005 und 2014 tötete die Polizei allein in den Favelas von Rio de Janeiro mehr als 5.000 Menschen im Namen der Kriminalitätsbekämpfung (vgl. dazu *Fassin*, Der Wille zum Strafen, S. 56).

⁵⁴ *Somers* (Genealogies, S. 58) bezeichnet diese Staatsangehörigen (nämlich die sozial Ausgegrenzten, die nur dem Namen nach Staatsbürger sind und somit ihres Rechts beraubt wurden, Rechte zu haben) als „internally stateless citizens". Beispiel dafür sind die Obdachlosen in den Vereinigten Staaten. Dazu schreibt *Failer*, Homelessness, S. 258: „Formally, their citizenship

Ein besonders ausführlich untersuchter Fall in dieser Hinsicht ist der der afroamerikanischen Bevölkerung in den Vereinigten Staaten: Während bei den in den 1960er Jahren geborenen US-Staatsangehörigen das Verhältnis zwischen Weißen mit Hochschulabschluss und Weißen, die im Gefängnis landeten, zehn zu eins betrug, kamen bei den Afroamerikanern auf einen Hochschulabsolventen zwei Inhaftierte.[55] Realitätsfern wirkt es daher nicht, wenn festgestellt wird: „Prison became the new welfare state for black males, who remained for the most part ineligible for public benefits".[56] Deswegen ist es trotz ihrer US-Staatsangehörigkeit (zumindest!) zweifelhaft, dass vielen Afroamerikanern tatsächlich ein Zustand der Freiheitlichkeit garantiert wird und folglich ihre Bestrafung seitens des Staates ohne weiteres als legitim erachtet werden kann.[57] Andererseits genießen Ausländer nicht selten einen weitaus leichteren Zugang zu Rechten als einige Staatsangehörige.[58] Man denke nur an den Fall eines ausländischen Unternehmensleiters oder Studenten gegenüber einem Individuum, das einer intern diskriminierten Minderheit angehört.[59]

Aufgrund dieser Unstimmigkeit zwischen der Staatsangehörigkeit einer Person und den ihr gewährleisteten Rechten wird in der Literatur zur Staatsbürgerschaft häufig zwischen *semi-citizens* (Staatsangehörige, die nicht alle Rechte wahrnehmen, z. B. weil sie im Ausland wohnen) und *quasi-citizens* (das umgekehrte Szenario, d. h. Einwohner, die viele Rechte genießen, ohne die Staatsangehörigkeit zu besitzen) unterschieden.[60] Vieles deutet zudem darauf hin, dass sich gegenwärtig die erwähnte Kluft infolge einer Reihe von globalisierungsbedingten Phänomenen noch verschärft.[61] Dazu gehören u. a.: i) die wachsende

---

looks like that of others. They may still hold a passport. They are still protected by the Constitution. But when we look at the rights, duties and legal capacities they actually possess, that bundle looks significantly different from that of full citizens".

[55] Vgl. dazu *Fassin*, Der Wille zum Strafen, S. 131 f.

[56] So *Katz*, The Journal of Policy History 22, 4 (2010), S. 523.

[57] Im gleichen Sinne *Dagger*, Playing Fair, S. 11; und *Pawlik*, FAZ v. 12.01.2019, S. 12.

[58] Zumindest genießen Ausländer bestimmte Rechte, was für eine Entkopplung von materieller Staatsbürgerschaft und Staatsangehörigkeit ausreichend ist. Dazu *Gosewinkel*, GG 21 (1995), S. 543.

[59] Vor der Versuchung, Nichtstaatsangehörige als einen monolithischen Block zu behandeln und dabei die wichtigen Unterschiede zwischen Touristen, Austauschstudenten und irregulären Migranten zu übersehen, warnt *Bosniak*, Status, S. 323 f.

[60] Siehe hierzu *Bauböck*, Political Membership, S. 66 f.; *Smith*, Duties toward Quasi-Citizens, S. 817 f. Gelegentlich werden die *quasi-citizens* weiter unterteilt in *denizens* (dauerhaft ansässige Personen mit umfassenderen Rechten) und *margizens* (Individuen mit schwächeren Rechten wie Gastarbeiter oder Asylbewerber). Zur letzteren Unterteilung siehe *Castles/Davidon*, Citizenship and Migration, S. 94–96.

[61] In diese Richtung auch *Bader*, Political Theory 23, 2 (1995), S. 212; und *Mackert/Müller*, Der soziologische Gehalt, S. 29.

I. (Staats-)Bürgerschaft als eine über jeden formalen Status hinausgehende Bindung 315

Bedeutung der Menschenrechte und des EU-Rechts, die zu einer Zunahme der Rechte geführt haben, die dem Einzelnen als Person[62] oder als EU-Bürger[63] unabhängig von seiner Staatsangehörigkeit zustehen; ii) die wachsende Zahl von Ländern, die eine doppelte oder mehrfache Staatsangehörigkeit zulassen;[64] und iii) die steigende Anzahl von Menschen, die rechtlichen Zwischenkategorien angehören.[65]

Vor allem der letzte Punkt – die Ausbreitung von rechtlichen Zwischenkategorien – erweist sich als fatal für den Gedanken der Staatsangehörigkeit als Eck-

---

[62] Ähnlich *Bloemraad*, Does Citizenship Matter?, S. 529 f. Zu Menschenrechten als solche, deren Genuss nicht von der Zugehörigkeit zu einer bestimmten politischen Gemeinschaft abhängt, siehe *Turner*, Citizenship Studies 1, 1 (1997), S. 9; oder *Owen*, Citizenship and Human Rights, S. 249. Als Beispiele für Rechte, die sich aus dem Status der „Person" ergeben, nennt *Bosniak* (Status, S. 330 f.) das Recht zu heiraten, die Vertragsfreiheit oder das Recht auf ein faires Verfahren. Damit ist natürlich nicht gemeint, dass es eine positive, lineare Entwicklung der Menschenrechte weltweit gibt, denn die Erfahrung zeigt, dass es regelmäßig Rückschritte hinsichtlich der von den Staaten ihren Staatsangehörigen oder Ausländern garantierten Rechte gibt.

[63] Die Rechtsprechung des EuGH hat nach und nach die die Unionsbürgerschaft ausmachenden Rechte (die im Kern in den Artikeln 20 bis 25 des Vertrags über die Arbeitsweise der Europäischen Union vorgesehen sind) erweitert. Vgl. dazu *Gärditz*, VVDStRL 72 (2013), S. 143 ff. Näheres dazu unten, in Teil III C III.

[64] Die Anzahl jener Länder, die eine doppelte Staatsbürgerschaft zulassen, habe sich zwischen 1959 und 2005 verfünffacht (vgl. *Smith*, Duties toward Quasi-Citizens, S. 820). Mindestens 129 Länder erlaubten derzeit irgendeine Form doppelter Staatsangehörigkeit (siehe https://www.artoncapital.com/dual-citizenship/, abgerufen: 09.10.2023). Dies wirkt sich oft auf den Inhalt oder die Rechte aus, die mit der formalen Staatsangehörigkeit verbunden sind. Ein erstes Beispiel hierfür ist der Wertverlust von Reisepässen, die von Ländern ausgestellt werden, die direkt oder indirekt ihre Staatsangehörigkeit oder Aufenthaltsgenehmigung verkaufen (insgesamt über 100 Staaten, darunter 70 % der EU-Länder: vgl. dazu *Shachar*, Citizenship for Sale?, S. 789 ff. oder https://www.henleypassportindex.com/invest-citizenship, abgerufen: 09.10.2023). Ein weiteres Beispiel ist die wachsende Zahl von Rechtsordnungen, die den Entzug der Staatsangehörigkeit (nur!) eingebürgerter Staatsangehöriger bei schweren Verbrechen oder dem bloßen Verdacht der Beteiligung an solchen Verbrechen ermöglichen (insbesondere im Falle von Terrorismusdelikten, dazu *Leydet*, Citizenship). Letzteres ist umso schwerwiegender, wenn man bedenkt, dass die Ausbürgerung in einigen Ländern einem reinen Verwaltungsverfahren unterliegt, ohne die Garantien des Strafverfahrens [kritisch dazu *Coca Vila* Criminal Law and Philosophy 14, 2 (2019), S. 162 f.].

[65] Obwohl es solche Zwischenkategorien schon immer gegeben hat (z.B. der Fall der Metöken in Athen, dazu *Bellamy*, Citizenship, S. 31), sei die heutige Verbreitung von Zwischen- oder Übergangsstatus auf den Versuch zurückzuführen, die Lösung von Problemen wie dem Umgang mit Minderheiten oder Flüchtlingen zu vermeiden bzw. zu verschieben (dazu *Lori*, Statelessness, S. 743). Ein Beispiel einer Zwischenkategorie ist der Fall der „TCNs" (*third country nationals*), d.h. der Familienangehörigen von Unionsstaatsangehörigen, die bestimmte Aufenthalts- und Arbeitsrechte in den EU-Ländern haben (vgl. dazu *Strumia*, Supranational Citizenship, S. 675–677).

pfeiler eines Bürgerstrafrechts. Und dies nicht nur, weil diese Kategorien die Möglichkeit einer deutlichen, binären Trennung zwischen Staatsangehörigen und Ausländern endgültig verwischen.[66] Sondern insbesondere wegen der Entstehung von formellen Status, die sich in ihrem Inhalt (bzw. den damit einhergehenden Rechten) wenig von der Staatsangehörigkeit unterscheiden und fast als deren Funktionsäquivalent fungieren.[67] Eindeutige Beispiele hierfür sind die *Green Card* in den USA oder die Unionsbürgerschaft im Falle eines europäischen Bürgers, der in einem anderen EU-Mitgliedstaat lebt.[68] Darin liegt der offensichtlichste Grund dafür, dass ein Bürgerstrafrecht in der heutigen Welt nicht vollständig an die Staatsangehörigkeit gekoppelt werden kann.

Wenn aber die Existenz dieser Zwischenkategorien den Rückgriff auf die Staatsangehörigkeit als Grundlage des Bürgerstrafrechts schwächt, so belegt sie doch die Bedeutung eines sonstigen formalen Status bei der Bestimmung der Bindung zwischen einem Individuum und einer Gesellschaft. Verfügt eine Person beispielsweise über ein Daueraufenthaltsrecht in Deutschland, so ist dies nicht nur ein wichtiges Indiz für eine starke Bindung, sondern auch ein wesentlicher Bestandteil dieses Bands. Daher ist die formelle Staatsbürgerschaft (d. h. der formelle Status) einer Person in einer Gemeinschaft der Ausgangspunkt für jede Analyse ihrer materiellen Staatsbürgerschaft. Dementsprechend soll der formelle Status weiterhin eine zentrale Rolle im Strafanwendungsrecht spielen, denn die Strafrechtsetzungsgewalt bedarf klarer Konturen in ihrer Ausgestaltung. Mit anderen Worten: Es wäre unplausibel und rechtlich höchst unsicher, wenn das StGB vorschriebe, die Bundesrepublik könnte jede Person bestrafen, die „in enger Verbindung zu ihr steht", welche Kriterien auch immer zu diesem Zweck festgelegt werden. Sinnvoller wäre es – wie in dieser Arbeit vorgeschla-

---

[66] Diese Zwischenkategorien sollen Fälle von Teilinklusion widerspiegeln. Aber selbst rechtliche Zwischenkategorien wie der Flüchtlingsstatus funktionieren in der Praxis nicht binär (Flüchtling/Nicht-Flüchtling), da die Schwierigkeit, die Anforderungen des Status zu erfüllen, zur Schaffung weiterer Zwischenkategorien zwischen Flüchtlingsstatus und Wirtschaftsmigranten geführt hat. Ein Beispiel hierfür ist der Fall von dem „TPS" (*Temporary Protected Status*) in den USA. Siehe dazu *Lori*, Statelessness, S. 758–760.

[67] Der Gedanke einer „postnationalen Staatsbürgerschaft" unterstreicht genau diese Entnationalisierung der traditionell an die Staatsangehörigkeit geknüpften Rechte (so *Ataç/Rosenberger*, Inklusion/Exklusion, S. 44).

[68] Zu den bescheidenen zusätzlichen Rechten, die die Staatsangehörigkeit im Vergleich zum unbefristeten Aufenthaltsrecht bietet, siehe *Bloemraad*, Does Citizenship Matter?, S. 544; oder *Spiro*, Beyond Citizenship, S. 159: „The real prize is legal residency, not citizenship. It's all about the green card, not the naturalization certificate". Die Hauptunterschiede bestehen darin, dass das Wahlrecht für dauerhaft ansässige Personen häufig eingeschränkt ist und dass die Rechte von Staatsangehörigen mit Wohnsitz im Ausland stärker sind als die Rechte von „external denizens" (nämlich Personen, die ein Daueraufenthaltsrecht in einem Land haben, dort aber nicht mehr leben). Zum letzten Aspekt siehe *Bauböck*, Citizenship Studies 13, 5 (2009), S. 483.

gen wird –, als Bezugspunkt für das Strafanwendungsrecht alternativ sowohl auf Statuten zurückzugreifen, die mit hoher Wahrscheinlichkeit das Vorliegen einer materiellen Bürgerschaft garantieren (z. B. die Staatsangehörigkeit und das Beamtentum), als auch auf materielle Kriterien von (vergleichsweise) klarer Bedeutung, die eine Ergänzung dieser Statuten bei der Festlegung dessen ermöglichen, wer eine materielle Bindung zum Staat hat (im vorliegenden Werk die des Wohnsitzes oder des gewöhnlichen Aufenthalts im Inland).[69]

Diese Berufung auf einen formellen Status kann jedoch im Rahmen eines Bürgerstrafrechts nur auf der Ebene der Strafrechtsetzungsgewalt hinsichtlich Auslandstaten sinnvoll operieren. Da kein formeller Status die nuancenreiche Realität der materiellen Bindung zwischen einem Staat und einer Person zuverlässig widerspiegeln kann (d. h. alle sind potenziell der gleichen Kluft zwischen Status und tatsächlich garantierten Rechten ausgesetzt, die sich auf die Staatsangehörigkeit auswirkt),[70] soll ein kohärentes Bürgerstrafrecht die Entscheidung, ob und inwieweit ein Individuum bestraft wird, letztlich von der materiellen Bindung abhängig machen, von der der formelle Status nur ein (wenn auch wichtiger!) Bestandteil ist. Denn eine normative Strafrechtslehre kann sich nicht damit begnügen, sich auf der Grundlage eines Status zu legitimieren, der – nicht selten – einen viel geringeren Wert haben kann als der, der ihm auf dem Papier zugeschrieben wird (und somit nicht immer eine konkret-reale Freiheit zu garantieren vermag).[71]

II. Ein rechtsbasierter Ansatz zur Staatsbürgerschaft: Bürger ist, wem ein Bündel von Rechten garantiert wird

Wie im zweiten Teil dieser Arbeit dargelegt, besteht die zentrale Prämisse des Bürgerstrafrechts – in welcher Variante auch immer – grundsätzlich darin, dass die Legitimität der Zuweisung strafrechtlicher Verantwortlichkeit an ein Individuum durch ein Gemeinwesen von dessen Mitgliedschaft in diesem abhängt.[72] Um sich jedoch ernsthaft mit der Frage zu befassen, wer Mitglied *qua* Bürger ist,

---

[69] Vgl. hierzu Teil III D II 2.
[70] Ähnlich auch *Grünendahl et al*, Einleitung, S. 19.
[71] Siehe *Vink* (Comparing Citizenship Regimes, S. 223): „After all, if citizenship did not provide any exclusive rights and benefits, having the status would be meaningless".
[72] Hier sei z. B. auf *Silva Sánchez* verwiesen, der die Mitgliedschaft als eine Vorbedingung der legitimen Zuweisung strafrechtlicher Verantwortung bezeichnet (FS-Kindhäuser, S. 485 f.), oder auf die vier Integrationskriterien, anhand derer Duff die Mitgliedschaft prüft (vgl. *supra* Teil II D IV 2); oder auf *Pawlik* (FS- Sancinetti, S. 152), wonach die Exkludierten keine tauglichen Adressaten der bürgerlichen Mitwirkungspflicht sind.

reicht ein Blick auf die strafrechtlichen Quellen nicht aus. Wer sich auf diese beschränkt, verkennt die Komplexität des Themas. Denn das Problem, wer als Bürger gilt, ist zu einem der zentralen Anliegen der modernen Soziologie geworden, die es eingehend im Lichte des Begriffspaares Inklusion/Exklusion untersucht hat.[73] Eine gründliche Prüfung darüber, wer nach welchen Faktoren und in welchem Grad als „inkludiert" gelten kann, ist eine unausweichliche Aufgabe für jedes Bürgerstrafrecht, denn die Stärke der Inklusion bestimmt letztlich die Chancen des Einzelnen auf ein selbstbestimmtes Leben in einer Gesellschaft,[74] d. h. das ihm gewährte Maß an Freiheit, aus der sich die Mitwirkungspflicht und folglich die Straflegitimation ableitet.[75]

An diesem Punkt sei auf den Unterschied zwischen dem hier behandelten Thema (wer als Inkludierter bzw. Bürger betrachtet werden kann) und einer anderen Problematik hingewiesen, die sich ebenfalls auf das Bürgerstrafrecht auswirken kann, nämlich *wann ein Individuum inkludiert werden sollte* (wann ihm Rechte bzw. Zugang zur formalen Staatsbürgerschaft gewährt werden sollten).[76] Diese letzte Frage – deren Antwort höchst komplex ist – wird in dieser Abhandlung nur am Rande gestreift, vor allem bei der Differenzierung zwischen zwei Arten von Externen.[77]

---

[73] Vgl. *Mackert/Müller*, Der soziologische Gehalt, S. 27; *Stichweh*, Inklusion und Exklusion, S. 73 ff.; und das Werk von *Ataç/Rosenberger*, Inklusion/Exklusion. Die Untersuchung der Staatsbürgerschaft als Instrument sozialer Integration stützt sich hauptsächlich auf drei Quellen, nämlich die soziologische Systemtheorie (z. B. *Parsons*), die französische Sozialtheorie (u. a. *Durkheim*) und vor allem die britische Wohlfahrtsstaatstheorie, deren Hauptvertreter T. H. Marshall ist, dessen Vorschlag im Folgenden näher untersucht wird. Zu diesen drei theoretischen Säulen vgl. *Stichweh*, Inklusion und Exklusion, S. 162 f.; *Mackert*, Staatsbürgerschaft, S. 27 ff.

[74] Ähnlich *Mackert/Müller*, Der soziologische Gehalt, S. 31.

[75] Vgl. hierzu *Parsons*, Daedalus 94, 4 (1965), S. 1010, wonach die Mitglieder gegenüber ihrer Gesellschaft verpflichtet sind, weil diese ihre Interessen organisiert; ähnlich *Marshall*, Bürgerrechte und soziale Klassen, S. 62, demzufolge die Gewährleistung von Rechten Loyalität gegenüber der Gesellschaft erzeugt; im selben Sinne *Böckenförde*, Staat, Nation, Europa, S. 17 f.

[76] Diese Frage trifft den Kern der oben erwähnten Diskussion zwischen Partikularisten und Kosmopoliten. Es ist bemerkenswert, dass viele Autoren dazu neigen, diese Frage durch eine Art Umkehrung der zentralen Prämisse des Bürgerstrafrechts zu beantworten. Siehe exemplarisch *Bauder*, Domizilprinzip, S. 38: „Da alle Personen, die auf einem Staatsterritorium wohnhaft sind, auch der Rechtsprechung dieses Staates unterliegen, sollten ebenso alle Menschen gleiche Rechte, Sicherheit und Anerkennung genießen".

[77] So wird beispielsweise in Teil III C II 2 zwischen „natürlichen Externen" (nichtansässigen Ausländern, die logischerweise keine Bindung zum Staat haben) und Individuen unterschieden, die nur aufgrund einer schwerwiegenden Verletzung aller staatlichen Verpflichtungen ihnen gegenüber zu Externen werden.

II. Ein rechtsbasierter Ansatz zur Staatsbürgerschaft

Der Integrationsgrad eines Individuums in eine Gesellschaft könnte jedoch im Lichte jedes der drei im vorigen Abschnitt erwähnten Elemente der Staatsbürgerschaft (Status und Rechte; aktive Beteiligung; Identität) analysiert werden, wobei – trotz der Überschneidungen – unterschiedliche Ergebnisse entstehen könnten. Da jede dieser Dimensionen für sich genommen bereits komplex ist, muss man sich auf eine bestimmte Dimension fokussieren, wenn man ein funktionsfähiges Bürgerstrafrecht anstrebt. Diese Entscheidung braucht nicht willkürlich auszufallen, wie nachfolgend erläutert wird. Zunächst einmal wird das Element der Identität auf den Prüfstand gestellt. Begreift man die Staatsbürgerschaft als politische Bindung zwischen einer Gesellschaft und einem Individuum, ist dieses Element das fragwürdigste.[78] Dies bedeutet keineswegs, dass sie irrelevant ist: Die Identität kann entweder als notwendige Voraussetzung der Staatsbürgerschaft oder als wünschenswertes Ergebnis derselben von grundlegender Bedeutung sein.[79] Es geht nur darum, dass es angesichts ihres diffusen, ja beinahe psychologischen Charakters[80] nicht sinnvoll erscheint, diese Dimension als konstitutives Element des materiellen politischen Bands zu begreifen, zumindest nicht, wenn man einen objektivierbaren Begriff der Staatsbürgerschaft annehmen will, anhand dessen sich die Legitimation des Strafrechts bewerten lässt.

Dementsprechend bleiben die Staatsbürgerschaft als Status plus Rechte sowie die Staatsbürgerschaft als politische Aktivität (Praxis) als Alternativen bestehen. Grob formuliert entsprechen beide Elemente jeweils dem liberalen bzw. dem republikanischen Verständnis von Staatsbürgerschaft.[81] Als Nächstes wird die Staatsbürgerschaft als Praxis untersucht. Gemeint ist damit, jene als Bürger zu verstehen, die Rechte einfordern und damit ihren eigenen Status und ihren Zu-

---

[78] Im selben Sinne *Leydet*, Citizenship: „In many ways, the identity dimension is the least straightforward of the three".

[79] Zur Identität als Voraussetzung der Staatsbürgerschaft siehe *Böckenförde*, Staat, Gesellschaft, Freiheit, S. 60: „Der freiheitliche, säkularisierte Staat lebt von Voraussetzungen, die er selbst nicht garantieren kann"; oder *Marshall*, Bürgerrechte und soziale Klassen, S. 62. Diesbezüglich sei an die Debatte zwischen Befürwortern einer stärkeren gemeinsamen Identität und jenen, die sich mit einer dünneren Identität zufrieden geben, erinnert (vgl. Teil III B I 1 *supra*). Zugunsten der Ansicht, der Aufbau einer gemeinsamen Identität (verstanden als soziale Integration) sei ein wünschenswertes Ergebnis der Staatsbürgerschaft, argumentiert *Leydet*, Citizenship. Ob die Identität eine Voraussetzung oder ein Ergebnis der Staatsbürgerschaft ist, hängt mit der Frage zusammen, ob die Staatsbürgerschaft als Krönung des Integrationsprozesses (in diesem Fall fungiert die Identität als Voraussetzung) oder als Beginn des Prozesses (Identität als erwartetes Ergebnis) betrachtet wird. Vgl. dazu *Grünendahl et al*, Einleitung, S. 8.

[80] *Carens* (Culture, S. 166 ff.) bezeichnet sie sogar ausdrücklich als die „psychological dimension of membership".

[81] Vgl. hierzu *Honohan*, Conceptions, S. 91: „Risking oversimplifying, we may say that the liberal conception focuses more on legal status and rights, and the republican conception relatively more on activity"; ähnlich *Mackert*, Staatsbürgerschaft, S. 68–70.

gang zu Rechten dynamisch verändern.[82] Obwohl diese Perspektive nicht vollständig mit dem Wahlrecht gleichzusetzen ist, liegt ihr Schwerpunkt weitgehend auf den politischen Rechten, da diese als Schlüssel für die Mitgestaltung von Status und anderen Rechten erscheinen. Genau aus diesem Grund werden die politischen Rechte in der zeitgenössischen Literatur oft als der Kern der Staatsbürgerschaft begriffen.[83] Zwei Hauptgründe sprechen gegen die Annahme der Auffassung von Staatsbürgerschaft als Praxis als Grundlage für ein Bürgerstrafrecht. Zum einen werden andere Kategorien von Rechten, die für die Beurteilung der Stärke der substanziellen Verbindung zwischen einer Gemeinschaft und einem Individuum von entscheidender Bedeutung sind (nämlich zivile und vor allem soziale Rechte), tendenziell ignoriert oder heruntergespielt.[84] Die daraus resultierenden negativen Folgen wurden bereits bei der Kritik an den deliberativen Varianten des Bürgerstrafrechts (die im Wesentlichen diese Konzeption der Staatsbürgerschaft widerspiegeln) im Teil II D II beleuchtet. Zum anderen lässt sich die Straflegitimation nur auf eine dem Einzelnen aktuell gewährten Daseinsordnung von Freiheit stützen und nicht auf die eventuelle Möglichkeit einer künftigen veränderten politischen Bindung, die durch die Eigeninitiative des Einzelnen – und vielleicht sogar durch die Überwindung des Widerstands der Vertreter des bestrafenden Staates – gelungen oder verstärkt wird. Es sei an dieser Stelle darauf hingewiesen, dass damit weder die Unvereinbarkeit der beiden Dimensionen (Status und Rechte einerseits, Praxis andererseits) gemeint ist, noch die Leugnung der Relevanz der Staatsbürgerschaft als Praxis, noch – wie sich zeigen wird – die Ablehnung eines neorepublikanischen Freiheitsbegriffs:[85] Es geht hier lediglich darum, die Tauglichkeit dieser Dimension (d. h. die Staatsbürgerschaft als Aktivität) als einziges konstitutives Element des politischen Bandes zu bestreiten.

---

[82] Siehe exmplarisch Isin (Performative Citizenship, S. 506): „Performative citizenship signifies both a struggle (making rights claims) and what that struggle performatively brings into being (the right to claim rights)"; *Grünendahl et al*, Einleitung, S. 16 f. beschreibt sie als Hervorhebung der (individuellen) Performanz über die Rechtsgewährung.

[83] Siehe hierzu *Ataç/Rosenberger*, Inklusion/Exklusion, S. 48.

[84] Diese Unterbewertung zeigt sich nicht nur darin, dass alle anderen Rechte von den politischen Rechten abhängig gemacht werden (vgl. z. B. *Bellamy*, Citizenship, S. 17), ohne zu berücksichtigen, dass auch bürgerliche oder soziale Rechte eine notwendige Voraussetzung für den realen Zugang zu politischen Rechten sein können, sondern auch darin, dass bürgerliche und soziale Rechte gelegentlich nur insofern gewürdigt werden, als sie zur Erweiterung der politischen Beteiligung beitragen. *Cohen* (Semi-Citizenship, S. 23) verweist auf einige Beispiele von Autoren, die die letztere Position vertreten.

[85] Daher wird hier die folgende Stellungnahme in vollem Umfang geteilt: „Es geht deshalb nicht um die Alternative von Status oder Praxis, sondern darum, dass erst die Praxis der Staatsbürger zur Sicherung von Rechten und damit des Staatsbürgerstatus führt, der dann wiederum neue Praxen eröffnen kann" (*Mackert/Müller*, Der soziologische Gehalt, S. 28).

Damit bleibt nur die Dimension der Staatsbürgerschaft als Status und als Bündel von Rechten und Pflichten übrig. Im letzten Abschnitt wurde erläutert, dass die formelle Staatsbürgerschaft zwar von den garantierten Rechten abweichen kann, aber dennoch wichtig ist. Wie können dann Status (i. S. v. Staatsangehörigkeit, Aufenthaltsgenehmigung, usw.) und Rechte als Teil ein und derselben Dimension betrachtet werden? Sobald die Erforderlichkeit des Rückgriffs auf einen substanziellen Begriff der Staatsbürgerschaft anerkannt wird, ist die Lösung für diese Kluft zwischen Status und Rechten relativ einfach: die formale Staatsbürgerschaft (oder das wichtigste daraus resultierende Recht: das Recht auf Aufenthaltssicherheit)[86] kann bei der Bewertung des Bands zwischen Staat und Individuum als eine weitere Rechtskategorie betrachtet werden.

Folglich stellen die staatsbürgerlichen Rechte und Pflichten die einzige Bedeutung der Staatsbürgerschaft dar, die für die Strafbegründung in Frage kommt. In diesem Zusammenhang ist aus der Sicht eines Bürgerstrafrechts Folgendes zu bedenken.[87] Die Legitimation zur Bestrafung eines Individuums beruht unmittelbar auf seiner politischen Verpflichtung gegenüber der strafenden Gemeinschaft. Diese Mitwirkungspflicht – in modernen, liberalen Gesellschaften eigentlich ein Synonym für äußere Rechtskonformität –[88] entsteht nicht ohne Grund,

---

[86] In dieselbe Richtung *Ataç/Rosenberger*, Inklusion/Exklusion, S. 40; ähnlich *Söhn*, Rechtsstatus, S. 56 ff., die von „Recht auf Bleibesicherheit" spricht. Die erste Bezeichnung (Recht auf Aufenthaltssicherheit) ist jedoch vorzuziehen, da sie nicht nur das Recht auf Nichtausweisung, sondern auch das Recht auf Einreise und/oder Rückkehr in das Staatsgebiet umfasst.

[87] Die weiteren Überlegungen dieses Absatzes knüpfen an das an, was bereits im Teil II D I zum Bürgerstrafrecht ausgeführt wurde.

[88] Vgl. *Pawlik*, Das Unrecht, S. 106, Fn. 589: „Die Feststellung, daß die Rechtsgemeinschaft von ihren Angehörigen legales Handeln verlangen darf, hat eine nicht weniger bedeutsame Kehrseite: Mehr als äußerliche Rechtskonformität schulden die Bürger nicht". In der politischen Philosophie gibt es eine ausführliche Diskussion über den Bezug zwischen Pflichten und Staatsbürgerschaft. Häufig wird betont, dass die traditionell mit der Staatsbürgerschaft verbundenen Pflichten entweder nicht mehr allen Bürgern auferlegt werden (Wehrpflicht) oder auf der Grundlage des Wohnsitzes und nicht der Staatsbürgerschaft erfolgen (wie z. B. die Steuerpflicht). Dazu siehe *Vink*, Comparing Citizenship Regimes, S. 225. Wie man sieht, bleiben diese Pflichten aber von Bedeutung, wenn man von einer materiellen Konzeption der Staatsbürgerschaft ausgeht (die die Aufenthaltsberechtigten einschließt), obwohl sie nur spezifische Ausdrücke der allgemeinen Pflicht zur Rechtskonformität zu sein scheinen. Offenbar besteht jedoch ein gewisser Konsens darüber, dass Rechte wichtiger sind als Pflichten. Vgl. dazu *Fahrmeir* (Citizenship, S. 8) wonach die vermeintliche Gleichwertigkeit von Rechten und Pflichten der Bürger ein spät aufgetretenes und auf dem Rückzug befindliches historisches Phänomen sei. Darauf hinweisend, dass liberale Staaten ihren Bürgern nur wenige Pflichten auferlegen *Cohen*, Semi-Citizenship, S. 22. In autoritären und totalitären Staaten herrscht dagegen ein Primat der Pflichten. Vgl. hierzu *Grawert*, Der Staat 23 (1984), S. 195 für den Fall der DDR; und S. 200 für den Fall des Dritten Reiches, wo § 2 Abs. 1 des Reichsbürgergesetzes Folgendes vorsah: „Reichsbürger ist nur der Staatsangehörige deutschen oder artverwandten

322 B. Staatsbürgerschaft als abstufbares, aus Rechten bestehendes politisches Band

sondern leitet sich unmittelbar aus der Freiheit oder Inklusion ab, die die Gemeinschaft dem Betroffenen zugesichert hat, und zwar in Form von garantierten Rechten:[89] Wem Pflichten auferlegt werden, der muss auch in den Genuss von Rechten kommen.[90] Was also das Bürgerstrafrecht angeht, ist der Begriff der Staatsbürgerschaft als gewährleistete Rechte ausschlaggebend.

Der zweifelsfrei einflussreichste Ansatz zu einer als Rechte konzipierten Staatsbürgerschaft stammt von dem englischen Soziologen T. H. Marshall, dessen Denken im Rahmen des egalitären Liberalismus angesiedelt ist.[91] Einige zentrale Aspekte von Marshalls universalistischem bzw. klassischem Konzept der Staatsbürgerschaft,[92] die als Ausgangspunkt für das hier übernommene Konzept der Staatsbürgerschaft fungieren, sind nachfolgend vereinfacht dargestellt. Zuerst ist festzuhalten, dass Marshalls Ansatz nicht nur deskriptiv ist (er beschreibt die Staatsbürgerschaft als ein Instrument sozialer Inklusion), sondern auch ein normatives Modell darstellt, anhand dessen sich ermitteln lässt, welche Rechte eine Gesellschaft je nach ihren Möglichkeiten idealerweise gewährleisten

---

Blutes, der durch sein Verhalten beweist, daß er gewillt und geeignet ist, in Treue dem Deutschen Volk und Reich zu dienen". Verpflichtungen dieser Art sind eindeutig unvereinbar mit einem auf die Aufrechterhaltung von Freiheit abzielenden Bürgerstrafrecht. Ebenfalls unvereinbar mit einem Bürgerstrafrecht ist das andere Extrem, nämlich die Leugnung, dass die Staatsbürgerschaft Pflichten implizieren sollte [siehe z. B. *Kochenov*, European Law Journal 20, 4 (2014), S. 482 ff.], denn dann können Straftaten selbstverständlich nicht als Verletzungen der mit der Staatsbürgerschaft verbundenen Pflichten begriffen werden.

[89] Eigentlich ist die Argumentation etwas komplexer: Rechte und Pflichten zwischen Staat und Individuum sind wechselseitig bedingt: Der Einzelne ist dem Staat gegenüber nur dann politisch verpflichtet (er ist nur Bürger), wenn der Staat ihm Freiheit gewährleistet hat, aber der Staat wird dazu nur in der Lage sein, wenn die meisten anderen Verpflichteten ihrerseits ihre Mitwirkungspflicht erfüllen. Deswegen kann die Verletzung bestimmter schwerer Pflichten (z. B. nicht zu töten) bestraft werden.

[90] So auch *Enders*, Freiheit, III.

[91] Das Herzstück von Marshalls Ansatz findet sich in dem Aufsatz „Staatsbürgerrechte und soziale Klassen", der auf Deutsch zusammen mit anderen Werken desselben Autors in einem Band mit dem Titel „Bürgerrechte und soziale Klassen" veröffentlicht wurde. Zur Tragweite dieses Aufsatzes vgl. *Mackert/Müller*, Der soziologische Gehalt, S. 32: „Es gibt wohl kaum eine andere sozialwissenschaftliche Debatte, die in einem vergleichbaren Ausmaß von einem einzigen Aufsatz beeinflusst wurde, wie dies für die Diskussion um Staatsbürgerschaft und Marshalls Text der Fall ist". Im gleichen Sinne sowie den egalitaristischen Charakter von Marshalls Vorschlag betonend *Ramsay*, The Modern Law Review 69, 1 (2006), S. 40; *Cohen*, Semi-Citizenship, S. 17; oder *Gosewinkel*, GG 21 (1995), S. 534 f.

[92] Es wird häufig als „universalistisches" Modell bezeichnet (z. B. *Leydet*, Citizenship), da es sich für gleiche Rechte für alle Mitglieder einer politischen Gemeinschaft einsetzt (siehe *Marshall*, Bürgerrechte und soziale Klassen, S. 53). Außerdem wird es regelmäßig wegen seiner Bedeutsamkeit als „classic statement of liberal citizenship" bezeichnet (vgl. *Honohan*, Conceptions, S. 91).

sollte.[93] Gerade deswegen kommt es auch als Legitimationsbasis für ein Bürgerstrafrecht in Frage. Nach Marshall besteht die Staatsbürgerschaft aus drei Elementen, die sich (grob gesagt) nacheinander entwickelt hätten: zunächst das zivile Element im 18. Jahrhundert (bestehend aus den zur Sicherung der individuellen Freiheit notwendigen Rechten wie Gedankenfreiheit, Eigentums- und Vertragsfreiheit oder dem Recht auf ein ordentliches Verfahren); dann das politische Element im 19. Jahrhundert, das sowohl die aktive als auch die passive politische Beteiligung umfasst; und schließlich das soziale Element im 20. Jahrhundert, das das Recht auf ein Mindestmaß an sozialem Wohlergehen entsprechend dem bestehenden Entwicklungsstadium einer Gesellschaft einschließen würde (wobei er den Schwerpunkt auf das Bildungssystem legt).[94]

Eine unmittelbare Folge dieser dreigliedrigen und evolutionären Konzeption der Staatsbürgerschaft ist die Verneinung der Gültigkeit eines allgemeinen Grundsatzes, der festlegt, welche Rechte und Pflichten die Bürger in einer bestimmten politischen Gemeinschaft haben sollten: Jedes Gemeinwesen entwickelt seine eigene Idealvorstellung der zu gewährleistenden materiellen Staatsbürgerschaft, die zu einem angestrebten Ziel wird, an dem der Fortschritt gemessen wird.[95] Aus strafrechtlicher Sicht hieße dies, dass der Zustand der Freiheitlichkeit, der der politischen Verpflichtung zugrunde liegt, relativ ist.[96] Dadurch wird eine maximalistische Konzeption der Staatsbürgerschaft vermieden, deren Einlösbarkeit unmöglich ist.[97] Andererseits unterstreicht *Marshall*, dass diese drei Gruppen von Rechten miteinander verknüpft sind: So ist beispielsweise eine öffentliche Bildung von einer bestimmten Qualität eine notwendige Voraussetzung für die angemessene Ausübung der bürgerlichen und politischen

---

[93] Im selben Sinne *Revi*, Citizenship Studies, 18, 3–4 (2014), S. 453: „Marshall's work has positive and normative elements. On the positive side, Marshall argued the post-war welfare system in Britain constituted a new, ‚social' citizenship. On the normative side, Marshall believed this was a good thing".

[94] Vgl. hierzu *Marshall*, Bürgerrechte und soziale Klassen, S. 40–52. Wie Marshall selbst hervorhebt, gilt diese historische Entfaltung nur zur Veranschaulichung, da sich die Entwicklung der verschiedenen Kategorien von Rechten häufig überschnitt (ebd., S. 43). So ist er beispielsweise der Ansicht, dass die sozialen Rechte im 18. und 19. Jahrhundert stark geschwächt wurden, um dann im 20. Jahrhundert wieder Fuß zu fassen (ebd., S. 52). Es sei darauf hingewiesen, dass das Recht auf Bildung außerhalb Deutschlands (z. B. in der angelsächsischen oder hispanischen Welt) üblicherweise als ein soziales Recht eingestuft wird.

[95] *Marshall*, Bürgerrechte und soziale Klassen, S. 53 und S. 147 f.; im gleichen Sinne *Mackert*, Staatsbürgerschaft, S. 17.

[96] Ebenso skeptisch gegenüber dem Gedanken einer universellen und zeitlosen Daseinsordnung von Freiheit zeigt sich *Pawlik*, Ciudadanía y Derecho Penal, S. 65. Auch den evolutionären Charakter der Staatsbürgerschaft in Anlehnung an Marshall hervorhebend *Lorca*, Law, Culture and the Humanities 18, 2 (2022), S. 436–439.

[97] Warnend vor einem solchen Pfad *Mackert/Müller*, Der soziologische Gehalt, S. 28.

Rechte.⁹⁸ Dies schließt die Annahme eines Vorrangs der politischen Rechte aus, wie es die deliberativen Theorien vertreten.⁹⁹

Es geht hier keinesfalls darum, den Vorschlag von *Marshall* zu idealisieren. Diese im England der Nachkriegszeit entworfene Konzeption ist seit ihrer Entstehung einer Flut von Kritiken ausgesetzt worden. Einige dieser Kritikpunkte haben mit der Art und Weise zu tun, wie *Marshall* die Rechte in drei Gruppen einteilt.¹⁰⁰ Andere verweisen auf die Notwendigkeit, *Marshalls* Auffassung an die heutigen Gesellschaften anzupassen,¹⁰¹ oder kritisieren seinen evolutionären Charakter,¹⁰² seine anglozentrische Ausrichtung¹⁰³ oder sein Nichtbeachten der kulturellen Identität als Grundlage der Staatsbürgerschaft.¹⁰⁴ Auf diese Diskussionen soll im Rahmen dieser Arbeit nicht eingegangen werden, denn keiner dieser Kritikpunkte untergräbt ernsthaft den Einsatz von *Marshalls* Vorschlag als Grundlage eines Bürgerstrafrechts.¹⁰⁵ Sicherlich mag es heute präzisere Modelle

---

⁹⁸ Vgl. *Marshall*, Bürgerrechte und soziale Klassen, S. 51: „Bürgerrechte sind für den Gebrauch durch vernünftige und intelligente Personen bestimmt, die lesen und schreiben gelernt haben. Bildung ist eine unverzichtbare Voraussetzung der bürgerlichen Freiheit". Diese Betonung der notwendigen wechselseitigen Absicherung der Rechte zur erfolgreichen Gewährleistung von Freiheit ist charakteristisch für den egalitären Liberalismus (vgl. dazu *Celikates/Gosepath*, Politische Philosophie, S. 184).

⁹⁹ Dies setzt natürlich auch eine Ablehnung des Vorrangs voraus, den Rawls seinem ersten Gerechtigkeitsgrundsatz (bürgerliche und politische Grundfreiheiten) gegenüber dem zweiten (Chancengleichheit und Differenzprinzip) einräumt. Diese Rangfolge mag in Gesellschaften mit einem gewissen Entwicklungsstand, der allen Bürgern eine Grundversorgung garantiert, sinnvoll sein, lässt sich aber kaum auf Entwicklungsländer übertragen. Siehe hierzu *Newen*, Analytische Philosophie, S. 160 f.

¹⁰⁰ Alternative Vorschläge für die Einordnung der Staatsbürgerrechte finden sich u. a. bei *Parsons*, Gleichheit und Ungleichheit, S. 114 ff.; *Lister*, Sexual Citizenship, S. 191 ff.; *Janoski/Gran*, Political Citizenship, S. 13 ff.; *Turner*, Citizenship Studies 1, 1 (1997), S. 7; *Fahrmeir*, Citizenship, S. 3; *Bader*, Political Theory 23, 2 (1995), S. 212. In der Regel basieren alle diese Klassifizierungen zumindest teilweise auf der von Marshall, und dann fügen sie entweder neue Gruppen von Rechten hinzu – z. B. kulturelle (Parsons) oder sexuelle (Lister) – oder gliedern sie auf eine etwas andere Weise um – z. B. werden die zivilen Rechte entweder zu politischen oder wirtschaftlichen (Fahrmeir) – oder unterteilen sie in genauere Unterkategorien (so z. B. Janoski/Gran).

¹⁰¹ Ein wichtiger Punkt in diesem Zusammenhang ist die zunehmende Bedeutung der Rechte, die man als Person statt als Bürger erhält (siehe dazu *Bellamy*, Citizenship, S. 51; oder *Owen*, Citizenship and Human Rights, S. 258 ff.). Ein weiterer relevanter Aspekt liegt darin, dass Marshalls Ansatz die Entstehung neuer Formen von Bürgerschaft – wie etwa die Cyber-Bürgerschaft – selbstverständlich nicht berücksichtigt (dazu *Walker*, Territory, S. 570).

¹⁰² Vgl. z. B. *Turner*, Citizenship Studies 1, 1 (1997), S. 14.

¹⁰³ So *Mann*, The sources, S. 19 f.

¹⁰⁴ In diese Richtung *Cohen*, International Sociology 14, 3 (1999), S. 252.

¹⁰⁵ Damit soll nicht behauptet werden, dass diese Kritiken unzutreffend sind, sondern lediglich, dass sie einen Rückgriff auf Marshalls Vorschlag als Ausgangspunkt für ein Bürgerstraf-

zur Erfassung der Staatsbürgerschaft geben. Sogar in diesem Werk wird vertreten, dass ein wesentlicher Bestandteil der materiellen Staatsbürgerschaft die formale Staatsbürgerschaft (in Form des Rechts auf Aufenthaltssicherheit) ist, die sich keinem der drei oben genannten Gruppen von Rechten reibungslos zuordnen lässt. Hier geht es jedoch nur darum, zwei wertvolle Punkte aus *Marshalls* Vorschlag zu übernehmen, nämlich dass er bei der Analyse der Intensität der politischen Bindung mit einer handhabbaren Anzahl von Elementen arbeitet, und dass diese Elemente zudem die drei traditionell zu unterscheidenden Gruppen von Rechten bilden, die in der einen oder anderen Form bzw. Stärke in den meisten Gesellschaften vorhanden sind.

Allerdings gibt es zwei weitere Aspekte in *Marshalls* Theorie, die aus dem Blickwinkel eines Bürgerstrafrechts einer näheren Betrachtung bedürfen. Erstens beruht seine Ansicht zur Staatsbürgerschaft auf einer bestimmten Konzeption von Freiheit, nämlich dem egalitären Liberalismus. Daraus folgt, dass die vom Staat zu gewährleistende Freiheitsordnung – auf der die Legitimität seines Strafrechts beruht – auch bestimmte soziale Rechte umfassen soll. Wenn man sich *Marshalls* Modell zu eigen machen will, muss man also kurz begründen, warum die Gewährleistung sozialer Rechte zur Aufrechterhaltung von Freiheit nötig ist. Zweitens erlaubt seine Theorie der Staatsbürgerschaft zwar potenziell den Gedanken einer abstufungsfähigen Auffassung der Staatsbürgerschaft, doch geht Marshall auf diesen Aspekt – trotz seiner Bedeutsamkeit – überhaupt nicht ein.[106] Die beiden folgenden Abschnitte befassen sich jeweils mit diesen beiden Punkten.

---

recht nicht allzu viel unterminieren können. Dies wird durch eine kurze Prüfung dieser Kritikpunkte deutlich: i) ob ein Staat jemandem qua Person oder qua Staatsangehörigem Rechte garantiert, ist unter dem Gesichtspunkt eines auf einer materiellen Staatsbürgerschaft beruhenden Bürgerstrafrechts irrelevant, da der Staat durch die Gewährleistung von Rechten bereits eine politische Verbindung herstellt, die die Strafbegründung ermöglicht; ii) die Entstehung neuer Formen von Bürgerschaft (wie z. B. die europäische, wie noch zu sehen sein wird) kann zur Legitimierung von durch nichtstaatliche Instanzen verhängten Strafen führen, berührt aber nicht die Legitimität von staatlichen Strafen, insofern der Staat Rechte garantiert; iii) kulturelle Identität kann aufgrund ihres bereits erwähnten schwammigen Charakters nicht als ein Element der politischen Beziehung betrachtet werden, sondern eventuell als deren notwendige Voraussetzung oder erwartetes Ergebnis; iv) es spielt keine Rolle, ob Marshalls Evolutionismus unrichtig ist: es kommt nur darauf an, ob der Staat gegenwärtig Rechte garantiert, die das Entstehen politischer Verpflichtungen legitimieren können; v) ungeachtet des Anglozentrismus der Theorie garantieren die meisten Gesellschaften diese drei Arten von Rechten bis zu einem gewissen Grad, wenn auch nur minimal [man denke etwa an den Fall Chinas, wo es auf nationaler Ebene keinerlei Demokratie gibt, wohl aber auf kommunaler Ebene, vgl. dazu *Wong/Tang/Liu*, The China Quarterly 241 (2020), S. 22 ff.].

[106] Einige Autoren sind jedoch der Ansicht, dass Marshalls Ansatz eine „Entweder-oder"-

III. Die Ausgestaltung des Zustands der Freiheitlichkeit: die zur Aufrechterhaltung realer Freiheit erforderlichen Rechte

Jede Auffassung von Staatsbürgerschaft (im Sinne von Rechten und Pflichten des Einzelnen in einer politischen Gemeinschaft) basiert notwendigerweise auf einer Konzeption bezüglich der Hauptaufgabe des Staates. Ein gängiger Ausgangspunkt hierfür – wie auch in dieser Arbeit – ist die Auffassung, der Staat habe letztlich den Zweck, die politische Freiheit eines jeden seiner Bürger zu gewährleisten (alle Strömungen des Liberalismus gehören hierher).[107] Daher kann jede Vorstellung von politischer Freiheit auch als ein Begriff von Staatsbürgerschaft aufgefasst werden.[108] Aus dem bevorzugten Begriff von „politischer Freiheit" ergibt sich also, wie die ideale Bindung zwischen Staat und Bürger aussehen sollte (welche Rechte idealerweise zu garantieren sind). Eine solche Schlussfolgerung wirkt prinzipiell nicht gerade vielversprechend. Denn wenn schon der Begriff der Staatsbürgerschaft strittig ist, so ist es jener der Freiheit – sofern möglich – umso mehr.[109] Es sieht also so aus, als käme man vom Regen in die Traufe, denn sogar die sich selbst als „liberal" bezeichnenden Strömungen neigen dazu, sich gegenseitig das Recht abzusprechen, diese Bezeichnung zu verwenden.[110]

Entscheidung über Inklusion bzw. Exklusion erzwingt und daher für Gradationen nicht geeignet ist (so *Stichweh*, Inklusion und Exklusion, S. 52).

[107] Hierbei ist zu beachten, dass es in diesem Zusammenhang um die politische Freiheit (qua Bürger) und nicht um die Willens- oder Handlungsfreiheit geht, unbeschadet der möglichen Wechselbeziehungen zwischen diesen „Freiheiten". Wenn also in dieser Arbeit von „Freiheit" die Rede ist, so ist dies immer im Sinne von „politischer Freiheit" zu verstehen. Vgl. hierzu *Celikates/Gosepath*, Politische Philosophie, S. 175.

[108] Bei neorepublikanischen Denkern ist die Gleichsetzung von Freiheit und Staatsbürgerschaft vollständig, da sie – im Gegensatz zu den Libertären – der Ansicht sind, dass die Freiheit nicht eine dem Staat vorausgehende, private Angelegenheit ist, sondern durch das Gesetz geschaffen wird („law as a liberating agency"). Eindeutig in diesem Sinne *Skinner*, Tijdschrift voor Filosofie 55, 3 (1993), S. 417; *Pettit*, Utilitas 9, 1 (1997), S. 60 f.

[109] Auf Verweise kann an dieser Stelle verzichtet werden: Es genügt ein Blick auf die gesamte Debatte in der politischen Philosophie darüber, was Freiheit bedeutet, die in den folgenden Zeilen oberflächlich betrachtet wird. Wie *MacCallum* [The Philosophical Review 76, 3 (1967), S. 313] zu Recht feststellt, wird die Bedeutung der Freiheit dadurch verdunkelt, dass aufgrund ihrer Anziehungskraft viele politische Strömungen sich bemühen, ihre Ideale als freiheitskonform darzustellen. Ein anschauliches Beispiel dafür war die jüngste Debatte um den Freiheitsbegriff im Zusammenhang mit der Impfpflicht gegen das Coronavirus in Deutschland (vgl. Deutscher Bundestag – 20. Wahlperiode – 13. Sitzung. Berlin, Mittwoch, den 26. Januar 2022, S. 855). Interessanterweise beschäftigt sich bereits *Berlin* [Dtsch. Z. Philos. 41 (1993), S. 761] mit der Diskussion um die Impfpflicht und den unterschiedlichen Lösungsansätzen je nach Freiheitsbegriff.

[110] So vertritt Rawls beispielsweise die Auffassung, eine liberale Theorie müsse dafür sor-

Einige Staatstheorien verzichten jedoch mehr oder weniger ausdrücklich auf die Idee der Freiheit als höchstes Ziel des Staates, vor allem marxistische Theorien[111] sowie einige kommunitaristische Ansätze[112], wodurch sich andere Konzepte der Staatsbürgerschaft als das hier angenommene ergeben, die daher möglicherweise mit der Idee eines Strafrechts des Bürgers – wie es hier vorgeschlagen wird – unvereinbar sind. Dieser Abschnitt beschränkt sich daher auf eine (sehr knappe) Darstellung einiger der bedeutendsten Ansichten, die die Gewährleistung der Freiheit als primäre Aufgabe des Staates begreifen (nämlich libertäre, neorepublikanische und egalitäre Auffassungen), sowie darauf, deren Auswirkungen auf die Festlegung der vom Staat zu gewährleistenden Rechte aufzuzeigen und den Einfluss dieser Ansätze auf die im zweiten Teil dieser Arbeit untersuchten Modelle des Bürgerstrafrechts kurz anzudeuten.[113]

Traditionell wird die Kontroverse darüber, was politische Freiheit bedeutet, als eine Gegenüberstellung von zwei unversöhnlichen Freiheitsbegriffen betrachtet: Auf der einen Seite stünden die Verfechter der positiven Freiheit, auf der anderen die der negativen Freiheit. Wenngleich einige Autoren die Unterscheidung zwischen „negativer Freiheit" als Abwesenheit von etwas (Hindernisse, Schranken usw.) und „positiver Freiheit" als Vorhandensein von etwas (Selbstbestimmung, Selbstverwirklichung usw.) bereits auf *Kant* zurückführen,[114] entspricht die heute gemeinhin mit beiden Freiheitsbegriffen assoziierte Bedeutung weitgehend der, die ihnen *Isaiah Berlin* in seinem Werk „Two concepts of liber-

gen, dass alle Bürger die Möglichkeit zur Ausübung individueller Freiheiten haben, was bei libertären Positionen infolge der Zulassung übermäßiger Ungleichheiten nicht der Fall sei (siehe dazu *Wenar*, John Rawls, 3.4).

[111] Für die (orthodoxen) Marxisten besteht das Ziel des Staates in seiner Selbstauflösung, nicht in der Gewährleistung von Freiheit. Sowohl Lenin als auch Engels bekräftigen nachdrücklich, man könne erst dann von Freiheit sprechen, wenn der Staat nicht mehr existiere. Siehe dazu *Lenin*, Staat und Revolution, Teil 5, abrufbar unter: http://www.mlwerke.de/le/le25/le25_470.htm; oder auch *Engels*, Brief an Bebel, S. 7), abrufbar unter http://www.mlwerke.de/me/me19/me19_003.htm, jeweils abgerufen: 09.10.2023.

[112] Diese Ansichten gehen gewöhnlich davon aus, dass die Aufgabe des Staates in der Förderung einer bestimmten Vorstellung des Guten besteht, die objektiv überlegen sei. Aus diesem Grund bezeichnet der neorepublikanische Denker Skinner kommunitaristische Positionen wie die von Taylor oder MacIntyre als „antiliberale" [*Skinner*, Tijdschrift voor Filosofie 55, 3 (1993), S. 418].

[113] Vgl. *Courtland et al.*, Liberalism, zur Frage, wie unterschiedliche Auffassungen über den Freiheitsbegriff zu verschiedenen Ansichten über die Aufgaben des Staates führen.

[114] So beispielsweise *Carter*, Positive and Negative Liberty; oder *Baum*, JRE 16 (2008), S. 43 ff. Andere Autoren kritisieren die Zuweisung dieser Unterscheidung an Kant, da es sich für diesen Philosophen nicht um Begriffe von unterschiedlichen Gegenständen handelte. Siehe zum Beispiel *Ludwig*, JRE 21 (2013), S. 296, wonach bei *Kant* die praktische Freiheit nicht nur negativ (als Unabhängigkeit von sinnlichen Bestimmungsgründen) sein soll, sondern auch positiv („ein Vermögen"), „wenn sie überhaupt irgendetwas (und nicht ein ‚Unding') sein soll".

ty" zuschrieb. Im Laufe seines Werkes bemüht sich *Berlin*, die Unterschiede zwischen den beiden Freiheitskonzepten zu verdeutlichen.[115] Dazu gehören: Die Verfechter der negativen Freiheit – zu denen *Berlin* sich selbst zählt – gingen von einem empirischen Freiheitsträger aus (im Gegensatz zum rationalen oder moralischen Akteur, auf den die Befürworter der positiven Freiheit zurückgriffen), hielten nur Handlungen Dritter für relevante Freiheitshindernisse (während die Anhänger der positiven Freiheit auch andere Faktoren – wie z. B. die sozioökonomische Struktur oder geringere natürliche Begabungen – in Betracht zögen) und seien weniger restriktiv als die Vertreter der positiven Freiheit hinsichtlich der Legitimität des angestrebten Zwecks. Besonders wichtig ist dabei, dass – wie die Bezeichnung beider Begriffe bereits verrät – die Anhänger der negativen Freiheit diese mit dem zweitgenannten Aspekt (Abwesenheit von Hindernissen, nämlich „Freiheit *von* Überschreitungen") identifizierten, während die Befürworter der positiven Freiheit dies mit dem Freiheitsgegenstand (z. B. das Erreichen von Autonomie, d. h. „Freiheit *zu*") tun würden.[116]

Trotz des anhaltenden Einflusses dieser Untergliederung der Freiheit in zwei Konzepte sind zahlreiche Einwände gegen sie erhoben worden. Es würde den Rahmen dieser Arbeit eindeutig sprengen, die umfangreiche Literatur zu diesem Thema zu behandeln.[117] Es gibt jedoch eine alternative Auffassung von Freiheit, die ein tieferes Verständnis des Begriffs ermöglicht. *MacCallum* zufolge gibt es einen einzigen Freiheitsbegriff, der jedoch eine triadische Struktur aufweist, wobei jede der drei Variablen auf unterschiedliche Weise aufgefasst werden kann.[118] Zu behaupten, jemand sei frei, bedeutet also, dass ein Freiheitsträger „X" nicht durch etwas oder jemanden (ein Freiheitshindernis „Y") daran gehindert wird, etwas zu tun oder nicht zu tun bzw. zu werden oder nicht zu werden (einen Freiheitsgegenstand „Z" zu erlangen).[119] Daher ist eine starre Unterscheidung zwischen „Freiheit von" und „Freiheit zu" sinnlos, denn bei der Bewertung der Freiheit eines Akteurs sind immer beide zu berücksichtigen.[120] Wie der Leser vielleicht schon bemerkt hat, handelt es sich bei *MacCallums* Vorschlag also nicht um eine Theorie der Freiheit, sondern um eine Metatheorie:[121] Verschiedene

---

[115] Für *Berlin* [Dtsch. Z. Philos. 41 (1993), S. 772] stellen die beiden Begriffe sogar „zwei fundamental unterschiedliche, unvereinbare Einstellungen zum Zweck des Lebens" dar.

[116] So wäre negative Freiheit nichts anderes als „die Domäne ungehinderten Handelns", während der positive Freiheitsbegriff „sich dem Wunsch des einzelnen, sein eigener Herr zu sein" verdankt. Vgl. *Berlin*, Dtsch. Z. Philos. 41 (1993), S. 743–752.

[117] Vgl. statt aller *Carter*, Positive and Negative Liberty, 7.

[118] *MacCallum*, The Philosophical Review 76, 3 (1967), S. 312.

[119] Vgl. *MacCallum*, The Philosophical Review 76, 3 (1967), S. 314. Diese Freiheitsstruktur wird auch von *Rawls* (A Theory of Justice, S. 177) angenommen.

[120] *MacCallum*, The Philosophical Review 76, 3 (1967), S. 318.

[121] In diesem Sinne *Carter*, Positive and Negative Liberty, 4.

III. Die Ausgestaltung des Zustands der Freiheitlichkeit 329

Freiheitsvorstellungen (wie jene von *Berlin*) wären demnach unterschiedliche Deutungen der Reichweite, die jeder der drei Variablen verliehen werden kann, wie schon aus den von *Berlin* behaupteten Unterschieden zwischen dem positiven und dem negativen Begriff der Freiheit klar hervorgeht.

Dieser von *MacCallum* vorgelegte theoretische Rahmen verfügt über mindestens zwei wichtige Vorteile. Zunächst lässt sich dadurch ein genauerer Blick auf die Differenzen zwischen den verschiedenen Philosophen zum Thema Freiheit werfen, ohne dabei alle Positionen in die erzwungene Dichotomie von positiver/ negativer Freiheit einordnen zu müssen. Denn die Denker können – unabhängig davon, wie *Berlin* oder andere sie klassifiziert haben – hinsichtlich des Ausmaßes einiger Variablen übereinstimmen, während sie sich bei anderen nicht einig sind.[122] Am besten zeigt sich dies vielleicht in der Kritik, die *Berlin* an Autoren übt, die er selbst als Wegbereiter eines negativen Freiheitsbegriffs bezeichnet,[123] weil sie zu einigen Variablen eine Position einnehmen, die eher dem entspricht, was *Berlin* mit dem entgegengesetzten Freiheitsbegriff assoziiert. Das vielleicht auffälligste Beispiel hierfür ist *Locke*, der – wie es für die Verfechter einer vermeintlichen „positiven Freiheit" typisch wäre – eine eingeschränkte Auslegung des Freiheitsgegenstands vornimmt und das Gesetz als ein mögliches Instrument der Freiheit betrachtet.[124] Ebenso sieht *Berlin* einen Widerspruch in *Mills* Denken, wenn dieser Selbstentfaltung oder Selbstbejahung als Freiheitsgegenstand annimmt.[125]

Der zweite – für die vorliegende Arbeit relevantere – Vorteil des Modells von *MacCallum* besteht darin, dass es eine bessere Vorstellung davon vermittelt, worauf sich die politische Philosophie konzentrieren sollte: Für den Liberalismus, der die Hauptaufgabe des Staates in der Sicherung der politischen Freiheit sieht, spielt die zweite Variable von *MacCallum* – also die Frage, was unter einem

---

[122] *MacCallum*, The Philosophical Review 76, 3 (1967), S. 327.

[123] Zu den Vorreitern der Forderung nach einer unantastbaren persönlichen Schutzzone zählt *Berlin* unter anderem Locke, Constant, Mill und Toqueville [vgl. *Berlin*, Dtsch. Z. Philos. 41 (1993), S. 745].

[124] Vgl. hierzu *Locke*, Second Treatise, § 57, S. 123 f.: „So that, however it may be mistaken, the end of law is not to abolish or restrain, but to preserve and enlarge freedom…but freedom is not, as we are told, ‚a liberty for every man to do what he lists:' (for who could be free, when every other man's humour might domineer over him?) but a liberty to dispose and order as he lists his person, actions, possessions, and his whole property, within the allowance of those laws under which he is, and therein not to be subject to the arbitrary will of another, but freely follow his own". Zum Vergleich: *Berlin* schreibt – in Anlehnung an Hobbes und Bentham – Folgendes: „Das Gesetz ‚fessele' immer, auch wo es vor schwereren Ketten schütze als den gesetzlichen" [*ders.*, Dtsch. Z. Philos. 41 (1993), S. 744, Fn. 5].

[125] Siehe dazu z. B. *Mill*, On Liberty, S. 124. *Berlin* widmet einen nicht unerheblichen Teil seines Beitrags dem Versuch zu erklären, warum dies im Widerspruch zu Mills Auffassung von Freiheit als Nicht-Eingreifen stehe [Dtsch. Z. Philos. 41 (1993), S. 746–749 und 768 f.].

(relevanten) Hindernis zu verstehen ist, zu dessen Überwindung der Staat beitragen sollte – die zentrale Rolle.[126] Das Ausmaß, in dem der Staat dem Individuum Rechte zur Überwindung dieser Hindernisse garantiert, ist das Ausmaß der staatlichen Freiheitssicherung und damit (aus der Perspektive des hier vorgeschlagenen Bürgerstrafrechts) der Maßstab für die Stärke der Bindung zwischen Staat und Einzelnem (der Grad der materiellen Staatsbürgerschaft), auf dem die Straflegitimation beruht. Im Folgenden soll daher kurz analysiert werden, welche nach Ansicht einiger der wichtigsten Strömungen des politischen Liberalismus als relevante und demnach vom Staat zu beseitigende Hindernisse gelten sowie welche Einflüsse diese Standpunkte auf die Ausgestaltung der materiellen Staatsbürgerschaft ausüben.

Bei der Analyse dessen, was als Freiheitshindernis gilt, wird *Berlins* Unterscheidung zwischen zwei Freiheitsbegriffen jedoch erneut von gewisser Bedeutung. Zwar ist es wenig sinnvoll, zwischen einer „Freiheit von" und einer „Freiheit zu" zu unterscheiden, doch lassen sich zwei gegensätzliche Tendenzen erkennen, wenn es darum geht, wie umfassend der Freiheitsbegriff (im Sinne von Freiheitsgegenstand) ausgestaltet werden soll. Einerseits befürworten einige Autoren, in Anlehnung an *Berlin*, einen eingeschränkten Freiheitsbegriff, der von der Befürchtung geleitet wird, dass sonst die Freiheit mit anderen Werten (wie Gleichheit, Solidarität usw.) vermengt und ihnen heimlich untergeordnet werden könnte.[127] Andere wiederum gehen den umgekehrten Weg: Da die Freiheit des Einzelnen der grundlegende vom Staat zu gewährleistende Wert ist, darf sie nicht zu einem bloßen Formalismus verkommen, sondern muss so verstanden werden (d. h. so weit gefasst sein), dass sie einen realen Wert für das Individuum aufweist.[128] Üblicherweise (wenn auch nicht immer, wie *MacCallums* Schema zeigt) ist ein enger Freiheitsgegenstand mit einer relativ engen Auslegung der Freiheitshindernisse verbunden, während ein weiter gefasster Freiheitsgegenstand mit einer umfassenderen Auffassung dieser Hindernisse verbunden ist. Vereinfacht lässt sich sagen, dass libertäre Positionen einen engen Begriff von Freiheitshindernissen vertreten, während neorepublikanische und egalitäre Positionen einen vergleichsweise breiteren Begriff befürworten.

Für libertäre Positionen stellen nur externe Einmischungen des Staates oder Dritter (z. B. Zwang oder Drohungen) relevante Freiheitshindernisse dar.[129] Zur Bewältigung dieser Hindernisse reiche daher ein Nachtwächterstaat aus, der sich

---

[126] In diesem Sinne *Celikates/Gosepath*, Politische Philosophie, S. 182.
[127] Siehe *Berlin*, Dtsch. Z. Philos. 41 (1993), S. 766 f.
[128] Als Beispiel vgl. *Böckenförde*, Staat, Nation, Europa, S. 23.
[129] Siehe dazu *van der Vossen*, Libertarianism; oder *Berlin*, Dtsch. Z. Philos. 41 (1993), S. 744, der, obwohl er diesen Punkt teilt, nicht als Libertärer angesehen werden kann, wie unten erläutert wird.

auf die Gewährleistung der aus der formellen Staatsbürgerschaft abgeleiteten Rechte (Recht auf Aufenthaltssicherheit) und bestimmter individueller Grundfreiheiten (wie Schutz vor Übergriffen Dritter oder ein ordentliches Gerichtsverfahren) beschränkt.[130] Somit ist das Vorhandensein einer demokratischen Ordnung nicht notwendig, um Freiheit zu garantieren (geringe bzw. keine Relevanz der politischen Rechte),[131] und Umverteilungsmaßnahmen – abgesehen von eventuellen Bemühungen zur Linderung der extremen Armut – sind nicht wünschenswert,[132] da Armut kein relevantes Hindernis für die Freiheit bilde[133] (geringe oder keine Relevanz der sozialen Rechte). Die von den Libertären befürwortete ideale Bindung zwischen Staat und Individuum ist also vergleichsweise anspruchslos. Mit anderen Worten: Ein Bürgerstrafrecht, das auf einer libertären Konzeption beruht, hat weniger Schwierigkeiten, die Bestrafung großer Teile der Bevölkerung (in entwickelten Ländern, sogar der gesamten Bevölkerung) zu legitimieren.

Keiner der in dieser Untersuchung näher behandelten Entwürfe zum Bürgerstrafrecht ist von einem libertären Freiheitsbegriff inspiriert. Dies ist kaum verwunderlich, wenn man bedenkt, dass diese Modelle im Allgemeinen darauf abzielen, die fehlende Legitimität des Staates zur Bestrafung von Personen zu beleuchten, die keine oder nur eine geringe Bindung zu ihm haben, ein Anliegen, zu dem die libertäre Position nicht viel beiträgt. In jedem Fall gibt es gute Grün-

---

[130] Paradigmatisch *Nozick*, Anarchy, S. 26 ff.

[131] Ein anschauliches Beispiel dafür ist der folgende, angeblich von *Hayek* geäußerte Satz: „I have not been able to find a single person even in much maligned Chile who did not agree that personal freedom was much greater under Pinochet than it had been under Allende". Vgl. dazu *Farrant/McPhail/Berger*, The American Journal of Economics and Sociology 71, 3 (2012), S. 513. Wahrscheinlich hat Hayek keinen der 3.227 vom Pinochet-Regime ermordeten Menschen oder Hunderttausende von Exilanten nach ihrer Meinung gefragt.

[132] Zur Umverteilungspolitik als willkürliche staatliche Einmischung siehe *Hayek*, Constitution of Liberty, S. 376 und S. 426. Siehe auch *Nozicks* berühmte Aussage, dass Steuern auf Arbeitseinkommen einer Zwangsarbeit gleichkommen (Anarchy, S. 169). Einen Überblick über die traditionellen Einwände gegen soziale Rechte aus libertären Positionen liefern *Mackert/Müller*, Der soziologische Gehalt, S. 19 f. Man sollte jedoch bedenken, dass diese Argumentation nur bei dogmatischen Libertären zu finden ist. Marktwirtschaftlich orientierte Politiker neigen zu einer ausgewogeneren Sichtweise. Man denke z. B. an *Churchill*, der in Bezug auf die Gegner der Sozialgesetze Folgendes schrieb: „I would recommend you not to be scared in discussing any of these proposals, just because some old woman comes along and tells you they are Socialistic". (*ders.*, Liberalism and the social problem, S. 24 f. und S. 44).

[133] Laut Hayek sind die auf mangelnde Chancen oder den sozioökonomischen Hintergrund zurückzuführenden Hindernisse mit zufälligen Hindernissen (z. B. Krankheit) vergleichbar und beeinträchtigen daher nicht die Freiheit. So schreibt er: „Even if the threat of starvation to me and perhaps to my family impels me to accept a distasteful job at a very low wage, even if I am ‚at the mercy' of the only man willing to employ me, I am not coerced by him or anybody else" (*Hayek*, Constitution of Liberty, S. 204).

de, diesen Abstand zu libertären Konzeptionen beizubehalten. Erstens lässt sich die Freiheit nicht so eindeutig von anderen sozialen Werten abgrenzen, wie *Berlin* meinte. Denn die Freiheit von *Nozicks* Nachtwächterstaat besteht weitgehend nur aus einem Grundrecht auf Sicherheit vor Übergriffen Dritter.[134] Vor allem aber erscheint ein eingeschränkter Freiheitsbegriff nicht angemessen, wenn man die Gewährleistung von Freiheit als ausschließliches bzw. höchstes Staatsziel betrachtet. Genau darin unterscheidet sich *Berlin* von den Libertären, denn er hält andere Werte für ebenso wichtig wie die Freiheit, die deshalb neben ihr abgewogen werden müssen, um zu bestimmen, wie ein erfülltes Leben am besten gewährleistet werden kann.[135] Möchte man auf der Freiheit als Hauptziel des Staates bestehen, dann muss sie eine breitere Bedeutung erhalten.

Zwar mag der bloße Schutz der elementarsten Rechte in vielen Kontexten ein unerreichbares Privileg sein.[136] Aber eine libertäre Auffassung – zumindest in ihren gröberen Versionen –, die sich auf die formale Gewährung von Rechten beschränkt, ohne Instrumente bereitzustellen, mit denen diese Rechte in der Praxis ausgeübt werden können, lässt sich kaum als Zweck des Staates denken.[137] Schließlich besteht das Problem des libertären Freiheitsverständnisses darin, dass es nicht in der Lage ist, sich auf Dauer zu halten, da es ständig Gefahr läuft, sich selbst abzuschaffen:[138] In einem undemokratischen Staat fällt die Einhaltung eines ordnungsgemäßen Verfahrens oder die Ausübung der Meinungsfreiheit mittelfristig schwer,[139] ebenso wie ein unregulierter Markt (durch die Entstehung von Mono- oder Oligopolen) schnell aufhört, ein freier Markt zu sein. Daher kann nur ein weiter gefasster Freiheitsbegriff als Zweck des Staates dienen und gleichzeitig den Fortbestand der Freiheit sichern, auch wenn dies Verstöße gegen das Prinzip der Nichteinmischung (und damit eine Verringerung der Frei-

---

[134] Siehe zum Beispiel *Habermas*, The Inclusion, S. 246, der den liberalen Staat als „Hüter der Marktgesellschaft" bezeichnet.

[135] Vgl. dazu *Berlin*, Dtsch. Z. Philos. 41 (1993), S. 773 f.

[136] Ähnlich *Silva Sánchez*, Malum, S. 79.

[137] Zu dieser üblichen Kritik an libertären Positionen siehe statt aller *Celikates/Gosepath*, Politische Philosophie, S. 184.

[138] Ironischerweise ist dies derselbe Einwand, den die Befürworter einer „negativen Freiheit" gegen die Verteidiger einer „positiven Freiheit" vorbringen. Siehe dazu *Carter*, Positive and Negative Liberty, 2.

[139] Daher erkennen nicht-extremistische libertäre Autoren auch die (zumindest funktionale) Bedeutung der politischen Rechte an. So schreibt *Constant* (The Liberty of the Ancients, S. 13) in deutlichem Gegensatz zu Hayek: „And where would we find guarantees if we gave up political liberty? Giving it up would be a folly like that of a man who doesn't care if the house is built on sand because he lives only on the first floor". Diese Sichtweise geht auch auf die Griechen zurück, die denjenigen als „idiotes" bezeichneten, die sich ausschließlich auf ihre privaten Angelegenheiten konzentrierten und die öffentlichen Affären vernachlässigten (siehe *Bellamy*, Citizenship, S. 97).

heit aus libertärer Sicht) impliziert. Das heißt nicht, dass die Erweiterung des Freiheitsbegriffs alle menschlichen Ideale harmonisieren kann – ein Anspruch, den Berlin den Verfechtern der positiven Freiheit zuweist –[140], sondern lediglich, dass die unvermeidlichen Widersprüche zwischen diesen Idealen innerhalb eines weiten Freiheitsbegriffs, der als Zweck des Staates fungiert, abgewogen werden sollen.

Die neorepublikanischen Ansätze zielen darauf ab, diese Defizite der libertären Positionen auszuräumen. Im Gegensatz zum klassischen Republikanismus schätzt der Neorepublikanismus die politische Partizipation und die bürgerlichen Tugenden nicht so sehr als eigenständige Zwecke, sondern vielmehr als nützliche Instrumente zur Sicherung der Freiheit und rückt damit viel näher an andere liberale Strömungen heran.[141] So behauptet *Skinner* – einer der wichtigsten neorepublikanischen Autoren –, dass er von den Liberalen hinsichtlich der Bedeutung der Freiheit nicht abweiche (da er sie ebenfalls als Hauptziel des Rechtes und als Abwesenheit von Hindernissen versteht), allerdings unterscheide er sich stark von ihnen hinsichtlich der Frage, wie Freiheit zu bewahren und zu maximieren ist, wobei dies nicht durch eine minimale staatliche Einmischung erfolgen soll, sondern indem das Gesetz die Erfüllung der staatsbürgerlichen Pflichten erzwingt.[142] Hier zeigt sich deutlich die Brauchbarkeit von *MacCallums* Modell: Die von *Skinner* erwähnte Übereinstimmung zwischen Liberalen (einschließlich Libertären) und Neorepublikanern hinsichtlich der „Bedeutung der Freiheit" ist trügerisch, da sie sich darauf beschränkt, dass beide Positionen die Freiheit als „Freiheit von etwas" betonen. Der enorme Unterschied zwischen den beiden Auffassungen hinsichtlich dessen, was sie als relevante Hindernisse für die Freiheit verstehen, macht es jedoch völlig unmöglich, von einer ähnlichen Freiheitskonzeption zu sprechen.[143]

Worin liegt dann der erwähnte Unterschied? Für die Neorepublikaner besteht die Freiheit in „Nichtbeherrschung" anstatt in „Nichteinmischung", wobei es zwei wesentliche Differenzen gibt: (i) nicht jeder Eingriff, sondern nur solche, die willkürlich sind, gelten als Fremdbeherrschung (in diesem Sinne legen die Neorepublikaner die relevanten Freiheitshindernisse strenger aus und daher ist die Freiheit schwerer zu verlieren, z.B. stellt nicht jedes Gesetz einen freiheitsbeeinträchtigenden Eingriff dar, sondern nur jenes, das willkürlich ist); und (ii)

---

[140] *Berlin*, Dtsch. Z. Philos. 41 (1993), S. 772.

[141] Zu dieser „instrumentellen Wende" vom klassischen Republikanismus (z. B. Machiavelli, Rousseau) zum Neorepublikanismus (z. B. Pettit, Skinner) siehe *Honohan*, Conceptions, S. 85–88; *Lovett*, Republicanism, 3.1.

[142] Vgl. *Skinner*, Tijdschrift voor Filosofie 55, 3 (1993), S. 409–411.

[143] Zu den erheblichen Unterschieden hinsichtlich der Folgen beider Standpunkte siehe *Lovett*, Republicanism, 3.2.

es gibt Fremdbeherrschung nicht nur bei tatsächlichen Eingriffen, sondern auch bei Anfälligkeit gegenüber potenziellen Einschränkungen (in diesem Sinne verstehen Republikaner die relevanten Hindernisse weniger streng, und daher ist die Freiheit leichter zu verlieren).[144] Die Aufgabe des Staates bestünde dann darin, seine Bürger vor potenziellen willkürlichen Eingriffen zu schützen.

Zur Maximierung der Freiheit als Nichtbeherrschung ist einerseits der Verzicht auf Maßnahmen erforderlich, die zwar die Freiheit bewahren wollen, aber das Gegenteil bewirken.[145] Unverzichtbar ist auch das Vorhandensein eines demokratischen Rechtsstaates, in dem die Bürger Gesetze oder Maßnahmen in Frage stellen können, die sie für heteronom halten.[146] Daher betonen Neorepublikaner die Bedeutung einer aktiven Bürgerbeteiligung: der republikanische Bürger ist genau das Gegenteil eines Trittbrettfahrers.[147] Um nicht der Fremdbeherrschung ausgeliefert zu sein, reicht es nicht aus, einen Schutzwall von Rechten um sich herum zu errichten, sondern man muss sich selbst regieren.[148] Der Staat muss also politische Rechte versichern, denn über diese bestimmt der Bürger, welche Rechte ihm in seiner Privatsphäre zustehen. Allerdings sind sich neorepublikanische Autoren bewusst, dass politische Partizipation nicht ausreicht, um Freiheit als Nichtbeherrschung zu verwirklichen. Ohne eine ausreichende Verteilungspolitik, die einen „Zustand der Nichtanfälligkeit" garantiert,[149] verhindert

---

[144] Der Gedanke der Freiheit als Nichtbeherrschung, der sich schon bei *Rousseau* (Diskurs über die Ungleichheit, S. 31) deutlich findet (wonach das Schlimmste, was einem Menschen in seinem Verhältnis zu einem anderen passieren kann, darin besteht, ihm ausgeliefert zu sein), ist in der oben beschriebenen Weise vor allem von *Pettit* [Utilitas 9, 1 (1997), S. 61–66] entwickelt worden. Die Anfälligkeit für potenzielle Einmischungen wird von den Neorepublikanern häufig am Beispiel des Sklaven – dem paradigmatischen Fall des Beherrschten – veranschaulicht. *Pettit* (ebd., S. 65) zitiert in diesem Zusammenhang Sydney, der schrieb: „he is a slave who serves the best and gentlest man in the world, as well as he who serves the worst".

[145] Daher hat die von *Pettit* vorgestellte Strafe als „rectification" einen eindeutigen konsequentialistischen Charakter. Vgl. dazu *Pettit*, Utilitas 9, 1 (1997), S. 68: „republicanism takes and ought to take a consequentialist attitude to the value of non-domination[...]. There will be no point in criminalizing something in order to reduce domination, if the very act of criminalization itself facilitates more domination than it removes".

[146] Zur Bedeutung der Gewaltenteilung für die Freiheit siehe *Montesquieu*, De L'Esprit des Lois, Livre XI, Chapitre VI; zur Wichtigkeit der demokratischen Kontrollmechanismen siehe *Pettit*, Utilitas 9, 1 (1997), S. 62.

[147] So *Honohan*, Conceptions, S. 92.

[148] Eindeutig *Skinner*, Tijdschrift voor Filosofie 55, 3 (1993), S. 414 f. Diese These wird empirisch durch Studien gestützt, die belegen, dass die Zunahme des Anteils von Migranten an der Wählerschaft einer der wichtigsten Faktoren für die Erweiterung ihrer Rechte ist. Vgl. dazu *Bloemraad*, Does Citizenship Matter?, S. 536.

[149] Vgl. hierzu z. B. den Beitrag von *White*, Critical Review of International Social and Political Philosophy 14, 5 (2011), S. 566 f., wonach jemand gegenüber einem anderen verwundbar ist, wenn i) er dringend Zugang zu einem Gut benötigt, ii) sein Gegenüber de facto ein Mono-

III. Die Ausgestaltung des Zustands der Freiheitlichkeit

der Zugang zum Wahlrecht nicht die von *Foucault* beschriebene Tatsache, dass „les lois sociales sont faites par des gens auxquels elles ne sont pas destinées, mais pour être appliquées à ceux qui ne les ont pas faites".[150] Die Aufrechterhaltung der Freiheit setzt daher unbedingt ein Steuersystem voraus, das gravierende Ungleichheiten bei der Vermögensverteilung beseitigt.[151] Neorepublikanische Positionen, die diese Argumentationslinie übernehmen, unterscheiden sich kaum von egalitären Ansätzen, was die Ausgestaltung der die politische Freiheit ausmachenden Rechte betrifft.[152]

Der Egalitarismus[153] – die Strömung des Liberalismus, die *Marshalls* Modell der Staatsbürgerschaft inspiriert – interpretiert das, was als relevantes Freiheitshindernis gilt, ebenso wie die Neorepublikaner viel breiter als die Libertären, wobei auch soziale (und manchmal sogar natürliche) Umstände einbezogen werden, mit denen der Einzelne geboren wird oder die ihm zufällig begegnen, da er sonst für diese Umstände verantwortlich gemacht würde.[154] Der Weg zur Überwindung dieser Hindernisse führt über die Verteilungsgerechtigkeit, die die durch diese Umstände entstehende Ungleichheit verringert. Das erste Anliegen, mit dem sich ein egalitärer Standpunkt befassen muss, betrifft nicht die Festlegung von Parametern für die Verteilung knapper Ressourcen, sondern die Klärung der grundlegenden Frage, welche Art von Gleichheit angestrebt wird.[155] Schon bei diesem zentralen Punkt fallen die Antworten sehr unterschiedlich aus, obwohl sie sich grob in zwei Gruppen einteilen lassen: Auf der einen Seite gibt es diejenigen, die eine „schwache" Gleichheit befürworten (sog. *Prima-facie-*

---

pol auf den Zugang zu diesem Gut hat und iii) sein Gegenüber nicht in gleicher Weise auf ihn angewiesen ist, um Zugang zu einem anderen Gut zu erhalten (Asymmetrie). Um diese Problematik zu lösen, schlägt er ein bedingungsloses Grundeinkommen vor.

[150] *Foucault*, La Société Punitive, S. 24.

[151] So *Skinner*, Tijdschrift voor Filosofie 55, 3 (1993), S. 415 f.

[152] Diese Übereinstimmung wird von Rawls ausdrücklich anerkannt (dazu *Lovett*, Republicanism, 3.2). Zu möglichen Unterschieden zwischen diesen beiden Strängen des Liberalismus siehe *Honohan*, Conceptions, S. 101 f.

[153] Für alternative Bezeichnungen (wie „neuer Liberalismus", Wohlfahrtsstaat, soziale Gerechtigkeit usw.) siehe *Courtland et al*, Liberalism, 2.2.

[154] Vgl. dazu *Kersting*, Einleitung, S. 41 f. Ein gutes Beispiel für diese Denkrichtung liefert *Rawls*, der ein „System der demokratischen Gleichheit" vorschlägt, welches auch natürliche Hindernisse berücksichtigt, d. h. er hält es nicht für gerecht, den Reichtum auf der Grundlage natürlicher Talente oder Fähigkeiten zu verteilen. Vgl. *Rawls*, A Theory of Justice, S. 57–65.

[155] Siehe diesbezüglich den Aufsatz von *Sen*, Equality of What?. Mit den Worten *Kerstings*: „Was gerecht ist, versteht sich jedoch leider nicht von selbst" (Einleitung, S. 14). Es sei jedoch darauf hingewiesen, dass alle politischen Freiheits- und Gerechtigkeitstheorien in mindestens einer Variablen egalitär sind, da selbst Libertäre Gleichheit in Bezug auf die Nichteinmischung fordern (vgl. dazu *Sturma*, Universalismus und Neoaristotelismus, S. 273; *Celikates/Gosepath*, Politische Philosophie, S. 155).

Egalitarismus: Ungleichheit bei den Rechten ist niemals zu rechtfertigen, wohl aber Ungleichheit bei der Verteilung der Güter),[156] auf der anderen Seite stehen die Vertreter einer starken, quasi ausnahmslosen Gleichheit.[157] Aufgrund dieser Unterschiede stellt sich nicht nur das Problem, wie man einen Gleichheitsstandard auf konkrete Fälle anwendet (z. B. welche Mindestquote an Studienplätzen eine ethnische Minderheit haben sollte), sondern auch, ob ein bestimmter Standard wünschenswert bzw. gerecht ist (in diesem Beispiel die positive Diskriminierung).[158]

Ungeachtet dieser bedeutenden Differenzen hinsichtlich der erstrebenswerten Gleichheit lassen sich in all diesen egalitaristischen Auffassungen bestimmte gemeinsame Nenner finden, anhand derer der Schluss gezogen werden kann, dass der Gedanke der sozialen Gerechtigkeit keine Leerformel ist. Der zentrale Punkt dabei ist die Erforderlichkeit eines Sozialstaates, um einige der aus dem freien Markt resultierenden Ungerechtigkeiten zu korrigieren, wobei eine Balance zwischen zivilen, politischen und sozialen Rechten erzielt werden soll.[159] Zwar bedeutet die Integration sozialer und politischer Rechte in den Freiheitsbegriff die Einfuhr des Konflikts zwischen sozialen Werten (den *Berlin* aus seinem eingeschränkten Freiheitsbegriff verbannen wollte) in das Konzept der Freiheit. Dennoch ist diese Einführung zu begrüßen, nicht zuletzt deshalb, weil sich die verschiedenen Rechte – auch wenn sie oft in Konflikt miteinander geraten – zumindest teilweise wechselseitig absichern,[160] sodass die so begriffene Freiheit einen realen und nicht nur einen formalen Wert hat.[161] Selbstverständlich wird jeder

---

[156] Ein berühmtes Beispiel für eine solche Sichtweise liefert *Rawls*, der Ungleichheit nur insoweit rechtfertigt, als sie dem Differenzprinzip entspricht, demzufolge soziale und wirtschaftliche Ungleichheiten so gestaltet werden müssen, dass sie für alle einigermaßen vorteilhaft werden können (Theory of Justice, S. 53). Dieses Prinzip ist übrigens nicht anders als eine Variante des Grundsatzes von Art. 1, S. 2 der Allgemeinen Erklärung der Menschen- und Bürgerrechte vom 26. August 1789, wonach soziale Unterschiede nur auf dem gemeinsamen Nutzen beruhen dürfen. Ähnlich *Marshall*, Bürgerrechte und soziale Klassen, S. 88.

[157] Wie von *Kersting* (Einleitung, S. 44–50) beschrieben, ist aber die Debatte darüber, welche Gleichheit angestrebt werden sollte, viel komplexer, als die erwähnte Klassifizierung vermuten lässt. So unterscheidet er mindestens drei Hauptvarianten (ressourcenegalitaristische, strukturegalitaristische und erfolgsegalitaristische Auffassungen) mit jeweils zahlreichen Unterzweigen.

[158] Ähnlich *Celikates/Gosepath*, Politische Philosophie, S. 150.

[159] Für einen Vorschlag, wie dieses Gleichgewicht erreicht werden könnte, siehe z. B. *Koller*, Soziale Gerechtigkeit, S. 143 ff. Ähnliche Grundsätze vertritt *Rawls*, wobei er die Vorteile seines Modells der „Eigentumsdemokratie" gegenüber einem Wohlfahrtsstaat hervorhebt (siehe Gerechtigkeit als Fairneß, S. 216–218).

[160] Zu dieser wechselseitigen Absicherung siehe statt aller *Lohmann*, Soziale Menschenrechte, S. 367; *Celikates/Gosepath*, Politische Philosophie, S. 184.

[161] Die Gewährleistung von realer (und nicht nur formaler) Freiheit ist ein zentrales Anlie-

zur Erreichung dieses Gleichgewichts unterbreitete Vorschlag zwangsläufig vage bleiben, da er die konkreten Werte und den Entwicklungsstand einer Gesellschaft widerspiegeln muss, und daher, wie *Marshall* bemerkte, kaum universalisierbar ist.[162]

Die von neorepublikanischen und egalitaristischen Auffassungen der Variable „Freiheitshindernisse" verliehene Reichweite und das daraus resultierende Verständnis der materiellen Staatsbürgerschaft als eine Zusammenstellung ziviler, politischer und sozialer Rechte hat – in deutlichem Gegensatz zu libertären Vorstellungen – eine enorme Resonanz in allen Varianten des Bürgerstrafrechts gefunden. Nachfolgend werden einige Beispiele zu jeder der im zweiten Teil dieser Arbeit erwähnten Strömungen des Bürgerstrafrechts kurz vorgestellt. Sicherlich fällt diese Resonanz im Falle der deliberativen Varianten schwächer aus. Doch auch wenn *Habermas* seine Diskurstheorie als einen dritten Weg zwischen einem negativen und einem republikanischen Freiheitsbegriff darstellt,[163] gilt seine Kritik am Republikanismus eigentlich der klassischen Version desselben (er wirft diesem vor, den Staat als ethische Gemeinschaft zu betrachten),[164] und nicht dem Neorepublikanismus, mit dem er aus der hiesigen Perspektive wichtige Berührungspunkte teilt (da beide der privaten und öffentlichen Autonomie große Bedeutung beimessen).[165] Das Modell von *Silva Sánchez* – das als Vorbild für die Variante eines unechten Bürgerstrafrechts analysiert wurde – basiert dagegen ausdrücklich auf dem Egalitarismus (was durchaus im Einklang mit der Bedeutung steht, die er den positiven Leistungen des Staates bei der Gestaltung der politischen Bindung beimisst), wenn auch auf einer schwachen Version desselben.[166] Ähnlich wird in der angelsächsischen Literatur häufig der normative Anspruch erhoben, ohne Verteilungsgerechtigkeit könne es keine legitimen vergeltenden Kriminalstrafen geben (zentrale Prämisse der sogenannten „social reform thesis").[167] Im Hinblick auf die republikanische Version des Bürgerstraf-

---

gen egalitärer Positionen (siehe z. B. *Van Parijs*, Real Freedom, S. 21–24); und des damit eng verbundenen Fähigkeitenansatzes (siehe *Sen*, Inequality Reexamined, S. 149).

[162] Im gleichen Sinne *Koller*, Soziale Gerechtigkeit, S. 146.

[163] Dies in dem Sinne, dass er private Autonomie (sog. klassische Freiheiten) und öffentliche Autonomie (institutionalisiert in der Teilhabe an demokratischen Prozessen) als co-originär (gegenseitig vorausgesetzt) und damit als einander nicht unterordnungsfähig betrachtet. Vgl. dazu *Habermas*, The Inclusion, S. 258 ff.

[164] Vgl. hierzu *Habermas*, The Inclusion, S. 246.

[165] Das soll nicht heißen, dass es keine Unterschiede gibt, vor allem insofern, als die Neorepublikaner (oder einige ihrer führenden Vertreter) die Selbstregierung als eine Voraussetzung für das sehen, was *Habermas* als private Autonomie bezeichnet. In diese Richtung eindeutig *Skinner*, Tijdschrift voor Filosofie 55, 3 (1993), S. 414.

[166] Vgl. dazu *Silva Sánchez*, Malum, S. 86–88.

[167] *Heffernan/Kleinig*, Introduction, S. 2, beschreiben diesen Ansatz wie folgt: „the burdens

rechts ist es überflüssig, die Einflüsse einer neorepublikanischen Freiheitskonzeption zu beschreiben.[168] Allerdings ist zu bedenken, dass das in dieser Arbeit eingehend analysierte Modell der republikanischen Variante (nämlich *Duffs* Theorie) nicht reibungslos in eine neorepublikanische Freiheitskonzeption passt, zumal dieses Modell ausgeprägte kommunitaristische Züge aufweist.[169] Jedenfalls erkennt *Duff* – wie auch alle anderen Autoren, die in diesem Werk der republikanischen Variante des Bürgerstrafrechts zugeordnet werden – ausdrücklich die Legitimationsprobleme des Staates bei der Bestrafung von sozial Ausgegrenzten an,[170] was ihn einem weiten Freiheitsbegriff (wie von Egalitaristen und Neorepublikanern vertreten) wesentlich näher bringt als dem eingeschränkten Freiheitsverständnis der Libertären. Schließlich spielt die gleichnamige Idee, auf der die *Fair-Play*-Variante beruht, eine zentrale Rolle in *Rawls'* egalitärem Ansatz.[171] Ebenso knüpft die Fokussierung der *Fair-Play*-Variante auf die Relevanz der individuellen Pflichterfüllung für die Aufrechterhaltung der politischen Freiheit unmittelbar an den neorepublikanischen Freiheitsbegriff an.[172] Außerdem ist die Gewährleistung eines gewissen Mindeststandards der öffentlichen Bildung (die beim libertären Freiheitskonzept keine Rolle spielt) von grundlegender Bedeutung, um bei den Bürgern die Einstellung zu verankern, ihrer Mitwirkungspflicht nachzukommen.[173] Es ist daher nicht verwunderlich, dass *Pawlik* in seinen jüngeren Schriften (trotz seiner erwähnten Weigerung, die Legitimität der Strafe auf politische Rechte zu stützen) seine Konzeption ausdrücklich als republikanisch bezeichnet und sich dabei auf *Skinner* beruft.[174]

---

imposed by penal laws are morally justifiable only if one can say that the people bearing them also enjoy the benefits of communal life". Die Sozialreformthese hat (grob gesagt) eine starke Version (sozial Ausgegrenzte können nicht legitim bestraft werden), die dem oben erwähnten marxistischen Ansatz von Murphy ähnelt, und eine schwache oder qualifizierte Version (soziale Ausgrenzung wirkt strafmildernd oder schließt die Bestrafung bei damit zusammenhängenden Straftaten aus), die in ihren Auswirkungen der bereits erwähnten These von Silva Sánchez ähnelt. Vgl. dazu *Heffernan/Kleinig*, Introduction, S. 19 f.

[168] Teilweise handelt es sich sogar um dieselben Autoren, denn einige der renommiertesten neorepublikanischen Autoren haben sich mit dem Problem der Legitimität der Strafe befasst, wie z. B. *Pettit*, Utilitas 9, 1 (1997) oder *Gargarella*, Criminal Law and Philosophy 5 (2010), S. 21 ff.

[169] Vgl. Teil II D IV 1.

[170] Siehe Teil II D IV 2.

[171] Vgl. beispielsweise *Rawls*, Legal obligation and the duty of fair play.

[172] Es ist darauf hinzuweisen, dass auch Egalitaristen diesen Punkt betonen. So beschreibt *Marshall* (Bürgerrechte und soziale Klassen, S. 108) das Recht der Menschen auf Wohlfahrt als „das Recht auf einen gerechten Anteil am individuellen Genuß der Früchte gemeinsamer Arbeit".

[173] Siehe *González/Krause*, Trans/Form/Ação 41, 2 (2018), S. 157 ff.

[174] *Pawlik*, Normbestätigung, S. 43 ff. In demselben Werk räumt *Pawlik* auch ein, dass die

In Anbetracht der bereits angeführten Vorteile – und in Übereinstimmung mit den anderen Varianten des Bürgerstrafrechts – basiert auch das hiesige Deutungsmodell des Strafrechts auf einem weit gefassten (neorepublikanischen bzw. egalitären) Begriff der Freiheitshindernisse. Demnach wird die Bindung der materiellen Staatsbürgerschaft zwischen Staat und Individuum durch die Intensität geprägt, mit der dem Einzelnen zivile, politische und soziale Rechte –zusätzlich zu den aus der formellen Staatsbürgerschaft abgeleiteten Rechten – garantiert werden, die zur Überwindung dieser Hindernisse erforderlich sind. Aus dieser Definition der Staatsbürgerschaft (die in ihrem Kern der klassischen Auffassung von *Marshall* ähnelt) ergibt sich beinahe von selbst, dass die komplexe Natur dieser Bindung nur einen abstufbaren Charakter zulässt und nicht eine binäre Klassifizierung zwischen Bürger und Nichtbürger.[175] Im nächsten Kapitel werden die Auswirkungen dieser Feststellung eingehender untersucht.

IV. Die Staatsbürgerschaft als multidimensionales Kompositum abstufbarer Eigenschaften

1. Die unvermeidliche Graduierbarkeit einer rechtsbasierten Staatsbürgerschaft

Viele Befürworter des Bürgerstrafrechts haben die Frage nach bestimmten „degradierten" Staatsbürgerschaftsformen aufgeworfen, insbesondere bei nicht Wahlberechtigten oder bei sozial Ausgegrenzten.[176] Allerdings gehen sie meist – wie bereits ausgeführt – von einer starren binären Gegenüberstellung von Bürgern (deren Freiheit vom Staat aufrechterhalten wird) und Nichtbürgern (Externen im engeren Sinne) aus. Somit sehen sie die Zwischenformen der politischen Zugehörigkeit (d.h. die Personen, die zwar eine gewisse Bindung zum Staat haben, aber nicht dem Prototyp des „idealen Bürgers" entsprechen) üblicherweise als vorübergehende, außergewöhnliche oder negative Situationen an, auf die das Strafrecht in Erwartung ihrer Überwindung eine vorläufige Antwort geben muss.[177] Genau diesen Ansatz gilt es in dieser Abhandlung aufzugeben, da im

---

partizipatorische Demokratie das politische System ist, das Freiheit als Selbstbestimmung (Selbstbeherrschung) am wirksamsten garantiert (Normbestätigung, S. 41 f.).

[175] Denn die politische Freiheit, auf der die Staatsbürgerschaft beruht, ist ebenfalls abstufbar. Vgl. hierzu *Hudson*, Punishing the Poor, S. 193; *Groves/Frank*, Punishment; *Van Parijs*, Real Freedom, S. 22 f.

[176] Wie im Teil II D bereits ausführlich erörtert.

[177] Beispiele hierfür sind zahlreich, siehe u.a. *Pawlik*, FS-Sancinetti, S. 152 ff.; *Silva Sánchez*, Malum, S. 111; *Duff*, P.C.C., S. 199; *ders.*, Theoretical Criminology 14, 3 (2010), S. 305; *Cigüela*, DOXA 42 (2019), S. 403.

Rahmen eines auf Rechten basierenden Konzepts der Staatsbürgerschaft der Gedanke einer „Vollbürgerschaft" (d. h. der volle Genuss ziviler, politischer und sozialer Rechte sowie der Rechte, die sich aus der formalen Staatsbürgerschaft ergeben) für alle nicht mehr als ein Mythos ist bzw. sein kann.[178] Die Mehrheit der Individuen (und damit die überwiegende Mehrheit derer, an die sich die Strafnorm und die Kriminalstrafe in der Praxis richten) steht nur in einem unvollkommenen politischen Verhältnis zum strafenden politischen Gemeinwesen, d. h. ihnen werden nur einige Rechte wirksam garantiert, weshalb sie eigentlich als *semicitizens* (Teilbürger)[179] oder Teilinkludierte[180] bezeichnet werden sollen.[181] Das Recht muss dieser Realität entgegenkommen und nicht einfach auf deren Bewältigung hoffen.[182]

Diese „Teilbürgerschaft" lässt sich auf verschiedene Ursachen zurückführen. Erstens kann es daran liegen, dass einem Individuum eine bestimmte Dimension der Staatsbürgerschaftsrechte gesetzlich nicht anerkannt wird (kein formaler Zugang zu einigen Rechten). Dies ist häufig bei ansässigen Ausländern der Fall, die zwar zivile – und manchmal gewisse soziale – Rechte genießen, denen aber häufig die politischen Rechte vorenthalten werden. Zudem kann die „Verweigerung" eines bestimmten Rechts (z. B. des Wahlrechts) partiell (z. B. der italienische Staatsbürger, der an Kommunal-, aber nicht an Bundestagswahlen in Deutschland teilnehmen kann) oder vollständig (der Drittstaatsangehörige, der überhaupt kein Wahlrecht in Deutschland hat) erfolgen. Zweitens resultiert die Teilbürgerschaft oft aus der schwachen Garantie bestimmter Rechte in der Praxis. Ein Beispiel hierfür wäre ein armer Bauer indigener Abstammung in Lateinamerika, dem zwar formell weitreichende zivile, politische und soziale Rechte zuerkannt werden, dem aber *de facto* der Schulbesuch seiner Kinder verweigert wird, da sein Wohnort weit von der nächsten öffentlichen Schule entfernt ist oder weil die Qualität dieser Schule erheblich schlechter ist als die einer durchschnittlichen

---

[178] In diesem Sinne *Cohen*, Semi-Citizenship, S. 13–58.

[179] Siehe *Cohen*, Semi-Citizenship, S. 6: „Citizens have access to an intertwining set or ‚braid' of fundamental civil, political, and social rights, along with rights of nationality. Semicitizens are accorded only subsets of those rights".

[180] Vgl. *Ataç/Rosenberger*, Inklusion/Exklusion, S. 36.

[181] Mir ist bewusst, dass das Wort „Teilbürger" im Deutschen nicht besonders sympathisch wirkt. Eine Alternative wäre gewesen, den Begriff „semicitizen" zu verwenden, da er im Englischen bereits gebräuchlich und frei von negativen Assoziationen ist, aber ich wollte die Verwendung von Anglizismen vermeiden. Eine andere Möglichkeit hätte darin bestanden, einfach von Individuen mit schwacher politischer Bindung zur politischen Gemeinschaft zu schreiben, aber damit hätte ich den Text unnötig verlängert und verkompliziert. Deshalb bitte ich den Leser, von eventuellen negativen Konnotationen des Wortes „Teilbürger" abzusehen und sich an die hier gegebene Definition zu halten.

[182] Ähnlich hierzu *Hudson*, Punishing the Poor, S. 194.

IV. Die Staatsbürgerschaft als multidimensionales Kompositum 341

Schule in seinem Wohnstaat.[183] Schließlich kann sich die Teilbürgerschaft aus einer Kombination der beiden oben genannten Faktoren ergeben, d. h. aus der fehlenden formalen Anerkennung einiger Rechte zusätzlich zu der begrenzten faktischen Gewährleistung anderer Rechte. Dies ist häufig bei sozial ausgegrenzten Wirtschaftsmigranten der Fall, denen nicht nur die Staatsangehörigkeitsrechte und die politischen Rechte gesetzlich verwehrt werden, sondern deren Genuss ziviler und sozialer Rechte dadurch eingeschränkt wird, dass sie beispielsweise ständig von einigen Polizisten schikaniert werden oder dass sie im Gegensatz zu armen Staatsangehörigen keinen Zugang zu gewissen öffentlichen Gesundheitsleistungen haben.[184]

Wie aus diesen Ausführungen hervorgeht – und wie die US-amerikanische Politikwissenschaftlerin *Elizabeth Cohen* überzeugend darlegt –, kann man daraus schließen, dass (i) die Staatsbürgerschaft ein abstufbares Konzept ist; und (ii) dass diese Tatsache nicht zu vermeiden ist. Beide Punkte sind in der Politikwissenschaft keine Selbstverständlichkeit. Zwar hat sich die angelsächsische politische Philosophie eingehender mit dem Phänomen der *Semi-citizenship* befasst (daher auch die Entstehung von Konzepten wie *Denizens* oder *Quasi-citizens*),[185] aber zumeist nur unter dem Gesichtspunkt der formalen Staatsbürgerschaft (d. h. rechtliche Zwischenkategorien)[186] und – wie im Falle der Verfechter eines Bürgerstrafrechts – in der Regel mit einem kritischen Blick, der davon ausgeht, dass

---

[183] Ähnliche – wenn auch weniger offensichtliche – Beispiele ließen sich auch für Deutschland anführen. Nimmt man den relativen Charakter der Freiheitsordnung ernst, dann könnte man unter Umständen die gleiche Schlussfolgerung für den Fall eines Schwarzen mit deutscher Staatsangehörigkeit in Deutschland ziehen. Vgl. dazu das Werk von *Ndahayo*, Staatsbürgerschaft, S. 101 ff.

[184] Für die ersten beiden oben genannten Ursachen der Teilbürgerschaft gibt es zahlreiche Bezeichnungen. So bezeichnen sie z. B. *Grünendahl et al*, Einleitung, S. 6 als „Zugang zu Rechten" bzw. „Ausübung von Rechten"; *Ataç/Rosenberger*, Inklusion/Exklusion, S. 36, als „Zugang zu Rechten" bzw. „faktischer Zugang zu Rechten"; ausführlicher (und mit leichten inhaltlichen Abweichungen) *Lockwood*, Integration, S. 163 ff., der sie jeweils „Staatsbürgerschaftliche Exklusion" und „Staatsbürgerschaftliches Defizit" nennt.

[185] Vgl. dazu Teil III B I 2 supra.

[186] Siehe *Cohen*, Semi-Citizenship, S. 51–54, die diesbezüglich die umfangreiche angelsächsische Literatur zitiert. Im Allgemeinen handelt es sich um Werke, die sich mit dem Vorhandensein von rechtlichen Zwischenstatus in Einwanderungsfragen befassen, wie die erwähnten „TCNs" (*third country nationals*) in der EU, die „TPS" (*Temporary Protected Status*) in den USA oder die TFWP (*Temporary Foreign Worker Program*) in Kanada. Es sollte jedoch bedacht werden, dass diese „myopische Sichtweise", die Cohen der Migrationsliteratur zuschreibt, in einigen Fällen eher auf die Notwendigkeit zur Beschränkung auf den untersuchten Gegenstand zurückzuführen ist als auf die Unkenntnis der Abstufbarkeit der anderen Elemente der Staatsbürgerschaft. Ein deutliches Beispiel für die Erkenntnis der Abstufbarkeit anderer Elemente findet sich z. B. in der Arbeit von *Ataç/Rosenberger*, Inklusion/Exklusion, S. 35.

es sich um Übergangszustände handelt, die überwunden werden sollen.[187] Wie sich jedoch unmittelbar aus den bereits erwähnten Ursachen der Teilbürgerschaft ergibt, sind nicht nur der formale Status, sondern alle die Staatsbürgerschaft konstituierenden Arten von Rechten zumindest hinsichtlich ihrer Ausübungsmöglichkeiten abstufbar.[188] Oft kommt es sogar vor, dass einem Individuum einige Rechte einer Gruppe (z. B. das Recht auf ein ordentliches Gerichtsverfahren) vollständig zuerkannt werden, während es bei anderen Rechten derselben Gruppe (z. B. das Recht auf freie Meinungsäußerung) Einschränkungen unterliegt.[189] Dementsprechend kann die politische Bindung zwischen einem Gemeinwesen und einem Individuum verschiedene Grade annehmen, die sich entlang eines Kontinuums von Möglichkeiten anordnen lassen.[190] Auf diesen Punkt wird im nächsten Abschnitt näher eingegangen.

Diese Unabwendbarkeit der Teilbürgerschaft ist nicht nur historisch nachweisbar,[191] sondern ein dem Konzept der politischen Bindung zwischen einem Gemeinwesen und einem Individuum inhärentes Merkmal. Wer in welchem Maß Bürger ist (d. h. wer welche Rechte genießt), richtet sich nicht nur nach Grundsätzen, sondern auch nach der „administrativen Rationalität", nämlich den praktischen Problemen, denen sich der Staat gegenübersieht.[192] Daher sind Formen

---

[187] So *Cohen*, Semi-Citizenship, S. 3 f.

[188] Deutlich in diesem Sinne *Vink*, Comparing Citizenship Regimes, S. 226: „Given the wide variety in ways in which citizenship can be acquired, as well as the range of civil, political, and social rights that may be either attached to the status or made available more universally, conceptualizing citizenship categorically as singularly inclusive or exclusive would make little sense; inclusiveness is clearly a matter of degree, not of kind"; im selben Sinne *Mackert/ Müller*, Der soziologische Gehalt, S. 30; *Cohen*, Semi-Citizenship, S. 34–36; *Ataç/Rosenberger*, Inklusion/Exklusion, S. 39 ff. Andere Autoren analysieren die Abstufbarkeit der Staatsbürgerschaft auf der Grundlage einiger ihrer Elemente: Dies ist der Fall bei *Isin* (Performative Citizenship, S. 503 f.), der auf der Grundlage der formalen Staatsbürgerschaft und der politischen Rechte vier Kategorien von Personen in einer politischen Gemeinschaft unterscheidet oder bei *Markel* [Virginia Journal of Criminal Law 1, 1 (2012), S. 7], der sich auf die Abstufbarkeit der politischen Rechte und einiger zivilen Rechte bezieht.

[189] *Cohen*, Semi-Citizenship, S. 63 f.

[190] Im selben Sinne *Ataç/Rosenberger*, Inklusion/Exklusion, S. 38: „Ein- und Ausschließung ist demnach kein Entweder-oder, sondern ein Kontinuum, ein Nebeneinander, ein Sowohl-als-auch". Ähnlich *van Weezel*, (Tiempos difíciles, S. 68), wenn er eine Einteilung der Menschen in Zugehörige und Nicht-Zugehörige einer sozialen Elite ablehnt (eine Aufspaltung, die eine Lockerung der Anforderungen des Legalitätsprinzips in Bezug auf Wirtschaftskriminalität ermöglichen würde).

[191] Vgl. *Cohen*, Semi-Citizenship, S. 9: „If three centuries of institutional and normative development have not wrought a single equal form of citizenship in any liberal democratic state, such a goal may not be possible".

[192] *Cohen*, Semi-Citizenship, S. 95 ff. Zur Unvermeidlichkeit der Exklusion siehe auch *Stichweh*, Inklusion und Exklusion, S. 223 f.

der Teilstaatsbürgerschaft oft dauerhaft, auch wenn einzelne Personen, die zu einem bestimmten Zeitpunkt Teilbürger waren, später „Vollbürger" werden können.[193] Wenn man sich über diese Unvermeidbarkeit im Klaren ist, kann man die Analyse der Straflegitimation auf die Teilbürgerschaft statt auf die – in der Realität viel seltener vorkommende – Vollbürgerschaft ausrichten, wodurch der Übergang von einem Bürgerstrafrecht zu einem „Strafrecht des Teilbürgers" oder – vielleicht präziser – zu einem „Strafrecht der (politischen) Bindung" erfolgt.[194] Im nächsten Abschnitt wird kurz ein methodischer Ansatz vorgeschlagen, der eine Übertragung dieses abstufbaren Konzepts von Staatsbürgerschaft auf das Strafrecht ermöglicht.

2. Die Staatsbürgerschaft als begriffliches Kontinuum zwischen den Idealtypen „Vollbürger" und „Minimalbürger" – Der Fall der Nichtbürger

Gemäß den vorangegangenen Ausführungen ist es offensichtlich, dass ein rechtsbasierter Ansatz zur Staatsbürgerschaft kaum durch die klassifikatorische Methode der klassischen Logik erfasst werden kann, denn diese zielt auf die Konstruktion von Entweder-Oder-Kategorien ab, wie etwa die Unterscheidung zwischen Bürgern im Genuss aller Rechte und von allen Rechten ausgeschlossenen Nichtbürgern.[195] Wie die meisten Begriffe unterliegt aber auch die Staatsbürgerschaft der Unbestimmtheit der Sprache[196] und damit der Sorites-Paradoxie. Diese wird üblicherweise anhand der Fragestellung erklärt, wann ein Sandhaufen aufhört, ein solcher zu sein, wenn die darin enthaltenen Körner nach und nach entfernt

---

[193] Beispiele hierfür sind Minderjährige oder Einwanderer, die später einen besseren Aufenthaltsstatus erlangen. Vgl. dazu *Cohen*, Semi-Citizenship, S. 10–12.

[194] Einige Autoren werfen also die Frage auf, ob es in der modernen Welt nicht besser wäre, statt mit einem dichotomischen Begriff der Staatsbürgerschaft mit einem neuen Konzept zu arbeiten, das den graduierbaren Charakter der Verbindung zwischen Individuum und Gemeinwesen besser zum Ausdruck bringe (so z.B. *Walker*, Territory, S. 572). Aus zwei Gründen scheint ein Verzicht auf den Begriff der Staatsbürgerschaft nicht ratsam. Erstens trägt die Annahme eines neuen, von der Staatsbürgerschaft losgelösten politischen Bandes überhaupt nicht dazu bei, dessen Inhalt zu präzisieren. Zweitens kann die Staatsbürgerschaft, wie hier argumentiert wurde, leicht als ein abstufbares Konzept umformuliert werden.

[195] Zu diesem Entweder-Oder-Ansatz der klassischen Logik siehe u.a. *Radbruch*, Klassenbegriffe, S. 60; *Philipps*, FS-Kaufmann, S. 266; *Reisinger*, DVR 4 (1975), S. 124; *Collins*, Vassar College Journal of Philosophy 5 (2018), S. 37.

[196] Zu dieser Vagheit der Sprache siehe exemplarisch *Wittgenstein* mit seinem berühmten Beispiel über das Wort „Spiel" (PU, Teil 1, 65 ff.). Diese Unbestimmtheit, die (fast) alle Wörter mehr oder weniger stark betrifft, kommt zu dem bereits erwähnten „umstrittenen Charakter" des Begriffs „Staatsbürgerschaft" hinzu.

werden.¹⁹⁷ In ähnlicher Weise lässt sich die Frage stellen, unterhalb welcher Schwelle der Wahrnehmung von Rechten jemand nicht mehr als materieller Bürger in einer politischen Gemeinschaft eingestuft werden kann.¹⁹⁸ Zwischen all jenen, denen der Staat in gewissem Maße Rechte gewährleistet, bestehen fließende Übergänge, ohne scharfe Grenzen. Führt man hier klassifikatorische Begriffe (nämlich das Binom Bürger/Nichtbürger) ein, so „zerstören" diese – in ihrem Eifer um Anwendungssicherheit – diese fließende Realität.¹⁹⁹ Darum ist bei der Betrachtung der Staatsbürgerschaft ein anderer Blickwinkel nötig.

Diese alternative Perspektive wird durch die sog. Unschärfelogik (*fuzzy logic*) und ihre Implikationen für die juristische Begriffstheorie verkörpert. Der grundlegende Gedanke der Unschärfelogik besteht darin, dass eine bestimmte Prämisse (z. B. „der Ausländer A beherrscht die deutsche Sprache" oder „B ist ein Bürger des politischen Gemeinwesens G") nicht bloß als falsch oder wahr eingestuft werden kann, sondern dass ihr ein Kontinuum von Wahrheitswerten zwischen „0" (völlig unwahr) und „1" (völlig wahr) zugewiesen werden kann.²⁰⁰ Folglich mag ein Element in unterschiedlicher Ausprägung zu einer Menge gehören, so wie die Mitgliedschaft eines Individuums in einer Gruppe in unterschiedlichen Graden auftreten kann.²⁰¹ Selbstverständlich hat diese Denkweise, die der Realität und unserer Sprache viel gerechter ist,²⁰² längst ein Echo in der juristischen Methodenlehre gefunden,²⁰³ hauptsächlich mittels der sog. „Typen-

---

¹⁹⁷ Zu dieser Paradoxie siehe beispielsweise *Collins*, Vassar College Journal of Philosophy 5 (2018), S. 30 f. Dafür gibt es im Strafrecht unzählige Beispiele. Man denke etwa an § 306 Nr. 5 StGB: Ab wann sind mehrere Bäume ein Wald? Dieses Beispiel hörte ich von Prof. Kudlich in der Werksbesichtigung Silva Sánchez in der Universität Würzburg.

¹⁹⁸ Ähnlich *Cohen*, Semi-Citizenship, S. 34 f.

¹⁹⁹ Diesen Punkt besonders aussagekräftig darstellend *Radbruch*, Klassenbegriffe, S. 60: „das traditionelle begriffliche Denken ist ein ‚Trennungsdenken', das die Ganzheiten des Lebens zersetzt und zerstört".

²⁰⁰ Vgl. hierzu *Krimphove*, Rechtstheorie 30 (1999), S. 546–549; *Collins*, Vassar College Journal of Philosophy 5 (2018), S. 37; ähnlich schlägt *Silva Sánchez* (FS-Hassemer, S. 632) eine Werteskala von „1" bis „10" für die ordnenden Kriterien bei der Strafzumessung vor.

²⁰¹ Siehe *Reisinger*, DVR 4 (1975), S. 124; *Philipps*, FS-Kaufmann, S. 267.

²⁰² Vgl. z. B. *Engisch*, Einführung, S. 159: „Absolut bestimmte Begriffe sind innerhalb des Rechts selten".

²⁰³ Zur Anwendung der Unschärfelogik auf die juristische Begriffstheorie siehe *Krimphove*, Rechtstheorie 30 (1999), S. 540 ff.; *Gruschke*, Vagheit im Recht; und vor allem *Reisinger*, DVR 4 (1975), S. 128 ff. Diesem letzten Autor zufolge ermöglicht es die Unschärfelogik, sowohl mit der intensionalen Unbestimmtheit von Begriffen (d. h. in Bezug auf ihren Inhalt) als auch mit ihrer extensionalen Unbestimmtheit (d. h. in Bezug auf ihren Umfang, also wenn die Subsumtion einiger Individuen unter das Konzept fraglich ist) umzugehen. Nach *Reisinger* werden beide Aspekte in der juristischen Begriffstheorie oft verwechselt, wobei ersterer (intensionale Unbestimmtheit) unter dem Gesichtspunkt des Typus behandelt wird, denn der Typusbegriff kann trotz des Fehlens eines sonst gewöhnlich vorhandenen Merkmals (und der damit verbun-

IV. Die Staatsbürgerschaft als multidimensionales Kompositum

begriffe",[204] die sich vor allem – im Gegensatz zu Klassenbegriffen – durch ihre schwammigen Konturen auszeichnen.[205]

An dieser Stelle kommt es nicht darauf an, den traditionsreichen und vieldeutigen Begriff „Typus" im Detail zu untersuchen.[206] Hier reicht es aus, sich drei Grundzüge der Typenbegriffe zu vergegenwärtigen, die aus der Perspektive eines Bürgerstrafrechts von Interesse sind. Zum einen ist mindestens eine der den Typbegriffen zugesprochenen Eigenschaften abstufbar, d.h. sie können in unterschiedlichen Ausprägungsgraden auftreten. Dies ermöglicht es, gewisse Erscheinungen (z.B. Farbtöne) in eine Reihenfolge zwischen zwei ineinander übergehenden Idealtypen (z.B. die Farben Blau und Gelb) einzuordnen, je nachdem, welchem Idealtyp sie näher stehen (Umsetzung eines „je, desto"-Schemas: z.B. je dunkler das Grün, desto näher am Blau).[207] Zweitens, falls sie mehr als eine Eigenschaft enthalten, sind Typenbegriffe mehrdimensional, wobei einige Merkmale stärker und andere schwächer ausgeprägt sein können. Man denke etwa an die Wissens- und Willenskomponente beim Vorsatz oder die Wahrscheinlichkeit des Gefahreneintritts und die Schwere der zu erwartenden Straftat bei der Gefährlichkeitsprognose eines Täters, wobei diese Faktoren in ganz unterschied-

---

denen partiellen Inhaltsveränderung) weiterhin anwendbar bleiben. Dagegen würde die extensionale Unbestimmtheit (die sich in der Abstufbarkeit der Merkmale eines Begriffs ausdrückt) zumeist anhand der „Lehre vom Begriffskern und Begriffshof" behandelt (zu dieser Lehre vgl. *Heck*, Gesetzesauslegung, S. 173). Wie jedoch im nächsten Absatz erläutert wird, lassen sich mit dem Typusbegriff eigentlich beide Arten von Unbestimmtheit erfassen.

[204] Für einen Überblick über die vielen Autoren, die sich mit der Idee des Typus (vor allem in Deutschland) auseinandergesetzt haben, siehe *Orozco*, Beteiligung, S. 300.

[205] Zu diesem Gegensatz zwischen Klassen- und Typenbegriffen siehe *Radbruch*, Klassenbegriffe, S. 62 und 68f. Radbruch konzipiert den Typusbegriff als „Klassenbegriff in *statu nascendi*", wobei dieser *status nascendi* jedoch in der Wirklichkeit unüberwindbar und daher permanent ist. Ähnlich *Larenz/Canaris*, Methodenlehre, S. 301, die den Typus dem „abstrakten Begriff" gegenüberstellen. Dabei sollte jedoch bedacht werden, dass diese Opposition nicht so radikal ist, wie es auf den ersten Blick scheint. Da alle Rechtsbegriffe mehr oder weniger interpretationsbedürftig sind, handelt es sich bei dem Gegensatz zwischen Typenbegriffen und Klassenbegriffen (oder Rechtsbegriffen im engeren Sinne, wie Reisinger sie nennt) nicht um deutungsbedürftige Begriffe einerseits und eindeutige Begriffe andererseits, sondern um eher offene (wertausfüllungsbedürftige) Begriffe (d.h. Typen) gegenüber eher geschlossenen klassifikatorischen Begriffen. Vgl. hierzu *Reisinger*, DVR 4 (1975), S. 130f.; *Haft*, Recht und Sprache, S. 226f. In ähnlichem Sinne *Orozco*, Beteiligung, S. 300f., der allerdings als Kennzeichen von Typenbegriffen die Abstufbarkeit mindestens eines ihrer Merkmale und die Kompensationsmöglichkeit zwischen diesen Merkmalen hervorhebt (siehe dazu den folgenden Absatz).

[206] Für einen Überblick über einige der verschiedenen Bedeutungen, die der Ausdruck „Typus" einnehmen kann, siehe *Larenz/Canaris*, Methodenlehre, S. 290ff.

[207] Das Beispiel der Farbskala ist aufgrund seiner Anschaulichkeit sowohl in Werken zum Typusdenken (siehe *Radbruch*, Klassenbegriffe, S. 62) als auch zur Fuzzy-Logik [*Collins*, Vassar College Journal of Philosophy 5 (2018), S. 31] üblich.

lichem Maße auftreten können. Darüber hinaus lassen sich sogar Typenbegriffe bilden, die ein zwingend zu erfüllendes Merkmal enthalten, während ihre übrigen Eigenschaften entbehrlich sind (dies wäre, wie später gezeigt wird, bei der Staatsbürgerschaft der Fall). Drittens hängt die Zuordnung einer Erscheinung zu einem mehrdimensionalen Typus maßgeblich von der Gesamtwürdigung ihrer verschiedenen Merkmale ab (d.h. nicht nur von der Stärke, mit der ein bestimmtes Merkmal vorhanden ist). Dadurch entsteht die Möglichkeit einer Kompensation, d.h. eine geringe Ausprägung eines Merkmals (oder in manchen Fällen sogar das völlige Fehlen einer Eigenschaft) kann durch eine stärkere Ausprägung eines anderen Merkmals ausgeglichen werden.[208]

Im Folgenden wird dargestellt, welche Rolle die Unschärfelogik und die Denkform des Typus im Rahmen eines rechtsbasierten Konzepts der Staatsbürgerschaft spielen können.[209] Erstens sollen zwei Idealtypen formuliert werden,[210] die sich an den Extrempunkten eines Spektrums möglicher politischer Bindungen (Formen materieller Staatsbürgerschaft) unterschiedlicher Stärke befinden. Ein Extrem stellt der Idealtypus des „Vollbürgers" dar, d.h. des Individuums mit der stärkstmöglichen politischen Bindung zum Staat (also demjenigen, dem am intensivsten Rechte gewährleistet werden). Der Gegenpol wird durch den Idealtypus des „Minimalbürgers" verkörpert, nämlich demjenigen, dem der Staat bloß die elementarsten Rechte (im Grunde sein Leben und seine körperliche Unversehrtheit) zugesichert hat.[211] Außerhalb dieses begrifflichen Kontinu-

---

[208] Zu all diesen Zügen des Typusbegriffs siehe *Radbruch*, Klassenbegriffe, S. 60–63; *Larenz/Canaris*, Methodenlehre, S. 298 ff., m.w.N.; *Orozco*, Beteiligung, S. 300; und *Haft*, Recht und Sprache, S. 229 f.

[209] Der im weiteren Verlauf dieses Abschnitts beschriebene Vorschlag ähnelt (mit einigen Abweichungen) der von *Coca Vila/Irarrázaval*, Journal of Applied Philosophy 39, 1 (2022), S. 62 ff.

[210] Hierbei ist zu bemerken, dass Hörnle die Verwendung des Begriffs „Idealtypus" im Rahmen eines Bürgerstrafrechts mit der Begründung ablehnt, dieser Begriff stamme von Weber, der ihn zu rein heuristischen Zwecken verwendet hat, ohne ihm den normativen Gehalt zuzuschreiben, den ihm das Bürgerstrafrecht verleiht. Daher zieht es Hörnle vor, von „Idealen" statt von „Idealtypen" zu sprechen (vgl. *Hörnle*, FS-Merkel, S. 512, Fn. 8). Tatsächlich weisen die im Folgenden vorgeschlagenen Idealtypen einen normativen Bezug auf: Der zugrunde liegende Gedanke ist ja gerade, zu verdeutlichen, dass eine abgeschwächte politische Bindung die Legitimität zur Bestrafung untergräbt. Warum also nicht die Terminologie ändern, wie es Hörnle tut? Zwar verwendet *Weber* einen „logischen Idealypus", der darauf abzielt, reine Begriffe zu konstruieren (z.B. „freie Marktwirtschaft"), die ein besseres Verständnis der in der Realität auftretenden Mischformen ermöglichen (Typus als Abbild). Allerdings gibt es – wie *Larenz/Canaris*, Methodenlehre, S. 292 f. zu Recht betonen – nicht nur logische, sondern auch normative Idealtypen: Diese liegen einfach vor, wenn einem logischen Typus ein Wertvorzug zugeschrieben wird (Typus als Vorbild). Da Hörnle nicht erklärt, warum die Idee eines normativen Idealtypus per se unannehmbar ist, ist ihr Einwand nicht triftig.

[211] In der strafrechtlichen Literatur finden sich zahlreiche ähnliche Beispiele für die Anwen-

IV. Die Staatsbürgerschaft als multidimensionales Kompositum 347

ums fließender Übergänge, bei dem alle Individuen mit unterschiedlichem Grad an gewährleisteten Rechten zwischen den beiden Polen einzuordnen sind, befindet sich nur der Externe oder Nichtbürger, nämlich wer keinerlei frühere politische Bindung zum Staat hat (der Staat hat ihm nie irgendwelche Rechte garantiert). Entscheidend ist also nicht nur, ob jemand Bürger oder Nichtbürger (Externer) ist, sondern auch, ob seine politische Bindung eher dem Idealtypus des Vollbürgers (dem auf einer Skala von 0 bis 1 hinsichtlich garantierter Rechte ein Wert von „1" beizumessen ist) oder des Minimalbürgers (dessen garantierte Rechte einen Wert von „0,1" einnehmen) entspricht.[212]

Zur Einordnung eines Individuums auf dem Kontinuum zwischen den beiden gegensätzlichen Idealtypen ist anschließend zu klären, ob der Begriff der Staatsbürgerschaft eine oder mehrere abstufbare Eigenschaften enthält, und im letzte-

---

dung des Typusdenkens oder ähnlich abstufbarer komparativer Begriffe. Besonders häufig kommt dieser Gedanke in folgenden Bereichen zur Anwendung:
(i) die Täterschafts- und Beteiligungslehre. Vgl. hierzu *Orozco*, Beteiligung, S. 293–348, der eine dreigliedrige Typisierung der Beteiligungsgrade vorschlägt und weitere Autoren zitiert, die typologisches Denken auf diesem Gebiet anwenden; siehe auch *Bloy*, Die Beteiligungsform als Zurechnungstypus;
(ii) die subjektive Zurechnung. Vgl. *Molina*, La cuadratura, wonach das Ziehen einer deutlichen Abgrenzung zwischen bedingtem Vorsatz und bewusster Fahrlässigkeit so unmöglich ist wie die Quadratur eines Kreises; siehe auch *Schünemann*, FS-Hirsch, 374 f.;
(iii) die Gefährlichkeitsprognose: im Fall der Methode der idealtypisch vergleichenden Einzelfallanalyse, die mit zwei Extrempolen von idealtypischen Verhaltensweisen operiert, nämlich das „K-idealtypische Verhalten" („K" steht hier für „Kriminalität") und das R-idealtypische Verhalten („R" steht für „Resistenz"), vgl. hierzu Bock, Kriminologie⁵, S. 190 ff.;
(iv) selbstverständlich bei der Strafzumessung: so schon *Radbruch*, Klassenbegriffe, S. 65; ausführlicher *Maurer*, Komparative Strafzumessung, S. 180–196; *Silva Sánchez*, FS-Hassemer, S. 632 ff.; und *Hörnle*, Tatproportionale Strafzumessung, S. 361–386;
(v) darüber hinaus ist das Typusdenken auf verschiedene Merkmale unterschiedlicher Straftatbestände angewandt worden. Als Beispiel hierfür vgl. *Hefendehl*, MüKo-StGB⁴, § 263, Rn. 153, hinsichtlich des Merkmals der konkludenten Täuschung bei Betrug. Für weitere Beispiele von Themen, bei denen es möglich bzw. wünschenswert wäre, das Typusdenken anzuwenden, siehe *Molina*, La cuadratura, S. 693; oder *Duttge*, JRE 11 (2003), S. 107 ff.

[212] Im Gegensatz zur Bildung von Typenbegriffen findet die Einführung einer Wahrheitswerteskala (was für die Fuzzy-Logik kennzeichnend ist) im deutschen Strafrecht weniger Anklang. Der Autor, der die Unschärfelogik am fruchtbarsten in verschiedenen strafrechtlichen Fragen eingesetzt hat, ist Philipps, der diesen Ansatz zur Bestimmung der erforderlichen Wartezeit nach Verkehrsunfällen gemäß § 142 Abs. 2 StGB (siehe *Philipps*, FS-Kaufmann) sowie im Hinblick auf den Begriff des Vorsatzes angewendet hat [*Philipps*, ARSP 81 (1995), S. 414–417]. Siehe auch *Krimphove*, Rechtstheorie 30 (1999), S. 556 ff., der für den Einsatz der Unschärfelogik insbesondere im Bereich des Wettbewerbsrechts plädiert. Für einen Überblick über die Autoren, die die Unschärfelogik auf strafrechtliche Probleme in Deutschland angewandt haben, siehe *Joerden*, Logik im Recht, S. 325–331.

ren Fall welche.²¹³ Hier gibt es prinzipiell zwei mögliche Antworten. Werden alle staatsbürgerlichen Rechte als Einheit betrachtet, handelt es sich bei der Staatsbürgerschaft um ein eindimensionales Konzept (d. h. sie enthält ein einziges abstufbares Merkmal); werden die verschiedenen Arten von Rechten als separate Merkmale erachtet, ist sie mehrdimensional. Offenbar fällt der Rückgriff auf einen eindimensionalen Begriff leichter.²¹⁴ Dies tun die deliberativen Strafrechtstheorien in gewissem Maße, indem sie sich ausschließlich auf die Fähigkeit zur kritischen Stellungnahme im Normsetzungsprozess beziehen. Wenn man stattdessen – wie in dieser Untersuchung – von einem umfassenderen Verständnis von Staatsbürgerschaft ausgeht, das neben den aus der formalen Staatsbürgerschaft abgeleiteten Rechten auch zivile, politische und soziale Rechte umfasst, gibt es allerdings äußerst gute Gründe, sich für einen mehrdimensionalen Typusbegriff von Staatsbürgerschaft zu entscheiden, auch wenn dies mit einem gewissen Verlust an Rechtssicherheit verbunden ist. Denn ein Individuum mag bei einigen Gruppen von Rechten starke Rechte genießen und bei anderen nur schwache oder gar keine: man denke z. B. an den Guatemalteken „G", der vor fünf Jahren mit einem Arbeitsvisum nach Deutschland übersiedelte und umfassende zivile und soziale Rechte, aber nur wenige oder keine politischen Rechte genießt und zudem einen schwachen formalen Status hat (seine Aufenthaltserlaubnis hängt von seinem Beschäftigungsstatus ab). Das Beispiel veranschaulicht die Schwierigkeit, mit einem eindimensionalen rechtsbasierten Begriff der Staatsbürgerschaft zu operieren, da dadurch genau das verloren geht, was die Unschärfelogik und das Typusdenken bereitstellen sollen, nämlich „ein erheblich feingliedrigeres Instrumentarium" zu einer differenzierten Betrachtung der gleitenden Realität.²¹⁵

Daraus ergibt sich, dass die vier genannten Gruppen von Rechten als getrennte Eigenschaften aufzufassen sind und dass die Staatsbürgerschaft daher mehrdimensional ist. Aber warum vier Gruppen von Rechten und nicht zwei oder acht? Dass es nicht weniger als vier sein können, liegt an der Verschiedenartigkeit der genannten Gruppen von Rechten sowie an der Tatsache, dass sie in der Praxis oft getrennt vorkommen.²¹⁶ Eine Reduzierung der Dimensionen auf weniger als

---

[213] Ähnlich *Radbruch*, Klassenbegriffe, S. 61; *Molina*, La cuadratura, S. 732. Hier ist anzumerken, dass einige Autoren nur solche Begriffe als „Typen" bezeichnen, die eine mehrdimensionale Reihenordnung aufweisen. Siehe z. B. *Hörnle*, Tatproportionale Strafzumessung, S. 220, die bei Begriffen mit nur einer abstufbaren Eigenschaft (einer einzigen Bewertungsdimension) von „einfachen komparativen Begriffen" spricht.

[214] So auch *Orozco*, Beteiligung, S. 309 f.

[215] Diese Formulierung stammt von *Duttge*, JRE 11 (2003), S. 117.

[216] Dieses letzte Phänomen wird von *Cohen* (Semi-Citizenship, S. 6) als „disaggregation of bundles of rights" bezeichnet.

vier spiegelt den Inhalt der modernen Staatsbürgerschaft nur verzerrt wider, zumindest wenn sie – wie hier – auf einem weit gefassten Konzept von Freiheitshindernissen beruht. Andererseits sollte die Verwendung von vielen Dimensionen vermieden werden. Zwar kann ein Individuum – wie bereits ausgeführt – sogar innerhalb einer dieser vier Gruppen von Rechten manche Rechte in vollem Umfang genießen, andere dagegen nicht.[217] Die Schaffung neuer Dimensionen würde es also theoretisch ermöglichen, die Stärke der Bindung zwischen Einzelnem und Gemeinwesen genauer zu ermitteln. Die Bedenken gegen diese Argumentation sind jedoch naheliegend. Wenn zu viele Dimensionen gebildet werden, wird es für den Richter sehr schwierig, das Ergebnis dieser verschiedenen Indikatoren zu „verrechnen" und eine konkrete Rechtsfolge darauf anzuwenden.[218] Es muss also ein Gleichgewicht gefunden werden zwischen einer hinreichend differenzierten Analyse, die den Besonderheiten des konkret analysierten Gegenstandes bzw. Erscheinung gerecht wird, und dem Bedürfnis, diesen Gegenstand letztlich entlang einer Typenreihe bzw. Werteskala einzuordnen und mit konkreten Rechtsfolgen zu versehen.[219]

Zu diesem Zweck ist ein zweistufiges Verfahren geeignet. In einem ersten Schritt soll präzisiert werden, inwieweit jedes einzelne Merkmal der Staatsbürgerschaft bei einem Individuum vorhanden ist, d.h. wie stark jede der vier Gruppen von Rechten beim Individuum zum Ausdruck kommt, und zwar nicht nur hinsichtlich ihrer formalen Anerkennung, sondern auch bezüglich des faktischen Zugangs. Selbstverständlich wird der Einzelne in den meisten Fällen weder „0" (keine) noch „1" (vollständige) soziale oder politische Rechte haben. Um zu erfassen, inwieweit eine Person die Rechte einer Gruppe wahrnimmt, könnten innerhalb jeder Gruppe zwei bis drei Niveaus gebildet werden, die eine Teilsubsumtion ermöglichen: Demnach kann z.B. jede Person „schwache", „mittlere" oder „starke" zivile Rechte haben.[220] In einem zweiten Schritt erfolgt das Zu-

---

[217] Man denke beispielsweise an den Soldaten, der in einigen Rechtsordnungen das Wahlrecht hat, aber keiner politischen Partei beitreten darf (vgl. z.B. Art. 18 des Gesetzes Nr. 18.603 zu den politischen Parteien in Chile).

[218] In diesem Sinne äußert sich auch *Orozco*, Beteiligung, S. 308. Ähnlich Puppe, die jedoch behauptet, ein Richter könne maximal drei Kriterien gegeneinander abwägen, und fügt dann drastisch hinzu, dass der Typusbegriff im Strafrecht „eher verhängnisvoll auswirkt, soweit es sich nicht um Begriffe handelt, die dem Zivilrecht nahestehen" (*Puppe*, Kleine Schule, S. 66). Hier ist anzumerken, dass die Fuzzy-Logik weniger Probleme mit dem Einsatz mehrerer Dimensionen (in der Sprache der Unschärfelogik: mehrerer Eingangsgrößen) hätte. Vgl. dazu *Krimphove*, Rechtstheorie 30 (1999), S. 551.

[219] So auch *Orozco*, Beteiligung, S. 339 f.

[220] Ähnlich *Philipps*, FS-Kaufmann, S. 271–273, der im Hinblick auf die Schadenshöhe (einer der beiden Faktoren, die die erforderliche Wartezeit nach einem Unfall bestimmen) zwischen leichten, mittleren und schweren Schäden unterscheidet. *Orozco*, Beteiligung, S. 325 f.,

sammenspiel dieser Teilsubsumtionen zu einem bestimmten Platz in einer einzigen Reihenordnung bzw. Typenreihe (Grad der materiellen Staatsbürgerschaft), was die Anwendung einer konkreten Rechtsfolge ermöglicht (Reduzierung der mehrdimensionalen Reihenordnung auf eine eindimensionale Reihe).[221] Nimmt man also das obige Beispiel von „G", so ergibt sich aus dem Zusammenspiel der verschiedenen Dimensionen, die den einzelnen Merkmalen der Staatsbürgerschaft entsprechen (starke bürgerliche und soziale Rechte, aber schwache politische Rechte und formaler Status), dass „G" in der einheitlichen Dimension der Staatsbürgerschaft einen Platz einnimmt, der ungefähr äquidistant zu den Polen „Vollbürger" und „Minimalbürger" erscheint. Es würde den Rahmen dieser Arbeit sprengen, konkrete Regeln aufzustellen, wie die Teilsubsumtionen miteinander verrechnet werden sollten (z.B. ob alle Gruppen von Rechten genau den gleichen Wert haben sollten).[222] Ebenso soll hier offengelassen werden, ob zwischen den beiden extremen Idealtypen der Staatsbürgerschaft ein oder mehrere Zwischentypen (z.B. der „Durchschnittsbürger") konstruiert werden sollten, um das Ergebnis des Zusammenspiels der Teilsubsumtionen besser einzuordnen.[223] Im Folgenden soll nur ein Überblick über solche Aspekte dieses abstufbaren Konzepts der Staatsbürgerschaft vermittelt werden, die aus der Sicht der Ausgestaltung des Strafanwendungsrechts von Bedeutung sein können. Zu diesem Zweck bedarf es einer etwas genaueren Darstellung der Idealtypen Voll- und

---

bildet stattdessen nur zwei Ebenen an den Extremen jeder der beiden Dimensionen (nämlich „Prägung der Tatgenossen" und „Prägung des tatbestandsmäßigen Geschehens"), die in seinem Modell den Beteiligungsgrad (d.h. die Tatprägung) bestimmen. Bei der Unschärfelogik wird die Intensität, mit der jedes dieser Merkmale auftritt, mit einer Zahl auf einer Skala von 0 bis 1 versehen (z.B. 0,7, wenn das Merkmal mit mittelhoher Stärke auftritt), wobei diese Werte als „Eingangsgröße" zu bezeichnen sind [vgl. dazu *Krimphove*, Rechtstheorie 30 (1999), S. 556 f.].

[221] Vgl. *Radbruch*, Klassenbegriffe, S. 65, der darauf hinweist, dass die zahlreichen Faktoren, die die Strafwürdigkeit beeinflussen (nämlich der verbrecherische Wille des Täters, das Schutzbedürfnis der Gemeinschaft, die vom Täter ausgehende Gefahr und der von ihm verursachte Schaden sowie das Verhalten des Täters nach der Tat), auf eine einzige Dimension zu reduzieren sind, die die Strafzumessung ermöglicht. Für eine detailliertere Darstellung, wie die für den Grad der Tatbeteiligung maßgeblichen Dimensionen zusammenspielen, siehe *Orozco*, Beteiligung, S. 338–344. In der Sprache der Fuzzy-Logik geht es in dieser Phase um die Umrechnung verschiedener Eingangswerte in eine einzige Skala von Ausgangsmengen [*Krimphove*, Rechtstheorie 30 (1999), S. 551 f.].

[222] Im Falle der Fuzzy-Logik handelt es sich bei dieser Verrechnung um ein mathematisches Verfahren, dessen Anwendung auf die Staatsbürgerschaft äußerst komplex (wenn nicht gar unmöglich) wäre und eine eigene Dissertation erfordern würde. Für Beispiele zu diesem Vorgang siehe *Reisinger*, DVR 4 (1975), S. 124 ff.; *Philipps*, FS-Kaufmann, S. 268 ff. Skeptisch gegenüber der Plausibilität der Quantifizierung von Strafzumessungsfaktoren anhand mathematischer Modelle *Frisch*, Criminal Law Forum 28 (2017), S. 454 ff.

[223] Vgl. z.B. *Orozco*, Beteiligung, S. 344, der drei beteiligungsbezogene Mitverantwortungsgrade unterscheidet, nämlich leichter, mittlerer und schwerer Tatprägung.

Minimalbürger sowie einer Erläuterung dessen, was unter „Nichtbürgern" zu verstehen ist sowie weshalb Nichtbürger aus dem erwähnten begrifflichen Kontinuum herausfallen würden.

Im Lichte der vorstehenden Ausführungen wird zunächst der Idealtypus des Vollbürgers beschrieben. Verkörpert wird dieser Pol durch eine Person, die in einer politischen Gemeinschaft bei allen vier Gruppen „starke Rechte" genießt. Diesem Typus entspricht demnach jemand, der: (i) die Staatsangehörigkeit besitzt (und damit das uneingeschränkte Recht, in das Staatsgebiet einzureisen und sich dort aufzuhalten sowie konsularischen Schutz im Ausland zu erhalten); (ii) außerdem umfassende zivile Rechte wahrnimmt (in erster Linie den Schutz vor Übergriffen oder willkürlichen Eingriffen durch Dritte oder den Staat sowie Rechte wie den Zugang zu einem ordentlichen Gerichtsverfahren und die Vertragsfreiheit); (iii) zudem über weitreichende Möglichkeiten politischer Teilnahme (aktives und passives Wahlrecht) und politischer Einflussnahme (Möglichkeit der Verbreitung von Meinungen über die Medien oder soziale Netzwerke oder die Fähigkeit, Kampagnen zu finanzieren) verfügt; (iv) bei Bedarf auch Zugang zu sozialen Rechten (Bildung bis zu einem bestimmten Niveau, medizinische Grundversorgung, Arbeitslosenversicherung u. a.) hat. Dieses Profil wird beispielsweise in Deutschland weitgehend von einer deutschen Rechtsanwältin verkörpert, die in der Freiburger Altstadt wohnt, aufgrund ihrer Tätigkeit in einer Kanzlei ein hohes Einkommen erzielt und gelegentlich an einer Radiosendung teilnimmt, in der sie ihre politische Meinung äußert.

Am gegenüberliegenden Pol des begrifflichen Kontinuums der „Staatsbürgerschaft" steht der Idealtypus des Minimalbürgers. Eine möglichst genaue Umschreibung dieses Typus ist aus strafrechtlicher und strafanwendungsrechtlicher Sicht äußerst wichtig. Denn erst ab dem Punkt, ab dem jemand als Minimalbürger gilt, lässt sich die politische Bindung, auf der die Legitimität des *ius puniendi* in einem Bürgerstrafrecht beruht, als hergestellt betrachten. Ab welchem Grad an garantierten Rechten gilt jemand als Minimalbürger einer politischen Gemeinschaft? Eine Grenzziehung erweist sich gerade deshalb als schwierig, weil die gewährleisteten Rechte (wenn nicht bereits in ihrer formalen Anerkennung, so doch zumindest in ihrem tatsächlichen Genuss) ein Kontinuum darstellen.

Der einzig mögliche kategorische (qualitative) Sprung besteht zwischen denjenigen, die *überhaupt keine* Rechte erhalten (die Nichtbürger) und denjenigen, die *irgendeine* Rechte erhalten (die Minimalbürger). Es kommt also darauf an, die Untergrenze des Kontinuums der Staatsbürgerschaft festzulegen. Greift man auf den erläuterten typologischen Ansatz zurück, so verkörpere den Minimalbürger am treffendsten derjenige, der in einer der vier Gruppen über schwache Rechte und in den übrigen Gruppen über keinerlei Rechte verfügt. Man kann noch ein wenig näher darauf eingehen. Wie bereits angemerkt, können die Merkmale eines Typusbegriffs entweder entbehrlich oder unverzichtbar sein. Da der hier vorgeschlagene materielle Begriff der Staatsbürgerschaft nicht nur auf der formalen Anerkennung, sondern auch auf dem materiellen Genuss von Rechten beruht, erscheint die persönliche Sicherheit (im Sinne des Rechts auf Leben und körperliche Unversehrtheit) als unabdingbare Voraussetzung für die wirksame Wahrnehmung aller anderen Rechte und somit als unverzichtbares Element der Staatsbürgerschaft.[224] Wird dieses Recht als Bestandteil der Dimension der zivilen Rechte betrachtet, so entspricht der Idealtypus des Minimalbürgers einem Individuum, das über schwache zivile Rechte verfügt (zumindest ein gewisses Maß an Schutz seines Lebens und körperlicher Unversehrtheit) und die anderen Gruppen von Rechten nur in sehr geringem Maße – oder gar nicht – wahrnimmt.[225]

Wie schon dargelegt, ist der vom Staat zu gewährleistende Zustand der Freiheitlichkeit (und damit auch die Staatsbürgerschaft) evolutionär und relativ und daher kaum universalisierbar.[226] Im heutigen Deutschland lässt sich der Typus des Minimalbürgers am Beispiel eines irregulären syrischen Einwanderers darstellen, der im Duisburger Stadtviertel Marxloh lebt und nach der Ablehnung

---

[224] Ähnlich *Pawlik*, FS-Schroeder, S. 374; oder *Ramsay*, Democratic Limits, S. 226 f., der überzeugend argumentiert, dass die *civil liberty* sowohl das Bestehen eines grundlegenden Strafrechts als auch den Schutz des Angeklagten durch ein ordentliches Strafverfahren voraussetzt. In *Coca Vila/Irarrázaval*, Journal of Applied Philosophy 39, 1 (2022), S. 65, plädierten wir dafür, keine hierarchische Rangfolge zwischen den verschiedenen Gruppen von Rechten zur Bewertung des Grades der Staatsbürgerschaft festzulegen. *Orozco*, LH-Reyes Echandía, S. 182, kritisiert diese Ansicht, indem er behauptet, dass das Recht auf negativen Schutz (im Sinne dessen, was hier als Schutz der persönlichen Sicherheit bezeichnet wird) ein wesentliches (unverzichtbares) Merkmal der Staatsbürgerschaft ist, im Gegensatz zu anderen Rechten (die er „positive Leistungen" nennt). Obwohl wir in unserem Artikel diesen Punkt nicht leugnen (indem wir Staatsbürgerschaft als materiellen Genuss von Rechten verstehen, folgt daraus, dass der Mangel an individueller Sicherheit in der Praxis zu einem Mangel an Zugang zu anderen Rechten führt), ist eine klarere Formulierung dieses Punktes, wie sie Orozco in seinem Werk vornimmt, deutlich vorteilhafter.

[225] Hier wirft mir Prof. Perron (im zweiten Gutachten zu dieser Dissertation) nicht zu Unrecht eine zu starke Verwässerung des Bürgerstatus vor. Der aufmerksame Leser wird sich erinnern, dass ich den gleichen Vorwurf gegen andere Befürworter eines Bürgerstrafrechts erhoben habe (siehe Teil II D VI). Der Unterschied besteht meines Erachtens darin, dass in dem hier vorgeschlagenen Modell die Staatsbürgerschaft weiterhin eine relevante Rolle spielt, indem der Grad der politischen Bindung unmittelbar Einfluss auf die Strafzumessung hat (vgl. dazu Teil III C I 1).

[226] Es sei an dieser Stelle noch einmal daran erinnert, dass der idealerweise zu gewährleistende Zustand der Freiheitlichkeit je nach dem Entwicklungsstand des politischen Gemeinwesens unterschiedlich gestaltet sein kann. Man denke z. B. daran, dass im Großbritannien des späten 18. Jahrhunderts das Wahlrecht wohl nicht zu dieser idealen Daseinsordnung von Freiheit gehörte, denn „British electors had fewer opportunities to cast a vote than to observe Halley's comet" (so *Fahrmeir*, Citizenship, S. 16).

IV. Die Staatsbürgerschaft als multidimensionales Kompositum

seines Asylantrags ständig von Abschiebung bedroht ist (fehlende Rechte im Zusammenhang mit der Staatsangehörigkeit bzw. dem Aufenthaltsstatus). Obwohl dieser Person bestimmte grundlegende zivile und soziale Rechte garantiert werden (vor allem das Recht auf einen gewissen Schutz vor Angriffen Dritter und auf bestimmte Gesundheitsleistungen in Notfällen), werden ihr zumindest in der Praxis (aus Angst vor Abschiebung) Rechte wie der Zugang zur Justiz, die Einschulung ihrer Kinder oder das Recht auf eine Wohnung großteils vorenthalten.[227] Wäre derselbe syrische Einwanderer in den Libanon statt nach Deutschland ausgewandert, wäre er wahrscheinlich ein „noch minimalerer" Minimalbürger, ohne aber notwendigerweise (siehe nächster Absatz) ein Externer in Bezug auf den Libanon zu sein.

Es bleibt nun zu erläutern, wer sich völlig außerhalb dieses „begrifflichen Kontinuums der Staatsbürgerschaft" befindet, d.h. wer Externer (Nichtbürger) ist. Prinzipiell scheint die Antwort simpel und die Fälle völlig anders geartet zu sein als beim Typus des Minimalbürgers: Es geht hier einfach um Individuen, denen der Staat bislang nicht einmal die grundlegendsten zivilen, politischen und sozialen Rechte garantiert hat und die auch gar keinen formalen Status besitzen. Dies trifft auf jeden Ausländer zu, der noch nie einen Fuß auf das Territorium eines Staates gesetzt hat oder mit ihm in Kontakt gekommen ist. Ebenfalls zu diesem Profil passend ist der Fall von Angehörigen einer internen Minderheit (sei es ethnisch, religiös, politisch usw.), die nicht nur systematisch ausgegrenzt, sondern auch verfolgt wird (ein paradigmatischer aktueller Fall sind die Rohingya in Myanmar), wobei die staatlichen Behörden die Verletzung ihrer persönlichen Sicherheit dulden oder sogar fördern (wodurch der materielle Zugang zu sonstigen Rechten zu einer bloßen Chimäre wird). Zwischen diesen beiden Arten von Externen gibt es freilich wichtige Unterschiede: Erstere sind – sozusagen – „natürliche" Außenstehende, während letztere nur aufgrund der Versäumnisse des Staates zu Externen werden, was – wie gezeigt werden wird – zur Folge hat, dass der Staat auf Angriffe von Individuen der einen oder der anderen Gruppe unterschiedlich reagieren soll.[228] Beiden Arten von Externen ist jedoch eines gemeinsam: bei ihnen gibt es gar keine politische Bindung zum Staat, auf der eine Mitwirkungspflicht und die daraus abgeleitete Legitimation zur Bestrafung beruhen könnte.

---

[227] Der vorgestellte Fall soll lediglich als Beispiel dienen und beansprucht daher nicht, die Realität eines irregulären Migranten in Deutschland widerzuspiegeln. Dennoch basiert das angeführte Beispiel auf der Beschreibung der rechtlichen Situation von irregulären Migranten in Deutschland, die auf der Website der Bundeszentrale für politische Bildung zu finden ist. Abrufbar unter: https://www.bpb.de/themen/migration-integration/dossier-migration/247683/irregulaere-migration/, abgerufen: 09.10.2023.

[228] Vgl. hierzu Teil III C II 2.

Allerdings gibt es trotz des kategorischen Sprungs zwischen dem Minimalbürger (dem ein gewisses Maß an persönlicher Sicherheit garantiert wird) und dem Nichtbürger (dem zumindest *de facto* keine Rechte garantiert werden) eine Grauzone zwischen beiden Figuren.[229] Denn der Begriff der Sicherheit selbst ist unpräzise[230] und es ist nicht offensichtlich, welches Mindestmaß an individueller Sicherheit einer Person gewährt werden muss, damit sie als Minimalbürger angesehen werden kann.[231] Zur Unterscheidung zwischen Minimalbürgern und Externen müssen daher zwei Aspekte in Betracht gezogen werden. Erstens: Da die einzige mögliche Untergrenze eines abgestuften Konzepts der Staatsbürgerschaft die Nichtgewährleistung von Rechten ist, soll die Staatsbürgerschaft immer dann

---

[229] Ähnlich *Pawlik*, Voraussetzungen und Grenzen des Bürgerstrafrechts, S. 12.
[230] Diesbezüglich siehe das Werk von *Zedner*, Security.
[231] In der Tat ist die Stärke, mit der dieses Recht auf persönliche Sicherheit garantiert wird – wie viele bzw. alle anderen Rechte – abstufbar. Vgl. im gleichen Sinne *Orozco*, LH-Reyes Echandía, S. 196; ähnlich Lorca, Law, Culture and the Humanities 18, 2 (2022), 439 ff. Das vorliegende Problem weist große Ähnlichkeit mit der von *Radbruch* getroffenen unscharfen Unterscheidung zwischen gesetzlichem Unrecht und dem trotz seines unrichtigen Inhalts dennoch geltenden Gesetz auf (*Radbruch*, Gesetzliches Unrecht, S. 89). Dieser Übergangsbereich zwischen dem unteren Pol des begrifflichen Kontinuums der Staatsbürgerschaft und der Nichtbürgerschaft lässt sich vielleicht besser anhand der Unschärfelogik darstellen. Bei dieser Logik wird in der Regel mit Skalen zwischen 0 und 1 oder 0 und 10 operiert [siehe zum Beispiel *Philipps*, FS-Kaufmann, S. 272 f.; *Reisinger*, DVR 4 (1975), S. 139 f.]. Anders ausgedrückt, die „0" (in diesem Fall vertreten durch den Externen, dem „0"-Rechte garantiert werden) liegt nicht außerhalb der Skala, sondern bildet die untere Grenze der Skala. Dies verträgt sich gut mit dem Zahlenbereich der reellen Zahlen, denn es gibt ein unendliches Kontinuum von reellen Zahlen zwischen 0 und 1, so dass es keine kleinste positive reelle Zahl größer als 0 gibt (falls jemand diese Zahl „fände", braucht man sie nur durch zwei oder drei zu teilen, dann erhält man eine neue kleinste Zahl, usw.). Diese Möglichkeit (nämlich die Ausdehnung des Kontinuums auf die Zahl 0) ist auch Radbruch nicht entgangen. In seiner Analyse der fließenden Übergänge zwischen den Begriffen „Verbrechen" und „Nicht-Verbrechen" schreibt *Radbruch* (Klassenbegriffe, S. 67) Folgendes: „So findet die Abstufung des abstufbaren Verbrechensbegriffs ihre Schranke an der Grenze des klassifizierenden Verbrechensbegriffs, obgleich sie ihrem eigenen Sinn nach fortgesetzt werden könnte. Dieses Übergewicht des klassifizierenden über den ordnenden Begriff bezeugt wiederum den grundsätzlich klassifikatorischen Charakter der Rechtswissenschaft". Eine ähnliche Lösung gilt für den Begriff der Staatsbürgerschaft: Wird das Externe (die 0) in das Kontinuum einbezogen, dann kann natürlich keine Unterscheidung zwischen Bürgern und Nichtbürgern und damit auch keine Differenzierung zwischen Strafen (basierend auf der Staatsbürgerschaft) und Präventivmaßnahmen (zur Neutralisierung von Gefahren) getroffen werden. Dadurch würde ein einspuriges System von Sanktionen gegen schuldfähige Personen angenommen werden. Abgesehen von den traditionellen Einwänden gegen die Einspurigkeit der Sanktionen [vgl. hierzu eines der zahlreichen Werke zum Thema von *Frisch*, wie ZStW 102 (1990), oder in Anlehnung an ihn *Ziffer*, FS-Frisch, S. 1077 ff.], verlöre in diesem Fall das Bürgerstrafrecht erheblich an Bedeutung, zumindest was die Begrenzung des Strafanwendungsrechts anbelangt, da dann jeder Adressat dieser einzigen Sanktionsart sein könnte.

als etabliert gelten, wenn es einen nicht zu vernachlässigenden Schutz des Rechts auf Leben oder körperliche Unversehrtheit gibt. Touristen und Durchreisende können also im Prinzip auch bestraft werden, allerdings – wie sich zeigen wird – nur als Minimalbürger. Zweitens darf dies jedoch nicht den Blick auf die Situation großer Bevölkerungsgruppen in Schwellenländern verstellen, die ein so geringes Maß an individueller Sicherheit genießen (kaum besser – wenn überhaupt – als der Hobbessche Naturzustand), dass sie nicht einmal als Minimalbürger eingestuft werden können. Bei vielen Bewohnern der von zügelloser Kriminalität geplagten Elendsviertel in lateinamerikanischen Großstädten, in denen weder die Polizei noch andere staatliche Behörden tätig sind, erscheint es in der Tat absurd, von der Entstehung einer Mitwirkungspflicht aufgrund der „Profitierung von einem Zustand der Freiheitlichkeit" zu sprechen.[232] In Fällen extremer Marginalisierung wie im obigen Beispiel kann daher nicht länger von einer schwachen Staatsbürgerschaft die Rede sein, sondern eher von Personen, die aufgrund des staatlichen Versagens keine Bindung zum politischen Gemeinwesen haben (nämlich Externe).[233]

Damit ist die Analyse des Begriffs der Staatsbürgerschaft vorerst abgeschlossen, wenngleich noch zu untersuchen bleibt, wie sich ein Bürgerstrafrecht mit den politischen Bindungen zu sub- und supranationalen Gemeinwesen bzw. Organisationen verträgt. Im nächsten Kapitel (Teil III C) werden einige der wichtigsten Konsequenzen des dargestellten Konzepts der Staatsbürgerschaft erörtert, beginnend mit der naheliegendsten, nämlich seiner Bedeutung für die Verhängung von Kriminalstrafen.

---

[232] Ein Beispiel: Während 2018, ein Jahr nach Beginn des Völkermords der burmesischen Regierung an den Rohingya, 25.000 Menschen getötet worden sind (vgl. dazu https://www.theguardian.com/world/2018/aug/27/myanmars-military-accused-of-genocide-by-damning-un-report, abgerufen: 09.10.2023), läge die Zahl der vorsätzlichen Tötungsdelikte in Brasilien nach Angaben der Vereinten Nationen im selben Jahr bei 55.980 (siehe https://dataunodc.un.org/victims-intentional-homicide-table, abgerufen: 09.10.2023). Damit soll nicht der Völkermord in Myanmar heruntergespielt werden (die Todesrate ist im Verhältnis zur Einwohnerzahl viel höher), sondern es soll lediglich hervorgehoben werden, dass vielen Menschen in Brasilien ihr Recht auf Leben *de facto* nicht garantiert wird.

[233] Sehr ähnlich *Lorca*, Law, Culture and the Humanities 18, 2 (2022), S. 439 ff., wonach selbst bei einer Minimalauffassung von Staatsbürgerschaft à la Hobbes kein Raum für die Bestrafung von Individuen besteht, die in einer derartigen extremen Armut leben, dass ihre kurzfristige Überlebensfähigkeit beeinträchtigt ist, etwa weil sie keinen Zugang zu Nahrung, Unterkunft oder grundlegenden Medikamenten haben.

C. Strafrechtliche Auswirkungen des vorgeschlagenen Begriffs der Staatsbürgerschaft: Teilbürger, Externe und nichtstaatliche Strafnormen

I. Staatsbürgerschaft und ihre Bedeutung für Kriminalstrafen: Strafbemessung in einem „Strafrecht des Teilbürgers"

1. Je schwächer die Staatsbürgerschaft, desto milder die Strafe: die politische Bindung als eigenständiger Strafzumessungsfaktor

Kennzeichnend für ein Bürgerstrafrecht ist, dass sowohl die Strafnorm als auch die Kriminalstrafe gegenüber dem Betroffenen (zumindest zum Teil) anhand von der Tatbegehung vorausgehenden Umständen zu begründen sind, welche mit dem Begriff „Staatsbürgerschaft" erfasst werden können.[1] Dadurch wird die Wichtigkeit der Auffassung von Staatsbürgerschaft für ein Bürgerstrafrecht deutlich. Nun ist es daher angebracht, die Auswirkungen des hier angenommenen, rechtsbasierten Konzepts der Staatsbürgerschaft zu untersuchen. Es handelt sich also um ein begriffliches Kontinuum, das vom Minimal- bis zum Vollbürger reicht. Wie dargestellt, scheint die Gewährleistung von Minimalbürgerschaft (ausreichend zur Strafbegründung) im Prinzip nicht sehr anforderungsreich zu sein. Es mag zwar anspruchsvoll genug sein, um die Legitimation der Bestrafung großer Bevölkerungsgruppen in am wenigsten entwickelten Ländern (denen der Staat bestenfalls eine sehr geringfügige individuelle Sicherheit garantiert) auszuschließen.[2] Aber in Ländern wie Deutschland ist die überwiegende Mehrheit der Gebietsbewohner zumindest Minimalbürger, wie das Beispiel des oben erwähnten syrischen Asylbewerbers zeigt. Die einzigen Externen (und damit die einzi-

---

[1] Siehe Teil II D I.
[2] Dabei ist zu bedenken, dass der Zustand der Freiheitlichkeit im Vergleich zu den Freiheitsordnungen anderer politischer Gemeinwesen relativ ist (man kann vom brasilianischen Staat nicht das Gleiche verlangen wie vom deutschen), aber nicht innerhalb des Staates: Die Vollbürger in den südamerikanischen Ländern (verkörpert durch diejenigen, die an der Spitze der sozialen Pyramide stehen) haben sicherlich eine ganz andere politische Bindung zum politischen Gemeinwesen als ihre in Elendsvierteln lebenden Landsleute, die je nach der von ihnen erlittenen Ausgrenzung sogar Externe sein können.

gen, die nicht legitimerweise bestraft werden können) wären dann praktisch nur diejenigen, die von außerhalb des Staatsgebiets Straftaten begehen, ohne mit dem Forumsstaat in Berührung gekommen zu sein (vor allem nichtansässige Ausländer). Mit anderen Worten: Ein Bürgerstrafrecht in der hier konzipierten Form mag zwar eine wichtige Rolle im Rahmen der Gestaltung des Strafanwendungsrechts spielen (d. h. bei der Frage, inwieweit sich die Strafgewalt auf Auslandssachverhalte erstrecken soll),[3] doch scheint es bei den im Inland begangenen Taten, die noch die überwiegende Mehrheit der verfolgten Straftaten ausmachen, keine große Bedeutung zu haben. Der Leser mag sich dann fragen, ob sich das Bestehen auf einem Bürgerstrafrecht lohnt, wenn dessen Folgen eher moderat seien.

Ein auf dem oben dargestellten Staatsbürgerschaftsbegriff basierendes Bürgerstrafrecht kann jedoch auch erhebliche Auswirkungen auf die Verhängung von Kriminalstrafen für Inlandstaten haben, indem es sich unmittelbar auf die Strafzumessung auswirkt. Auch wenn diese Arbeit – deren Schwerpunkt auf der Untersuchung der idealen Ausgestaltung des Strafanwendungsrechts liegt – keineswegs den Anspruch erhebt, eine eingehende Strafzumessungstheorie nach Maßgabe eines Bürgerstrafrechts zu formulieren, lohnt es sich daher, diesem Thema einige Seiten zu widmen. Nur auf dieser Ebene – im Gegensatz zum Strafanwendungsrecht, das notwendigerweise mit der Unterscheidung zwischen (Teil-)Bürgern und Externen operiert – kann der abstufbare Charakter der Staatsbürgerschaft seine Wirkung entfalten.

Wird ernsthaft behauptet, die Legitimation der Bestrafung beruhe (neben anderen Gründen) auf der Staatsbürgerschaft, so liegt es auf der Hand, dass, ebenso wie das absolute Fehlen der politischen Bindung die legitime Verhängung einer Strafe ausschließt, sich eine verminderte Intensität dieser Bindung *irgendwie* auf die zu verhängende Strafe auswirken muss (ähnlich wie bei anderen die Strafe bestimmenden Faktoren, wie z. B. der Schuld).[4] Hierbei ist zu berücksichtigen, dass die Staatsbürgerschaft im Rahmen des dargelegten Modells keine Rechtfertigung des Strafrechtssystems als solche ist, der eventuell ein unmittelbarer Einfluss auf die Kriminalstrafe abgesprochen werden kann.[5] Vielmehr dient sie als

---

[3] Siehe unten Teil III D.

[4] In dieselbe Richtung *Pawlik*, Das Unrecht, S. 117: „Wird die Verhängung der Strafe demnach dadurch legitimiert, daß der Täter sich eine Verletzung seiner Bürgerpflicht vorwerfen lassen muß, so muß sich die Strafhöhe konsequenterweise nach dem Ausmaß dieses Unrechts richten"; *Silva Sánchez*, FS-Hassemer, S. 630 f.: „Die Strafzumessung stellt sich also als die quantitative Fortsetzung der Verbrechenslehre dar".

[5] Mit einer solchen Argumentationslinie (Unabhängigkeit der Strafzumessungsfaktoren von der zumindest teilweise präventiven Ausgestaltung des Strafrechtssystems) versucht *Hörnle* (Tatproportionale Strafzumessung, S. 125–127), ihre Theorie einer tatproportionalen Strafzumessung zu begründen.

Rechtfertigung für jede schwerwiegende freiheitsbeschränkende staatliche Handlung (sei es eine Verhaltensnorm oder eine zu verhängende Strafe) gegenüber dem davon betroffenen Individuum. Folglich lautet die Frage nicht, „ob" die Staatsbürgerschaft Auswirkungen auf die zu verhängende Kriminalstrafe haben sollte, sondern „wie".

Zur Beantwortung dieser Frage empfiehlt sich eine kurze Rekapitulation des zentralen Gedankens eines Bürgerstrafrechts, nun ergänzt im Lichte der hiesigen Auffassung der Staatsbürgerschaft. Die Kehrseite der Staatsbürgerschaft (d. h. der erhaltenen Rechte) ist das Entstehen einer Bindung mit der Gemeinschaft, die diese Rechte garantiert hat. Dieses Band äußert sich in einer Pflicht – egal, ob man sie als Mitwirkungspflicht (*Pawlik*), als *civic duty* (*Duff*) oder als übernommene Pflicht (*Silva Sánchez*) bezeichnet –,[6] die in modernen Gesellschaften in der Einhaltung des Gesetzes besteht. Strafbare Handlungen sind besonders schwere Verstöße gegen diese politische Pflicht gegenüber dem Gemeinwesen, wodurch diese ursprüngliche (unerfüllte) Verpflichtung in eine Pflicht zur Duldung (*Pawlik*), Übernahme (*Duff*) oder Annahme (*Hoskins*)[7] der entsprechenden Strafe umgewandelt wird. Wenn nun die Staatsbürgerschaft in verschiedenen Graden vorkommt, dann ist es inkohärent, nicht zu folgern, dass dasselbe mit der daraus abgeleiteten politischen Pflicht geschieht. Je weniger Rechte gewährleistet werden (je weiter sich ein Individuum vom Idealtypus des Vollbürgers entfernt), desto schwächer ist die politische Pflicht des Einzelnen. Soweit ersichtlich, gibt es mindestens zwei Möglichkeiten, diese Graduierbarkeit der Pflicht in der darauf basierenden Bestrafung widerzuspiegeln.

Eine erste Möglichkeit bestünde darin, zwischen verschiedenen Arten von Strafnormen zu unterscheiden und die Legitimität dieser Normen mit unterschiedlichen Stärkegraden der Staatsbürgerschaft zu verknüpfen. Beispielsweise ließe sich behaupten, die sozial Ausgegrenzten seien nicht zur Steuerzahlung verpflichtet (und könnten daher nicht legitimerweise für Steuerdelikte bestraft werden) oder sie müssten den Behörden bei der Strafverfolgung Dritter nicht helfen (und könnten daher nicht für Strafvereitelung verurteilt werden) oder dass der Minimalbürger, der lediglich Schutz vor Angriffen Dritter auf seine körperliche Unversehrtheit genießt, im Gegenzug nur von der Begehung von Gewaltdelikten absehen sollte.[8] Dieser Ansatz birgt jedoch schwer zu lösende Schwierigkeiten.[9] Zunächst impliziert er die Aufspaltung der allgemeinen Pflicht zum

---

[6] Siehe Teil II D Abschnitte III, IV und V.

[7] Vgl. *Hoskins*, Criminal Law and Philosophy 5 (2011), S. 60. Zu den beiden anderen Autoren (Pawlik und Duff) siehe die einschlägigen Kapitel im Teil II.

[8] Für dieses letzte Beispiel bin ich Prof. Pawlik dankbar.

[9] Ebenfalls kritisch gegenüber dieser Ansicht (die er „quantitative approach to legal obedience" nennt, da ihr zufolge jemand, der nicht von der sozialen Kooperation profitiert, sich an

gesetzeskonformen Handeln in Teilpflichten je nach Materie (der Einzelne müsse sich je nach Staatsbürgerschaftsgrad an Gesetz „A" halten, nicht aber an Gesetz „B"), was operationell äußerst komplex ist.[10] Zweitens erzwingt diese Vorgehensweise die Schaffung einer direkten Korrelation zwischen der Art der Exklusion (z. B. fehlende politische Rechte) und der Norm, die nicht eingehalten werden darf (hier: Straftaten bei Wahlen und Abstimmungen), was bei einem eindimensionalen Konzept der Staatsbürgerschaft vielleicht möglich wäre, bei einem mehrdimensionalen Begriff wie dem hier vorgeschlagenen jedoch nicht durchführbar ist. Drittens mag diese Vorgehensweise – indem sie einige Personen vollständig von der Einhaltung bestimmter strafrechtlicher Vorschriften befreit – die Wahrung wertvoller gesellschaftlicher Interessen und damit ggf. die Aufrechterhaltung des Zustands der Freiheitlichkeit selbst ernsthaft gefährden.[11]

Eine etwas plausiblere Version dieser Lösungsmöglichkeit besteht darin, die Bestrafung von Minimalbürgern auf die Fälle besonders schwerer oder „asozialer" Verbrechen zu beschränken. Diese Lösung erscheint zwar grundsätzlich ansprechend, impliziert aber entweder die bewusste Ausblendung der Schwäche der politischen Bindung (und der damit einhergehenden Abnahme der staatlichen Legitimation zur Bestrafung) angesichts der Bedeutung des zu schützenden Interesses und ähnelt damit in ihren Auswirkungen den interessenschutzorientierten Kriminalisierungstheorien oder sie impliziert die Verwechslung von Staatsbürgerschaft und Schuld (d. h. den Gedanken, bei schweren Straftaten entschuldige die soziale Ausgrenzung nicht) und erinnert somit in ihren Ergebnissen an den Vorschlag von *Silva Sánchez* (der die gewalttätige *mala in se* aus dem Bürgerstrafrecht ausschließt), weshalb dieser Ansatz auf die gleiche Kritik wie diese Positionen stößt.[12]

Die zweite Alternative ist – trotz nicht zu unterschätzender Hürden – wesentlich überzeugender. Beruht die Legitimität der Strafe unmittelbar auf der politi-

---

einige Normvorschriften halten muss, an andere aber nicht) äußert sich *Duus-Otterström*, European Journal of Political Theory 20, 2 (2021), S. 176 f.; auch skeptisch diesbezüglich *Hörnle*, GA 2023, S. 14.

[10] Eine derartige Partikularisierung der Strafe scheint direkt zu der Art von Stände-Strafrecht zu führen, vor dem *Grosse-Wilde* (Just Punishment, S. 10) warnt.

[11] Diesen dritten Kritikpunkt bringt auch *Duus-Otterström* [European Journal of Political Theory 20, 2 (2021), S. 177] vor.

[12] Entsprechende Vorschläge finden sich bei mehreren Verfechtern dessen, was hier als unechte Variante des Bürgerstrafrechts betitelt wird. Siehe z. B. *Hudson*, Punishing the Poor, S. 209; *Shelby*, Dark Guettos, S. 219 ff.; *Duus-Otterström/Kelly*, Philosophy Compass 14, 2 (2019), S. 5 f.: „Though it lacks legitimacy, the state may be permitted to take steps to prevent and to reduce morally serious criminal wrongdoing, such as murder, rape, and assault... After all, not reducing morally serious criminal wrongdoing would represent a further failure of the state to be just".

schen Pflicht des Einzelnen gegenüber dem bestrafenden Staat, dann muss die Strafe umso milder ausfallen, je schwächer diese Pflicht ist. Zusammenfassend lässt sich demnach Folgendes feststellen: Je geringer der Grad der Staatsbürgerschaft des Individuums „I" im Staat „S" ist (weniger gewährleistete Rechte bzw. schlechtere Qualität der gewährten Rechte), desto schwächer die politische Pflicht von „I" gegenüber „S", und desto milder die Strafe, die „S" gegen „I" verhängen kann, unter sonst gleichen Faktoren, die die Schwere der Strafe beeinflussen (*ceteris paribus*).[13] Das heißt, die Staatsbürgerschaft wird zu einem *zusätzlichen* Faktor bei der Strafzumessung neben den anderen üblichen Variablen.[14]

Unbeschadet der äußerst umfangreichen Debatte über die Grundsätze der Strafzumessung und der beträchtlichen Unterschiede in der Terminologie und den praktischen Auswirkungen der verschiedenen einschlägigen Theorien[15] besteht zumindest in Bezug auf bestimmte Strafzumessungsfaktoren ein gewisser Konsens. Ohne Anspruch auf Genauigkeit lässt sich konstatieren, dass in den kontinentalen Rechtsordnungen die folgenden Faktoren als zweifellos das Strafmaß beeinflussend angesehen werden: (i) die Schwere der Tat, die wiederum gewöhnlich in Handlungsunrecht (das oft sowohl die Handlung des objektiven Tatbestands als auch den subjektiven Tatbestand umfasst) und Erfolgsunrecht unterteilt

---

[13] Diese Alternative (die Widerspiegelung des Grades der Staatsbürgerschaft in der Strafbemessung) entspricht auch dem, was üblicherweise mit den anderen – ebenfalls abstufbaren – Strafzumessungsfaktoren praktiziert wird. Beispiele hierfür sind der Erfolgsunwert (z. B. werden Tötungsdelikte härter bestraft als Körperverletzungsdelikte); die unterschiedlichen Grade subjektiver Zurechnung des Verhaltens (direkter bzw. bedingter Vorsatz, bewusste und unbewusste Fahrlässigkeit); oder das Maß der Schuld. Die Auswirkungen der Abstufbarkeit dieser Elemente auf die Strafzumessung betonend *Peralta*, DOXA 31 (2008), S. 613 ff.

[14] Natürlich sind Ansätze in diese Richtung nichts Neues. Ein Paradebeispiel ist *Locke*, Second Treatise, § 231, S. 202, wonach Richter härter bestraft werden sollten als Ausländer oder sogar andere Untertanen, und zwar nicht nur wegen des ihnen entgegengebrachten größeren Vertrauens, sondern auch, weil sie sich durch die Begehung einer Straftat als „being ungrateful for the greater share they have by the law" erweisen. In der strafrechtlichen Literatur gibt es aber nur wenige ähnliche Vorschläge. Am nächsten kommt der oben analysierte Ansatz von Silva Sánchez, der sechs Personenkategorien je nach ihrer Beziehung zum bestrafenden Staat unterscheidet (vgl. Teil II D III 1). Eine verwandte Alternative (wenn auch in ihren Auswirkungen viel begrenzter) wird von *Dagger*, Playing Fair, S. 255, vorgelegt. Den Wahlrechtsausschluss während des Freiheitsentzugs (welcher eine zusätzliche Strafe für wahlberechtigte Bürger im Vergleich zu ansässigen Ausländern und somit *ceteris paribus* eine härtere Behandlung wäre) rechtfertigt Dagger gerade mit dem Vorhandensein des zusätzlichen Rechts zu wählen, das wiederum eine größere Verletzung des „civic trust" im Falle des Begehens einer gleichartigen Straftat impliziert.

[15] Für einen Überblick über die verschiedenen Strafzumessungstheorien in Deutschland (darunter die herrschende Spielraumtheorie) siehe *Schneider*, LK[13], § 46, Rn. 40 ff.

wird; und (ii) die Schuld.[16] Im angelsächsischen Rechtskreis sind die unstreitigen Faktoren im Grunde dieselben, nur etwas anders gegliedert: (i) verursachter Schaden bzw. Gefahr eines Schadens; (ii) „culpability" (die dem subjektiven Tatbestand des kontinentalen Rechts entspricht); und (iii) andere „lose" strafverschärfende oder strafmildernde Faktoren, die im Allgemeinen mit den vorgenannten Faktoren zusammenhängen oder mit der Schuld des Täters (im Sinne des kontinentalen Rechts) zu tun haben.[17] Hinzuzufügen ist, dass (trotz des Widerstandes eines Teils der Literatur) general- und spezialpräventive Erwägungen stets eine wichtige Rolle bei der Strafzumessung in positiven Rechtsordnungen spielen.[18]

---

[16] So z.B. *Hörnle*, Tatproportionale Strafzumessung, S. 389 f.; ähnlich die Rechtsprechung des BGH (vgl. dazu *Schneider*, LK[13], § 46, Rn. 9) und des BVerfG (siehe z.B. NJW 1957, 865, 868). Grundsätzlich sind in der spanischsprachigen Literatur die gleichen Kriterien zu finden [vgl. z.B. *Peralta*, DOXA 31 (2008), S. 615 ff.]. Natürlich gibt es wesentlich präzisere Modelle, die klar zwischen mehreren Subkriterien differenzieren. Siehe z.B. *Silva Sánchez*, FS-Hassemer, S. 634–637, der ein Modell der Quantifizierung des tatbestandmäßigen Unrechts vorschlägt, der zunächst zwei Hauptfaktoren unterscheidet (objektives Unrecht und subjektive Zurechnung), dann zwei Subkriterien innerhalb des objektiven Unrechts (Ex-ante- und Ex-post-Unrecht), anschließend drei Subkriterien innerhalb des Ex-ante-Unrecht, usw., wobei die meisten dieser Kriterien und Subkriterien abstufbar sind.

[17] Vgl. statt aller die vom *Sentencing Council for England and Wales* erlassenen „General guideline: overarching principles", die in Ermangelung von – oder zusätzlich zu – den Richtlinien für die Strafzumessung für einzelne Tatbestände gelten. Abrufbar unter: https://www.sentencingcouncil.org.uk/overarching-guides/crown-court/item/general-guideline-overarching-principles/, abgerufen: 09.10.2023. Die Kriterien *harm* und *culpability* entsprechen dort im Wesentlichen der beim BGH üblich vorgenommenen Unterscheidung zwischen Erfolgs- und Handlungsunwert. Eine Übersicht über die einschlägige Rechtsprechung des BGH liefert *Schneider*, LK[13], § 46, Rn. 9.

[18] Im Vereinigten Königreich werden in den bereits genannten *sentencing guidelines* fünf legitime Ziele für die Strafzumessung festgelegt, darunter „the reduction of crime (including its reduction by deterrence)", „the reform and rehabilitation of offenders", und „the protection of the public"; ähnlich s. 718 des kanadischen *Criminal Code*. Als weiteres Beispiel sei hier das StGB herangezogen, das in § 46 Abs. 1 S. 2 ausdrücklich die Berücksichtigung der Spezialprävention vorsieht und in zahlreichen anderen Vorschriften (z.B. § 47 Abs. 1 oder § 56 Abs. 3) mittels der Formulierung „Verteidigung der Rechtsordnung" auch die Generalprävention als Kriterium für die Strafzumessung i.w.S. verankert (dazu siehe *Kindhäuser/Hilgendorf*, NK-StGB, § 46, Rn. 1–5). Für *Pawlik* (Das Unrecht, S. 119) würde der Verweis auf diese „Verteidigung der Rechtsordnung" nicht auf generalpräventive Kriterien anspielen, sondern sich auf jene Fälle beziehen, „in denen das Unrecht des Täters, bemessen nach dem konkret herbeigeführten Schaden, relativ gering, aus der – letztlich entscheidenden – gesamtgesellschaftlichen Perspektive gesehen hingegen erheblich ist". Diese Analyse des Schadens aus dieser „gesamtgesellschaftlichen Perspektive" – wie sie in den von Pawlik angeführten Beispielen zum Ausdruck kommt – erfordert jedoch die Berücksichtigung von (zumindest teilweise) prospektiven Faktoren, wie den erlittenen Vertrauensverlust in die Normgeltung, was der positiven Generalprävention nahekommt. Demnach scheint *Silva Sánchez* (FS-Hassemer, S. 626) Recht zu ha-

I. Staatsbürgerschaft und ihre Bedeutung für Kriminalstrafen 363

In diesem Zusammenhang fällt die Rückfälligkeit des Täters bei der Festlegung des Strafmaßes besonders stark ins Gewicht.[19]

Welche Rolle auch immer der Schwere der Tat und der Schuld bei der Strafbemessung zugewiesen wird, das hier vorgestellte Modell des Bürgerstrafrechts ändert prinzipiell nichts daran. Es wäre aus bürgerstrafrechtlicher Sicht unsinnig, die Verhältnismäßigkeit der Strafe zur Schwere der Tat bzw. Schuldausschließungs- oder Schuldminderungsgründe außer Acht zu lassen. Der Grad der Verletzung der Mitwirkungspflicht ist in hohem Maße von beiden Faktoren abhängig. Ebenso wenig schließt der Grundgedanke des Bürgerstrafrechts die Berücksichtigung konsequentialistischer Erwägungen – sei es die Generalprävention, die Rehabilitierung des Täters oder seine Gefährlichkeit – von vornherein aus.[20] Schließlich muss ein Bürgerstrafrecht in der Lage sein, den Zustand der Freiheitlichkeit aufrechtzuerhalten (*Pawlik*), das Ausmaß sozialer Gewalt zu verringern (*Silva Sanchez*) oder die „civic order" zu untermauern (*Duff*), was nur erreicht werden kann, wenn die Verhängung konkreter Strafen zur Erreichung dieser Ziele (die den Schutz der Bürger vor künftigen Schäden umfassen) beiträgt – oder sie zumindest nicht beeinträchtigt.[21] Noch weniger geht es bei dem hiesigen Modell darum, das Spannungsverhältnis zwischen diesen verschiedenen Faktoren bei der Strafzumessung (z.B. Schuld vs. präventive Überlegungen) aufzulösen oder Vorschläge zur Abwägung der einzelnen Variablen bei der Strafzumessung vorzulegen. Die sich aus dem unterbreiteten Vorschlag ergebende Konsequenz für die Strafzumessung ist viel nuancierter, aber dennoch bedeutsam.

---

ben, wenn er die Strafzumessung als „Brückenschlag zwischen dem Retrospektiven und dem Prospektiven" versteht.

[19] Die Berücksichtigung des Vorlebens des Täters (die häufig mit Aspekten wie einem gesteigerten Handlungsunwert begründet wird) ist eigentlich auf seine Gefährlichkeit bezogen. Ein Beleg dafür ist (zumindest in Deutschland), dass die Gerichte Straftaten berücksichtigen, die ein vorstrafenfreier Angeklagter „zuvor begangen habe", selbst wenn sie verjährt sind, und manchmal sogar Anklagen berücksichtigen, die in früheren Verfahren mit einer Einstellung oder einem Freispruch endeten. Zur Rechtsprechung zu diesen Punkten siehe *Schneider*, LK[13], § 46, Rn. 146 ff. Ähnlich *Robinson*, Harvard Law Review 114, 5 (2001), S. 1431, im Falle der USA: „The rationale for heavy reliance upon criminal history in sentencing guidelines is its effectiveness in incapacitating dangerous offenders".

[20] Vgl. u.a. *Pettit*, Utilitas 9, 1 (1997), S. 67 f.: „republicanism takes and ought to take a consequentialist attitude to the value of non-domination"; *Mañalich*, Revista de Estudios de la Justicia 6 (2005), S. 73 f.; oder *Kindhäuser*, ZStW 107 (1995), S. 732 f.

[21] Wie *Hörnle* (Straftheorien, S. 5) betont, ist die Begründung der Strafe gegenüber ihrem Adressaten zwar notwendig, aber nicht ausreichend, um ihre Legitimität zu bejahen, wofür auch ihr gesellschaftlicher Nutzen geprüft werden muss. Ähnlich *Silva Sánchez*, Aproximación, S. 459, wonach von einer Strafe abgesehen werden muss – obwohl ihre Verhängung aufgrund Gerechtigkeitsüberlegungen als erforderlich erscheint – wenn ihre Verhängung starke negative Nebenfolgen nach sich zieht.

Ein äußerst wichtiger Punkt, der aus dem hier vertretenen Konzept der Staatsbürgerschaft folgt, besteht in der weitgehenden Eigenständigkeit der Staatsbürgerschaft gegenüber anderen Faktoren, die die Strafhöhe bestimmen. Wie im zweiten Teil dieses Beitrags analysiert, wird die Staatsbürgerschaft als Basis für die Legitimation der Strafe häufig entweder ausdrücklich mit der Schuld identifiziert (wie in der deliberativen Variante des Bürgerstrafrechts) oder partiell mit der Schuld verwechselt (man denke nur daran, wie *Silva Sánchez* oder *Duff* bei bestimmten Arten schwerer Straftaten auf die Staatsbürgerschaft verzichten). Gewiss gehen schwache Staatsbürgerschaft und geringe Schuld manchmal Hand in Hand. Ein offensichtlicher Fall ist der des sozial Ausgegrenzten, der aus Not Lebensmittel stiehlt. Gleichwohl basieren beide Faktoren in diesem Modell auf klar differenzierten Prämissen. Die Staatsbürgerschaft bezieht sich nicht darauf, wie sehr (in welchem Ausmaß) der Einzelne seine Pflicht verletzt hat (im Gegensatz zur Schwere der Tat oder zur Schwere des Verschuldens), sondern darauf, dass die von ihm verletzte Pflicht *zunächst einmal eine vergleichsweise schwächere Pflicht ist*. Der Grad der Staatsbürgerschaft hat also nichts mit Vorwerfbarkeit, Unzumutbarkeit oder mangelnder Rechtstreue zu tun, sondern hängt ausschließlich von den dem zu bestrafenden Individuum durch den Staat gewährleisteten Rechten ab (d. h. inwieweit der Staat einen Zustand der Freiheitlichkeit garantiert hat). So gibt es Fälle von fehlender oder geringer Schuld, aber Vollbürgerschaft (z. B. ein dem Idealtypus des Vollbürgers nahe stehendes Individuum, das in einem Verbotsirrtum oder entschuldigenden Notstand gehandelt hat) sowie Fälle von schwacher Staatsbürgerschaft ohne Schuldausschließungs- bzw. Schuldminderungsgründe (z. B. der Arme, der eine mit seiner sozialen Ausgrenzung scheinbar nicht zusammenhängende Straftat begeht[22] oder der ausländische Tourist, der eine auch in seinem Heimatland strafbare Tat verübt).[23]

---

[22] Siehe zum Beispiel *Schneider*, LK[13], § 46, Rn. 177: „Unter Schuldgesichtspunkten sind die wirtschaftlichen Verhältnisse – in der einen oder anderen Richtung – für die Strafzumessung immer nur erheblich, wenn ein innerer Zusammenhang zwischen ihnen und der Tat besteht"; ähnlich *Hörnle*, Tatproportionale Strafzumessung, S. 354; und *von Hirsch*, Censure and Sanctions, S. 107 f. Dies gilt unbeschadet dessen, dass dieser Zusammenhang zwischen sozialer Ausgrenzung und begangener Straftat oft auf wackeligen Füßen steht. Siehe hierzu Teil II D III 2.

[23] Ein möglicher Einwand gegen die hier vertretene Autonomie der Staatsbürgerschaft wurde mir von Thomas Grosse-Wilde mitgeteilt. Seiner Ansicht nach käme, wenn die Staatsbürgerschaft wirklich unabhängig von Unrecht und Schuld ist, das Koinzidenzprinzip nicht zur Anwendung, sodass auch eine nachträglich (nach der Tatbegehung) entstandene Staatsbürgerschaft die Strafe legitimieren könnte. Diese Argumentation lässt sich zwar nicht einfach widerlegen, aber sie geht an der zentralen Idee eines Bürgerstrafrechts vorbei, denn sie impliziert die Ablehnung der Prämisse, dass die Normeinhaltungspflicht (aus der sich die Strafduldungspflicht ableitet), auf der Bindung der Staatsbürgerschaft beruht (welche bei der Normverletzung nicht vorhanden war).

Genauso wenig hat die Staatsbürgerschaft mit der Gefährlichkeit oder dem Vorleben des Täters zu tun. Im Gegensatz zu den Modellen von *Pawlik* oder *Duff*, die eine etwas zwiespältige Haltung gegenüber der möglichen Betrachtung eines Bürgers als Externer aufgrund seines eigenen Fehlverhaltens in der Vergangenheit einnehmen, ist dies bei dem hiesigen Vorschlag nicht möglich: Wer dauerhaft schwere Straftaten begeht, bleibt „so sehr Bürger" wie immer. Andernfalls würde er die Intensität seiner Bindung zum Staat und damit die Legitimation des Staates, ihn zu bestrafen, einseitig verändern. Wer Bürger und wer Externer ist, hat also nichts mit „Feindschaft", „Freundschaft" oder „Loyalität" zu tun, sondern nur mit der Stärke des politischen Bandes (also den garantierten Rechten). Ein wohlhabender eritreischer Staatsangehöriger mit Wohnsitz in Asmara, der ständig hohe Geldbeträge an Stiftungen in Deutschland überweist, bleibt ein Externer (auch wenn sein Verhalten hochgeschätzt werden kann) und kann deshalb von Deutschland nicht bestraft werden, wenn er in Eritrea eine Straftat begeht. Hingegen bleibt eine in Deutschland ansässige Person, die gerade wegen ihres zehnten schweren Verbrechens verurteilt worden ist, genauso Bürger wie zuvor.[24]

Nachdem festgestellt wurde, dass die Staatsbürgerschaft als autonomes, zusätzliches Kriterium bei der Bestimmung des Strafmaßes berücksichtigt werden muss, wird im nächsten Unterabschnitt kurz untersucht, wie sich der Grad der Staatsbürgerschaft auf die Strafhöhe niederschlagen könnte.

2. Umwertung des Kontinuums Staatsbürgerschaft auf der kontinuierlichen Schwereskala des Strafrahmens

Zunächst das Offensichtliche: Die Analyse, ob das zu bestrafende Individuum wenigstens als Minimalbürger betrachtet werden kann (genauso wie die Frage, ob sein Verhalten rechtswidrig oder schuldhaft ist), ist vor jeder Erwägung bezüglich der Strafzumessung durchzuführen, nicht zuletzt deshalb, weil gegenüber Externen nur (ausnahmsweise) Präventivmaßnahmen angewendet werden können. Kann der Betroffene zumindest als Minimalbürger eingestuft werden, so wird die Staatsbürgerschaft (bzw. ihr Grad) zu einer Strafbemessungsfrage. Da die Strafzumessung nicht den Schwerpunkt dieser Untersuchung bildet und zudem ein äußerst komplexes Thema darstellt,[25] wird im Folgenden nur allgemein skizziert, wie der vorgestellte Begriff der Staatsbürgerschaft hierbei wirken

---

[24] Hier besteht ein deutlicher Unterschied zum Ansatz von *Jakobs* (vgl. Teil II D I), da für den hiesigen Vorschlag die mangelnde Bereitschaft zur Beachtung der Rechtsordnung eines Staates bei der Feststellung der politischen Bindung keine Rolle spielt. Ähnlich wie hier *Duff*, The Realm, S. 127–137, wenn er die Legitimität der Bestrafung von „dissenters and recusants" begründet.

[25] So z. B. *Maier*, Strafrechtliche Sanktionen, S. 165, demzufolge die Strafzumessung als

könnte, wobei im nächsten Unterabschnitt sowohl auf mögliche Einwände gegen diesen Vorschlag als auch auf seine Vorteile eingegangen wird.

Bei der Strafzumessung im weiteren Sinne ist zunächst der anwendbare gesetzliche Strafrahmen festzulegen.[26] Dieser beinhaltet bereits eine Vorabwürdigung vieler für die Strafzumessung maßgeblichen Variablen durch den Gesetzgeber.[27] Ob die Staatsbürgerschaft als Strafrahmenverschiebung (wie im Fall von § 49 Abs. 1) oder nur als Strafbemessungsregel innerhalb des Strafrahmens wirken soll, könnte erst in einer Abhandlung über die Strafzumessung geklärt werden. Zwar würde die erste Alternative die Rolle der Staatsbürgerschaft im Hinblick auf die Straflegitimation hervorheben, aber die zweite Lösung ist in Rechtsordnungen, die mit breiten Strafrahmen fungieren, nicht auszuschließen.[28] Im Folgenden wird zur besseren Erläuterung der potenziellen Wirkungsweise der Staatsbürgerschaft (und auch um Vorbehalte gegen ihre Akzeptanz etwas abzubauen) so vorgegangen, als ob die zweite Option vorzuziehen wäre. Aus ähnlichen Gründen kann hier nicht geklärt werden, ob die Staatsbürgerschaft der erste innerhalb des Strafrahmens zu berücksichtigende Faktor sein sollte (d.h. ob sie der Einstiegspunkt in den Strafrahmen darstellen sollte, wie z.B. von *Hörnle* für den Erfolgsunwert vorgeschlagen)[29] oder ob sie in Kombination mit anderen Variablen[30] oder erst nach diesen zum Einsatz kommen sollte. Da sich aber die Auswirkungen der Staatsbürgerschaft leichter darstellen lassen, wenn die übri-

---

„der wichtigste und zugleich schwierigste Teil der strafrichterlichen Rechtsfolgenentscheidung" beschrieben werden kann.

[26] Vgl. *Kindhäuser/Hilgendorf*, NK-StGB, § 46, Rn. 1–8.

[27] Ähnlich *Dreher*, JZ 22 (1967), S. 44. Als Beispiele seien genannt: im Hinblick auf den Erfolgsunwert vgl. den Strafrahmen für Totschlag (§ 212 StGB) mit dem für Körperverletzung (§ 223 StGB); bezüglich der subjektiven Zurechnung vgl. den der fahrlässigen Tötung (§ 222) mit dem für Totschlag; hinsichtlich der Verletzung einer intensiveren Pflicht aufgrund eines Obhutsverhältnisses vgl. den für die Qualifikation der Aussetzung nach § 221 Abs. 2 Nr. 1 mit dem des Grundtatbestands von § 221 Abs. 1; hinsichtlich der Gefährlichkeit der Begehungsweise vgl. den der gefährlichen Körperverletzung (§ 224) mit den von § 223; hinsichtlich der Schuld sei an den minder schweren Fall des Totschlags erinnert (§ 213).

[28] Es versteht sich von selbst, dass dieses Deutungsmodell des Strafrechts mit der Festlegung einer absoluten Strafdrohung als Rechtsfolge einer Straftat, wie etwa in § 211 StGB, völlig unvereinbar ist. Jedenfalls ist eine solche Regelung auch mit einem dem Schuldprinzip verpflichteten Strafrecht kaum verträglich.

[29] *Hörnle*, Tatproportionale Strafzumessung, S. 367 ff.

[30] Eine solche Lösung wird normalerweise in den britischen *sentencing guidelines* bevorzugt, in denen meist drei Stufen von *culpability* (im weitesten Sinne, einschließlich sogar der Beteiligungsgrad an der Straftat) und vier *harm categories* festgelegt werden, aus deren Kreuzung die Tabellen mit dem anzuwendenden Spektrum möglicher Strafen gebildet werden, auf die dann die übrigen mildernden und erschwerenden Faktoren wirken. Siehe z.B. die *sentencing guidelines* zu Diebstahl für die *Magistrates' courts*, abrufbar unter: https://www.sentencingcouncil.org.uk/offences/magistrates-court/item/theft-general/, abgerufen: 09.10.2023.

gen Strafzumessungsfaktoren unverändert bleiben, wird sie hier zu Erläuterungszwecken als letztes Element innerhalb des Rahmens eingesetzt, d. h. nach der Umwertung des Ergebnisses des Abwägungsprozesses der anderen Faktoren in den Strafrahmen, wodurch sich ein Basis-Strafwert ergibt.

Wie bei jedem anderen Strafzumessungsfaktor erfordert die Erwägung der Staatsbürgerschaft in einer Bewertungsrichtung die vorherige Festlegung eines Bezugspunkts oder Vergleichsfalls, auf dessen Grundlage der Staatsbürgerschaftsgrad „gemessen" und die zu verhängende Strafe entsprechend höher oder niedriger angesetzt werden kann.[31] Am einfachsten ist es, wenn man von einem der extremen Idealtypen ausgeht.[32] Welches Extrem als Referenzpunkt gesetzt wird, ist methodisch irrelevant. Je nach Gesellschaft kann es sinnvoller sein, auf den einen oder den anderen Pol zurückzugreifen.[33] Im deutschen Fall erscheint es sinnvoller, den Vollbürger als Bezugspunkt zu nehmen, was auch den Vorteil hat, dass es deutlicher zum Ausdruck bringt, wie sich die Senkung der Stärke der politischen Bindung (und folglich der Straflegitimation) in einer progressiven Milderung der zu verhängenden Strafe niederschlägt. Das heißt, die Einbeziehung der Staatsbürgerschaft würde in diesem Schema ähnlich wie bei der Schuld aussehen:[34] Der Höchstpunkt des aufgrund der übrigen Strafzumessungsfaktoren ermittelten Basis-Strafwert entspricht der dem Vollbürger zu verhängenden Strafe. Folglich wirkt die Teilbürgerschaft strafmildernd: Je weiter sich die zu bestrafende Person von dem Idealtypus des Vollbürgers entfernt, desto geringer

---

[31] Siehe dazu *Schneider*, LK[13], § 46, Rn. 63.

[32] Natürlich ist es auch möglich, von einem Zwischenbezugspunkt auszugehen. Dies ist zum Beispiel bei den britischen Richtlinien der Fall. Als Beispiel seien hier die oben erwähnten Richtlinien zur Bestrafung von Diebstahl genannt. Aus dem Zusammentreffen der Schuldstufen (z. B. *medium culpability*) und der Schadenskategorien (z. B. *category 2*) ergibt sich eine „category range", innerhalb derer sich der Richter bewegen kann (in diesem Beispiel *26 weeks' – 2 years' custody*). Für die Bewertung der sonstigen Erschwerungs- und Milderungsgründe muss der Richter dann von einem Ausgangspunkt ausgehen, der ungefähr in der Mitte dieser Spanne liegt (in diesem Fall *1 year's custody*). Von dieser Alternative ist jedoch abzuraten, da sie die Erarbeitung eines Idealtyps des „Durchschnittsbürgers" erfordern würde, was mit großem Aufwand verbunden ist (aus offensichtlichen Gründen ist er viel schwieriger zu konstruieren als die Extremtypen), ohne dass sich daraus ein erkennbarer Vorteil ergibt.

[33] Bei einer Gesellschaft, die tatsächlich in der Lage ist, ihren Bürgern annähernd den Zustand der Freiheitlichkeit zu bieten, den sie sich zum idealen Ziel gesetzt hat, scheint es angemessener den Vollbürger als Bezugspunkt zu nehmen. Dagegen wäre es bei lateinamerikanischen Gesellschaften, die oft ihre selbst gesteckten Ziele bei Weitem verfehlen, vielleicht sinnvoller, vom Idealtypus des Minimalbürgers auszugehen. Mein Dank gilt hier Hernán Orozco, der mich auf diesen Punkt aufmerksam gemacht hat.

[34] Vgl. hierzu *Hörnle*, Tatproportionale Strafzumessung, S. 382 f., wonach der Bezugspunkt der Schuld die Vollform der Schuld (Fehlen schuldmindernder Umstände) ist, welche dann schrittweise Abstufungen nach unten zulässt; ähnlich *Peralta*, DOXA 31 (2008), S. 618.

soll die Strafe ausfallen, bis sie das mögliche Minimum des Basis-Strafwerts erreicht, d. h. die Strafe, die gegen die dem Idealtypus des Minimalbürgers zuzuordnenden Personen zu verhängen ist.

Als Nächstes gilt es zu ermitteln, wie stark ein Individuum von den verschiedenen Gruppen von Rechten profitiert (die oben erwähnten Teilsubsumtionen).[35] Zur Vermeidung einer extrem hohen Zahl möglicher Kombinationen, die es schwierig machen würde, aus dem Zusammenspiel dieser Teilsubsumtionen einen „Globalgrad an Staatsbürgerschaft" abzuleiten, erscheint es zweckmäßiger, mit nur zwei möglichen Intensitätsgraden für jede Gruppe von Rechten zu operieren, nämlich „stark" und „schwach" zusätzlich zu einem möglichen Nichtvorhandensein.[36] Anhand des folgenden Beispiels soll ein Überblick darüber vermittelt werden, wie dieses Modell des Bürgerstrafrechts in der Praxis funktionieren könnte. Es sei angenommen, fünf Individuen (von „A" bis „E") bilden eine kriminelle Bande, um Drogen von Mexiko nach Deutschland zu schmuggeln, wobei sie bei der Versendung von dreihundert Kilogramm Kokain in den Hamburger Hafen erwischt werden. Nach der – in einigen Fällen nötigen – Auslieferung aus Mexiko stehen alle gemeinsam wegen dieser Tat vor Gericht in Deutschland. Der Einfachheit halber sei unterstellt, dass die übrigen Strafzumessungsfaktoren bei allen Angeklagten gleich sind (z. B. alle fünf verfügen über einen ähnlichen Rang innerhalb der Bande und ihr Beitrag zur Planung der Straftat war vergleichbar).[37] Doch die Stärke ihrer politischen Bindung zu Deutschland ist recht unterschiedlich. „A" ist die oben beschriebene deutsche Anwältin, die in Freiburg lebt, in ihrer Kanzlei gutes Geld verdient, aus einer wohlhaben-

---

[35] Vgl. Teil III B IV 2 supra.

[36] Selbst wenn man nur mit den Stufen „stark", „schwach" und „nicht vorhanden" arbeitet, beträgt die Zahl der möglichen Kombinationen 3^4, d. h. die Möglichkeiten der Stärke in jeder Gruppe von Rechten (Basis = 3) potenziert mit der Anzahl der Gruppen (Exponent = 4), also 81. Dies ist jedoch weniger problematisch als es scheint. Wenn man z. B. Punkte zuweist (2 für starke Rechte in jeder Gruppe, 1 für schwache und 0 für fehlende Rechte, ähnlich wie bei der Punkteverfahren im Rahmen der statistischen Prognose der Gefährlichkeit des Täters, vgl. dazu *Radtke*, LK[13], Vor §§ 61 ff., Rn. 155), kann das Individuum schließlich eine Punktzahl von 0 bis 8 in Staatsbürgerschaft haben.

[37] Der hier unterbreitete Vorschlag ist im Prinzip unabhängig von der Diskussion darüber, ob die Gefährlichkeit des Täters bei der zu verhängenden Strafe eine Rolle spielen sollte. Bejaht man dies, dann sollte der Staat bei zwei gleich gefährlichen Straftätern (und wenn andere Elemente, die das Strafmaß beeinflussen – z. B. Schuld, Schwere der Tat – gleichwertig sind) denjenigen härter bestrafen, der vor der Tatbegehung eine stärkere Verbindung zu ihm hatte. Da in diesem Modell aber zwischen Strafen für (Teil-)Bürger und Präventivmaßnahmen gegen Externe unterschieden wird, welche sich gerade an der prognostizierten Gefährlichkeit des Täters orientieren, sollte diese Gefährlichkeit bei der Strafe idealerweise keine oder allenfalls eine sehr untergeordnete Rolle spielen, wenn man wirksam zwischen den beiden Rechtsfolgen unterscheiden will.

I. Staatsbürgerschaft und ihre Bedeutung für Kriminalstrafen 369

den Familie stammt und sogar einen gewissen politischen Einfluss hat, womit sie in allen Gruppen eindeutig starke Rechte hat. „B" ist Spanier, lebt dank seiner europäischen Staatsbürgerschaft seit vielen Jahren in Hamburg (starke formale Staatsbürgerschaft), in einem sicheren bürgerlichen Viertel (starke zivile und soziale Rechte), darf aber nur an Kommunalwahlen teilnehmen (schwache politische Rechte). „C" ist Deutscher (starke formale Staatsbürgerschaft), wuchs aber in einem armen und relativ unsicheren Viertel von Hamburg auf (schwache zivile Rechte),[38] ohne seine Schulbildung in einer Sekundarschule mit hoher Abbrecherquote abgeschlossen zu haben (schwache soziale Rechte), behält aber sein Wahlrecht bei (starke politische Rechte). „D", ein mexikanischer Staatsangehöriger, hat nur eine sehr begrenzte vorherige Bindung zu Deutschland: Er ist nur ein paar Mal als Tourist nach Deutschland gereist (schwache zivile Rechte, keine anderen Rechte). „E", ebenfalls Mexikaner, war noch nie in Deutschland und hatte vor der Auslieferung keinerlei Bezug zu Deutschland (fehlende Rechte in allen Gruppen).

Wie man sieht, sind alle Beschuldigten mit Ausnahme von „E" bis zu einem gewissen Grad mit Deutschland verbunden – da Deutschland ihnen zumindest einige Rechte garantiert hat – aber die Intensität dieser Bindungen schwankt erheblich. Daher könnte der Staat *im Prinzip* eine Kriminalstrafe gegen alle Tatbeteiligten außer dem Externen „E" verhängen. So einfach ist die Lösung allerdings nicht. Wie in Teil III D II ausführlich erörtert wird, ist bei der Bestimmung des Kreises der mit einer politischen Gemeinschaft Verpflichteten zwischen Inlandstaten und Auslandstaten zu unterscheiden. Bei Ersteren darf man davon ausgehen, dass der Täter ein (Teil-)Bürger ist, da ihm zumindest bestimmte Rechte garantiert wurden (außer in den ganz außergewöhnlichen Fällen absoluter Ausgrenzung). Bei Letzteren hingegen muss der Parameter notwendigerweise etwas anspruchsvoller sein, denn das Strafanwendungsrecht kann nicht mit einer Regel operieren wie etwa: „Das deutsche Strafrecht gilt für Auslandstaten, die von Personen begangen werden, denen der Staat Rechte garantiert hat". Selbstverständlich bedarf es eines Bezugs, der größere Rechtssicherheit bietet und das Bestehen einer bedeutenden Bindung widerspiegelt. In dieser Untersuchung werden drei mögliche Anknüpfungspunkte herangezogen, um zu bestimmen, wann der Täter einer Auslandstat als Mitwirkungspflichtiger gilt, nämlich Staatsangehörigkeit, Wohnsitz bzw. gewöhnlicher Aufenthalt und Beamtenverhältnis.

---

[38] Gewiss kann man davon ausgehen, dass ein Einwohner eines jeden Teils Deutschlands relativ starke zivile Rechte (einschließlich des Rechts auf persönliche Sicherheit) genießt. Wenn man jedoch, wie hier, davon ausgeht, dass der Staat Freiheit im Rahmen seiner Möglichkeiten garantieren muss (d.h. die ideale Staatsbürgerschaft ist relativ), dann hat das in einem armen Viertel Hamburgs aufgewachsene Individuum, das unter einer höheren Kriminalitätsrate leidet, vergleichsweise schwächere zivile Rechte.

Da „D" – im Gegensatz zu seinen Mitbeschuldigten „A", „B" und „C" – keine dieser Voraussetzungen erfüllt, ist er gegenüber Deutschland genauso ein Externer wie „E". Daher wird im folgenden Abschnitt erörtert, wie der Staat in den Fällen von „D" und „E" reagieren könnte.[39]

Bei den übrigen drei Angeklagten („A" bis „C") kommt die Staatsbürgerschaft in der Strafzumessung zum Tragen. Zur Veranschaulichung sei angenommen, dass der Strafrahmen für die Einfuhr von nicht geringen Mengen von Betäubungsmitteln als Mitglied einer kriminellen Bande in Deutschland zwischen 5 und 15 Jahren läge.[40] Weiterhin sei davon auszugehen, dass nach Berücksichtigung der sonstigen, hier relevanten Strafzumessungsfaktoren, die für alle Beschuldigten gleich sind (Menge der eingeführten Drogen, keine Vorstrafen, fehlende Schuldminderungsgründe), die Spanne des möglichen Strafmaßes für alle zwischen fünf und zehn Jahren betrüge. Bei der Bestimmung der Strafhöhe innerhalb dieses Basis-Strafwerts trägt der Richter dem Grad der Staatsbürgerschaft Rechnung, der sich aus der Gesamtbewertung der Teilsubsumtionen ergibt.[41] Demnach sollte „A", die durchaus dem Idealtypus des Vollbürgers entspricht, nahezu die höchstmögliche Strafe (10 Jahre) erhalten. Bei den übrigen Beschuldigten soll der Richter, aufgrund ihrer unvollständigen Staatsbürgerschaft, im Strafrahmen nach unten gehen: „B", der in allen Gruppen außer den politischen Rechten starke Rechte genießt, sollte mit einer etwas geringeren Strafe als „A" bestraft werden, aber viel höher als „C", der nur schwache zivile und soziale Rechte genießt und daher mit einer Strafe belegt werden sollte, die nicht viel höher als das mögliche Minimum ist. Wäre ein weiteres Mitglied der Gruppe der in Deutschland lebende Syrer aus dem obigen Beispiel, dessen Asylantrag abgelehnt wurde und der den Idealtypus des Minimalbürgers verkörpert, so sollte er die geringstmögliche Strafe (fünf Jahre) erhalten.[42]

---

[39] Siehe Teil III C II.

[40] Dies ist der einschlägige Strafrahmen nach § 30 Buchst. a BtMG und § 38 Abs. 2 StGB, abgesehen von möglichen Konkurrenzen mit § 30 Buchst. b BtMG bzw. § 129 Buchst. b StGB.

[41] An diesem Beispiel wird deutlich, warum die Rechtsordnung unbedingt breite Strafrahmen vorsehen muss, wenn die Staatsbürgerschaft innerhalb derselben erfolgreich wirken soll. Zudem, da im vorliegenden Modell die Gewährleistung bestimmter grundlegender Rechte zur Entstehung der Staatsbürgerschaft ausreicht (z. B. das Recht auf individuelle Sicherheit), muss auch die Untergrenze des Strafrahmens niedrig sein. Zwar besteht zwischen dem Externen und dem Minimalbürger ein kategorischer Sprung, doch diese Tatsache rechtfertigt nicht den Unterschied zwischen Straffreiheit für den Externen (die in vielen Fällen die Folge sein wird, weil die Voraussetzungen für die Auferlegung von Präventivmaßnahmen viel strenger sind) und (wie im Fall dieses Beispiels) einer Strafe von fünf Jahren für den Minimalbürger, weil diesem für eine kurze Zeitspanne ein Mindestmaß an individueller Sicherheit garantiert wurde. Ich danke Javier Cigüela, dass er mich auf diesen Punkt aufmerksam gemacht hat.

[42] Nun sei die folgende Abwandlung des Beispiels betrachtet. Derselbe Beschuldigte „D" handelt nicht aus Mexiko, sondern wartet in Hamburg auf die Drogenlieferung, nachdem er

Diese Bewertung der Stärke der wahrgenommenen Rechte ist natürlich nicht als geschlossene Formel zu verstehen, sondern eher als weiche Richtlinie, die eine *prima facie* Einschätzung des Grades der Staatsbürgerschaft ermöglicht.[43] Daher muss der Richter anschließend eine Gesamtwürdigung vornehmen und dabei möglicherweise auf den – bereits bei der Analyse des Begriffs des Typus erwähnten – Kompensationsmechanismus zurückgreifen. Der folgende Fall kann zur Verdeutlichung herangezogen werden. Im obigen Beispiel gibt es einen sechsten Beschuldigten „F", nämlich den in Hamburg wartenden Käufer der Kokainlieferung, der diese im Inland vertreiben will. „F" ist ein wohlhabender mexikanischer Staatsangehöriger, dessen Beziehung zu Deutschland hauptsächlich auf seine Investitionen im Lande zurückzuführen ist, wo er steuerliche Vorzüge genossen hat. Obwohl er keinen Zugang zu sozialen und politischen Rech-

---

zwei Tage zuvor nach Deutschland eingereist ist. Da seine Verbindung zu Deutschland äußerst schwach ist (ihm wurden nur bestimmte zivile Rechte gewährleistet), sollte seine Strafe nach dem Faktor Staatsbürgerschaft noch stärker reduziert werden als vielleicht die des partiell sozial Ausgegrenzten „C". Diese Lösung (die sowohl für Personen gilt, die zur Begehung von Straftaten in das Land einreisen, als auch für von Touristen begangene Straftaten) scheint im Prinzip widersinnig zu sein. Es gäbe zwei Gründe, jemanden wie „D" härter als sozial ausgegrenzte Bürger zu bestrafen: (i) im Gegensatz zu diesen tritt er aus freien Stücken in eine Bindung mit der politischen Gemeinschaft ein, und (ii) dem Touristen oder Einreisenden werden im Normalfall die ihm „zustehenden Rechte" (insbesondere zivile Rechte) erfolgreich garantiert, während im Falle des armen Staatsangehörigen der Staat (zumindest teilweise) versagt hat. Die erste Annahme ist abzulehnen, da sie die Staatsbürgerschaft auf den Willen des Bestraften stützt (d. h. die freiwillige Einreise in das Staatsgebiet), was der Idee der „Einwilligung in die eigene Bestrafung" ähnelt, die oben im Teil II C II dieser Untersuchung abgelehnt wurde, und der hier vorgeschlagenen rechtsbasierten Staatsbürgerschaft fremd ist. Wie bereits ausgeführt, bleibt die Staatsbürgerschaft in diesem Vorschlag prinzipiell unberührt von jeder freiwilligen Handlung des Einzelnen (siehe Teil III C I 1). Der zweite Punkt scheitert aus praktischen Gründen. Wird die Stärke der Bindung anhand von je nach Individuum variierenden idealerweise zustehenden Rechten beurteilt, so wird die Analyse der Staatsbürgerschaft erheblich komplexer: Dann hätte nicht nur der Tourist seine eigene „ideale Daseinsordnung von Freiheit", sondern auch der ansässige Ausländer oder der Minderjährige (für den die politischen Rechte eventuell nicht zählten), der Reiche (braucht er wirklich potenziellen Zugang zu sozialen Rechten?) usw. Es ist daher nur plausibel, mit einer einzigen idealen Daseinsordnung von Freiheit innerhalb eines Staats zu operieren. Schließlich ist zu bedenken, dass die Staatsbürgerschaft nur einer von vielen Strafzumessungsfaktoren ist. Deshalb mag ein Tourist – trotz seiner schwächeren politischen Bindung – härter bestraft werden als ein Staatsangehöriger, dessen relative Armut sich auch schuldmindernd auswirken kann.

[43] Dadurch wird vermieden, dass einige der Probleme auftauchen, die die angelsächsischen Leitlinien für die Strafzumessung kennzeichnen, die den Ermessensspielraum des Richters so stark einschränken, dass sie häufig zu unerwünschten Ergebnissen führen. Darauf hinweisend, dass viele der üblichen Kritikpunkte an den *sentencing guidelines* entkräftet werden, wenn diese in weicherer Form formuliert werden, *Frisch*, Criminal Law Forum 28 (2017), S. 464 f.; ähnlich *Hörnle*, Tatproportionale Strafzumessung, S. 362–364.

ten hat und sein formaler Status schwach ist (er hat nur eine befristete Aufenthaltserlaubnis), ist seine Bindung zu Deutschland relativ stark. Daher sollte er (*ceteris paribus*) eine relativ strenge Strafe erhalten, vielleicht vergleichbar mit der für „B".

Diese Skizzierung der Konsequenzen einer rechtsbasierten Staatsbürgerschaft für die Strafzumessung wirft sicherlich viele Fragen auf. Der folgende Abschnitt befasst sich mit einigen der vorhersehbaren Einwände und hebt einige Vorteile dieses Ansatzes hervor.

3. Knappes Eingehen auf vorhersehbare Einwände und Rekapitulation der Vorteile

Bevor die bisher untersuchten Stärken des hier vorgestellten Modells des Bürgerstrafrechts hervorgehoben werden, ist auf einige der wichtigsten denkbaren Einwände gegen diesen Ansatz einzugehen. Die möglichen Kritikpunkte lassen sich grob in zwei Gruppen einteilen, zum einen jene, die sich gegen die Wünschbarkeit der Einführung der Staatsbürgerschaft in die Strafzumessung (bzw. in das Strafrecht) richten, und zum anderen jene, die eher die Praxistauglichkeit des Modells betreffen. Zunächst soll die erste Gruppe von Einwänden behandelt werden. Der erste potenzielle Kritikpunkt besteht darin, die hier vorgeschlagene Einführung eines „tatfremden Elements" bei der Strafzumessung – und damit der Verzicht auf ein strenges Tatstrafrecht – impliziere die unzulässige Zuweisung unterschiedlicher Rechtsfolgen für identische oder ähnliche Verhaltensweisen (wie beim obigen Beispiel der Bande) und verstoße damit gegen den Gleichheitssatz.[44] Diesem Einwand kann mittels der von *Pettit* und *Braithwaite* getroffenen Unterscheidung zwischen „treatment as equals" und „equal treatment" begegnet werden: Der Gleichheitsgrundsatz erfordert die Verhängung einer materiell – und nicht rein formal – gleichen Strafe für zwei vergleichbare Handlungen.[45] Der vielleicht anschaulichste Ausdruck dieses Gedankens ist das System der Ta-

---

[44] Eine solche Kritik sei z.B. von jenen Autoren zu erwarten, die sich um eine Reinigung der Strafzumessung von anderen Faktoren als der Schwere der Tat und der Schuld bemühen, wie die Verfechter einer „just desert theory" im englischsprachigen Raum (siehe z.B. *von Hirsch*, Doing Justice); die bereits erwähnte *Hörnle*, in Tatproportionale Strafzumessung; oder *Peralta*, DOXA 31 (2008), im spanischsprachigen Raum.

[45] Vgl. *Braithwaite/Pettit*, Not Just Deserts; oder *Pettit*, Indigence, wo er auf diese Weise für eine mildere Strafe für Obdachlose bei gleicher Schwere der Tat und Schuld im Vergleich zu anderen Personen plädiert; auch für eine ungleiche Behandlung von materiell Ungleichen plädierend *Silva Sánchez*, Aproximación, S. 416 f. Nicht zuletzt wird diese Argumentation auch durch die Tatsache gestützt, dass die „strafrechtliche Gleichbehandlung" ein Mythos ist, wie *Reiman/Leighton* in ihrem Werk mit dem vielsagenden Titel „The Rich Get Richer and the Poor Get Prison" darlegen.

gessätze.⁴⁶ Es geht hier jedoch nicht darum, ein materiell gleiches Strafleid aufzuerlegen, was möglicherweise unausführbar ist,⁴⁷ sondern darum, die Strafzumessung an die Strafbegründung kohärent anzupassen (schwächere Staatsbürgerschaft = schwächere Duldungspflicht). Alternativ kann man die Problematik dadurch erklären, dass die Bedeutung der Gleichbehandlung davon abhängt, welche Strafzumessungsfaktoren akzeptiert werden. Akzeptiert man als solche nur die Schuld und die Schwere der Tat, so erscheint die Verhängung unterschiedlicher Strafen aufgrund der Staatsbürgerschaft natürlich als „ungleiche" Behandlung. Wenn aber die Staatsbürgerschaft als Strafbemessungsfaktor anerkannt wird – denn je schwächer die auf der politischen Bindung beruhende Mitwirkungspflicht, desto geringer die Duldungspflicht – dann liegt ein Verstoß gegen den Gleichheitsgrundsatz vor, wenn sie nicht berücksichtigt wird.⁴⁸ Das Problem liegt also in der Anfangsprämisse. Jedenfalls hat die Einführung der Staatsbürgerschaft in der hier vorgeschlagenen Weise nichts mit der Anerkennung einer Lebensführungsschuld oder der Einführung eines Gesinnungs- bzw. Täterstrafrechts zu tun, sondern mit der Hinterfragung der Legitimation des Staates als verantwortungszuschreibende Instanz, wobei sich eine verminderte Legitimität in einer geringeren Strafe niederschlagen soll.

Ein zweiter möglicher Vorbehalt wäre, dass dieses Modell die Interessen (und eventuell auch den Schutzbedarf) der Opfer außer Acht lässt, da das Recht des Opfers auf Tadel des Täters und dessen kongruente und glaubwürdige Umsetzung ins Strafmaß nicht berücksichtigt wird. Hier entstehe ein von *Tadros* geschildertes moralische Dilemma: Entweder muss der Staat die sozial Ausgegrenzten für die von ihnen begangenen Verbrechen zur Rechenschaft ziehen (und begeht damit eine Form von Unrecht) oder er unterlässt dies und verübt dadurch eine andere Form von Unrecht (dem Opfer wird sein Recht auf Bestrafung vorenthalten und andere – meist ebenfalls sozial Ausgegrenzte – werden durch die Straflosigkeit des Täters in ihrer Sicherheit beeinträchtigt).⁴⁹ Zwar können in diesem Modell einige Taten nicht bestraft werden (d. h. die von Externen verübten, die aber gegebenenfalls der Anwendung von Maßnahmen unterliegen können). Allerdings sind im Rahmen des vorliegenden Vorschlags fast alle Inlandsdelikte als von Teilbürgern begangen zu begreifen, die ebenfalls dem Tadel und dem Strafübel ausgesetzt sind, wenn auch (*ceteris paribus*) in geringerem Maße. Geht man davon aus, dass das Opfer keinen Anspruch auf eine bestimmte Straf-

---

⁴⁶ So auch *Hudson*, Punishing the Poor, S. 204.
⁴⁷ Überzeugend diesbezüglich *Grosse-Wilde*, Just Punishment, S. 11.
⁴⁸ Ähnlich *Hudson*, Punishing the Poor, S. 205: „‚equality' of penal treatment is not a simplified sameness of treatment, but punishment of equivalent severity for offences of equal culpability with regard to all relevant circumstances".
⁴⁹ *Tadros*, The Journal of Value Inquiry 43 (2009), S. 410 f.

höhe hat und dass seine Interessen nicht die einzigen für die Strafzumessung maßgeblichen sind,⁵⁰ dann dürfte die Berücksichtigung der Staatsbürgerschaft des Täters bei der Strafbemessung aus Sicht des Opfers ebenso unproblematisch sein wie die seiner Schuld.⁵¹

Drittens könnte man einwenden, dieses Modell stehe in völligem Widerspruch zum positiven deutschen Recht, das eine Einbeziehung der Staatsbürgerschaft in die Strafzumessung nicht zuließe.⁵² Wie sich zeigen wird, haben die Auswirkungen dieses Vorschlags im Bereich des Strafanwendungsrechts jedenfalls wenig bis nichts mit dem deutschen positiven Recht (§§ 3 ff. StGB) gemein.⁵³ Für die vorliegende Untersuchung – die keinen Anspruch darauf erhebt, ein de *lege lata*-Lösungsvorschlag zu sein – ist dies unproblematisch. Ohnehin ist die Unvereinbarkeit dieses Modells mit den in Deutschland geltenden Strafzumessungsregeln nicht so offensichtlich. Schließlich handelt es sich bei § 46 Abs. 2 StGB um einen nicht abschließenden Katalog (oder besser: ein Sammelsurium), der u. a. das „Maß der Pflichtwidrigkeit" beinhaltet. Obwohl dieser Begriff in der Regel mit tatbestandlichen Pflichten in Verbindung gebracht wird, hat die Rechtsprechung ihn auch im Hinblick auf außerstrafrechtliche Pflichten verwendet.⁵⁴ Hier bietet sich die Möglichkeit, auch den Grad der Stärke der allgemeinen, auf der Staatsbürgerschaft beruhenden Mitwirkungspflicht zu berücksichtigen. Es sollte außerdem bedacht werden, dass dieser Gedanke auf gewisse historische Vorläufer zurückgeht⁵⁵ und dass mehrere Rechtsordnungen Strafmilderungen

---

⁵⁰ Siehe *Hörnle*, JZ 61 (2006), S. 956, die überzeugend für das berechtigte Interesse des Opfers an der Auferlegung von Strafleid argumentiert, aber davor warnt, dass dies weder bedeutet, dass die Strafen notwendigerweise härter ausfallen müssen, noch dass die Berücksichtigung anderer Aspekte bei der Bestimmung der Strafe ausgeschaltet werden darf.

⁵¹ Niemand würde beispielsweise ernsthaft behaupten, dass eine Strafmilderung wegen eines vermeidbaren Verbotsirrtums eine Missachtung oder Vernachlässigung des Opfers bedeutet.

⁵² Ein noch größerer Widerspruch besteht zwischen diesem Vorschlag und der – in einigen Rechtsordnungen mehr oder weniger implizit vorhandenen – Vorstellung einer gesteigerten Pflicht des Ausländers aufgrund der ihm gewährten Gastfreundschaft. Siehe *Grosse-Wilde,* Just Punishment, S. 9, der den Fall eines in diese Richtung gehenden Urteils anführt, das vom Schweizerischen Bundesgericht aufgehoben wurde.

⁵³ Vgl. hierzu Teil III D.

⁵⁴ Vgl. *Schneider*, LK¹³, § 46, Rn. 101–107, wonach die ältere Rechtsprechung aus einer gehobenen beruflichen oder sozialen Stellung des Straftäters größere Pflichten gegenüber der Allgemeinheit ableitete, ein Gedanke, der heute auf dem Rückzug sei (was er begrüßt).

⁵⁵ Beispielsweise wurde im Mittelalter, als sich das Recht eher auf die Person als auf das Territorium bezog, verurteilten Ausländern häufig gestattet, das Land ohne ihren Besitz zu verlassen, was zwar eine materielle Strafe darstellte, aber womöglich milder war als die sonst üblichen harten Strafen. Einige Überbleibsel dieser Denkweise haben sich im Laufe der Zeit erhalten: So wurden im Preußen des 19. Jahrhunderts Ausländer nach dem Recht ihres Her-

I. Staatsbürgerschaft und ihre Bedeutung für Kriminalstrafen 375

aufgrund einer schwächeren Staatsbürgerschaft – in ähnlichem Sinne wie hier – vorsehen.[56]

Die übrigen denkbaren Einwände fallen in die zweite oben genannte Gruppe von Bedenken, d. h. sie beziehen sich auf die Praktikabilität der Anwendung dieses Modells bei der Strafzumessung. So könnte man beispielsweise darauf hin-

---

kunftslandes bestraft, wenn dieses milder als das inländische Recht war. Vgl. dazu *Fahrmeir*, Citizenship, S. 10 f.

[56] Nachfolgend sind nur fünf nennenswerte Beispiele aufgeführt:

1. Das kolumbianische Strafgesetzbuch sieht in Artikel 58–9 einen Erschwerungsgrund vor, wenn „der Verurteilte aufgrund seiner Stellung, wirtschaftlichen Position, Bildung, Macht oder seines Amtes eine herausragende Stellung in der Gesellschaft einnimmt", während in Artikel 55–8 die Bedürftigkeit und mangelnde Bildung als Milderungsgründe anerkannt werden (abrufbar unter: https://leyes.co/codigo_penal.htm, abgerufen: 09.10.2023).

2. Gemäß Artikel 45 Buchst. a des peruanischen Strafgesetzbuchs muss der Richter bei der Strafbegründung und Strafzumessung die sozialen Ausgrenzungen des Täters berücksichtigen sowie den Missbrauch seiner Stellung, wirtschaftlichen Position, Ausbildung, Macht, seines Gewerbes, Berufs oder seiner gesellschaftlichen Funktion (abrufbar unter: https://diariooficial.elperuano.pe/pdf/0034/codigo-penal-29.07.2020.pdf, abgerufen: 09.10.2023).

3. In ähnlicher Weise ordnet Artikel 41 Nr. 2 des argentinischen Strafgesetzbuchs an, den Hintergrund und die persönlichen Umstände des Verurteilten, einschließlich seines Bildungsniveaus, eingehend zu berücksichtigen (abrufbar unter: https://leyes-ar.com/codigo_penal/41.htm, abgerufen: 09.10.2023). Auf der Grundlage dieser Regel sind Entscheidungen ergangen wie die folgende der Zweiten Kammer des Obersten Gerichtshofs von Mendoza: „Die staatliche Legitimation, einem Bürger die Nichteinhaltung des Gesetzes vorzuwerfen, schwindet, wenn der Staat selbst die Mindestwohlfahrtsverpflichtung nicht erfüllt hat, zu der er sich durch seine Verfassung und zahlreiche Verträge und Normen verpflichtet hat. Im vorliegenden Fall kann eine materielle Perspektive des Konzepts der Staatsbürgerschaft die Tatsache nicht außer Acht lassen, dass *Elena Ferreto* zum Zeitpunkt der Tat in einem verlassenen Lagerhaus lebte, unter absolut prekären Bedingungen, die nicht ausreichten, um die Mindestbedingungen für ein menschenwürdiges Leben zu erfüllen" (Causa Nº 13–03602521–7–1, „Fiscal C/Ferreto Molina, Elena Regina y Soria, Joel Jesús P/Homicidio Calificado Por El Vínculo S/Casación"). Mein Dank gilt Omar Palermo, der mir diese von ihm verfasste Entscheidung zur Verfügung gestellt hat.

4. Das kanadische Strafgesetzbuch enthält seinerseits in s. 718(2)(e) eine ausdrückliche Vorzugsbehandlung von Ureinwohnern. Vgl. https://laws-lois.justice.gc.ca/eng/acts/c-46/page-112.html#h-130884, abgerufen: 09.10.2023. Dies ist historisch betrachtet nichts Neues. Im Indianerrecht des spanischen Reiches (ab dem 16. Jahrhundert) galten die Indianer als „miserabilis", was eine Reihe von rechtlichen Vorteilen mit sich brachte, die ihnen aufgrund ihrer sozial benachteiligten Stellung gewährt wurden, was sich im Strafrecht in vergleichsweise milderen Strafen niederschlug. Siehe dazu *Cebreiros*, FS-Bellomo.

5. Nach der Rechtsprechung des High Court of Australia „it is right to speak of giving ‚full weight' to an offender's deprived background in every sentencing decision", wenngleich die Marginalität auch eine größere Gefahr und damit ein größeres Schutzbedürfnis der Gemeinschaft nach sich ziehen kann [vgl. High Court of Australia (2013) HCA 37, 44, abrufbar unter: http://www6.austlii.edu.au/cgi-bin/viewdoc/au/cases/cth/HCA/2013/37.html, abgerufen: 09.10.2023].

Zu weiteren Beispielen hierzu vgl. Puente Rodríguez, InDret 2 (2023), S. 385 f.

weisen, wie unangebracht es ist, einen so mehrdeutigen Begriff wie die Staatsbürgerschaft in einen derart heiklen Bereich wie die Bestimmung der Strafhöhe einzubeziehen.[57] Dieser Kritik lässt sich durch die begründete Annahme eines präzisen Konzepts der Staatsbürgerschaft entgegentreten, wie es oben versucht wurde. Dessen ungeachtet ist festzustellen, dass Richter und Prozesssubjekte – trotz der enormen Unterschiede zwischen den verschiedenen Auffassungen zur Schuld in der Literatur – [58] in der Lage sind, mit diesem Konzept umzugehen, wobei nur wenige auf die Idee kämen, aufgrund dieser Diskrepanzen auf die Schuld als Strafzumessungsfaktor zu verzichten.

Ein zweites damit verbundenes Problem ist die Schwierigkeit, etwas so Abstraktes wie den „Zustand der Freiheitlichkeit" oder die gewährleisteten Rechte zu „messen".[59] Als besonders aufwändig erweist sich die Einschätzung der Qualität der gewährleisteten Rechte, insbesondere von sozialen Rechten wie Bildung oder Gesundheit. Eine weitere Komplexität besteht darin, dass die Stärke der politischen Bindung zwischen Individuum und Gemeinwesen im Laufe der Zeit variieren kann und somit eher einem „Video" als einem „Bild" gleichkommt.[60] Dieses Hemmnis wird im oben angeführten Beispiel deutlich, so dass letztlich ein (zweifellos etwas vager und präzisierungsbedürftiger) Kompensationsmechanismus eingeführt werden muss.[61] Da die Staatsbürgerschaft in dieser Arbeit jedoch auf vier Gruppen von gewährleisteten Rechten begrenzt wird, ist ihre Wertung plausibler. Im Übrigen ist die Schwierigkeit der Bewertung kein unumstößliches Argument: Alle anderen Elemente, die bei der Strafbemessung eine Rolle spielen (Schwere der Tat, Schuld usw.), lassen sich ebenfalls abstu-

---

[57] Siehe z. B. *Heffernan*, Social Justice, S. 47 ff., der zwar die Auffassung teilt, die Vorstellungen von sozialer Gerechtigkeit seien für die Strafbemessung theoretisch von Bedeutung, jedoch darauf hinweist, dass – angesichts des diese Konzeptionen betreffenden normativen Pluralismus – sie aus dem Bereich des Strafzumessungsrechts weitgehend ausgeklammert werden sollten.

[58] Man denke nur an die beträchtlichen Differenzen zwischen psychologischer, normativer, funktionaler oder diskursiver Schuld, um nur einige Beispiele zu nennen. Für einen Überblick über die wichtigsten Theorien zum Inhalt des Schuldbegriffs in Deutschland, siehe *Roxin/Greco*, AT I, § 19 Rn. 18 ff.

[59] Zu den Schwierigkeiten beim Vergleich der allgemeinen Freiheitsgrade von Individuen und zur einschlägigen Literatur siehe *Carter*, Positive and Negative Liberty, 6. Diese Hürde hängt nicht nur davon ab, welches Freiheitskonzept angenommen wird. Wie *Berlin*, Dtsch. Z. Philos. 41 (1993), S. 748 f. selbst feststellte, ist das Maß an negativer Freiheit (das prinzipiell als leichter zu bewerten erscheint) im Einzelfall auch (sehr) schwer einzuschätzen.

[60] Ähnlich *Bauböck*, Political Membership, S. 65 f.

[61] Auch bei der Bestimmung der Strafe ohne Staatsbürgerschaft ist der Rückgriff auf eine „abschließende Gesamtbewertung" erforderlich (siehe z. B. *Maier*, Strafrechtliche Sanktionen, S. 169), sodass dies auch kein ausschlaggebendes Argument gegen die Einführung der Staatsbürgerschaft in die Strafe ist.

fen⁶² und sind hinsichtlich ihrer Quantifizierung ähnlichen Herausforderungen ausgesetzt,⁶³ werden jedoch nicht deshalb weggelassen.

Selbst wenn sich die Staatsbürgerschaft präzisieren und bewerten lässt, stellt sich die Frage, ob die Einbeziehung eines zusätzlichen Faktors in die Strafzumessung nicht zu einer „übermäßigen Individualisierung der Strafe" führt und dadurch die Bestimmung die Strafhöhe zu sehr erschwert.⁶⁴ Natürlich macht die Einführung eines zusätzlichen Elements die Aufgabe des Richters nicht leichter. Hält man sich jedoch an die oben angeführten Argumente für ein Bürgerstrafrecht, bleibt keine andere Wahl, als der Staatsbürgerschaft bei der Strafzumessung Wirkung zu verleihen. Die Lösung liegt darin, eine Methode zur Bewertung des Grades der Staatsbürgerschaft zu finden, die es dem Richter ermöglicht, diese ohne allzu großen Aufwand vorzunehmen. Natürlich reichen hierfür die oben aufgeführten Überlegungen nicht aus, aber sie sind eine bescheidene Anstrengung hin zu diesem Ziel. Im Übrigen ist zu bedenken, dass das Strafrecht seit langem auf eine Verfeinerung des Grades der zugeschriebenen Verantwortung ausgerichtet ist: man denke nur an die Anerkennung des vermeidbaren Verbotsirrtums oder der verminderten Schuldfähigkeit. Die Einführung einer abstufbaren Staatsbürgerschaft in die Strafzumessung ist nichts anderes als eine weitere Entwicklung in diese Richtung.

---

⁶² Siehe dazu *Pawlik,* Das Unrecht, S. 117 f., zum Umfang der Freiheitsbeeinträchtigung und Grad der Iloyalität; *Silva Sánchez,* FS-Hassemer, S. 628, wonach „Unrecht und Schuld einer graduellen Bewertung zugängliche materielle Größen darstellen"; im selben Sinne *ders.,* InDret 2 (2007), S. 5; vgl. auch *Hörnle,* Tatproportionale Strafzumessung, S. 220 f., zu den möglichen verschiedenen Ausprägungen von Erfolgs- und Handlungsunrecht; *Groves/Frank,* Punishment, S. 73, denen zufolge die Entscheidungsfreiheit (und die daraus resultierende strafrechtliche Verantwortlichkeit) ein Kontinuum darstellt: „it makes more sense to speak of degrees of freedom and responsibility, of people being more-or-less free rather than being free or not free"; vgl. auch *Nozick,* Philosophical Explanations, S. 363 ff., dessen Formel zur Bestimmung der verdienten Strafe im Multiplizieren des Faktors „r" (der Grad der Verantwortung, der von 0 bis 1 reicht) und „H" (der Grad des angerichteten oder beabsichtigten Schadens) besteht.
⁶³ Vgl. hierzu *Dreher,* JZ 22 (1967), S. 42 ff.: „Das, was gemessen werden soll, wandelt sich ebenso wie der Maßstab…Es gibt kein Zentimetermaß der Gerechtigkeit"; *Schneider,* LK¹³, § 46, Rn. 50 und 297; *Peralta,* DOXA 31 (2008), S. 616 f.; *Pérez Barberá,* InDret 4 (2014), S. 34. Der vielleicht beste Beweis für die schwierige Umsetzung der verschiedenen abstufbaren Faktoren in ein konkretes numerisches Strafmaß sind die komplexen (aber immer noch funktionierenden) Tabellen, die sich aus den Strafzumessungsrichtlinien der angelsächsischen Länder ergeben. Über die ähnlichen Schwierigkeiten, die mit der praktischen Umsetzung der Tatproportionalitätslehre verbunden sind (ohne deshalb für seine Ablehnung einzutreten), siehe *Silva Sánchez,* FS- Hassemer, S. 629 f.
⁶⁴ In diese Richtung *Puente Rodríguez,* InDret 2 (2023), S. 379 f., dessen Beitrag einen umfassenden Überblick über zahlreiche denkbare Kritikpunkte an der Befürwortung einer Milderung der Strafe für sozial Ausgeschlossene bietet.

Nach der Erläuterung der Funktionsweise des hier vorgeschlagenen Bürgerstrafrechtsmodells im Hinblick auf die Strafzumessung werden zum Abschluss dieses Kapitels seine wichtigsten Vorteile kurz rekapituliert. Im Teil II D VI wurden drei Säulen dieses Vorschlags erwähnt, darunter die beiden folgenden: (1) die Erarbeitung eines möglichst präzisen Begriffs der Staatsbürgerschaft und (2) die Anpassung dieses Begriffs an die Realität, d. h. an die Abstufbarkeit der politischen Bindung zwischen einem politischen Gemeinwesen und den sie bildenden Individuen. Diesen beiden Säulen ist das bisher in diesem dritten Teil Geschriebene gewidmet. Ist dies gut gelungen, ergeben sich folgende Vorzüge. Erstens ist die Rolle der rechtsbasierten Staatsbürgerschaft bei der Verhängung von Strafen klar definiert: Sie ist einerseits unverzichtbar (sie kann nicht durch andere Grundlagen wie das Bestehen einer natürlichen Pflicht oder das Ausmaß des geschützten Interesses ersetzt werden) und andererseits autonom (ihre *Raison d'être* unterscheidet sich von Schuld, Gefährlichkeit oder anderen Aspekten, so dass sie nicht mit ihnen verwechselt werden kann). Zweitens begnügt sich dieser Ansatz nicht mit einer rein gedanklichen Anerkennung der Abstufbarkeit der Staatsbürgerschaft, sondern bemüht sich, dieser Erkenntnis eine kohärente und praktische Auswirkung auf die Kriminalstrafe zu verleihen, so dass die politische Bindung nicht nur für die Ausgestaltung der Strafrechtsetzungsgewalt, sondern auch für die Bestrafung aller Straftaten von Belang ist. Dieser zweite Vorteil ermöglicht auch die Überwindung des oben erwähnten Dilemmas, mit dem einige Versionen des Bürgerstrafrechts konfrontiert worden sind: Zwar wird hier ein weit gefasster Begriff der Staatsbürgerschaft angenommen und damit ein radikaler Verlust der staatlichen Legitimation zur Bestrafung – zumindest bei Inlandstaten – vermieden, doch wird eine unterschiedliche Behandlung der Bestraften je nach dem Grad ihrer Staatsbürgerschaft gefordert, wobei die Strafhöhe für den Vollbürger ganz anders ausfällt als die für den Minimalbürger. Dieser Ansatz wirkt plausibler: der von einem Durchreisenden im Terminal 2 des Frankfurter Flughafens begangene Diebstahl lässt sich kaum als genuines „Unrecht des Bürgers" in Bezug auf Deutschland begreifen, aber es ist vertretbar, sein „Unrecht des Gastes" als eine Art „Unrecht eines Minimalbürgers" aufzufassen.

Bevor jedoch die Folgen dieses Modells für das Strafanwendungsrecht untersucht werden, bleibt ein heikler Punkt zu klären, der die große Achillesferse jeder Theorie des Bürgerstrafrechts ist, nämlich die Behandlung des Externen, insbesondere desjenigen, der für das von seinem Verhalten betroffene Gemeinwesen eine ernsthafte Gefahr darstellt. Der folgende Abschnitt widmet sich diesem schwierigen Thema.

II. Die Sanktionen gegen Externe als unumgängliche Ergänzung zum Bürgerstrafrecht

1. Die Begründung von Präventivmaßnahmen gegen Externe als Ausfluss der staatlichen Pflicht zur Aufrechterhaltung der Freiheitsordnung

Dem Leser mag es überflüssig erscheinen, an dieser Stelle noch einmal das Selbstverständliche zu wiederholen, nämlich dass im Rahmen eines Bürgerstrafrechts Externe nicht bestraft werden können. Angesichts der Erkenntnisse, die aus der Analyse der im zweiten Teil untersuchten Bürgerstrafrechtsmodelle gewonnen wurden, ist es jedoch angebracht, auf diesen Punkt zu bestehen. Denn nicht nur die der unechten Variante des Bürgerstrafrechts zuzuordnenden Autoren (wie *Silva Sánchez*), sondern auch einige Vertreter dessen republikanischer Version, wie etwa *Duff*, räumen gelegentlich die Legitimität der Bestrafung von Externen ein, wenn ihnen ein Verzicht darauf entweder kontraintuitiv oder unpassend erscheint. Die gänzliche Preisgabe der Staatsbürgerschaft als notwendige Grundlage für Strafnorm und Kriminalstrafe zugunsten anderer Begründungen (seien es natürliche Verpflichtungen von zweifelhafter Tragweite, die wünschenswerte Schaffung einer künftigen globalen politischen Gemeinschaft oder nur der Schutz von als wertvoll erachteten Interessen) bedeutet jedoch, dass die Idee eines Strafrechts des Bürgers über Bord geworfen wird.[65]

Wenn ein Bürgerstrafrecht kohärent sein soll, darf es sich nur auf diejenigen erstrecken, denen es Freiheit in Gestalt von Staatsbürgerschaft (Rechten) garantiert hat: Die Gewährleistung von Freiheit seitens des bestrafungswilligen Staates ist unabdingbare Voraussetzung für eine legitime Freiheitsentziehung des zu Bestrafenden. Folglich kann kein Externer (als Nichtmitwirkungspflichtiger) legitim bestraft werden.[66] Aufgrund des umfassenden Konzepts der Staatsbürger-

---

[65] Dazu vgl. z.B. Teil II D III 2 bezüglich der Auffassung von Silva Sánchez, wonach die Staatsbürgerschaft nicht erforderlich zur Begründung der Bestrafung im Falle von gewalttätigen *mala in se* ist; oder Teil II D IV 3 im Hinblick auf die Argumentation Duffs zugunsten der Legitimität der Grundsätze der passiven Personalität und der Universalität, indem er sich auf die Gedanken „our business" bzw. einer „prospektiven universellen Gemeinschaft" beruft.

[66] Von den drei Verfechtern des Bürgerstrafrechts, deren Modelle im Teil II D näher untersucht wurden, bleibt nur Pawlik dieser Prämisse treu, wie sich der Leser erinnern mag. Vgl. zum Beispiel *Pawlik*, FS- Schroeder, S. 373: „Nur Mitwirkungspflichtige können also kriminelles Unrecht verwirklichen, nur ihnen gegenüber kann von einem legitimen Einsatz der staatlichen Strafgewalt gesprochen werden". Im ähnlichen Sinne bereits im 19. Jh. *Abegg*, Über die Bestrafung, S. 42: „Aber nur seinen Bürgern, welche durch die spezielle Unterthanentreue verbunden werden, kann der Staat jene Pflicht auflegen und gegen ihren der Sicherheit des Ganzen gefährlichen Willen seine Gesetze geltend machen. Gegen fremde Staaten, deren Bürger, und

schaft, das in diesem Werk angenommen wird, erweist sich diese Schlussfolgerung bei Inlandstaten, die in Ländern wie dem heutigen Deutschland begangen werden, als unproblematisch, da der Täter in der Regel zumindest ein Minimalbürger (und damit eine bereits legitim zu bestrafende Person) sein wird. Diese Auffassung kann jedoch verheerende Auswirkungen haben, sowohl in Staaten, in denen es massenhaft intern ausgegrenzte Personen gibt, die nicht einmal als Minimalbürger angesehen werden können, als auch – und vor allem – im Bereich des Strafanwendungsrechts, wenn es um Auslandstaten von Externen geht. So kann ein Staat z. B., wie unten dargestellt wird, niemals auf der Grundlage des Schutzprinzips bestrafen, da in den von diesem Grundsatz erfassten Fällen keine vor der Tatbegehung bestehende Bindung zwischen Staat und Täter vorliegt, sondern diese erst durch die Tat „entstehe".[67] Hieße dies, ein Großteil des § 5 StGB wäre also eine unzulässige Ausdehnung des deutschen Strafrechts?[68]

Ganz so einfach ist die Antwort freilich nicht. Auch wenn der Staat nicht mittels des Strafrechts auf die von Externen begangenen Taten reagieren kann, bedeutet dies noch lange nicht, dass er notwendigerweise untätig bleiben muss. Die Gewährleistung eines gewissen Mindestmaßes an Sicherheit gegen schwerwiegende Angriffe seitens Dritter und des Staates selbst ist eine notwendige Voraussetzung für jede wirksame Garantie realer Freiheit.[69] Wie könnte der Staat diese Aufgabe erfüllen, wenn er nicht imstande ist, das Gemeinwesen vor Aggressionen von Externen zu schützen, die eine ernsthafte potenzielle Gefahr darstellen? Aus der Hauptfunktion des Staates (Gewährleistung einer Deseinordnung von Freiheit) leitet sich also der Bedarf eines begrenzten Schutzrechtes ab, das

---

die außer seinen Gränzen lebenden Inländer, tritt kein Strafrecht ein, sondern (da nichts anders möglich ist) nothwendige Selbsthülfe und das Recht der Nothwehr"; in dieselbe Richtung *von Bar*, Das Internationale Privat- und Strafrecht, S. 535–537. Aus Furcht vor den Konsequenzen, die sich aus der Zulassung eines Maßnahmenrechts ergeben könnten, vertritt *Berner* (Wirkungskreis, S. 143 ff.) hingegen die Auffassung, auf Außenstehende sei ein „außergesellschaftliches Strafrecht" bzw. „Naturstrafrecht" anwendbar, welches die Verhängung von Strafen nur auf der Grundlage des Schutz- oder des passiven Personalitätsprinzips, nicht aber des Universalitätsprinzips erlaube.

[67] Vgl. hierzu Teil I D IV 1.

[68] Es liegt auf der Hand, dass eine solche Schlussfolgerung praktisch inakzeptabel wäre. In diesem Sinne kritisiert mich auch Prof. Perron in seinem Zweitgutachten zu dieser Dissertation, wo er als Beispiel den Fall eines Mafiabosses anführt, der von Palermo aus die Ermordung von Mitgliedern einer konkurrierenden Mafiafamilie in Duisburg anordnet, wobei auch unbeteiligte Passanten getötet werden, ohne dass er dafür dem deutschen Strafrecht unterliegt. Dabei wird aber übersehen, dass der Staat nach diesem Modell in einem solchen Fall mit den nachfolgend dargestellten Präventivmaßnahmen reagieren kann.

[69] Vgl. statt aller *Böckenförde*, Staat, Nation, Europa, S. 108 f., wonach der Staat darauf ausgerichtet ist, „den öffentlichen Frieden als Voraussetzung für Freiheit und Wohlfahrt zu sichern und Freiheit und Wohlfahrt zu fördern".

die Form eines dem Strafrecht parallelen Sanktionssystems annimmt.[70] Es zeigt sich also, dass diese Sanktionen mit dem Strafrecht (eigentlich mit jedem staatlichen Handeln) etwas gemeinsam haben, indem sie zur Aufrechterhaltung (Vermeidung der Zerstörung) des Zustands der Freiheitlichkeit beitragen sollen. Die Begründung dieser Sanktionen gegenüber dem von ihnen Betroffenen weicht jedoch stark von derjenigen der Strafen ab.

Zur Erläuterung der Gemeinsamkeiten und Unterschiede zwischen den beiden Sanktionsarten (Strafen gegen Bürger und Präventivmaßnahmen gegen Außenstehende) sei hier auf die traditionelle Debatte über die Unterschiede zwischen Strafen und Maßregeln (insbesondere die Sicherungsverwahrung) verwiesen. Zu dieser Frage liegen – grob formuliert – zwei gegensätzliche Positionen vor. Zum einen das von den Vergeltungstheoretikern vertretene Modell der Zweispurigkeit, wonach sich Strafen und Maßregeln sowohl in ihren „Zielen" (im ersten Fall die Vergeltung, im zweiten Fall die Prävention) als auch in ihren Begrenzungen (im ersten Fall die Schuld, im zweiten Fall die künftige Gefährlichkeit des Täters) unterscheiden. Im Gegensatz dazu vertreten die Verfechter präventiver Straftheorien oft eine „Annäherung an die Einspurigkeit", wonach sich Strafen und Maßregeln nur in ihrer Begrenzung unterscheiden (Maß der Schuld versus Verhältnismäßigkeit zur künftigen Gefährlichkeit), nicht aber in ihrem Ziel (in beiden Fällen überwiege die Prävention).[71] Das hier vertretene Verhältnis zwischen Strafen und Maßnahmen gegen Externe sieht etwas anders aus: Zwar weisen beide dieselbe Begründung gegenüber der Gemeinschaft auf (beide verfolgen das Ziel, den Zustand der Freiheitlichkeit aufrechtzuerhalten), aber nur erstere können dem Betroffenen gegenüber begründet werden (anhand der Schuld und der Verletzung der sich aus der Staatsbürgerschaft ergebenden Mitwirkungspflicht). Bei Letzteren hingegen ist eine solche Rechtfertigung gegenüber dem

---

[70] So auch *Bekker*, Theorie des heutigen deutschen Strafrechts, S. 192 ff.: „Ist der Staat gegen die Nichtunterthanen wehrlos? Er mag sich schützen wie eben seine Kräfte und seine anderweitigen Verpflichtungen ihm dies gestatten"; und *Ashworth et al.*, Introduction, S. 7: „First, there is no doubt among the contributors that the state has a duty to protect people from harm, a duty that may provide the justification for a wide range of preventive measures". Im selben Sinne (hinsichtlich der Sicherungsverwahrung) *Frisch*, ZStW 102 (1990), S. 129: „Tatsächlich bildet den Ausgangspunkt für die Rechtfertigung – allein – individualpräventiv motivierter Freiheitsbeschränkungen die elementare, zum Teil verfassungsrechtlich ausdrücklich verankerte Schutzaufgabe, die Schutzverpflichtung des Staates"; ähnlich *Radtke*, LK[13], Vor §§ 61 ff., Rn. 37.

[71] Siehe hierzu *Roxin/Greco*, AT I, § 3 Rn. 65–68; *Jescheck/Weigend*, AT[5], § 9 I 1; ähnlich *Radtke*, LK[13], Vor §§ 61 ff., Rn. 22 ff. Plausibler in diesem Sinne wirkt der Vorschlag von *Kaspar*, ZSTW 127 (2015), S. 678 f., der die Sicherungsverwahrung als hybride Konstruktion zwischen Strafen einerseits und reinen spezialpräventiven Maßnahmen andererseits konzipiert. Selbstverständlich ist die Diskussion zu diesem Thema hier sehr vereinfacht dargestellt worden, denn sie soll nur den Boden für die angestrebten Überlegungen bereiten.

Betroffenen von vornherein aussichtslos, wie im folgenden Absatz erläutert wird. Die jeweiligen Bezugspunkte bzw. Begrenzungen (bei den Strafen der Grad der Schuld und der Staatsbürgerschaft u. a., bei den Maßnahmen der Grad der Gefährlichkeit des Täters) sind ihrerseits nur logische Ableitungen aus ihren unterschiedlichen Begründungen.[72]

An dieser Stelle gilt es zu verdeutlichen, warum diese Präventivmaßnahmen gegenüber dem betroffenen Externen nicht begründet werden können. Es ist bereits dargelegt worden, wieso man sich bei Nichtbürgern nicht auf die Verletzung einer Mitwirkungspflicht berufen kann. Folglich kommt dem Staat auch nicht die Legitimation zu, diesen nichtverpflichteten Individuen den sozialen Tadel aufzuerlegen, den der Schuldvorwurf mit sich bringt, selbst wenn keine Schuldausschließungsgründe vorliegen.[73] Wie können dann diese schuldunabhängigen, auf Gefahrenabwehr abzielenden Sanktionen gegen Nichtbürger gerechtfertigt werden? Ähnlich wie es bei den auf Interessenschutz ausgerichteten Theorien des Strafrechts der Fall ist, lassen sich diese Maßnahmen nur mit konsequentialistischen bzw. kollektivistischen Überlegungen rechtfertigen,[74] wobei sie nicht durch das (in diesen Theorien als Fremdkörper eingefügte) Schuldprinzip eingeschränkt werden. Eine Rechtfertigung dieser Sanktionen gegen Externe wäre daher nur durch Formulierungen möglich, die dem von *Frisch* zur Rechtfertigung der Sicherungsverwahrung verwendeten „Prinzip des überwiegenden Interesses" ähneln, d.h., wenn das Interesse der Gemeinschaft an der Neutralisierung des Risikos künftiger Aggressionen seitens des Betroffenen (nämlich die Wahrnehmung der staatlichen Schutzverpflichtung) den Wert der Freiheit des Betroffenen überwiegt.[75]

---

[72] Wie man sieht, ist daher ein Modell des Bürgerstrafrechts – milde ausgedrückt – schwer mit einem einspurigen Rechtsfolgenmodell zu vereinbaren [für Beispiele von Vertretern der Einspurigkeit siehe u.a. *Bustos/Hormazábal,* Revista de Sociología 13 (1980), S. 127; *Husak,* Preventive Detention, S. 178 ff.]. Allerdings ist ein einspuriges System denkbar, in dem Strafen und Maßnahmen als ein begriffliches Kontinuum von Sanktionen für risikoreiche Verhaltensweisen fungieren, wobei die Staatsbürgerschaft (sofern vorhanden) lediglich als erschwerender Faktor beim Vorwurf wirkt.

[73] Zu der Frage, warum die Legitimation zur Erhebung eines Schuldvorwurfs das Vorhandensein einer Pflicht gegenüber dem Vorwerfenden voraussetzt, siehe Teil II C II. Zum Proprium der Strafe als sozialethischer Vorwurf wegen der Verletzung fundamentaler Rechtspflichten vgl. *Frisch,* NStZ 2016, S. 20 f.

[74] Im selben Sinne *Bekker,* Theorie des heutigen deutschen Strafrechts, S. 193: „Feuerbachs Theorie der Generalprävention dürfte gerade auf die Vergehn der Ausländer im Ausland Anwendung finden können"; *Pawlik,* FS-Schroeder, S. 380: „Gegenüber Außerstehenden kommt mithin das gewissermaßen nackte Anliegen des Rechtsgüterschutzes zum Tragen".

[75] Vgl. *Frisch,* ZStW 102 (1990), S. 131; ähnlich *Roxin/Greco,* AT I, § 3 Rn. 66, die vom „Güterabwägungsgedanken" sprechen; vgl. auch *Radtke,* LK[13], Vor §§ 61 ff., Rn. 36, der von einem „Gedanken des Notstands" spricht.

Einige Autoren sind sich bewusst, dass dieser Gedanke eine Begründung der Sicherungsverwahrung nur gegenüber der Gesellschaft, nicht aber gegenüber dem Betroffenen zulässt, und greifen zur Überwindung dieses Problems auf ergänzende Grundsätze zurück, wie z. B. das Störerprinzip bzw. das Prinzip der angemessenen Risikoverteilung. Daraus würde folgen, dass der von der Maßregel Betroffene sie gerade deshalb dulden muss, weil er das Risiko oder die Störung schafft, die die Auferlegung der Maßregel erforderlich macht.[76] Allerdings setzt das Störerprinzip notwendigerweise die Verletzung einer bestehenden Pflicht voraus.[77] Daher kann der Rückgriff auf diesen Grundsatz als Begründung für die Sicherungsverwahrung nach § 66 StGB überzeugend sein. Wie jedoch in dieser Arbeit immer wieder betont wird, besteht eine solche Pflicht im Fall von Externen nicht: Anders als für die Bürger eines Staates „S" ist die Gewährleistung einer Freiheitsordnung durch „S" aus der Sicht von Nichtbürgern kein wesentliches Gut.[78] Freilich können daher die Sanktionen gegen Externe nicht vorgeben, den Betroffenen zu adressieren, der genau als das behandelt wird, was er ist: ein Nichtmitglied der politischen Gemeinschaft. Damit ähneln diese Zwangsmaßnahmen in ihrer Ausgestaltung den Zuwanderungsgesetzen: sie können nicht – und sollten auch nicht – den Anspruch erheben, gegenüber Externen gerechtfertigt zu sein, wenngleich sie deren Menschenrechte achten müssen.[79] Diese Sanktionen sind also nichts anderes als unvermeidliche Zwangsmaßnahmen des Staates zur Wahrung seiner Freiheitssicherungsfunktion.

Derartige präventiv angelegte Sanktionen, die auf die Abwendung künftiger Gefahren für die Freiheitsordnung des Staates abzielen und von Strafen zu unterscheiden sind, gibt es in mehreren Rechtsordnungen. Hierzu gehören neben der bereits erwähnten Unterbringung in der Sicherungsverwahrung in Deutschland,[80] die *Rétention de sûreté* in Frankreich,[81] die *preventive detention* in Neuseeland[82]

---

[76] Dazu *Roxin/Greco*, AT I, § 3 Rn. 66b und 71b–71c; ähnlich *Marshall*, Auckland University Law Review 13 (2007), S. 128: „just redistribution of risk".

[77] Vgl. *Roxin/Greco*, AT I, § 3 Rn. 66 c: „Das Störerprinzip ist also schuldunabhängig, aber, weil es auf einer Pflichtverletzung beruht, durchaus schuldnah".

[78] Siehe hierzu z. B. *Frisch* (NStZ 2016, S. 18), der die Strafe auf diese Weise begründet.

[79] In diesem Sinne hinsichtlich der Zuwanderungsgesetze *Nagel*, Das Problem globaler Gerechtigkeit, S. 124; betonend auch, dass diese Maßnahmen gegenüber dem von ihnen Betroffenen nicht zu rechtfertigen sind, *Abegg*, Über die Bestrafung, S. 53 f.

[80] Vgl. § 66 ff. StGB. Der Verweis auf die Sicherungsverwahrung anstelle aller Maßregeln des § 61 StGB soll verdeutlichen, dass es sich bei den oben diskutierten Maßnahmen gegen Externe genauso wie bei der Sicherungsverwahrung in erster Linie um Sicherung (und nicht etwa Besserung) geht.

[81] Articles 706–53–13 bis 706–53–22 des Code de procédure pénale.

[82] Sections 87–90 des Sentencing Act 2002.

oder die *sentence of indeterminate detention* in Kanada[83], um nur einige Beispiele zu nennen.[84] All diese Maßregeln sind, ebenso wie diejenigen, die der Staat im Rahmen eines Bürgerstrafrechts gegen Externe anwenden könnte, Ausdruck des staatlichen Schutzrechts. So wie die angeführten Maßregeln den Schutz des Zustands der Freiheitlichkeit durch Freiheitsentzug ohne Rücksicht auf die Schuld des Einzelnen ermöglichen,[85] so trifft dies auch auf Maßnahmen gegen Nichtbürger zu, bei denen weder das Maß der Schuld noch der Grad der Staatsbürgerschaft berücksichtigt werden. Daher sollten die gegen Nichtbürger zu ergreifenden freiheitsentziehenden Sanktionen[86] grundsätzlich ähnlichen Beschränkungen unterliegen wie die erwähnten Maßregeln. Allerdings mit einem wesentlichen Unterschied: Diese Maßnahme gegen Externe werden *anstelle der Strafe* auferlegt und *nicht als Ergänzung zu ihr* (Kumulationsprinzip), wie es bei allen oben beschriebenen Maßregeln der Fall ist.[87] An diesem Punkt zeigt sich also, dass die Behandlung des Externen in einem Strafrecht des Bürgers wesentlich vorteilhafter ist als die der von den beschriebenen Maßnahmen (wie der Sicherungsverwahrung) Betroffenen in positiven Rechtsordnungen. Kurz gefasst: eine kohärente Umsetzung eines Bürgerstrafrechts erfordert ein zweispuriges Sanktionensystem gegenüber schuldfähigen Tätern, das danach unterscheidet, ob der Betroffene ein Bürger (in welchem Maße auch immer) oder ein Externer ist. So gibt es zum einen Strafen, die gegenüber dem Betroffenen aufgrund seiner (Teil-) Staatsbürgerschaft (zusätzlich zu den üblichen Faktoren wie Schuld und verursachter bzw. beabsichtigter Schaden) gerechtfertigt sein müssen und zum anderen außergewöhnliche Präventivmaßnahmen zur Eindämmung gefährlicher Externer.

Bevor auf die Schranken dieser Präventivmaßnahmen eingegangen wird, muss erneut Folgendes betont werden: Bei diesem Modell sind die potenziellen

---

[83] Sections 752 und 753 des Criminal Code.

[84] In den Vereinigten Staaten hängen diese Maßnahmen oft von den Rechtsvorschriften der jeweiligen Bundesstaaten ab und sind häufig Sexualstraftätern vorbehalten [siehe hierzu *Robinson*, Harvard Law Review 114, 5 (2001), S. 1431, Fn. 6; *Marshall*, Auckland University Law Review 13 (2007), S. 121 f.; *Harcourt*, Punitive Preventive Justice, S. 256]. Soweit ersichtlich, sind in spanischsprachigen Ländern keine derartigen Maßnahmen für schuldfähige Straftäter vorgesehen.

[85] Dazu vgl. statt aller z.B. *Robinson*, Harvard Law Review 114, 5 (2001), S. 1432.

[86] Selbstverständlich ist es möglich, gegen weniger gefährliche Externe nicht freiheitsentziehende Maßnahmen (wie Abschiebung oder Überwachung) zu ergreifen. Der Schwerpunkt liegt hier allerdings auf den freiheitsentziehenden Maßnahmen, da diese für den Betroffenen in der Regel am belastendsten sind und deshalb die größten Rechtfertigungsprobleme mit sich bringen.

[87] Gerade angesichts dieses wichtigen Unterschieds wird hier für die Sanktionen gegen Externe der allgemeinere Begriff „Maßnahme" anstelle von „Maßregel" verwendet, der sofort an die Rechtsfolgen der §§ 61 ff. StGB, (insbesondere die Sicherungsverwahrung) erinnert.

Zielpersonen dieser Maßnahmen – im Gegensatz zu anderen Modellen des Bürgerstrafrechts – keine Feinde, sondern nur Nichtbürger.[88] Es sei daran erinnert, dass die Frage, ob jemand gemäß diesem Vorschlag Bürger oder Externer ist, nicht von seiner Gefährlichkeit oder Rechtstreue abhängt. Ein Individuum „I" kann aus zwei Gründen ein Externer bezüglich eines Staates „S" sein: (i) weil „S" nicht willens bzw. nicht in der Lage gewesen ist, ihm wenigstens den grundlegendsten Bestandteil der Freiheit (individuelle Sicherheit vor Angriffen Dritter) zu garantieren, oder (ii) weil „I" einfach gar keine politische Verbindung zu „S" gehabt hat („S" hat ihm keine Rechte garantiert, weil „I" ein nichtansässiger Ausländer ist). Es geht also nicht darum, dass der Staat sich bei Externen für Präventivmaßnahmen entsprechend einem Kriegs- oder Feindstrafrecht entscheiden kann, da diese einer geringeren Kontrolle unterlägen als das reguläre Strafrecht: in diesen Fällen handelt es sich jedenfalls nicht um eine gegenwärtige oder unmittelbar bevorstehende Aggression, so dass die Regeln der Selbstverteidigung nicht analog anwendbar sind. Es handelt sich auch nicht – wie im Falle der Sicherungsverwahrung oder der Unterbringung in einem psychiatrischen Krankenhaus – um die Strafe ergänzende oder ersetzende Maßnahmen für solche Fälle, in denen die Strafe nicht wirken kann.[89] Vielmehr kommt es darauf an, dass der Staat in diesen Fällen keine Legitimation zur Bestrafung hat und daher zum Schutz seiner Rechtsordnung nur dann eine Rechtsfolge anwenden kann, wenn der Externe eine ernsthafte Gefahr für diese darstellt, d.h. in Fällen äußerster Notwendigkeit. Dieser Gedanke wurde bereits von *Bekker* hervorgehoben: „Unsere Auffassung führt zur möglichst großen Beschränkung der Strafdrohungen und Strafhandlungen wider im Auslande sich vergehende Ausländer".[90] Somit ist der Staat im Falle eines Externen, der eine nicht erhebliche Gefahr darstellt (z.B. der Täter eines Raubes, einer Körperverletzung oder sogar einer Vergewaltigung, von dem aufgrund seines Alters keine Rückfallgefahr ausgeht), nicht legitimiert, eine Präventivmaßnahme zu ergreifen, während er im gleichen Fall eines Bürgers bestrafen könnte bzw. sollte.

Kurzum: Mit der Strafe erhebt der Staat einen Schuldvorwurf, erzwingt die Erfüllung der verletzten – in eine Duldungspflicht umgewandelten – Mitwirkungspflicht und schützt die Freiheitsdaseinsordnung des Staates. Mit der Anwendung einer Maßnahme gegen einen Externen wendet der Staat lediglich

---

[88] Vgl. z.B. *Silva Sánchez*, Malum, S. 85, der das von einem Externen begangene Verbrechen als „Aggression eines feindlichen Kombattanten" bezeichnet; und *Pawlik*, FS-Schroeder, S. 381, Fn. 122, der im Fall des Extraneus vom Einsatz eines Feindstrafrechts spricht.

[89] Auf diese Weise rechtfertigt *Slobogin* [Northwestern University Law Review 98, 1 (2003), S. 4] die Präventivmaßnahmen im Falle eines Terroristen, eines Sexualstraftäters gegen Minderjährige oder einer Person mit einer antisozialen Persönlichkeitsstörung.

[90] *Bekker*, Theorie des heutigen deutschen Strafrechts, S. 193.

künftige ernsthafte Gefahren für die erwähnte Daseinsordnung ab. Daher können diese Maßnahmen – anders als Strafen – nur gegenüber der zu beschützenden Gemeinschaft, nicht aber gegenüber der von ihnen betroffenen Person legitimiert werden. Ihre Anwendung muss daher außergewöhnlicher sein als die von Strafen, und die Bedingungen für ihre Zulässigkeit müssen verschärft werden. Der folgende Unterabschnitt befasst sich mit den denkbaren Zulässigkeitsvoraussetzungen dieser Maßnahmen.

2. Ein Versuch zur Begrenzung der Präventivmaßnahmen gegen Externe: das Erfordernis einer Anlasstat und die Einhaltung des Verhältnismäßigkeitsgrundsatzes

„Some people, before they commit murder, already show they're capable of killing. Should we wait for them to commit the crime? Or should we prevent it from happening?" Dieser Satz, den 2019 der damalige Leiter für auswärtige Angelegenheiten der Region Xinjiang gegenüber BBC-Journalisten äußerte, um die Internierung Tausender Uiguren in chinesischen Umerziehungslagern (offiziell: „Zentren zur beruflichen Qualifizierung und Ausbildung") zu rechtfertigen,[91] soll daran erinnern, dass die Idee von „Precrime" (d. h. der Freiheitsentzug von angeblich gefährlichen Personen, die weder ein Verbrechen begangen noch versucht zu begehen haben) nicht nur Stoff für *Science-Fiction* ist und somit das Erfordernis einer Anlasstat für die Anwendung von Präventivmaßnahmen keine Selbstverständlichkeit darstellt. In Anbetracht jüngster wissenschaftlicher Veröffentlichungen chinesischer Autoren erscheint es sogar plausibel, dass in nicht allzu ferner Zukunft umfangreiche *Precrime*-Maßnahmen auf nationaler Ebene – und nicht nur in Bezug auf ethnische Minderheiten – eingeführt werden könnten.[92] Doch nicht nur harte Autokratien kokettieren mit der Idee von *Precrime*-Maßnahmen, sondern auch hybride Regime, wie z. B. Indien. So sieht der Art. 22 (Abs. 3 bis Abs. 5) der indischen Verfassung umfassende Präventivmaßnahmen ohne Anlasstat vor, wobei es weitgehend dem Gesetzgeber überlassen bleibt, die Gründe und die Höchstdauer der Freiheitsentziehung festzulegen. Gemäß *Sec-*

---

[91] Vgl. den BBC-Bericht „Inside China's ‚thought transformation' camps", 8:01–8:25, abrufbar unter: https://www.bbc.com/news/av/world-asia-china-48667221, abgerufen: 09.10.2023.

[92] Siehe z. B. die sehr einflussreiche Veröffentlichung von *Wu/Zhang* mit dem Titel „Automated Inference on Criminality using Face Images" [in: arXiv (2016), S. 4038 ff.] die zum Schluss kommt, dass datengesteuerte Gesichtsklassifikatoren durch überwachtes maschinelles Lernen in der Lage sind, verlässliche Rückschlüsse auf die Kriminalität zu ziehen, was bedeutet, ein Computer könne allein anhand der Gesichtsmerkmale zuverlässig erkennen, ob jemand „ein Krimineller" ist oder nicht. Für eine kritische Antwort auf diese Arbeit siehe *Bowyer et al.*, IEEE Transactions on Technology and Society 1, 4 (2020), S. 175 ff.

tion 13 des *National Security Act* beträgt die Höchstdauer dieser *Precrime*-Maßnahmen, die bei Vorfällen wie möglichen künftigen Kuhschlachtungen angewendet worden sind, ein Jahr.[93] Sogar einige funktionierende Demokratien haben der Versuchung zu einer Einführung von *Precrime*-gearteten Maßnahmen nachgegeben, wenn auch in erheblich eingeschränktem Umfang. So wurde z. B. 2004 in Deutschland die nachträgliche Sicherungsverwahrung eingeführt.[94] Diese erst infolge der Rechtsprechung des EGMR abgeschaffte Maßregel war in der Tat auch eine Art „milde" *Precrime*-Maßnahme, da sie zwar voraussetzte, dass der Betroffene wenigstens eine Strafe für gewisse schwere Straftaten verbüßte, die Analyse der Gefährlichkeit aber völlig unabhängig von der Anlasstat war und nur vom Verhalten während des Strafvollzugs abhing.[95] Anhand all dieser Beispiele wird es deutlich, wie notwendig eine Erklärung ist, ob die legitime Anwendung von Präventivmaßnahmen gegen Externe eine Anlasstat voraussetzt.

Wenn das Ziel der hier vorgeschlagenen Maßnahmen gegen Externe darin besteht, den Zustand der Freiheitlichkeit wirksam aufrechtzuerhalten, und sie nur gegenüber der sie auferlegenden Gemeinschaft (und nicht gegenüber dem von ihnen betroffenen Externen) zu rechtfertigen sind, lassen sich mindestens drei Gründe dafür anführen, warum auf das Erfordernis einer Anlasstat für ihre Auferlegung verzichtet werden könnte.[96] Erstens schränkt diese Voraussetzung ihre präventive Leistungsfähigkeit beträchtlich ein, da die Anwendbarkeit dieser Maßnahmen nur auf straffällig gewordene Personen und nicht auf alle potenziell

---

[93] Vgl. hierzu *Aftab*, Preventive Detention Laws in India (abrufbar unter: https://theleaflet.in/preventive-detention-laws-in-india-a-tool-for-executive-tyranny/, abgerufen: 09.10.2023), wonach mehr als die Hälfte der auf der Grundlage des erwähnten Gesetzes (NSA) zwischen dem 1. Januar und dem 19. August 2021 im Bundesstaat Uttar Pradesh angewandten Maßnahmen aufgrund möglicher Kuhschlachtungen ergriffen wurden.

[94] Zur Einstufung Chinas als „harte Autokratie", Indiens als „hybrides Regime" und Deutschlands als „funktionierende Demokratie" siehe das Ranking von der Demokratiematrix (Forschungsprojekt des Lehrstuhls für Vergleichende Politikwissenschaft und Systemlehre an der Universität Würzburg), abrufbar unter: https://www.demokratiematrix.de/ranking, abgerufen: 09.10.2023.

[95] Zum § 66b a. F. siehe *Peglau*, LK[13], § 66b. Eine „noch mildere" Variante einer *Precrime*-gearteten Maßnahme ist daher (nach der oben beschriebenen Argumentationslinie) die noch in § 66a StGB vorgesehene „vorbehaltene Sicherungsverwahrung". Dies ist insbesondere von Bedeutung, da der Anwendungsbereich der vorbehaltenen Sicherungsverwahrung – als Ausgleich für den Wegfall der nachträglichen Sicherungsverwahrung – gesetzlich erheblich ausgeweitet wurde [so *Graebsch*, KJ 50 (2017), S. 168]. Ohnehin hat der Gedanke, *Precrime*-Maßnahmen im engeren Sinne gegen Externe anzuwenden, eine gewisse Tradition in Deutschland. Siehe z. B. *Abegg*, Über die Bestrafung, S. 51 f.

[96] Dieses Erfordernis einer Anlasstat zur Auferlegung der Maßnahme bildet einen wichtigen Unterschied zwischen *Precrime*-Maßnahmen im engeren Sinne (wie im Fall der Inhaftierten in Guantanamo Bay oder den oben erwähnten Beispielen aus Indien oder China) und den Sicherungsmaßregeln von §§ 61 ff. StGB. Vgl. dazu *Graebsch*, KJ 50 (2017), S. 169.

gefährlichen Individuen beschränkt wird.⁹⁷ Zweitens stehe das Ausgangsdelikt nicht unbedingt im Zusammenhang mit der künftigen Gefährlichkeit des Täters.⁹⁸ Drittens verwässere das Erfordernis einer Anlasstat den qualitativen Unterschied zwischen diesen Präventivmaßnahmen und Strafen.⁹⁹ Die ersten beiden Punkte sind nur halbwegs richtig, wie im Folgenden gezeigt wird, und jedenfalls unzureichend zur Rechtfertigung eines Systems von *Precrime*-Maßnahmen. Der dritte ist, wie bereits angedeutet, falsch: Die Tatsache, dass Maßnahmen und Strafen etwas gemeinsam haben (da beide Instrumente zum Schutz der Daseinsordnung von Freiheit sind, die nur angesichts der Begehung einer Straftat zum Einsatz kommen) beseitigt nicht die wichtigen Unterschiede zwischen beiden Rechtsfolgenarten hinsichtlich ihres Rechtsgrunds und ihrer Schranken.

Die Anlasstatgrenze ist eine unverzichtbare Garantie jedes Rechtsstaates. Die Preisgabe dieses Erfordernisses öffnet Tür und Tor für Exzesse aller Art bei der Ausübung der am stärksten eingreifenden Gewalt des Staates. Wenn einem Individuum, das keine Straftat begangen hat, zugunsten des Kollektivs dauernd die Freiheit entzogen werden kann, dann kann man nicht mehr ernsthaft davon sprechen, dass für diese Maßnahme das Prinzip des überwiegenden Interesses gilt: vielmehr herrscht bei *Precrime*-Maßnahmen das Interesse des Kollektivs zu 100 % vor (es gibt keine Interessenabwägung) und eine unschuldige Person kann im Austausch für einen (eventuell auch minimalen) Sicherheitsgewinn für das Kollektiv grundlegender Rechte beraubt werden.¹⁰⁰ Zwar wurde oben ausgeführt, dass Maßnahmen gegen Externe diesen gegenüber nicht begründet werden können. Aus dieser fehlenden Begründungsmöglichkeit folgt aber bei Weitem nicht, dass bei der Anwendung dieser Maßnahmen alle Interessen von Externen ignoriert und ihr Status als autonome Person geleugnet werden können.¹⁰¹ Eine

---

⁹⁷ So auch *Robinson*, Harvard Law Review 114, 5 (2001), S. 1439 f.

⁹⁸ Vgl. *Robinson*, Harvard Law Review 114, 5 (2001), S. 1450: „But prior record is only a rough approximation of actual dangerousness, and its use in preventive detention guarantees errors of both inclusion and exclusion".

⁹⁹ In diese Richtung *Marshall*, Auckland University Law Review 13 (2007), S. 126: „Preventive detention, as part of the penal system, is ostensibly punishment: an infliction of suffering in response to a specific offence, albeit a response justified on the grounds of public protection"; und *Kaspar*, ZSTW 127 (2015), S. 677 f.

¹⁰⁰ In diesem Sinne auch *Harcour*t, Punitive Preventive Justice, S. 258–260. Diesem Autor zufolge ist die Legitimität einer Präventivmaßnahme *(punitive preventive detention)* umso problematischer, je weiter deren Voraussetzung *(predicate)* sich von einer Kriminalstrafe entfernt. Siehe insbesondere die Tabelle 13 auf Seite 260, in der er die „Forms of Punitive Preventive Detention" nach ihrer *predicate* klassifiziert, beginnend mit jener, deren Legitimität am wenigsten problematisch ist (die Strafe), bis hin zur problematischsten Form, nämlich der „pure preventive detention" (ein gutes Beispiel hierfür wäre der oben genannte Art. 22 der indischen Verfassung). Vgl. diesbezüglich auch das Werk von *Lazarus et al.*, Control without punishment.

¹⁰¹ Bei Fehlen der Anlasstatgrenze hängt die Auferlegung der Maßnahmen jedoch in keiner

derartige Missachtung ihrer Autonomie ist mit einer den grundlegenden Menschenrechten verpflichteten Rechtsordnung unvereinbar.[102] Die Anlasstatgrenze wird umso wichtiger, als die Gefährlichkeitsprognosen (unbeschadet der bereits erzielten Fortschritte auf diesem Gebiet) alles andere als fehlerfrei sind. Zudem ist zu bedenken, dass es nach der Vollstreckung einer Maßnahme nicht mehr feststellbar ist, ob es sich bei dem Betroffenen um einen „falschen Positiven" handelt (d. h. ob die inhaftierte Person tatsächlich eine Straftat begangen hätte, wenn sie für die Dauer der Maßnahme auf freiem Fuß geblieben wäre).[103] Das hier vorgeschlagene System von Maßnahmen gegen Externe hat sehr unterschiedliche Folgen, je nachdem, ob die Anforderung der Anlasstat eingehalten wird oder nicht. Wenn diese Maßnahmen nur auf straffällige Externe Anwendung finden, sind sie im Falle eines falschen Positiven zumindest die einzige staatliche Reaktion auf eine vorsätzliche, oft auch schuldhafte Anlasstat (es sei daran erinnert, dass diese Maßnahmen – anders als die Sicherungsverwahrung – anstelle der Strafe und nicht im Anschluss an diese angewandt werden). Werden diese Maßnahmen hingegen auf nicht straffällige Externe auferlegt, wird im Falle eines falschen Positiven die Freiheit einer Person entzogen, die gegen keine strafrechtliche Verhaltensnorm verstoßen hat.

Damit die Anlasstat eine wirksame Voraussetzung gegen einen Missbrauch der Präventivmaßnahmen darstellt, muss auch ein „symptomatischer Zusammenhang" zwischen dieser Tat und der angeblichen künftigen Gefährlichkeit des Täters – aufgrund derer die Maßnahme auferlegt wird – bestehen: Handelt es sich bei der Anlasstat beispielsweise um Drogenhandel, sollte nicht geprüft werden, ob der Betroffene zu künftigen Sexualstraftaten neigt.[104] Wird diese „indizielle Bedeutung" der Anlasstat zur Ermittlung der künftigen Gefährlichkeit des

---

Weise vom Betroffenen ab, was dessen Autonomie zuwiderläuft. Ähnlich *Slobogin*, Northwestern University Law Review 98, 1 (2003), S. 22 f. Die Schaffung umstrittener abstrakter Gefährdungsdelikte (wie z. B. die Bildung terroristischer Vereinigungen im Ausland gemäß §§ 129a und b StGB) verstößt dagegen nicht zwangsläufig gegen diese Anlasstatgrenze, da hier die Maßnahme gegen eine Person getroffen wird, die freiwillig ein offensichtlich gefährliches Verhalten vorgenommen hat. Vgl. aber *Pawlik* (Der Terrorist, S. 26 und 41 ff.), der den erwähnten Straftatbestand als (gerechtfertigte) Preisgabe des Tatprinzips sieht.

[102] Vgl. dazu *Miller*, Parteilichkeit, S. 160–167, wonach die negative Verpflichtung des Staates, die grundlegenden Menschenrechte von Unschuldigen nicht zu verletzen, so stark ist, dass sie jede Form der Bevorzugung von Staatsbürgern gegenüber Außenstehenden ausschließt; ähnlich *Gärditz*, VVDStRL 72 (2013), S. 76, Fn. 93: „Die Menschenwürde lässt eine Differenzierung nach der Staatsangehörigkeit nicht zu".

[103] Im selben Sinne *Graebsch*, KJ 50, 2 (2017), S. 167; *Kaspar*, ZSTW 127 (2015), S. 687; und *Steiker*, Proportionality, S. 209, Fn. 53.

[104] Zu diesem symptomatischen Zusammenhang siehe *Peglau*, LK[13], § 66b, Rn. 194 ff.; *Radtke*, LK[13], Vor §§ 61 ff., Rn. 63 ff.

Täters verkannt, so könnte der Sinn der Anlasstatgrenze leicht umgangen werden.[105]

Als zweite Schranke dieser Präventivmaßnahmen fungiert der Grundsatz der Verhältnismäßigkeit, der für alle Rechtsgebiete und für jeden staatlichen Eingriff gilt, der rechtseinschränkend wirken kann.[106] Daher findet dieses Prinzip auch auf die Strafen Anwendung, unabhängig davon, ob man eine vergeltende oder eine konsequentialistische Straftheorie vertritt.[107] Es besteht daher kein Zweifel, dass der Verhältnismäßigkeitsgrundsatz im weiteren Sinne (d. h. mit seinen in der herrschenden verfassungsrechtlichen Literatur anerkannten Prüfungsstufen des legitimen Zwecks, der Geeignetheit, der Erforderlichkeit und der Angemessenheit)[108] auch auf die hier in Rede stehenden Maßnahmen gegen Externe anwendbar ist,[109] wobei er als Konkretisierung des Prinzips des überwiegenden Interesses im Sinne eines Übermaßverbots fungiert.[110] Die Frage, die es zu klären gilt, ist nur, wie dieses Prinzip in diesem Bereich operieren soll, d. h. was sein Bezugspunkt ist: Zu was soll die Maßnahme verhältnismäßig sein? Wie bereits angedeutet, ist diese Frage im Großen und Ganzen leicht zu beantworten: Die Maßnahme sollte proportional zur prognostizierten künftigen Gefährlichkeit des Straftäters sein.[111] Doch diese Antwort reicht nicht aus, um diesen Maßnahmen klare Grenzen zu setzen. Es bedarf einer näheren Erläuterung, was unter dieser

---

[105] Laut *Radtke*, LK[13], Vor §§ 61 ff., Rn. 101 wird in der Praxis bei der Feststellung der Gefährlichkeit – trotz ihres prognostischen Charakters – häufig auf die Erheblichkeit der Anlasstaten zurückgegriffen.

[106] Vgl. BVerfGE 17 306, 313; siehe auch Art. 52 Abs. 3 der Charta der Grundrechte der Europäischen Union, der das Verhältnismäßigkeitsprinzip für jede Einschränkung der darin vorgesehenen Rechte vorsieht. Im Falle der deutschen Rechtsordnung ist anzumerken, dass trotz der unbestrittenen Gültigkeit des Verhältnismäßigkeitsprinzips seine Rechtsgrundlage strittig ist. Allgemein lässt sich sagen, dass dieser Grundsatz nur auf dem Rechtsstaatsprinzip beruht, wenn es sich um Maßnahmen handelt, die nur einfachrechtlich verankerte Rechte betreffen, während bei Grundrechtseingriffen (wie im Fall der hier analysierten Maßnahmen gegen Externe) auch zusätzliche Rechtsgrundlage zur Anwendung kommen (wie z. B. Art. 19 Abs. 2, Art. 3 Abs. 1 usw.). Vgl. dazu *Grzeszick*, Dürig u. a. Grundgesetz[96], Rn. 108. Zur englischsprachigen Literatur siehe statt aller *Barak*, Proportionality.

[107] Siehe dazu *Steiker*, Proportionality, S. 195 f.; *Radtke*, LK[13], § 62., Rn. 1; *Kaspar*, ZSTW 127 (2015), S. 664.

[108] Zur dogmatischen Struktur des Grundsatzes der Verhältnismäßigkeit im weiteren Sinne siehe statt aller *Grzeszick*, Dürig u. a. Grundgesetz[96], Rn. 110.

[109] Dabei ist zu beachten, dass wenn § 62 StGB ausdrücklich nur die Geltung der Angemessenheit für die Maßregeln vorsieht, dann wird damit nicht beabsichtigt, die anderen Stufen des Grundsatzes der Verhältnismäßigkeit im weiteren Sinne zu beseitigen (was auch nicht möglich wäre, ohne das Rechtsstaatsprinzip zu verletzen), sondern nur jene Prüfungsstufe zu betonen. Vgl. dazu *Radtke*, LK[13], § 62., Rn. 9.

[110] Vgl. *Roxin/Greco*, AT I, § 3 Rn. 67.

[111] Vgl. *Steiker*, Proportionality, S. 196; *Slobogin*, Northwestern University Law Review

II. Die Sanktionen gegen Externe als unumgängliche Ergänzung zum Bürgerstrafrecht

Gefährlichkeit zu verstehen ist bzw. welche Faktoren sie bestimmen sowie welche konkreten Auswirkungen die Anwendung dieses Prinzips auf diesem Gebiet nach sich zieht. Offensichtlich lässt sich die Anwendung des Verhältnismäßigkeitsprinzips auf Präventivmaßnahmen – ein sehr umfangreiches Forschungsthema –[112] hier nicht detailliert behandeln. Dennoch mag es gelingen, einige Grundzüge zu skizzieren, die es erlauben, über die von *Bekker* bereits vorgeschlagenen (und hier als Ausgangspunkt dienenden) Schranken für Präventivmaßnahmen gegen Externe etwas hinauszugehen. Dies soll nachstehend versucht werden, wobei auf die Anwendung dieses Prinzips bei ähnlichen Maßnahmen, insbesondere der Sicherungsverwahrung, Bezug genommen wird.

Wie bereits angedeutet, besteht der legitime Zweck der Maßnahmen gegen Externe in der Neutralisierung von für die Erhaltung des Zustands der Freiheitlichkeit relevanten Gefahren. Dieser legitime Zweck ist der Bezugspunkt für die Analyse der drei klassischen Komponenten des Verhältnismäßigkeitsprinzips (Geeignetheit, Erforderlichkeit und Angemessenheit).[113] Da es sich um freiheitsentziehende Maßnahmen handelt, muss der Betroffene zumindest eine erhebliche Gefahr für wertvolle Interessen der die Maßnahme auferlegenden Gesellschaft darstellen.[114] Wie man sieht, stellen sich hier zwei Fragen: Was ist ein wertvolles Interesse und wann stellt der Täter eine hochgradige Gefahr dar? Bei dem ersten Punkt handelt es sich um ein ähnliches Problem wie bei den auf Interessenschutz ausgerichteten Theorien des Strafrechts, d. h. um die schwierige Bestimmung des für die Anwendung einer Sanktion hinreichend relevanten Interesses. Allerdings mit einem wichtigen Unterschied, zumindest was die Folgen für die Sanktionen gegen Auslandstaten betrifft: Wie auch im Fall der Strafen darf der Staat keine Maßnahmen zum Schutz fremder Interessen (d. h. Interessen anderer Staaten oder nicht mit ihm verbundener ausländischer Staatsangehöriger) ergreifen, da diese nicht den Schutz der eigenen Freiheitsordnung betreffen.[115] So kann Deutschland keine Maßnahme auferlegen, wenn ein pakistani-

---

98, 1 (2003), S. 4; *Radtke*, LK[13], § 62 Rn. 23 f.; *Dessecker*, Gefährlichkeit, S. 373; *Kaspar*, ZSTW 127 (2015), S. 686.

[112] Man denke nur an das Aufblühen neuerer Literatur zur Sicherungsverwahrung in Deutschland. Zu diesem Boom siehe *Roxin/Greco*, AT I, § 3 Rn. 71a. Aus dieser Vielzahl von Werken lassen sich einige zentrale Ideen für die Anwendung von Maßnahmen gegen Externe ableiten.

[113] Siehe dazu *Grzeszick*, Dürig u. a. Grundgesetz[96], Rn. 111: „Bezugspunkt der drei Verhältnismäßigkeitselemente ist der mit dem staatlichen Verhalten jeweils verfolgte legitime Zweck". Ähnlich *Coca Vila* [Criminal Law and Philosophy 14, 2 (2019), S. 157 f.] bezüglich der Präventivmaßnahme der Ausbürgerung, wenngleich mit etwas unterschiedlichen Begrifflichkeiten (er nennt die Geeignetheit „necessity principle" und die Erforderlichkeit „subsidiarity").

[114] Zur zentralen Rolle des Begriffs der „Erheblichkeit" im Maßnahmenrecht siehe *Radtke*, LK[13], Vor §§ 61 ff., Rn. 47 ff.

[115] Dies ist, wie sich der Leser vielleicht erinnert, auch die erste von *Bekker* formulierte

scher Staatsangehöriger einen Mord an einem Einheimischen in Bangladesch verübt.[116] Darüber hinaus – so wie die Anordnung der Sicherungsverwahrung in mehreren Rechtsordnungen die Begehung bestimmter schwerer Anlasstaten voraussetzt – sollten die Maßnahmen gegen Externe nur bei gewissen schweren Straftaten vorgesehen werden, die eine ernsthafte Gefahr für die Aufrechterhaltung der Freiheitsordnung indizieren können.[117] Demnach soll Deutschland keine Maßnahme gegen einen chinesischen Staatsangehörigen verhängen, der sich die Bankdaten eines deutschen Opfers durch eine von China aus versandte Phishing-E-Mail verschafft oder einen Diebstahl bzw. eine einfache Körperverletzung an einem Deutschen in China begeht. Zur Klarstellung: Dies bedeutet nicht, dass die in diesen Beispielen angesprochenen Taten straflos bleiben müssen (im obigen Fall des Mordes kann Bangladesch bestrafen, in den zuletzt angeführten Beispielen China), sondern nur, dass die Voraussetzungen für die Anwendung einer Maßnahme gegen Nichtbürger seitens Deutschlands nicht erfüllt sind, weil der legitime Zweck des Schutzes eines hinreichend relevanten Interesses für die Wahrung der deutschen Freiheitsordnung nicht gegeben ist.

Steht fest, dass der Staat ein eigenes und wertvolles Interesse schützt, ist der nächste Schritt bei der Analyse der Legitimität von Maßnahmen gegen Externe die Prüfung, ob von dem Täter eine erhebliche künftige Gefahr ausgeht. Zur Klärung der Frage, was unter „Gefährlichkeit" des Täters zu verstehen ist, kann man sich an die umfangreiche Literatur zur Sicherungsverwahrung und anderen Arten von Präventivmaßnahmen wenden. Trotz der Unschärfe des Begriffs „Gefährlichkeit"[118] und trotz der erheblichen Unterschiede zwischen den verschiede-

---

Voraussetzung für die Anwendung dieser Maßnahmen: „Die fraglichen Vergehen müssen wirklich die Interessen unseres Staates gefährden..." (*ders.*, Theorie des heutigen deutschen Strafrechts, S. 193).

[116] Zumindest kann Deutschland in diesem Fall keine originäre Sanktionsgewalt anwenden. Eine ganz andere Frage ist, ob Deutschland hier abgeleitete Sanktionsgewalt in Vertretung von Bangladesch oder Pakistan ausüben könnte. Vgl. dazu Teil III D IV.

[117] Für welche Tatbestände eine Sicherungsverwahrung angeordnet werden kann, ist je nach Rechtsordnung sehr unterschiedlich. Während in Frankreich (Article 706–53–13 Abs. 1 und 2 der Code de procédure pénale) oder Neuseeland (Section 87 Nr. 2 Buchst. a und Nr. 5 der Sentencing Act 2002) die Sicherungsverwahrung nur bei bestimmten, besonders schweren Gewalt- oder Sexualdelikten angewendet werden kann, ist diese Maßnahme in Deutschland für mehrere gesamte Abschnitte von Straftatbeständen des StGB vorgesehen (vgl. vor allem § 66 Abs. 1 Nr. 1 Buchst. b StGB).

[118] Wie *Marshall* [Auckland University Law Review 13 (2007), S. 124] richtig bemerkt, gibt es keinen objektiven Maßstab der Gefährlichkeit, sondern es handelt sich – wie bei der Staatsbürgerschaft – um ein relatives Konzept, dessen Bedeutung je nach Zeit und Raum variiert. Ein Beispiel hierfür sind die enormen Unterschiede zwischen den Rechtsordnungen bei der Festlegung der Anlasstaten, die auf eine schwere Gefährlichkeit des Täters hindeuten, wie in der vorangegangenen Fußnote dargestellt. Ähnlich *Floud* [The British Journal of Criminol-

II. Die Sanktionen gegen Externe als unumgängliche Ergänzung zum Bürgerstrafrecht 393

nen Arten von Präventivmaßnahmen[119] besteht in der deutschen und internationalen Literatur zum Maßnahmenrecht weitgehend Einigkeit darüber, dass die „Gefährlichkeit" zumindest in zwei Faktoren aufgeschlüsselt werden kann, nämlich: (i) die Erheblichkeit der zu erwartenden künftigen Straftaten bei Nichtanwendung der Maßnahme; und (ii) die Wahrscheinlichkeit, dass der Täter diese Taten tatsächlich begehen wird.[120] Der erstgenannte Faktor lässt sich wiederum in drei Unterfaktoren zerlegen: (i.1) das Gewicht der bedrohten Interessen (z.B. ob vom Täter Straftaten gegen die körperliche Unversehrtheit oder nur Diebstähle zu erwarten sind); (i.2) das Ausmaß, in dem diese Interessen verletzt werden können (z.B. ob der Täter, von dem Gewalttaten befürchtet werden, über die Fähigkeit zur Durchführung eines lebensbedrohlichen Angriffs auf mehrere Personen verfügt); und (i.3) die zu erwartende Begehungshäufigkeit künftiger Straftaten (z.B. ob vom Täter zu befürchten ist, dass er eine bestimmte Person aus Rache angreifen könnte, oder ob er zu Gewaltausbrüchen neigt).[121] Aus der Ge-

---

ogy 22, 3 (1982), S. 213]: „there is no such psychological or medical entity as a 'dangerous' person".

[119] Wie *Steiker* (Proportionality, S. 197) zu Recht feststellt, ist das Spektrum der Präventivmaßnahmen äußerst breit und kann sich sowohl gegen Schuldunfähige als auch gegen Personen mit einen eventuellen verminderten Schuldfähigkeit (manche Hangtäter) oder mit voller Schuldfähigkeit richten, sowie gegen Personen, die einfach nicht zur politischen Gemeinschaft gehören (Verstöße gegen die Einwanderungsgesetze) oder gegen Individuen, die als quasi feindliche Kämpfer gelten (Terroristen), wobei all diese Fälle wenig gemeinsam haben. Daher können die konkreten Anforderungen für die Anwendung dieser Maßnahmen sehr unterschiedlich sein. Bezeichnend hierfür ist die in *Boetticher et al.*, NStZ 2006, S. 538 enthaltene Tabelle über die Unterschiede dieser Maßregeln im StGB. Ausführlich zur breiten Palette der Präventivmaßnahmen in den angelsächsischen Rechtsordnungen (klassifiziert nach Familien) *Ashworth/Zedner*, Preventive Orders, S. 63 ff.

[120] Vgl. exemplarisch *Steiker*, Proportionality, S. 198: „dangerousness is the product of both the gravity of the harm sought to be prevented (such as the sexual assault of a child, or the commission or facilitation of terrorist acts) and the probability that such harm would occur in the absence of preventive intervention"; ähnlich *Boetticher et al.*, NStZ 2006, S. 539; *Radtke*, LK[13], § 62 Rn. 18 ff.; im selben Sinne siehe die Entscheidung des chilenischen BGH (Corte Suprema), Rol N°1079–2013, Considerando quinto. Dass sich die Gefährlichkeit im Maßregelrecht aus diesen beiden Faktoren zusammensetzt, wird in Deutschland teilweise durch die unscharfe Formulierung von § 62 StGB verdunkelt, denn dieser vermengt nicht nur ein Indiz der Gefährlichkeit (die bereits begangenen Taten) mit den Definitionskriterien der Gefährlichkeit selbst, sondern benennt auch einen Faktor mit dem fehlerhaften Begriff „Grad der Gefahr", bei dem nicht klar ist, ob er sich auf die Wahrscheinlichkeit der Begehung künftiger Straftaten bezieht, obwohl er üblicherweise in diesem Sinne ausgelegt wird (vgl. dazu *Kindhäuser/Hilgendorf*, NK-StGB, § 62, Rn. 2).

[121] Siehe hierzu *Radtke*, LK[13], § 62 Rn. 21; *Kindhäuser/Hilgendorf*, NK-StGB, § 62, Rn. 2. Aus diesen Anforderungen folgt u.a., dass der Täter einer fahrlässigen Anlasstat nicht als gefährlich eingestuft werden kann, und zwar unabhängig davon, wie wertvoll das von seiner rücksichtslosen Handlung betroffene Interesse ist.

samtwürdigung dieser beiden graduierbaren Faktoren (Erheblichkeit des zu erwartenden Schadens und Wahrscheinlichkeit)[122] wird der Grad der Gefährlichkeit eines Individuums abgeleitet, der wiederum den Bezugspunkt für die Ermittlung der anzuwendenden verhältnismäßigen Maßnahme bildet. Nur diejenigen Personen, bei denen beide Faktoren in hohem Maße vorliegen, sollten als ausreichend gefährlich – und damit als mögliche Adressaten von Maßnahmen gegen Externe – angesehen werden.[123]

Die Aufgliederung der Gefährlichkeit in diese Faktoren lässt jedoch die Frage nach der (Un-)Zuverlässigkeit der Gefährlichkeitsprognosen unberührt.[124] Trotzdem besteht ein wachsender Konsens darüber, welche statischen und dynamischen Risikofaktoren die Gefährlichkeit beeinflussen und in welchem Ausmaß.[125] Unter den statischen Faktoren ist die Anlasstat (und andere Vortaten) für die Pro-

---

[122] Zur Abstufbarkeit der Wahrscheinlichkeit der Begehung künftiger Straftaten vgl. *Radtke*, LK[13], Vor §§ 61 ff. Rn. 134.

[123] Demnach sind diese Maßnahmen nicht auf Personen anwendbar, die als potenziell schwerwiegende Straftäter gelten, aber nur mit einer geringen Wahrscheinlichkeit. Zum Thema von *low-risk/high-harm* Individuen vgl. *Steiker*, Proportionality, S. 207 f. Siehe aber *Radtke*, LK[13], Vor §§ 61 ff. Rn. 57: „je höher das Gewicht des bedrohten Rechtsguts desto geringer sind die Anforderungen der Wahrscheinlichkeit seiner Beeinträchtigung"; oder die Entscheidung des New Zealand Court of Appeal in R v Rameka [18 Juni 1997] CA178/97, S. 5, in der die Wahrscheinlichkeit, dass jemand aus der gleichen Risikokategorie wie der Beschuldigte eine weitere Sexualstraftat begeht, auf etwa 20 Prozent geschätzt wurde, ein Risikograd, der als ausreichend für die Verhängung der Sicherungsverwahrung angesehen wurde, da „in the end, it is the protection of the community which is the most significant factor". Hier zeigt sich deutlich, wie das Gericht das Prinzip des überwiegenden Interesses aus dem Blick verloren hat. Die Anwendung von Maßnahmen gegen Externe auf *low-risk/high-harm* Individuen birgt generell ein sehr hohes Risiko von falschen Positiven und ist daher prinzipiell nicht zulässig. In eine ähnliche Richtung wie hier *Marshall*, Auckland University Law Review 13 (2007), S. 142. Insofern ähnelt die hiesige Beschreibung der gefährlichen Externen derjenigen der „dangerous few", die das Kernproblem der abolitionistischen Positionen darstellt [vgl. hierzu exemplarisch *Frampton*, Harvard Law Review 135, 8 (2022), S. 2013 ff.].

[124] Bei der Ermittlung des Gefährlichkeitsgrades stellen sich zumindest folgende Probleme: (i) die Bestimmung des relativen Gewichts jedes der beiden genannten Faktoren (Erheblichkeit und Wahrscheinlichkeit); (ii) die Bestimmung der Umstände (z. B. dysfunktionale Familie, abgebrochene Ausbildung), die sich auf den Grad der beiden Faktoren auswirken; und (iii) die Bestimmung des Ausmaßes, in dem diese Umstände von Bedeutung sind. Vgl. hierzu *Radtke*, LK[13], Vor §§ 61 ff., Rn. 134: „Prognosen sind immer nur Wahrscheinlichkeitsaussagen, es gibt also prinzipiell keine sicheren Prognosen"; oder *Steiker*, Proportionality, S. 207–209 („problem of calibration").

[125] Für einen Überblick über diese statischen (in der Vergangenheit liegenden und daher unveränderbaren) und dynamischen Risikofaktoren (die zum Zeitpunkt der Entscheidung über die Auferlegung oder Beibehaltung der Maßnahme Veränderungen unterliegen können) siehe *Radtke*, LK[13], Vor §§ 61 ff., Rn. 136 ff.; oder *Marshall*, Auckland University Law Review 13 (2007), S. 134 f.

II. Die Sanktionen gegen Externe als unumgängliche Ergänzung zum Bürgerstrafrecht 395

gnose der zu erwartenden Straftaten von Bedeutung, während die Häufigkeit der begangenen Straftaten für die Beurteilung der Wahrscheinlichkeit künftiger Angriffe entscheidend ist, unbeschadet der notwendigen Berücksichtigung weiterer Umstände.[126] Darüber hinaus hätten die Prognosemethoden in den letzten Jahren ihre Erfolgsquote erheblich verbessert.[127] Die Kombination von statistischen Methoden (die vor allem die statischen Risikofaktoren erfassen) und klinischen Methoden (die den dynamischen Risikofaktoren und der individuellen Situation des Betroffenen besser Rechnung tragen) ermögliche ein nicht unbedeutendes Maß an Zuverlässigkeit.[128] Jedenfalls sind Gefährlichkeitsprognosen für das Strafrechtssystem im Allgemeinen unverzichtbar,[129] weswegen die Ermittlung der Gefährlichkeit nicht ohne weiteres wegen der damit verbundenen Schwierigkeiten aufgegeben werden kann.[130] Im Übrigen lassen sich die denkbaren Schwächen der Prognosen größtenteils durch die Folgen abmildern, die sich aus der Anwendung des Verhältnismäßigkeitsprinzips ergeben, wie nachstehend dargelegt wird.

Stellt sich heraus, dass ein Externer, der wertvolle Interessen eines Gemeinwesens bereits angegriffen hat, einen für die Anwendung einer freiheitsentziehenden Maßnahme ausreichenden Grad an Gefährlichkeit aufweist (d.h. er wird wahrscheinlich weitere erhebliche Straftaten begehen), muss die anzuwendende Maßnahme geeignet, erforderlich und angemessen zur Neutralisierung dieser Gefahr sein. Folgt man der Rechtsprechung des BVerfG, so halten nur solche

---

[126] So auch *Radtke*, LK[13], § 62 Rn. 21 f. Wie der Leser vielleicht bemerkt hat, führt dies zu einer Teilüberschneidung beider Schranken der Maßnahmen, denn die Anlasstat fungiert nicht nur als Schwelle für ihre Auferlegung, sondern auch als Kriterium der Gefährlichkeitsprognose und somit als Bezugspunkt für die Verhältnismäßigkeitsprüfung.

[127] Siehe *Marshall*, Auckland University Law Review 13 (2007), S. 133 f., demzufolge sich die Genauigkeit der Gefährlichkeitsprognosen derart verbessert hat, dass die Quote falscher Positiven – in den erfolgreichsten Studien – bei 20 bis 30 % liegt.

[128] Vgl. dazu u.a. *Radtke*, LK[13], Vor §§ 61 ff., Rn. 152–160; *Marshall*, Auckland University Law Review 13 (2007), S. 131–135 m.w.N.; *Slobogin*, Northwestern University Law Review 98, 1 (2003), S. 9 f. Dennoch steht ein Teil der Literatur der Zuverlässigkeit der Prognosen weiterhin sehr skeptisch gegenüber. Vgl. z.B. *Cooke/Michie*, Law and Human Behavior 34 (2010), S. 259 ff., die in Bezug auf die Vorhersagekraft des am häufigsten verwendeten Tests (PLC-R) zu dem Schluss kommen, dass „predictions of future offending cannot be achieved in the individual case with any degree of confidence"; ähnlich *Coninx*, Zwangsmassnahmen, S. 197 f.

[129] Man denke etwa an den Haftgrund der Wiederholungsgefahr (§ 112a StPO); an die Strafaussetzung zur Bewährung (§§ 56 ff. StGB); oder sogar an die Strafzumessung selbst (§ 46 Abs. 1 S. 2 und Abs. 2). Für weitere Beispiele im deutschen Strafrecht siehe *Radtke*, LK[13], Vor §§ 61 ff., Rn. 131 f.

[130] Wie bereits ausgeführt, erweist es sich ebenfalls als äußerst schwierig, den Grad der Schuld einer Person zu bestimmen, wobei in der Regel kein Verzicht auf die Schuld in Erwägung gezogen wird.

Maßnahmen der Geeignetheitsprüfung nicht stand, die zur Erreichung des angestrebten Ziels schlechthin untauglich sind.[131] Dies könnte beispielsweise der Fall sein, wenn Deutschland gegen einen bekannten iranischen Blogger eine Präventivmaßnahme wegen Verhetzung gegen das jüdische Volk ergreifen will, dessen Blog – obwohl auf Englisch veröffentlicht – in Deutschland kaum gelesen wird, da die Anwendung der Maßnahme wahrscheinlich zu mehr Besucherzahlen auf dem Blog führen und letztendlich dem Interesse schaden würde, das sie eigentlich schützen sollte.[132] Ebenso wäre eine kurz- oder mittelfristige Maßnahme ungeeignet, wenn in der Gefährlichkeitsprognose festgestellt wird, dass der Betroffene mit hoher Wahrscheinlichkeit erst in einer fernen Zukunft wieder straftätig werden wird. Das vielleicht praxisrelevanteste Beispiel einer möglichen Ungeeignetheit von Maßnahmen gegen Externe betrifft die Fälle des passiven Personalitätsprinzips. Man denke etwa an den Mord eines Deutschen an einem guineischen Staatsangehörigen im Rahmen eines Territorialstreits zwischen Drogenbanden in Berlin. Die Staatsangehörigkeit des Opfers war dem Täter unbekannt und spielte bei der Tat gar keine Rolle. Wollte Guinea in diesem Fall eine Maßnahme auferlegen (indem es ein entsprechendes Auslieferungsersuchen stellt), trüge dies höchstwahrscheinlich kaum dazu bei, den Schutz guineischer Bürger in der Zukunft zu gewährleisten.

Nach der Prüfung der Geeignetheit der zu ergreifenden Maßnahme ist deren Erforderlichkeit zu ermitteln. Auf dieser Stufe kommt das Subsidiaritätsprinzip zum Tragen, das bei Maßnahmen gegen Externe mindestens in dreifacher Hinsicht einschlägt. Erstens: Gibt es einen anderen Staat, der über Legitimation zur Anwendung einer Strafe verfügt und dazu bereit ist, sollte die Verhängung einer Strafe seitens dieses dritten Staates immer der Anwendung einer Maßnahme vorgezogen werden.[133] So könnte Deutschland im Prinzip legitimiert sein, eine Maßnahme gegen ein mexikanisches Kartellmitglied zu ergreifen, das sich von Mexiko aus an der Verschiffung großer Mengen Kokain nach Deutschland beteiligt hat, doch wenn sich Mexiko zur Verhängung einer Strafe bereit zeigt, entfällt

---

[131] Vgl. dazu BVerfG NJW 1971, 1603 m.w.N.; oder BVerfG NJW 65, 2247: „schlechthin ungeeignet".

[132] Natürlich könnte man in diesem Fall auch für die Nichtanwendung einer Maßnahme mit der Begründung argumentieren, dass die Anlasstat (Volksverhetzung) nicht erheblich genug oder der Täter nicht hinreichend gefährlich ist. Für die Zwecke des Beispiels sei jedoch angenommen, dass diese Voraussetzungen erfüllt werden: In einem solchen Szenario erlischt die Legitimitätsquelle der Maßnahme (Verringerung oder Neutralisierung der vom Täter ausgehenden Gefahr) spätestens in dieser Phase der Verhältnismäßigkeitsprüfung.

[133] Dieser Vorschlag ähnelt also der Kollisionsnorm zur Auflösung von Strafgewaltkonflikten (oder besser gesagt von Sanktionsgewaltkonflikten), die im US-amerikanischen *Third Restatement* vorgesehen war. Vgl. hierzu Teil I C II 1.

auch die Notwendigkeit (und daher die Legitimation) dieser Maßnahme.[134] Zweitens manifestiert sich die Prüfung der Erforderlichkeit – wie im gesamten Maßregelrecht – im Gebot des geringstmöglichen Eingriffs.[135] Lässt sich also die Gefährlichkeit durch eine vollzugsöffnende Maßnahme[136] oder die Ausweisung beseitigen[137], so sind diese Maßnahmen vorzuziehen. Drittens ist der Freiheitsentzug unverzüglich zu beenden, wenn die Gefährlichkeit des Betroffenen unter die für die Fortsetzung der Maßnahme erforderliche Schwelle fällt. Dies setzt eine ständige Überprüfung der Gefährlichkeit des Betroffenen voraus.[138] Wie oft diese Gefährlichkeitsbeurteilungen erfolgen sollen und welchen Beweisstandards sie genügen müssen, ist Gegenstand der letzten Stufe der Verhältnismäßigkeitsprüfung, d. h. der Angemessenheit.

Die Angemessenheit bei Präventivmaßnahmen wirkt ganz anders als bei Strafen, da sie sich hier auf die Gefährlichkeit des Täters bezieht. Obwohl die Schwere der Anlasstat für die Beurteilung der Angemessenheit der Maßnahme von großer Bedeutung ist – sowohl weil sie die Möglichkeit ihrer Auferlegung eröffnet als auch wegen ihres Indizwertes – sind die Maßnahmen in ihrer Dauer grund-

---

[134] Ungeachtet dessen können bestimmte Ausnahmen in Betracht gezogen werden, insbesondere dann, wenn ein Ausländer sich lieber einer deutschen Maßnahme unterziehen möchte, als eine Strafe unter den harten Haftbedingungen seines Heimatlandes zu verbüßen, wie dies im obigen Beispiel der Fall sein könnte. Mein Dank gilt hier José Milton Peralta, der mich auf diesen Punkt aufmerksam gemacht hat. In Sonderfällen könnte Deutschland sogar verpflichtet sein, eine Präventivmaßnahme aufzuerlegen, z. B., wenn der Drittstaat, der die Bestrafung anstrebt, für die betreffende Anlasstat die Todesstrafe vorsieht. Zur Bedeutung, die dem Willen des von der Sanktion Betroffenen bei der Bestimmung des Forumsstaates beizumessen ist, siehe Teil III D IV 1.

[135] Vgl. dazu § 72 Abs. 1 S. 2 StGB; *Kindhäuser/Hilgendorf*, NK-StGB, § 63, Rn. 8; *Radtke*, LK[13], Vor §§ 61 ff., Rn. 69 ff.

[136] Dabei dient das in § 66 Buchst. c Abs. 1 Nr. 3 lit. a) verankerte Minimierungsgebot als Anhaltspunkt. Siehe dazu *Peglau*, LK[13], § 66c, Rn. 36 ff.

[137] Anstelle einer freiheitsentziehenden Maßnahme könnte eine Ausweisung entsprechend §§ 53, 54 AufenthG erfolgen. Anders als beim Entzug der Staatsangehörigkeit [der Bürger betrifft und dessen Auswirkungen gravierender sein können als ein Freiheitsentzug, siehe dazu *Coca Vila*, Criminal Law and Philosophy 14, 2 (2019), S. 154 f.] oder beim Entzug der Aufenthaltserlaubnis [dazu *Wringe*, Journal of Applied Philosophy 38, 3 (2021), S. 388 f.] ist die Ausweisung von Externen beinahe unweigerlich die vorteilhafteste Maßnahme für den Betroffenen, der dadurch von einem Freiheitsentzug verschont wird und keine grundlegenden Rechte verliert (da er im die zur Anwendung der Maßnahme berechtigenden Staat diese nie hatte). Es sei an dieser Stelle daran erinnert, dass angesichts des in dieser Arbeit verwendeten weit gefassten Begriffs des Bürgers (der jede Person einschließt, die zu irgendeinem Zeitpunkt vom Zustand der Freiheitlichkeit profitiert hat), es sich bei dem Externen meist um jemanden handelt, der keine Aufenthaltsberechtigung hat und somit das Hoheitsgebiet nach Ablauf einer eventuellen freiheitsentziehenden Maßnahme ohnehin verlassen muss.

[138] In diesem Sinne *Steiker*, Proportionality, S. 198; und *Marshall*, Auckland University Law Review 13 (2007), S. 140.

sätzlich nicht an den Strafrahmen gebunden.[139] Was heißt dann „Angemessenheit" in Bezug auf Maßnahmen unbestimmter Dauer? In erster Linie impliziert sie die bereits angesprochene Forderung nach einer pflichtigen regelmäßigen Prüfung des Gefährlichkeitsgrades des Betroffenen, da dieser starken Fluktuationen unterworfen sein kann.[140] Liegt die Grundlage dieser Maßnahmen in der Gefährlichkeit, so erscheint es unverhältnismäßig, wenn das Gesetz eine obligatorische Überprüfung derselben nur einmal jährlich vorsieht, wie dies in Deutschland oder Frankreich bei der Sicherungsverwahrung der Fall ist,[141] geschweige denn, wenn sie erst sieben Jahre nach Anordnung der Maßnahme zwingend ist, wie im Falle Kanadas.[142]

Eine zweite sich aus der Angemessenheitsprüfung ergebende Begrenzung ist die zunehmende Steigerung des Beweisstandards, der für die Feststellung der Gefährlichkeit bei diesen ständigen Prüfungen erforderlich ist.[143] Dies liegt nicht nur daran, dass die Maßnahme mit zunehmender Dauer immer belastender wird, sondern auch an der tendenziell im Laufe der Zeit abnehmenden Gefährlichkeit des Betroffenen, sei es, weil seine Fähigkeiten nachlassen (er hat z. B. nicht mehr die Kraft, weitere Gewaltdelikte zu begehen), sei es, weil die Öffentlichkeit durch die Auferlegung der Maßnahme bereits auf seine mögliche Gefährlichkeit aufmerksam geworden ist (man denke etwa an die Register der Sexualstraftäter), wodurch sich das Risiko seiner Freilassung besser steuern lässt.[144] Zudem sollte diese progressive Erhöhung der Beweisanforderungen zu einer automatischen Aufhebung der Maßnahme nach einem bestimmten Zeitraum führen, es sei denn, es liegen neue Beweise für eine hohe Gefährlichkeit des Betroffenen vor.[145]

---

[139] Im selben Sinne *Radtke*, LK[13], § 62 Rn. 21.
[140] So auch *Steiker*, Proportionality, S. 204.
[141] Vgl. § 67 Buchst. e StGB und Article 706–53–16 des französischen *Code de procédure pénale*.
[142] Siehe *Section* 761 (1) des kanadischen *Criminal Code*. Bei diesem Fall handelt es sich offensichtlich um einen Etikettenschwindel: Da die Gefährlichkeit des Betroffenen innerhalb von sieben Jahren deutlich sinken oder verschwinden kann, lässt sich diese Frist nur dadurch erklären, dass es sich um eine getarnte Strafe handelt.
[143] Vgl. hierzu BVerfG, NJW 1986, 767: „Denn je länger die Unterbringung dauert, desto strengere Anforderungen sind aufgrund der Wirkkraft des Freiheitsgrundrechts des Untergebrachten auch an die Sachverhaltsaufklärung zu stellen, um der Gefahr von Routinebeurteilungen möglichst vorzubeugen"; ähnlich *Dessecker*, Gefährlichkeit, S. 383 f. Dieses Erfordernis ist auch im Common Law weithin anerkannt. Vgl. z. B. *Marshall*, Auckland University Law Review 13 (2007), S. 143: „the length of the confinement should remain proportional to the risk posed. This is achieved via an ever-increasing standard of proof of future dangerousness at each review hearing".
[144] Zu letzten beiden Punkten überzeugend *Steiker*, Proportionality, S. 198 f.
[145] Dafür plädiert auch *Slobogin*, Northwestern University Law Review 98, 1 (2003), S. 52.

Eine dritte wichtige Auswirkung der Angemessenheit ist die Berücksichtigung der (Mit-)Verantwortung des Staates für die Entstehung oder den Fortbestand der Gefährlichkeit. Zwar kann bei Maßnahmen gegen Nichtbürger (anders als bei der Sicherungsverwahrung) vom Staat prinzipiell nicht verlangt werden, dass er ein Betreuungsprogramm durchführt, das auf die Reduzierung der Gefährlichkeit des Betroffenen und damit auf eine möglichst rasche Beendigung der Maßnahme abzielt, da diese Betroffenen nicht Teil der politischen Gemeinschaft sind und das Ziel dieser Maßnahmen daher nur die Sicherung (und nicht die Besserung) ist.[146] Doch – wie bereits oben angesprochen – gibt es zwei Klassen von Externen: (i) die „natürlichen Externen", d. h. nichtansässige Ausländer, die logischerweise keine Bindung zum Staat haben; und (ii) die Individuen, die nur aufgrund eines schwerwiegenden Versäumnisses des Staates, alle seine Verpflichtungen ihnen gegenüber zu erfüllen (einschließlich der Gewährleistung eines Minimums an persönlicher Sicherheit), zu Externen werden. Daher gilt die obige Aussage (der Staat ist zum Betreuungsangebot nicht verpflichtet) nur für die erste Art von Externen. Was die zweite Gruppe von Externen betrifft (diejenigen, deren „Nichtbürgerschaft" auf das Fehlverhalten des Staates zurückzuführen ist), so erfordert die Angemessenheit der Maßnahme zumindest, dass der Staat alles in seiner Macht Stehende unternimmt, um ihre soziale Integration zu erleichtern und ihre Gefährlichkeit zu verringern, so dass die Maßnahme so bald wie möglich endet.[147] Aber dies reicht möglicherweise nicht aus: Wer zu Unrecht aus dem politischen Gemeinwesen ausgeschlossen worden ist, muss wieder in dieses eingegliedert werden. Demnach könnte man argumentieren, dieser Externe sollte das Recht haben, so behandelt zu werden, „als wäre er ein Bürger" (was er auch sein sollte!), und somit die in seinem Fall am wenigsten belastende Sanktion (sei es die Strafe oder die Maßnahme) zu wählen.[148] Da er aber keine Duldungs-

---

Derselbe Gedanke taucht in § 67 Buchst. d Abs. 3 StGB auf, wenn diese Vorschrift die Anforderungen für die Aufrechterhaltung der Sicherungsverwahrung nach 10 Jahren deutlich erhöht. Vgl. hierzu *Peglau*, LK[13], § 67d, Rn. 54h f.; *Kindhäuser/Hilgendorf*, NK-StGB, § 67d, Rn. 10. Zur Rechtsprechung, wonach die Sicherungsverwahrung aufgrund überlanger Vollstreckung unverhältnismäßig wird und daher beendet werden sollte, vgl. *Dessecker*, Gefährlichkeit, S. 375 f.

[146] Zu dieser Pflicht des Staates im Falle der Sicherungsverwahrung (unbeschadet des Vorrangs der Sicherung) vgl. § 66c StGB. Siehe auch *Steiker* (Proportionality, S. 199), wonach ein strenges Verhältnismäßigkeitsprinzip eine Verpflichtung des Staates zur Ergreifung positiver Maßnahmen zur Verringerung der Gefährlichkeit begründen könnte.

[147] Ähnlich *Pawlik*, Voraussetzungen und Grenzen des Bürgerstrafrechts, S. 15 f.

[148] Eine solche Lösung für alle Präventivmaßnahmen gegenüber verantwortlichen Akteuren findet sich bei *Steiker* (Proportionality, S. 206): „a robust proportionality constraint may give defendants the right to choose punishment over preventive confinement when they deem it to be the less restrictive alternative". In dieselbe Richtung *Sachs*, Moral, Tadel, Buße, S. 319–323, der in seinem Abwandlungsvorschlag zur Theorie von Duff ein zweispuriges Sanktionensys-

pflicht hat (und daher keine legitime Strafe verhängt werden kann), lässt sich die Lösung vielleicht am besten anders formulieren: Die Präventivmaßnahmen, die auf Externe anzuwenden sind, deren Nichtbürgerschaft auf das staatliche Scheitern bei der Gewährleistung ihrer Freiheit zurückgeht, dürften weder hinsichtlich ihrer Dauer noch ihrer Gestaltung schwerwiegender ausfallen als die Strafe, die einem Minimalbürger für dieselbe Tat zukommen würde, gleichwohl, wie gefährlich der Betroffene ist.[149] Ob eine derartige Lösung für diese Art von Externen plausibel ist, bedarf aber selbstverständlich einer näheren Analyse, die hier nicht unternommen werden kann.

Die sich aus der Anlasstatgrenze und dem Verhältnismäßigkeitsprinzip ergebenden Schranken begrenzen in erheblichem Maße die Auferlegung von Maßnahmen gegen Nichtbürger und deren Schwere. Aus den obigen Ausführungen geht hervor, dass diese Maßnahmen nicht unbedingt belastender sind als die Strafen. Im Gegensatz zur Sicherungsverwahrung (die als Ergänzung zur Strafe fungiert, wenn die Gefährlichkeit des Betroffenen seine Schuld übertrifft)[150] werden diese Maßnahmen gegen Externe nicht zusätzlich zu den Strafen auferlegt, sondern als einziges Reaktionsmittel, so dass sie in dieser Hinsicht eher den Maßnahmen gegen Schuldunfähige ähneln. Außerdem unterliegen diese Maßnahmen den durch internationale Konventionen (wie die EMRK und die AMRK) gesetzten Schranken für freiheitsentziehende Eingriffe.[151] Jedenfalls ist es unsinnig, einen abstrakten Vergleich zwischen der Schwere von Strafen und Maßnahmen ziehen zu wollen (abgesehen von dem bereits erläuterten Sonderfall der durch staatliches Versagen zum Externen gewordenen Person)[152], da beide Arten von Sanktionen unterschiedlichen Begründungen und Begrenzungen ausgesetzt sind.[153] Daher wäre es schlicht falsch, die mit den hier vorgeschlagenen Grenzen

---

tem wie die hier erörterten vorsieht, wobei sich der Betroffene zwischen beiden Sanktionen entscheiden kann, aber die Strafe *ceteris paribus* immer schwerer ist.

[149] Eine ähnliche Lösung schlägt *Pawlik* vor (FS-Sancinetti, S. 154 f.), wobei er allerdings die Anführer krimineller Banden davon ausnimmt (d. h. für diese gilt die Strafe, die im Falle eines Bürgers zu verhängen wäre, nicht als Obergrenze der Maßnahme). Zwar beeinträchtigt die hier vorgeschlagene Lösung das präventive Potenzial dieser Maßnahmen, doch erscheint sie aus Gerechtigkeitsgründen unerlässlich. Ein Beispiel für eine ähnliche Regelung findet sich in Art. 481 des chilenischen *Código Procesal Penal* in Bezug auf Maßregeln gegen Schuldunfähige, wonach diese Maßregeln keinesfalls die Dauer des Freiheitsentzugs überschreiten dürfen, der verhängt werden würde, wenn die Sanktion eine Strafe wäre.

[150] Vgl. statt aller *Roxin/Greco*, AT I, § 3 Rn. 63.

[151] Siehe hierzu Art. 5–7 der EMRK und 7–9 der AMRK.

[152] Siehe dazu den vorherigen Absatz: In diesem Fall dürfe die aufgrund einer Anlasstat zu verhängende Maßnahme nicht gravierender sein als die Strafe, die für dieselbe Tat verhängt würde, wenn der Betroffene ein Minimalbürger wäre.

[153] Ob es für ein Individuum „I" vorteilhafter ist, eine Strafe oder eine Maßnahme zu erdulden, hängt also maßgeblich vom konkreten Fall ab (nämlich ob die Schuld als schwerer einzu-

II. Die Sanktionen gegen Externe als unumgängliche Ergänzung zum Bürgerstrafrecht 401

versehenen Präventivmaßnahmen als bloßes „Feindstrafrecht" abzutun. Die Tatsache, dass diese Maßnahmen hauptsächlich auf Personen angewandt werden, die sich leicht als Feinde charakterisieren lassen (Terroristen, Waffenhändler usw.), ist nur auf ihre anspruchsvollen Anwendungsanforderungen zurückzuführen.[154] Deshalb sind sie – im Gegensatz zu den Strafen – grundsätzlich nicht auf die Täter von Betrug, einfacher Körperverletzung oder Beleidigung anwendbar.

Hinzu kommt, dass die hier vorgeschlagenen Voraussetzungen der Maßnahmen gegen Externe es ermöglichen, die Befürchtung vor Etikettenschwindel einzudämmen, wonach der Staat willkürlich auf die Art von Sanktion (sei es eine Strafe oder eine Maßnahme) zurückgreifen kann, die am einfachsten anzuwenden oder mit geringsten Begrenzungen versehen ist.[155] Im Rahmen dieser Abhandlung sind aber beide Sanktionsarten auf unterschiedliche Adressatenkreise (Bürger einerseits und Nichtbürger andererseits) anwendbar. Da in dieser Arbeit die Unterscheidung zwischen Bürgern und Nichtbürgern auf der Grundlage der

---

stufen ist als die Gefährlichkeit des Täters). Ähnlich *Schünemann*, Die Entwicklung, S. 151: „Und daraus scheint mir wiederum zu folgen, daß die These von Roxin, das Schuldprinzip wirke nur in bonam partem und könne deshalb unbedenklich durch eine kontrafaktische normative Setzung eingeführt werden, zwar für viele, aber nicht für alle Fälle zutrifft".

[154] Es trägt womöglich kaum zur Auflösung dieses Missverständnisses bei, dass die Adressaten dieser Maßnahmen in der Regel nicht mit dem Staat vernetzte Ausländer sind, denn die Probleme der Außen- und Sicherheitspolitik stehen nach herkömmlicher Auffassung eher dem Krieg als dem Strafrecht nahe [vgl. dazu *Prittwitz*, Krieg im Frieden, ZIS 9 (2016), S. 594].

[155] Vgl. hierzu *Steiker*, Proportionality, S. 211 f., die dies als „slippage problem" bezeichnet. Nicht selten kommt es zu einer Tarnung von Präventivmaßnahmen als Strafen, sei es, um eine regelmäßige Überprüfung der Gefährlichkeit des Betroffenen zu vermeiden, sei es, um diesen Sanktionen eine größere Legitimität zu verleihen. Bemerkenswerte Beispiele dafür finden sich in der US-amerikanischen Rechtsordnung, wie *Robinson*, Harvard Law Review 114, 5 (2001), S. 1435 f. zeigt: „Sentencing guidelines that give great weight to prior criminal records and ‚three strikes' and related habitual-offender provisions commonly double, triple, or quadruple the punishment imposed on repeat offenders. An initial portion of the sentence may well be deserved, but what follows is a purely preventive detention portion that cannot be justified as deserved punishment." Ein ähnliches Beispiel in Deutschland ist der außerordentlich harte Strafrahmen von § 129a StGB (vgl. dazu *Pawlik*, Der Terrorist, S. 31–36, m. w. N.). Für weitere Beispiele in anderen Rechtsordnungen vgl. *Kaspar*, ZSTW 127 (2015), S. 688, Fn. 182. Andererseits besteht die Gefahr, dass Strafen als Maßnahmen verkleidet werden, wodurch der Schutz des Strafprozessrechts (z. B. Beweisstandard und Beweislast) und die Bestimmtheit des Strafmaßes umgangen werden können. Man denke etwa an die Entscheidung des EGMR 17.12. 2009 – 19359/04 (M. gegen Deutschland), die Deutschland für die rückwirkende Aufhebung der zum Zeitpunkt der Anordnung geltenden Höchstdauer der Sicherungsverwahrung verurteilt hat. Siehe dazu *Zedner*, Theoretical Criminology 20, 1 (2016), S. 11 f.; oder *Coca Vila*, Criminal Law and Philosophy 14, 2 (2019), S. 149, der davor warnt, dass die formale Einstufung des Entzugs der Staatsangehörigkeit als Verwaltungsmaßnahme jenseits des Strafrechts eine gründliche Prüfung ihrer Legitimität verhindert hat; ähnlich *Puente Rodríguez*, Revista General de Derecho Procesal 47 (2019), S. 1 ff.

gewährleisteten Freiheit (garantierte Rechte) vor der Tatbegehung erfolgt, besteht keine beträchtliche Gefahr eines Etikettenschwindels im Sinne einer Entscheidung für eine Maßnahme aufgrund der Schwere der Tat, der Gefährlichkeit des Betroffenen oder dessen Wahrnehmung als Feind.[156]

Schließlich ergibt sich aus den hier vorgeschlagenen Schranken – im Gegensatz zum Vorschlag von *Bekker* –,[157] dass die Auferlegung dieser Präventivmaßnahmen in die Zuständigkeit der Strafgerichte fallen sollte. Dies liegt nicht nur daran, dass die Anordnung dieser Maßnahmen notwendigerweise die Begehung einer Straftat voraussetzt, sondern vor allem daran, dass die Beweisstandards und die Garantien des Strafverfahrens sowie die Unabhängigkeit der Gerichte schwer zu überwindende Schutzmechanismen gegen potenzielle Missbräuche sind.[158] Hierbei geht es um die Differenzierung zwischen zwei freiheitsentziehenden Sanktionsarten unterschiedlicher Begründung und nicht um die Schaffung „strafähnlicher Zwangsmaßnahmen", um bei passender Gelegenheit auf bestimmte Verfahrensgarantien verzichten zu können.[159] Zwar können die oben skizzierten normativen Schranken die Risiken, die mit auf die Gefährlichkeit des Betroffenen abstellenden Maßnahmen verbunden sind, nicht völlig ausschließen, doch vermögen sie dazu beizutragen, diese Risiken spürbar zu reduzieren, so dass ein um außergewöhnliche Präventivmaßnahmen ergänztes Bürgerstrafrecht eine ansprechende Möglichkeit zur Begrenzung staatlicher Gewalt bleibt.

Bisher wurde in diesem dritten Teil der Untersuchung versucht, eine klare Vorstellung davon zu vermitteln, wie ein *staatliches* Bürgerstrafrecht mit einem zweispurigen Sanktionssystem funktionieren könnte. Nun ist es jedoch erforderlich, das Ganze etwas umfassender zu betrachten: Wie funktioniert ein Bürgerstrafrecht in einer Welt, in der Individuen oft bedeutende politische Bindungen zu supra- und subnationalen Organisationen bzw. Gemeinschaften haben? Können diese nichtstaatlichen Kollektive legitimerweise Strafnormen erlassen bzw. Strafen verhängen? Auf diese Fragestellungen soll im nächsten Abschnitt eingegangen werden.

---

[156] Eine derartige Gefahr besteht nur in Grauzonen, in denen nicht klar ist, ob es sich bei der von der Sanktion betroffenen Person um einen Bürger oder einen Externen handelt.

[157] Vgl. dazu Teil II D V III.

[158] Ähnlich *Steiker*, Proportionality, S. 204 f. Aus demselben Grund sind zum Beispiel die Maßregeln in Deutschland – abgesehen von der Führungsaufsicht kraft Gesetzes – nur im strafgerichtlichen Verfahren bzw. dem ihm angenäherten Sicherungsverfahren (§§ 413 ff. StPO) anzuordnen. Vgl. dazu *Radtke*, LK[13], Vor §§ 61 ff., Rn. 45.

[159] Vor diesem Risiko warnend *Coninx*, Zwangsmassnahmen, S. 190.

III. Nichtstaatliches Bürgerstrafrecht: die Legitimität des Strafrechts von supra- und substaatlichen politischen Gemeinwesen

Ein grundlegendes Merkmal der Staatsbürgerschaft liegt darin, dass sie die Mitgliedschaft in einer menschlichen Gruppe signalisiert.[160] In diesem Sinne unterscheidet sie sich nicht wesentlich von anderen Formen von Zugehörigkeit zu menschlichen Gruppen, die mehr oder weniger unmittelbar zu einem selbstbestimmten Leben beitragen können, wie etwa Familie, Freundeskreis, Religionsgemeinschaft oder politische Organisation.[161] Anders als bei den genannten Beispielen impliziert jedoch die Staatsbürgerschaft das Zugehören zu einer bestimmten Art von Personengruppe, nämlich einem politischen Gemeinwesen.[162] Keine andere Mitgliedschaft trägt in der modernen Welt so sehr zur Gewährleistung von Freiheit (Rechten) bei wie die in einem Staat. Wer das anders sieht, möge sich überlegen, welche Dokumente er für so wichtige Aktivitäten wie z. B. Reisen, Immobilienerwerb, Bankkontoeröffnung, Einschulung seiner Kinder oder Inanspruchnahme von Sozialleistungen benötigt: dabei handelt es sich überwiegend um staatliche Papiere.[163]

Allerdings wird diese Vorrangstellung des Staates als entscheidende Instanz zur Gewährleistung von Rechten durch das Aufkommen neuer Phänomene herausgefordert, und zwar sowohl von „oben" (zunehmende Plausibilität der Behauptung einer globalen und – vor allem – einer supranationalen Bürgerschaft), als auch von einer gleichartigen Ebene (Zunahme der Mehrfachstaatsbürgerschaft) und von „unten" (Verstärkung der substaatlichen Bürgerschaft).[164] Dar-

---

[160] Vgl. dazu oben Teil III B I 1.
[161] So auch *Bauböck*, Political Membership, S. 67 f.; *Grünendahl et al*, Einleitung, S. 5 f.; *Diener*, Re-Scaling, S. 37.
[162] Vgl. *Bauböck*, Political Membership, S. 68.
[163] In diesem Sinne *Bloemraad*, Does Citizenship Matter?, S. 524 f.; *Nagel*, Das Problem globaler Gerechtigkeit, S. 104 f.; *Grünendahl et al*, Einleitung, S. 6 f.; *Diener*, Re-Scaling, S. 51 f.; *Mackert/Müller*, Der soziologische Gehalt, S. 37; *Mackert*, Staatsbürgerschaft, S. 55; *Shaw*, International Law, S. 156 f.
[164] Darauf hinweisend, dass die Idee der Bürgerschaft bereits vor der griechischen Polis entstanden ist und nicht mit dem Nationalstaat enden wird *Diener*, Re-Scaling, S. 38 ff. Zu den wichtigen Schritten, die durch die Konstitutionalisierung des Völkerrechts in Richtung einer „Weltbürgerschaft" vollzogen worden sind, vgl. *Habermas*, Konstitutionalisierung, S. 373 ff.; warnend vor der zunehmenden Komplexität der Bürgerschaftsbeziehungen als Folge der oben genannten Entwicklungen *Bauböck*, Political Membership, S. 78 f.; zum „local turn" der Staatsbürgerschaft hin zu substaatlichen Ebenen siehe *Grünendahl et al*, Einleitung, S. 7; zur „rapide steigenden" Tendenz der Mehrstaatigkeit vgl. *Uslucan*, Recht auf Staatsangehörigkeit, S. 400–406; zum Prozess der Entstehung zukünftiger nicht-territorialer Bürgerschaften (wie z. B. ökologische oder Internet-Bürgerschaft) vgl. *Walker*, Territory, S. 570.

aus folgt, dass der Staat heute nicht das einzige politische Gemeinwesen ist, das tatsächlich freiheitsverwirklichende Rechte aufrechterhalten kann, und somit die *Staats*bürgerschaft nicht die einzige Form von Bürgerschaft ist (im Sinne einer aus Rechten bestehenden politischen Bindung). Dies stellt aber keinen fatalen Einwand gegen ein Bürgerstrafrecht dar. Das hier vorgeschlagene flexible Modell (ein politisches Gemeinwesen, das Rechte effektiv garantiert, kann diejenigen bestrafen, die von diesen Rechten profitieren) ermöglicht eine prinzipiell problemlose Anpassung an neue Formen nichtstaatlicher Bürgerschaft und schließt auf keinen Fall von vornherein deren Legitimität zur Inanspruchnahme von Strafgewalt aus. Ebenso unproblematisch ist die Mitgliedschaft einer Person in verschiedenen politischen Gemeinschaften im hier skizzierten Sinne.[165] Dennoch eröffnet sich hierzu zweifellos eine weitere Analyseachse: Es muss geprüft werden, ob diese nichtstaatlichen politischen Bindungen Freiheit (Rechte) in vergleichbarer Weise wie die staatliche Bürgerschaft garantieren oder ob sie über die vom Staat garantierten Rechte hinaus ein zusätzliches Bündel relevanter Rechte gewährleisten, das die Freiheitsordnung des Staates bedeutsam ergänzt. Nur bei Bejahung dieser Voraussetzungen könnten diese nichtstaatlichen Bindungen als Formen von Bürgerschaft aufgefasst werden und somit – aus Sicht eines Bürgerstrafrechts – als Basis für die Beanspruchung legitimer Strafgewalt dienen. Dem Leser mag auffallen, dass eine tiefgreifende Antwort hierauf eine erschöpfende Analyse erfordert, die den Rahmen dieser Arbeit sprengen würde. Gleichwohl soll im Folgenden ein kurzer Überblick darüber vermittelt werden, welche politischen Bindungen als Bürgerschaft im oben genannten Sinne zu erachten sind, angefangen bei den größtmöglichen Gemeinschaften (die Menschheit als Ganzes) bis hin zu kleinen substaatlichen Gemeinwesen.

Zunächst wird die Idee einer „Weltbürgerschaft" näher betrachtet. Dieser Gedanke ist zwar keineswegs neu,[166] hat aber mit der Errichtung und zunehmenden Bedeutung global tätiger Organisationen neuen Auftrieb erhalten. Hierbei kommt es nicht darauf an, ob es wünschenswert ist, sich in Richtung einer kosmopolitischen Bürgerschaft zu bewegen (oder wenn man so will: weiter zu bewegen) oder nicht. Aus der Sicht des Bürgerstrafrechts soll, wie bereits angedeutet, nur von Interesse sein, ob die angebliche Weltgemeinschaft bereits einen solchen Entwicklungsgrad hinsichtlich der wirksamen Gewährleistung von Rechten erreicht hat, dass sie eine relevante Ergänzung zum staatlichen Zustand der Freiheitlichkeit darstellen kann. Anders ausgedrückt: ohne Weltbürgerschaft kein

---

[165] Ähnlich in dieser Hinsicht *Gärditz*, VVDStRL 72 (2013), S. 143, Fn. 313.
[166] So soll der antike griechische Philosoph Diogenes auf die Frage, woher er komme, geantwortet haben: „Ich bin ein Weltbürger"; während Plutarch geschrieben habe, „wir sollten alle Menschen als unsere Mitbürger und Nachbarn betrachten". Vgl. dazu *Nussbaum*, Patriotism and Cosmopolitanism.

III. Nichtstaatliches Bürgerstrafrecht

legitimes Weltstrafrecht![167] Und hier fällt die Antwort eindeutig aus. Zwar sind angesichts des durch gemeinsame Herausforderungen erzeugten Drucks (Klimakrise, drohender Atomkrieg, Pandemien wie Covid-19 oder Senkung der Unternehmenssteuersätze aufgrund des Steuerwettbewerbs) wichtige Schritte in Richtung einer Weltbürgerschaft unternommen worden.[168] Ein unbestreitbarer Beweis dafür ist das System der Vereinten Nationen mit seinen Hauptorganen (wie der Generalversammlung oder dem Internationalen Gerichtshof), Nebenorganen (wie dem Hochkommissar für Menschenrechte) und Sonderorganen (wie dem Internationalen Währungsfonds), die alle in gewissem Umfang zur Verwirklichung von Rechten auf globaler Ebene beitragen.[169] Trotz dieser spektakulären Fortschritte steckt der Aufbau einer staatsanalogen Form globaler Herrschaft offensichtlich noch in den Kinderschuhen.[170] Die wichtigsten internationalen Abkommen beruhen zumeist nur auf vorübergehend konvergierenden Interessen und weichen damit deutlich von dem langfristigen Engagement ab, das einer

---

[167] Dabei ist zu berücksichtigen, dass in der Literatur verschiedene Auffassungen von kosmopolitischer Bürgerschaft zu finden sind. Eine aufschlussreiche Arbeit in dieser Hinsicht liefert *Tan* (Cosmopolitan Citizenship, S. 694 ff.) der drei Konzeptionen unterscheidet, ausgehend von der anspruchsvollsten, die einen Weltstaat fordert (rechtlich-politische Konzeption), über eine mittlere, die in der Ermächtigung und Demokratisierung internationaler Organisationen besteht (demokratische Konzeption), bis hin zu einer weicheren Auffassung, die in der Annahme einer universellen moralischen Perspektive von Gerechtigkeitspflichten besteht (normative Konzeption). Der hier dargelegte Punkt ist, dass die Verwirklichung einer freiheitssichernden Weltbürgerschaft (also das Entstehen einer der beiden erstgenannten Konzeptionen) derzeit noch weit entfernt ist. Zwar könnte man versuchen, wie Duff in seinen früheren Werken, sich auf die Idee der Menschheit als moralische Gemeinschaft zu stützen, um die Strafe zu begründen, d. h. auf die „normative Konzeption" der Weltbürgerschaft (vgl. dazu Teil II D IV 3). Wenn man sich jedoch für diesen Weg entscheidet, erscheint es überzeugender, dies auf eine transparentere Art und Weise nach dem Vorbild von Silva Sánchez oder Cigüela zu tun, indem man zwischen in der Verletzung natürlicher Pflichten bestehenden Straftaten und solchen, die auf der Verletzung politischer Pflichten beruhen, unterscheidet. Zu den Problemen dieser „unechten Variante des Bürgerstrafrechts" siehe Teil II D III 2. Ähnlich wie hier *Neff*, International Law, S. 118 f.

[168] So auch *Broszies/Hahn*, Die Kosmopolitismus-Partikularismus-Debatte, S. 18; siehe zudem *Höffe*, Demokratie in Zeitalter der Globalisierung, S. 14–20, der von einer „Gemeinschaft von Not und Leid" spricht. Der Hauptantrieb für die Verstärkung der internationalen Institutionen sind aber die Bedürfnisse der globalen Wirtschaft gewesen (dazu *Nagel*, Das Problem globaler Gerechtigkeit, S. 133).

[169] Für einen Überblick über die Organe des Systems der Vereinten Nationen auf Deutsch siehe https://unric.org/de/das-un-system/, abgerufen: 09.10.2023.

[170] Diese meiner Meinung nach unbestreitbare Tatsache wird in der Literatur als „empirische Partikularismus-These" bezeichnet, in Abgrenzung zu einer positiven (normativen) Verfechtung des Partikularismus. Vgl. dazu *Broszies/Hahn*, Die Kosmopolitismus-Partikularismus-Debatte, S. 11 f.

funktionalen politischen Gemeinschaft innewohnt.[171] Die Unfähigkeit der Vereinten Nationen, massiven Menschenrechtsverletzungen sowie internationalen und nichtinternationalen bewaffneten Konflikten Einhalt zu gebieten, macht jeden Vergleich zwischen der „Weltgemeinschaft" und einem staatlichen Gemeinwesen unhaltbar:[172] würde die Weltgemeinschaft einem Staat ähneln, dann wohl einem gescheiterten, wie etwa Somalia.[173] Daher kann man heute nicht ernsthaft von einer Weltbürgerschaft sprechen, die als Grundlage für die Entstehung einer Mitwirkungspflicht und damit zur Legitimation von Strafen dienen könnte. Denn es soll nicht so sein, dass das Einzige, was die internationale Gemeinschaft zu bieten hat, ein – angesichts der Erfahrungen mit dem IStGH wohl enttäuschendes – Weltstrafrecht ist.[174] Bedeutet dies, dass der Internationale Strafgerichtshof oder die internationalen Ad-hoc-Strafgerichtshöfe der Vereinten Nationen illegitim sind? Nicht unbedingt, wie im letzten Abschnitt dieser Untersuchung dargelegt wird. Aber die von ihnen auferlegten Sanktionen können bestenfalls als Maßnahmen zur Gefahrenabwehr – und niemals als Strafen! – aufgefasst werden.[175]

Näher am freiheitsgarantierenden Ideal der staatlichen Bürgerschaft steht die supranationale Bürgerschaft.[176] Wie ihr Name schon verrät, handelt es sich um

---

[171] Darauf hinweisend auch *Tan*, Cosmopolitan Citizenship, S. 703 f.; *Nagel*, Das Problem globaler Gerechtigkeit, S. 137; *Köhler*, JRE 11 (2003), S. 450.

[172] Der argentinische Professor *Daniel Pastor* (El poder penal internacional, S. 95) bevorzugt es, hier von einer „obszönen Heuchelei" zu sprechen.

[173] In der Tat kann das internationale System durchaus als eines von Zwang und Beherrschung beschrieben werden (vgl. hierzu *Forst*, Transnationale Gerechtigkeit, S. 447–449), das mitunter sogar repressive Herrschaftsverhältnisse innerhalb schwächerer Gesellschaften fordere (ebd., 460 f.). Das Beispiel Somalias (das in dieser Arbeit gelegentlich herangezogen wird) ist nicht willkürlich, sondern rührt daher, dass dieses Land in der Regel den letzten Platz im *Fragile States Index* des US-amerikanischen Think Tank Fund for Peace einnimmt und nur gelegentlich von (einigen) im Bürgerkrieg befindlichen Ländern, wie etwa Jemen, übertroffen wird. Vgl. https://fragilestatesindex.org/, abgerufen: 09.10.2023.

[174] Ähnlich warnend vor der mangelnden Legitimität eines universalen Strafrechts aufgrund des Fehlens einer Weltgesellschaft *Gärditz*, Weltrechtspflege, S. 376: „Liberal-rechtsstaatliches Strafrecht…ist daher keine Angriffswaffe zur Erzwingung einer zukünftigen Ordnung nach Planentwurf, mag deren Inhalt auch von universeller Überzeugungskraft und daher sogar realistisch sein". In dieselbe Richtung *Pastor*, El poder penal internacional, S. 87 ff. und S. 94, der allerdings viel anspruchsvollere Forderungen stellt als die hier verteidigte Position: „ohne eine Weltbürgerschaft, ohne Freizügigkeit und Aufenthaltsfreiheit und ohne eine internationale Gewährleistung des gleichen Genusses grundlegender wirtschaftlicher und sozialer Rechte für alle kann nicht einmal ansatzweise von einer ‚echten internationalen Strafgewalt mit einem Anschein von Glaubwürdigkeit, Gültigkeit und Legitimität' die Rede sein".

[175] Vgl. dazu Teil III D IV 2.

[176] Hier wird der Begriff „supranationale Bürgerschaft" verwendet, da er in der Literatur üblicherweise zur Beschreibung dieses Phänomens verwendet wird. Richtiger wäre es aber,

III. Nichtstaatliches Bürgerstrafrecht

eine über den Staat hinausgehende politische Bindung. Die verschiedenen Formen supranationaler Bürgerschaft beruhen jedoch meistens auf dem Vorhandensein einer staatlichen Bürgerschaft. Ihr Wesen besteht darin, dass „each member state in a supranational community recognizes national citizens of other member states to some extent as its own".[177] Folglich bildet die supranationale Bürgerschaft ein Kontinuum mit der staatlichen Bürgerschaft und bereichert die Letztere.[178] Ist diese Ergänzung relevant (d. h. ist ein über die von den jeweiligen Staaten garantierte Freiheitsordnung hinausgehendes, bedeutsames Plus an Gewährleistung von Rechten erkennbar), dann begründet diese supranationale Bürgerschaft eine Mitwirkungspflicht und verleiht der supranationalen Organisation die entsprechende Legitimation zur Bestrafung. Die italienische Rechtswissenschaftlerin *Strumia* unterscheidet drei Gruppen von regionalen Abkommen, die transnationale Rechte gewährleisten, je nach ihrem Potenzial zur Entfaltung einer supranationalen Bürgerschaft.[179] Zu einer ersten Gruppe mit sehr geringem Potenzial im angegebenen Sinne (und die aus der Sicht dieser Arbeit keineswegs als „Bürgerschaft" erzeugend aufzufassen sind) gehören all jene bereichsspezifischen Verträge, die nicht einmal den Anspruch erheben, eine umfassende, freiheitssichernde Rechtsordnung zu bilden, sondern lediglich die Kooperation in bestimmten Angelegenheiten fördern sollen. Zu nennen sind hier etwa militärische (NATO, Organisation des Vertrags über kollektive Sicherheit) oder umweltpolitische Abkommen (Übereinkommen von Paris, Kyoto-Protokoll) sowie solche, bei denen es sich – zumindest in der Praxis – um rein wirtschaftliche Projekte handelt (NAFTA, ASEAN, EWR). Eine zweite Gruppe regionaler Übereinkommen kommt dem Gedanken der Bürgerschaft etwas näher, da sie auf eine umfangreichere Integration abzielen, einschließlich sogar Parlamenten (Westafrikanische Wirtschaftsgemeinschaft, Andengemeinschaft) oder einer gemeinsamen Währung (Westafrikanische Wirtschaftsgemeinschaft), doch in der Praxis sind sie weit davon entfernt, eine spürbare Integration zu bewirken.[180]

---

von einer „suprastaatlichen Bürgerschaft" zu sprechen. Im Gegenteil, da der Begriff „subnationale Bürgerschaft" weniger verbreitet erscheint, ziehe ich es vor, den genaueren Begriff „substaatliche Bürgerschaft" zu verwenden.

[177] So *Strumia*, Supranational Citizenship, S. 671. Die folgenden Überlegungen zur supranationalen Bürgerschaft lehnen sich weitgehend an diese Arbeit an.

[178] *Strumia*, Supranational Citizenship, S. 680. Ein deutliches Beispiel hierfür ist die Unionsbürgerschaft. Vgl. Art. 20 I, S. 2, 3 AEUV: „Unionsbürger ist, wer die Staatsangehörigkeit eines Mitgliedstaats besitzt. Die Unionsbürgerschaft tritt zur nationalen Staatsbürgerschaft hinzu, ersetzt sie aber nicht".

[179] *Strumia*, Supranational Citizenship, S. 681–685.

[180] Hier seien nur zwei Beispiele für das Scheitern dieser Abkommen genannt: i) Die gemeinsame Währung der Westafrikanischen Wirtschaftsgemeinschaft (Eco) sollte 2005 in Kraft treten, doch ihre Einführung wurde bereits auf mindestens 2027 verschoben (vgl. dazu https://

Folglich kommt neben der (europäischen) Unionsbürgerschaft – dem zweifellos am weitesten entwickelten supranationalen Projekt, auf das unten eingegangen wird – nur eine dritte Gruppe regionaler Initiativen, die – im Gegensatz zu den vorangegangenen – bestimmte greifbare Rechte garantieren, als echte Möglichkeit einer supranationalen Bürgerschaft in Betracht. Als Beispiele für Projekte dieser Gruppe nennt *Strumia* den Golf-Kooperationsrat, die Karibische Gemeinschaft und den Gemeinsamen Markt des Südens (im Folgenden nach seiner spanischen Abkürzung „Mercosur" bezeichnet) und weist auf wichtige Rechte hin, die durch diese Abkommen garantiert würden.[181] Aus Platzgründen kann hier nicht untersucht werden, ob alle diese Verträge (und ihre tatsächliche Umsetzung) ausreichen, eine „Bürgerschaft" im hier gemeinten Sinne zu konstituieren. Daher wird nur kurz der Fall des Mercosur (der mir aus sprachlichen und geografischen Gründen näher liegt) als Vorbild analysiert werden. Seit 2021 verfügt der Mercosur über ein „Bürgerschaftsstatut", das die von den im Rahmen dieses Integrationsprojekts unterzeichneten Verträgen garantierten Rechte zusammenfasst.[182] In dem offiziellen Dokument, das dieses Statut enthält, wird es als ein dynamisches und fortschrittliches Instrument beschrieben, das für die Inkorporation neuer Rechte offen ist.[183] Das Statut gewährleistet Rechte in einer Reihe von Angelegenheiten, von sozialer Sicherheit über politische Rechte bis hin zu Verbraucherrechten. Besonders hervorzuheben ist das Recht auf einen vorübergehenden Aufenthalt von bis zu zwei Jahren in einem anderen Mitgliedstaat, ohne dass ein Nachweis über die auszuübende Tätigkeit erbracht werden muss,[184] sowie die Bestimmung, dass Arbeitnehmer, die in einem anderen Vertragsstaat tätig sind oder waren, zu den gleichen Bedingungen wie die Staatsangehörigen ihres derzeitigen Wohnsitzstaates Zugang zu den dortigen Sozialleistungen haben.[185] Bei näherer Betrachtung des Statuts werden jedoch seine

---

thepoint.gm/africa/gambia/headlines/ecows-to-launch-single-currency-by-2027, abgerufen: 09.10.2023); ii) das Andenparlament hat nur beratenden Charakter, in einigen Ländern wird es nicht einmal direkt gewählt, und die überwiegende Mehrheit der Einwohner der vertretenen Länder kennt nicht einmal die Existenz dieses Parlaments. Zu den ersten beiden Punkten siehe die offizielle Website des Parlaments https://www.parlamentoandino.org/, abgerufen: 09.10.2023. Zum dritten Punkt (mangelnde Bekanntheit) berufe ich mich auf meine eigene Erfahrung: Ich gebe (einigermaßen beschämt) zu, dass ich von der Existenz dieses Parlaments erst durch die Untersuchung von supranationalen Organisationen für diese Arbeit erfuhr, obwohl mein Land in diesem Parlament vertreten ist.

[181] *Strumia*, Supranational Citizenship, S. 684 ff.

[182] Das Bürgerschaftsstatut des MERCOSUR kann auf Spanisch oder Portugiesisch von der offiziellen MERCOSUR-Website heruntergeladen werden: https://www.mercosur.int/estatuto-de-la-ciudadania-del-mercosur/, abgerufen: 09.10.2023.

[183] Estatuto de la Ciudadanía del MERCOSUR, S. 3.

[184] Estatuto de la Ciudadanía del MERCOSUR, S. 5.

[185] Estatuto de la Ciudadanía del MERCOSUR, S. 21.

Mängel deutlich: Es handelt sich im Allgemeinen um eine lange Liste von Verpflichtungen der Vertragsstaaten, in Zukunft Fortschritte bei der Sicherung von Rechten zu erreichen, ohne dass viel Konkretes dabei herauskommt.[186] Das deutlichste Beispiel dafür ist vielleicht die angebliche Einräumung politischer Rechte mittels eines Parlaments (der PARLASUR): Es handelt sich dabei um ein rein beratendes Organ,[187] bei dem die Frist für eine universelle und direkte Wahl seiner Mitglieder erneut – diesmal bis 2030 – verschoben wurde.[188] Zweifellos wäre eine eingehendere Analyse des rechtlichen Besitzstandes des Mercosur angezeigt, um zu einer sichereren Schlussfolgerung zu gelangen, da es sich hier um einen weniger eindeutigen Fall handelt als bei den vorherigen Gruppen. Aber es ist gewiss nicht gewagt, die vom Mercosur garantierten Rechte als unzureichend für das Entstehen einer straflegitimierenden politischen Bindung aufzufassen.

Ganz anders sieht die Situation im Fall der Europäischen Union aus. Trotz der angeblich fehlenden Kompetenz-Kompetenz der EU[189] und dem (zweifelhaften) Bestehen auf dem Vorrang der nationalen Staatsbürgerschaft[190] hat diese supranationale Organisation einen Integrationsgrad erreicht, der fast dem eines weitgehend föderalisierten Staates gleichkommt: sie besteht also nicht nur aus zwischenstaatlichen Institutionen, sondern auch aus eigenen supranationalen Organen im engeren Sinne mit weitreichenden Kompetenzen, darunter die Kommission (Exekutive), ein – nicht nur beratendes und direkt gewähltes – Parlament, Gerichte und eine Zentralbank. Dadurch kann die EU ihren Bürgern nicht

---

[186] Ein Beispiel unter vielen findet sich auf Estatuto de la Ciudadanía del MERCOSUR, S. 5: „Im Bereich der Arbeit und Beschäftigung sind die Vertragsstaaten politische Verpflichtungen eingegangen, eine aktive Politik für menschenwürdige Arbeit, produktive Vollbeschäftigung und Entwicklung nachhaltiger Unternehmen zu formulieren und umzusetzen sowie – im Einklang mit den bestehenden nationalen Rechtsvorschriften und Gepflogenheiten – eine Reihe von Grundsätzen und Rechten zu übernehmen" (freie Übersetzung).
[187] Vgl. dazu *Malamud/de Sousa*, Regional parliaments, S. 95–97.
[188] Siehe Mercosur/CMC/Dec. N° 09/20 Funcionamiento Del Parlamento Del Mercosur, abrufbar unter: https://www.impo.com.uy/bases/leyes-internacional/19933-2020/1, abgerufen: 09.10.2023.
[189] Dieses Prinzips der begrenzten Einzelermächtigung (vorgesehen in Art. 5 EUV) wird in der Praxis durch die Kompetenzergänzungsklausel von Art. 352 AEUV und die Rechtsangleichungskompetenzen (Art. 114 und 115 AEUV) relativiert. Vgl. hierzu *Classen*, Europa-Recht[27], Einführung, S. XVI.
[190] Siehe z.B. BVerfG 123, 267, 349 (Lissabon-Urteil): „Weitere Änderungen des Primärrechts führen ebenfalls nicht zu einer Überlagerung des primären Staatsangehörigkeitsstatus durch die Unionsbürgerschaft". Der Europäische Gerichtshof (EuGH, 20.09.2001 – C–184/99– Grzelczyk, 31) sieht dies offenbar anders: „Der Unionsbürgerstatus ist nämlich dazu bestimmt, der grundlegende Status der Angehörigen der Mitgliedstaaten zu sein, der es denjenigen unter ihnen, die sich in der gleichen Situation befinden, erlaubt, unabhängig von ihrer Staatsangehörigkeit und unbeschadet der insoweit ausdrücklich vorgesehenen Ausnahmen die gleiche rechtliche Behandlung zu genießen".

nur weitreichende Rechte gegenüber anderen Mitgliedstaaten als ihrem Heimatstaat garantieren, sondern auch einen eigenen Status gegenüber der EU selbst schaffen.[191] Die in den Artikeln 18 bis 25 AEUV vorgesehene Unionsbürgerschaft und das Diskriminierungsverbot beinhalten eine umfassende Garantie der unmittelbar mit der Staatsangehörigkeit einhergehenden Rechte (Recht auf Einreise in das Hoheitsgebiet der Mitgliedstaaten und subsidiärer diplomatischer Schutz), eine nicht zu unterschätzende Gewährleistung politischer Rechte (aktives und passives Wahlrecht bei Kommunalwahlen und bei Wahlen zum Europäischen Parlament) sowie den Zugang zu verschiedenen zivilen und sozialen Rechten infolge des Diskriminierungsverbots und der Fortentwicklungsklausel.[192] Es wäre jedoch verfehlt zu denken, dass die Unionsbürgerschaft nur auf die vorgenannten Vorschriften beschränkt ist. In Art. 67 Abs. 1 AEUV wird die Union als „Raum der Freiheit, der Sicherheit und des Rechts" definiert – eine einwandfreie Bezeichnung für einen Zustand der Freiheitlichkeit – während sie in Art. 2 EUV sogar als „Wertegemeinschaft" charakterisiert wird. Zudem müssen die mit der Schaffung eines Binnenmarktes verbundenen Rechte, d. h. die Grundfreiheiten im Waren-, Dienstleistungs-, Personen- und Kapitalverkehr, in Betracht gezogen werden.[193] Darüber hinaus wird die Rechtsstellung des Unionsbürgers durch die Charta der Grundrechte der Europäischen Union und eine Reihe von Richtlinien und Verordnungen ergänzt.[194]

Hinzu kommt, dass die Unionsbürgerschaft durch die Rechtsprechung des Europäischen Gerichtshofs erheblich erweitert worden ist. Dies zeigt sich besonders deutlich in zwei Bereichen. Die erste betrifft die sozialen Rechte, wobei die in einem anderen Mitgliedstaat ansässigen EU-Bürger den Staatsangehörigen dieses Staates weitgehend gleichgestellt werden. Zweitens hat der Gerichtshof in die Voraussetzungen für Erwerb und Verlust der Staatsangehörigkeit der Mitgliedstaaten sowie in das Aufenthaltsrecht von Drittstaatsangehörigen eingegriffen, beides relevante Fragen, da die formelle Staatsbürgerschaft nicht nur ein wichtiger Bestandteil der materiellen Staatsbürgerschaft ist, sondern auch maßgeblich festlegt, wem der Staat eine Freiheitsordnung garantieren muss.[195] Zusammenfassend lässt sich also Folgendes konstatieren: Der Unionsbürger ist

---

[191] Ähnlich *Gärditz*, VVDStRL 72 (2013), S. 140.

[192] Man denke auch etwa an Art. 45 II AEUV, der eine Benachteiligung von Arbeitnehmern aufgrund ihrer Staatsangehörigkeit abschafft, oder an Art. 56 I desselben Vertrags, der die Dienstleistungsfreiheit festschreibt.

[193] Dazu *Classen*, Europa-Recht[27], Einführung, S. XX f.

[194] Vgl. z. B. die Richtlinie 2004/38/EG (Freizügigkeitsrichtlinie) oder die Richtlinie 2000/78/EG zur Festlegung eines allgemeinen Rahmens für die Verwirklichung der Gleichbehandlung in Beschäftigung und Beruf.

[195] Für einen Überblick über die Rechtsprechung des EuGH zu beiden Punkten siehe *Strumia*, Supranational Citizenship, S. 675–678; ausführlicher *Gärditz*, VVDStRL 72 (2013),

III. Nichtstaatliches Bürgerstrafrecht

dem nationalen Bürger in Bezug auf die staatsangehörigkeitsbezogenen Rechte (Zugang zum Territorium und Aufenthaltsrecht) sowie auf die zivilen und sozialen Rechte weitgehend gleichgestellt, während seine politischen Rechte vergleichsweise eingeschränkter (er darf nicht an nationalen Wahlen teilnehmen), aber immer noch beträchtlich sind.[196] Die Konsequenz daraus ist, dass die Unionsbürgerschaft (trotz ihres ergänzenden Charakters zur staatlichen Bürgerschaft) als eine Daseinsordnung von Freiheit aufzufassen ist und die EU daher aus dem Blickwinkel des hier vorgeschlagenen Bürgerstrafrechts legitimerweise Strafgewalt ausüben kann.[197] Hiermit wird nicht die Wünschbarkeit oder Notwendigkeit eines europäischen Strafrechts befürwortet (welches ohnehin, zumindest im weiten Sinne, bereits existiert),[198] sondern lediglich darauf hingewiesen,

---

S. 74–83 zu sozialen Rechten und S. 150 ff. zum Zugriff des Unionrechts auf die nationale Staatsangehörigkeit.

[196] Siehe hierzu die instruktive Tabelle von *Ataç/Rosenberger*, Inklusion/Exklusion, S. 41; *Walker*, Territory, S. 567; oder *Gärditz*, VVDStRL 72 (2013), S. 72: „Reservate für Staatsangehörige schrumpfen mit fortschreitender europäischer Integration auf enge Bereiche, in denen ein ‚Verhältnis besonderer Verbundenheit des jeweiligen Stelleninhabers zum Staat' erforderlich ist, etwa Justiz, Diplomatie und innere Sicherheit".

[197] Es gibt durchaus kritische Stimmen, die darauf hinweisen, dass die technokratische und primär binnenmarktorientierte Europäische Union zu einer Untergrabung der sozialen und politischen Rechte geführt hat, und dass sie (wenn überhaupt) nur denjenigen zugutekommt, die grenzüberschreitende Verbindungen haben, was zu einer „reverse discrimination" jener in ihrem Heimatland verbleibenden Bürger führt. Für eine Übersicht über diese Kritikpunkte siehe *Strumia*, Supranational Citizenship, S. 679 f. Eine überzeugende Entfaltung einiger dieser Einwände findet sich bei *Böckenförde*, Staat, Nation, Europa: vgl. S. 79 f. zur Schwächung der sozialen Marktwirtschaft durch die fehlende Kompetenz der Mitgliedstaaten, auf die Regelung der vier Freiheiten der europäischen Marktbürgerschaft einzugreifen; S. 85 f. zur einseitig der Preisstabilität verpflichteten und aus politischer Verantwortung entlassenen Expertokratie der Europäischen Zentralbank; S. 91–94 zur Unmöglichkeit der Vertretung eines nicht existierenden „europäischen Volkes" durch das Europäische Parlament. Im Rahmen dieser Untersuchung ist es nicht erforderlich (und auch nicht möglich), die Berechtigung dieser Kritiken zu analysieren, denn dies wäre nichts anderes als eine Bewertung des europäischen Projekts als Ganzes vorzunehmen. Zur Feststellung, dass die Europäische Union gegenwärtig eine Freiheitsdaseinsordnung garantiert, genügt die Bemerkung, dass die europäischen Bürger ohne die Unionsbürgerschaft unmittelbar einer Reihe wertvoller Rechte entzogen werden würden, die sie derzeit gegenüber den einzelnen Mitgliedstaaten genießen und die eine wichtige politische Verbindung sowohl mit diesen Staaten als auch mit der EU selbst bilden.

[198] Hier sollte man sich nicht vom Fehlen eines europäischen Strafgesetzbuches, eines europäischen Strafgerichtshofes oder der (nur angeblichen) fehlenden europäischen Rechtsetzungsgewalt im engeren Sinne täuschen lassen. Erstens verfügt die EU nach dem AEUV in einigen Bereichen bereits über Strafrechtsetzungsgewalt im engeren Sinne, etwa bei Betrug und ähnlichen Straftaten zum Nachteil der finanziellen Interessen der Union (Art. 325 IV) oder bei Straftaten in Bezug auf illegale Einwanderung und Menschenhandel (Art. 79 II Buchst. c und d). Zweitens kann die EU auf der Grundlage von Art. 83 I AEUV (selbst gegen den Widerstand einiger Mitgliedstaaten) Richtlinien zur Bekämpfung der organisierten Kriminalität er-

dass das hier vorgestellte Modell kein Hindernis dafür darstellt.[199] Das folgende Beispiel soll die Konsequenz dieser Schlussfolgerung verdeutlichen. Ein deutscher Staatsangehöriger, der seit Jahren in Italien ansässig ist, stiehlt während seines Urlaubs in Marokko den Computer seines italienischen Mitreisenden. Er kann nicht nur von Italien (das ihm eine Daseinsordnung von Freiheit gewährleistet hat)[200] oder von Marokko (das ihm zumindest grundlegende Rechte wie

lassen. Tatsächlich hat die EU von dieser Befugnis ausgiebig Gebrauch gemacht und Richtlinien zu praktisch allem erlassen, was man unter dieser Rubrik verstehen kann. Diese Richtlinien begnügen sich im Übrigen nicht mit allgemeinen Hinweisen, sondern enthalten präzise Beschreibungen der unter Strafe zu stellenden Handlungen und legen sogar Vorgaben für die von den Staaten festzulegenden Strafen fest. Ein Beispiel hierfür ist die Richtlinie 2013/40/EU über Computerkriminalität, die von der deutschen Rechtsordnung weitgehend konform umgesetzt worden ist (vgl. dazu *Haase*, Computerkriminalität, S. 146–155). Noch weitreichender ist die so genannte „Annexzuständigkeit" nach Art. 83 II AEUV, die es der EU erlaubt, durch Richtlinien strafrechtliche Verhaltens- und Sanktionsnormen festzulegen, wenn dies „für die wirksame Durchführung der Politik der Union auf einem Gebiet, auf dem Harmonisierungsmaßnahmen erfolgt sind", *unerlässlich* ist. Ein Beispiel für eine auf der Grundlage dieser Vorschrift erlassene Richtlinie ist die Marktmissbrauchsrichtlinie 2014/57/EU. Trotz der offensichtlichen Uferlosigkeit dieser Annexkompetenz (die einer zunehmenden Übertragung der Strafrechtspflege auf die EU Tür und Tor öffnet), begnügte sich das BVerfG mit dem Vorhandensein des Adjektivs „unerlässlich", um sie als verfassungskonform zu erachten (vgl. BVerfG 123, 267, 361 f.). Schließlich gibt es eine Reihe weiterer, weniger offensichtlicher Elemente, die das Zustandekommen eines nicht nur in Ansätzen vorhandenen europäischen Strafrechts untermauern, darunter die Folgenden: i) die – aus der in Art. 4 III EUV vorgesehenen Loyalitätspflicht der Mitgliedstaaten gegenüber der EU abgeleitete – Pflicht, diejenigen Handlungen zu kriminalisieren, die „europäische Rechtsgüter" verletzen; ii) die zahlreichen nationalen Blankettstraftatbestände, die auf komplexe (und oft wechselnde) EU-Normen verweisen (wie z. B. § 261 Abs. 9 Nr. 2 StGB); iii) die Pflicht zur Berücksichtigung des europäischen Rechts bei der Anwendung des nationalen Strafrechts, was sich sowohl in einem Vorrang des ersteren im echten Kollisionsfall als auch in einer unionrechtskonformen Auslegung des nationalen Rechts äußert; iv) die Errichtung mehrerer Strafverfolgungsbehörden auf europäischer Ebene, wie Europol, Eurojust, die Europäische Staatsanwaltschaft oder das Europäische Amt für Betrugsbekämpfung; v) eine umfassende justizielle Zusammenarbeit, die sich nicht auf den Europäischen Haftbefehl beschränkt, sondern auch die Überwachungs-, Beweis-, Ermittlungs- und Vollstreckungsanordnungen umfasst. Kurzum, das Strafrecht der EU-Mitgliedstaaten ist längst kein Reservat des nationalen Rechts mehr. Für einen Überblick über alle in dieser Fußnote angesprochenen Aspekte siehe *Satzger*, Internationales, § 7–10, auf dessen Werk sich diese Analyse stützt. Vgl. hingegen *Perron*, ZStW 112 (2000), S. 210 f., der den noch langen Weg zu einem supranationalen Recht im engeren Sinne auf EU-Ebene hervorhebt.

[199] Wie *Perron* bereits im Jahr 2000 zu Recht warnte [ZStW 112 (2000), S. 208 f.] gibt es sogar gute Gründe, sich auf ein supranationales Strafrecht in der EU zuzubewegen, auch vor dem Hintergrund rechtsstaatlicher Erwägungen: Da die Zusammenarbeit auf polizeilicher Ebene (man denke an Europol) weitaus umfangreicher ist als auf justizieller Ebene, birgt dies Risiken für die Kontrolle supranationaler polizeilicher Tätigkeiten.

[200] In Teil III D II 2 wird ausführlich erläutert, warum das aktive Personalitätsprinzip in Verbindung mit dem passiven Personalitätsprinzip dem Staat zur Anwendung originärer Straf-

III. Nichtstaatliches Bürgerstrafrecht 413

Sicherheit während seines Aufenthalts gewährt hat) legitimerweise bestraft werden, sondern auch – falls es irgendwann dazu käme und sofern er zur Tatzeit bereits bestand – von einem künftigen EU-Strafgerichtshof.[201] Schließlich sollte Folgendes klargestellt werden. Da die Unionsbürgerschaft als Ergänzung zur Staatsbürgerschaft der Mitgliedstaaten fungiert, sollte bei der Prüfung des Grads der Bürgerschaft nicht zwischen beiden politischen Bindungen unterschieden werden. Dazu ein anderes Beispiel: wenn ein bulgarischer Staatsangehöriger in Frankreich nur aufgrund seiner Unionsbürgerschaft als Vollbürger betrachtet werden kann, hindert dies Frankreich nicht daran, ihn als solchen zu bestrafen.[202]

Am anderen Ende der Skala steht die Frage nach dem *ius puniendi* substaatlicher politischer Gemeinschaften. In der Regel wird ein wichtiger Teil der Rechte des Einzelnen – und damit seine reale Freiheit – von substaatlichen Gemeinschaften oder politischen Verwaltungseinheiten garantiert.[203] Diese substaatlichen Gemeinschaften können nicht nur aus Nationen oder Verwaltungseinheiten be-

---

gewalt berechtigt. Wäre der Diebstahl stattdessen gegen einen Marokkaner verübt worden, könnte Italien diese Tat nicht bestrafen.

[201] Es stellt sich hier auch die Frage, ob das Individuum aus dem Beispiel von einem anderen EU-Land bestraft werden kann, zu dem es keine direkte Bindung hat, weil ihm als EU-Bürger in diesem Land wichtige Rechte zustehen, auch wenn es nicht dort ansässig ist. Zum Beispiel: Täter und Opfer reisen von Marokko weiter nach Bulgarien, wo das Opfer von dem Diebstahl in Marokko erfährt und Anzeige erstattet. Kann Bulgarien bestrafen? Obwohl man eventuell argumentieren könnte, dass Bulgarien dem Täter über die EU einen mittelbaren Zustand der Freiheitlichkeit einräumt, wird die bulgarische Freiheitsordnung durch die Straftat überhaupt nicht beeinträchtigt, so dass Bulgarien keine originäre Sanktionsgewalt hat (es kann weder Strafen noch Maßnahmen auferlegen: siehe hierzu Teil III D I). Davon zu unterscheiden ist, dass Bulgarien ggf. derivative Sanktionsgewalt ausüben kann, z. B., wenn einem Auslieferungsersuchen eines Staates mit originärer Sanktionsgewalt nicht nachgekommen werden kann.

[202] Zu weit geht jedoch meines Erachtens die Vorstellung, dass jeder EU-Staat jeden EU-Bürger wegen außerhalb seines Hoheitsgebiets begangener Straftaten bestrafen kann. Man denke nur an die Legitimität Bulgariens, einen Diebstahl zu bestrafen, den ein französischer Staatsangehöriger an einem seiner Landsmänner in Paris begangen hat. Selbst wenn man davon ausginge, dass der Täter (als Unionsbürger) in den Genuss von – auch nur potentielle – von Bulgarien gewährten Rechten käme und daher als (wenn auch nur minimaler) Bürger Bulgariens anzusehen wäre, könnte sein Diebstahl kaum ernsthaft als Verstoß gegen die bulgarische Freiheitsordnung angesehen werden, der eine Verletzung einer eventuellen Mitwirkungspflicht gegenüber Bulgarien darstellen würde. Eine derart lockere Auslegung dessen, was eine Bindung zu Bulgarien und ein berechtigtes bulgarisches Interesse ausmacht, würde das Potential des Bürgerstrafrechts zunichtemachen.

[203] Ein anschauliches Beispiel hierzu sei der Fall Berlins, das seinen außereuropäischen Einwohnern zahlreiche Rechte einräume, die traditionell den Staatsangehörigen vorbehalten seien (so *Soysal*, Limits of citizenship, *passim*). Für ähnliche Beispiele im Falle der USA (die so genannten „Sanctuary Cities", die irregulären Einwanderern Zugang zu bestimmten öffentlichen Dienstleistungen gewähren) siehe *Bauder*, Domizilprinzip, S. 41 ff. Daher sind Phänomene wie das Zugehörigkeitsgefühl von internationalen Migranten zu ihrer Wohnsitzstadt

stehen, die einen Teil des Staatgebiets ausmachen (seien es autonome Regionen wie das Baskenland oder Städte wie Freiburg), sondern auch aus ethnischen oder religiösen Gemeinschaften ohne definiertes Territorium, so dass die substaatliche Bürgerschaft vielfältige Formen annehmen kann,[204] die hier nur sehr begrenzt behandelt werden können. Die Analyse lässt sich jedoch sinnvoll abgrenzen, wenn sie sich auf Gemeinwesen oder substaatliche Einheiten beschränkt, die tatsächlich über ein eigenes materielles Strafrecht (das sich zumindest teilweise von dem des Staates oder anderer Regionen oder Gemeinwesen innerhalb des Staates unterscheidet) und eigene Strafgerichte verfügen, deren Zuständigkeit sich von denen der Bundesgerichte abgrenzt. Dies gilt beispielsweise für die Einzelstaaten der USA (die ihre eigenen Strafgesetzbücher und Gerichte haben, unbeschadet des parallelen Bestehens der Bundesgerichte und der Bundesgesetze).[205] Viel bemerkenswerter ist der Fall einiger südamerikanischer Andenländer, die auf der Grundlage der Art. 8 und 9 des ILO-Übereinkommens Nr. 169[206] das Recht ihrer indigenen Völker anerkannt haben, ihre eigenen Strafnormen durch ihre eigenen traditionellen Behörden anzuwenden, vorbehaltlich der Achtung der grundlegenden Menschenrechte und der in den jeweiligen Verfassungen und Gesetzen festgelegten Grenzen.[207] Stellen diese substaatlichen Strafrechtssysteme

---

(aber nicht zum Gastland) und parallel zu ihrem Herkunftsland keine Seltenheit. Dazu *Diener*, Re-Scaling, S. 54 f.

[204] Zu diesen möglichen vielfältigen, manchmal auch grenzüberschreitenden Gemeinschaften vgl. *Diener*, Re-Scaling, S. 49 f. Hier ist eine (nicht immer eindeutige) Unterscheidung zu treffen zwischen substaatlichen Gemeinschaften, die politischer Natur sind (wie die oben genannten), und solchen, bei denen dies nicht der Fall ist (wie ein Sportverein oder eine Schule). In letzteren Fällen gibt es auch eine (nicht-politische) Autorität, die bei Verstößen Sanktionen auferlegen kann. Die Legitimation dieser „nicht-politischen Sanktionen" ist nicht notwendigerweise mit der einer echten Strafe vergleichbar, und ihre Untersuchung würde den Rahmen dieser Arbeit sprengen. Zu diesen Sanktionen siehe beispielsweise *Brown/Wringe*, Philosophy Compass 17, 5 (2022), S. 8 f.

[205] Zum parallelen (und sich manchmal überlagernden) Operieren von Bundes- und einzelstaatlichen Rechtsordnungen in den USA siehe das Werk von *Reinbacher*, Das Strafrechtssystem der USA.

[206] Gemeint ist das „Übereinkommen über eingeborene und in Stämmen lebende Völker in unabhängigen Ländern" der Internationalen Arbeitsorganisation (ILO), das von der überwiegenden Mehrheit der lateinamerikanischen Länder ratifiziert worden ist.

[207] Siehe Art. 246 der kolumbianischen Verfassung; Art. 149 der peruanischen Verfassung; Art. 171 der ecuadorianischen Verfassung und Art. 191 und 192 der bolivianischen Verfassung. Für eine umfassende Arbeit über die indigene Gerichtsbarkeit in diesen vier Ländern, in der das unterschiedliche Ausmaß ihrer praktischen Verwirklichung dargelegt wird, siehe *Comisión Andina de Juristas*, Estado de la relación entre justicia indígena y justicia estatal. Für konkrete Beispiele, wie das kolumbianische Verfassungsgericht die materiellen Schranken der indigenen Strafrechtspflege (Schuldprinzip, Verhältnismäßigkeit der Strafe, Recht auf Verteidigung usw.) umgesetzt hat, siehe *Londoño*, Nuevo Foro Penal 73 (2009), S. 112 ff.

aus der Sicht des hier vorgestellten Modells des Bürgerstrafrechts ein Problem dar?

Im Grunde genommen nicht. Diese substaatlichen Gemeinwesen bzw. Einheiten bieten nämlich einen Zustand der Freiheitlichkeit, der die staatliche Freiheitsordnung ergänzt und mit ihr zusammenwirkt. Daher wird die Frage, wer über das *ius puniendi* (sowohl in Bezug auf die Rechtsetzung als auch auf die Bestrafung) verfügt, prinzipiell zu einer bloßen Aufgabenverteilung. Vom Standpunkt der politischen Legitimation des Strafrechts ist es daher unerheblich, ob ein Individuum „I", das in Louisiana handelt, nach einer Vorschrift des Strafgesetzbuches von Louisiana von einem einzelstaatlichen Gericht oder wegen eines Bundesverbrechens von einem Bundesgericht bestraft wird. Ähnliches gilt, wenn ein Individuum wichtige Rechte von seiner Wohnsitzstadt erhält (da Städte in der Regel Dienstleistungen auf der Grundlage des *ius domicilii* erbringen und kein Interesse an der formalen Staatsbürgerschaft haben)[208], aber nicht direkt vom „Staat als solchem": In diesem Fall gewährt die Stadt diese Rechte im Rahmen der staatlichen Freiheitsordnung, sodass eine Bestrafung seitens des Staates unproblematisch ist (da es sich um eine „Gesamtfreiheitsordnung" handelt). Die Situation ist anders, wenn eine Person nach den Strafnormen oder von einem Gericht eines substaatlichen Gemeinwesens bzw. einer substaatlichen Einheit bestraft wird, zu der sie keine politische Bindung hat, auch wenn sie eine solche Bindung zum Staat hat. Kann zum Beispiel ein Kolumbianer aus Bogotá, der einen Ureinwohner bei einer Kneipenschlägerei tötet, von den herkömmlichen Behörden der indigenen Gemeinschaft des Opfers nach deren eigenen Gesetzen bestraft werden? Dies scheint nur dann vertretbar, wenn der Täter eine Bindung zu dieser Gemeinschaft hatte, d. h. zumindest, wenn er die Tat auf indigenem Gebiet beging, als er unter „dem Schutz" dieser Gemeinschaft stand. Aus demselben Grund könnte ein Gericht von Minnesota eine in New York ansässige Person nicht auf der Grundlage einer Bestimmung des Strafgesetzbuchs von Minnesota für eine in Miami begangene Straftat legitimerweise bestrafen (dies gilt unbeschadet der denkbaren Unzuständigkeit des Gerichts). Diese Schlussfolgerung ist bedeutsam, denn wenn eine substaatliche Gemeinschaft wirklich über ihr eigenes *ius puniendi* verfügt, kann das materielle und verfahrensrechtliche Recht erheblich von dem des Staates abweichen.[209]

---

[208] Siehe hierzu *Bauböck*, Political Membership, S. 71.

[209] Zu den erheblichen Unterschieden im materiellen Strafrecht der Bundesstaaten in den USA siehe *Reinbacher*, Das Strafrechtssystem der USA, S. 127 ff. Das Beispiel von Minnesota wurde gerade deshalb gewählt, weil dieser Staat eine einmalige Unzucht zwischen mündigen Erwachsenen unter Strafe stellt. Vgl. dazu *Reinbacher*, Das Strafrechtssystem der USA, S. 135; oder vgl. direkt die Vorschrift MINN. STAT. § 609.34: „When any man and single woman have sexual intercourse with each other, each is guilty of fornication, which is a mis-

C. Strafrechtliche Auswirkungen des vorgeschlagenen Begriffs der Staatsbürgerschaft

Nach diesen allgemeinen Ausführungen darüber, wie das hier vorgeschlagene Modell des Bürgerstrafrechts in einer Welt angewandt werden könnte, in der die meisten Menschen nicht nur bedeutende politische Bindungen zu einem oder mehreren Staaten, sondern auch zu substaatlichen Gemeinschaften und manchmal sogar zu supranationalen Organisationen haben, steht endlich nichts mehr im Wege, die Auswirkungen des hiesigen Modells im Bereich des Strafanwendungsrechts zu untersuchen und damit zum Ausgangspunkt dieser Arbeit zurückzukehren.

---

demeanor". Dagegen wird in New York „nur" der Ehebruch als Vergehen bestraft (vgl. dazu New York State Penal Law Section 255.17).

D. Die Gestalt eines Strafanwendungsrechts des Bürgers

I. Strafen, Maßnahmen und derivative Sanktionsgewalt: ein allgemeiner Überblick

Dieser Abschnitt ist dem Versuch gewidmet, den in den vorangegangenen Abschnitten entworfenen Begriff der Bürgerschaft sowie das damit einhergehende Modell des Bürgerstrafrechts in eine ideale Konfiguration des Strafanwendungsrechts eines politischen Gemeinwesens umzusetzen. Anders ausgedrückt: Der hier unterbreitete Vorschlag stellt einen normativen Ansatz zu den Vorschriften des Strafanwendungsrechts dar. Hieraus ergeben sich zwei Erkenntnisse. Erstens erhebt dieser Vorschlag nicht den Anspruch, mit dem positiven deutschen Strafanwendungsrecht vereinbar zu sein. Vielmehr befindet er sich weitgehend auf den Antipoden desselben und weist viel stärkere Ähnlichkeiten mit anderen Rechtsordnungen auf, wie etwa den angelsächsischen, insofern diese einer breiten extraterritorialen Strafgewalt eher zurückhaltend gegenüberstehen (oder genauer gesagt: traditionell gegenüberstanden).[1] Zweitens operiert das dargestellte Modell mit dem geltenden völkerrechtlichen Rahmen, sprich: der Staat vermag seine Strafgewalt von einer völkerrechtlichen Perspektive – bei vorhandenem Konsens – auf quasi alle Auslandstaten auszudehnen. Es geht also nicht darum, dieses (von der Praxis der Staaten abhängige) Faktum zu verändern oder zu verkennen, sondern darum, die Staaten davon abzubringen, die ihnen aktuell (und künftig) durch diese Rechtsordnung verliehenen übermäßigen Möglichkeiten auszuschöpfen, wenn diese über das vom Bürgerstrafrecht Erlaubte hinausgehen.[2] So erfordert beispielsweise eine konsequente Anwendung des hiesigen An-

---

[1] Dazu vgl. Teil I C I 2.

[2] Im Gegensatz zum Völkerrecht werden jedoch die Unter- und Obergrenzen, die das Unionsrecht dem Strafanwendungsrecht auferlegen könnte, im Folgenden bewusst außer Acht gelassen. Das liegt einfach daran, dass es sich bei dem hier vorgeschlagenen Modell des Strafanwendungsrechts des Bürgers um ein ideales Modell handelt, das nicht dazu gedacht ist, speziell auf europäischer Ebene eingeschränkt oder umgesetzt zu werden. Einige Beispiele für Schranken, die aus dem EU-Recht gezogen werden könnten, sind ein eventuelles Verbot des Rückgriffs auf die Prinzipien der aktiven und passiven Staatsangehörigkeit aufgrund eines möglichen Verstoßes gegen das Diskriminierungsverbot nach Art. 18 AEUV (vgl. dazu *Beyer*, Perso-

satzes, dass der Staat³ von der Unterzeichnung von Übereinkommen absieht, die ihn zur Übernahme von Strafgewalterstreckungspflichten zwingen, wenn diese auf völkerrechtlichen Prinzipien beruhen, auf deren Grundlage er gemäß dem Bürgerstrafrecht keine Legitimität zur Auferlegung einer Sanktion hat.

Vor diesem Hintergrund ist eine zweite Klarstellung erforderlich. Bislang wurden die Legitimität des Staates, seine Sanktionsrechtsetzungsgewalt⁴ auszuweiten, und seine Legitimität, eine bestimmte Sanktion aufzuerlegen – vorbehaltlich einiger Anmerkungen – relativ undifferenziert betrachtet. Trotz des offensichtlichen Zusammenhangs zwischen beiden Angelegenheiten gibt es auch mehrere Fälle, in denen sie auseinandergehen. Dies ist zum einen darauf zurückzuführen, dass die Verhängung einer Sanktion (sei es eine Kriminalstrafe oder eine Präventivmaßnahme gegen Externe) eine stärkere Begründung als der Erlass einer Norm erfordert,⁵ und zum anderen darauf, dass bei der Entscheidung über die Auferlegung einer konkreten Sanktion der Grad der politischen Bindung zwischen Täter und Staat (im Falle von Strafen) bzw. die Gefährlichkeit des Täters (im Falle von Maßnahmen) genauer geprüft werden kann bzw. muss. Demnach spielt die politische Bindung (als Legitimationsfaktor der Strafe) auf der Ebene des Strafanwendungsrechts und auf der Ebene der Auferlegung einer bestimmten Strafe eine etwas differenzierte Rolle, wie die nächsten beiden Absätze erläutern.

Die strafanwendungsrechtlichen Vorschriften sind freilich nicht in der Lage, vollständig auf die Feinheiten des Spektrums möglicher Stärken der politischen Bindung zwischen politischem Gemeinwesen und Individuum einzugehen, sondern legen nur allgemeine Regeln fest, die binär angeben, ob der Staat Sanktionsgewalt i. w. S. (nämlich Straf- oder Maßnahmengewalt) besitzt oder nicht. Daraus ergibt sich, dass einige Individuen, denen Rechte von einem Staat garantiert worden sind – und die somit gemäß den obigen Überlegungen eine politische Bindung zu diesem Staat haben – zwangsläufig außerhalb der Reichweite der Sanktionsgewalt dieses Staates bleiben müssen. Grob formuliert, kann ein Staat offensichtlich keine Vorschrift erlassen, die Folgendes vorschreibt: „Das deutsche

---

nelle Strafgewalt, S. 121–142) oder ein Gebot, das Schutzprinzip in Bezug auf bestimmte grenzüberschreitende organisierte Kriminalität vorzusehen (aufgrund des in Teil II B II 3 erwähnten Art. 83 Abs. 1 AEUV).

³ Hier wird wieder vom Staat die Rede sein, um den Leser nicht unnötig zu verwirren. Wie jedoch aus dem vorherigen Abschnitt hervorgeht, lässt sich der Begriff „Staat" durch jedes organisierte politische Gemeinwesen ersetzen, welches aufgrund der Garantie eines gewissen Zustands der Freiheitlichkeit zur Bestrafung legitimiert ist.

⁴ Hier werden die Begriffe „Sanktionsrechtsetzungsgewalt" bzw. „Sanktionsgewalt" (anstelle von Strafrechtsetzungsgewalt und Strafgewalt) verwendet, wenn auch die Maßnahmengewalt erfasst werden will.

⁵ Siehe hierzu Teil II C I.

Strafrecht gilt für Straftaten, die im Ausland von einem Täter begangen werden, dem Deutschland vor der Tatbegehung Rechte garantiert hat". Das Strafanwendungsrecht ist demnach gezwungen, mit Regeln zu operieren, die eine gewisse Rechtssicherheit vermitteln, wie z. B. (im obigen Fall) die Beschränkung auf Personen, die einen nachweisbaren und signifikanten Bezug zum Staat haben, z. B. einen Wohnsitz im Inland. Somit ist die Ausgestaltung des Strafanwendungsrechts zwar an die Postulate des Bürgerstrafrechts (an die Berücksichtigung der politischen Bindung) anpassbar, aber nur in begrenztem Umfang.

Dies wird jedoch durch eine neue Erwägung der politischen Bindung ergänzt, dieses Mal auf eine verfeinerte Weise, innerhalb des durch das Strafanwendungsrecht gesetzten Rahmens, im Bereich der Auferlegung der konkreten Sanktion und der Strafzumessung. Infolgedessen kann die politische Legitimation zur Bestrafung auch innerhalb von aus Sicht des Bürgerstrafrechts legitimen völkerrechtlichen Prinzipien schwanken. Man denke an den Fall des Territorialitätsprinzips, dessen Legitimität sich aus der Tatsache ergibt, dass der Staat in der Regel eine politische Bindung (im Sinne dieser Arbeit) zu der überwiegenden Mehrheit der in seinem Gebiet befindlichen Personen hat. Dennoch kann ein Gericht, wie oben erläutert, zu dem Schluss kommen, dass der Staat nicht auf die Tat eines sozial Ausgeschlossenen reagieren sollte, der aufgrund des Ausmaßes seiner Ausgrenzung als Externer gilt und der nicht derart gefährlich ist, dass die oben beschriebenen strengen Anforderungen an die Präventivmaßnahmen erfüllt sind (z. B., weil die Anlasstat nur ein Diebstahl ist und das Risiko künftiger gleichartiger Straftaten nicht hoch ist). Ebenso mag das Gericht feststellen, dass eine politische Bindung zum sozial Ausgegrenzten zwar besteht, jedoch nur als schwach zu bewerten ist und dementsprechend auch seine Mitwirkungs- und Duldungspflicht (Begründung der Strafe) als schwach einzustufen ist.[6]

Nachfolgend wird sich die Analyse, wie bereits angedeutet, auf die aus dem Bürgerstrafrecht abzuleitenden Maßstäbe für die Konfiguration der Sanktionsrechtsetzungsgewalt konzentrieren. Hierbei ist zu bedenken, dass die untenstehenden Bemerkungen zum großen Teil bereits in dieser Arbeit kurz formuliert worden sind oder sich implizit daraus ergeben.[7] Zur Erreichung des Ziels, einen kompakten Überblick über ein „Strafanwendungsrecht des Bürgers" zu verschaffen, kommt man nicht um die Wiederholung einiger Punkte herum. Zunächst einmal sei daran erinnert, dass ein Staat entweder originäre (im eigenen Namen) oder derivative Sanktionsgewalt (in Stellvertretung anderer Staaten, Organisationen oder politischer Gemeinwesen) ausüben kann.[8] Übernimmt man die vorge-

---

[6] Vgl. diesbezüglich Teil III C I und Teil III C II.

[7] Deswegen enthält dieser Abschnitt – im Gegensatz zu den anderen Abschnitten dieses Werks – mehr interne Verweise und weniger Referenzen auf andere Autoren.

[8] Siehe hierzu Teil I D VI.

stellten Überlegungen zu einem Bürgerstrafrecht, so kann ein Staat „originäre Sanktionsgewalt nur bei Angriffen auf seinen eigenen Zustand der Freiheitlichkeit" beanspruchen.⁹ Mit anderen Worten: Bei Angriffen auf Interessen bzw. Rechtsgüter anderer (seien es Staaten, die Menschheit, supranationale Entitäten usw.) darf der Staat niemals im eigenen Namen mit Strafen oder Präventivmaßnahmen reagieren, sondern nur stellvertretend für andere.

Ein zweiter wesentlicher Aspekt betrifft die *drei Reaktionsmöglichkeiten*, die dem Staat gemäß dem Bürgerstrafrecht zur Verfügung stehen, um auf eine seine Freiheitsordnung beeinträchtigende Tat zu reagieren. Die erste Option ist natürlich, nicht zu reagieren, was u. a. auf die Unerheblichkeit des Angriffs oder auf die Abwesenheit einer künftigen Gefahr seitens des Täters zurückgehen kann. Der zweiten und der dritten Reaktionsmöglichkeit ist gemein, dass sie eine Freiheitsentziehung des Täters als Sanktion für seine Aggression implizieren können, aber beide Sanktionsarten richten sich an unterschiedliche Adressatengruppen: Während Strafen nur auf Mitwirkungspflichtige (bzw. Bürger) anwendbar sind, finden die Präventivmaßnahmen gerade auf diejenigen Anwendung, die keiner solchen Pflicht unterliegen (Nichtbürger), sofern ihre strengen Voraussetzungen vorliegen.

Aus den beiden vorherigen Punkten lassen sich zwei logische Regeln ziehen, die nicht nur die Rangfolge der völkerrechtlichen Prinzipien im Strafanwendungsrecht festlegen, sondern auch die Fälle kennzeichnen, auf die der Staat seine Sanktionsgewalt nicht erstrecken soll, nicht zuletzt weil es eine vergleichsweise berechtigtere politische Gemeinschaft dazu gibt. Nach der ersten logischen Regel hat die originäre Sanktionsgewalt immer Vorrang vor der derivativen, was vor allem im Hinblick auf die Ausgestaltung der *aut dedere aut iudicare*-Formel und die Prinzipien der stellvertretenden Rechtspflege und Universalität von Bedeutung ist. Wenn also ein Staat bzw. ein internationales Gericht originäre Sanktionsgewalt ausüben kann und will, kann ein anderer Staat nicht beanspruchen, in Bezug auf dieselbe Straftat derivative Sanktionsgewalt auszuüben. Gemäß der zweiten logischen Regel, da die Präventivmaßnahmen außergewöhnliche Sanktionen sind, die unter anderem einer Erforderlichkeitsprüfung unterliegen, gilt: Wenn ein Staat, der die Legitimität dazu hat, eine Strafe für eine bestimmte Tat verhängen will und kann, besteht für andere Staaten nicht mehr die Notwendig-

---

⁹ Bei Strafen liegt der Grund dafür darin, dass wenn der Mitwirkungspflichtige nicht die Freiheitsordnung des Forumsstaates (sondern die eines anderen Staates) angreift, er seine Pflicht gegenüber dem Forumsstaat nicht verletzt hat und dieser ihn daher nicht bestrafen kann (siehe unten Teil III D II 1). Bei Präventivmaßnahmen kann die Gefährlichkeit des Täters nicht analysiert werden, wenn die Anlasstat nicht einmal gegen die Freiheitsordnung des Forumsstaates gerichtet war, und zwar aus ähnlichen Gründen wie bei der Nichtanwendung von Maßnahmen beim Fehlen einer Anlasstat. Zu diesem Punkt siehe Teil III C II.

keit (und damit auch nicht die Legitimität), eine Maßnahme aufgrund derselben Tat anzuwenden.[10]

Aus beiden Regeln lässt sich eine erste Annäherung an die ideale Ausgestaltung eines Strafanwendungsrechts des Bürgers ableiten. Grundsätzlich lassen sich die völkerrechtlichen Prinzipien (oder deren Unterfälle) in drei Gruppen unterteilen, die in der folgenden Rangfolge stehen:

i) Erstens diejenigen, nach denen der Staat seine *originäre Strafgewalt* erstrecken kann, da diese Grundsätze Fälle von Angriffen auf die eigene Freiheitsordnung des Forumsstaates abdecken, die von Mitwirkungspflichtigen begangen werden;

ii) zweitens diejenigen, nach denen der Staat *ausnahmsweise* seine *originäre Maßnahmengewalt* (Präventivmaßnahmen) erstrecken kann, da diese Grundsätze Fälle von *schwerwiegenden* Angriffen auf die eigene Freiheitsordnung des Forumsstaates abdecken, die von gefährlichen Externen (Nichtmitwirkungspflichtigen) begangen werden;

iii) schließlich die Ausübung von derivativer Sanktionsgewalt in Vertretung einer dritten Partei.

Damit die praktischen Folgen dieses Schemas sichtbar werden, gilt es jedoch, es inhaltlich auszufüllen, d. h. so klar wie möglich festzulegen, in welchen Fällen der Staat originäre Strafgewalt ausübt, in welchen originäre Maßnahmengewalt und in welchen nur derivative Sanktionsgewalt. Dies erfordert eine gesonderte Prüfung jedes der im Teil I dieser Arbeit erörterten völkerrechtlichen Prinzipien. Die geeignetste Reihenfolge für die Analyse dieser Grundsätze ergibt sich zwangsläufig aus der oben angegebenen Rangfolge. Dazu ein Beispiel. Hier wird vertreten, dass der Staat seine originäre Strafgewalt auf das aktive Personalitätsprinzip in Kombination mit dem Schutzprinzip stützen kann, während er bei ausschließlichem Vorliegen des Schutzprinzips nur Präventivmaßnahmen auferlegen darf. Führt ein Staatsangehöriger eine Ladung AK-47-Maschinengewehre ins Land ein, könnte der Staat bei seiner Reaktion prinzipiell sowohl auf das aktive Personalitätsprinzip als auch auf das Schutzprinzip zurückgreifen. Da aber der erste Grundsatz im Bürgerstrafrecht Vorrang vor dem zweiten hat (da er ggf. eine Bestrafung zulässt, während der zweite nur eventuell eine Präventivmaßnahme erlaubt), kommt in diesem Fall nur die Verhängung einer Strafe nach dem aktiven Personalitätsprinzip in Frage, was die Analyse einer möglichen Maßnahme nach dem Schutzprinzip erübrigt. Dementsprechend werden zunächst die Grundsätze analysiert, die nach dem hier vorgestellten Modell des Bürgerstrafrechts den Rückgriff auf eine originäre Erstreckung der Strafgewalt erlauben (Territorialitätsprinzip, materielles aktives Personalitätsprinzip), anschließend

---

[10] Näheres dazu in Teil III C II 2.

diejenigen, die den Rückgriff auf eine originäre Maßnahmengewalt gestatten (Schutzprinzip) und schließlich jene, die in bestimmten Fällen den Rückgriff auf eine derivative Sanktionsgewalt zulassen (Prinzip der stellvertretenden Rechtspflege und – eigentlich als Sonderkonstellation von dieser – das Universalitätsprinzip). Entlang des Weges werden einige völkerrechtliche Grundsätze als Begründung für die staatliche Sanktionsgewalt verworfen, wie z. B. das passive Personalitätsprinzip oder einige Unterfälle des Ubiquitäts- und Universalitätsprinzips. Das Resultat dieses Schemas ist, wie sich zeigen wird, eine im Vergleich zu vielen (aber nicht allen) Rechtsordnungen erheblich eingeschränkte Strafrechtsetzungsgewalt.[11]

Bevor auf die einzelnen Grundsätze eingegangen wird, ist noch eine letzte grundlegende Überlegung anzustellen. Der Gedanke eines Bürgerstrafrechts ist erst dann sinnvoll, wenn es gelingt, die Präventivmaßnahmen gegen Externe auf einen engen Aktionsradius zu beschränken, wie es oben in Teil III C II 2 versucht wurde. Eine der dort angesprochenen Schranken besteht darin, dass diese Maßnahmen nur ausnahmsweise bei Anlasstaten auferlegt werden dürfen, die auf eine hohe Gefährlichkeit des Täters für besonders wichtige Interessen des Forumsstaates hindeuten. Ähnlich wie bei der Sicherungsverwahrung können diese Maßnahmen daher nicht bei jedem Angriff auf ein strafrechtlich geschütztes Interesse eingesetzt werden (wie Diebstahl oder Nötigung), sondern nur bei Straftaten eines bestimmten Ausmaßes. Darüber hinaus soll es sich bei der Anlasstat nicht nur um eine schwere Straftat handeln, sondern sie muss auch belegen, dass der Täter eine Gefahr für die Aufrechterhaltung der staatlichen Freiheitsordnung als solche darstellt, denn nur unter dieser Voraussetzung ist der Staat zum Rückgriff auf dieses außerordentliche Instrument berechtigt. Daher sollten diese Maßnahmen nur einigen der schwersten, oft mit dem Schutzprinzip assoziierten Straftaten vorbehalten bleiben (wie etwa der Einfuhr von Betäubungsmitteln in nicht geringer Menge, dem Waffenhandel oder dem Terrorismus). Daraus folgt, dass es zwei unterschiedliche Standards dafür gibt, was als Beeinträchtigung des Freiheitszustandes zu werten ist, auf die der Staat mit einer Sanktion reagieren darf, nämlich einen schwächeren für Mitwirkungspflichtige (Strafen) und einen strengeren für Externe (Maßnahmen).[12] Die Mitwirkungspflicht, auf die sich die Strafen stützen, kann logischerweise die Anforderung beinhalten, jegliches Verhalten zu unterlassen, das ein vom Forumsstaat strafrechtlich geschütztes In-

---

[11] Damit würde dieses Ergebnis weitgehend mit dem übereinstimmen, was *Gärditz* (Weltrechtspflege, S. 436) die „wohlbegründeten Traditionen des liberalen Rechtsstaats" nennt, die im Wesentlichen auf das Territorialitätsprinzip setzt, ergänzt in bestimmten Fällen durch das aktive Personalitätsprinzip und den Selbstschutzgedanken.

[12] Somit erweist sich die implizite Annahme von Pawlik in dieser Hinsicht als richtig. Vgl. Teil II D V 3.

teresse angreift, selbst wenn der Angriff keine besonders schwerwiegende Beeinträchtigung der Freiheitsordnung bedeutet. Diesem Unterschied in den Standards sind viele der im nächsten Abschnitt zu ziehenden Schlussfolgerungen geschuldet, darunter die Legitimität der Erstreckung der Strafgewalt auf der Grundlage der Kombination von aktivem und passivem Personalitätsprinzip im Gegensatz zur Illegitimität der Anwendung von Maßnahmen ausschließlich aufgrund des passiven Personalitätsprinzips sowie die differenzierte Behandlung der verschiedenen Varianten des Ubiquitätsprinzips.

II. Originäre Strafgewalt bezüglich (Teil-)Bürgern

1. Territorium und Mitwirkungspflicht

Wie bereits festgestellt, kann der Staat seine originäre Strafgewalt nur auf Taten ausdehnen, die von seinen eigenen (Teil-)Bürgern zu Lasten seiner eigenen Daseinsordnung von Freiheit begangen werden. Es bedarf also zweier konjunktiver Voraussetzungen: i) der Täter ist ein Mitwirkungspflichtiger gegenüber dem Staat „S" und ii) er hat diese Pflicht verletzt, indem er die Freiheitsordnung von „S" angegriffen hat.[13] Aus der bloßen Tatsache, dass die Straftat im Inland begangen wird, folgt jedoch nicht zwangsläufig, dass jede dieser beiden Erfordernisse erfüllt ist. Trotzdem bleibt die Legitimation des Staates zur Bestrafung basierend auf dem Territorialitätsprinzip im engeren Sinne (d.h. sowohl Handlungs- als auch Erfolgsort liegen im Inland) durch das hier vorgeschlagene Modell des Bürgerstrafrechts unangetastet. Das liegt zunächst an dem weit gefassten Begriff der Staatsbürgerschaft, der in dieser Untersuchung verwendet wird: Jeder, dem der Staat Rechte garantiert hat, die einem bestimmten Minimum an persönlicher Sicherheit entsprechen oder darüber hinausgehen, ist zumindest Minimalbürger und damit mehr oder weniger verpflichtet (und strafbar). Das gilt für fast jeden, der sich auf dem Gebiet eines Landes mit einem mittleren Entwicklungsstand aufhält.[14]

---

[13] Vgl. dazu Teil II D V 3.

[14] Siehe diesbezüglich Teil III B IV 2. Im Gegensatz dazu verfügen Staaten, die nicht in der Lage sind, ein Mindestmaß an Freiheiten zu gewährleisten (ein extremes Beispiel sind gescheiterte Staaten wie Somalia, ein weniger dramatisches Beispiel sind schwache Staaten mit hohen Kriminalitätsraten wie El Salvador), über keine Legitimation, große Teile der Bevölkerung mit Strafen zu belegen. In Bezug auf diese durch staatliche Versäumnisse absolut Ausgegrenzten (die eventuell sogar die Mehrheit der Bevölkerung ausmachen) können diese Staaten also letztlich nur Präventivmaßnahmen ergreifen. Erfüllen diese Maßnahmen nicht die oben genannten Voraussetzungen, so entsprechen sie einer bloßen illegitimen Gewaltanwendung zur Errichtung (bestenfalls) einer künftigen Freiheitsordnung.

In den seltenen Ausnahmefällen, in denen die Ausgrenzung eines sich auf dem Territorium des Tatortstaates befindlichen Individuums ein solches Maß erreicht, dass es nicht einmal mehr als Minimalbürger, sondern nur noch als Externer gegenüber diesem Staat aufgefasst werden kann, darf der Tatortstaat eventuell dennoch eine Präventivmaßnahme auferlegen (wenn seine Freiheitsordnung ernsthaft kompromittiert wird), obwohl diese Maßnahme, wie gesehen, nicht über die für einen Minimalbürger angemessene Strafe hinausgehen kann (falls der Betroffene nur aufgrund des staatlichen Versagens bei der Erfüllung seiner grundlegenden Aufgaben kein Bürger ist).[15] Jedenfalls sollten diese Ausnahmefälle eines vollständigen Verlusts der politischen Legitimation zur Bestrafung von Inlandstaten auf der Ebene der Entscheidung über die konkret anzuwendende Sanktion geprüft werden und nicht das Territorialitätsprinzip als solches in Frage stellen, das nur einen allgemeinen Rahmen für die Ausübung der Sanktionsgewalt vorgibt. Eine andere Schlussfolgerung würde dem Staat die Möglichkeit entziehen, sich bei der Ausgestaltung seiner Strafrechtsetzungsgewalt auf jegliche Grundsätze des Völkerrechts zu berufen (mit der daraus resultierenden Unmöglichkeit, die Freiheitsordnung aufrechtzuerhalten).

Andererseits stellen alle Straftaten, bei denen sowohl die Handlung als auch der Erfolg im Inland liegen, einen Verstoß gegen die Mitwirkungspflicht dar.[16] Der Begriff „Erfolg" ist hier nicht im engeren Sinne der Kategorie der „Erfolgsdelikte" zu verstehen, sondern als die durch die Straftat tatsächlich verursachten Schäden oder Gefahren. Demnach könnte es Fälle von im Inland vollendeten Straftaten geben (vor allem Tätigkeits- und abstrakte Gefährdungsdelikte), deren „tatsächlicher" Erfolg aber im Ausland eintritt, weshalb sie die inländische Freiheitsordnung anscheinend nicht unmittelbar beeinträchtigen.[17] Diese Fälle sollten im Rahmen dieses Modells als der ersten Konstellation des Ubiquitätsprinzips angehörend behandelt werden, auf die im Folgenden eingegangen wird.

Bezüglich des Ubiquitätsprinzips lassen sich hier nicht alle möglichen Fallkonstellationen behandeln.[18] An dieser Stelle genügt es, auf Folgendes hinzuweisen. Je nachdem, ob der Täter im Inland gehandelt hat oder ob der Erfolg im Inland eingetreten ist, fällt die Behandlung aus Sicht des Bürgerstrafrechts recht unterschiedlich aus. Der Staat darf seine Strafgewalt legitimerweise auf Fälle erstrecken, bei denen die Handlung im Inland ausgeführt wird, der Erfolg aber im Ausland eintritt (Handlungsortsprinzip). Denn – ebenso wie bei den Grund-

---

[15] Hierzu siehe Teil III C II 2.
[16] Vgl. *Berner*, Wirkungskreis, S. 82: soll der Staat „einen Zustand gesetzlicher Ordnung erhalten, so muß er auch berechtigt sein, jeden in diesem Territorium begangenen Angriff auf die gesetzliche Ordnung unter das Gesetz zu beugen".
[17] Vgl. diesbezüglich Teil II D V 3.
[18] Zu den verschiedenen in § 9 StGB vorgesehenen Alternativen siehe Teil I D I 1.

sätzen der aktiven Personalität und der Territorialität im engeren Sinne – hat die im Inland handelnde Person hier höchstwahrscheinlich eine politische Bindung zum Staat (sie ist zur Mitwirkung verpflichtet). Zwar mag es prinzipiell so aussehen, dass eine solche Straftat den inländischen Zustand der Freiheitlichkeit nicht beeinträchtigt, zumal der Erfolg im Ausland eintritt. Doch die Begehung von einer im Inland verbotenen – weil wertvolle Interessen verletzenden – Handlung mag wohl die Aufrechterhaltung dieser Freiheitsordnung gefährden, insbesondere wenn man berücksichtigt, dass eine solche Handlung sonst möglicherweise von keinem anderen Staat mit einer legitimen Sanktion belegt werden kann.[19] Die Legitimität für die Bestrafung dieser Taten ergibt sich demnach nicht aus einer „Tabuierung deliktischen Verhaltens",[20] sondern daraus, dass der Staat nicht – jedenfalls nicht, ohne seine Aufgabe zur Gewährleistung einer Freiheitsordnung ernsthaft aufs Spiel zu setzen – zu einer Plattform für grenzüberschreitende Verbrechen und gleichzeitig zu einem sicheren Hafen für deren Täter werden kann.[21] Sicherlich wird hier die Beeinträchtigung der Freiheitsordnung in der Regel geringer sein als bei einer Straftat, die auch im Inland Folgen nach sich zieht bzw. ziehen soll, aber da der Täter hier ein Mitwirkungspflichtiger (Bürger) ist, kann bei der Beurteilung dessen, was unter einer solchen „Beeinträchtigung" zu verstehen ist, ein weniger strenger Maßstab angelegt werden, wie oben ausgeführt.

Eine ganz andere Sachlage liegt vor, wenn der Täter im Ausland handelt, der Erfolg aber im Inland eintritt (Erfolgsortprinzip). Zweifellos liegt es hier viel näher, dass die Tat den Zustand der Freiheitlichkeit der Strafgewaltstaat betrifft als bei dem Handlungsortsprinzip. Anders als bei Letzterem mag der Täter hier jedoch keine politische Bindung zum Staat haben, und wenn doch, dann kann er nach dem aktiven Personalitätsprinzip bestraft werden. Ist der Täter kein Mitwirkungspflichtiger, darf der Staat seine Strafgewalt anhand des Erfolgsortprinzips nicht ausdehnen. Es bleibt also nur die Möglichkeit, dass der Staat von seiner

---

[19] Zumindest dann, wenn dieses Modell vollständig umgesetzt würde. Wenn ein chinesischer Staatsangehöriger von seinem Computer in Peking aus einen Computerbetrug gegen einen in Freiburg lebenden deutschen Staatsangehörigen begeht, kann dieser Umstand nicht zur Anwendung einer Präventivmaßnahme seitens Deutschlands führen (der Betrug könnte nicht als Anlasstat dienen). Sollte China also die Möglichkeit verwehrt werden, diese Tat zu bestrafen (obwohl die Täuschungshandlung auf seinem Territorium verübt wurde), könnte die Tat von keinem Staat abgeurteilt werden. Selbstverständlich würde diese Situation nicht eintreten, wenn in dem vorgeschlagenen Beispiel der Betrug durch eine hinreichend schwere Straftat ersetzt wird (man denke etwa an einen massiven Cyberangriff auf das deutsche Verteidigungssystem): in diesem Fall würde Deutschland über originäre Maßnahmengewalt verfügen.
[20] In diesem Sinne, wie bereits ausgeführt, *Pawlik*, FS-Schroeder, S. 376, Fn. 92, m.w.N.
[21] Mein Dank gilt hier Bernarda Muñoz, die mir bei der Klärung dieses Punktes geholfen hat.

Maßnahmengewalt Gebrauch macht. Die Anwendung von Präventivmaßnahmen setzt jedoch voraus, dass die Anlasstat eine gewisse Schwere aufweist, sodass der Täter als eine für die Freiheitsordnung relevante Bedrohung einzustufen ist.[22] Aber gerade für diese Konstellation ist das Schutzprinzip gedacht (dies ist die Definition dieses Grundsatzes: Angriffe von Externen aus dem Ausland, die die Freiheitsordnung ernsthaft gefährden!), womit sich ein Rückgriff auf das Erfolgsortprinzip erübrigt.[23] So kann Deutschland das Schutzprinzip als Basis für die Anwendung von Präventivmaßnahmen gegen gewisse Drogendelikte vorsehen, wenn das Zielland Deutschland ist. Hingegen darf Deutschland im Falle eines vom Ausland aus begangenen Betrugs, durch den eine Person im Inland finanziell geschädigt wird, grundsätzlich keine Maßnahmen ergreifen.[24] Im letzteren Beispiel, das dem Erfolgsortprinzip entspricht, ist noch einmal darauf hinzuweisen, dass dies nicht die Straflosigkeit der Tat zur Folge hat: Sowohl der Staat, wo die Täuschungshandlung begangen wird, als auch diejenigen, die eine politische Verbindung zum Täter haben, können diese Tat ggf. ihrer Strafgewalt unterwerfen.

2. Ein materiell gefasstes aktives Personalitätsprinzip: die im Ausland agierenden Mitwirkungspflichtigen

Prinzipiell stellt das aktive Personalitätsprinzip – wie bereits mehrfach angemerkt – die Verkörperung schlechthin des Kerngedankens eines Bürgerstrafrechts dar. Damit dieser Grundsatz mit einem Strafrecht des Bürgers vereinbar ist, müssen jedoch drei Prämissen eingehalten werden: (i) Dieses Prinzip soll auf der politischen Bindung zwischen Staat und Normadressat und nicht auf internationaler Solidarität begründet werden; (ii) die Bindung soll als ein materielles Band und nicht nur als formale Staatsbürgerschaft bzw. Staatsangehörigkeit verstanden werden; und (iii) die Berufung auf dieses Prinzip darf nur dann stattfinden, wenn der Täter den Zustand der Freiheitlichkeit des Forumsstaates angreift und damit gegen seine Mitwirkungspflicht verstößt, d. h. im Falle einer Kombi-

---

[22] Dies ist nicht nur wegen der normativen Voraussetzungen der Maßnahmen relevant, sondern auch aus praktischen Erwägungen: Wie *Keller* (FS-Lüderssen, S. 434) zu Recht feststellt, ist eine starke Zunahme derartiger Fälle absehbar, insbesondere im Zusammenhang mit Internet- und Umweltkriminalität.

[23] Zu den Gemeinsamkeiten und Unterschieden zwischen Erfolgsortprinzip und Schutzprinzip siehe Teil I D I 2.

[24] Selbstverständlich mag diese Schlussfolgerung in bestimmten Fällen besonders massiver Betrugsfälle, die den Zusammenbruch des Finanzsystems herbeizuführen drohen, anders ausfallen (man denke etwa an die Fälle von Hypothekenbetrug und dem damit in Zusammenhang stehenden Anlagebetrug im Vorfeld der Finanzkrise von 2008).

nation mit dem Schutzprinzip oder zumindest mit dem passiven Personalitätsprinzip.

In Bezug auf die erste Prämisse, die bereits in Teil I D II hinreichend behandelt wurde, soll es hier genügen, daran zu erinnern, dass sich aus einer Ausgestaltung des aktiven Personalitätsprinzips auf der Grundlage der politischen Bindung anstelle der internationalen Solidarität drei Konsequenzen ziehen lassen: (i) die Regelung dieses Prinzips muss nicht davon abhängen, ob es ein inländisches Auslieferungsverbot für Staatsangehörige oder Aufenthaltsberechtigte gibt; (ii) eine Berücksichtigung der Strafbarkeit nach dem Tatortrecht ist nicht erforderlich (weder aus völkerrechtlicher noch aus bürgerstrafrechtlicher Sicht), auch wenn es gute Gründe (diplomatische oder schuldbezogene) dafür geben kann; und (iii) die Ausweitung dieses Grundsatzes auf Personen, die erst nach der Tat eine Verbindung mit dem Staat eingegangen sind (wie bei der Neubürgerklausel von § 7 Abs. 2 Nr. 1 Var. 2), ist unzulässig, unbeschadet einer möglichen legitimen Anwendung derivativer Sanktionsgewalt in einem solchen Fall.

Die zweite und dritte oben angeführte Prämisse, d.h. welche im Ausland agierende Person als Mitglied im materiellen Sinne des strafenden Gemeinwesens (und damit als Mitwirkungspflichtiger) aufgefasst werden kann und wann die von dieser Person begangene Auslandstat als Verstoß gegen ihre Mitwirkungspflicht zu werten ist, bedarf hingegen einer näheren Erörterung im Lichte des dargestellten Modells des Bürgerstrafrechts.

Im Schema eines jeden Bürgerstrafrechts sollte bei der Begehung einer Auslandstat als erstes die Frage geklärt werden, ob der Täter eine materielle Bindung zum Staat als (Teil-)Bürger hat. Im Gegensatz zu Inlandstaten kann hier nicht davon ausgegangen werden, dass dem Täter wahrscheinlich zumindest persönliche Sicherheit garantiert wurde und er daher eine Bindung zum Staat hat. Es geht also um die Bestimmung des Mindestmaßes an politischer Bindung, das für die Erstreckung der Strafgewalt auf eine im Ausland handelnde Person erforderlich ist. Angesichts des oben angenommenen, weit gefassten Konzepts der Staatsbürgerschaft, bei dem die Anforderungen für die Feststellung einer politischen Verbindung (zumindest als Minimalbürger) leicht zu erfüllen sind, wäre es offensichtlich verfehlt, als ausschließlichen Anknüpfungspunkt einen anspruchsvollen Status wie die Staatsangehörigkeit oder eine Daueraufenthaltserlaubnis anzunehmen. Diese Status bieten zwar ein hohes Maß an Rechtssicherheit, schließen aber viele Fälle von Personen aus, die zumindest nach dem hiesigen Modell eine bedeutende Bindung zum Staat haben. Auch der Begriff der „Lebensgrundlage im Inland", auf den das deutsche Strafanwendungsrecht gelegentlich zurückgreift,[25] erweist sich als untauglich, nicht nur, weil er ebenfalls zu anspruchsvoll

---

[25] In § 5 StGB wird dieser eher unbestimmte Begriff gelegentlich verwendet, manchmal nur

ist,²⁶ sondern auch, weil er in anderen Rechtsordnungen nicht vorkomme.²⁷ Außerdem genügt die Staatsangehörigkeit, selbst wenn sie „nur auf dem Papier besteht" (der bereits im ersten Teil erwähnte Fall der Nachkommen europäischer Einwanderer in lateinamerikanischen Ländern, die das europäische Land, dessen Staatsangehörigkeit sie besitzen, nicht einmal besucht haben), um eine politische Bindung herzustellen. Denn dank dieser Staatsangehörigkeit hat der Einzelne nicht nur das Recht, das Territorium dieses Staates zu betreten und sich dort aufzuhalten, sondern (wahrscheinlich) auch einen vergleichsweise leichten Zugang zu zivilen, politischen und sogar sozialen Rechten.

Andererseits sollte die Anforderung nach einem politischen Band nicht allzu locker formuliert werden, um die Strafgewalt auf Auslandstaten auszudehnen. So darf sich die Strafrechtsetzungsgewalt – wie bereits mehrfach erwähnt – nicht auf jede Person erstrecken, der der Staat zu irgendeinem Zeitpunkt Rechte garantiert hat oder die früher ihren Wohnsitz im Inland hatte, da eine solche Regelung äußerst ungewiss, wenn nicht völlig unpraktikabel wäre. Außerdem würde die Annahme einer solchen Regel sicherlich einen Verstoß gegen das Völkerrecht bedeuten. Denn erst seit kurzem ist die Auffassung vertretbar, dass das Völkerrecht den Rückgriff auf ein aktives Domizilprinzip zulässt. So sei es völkerrechtsmäßig, sich als Anknüpfungspunkt auf einen Daueraufenthaltstitel oder ein langjähriges Domizil (was *Beyer* als „qualifiziertes Domizil" bezeichnet) zu stützen, aber es ist bestenfalls zweifelhaft, dass die Berufung auf ein kurzlebiges oder instabiles Domizil (einfaches Domizil) völkerrechtskonform ist.²⁸ Um

---

strafgewaltbegrenzend [vgl. Nr. 3 (c); Nr. 5 (b); Nr. 9 (b)], zuweilen aber auch strafgewaltbegründend [siehe Nr. 3(a), (b); Nr. 5a (a), (b) und (c)].

²⁶ Zur Bedeutung dieses Begriffs siehe *Ambos*, MüKo-StGB⁴, § 5, Rn. 15, der Folgendes schreibt: „Damit ist der Lebensmittelpunkt gemeint, der sich insbesondere dort befindet, wo der Täter seinen ausschließlichen Wohnsitz oder gewöhnlichen Aufenthaltsort hat. Bei mehreren Wohnsitzen oder wechselndem Aufenthalt kommt es darauf an, wo sich der persönliche, familiäre und wirtschaftliche Lebensmittelpunkt befindet. Der Begriff der Lebensgrundlage schließt also einerseits Wohnsitz und Aufenthaltsort (Nr. 6, 9 lit. b, 9a lit. b) ein, geht aber andererseits darüber hinaus". Diese Worte sollten als Erklärung dafür genügen, warum dieser Anknüpfungspunkt als Kriterium für die Beurteilung des Vorliegens einer politischen Bindung im Rahmen des hier vorgeschlagenen Modells des Bürgerstrafrechts ungeeignet ist.

²⁷ So *Beyer*, Personelle Strafgewalt, S. 162.

²⁸ Überzeugend in diesem Sinne *Beyer*, Personelle Strafgewalt, S. 154–160, der diese Schlussfolgerung zudem durch eine umfassende und aktuelle Analyse der Staatenpraxis untermauert (vgl. S. 186–292). Vgl. aber beispielsweise *Jeßberger*, Der transnationale Geltungsbereich, S. 250, der 2011 noch bezweifelte, dass das Völkerrecht den Rückgriff auf das aktive Domizilprinzip zuließ. Der Bericht *Extraterritorial Criminal Jurisdiction* des *European Committee on Crime Problems* von 1990 äußerte ebenfalls Zweifel daran: „The extension of the principle of the nationality of the offender to include natural persons who are not nationals of the prosecuting state but who have their habitual residence there has, as yet, only been carried

also unnötige Verstöße gegen eine der wenigen effektiven Schranken zu vermeiden, die das Völkerrecht dem Strafanwendungsrecht auferlegt, sollte eine allzu schwache Bindung als Anknüpfungspunkt vermieden werden, auch wenn dies im Prinzip mit dem hier vorgeschlagenen Modell des Bürgerstrafrechts vereinbar wäre. Dies verhindert jedoch nicht, dass einige Tatbestände des besonderen Teils Sonderregelungen vorsehen, die die Strafgewalt auf Personen ausdehnen, die möglicherweise eine schwächere (oder besser gesagt: spezifischere!) Verbindung zum bestrafenden Gemeinwesen haben (da sie zweifellos von seiner Freiheitsordnung profitiert haben): So könnte beispielsweise ein nichtansässiger Ausländer, der Hauptaktionär einer der größten Holdinggesellschaften des inländischen Aktienmarktes ist und auf diesem Markt mit Insiderinformationen handelte, als Mitwirkungspflichtiger und damit als strafbare Person erachtet werden. Die Völkerrechtsmäßigkeit einer solchen Strafgewaltausübung wäre ggf. durch die Kombination mit dem Schutzprinzip gesichert.

Die Entscheidung über die Stärke der im Bereich der Strafrechtsetzungsgewalt zu fordernden politischen Verbindung liegt dann irgendwo zwischen diesen beiden Extremen. Hierbei besteht freilich nicht nur eine einzige plausible Lösungsmöglichkeit, sondern ein breiter Ermessensspielraum. Eine attraktive und vernünftige Alternative wäre es wohl, das Adressatenspektrum des Strafrechts so zu gestalten, dass es dem Kreis der Verpflichteten in anderen Rechtsgebieten ähnelt, die Pflichten zur Aufrechterhaltung des Zustands der Freiheitlichkeit auferlegen. Nicht umsonst stützen sich viele Rechtsgebiete bei der Zuweisung von Pflichten und Rechten auf Formen des Domizils als Grundprinzip.[29] In dieser Hinsicht könnte vor allem der Fall der Steuerpflichtigen aus zwei Gründen als Vorbild dienen. Erstens, da die Rechtfertigung der Strafnorm gegenüber ihrem Adressaten auf dessen Mitwirkungspflicht gegenüber dem bestrafenden Gemeinwesen beruht, die sich wiederum daraus ableitet, dass er von seiner Mitgliedschaft in diesem Gemeinwesen profitiert – eine Argumentation, die der Begründung von Steuerpflichten durchaus nahe steht.[30] Zweitens, weil das Steuerrecht mit materiellen Formen des Domizilprinzips operiert, die – angesichts der praktischen Be-

---

out in a limited number of states." (ebd., S. 449). Für weitere bibliographische Hinweise zu diesem Thema vgl. Teil I D II 4.

[29] Siehe hierzu *Gärditz*, VVDStRL 72 (2013), S. 70, Fn. 67, der mehrere Beispiele mit vielen bibliographischen Hinweisen liefert, darunter das Internationale Steuerrecht, die Klagebefugnis, das Kommunalrecht und das Umwelt- und Planungsrecht; oder *Bauder*, Domizilprinzip, S. 38 f., der neben dem Steuerrecht auch das Recht zur sozialen Sicherheit und die Einbürgerung von Migranten anführt. Hier ist von „Formen" des Domizilprinzips die Rede, da dieser Begriff als eine Art „Sammelprinzip" fungiert, welches die Anknüpfung an verschiedene (Unter-)Kriterien ermöglicht. In diesem Sinne *Beyer*, Personelle Strafgewalt, S. 147 f.

[30] Ohne auf diesen – ansonsten recht offensichtlichen – Punkt näher einzugehen, siehe z. B. *Seer*, Steuerrecht[22], § 1, Rn. 6 f., der auf den Finanzbedarf des Staates zur angemessenen Erfül-

deutung der Angelegenheit – Gegenstand einer umfangreichen, ihren Inhalt verfestigenden Rechtsprechung geworden sind.

Ein kurzer Blick auf die deutschen Steuervorschriften zeigt, dass der Kreis der natürlichen Personen, die in Deutschland unbeschränkt steuerpflichtig sind (d. h. deren weltweit erwirtschaftetes Einkommen oder Vermögen prinzipiell besteuert wird), auf der Grundlage einer Kombination von Faktoren festgelegt wird. Darunter spielt der „Wohnsitz" oder „gewöhnliche Aufenthalt" im Inland eine zentrale Rolle, sowie in einigen Fällen die Staatsangehörigkeit (wenn auch mit gewissen Einschränkungen) und das Bestehen eines Dienstverhältnisses mit einer inländischen juristischen Person des öffentlichen Rechts.[31] Die hinter diesen Regeln stehende Logik ist weitgehend übertragbar auf die Konfiguration eines materiellen aktiven Personalitätsprinzips im Rahmen des hiesigen Modells des Bürgerstrafrechts. Dementsprechend dürfte die staatliche Strafgewalt grundsätzlich auf Auslandstaten von Individuen ausgedehnt werden, die einer der folgenden Gruppen von Personen zuzuordnen sind: (i) Staatsangehörige (aktives Staatsangehörigkeitsprinzip); (ii) Personen, die ihren Wohnsitz oder gewöhnlichen Aufenthalt im Inland haben (aktives Domizilprinzip);[32] oder (iii) Personen, die nicht zu den vorgenannten Gruppen gehören, aber als Beamte tätig sind (aktives Hoheitsträgerprinzip). Etwaige Zweifel an der Völkerrechtsmäßigkeit der Erstreckung der Strafgewalt auf Personen der Gruppe (ii) dürften nicht nur

---

lung seiner institutionellen Aufgaben (einschließlich der Gewährleistung von Sicherheit) und sozialen Aufgaben hinweist.

[31] Beispielsweise sind gemäß § 1 des Einkommensteuergesetzes („EStG") jene natürlichen Personen unbeschränkt einkommensteuerpflichtig, die ihren Wohnsitz oder gewöhnlichen Aufenthalt im Inland haben (§ 1 Abs. 1 EStG), oder Staatsangehörige, die nicht unter die oben genannte Hypothese fallen, aber zu einer inländischen juristischen Person des öffentlichen Rechts in einem Dienstverhältnis stehen und dafür Arbeitslohn aus einer inländischen öffentlichen Kasse beziehen (§ 1 Abs. 2 EStG). Ebenso sieht § 2 des Erbschaftsteuer- und Schenkungsteuergesetzes (ErbStG) vor, dass die Steuerpflicht eintritt, wenn sich der Erblasser zur Zeit seines Todes, der Schenker zur Zeit der Ausführung der Schenkung oder der Erwerber zur Zeit der Entstehung der Steuer in einer der vorgenannten Konstellationen des Einkommensteuergesetzes befindet [vgl. jeweils § 2 Abs. 1 Nr. 1 Buchst (a) bzw. (c)] oder wenn es sich um deutsche Staatsangehörige handelt, die sich nicht länger als fünf Jahre dauernd im Ausland aufgehalten haben, ohne im Inland einen Wohnsitz zu haben [§ 2 Abs. 1 Nr. 1 Buchts. (b)].

[32] Auch Beyer – von dem ich diese Idee übernommen habe – greift auf den Begriff des gewöhnlichen Aufenthalts zurück, gestaltet aber das aktive Personalitätsprinzip ausschließlich auf der Grundlage dieses Kriteriums um (wodurch die Staatsangehörigkeit entfällt). Der Ansatz von Beyer (der nicht von der Idee eines Bürgerstrafrechts ausgeht) weist weitere wichtige Unterschiede zu dem hier unterbreiteten Vorschlag auf. Unter anderem begründet er das aktive Personalitätsprinzip mit der Existenz von Auslieferungsverboten (daher wendet er es nur auf in Nicht-EU-Ländern begangene Taten an) und dehnt die Strafgewalt auf Personen aus, die ihren gewöhnlichen Aufenthalt erst nach der Tat begründen. Vgl. *Beyer*, Personelle Strafgewalt, S. 365–367.

aufgrund der zunehmenden Anerkennung des aktiven Domizilprinzips in der Staatenpraxis weitgehend ausgeräumt werden, sondern auch, weil hier (wie noch gezeigt wird) die Anwendung dieses Prinzips nur in Kombination mit dem Schutz- bzw. passiven Personalitätsprinzip befürwortet wird.

Es liegt auf der Hand, dass es den Rahmen dieser Arbeit sprengen würde, Begriffe wie „Wohnsitz" oder „gewöhnlicher Aufenthalt" mit präzisem Inhalt zu versehen. Allerdings könnten hier die Steuergesetze und -rechtsprechung eine wertvolle Stütze sein. So kommen beispielsweise im Steuerrecht formalen Aspekten wie der Anmeldung der Wohnung oder einem Aufenthalt von mehr als sechs Monaten eine wichtige Indizienkraft zu. Entscheidend sind jedoch die tatsächlichen Umstände, die eine materielle Verbindung belegen (wie etwa Innehabung und Nutzung der Wohnung oder der Verzicht auf die Sechs-Monats-Frist bei einem Aufenthalt zu ausschließlich privaten Zwecken).[33]

Nachdem nun geklärt ist, wann ein im Ausland handelndes Individuum als Teilbürger (und somit als Mitwirkungspflichtiger) angesehen werden kann, bleibt noch die Prüfung der dritten Voraussetzung für die Ausgestaltung des aktiven Personalitätsprinzips nach den Erfordernissen des Bürgerstrafrechts, d.h. die Feststellung, wann eine solche Auslandstat als Angriff auf die Freiheitsordnung des Forumsstaates (und somit als eine straflegitimierende Mitwirkungspflichtverletzung) verstanden werden kann. Wie bereits bei der Analyse des Strafanwendungsrechts in *Pawliks* Modell dargelegt, ist diese Voraussetzung im Falle einer Kombination mit dem Schutzprinzip, d.h., wenn der Teilbürger ein „vitales Interesse seines Staates" angreift, fraglos vorhanden.[34] Folglich ist es ganz unproblematisch, wenn Deutschland eine im Inland ansässige Person bestraft, die einen terroristischen Anschlag auf die deutsche Botschaft in Tansania plant. Der Leser wird sich hier jedoch an den bei der Erörterung des Schutzprinzips vorge-

---

[33] Dies ergibt sich unmissverständlich aus dem Wortlaut der §§ 8 und 9 der Abgabenordnung (AO), so dass deren Wiedergabe ausreicht. Laut § 8 AO: „Einen Wohnsitz hat jemand dort, wo er eine Wohnung unter Umständen innehat, die darauf schließen lassen, dass er die Wohnung beibehalten und benutzen wird". Nach § 9 AO: „Den gewöhnlichen Aufenthalt hat jemand dort, wo er sich unter Umständen aufhält, die erkennen lassen, dass er an diesem Ort oder in diesem Gebiet nicht nur vorübergehend verweilt. Als gewöhnlicher Aufenthalt im Geltungsbereich dieses Gesetzes ist stets und von Beginn an ein zeitlich zusammenhängender Aufenthalt von mehr als sechs Monaten Dauer anzusehen; kurzfristige Unterbrechungen bleiben unberücksichtigt. Satz 2 gilt nicht, wenn der Aufenthalt ausschließlich zu Besuchs-, Erholungs-, Kur- oder ähnlichen privaten Zwecken genommen wird und nicht länger als ein Jahr dauert". Vgl. ebenfalls *Koenig*, Koenig AO⁴, § 9, Rn. 10: „Die Sechsmonatsfrist ist für die Beurteilung im Rahmen des § 9 S. 1 nur eine Richtschnur. Entscheidend ist vielmehr, ob der Stpfl. nach den Gesamtumständen des Einzelfalles den persönlichen und geschäftlichen Lebensmittelpunkt dauerhaft ins Inland oder Ausland verlegt hat".

[34] Vgl. Teil II D V 3.

brachten Vorwurf erinnern, dass dieses an einer erheblichen Unbestimmtheit leidet.[35] Dieser Punkt ist sicherlich heikel, aber aus dem nachstehend zu erläuternden Grund[36] lohnt es sich nicht, an dieser Stelle darauf einzugehen, sodass seine Behandlung bis zur Analyse der Legitimation des Staates zur Anwendung von Präventivmaßnahmen bei alleinigem Vorliegen des Schutzprinzip verschoben wird.[37]

Demgegenüber stellen die von Teilbürgern begangenen Auslandstaten, die in keiner Weise die Interessen des Staates verletzen (z. B. ein Deutscher begeht eine Körperverletzung gegen einen Russen in Russland oder eine Steuerhinterziehung, das ausschließlich sein Wohnsitzland Bolivien betrifft), keinen Verstoß gegen die Mitwirkungspflicht (in diesen Beispielen: mit Deutschland) dar, so dass die deutsche Strafgewalt nicht auf diese Fälle ausgedehnt werden kann.[38] Ebenso wenig könnte Deutschland seine Maßnahmengewalt auf diese Konstellationen erstrecken, da der Zweck (und die Begründung) der Präventivmaßnahmen darin besteht, den Staat vor schweren Aggressionen zu schützen, während in diesen Fällen überhaupt keine Aggression gegen Deutschland vorliegt. Liegt also als einziger völkerrechtlicher Anknüpfungspunkt das aktive Personalitätsprinzip vor (ohne Kombination mit anderen Grundsätzen, die eine Interessenverletzung voraussetzen, wie dem Schutzprinzip oder dem passiven Personalitätsprinzip), so könnte der Staat höchstens – unter den strengen Bedingungen, die bereits angesprochen wurden und die nachfolgend kurz wiederholt werden – derivative Strafgewalt anwenden.[39]

---

[35] Siehe Teil I D IV 2.

[36] Hier wird die Legitimität des Staates zur Bestrafung bei einer Kombination aus aktivem und passivem Personalitätsprinzip verteidigt. Demnach *qui potest plus, potest minus*.

[37] Siehe unten Teil III D III.

[38] Im selben Sinne *Steiner*, Theoretical Inquiries in Law 5 (2004), 204: „Surely extraterritorial reach of the criminal law appears justified as applied to citizens' conduct abroad that violates traditional duties to their states – treason, tax fraud, or failure to respond to a court summons, for example. But sometimes it reaches conduct that does not involve basic citizen-state relations or touch basic state interests, such as the murder abroad of a foreign national by a citizen". Zu weit geht deshalb *Berner* (Wirkungskreis, S. 132 f.), wenn er in jeder Auslandstat, auch wenn sie sich nur gegen ausländische Staaten oder Personen richtet, eine Verletzung der Bürgerpflicht sieht. Ähnlich wie Berner hat auch Duff mich darauf hingewiesen, dass es seiner Ansicht nach gute Gründe dafür gebe, jede von einem Bürger begangene Auslandstat als Beeinträchtigung der Interessen seiner Gemeinschaft anzusehen. Dies scheint im Einklang mit der weit gefassten Definition von „our business" zu stehen, die Duff zur Rechtfertigung des passiven Personalitätsprinzips verwendet. Darüber kann man natürlich streiten, aber mir scheint, dass die Berücksichtigung solcher Interessen als Grundlage für die Ausweitung des staatlichen *ius puniendi* die Gefahr in sich birgt, ihm jede normative Schranke zu nehmen.

[39] Diese strengen Voraussetzungen der Ausübung derivativer Strafgewalt wurden in Teil I D VI 1 behandelt und werden in Teil III D IV näher erörtert.

II. Originäre Strafgewalt bezüglich (Teil-)Bürgern 433

Zwischen den beiden diskutierten Szenarien (aktives Personalitätsprinzip in Kombination mit dem Schutzprinzip und aktives Personalitätsprinzip isoliert) gibt es eine Grauzone, die aus den Fällen besteht, in denen die Auslandstaten von Teilbürgern zwar den Zustand der Freiheitlichkeit beeinträchtigen, aber in geringerem Maße, ohne dessen Funktionsfähigkeit ernsthaft zu gefährden. In diesen Fällen – die eine Kombination aus aktivem und passivem Personalitätsprinzip darstellen – lässt sich die folgende allgemeine Richtlinie formulieren: Es liegt nahe, dass der Staat von seinen Teilbürgern den Verzicht auf die Schädigung von Interessen des politischen Gemeinwesens oder seiner Mitglieder[40] im Ausland verlangen kann, auch wenn es sich dabei nicht um vitale Interessen des Staates handelt.[41] Hier muss der oben angesprochene weniger strenge Maßstab für die Feststellung einer Beeinträchtigung der Freiheitsordnung angewendet werden, der für die Mitwirkungspflichtigen gilt, und nicht der strengere, der für Externe gilt.[42] Das Ergebnis dieser Schlussfolgerung wirkt erfreulich, wenn es darum geht, Deutschlands Legitimität zur Bestrafung eines Deutschen, der einen anderen Deutschen in Burundi tötet, zu behaupten, aber es ist sicherlich weniger attraktiv, wenn es im selben Beispiel um Diebstahl statt um Mord geht. Es ist jedoch schwierig, hier eine Grenze zu ziehen, wie in allen Fällen, in denen es um eine Bewertung der Bedeutung der zu schützenden Interessen geht. Vereinfacht ausgedrückt lässt sich der Rückgriff auf eine Kombination aus aktivem und passivem Personalitätsprinzip mit dem Bürgerstrafrecht vertragen. Unbeschadet dessen erscheint es aus einer Reihe anderer zwingender Gründe (Achtung des Schuldprinzips, Vermeidung von Jurisdiktionskonflikten, Vermeidung einer Überlastung der Justiz mit Strafverfolgungen von geringer Relevanz) durchaus

---

[40] Es spricht auch nichts dagegen, dass der Staat auf eine Kombination des aktiven Personalitätsprinzips mit dem passiven Domizilprinzip (anstelle dem passiven Staatsangehörigkeitsprinzip) zurückgreift. Die Völkerrechtsmäßigkeit dieser Kombination ist wegen des Vorhandenseins des aktiven Personalitätsprinzips unproblematisch.

[41] In der deutschen Literatur des 19. Jahrhunderts war die Debatte darüber, ob der Staat im Falle einer Kombination von aktivem und passivem Staatsangehörigkeitsprinzip bestrafen könnte, einer der zentralen Streitpunkte auf dem Gebiet des Strafanwendungsrechts. *Abegg* sprach sich dagegen aus (Über die Bestrafung, S. 38 f.) und behauptete, dass der Staat nur im Falle einer Kombination von aktivem Staatsangehörigkeitsprinzip und Schutzprinzip zur Bestrafung berechtigt sei (S. 41). Demgegenüber argumentierte *Berner* (Wirkungskreis, S. 128–132, m. w. N.) zutreffend für die staatliche Strafgewalterstreckung in einem solchen Fall: „Und diesen Rechten des Inländers, deren er sich im Auslande nur auf Grund seines fortdauernden Unterthanenverhältnisses und Staatsbürgerthums bezüglich seines Heimathstaates erfreut, sollen keine Pflichten entsprechen? Es sollte erlaubt sein, die Gesetze desselben Staates im Auslande zu verletzen, dem man Schutz, Beistand und Geltung im Auslande verdankt?".

[42] Zu diesen beiden unterschiedlichen Maßstäben für Bürger und Externe, wenn es darum geht, wann eine Auslandstat als Verletzung der Freiheitsordnung angesehen werden kann, siehe Teil III D I oben.

wünschenswert, diese allgemeine Regel nur für Verbrechen einer gewissen Schwere zu etablieren oder die Strafgewaltausübung davon abhängig zu machen, dass die Tat nicht vom Tatortstaat verfolgt worden ist.[43]

Kurzum: Die Erstreckung der originären Strafgewalt kann nur in bestimmten Konstellationen des Territorialitäts- und des aktiven Personalitätsprinzips erfolgen. Dabei handelt es sich um folgende Fälle: (i) das Territorialitätsprinzip im engeren Sinne (Handlung und Erfolg im Inland); (ii) das Handlungsortsprinzip; und (iii) das aktive (materielle) Personalitätsprinzip, allerdings nur in Kombination mit dem Schutzprinzip oder dem passiven Personalitätsprinzip. In allen anderen Fällen darf der Staat lediglich seine originäre Maßnahmengewalt oder abgeleitete Sanktionsgewalt ausüben oder er muss – wenn keine der vorgenannten Alternativen zur Verfügung steht – von der Ausdehnung seiner Sanktionsgewalt absehen. Entsprechend der im vorigen Kapitel vorgeschlagenen Reihenfolge bei der Analyse der völkerrechtlichen Prinzipien wird nun untersucht, auf welche Fälle der Staat seine originäre Maßnahmengewalt ausdehnen darf.

III. Originäre Maßnahmengewalt gegen Externe

Aus den vorstehenden Ausführungen zur Begründung der Maßnahmen gegen Externe leitet sich der Umfang der originären staatlichen Maßnahmengewalt ab.

---

[43] Ein gutes Beispiel für eine Rechtsordnung, die der hier vorgeschlagenen idealen Ausweitung des aktiven Personalitätsprinzips nahekommt, ist die chilenische Rechtsordnung. Erstens, weil diese Rechtsordnung das aktive Staatsangehörigkeitsprinzip in Kombination mit bestimmten offensichtlichen Fällen des Schutzprinzips vorsieht. So wird das aktive Personalitätsprinzip in den Fällen von Art. 6 Nr. 1 und Nr. 2 COT (einige Straftaten im Amt); Art. 6 Nr. 3 COT und Art. 1 Gesetz Nr. 5.478 (Straftaten gegen die externe Sicherheit) sowie Art. 4 Gesetz Nr. 12.927 (Straftat gegen die innere Staatssicherheit) vorgesehen. Nur bei einigen (normalerweise grenzüberschreitenden) Sexualverbrechen weicht der chilenische Gesetzgeber von diesem Gedanken ab (nämlich im Fall von Art. 6 Nr. 10 COT bei der Herstellung kinder- und jugendpornographischer Schriften, bei der kein staatliches Schutzbedürfnis vorliegt und daher die Ausweitung der Strafgewalt allein auf dem aktiven Personalitätsprinzip beruht). Und zweitens, weil diese Rechtsordnung eine allgemeine Regelung vorsieht, die die Gerichtsbarkeit auf alle Verbrechen ausweitet, die im Ausland von Chilenen gegen Chilenen begangen werden (der bereits erwähnte Art. 6 Nr. 6 COT), aber nur, wenn der Täter nach Chile zurückkehrt, ohne von der Tatortsbehörde vor Gericht gestellt worden zu sein. Das Ergebnis des hiesigen Vorschlags zur ideellen Ausdehnung der staatlichen Sanktionsgewalt weist ebenfalls – zumindest auf den ersten Blick – Ähnlichkeiten mit der Regelung des indischen Strafgesetzbuches auf. Diese Rechtsordnung sieht ein uneingeschränktes aktives Staatsangehörigkeitsprinzip und das Flaggenprinzip vor, während das Schutzprinzip nur sehr begrenzt zur Anwendung kommt und das passive Personalitäts- und das Universalitätsprinzip nicht vorgesehen sind. Vgl. Indian Penal Code, Section 4.

Wie im einschlägigen Kapitel beschrieben, beruht ihre Rechtfertigung auf dem Bedarf des Staates an einem begrenzten Schutzrecht gegen schwere, auf eine erhebliche vom Täter ausgehende Gefahr hinweisende Angriffe, um den Zustand der Freiheitlichkeit seiner Bürger aufrecht zu erhalten.[44] Die wichtigsten Konsequenzen dieser Begründung für die Rechtsetzungsgewalt des Staates werden im Folgenden analysiert. Sie decken sich weitgehend mit den Hauptkriterien, die in der Staatenpraxis (oder besser gesagt: in jenen Staaten, die eine Überdehnung ihrer Sanktionsgewalt zu vermeiden versuchen)[45] zur Beschränkung des Anwendungsbereichs des Schutzprinzips herangezogen werden, nämlich: (i) die originäre Maßnahmengewalt kann sich nur auf Angriffe auf die eigenen Interessen des Staates erstrecken; (ii) dies auch nur insofern, als die Unversehrtheit dieser Interessen für die staatliche Aufgabe der Aufrechterhaltung der Freiheitsordnung unerlässlich ist; und (iii) es sich zudem um Angriffe handelt, die für sich genommen schwerwiegend sind.[46]

Die erste Voraussetzung – dass die Tat als Angriff auf eigene Interessen des Forumsstaates verstanden werden kann – wurde bereits ausreichend untermauert. Fehlt es an diesem Erfordernis, verfügt der Staat nicht über originäre, sondern allenfalls über derivative Sanktionsgewalt (er handelt lediglich als Vertreter eines anderen sanktionsberechtigten politischen Gemeinwesens). Diese Voraussetzung ergibt sich im Übrigen unmittelbar aus der Begründung der Präventivmaßnahmen: Der Staat darf auf sie zurückgreifen, um seine eigene Freiheitsordnung zu schützen, nicht aber, um fremde Rechtsordnungen aufrechtzuerhalten.[47] Dieses Erfordernis – das offensichtlichste von allen – stellt zugleich die stärkste Schranke gegen eine Ausuferung des Schutzprinzips dar: Aus diesem Grund ist die Erstreckung des MDLEA auf von Ausländern im Ausland begangene Drogendelikte – falls das Zielland nicht die USA sind – unzulässig, ebenso wie die Ausdehnung der deutschen Strafgewalt auf die Fälschung ausländischer

---

[44] Vgl. Teil III C II 1.

[45] Es sei daran erinnert, dass Deutschland – wie in Teil I D IV 2 dargelegt – ein paradigmatisches Beispiel für einen missbräuchlichen Rückgriff auf das Schutzprinzip darstellt, indem dieses Prinzip sogar zur Ausweitung der Strafgewalt bei der Verletzung von Geschäftsgeheimnissen einiger Unternehmen mit Sitz im Ausland herangezogen wird (vgl. § 5 Nr. 7 StGB).

[46] Zu einigen dieser von der Staatenpraxis angeführten Kriterien siehe z. B. *Jeßberger*, Der transnationale Geltungsbereich, S. 257: „Bei vorsichtiger Rezeption der Staatenpraxis lässt sich der Anwendungsbereich des Staatsschutzprinzips auf dieser Grundlage anhand der folgenden drei Kriterien präzisieren: Die Tat richtet sich, erstens, gegen ein eigenes Interesse des Aburteilungsstaates. Dieses Eigeninteresse muss in zweierlei Hinsicht qualifiziert sein: Es muss einen hohen Rang haben – Beispiele bilden die Existenz, die territoriale Integrität oder die politische Unabhängigkeit des Staates – und es muss sich um ein Interesse handeln, welches typischerweise durch fremde Strafrechtsordnungen nicht geschützt ist".

[47] Vgl. Teil III C II 2.

Währungen im Ausland nicht zu rechtfertigen ist.[48] Dieser Voraussetzung kommt umso größere Bedeutung zu, als sie – wenn sie ernst genommen wird – die Anwendung originärer Maßnahmengewalt gemäß dem Universalitätsprinzip ausschließt. Selbst in den wenigen Fällen, in denen ein Verbrechen glaubhaft als „die internationale Gemeinschaft als Ganzes erschütternd" dargestellt werden kann (was nur bei den schwersten Völkerrechtsverbrechen überzeugend wirkt), lässt sich nicht argumentieren, dass ein Staat, der keinen echten Bezug zur Tat hat, den Anspruch erheben kann, diese Präventivmaßnahmen in seinem eigenen Namen anzuwenden. So kann nicht ernsthaft vertreten werden, dass Deutschland eine Präventivmaßnahme gegen einen am ruandischen Völkermord beteiligten Hutu mit der Begründung anordnen kann, dass seine Handlungen die Interessen der deutschen politischen Gemeinschaft schwer beeinträchtigt haben, wenn es keine deutschen Opfer gibt. Aus der Sicht eines Bürgerstrafrechts soll daher – wie noch zu zeigen sein wird – die staatliche Inanspruchnahme des Universalitätsprinzips auf sehr außergewöhnliche Fälle im Rahmen einer abgeleiteten Sanktionsgewalt beschränkt bleiben.[49]

Auch die zweite Voraussetzung spielt eine tragende Rolle bei der Begrenzung der staatlichen Maßnahmengewalt: Gegenstand von Präventivmaßnahmen können nur solche Auslandstaten sein, die die Funktionsfähigkeit der Freiheitsordnung stark beeinträchtigen und auf eine ernsthafte Gefährdung dieser Ordnung durch den Täter hindeuten. Demnach kommt der traditionelle Kern der dem Schutzprinzip unterliegenden Straftaten – nämlich diejenigen, die sich unmittelbar gegen den Strafgewaltstaat als solchen richten (z.B. Straftaten gegen die innere und äußere Sicherheit des Staates) – durchaus als Anlass für die Auferlegung derartiger Maßnahmen in Betracht. Da diese Straftaten oft im Tatortstaat nicht tatbestandmäßig sind, ist dies eines der möglichen Kriterien zur Abgrenzung des Schutzprinzips: Das Prinzip sollte, so das Argument, nur auf Straftaten Anwendung finden, die gewichtige Interessen des Forumsstaates berühren, welche aber vom Tatortstaat nicht geschützt werden.[50] Beispielsweise könnte Deutschland gegen einen Namibier eine Maßnahme ergreifen, der geheimdienstliche Tätigkeiten gegen Deutschland in Namibia ausübt (da Namibia eine solche Handlung gegen Deutschland wahrscheinlich nicht unter Strafe stellen wird), nicht aber gegen einen Namibier, der in Namibia einen Mord an einem Deutschen begeht, da ein solches Verhalten in Namibia strafbar ist.

---

[48] Zur Erstreckung der US-Strafrechtsetzungsgewalt auf im Ausland begangene Drogendelikte anhand MDLEA siehe Teil I D IV 3 und Teil II B II 3. Zur deutschen Strafrechtsetzungsgewalt bei Geldfälschungsdelikten, siehe Teil I D IV 2.
[49] Vgl. hierzu Teil III D IV 2.
[50] Siehe hierzu Teil I D IV 2.

III. Originäre Maßnahmengewalt gegen Externe 437

Dieses Kriterium ist jedoch zu restriktiv. Wenn derselbe namibische Staatsangehörige große Mengen an Drogen oder Waffen von Namibia nach Deutschland schickt, in Namibia Euro fälscht oder Teil eines Schleusernetzwerkes nach Deutschland ist, wird dieses Verhalten höchstwahrscheinlich in Namibia strafbar sein. Es handelt sich jedoch um gravierende Taten, die, wenn nicht gegen den deutschen Staat an sich gerichtet sind, so doch zumindest eine schwere Schädigung seiner Fähigkeit, eine funktionierende Freiheitsordnung zu gewährleisten, in Kauf nehmen und die prinzipiell auf eine hohe Gefährlichkeit des Täters hinweisen. Es erscheint also unerlässlich, dass für den Fall, dass Namibia (aus welchen Gründen auch immer) nicht willens oder in der Lage ist, diesbezügliche Strafen zu verhängen, Deutschland diese Art von Taten als Anlass für die Anwendung von Maßnahmen vorsehen kann. Folglich bedarf es einer Umformulierung des oben genannten Kriteriums des „Nicht-Schutzes": Die Inanspruchnahme des Schutzprinzips ist nicht nur bei Angriffen angebracht, die die Funktionsfähigkeit der Freiheitsordnung des Forumsstaates beeinträchtigen, die im Tatortstaat nicht strafbar sind, sondern grundsätzlich auch dann, wenn der Tatortstaat auf eine Verletzung dieser Art von Interessen nicht mit einer Strafe reagieren kann bzw. will.

Aus dieser zweiten Voraussetzung geht ebenfalls klar hervor, dass von Externen begangene Angriffe auf individuelle Rechtsgüter der Bürger des Forumsstaates im Ausland (selbst besonders schwerwiegende wie Mord oder Vergewaltigung) in der Regel keine Maßnahmen rechtfertigen, da sie die Fähigkeit des Staates, seinen Bürgern auf seinem Staatsgebiet weiterhin eine wirksame Freiheitsordnung zu bieten, kaum in Frage stellen können. Weder ein Raub, noch eine Entführung, noch eine schwere Körperverletzung an einem Deutschen, die von einem Namibier in Namibia begangen werden, können als ein potenziell die deutsche Freiheitsordnung destabilisierender Angriff aufgefasst werden. Wenn irgendjemand die Legitimität hat, ein solches Verbrechen zu bestrafen, dann ist es Namibia: Jedes andere Land, das keine politische Bindung zum Täter hat, kann höchstens abgeleitete Sanktionsgewalt ausüben. Hier zeigt sich, wie die Verwendung eines strengeren Maßstabs dessen, was als Beeinträchtigung der Freiheitsordnung gilt, wenn der Angriff von einem Externen begangen wird, dazu führt, dass die Erstreckung der Maßnahmengewalt nach dem passiven Personalitätsprinzip völlig ausscheidet. Eine summarische Prüfung anderer untersuchter Voraussetzungen der Präventivmaßnahmen untermauert die Verwerfung des passiven Personalitätsprinzips. Die Berufung auf diesen Grundsatz würde insbesondere Tür und Tor für die Auferlegung untauglicher Maßnahmen zum Schutz der Freiheitsordnung öffnen, da es sich um Fälle handelt, in denen der Täter sehr wahrscheinlich nicht einmal die Staatsangehörigkeit bzw. den Wohnsitz des Opfers kennt (und damit auch nicht weiß, welche Freiheitsordnung er "angreift") bzw. diese Tatsache bei der Begehung der Straftat überhaupt keine Rolle spielt. Daraus folgt, dass die einschlägige Vorschrift kein Orientierungsmuster für den Täter bietet, weshalb der von ihr angestrebte Schutz nur illusorisch ist.[51] Dies ist beispielsweise der Fall, wenn ein Japaner einen Deutschen in Tokio beraubt. Erkennbar ist dies anders, wenn sich derselbe Täter an einer terroristischen Vereinigung beteiligt, die einen Anschlag in Berlin plant. In diesem Fall wird er aller Wahrscheinlichkeit nach wissen, dass er dadurch die deutsche Freiheitsordnung als solche beeinträchtigt.[52]

Das dritte Erfordernis – dass es sich um eine Straftat handeln soll, die für sich genommen als schwerer Angriff zu werten ist, ähnlich wie diejenigen, die die Anordnung der Sicherungsverwahrung ermöglichen – ergibt sich ebenfalls unmittelbar aus der Begründung und den Grenzen für die Auferlegung dieser Sanktionen. Dazu gehört u. a. die Tatsache, dass leichtere Taten in der Regel seltener auf eine hohe Gefährlichkeit des Täters hindeuten, sowie der Ausnahmecharakter dieser Sanktionen, die nicht gegenüber dem von ihnen Betroffenen, sondern nur durch Berufung auf kollektive Erwägungen legitimiert werden können. Außerdem ist dieses Erfordernis – ebenso wie das vorhergehende – mit dem bereits erwähnten erhöhten Maßstab für die Feststellung eines Verstoßes gegen die Freiheitsordnung verbunden, wenn der Angreifer ein Externer ist.

So sind z. B. in Fällen wie einer falschen uneidlichen Aussage oder eines Meineides vor einem ausländischen Gericht, wenn die Falschaussage im Zusammenhang mit einem deutschen Verfahren steht (ein nach § 5 Nr. 10 StGB dem Schutzprinzip unterliegender Fall) oder in Fällen von Falschaussagen in Visumanträgen von Ausländern bei Konsularbehörden im Ausland (ein Fall, für den viele Rechtsordnungen – notorisch die USA – den Schutzgrundsatz vorsehen) zwar die ersten zwei oben aufgeführten Erfordernisse gegeben (es handelt sich um Angriffe auf eigene Interessen des Staates und um die Beeinträchtigung von Interessen, deren Integrität für die Aufrechterhaltung einer funktionierenden Freiheitsordnung unerlässlich ist), nicht aber das dritte, da es sich grundsätzlich nicht um besonders schwere Straftaten handelt.[53] Das soll nicht heißen, dass der Staat in solchen Fällen überhaupt nicht reagieren kann (der Externe kann ggf. mit

---

[51] In diesem Sinne *Gärditz*, Weltrechtspflege, S. 371.

[52] Die Vorhersehbarkeit einer möglichen Sanktion durch den Strafgewaltstaat für den Täter ist häufig als Unterschied zwischen dem Schutzprinzip (wo er wisse, dass er ein mit diesem Staat verbundenes Interesse angreift) und dem passiven Personalitätsprinzip (wo er sich dessen nicht bewusst sei) angesehen. Dies ist jedoch ein mangelhaftes Kriterium, das zu unbefriedigenden Lösungen führt. Jemand, der an einer weltweit tätigen Waffenhandelsorganisation beteiligt ist, mag nicht wissen, wo einige der Waffen, an deren Handel er teilnimmt, schließlich landen, wohingegen jemand ein Opfer aufgrund seiner Staatsangehörigkeit ermorden kann. Deshalb soll diesem Kriterium keine allzu große Bedeutung eingeräumt werden.

[53] Diese Voraussetzung ist anfälliger für Willkür als die vorherigen. Sie kann jedoch in

strengen Verwaltungssanktionen belegt werden), aber jede freiheitsentziehende Sanktion in Form von Strafen oder Maßnahmen sollte vom Tisch sein.[54]

Wie sähe denn die Konfiguration der originären Maßnahmengewalt des Staates im Überblick aus? Idealerweise sollte es eine (kurze) Liste von Straftaten geben, die als Anlass für diese Maßnahmen dienen können, ähnlich wie es § 5 StGB für die dem Schutzprinzip unterliegenden Tatbestände vorsieht.[55] Dieser Katalog sollte zweifellos den traditionellen Kern von dem Schutzprinzip unterfallenden Straftaten enthalten, die sich direkt gegen den Strafgewaltstaat selbst richten. Ansonsten sollte die Liste nur Straftaten enthalten, die unmittelbar eigene Interessen des bestrafenden Gemeinwesens beeinträchtigen (daher kann das Universalitätsprinzip nicht zur Erstreckung der originären Maßnahmengewalt des Staates herangezogen werden), deren Unversehrtheit ferner für eine funktionierende Freiheitsordnung des Forumsstaates erforderlich ist (daher können keine Präventivmaßnahmen für Angriffe auf individuelle Rechtsgüter von Mitgliedern des Gemeinwesens im Ausland auferlegt werden und deshalb kann die originäre Maßnahmengewalt des Staates nicht auf das passive Personalitätsprinzip gestützt werden)[56] und es muss sich außerdem um Angriffe handeln, die an sich schwerwiegend sind (d h. die Präventivmaßnahmen können nicht auf Externe angewandt werden, die Auslandstaten gegen die Rechtspflege begehen, wie etwa Falschaussagen in Strafverfahren wegen Diebstahls). Selbstverständlich lässt sich nicht genau bestimmen, welche Straftaten alle diese Parameter erfüllen, aber meist handelt es sich um grenzüberschreitende Straftaten, die Gegenstand von völkerrechtlichen Verträgen zur Bekämpfung der organisierten Kriminalität sind, wie etwa Drogen- oder Waffenhandel, Geldfälschung, Wettbewerbsdelikte, schwere Fälle von Kapitalmarktkriminalität oder strukturelle Korruption. Beson-

---

Kombination mit den oben genannten Erfordernissen nützlich sein, um eindeutige Fälle (wie die oben erwähnte Angabe falscher Informationen im Visumverfahren) aufzulösen.

[54] Beispielsweise könnte einem Ausländer, der beim Konsulat im Ausland zur Erlangung eines Visums lügt, die Einreise in das Staatsgebiet auf Lebenszeit untersagt und eine hohe Geldstrafe verhängt werden.

[55] Dies ist einer der (wenigen) positiven Aspekte der Regulierung des Strafanwendungsrechts im deutschen StGB. Andere Rechtsordnungen begnügen sich dagegen mit äußerst unbestimmten Klauseln, um den Schutz- oder Auswirkungsgrundsatz umzusetzen. Ein paradigmatisches Beispiel im letztgenannten Sinne ist der Art. 1 Nr. 1 des argentinischen StGB, wonach seine Vorschriften auf Straftaten anwendbar sind, die im Inland begangen werden oder „deren Auswirkungen im Inland eintreten müssen". Dennoch ist der Umfang des argentinischen Strafanwendungsrechts im Allgemeinen viel enger als der des deutschen.

[56] Diese Schlussfolgerung ist jedenfalls wenig brisant, denn die Zurückweisung der Erstreckung der staatlichen Sanktionsgewalt nach dem passiven Personalitätsprinzip scheint von vielen Autoren geteilt zu werden, die sich mit den Schranken des Strafanwendungsrechts aus rechtsstaatlichen bzw. strafrechtlichen Überlegungen beschäftigt haben (auch von solchen, denen der Gedanke eines Bürgerstrafrechts völlig fremd ist). Vgl. hierzu Teil I D III 1.

ders wichtig ist die Einfügung einer Klausel, wonach der Staat keine Maßnahmen ergreifen darf, wenn die Tat bereits von einem anderen Staat abgeurteilt wurde oder abgeurteilt werden wird, der nach den Grundsätzen der Territorialität oder der aktiven Personalität eine Strafe verhängen kann (aufgrund der Subsidiarität der Maßnahmen gegenüber den Strafen).

Darf der Staat seine Strafgewalt oder seine Maßnahmengewalt gemäß den obigen Ausführungen nicht erstrecken, so kann er nur auf abgeleitete Sanktionsgewalt als Vertreter eines anderen Staates bzw. Gemeinwesens zurückgreifen, der bzw. das originäre Sanktionsgewalt besitzt. In welchen Fällen der Staat eine solche derivative Sanktionsgewalt nach dem hiesigen Modell des Bürgerstrafrechts ausüben könnte, wird im folgenden Unterabschnitt erörtert.

IV. Derivative Sanktionsgewalt

1. Die stellvertretende Sanktionsgewalt: Rechtshilfe gegenüber einem originär sanktionsberechtigten Staat

Die Ausgestaltung der abgeleiteten Sanktionsgewalt nach dem vorliegenden Deutungsmodell des Strafrechts soll notwendigerweise restriktiv ausfallen, denn sie unterliegt dem Spannungsverhältnis, die zwischen der Idee einer derivativen Sanktionsgewalt und dem Grundgedanken eines Bürgerstrafrechts besteht. In einer Welt mit mehreren Staaten, einer wachsenden Zahl von inter- oder transnationalen Straftaten und steigender grenzüberschreitenden Einwanderung erweist sich das internationale Rechtshilferecht zwar als unerlässlich für die Funktionsfähigkeit der staatlichen Justizsysteme. Von daher die Vielzahl von Verträgen zur Auslieferung, Beweisaufnahme im Ausland oder sogar Vollstreckung ausländischer Urteile u.a. Aber sind diese Aspekte vergleichbar mit einer Aburteilung eines Täters im Namen eines anderen dazu berechtigten Staates?[57] Widerspricht dies nicht der Leitidee des Bürgerstrafrechts, d.h. das *ius puniendi* auf die der Tat vorausgehende politische Bindung zwischen Forumsstaat und Normadressat bzw. Täter zu stützen? Wie sich der Leser erinnern wird, besteht das Wesen des Bürgerstrafrechts darin, den relationalen Charakter der strafrechtlichen Verantwortlichkeit zu bekräftigen, was sich in einer dringenden Frage nach der Legitimität des strafverfolgenden Staates äußert. Folglich birgt allein schon das Kon-

---

[57] Ebenso wie in Teil I D VI 1 wird an dieser Stelle nicht erörtert, ob die stellvertretende Rechtspflege in der Völkergemeinschaft genug Anerkennung genießt, um ein völkerrechtlicher Grundsatz zu sein. Hier wird von einer solchen Völkerrechtskonformität ausgegangen, und die Analyse beschränkt sich darauf, wie die abgeleitete Sanktionsgewalt gestaltet werden sollte, damit sie mit dem hiesigen Modell des Bürgerstrafrechts harmoniert.

zept einer „derivativen Sanktionsgewalt" das Potenzial, die beschriebene Auffassung zunichtezumachen, wenn es nicht sachgerecht eingeschränkt wird.

Die Vereinbarkeit der stellvertretenden Rechtspflege mit einem Bürgerstrafrecht ist nur dann möglich, wenn jene nur auf solche Ausnahmefälle beschränkt ist, in welchen der zur Ausübung originärer Sanktionsgewalt berechtigte Staat dazu faktisch bzw. rechtlich nicht in der Lage ist; wenn der Vertreterstaat die Sanktionsgewalt wirklich im Namen und im Interesse des originär dazu legitimierten Staates ausübt (es sei daran erinnert, dass dieses Erfordernis bereits aus dem Konzept einer „stellvertretenden Rechtspflege" hervorgeht);[58] und wenn auch die Belange der von der Sanktion betroffenen Person bestmöglich Berücksichtigung finden. Nachfolgend wird auf diese drei Punkte näher eingegangen.[59]

Zunächst ist zu beachten, dass die derivative Sanktionsgewalt, wie bereits erwähnt, sowohl gegenüber der originären Strafgewalt als auch gegenüber der originären Maßnahmengewalt subsidiär sein muss. Anders ausgedrückt: ein Staat kann keine stellvertretende Rechtspflege ausüben, wenn es einen anderen Staat gibt, der originäre Sanktionsgewalt besitzt und bereits eine Sanktion auferlegt bzw. eine diesbezügliche (ernste) Absicht bekundet hat. Dieser subsidiäre Charakter darf auch nicht dadurch unterlaufen werden, dass ein originär zur Sanktion berechtigter Staat, der dazu auch in der Lage ist (z.B., weil sich der Täter auf seinem Territorium befindet), es vorzieht, seine Sanktionsgewalt einem anderen Staat zu übertragen (mögliche Motive hierfür wären geopolitischer Druck, Optimierung der Kompetenzverteilung, Erhöhung der Wahrscheinlichkeit einer Verurteilung oder das Aushandeln von Vorteilen). Andernfalls würde die abgeleitete Strafgewalt der zivilrechtlichen Abtretung (Übertragung von Ansprüchen) ähneln: Dadurch ließen sich mutmaßliche Täter in Länder einliefern, zu denen sie (oder ihre Taten) keinerlei Bindung haben, wodurch die Frage nach der Legitimation der verantwortungszuweisenden Instanz völlig bedeutungslos würde.[60]

---

[58] Deshalb wurde dieser Punkt in Teil I D VI bereits ausführlich behandelt. Um Wiederholungen zu vermeiden, wird hier versucht, auf der Grundlage der dortigen Überlegungen aufzubauen.

[59] Die nachfolgende Analyse stützt sich weitgehend auf den bereits erwähnten Teil I D VI sowie auf das Werk von *Pappas*, Stellvertretende Strafrechtspflege.

[60] Im selben Sinne *Köhler*, JRE 11 (2003), S. 463: „Das Zuständigkeitsregime ist deshalb im internationalen Bezug nicht beliebig...So könnte offensichtlich die Gerichtsbarkeit eines Staates über seine Bürger für alle möglichen auch innerstaatlichen Delikte nicht verträglich auf einen anderen Staat oder ein internationales Gericht übertragen werden". Siehe hingegen *Pappas*, Stellvertretende Strafrechtspflege, S. 222, die keine Bedenken gegen die Einlieferung des Täters in das Inland zur Strafverfolgung hätte, solange dies mit der Zustimmung des zur Bestrafung originär berechtigten Staates geschieht. In der Praxis hat sich eine verwandte Situation ergeben, wenn Staaten den IStGH ersuchen, auf ihrem eigenen Territorium zu ermitteln (sog. „Staateneigenüberweisungen", vgl. hierzu *Ambos*, Internationales Strafrecht, § 8, Rn. 7).

Ein solches Szenario wäre der Todesstoß für die Idee einer relationalen strafrechtlichen Verantwortlichkeit und folglich für das Bürgerstrafrecht. Im Gegensatz dazu sollte die Ausübung derivativer Strafgewalt auf die Fälle beschränkt werden, wo ein zur Auferlegung einer Sanktion originär legitimierter Staat, der dies auch tun will, nicht dazu imstande ist, üblicherweise weil sich der angebliche Täter in einem anderen Land aufhält, das ihn gemäß seiner eigenen Rechtsordnung nicht ausliefern kann.

Diesem erfolglosen Auslieferungsersuchen kommt eine grundlegende Rolle bei der Begründung der stellvertretenden Rechtspflege zu,[61] da es die Manifestation *par excellence* ihrer zweiten oben angeführten Anwendungsvoraussetzung ist, nämlich des Vorliegens eines konkret-realen Interesses des originär zur Sanktion berechtigten Staates.[62] Dadurch lässt sich vermeiden, dass ein Staat, der vorgibt, stellvertretend für einen anderen zu handeln, sich auf eine angebliche „abstrakte Solidarität" à la *Oehler* beruft, die nichts anderes als ein Vorwand zum Schutz eigener Interessen ist, wobei das Legitimationsdefizit durch die Berufung

---

Der Unterschied besteht darin, dass der IStGH im Falle von Verbrechen des Römischen Statuts – wie im nächsten Abschnitt erläutert wird – über originäre Maßnahmengewalt verfügt, so dass in einem solchen Fall keine unzulässige Übertragung der Zuständigkeit vorliegt, sondern lediglich ein Verzicht auf die Ausübung originärer Strafgewalt, die Vorrang vor der Maßnahmengewalt des IStGH hat.

[61] Aus diesem Grund können – wie in Teil I D VI 2 dargelegt – *aut dedere aut iudicare*-Klauseln nur dann eine stellvertretende Rechtspflege begründen, wenn beide Pflichten (zur Auslieferung und zur Aburteilung) in einem Stufenverhältnis stehen, wobei die Auslieferung Vorrang hat. Siehe auch *Pappas*, Stellvertretende Strafrechtspflege, S. 192 ff., die für einen strengeren Vorrang der Auslieferung *de lege ferenda* in § 7 Abs. 2 Nr. 2 plädiert, damit die Vorschrift einem völkerrechtlich legitimen Prinzip der stellvertretenden Rechtspflege (und nicht einem illegitimen Ergreifungsortprinzip) gerecht wird. Jedenfalls lässt sich die Völkerrechtswidrigkeit des Ergreifungsortprinzips nicht ohne weiteres behaupten. Siehe z. B. *Jeßberger*, Der transnationale Geltungsbereich, S. 284–286, der seine Völkerrechtsmäßigkeit für ausreichend begründet hält.

[62] Zwar spricht aus Sicht des hier vorgestellten Modells nichts gegen die Ausübung derivativer Strafgewalt im Namen eines jeden Staates mit originärer Sanktionsgewalt (ebenso *Jeßberger*, Der transnationale Geltungsbereich, S. 268), doch kann es gute Gründe geben (z. B. zur Vermeidung von Kompetenzkonflikten), sie nur auf die Vertretung bestimmter Staaten zu beschränken, beispielsweise nur auf diejenigen, die über originäre Strafgewalt verfügen (und nicht auf solche mit originärer Maßnahmengewalt) oder eventuell nur auf den Tatortstaat (im letzteren Sinne *Pappas*, Stellvertretende Strafrechtspflege, S. 224 f.). An dieser Stelle sei daran erinnert, dass es sich bei dem vorliegenden Vorschlag nur um eine Strafgewaltermöglichungstheorie handelt (es geht lediglich darum, die ideale Obergrenze der Strafrechtsetzungsgewalt zu bestimmen), nicht um eine Strafgewalterzwingungstheorie, weshalb es keine Schwierigkeiten bereitet, wenn die Staaten eine eingeschränktere Ausübung derivativer Sanktionsgewalt vorsehen. Dies gilt natürlich unbeschadet der möglichen völkerrechtlichen Verantwortlichkeit des ersuchten Staates aufgrund zuvor eingegangener Strafgewalterstreckungspflichten.

auf eine falsche Vertretung vertuscht wird.[63] Demnach kann die stellvertretende Rechtspflege entweder darauf basieren, dass der vertretene Staat in einem konkreten Fall subsidiär zur Auslieferung um Strafverfolgung ersucht, oder darauf, dass ein bi- oder multilateraler Vertrag sie generell als subsidiär zur Auslieferung vorsieht.[64] Im letzteren Fall ist jedoch zu beachten, dass der ersuchende Staat, wenn ein Auslieferungsersuchen im konkreten Fall scheitert, eventuell das Interesse an der Verfolgung durch den ersuchten Staat verlieren oder sich sogar widersetzen kann. Dabei „verliert" der ersuchte Staat die derivative Sanktionsgewalt (präziser ausgedrückt: sie wird ihm nicht übertragen).[65] Wenn in einem solchen Fall der ersuchte Staat, der weder ausliefern noch aburteilen kann, nicht untätig gegen eine auf seinem Territorium befindliche Person bleiben will, die er für gefährlich hält (z.B., weil das dem Auslieferungsersuchen zugrunde liegende Verbrechen besonders schwer ist), kann er eventuell auf andere Mechanismen wie die Ausweisung zurückgreifen, nicht aber auf ein falsches „Rechtshilferecht".[66]

Ein weiterer unerlässlicher Aspekt, damit die Sanktionsgewalt als im Interesse eines anderen Staates praktiziert erachtet werden kann, ist die – bereits in Teil I D VI 1 erörterte – weitestmögliche Berücksichtigung der Rechtsordnung des vertretenen Staates.[67] Wenn dies in signifikantem Ausmaß unmöglich ist, weil es gegen grundlegende Werte oder *ordre public*-Regeln des Vertreterstaats versto-

---

[63] Vgl. hierzu die im Teil I D VI 1 geschilderte „straflückenschließende Rechtspflege".

[64] Ungeachtet dessen sind Sonderfälle denkbar, bei denen der originär sanktionsberechtigte Staat direkt um die Ausübung der Sanktionsgewalt in Vertretung ersucht und nicht subsidiär zur Auslieferung. Als Beispiel sei ein lateinamerikanischer Staat genannt, der in Kenntnis der Tatsache, dass Deutschland einen in seinem Staatsgebiet anwesenden deutschen Staatsangehörigen nicht ausliefern wird, zur Beschleunigung des Verfahrens unmittelbar ein Strafverfolgungsersuchen stellt. Vgl. hierzu das Werk von *Pappas*, Stellvertretende Strafrechtspflege, S. 126 ff., die mehrere völkerrechtliche Abkommen zur Übertragung der Strafverfolgung eingehend erörtert. Dennoch wird sich das Interesse des Staates, der die originäre Legitimation zur Auferlegung einer Sanktion besitzt, in den allermeisten Fällen zuerst in einem Auslieferungsersuchen äußern, denn normalerweise wird dieser Staat die Strafverfolgung selbst durchführen wollen.

[65] Im selben Sinne *Pappas*, Stellvertretende Strafrechtspflege, S. 97 ff., die die Notwendigkeit der Willensermittlung im Einzelfall zur Vermeidung eines Verstoßes gegen das völkerrechtliche Nichteinmischungsgebot betont.

[66] Freilich wird, wie bereits in Teil I D VI 2 dargelegt, nicht viel unternommen, um die Tatsache zu verbergen, dass es sich bei Vorschriften wie § 7 Abs. 2 S. 2 gar nicht um Rechtshilferecht handelt. Sogar die Entstehungsgeschichte der Norm zeigt, dass diese Vorschrift im betreffenden Reichstagsausschuss mit dem Hinweis auf die oben beschriebene Situation wie folgt begründet wurde: „Wenn nun weder die Auslieferung noch die Ausweisung möglich sei, könnten unerträgliche Zustände im Inland entstehen" (vgl. dazu *Wegner*, FG-Frank, S. 155).

[67] Natürlich lässt sich dieses Erfordernis auch maßgeblich aus der Beachtung des Schuldprinzips ableiten: Es sei daran erinnert, dass in diesem Fall zum Zeitpunkt der Tatbegehung für

ßen würde, dann besteht die Antwort nicht darin, stattdessen eigenes Recht anzuwenden (was der Beanspruchung einer originären Sanktionsgewalt gleichkäme, für die es aber keine Legitimationsgrundlage gibt), sondern darin, die Tat nicht abzuurteilen. Eine besonders wichtige Mindestanforderung – will man ernsthaft von stellvertretender Rechtspflege sprechen – ist die Einhaltung des Grundsatzes der *lex mitior*. Dies ergibt sich unmittelbar aus dem Wesen einer abgeleiteten Sanktionsgewalt. Es wäre höchstwidersprüchlich, wenn der Forumsstaat härter bestrafen könnte als die Rechtsordnung des vertretenen Staates, wenn die Rechtsordnung des Letzteren die *Raison d'être* der Auferlegung der Sanktion ist.[68]

Schließlich soll die Ausübung derivativer Strafgewalt im Rahmen eines Bürgerstrafrechts die Interessen des Täters nicht völlig außer Acht lassen. Zwar geht es hier oft um Fälle, in denen der Täter zum Zeitpunkt der Tatbegehung keine Verbindung zum ersuchten Staat hatte. Da es sich jedoch um den Staat handelt, in dem sich der Täter zum Zeitpunkt des Auslieferungsersuchens befindet, ist es möglich (oder sogar wahrscheinlich), dass der Täter dort wohnt und es sich somit um eine politische Gemeinschaft handelt, zu der er im Nachhinein eine politische Bindung aufgebaut hat und die er als seine eigene betrachtet. Deshalb liegt es nahe, dass der Täter während des Auslieferungsverfahrens im ersuchten Staat zumindest angehört werden soll, damit er sein Interesse daran geltend machen kann, dort – statt im ersuchenden Land – vor Gericht gestellt zu werden.[69] Selbstverständlich muss der ersuchte Staat in einem solchen Fall auch die Interessen des ersuchenden Staates abwägen: Wenn der Antrag des Täters, im ersuchten Staat abgeurteilt zu werden, als Trickserei zwecks Straffreiheit oder Strafminderung erscheint, sollte sein Gesuch abgelehnt werden. Beruht der Antrag des Täters hingegen auf seiner starken sozialen Verwurzelung im ersuchten Staat, die als vorrangig gegenüber den Interessen des ersuchenden Staates erachtet wird, kann die Auslieferung eventuell abgelehnt und stattdessen eine Strafverfolgung in Vertretung übernommen werden. Letzteres setzt jedoch voraus, dass der ersuchende Staat dieser Strafverfolgung zustimmt, andernfalls bleibt die Tat

---

den Täter überhaupt nicht vorhersehbar war, dass er vom Vertreterstaat abgeurteilt werden würde, noch war er möglicherweise mit dieser Rechtsordnung vertraut.

[68] *Pappas*, Stellvertretende Strafrechtspflege, S. 219 f. schlägt *de lege ferenda* u. a. vor, § 7 Abs. 2 Nr. 2 um folgende Klausel zu ergänzen: „Ist die Strafdrohung des Tatortrechts milder als die deutsche, so darf sie nicht überschritten werden". Noch besser wäre es, wie *Pappas* selbst betont, die stellvertretende Rechtspflege getrennt von den die originäre Strafgewalt des Staates begründenden Grundsätzen zu regeln, und zwar dort, wo sie wirklich hingehört, im IRG (Gesetz über die internationale Rechtshilfe in Strafsachen). Vgl. hierzu *Pappas*, Stellvertretende Strafrechtspflege, S. 221.

[69] Außerdem kann die Präferenz des Täters, in einem bestimmten Staat abgeurteilt zu werden, zur Lösung von Kompetenzkonflikten beitragen, wenn es zwei oder mehr Staaten mit originärer Sanktionsgewalt gibt, die gleichzeitig um Auslieferung ersuchen.

(vorerst) straffrei und das Recht des ersuchenden Staates auf Sanktionierung unangetastet.[70]

An dieser Stelle wird sich der Leser wahrscheinlich fragen, ob (und bejahendenfalls wie) die staatliche Weltrechtspflege in das vorliegende Modell des Bürgerstrafrechts passt. Wäre es also unzulässig, wenn Deutschland einen belgischen Staatsangehörigen – der keinerlei politische Bindung zu Deutschland hat – für seine Beteiligung am Völkermord in der Demokratischen Republik Kongo mit einer Sanktion belegt? Nicht unbedingt. Denn wie im nächsten Unterabschnitt erörtert wird, lässt sich die Ausübung universeller Sanktionsgewalt durch Staaten – unter bestimmten strengen Bedingungen – als Sonderfall der stellvertretenden Rechtspflege rechtfertigen.

2. Eine eingeschränkte staatliche Weltrechtspflege als Sonderfall derivativer Sanktionsgewalt

Aus dem bisher in diesem Teil III D Ausgeführten geht klar hervor, dass ein Staat „S" auf Basis des Universalitätsprinzips prinzipiell weder eine Strafe (der Täter ist ein Externer und somit kein Mitwirkungspflichtiger gegenüber „S") noch eine Maßnahme (da die Auslandstat keine für die Funktionsfähigkeit der Freiheitsordnung von „S" unverzichtbaren Interessen beeinträchtigt) auferlegen kann. Warum in diesem Fall keine Präventivmaßnahmen analog zum Schutzprinzip ergriffen werden können, gemäß der Maxime *qui potest plus* (Anwendung von Maßnahmen auf weniger schwerwiegende Taten nach dem Schutzprinzip), *potest minus* (Auferlegung von Maßnahmen auf die denkbar schwersten Verbrechen auf Grundlage des Universalitätsprinzips), wurde bereits in Teil II D V 3 und Teil III D III dargelegt.[71] Im Wesentlichen geht es bei den Präventivmaßnahmen um die Aufrechterhaltung der *eigenen* Freiheitsordnung und nicht um einen Beistand zu moralischen bzw. prospektiven politischen Gemeinschaften (vorausge-

---

[70] Der in diesem Absatz dargelegte Gedanke ist großenteils von *Pappas* (Stellvertretende Strafrechtspflege, S. 137 f. und S. 227 ff.) übernommen worden, die sogar einen konkreten Formulierungsvorschlag für eine Vorschrift zur Ausübung stellvertretender Rechtspflege in diesem Fall unterbreitet. Die Möglichkeit, eine prinzipiell zulässige Auslieferung im Hinblick auf die soziale Verwurzelung des Täters im ersuchten Staat abzulehnen, entnimmt Pappas dem schweizerischen Bundesgesetz über internationale Rechtshilfe in Strafsachen (Art. 37 Abs. 1 i.V.m. Art. 85 Abs. 2). Der Vorschlag eines Anhörungsrechts des Täters im ersuchten Staat (und sogar im ersuchenden Staat) übernimmt Pappas stattdessen aus dem Art. 8 des UN-Model Treaty on the Transfer of Proceedings in Criminal Matters (abrufbar unter: https://digitallibrary.un.org/record/105575?ln=en, abgerufen: 09.10.2023).

[71] Hier besteht – wie aus dem erwähnten Teil II D V 3 hervorgeht – ein wichtiger Unterschied zu Pawliks Vorschlag (vgl. *ders.*, FS-Schroeder, S. 385), der im beanstandeten Sinne argumentiert.

setzt, die Menschheit kann als solche verstanden werden), die ein bestimmter Staat ohnehin kaum zu vertreten beanspruchen kann.[72] Ist die einzig mögliche Schlussfolgerung also, dass Deutschland im obigen Beispiel keine Sanktion gegen den Belgier wegen seiner Beteiligung am Völkermord in der DR Kongo auferlegen kann? Zur Beantwortung dieser Frage sind zunächst einige Differenzierungen vorzunehmen.

Zunächst sei daran erinnert, dass die Beanspruchung universeller Sanktionsgewalt entweder auf dem unersättlichen Drang nach Präventionsoptimierung oder auf der Behauptung der Geltung bestimmter universeller Grundwerte, deren Verletzung die gesamte Menschheit beträfe, beruhen kann. Es ist vor allem die erste Variante – bei der der Universalitätsgrundsatz als Synonym für ein von allen Schranken befreites Schutzprinzip gilt –,[73] der eine explosionsartige Ausbreitung der staatlichen Weltrechtspflege ermöglicht hat,[74] insbesondere über die vielen multilateralen Verträge, die auf die Bekämpfung der Straflosigkeit für die darin vorgesehenen Verbrechen abzielen.[75] Vom Standpunkt des hier vorgeschlagenen Modells des Bürgerstrafrechts aus ist dieses präventionsbasierte Universalitätsprinzip (und damit fast alle derzeit in § 6 StGB vorgesehenen Anwendungsfälle) völlig unzulässig.[76] Würde man einem Staat originäre Maßnahmengewalt hinsichtlich Taten zugestehen, die die Freiheitsordnung anderer Staaten (aber nicht unmittelbar die eigene) beeinträchtigen, so würden die Präventivmaßnahmen gegen Externe ihrer wichtigsten Einschränkung beraubt, was ein Bürgerstrafrecht unplausibler machen würde.[77] Wenn Deutschland gegen einen nor-

---

[72] Im selben Sinne *Köhler*, JRE 11 (2003), S. 464 f.; ähnlich *Wegner*, FG-Frank, S. 98 und S. 102, der eine solche Vorstellung als „Imperialismus" bzw. als „Übermut der einzelmenschlichen Vernunft" bezeichnete.

[73] Siehe hierzu *Wegner*, FG-Frank, S. 132 f., der die Prinzipien des Schutzes und der Universalität als zwei Gesichter eines bloßen bzw. entseelten Sicherheitsstrafrechts konzipiert.

[74] Zu diesen beiden möglichen Grundlagen des Universalitätsprinzips und wie die erstere zu einem noch breiteren Rekurs der staatlichen Rechtsordnungen auf diesen Grundsatz geführt hat, siehe Teil I D V 2.

[75] Das Hauptaugenmerk liegt hier auf der konsensuellen Ausweitung des Universalitätsprinzips (anhand völkerrechtlicher Verträge), obwohl die gleichen Überlegungen auch für eine unilaterale Ausdehnung der Sanktionsgewalt nach demselben Prinzip gelten. Der Grund dafür liegt darin, dass im letzteren Fall die Schranken, die durch ein Bürgerstrafrecht auferlegt werden, entbehrlich sein können, weil eine solche Erstreckung der Sanktionsgewalt bereits völkerrechtswidrig oder (im deutschen Fall) verfassungswidrig sein kann. Zu letzterem Punkt siehe *Gärditz*, Weltrechtspflege, S. 349.

[76] Diese Schlussfolgerung gilt auch für die Piraterie, die in § 6 Nr. 3 StGB enthalten ist: Die Tatsache, dass ihre Verfolgung nach dem Universalitätsprinzip unstreitig Völkergewohnheitsrecht ist, verleiht ihr keine Legitimität aus der Sicht des Bürgerstrafrechts!

[77] Für nähere Einzelheiten zur Begründung und Schranken dieser Präventivmaßnahmen siehe oben Teil III C II.

wegischen Drogenhändler, der von Oslo aus Drogen in die Schweiz verschickt, Sanktionen ergreifen kann, da es das Risiko einer künftigen Drogenlieferung nach Deutschland befürchtet, oder wenn es ebenfalls eine Sanktion gegen einen Norweger auferlegen kann, der Schweizer Franken in Oslo verfälscht, aus Furcht, dass er in Zukunft auch Euro fälschen könnte, dann würde das Bürgerstrafrecht zu einem reinen Etikettenschwindel, bei dem die Staaten eine freiheitsentziehende Maßnahme auf jede beliebige Tat eines jeden als Bedrohung wahrgenommenen Individuums anwenden könnten, indem das Label der Sanktion einfach von „Strafe" in „Präventivmaßnahme" umgewandelt wird.

An dieser Stelle erscheint es nötig, noch einmal Folgendes zu betonen: Die Feststellung, dass Deutschland einen tschadischen Schleuser, der Personen aus dem Tschad nach Libyen einschleuste, keine Sanktion auferlegen kann (im Gegensatz zu § 6 Nr. 4 StGB), bedeutet nicht, dass das Verbrechen straffrei bleiben wird: Tschad wird möglicherweise originäre Strafgewalt haben, Libyen zumindest originäre Maßnahmengewalt und andere Länder (einschließlich Deutschland) könnten unter den oben genannten Bedingungen eventuell derivative Sanktionsgewalt ausüben. Eine konsequente Anwendung des Bürgerstrafrechts erfordert jedoch, dass der Staat davon absieht, seine Sanktionsgewalt gemäß den im ersten Teil dieser Arbeit erwähnten Blankoermächtigungen auszuweiten (die dem Staat die Inanspruchnahme eines uneingeschränkten Universalitätsprinzips erlauben, sofern er dieses Prinzip in seiner Rechtsordnung für die entsprechende Straftat vorsieht, wie es in Deutschland beim Menschenhandel der Fall ist) sowie Verträge zu ratifizieren, die Strafgewalterstreckungspflichten gemäß dem Ergreifungsortprinzip bzw. bedingtem Universalitätsprinzip begründen (d. h., wenn der Staat einen auf seinem Staatsgebiet anwesenden Ausländer, der eine Auslandstat begangen hat, aburteilen muss, falls er ihn nicht an einen ersuchenden Vertragsstaat ausliefern kann).[78]

Es bleibt also nur noch zu prüfen, ob irgendeine Form von Weltrechtspflege möglich ist, die sich – entsprechend dem vernünftigen Maßstab, den das Römische Statut hierfür setzt – auf die Betroffenheit der Menschheit bzw. der internationalen Gemeinschaft als Ganzes stützt,[79] und wer sie gegebenenfalls ausüben könnte. Im Beispiel des Belgiers, der am Völkermord in der DR Kongo beteiligt war, können weder Deutschland noch der IStGH oder ein Ad-hoc-Strafgerichtshof originäre Strafgewalt nach dem vorliegenden Deutungsmodell ausüben, weil sie zum Zeitpunkt der Tatbegehung keine politischen Bindungen zum Täter hat-

---

[78] Zu diesen beiden Formen der Ausweitung eines präventionsbasierten Universalitätsprinzips (Blankoermächtigungen und bedingter Universalitätsgrundsatz) siehe Teil I D V 3.

[79] Siehe hierzu Art. 5 des IStGH-Statuts sowie die Absätze 4 und 9 seiner Präambel, die sich alle auf die schwersten Verbrechen beziehen, welche „die internationale Gemeinschaft als Ganzes berühren". Im Schrifttum siehe statt aller *Werle/Jeßberger*, Völkerstrafrecht⁵, Rn. 258.

ten, die eine entsprechende Mitwirkungspflicht hätten begründen können. Zu untersuchen ist folglich nur, ob in solchen Fällen eine originäre Maßnahmengewalt nach dem Universalitätsgrundsatz begründet werden kann. Dies wiederum verlangt die Analyse von zwei Punkten. Die erste besteht in der Ermittlung, ob es ein Verbrechen bzw. eine Kategorie von Straftaten gibt, die ernsthaft als Gefahr für die gesamte Menschheit angesehen werden kann, denn nur in diesem Fall wäre es legitim anzunehmen, dass jemand (eine bestimmte Instanz) eine entsprechende originäre universelle Sanktionsgewalt besitzen könnte. Lässt sich aus der begangenen Tat nicht schließen, dass der Täter eine solche „universelle Gefahr" darstellt, dann könnte ein Staat bzw. ein internationales Gericht keine originäre (sondern nur derivative) Maßnahmengewalt ausüben, es sei denn, er ist selbst eine betroffene Partei. In letzterem Fall wäre aber die Grundlage der Sanktion nicht mehr das Universalitätsprinzip, sondern das Territorialitäts- bzw. das Schutzprinzip. Sollten indes bestimmte Taten identifiziert werden können, die die internationale Gemeinschaft als Ganzes betreffen und gefährden, dann muss ein zweiter Aspekt geklärt werden: Wer hätte die nötige Legitimation, den jeweiligen Täter abzuurteilen und die entsprechende Präventivmaßnahme im Interesse der internationalen Gemeinschaft als Ganzes aufzuerlegen? Kann diese Funktion von einem nicht unmittelbar betroffenen Staat (Drittstaat[80]), dem IStGH oder anderen Tribunalen wahrgenommen werden, und unter welchen Bedingungen?[81]

Der erste Punkt ist der schwierigste: Es geht letztlich darum, zu bestimmen, wann ein Interesse aufgrund des Universalitätsprinzips schutzwürdig ist, weil seine Beeinträchtigung die internationale Gemeinschaft als Ganzes betrifft und gefährdet. Eine gründliche Behandlung dieses Themas würde den Rahmen dieser Arbeit sprengen. Hierzu sei nur ein kurzer Abriss gegeben. Am einfachsten wäre es, darauf hinzuweisen, dass alle Verbrechen des Römischen Statuts (aber auch nur diese) dieses Kriterium erfüllen, sowohl weil sie in dieser Hinsicht eine nicht zu unterschätzende (wenn auch, wie gezeigt, keineswegs einstimmige) Anerkennung genießen als auch, weil sie dem Paradigma von Taten nahekommen, die aufgrund ihrer Schwere eine Betroffenheit der internationalen Gemeinschaft als Ganzes zu begründen scheinen.[82] Doch diese scheinbar so bequeme Lösung hat ihre Tücken. Die größte dieser Schwierigkeiten – wie in Teil I D V 3 erörtert – besteht darin, das *Proprium* der Straftaten des Statuts zu identifizieren, also etwas, das allen diesen Verbrechen gemeinsam ist und das sie relativ klar von „nationalen" Verbrechen unterscheidet. In nicht wenigen Fällen wirkt die Be-

---

[80] So werden diese Staaten oft in der Literatur bezeichnet. Siehe z.B. *Werle/Jeßberger*, Völkerstrafrecht[5], Rn. 258.

[81] Zu der erforderlichen Ermittlung dieser beiden Punkte zur Prüfung der Legitimation einer Weltrechtspflege, siehe *Köhler*, JRE 11 (2003), S. 440.

[82] Vgl. hierzu Teil I D V 3.

hauptung, dass einige Taten des Statuts die gesamte Menschheit betreffen, erstaunlich sinnlos.[83] Darüber hinaus ist der Katalog der im Statut vorgesehenen Verbrechen – wie im Statut selbst vorgesehen – künftigen Änderungen unterworfen.[84] Mithin gibt diese Liste zwar Auskunft über die Fälle, bei denen die Weltrechtspflege heutzutage einen wichtigen Konsens genießt, aber sie eignet sich nicht als einziges normatives Kriterium für die Ermittlung dessen, welche Interessen einen solchen umfassenden Schutz verdienen *sollten*.[85]

Deshalb gibt es in der Literatur vereinzelte Versuche, den Parameter „Betroffenheit der internationalen Gemeinschaft als Ganzes" konsequent anzuwenden und zu überprüfen, welche Straftaten des Römischen Statuts diesen Standard tatsächlich erfüllen könnten. Herausragend ist hierbei die Arbeit von *Köhler*, der zu dem Schluss kommt, dass nur der Völkermord und der Vernichtungskrieg die internationale Gemeinschaft als Ganzes betreffen und folglich auch nur für sie der Universalitätsgrundsatz gelten sollte.[86] Andererseits sollte auch nicht vor-

---

[83] Neben den in Teil I bereits genannten einschlägigen Beispielen (Missbrauch einer Parlamentärflagge und der Fall des in Deutschland wegen Folter verurteilten afghanischen Offiziers) sind auch folgende im Statut vorgesehene Tatbestände zu bedenken: unter den Handlungen, die Verbrechen gegen die Menschlichkeit darstellen können, die höchst unbestimmte Klausel „andere unmenschliche Handlungen" von Art. 7 Abs. 1 Buchst. k; unter den Kriegsverbrechen die Zerstörung oder Beschlagnahme von feindlichem Eigentum nach Art. 8 Abs. 2 Buchst. b xiii; die Beeinträchtigung der persönlichen Würde gemäß Art. 8 Abs. 2 Buchst. b xxi; die Verurteilungen ohne vorhergehendes Urteil eines ordentlich bestellten Gerichts nach Art. 8 Abs. 2 Buchst. c iv; oder die vorsätzlichen Angriffe auf Gebäude, einschließlich z. B. solcher, die der Kunst oder Wissenschaft gewidmet sind (Art. 8 Abs. 2 Buchst. e iv). Wie *Köhler* [JRE 11 (2003), S. 435] hervorhebt, begründen viele Einzeltaten, die als Kriegsverbrechen oder Verbrechen gegen die Menschlichkeit gelten können – selbst solche, die viel schwerwiegender sind als die genannten Beispiele – nicht so eindeutig eine universelle Betroffenheit wie ein Völkermord.

[84] Siehe die Regel zu den „Überprüfungskonferenzen" des Art. 123 des Statuts, die insbesondere die Möglichkeit einer Änderung der in Artikel 5 enthaltenen Liste der Verbrechen vorsieht. Darüber hinaus dehnen einige Länder bei der Umsetzung des IStGH-Statuts in nationales Recht einseitig (und damit eventuell völkerrechtswidrig) die dem Universalitätsgrundsatz unterliegenden Verhaltensweisen aus. Ein Beispiel hierfür ist der italienische Entwurf eines Völkerstrafgesetzbuchs, der zusätzlich zu den so genannten „Kernverbrechen" des Statuts vorsieht, dass die vorsätzliche Unterlassung der Bestrafung bzw. Anzeige eines Völkerrechtsverbrechens eines Untergebenen sowie die Verschwörung zur Begehung von Völkerstraftaten dem Weltrechtsprinzip unterliegen. Siehe hierzu https://www.giustizia.it/cmsresources/cms/documents/commissione_PALAZZO_POCAR_relazione_finale_31mag22.pdf, abgerufen: 09.10.2023. Mein Dank gilt hier Triestino Mariniello, der mir Zugriff auf den erwähnten Entwurf verschafft hat.

[85] Wie *May*, Crimes Against Humanity, S. 24–60 zutreffend darlegt, kann die Bestimmung der Verbrechen, die die internationale Gemeinschaft als Ganzes betreffen, wenn überhaupt, nur mit Hilfe normativ-philosophischer Überlegungen erfolgen.

[86] Zusammengefasst lautet Köhlers Argumentation wie folgt. Ausgehend von einem Verbre-

schnell abgetan werden, dass eine begrenzte Anzahl von Verbrechen, die nicht unter das Römische Statut fallen, obwohl ihre Täter eventuell nicht die gleiche Wahrnehmung als Feinde der Menschheit hervorrufen, die man beispielsweise mit einem Völkermörder in Verbindung bringt, die Menschheit als Ganzes beeinträchtigen und gefährden. Man denke dabei etwa an eine Person, die eine Schlüsselrolle beim Einsatz einer Atomwaffe in bewohnten Gebieten spielt oder die absichtlich eine Umweltkatastrophe von solchem Ausmaß verursacht, dass der Fortbestand der Spezies selbst gefährdet wird.[87] Viel mehr zu diesem Punkt – der eine eigene Abhandlung erfordern würde – kann hier nicht gesagt werden. Es liegt aber auf der Hand, dass der Anwendungsbereich originärer Maßnahmengewalt auf Basis des Universalitätsprinzips, wenn man ernsthaft davon ausgeht, dass sie nur gegenüber Taten zulässig ist, die die gesamte internationale Gemeinschaft betreffen und gefährden, auf äußerst schwerwiegende Verbrechen wie die oben genannten beschränkt bleiben muss und nicht auf gewöhnliche grenzüberschreitende Straftaten wie den Drogen-, Waffen- oder Menschenhandel oder die Geldfälschung ausgedehnt werden kann.

Etwas einfacher – wenngleich immer noch schwierig – ist der zweite angesprochene Punkt, nämlich wer die Berechtigung zur Ausübung einer solchen originären Maßnahmengewalt besitzt. Aus der Feststellung, dass die internationale Gemeinschaft als Ganzes betroffen ist, ergibt sich nicht *per se*, dass die einzelnen Staaten zur Beanspruchung des Universalitätsprinzips berechtigt sind.[88] Unbe-

---

chensbegriff als „schuldhafte Negation fremder Rechtsfähigkeit", überträgt er diesen Ansatz auf die Formulierung eines Konzepts des Völkerrechtsverbrechens, das er als „schuldhafte Negation der Verfassungs- und zugleich Völkerrechtsfähigkeit eines Verbandes bzw. Staates" versteht. Diese Fähigkeit sei im Wesentlichen dann bedroht, wenn die Existenz des Staates bzw. des Volkes gefährdet ist, wobei die einzigen Tatbestände des Statuts, die diesem Begriff eindeutig entsprächen, der Völkermord (in Bezug auf innere Verhältnisse) und der Vernichtungskrieg (in Bezug auf internationale Verhältnisse) seien. Vgl. dazu *Köhler*, JRE 11 (2003), S. 456–463. Auch *May*, Crimes Against Humanity, S. 63–111, analysiert unter dem Gesichtspunkt eines „minimalen Moralismus", welche Verbrechen den genannten Standard erfüllen, obwohl sein Vorschlag im Ergebnis eine Ausweitung der dem Weltrechtsprinzip unterliegenden Verbrechen bedeutet.

[87] Damit diese Verbrechen aber vom IStGH (und – in seiner Vertretung – von Drittstaaten) nach dem Universalitätsgrundsatz geahndet werden können, wäre natürlich entweder ein in einem Vertrag verankerter Konsens oder die Entstehung der entsprechenden Völkergewohnheitsnorm erforderlich. Hier ist anzumerken, dass in der deutschsprachigen Literatur zwei Positionen bei der Frage, auf welche Delikte das Universalitätsprinzip völkerrechtlich ausgedehnt werden kann, zu überwiegen scheinen: eine restriktivere, wonach das Universalitätsprinzip nur auf (alle) Straftaten des Römischen Statuts erstreckt werden kann (vgl. exemplarisch *Jeßberger*, Der transnationale Geltungsbereich, S. 280 f.) und eine expansivere, wonach dieses Prinzip auch auf andere Straftaten ausgedehnt werden könnte (wie etwa Terrorismus, siehe z. B. *Ambos*, Internationales Strafrecht, § 7 Rn. 275).

[88] Siehe dazu *Boe*, ZStW 134 (2022), S. 937.

schadet der Bemühungen in der Lehre zur Einschränkung des Anwendungsbereichs dieses Prinzips, um dem Verdacht der Parteilichkeit entgegenzuwirken, wird dieses Misstrauen – aus guten Gründen! – niemals ausgeräumt werden können.[89] Denn es gibt keine angemessene Erklärung dafür, warum einer der 193 Mitgliedsstaaten der Vereinten Nationen (oder ein anderer *De-facto*-Staat, der nicht als Mitglied dieser Organisation aufgenommen worden ist) sich für berechtigt halten könnte, über Sachverhalte abzuurteilen, die ihn nicht direkt betreffen, mit der Begründung, er bekämpfe eine „universelle Gefahr", es sei denn, er behauptet, in einer Art Vertretung der internationalen Gemeinschaft zu handeln. Nimmt man aber eine solche Schilderung ernst, so fällt dies bereits in den Bereich der derivativen Sanktionsgewalt.[90] Damit dies möglich ist, muss eine solche Maßnahmengewalt ausdrücklich von jemandem auf ihn übertragen werden: von einer Partei (Staat), die über eine originäre Sanktionsgewalt verfügt, oder

---

[89] Im selben Sinne *Gärditz*, Weltrechtspflege, S. 422 und 439 f.
[90] In eine ähnliche Richtung *Boe* [ZStW 134 (2022), S. 926 ff.], der nicht nur die stellvertretende Struktur der von einem Drittstaat ausgeübten Weltrechtspflege begründet, sondern daraus auch konkrete Verpflichtungen für deren Anwendung ableitet, wie z. B. die Notwendigkeit, der von der Tat betroffenen Gemeinschaft einen effektiven Zugang zum Verfahren im Forumsstaat zu gewährleisten (wobei die Sprache eine wesentliche Rolle spielt). Im ähnlichen Sinne *Köhler*, JRE 11 (2003), S. 463 f., der allerdings Drittstaaten (nur in Bezug auf die oben genannten Verbrechen) eine Art diffuser Sanktionsgewalt in direkter Vertretung der internationalen Gemeinschaft anerkennt. Problematisch an dieser Position ist, dass den Drittstaaten, indem sie von der Herrschaft des IStGH über die Ausübung der Strafgewalt befreit werden, faktisch originäre Gerichtsbarkeit eingeräumt würde, da es dann kein konkretes originär strafbefugtes Rechtssubjekt gebe, das sein Einverständnis erteilen bzw. verweigern kann. Auch *Jeßberger* (Der transnationale Geltungsbereich, S. 265–269) betrachtet die staatliche Weltrechtspflege als eine Ausübung derivativer Strafgewalt, nämlich in Vertretung der Völkergemeinschaft. Allerdings geht dieser Autor (in ähnlicher Weise und mit ähnlichen Argumenten wie Oehler hinsichtlich des aktiven Personalitätsprinzips: siehe dazu Teil I D II 2) von einem äußerst abstrakten Begriff des „Einverständnisses" des originär befugten Rechtssubjekts aus. Für Jeßberger reicht also nicht nur ein Vertrag, der eine *aut dedere aut judicare*-Klausel vorsieht, sondern auch, dass das Verhalten nach der Rechtsordnung des vertretenen Staates (oder in diesem Fall nach dem Völkerrecht) strafbar ist, wenn gleichzeitig nach dieser Rechtsordnung keine Verfolgungshindernisse bestehen. Hinter dieser Auffassung einer abgeleiteten Sanktionsgewalt, bei der der Wille des Staates mit originärer Sanktionsberechtigung eigentlich irrelevant ist, verbirgt sich die bereits in Teil I D VI 1 erwähnte Verwechslung von einer stellvertretenden Rechtspflege mit einer straflückenschließenden Rechtspflege. Dies zeigt sich deutlich bei *Werle/Jeßberger*, Völkerstrafrecht[5], Rn. 259: „Rechtfertigen lässt sich die universelle Erstreckung der Strafgewalt zusätzlich dadurch, dass bei Völkerrechtsverbrechen ein chronisches Strafverfolgungsdefizit besteht. Das Universalitätsprinzip ermöglicht es den Drittstaaten, im Namen der Völkergemeinschaft einzugreifen, wenn kein tatnäherer Staat willens oder in der Lage ist, die Taten zu ahnden. Auf diese Weise kann ein lückenloses Netz weltweiter Strafansprüche bei Völkerrechtsverbrechen geschaffen werden. Die Chancen zur Beseitigung der nach wie vor verbreiteten Straflosigkeit von Völkerrechtsverbrechen werden dadurch deutlich verbessert".

von einer Institution, die in der Lage ist, im Namen der gesamten Menschheit glaubwürdig zu sprechen. Letzteres kann, wenn überhaupt, nur von einem internationalen Tribunal verkörpert werden, dessen Errichtung auf einem gewissen Konsens zwischen den Vertretern der Staaten beruht. Demnach könnte die originäre Maßnamengewalt aufgrund des Universalitätsprinzips (derzeit) nur dem IStGH zukommen,[91] der von den Vereinten Nationen als Instrument zur Schaffung eines minimalen universellen Zustands der Freiheitlichkeit ins Leben gerufen wurde, der bislang nicht verwirklicht werden konnte.[92]

Freilich weisen sowohl das Statut selbst als auch die Funktionsweise des IStGH zahlreiche Defizite auf, die sein Verständnis als eine im Namen der gesamten Menschheit urteilende Instanz erschweren können.[93] Es sei jedoch daran erinnert, dass hier nicht geltend gemacht wird, dieses Gericht könne im Namen

---

[91] Natürlich gibt es unter dem Gesichtspunkt der Legitimation der Sanktion bessere Lösungen als den IStGH, um diese Art von Verbrechen zu verfolgen. Das beste Beispiel hierfür sind hybride Gerichte, die teilweise aus internationalen Richtern bestehen, aber Teil des Justizsystems des Tatortstaats sind. Beispiele hierfür sind u. a. die „Außerordentlichen Kammern an den Gerichten von Kambodscha" oder der „Sondergerichtshof für Sierra Leone". Siehe dazu *Gärditz*, Weltrechtspflege, S. 444. Hier handelt es sich jedoch eher um eine Rechtshilfe, die die internationale Gemeinschaft dem Staat gewährt, als um „echte" Weltrechtspflege. Künftig ist auch die Einrichtung kontinentaler Strafgerichte denkbar (dazu *Pastor*, El poder penal internacional, S. 208 f.).

[92] In der Literatur wird gelegentlich betont, dass die Gerichtsbarkeit des IStGH nur „partiell" auf dem Universalitätsgrundsatz basiert, nämlich dann, wenn die Aktivierung des Verfahrens auf Ersuchen des Sicherheitsrats erfolgt (Art. 13 Buchst. b des Statuts). Nur in diesem Fall ist es nicht erforderlich, den Tatort bzw. die Staatsangehörigkeit des Täters zu überprüfen, anders als es bei den anderen Auslösemechanismen von Zuständigkeit der Fall ist (nämlich Art. 13 Buchst. a und c). Vgl. hierzu *Werle/Jeßberger*, Völkerstrafrecht[5], Rn. 274. An dieser Stelle reicht es aus, daran zu erinnern, dass es hier um eine Strafgewaltermöglichungstheorie geht: Da der IStGH also potenziell Gerichtsbarkeit nach dem umfassendsten (und daher am schwierigsten zu rechtfertigenden) Grundsatz von allen ausüben kann, muss seine Legitimation im Lichte dieses Grundsatzes analysiert werden.

[93] Zu beiden Aspekten siehe Teil I D V 3. Besonders hervorzuheben ist in diesem Zusammenhang die Kontrolle, die der Sicherheitsrat über die Arbeit des IStGH ausübt, welche dessen vermeintliche Qualität als autonomes Völkerrechtsorgan (vgl. dazu Art. 4 des Statuts) in Frage stellt. So kann der Sicherheitsrat sowohl Ermittlungen aufschieben (Art. 16) als auch dem Ankläger eine Situation zur Untersuchung unterbreiten (Art. 13 Buchst. b), obwohl drei der fünf ständigen Mitglieder des Sicherheitsrats das Statut nicht einmal ratifiziert haben. Diese normativen Unzulänglichkeiten des Statuts spiegeln sich unmittelbar in einer Rechtspraxis wider, die sich ausschließlich auf schwache Länder richtet: So wurde beispielsweise der Art. 13 Buchst. b in den Fällen Darfur und Libyen angewandt (vgl. hierzu *Ambos*, Internationales Strafrecht, § 8, Rn. 8) während der Art. 16 zur Sicherung der Straffreiheit von US-Soldaten herangezogen wurde (dazu *Werle/Jeßberger*, Völkerstrafrecht[5], Rn. 322). Für eine scharfe (wenn auch manchmal übertriebene) Kritik am IStGH mit kriminalpolitischen, dogmatischen und praktischen Bezügen, siehe das Werk von *Pastor*, El poder penal internacional.

IV. Derivative Sanktionsgewalt

eines politischen oder moralischen Gemeinwesens namens „Menschheit" Strafen verhängen, um eine existierende Freiheitsordnung aufrechtzuerhalten.[94] Vielmehr könnte der IStGH lediglich bei äußerst schwerwiegenden Angriffen, die die Menschheit als Ganzes betreffen und eine universelle Gefahr für sie darstellen, Präventivmaßnahmen auferlegen, wenn die Staaten mit originärer Sanktionsgewalt nicht willens oder nicht in der Lage sind, diese zu verfolgen.[95] Anders ausgedrückt: Die Sanktionen, die der IStGH auferlegen kann, sind nicht aufgrund einer von der Völkergemeinschaft garantierten minimalen Freiheitsordnung legitim, sondern zielen allein auf die Verhinderung künftiger Verbrechen, die die Etablierung einer solchen Ordnung offenkundig weiter erschweren würden.[96] Steht diese originäre Maßnahmengewalt dem IStGH zu, dann könnte dieser Gerichtshof – ebenso wie die über originäre Sanktionsgewalt verfügenden Staaten – erforderlichenfalls die Ausübung derivativer Sanktionsgewalt durch Drittstaaten billigen, allerdings nur in solchen Fällen, in denen der IStGH selbst an der Ausübung von Sanktionsgewalt absolut gehindert ist.[97] Folglich könnten

---

[94] In dieselbe Richtung argumentiert *Pastor*, El poder penal internacional, S. 99–123, wonach es unzulässig sei, sich auf den primitiven Entwicklungsstand der Völkerrechtsordnung zu berufen, um die Anforderungen an die Legitimität der Sanktionsgewalt zu senken. Zwar muss das Legitimitätserfordernis die Umstände der faktischen Situation berücksichtigen, auf die es sich bezieht (wie oben in Teil III B II angedeutet, soll das, was in Deutschland unter einer Freiheitsordnung verstanden wird, nicht identisch mit dem sein, was in Indien als solche gelten soll), doch darf dieser Maßstab nicht zu einem bloßen akritischen Abbild des gegenwärtigen Zustands eines Gemeinwesens herabgesetzt werden, denn dann stellt er keinerlei normative Schranke dar. Ein solches Gleichgewicht mag in manchen Fällen schwer zu erreichen sein, nicht aber im Falle der Völkergemeinschaft, die, wie in Teil III C III dargelegt, überhaupt keinen Zustand der Freiheitlichkeit gewährleistet.

[95] Folglich ist die im Römischen Statut enthaltene Regelung zum Verhältnis zwischen der Zuständigkeit des IStGH und derjenigen der Staaten mit originärer Sanktionsgewalt zutreffend. Grundsätzlich beschränkt sich der IStGH darauf, die Gerichtsbarkeit des über originäre Sanktionsgewalt verfügenden Staates (wie in Artikel 1 und 12 ff. des Statuts vorgesehen) zu ergänzen, wenn dieser zur Strafverfolgung nicht willens oder fähig ist. Vgl. hierzu *Ambos*, Internationales Strafrecht, § 8, Rn. 11; oder *Werle/Jeßberger*, Völkerstrafrecht[5], Rn. 305, die deshalb darauf hinweisen, dass der IStGH nicht als „allzuständiger Weltstrafgerichtshof", sondern als „Notfallgericht" konzipiert ist. Nach Artikel 17 des Statuts entscheidet jedoch letztlich der IStGH selbst, wann er seine ergänzende Zuständigkeit anwenden muss, was gleichbedeutend ist mit der Anerkennung einer originären (und nicht abgeleiteten) Sanktionsgewalt des IStGH gemäß dem Universalitätsgrundsatz. Im ähnlichen Sinne *Köhler*, JRE 11 (2003), S. 442.

[96] Tatsächlich ist, wie Pawlik betont, die Begehung dieser Verbrechen ein Beweis für das Nichtvorhandensein eines wirksamen Zustands der Freiheitlichkeit (*Pawlik*, FS-Schroeder, S. 384, Fn. 142). Wie jede Präventivmaßnahme wirkt daher die Sanktion des IStGH gegenüber dem von ihr Betroffenen wie eine reine Machtausübung. Wie *Nagel* (Das Problem globaler Gerechtigkeit, S. 143–145) konstatiert, setzt die Schaffung einer legitimen Ordnung zunächst die Etablierung von Macht voraus.

[97] Dies würde in der Regel nur in dem Szenario eintreten, das in der Lehre gelegentlich als

diese Drittstaaten nur unter den genannten Voraussetzungen der stellvertretenden Rechtspflege bestrafen, nämlich durch eine strikte Einhaltung des im IStGH-Statut vorgesehenen materiellen und verfahrensrechtlichen Rahmens.[98]

Wendet man die obigen Ausführungen auf das Beispiel des belgischen Staatsangehörigen an, der an einem Völkermord in der DR Kongo beteiligt war, würden folgende Akteure über Sanktionsgewalt verfügen: die DR Kongo hätte originäre Strafgewalt gemäß dem Territorialitätsprinzip;[99] der IStGH hätte originäre Maßnahmengewalt aufgrund des Universalitätsprinzips (subsidiär zur DR Kongo) und schließlich könnten andere Drittstaaten (in der Regel jene, in denen sich die gesuchte Person zum Zeitpunkt eines abgelehnten Auslieferungsersuchens bzw. eines Ersuchens um Überstellung an den IStGH befindet) in Vertretung der DR Kongo bzw. des IStGH derivative Sanktionsgewalt ausüben, allerdings nur, soweit die dafür beschriebenen Voraussetzungen vorliegen. Dieses Drei-Schichten-Modell des Zuständigkeitsvorrangs unterscheidet sich nicht wesentlich von demjenigen, das das Römische Statut vorsieht, zumindest nach der herrschenden Auslegung des Komplementaritätsgrundsatzes des Art. 17 dieses Vertrags. Dieser Lesart zufolge wäre die Zuständigkeit des IStGH komplementär (im Prinzip subsidiär) zu derjenigen der „tatnäheren" bzw. der „unmittelbar von der Tat betroffenen" Staaten, hätte aber ihrerseits Vorrang vor der Zuständigkeit von Drittstaaten.[100]

„Weltrechtsergreifungsortprinzip" bezeichnet wird [zum Begriff siehe *Kreß*, ZStW 114 (2002), S. 828 f.], d.h., wenn der Staat, wo die gesuchte Person zum Zeitpunkt des Überstellungsersuchens des IStGH gemäß Art. 89 IStGH-Statut anwesend ist, nach seinem innerstaatlichen Recht dem Ersuchen nicht nachkommen kann und somit die Weltrechtspflege in Vertretung des IStGH übernimmt (vorausgesetzt, er verfügt nicht bereits über originäre Sanktionsgewalt auf der Grundlage eines anderen völkerrechtlichen Prinzips). Dagegen sollte der IStGH – in Übereinstimmung mit den Ausführungen im vorherigen Abschnitt über die stellvertretende Rechtspflege – seine universelle Sanktionsgewalt nicht aus Gründen wie politischem Druck oder einer effizienten Arbeitsteilung auf Drittstaaten übertragen, die keinen Bezug zu der Straftat haben und wo die gesuchte Person nicht anwesend ist.

[98] Dies bedeutet u.a., dass die Ausübung staatlicher Weltrechtspflege auf Verhaltensweisen beschränkt bleiben muss, für die der IStGH eine Sanktion auferlegen kann. Ebenso soll sich die Strenge der von den Staaten aufzuerlegenden Maßnahmen im Rahmen der vom Statut festgelegten Grenzen halten.

[99] Im vorliegenden Beispiel wäre es ebenfalls möglich, dass Belgien über originäre Strafgewalt verfügt, wenn unter den Opfern auch belgische Staatsangehörige oder in Belgien domizilierte Personen waren (Kombination aus aktivem und passivem Personalitätsprinzip).

[100] Diese Auslegung stützt sich nicht nur auf die Entstehungsgeschichte und den Geist der Norm, sondern auch auf ihren ausdrücklichen Wortlaut. So sprechen sowohl Art. 17 Abs. 1 Buchst. a und b als auch Art. 19 Abs. 2 Buchst. b des Statuts von „Staaten, die die Gerichtsbarkeit über eine Sache haben", womit ausdrücklich zwischen Staaten mit einem unmittelbaren Interesse an der Tat und Drittstaaten unterschieden wird. Im selben Sinne *Werle/Jeßberger*,

Zusammengefasst: Dem hiesigen Modell des Bürgerstrafrechts entsprechend könnten die Staaten universelle Sanktionsgewalt ggf. nur zur Auferlegung von Präventivmaßnahmen (niemals von Strafen) beanspruchen, und dies auch nur bei besonders schweren Verbrechen, die als die internationale Gemeinschaft als Ganzes beeinträchtigend und gefährdend aufgefasst werden können (Völkermord, Vernichtungskrieg und wenig anderes). Darüber hinaus ist diese staatliche Sanktionsgewalt nie originär, sondern erfolgt nur in Vertretung des IStGH, wenn dieser nicht imstande ist, einen konkreten Prozess zu übernehmen. In diesem Sinne ist die staatliche Weltrechtspflege nur ein spezifischer (und in seiner Reichweite sehr begrenzter) Unterfall des Prinzips der stellvertretenden Rechtspflege.

Völkerstrafrecht[5], Rn. 268 und 345; *Ambos*, Internationales Strafrecht, § 8, Rn. 10, Fn. 63; *Boe*, ZStW 134 (2022), S. 947 f.

Zusammenfassung der Untersuchung

1. Inwieweit sich die Strafgewalt einer Rechtsordnung auf im Ausland begangene Taten oder auf Taten mit maßgeblichem Auslandsbezug erstrecken lässt, wird häufig als eine rein technische bzw. verfahrensrechtliche Angelegenheit betrachtet und daher weitaus oberflächlicher analysiert als andere Themenfelder des Strafrechts. Dies zu Unrecht, denn die Frage nach der idealen Reichweite strafrechtlicher Normen (Strafrechtsetzungsgewalt) hängt eng mit der Aufgabe und Legitimität des Staates als solchem und seines Strafrechts zusammen. Einige terminologische Präzisierungen (wie etwa „räumliche Auswirkungen der Strafgesetze", „Strafrechtsetzungsgewalt", oder „Strafanwendungsrecht") tragen dazu bei, die Gründe der erwähnten Fehleinschätzung zu verstehen und diese Untersuchung in Gang zu setzen.[1]

2. Die Erforschung des Umfangs des Strafanwendungsrechts erfordert eine Überprüfung sowohl der völkerrechtlichen als auch der national-strafrechtlichen Grundsätze und Vorgaben, denn es handelt sich um einen Schnittstellenbereich zwischen den beiden Rechtsgebieten. Bei dieser Arbeit werden zunächst die durch das Völkerrecht gesetzten Obergrenzen der staatlichen Strafrechtsetzungsgewalt untersucht. Zwar lässt sich angesichts des aktuellen Entwicklungsstandes des Völkerrechts nicht mehr bestreiten, dass es der staatlichen Strafgewalt zumindest gewisse Schranken auferlegt. Anders formuliert: Man kann nicht mehr von einer Kompetenz-Kompetenz der Staaten ausgehen, wie es im 19. Jahrhundert üblich war. Jedoch sind diese völkerrechtlichen Beschränkungen, wie im ersten Teil dieser Abhandlung gezeigt wird, recht dürftig. Im Wesentlichen erschöpft sich das Völkerrecht darin, die Einhaltung eines undurchsichtigen „Nichteinmischungsgebots" zu fordern, welches sich in einer Lawine diffuser Grundsätze mit unterschiedlichen – oder manchmal sogar widersprüchlichen – Grundlagen materialisiert, zwischen denen keine Rangordnung besteht (was u. a. die Entstehung von Jurisdiktionskonflikten begünstigt) und denen nicht einmal in allen Rechtsordnungen eine unmittelbare, externe Begrenzungsfunktion zuerkannt wird. Was den letzteren Punkt angeht, so sei z. B. der Fall der US-amerikanischen Rechtsordnung angemerkt, die diesen völkerrechtlichen Prinzipien nur

---

[1] Vgl. Teil I B.

bei der Prüfung der Verfassungsmäßigkeit der die extraterritoriale Strafgewalt begründenden nationalen Vorschriften Bedeutung beimisst.[2]

3. Innerhalb dieses vom Völkerrecht weit eingeräumten Spielraums gestalten die jeweiligen Staaten die Reichweite ihres Strafanwendungsrechts notorisch divergierend und kasuistisch (unsystematisch) aus, wie dieser Beitrag anhand eines knappen Vergleichs der entsprechenden Normen des deutschen, US-amerikanischen und chilenischen Rechts zeigt. Zurückzuführen sind diese Abweichungen auf die unterschiedlichen Wertvorstellungen, die diesen Rechtsordnungen zugrunde liegen; auf die verschiedenen Herausforderungen (nämlich: Kriminalitätsarten), mit denen sie in der Praxis konfrontiert sind; und auf die zu erwartenden praktischen Schwierigkeiten bei der Verfolgung von Auslandstaten (die vom geopolitischen Gewicht des jeweiligen Staates abhängen). Letzteres mag erklären, warum die US-amerikanische Rechtsordnung – trotz ihres angeblichen Festhaltens am Territorialitätsprinzip (man denke nur an die Vermutung gegen die Extraterritorialität bei den Bundesgesetzen) – im Ergebnis sehr expansiv ist. Das Paradebeispiel hierfür liefert der an mehreren Stellen dieser Untersuchung zitierte MDLEA, der wohl der Rechtsakt ist, auf dessen Grundlage das Universalitätsprinzip in der Praxis am häufigsten angewendet wird. Nichtsdestotrotz stellt die deutsche Strafrechtsetzungsgewalt ein schwer zu übertreffendes Beispiel von Überausdehnung dar, bei der sogar die weichen Schranken des Völkerrechts nicht selten überschritten werden. Insofern kann die Ausweitung der deutschen Strafgewalt auf Auslandsdelikte nicht ernsthaft als Ausnahme erachtet werden. Vielmehr entspricht die Ausgestaltung des deutschen Strafanwendungsrechts entweder dem Gedanken einer „Strafbarkeit als solcher" (wonach die Frage, wem das Recht zur Bestrafung zusteht, ein bloßes Problem der Arbeitsteilung sei, denn das Verhalten gilt überall als strafwürdig) oder den Erfordernissen einer koordinierten multilateralen Bekämpfung all jener Straftaten, die zu einem gegebenen Zeitpunkt als hinreichend relevant angesehen werden.[3]

4. Eine detaillierte Auseinandersetzung mit den einzelnen völkerrechtlichen Prinzipien und ihrer Umsetzung im deutschen Recht bekräftigt die bereits formulierte These, dass das Völkerrecht dem staatlichen Strafanwendungsrecht keine bedeutsamen Schranken setzt. Ausgangspunkt dieser Analyse ist der wichtigste und unumstrittenste dieser Grundsätze, nämlich das Territorialitätsprinzip. Als unmittelbarer Ausfluss des Nichteinmischungsgebots und der Souveränität des Staates über sein Territorium gerät die Erörterung dieses Grundsatzes oft in Vergessenheit. Da jedoch jede Befassung mit dem Strafanwendungsrecht eine vorgelagerte Theorie zur Aufgabe des Strafrechts voraussetzt, hat jeder Versuch, den

---

[2] Vgl. Teil I C I.
[3] Vgl. Teil I C II.

zulässigen Umfang der Strafrechtsetzungsgewalt zu analysieren, mit einer Erörterung dessen anzufangen, warum und in welchen Fällen der Staat die auf seinem Territorium begangenen Straftaten bestrafen darf. Eine Antwort darauf ist weniger selbstverständlich, als es auf den ersten Blick scheinen mag, da u.a. die Trennlinie zwischen Inlands- und Auslandstaten nicht immer eindeutig ist. Was als „Inlandstat" gilt, ist keineswegs ein rein geographisch-neutraler Begriff, sondern vielmehr ein wertausfüllungsbedürftiges Konstrukt. Mit anderen Worten: Das Territorialitätsprinzip kann so aufgebaut werden, dass viele im staatlichen Interesse liegende Sachverhalte unter seine Aura der Unbestreitbarkeit fallen. Ein paradigmatisches (und in seiner Völkerrechtskonformität nicht zu beanstandendes) Beispiel hierfür ist der weite Ubiquitätsgrundsatz des § 9 StGB. Noch extremere Beispiele sind in der Rechtsvergleichung zu beobachten, wie etwa der Rückgriff auf ein rein faktisches Auswirkungsprinzip, das vor allem bei abstrakten Gefährdungsdelikten (man denke an Internetdelikte) eine schrankenlose Ausweitung der Strafgewalt ermöglicht, was einer Einführung des Universalitätsprinzips durch die Hintertür gleichkommt.[4]

5. Ergänzt wird das Territorialitätsprinzip durch die anderen völkerrechtlichen Grundsätze, die die Erstreckung der Strafgewalt auf Auslandstaten zulassen. Von besonderer Bedeutung für die vorliegende Arbeit – aufgrund seiner (prinzipiellen) Vereinbarkeit mit dem Gedanken eines Bürgerstrafrechts – ist das aktive Personalitätsprinzip. Die gebräuchlichste Variante dieses auf der Bindung zwischen Strafgewaltstaat und Normadressat beruhenden Prinzips stellt das aktive Staatsangehörigkeitsprinzip dar. Dieses wird in der Regel entweder anhand einer Treuepflicht des Normadressaten gegenüber seinem politischen Gemeinwesen (Minderheitsposition) oder anhand der Solidarität des Heimatstaates mit dem Tatortstaat (h.M.) begründet. Diese zweite Rechtfertigung ist u.a. deshalb problematisch, weil sie entweder mit einem abstrakten (im Klartext: fiktiven!) Begriff von Solidarität operiert oder aber – nimmt man hingegen die Solidarität ernst – diesen Grundsatz zu einem Unterfall des solidarischen Prinzips schlechthin, nämlich der stellvertretenden Rechtspflege, macht. Ein Blick auf die anderen, unter das aktive Personalitätsprinzip subsumierbaren Subprinzipien (d.h. das aktive Domizilprinzip und das aktive Hoheitsträgerprinzip) offenbart, dass das aktive Personalitätsprinzip (auch in seiner Variante als aktives Staatsangehörigkeitsprinzip) nur auf die enge *materielle Bindung* zwischen Strafgewaltstaat und Normadressat schlüssig gestützt werden kann.[5]

6. Die Inanspruchnahme jener völkerrechtlichen Grundsätze, die auf die Wahrung der Interessen der politischen Gemeinschaft oder ihrer Mitglieder abstellen

---
[4] Vgl. Teil I D I.
[5] Vgl. Teil I D II.

(nämlich das Schutz- und das passive Personalitätsprinzip), verläuft nicht problemfrei. Das passive Personalitätsprinzip ist aus Sicht jedweder Strafrechtstheorie äußerst heikel, nicht nur, weil es sich häufig um einen für den Täter überraschenden Anknüpfungspunkt handelt – der daher keine abschreckende Wirkung entfaltet –, sondern auch, weil es, insbesondere bei Nichtbeachtung des *lex-loci*-Vorbehalts, anfälliger für Verletzungen des Schuldprinzips ist. Seinerseits lädt das Schutzprinzip leicht zum Missbrauch ein, zumal ihm in den kontinentaleuropäischen Rechtsordnungen oft eine fragwürdige Begründung verliehen wird (es handele sich um eine „notwehrähnliche Situation"), was den Weg für eine allzu weite Auslegung der „vitalen Interessen" ebnet, welche die Anwendung des Prinzips rechtfertigen. Diese Missbräuche zeigen sich vor allem in der Ausdehnung dieses Grundsatzes auf weniger schwerwiegende Straftaten (wie die Verletzung von Geschäftsgeheimnissen oder falsche Angaben in Visaverfahren), die von seinem unbestrittenen Kernbereich (z. B. Straftaten gegen die Staatssicherheit) weit entfernt sind. Auffällig ist zudem, dass im Bereich des internationalen Drogenhandels – also einem Gebiet, in dem ein Rückgriff auf das Schutzprinzip prinzipiell angemessen erscheint – viele Staaten es vorziehen, auf jegliche reale Verbindung zur Tat zu verzichten, indem sie sich ohne weiteres auf das Universalitätsprinzip berufen (Beispiele hierzu sind § 6 Nr. 5 StGB oder der MDLEA).[6]

7. Zu diesem von jedem Tatbezug befreiten Weltrechtsprinzip ist Folgendes anzumerken. Die Herausforderung, ein Universalitätsprinzip, das auf dem Schutz wichtiger – als „international geschützte Rechtsgüter" konzipierter – Werte beruht, in Maßen zu halten (da es sich auf jede Straftat auszudehnen droht, die den Beigeschmack eines *malum in se* hat), ist gewaltig. Noch anspruchsvoller ist es jedoch, einem auf der Optimierung des Interessenschutzes der Staaten basierenden Universalitätsprinzip Grenzen zu setzen. Durch die Verbreitung multilateraler Verträge, die den Vertragsparteien eine nahezu uferlose Ausübung von Strafgewalt hinsichtlich der anderen Vertragsstaaten (häufig fast alle Mitglieder der Vereinten Nationen) ermöglichen, hat sich dieses – früher fast nur auf die Piraterie anwendbare – präventionsbasierte Universalitätsprinzip inzwischen auf alle Arten von Straftaten ausgedehnt, wie z. B. auf den oben erwähnten Fall der Betäubungsmitteldelikte. Ein vergleichbares Phänomen ist in Bezug auf die stellvertretende Rechtspflege zu beobachten, die nicht zuletzt durch die in denselben Verträgen oft enthaltenen *aut dedere aut iudicare*-Klauseln zu einer „straflückenschließenden Rechtspflege" verformt wird. Anders ausgedrückt: Aus den beschriebenen völkerrechtlichen Prinzipien lassen sich nur weiche Schranken für die staatliche Strafgewalt ableiten, die ohnehin immer durch das Vertragsprinzip verdrängt werden können. Dieses Vertragsprinzip bringt die beiden zentralen An-

---

[6] Vgl. Teil I D III und Teil I D IV.

liegen des Völkerrechts in diesem Zusammenhang, nämlich die Bekämpfung der Straflosigkeit und die Achtung des Souveränitätsprinzips, hervorragend in Einklang. Die Vereinbarkeit einer Ausdehnung staatlicher Strafgewalt mit dem Völkerrecht heißt jedoch noch lange nicht, dass sie auch aus der Sicht des nationalen Rechts, insbesondere des Strafrechts, legitim sein muss. Wie gezeigt wird, kann eine strafrechtstheoretische Reflexion über die Reichweite des Strafanwendungsrechts wesentlich fruchtbarer sein als eine völkerrechtliche.[7]

8. Jede Untersuchung über den legitimen Umfang des Strafanwendungsrechts wird von der ihr zugrunde liegenden Straftheorie geprägt, die wiederum von der vorgezogenen Theorie über die Aufgabe des Strafrechts beeinflusst wird, die ihrerseits von einer ihr vorgelegenen Staatstheorie abhängt. Es bedarf daher einer – wenn auch knappen – Auseinandersetzung mit all diesen Sphären, bevor man etwas Schlüssiges über die Ausgestaltung der staatlichen Strafrechtsetzungsgewalt behaupten kann. Die herrschenden Theorien zur Aufgabe des Strafrechts in den kontinentaleuropäischen und angelsächsischen Rechtskreisen (die Rechtsgutstheorie bzw. das Schädigungsprinzip) sind zwei Seiten ein und derselben Medaille, denn beide legen bei der Erörterung der Legitimation des Strafrechts übermäßig viel Wert auf die Frage, welche Interessen es subsidiär schützen darf. Dabei weisen diese Theorien zwei Geburtsfehler auf. Erstens ist ihr kritisches Potenzial sehr begrenzt, denn nahezu alle Interessen können als Rechtsgüter oder strafrechtlich zu vermeidende Schäden heiliggesprochen werden. Zweitens fokussieren sich diese Theorien zu sehr auf den Schutz der Interessen des Normadressaten als potenzielles Opfer und vernachlässigen dabei die nötige Legitimation der Strafnorm gegenüber dem Hauptbetroffenen, d.h. dem Normadressaten als einem in seiner Handlungsfreiheit eingeschränkten Individuum. Die üblichen Korrekturen, die zum Abbau dieses Ungleichgewichts eingeführt werden (wie z.B. die Lehre der Garantenstellungen oder die Lehre von der objektiven Zurechnung), reichen nicht aus, um dieses Defizit auszugleichen, sodass die Frage eines Einzelnen, warum er für die Wahrung der Interessen Dritter verantwortlich gemacht werden kann, unbefriedigend beantwortet wird.[8]

9. Infolgedessen trägt ein vorwiegend auf den Schutz von Interessen ausgerichtetes Strafrecht (wenn überhaupt) nicht viel mehr dazu bei als das Völkerrecht, was die Mäßigung der staatlichen Strafrechtsetzungsgewalt angeht. Das Begriffspaar inländisches/ausländisches Rechtsgut spielt – zumindest so, wie es von der herrschenden Meinung aufgefasst wird – keine bedeutende begrenzende Rolle. Schlimmer noch, die Vorstellungskraft zur Schaffung neuer Rechtsgüter scheint sich bei auslandsbezogenen Straftaten zu intensivieren. Beispiele hierfür

---

[7] Vgl. Teil I D V, Teil I D VI und Teil I E.
[8] Vgl. Teil II B I, Teil II B II 1 und Teil II B II 2.

sind die Qualifizierung als Rechtsgüter von einem Mischmasch wie der „europäischen Freizügigkeit" des Art. 83 AEUV, dem „Wohl der Welt" (Präambel des Römischen Statuts) oder dem „Wohlergehen der USA" (MDLEA). Die letztgenannte Rechtsvorschrift ist ein Musterbeispiel für das Zusammenwirken völkerrechtlicher Prinzipien und interessenschutzorientierter Strafrechtstheorien, das sich in zwei Leitgedanken niederschlägt: dem Streben nach optimaler Wirksamkeit des Strafrechts und der Idee einer Strafbarkeit als solcher, losgelöst von jeder Bindung zwischen dem bestrafenden politischen Gemeinwesen und dem zu bestrafenden Individuum (Strafe ohne Souverän). Kurzum: Hier stehen einem überzogenen Rückgriff auf das Universalitätsprinzip noch alle Wege offen.[9]

10. Aus dem Ausgeführten ergibt sich die Forderung, nach alternativen Begründungsmodellen des Strafrechts zu suchen, die seiner Legitimation (im Sinne normativer Verbindlichkeit bzw. Anerkennungswürdigkeit) gegenüber dem Hauptbetroffenen besser Rechnung tragen. Dabei sind freilich zwei Ebenen zu unterscheiden, nämlich die Strafnorm und die Kriminalstrafe. Da der Grad der Betroffenheit in beiden Fällen sehr unterschiedlich ist, erfordert die Verhängung einer Kriminalstrafe einen intensiveren Begründungsdiskurs. Dennoch gibt es einige Gemeinsamkeiten zwischen Kriminalisierungs- und Straftheorien. Dazu gehört, dass beide Rechtsakte gegenüber dem von ihnen jeweils primär Betroffenen gerechtfertigt werden sollen, d.h. gegenüber dem in seiner Handlungsfreiheit beeinträchtigten Normadressaten bzw. dem Verurteilten. Das Erfordernis, nicht nur die Strafe, sondern auch die Strafnorm gegenüber dem von ihr betroffenen Individuum nicht allein anhand kollektiver Nützlichkeitserwägungen zu begründen, führt zur Annahme eines *relationalen Verständnisses* der strafrechtlichen Verantwortlichkeit, da nicht jeder Staat in der Lage sein wird, den Individuen, auf die er seine Strafnormen erstrecken will, eine ausreichende Begründung für ihre Einhaltung zu liefern.[10]

11. Tatsächlich erfordert die Rechtfertigung der Norm gegenüber ihren Adressaten die Berücksichtigung institutioneller Erwägungen, die der Tatbegehung vorausgehen und daher nicht unmittelbar mit der Autonomie des Täters bei der Tatausführung zusammenhängen. Anders formuliert: Um die Legitimität der Strafnorm gegenüber ihren Adressaten (und damit der auf ihrer Grundlage zu verhängenden Strafe) zu bejahen, genügt es nicht, dass dem Täter ein schuldhaftes Handeln zugeschrieben wird. Die Zurechnung strafrechtlicher Verantwortlichkeit im Strafverfahren setzt vielmehr voraus, dass zuvor eine Pflicht gegenüber dem bestrafenden politischen Gemeinwesen (die Pflicht zur Beachtung seiner Normen) bestanden hat, denn ohne Pflicht gegenüber dem Staat „S" kann

---

[9] Vgl. Teil II B II 3.
[10] Vgl. Teil II C I.

"S" keine Pflichtwidrigkeit vorwerfen. Dies hat weitreichende Konsequenzen im Bereich des Strafanwendungsrechts. Geht man davon aus, dass es für die legitime Bestrafung einer Person durch einen Staat die Feststellung ihrer Schuld in einem ordentlichen Verfahren ausreicht, dann gibt es prinzipiell keinen Grund, warum Russland nicht einen Chilenen für einen Ladendiebstahl in Peru bestrafen darf oder warum die USA nicht einen Ausländer ins Ausland entführen dürfen, um ihn in Washington wegen einer Auslandstat vor Gericht zu stellen. Verlangt man hingegen eine Begründung der Norm gegenüber dem Normadressaten, so könnte die Berechtigung Russlands oder der USA zur Ausdehnung ihrer Normen in den oben genannten Beispielen in Abrede gestellt werden.[11]

12. Die Frage aber, wann der Einzelne zur Normbefolgung verpflichtet sein soll, zwingt zur Auseinandersetzung mit Kernaspekten der politischen Philosophie, denn letztlich geht es um nichts weniger als um die Erörterung der Legitimationsgrundlagen des Staates. Diese „politische Wende" ist typisch für all jene Rechtfertigungsmodelle des Strafrechts, die sich unter dem Label „Bürgerstrafrecht" zusammenfassen lassen. Diese Bezeichnung rührt daher, dass sie die erwähnte Normeinhaltungspflicht auf eine materiell verstandene Staatsbürgerschaft stützen. Damit stellt sich sogleich die Frage, wer als materieller Bürger eines Staates gilt und daher von diesem bestraft werden kann. Hier lassen sich vier Hauptstränge unterscheiden. Bei der ersten Variante, dem „deliberativen Modell", gelten diejenigen als Bürger, die in der Lage sind, zu den Normen eine kritische Stellung einzunehmen, wodurch die Staatsbürgerschaft weitgehend mit dem Genuss politischer Rechte gleichgesetzt wird. Im Gegensatz zu dieser Strömung begreifen die übrigen Varianten die Staatsbürgerschaft eher als *Output* der Bindung zwischen Staat und Individuum denn als *Input*. Eine zweite Variante wird hier als „unechtes Bürgerstrafrecht" bezeichnet, da sie dessen Leitgedanken (d.h. die Begründung des *ius puniendi* auf der politischen Bindung) nur für bestimmte Straftaten übernimmt, während für andere (in der Regel einige oder alle *mala in se*) die Legitimation der Bestrafung auf die Verletzung natürlicher Pflichten oder analoger Konzepte (Menschenwürde, Moral usw.) verlagert wird. Hinsichtlich der in der Verletzung politischer Pflichten bestehenden Straftaten decken sich die zu dieser zweiten Variante gehörenden Vorschläge weitgehend mit den beiden letzten Varianten, die wiederum nur durch eine dünne Linie voneinander getrennt sind. Die dritte Variante, das republikanische Modell, ist ehrgeiziger als das deliberative: Materieller (und damit normgebundener) Bürger ist derjenige, dem der Staat reale Freiheit (nicht nur im Sinne von Nichteinmischung) gewährleistet und der deshalb die Rechtsordnung nicht als heteronome Auferlegung wahrnimmt. Der vierte und letzte Strang könnte als Untervariante des drit-

---

[11] Vgl. Teil II C II.

ten begriffen werden, unterscheidet sich von diesem aber dadurch, dass er dem Fairnessgedanken – entsprechend der von *H.L.A. Hart* vorgeschlagenen Formel – besondere Bedeutung beimisst: Bürger eines bestimmten politischen Gemeinwesens (und an dessen Normen gebunden) ist, wer von seiner Bindung zu diesem profitiert (*Fair-Play*-Modell). Unabhängig davon, welcher Strömung man den Vorzug gibt, hat der Rückgriff auf ein Bürgerstrafrecht zwei entscheidende Vorteile. Der erste ist der zusätzliche Aufwand zur Rechtfertigung von Strafnorm und Kriminalstrafe gegenüber dem Hauptbetroffenen. Der zweite, der sich aus dem vorherigen ergibt, ist die Reduzierung des Kreises möglicher Adressaten von Strafnorm und Strafe, wodurch ggf. die mangelnde Legitimation des Staates zur Bestrafung u. a. von sozial Ausgegrenzten, Minderjährigen oder Ausländern unterstrichen wird.[12]

13. Anschließend werden die verschiedenen Stränge des Bürgerstrafrechts näher analysiert, wobei der Schwerpunkt auf ihren Auswirkungen auf das Strafanwendungsrecht liegt. Der erste Strang, das deliberative Modell, ist prinzipiell sehr attraktiv, da die Vorstellung, Bürger sei, wer sich kritisch am demokratischen Normsetzungsprozess beteiligen könne, nicht nur der Bedeutung entspricht, die der Staatsbürgerschaft in der westlichen Welt seit der Französischen Revolution gemeinhin zugeschrieben wird, sondern auch auf dem Legitimationsparadigma moderner Freiheitstheorien *par excellence*, nämlich der Selbstgesetzgebung, aufbaut. Die Stützung des Strafrechts auf eine deliberative Staatsbürgerschaft wirft jedoch ähnliche Probleme auf wie die auf einen formalen Status der Staatsbürgerschaft. Einerseits ist das Erfordernis der Teilnahmemöglichkeit am demokratischen Prozess sehr anspruchsvoll und schließt von der Pflicht zur Normeinhaltung Personen aus, die einen engen Bezug zur politischen Gemeinschaft haben können (z.B. einige Minderjährige oder ansässige Ausländer). Gleichzeitig kann es aber auch sehr anspruchslos wirken, da sie im Prinzip die Bestrafung von Individuen ermöglicht, die zwar theoretisch die Möglichkeit zur politischen Partizipation haben, *de facto* aber völlig davon ausgeschlossen sind. Selbstverständlich sind sich die Vertreter dieser Theorien dieser Schwierigkeiten bewusst und versuchen, Korrekturen einzuführen, insbesondere in Bezug auf den zweiten Aspekt. Da diese Korrekturen jedoch auf die Anerkennung der Notwendigkeit hinauslaufen, dass der Staat andere zivile und soziale Rechte garantieren soll, nähert sich dieses (korrigierte) Modell schließlich den anderen Varianten des Bürgerstrafrechts an, die die Staatsbürgerschaft eher als *Output* (garantierte Freiheit) auffassen.[13]

---

[12] Vgl. Teil II D I.
[13] Vgl. Teil II D II.

14. Ein repräsentatives Beispiel für die unechte Variante des Bürgerstrafrechts ist das Modell des spanischen Autors *Silva Sánchez*. Sein Vorschlag hat zwei wesentliche Vorteile gegenüber dem oben beschriebenen deliberativen Modell. Erstens unterscheidet er zwischen der politischen Legitimation des Staates zur Bestrafung (was eine Beurteilung der verantwortungszuweisenden Instanz darstellt) und der Schuld, denn beide Aspekte sind nicht immer deckungsgleich. Zweitens geht er von einem realitätsnäheren Konzept der Staatsbürgerschaft aus, das auf dem egalitären Liberalismus beruht. So versteht *Silva Sánchez* die Staatsbürgerschaft als politisches Band, das vom Grad des Vorhandenseins dreier Elemente abhängt (demokratische Teilhabe, Garantie des negativen Schutzes und Garantie des positiven Schutzes), aus deren Kombination sich sechs Personenkategorien bilden lassen, vom Beamten (der für den spanischen Strafrechtler die stärkste Verbindung zum Staat hat) bis zum Externen, der keinerlei Bindung zum Staat hat. Darüber hinaus wirkt sich der Grad der Bürgerschaft auf das Strafmaß aus: Wer einer schwächeren Kategorie angehört, wird entsprechend milder bestraft. Ungeachtet dieser Vorzüge können gegen diesen Vorschlag auch einige gewichtige Einwände erhoben werden. Der wichtigste ist, dass *Silva Sánchez*, wie bereits ausgeführt, bestimmte Straftaten (die „gewalttätigen ‚mala in se'") als Verstöße gegen natürliche Pflichten auffasst und sie damit den Anforderungen eines Bürgerstrafrechts entzieht. Problematisch daran ist nicht nur, dass diesem Ansatz – ähnlich wie den interessenschutzorientierten Strafrechtstheorien – die Vorstellung zugrunde zu liegen scheint, bestimmte Taten seien so verwerflich, dass es gleichgültig sei, wer sie bestrafe. Noch bedenklicher ist, dass solche natürlichen Pflichten die Erkennbarkeit eines universellen moralischen Mindeststandards voraussetzen, aus dem sich genügend klar konturierte Pflichten ableiten lassen, um im Strafrecht eine Rolle spielen zu können. Dies ist jedoch zu bezweifeln, wie sich an den bekannten Abgrenzungsschwierigkeiten zwischen *mala in se* und *mala prohibita* zeigt. Selbst wenn eine solche Differenzierung möglich wäre, lässt sich damit jedenfalls nicht hinreichend erklären, warum Deutschland eine Nötigung (im Schema von *Silva Sánchez* ein gewalttätiges *malum in se*) eines Mongolen gegenüber einem Einheimischen in China legitim bestrafen könnte.[14]

15. Bejaht man die Erforderlichkeit eines „echten" Bürgerstrafrechts an, das zugleich den Begriff der Bürgerschaft umfassender als das deliberative Modell versteht, gelangt man schnell zur republikanischen Strömung. Trotz seiner einzigartigen Merkmale – nämlich seiner ausgeprägten kommunitaristischen Züge – ist das Modell *Duffs* wahrscheinlich das einflussreichste dieser Variante. Für diesen Autor ist das Strafrecht „Eigentum der Bürger": Es definiert die öffentlichen

---

[14] Vgl. Teil II D III.

Unrechte im Einklang mit den geteilten Werten der politischen Gemeinschaft, für deren Begehung der Bürger als Gemeinschaftsmitglied durch den Strafprozess vor ihr zur Rechenschaft gezogen wird. Ferner bezieht sich dieses Deutungsmodell – anders als das von *Silva Sánchez* – nicht nur auf sozial Ausgegrenzte, sondern ausdrücklich auch auf das Strafanwendungsrecht. Bei aller Anziehungskraft birgt der Vorschlag des schottischen Autors auch einige Tücken. So bleibt er unpräzise hinsichtlich des Punktes, ab dem ein Individuum als materieller Bürger einer politischen Gemeinschaft betrachtet werden kann. Außerdem schließt er in einigen Passagen seines Werkes bestimmte schwere Verbrechen von der Rechtfertigung auf Basis der Staatsbürgerschaft aus (wie *Silva Sánchez*) und verquickt somit Staatsbürgerschaft und Schuld. Darüber hinaus behauptet er (wie *Jakobs*), dass ein Bürger aufgrund der fortgesetzten Begehung schwerer Straftaten seine Staatsbürgerschaft verlieren kann, wodurch er Staatsbürgerschaft und Gefährlichkeit durcheinanderbringt. Die schärfsten Einwände gegen *Duff* lassen sich jedoch bei der Umsetzung seiner Theorie in das Strafanwendungsrecht erheben. Um sowohl Strafbarkeitslücken als auch die Anerkennung der Notwendigkeit von Präventivmaßnahmen gegen Externe zu umgehen, verzichtet Duff gelegentlich auf die Staatsbürgerschaft als Grundlage des Strafrechts und begnügt sich mit dem bloßen Vorhandensein eines Interesses der bestrafenden Gemeinschaft – so rechtfertigt er das passive Personalitätsprinzip und einige Hypothesen des Territorialitätsprinzips – oder er treibt die *Ad-hoc*-Anpassung des Staatsbürgerschaftsbegriffs auf die Spitze, indem er sogar eine prospektive (d. h. nicht existierende) politische Gemeinschaft zur Rechtfertigung des Universalitätsprinzips in Betracht zieht. Aus diesen Gründen bedarf es der Erörterung eines weiteren bürgerstrafrechtlichen Deutungsmodells, welches seine zentrale Prämisse kohärenter auf das Strafanwendungsrecht überträgt.[15]

16. Als letztes Modell des Bürgerstrafrechts soll stellvertretend für die auf dem *Fair-Play*-Gedanken basierende Variante dasjenige von *Pawlik* näher betrachtet werden. Bei ihm gibt es zwei grundlegende und miteinander verknüpfte Begriffe: die Mitwirkungspflicht und den Zustand der Freiheitlichkeit. Die Aufgabe des Staates besteht darin, diese Freiheitsordnung aufrecht zu erhalten. Dazu ist er u. a. auf die Kooperation seiner Bürger in Form äußerer Rechtskonformität angewiesen. Straftaten sind demnach schwere und zurechenbare Verletzungen dieser freiheitsermöglichenden Mitwirkungspflicht der Bürger. Dies impliziert eine doppelte Einschränkung der Strafgewalt: Nur Bürger können sich strafbar machen, und auch nur dann, wenn sie ein Interesse der eigenen politischen Gemeinschaft verletzen, zu dessen Respektierung sie verpflichtet sind. Diesem Ansatz gelingt es zum einen, den Kerngedanken eines Bürgerstrafrechts stärker zu

---

[15] Vgl. Teil II D IV.

untermauern, und zum anderen, ihn wirksamer in das Strafanwendungsrecht zu übertragen, indem die Reichweite der originären staatlichen Strafgewalt auf bestimmte Unterfälle des Territorialitäts- und des aktiven Personalitätsprinzips beschränkt wird. Allerdings lassen sich auch gegen dieses Modell Einwände vorbringen. Einige davon beziehen sich auf die Kernaussagen des Modells, wie z. B. eine gewisse Unschärfe hinsichtlich des Punktes, ab dem der Staat als freiheitssichernd für ein Individuum angesehen werden kann und es somit als Bürger dieses Staates gilt (wie bei *Duff*), oder die fehlende Wirkung, die der Stärke der politischen Bindung bei der Bestrafung zugeschrieben wird (im Gegensatz zu *Silva Sánchez*). Der wohl wichtigste Kritikpunkt an diesem Vorschlag ist die diffuse Konturierung der Maßnahmen gegen Externe. Durch die Verkürzung der staatlichen Strafgewalt erweitert der deutsche Autor die Befugnis des Staates zur Anwendung von Präventivmaßnahmen, deren Einsatz zumindest in bestimmten Fällen gefährlicher Externer, die normalerweise unter das Schutzprinzip fallen, unvermeidlich wird. Dabei lässt *Pawlik* allerdings die sich aus der Literatur zu anderen Präventivmaßnahmen gegen schuldfähige Personen und aus dem verfassungsrechtlichen Verhältnismäßigkeitsgrundsatz ergebenden Schranken teilweise außer Acht. Folglich droht die staatliche Zwangsgewalt durch solche unscharfen Maßnahmen auszuufern, anstatt gemäßigt zu werden.[16]

17. Bei der Untersuchung der oben beschriebenen Modelle des Bürgerstrafrechts fallen einige problematische Aspekte auf, die je nach Fall mehreren oder allen Vorschlägen gemeinsam sind. Zunächst einmal wird der Begriff der Staatsbürgerschaft nur oberflächlich ausgearbeitet, obwohl er für die Ermittlung des legitimen Adressatenkreises der Strafvorschriften von zentraler Bedeutung ist. Diese fehlende Begriffsbestimmung erschwert eine sinnvolle Einbeziehung der Staatsbürgerschaft in das Strafrecht, da sie häufig mit anderen Faktoren wie Schuld oder sogar Gefährlichkeit verwechselt wird. Ein zweites Problem ist die Annahme einer binären Perspektive auf die Staatsbürgerschaft (die strikte Gegenüberstellung von Bürgern und Nichtbürgern), die der Realität moderner Gesellschaften nicht gerecht wird, denn diese zeichnen sich durch politische Bindungen unterschiedlicher Stärke zwischen dem Gemeinwesen und seinen Mitgliedern aus. Drittens werden die Schranken der Präventivmaßnahmen gegen Externe, die eine notwendige Ergänzung des Bürgerstrafrechts darstellen, nicht näher bestimmt oder sogar ausgeblendet. Dennoch wird angesichts der erwähnten Vorteile eines auf der politischen Bindung basierenden Strafrechts – das die Begründung der Strafgewalt verstärkt und sie zugleich zu mäßigen vermag –, ein Vorschlag für ein Bürgerstrafrecht unterbreitet, der seine Vorzüge zu optimieren bzw. seine Schwächen zu entschärfen anstrebt. So wird im dritten Teil der Unter-

---

[16] Vgl. Teil II D V.

suchung ein auf drei Säulen beruhender Vorschlag vorgelegt, der auf die Überwindung der drei oben genannten Schwierigkeiten abzielt. Diese drei Eckpfeiler sind: (i) eine vertiefte Auseinandersetzung mit dem Konzept der „Staatsbürgerschaft" unter Rückgriff auf andere Sozialwissenschaften; (ii) ein Verständnis von Staatsbürgerschaft als „begriffliches Kontinuum", wodurch politische Bindungen unterschiedlicher Stärke in dieses Konzept einbezogen werden können; und (iii) die Ausstattung von Präventivmaßnahmen gegen Externe mit präziseren und wirksameren Schranken. Auf diese Weise soll ein Modell erarbeitet werden, das befriedigende Auswirkungen auf das Strafanwendungsrecht zeitigt, ohne dabei zu sehr an logischer Kohärenz einzubüßen.[17]

18. Obwohl die Staatsbürgerschaft oft als ein „essentially contested concept" beschrieben wird, herrscht weitgehend Einigkeit über zwei Punkte: (i) Sie bezieht sich immer auf die Mitgliedschaft in (oder die Bindung zu) einem politischen Gemeinwesen (was notwendigerweise eine Trennlinie zwischen Bürgern und Externen impliziert); und (ii) sie ist ein mehrdimensionales Konzept in dem Sinne, dass es die folgenden Komponenten umfasst: Rechtsstatus (mit den dazugehörigen Rechten und Pflichten), politische Aktivität bzw. Praxis und Identität. Angesichts der Komplexität jeder dieser Dimensionen ist es unerlässlich, den Fokus auf nur eine von ihnen zu legen, wenn der Begriff im Strafrecht nutzbringend eingesetzt werden soll. Auf den ersten Blick erscheint es am naheliegendsten, auf einen formalen Status (wie z. B. die Staatsangehörigkeit) abzustellen, da dieser Rechtssicherheit darüber verschafft, wer als Bürger gilt. Doch aufgrund der Kluft, die oft zwischen jedem formalen Status eines Individuums und der realen Stärke seiner Bindung zur politischen Gemeinschaft besteht, kann kein Status als exklusive Grundlage für ein Bürgerstrafrecht dienen, auch wenn er eine zentrale Rolle bei der Festlegung der Konturen der Strafrechtsetzungsgewalt zu spielen vermag. Auch andere Bedeutungen von Staatsbürgerschaft sind in diesem Zusammenhang untauglich: Während die Bürgerschaft als Identität zu vage (beinahe psychologisch) ist, um im Strafrecht zum Tragen zu kommen, erfasst die Bürgerschaft als politische Praxis nicht die gesamte Bandbreite der Bindung zwischen Staat und Individuum. Grob formuliert kann die Staatsbürgerschaft also nur dann sinnvoll in das Strafrecht eingeführt werden (als Begründung der Normeinhaltungspflicht), wenn sie als gewährleistete Rechte verstanden wird: Bürger eines Gemeinwesens (und damit diesem gegenüber verpflichtet) ist folglich derjenige, dem von diesem Gemeinwesen Rechte garantiert werden.[18]

19. Dieses Verständnis von Staatsbürgerschaft kommt dem egalitären, auf Rechten basierenden Ansatz des britischen Soziologen *T. H. Marshall* sehr nahe.

---

[17] Vgl. Teil II D VI.
[18] Vgl. Teil III B I und Teil III B II.

Diese Auffassung – die als „classic statement of liberal citizenship" gilt – lässt sich wie folgt zusammenfassen: die Staatsbürgerschaft umfasst zivile, politische und soziale Rechte; ihr Inhalt ist zeitlich und räumlich veränderbar; und sie ist nicht nur deskriptiv, sondern stellt ein von einer politischen Gemeinschaft selbst gesetztes normatives Ziel dar. Trotz einiger Einwände gegen diese etwas veraltete Konzeption ist sie als Grundlage für ein Bürgerstrafrecht aus drei Hauptgründen immer noch brauchbar: (i) sie operiert mit einer überschaubaren Anzahl von Elementen (Gruppen von Rechten); (ii) sie betont die Wechselbeziehung zwischen ihnen; und (iii) es handelt sich um Gruppen von Rechten, die in vielen bzw. den meisten politischen Gemeinwesen zumindest in gewissem Umfang vorhanden sind. Vor allem ein Aspekt dieser Theorie bedarf jedoch einer näheren Erörterung, nämlich die Annahme eines egalitaristischen Freiheitsbegriffs. Geht man davon aus, dass die Aufgabe des Staates darin besteht, den Mitgliedern seines politischen Gemeinwesens politische Freiheit zu garantieren, so ergibt sich eine klare Beziehung zwischen Freiheit und Staatsbürgerschaft: Je nachdem, welches Verständnis von politischer Freiheit man zugrunde legt, variieren die Rechte, die die ideale Konfiguration der Staatsbürgerschaft ausmachen. Dieser Beitrag plädiert für ein weites Verständnis von Freiheitshindernissen – typisch für neorepublikanische und egalitaristische Auffassungen –, zu deren Überwindung der Staat durch die Gewährleistung eines Mindeststandards an sozialen Rechten beitragen soll. Tut er dies im Rahmen seiner Möglichkeiten nicht, wird das politische Band zwischen dem Staat und dem zu bestrafenden Individuum ähnlich geschwächt, wie wenn dem Individuum der Genuss politischer oder ziviler Rechte vorenthalten wird, da der Staat dann in seiner Funktion als Garant realer politischer Freiheit teilweise versagt und das Individuum daher nicht mehr als „Vollbürger" (siehe nächster Absatz) betrachtet werden kann.[19]

20. Versteht man also die materielle Staatsbürgerschaft als politische Bindung zwischen Staat und Individuum, deren Stärke durch die tatsächlich garantierten Rechte bestimmt wird, dann kann sie eine Reihe von Ausprägungsgraden annehmen, die entlang eines Kontinuums von Möglichkeiten angeordnet werden können. In keiner Gesellschaft richten sich Strafnormen (oder Kriminalstrafen) ausschließlich an mit „vollen Rechten" ausgestattete Bürger, sondern meist an „Teilbürger". Diese „Teilbürgerschaft" – oder der Genuss nur bestimmter Rechte in einem politischen Gemeinwesen – ist in jeder komplexen Gesellschaft unvermeidlich und lässt sich entweder auf die fehlende formale (rechtliche) Anerkennung einiger Rechte oder auf die fehlende Möglichkeit der faktischen Ausübung von Rechten zurückführen. Bevor diese Auffassung von Staatsbürgerschaft auf das Strafrecht übertragen werden kann, ist sie aber etwas näher zu erläutern. Der

---

[19] Teil III B II und Teil III B III.

Begriff der Staatsbürgerschaft, wie er oben ausgeführt wurde, weist alle üblichen Züge eines Typusbegriffs auf: Er ist mehrdimensional, da er sich aus mehreren Elementen zusammensetzt (nämlich aus den drei oben genannten klassischen Gruppen von Rechten und dem Aufenthaltsrecht, das sich unmittelbar aus der formalen Staatsbürgerschaft ableitet); jedes dieser Merkmale kann in unterschiedlicher Ausprägung auftreten; und erst eine gemeinsame Würdigung dieser Merkmale ermöglicht die Bestimmung, ob und inwieweit eine Person eine Bindung zu einem politischen Gemeinwesen hat. Am fruchtbarsten ist es daher, zwei Idealtypen an den Extremen des konzeptionellen Kontinuums möglicher politischer Bindungen zu bilden. An einem Pol steht der Idealtypus des Vollbürgers, der in allen Gruppen volle Rechte genießt. Am Gegenpol befindet sich der Idealtypus des Minimalbürgers, dem nur ein Minimum an persönlicher Sicherheit vor Angriffen auf Leib und Leben garantiert wird (ohne die der Genuss jeglicher anderer Rechte illusorisch ist). Außerhalb dieses begrifflichen Kontinuums stehen nur die Nichtbürger (Externe), die keinerlei Verbindung zum Staat haben, sei es, weil sie nichtansässige Ausländer sind, sei es, weil der Staat es versäumt hat, ihnen auch nur ein Minimum an persönlicher Sicherheit zu garantieren.[20]

21. Die geschilderte Auffassung von Staatsbürgerschaft wirkt sich nicht nur auf das im Mittelpunkt dieser Arbeit stehende Strafanwendungsrecht aus, sondern auch auf die Verhängung von Kriminalstrafen für Inlandstaten. Nimmt man ernsthaft an, dass die Legitimität der Strafe zumindest teilweise auf der politischen Bindung zwischen Strafgewaltstaat und Normadressaten beruht, dann muss sich die unterschiedliche Stärke dieser Bindung in irgendeiner Weise in der Kriminalstrafe niederschlagen, wie dies auch bei anderen strafbestimmenden Faktoren – wie der Schwere der Tat oder der Schuld – der Fall ist. Am plausibelsten gelingt dies, indem man die Staatsbürgerschaft als autonomen Faktor in die Strafzumessung einführt. Die Formel ist grundsätzlich recht einfach: Je geringer der Grad der Staatsbürgerschaft des Individuums „I" im Staat „S" ist (weniger gewährleistete Rechte bzw. schlechtere Qualität der gewährten Rechte), desto schwächer ist die politische Pflicht von „I" gegenüber „S", und desto milder ist die Strafe, die „S" *ceteris paribus* gegen „I" verhängen kann. Die Umsetzung dieser Formel kann freilich auf verschiedene Weise erfolgen. Da die Strafzumessung jedoch nicht das zentrale Anliegen dieser Untersuchung ist, wird hier nur eine mögliche Lösung herangezogen, die die potenziellen Auswirkungen der Staatsbürgerschaft am besten veranschaulicht. Demnach wird die Staatsbürgerschaft erst dann als Strafzumessungsfaktor eingesetzt, wenn der sich aus dem Zusammenspiel der anderen üblichen Strafzumessungsfaktoren innerhalb des Strafrahmens ergebende Basis-Strafwert feststeht. Der Höchstpunkt dieses Ba-

---

[20] Teil III B IV.

sis-Strafwertes entspricht der gegen den Vollbürger zu verhängenden Strafe. Dementsprechend kommt der (Teil-)Bürgerschaft eine strafmildernde Wirkung zu: Je weiter sich der Bestrafte vom Idealtypus des Vollbürgers entfernt, desto geringer soll seine Strafe ausfallen, bis sie das mögliche Minimum des Basis-Strafwertes erreicht, d. h. die Strafe, die gegen die dem Idealtypus des Minimalbürgers zuzuordnenden Personen zu verhängen ist. Der Grad der Staatsbürgerschaft ergibt sich aus der Gesamtbewertung der Teilsubsumtionen in jeder der vier Gruppen von Rechten (die stark, schwach oder nicht vorhanden sein können), auf die dann eventuell ein Ausgleichsmechanismus anwendbar ist.[21]

22. Nach einer kurzen Auseinandersetzung mit den vorhersehbaren Einwänden, die sich entweder auf die Einführung der Staatsbürgerschaft in die Bestrafung in der vorgeschlagenen Weise beziehen (z. B. Einführung eines tatfremden Elements, mangelnde Berücksichtigung der Interessen des Opfers oder Widerspruch zum positiven Recht) oder auf deren Plausibilität (z. B., dass die Staatsbürgerschaft zu mehrdeutig oder schwer messbar sei oder zu einer Überindividualisierung der Bestrafung führe), die alle (mehr oder weniger) zufriedenstellend entkräftet werden können, kommt es darauf an, das heikelste Problem jeder Theorie des Bürgerstrafrechts zu analysieren, nämlich, wie auf die Taten gefährlicher Externer zu reagieren ist. Wenngleich es dem Staat verwehrt ist, Nichtbürger zu bestrafen, erfordert es seine Aufgabe – die Aufrechterhaltung der Freiheitsordnung –, dass er gegenüber Angriffen gefährlicher Externer nicht untätig bleibt. Daraus ergibt sich die Notwendigkeit eines begrenzten Schutzrechts, das nur aus Gründen der Sozialnützlichkeit gerechtfertigt werden kann, aber gegenüber dem von ihm Betroffenen nicht hinreichend begründbar ist. Dieses Schutzrecht nimmt die Gestalt eines dem Strafrecht parallelen Systems präventiver Sanktionen gegen Schuldfähige an und sollte daher im Prinzip ähnlichen Beschränkungen unterliegen wie bereits bestehende artverwandte Maßnahmen wie die Sicherungsverwahrung. Ein wesentlicher Unterschied besteht jedoch darin, dass diese Präventivmaßnahmen gegen Externe *anstelle der Strafe* und *nicht als Ergänzung zu ihr* auferlegt werden, wie dies bei der Sicherungsverwahrung und vergleichbaren Maßregeln anderer Rechtsordnungen der Fall ist. An die Anwendung dieser Maßnahmen gegen Externe sind besonders strenge Anforderungen zu stellen, denn der Nichtbürger ist kein Feind, sondern nur jemand, der keine politische Bindung zum Staat hat und dem grundsätzlich kein staatlicher Zwang auferlegt werden soll.[22]

23. Diese Präventivmaßnahmen gegen Externe sollen mindestens zwei relevanten normativen Schranken unterliegen. Als erstes ist die Anlasstatgrenze zu

---

[21] Vgl. Teil III C I 1 und Teil III C I 2.
[22] Vgl. Teil III C I 3 und Teil III C II 1.

beachten: So dürfen diese Maßnahmen nur ergriffen werden, wenn der Externe bereits eine Straftat begangen hat (Verbot von *Precrime*-Maßnahmen) und nur sofern ein symptomatischer Zusammenhang zwischen dieser Tat und der dem Nichtbürger zugeschriebenen Gefährlichkeit besteht. Zweitens ist das Prinzip der Verhältnismäßigkeit zu berücksichtigen: Die Maßnahme soll verhältnismäßig zur Gefährlichkeitsprognose des Externen sein. Aus diesem Grundsatz ergibt sich eine Reihe von Anforderungen. So darf der Staat diese Präventivmaßnahmen nur zum Schutz eigener wertvoller Interessen gegenüber hochgefährlichen Personen (von denen mit hoher Wahrscheinlichkeit schwere Straftaten zu erwarten sind) anwenden. Darüber hinaus sollen diese Maßnahmen geeignet sein, die von der betroffenen Person ausgehenden künftigen Gefahren zu neutralisieren (was die Anwendung des passiven Personalitätsprinzips häufig verbietet); ferner sollen sie erforderlich sein (was ihre Auferlegung ausschließt, wenn ein anderer Staat bereit und in der Lage ist, für dieselbe Anlasstat eine Strafe zu verhängen); und schließlich sollen sie angemessen sein (was u. a. eine ständige Überprüfung der Gefährlichkeit des von der Maßnahme Betroffenen mit steigendem Beweisstandard erfordert). Aus der strikten und kumulativen Einhaltung dieser Anforderungen folgt, dass diese Maßnahmen nicht notwendigerweise härter sind als Strafen. Im Übrigen ist es dem Staat nicht möglich, die für ihn günstigste Sanktionsart (Strafe oder Präventivmaßnahme) unter Ausnutzung eines Etikettenschwindels zu wählen, da der Adressatenkreis beider Sanktionsarten unterschiedlich ist.[23]

24. Bislang beziehen sich alle Überlegungen auf die Legitimation des Staates – als Vertreter eines politischen Gemeinwesens –, Sanktionen aufzuerlegen. Allerdings sind Menschen in der heutigen Welt (eigentlich: in der gesamten Geschichte) häufig Mitglieder anderer politischer Gemeinschaften, die ihnen ebenfalls Rechte garantieren. Dabei kann es sich u. a. um supranationale Organisationen, Drittstaaten oder substaatliche Gemeinschaften oder Verwaltungseinheiten handeln. Für das hier vorgelegte Modell des Bürgerstrafrechts stellt dies jedoch kein unüberwindliches Problem dar. Der hier vorgeschlagene Grundsatz lautet: Zur Ausübung von Strafgewalt ist jede politische Gemeinschaft legitimiert, die in einer dem Staat vergleichbaren Weise Freiheit (Rechte) garantiert oder eine staatliche Freiheitsordnung bedeutsam ergänzt. Anhand dieses Kriteriums wird eine Reihe vermeintlicher „Bürgerschaften" daraufhin untersucht, ob sie als Grundlage für eine legitime Ausübung des *ius puniendi* dienen können. Während die Möglichkeit, die Bestrafung auf eine Weltbürgerschaft (à la *Duff*) oder eine schwache supranationale Bürgerschaft (wie die des Mercosur) zu stützen, verworfen wird, wird die Legitimität der Bestrafung auf der Grundlage der EU-Bürgerschaft und – etwas vorsichtiger – auf der Basis bestimmter substaatlicher

---

[23] Vgl. Teil III C II 2.

„Bürgerschaften" (indigene Gemeinschaften in Lateinamerika, Bundesstaaten in den Vereinigten Staaten) anerkannt.[24]

25. Nach der umfassenden Darstellung des hier unterbreiteten Vorschlags für ein Bürgerstrafrecht kehrt diese Untersuchung abschließend zu ihrem Ausgangspunkt zurück: Welche Folgerungen lassen sich daraus für das Strafanwendungsrecht ziehen? Was den „allgemeinen Teil" eines Strafanwendungsrechts des Bürgers anbelangt, so sind drei Formen der Sanktionsgewalt eines politischen Gemeinwesens zu unterscheiden, die eine deutliche Rangfolge aufweisen. An der Spitze dieser Pyramide steht die *originäre Strafgewalt*, die der Staat nur auf solche Straftaten seiner eigenen Bürger (Mitwirkungspflichtige) ausdehnen darf, die eine Verletzung ihrer Mitwirkungspflicht enthalten, indem sie gegen Interessen ihres politischen Gemeinwesens verstoßen. Anschließend darf ein politisches Gemeinwesen seine *originäre Maßnahmengewalt* auf Straftaten gegen seine eigenen Interessen erstrecken, die von Externen (Nichtmitwirkungspflichtigen) begangen werden, aber nur dann, wenn es sich um schwerwiegende Angriffe handelt, die auf eine hohe Gefährlichkeit des Täters hindeuten. Diese Maßnahmen sind gegenüber Strafen subsidiär, denn wenn ein zur Verhängung einer Kriminalstrafe legitimierter Staat bereits eine Strafe verhängt hat bzw. verhängen will, entfällt die Erforderlichkeit (und damit die Legitimation) für die Auferlegung dieser Präventivmaßnahmen. Schließlich steht dem Staat bei Angriffen, die sich im Gegensatz zu den beiden vorgenannten Konstellationen nicht gegen seine eigene Freiheitsordnung richten, nur (ggf.) *derivative Sanktionsgewalt* zur Verfügung, die wiederum subsidiär zu den beiden erstgenannten Möglichkeiten ist (d.h., sie kann nur zur Anwendung kommen, wenn ein mit originärer Sanktionsgewalt ausgestatteter Staat dazu nicht in der Lage ist). Nachfolgend gilt es zu erörtern, anhand welcher völkerrechtlichen Prinzipien (bzw. Unterfälle davon) ein Staat jede dieser drei Formen der Sanktionsgewalt ausdehnen kann.[25]

26. Zum einen kann (und oftmals muss) der Staat seine originäre Strafgewalt auf Inlandstaten anwenden, da in der Regel die überwiegende Mehrheit der sich auf seinem Territorium befindlichen Personen während ihres Aufenthaltes zumindest als Minimalbürger zu betrachten ist und ihre Straftaten daher als Verletzung der Mitwirkungspflicht gegenüber dem Tatortstaat zu werten sind. Dies gilt unbeschadet der Ausnahmefälle, in denen das Strafgericht aufgrund der extremen Ausgrenzung eines Beschuldigten zu dem Schluss kommen kann, dass es sich bei diesem um einen Externen handelt. Das Erfolgsortprinzip hingegen hat in einem Bürgerstrafrecht keinen Platz. Ebenso darf der Staat seine originäre Strafgewalt auf der Grundlage des aktiven Personalitätsprinzips erstrecken. Da-

---

[24] Vgl. Teil III C III.
[25] Vgl. Teil III D I.

bei ist zum einen zu klären, wann eine im Ausland agierende Person als Bürger (Verpflichteter) angesehen werden kann, und zum anderen, wann ihre Auslandstat als Verletzung der Mitwirkungspflicht zu werten ist. Zur Klärung der ersten Frage liefert ein Vergleich mit dem Kreis der unbeschränkt steuerpflichtigen natürlichen Personen nützliche Anhaltspunkte. Sinngemäß kommen als gegenüber dem Strafgewaltstaat im Ausland Mitwirkungspflichtige nicht nur dessen Staatsangehörige in Betracht, sondern auch Personen, die in diesem Staat ihren Wohnsitz oder gewöhnlichen Aufenthalt haben oder dessen Beamte sind. Zum zweiten Punkt wird argumentiert, dass eine Pflichtverletzung nur in Kombination mit dem Schutz- oder dem passiven Personalitätsprinzip vorliegt, nicht aber, wenn das aktive Personalitätsprinzip isoliert auftritt (d. h., wenn der Täter keine Interessen des Strafgewaltstaates beeinträchtigt). Abgesehen von diesen Fällen kann der Staat keine originäre Strafgewalt ausüben.[26]

27. Die ideale Ausgestaltung der originären Maßnahmenrechtsetzungsgewalt ergibt sich aus der dargestellten Begründung der Präventivmaßnahmen. Ihr Umfang wird maßgeblich durch drei Erfordernisse bestimmt. Das erste besteht darin, dass diese Maßnahmen nur dann zur Anwendung kommen dürfen, wenn ein Eigeninteresse des sanktionierenden Gemeinwesens betroffen ist, so dass sie nicht aufgrund des Universalitätsprinzips anwendbar sind. Zweitens dürfen sie nur angewendet werden, wenn die Tat die Funktionsfähigkeit des Forumsstaates bei der Aufrechterhaltung seiner Freiheitsordnung beeinträchtigt. Dies schließt die Anwendung dieser Maßnahmen auf der Grundlage des passiven Personalitätsprinzips aus. Schließlich soll die Anlasstat für sich genommen eine schwere Aggression darstellen, wobei diese Maßnahmen nicht auf Fälle wie Meineid vor einem ausländischen Gericht oder Falschaussagen in Visumanträgen anwendbar sein sollen. Der Anwendungsbereich dieser Maßnahmen bei Auslandstaten sollte vorzugsweise durch einen Katalog nach dem Muster des § 5 StGB bestimmt werden, allerdings beschränkt auf Straftaten, die alle drei oben genannten Voraussetzungen erfüllen.[27]

28. Die Inanspruchnahme derivativer Sanktionsgewalt erweist sich in der heutigen Welt als unumgänglich. Will man sie jedoch bürgerrechtskonform ausgestalten, soll sie drei Anforderungen genügen. Erstens darf sie nur dann eingesetzt werden, wenn der sanktionsberechtigte und -willige Staat zur Anwendung einer Sanktion nicht in der Lage ist. Zweitens muss der Forumsstaat tatsächlich im Interesse des vertretenen Staates handeln. Drittens soll der Wille des von der Sanktion Betroffenen in Bezug auf den von ihm bevorzugten Forumsstaat Beachtung finden. Erst im Rahmen einer abgeleiteten Sanktionsgewalt ist eine

---

[26] Vgl. Teil III D II.
[27] Vgl. Teil III D III.

Rechtfertigung staatlicher Weltrechtspflege möglich. Für die Erstreckung der Sanktionsgewalt nach dem Universalitätsprinzip sollen zwei Voraussetzungen gegeben sein. Erstens soll es sich um eine die internationale Gemeinschaft als Ganzes betreffende Tat handeln, die das Entstehen einer künftigen universellen Freiheitsordnung gefährdet. Hierfür kommen möglicherweise nur einige der im Römischen Statut vorgesehenen Verbrechen in Betracht. Zweitens ist zu klären, *wer* über eine solche universelle Sanktionsgewalt verfügen kann bzw. wer legitimerweise im Namen der gesamten internationalen Gemeinschaft zu sprechen vermag. Da nur internationale Gerichte (vor allem – trotz seiner Mängel – der IStGH) diese Rolle plausibel übernehmen können, steht auch nur dem IStGH hierfür originäre Maßnahmengewalt zu, während die Berufung auf das Universalitätsprinzip durch Drittstaaten nur als derivative (subsidiäre) Rechtspflege konzipiert werden kann. Daraus ergibt sich eine Art Drei-Schichten-Modell des Zuständigkeitsvorrangs hinsichtlich der dem Weltrechtsprinzip unterliegenden Verbrechen. So wäre die Zuständigkeit des IStGH komplementär (grundsätzlich subsidiär) zu jener der von der Tat unmittelbar betroffenen Staaten, hätte aber ihrerseits Vorrang vor der Zuständigkeit von Drittstaaten, was sich im Grunde nicht wesentlich von dem diesbezüglichen Modell des Römischen Statuts unterscheidet.[28]

---

[28] Vgl. Teil III D IV.

Literaturverzeichnis

Abegg, Julius F. H.: Ueber die Bestrafung der im Auslande begangenen Verbrechen, Landshut 1819.
Affolter, Albert: Zur Normentheorie, Archiv des öffentlichen Rechts 23 (1908), S. 361 ff.
Aftab, Jasir: Preventive Detention Laws in India: A tool for executive tyranny?, The Leaflet, URL: https://theleaflet.in/preventive-detention-laws-in-india-a-tool-for-executive-tyranny/, abgerufen: 09.10.2023.
Aguilar Cavallo, Gonzalo: El principio de jurisdicción universal: Una propuesta de aplicación en Chile, Centro de Estudios Constitucionales de Chile 4, 1 (2006), S. 333 ff.
Akehurst, Michael: Jurisdiction in International Law, British Year Book of International Law 46 (1972–1973), S. 145 ff.
Albrecht, Peter-Alexis: Prävention als problematische Zielbestimmung im Kriminaljustizsystem, KritV 69 (1986), S. 55 ff.
Allen, Carleton Kemp: The Nature of a Crime, Journal of Comparative Legislation and International Law 13, 1 (1931), S. 1 ff.
Altenhain, Karsten: Vorbedingungen der Tatbestandsmäßigkeit, in: Paeffgen u. a. (Hrsg.), Strafrechtswissenschaft als Analyse und Konstruktion. Festschrift für Ingeborg Puppe zum 70. Geburtstag, Berlin 2011, S. 343 ff.
Ambos, Kai: Aktuelle Probleme der deutschen Verfolgung von „Kriegsverbrechen" in Bosnien-Herzegowina, NStZ 1999, S. 226 ff.
ders.: Rechtsgutsprinzip und harm principle: theoretische Ausgangspunkte zur Bestimmung der Funktion des Völkerstrafrechts. Ein zweiter Beitrag zu einer grundlegenden Theorie des Völkerstrafrechts, in: Zöller u. a. (Hrsg.), Festschrift für Jürgen Wolter zum 70. Geburtstag, Berlin 2013, S. 1285 ff.
ders.: Internationales Strafrecht, 5. Aufl., München 2018.
ders.: Strafe ohne Souverän? Zur Frage des *ius puniendi* im Völkerstrafrecht. Versuch einer Grundlegung des Völkerstrafrechts, JRE 26 (2018), S. 267 ff.
Amelung, Knut: Rechtsgüterschutz und Schutz der Gesellschaft. Untersuchungen zum Inhalt und zum Anwendungsbereich eines Strafrechtsprinzips auf dogmengeschichtlicher Grundlage; zugleich ein Beitrag zur Lehre von der „Sozialschädlichkeit" des Verbrechens, Frankfurt am Main 1972.
American Law Institute: Restatement of the Law Third, The Foreign Relations Law of the United States (1987).
dass.: Restatement of the Law Fourth, The Foreign Relations Law of the United States (2018).
American Society of International Law: Jurisdictional, Preliminary, and Procedural Concerns, in: Amann (Hrsg.), Benchbook on International Law, Washington 2014 (zit.: *ASIL*, Concerns).
Appel, Ivo: Rechtsgüterschutz durch Strafrecht? Anmerkungen aus verfassungsrechtlicher Sicht, KritV 82 (1999), S. 278 ff.

Aquila, Elaina: Courts Have Gone Overboard in Applying the Maritime Drug Law Enforcement Act, Fordham Law Review 86, 6 (2018), S. 2964 ff.
Arendt, Hannah: The Origins of Totalitarianism, 2. Aufl., Cleveland u. a. 1958.
dies.: Die Freiheit, frei zu sein, München 2018.
Arndt, Claus: Bestrafung von Spionen der DDR, NJW 28 (1995), S. 1803 ff.
Arrighi, Jean-Thomas/Bauböck, Rainer: A multilevel puzzle: Migrants' voting rights in national and local elections, European Journal of Political Research 56, 3 (2017), S. 619 ff.
Arzt, Günther: Zur Garantenstellung beim unechten Unterlassungsdelikt, JA 1980, S. 553 ff.
Ashworth, Andrew/Zedner, Lucia: Preventive Orders: A Problem of Undercriminalization?, in: Duff u. a. (Hrsg.), The Boundaries of the Criminal Law, Oxford u. a. 2010, S. 59 ff.
Ashworth, Andrew/Zedner, Lucia: Preventive Justice, Oxford 2014.
Ashworth, Andrew/Zedner, Lucia/Tomlin, Patrick: Introduction, in: Ashworth u. a. (Hrsg.), Prevention and the Limits of the Criminal Law, Oxford 2013, S. 1 ff. (zit.: *Ashworth et al.*, Introduction).
Asp, Petter: Extraterritorial Ambit and Extraterritorial Jurisdiction, in: du Bois-Pedain u. a. (Hrsg.), Criminal Law and the Authority of the State, Oxford 2017, S. 33 ff.
Ataç, Ilker/Rosenberger, Sieglinde: Inklusion/Exklusion – ein relationales Konzept der Migrationsforschung, in: Ataç u. a. (Hrsg.), Politik der Inklusion und Exklusion, Göttingen 2013, S. 35 ff.
Averbukh, Lidia: Das administrative Konzept von Ethnizität und seine Konstruktion in der Sowjetunion, Deutschland und Israel, in: Grünendahl u. a. (Hrsg.), Staatsbürgerschaft im Spannungsfeld von Inklusion und Exklusion. Internationale Perspektiven, Wiesbaden 2019.
Bacigalupo, Enrique: Derecho penal. Parte general, 2. Aufl., Buenos Aires 1999.
Bader, Veit: Citizenship and Exclusion: Radical Democracy, Community, and Justice. Or, What is Wrong with Communitarianism?, Political Theory 23, 2 (1995), S. 211 ff.
Bagaric, Mirko: The contours of a utilitarian theory of punishment in light of contemporary empirical knowledge about the attainment of traditional sentencing objectives, in: Focquaert u. a. (Hrsg.), The Routledge Handbook of the Philosophy and Science of Punishment, New York u. a. 2021.
Ball, Harry V./Friedman, Lawrence M.: The Use of Criminal Sanctions in the Enforcement of Economic Legislation: A Sociological View, Stanford Law Review 17, 2 (1965), S. 197 ff.
von Bar, Ludwig: Das Internationale Privat- und Strafrecht, Hannover 1862.
Barak, Aharon: Proportionality. Constitutional rights and their limitations, Cambridge u. a. 2012.
Bascuñán Rodríguez, Antonio: La jurisdicción penal del Estado de Chile, unveröffentlichter Aufsatz (2023), S. 1 ff.
Bassiouni, M. Cherif.: Universal Jurisdiction for International Crimes: Historical Perspectives and Contemporary Practice, Virginia Journal of International Law 42, 1 (2001), S. 81 ff.
Bauböck, Rainer: The rights and duties of external citizenship, Citizenship Studies 13, 5 (2009), S. 475 ff.
ders.: Political Membership and Democratic Boundaries, in: Schachar u. a. (Hrsg.), The Oxford handbook of citizenship, Oxford 2017, S. 60 ff.
Bauder, Harald: Migration und Citizenship: Vom Geburtsprivileg zum Domizilprinzip, in: Grünendahl u. a. (Hrsg.), Staatsbürgerschaft im Spannungsfeld von Inklusion und Exklusion. Internationale Perspektiven, Wiesbaden 2019.
Baum, Manfred: Positive und Negative Freiheit bei Kant, JRE 16 (2008), S. 43 ff.
Baurmann, Michael: Strafe im Rechtsstaat, in: ders. u.a (Hrsg.), Die moderne Gesellschaft im Rechtsstaat, München 1990, S. 109 ff.

Bazelon, David L.: The Morality of the Criminal Law: Rights of the Accused, Journal of Criminal Law and Criminology 72, 4 (1981), S. 1143 ff.
Beck, Ulrich: Risikogesellschaft: auf dem Weg in eine andere Moderne, 24. Aufl., Frankfurt am Main 2000.
Beckemper, Katharina: Das Rechtsgut „Vertrauen in die Funktionsfähigkeit der Märkte", ZIS 5 (2011), S. 318 ff.
Becker, Ulrich: Kommentierung zu Art. 16 GG, in: Huber/Voßkuhle (Hrsg., vormals v. Mangoldt/Klein/Starck), Kommentar zum Grundgesetz, Bd. 1, 7. Aufl., München 2018 (zit.: *Becker,* v. Mangoldt u. a. GG[7]).
Beitz, Charles R.: Gerechtigkeit und internationale Beziehungen, in: Broszies/Hahn (Hrsg.), Globale Gerechtigkeit. Schlüsseltexte zur Debatte zwischen Partikularismus und Kosmopolitismus, 3. Aufl., Berlin 2016, S. 175 ff.
Bekker, Ernst Immanuel: Theorie des heutigen deutschen Strafrechts, Bd. I, Leipzig 1859.
von Beling, Ernst: Die Lehre vom Verbrechen, Tübingen 1906.
Bellamy, Richard: Citizenship: A Very Short Introduction, Oxford 2008.
Bentham, Jeremy: An Introduction to the Principles of Morals and Legislation, Kitchener 2000.
Berlin, Isaiah: Zwei Freiheitsbegriffe, Dtsch. Z. Philos. 41 (1993), S. 741 ff.
Berman, Mitchell N.: Two Kinds of Retributivism, in: Duff/Green (Hrsg.), Philosophical Foundations of Criminal Law, Oxford 2011, S. 433 ff.
Berner, Albert Friedrich: Wirkungskreis des Strafgesetzes, nach Zeit, Raum und Personen, Berlin 1853.
Beyer, Nicola: Personelle Strafgewalt. Ein Plädoyer für das Domizilprinzip im Lichte grenzüberschreitender Migration, Tübingen 2020.
Bierling, Ernst Rudolf: Zur Kritik der juristischen Grundbegriffe, Vol. 1, München 1877.
Binding, Karl: Die Normen und ihre Übertretung. Eine Untersuchung über die rechtsmässige Handlung und die Arten des Delikts, Bd. I, Normen und Strafgesetze, Leipzig 1872.
ders.: Handbuch des Strafrechts, Bd. I, Leipzig 1885.
Birnbaum, Johann M. F.: Ueber das Erforderniß einer Rechtsverletzung zum Begriffe des Verbrechens, Archiv des Criminalrechts 1834, S. 149 ff.
Blackstone, William: Commentaries on the Laws of England, 1. Aufl., Oxford 1765–1769.
Blakesley, Christopher L.: United States Jurisdiction over Extraterritorial Crime, Journal of Criminal Law and Criminology 73, 3 (1982), S. 1109 ff.
Bloemraad, Irene: Does Citizenship Matter?, in: Schachar u. a. (Hrsg.), The Oxford handbook of citizenship, Oxford 2017, S. 524 ff.
Bloy, René: Die Beteiligungsform als Zurechnungstypus im Strafrecht, Berlin 1985.
Bock, Michael: Kriminologie. Für Studium und Praxis, 5. Aufl., München 2018.
Böckenförde, Ernst-Wolfgang: Staat, Gesellschaft, Freiheit. Studien zur Staatstheorie und zum Verfassungsrecht, 1. Aufl., Frankfurt am Main 1976.
ders.: Staat, Nation, Europa. Studien zur Staatslehre, Verfassungstheorie und Rechtsphilosophie, 1. Aufl., Frankfurt am Main 1999.
Boe, Morten: Weltrechtspflege ohne Weltbezug? – Überlegungen zum Konzept stellvertretender Weltrechtspflege am Beispiel einer Pflicht zur Urteilsübersetzung in Verfahren auf Grundlage des § 1 S. 1 VStGB, ZStW 134 (2022), S. 926 ff.
Boetticher, Axel/Kröber, Hans L./Müller-Isberner, Rüdiger/Böhm, Klaus M./Müller-Metz, Reinhard/Wolf, Thomas: Mindestanforderungen für Prognosegutachten NStZ 2006, S. 537 ff.
Boonin, David: The Problem of Punishment, Cambridge u. a. 2008.
Böse, Martin/Meyer, Frank: Die Beschränkung nationaler Strafgewalten als Möglichkeit zur Vermeidung von Jurisdiktionskonflikten in der Europäischen Union, ZIS 5 (2011), S. 336 ff.

Bosniak, Linda: Citizenship Denationalized (The State of Citizenship Symposium), Indiana Journal of Global Legal Studies 7, 2 (2000), S. 447 ff.

dies.: The Citizen and the Alien. Dilemmas of Contemporary Membership, Princeton 2006 (zit.: *Bosniak*, The Citizen).

dies.: Status Non-Citizens, in: Schachar u. a. (Hrsg.), The Oxford handbook of citizenship, Oxford 2017, S. 314 ff. (zit.: *Bosniak*, Status).

Bowyer, Kevin W/King, Michael C./Scheirer, Walter/Vangara, Kushal: The „Criminality from Face" Illusion, IEEE Transactions on Technology and Society 1, 4 (2020), S. 175 ff.

Bradley, Curtis A.: Universal Jurisdiction and U.S. Law, The University of Chicago Legal Forum (2001), S. 323 ff.

Braithwaite, John/Pettit, Philip: Not Just Deserts: A Republican Theory of Criminal Justice, Oxford 1990.

Braum, Stefan: Das „Corpus Juris" – Legitimität, Erforderlichkeit und Machbarkeit, JZ 55 (2000), S. 493 ff.

ders.: Vom Schuldprinzip im nach-präventiven Strafrecht, KritV 86 (2003), S. 22 ff.

Brauns, Uwe: Die Wiedergutmachung der Folgen der Straftat durch den Täter. Ein Beitrag zur Neubewertung eines Strafzumessungsfaktors de lege lata und de lege ferenda, Berlin 1996.

Bremer: Die strafrechtliche Behandlung der im Auslande begangenen Delikte, GS 17 (1865), S. 418 ff.

Brettschneider, Corey: The Rights of the Guilty: Punishment and Political Legitimacy, Political Theory 35, 2 (2007), S. 175 ff.

ders.: A democratic theory of punishment: The trop principle, University of Toronto Law Journal 70 (2020), S. 141 ff.

Bröckling, Ulrich: Vorbeugen ist besser ... Zur Soziologie der Prävention, Behemoth. A Journal on Civilisation 1 (2008), S. 38 ff.

Broszies, Christoph/Hahn, Henning: Die Kosmopolitismus-Partikularismus-Debatte im Kontext, in: Broszies/Hahn (Hrsg.), Globale Gerechtigkeit. Schlüsseltexte zur Debatte zwischen Partikularismus und Kosmopolitismus, 3. Aufl., Berlin 2016, S. 9 ff.

Brown, Bartram: The Evolving Concept of Universal Jurisdiction (symposium), New England Law Review 35, 2 (2001), S. 383 ff.

Brown, Helen/Wringe, Bill: Non-paradigmatic punishments, Philosophy Compass 17, 5 (2022), S. 1 ff.

Brubaker, Rogers: Citizenship and Nationhood in France and Germany, Cambridge 1992 .

Brunhöber, Beatrice: Die präventive Wende in der Strafgesetzgebung – Gebotene Akzentverschiebungen in der strafrechtswissenschaftlichen Entgegnung, in: Nestler u. a. (Hrsg.), Grundlagen und Grenzen des Strafens, Baden-Baden 2015.

Bruns, Viktor: Völkerrecht als Rechtsordnung, ZaöRV 1 (1929), S. 1 ff.

Bueno Arús, F./De Miguel Zaragoza, J.: Manual de Derecho Penal Internacional, Madrid 2004.

Bustos Ramírez, Juan/Hormazábal Malarée, Hernán: Pena y Estado, Revista de Sociología 13 (1980), S. 97 ff.

Bustos Ramírez, Juan/Hormazábal Malarée, Hernán: Lecciones de Derecho Penal, Bd.1, 1. Aufl., Madrid 1997.

Cabranes, José A.: Our Imperial Criminal Procedure: Problems in the Extraterritorial Application of U.S. Constitutional Law, Yale Law Journal 118, 8 (2009), S. 1660 ff.

Cameron, Ian: The Protective Principle of International Criminal Law, Dartmouth et al. 1994.

Cafritz, Eric/Tene, Omer: Article 113–7 of the French Penal Code: The Passive Personality Principle, Columbia Journal of Transnational Law 41 (2003), S. 585 ff.

Canton, Robert: Theories of Punishment, in: Focquaert u. a. (Hrsg.), The Routledge Handbook of the Philosophy and Science of Punishment, New York u. a. 2021, S. 5 ff.
Cárdenas, Claudia: La Extradición Pasiva en Chile, in: Informes en Derecho Defensoría Penal Pública, Santiago 2009, S. 1 ff.
Carens, Joseph H.: Aliens and Citizens: The Case for Open Borders, The Review of Politics 49, 2 (1987), S. 251 ff.
ders.: Culture, Citizenship and Community. A Contextual Exploration of Justice as Evenhandedness, Oxford 2000.
Carter, Ian: Positive and Negative Liberty, in: Zalta (Hrsg.), The Stanford Encyclopedia of Philosophy 2022, URL: https://plato.stanford.edu/entries/liberty-positive-negative/, abgerufen: 09.10.2023.
Carvalho, Henrique: The Preventive Turn in Criminal Law, Oxford 2017.
Casey, Lee A.: The Case Against the International Criminal Court, Fordham International Law Journal 25, 3 (2001), S. 840 ff.
Cassese, Antonio: When May Senior State Officials Be Tried for International Crimes? Some Comments on the Congo v. Belgium Case, European Journal of International Law 13 (2002), S. 853 ff.
Castillo Ara, Alejandra: Normbefolgungsunfähigkeit im Strafrecht: eine vergleichende Analyse des deutschen und des US-amerikanischen Rechts, Berlin 2019.
Castles, Stephen/Davidson, Alastair: Citizenship and migration. Globalization and the politics of belonging, Basingtoke u. a. 2000.
Cebreiros Álvarez, Eduardo: La condición jurídica de los indios y el derecho común: un ejemplo del „favor protectionis", in: Condorelli (Hrsg.), Panta rei: Studi dedicati a Manlio Bellomo, Rom 2004, S. 469 ff.
Celikates, Robin/Gosepath, Stefan: Grundkurs Philosophie, Bd. 6, Politische Philosophie, Stuttgart 2013.
Chehtman, Alejandro: Citizenship V. Territory: Explaining the Scope of the Criminal Law, New Criminal Law Review 13, 2 (2010), S. 427 ff.
ders.: The Philosophical Foundations of Extraterritorial Punishment, Oxford 2010.
ders.: Die extraterritoriale Reichweite des Rechts zur Bestrafung, in: Pawlik/Peréz Barberá (Hrsg.), Strafrecht und Philosophie: Argentinische Perspektiven, Berlin 2019, S. 45 ff.
Christiano, Thomas: The constitution of Equality: democratic authority and its limits, Oxford 2010.
Churchill, Winston S.: Liberalism and the Social Problem, 2. Aufl., New York 1973.
Cigüela Sola, Javier: El ciudadano y el excluido frente al derecho penal. Los límites del ciudadano deliberativo de Günther y Kindhäuser y del ciudadano cooperativo de Pawlik, InDret. Revista para el análisis del Derecho 2 (2017), S. 1 ff.
ders.: Crimen y castigo del excluido social. Sobre la ilegitimidad política de la pena, Valencia 2018.
ders.: Injusticia social y derecho penal: sobre la ilegitimidad política del castigo, DOXA, Cuadernos de Filosofía del Derecho 42 (2019), S. 389 ff.
ders.: Exclusión social, delito y responsabilidad penal: Estudio introductorio, unveröffentlichtes Buch 2023.
Cirener, Gabriele/Radtke, Henning/Rissing-van Saan, Ruth/Rönnau, Thomas/Schluckebier, Wilhelm (Hrsg.): Leipziger Kommentar zum Strafgesetzbuch, 13. Aufl., Berlin 2020 ff. (zit.: Bearbeiter, LK[13]).
Classen, Claus D.: Europa-Recht, 27. Aufl., München 2017.

Clermont, Kevin M. and Palmer, John R.B.: Exorbitant Jurisdiction, Maine Law Review 58, 2 (2006), S. 474 ff.
Coca Vila, Ivó: La colisión de deberes en Derecho penal. Concepto y fundamentos de solución, Barcelona 2016 (*Coca Vila*, La colisión).
ders.: Our „Barbarians" at the Gate: On the Undercriminalized Citizenship Deprivation as a Counterterrorism Tool, Criminal Law and Philosophy 14, 2 (2019), S. 156 ff.
ders.: Rezension: Antony Duff, The Realm of Criminal Law, InDret. Revista para el Análisis del Derecho 2 (2019), S. 8 ff.
ders.: What's Really Wrong with Fining Crimes? On the Hard Treatment of Criminal Monetary Fines, Criminal Law and Philosophy 16 (2022), S. 395 ff.
Coca Vila, Ivó/Irarrázaval, Cristián: A Criminal Law for Semicitizens, Journal of Applied Philosophy 39, 1 (2022), S. 56 ff.
Cohen, Elizabeth F.: Semi-citizenship in Democratic Politics, Cambridge 2009.
Cohen, Jean L.: Changing Paradigms of Citizenship and the Exclusiveness of the Demos, International Sociology 14, 3 (1999), S. 245 ff.
Coke, Edward: Institutes of the Laws of England, Bd. III, London 1628.
Colangelo, Anthony J.: What Is Extraterritorial Jurisdiction, Cornell Law Review 99, 6 (2014), S. 1303 ff.
Collins, Rory: On the Borders of Vagueness and the Vagueness of Borders, Vassar College Journal of Philosophy 5 (2018), S. 30 ff.
Comisión Andina de Juristas: Estado de la relación entre justicia indígena y justicia estatal en los Países Andinos. Estudio de casos en Colombia, Perú, Ecuador y Bolivia, Lima 2009.
Coninx, Anna: Zwangsmassnahmen zwischen Verwaltungsrecht und Strafrecht: verwaltungsrechtliche Übelszufügung und präventive Gefahrenabwehr am Beispiel des Führerausweisentzugs, Zürich 2014.
Constant, Benjamin: The Liberty of the Ancients Compared with that of the Moderns, übersetzt von J. Bennett, Early Modern Texts 2010.
Cook, Dee: Rich law, poor law: differential response to tax and supplementary benefit fraud, Milton Keynes u. a. 1989.
Cooke, David J./Michie, Christine: Limitations of Diagnostic Precision and Predictive Utility in the Individual Case: A Challenge for Forensic Practice, Law and Human Behavior 34 (2010), S. 259 ff.
Cornils, Matthias: § 168 Allgemeine Handlungsfreiheit, in: Isensee u. a. (Hrsg.), Handbuch des Staatsrechts, Bd. VII, Freiheitsrechte, 3. Aufl., Heidelberg u. a. 2003 ff.
Courtland, Shane D./Gaus, Gerald/Schmidtz, David: Liberalism, in: Zalta (Hrsg.), The Stanford Encyclopedia of Philosophy 2022, URL: https://plato.stanford.edu/entries/liberalism/, abgerufen: 09.10.2023.
Crawford, James: Brownlie's principles of public international law, 8. Aufl., Oxford 2012.
Cremona, Marise/Scott, Joanne: EU law beyond EU borders: the extraterritorial reach of EU Law, Oxford 2019.
Culp, Julian: Freiheit, I. Philosophisch, Version 08.06.2022, 09:10 Uhr, in: Staatslexikon[8] online, URL: https://www.staatslexikon-online.de/Lexikon/Freiheit, abgerufen: 09.10.2023.
Cury Urzúa, Enrique: Derecho Penal, Parte General, 11. Aufl, Santiago de Chile.
Dagger, Richard: Republicanism and Crime, in: Besson u. a. (Hrsg.), Legal Republicanism: National and International Perspectives, Oxford 2009, S. 147 ff.
ders.: Playing Fair: Political Obligation and the Problems of Punishment, Oxford 2018.

Dahrendorf, Ralf: Zu viel des Guten. Über die soziale Dynamik von Staatsbürgerschaft, in: Mackert u.a. (Hrsg.), Citizenship – Soziologie der Staatsbürgerschaft, Wiesbaden 2000, S. 133 ff.

Davis, Michael: Punishment Theory's Golden Half Century: A Survey of Developments from (About) 1957 to 2007, The Journal of Ethics 13, 1 (2009), S. 73 ff.

Delgado, Richard: Rotten Social Background: Should the Criminal Law Recognize a Defense of Severe Environmental Deprivation?, Minnesota Journal of Law & Inequality 3 (1985), S. 9 ff.

Dessecker, Axel: Gefährlichkeit und Verhältnismäßigkeit. Eine Untersuchung zum Maßregelrecht, Berlin 2004.

Diener, Alexander: Re-Scaling the Geography of Citizenship, in: Schachar u.a. (Hrsg.), The Oxford handbook of citizenship, Oxford 2017, S. 36 ff.

Dold, Dennis: Eine Revision der Lehre vom Rücktritt vom Versuch, Tübingen 2017.

Dölling, Dieter u.a. (Hrsg.): Nomos Kommentar, Handkommentar, Gesamtes Strafrecht, 5. Aufl., Baden-Baden 2022 (zit.: *Bearbeiter*, HK-GS^5).

Donnedieu de Vabres, Henri: Les principes modernes du droit pénal international, Paris 1928.

Dörr, Oliver: Weitere Rechtsquellen des Völkerrechts, in: Ipsen u.a. (Hrsg.), Völkerrecht, 7. Aufl., München 2018.

Doyle, Charles: Extraterritorial Application of American Criminal Law, in: Library of Congress (Hrsg.), Congressional Research Service Reports, Washington 2012.

Dreher, Eduard: Zur Spielraumtheorie als der Grundlage der Strafzumessungslehre des Bundesgerichtshofes, JZ 22 (1967), S. 41 ff.

Drost, Pieter N.: The Crime of State, Bd. 2, Genocide, Leiden.

Dodge, William S.: International Comity in American Law, Columbia Law Review 115, 8 (2015), S. 2071 ff.

ders.: Jurisdiction in the Fourth Restatement of Foreign Relations Law, Yearbook of Private International Law, 18 (2016/2017), S. 143 ff.

ders.: Jurisdictional reasonableness under customary international law: The approach of the Restatement (Fourth) of US Foreign Relations Law, Questions of International Law 62 (2019), S. 5 ff.

ders.: Jurisdiction, State Immunity, and Judgments in the Restatement (Fourth) of US Foreign Relations Law, Chinese Journal of International Law (2020), S. 101 ff.

Dubber, Markus D.: Citizenship and Penal Law, New Criminal Law Review 13, 2 (2010), S. 190 ff.

ders.: Introduction. Grounding Criminal Law: Foundational Texts in Comparative-Historical Perspective, in: ders. (Hrsg.), Foundational Texts in Modern Criminal Law, Oxford 2014, S. 1 ff.

Dübgen, Franziska: Theorien der Strafe: zur Einführung, Hamburg 2016.

Du Bois-Pedain, Antje: Punishment as an Inclusionary Practice: Sentencing in a Liberal Constitutional State, in: ders. u.a. (Hrsg.), Criminal Law and the Authority of the State, Oxford 2017; S. 7 ff.

Duff, R. Antony: Trials and punishments, Cambridge 1986.

ders.: Inclusion and Exclusion: Citizens, Subjects and Outlaws, Current Legal Problems 51, 1 (1998), S. 241 ff.

ders.: Principle and Contradiction in the Criminal Law: Motives and Criminal Liability, in: ders. (Hrsg.), Philosophy and the Criminal Law: Principle and Critique, Cambridge 1998, S. 156 ff.

ders.: Law, Language and Community: Some Preconditions of Criminal Liability, Oxford Journal of Legal Studies 18 (1998), S. 189 ff.
ders.: Punishment, Communication, and Community, Oxford 2001 (zit.: *Duff,* P.C.C.).
ders.: Inclusion, Exclusion and the Criminal Law, Policy Futures in Education 1, 4 (2003), S. 699 ff.
ders.: Who is Responsible, for What, to Whom?, Ohio State Journal Of Criminal Law 2 (2005), S. 441 ff.
ders.: Answering for Crime, Proceedings of the Aristotelian Society 106 (2006), S. 87 ff.
ders.: Answering for Crime. Responsibility and Liability in the Criminal Law, Oxford 2009.
ders.: A criminal law for citizens, Theoretical Criminology 14, 3 (2010), S. 293 ff.
ders.: Authority and Responsibility in International Criminal Law, in: Besson/Tasioulas (Hrsg.), The Philosophy of International Law, Oxford 2010, S. 589 ff.
ders.: Towards a Theory of Criminal Law?, Proceedings of the Aristotelian Society 84 (2010), S. 1 ff.
ders.: Aut Dedere Aut Judicare, Minnesota Legal Studies Research Paper No. 14–04 (2014), S. 1 ff.
ders.: Towards a Modest Legal Moralism, Criminal Law and Philosophy 8 (2014), S. 217 ff.
ders.: Criminal law and political community, International Journal of Constitutional Law 16, 4 (2018), S. 1251 ff.
ders.: The Realm of Criminal Law, Oxford 2018.
ders.: Offenders as Citizens, in: Focquaert u. a. (Hrsg.), The Routledge Handbook of the Philosophy and Science of Punishment, New York u. a. 2021.
Duff, Antony/Farmer, Lindsay/Marshall, Sandra/Tadros, Victor: Introduction: Judgment and Calling to Account, in dieselbe (Hrsg.), The Trial on Trial, Bd. 2, Oxford 2006 (zit.: *Duff et al.,* Introduction).
Duff, Antony/Farmer, Lindsay/Marshall, Sandra/Tadros, Victor: The Trial on Trial, Bd. 3, towards a normative theory of the criminal trial, Oxford 2007.
Duff, Antony/Marshall, Sandra: Civic Punishment, in: Dzur u. a. (Hrsg.), Democratic Theory and Mass Incarceration, Oxford 2016, S. 33 ff.
Durkheim, Émile: Leçons de sociologie. Physique des mœurs et du droit, Bordeaux 1890 ff.
Duttge, Gunnar: Zum typologischen Denken im Strafrecht: Ein Beitrag zur „Wiederbelebung" der juristischen Methodenlehre, JRE 11 (2003), S. 103 ff.
Duus-Otterström, Göran: Fairness-Based Retributivism Reconsidered, Criminal Law and Philosophy 11 (2017), S. 481 ff.
ders.: Fair-play obligations and distributive injustice, European Journal of Political Theory 20, 2 (2021), S. 167 ff.
Duus-Otterström, Göran/Kelly, Erin I.: Injustice and the Right to Punish, Philosophy Compass 14, 2 (2019), S. 1 ff.
Dworkin, Ronald: Taking rights seriously, Cambridge 1977.
Eckstein, Ken: Besitz als Straftat, Berlin 2001.
Edwards, James: Theories of Criminal Law, in: Zalta (Hrsg.), The Stanford Encyclopedia of Philosophy 2021, URL: https://plato.stanford.edu/entries/criminal-law/, abgerufen: 09.10.2023.
Enders, Christoph: Freiheit, III. Freiheit im Recht und als Prinzip des Rechts, Version 08.06.2022, 09:10 Uhr, in: Staatslexikon[8] online, URL: https://www.staatslexikon-online.de/Lexikon/Freiheit, abgerufen: 09.10.2023.
Engels, Friedrich: Brief an Bebel, in: Marx/Engels, Werke, Bd. 19, 4. Aufl., Berlin 1973, S. 3 ff.

Engisch, Karl: Einführung in das juristische Denken, 12. Aufl., Stuttgart 2018.
Engländer, Armin: Revitalisierung der materiellen Rechtsgutslehre durch das Verfassungsrecht?, ZStW 127 (2015), S. 616 ff.
Epping, Volker: Völkerrechtssubjekte, in: Ipsen u.a. (Hrsg.), Völkerrecht, 6. Aufl., München 2014.
Erb, Volker/Schäfer, Jürgen (Hrsg.)*:* Münchener Kommentar zum Strafgesetzbuch, 4. Aufl., München 2020 ff. (zit.: *Bearbeiter*, MüKo-StGB[4]).
Eser, Albin: Harmonisierte Universalität nationaler Strafgewalt: ein Desiderat internationaler Komplementarität bei Verfolgung von Völkerrechtsverbrechen, in: Donatsch (Hrsg.), Strafrecht, Strafprozessrecht und Menschenrechte: Festschrift für Stefan Trechsel zum 65. Geburtstag, Zürich 2002, S. 219 ff.
ders.: Aktuelle perspektiven transnationalen Strafrechts, in: Heine u.a. (Hrsg.), Albin Eser. Transnationales Strafrecht. Gesammelte Beiträge, Berlin 2011, S. 27 ff.
European Committee on Crime Problems: Extraterritorial Criminal Jurisdiction, 1990.
Fabre, Cécile: Cosmopolitan Peace, Oxford 2016.
Fahrmeir, Andreas: Citizenship: The Rise and Fall of a Modern Concept, New Heaven u.a. 2007.
Failer, Judith L.: Homelessness in the Criminal Law, in: Heffernan u.a. (Hrsg.), From Social Justice to Criminal Justice. Poverty and the Administration of Criminal Justice, Oxford 2000, S. 248 ff.
Farbiarz, Michael: Extraterritorial Criminal Jurisdiction, Michigan Law Review 114, 4 (2016), S. 507 ff.
Farmer, Lindsay: Time and Space in Criminal Law, New Criminal Law Review 13, 2 (2010), S. 333 ff.
ders.: Territorial Jurisdiction and Criminalization, University of Toronto Law Journal 63 (2013), S. 225 ff.
Farrant, Andrew/McPhail, Edward/Berger, Sebastian: Preventing the „Abuses" of Democracy: Hayek, the „Military Usurper" and Transitional Dictatorship in Chile?, The American Journal of Economics and Sociology 71, 3 (2012), S. 513 ff.
Fassin, Didier: Der Wille zum Strafen, Berlin 2018.
Feinberg, Joel: Offense to Others, Oxford u.a. 1985.
ders.: Harm to Others, Oxford 2003.
Feller, S. Z: Concurrent Criminal Jurisdiction in the International Sphere, Israel Law Review 16, 1 (1981), S. 40 ff.
Ferracioli, Luara: Citizenship allocation and withdrawal: Some normative issues, Philosophy Compass 12, 12 (2017), S. 1 ff.
Feuerbach, Paul Johann Anselm: Anti-Hobbes oder über die Grenzen der höchsten Gewalt und das Zwangsrecht der Bürger gegen Oberherrn, Erfurt 1798.
Fichte, Johann G.: Grundlage des Naturrechts nach Prinzipien der Wissenschaftslehre, Jena u.a. 1796 f.
Finnis, John: Retribution: Punishment's Formative Aim, American Journal of Jurisprudence, 44 (1999), S. 91 ff.
Fiolka, Gerhard: Das Rechtsgut, Basel 2006.
Fletcher, George P.: Utilitarismus und Prinzipiendenken im Strafrecht ZStW 101 (1989), S. 803 ff.
Floud, Jean: Dangerousness and Criminal Justice, The British Journal of Criminology 22, 3 (1982), S. 213 ff.

Forst, Rainer: Zu einer kritischen Theorie transnationaler Gerechtigkeit, in: Broszies/Hahn (Hrsg.), Globale Gerechtigkeit. Schlüsseltexte zur Debatte zwischen Partikularismus und Kosmopolitismus, 3. Aufl., Berlin 2016, S. 439 ff.
Foucault, Michael: La société punitive, Paris 2013.
ders.: Überwachen und Strafen. Die Geburt des Gefängnisses, 16. Aufl., Frankfurt am Main 2016.
Frampton, Thomas W.: The dangerous few: Taking seriously prison abolition and its skeptics, Harvard Law Review 135, 8 (2022), S. 2013 ff.
Freund, Georg: Erfolgsdelikt und Unterlassen. Zu den Legitimationsbedingungen von Schuldspruch und Strafe, Köln u. a. 1992.
ders.: Strafrecht Allgemeiner Teil. Personale Straftatlehre, 2. Aufl., Berlin u. a. 2009.
Friedmann, Wolfgang: The Changing Structure of International Law, London 1964.
Frisch, Wolfgang: Die Maßregeln der Besserung und Sicherung im strafrechtlichen Rechtsfolgensystem, ZStW 102 (1990), S. 343 ff.
ders.: Unrecht und Schuld im Verbrechensbegriff und in der Strafzumessung, in: Britz u. a. (Hrsg.), Grundfragen staatlichen Strafens: Festschrift für Heinz Müller-Dietz zum 70. Geburtstag, München 2011, S. 237 ff.
ders.: Voraussetzungen und Grenzen staatlichen Strafens, NStZ 2016, S. 16 ff.
ders.: From disparity in sentencing towards sentencing equality: The German experience, Criminal Law Forum 28 (2017), S. 437 ff.
Frister, Helmut: Strafrecht, Allgemeiner Teil: ein Studienbuch, 9. Aufl., München 2020.
Fritch, Charles R.: Drug smuggling on the high seas: using international legal principles to establish jurisdiction over the illicit narcotics trade and the Ninth Circuit's unnecessary nexus requirement, Washington University School of Law 8, 4 (2009), S. 701 ff.
Frommel, Monika: Präventionsmodelle in der deutschen Strafzweck-Diskussion. Beziehungen zwischen Rechtsphilosophie, Dogmatik, Rechtspolitik und Erfahrungswissenschaften, Berlin 2021.
Fundación Paz Ciudadana/Fundación San Carlos de Maipo: Estudio sobre los niveles de exclusión social en personas privadas de libertad, Santiago 2015.
Gallant, Kenneth S.: Jurisdiction to Adjudicate and Jurisdiction to Prescribe in International Criminal Courts, Villanova Law Review 48, 3 (2003), S. 763 ff.
ders.: Outsiders' Responsibility to Answer for Crime, Ratio Juris 32, 3 (2019), S. 256 ff.
Gallas, Wilhelm: Beiträge zur Verbrechenslehre, Berlin 1968.
Gallie, Walter B.: Essentially Contested Concepts, Proceedings of the Aristotelian Society 56 (1955–1956), S. 167 ff.
Gans, Chaim: Citizenship and Nationhood, in: Schachar u. a. (Hrsg.), The Oxford handbook of citizenship, Oxford 2017, S. 107 ff.
Garcia-Mora, Manuel R.: Criminal jurisdiction over foreigners for treason and offenses against the safety of the state committed upon foreign territory, University of Pittsburgh Law Review 19, 3 (1958), S. 567 ff.
Gärditz, Klaus F.: Weltrechtspflege. Eine Untersuchung über die Entgrenzung staatlicher Strafgewalt, Berlin 2006.
ders.: Erster Beratungsgegenstand: Der Bürgerstatus im Lichte von Migration und europäischer Integration, VVDStRL 72 (2013), S. 49 ff.
ders.: Staat und Strafrechtspflege: braucht die Verfassungstheorie einen Begriff von Strafe?, Paderborn 2015.
ders.: Demokratizität des Strafrechts und Ultima Ratio-Grundsatz, JZ 71 (2016), S. 641 ff.

Gardner, John: Introduction, in: Hart, Punishment and Responsibility: Essays in the Philosophy of Law, 2. Aufl., Oxford 2008.
Gardner, John/Shute, Stephen: The Wrongnesss of Rape, in: Horder (Hrsg.), Oxford Essays in Jurisprudence, Fourth Series, Oxford 2000, S. 1 ff.
Gardocki, Lech: Über den Begriff des Internationalen Strafrechts, ZStW 98 (1986), S. 703 ff.
Gargarella, Roberto: Penal Coercion in Contexts of Social Injustice, Criminal Law and Philosophy 5 (2010), S. 21 ff.
Garland, David: Punishment and Modern Society: A Study in Social Theory, Chicago 1993.
ders.: The Culture of Control: Crime and Social Order in Contemporary Society, Chicago 2001.
Garvey, Stephen P.: Was Ellen Wronged?, Cornell Law Faculty Publications 7 (2013), S. 185 ff.
ders.: Guilty Acts, Guilty Minds, Oxford 2020.
Gibney, Matthew J.: Denationalization, in: Schachar u.a. (Hrsg.), The Oxford handbook of citizenship, Oxford 2017, S. 358 ff.
Gilman, Michele E.: The Poverty Defense, University of Richmond Law Review 47, 2 (2013), S. 495 ff.
Gless, Sabine: Strafe ohne Souverän, ZStrR 125 (2007), S. 24 ff.
Goldman, Alan H.: Toward a New Theory of Punishment, Law and Philosophy 1 (1982), S. 57 ff.
Goldsmith, Jack; Krasner, Stephen D.: The limits of idealism, Daedalus 132, 1 (2003), S. 47 ff.
Gómez Benítez, José M.: Sobre la teoría del „bien jurídico" (aproximación al ilícito penal), Revista de la Facultad de Derecho de la Universidad Complutense 69 (1983), S. 85 ff.
Gómez-Jara Díez, Carlos: Corporate Culpability as a Limit to the Overcriminalization of Corporate Criminal Liability: The Interplay Between Self-regulation, Corporate Compliance, and Corporate Citizenship, New Criminal Law Review 14, 1 (2011), S. 78 ff.
González, Rodrigo/Krause, Soledad: La ontología social y el círculo virtuoso de la educación pública, Trans/Form/Ação 41, 2 (2018), S. 157 ff.
Gosewinkel, Dieter: Staatsbürgerschaft und Staatsangehörigkeit, GG 21 (1995), S. 533 ff.
Graebsch, Christine M.: Precrime und Strafvollzug. Resozialisierungsanspruch und Situation von Gefangenen bei prognoseabhängiger Entlassung, KJ 50 (2017), S. 166 ff.
Graul, Eva: Abstrakte Gefährdungsdelikte und Präsumtionen im Strafrecht, Berlin 1991.
Grawert, Rolf: Staatsangehörigkeit und Staatsbürgerschaft, Der Staat 23 (1984), S. 179 ff.
ders.: § 16 Staatsvolk und Staatsangehörigkeit, in: Isensee u.a. (Hrsg.), Handbuch des Staatsrechts, Bd. II, Verfassungsstaat, 3. Aufl., Heidelberg u.a. 2003 ff.
Grayling, Anthony C.: The history of philosophy, New York 2019.
Greco, Luís: Das Subjektive an der objektiven Zurechnung: Zum „Problem" des Sonderwissens, ZStW 117 (2005), S. 519 ff.
ders.: Lebendiges und Totes in Feuerbachs Straftheorie: Ein Beitrag zur gegenwärtigen strafrechtlichen Grundlagendiskussion, Berlin 2009.
ders.: Strafe als Bürgerpflicht? Reflexionen zur Straftheorie von Michael Pawlik, in: Hilgendorf u.a. (Hrsg.), Festschrift für Marcelo Sancinetti zum 70. Geburtstag, Berlin 2020, S. 105 ff.
Green, Stuart P.: Why It's a Crime to Tear the Tag Off a Mattress: Overcriminalization and the Moral Content of Regulatory Offenses, Emory Law Journal 46, 4 (1997), S. 1533 ff.
ders.: Hard Times, Hard Time: Retributive Justice for Unjustly Disadvantaged Offenders, University of Chicago Legal Forum 1 (2010), S. 43 ff.
ders.: The Conceptual Utility of Malum prohibitum, Dialogue 55, 1 (2016), S. 33 ff.
Greig, Donald W.: International law, 1. Aufl., London 1970.

Gropp, Walter: Kollision nationaler Strafgewalten – nulla prosecutio transnationalis sine lege, in: Sinn (Hrsg.), Jurisdiktionskonflikte bei grenzüberschreitender Kriminalität, Onsbrück 2012, S. 41 ff.

Große Kracht, Hermann J.: Renaturalisierung sozialer Ungleichheiten? Zu Wolfgang Kerstings vergeblicher Hoffnung, auf dem Weg von John Rawls über Robert Nozick zu einer liberalen Sozialstaatsphilosophie zu gelangen, Politische Vierteljahresschrift 45 (2004), S. 395 ff.

Grosse-Wilde, Thomas: Just Punishment in An Unjust World? – The Problem of the Inclusion of the Socio-Environmental Background within an Individualized Sentencing, unveröffentlichter Aufsatz (2023), S. 1 ff.

Grotius, Hugo: De Jure Belli ac Pacis libri tres, herausgegeben und übersetzt von F. Kelsey, Oxford u. a. 1925.

Groves, Byron/Frank, Nancy: Punishment, privilege and structured choice, in: Newman (Hrsg.), Punishment and Privilege, 2. Aufl., New York u. a. 1986, S. 69 ff.

Grünendahl, Sarah J./Kewes, Andreas/Ndahayo, Emmanuel/Mouissi, Jasmin/Nieswandt, Carolin: Eine Einleitung, in: Grünendahl u. a. (Hrsg.), Staatsbürgerschaft im Spannungsfeld von Inklusion und Exklusion. Internationale Perspektiven, Wiesbaden 2019.

Gruschke, Daniel: Vagheit im Recht: Grenzfälle und fließende Übergänge im Horizont des Rechtsstaats, Berlin 2014.

Grzeszick, Bernd: Kommentierung zu Art. 20 GG, in: Dürig u. a. (Hrsg.), Grundgesetz: Kommentar, 96. Aufl., Teil B, München 2021.

Günther, Klaus: Möglichkeiten einer diskursethischen Begründung des Strafrechts, in: Jung u. a. (Hrsg.), Recht und Moral, Baden-Baden 1991, S. 205 ff.

ders.: Von der Rechts- zur Pflichtverletzung. Ein „Paradigmawechsel" im Strafrecht?, in: Institut für Kriminalwissenschaften Frankfurt a. M. (Hrsg.), Vom unmöglichen Zustand des Strafrechts, Frankfurt am Main u. a. 1995, S. 445 ff. (zit.: *Günther*, Paradigmawechsel).

ders.: Schuld und kommunikative Freiheit. Studien zur personalen Zurechnung strafbaren Unrechts im demokratischen Rechtsstaat, Frankfurt am Main 2005.

ders.: Responsibility to Protect and Preventive Justice, in: Ashworth u. a. (Hrsg.), Prevention and the Limits of the Criminal Law, Oxford 2013, S. 69 ff.

Guo, Zhilong: Public order as a protectable interest, Legal Studies 41 (2021), S. 410 ff.

Guzman, Andrew T.: Saving Customary International Law, Michigan Journal of International Law 27 (2005), S. 115 ff.

Haase, Adrian: Computerkriminalität im Europäischen Strafrecht: Kompetenzverteilung, Harmonisierungen und Kooperationsperspektiven, Tübingen 2017.

Habermas, Jürgen: Faktizität und Geltung. Beiträge zur Diskurstheorie des Rechts und des demokratischen Rechtsstaats, 4. Aufl., Frankfurt am Main 1994.

ders.: The Inclusion of the Other. Studies in Political Theory, Cambridge 1998.

ders.: Philosophische Texte, Bd. 3, Diskursethik, Frankfurt am Main 2009 (zit.: *Habermas*, Diskursethik).

ders.: Hat die Konstitutionalisierung des Völkerrechts noch eine Chance? Politisch verfasste Weltgesellschaft vs. Weltrepublik (Auszug), in: Broszies/Hahn (Hrsg.), Globale Gerechtigkeit. Schlüsseltexte zur Debatte zwischen Partikularismus und Kosmopolitismus, 3. Aufl., Berlin 2016, S. 373 ff.

Haft, Fritjof: Recht und Sprache, in: Kaufmann u. a. (Hrsg.), Einführung in Rechtsphilosophie und Rechtstheorie der Gegenwart, 4. Aufl., Heidelberg 1985, S. 214 ff.

Hailbronner, Kay/Maaßen, Hans-Georg/Hecker, Jan/Kau, Marcel (Hrsg.): Staatsangehörigkeitsrecht, 6. Aufl., München 2017 (zit.: *Bearbeiter,* Staatsangehörigkeitsrecht[6]).

Hailbronner, Kay/Kau, Marcel/Gnatzy, Thomas/Weber, Ferdinand (Hrsg.): Staatsangehörigkeitsrecht, 7. Aufl., München 2022 (zit.: *Bearbeiter*, Staatsangehörigkeitsrecht⁷).
Hammacher, Klaus: Rechtliches Verhalten und die Idee der Gerechtigkeit: Ein anthropologischer Entwurf, Baden-Baden 2011.
Harburger, Heinrich: Zwei Grundfragen des sogenannten internationalen Strafrechts, ZStW 20 (1900), S. 588 ff.
Harcourt, Bernard E.: The Collapse of the Harm Principle, The Journal of Criminal Law and Criminology 90, 1 (1973), S. 109 ff.
ders.: Punitive Preventive Justice: A Critique, in: Ashworth u. a. (Hrsg.), Prevention and the Limits of the Criminal Law, Oxford 2013, S. 252 ff.
Hart, Herbert L.A.: Are There Any Natural Rights?, The Philosophical Review 64, 2 (1955), S. 175 ff.
ders.: Punishment and Responsibility: Essays in the Philosophy of Law, 2. Aufl., Oxford 2008.
ders.: The Concept of Law, 3. Aufl., Oxford 2012.
Harvard Law School: Draft Convention on Jurisdiction with Respect to Crime, The American Journal of International Law, 29 (1935), Supplement, 439 ff. (zit.: Harvard Draft Convention on Jurisdiction with Respect to Crime).
Hassemer, Winfried: Theorie und Soziologie des Verbrechens: Ansätze zu einer praxisorientierten Rechtsgutlehre, Frankfurt am Main 1973.
ders.: Darf es Straftaten geben, die ein strafrechtliches Rechtsgut nicht in Mitleidenschaft ziehen?, in: Hefendehl u. a. (Hrsg.), Die Rechtsgutstheorie, Baden-Baden 2003 (zit.: *Hassemer*, Straftaten).
Hayek, Friedrich A.: The Constitution of Liberty, Chicago 2011.
Heck, Philipp: Gesetzesauslegung und Interessenjurisprudenz, Tübingen 1914.
Hecker, Bernd: Europäisches Strafrecht, 5. Aufl., Berlin u. a. 2015.
ders.: Die Bekämpfung der transnationalen organisierten Kriminalität in der EU, ZIS 7 (2016), S. 467 ff.
Hefendehl, Roland: Kollektive Rechtsgüter im Strafrecht, Köln u. a. 2002.
ders.: Die Rechtsgutslehre und der Besondere Teil des Strafrechts. Ein dogmatisch-empirischer Vergleich von Chile, Deutschland und Spanien, ZIS 10 (2012), S. 506 ff.
Heffernan, William C.: Social Justice/Criminal Justice, in: Heffernan u. a., From Social Justice to Criminal Justice. Poverty and the Administration of Criminal Justice, Oxford 2000, S. 47 ff. (zit.: *Heffernan*, Social Justice).
Heffernan, William C./Kleinig, John: Introduction, in: Heffernan u. a., From Social Justice to Criminal Justice. Poverty and the Administration of Criminal Justice, Oxford 2000, S. 1 ff. (zit.: *Heffernan/Kleinig*, Introduction).
Hegel, Georg W. F.: Grundlinien der Philosophie des Rechts oder Naturrecht und Staatswissenschaft im Grundrisse, 15. Aufl., Frankfurt am Main 2017.
Hegler, August: Prinzipien des internationalen Strafrechts, Breslau 1906.
Heintschel von Heinegg, Wolff: Weitere Quellen des Völkerrechts, in: Ipsen u. a. (Hrsg.), Völkerrecht, 6. Aufl., München 2014.
Heinze, Rudolf: Universelle und partikuläre Strafrechtspflege, in: Festgabe zur Feier des siebzigsten Geburtstages seiner Königlichen Hoheit des Großherzogs von Baden, Heidelberg 1896, S. 311 ff.
Henrich, Andreas: Das passive Personalitätsprinzip im deutschen Strafrecht, Freiburg im Breisgau 1994.
Henzelin, Marc: Le principe de l'universalité en droit pénal international: droit et obligation pour les états de poursuivre et juger selon le principe de l'universalité, Basel 2000.

Herdegen, Internationales Wirtschaftsrecht, 13. Aufl., München 2023.
Hiéramente, Mayeul: The Myth of „International Crimes": Dialectics and International Criminal Law, GoJIL 3, 2 (2011), S. 551 ff.
Hirsch, Philipp A.: Das Verbrechen als Rechtsverletzung. Subjektive Rechte im Strafrecht, Berlin 2021.
Hirst, Michael: Jurisdiction and the Ambit of the Criminal Law, Oxford 2003.
Hilgendorf, Eric: Überlegungen zur strafrechtlichen Interpretation des Ubiquitätsprinzips im Zeitalter des Internet, NJW 29 (1997), S. 1873 ff.
von Hirsch, Andrew: Doing justice. The choice of punishments, New York 1976.
ders.: Censure and sanctions, Oxford u. a. 1993.
ders.: Der Rechtsgutsbegriff und das „Harrn Principle", in: Hefendehl u. a. (Hrsg.), Die Rechtsgutstheorie, Baden-Baden 2003.
von Hirsch, Andrew/Jareborg, Nils: Strafmaß und Strafgerechtigkeit. Die deutsche Strafzumessungslehre und das Prinzip der Tatproportionalität, Bonn 1991.
Hobbes, Thomas: Leviathan, übersetzt von J. Mayer, Stuttgart 1970.
Hoerster, Norbert: Muss Strafe sein? Positionen der Philosophie, München 2012.
Höffe, Otfried: Gibt es ein interkulturelles Strafrecht? Ein philosophischer Versuch, Frankfurt am Main 1999.
ders.: Demokratie im Zeitalter der Globalisierung, 1. Aufl., München 1999.
Honohan, Iseult: Liberal and Republican Conceptions of Citizenship, in: Schachar u. a. (Hrsg.), The Oxford handbook of citizenship, Oxford 2017, S. 83 ff.
Hörnle, Tatjana: Tatproportionale Strafzumessung, Berlin 1999.
dies.: Die Rolle des Opfers in der Straftheorie und im materiellen Strafrecht, JZ 61 (2006), S. 950 ff.
dies.: Straftheorien, 2. Aufl., Tübingen 2017.
dies.: Das Ideal des Bürgerstrafrechts vor dem Hintergrund gesellschaftlicher Fragmentierung, in: Bublitz u. a. (Hrsg.), Recht – Philosophie – Literatur. Festschrift für Reinhard Merkel zum 70. Geburtstag, Bd. I, Berlin 2020, S. 511 ff.
dies.: Trends in angloamerikanischen Debatten zu Straftheorien, GA 2023, S. 1 ff.
Hoskins, Zachary: Fair Play, Political Obligation, and Punishment, Criminal Law and Philosophy 5 (2011), S. 53 ff.
ders.: Punishment, Analysis 77, 3 (2017), S. 619 ff.
Hoven, Elisa: Auslandsbestechung. Eine rechtsdogmatische und rechtstatsächliche Untersuchung, Baden-Baden 2018.
Howard, Jeffrey: Punishment, Socially Deprived Offenders, and Democratic Community, in: Criminal Law and Philosophy 7 (2013), S. 121 ff.
Hoyer, Andreas: Strafrechtsdogmatik nach Armin Kaufmann: Lebendiges und Totes in Armin Kaufmanns Normentheorie, Berlin 1997.
ders.: Internationaler Strafgerichtshof und nationalstaatliche Souveränität, GA 2004, S. 321 ff.
Hudson, Barbara: Punishing the Poor: Dilemmas of Justice and Difference, in: Heffernan u. a. (Hrsg.), From Social Justice to Criminal Justice. Poverty and the Administration of Criminal Justice, Oxford 2000, S. 189 ff.
Huesa Vinaixa, Rosario: La jurisdicción extraterritorial española sobre el tráfico ilícito de armas y los tratados internacionales suscritos por España, Revista electrónica de estudios internacionales 31, 4 (2016), S. 1 ff.
Hume, David: Of the Original Contract, in: Coventry u. a. (Hrsg.), David Hume on Morals, Politics, and Society, New Haven 2018, S. 208 ff.

ders.: Traktat über die menschliche Natur: ein Versuch, die Methode der Erfahrung in die Geisteswissenschaft einzuführen, 3. Aufl., Berlin 2019.
Husak, Douglas: Preventive Detention as Punishment? Some Possible Obstacles, in: Ashworth u. a. (Hrsg.), Prevention and the Limits of the Criminal Law, Oxford 2013, S. 178 ff.
Institut de Droit International: Règles relatives aux conflits des lois pénales en matière de compétence, München 1883.
Ipsen, Knut: Regelungsbereich, Geschichte und Funktion des Völkerrechts, in: ders. u. a. (Hrsg.), Völkerrecht, 6. Aufl., München 2014.
Ipsen, Knut: Völkerrechtliche Verantwortlichkeit und Völkerstrafrecht, in: ders. u. a. (Hrsg.), Völkerrecht, 6. Aufl., München 2014.
Irarrázaval Zaldívar, Cristián: El vínculo de ciudadanía como límite a la aplicación extraterritorial del Derecho penal: una revisión crítica, InDret. Revista para el Análisis del Derecho 1 (2021), S. 228 ff.
ders.: Un análisis del principio de universalidad respecto de los delitos de drogas en Estados Unidos a la luz del derecho penal del ciudadano, in: Orozco u. a. (Hrsg.), Libro homenaje a Alfonso Reyes Echandía en el nonagésimo aniversario de su nacimiento, Bogotá 2022, S. 334 ff.
Isin, Engin: Theorizing Acts of Citizenship, in: Isin u. a. (Hrsg.), Acts of Citizenship, London u. a. 2008.
ders.: Performative Citizenship, in: Schachar u. a. (Hrsg.), The Oxford handbook of citizenship, Oxford 2017, S. 500 ff.
Jakobs, Günther: Schuld und Prävention, Tübingen 1976.
ders.: Kriminalisierung im Vorfeld einer Rechtsgutverletzung, ZStW 97 (1985), S. 751 ff.
ders.: Strafrecht Allgemeiner Teil. Die Grundlagen und die Zurechnungslehre. Lehrbuch, 2. Aufl., Berlin u. a. 1991.
ders.: Das Schuldprinzip, Opladen 1993.
ders.: Die strafrechtliche Zurechnung von Tun und Unterlassen, Opladen 1996.
ders.: Bürgerstrafrecht und Feindstrafrecht, HRRS 3 (2004), S. 88 ff.
ders.: Feindstrafrecht? – Eine Untersuchung zu den Bedingungen von Rechtlichkeit, HRRS 8–9 (2006), S. 289 ff.
ders.: Norm, Person, Gesellschaft. Vorüberlegungen zu einer Rechtsphilosophie, 3 Aufl., Berlin 2008 (zit.: *Jakobs*, Norm).
ders.: Rechtsgüterschutz? Zur Legitimation des Strafrechts, Paderborn 2012.
ders.: Die Schuld der Fremden, ZStW 118 (2016), S. 831 ff.
Janoski, Thomas/Gran, Brian: Political Citizenship: Foundations of Rights, in: Isin u. a. (Hrsg.), Handbook of citizenship studies, London u. a. 2002, S. 13 ff.
Jareborg, Nils: Scraps of Penal Theory, Uppsala 2002.
Jellinek, Georg: Allgemeine Staatslehre, 3. Aufl., Berlin 1914.
ders.: System der subjektiven öffentlichen Rechte, herausgegeben von Kersten, Tübingen 2011.
Jennings, Robert/Watts, Arthur: Oppenheim's International Law, Vol. 1, Peace, 9. Aufl., London u. a. 1996.
Jescheck, Hans-Heinrich: Gegenstand und neueste Entwicklung des internationalen Strafrechts, in: Schroeder u. a. (Hrsg.), Festschrift für Reinhart Maurach zum 70. Geburtstag, Karlsruhe 1972, S. 579 ff.
Jescheck, Hans-Heinrich/Weigend, Thomas: Lehrbuch des Strafrechts. Allegmeiner Teil, 5. Aufl., Berlin 1996.
Jessup, Philip C.: Transnational law, 1. Aufl., New Haven 1956.

Jeßberger, Florian: Der transnationale Geltungsbereich des deutschen Strafrechts. Grundlagen und Grenzen der Geltung des deutschen Strafrechts für Taten mit Auslandsberührung, Tübingen 2011.

Jestaedt, Matthias: Grundrechtsentfaltung im Gesetz, Tübingen 1999 (zit.: *Jestaedt*, Grundrechtsentfaltung).

Joerden, Jan C.: Logik im Recht. Grundlagen und Anwendungsbeispiele, 3. Aufl., Berlin u. a. 2018.

Johnson, David R./Post, David: Law and Borders: The Rise of Law in Cyberspace, Stanford Law Review 48, 5 (1996), S. 1367 ff.

Joyce, Richard: The myth of morality, Cambridge 2001.

Joyner, Christopher C.: Arresting Impunity: The Case for Universal Jurisdiction in Bringing War Criminals to Accountability, Law and Contemporary Problems 59, 4 (1996), S. 153 ff.

Kant, Immanuel: Metaphysische der Sitten, Rechtslehre. Akademieausgabe von Immanuel Kants Gesammelten Werken (zit.: *Kant*, AA.).

Kappel, Jan: Das Ubiquitätsprinzip im Internet: Wie weit reicht das deutsche Strafrecht?, Hamburg 2007.

Kaspar, Johannes: Die Zukunft der Zweispurigkeit nach den Urteilen von Bundesverfassungsgericht und EGMR, ZSTW 127 (2015), S. 654 ff.

Katz, Michael B.: The American Welfare State and Social Contract in Hard Times, The Journal of Policy History 22, 4 (2010), S. 508 ff.

Kaufmann, Arthur: Problemgeschichte der Rechtsphilosophie, in: Kaufmann u. a. (Hrsg.), Einführung in Rechtsphilosophie und Rechtstheorie der Gegenwart, 4. Aufl., Heidelberg 1985, S. 23 ff.

Keller, Rainer: Zu Weltrechtspflege und Schuldprinzip, in: Prittwitz u.a (Hrsg.), Festschrift für Klaus Lüderssen zum 70. Geburtstag, Baden-Baden 2002, S. 425 ff.

Kersting, Wolfgang: Einleitung: Probleme der politischen Philosophie des Sozialstaats, in: Kersting (Hrsg.), Politische Philosophie des Sozialstaats, Weilerswist 2000, S. 17 ff.

Kleinfeld, Joshua: Manifesto of democratic criminal justice, Northwestern University Law Review 111, 6 (2017), S. 1367 ff.

ders.: Three principles of democratic criminal justice, Northwestern University Law Review 111, 6 (2017), S. 1455 ff.

Kim, Young-Whan: Verhaltensdelikte versus Rechtsgutsverletzungen – Zur aktuellen Diskussion um einen materiellen Verbrechensbegriff, ZStW 124 (2012), S. 591 ff.

Kindhäuser, Urs: Gefährdung als Straftat: rechtstheoretische Untersuchungen zur Dogmatik der abstrakten und konkreten Gefährdungsdelikte, Frankfurt am Main 1989.

ders.: Rechtstreue als Schuldkategorie, ZStW 107 (1995), S. 701 ff.

ders.: Strafrechtliche Schuld im demokratischen Rechtsstaat, Biomedical Law & Ethics 7, 1 (2013), S. 101 ff.

Kindhäuser, Urs u. a (Hrsg.).*:* Nomos Kommentar zum Strafgesetzbuch, 5. Aufl., Baden-Baden 2017 (zit.: *Bearbeiter*, NK^5-StGB).

Kindhäuser, Urs/Hilgendorf, Eric: NK-StGB, Lehr- und Praxiskommentar, 8 Aufl., Baden-Baden 2020 (zit.: *Kindhäuser/Hilgendorf*, NK-StGB).

Kindhäuser, Urs/Zimmermann, Till: Strafrecht. Allgemeiner Teil, 9 Aufl., Baden-Baden 2020.

Kissinger, Henry A.: The Pitfalls of Universal Jurisdiction, Foreign Affairs 80, 4 (2001), S. 86 ff.

Kochenov, Dimitry: EU Citizenship without Duties, European Law Journal 20, 4 (2014), S. 482 ff.

Koenig, Ulrich (Hrsg.): Koenig Abgabenordnung, 4. Aufl., München 2021 (zit.: *Bearbeiter*, Koenig AO^4).

Kohler, Josef: Internationales Strafrecht, Stuttgart 1917.
Köhler, Michael: Zum Begriff des Völkerstrafrechts, JRE 11 (2003), S. 435 ff.
ders.: Die Aufhebung der Sicherungsmaßregeln durch die Strafgerechtigkeit, in: Pawlik (Hrsg.), Festschrift für Günther Jakobs: zum 70. Geburtstag, Köln u. a. 2007, S. 273 ff.
Koller, Peter: Soziale Gerechtigkeit, Wirtschaftsordnung und Sozialstaat, in: Kersting (Hrsg.), Politische Philosophie des Sozialstaats, Weilerswist 2000, S. 120 ff.
Kontorovich, Eugene: The Piracy Analogy: Modern Universal Jurisdiction's Hollow Foundation, Harvard International Law Journal 45, 1 (2004), S. 182 ff.
ders.: Beyond the Article I Horizon: Congress's Enumerated Powers and Universal Jurisdiction over Drug Crimes, Minnesota Law Review 93 (2009), S. 1191 ff.
Koriath, Heinz: Zum Streit um den Begriff des Rechtsguts, GA 1999, S. 561 ff.
Kraus, Herbert: Die Lehre von den völkerrechtlichen Rechtsgütern, Die Friedens-Warte 28 (1928), S. 354 ff.
Kreß, Claus: Völkerstrafrecht und Weltrechtsprinzip im Blickfeld des Internationalen Gerichtshofs, ZStW 114 (2002), S. 818 ff.
ders.: Universal Jurisdiction over International Crimes and the Institut de Droit international, Journal of International Criminal Justice 4 (2006), 561 ff.
Krimphove, Dieter: Der Einsatz von Fuzzy-Logik in der Rechtswissenschaft, Rechtstheorie 30 (1999), S. 540 ff.
Kubiciel, Michael: Die Wissenschaft vom Besonderen Teil des Strafrechts: Ihre Aufgaben, ihre Methoden, Frankfurt am Main 2013.
ders.: Entgrenzungen des Strafrechts, ZStW 131 (2019), S. 1115 ff.
Kulhanek, Tobias: Der fragmentarische Charakter des Strafrechts als Argumentationsfigur. Exemplifiziert an der Frage nach einem Deliktskatalog für eine Verbandsstrafbarkeit, ZIS 13 (2014), S. 674 ff.
Kunig, Philip: Die Bedeutung des Nichteinmischungsprinzips für das Internationale Strafrecht der Bundesrepublik Deutschland, JuS 1978, S. 594 ff.
Lacey, Nicola: State Punishment. Political Principles and Community Values, London 2002.
Lagodny, Otto/Nill-Theobald, Christiane: Anmerkung zu BGH, Urt. v. 30.04.1999 – 3 StR 215/98, JR 5 (2000), S. 202 ff.
Lagodny, Otto: Legitimation und Bedeutung des Ständigen Internationalen Strafgerichtshofes, ZStW 113 (2001), S. 800 ff.
Larenz, Karl/Canaris, Claus W.: Methodenlehre der Rechtswissenschaft, 3. Aufl., Berlin u. a. 1995.
Laufhütte, Heinrich Wilhelm/Rissing-van Saan, Ruth/Tiedemann, Klaus (Hrsg.): Leipziger Kommentar zum Strafgesetzbuch, 12. Aufl., Berlin 2006 ff. (zit.: *Bearbeiter*, LK[12]).
Lazarus, Liora/Goold, Benjamin/Goss, Caitlin: Control without Punishment: Understanding Coercion, in: Simon u. a. (Hrsg.), The Sage Handbook of Punishment and Society, Lon Angeles u. a. 2013, S. 463 ff.
Lenin, Wladimir I.: Lenin Werke, Bd. 25, Staat und Revolution, Berlin 1972.
Lepsius, Oliver: Relationen auf mittlerer Ebene, in: Kühl (Hrsg.), Zur Kompetenz der Rechtsphilosophie in Rechtsfragen, Stuttgart 2011, S. 21 ff.
Levine, Roslyn J.: In Harm's Way: The Limits to Legislating Criminal Law, The Supreme Court Law Review: Osgoode's Annual Constitutional Cases Conference 24 (2004), S. 195 ff.
Leydet, Dominique: Citizenship, in: Zalta (Hrsg.), The Stanford Encyclopedia of Philosophy 2017, URL: https://plato.stanford.edu/entries/citizenship/, abgerufen: 09.10.2023.

Li, Haidong: Die Prinzipien des internationalen Strafrechts, Eine vergleichende Untersuchung zwischen dem internationalen Strafrecht der Volksrepublik China und der Bundesrepublik Deutschland, Pfaffenweiler 1991.

Liivoja, Rain: The criminal jurisdiction of states. A theoretical primer, No Foundations 7 (2010), S. 25 ff.

Lister, Matthew: The Legitimating Role of Consent in International Law, Chicago Journal of International Law 11, 2 (2011), S. 663 ff.

Lister, Ruth: Sexual Citizenship, in: Isin u. a. (Hrsg.), Handbook of citizenship studies, London u. a. 2002, S. 191 ff.

von Liszt, Franz: Der Zweckgedanke im Strafrecht, Marburger Universitätsprogramm Z. III 1, Marburg 1882.

ders.: Lehrbuch des Deutschen Strafrechts, 22. Aufl., Frankfurt am Main 1997.

Locke, John: Second Treatise of Government, in: Shapiro (Hrsg.), Two Treatises of Government and A Letter Concerning Toleration, Yale 2003, S. 100 ff.

Lockwood, David: Staatsbürgerliche Integration und Klassenbildung, in: Mackert u. a. (Hrsg.), Citizenship – Soziologie der Staatsbürgerschaft, Wiesbaden 2000, S. 157 ff. (zit.: *Lockwood*, Integration).

Lohmann, Georg: Soziale Menschenrechte und die Grenzen des Sozialstaats, in: Kersting (Hrsg.), Politische Philosophie des Sozialstaats, Weilerswist 2000, S. 351 ff.

Londoño Berrío, Hernando L.: La jurisdicción penal y el fuero indígenas en Colombia: su vigencia material como consecuencia del conflicto político armado y de los límites impuestos por los derechos humanos, Nuevo Foro Penal 73 (2009), S. 70 ff.

Lorca, Rocio: Punishing the Poor and the Limits of Legality, Law, Culture and the Humanities 18, 2 (2022), S. 424 ff.

Lori, Noora A.: Statelessness, 'In-Between' Statuses, and Precarious Citizenship, in: Schachar u. a. (Hrsg.), The Oxford handbook of citizenship, Oxford 2017, S. 743 ff.

Lovett, Frank: Republicanism, in: Zalta (Hrsg.), The Stanford Encyclopedia of Philosophy 2022, URL: https://plato.stanford.edu/entries/republicanism/, abgerufen: 09.10.2023.

Luban, David. A: Theory of Crimes against Humanity, Yale Journal of International Law 29 (2004), S. 85 ff.

ders.: Fairness to Rightness: Jurisdiction, Legality, and the Legitimacy of International Criminal Law, in: Besson/Tasioulas (Hrsg.), The Philosophy of International Law, Oxford 2010, S. 569 ff.

Lücke, Jörg: Begründungszwang und Verfassung: zur Begründungspflicht der Gerichte, Behörden und Parlamente, Tübingen 1987.

Ludwig, Bernd: „Positive und Negative Freiheit" bei Kant? – Wie Begriffliche Konfusion auf Philosophi(ehistori)sche Abwege führt, JRE 21 (2013), S. 271 ff.

MacCallum, Gerald C.: Negative and Positive Freedom, The Philosophical Review 76, 3 (1967), S. 312 ff.

Mackert, Jürgen: Staatsbürgerschaft: Eine Einführung, Wiesbaden 2006.

Mackert, Jürgen/Müller, Hans P.: Der soziologische Gehalt moderner Staatsbürgerschaft. Probleme und Perspektiven eines umkämpften Konzepts, in: Mackert u. a. (Hrsg.), Citizenship – Soziologie der Staatsbürgerschaft, Wiesbaden 2000, S. 9 ff.

Mackie, John L.: Ethics: inventing right and wrong, Harmondsworth 1978.

Malamud, Andrés/de Sousa, Luis: Regional parliaments in Europe and Latin America: Between empowerment and irrelevance, in: van der Vleuten (Hrsg.), Closing or Widening the Gap? Legitimacy and Democracy in Regional International Organizations, Aldershot 2007, S. 85 ff.

Mann, Frederick Alexander: The Doctrine of Jurisdiction in International Law, Recueil des Cours de L'Académie de Droit International 111 (1964 I), S. 1 ff.
ders.: Studies in international law, Oxford 1973.
Mann, Michael: The sources of social power, Vol. 2, The rise of classes and nation-states, 1760–1914, Cambridge 1993.
Mañalich, Juan P.: Pena y Ciudadanía, Revista de Estudios de la Justicia 6 (2005), S. 63 ff.
ders.: La pena como retribución, Estudios Públicos 108 (2007), S. 117 ff.
ders.: Responsabilidad, autoridad y democracia. Una exploración crítica de la filosofía del derecho penal de Antony Duff, Discusiones XVII (2016), S. 167 ff.
Markel, Dan: Retributive Justice and the demands of democratic citizenship, Virginia Journal of Criminal Law 1, 1 (2012), S. 1 ff.
Marshall, Peter: An Analysis of Preventive Detention for Serious Offenders, Auckland University Law Review 13 (2007), S. 116 ff.
Marshall, Sandra/Duff, Antony: Criminalization and Sharing Wrongs, Canadian Journal of Law and Jurisprudence 11, 1 (1998), S. 7 ff.
Marshall, Thomas H.: Bürgerrechte und soziale Klassen. Zur Soziologie des Wohlfahrtsstaates, herausgegeben und übersetzt von E. Rieger, Frankfurt/Main u. a. 1992.
Martí, José Luis: The Republican Democratization of Criminal Law and Justice, in: Besson u. a. (Hrsg.), Legal Republicanism: National and International Perspectives, Oxford 2009, S. 123 ff.
Martin, Jörg: Strafbarkeit grenzüberschreitender Umweltbeeinträchtigungen: zugleich ein Beitrag zur Gefährdungsdogmatik und zum Umweltvölkerrecht, Freiburg im Breisgau 1989.
von Martitz, Ferdinand: Internationale Rechtshilfe in Strafsachen, Leipzig 1888.
Marx, Karl/Engels, Friedrich: Die Todesstrafe – Herrn Cobdens Pamphlet – Anordnungen der Bank von England, in: Werke, Bd. 8, 3. Aufl., Berlin 1972.
Matravers, Matt: The Victim, the State, and civil society, in: Bottoms (Hrsg.), Hearing the victim: Adversarial Justice, Crime Victims and the State, Cullompton 2010, S. 1 ff.
ders.: On Preventive Justice, in: Ashworth u. a. (Hrsg.), Prevention and the Limits of the Criminal Law, Oxford 2013, S. 235 ff.
Maurer, Matthias: Komparative Strafzumessung. Ein Beitrag zur Fortentwicklung des Sanktionenrechts, Berlin 2005.
May, Larry: Crimes Against Humanity: A Normative Account, Cambridge 2005.
McCarthy, John G.: The Passive Personality Principle and Its Use in Combatting International Terrorism, Fordham International Law Journal 13, 3 (1989), S. 296 ff.
Meier, Bernd D.: Strafrechtliche Sanktionen, 5. Aufl., Berlin 2019.
Mendelssohn-Bartholdy, A.: Das räumliche Herrschaftsgebiet des Strafgesetzes, in: Birkmeyer u. a. (Hrsg.), Vergleichende Darstellung des deutschen und ausländischen Strafrechts, Bd. 6, Legislative Technik, Berlin 1908, S. 85 ff.
Meyer, Jürgen: The Vicarious Administration of Justice. An Overlooked Basis of Jurisdiction, Harvard International Law Journal 31, 1 (1990), S. 108 ff.
Mezger, Edmund: Der Geltungsbereich des deutschen Strafrechts, DR 1940, S. 1076 ff.
Miele, Mario: Principi di Diritto Internazionale, Florenz 1953.
Mill, John Stuart: On Liberty, herausgegeben von Bromwich u. a., New Haven u. a. 2003.
ders.: Considerations on Representative Government, London 2001.
ders.: Utilitarianism, Auckland 2009.
Miller, David: Vernünftige Parteilichkeit gegenüber Landsleuten, in: Broszies/Hahn (Hrsg.), Globale Gerechtigkeit. Schlüsseltexte zur Debatte zwischen Partikularismus und Kosmopolitismus, 3. Aufl., Berlin 2016, S. 146. ff.

Mills, Alex: The Confluence of Public and Private International Law. Justice, Pluralism and Subsidiarity in the International Constitutional Ordering of Private Law, Cambridge 2010.

ders.: Rethinking Jurisdiction in International Law, British Yearbook of International Law 84, 1 (2014), S. 187 ff.

Mir Puig, Santiago: Derecho Penal, Parte General, 10 Aufl., Barcelona 2016.

von Mohl, Robert: Die völkerrechtliche Lehre vom Asyle, in: Staatsrecht, Völkerrecht und Politik, Bd. I, Tübingen 1860, S. 637 ff.

Molina, Fernando: La cuadratura del dolo: problemas irresolubles, sorites y derecho penal, in: Jorge Barreiro (Hrsg.), Homenaje al Profesor Dr. Gonzalo Rodríguez Mourullo, Madrid 2005, S. 691 ff.

ders.: Vigencia espacial de la ley penal, in: Lascuraín (Hrsg.), Manual de Introducción al Derecho Penal, Madrid 2019, S. 139 ff.

Montesquieu, Charles-Louis de Secondat: De l'esprit des lois (1758), zitiert nach der von Laurent Versini editierten Ausgabe, Paris 1995.

Moore, Michael S.: Placing blame: A general theory of the criminal law, Oxford 2010.

Morris, Herbert: Persons and Punishment, The Monist 52, 4 (1968), S. 475 ff.

ders.: Professor Murphy on Liberalism and Retributivism, Arizona Law Review 37, 1 (1995), S. 95 ff.

Muñoz, Bernarda Dana: La responsabilidad penal en la relación materno y paternofilial. Una reintrepretación, unveröffentlichte Dissertation 2022.

Muñoz Conde, Francisco/García Arán, Mercedes: Derecho Penal, Parte General, 10. Aufl., Valencia 2019.

Murphy, Jeffrie G.: Marxism and Retribution, Philosophy & Public Affairs, 2, 3 (1973), S. 217 ff.

Nagel, Thomas: Das Problem globaler Gerechtigkeit, in: Broszies/Hahn (Hrsg.), Globale Gerechtigkeit. Schlüsseltexte zur Debatte zwischen Partikularismus und Kosmopolitismus, 3. Aufl., Berlin 2016, S. 104 ff.

Nakamichi, Yuki: Präventionsstrafrecht in Japan, ZStW 129 (2017), S. 543 ff.

Naucke, Wolfgang: Die strafjuristische Privilegierung staatsverstärkter Kriminalität, Frankfurt am Main 1996.

Nawiasky, Hans: Allgemeine Rechtslehre als System der rechtlichen Grundbegriffe, 2. Aufl., Einsiedeln u. a. 1948.

Ndahayo, Emmanuel: Staatsbürgerschaft im Spannungsfeld von Inklusion und Exklusion. Schwarze Deutsche und die symbolische Herrschaft in Deutschland, in: Grünendahl u. a. (Hrsg.), Staatsbürgerschaft im Spannungsfeld von Inklusion und Exklusion. Internationale Perspektiven, Wiesbaden 2019, S. 101 ff.

Neff, Stephen C.: International Law and the Critique of Cosmopolitan Citizenship, in: Hutchings u. a. (Hrsg.), Cosmopolitan Citizenship, Houndmills u. a. 1999, S. 105 ff.

Neumann, Ulfrid: Normative Kritik der Theorie der positiven Generalprävention. – 10 Thesen – , in: Schünemann u. a. (Hrsg.), Positive Generalprävention. Kritische Analysen im deutsch-englischen Dialog, Heidelberg 1998, S. 147 ff.

ders.: Institution, Zweck und Funktion staatlicher Strafe, in: Pawlik (Hrsg.), Festschrift für Günther Jakobs: zum 70. Geburtstag, Köln u. a. 2007, S. 435 ff.

Newen, Albert: Analytische Philosophie: zur Einführung, 3. Aufl., Hamburg 2018.

Nickel, James W.: Restraining Orders, Liberty, and Due Process, in: Ashworth u. a. (Hrsg.), Prevention and the Limits of the Criminal Law, Oxford 2013, S. 156 ff.

Niemöller, Martin: Zur Geltung des inländischen Strafrechts für Auslandstaten Deutscher, NStZ 1993, S. 171 ff.

Nietzsche, Friedrich: Philosophische Werke in sechs Bänden, Bd. 6, Zur Genealogie der Moral. Eine Streitschrift, Zweite Abhandlung, Hamburg 2013 (zit.: *Nietzsche*, Genealogie).

Nino, Carlos S.: Los límites de la responsabilidad penal. Una teoría liberal del delito, Buenos Aires 1980.

ders.: La derivación de los principios de responsabilidad penal de los fundamentos de los derechos humanos, Doctrina Penal. Teoría y práctica de las ciencias penales 12 (1989), S. 29 ff.

Nozick, Robert: Anarchy, State, and Utopia, Oxford u. a. 1974.

ders.: Philosophical Explanations, Oxford u. a. 1981.

Nussbaum, Martha C.: Patriotism and Cosmopolitanism, Boston Review v. 01.10. 1994.

dies.: Jenseits des Gesellschaftsvertrags. Fähigkeiten und globale Gerechtigkeit, in: Broszies/Hahn (Hrsg.), Globale Gerechtigkeit. Schlüsseltexte zur Debatte zwischen Partikularismus und Kosmopolitismus, 3. Aufl., Berlin 2016, S. 209 ff.

Obermüller, Jens: Der Schutz ausländischer Rechtsgüter im deutschen Strafrecht im Rahmen des Territorialitätsprinzips, Tübingen 1999.

Oehler, Dietrich: Die Ausbildung von Frankreichs Internationalem Strafrecht in der Neuzeit, in: Bockelmann (Hrsg.), Festschrift für Karl Engisch zum 70. Geburtstag, Frankfurt am Main 1969.

ders.: Strafrechtlicher Schutz ausländischer Rechtsgüter, insbesondere bei Urkunden, in der Bundesrepublik Deutschland, JR 12 (1980), S. 485 ff.

ders.: Internationales Strafrecht, 2. Aufl., Köln u. a. 1983.

Ohler, Christoph: § 238 Ordre public, in: Isensee u. a. (Hrsg.), Handbuch des Staatsrechts, Bd. XI, Internationale Bezüge, 3. Aufl., Heidelberg u. a. 2003 ff. (zit.: *Ohler*, Ordre public).

O'Keefe, Roger: Universal Jurisdiction: Clarifying the Basic Concept, Journal of International Criminal Justice 2, 3 (2004), S. 735 ff.

O'Malley, Pat: Risk, uncertainty and government, London 2004.

Oppenheim, Lassa: International Law, Vol. 1, Peace, 1. Aufl., London u. a. 1905 (zit.: Oppenheim's[1]).

Orentlicher, Diane F.: Whose Justice? Reconciling Universal Jurisdiction with Democratic Principles, Georgetown Law Journal 92, 6 (2004), S. 1057 ff.

Orgad, Liav: Naturalization, in: Schachar u. a. (Hrsg.), The Oxford handbook of citizenship, Oxford 2017, S. 337 ff.

Orozco López, Hernán D.: Beteiligung an organisatorischen Machtapparaten, Tübingen 2018.

ders.: Exclusión social, criminalidad y reacción estatal, in: Orozco u. a. (Hrsg.), Libro homenaje a Alfonso Reyes Echandía en el nonagésimo aniversario de su nacimiento, Bogotá 2022, S. 166 ff.

Ortega y Gasset, José: La rebelión de las masas, 3. Aufl., Madrid 2013.

Otto, Harro: Personales Unrecht, Schuld und Strafe, ZStW 87 (1975), S. 539 ff.

ders.: Rechtsgutsbegriff und BVerfGE 120, 224, Jura 38 (2016), S. 361 ff.

Owen, David: Citizenship and Human Rights, in: Schachar u. a. (Hrsg.), The Oxford handbook of citizenship, Oxford 2017, S. 247 ff.

Papageorgiou, Konstantinos A.: Schaden und Strafe. Auf dem Weg zu einer Theorie der strafrechtlichen Moralität, Baden-Baden 1994.

Pappas, Claudia: Stellvertretende Strafrechtspflege, Freiburg im Breisgau 1996.

Paramonova, Svetlana: Internationales Strafrecht im Cyberspace: Strafrechtliche Analyse der Rechtslage in Deutschland, Russland und den USA, Wiesbaden 2013.

van Parijs, Philippe: Real Freedom for All. What (if anything) can justify capitalism?, Oxford u. a. 1995.

Parsons, Talcott: Full Citizenship for the Negro American? A Sociological Problem, Daedalus 94, 4 (1965), S. 1009 ff.

ders.: Gleichheit und Ungleichheit in modernen Gesellschaften. Zur Bedeutung sozialer Schichtung, in: Mackert u. a. (Hrsg.), Citizenship – Soziologie der Staatsbürgerschaft, Wiesbaden 2000, S. 103 ff.

Pashukanis, Evgeny: Selected Writings on Marxism and Law, herausgegeben von Beirne u. a., London u. a. 1980.

Pastor, Daniel R.: El poder penal internacional. Una aproximación jurídica crítica a los fundamentos de Estatuto de Roma, Barcelona 2006.

Paul, Wolf: Esplendor y miseria de las teorías preventivas de la pena, Poder y Control 0 (1986), S. 59 ff.

Pawlik, Michael: Das unerlaubte Verhalten beim Betrug, Köln u. a. 1999 (zit.: *Pawlik,* Betrug).

ders.: Hegels Kritik an der Politischen Philosophie Jean-Jacques Rousseaus, Der Staat 38 (1999), S. 21 ff.

ders.: Kritik der präventionstheoretischen Strafbegründungen, in: Rogall (Hrsg.), Festschrift für Hans-Joachim Rudolphi, Neuwied 2004, S. 213 ff.

ders.: Person, Subjekt, Bürger. Zur Legitimation von Strafe, Berlin 2004 (zit.: *Pawlik*, Person).

ders.: Strafe oder Gefahrenbekämpfung? Die Prinzipien des deutschen Internationalen Strafrechts vor dem Forum der Straftheorie, in: Hoyer u. a. (Hrsg.), Festschrift für Friedrich-Christian Schroeder zum 70. Geburtstag, Heidelberg 2006, S. 357 ff.

ders.: Der Terrorist und sein Recht. Zur rechtstheoretischen Einordnung des modernen Terrorismus, München 2008.

ders.: Rezension: Benno Zabel, Schuldtypisierung als Begriffsanalyse, ZIS 8–9 (2011), S. 761 f.

ders.: Das Unrecht des Bürgers. Grundlinien der Allgemeinen Verbrechenslehre, Tübingen 2012.

ders.: Ciudadanía y Derecho Penal. Fundamentos de la Teoría de la pena y del delito en un Estado de libertades, Barcelona 2016.

ders.: El delito, ¿lesión de un bien jurídico?, InDret. Revista para el Análisis del Derecho 2 (2016), S. 1 ff.

ders.: Normbestätigung und Identitätsbalance. Über die Legitimation staatlichen Strafens, Baden-Baden 2017.

ders.: Gefängnisse sind keine Läuterungsorte, Rezension zu: Didier Fassin, Der Wille zum Strafen, FAZ v. 12.01.2019, S. 12.

ders.: Die bürgerliche Mitwirkungspflicht im Strafrecht und die Stellung der Exkludierten, in: Hilgendorf u. a. (Hrsg.), Festschrift für Marcelo Sancinetti zum 70. Geburtstag, Berlin 2020, S. 145 ff.

ders.: Voraussetzungen und Grenzen des Bürgerstrafrechts, Vortrag bei dem Seminar des „Grupo de Investigación en Derecho Penal Económico-Empresarial (Iuscrim)" der Universität Pompeu Fabra (UPF), Barcelona 21.06.2022.

Penkuhn, Christopher: Der *ordre-public*-Vorbehalt als Auslieferungshindernis im europäischen Auslieferungsverkehr, Berlin 2020.

Peralta, José M.: Dogmática del hecho punible, principio de igualdad y justificación de segmentos de pena, DOXA, Cuadernos de Filosofía del Derecho 31 (2008), S. 599 ff.

ders.: Positive Generalprävention als Achtung der Rechtsordnung. Zugleich eine analytische Unterscheidung möglicher Interpretationen des Begriffs der „positiven Generalprävention", ZIS 10 (2008), S. 506 ff.

Pérez Barberá, Gabriel: Problemas y perspectivas de las teorías expresivas de la pena. Una justificación deontológica de la pena como institución, InDret. Revista para el Análisis del Derecho 4 (2014), S. 1 ff.
Perron, Walter: Das Beweisantragsrecht des Beschuldigten im deutschen Strafprozeß, Berlin 1995.
ders.: Sind die nationalen Grenzen des Strafrechts überwindbar? Überlegungen zu den strukturellen Voraussetzungen der Angleichung und Vereinheitlichung unterschiedlicher Strafrechtssysteme, ZStW 109 (1997), S. 281 ff.
ders.: Auf dem Weg zu einem europäischen Ermittlungsverfahren?, ZStW 112 (2000), S. 202 ff.
Peršak, Nina: Criminalising Harmful Conduct. The Harm Principle, its Limits and Continental Counterparts, New York 2007.
Pettit, Philip: Republican Theory and Criminal Punishment, Utilitas 9, 1 (1997), S. 59 ff.
ders.: Indigence and Sentencing in Republican Theory, in: Heffernan u. a., From Social Justice to Criminal Justice. Poverty and the Administration of Criminal Justice, Oxford 2000, S. 230 ff.
von der Pfordten, Dietmar: Normative Ethik, Berlin u. a. 2010.
ders.: Rechtsethik, 2. Aufl., München 2011.
Philipps, Lothar: Unbestimmte Rechtsbegriffe und Fuzzy Logic – Ein Versuch zur Bestimmung der Wartezeit nach Verkehrsunfällen (§ 142 Abs. 2 StGB), in: Haft (Hrsg.), Strafgerechtigkeit, Festschrift für Arthur Kaufmann zum 70. Geburtstag, Heidelberg 1993, S. 265 ff.
ders.: Eine Theorie der unscharfen Subsumtion: Die Subsumtionsschwelle im Lichte der Fuzzy Logic, ARSP 81 (1995), S. 405 ff.
Piketty, Thomas: Das Kapital im 21. Jahrhundert, 8. Aufl., München 2016.
Pin, Xavier: Droit pénal général, 10 Aufl., Paris 2019.
Piper, Danielle Ireland: Prosecutions of Extraterritorial Criminal Conduct and the Abuse of Rights Doctrine, Utrecht Law Review 9, 4 (2013), S. 68 ff.
Politoff, Sergio/Matus, Jean Pierre/Ramírez, Cecilia: Lecciones de Derecho Penal Chileno, Parte General, 2. Aufl., Santiago de Chile 2004 (zit.: *Politoff* et al., PG²).
Princeton University: Princeton Principles on Universal Jurisdiction, Princeton 2001.
Principato, Daniel A.: Defining the Sovereign in Dual Sovereignty: Does the Protection against Double Jeopardy Bar Successive Prosecutions in National and International Courts, Cornell International Law Journal 47, 3 (2014), S. 767 ff.
Prittwitz, Cornelius: Krieg im Frieden?, ZIS 9 (2016), S. 594 ff.
Puente Rodríguez, Leopoldo: Consecuencias de carácter procesal del „fraude de etiquetas": especial referencia a la libertad vigilada, Revista General de Derecho Procesal 47 (2019), S. 1 ff.
ders.: Contra la atemperación (o supresión) del castigo penal del excluido, InDret. Revista para el análisis del Derecho 2 (2023), S. 357 ff.
Puppe, Ingeborg: Kleine Schule des juristischen Denkens, 4. Aufl., Stuttgart 2019.
Quintano Ripollés, Antonio: Tratado de Derecho Penal Internacional e Internacional Penal, Tomo I, Madrid 1955.
Radbruch, Gustav: Grundzüge der Rechtsphilosophie, Leipzig 1914.
ders.: Klassenbegriffe und Ordnungsbegriffe im Rechtsdenken, in: Kaufmann (Hrsg.), Gustav Radbruch Gesamtausgabe, Bd. 3, Rechtsphilosophie III, Heidelberg 1990, S. 60 ff.
ders.: Gesetzliches Unrecht und übergesetzliches Recht, in: Kaufmann (Hrsg.), Gustav Radbruch Gesamtausgabe, Bd. 3, Rechtsphilosophie III, Heidelberg 1990, S. 60 ff.
Ramsay, Peter: The Responsible Subject As Citizen: Criminal Law, Democracy And The Welfare State, The Modern Law Review 69, 1 (2006), S. 29 ff.

ders.: Democratic Limits to Preventive Criminal Law, in: Ashworth u.a. (Hrsg.), Prevention and the Limits of the Criminal Law, Oxford 2013, S. 214 ff.
ders.: Pashukanis and Public Protection, in: Dubber (Hrsg.), Foundational Texts in Modern Criminal Law, Oxford 2014, S. 199 ff.
Rawls, John: Two Concepts of Rules, The Philosophical Review 64, 1 (1955), S. 3 ff.
ders.: Legal Obligation and the Duty of Fair Play, in: Hook (Hrsg.), Law and Philosophy, New York 1964, S. 3 ff.
ders.: A Theory of Justice. Revised Edition, Cambridge 1999.
ders.: Political Liberalism. Expanded Edition, New York 2005.
ders.: Gerechtigkeit als Fairneß: ein Neuentwurf, 1. Aufl., Frankfurt am Main 2006.
Reiman, Jeffrey H./Leighton, Paul: The rich get richer and the poor get prison. Ideology, class, and criminal justice, 11. Aufl., New York u.a. 2017.
Reinbacher, Tobias: Das Strafrechtssystem der USA. Eine Untersuchung zur Strafgewalt im föderativen Staat, Berlin 2010.
Reisinger, Leo: Über die Anwendungsmöglichkeiten der Theorie unscharfer Mengen im Recht, in: DVR 4 (1975), S. 119 ff.
Renzikowski, Joachim: Normentheorie als Brücke zwischen Strafrechtsdogmatik und Allgemeiner Rechtslehre: zugleich eine Auseinandersetzung mit Andreas Hoyer: Strafrechtsdogmatik nach Armin Kaufmann, ARSP 87 (2001), S. 110 ff.
ders.: Mala per se et delicta mere prohibita – rechtsphilosophische Bemerkungen zum Rückwirkungsverbot (Art. 7 EMRK), in: Amelung u.a. (Hrsg.), Festschrift für Volker Krey zum 70. Geburtstag, Stuttgart 2010, S. 407 ff.
Renzo, Massimo: Crimes against Humanity and the Limits of International Criminal Law, Law and Philosophy 31, 4 (2012), S. 443 ff.
Revi, Ben: T.H. Marshall and his critics: reappraising ‚social citizenship' in the twenty-first century, Citizenship Studies, 18, 3–4 (2014), S. 452 ff.
Robinson, Paul H.: Punishing Dangerousness: Cloaking Preventive Detention as Criminal Justice, Harvard Law Review 114, 5 (2001), S. 1429 ff.
Robles Planas, Ricardo: Normas de conducta, InDret. Revista para el análisis del Derecho 1 (2019), S. 1 ff.
ders.: Coacción, retribución, demostración. Sobre la teoría de la pena en Binding, in: Pérez u.a. (Hrsg.)., Contra la política criminal de tolerancia cero: libro-homenaje al Profesor Dr. Ignacio Muñagorri Laguía, Cizur Menor 2021, S. 995 ff.
Roegele, Peter: Deutscher Strafrechtsimperialismus. Ein Beitrag zu den völkerrechtlichen Grenzen extraterritorialer Strafgewaltausdehnung, Hamburgo 2014.
von Rohland, Woldemar: Das internationale Strafrecht, Bd. I, Kritik der internationalen Strafrechtstheorien, Leipzig 1877.
Rontchevsky, Nicolas: Commentaire, Revue internationale de droit économique 2 t. XVI (2022), S. 523 ff.
Rotsch, Thomas: Der Handlungsort i.S.d. § 9 Abs. 1 StGB. Zur Anwendung deutschen Strafrechts im Falle des Unterlassens und der Mittäterschaft, ZIS 3 (2010), S. 168 ff.
Rousseau, Jean-Jacques: Du contrat social ou Principes du droit politique, Paris 1762.
ders.: Diskurs über die Ungleichheit. Discours sur l'inegalite, Paderborn 1984.
Roxin, Claus: Strafrecht. Allgemeiner Teil, Bd. II, Besondere Erscheinungsformen der Straftat, 1. Aufl., München 2003 (zit.: *Roxin*, AT II).
ders.: Täterschaft und Tatherrschaft, 10. Aufl., Berlin u.a. 2019.
Roxin, Claus/Greco, Luís: Strafrecht. Allgemeiner Teil, Bd. I, Grundlagen. Der Aufbau der Verbrechenslehre, 5. Aufl., München 2020 (zit.: *Roxin/Greco*, AT I).

Rudolph J. A.: de poena delictorum extra territorium admissorum, Erlangen 1790.
Ryngaert, Cedric: Jurisdiction in International Law, 2. Aufl., Oxford 2015.
Sachs, Caspar: Moral, Tadel, Buße. Zur Straftheorie von Antony Duff, Baden-Baden 2015.
Sadurski, Wojciech: Distributive Justice and the Theory of Punishment, Oxford Journal of Legal Studies 5, 1 (1985), S. 47 ff.
Sartre, Jean-Paul: L'existentialisme est un humanisme, Paris 1996.
Satterthwaite, Margaret L.: Rendered Meaningless: Extraordinary Rendition and the Rule of Law, George Washington Law Review, 75 (2007), S. 1333 ff.
Satzger, Helmut: Das deutsche Strafanwendungsrecht (§§ 3 ff. StGB) – Teil 1., Jura 32 (2010), S. 108 ff.
ders.: Das deutsche Strafanwendungsrecht (§§ 3 ff. StGB) – Teil 2., Jura 32 (2010), S. 190 ff.
ders.: Internationales und Europäisches Strafrecht, 9. Aufl., Baden-Baden 2020.
Saxe Walker, Lauryn/Mezuk, Briana: Mandatory minimum sentencing policies and cocaine use in the U.S., 1985–2013, BMC International Health and Human Rights 43 (2018), S. 1 ff.
Schauberg, Rudolf: Das internationale Strafrecht der Schweiz, ZSchwR 16 (1896), S. 107 ff.
Scheid, Don E.: Kant's Retributivism Again, ARSP 72 (1986), S. 224 ff.
Schiemann, Anja: Deutsches Strafrecht rund um die Welt? Herausforderungen des Strafanwendunsgrechts, JR 7 (2017), S. 339 ff.
Schmelzle, Cord: Zum Begriff politischer Legitimität, Leviathan, 40. Jg., Sonderband 27 (2012), S. 419 ff.
Schmid, Reinhold: Die Herrschaft der Gesetze nach ihren räumlichen und zeitlichen Grenzen im Gebiete des bürgerlichen und peinlichen Rechts. Eine staatsrechtliche Abhandlung, Jena 1863.
Schmidtchen, Gerhard: Ist Legitimität meßbar?, Zeitschrift für Parlamentsfragen 8 (1977), S. 232 ff.
Scholten, Hans Joseph: Das Erfordernis der Tatortstrafbarkeit in § 7 II Nr. 2 StGB, NStZ 1994, S. 266 ff.
Schönke, Adolf/Schröder, Horst (Hrsg.): Strafgesetzbuch: Kommentar, 30. Aufl., München 2019 (zit.: *Bearbeiter*, S/S[30]).
Schramm, Edward: Rezension: Frank Zimmermann, Strafgewaltkonflikte in der Europäischen Union, ZIS 2 (2017), S. 151 ff.
Schroeder, Friedrich-Christian: „Der räumliche Geltungsbereich" der Strafgesetze, GA 1968, S. 353 ff.
ders.: Schranken für den räumlichen Geltungsbereich des Strafrechts, NJW 3 (1969), S. 81 ff.
Schröder, Horst: Die Teilnahme im internationalen Strafrecht. Zugleich ein Beitrag zur Lehre vom Geltungsbereich des deutschen Strafrechts, ZStW 60 (1941), S. 57 ff.
Schultz, Hans: Neue Entwicklungen im sogenannten internationalen Strafrecht, in: Welzel u. a. (Hrsg.), Festschrift für Hellmuth von Weber zum 70. Geburtstag, Bonn 1963, S. 305 ff.
Schünemann, Bernd: Die Entwicklung der Schuldlehre in der Bundesrepublik Deutschland, in: Hirsch u. a. (Hrsg.), Strafrecht und Kriminalpolitik in Japan und Deutschland, Berlin 1989, S. 147 ff. (zit.: *Schünemann*, Die Entwicklung).
ders.: Vom philologischen zum typologischen Vorsatzbegriff, in: Weigend (Hrsg.), Festschrift für Hans Joachim Hirsch zum 70. Geburtstag, Berlin 1999, S. 363 ff.
Seelmann, Kurt: Versuche einer Legitimation von Strafe durch das Argument selbstwidersprüchlichen Verhaltens des Straftäters, JRE 1 (1993), S. 315 ff.
Seer, Roman: Steuerrecht (vormals Tipke/Lang), 22. Aufl., Köln 2015.
Sen, Amartya: Equality of what?, Tanner Lectures on Human Values, Stanford 1979.
ders.: Inequality Reexamined, Oxford u. a. 1992.

Shachar, Ayelet: Earned Citizenship: Property Lessons for Immigration Reform, Yale Journal of Law & the Humanities 23, 1 (2011), S. 110 ff.
ders.: Citizenship, in: Rosenfeld u. a. (Hrsg.), The Oxford Handbook of Comparative Constitutional Law, Oxford 2012, S. 1002 ff. (zit.: *Ayelet,* Citizenship).
ders.: Citizenship for Sale?, in: Schachar u. a. (Hrsg.), The Oxford handbook of citizenship, Oxford 2017, S. 789 ff. (zit.: *Schachar,* Citizenship for Sale?).
Shachar, Ayelet/Bauböck, Rainer/Bloemraad, Irene/Vink, Maarten P.: Introduction: Citizenship—Quo Vadis?, in: Schachar u. a. (Hrsg.), The Oxford handbook of citizenship, Oxford 2017, S. 3 ff. (zit.: *Schachar et al.,* Introduction).
Shaw, Malcolm N.: International Law, 8. Aufl., Cambridge 2017.
Sheehy, John O'Neil: False Perceptions on Limitation: Why imposing a nexus requirement under the Maritime Drug Law Enforcement Act would not significantly discourse efforts to prosecute maritime drug trafficking, Connecticut Law Review 43, 5 (2011), S. 1677 ff.
Shelby, Tommie: Justice, Deviance, and the Dark Ghetto, Philosophy & Public Affairs 32, 2 (2007), S. 126 ff.
ders.: Dark Ghettos. Injustice, Dissent, and Reform, Cambridge u. a. 2016.
Sieber, Ulrich: Internationales Strafrecht im Internet – Das Territorialitätsprinzip der §§ 3, 9 StGB im globalen Cyberspace, NJW 29 (1999), S. 2065 ff.
Siehr, Angelika: Die Deutschenrechte des Grundgesetzes: Bürgerrechte im Spannungsfeld von Menschenrechtsidee und Staatsmitgliedschaft, Berlin 2001.
Silva Sánchez, Jesús María: La Expansión del Derecho Penal. Aspectos de la política criminal en las sociedades postindustriales, 2. Aufl., Madrid 2001.
ders.: La teoría de la determinación de la pena como sistema (dogmático): un primer esbozo, InDret. Revista para el análisis del Derecho 2 (2007), S. 1 ff.
ders.: Aproximación al Derecho Penal Contemporáneo, 2. Aufl., Montevideo u. a. 2010.
ders.: Rationale Strafzumessung durch Straftatdogmatik, in: Herzog u. a.(Hrsg.), Festschrift für Winfried Hassemer: [zum 70. Geburtstag am 17. Februar 2010], Heidelberg u. a. 2010, S. 625 ff.
ders.: Presupuestos socio-políticos de la atribución de responsabilidad penal, in: Fernández u. a. (Hrsg.), Estudios penales en homenaje al profesor Rodrigo Fabio Suárez Montes, Oviedo 2013, S. 715 ff.
ders.: Malum passionis: Mitigar el dolor en el derecho penal, Barcelona 2018.
ders.: Soziale Ungleichheit und strafrechtliche Verantwortlichkeit, in: Böse u. a. (Hrsg.), Festschrift für Urs Kindhäuser zum 70. Geburtstag, Baden-Baden 2019, S. 475 ff.).
Simester, Andrew P./von Hirsch, Andreas: Crimes, Harms, and Wrongs. On the Principles of Criminalisation, Oxford u. a. 2011.
Simmons, John: The Principle of Fair Play, Philosophy & Public Affairs 8, 4 (1979), S. 307 ff.
Skinner, Quentin: Two Concepts of Citizenship, Tijdschrift voor Filosofie 55, 3 (1993), S. 403 ff.
Slobogin, Christopher: A Jurisprudence of Dangerousness, Northwestern University Law Review 98, 1 (2003), S. 1 ff.
Smith, Rogers M.: Citizenship and Membership Duties toward Quasi-Citizens, in: Schachar u. a. (Hrsg.), The Oxford handbook of citizenship, Oxford 2017, S. 789 ff. (zit.: *Smith,* Duties toward Quasi-Citizens).
Smith, Steven D.: Is the Harm Principle Illiberal?, American Journal of Jurisprudence 51 (2006), S. 1 ff.
Söhn, Janina: Rechtsstatus und Bildungschancen. Die staatliche Ungleichbehandlung von Migrantengruppen und ihre Konsequenzen, Wiesbaden 2011.

Somers, Margaret R.: Genealogies of citizenship: markets, statelessness, and the right to have rights, Cambridge u. a. 2008.
Soysal, Yasemin N.: Limits of citizenship: migrants and postnational membership in Europe, Chicago u. a. 1994.
Spiro, Peter J.: Beyond Citizenship. American Identity After Globalization, Oxford 2008.
Stahn, Carsten: A Critical Introduction to International Criminal Law, Cambridge 2019.
Starck, Christian: § 33 Grundrechtliche und demokratische Freiheitsidee, in: Isensee u. a. (Hrsg.), Handbuch des Staatsrechts, Bd. III, Demokratie – Bundesorgane, 3. Aufl., Heidelberg u. a. 2003 ff. (zit.: *Starck,* Freiheitsidee).
Stark, Cynthia A.: Hypothetical Consent and Justification, The Journal of Philosophy 97, 6 (2000), S. 313 ff.
Steiker, Carol S.: Proportionality as a Limit on Preventive Justice: Promises and Pitfalls, in: Ashworth u. a. (Hrsg.), Prevention and the Limits of the Criminal Law, Oxford 2013, S. 194 ff.
Steiner, Henry J.: Three Cheers for Universal Jurisdiction – Or Is It Only Two?, Theoretical Inquiries in Law 5 (2004), S. 199 ff.
Stenson, Tom: Inchoate Crimes and Criminal Responsibility under International Law, Journal of International Law & Policy 1 (2004), S. 1 ff.
Stephen, James Fitzjames: A History of the Criminal Law of England, Bd. 2, London 1883.
Stevens, Jacqueline: U.S. Government unlawfully detaining and deporting U.S. citizens as aliens, Virginia Journal of Social Policy & the Law 18, 3 (2011), S. 606 ff.
Stichweh, Rudolf: Inklusion und Exklusion. Studien zur Gesellschaftstheorie, 2. Aufl., Bielefeld 2016.
Störring, Lars Peter: Das Untermaßverbot in der Diskussion. Untersuchung einer umstrittenen Rechtsfigur, Berlin 2009.
Stratenwerth, Günter: Die Zukunft des strafrechtlichen Schuldprinzips, Heidelberg u. a. 1977.
ders.: „Zum Begriff des Rechtsgutes", in: Eser u. a. (Hrsg.), Festschrift für Theodor Lenckner zum 70. Geburtstag, München 1998, S. 377 ff.
Strittmatter, Kai: Die Neuerfindung der Diktatur: Wie China den digitalen Überwachungsstaat aufbaut und uns damit herausfordert, München 2018.
Strumia, Francesca: Supranational Citizenship, in: Schachar u. a. (Hrsg.), The Oxford handbook of citizenship, Oxford 2017, S. 669 ff.
Sturma, Dieter: Universalismus und Neoaristotelismus. Amartya Sen und Martha C. Nussbaum über Ethik und soziale Gerechtigkeit, in: Kersting (Hrsg.), Politische Philosophie des Sozialstaats, Weilerswist 2000, S. 257 ff.
Swoboda, Sabine: Die Lehre vom Rechtsgut und ihre Alternativen, ZStW 122 (2010), S. 24 ff.
Tadeu Buonicore, Bruno: Schuldbegriff und soziale Exklusion, ZIS 1 (2022), S. 1 ff.
Tadros, Victor: Poverty and Criminal Responsibility, The Journal of Value Inquiry 43 (2009), S. 391 ff.
Tan, Kok-Chor: Cosmopolitan Citizenship, in: Schachar u. a. (Hrsg.), The Oxford handbook of citizenship, Oxford 2017, S. 694 ff.
Thon, August: Rechtsnorm und subjektives Recht. Untersuchungen zur allgemeinen Rechtslehre, Weimar 1878.
Thorburn, Malcolm: Punishment and Public Authority, in: du Bois-Pedain u. a. (Hrsg.), Criminal Law and the Authority of the State, Oxford 2017; S. 7 ff.
Thorhauer, Nathalie Isabelle: Jurisdiktionskonflikte im Rahmen transnationaler Kriminalität. Zur Koordination der Strafgewalten über natürliche Personen und Unternehmen in der Europäischen Union, Baden-Baden 2019.

Tittmann, Karl August: Die Strafrechtspflege in voelkerrechtlicher Ruecksicht: mit besonderer Beziehung auf die teutschen Bundesstaaten, Dresden 1817.

Tomlin, Patrick: Retributivists! The Harm Principle Is Not for You!, Ethics 124, 2 (2014), S. 272 ff.

Tripathi, Karan/Parkhani, Krishna: Recognition of the passive nationality principle in India, International Journal For Legal Developments & Allied Issues 1, 2 (2019), S. 148 ff.

Turner, Bryan S.: Citizenship studies: A general theory, Citizenship Studies 1, 1 (1997), S. 5 ff.

Uslucan, Sükrü: Zur Weiterentwicklungsfähigkeit des Menschenrechts auf Staatsangehörigkeit. Deutet sich in Europa ein migrationsbedingtes Recht auf Staatsangehörigkeit an – auch unter Hinnahme der Mehrstaatigkeit?, Berlin 2012 (zit.: *Uslucan*, Recht auf Staatsangehörigkeit).

Vagias, Michail: The Territorial Jurisdiction of the International Criminal Court, Cambridge 2014.

Vajda, Maja M.: The 2009 AIDP's Resolution on Universal Jurisdiction – An Epitaph or a Revival Call?!, International Criminal Law Review 10, 3 (2010), S. 325 ff.

Verdross, Alfred/Simma, Bruno: Universelles Völkerrecht. Theorie und Praxis, 3 Aufl., Berlin 1984.

Vink, Maarten: Comparing Citizenship Regimes, in: Schachar u. a. (Hrsg.), The Oxford handbook of citizenship, Oxford 2017, S. 221 ff.

Vogel, Benjamin: Zur Bedeutung des Rechtsguts für das Gebot strafgesetzlicher Bestimmtheit, ZStW 128 (2016), S. 139 ff.

Volkmann, Caroline: Die Strafverfolgung des Völkermordes nach dem Weltrechtsprinzip im internationalen Strafrecht und im Völkerstrafrecht. Untersucht am Beispiel der deutschen Rechtsordnung, Frankfurt am Main 2009.

Volz, Markus: Extraterritoriale Terrorismusbekämpfung, Berlin 2007.

Vormbaum, Thomas: Einführung in die moderne Strafrechtsgeschichte, 4. Aufl., Berlin 2019.

van der Vossen, Bas: Libertarianism, in: Zalta (Hrsg.), The Stanford Encyclopedia of Philosophy 2022, URL: https://plato.stanford.edu/entries/libertarianism/, abgerufen: 09.10.2023.

Waldron, Jeremy: Special Ties and Natural Duties, Philosophy & Public Affairs 22, 1 (1993), S. 3 ff.

ders.: How to Argue for a Universal Claim, Columbia Human Rights Law Review 30 (1999), S. 305 ff.

Walker, Neil: The Place of Territory in Citizenship, in: Schachar u. a. (Hrsg.), The Oxford handbook of citizenship, Oxford 2017, S. 553 ff.

Walzer, Michael: Spheres of justice. A defense of pluralism and equality, New York 1983.

Wechsler, Herbert: American Law Institute II – A Thoughtful Code of Substantive Law, Journal of Criminal Law and Criminology 45, 5 (1955), S. 524 ff.

van Weezel, Alex.: Optimización de la autonomía y deberes penales de solidaridad, Política criminal 13, 26 (2018), S. 1074 ff.

ders.: Tiempos difíciles para el principio de legalidad en Derecho penal, in: Acevedo u. a. (Hrsg.), La justicia como legalidad. Estudios en homenaje a Luis Ortiz Quiroga, Santiago 2020, S. 51 ff.

Wegner, Arthur: Über den Geltungsbereich des staatlichen Strafrechts, in: Hegler (Hrsg.), Festgabe für Reinhard von Frank zum 70. Geburtstag, Bd. I, Tübingen 1930, S. 98 ff.

Welzel, Hans: Studien zum System des Strafrechts, ZStW 58 (1939), S. 491 ff.

Wenar, Leif: John Rawls, in: Zalta (Hrsg.), The Stanford Encyclopedia of Philosophy 2021, URL: https://plato.stanford.edu/entries/rawls/, abgerufen: 09.10.2023.

Werle, Gerhard/Jeßberger, Florian: Begriff, Legitimation und Perspektiven des Völkerstrafrechts, Kansai University review of law and politics 26 (2005), S. 17 ff.
Werle, Gerhard/Jeßberger, Florian: Völkerstrafrecht, 5. Aufl., Tübingen 2020.
White, Stuart: The Republican critique of capitalism, Critical Review of International Social and Political Philosophy 14, 5 (2011), S. 561 ff.
Williams, Glanville L.: Venue and the Ambit of Criminal Law, Law Quarterly Review 81 (1965), S. 276 ff.
Wilske, Stephan/Schiller, Teresa: Jurisdiction over Persons Abducted in Violation of International Law in the Aftermath of United States v. Alvarez-Machain, The University of Chicago Law School Roundtable 5, 1 (1998), S. 205 ff.
Wittgenstein, Ludwig: Philosophische Untersuchungen, 2. Aufl., Oxford 1958.
Wittig, Petra: Rechtsgutstheorie, „Harm Principle" und die Abgrenzung von Verantwortungsbereichen, in: Hefendehl u. a. (Hrsg.), Die Rechtsgutstheorie, Baden-Baden 2003.
Wittreck, Fabian: Kommentierung zu Art. 16 GG, in: Dreier, Horst (Hrsg.), Grundgesetz, Bd. 1, 3. Aufl., München u. a. 2013 (zit.: *Wittreck*, Grundgesetz³).
Wissenschaftliche Dienste des Deutschen Bundestages, Rechtsfragen in Zusammenhang mit dem chinesischen Sicherheitsgesetz für die Sonderverwaltungszone Hongkong (zit.: Wissenschaftliche Dienste, Aktenzeichen WD 2 – 3000 – 067/20).
Wolter, Jürgen (Hrsg.): Systematischer Kommentar zum Strafgesetzbuch, 9. Aufl., Köln 2017 ff. (zit.: *Bearbeiter*, SK-StGB⁹).
Wong, Siu Wai/Tang, Bo-sin/Liu, Jinlong: Village Elections, Grassroots Governance and the Restructuring of State Power: An Empirical Study in Southern Peri-urban China, The China Quarterly 241 (2020), S. 22 ff.
Wringe, Bill: Punishing Noncitizens, Journal of Applied Philosophy 38, 3 (2021), S. 384 ff.
Wu, Xiaolin/Zhang, Xi: Automated inference on criminality using face image, arXiv (2016), S. 4038 ff.
Yaffe, Gideon: The Age of Culpability. Children and the Nature of Criminal Responsibility, Oxford 2018.
ders.: Punishing Noncitizens, Criminal Law and Philosophy 14 (2020), S. 347 ff.
Zabel, Benno: Schuldtypisierung als Begriffsanalyse. Tiefenstrukturen moderner Praxisformen und deren strafrechtliche Transformation, Berlin 2007.
Zaczyk, Rainer: Die Notwendigkeit systematischen Strafrechts – Zugleich zum Begriff „fragmentarisches Strafrecht", ZStW 123 (2011), S. 691 ff.
Zedner, Lucia: Security, London u. a. 2009.
dies.: Is the Criminal Law Only for Citizens? A Problem at the Borders of Punishment, in: Aas u. a. (Hrsg.), The Borders of Punishment. Migration, Citizenship, and Social Exclusion, Oxford 2013, S. 40 ff.
dies.: Penal subversions: When is a punishment not punishment, who decides and on what grounds?, Theoretical Criminology 20, 1 (2016), S. 3 ff.
Ziegenhain, Hans-Jörg: Extraterritoriale Rechtsanwendung und die Bedeutung des Genuine-Link-Erfordernisses. Eine Darstellung der deutschen und amerikanischen Staatenpraxis, München 1992.
Zieher, Wolfgang: Das sogenannte Internationale Strafrecht nach der Reform, Berlin 1977.
Ziffer, Patricia: Begriff der Strafe und Sicherungsverwahrung, in: Freund u. a. (Hrsg.), Grundlagen und Dogmatik des gesamten Strafrechtssystems. Festschrift für Wolfgang Frisch zum 70. Geburtstag, Berlin 2013, S. 1077 ff.

Zimmermann, Frank: Strafgewaltkonflikte in der Europäischen Union. Ein Regelungsvorschlag zur Wahrung materieller und prozessualer strafrechtlicher Garantien sowie staatlicher Strafinteressen, Baden-Baden 2015.
Zippelius, Reinhold: Allgemeine Staatslehre: ein Studienbuch, 17. Aufl., München 2017.

Sachregister

aktives Personalitätsprinzip
- aktives Staatsangehörigkeitsprinzip 76
- bei einem Bürgerstrafrecht 426
- im materiellen Sinne 88
aut dedere aut iudicare 138

Blankoermächtigung zur Strafgewalterstreckung 50, 132, 447
Bürgerpflicht
- als äußere Rechtskonformität 321
- bei der Theorie von Silva Sánchez 236
- bei Duffs Modell 252
- bei Pawliks Theorie 266
- im Ausland 427
- im Inland 423
Bürgerschaft
- Abstufbarkeit 341
- als formaler Status 311, 316
- als gewährleistete Rechte 317
- Begriffskern 304
- classic liberal statement
  (T. H. Marshall) 322
- substaatliche B. 413
- supranationale B. 406
- Unionbürgerschaft 409
- Weltbürgerschaft 404
Bürgerschaft, Dimensionen der
- Bündel von Rechten und Pflichten 321
- Identität 319
- Staatsbürgerschaft als Praxis 319
- Status 321
Bürgerstrafrecht
- Erwiderung auf die Einwände 372
- Konzept 215
- Nachteile und Einwände 291
- politische Wende 219
- relationale Verantwortlichkeit 207
- Stränge 221
- Vorteile 225

Externe (Nichtbürger)
- Begriff 353
- E., Klassen von 399

Fairnessgedanke 224, 268, 279, 292, 464
Freiheitsbegriff
- Freiheitshindernis 330
- im Egalitarismus 335
- im Libertarismus 330
- im Neorepublikanismus 333
- positive vs. negative F 327
- social reform thesis 337
- triadische Struktur 328

Garantenlehre 173

IStGH 406, 447

Kommunitarismus
- als Grundlage der Theorie Duffs 247
- als nicht-liberale Staatstheorie 327

lex-loci-Vorbehalt
- beim aktiven Personalitätsprinzip 77
- beim passiven Personalitätsprinzip 97

mala in se
- als Grundlage des Weltrechtprinzips 122
- im Rahmen kosmopolitischer Ansätze 60
- in dem Modell von Silva Sánchez 237
MDLEA
- geschütztes Interesse 180
- Reichweite 113
- Verfassungsmäßigkeitsprüfung 54

Normentheorie 18

Präventivmaßnahmen gegen Externe
- Anlasstatgrenze und Precrime 386

- Begründung (der Gesellschaft gegenüber) 379
- Etikettenschwindel 401
- falsche Positive 389
- Gefährlichkeit, Aufgliederung der 392
- Gefährlichkeitsprognosen 394
- legitimer Zweck 391
- Unterschied zur Sicherungsverwahrung 383
- Verhältnismäßigkeitsgrundsatz 390

Rechtsgutstheorie
- Einwände dagegen 159
- im Strafanwendungsrecht 178
- Verhältnis zum Schädigungsprinzip 155

Rechtssicherheit
- hinsichtlich der Staatsbürgerschaft 311, 348
- im Strafanwendungsrecht 369, 419

Sanktionsgewalt i. w. S. 418
Schädigungsprinzip s. *Rechtsgutstheorie*
Schutzprinzip
- Duty of allegiance theory 102
- Self-Defense Theory 102

Sorites-Paradoxie 343
Staatsangehörigkeit
- Erwerb 309
- Inhalt 311
- rechtliche Zwischenkategorien 315
- Staatenlosigkeit 311

Staatsbürgerschaft als begriffliches Kontinuum
- Dimensionen 348
- Ermittlung des Staatsbürgerschaftsgrades 349
- Idealtypen 346
- Idealtypus des Minimalbürgers 351
- Idealtypus des Vollbürgers 351
- mehrdimensionaler Typusbegriff 348

Strafanwendungsrecht
- gemäß diesem Vorschlag 417
- im Common Law 24
- Konzept 17
- Natur 27

Strafanwendungsrecht des Bürgers
- Beeinträchtigung der Freiheitsordnung 422, 431, 437, 438
- Betroffenheit der internationalen Gemeinschaft als Ganzes 447

- drei Reaktionsmöglichkeiten 420
- Erfolgsortprinzip 425
- Handlungsortsprinzip 424
- Mitwirkungspflichtige bei Auslandstaten 427
- Mitwirkungspflichtige bei Inlandstaten 423
- Originäre Maßnahmengewalt 434
- Originäre Strafgewalt 423
- Rangfolge der völkerrechtlichen Prinzipien 420
- stellvertretende Sanktionsgewalt 440
- Steuerpflichtige 429
- Verwerfung des passiven Personalitätsprinzips 437
- Wohnsitz bzw. gewöhnlicher Aufenthalt 430

Strafzumessungslösung
- Alternativlösungen 359
- Basis-Strafwert 367
- Bewertungsrichtung 367
- Bezugspunkt 367
- Bürgerschaft als autonomer Faktor 364
- Kompensationsmechanismus 371

Teilbürgerschaft
- Konzept 340
- Ursachen 340

Typenbegriffe 345

Ubiquitätsprinzip
- faktischer Auswirkungsgrundsatz 70
- in Deutschland 68

Unschärfelogik 344

Vertragsprinzip
- bedingtes Universalitätsprinzip 131
- bei internationalem Rauschgifthandel 110
- Strafgewalterstreckungspflichten 132
- Übereinkommen von 1988 111

Völkerrecht als Schranke
- Lotus-Entscheidung 34
- Nichteinmischungsgebot 36
- Stellungnahme dazu 141
- völkerrechtliche Prinzipien 65
- völkerrechtliche Theorien 36
- Völkerrechtsverstoß 44

Weltstrafrecht 405

Grundfragen des Straf- und Sicherheitsrechts

Herausgegben von
Tatjana Hörnle und Ralf Poscher

Die Reihe *Grundfragen des Straf- und Sicherheitsrechts* ist den theoretisch und systematisch grundlegenden Themen des Strafrechts und des öffentlichen Sicherheitsrechts gewidmet – auch solchen aus dem Schnittbereich beider Gebiete. Gegenstand ist die Analyse der theoretischen, normativen und empirischen Prämissen, die den Regeln des nationalen oder internationalen Rechts zugrunde liegen. Die Forschungsfragen sind grundlagenorientiert, im Unterschied zu rein rechtsdogmatischen Arbeiten, die lediglich das geltende Recht systematisieren und auslegen – im Schwerpunkt geschichtliche und vergleichende Darstellungen werden bei dem gewünschten Fokus auf die theoretischen, normativen oder empirischen Prämissen aber nicht erfasst.

Die Schriftenreihe ist offen für herausragende Qualifikationsschriften (Dissertationen, Habilitationen) und eigenständige Monographien. Tagungs- und sonstige Sammelbände können aufgenommen werden, wenn ihnen ein thematisch fokussiertes Gesamtkonzept zugrunde liegt, das konsequent auf die Analyse theoretischer, normativer oder empirischer Prämissen des Straf- und Sicherheitsrechts ausgerichtet ist.

ISSN: 2942-6200
Zitiervorschlag: GSS

Alle lieferbaren Bände finden Sie unter www.mohrsiebeck.com/gss

Mohr Siebeck
www.mohrsiebeck.com